Waxmann Verlag GmbH
Steinfurter Straße 555, 48159 Münster
info@waxmann.com

Wiebke Hoffmann

Auswandern und Zurückkehren

Kaufmannsfamilien zwischen Bremen und Übersee
Eine Mikrostudie 1860-1930

Waxmann 2009
Münster / New York / München / Berlin

Bibliografische Informationen der Deutschen Nationalbibliothek
Die Deutsche Nationalbibliothek verzeichnet diese Publikation in
der Deutschen Nationalbibliografie; detaillierte bibliografische
Daten sind im Internet über http://dnb.d-nb.de abrufbar.

Diese Veröffentlichung lag dem Promotionsausschuss Dr. phil.
der Universität Bremen als Dissertation vor.
Gutachterin: Prof. Dr. Marita Krauss
Gutachter: Prof. Dr. Hans-Walter Schmuhl
Das Kolloquium fand am 24.10.2008 statt.

Internationale Hochschulschriften, Bd. 523

ISBN 978-3-8309-2102-8
ISSN 0932-4763

© Waxmann Verlag GmbH, 2009
Postfach 8603, 48046 Münster
Waxmann Publishing Co.
P.O. Box 1318, New York, NY 10028, USA

www.waxmann.com
order@waxmann.com

Umschlaggestaltung: Christian Averbeck, Münster
Titelfoto: Familie Köper im Patio in Guatemala, 1905 (Privatbesitz).
Foto Umschlagrückseite: Familie Vietor, 1908 (Privatbesitz).
Satz: Stoddart Satz- und Layoutservice, Münster

Gedruckt auf alterungsbeständigem Papier,
säurefrei gemäß ISO 9706

Inhalt

Vorbemerkung

Die Themenstellung meiner Dissertation, die ein Kapitel aus der bürgerlichen Geschichte des 19. und 20. Jahrhunderts erforscht, entwickelte sich während meines Studiums der Fächer Germanistik, Geschichte und Kulturwissenschaft an der Universität Bremen. In meinen beiden Nebenfächern besuchte ich häufig Übungen und Seminare mit regionalem und lokalem Bezug. Im Hauptstudium (Wintersemester 1997/1998) lernte ich Frau Prof. Marita Krauss in einem Seminar über „Das Wirtschaftsbürgertum im Deutschland des 19. Jahrhunderts" kennen und untersuchte in ihrer Veranstaltung die Rolle von bürgerlich-elitären Vereinen in Bremen. Mich interessierten dabei insbesondere die öffentlichen und privaten städtischen Geselligkeitsformen des späten 19. Jahrhunderts.

Für ein kulturwissenschaftliches Lehrprojekt (Sommersemester 2000): „Bilder von ‚Heiden' und Christen. Die Norddeutsche Mission in Westafrika" schrieb ich aus Archivalien eine biografische Skizze zu dem Missionar und späteren Sprachwissenschaftler Diedrich Westermann (1875-1956) aus Baden bei Bremen, die in einem Sammelband des Studiengangs Kulturwissenschaft und des Staatsarchivs Bremen veröffentlicht wurde.[1]

In meiner germanistischen Magisterarbeit untersuchte ich ein stadt- und pressehistorisches Thema aus dem Berlin des beginnenden 19. Jahrhundert: „Modernisierung und Tradition in Heinrich von Kleists Berliner Abendblättern". Kleist behandelte in den „Berliner Abendblättern" Aspekte eines voranschreitenden Modernisierungsprozesses während der beginnenden Industrialisierung und berichtete von Verkehrsunfällen, da offenbar der Straßenbau in Berlin nicht mit dem zügig wachsenden Verkehr Schritt hielt und meldete, wenn durch die Polizei auf Märkten versuchter Betrug durch manipulierte Waagen aufgedeckt wurde. Kleist interessierten die „Aeronautik" und die zu der Zeit gerade erfundene Telegrafie. Auch zur Gründung der Berliner Universität publizierte er mehrere Aufsätze. Schließlich konnte ich Heinrich von Kleist als Liebhaber von Damenmoden kennen lernen. Kleists Vorschlag, die Kleidung der letzten Saison zum Beispiel an Dienstboten weiterzugeben, wurde auch in den Haushalten der Bremer Überseekaufleute praktiziert.[2]

Nach Beendigung meines Studiums interessierte mich, was in der Handelsstadt Bremen unternommen wurde, um die Folgen der Kontinentalsperre und der französischen Besatzungszeit (bis 1814) wieder aufzuholen. Im Gegensatz zu Berlin bestand die städtisch-bürgerliche Führungsschicht aus einer kleinen Gruppe von Bildungs- und Wirtschaftsbürgern, vornehmlich Juristen und Kaufleuten. Bremens Bürgermeister Smidt erreichte auf dem Wiener Kongress, dass Bremen als souveräner Stadtstaat in den Norddeutschen Bund aufgenommen wurde. Der Handel und das fortgesetzte Bestreben, Selbständigkeit zu bewahren, bestimmen seit dem

---

1 Wiebke Hoffmann (2001).
2 Hierzu Wiebke Hoffmann (2002).

19. Jahrhundert die Wirtschaftspolitik Bremens. Dabei kommt den in der Bremer Handelskammer vertretenen Überseekaufleuten eine große Bedeutung zu. Einige von ihnen treten in der vorliegenden Arbeit zusammen mit ihren Familien als handelnde Subjekte in Bremen und Übersee auf.

Die Anbindung des Promotionsvorhabens an das Institut für Geschichte der Universität Bremen wurde von meiner Betreuerin, Frau Prof. Dr. Marita Kraus, unterstützt. Mein erster Dank gebührt ihr. Unmittelbar nach meinem Studium ermutigte sie mich, mein Projekt zwischen Geschichts- und Kulturwissenschaft anzusiedeln. Auch nach ihrem Weggang von Bremen nach München bzw. Augsburg konnte ich mich auf ihren kompetenten Rat verlassen. Sie war jederzeit eine aufmerksame Gesprächspartnerin mit großem Interesse für meine Quellen und deren Einordnung in mein Thema. Ich danke Herrn Prof. Hans-Walter Schmuhl (Bremen und Bielefeld), der meine Arbeit als Koreferent begutachtete. Seine detaillierten Anmerkungen waren hilfreich, meinen Text für die Veröffentlichung zu überarbeiten.

Mitarbeiterinnen und Mitarbeiter Bremer Archive, Bibliotheken und Museen begleiteten mit Interesse meine Arbeit. Mein Dank gilt Frau Breitenfeldt, Frau Thomas und Frau Hayen vom Bremer Staatsarchiv sowie Herrn Klostermann, der mir half, in den biografischen Sammlungen „Die Maus" im Bremer Staatsarchiv Lebensdaten von Akteuren und Akteurinnen zu finden. Im Bremer Überseemuseum waren mir bei Recherchen Herr Dr. Roder und im Fockemuseum Frau Bade sowie in der Bremer Staats- und Universitätsbibliothek Frau Dinkla und Frau König behilflich.

Auf der Suche nach Egodokumenten von Kaufleuten und Bürgerinnen lernte ich zahlreiche Nachkommen von Bremer Überseekaufmannsfamilien – Töchter, Söhne, Enkel und Enkelinnen – kennen. Sie zeigten Interesse an meiner Dissertation und überließen mir ihre jahrelang gehüteten Familienschätze in Form von Tagebüchern, Briefen und Fotos. Nachdem ich die Texte transkribiert hatte, gaben mir die Informanten Auskünfte zu Details der Familiengeschichten. Es entwickelten sich zwischen ihnen und mir vertrauensvolle Beziehungen. Dafür möchte ich mich herzlich bei folgenden Kontaktpersonen bedanken:

Frau Rosmarie Blaum und Herr Dr. Blaum, Bremen; Frau Dr. Dietlind von dem Hagen, Wohlenrode; Dr. Volkert Hoffmeyer, Bederkesa; Frau Margarita Kantner, Essen; Herr Claudio Köper, Guatemala; Herr Eberhard Kulenkampff, Montecastello di Vibio/Italien; Frau Elke Kulenkampff, Hannover; Frau Elisabeth Lauts, Bremen; Johann Georg Lohmann, Bremen; Frau Jutta Malla, Bremen; Ekkehart Meyer, Bonn und Hude; Frau Sigrid Meyer, Bremen; Frau Antje Noltenius, Bremen; Herr Peter Noltenius, Bremen; Herr Eberhard Noltenius, Worphausen; Herr Schmersahl, Wedel; Frau Erika Schleifenbaum, Stuttgart; Herr Peter Schütte, Bremen; Herr Dr. Heinrich von Seydlitz-Kurzbach, Bremen; Frau Ingeborg Vietor und ihr Sohn Hellmut Vietor, Sao Paulo/Brasilien; Wilhelm Vietor, Bremen.

Danken möchte ich auch Frau Gisele Cavalcanti Ferreira aus Bremen, die Frau Ingeborg Vietor in Sao Paulo besuchte und mir ein Paket mit wichtigen Dokumenten von Wilhelm Overbeck nach Bremen mitbrachte. Aus derselben brasilianischen Familie überbrachte mir Herr Hellmut Vietor, Sao Paulo, zwei Taufkleider seiner

Großmutter, Anita Overbeck, die ich im Auftrag von Frau Vietor dem Bremer Übersee Museum zur Aufbewahrung brachte. Ich danke meinen Studienkolleginnen und Freundinnen Angelika Weißbach, Karin Weinrich, Julia Wüfrath und Angelika Blanco-Casas und meiner Tochter Insa, die mir spanische Briefe ins Deutsche übersetzten. Björn Hermann „sicherte" etliche Fotos zur Verwendung in meiner Arbeit. Ein besonderer Dank gebührt meiner Freundin Anke Grüttner für das sorgfältige Korrekturlesen. Rainer Alsheimer hat mein Studium und mein Dissertationsprojekt von Anfang an begleitet und auch Freundinnen und Freunde haben Anteil an der Entstehung dieses Textes. Für ihre Anregungen und ihre Geduld herzlichen Dank.

Bremen, im Februar 2009

A. Einleitung

1. „... ein alter Afrikaner!"

„Jetzt bin ich schon wieder so ein alter Afrikaner!"[1] Mit diesem Satz meldete der Überseekaufmann Johann Karl (J.K.) Vietor[2] seiner Frau Hedwig in Bremen seine Ankunft in Westafrika. Vietor war ein routinierter Reisender mit der Fähigkeit, innerhalb kurzer Zeit auf afrikanische Bedingungen „umzuschalten". Er lebte von 1884 bis zu seiner Heirat 1894 ständig an unterschiedlichen Handelsplätzen in Westafrika. Danach pendelte er bis 1914 – etwa alle zwei Jahre mit monatelangen Aufenthalten in Übersee – zwischen Bremen und Afrika. Während dieser Zeit stand seine Ehefrau Hedwig einem großen Haushalt vor und brachte zwischen 1894 und 1914 in Bremen neun Kinder zur Welt. Nach dem Ersten Weltkrieg nahm Vietor seine Reisetätigkeit wieder auf. Sein Lebensweg ist ein Beispiel für viele Kaufleute aus Bremen, die sich aufgrund ihres Berufs an verschiedenen Orten in der Welt ein „zweites Zuhause" konstruierten.

Andere Kaufleute gründeten zusammen mit ihren Ehefrauen ihren ersten Hausstand in Übersee. Eine Zwanzigjährige äußerte sich kurz vor ihrem Aufbruch nach Togo mit Emphase: „Die ganze Welt ist jetzt für mich gemacht. Alles, alles für mich"[3]. Demnach erwartete diese Frau mit großer Spannung ihre Zukunft fernab von Bremen. Im weiblichen Lebenslauf in Bremen waren in der Regel keine außergewöhnlichen Ereignisse oder gar Abenteuer zu erhoffen. Die fest gefügten bürgerlichen Geschlechterrollen der Hausfrauen und Mütter verhinderten individuelle weibliche Entwicklungsmöglichkeiten. Bis zum Ersten Weltkrieg hatten nur wenige Frauen aus dem Bremer Bürgertum berufliche Qualifikationen erwerben können, die anderen befanden sich im Wartestand auf eine spätere Heirat. Da bedeutete der Aufbruch in die Fremde reizvolle Zukunftsperspektiven.

2. Untersuchungsgegenstand

Meine Arbeit beschreibt Lebenswelten von Kaufleuten und ihren Familien in Bremen und Übersee. Der Untersuchungszeitraum umfasst siebzig Jahre von 1860 bis ca. 1930. Der Blick richtet sich dabei auf augenfällige historische Abschnitte und Zäsuren der deutschen und bremischen Geschichte. Denn Lebensläufe der Kaufleute und ihrer Familien aus Bremen spiegeln die Geschichtlichkeit der deutschen Moderne. Die bürgerlichen Akteure aus Bremen organisierten ihre ökonomischen

---

1   Privatbriefe Vietor: Johann Karl (J.K.) Vietor an seine Frau Hedwig aus Porto Novo, 11. April 1897.
2   Zur Biografie Vietors: Bremische Biographie (1912): S. 504-505; zu den Handelsgeschäften Vietors: Hartmut Müller (1973): S. 82-97.
3   Privatbriefe Kulenkampff: Hedwig Kulenkampff an ihre Schwester vor ihrer Abreise nach Togo, 21. Dezember 1911.

Vorstellungen während des Norddeutschen Bundes, in der Zeit der Reichsgründung, des deutschen Imperialismus und Kolonialismus. Die Jahrzehnte seit der Mitte des 19. Jahrhunderts bis zum Ersten Weltkrieg ermöglichten, trotz zwischenzeitlicher Perioden wirtschaftlicher Depressionen, im Allgemeinen den bürgerlichen Aufstieg. Das änderte sich mit der Niederlage des Ersten Weltkriegs. Neue wirtschaftliche und politische Entwicklungen der 1920er Jahre bewirkten einschneidende individuelle Konsequenzen.

Mein Forschungsprojekt fußt auf Privatkorrespondenzen, die von global[4] handelnden Menschen verfasst wurden. Die Briefe behandeln diverse Schauplätze in Bremen: Vornehme Wohnstraßen, großzügige Bürgerhäuser, Hafenplätze und Kontore. Andere Briefe handeln vom Abschied aus dieser bürgerlichen Lebenswelt und von Reisen auf Segel- und Dampfschiffen nach Übersee. Die Fremde wurde vielen zu einer neuen Heimat, d.h. sie schufen sich fern von Bremen ein neues Zuhause.[5] Aus Briefen aus Übersee lernen wir „fremde" Wohnquartiere, Orte, Räume und Landschaften kennen, in denen sich die Migranten als Minorität für eine begrenzte Zeit bewegten.

Jahrelang knüpften Kaufleute und ihre Ehefrauen große Hoffnungen an die Rückkehr nach Bremen. Auf den beruflichen und privaten Neubeginn in Bremen richteten sich Mühen und Sparsamkeit. Sie beabsichtigten, „reich" in die Heimat zurückzukehren. Das in der Fremde Ersparte war für die Gründung einer Handelsniederlassung in Bremen vorgesehen. Sie lebten „mit dem Gesicht nach Deutschland" (Otto Wels). Rückkehrer versuchten, wieder Anschluss an Familien- und Freundeskreise zu gewinnen: Über Jahre aus Übersee aufrechtgehaltene Verbindungen sollten ihnen den Neubeginn in der Heimatstadt erleichtern. Es ist zu überprüfen, inwieweit dieses Vorhaben gelingen konnte oder ob ihnen die Bremer Verhältnisse inzwischen zu fremd geworden waren.[6] Zu den einschneidenden Brüchen in Lebensprozessen gehörten individuelle Ereignisse, z.B. der Tod der Eltern, aber auch Kriegsverluste, Evakuierungen und Enteignungen.

Meine Perspektiven richten sich auf kulturelle Prozesse in der Fremde. Männer und Frauen erfuhren fremde Kulturpraktiken, auf die sie in ihren Arbeitsfeldern und in ihrer Häuslichkeit reagieren mussten. Die eigenen erlernten Handlungsweisen und Denkmuster erwiesen sich dagegen als fremd für die dortigen Einheimischen und mussten mühsam vermittelt werden. Häufig kamen die Akteure schon zu Beginn ihres Aufenthalts in Übersee zur Einsicht, dass Zusammenarbeit mit den dort lebenden Menschen nicht gegeneinander, sondern nur miteinander gelingen konnte.

---

4   Hier zunächst: Die gesamte Erde umfassend.

5   Hermann Bausinger schlug vor, den Begriff „Heimat" jeweils „auf eine ganz bestimmte Qualität einzugrenzen." So kann „Heimat" ein Gegenbegriff zu „Fremde" sein, mit dem sich bestimmte Erinnerungen verbinden und der sich auf unterschiedliche Räume erstrecken kann (z.B. „ganzes Land, Landstrich, Haus, Wohnung"). Bausinger unterschied zwischen passiver Rückwärtsgewandtheit und praktischer Auseinandersetzung zur Schaffung einer „Heimat". Zur Begriffsgeschichte: Hermann Bausinger (1990): S. 76-90.

6   In einigen Fällen war die eigene Familie fremd. So erging es Niclas Franzius (1830-1916), der 1863 nach zwölf Jahren aus Venezuela nach Bremen zurückkehrte. Seine Schwester hatte er zuletzt als Dreijährige, seinen ältesten Bruder als Sechzehnjährigen gesehen: Sie waren 1863 15 bzw. 28 Jahre alt. H.C. Franzius (1935): S. 74.

Das Aushandeln unterschiedlicher kultureller Praktiken war daher von grundlegender Bedeutung. So bemühten sich Kaufleute um indigene Angestellte, die sich als Verkäufer erfolgreich zeigten. Gleichzeitig fungierten gebildete Angestellte als Kulturvermittler und Übersetzer im Kontakt zwischen den Kaufleuten aus Bremen und den Verwaltungsbeamten in Übersee. Und in Hauswirtschaftsbereichen dienten Dienstmädchen nicht nur als Köchinnen, Wäscherinnen und Kindermädchen, sondern ebenso als Sprachvermittlerinnen und Übersetzerinnen von kulturellen Mustern. Transkultureller Austausch entstand auf einer vertrauensvollen Basis, von der beide Seiten profitierten. Doch nicht immer gelang dieses Miteinander; dann führten kulturelle Gegensätze zum Abbruch von Beziehungen.

Meine Forschung beschreibt bürgerliche Arbeit unter verschiedenen Schwerpunkten: Kaufmännische Berufsarbeit in Übersee, Partizipation der Frauen an der Berufsarbeit der Männer, Hauswirtschaft der Frauen, Frauenarbeit: Aufzucht und Erziehung der Kinder. Die daran anschließenden Kapitel über die Symbolik bürgerlicher Kleidung und über Körperlichkeit, d.h. über Gesundheit, Krankheit, Sterben, Sexualität, versuchen zentrale Präsentationen, aber auch kritische Situationen bürgerlicher Lebenswelten zu schildern.

Männer und Frauen fanden nicht nur in ihren Arbeitsbereichen völlig andere Bedingungen als in Bremen vor. Einige Akteure aus Bremen passten sich in Kleidung und Stil fremden gesellschaftlichen Einflüssen an; andere blieben zumindest im Alltag einer Lebensführung nach Bremer Vorbild verbunden. Das Tropenklima, fremde Speisen und manchmal schlechte hygienische Bedingungen wirkten auf ihre körperliche Konstitution. Klimaeinflüsse führen zu Tropenkrankheiten; und auch nach der endgültigen Rückkehr nach Bremen mussten Malariafieberschübe behandelt werden. Schwangerschaften, Geburten und die Ernährung von Säuglingen und Kleinkindern stellten Frauen vor besondere Probleme.

Männer trafen sich außerhalb der Geschäftszeiten in Deutschen Vereinen, obwohl diese Abende häufig als eintönig empfunden wurden. Frauen in Übersee vermissten das Netz von weiblichen Verwandten. Sie fanden nicht immer Freundinnen unter den anderen Kaufmannsfrauen. Die Arbeit ihrer miteinander konkurrierenden Männer bewirkte, dass sich selten Freundschaften unter Frauen entwickeln konnten. Die vergleichende Untersuchung von Bremen und Übersee ermittelte auch weibliche Beziehungs- und Kontaktkreise außerhalb von Familien.

„Auswandern und Zurückkehren" wendet sich exemplarisch drei Generationen einer prominenten Bremer Familie zu, deren männliche Mitglieder Überseekaufleute waren und die seit der Mitte des 19. Jahrhunderts in verschiedene Kontinente aufbrachen.

3. Thesen und Feststellungen

Auswandern und Zurückkehren von Familien greift einen in der deutschen Forschung wenig beachteten Aspekt von Innenperspektiven bürgerlicher Lebensformen
auf.[7] Bremerinnen und Bremer treten als handelnde Individuen auf. Nicht der Bremer Handel und die städtische Politik sollen nochmals Thema sein, sondern Akteure – Männer wie Frauen – werden im Fokus stehen. Es geht um Lebensplanun-
gen von Kaufleuten und ihren Ehefrauen in Bremen und Übersee, die zwischen
1860 und 1930 nach Übersee auswanderten. Wenn alles nach Plan ging, wollten
sie nach der Rückkehr in Bremen ein Handelsgeschäft eröffnen, um von Bremen
aus die in Übersee aufgebauten Geschäftsverbindungen zu nutzen. Außerdem hegten die Rückkehrer die Hoffnung, in Bremen wirtschaftspolitische Schlüsselpositi-
onen zu besetzen. Die individuellen Migrationen von Kaufleuten für eine begrenzte Zeit sind von den Massenauswanderungen während des 19. Jahrhunderts zu unterscheiden.[8]

Bürgerinnen und Bürger aus Bremen hinterließen zahlreiche Briefe, Tagebücher,
Reiseberichte und Lebenserinnerungen. In den Selbstrepräsentationen sind Wahrnehmungen des „Eigenen" und des „Fremden" wichtige Aspekte. Die Textprodu-
zenten nahmen bereits vor der Migration positive und negative Stereotypen als
Vorwissen sowie kulturelle und räumliche Wahrnehmungen in Form von „menta-
len Landkarten" auf.[9] Diese Vorstellungen vom Fremden erweisen sich bei der Beurteilung des Gesehenen und Erlebten als bedeutsame Faktoren für die Konstruktion von Leitbildern des „Eigenen und des Fremden".

Bei der Auswahl und Analyse dieser Texte ließ ich mich von kultur- und menta-
litätsgeschichtlichen Fragen leiten. Ich gehe von folgenden Thesen aus:

Bremer Überseekaufleute lebten oft jahrelang in kulturell vermischten Lebenswelten im außereuropäischen Ausland. Sie wurden mit fremden Kulturen konfrontiert, die im Kontrast zu ihren bürgerlichen Werthaltungen standen. Durch diese
Kulturkontakte konstituierte sich das „Eigene und das Fremde"[10]. Über das „Fremde" im Verhältnis zum „Eigenen" wurde oft in Briefen nach Hause geschrieben.
Die Erfahrungen in Übersee hatten Auswirkungen auf die Zeit nach der Rückkehr
nach Bremen.

Ich gehe davon aus, dass sich Bremer und Bremerinnen durch die Erfahrungen
in Übersee nicht nur geschäftlich, sondern persönlich weiter bewegten. Einige verfestigten weit weg von Bremen ihre „typischen hanseatischen Tugenden" und taten
sich schwer damit, Menschen fremder Kulturen in ihrer kulturellen Differenz zu

---

7   Hettling; Hoffmann (2000).
8   Karen Schniedewind (1992) untersuchte die Rückwanderung von deutschen Handwerkern,
    Handlungsgehilfen, Dienstmädchen und Söhnen von Kaufleuten; es seien „mindestens vier
    Gründe und Arten" von deutschen Rückwanderern aus den USA während des 19. Jahrhunderts
    zu unterscheiden. (1992) S. 181-183. – Deutsche Kaufleute und Unternehmer wurden als „Eli-
    tenwanderer" bezeichnet, da sie im Vergleich zur Massenauswanderung in die USA „kaum ins
    Gewicht" fielen und dennoch von „großer Bedeutung" waren. Bernecker; Fischer (1992): S.
    207.
9   Thomas Hauschild (1987): S. 215-217.
10 Benedict Anderson (1997): S. 31-58.

schätzen und zu respektieren. Sie beschränkten den Kulturkontakt auf das Notwendigste. Und doch hatten die Erinnerungen an den Aufenthalt in der Fremde zentrale Bedeutung für ihr späteres Leben in Bremen.

Überseekaufleute und ihre Frauen waren Menschen, die kulturelle Differenzen ausgleichen mussten. Nach der Rückkehr der Familien trieb es Kaufleute oft zu neuen Auslandseinsätzen. Sie fühlten sich als Auslandsdeutsche mit zweifachen Identitäten.

In Übersee gingen die Männer ihrer Arbeit häufig weit entfernt vom Wohnsitz nach. In den Quellen heißt es oft, sie seien „draußen", d.h. auf den Plantagen oder bei der Abfertigung von Schiffsladungen. In solchen Zeiten verschoben sich die geschlechtsspezifischen Differenzen: Frauen in Übersee wuchsen in Positionen als Haushaltsvorstände hinein. Ebenso erging es auch Bürgerfrauen in Bremen, wenn sie während der monatelangen Geschäftsreisen ihrer Ehemänner mit Selbstbewusstsein die Haushaltsökonomie übernahmen. Diese neuen weiblichen Lebensformen bewirkten die Auflösung von traditionellen Rollen.[11]

In der häuslichen Sphäre in Übersee wurden Bürgerfrauen durch den Umgang mit häufig wechselndem Hauspersonal aus fremden Kulturen besonders stark konfrontiert. Dies löste Prozesse aus, die sich zentral auf soziale Beziehungen auswirkten. Kulturelle Verschiedenartigkeit beeinflusste das „Fremde und das Eigene". Durch Wechselbeziehungen mit dem Fremden vollzogen sich Veränderungen im eigenen Verhalten, die sich in Formen von Annäherung und Nähe, aber auch in Ablehnung und Distanz äußern konnten.

Die Begegnung vermeintlich überlegener Europäer mit Individuen „primitiver" fremder Kulturen hat Folgen für alle beteiligten Seiten.[12] Wenn die zu Hause vermittelten Imaginationen vom „Fremden" bei kulturellen Begegnungen vor Ort reflektiert werden, vollzieht sich ein Prozess des Vergleichens und Abgleichens. Frühere Bilder konnten revidiert werden und gegenseitiges Verständnis wachsen, aber auch Stereotypen verschärfen. Dies soll an Wechselbeziehungen zwischen den Akteuren aus Bremen und „Fremden", wie Hausangestellten, Haushälterinnen, Boten und anderen Angestellten beschrieben werden, die als „Kulturvermittler" zu bezeichnen sind.[13] Dabei können im Besonderen die vor der Überfahrt oder

---

11 Marita Krauss (2001): S. 13; Harald Kleinschmidt (2002).
12 Joachim Matthes (Hrsg.) (1992): S. 3-9.
13 Syed Hussein Alatas (1992): S. 197-218. Kulturvermittlung wird nach Syed Hussein Alatas als ein „Teil einer breiteren Vorstellung von Akkulturation" angesehen. Der dadurch initiierte kulturelle Anpassungs- bzw. Wandlungsprozess wurde von Akteuren und Akteurinnen ebenso im häuslichen Bereich wie im Geschäfts- bzw. Vereinsbetrieb wahrgenommen. So orientierten sich um 1900 die Kleinkinder der Bremer Familie Overbeck in Bahia sprachlich an dem brasilianischen Hauspersonal, so dass sie Portugiesisch sprechen lernten, aber zunächst nicht Deutsch. Die deutsche Sprache konnten sie nur verstehen. Sie „liebten" ihre Sprachvermittlerin: Ihr Kindermädchen. (STAB 7,500-B-81: Konvolut Marie Overbeck). Die hervorgehobene Stellung von Kulturvermittlern wird auch auf zeitgenössischen Fotodokumenten deutlich: Im Verein „Germania" in Bahia hatte ein brasilianischer „Ökonom" die Verwaltungsfunktion. Er wurde in Frontalposition zusammen mit seinen sieben Kindern in der Jubiläumsschrift abgebildet. Wilhelm Overbeck (1923): S. 97.
    Ein Kulturvermittler der Bremer Firma Melchers in China war der Kassierer Dong Hansen, der mit seiner Familie in einem chinesischen Garten fotografiert wurde (1906). Dong Hansen war

unmittelbar nach der Ankunft in Übersee nach Bremen verfassten Briefe als Basis zur Erforschung von Vorwissen dienen.

Kirchliche Lebensmuster scheinen am Ende des 19. Jahrhunderts durch die Ordnungsprinzipien eines männlichen, außerhäuslichen Berufsalltags zurückgedrängt worden zu sein. Anstelle von kirchlich-religiöser Bindung[14] traten bürgerliche Moralvorstellungen und Tugendvorbilder als „innerweltliches Programm zur Lebensführung und Sinnstiftung" hervor.[15] Die überhöhten, sinnstiftenden Wertvorstellungen, die Begriffen wie Sittlichkeit, Moral, Anstand, Bildung, Natur, Treue, Liebe, Familie beigemessen wurden, schufen quasi pseudo-religiöse Wertmaßstäbe für private und geschäftliche Beziehungen. Für den Bremer Kaufmann und Bürgermeister Arnold Duckwitz (1802-1881) stand zum Beispiel fest, dass der geschäftliche Erfolg Bremer Kaufleute von bürgerlichen Werthaltungen bzw. einem Tugendkanon, wie „Dankbarkeit gegen Gott, Fleiß, Ordnung, frühes Aufstehen, keine Zeit vertändeln, sich Mühe mit der hochdeutschen Sprache geben", abhänge.[16]

Ein anderer Bremer Kaufmann nannte Treue, Sparsamkeit, „strengste Redlichkeit" und Fleiß als unabdingbar. Trotz dieser Vorsätze lebte er über seine Verhältnisse.[17] Wertvorstellungen konnten sich demnach im konkreten und sozialen Handeln als ein nicht erreichbares Ziel erweisen. Ich untersuchte anhand von Briefen und Tagebüchern die Vorstellungen von individueller Tugend und Werthaltungen und beschreibe deren Konfrontation mit Lebenssituationen in den überseeischen Kolonien.[18]

Vorstellungen von Kaufmannsarbeit in Übersee halten sich bis heute als Erfolgsgeschichten. Aber worin die reale Arbeit der Kaufleute in Übersee bestand, bleibt undeutlich. Autobiografien erzählen kaum von schwierigen kaufmännischen Transaktionen, Depressionen und Ängsten. Das sind „Geschäftsgeheimnisse", darüber korrespondierte man nur mit vertrauten Personen. In der Retrospektive inszenierten sich Überseekaufleute als Chefs, die es auf ihrem Berufsweg durch individuelle Leistungen verstanden hatten, alle Hindernisse zu beseitigen. Damit versuchten sie, einem tradierten Bild von Unerschrockenheit und Pioniergeist zu entsprechen. Nach der Rückkehr aus der Fremde ließen sie sich als seriöse und erfolgreiche

---

auch als „Silberprüfer" angestellt; er hatte die Aufgabe, echte Silberdollars von den falschen zu unterscheiden. Axel Roschen; Thomas Theye (Hrsg.) (1998): S. 101, S. 163. Zur Kulturvermittlung auch: Bernhard Streck (1997): S. 90.

14 Der Prozess der „Entkirchlichung" war seit Mitte des 19. Jahrhunderts abgeschlossen. Anstelle von traditionellen kirchlichen Sitten, wie regelmäßigem Gottesdienst- und Abendmahlbesuch, engagierten sich Protestanten in religiösen Vereinen und gestalteten Weihnachten als feierliches Familienfest außerhalb der Kirchen. Lucian Hölscher (1990): S. 598, 601.

15 Manfred Hettling; Stefan-Ludwig Hoffmann (Hrsg.) (2000): S. 7.

16 Arnold Duckwitz (1842): S. 69. Gegen Ende des 19. Jahrhunderts kritisierte auch der Bremer Senator, Bürgermeister und Reichstagsabgeordnete Otto Gildemeister (1823-1902) die syntaktischen Fehler im Schriftdeutsch einiger „Kommis": So schreibe kein „edler deutscher Jüngling." Otto Gildemeister (1922): S. 145.

17 Karl Heinz Schwebel (1974).

18 Als Kolonie bezeichne ich in diesem Zusammenhang eine Ansiedlung von Deutschen außerhalb von Deutschland in Übersee. Jürgen Osterhammel verweist auf die ausgeprägten „minoritären sozio-kulturellen Lebensformen" in diesen überseeischen Siedlungskolonien. Der „Besitz" der Kolonisten wird häufig vom Mutterland „militärisch flankiert". Jürgen Osterhammel (2006): S. 17-18.

Menschen im edlen Tropenholz-Mobiliar ihrer Bremer Kontore abbilden oder trugen wie Johann Smidt und später sein Sohn als Geschäftsnachfolger Sparsamkeit zur Schau.[19] Auf das Wirken eines Kaufmanns deutete zunächst nur eine Weltkarte mit den Schifffahrtsrouten an der Wand hin.[20] Die Erinnerungen an die Überseezeit hielten Sprüche wie „mein Feld ist die Welt" oder „Buten un Binnen – Wagen un Winnen"[21] wach.

In ihren Autobiografien vermitteln Bremer Kaufleute Eindrücke vom zwar exotischen, aber dennoch behaglichen Leben in Übersee. In den deutschen Kolonien stieg das Ansehen eines Kaufmanns, wenn er es nach etwa zehn Jahren geschäftlich soweit gebracht hatte, dass er sich während eines Erholungsurlaubs im heimatlichen Bremen eine Frau suchen konnte, die bereit war, ihm in die Fremde zu folgen. Doch die Arbeit der mitgereisten Ehefrauen wurde in Lebenserinnerungen selten thematisiert. Auch Probleme des Familienlebens in Übersee blieben oft unerwähnt.[22] Dabei sorgten die mitgereisten Bremerinnen durch ihre Arbeit dafür, dass der jahrelange Aufenthalt in Übersee für ihre Ehemänner erst erträglich wurde.

Frauen in Übersee übernahmen das Korrespondieren mit Familienmitgliedern in Bremen. Dadurch hielten sie über Jahre – oft im Wochenrhythmus – einen informellen Kontakt zu Verwandten aufrecht. Ihnen war es wichtig, über alle Neuigkeiten aus Bremen informiert zu sein, um den Anschluss an Bremen nicht zu verlieren. Die Briefe der Frauen sind von besonderer Bedeutung, da sie Ausschnitte vom Alltag, von Häuslichkeit, von Lebensformen in überseeischen Kolonien, aber auch Perspektiven der eigenen und der Arbeit ihrer Ehemänner skizzieren.

Aus ausgewählten Briefquellen von Männern und Frauen erfahren wir vom Clubleben in Deutschen Vereinen in Übersee, zu dem wie auch im Bremen dieser Zeit in der Regel nur männliche Besucher zugelassen waren. Diese vorwiegend männliche Geselligkeit war besonders in Übersee von „geschäftlicher" Bedeutung. Gleichzeitig wurden Vereinslokale als „nationale" Räume betrachtet, in denen Deutsche unter sich blieben.

Überseekaufleute aus Bremen entwickelten Handelsaktivitäten rund um die Welt. Sie etablierten sich in Australien, Brasilien, Chile, China, Colombo, Guatemala, Kalkutta, Mexiko, Südwestafrika, Togo und lenkten von dort aus weltweit

---

19 Vgl. Arend Vollers (2001): S. 109; der ehemalige Lehrling der Bremer Überseefirma Schröder, Smidt & Co., Christian Eduard Freye, zu seinem räumlichen Eindruck: „geräumig, schmucklos und zweckmäßig".

20 Wie z.B. im Kontor des Unternehmers Rickmers in der Ausstellung im Bremerhavener Morgensternmuseum. Eine Abbildung eines „Großraumbüros" findet sich in: Nils Aschenbeck (1995): S. 158.

21 1899 wurde der von Otto Gildemeister geprägte Wahlspruch der Kaufleute über dem Eingangsportal der Bremer Handelskammer (Schütting) in Stein gemeißelt.

22 Doch es gibt Ausnahmen. So schrieb Heinrich Carl Franzius rückblickend: „Inzwischen war meine Frau erkrankt, wie es ja leicht bei jungen Ehen vorkommt, und da die Fieber hinzukamen, so beschloss ich, sie nach Ciudad Bolivar zu bringen, da vor einigen Monaten die Frau meines Bruders Hans wegen Mangel an ärztlicher Hilfe gestorben war. [...] Ich war ganz auf fremde Hilfe angewiesen, und daher erschien es mir gefährlich zu warten. Wir wollten lieber die Ankunft des Kindes in Bolivar erwarten, da ja in Orocué kein Arzt war." Tochter Carmelita Franzius wurde am 8. Juli 1902 in Ciudad Bolivar in Venezuela geboren. H.C. Franzius (1932): S. 88.

Warenströme. Zu diesen überseeischen Territorien bestanden transnationale oder koloniale Beziehungen, in die sich europäische und auch Kaufleute aus Bremen auf unterschiedlichen Verwaltungsebenen einfügen mussten. Konkurrierende Kaufleute versuchten, sich mit wirtschaftspolitischen Entscheidungsträgern zu arrangieren.

4. Leitfragen

Der Untersuchung liegen Leitfragen zugrunde, die unterschiedliche Handlungsebenen der Akteure und Akteurinnen in Bremen und Übersee betreffen. Ich frage nach den Gründen für die zeitlich begrenzte Migration. War ihr Weg bereits durch eine kaufmännische Vätergeneration vorgezeichnet? Oder folgten sie einem eigenen Wunsch, den beruflichen Erfolg zunächst in Übersee zu suchen?

Der Begriff Migration umfasst die geografische Mobilität von Personen, „die für sich allein, in kleinen Gruppen oder in großen Massen" ihren bisherigen Wohnort verlassen.[23] Kaufleute aus Bremen legten sich auf einen Zeitraum von etwa fünf Jahren fest, um in Übersee zu leben und zu arbeiten. Diese Arbeitsmigrationen sind von Auswanderungen aus Gründen von Armut, Kriegen oder ethnischer Verfolgung zu unterscheiden. Es waren oft privilegierte Migrationen auf Zeit.

Etliche Söhne waren vorbestimmt, Kaufmann zu werden, um später das väterliche Geschäft zu übernehmen. Aus der Sicht der Väter schien es nützlich, Schulzeit, kaufmännische Lehre und Militärzeit im Eiltempo zu absolvieren. Bereits mit etwa zwanzig Jahren hatte der kaufmännische Nachwuchs schon erste berufliche Erfahrungen in einem Bremer Kontor hinter sich. Anschließend reisten die jungen Männer nach Übersee. An diesem Punkt setzen Fragestellungen nach Lebenspassagen und „Rites de Passage", dem beruflichen Alltag, der konkreten Arbeit sowie in Lebensformen in tropischen Regionen in Übersee an. Welche Auswirkungen hatte die zeitlich begrenzte Migration auf die Zeit nach der Rückkehr?

Kaufmannsarbeit wird häufig im Sinne von Max Weber beurteilt. Demnach beruht die „protestantische Ethik" des Händlers der Moderne auf beruflichem Leistungswillen in Verbindung mit Nützlichkeitserwägungen. Diese Einstellung wirkt sich nach Weber auf den Lebensstil des privaten Lebens und der Familie aus und führt zu Einschränkung und Mäßigung. Kapitalgewinne wurden demnach in der Regel nicht konsumiert, sondern ins Geschäft investiert, um den Ertrag langfristig zu vervielfältigen.[24] Es ist zu fragen, ob dies auch im Falle der untersuchten Bremer zutrifft.

Zunächst geht es um konkrete Kaufmannsarbeit in Übersee, die häufig nicht als körperliche Arbeit, sondern fast ausschließlich als Kontorarbeit beschrieben wird.[25]

---

23 León Grinberg; Rebeca Grinberg (1990): S. 17.
24 Max Weber (2000): S. 27-165.
25 Ansichten von Kaufmannsarbeit: Im Bremer Überseemuseum; Bildarchiv im Fockemuseum, Bremen, Nr. 1995.067, Bildnummern 47 und 48 von 1926: Kontore der Direktoren Stegemeyer und Wimmer. Details: Aufwändig gearbeitete Holzbücherwand mit dicht eingestellten Büchern mit in Gold geprägten Büchern, Sitzmöbel mit Leder gespannt; schwerer runder Besuchertisch. Morgenstern-Museum, Bremerhaven: Kontor des Kaufmanns und Reeders Rickmers; Museum

So ließen sich der Firmenchef Philipp Freudenberg und seine drei Söhne als Mit-inhaber in ihrem vornehmen Kontor in Colombo fotografieren.[26] Solche Darstel-lungen dienten der Repräsentation der Unternehmen und zeigten nur eine Seite der Arbeit. Zwar standen auch in Übersee Büros im Mittelpunkt der Kaufmannsarbeit, aber von dort aus entfalteten sich beharrliche Aktivitäten. Mit den aus Europa im-portierten Produkten bereisten die Kaufleute als Händler unwegsames Hinterland und trafen z.B. in Guatemala in abgelegenen Siedlungen auf Menschen, die euro-päische Importartikel kauften. Als wichtig und nützlich erwies sich ein guter Kon-takt zu fremden Beamten in Verwaltungsinstanzen (z.B. den Zollbehörden). So war es von Vorteil, frühzeitig von einer bevorstehenden Zollerhöhung zu erfahren. Es ist zu fragen, auf welche Weise Arbeit in Übersee von ihnen selbst und von ih-ren Ehefrauen beschrieben wird und ob sich daraus ein neuer Blick auf Bremische Kaufmannsarbeit ableiten lässt.

Ehefrauen verhalfen ihren Ehemännern durch ihre Mitgift zu zusätzlichem Ge-schäftskapital. Dieses Vermögen war zum Teil so beträchtlich, dass Männer anläss-lich der Eheschließung zuweilen Zirkulare an Geschäftsfreunde verschickten. Zwar nannten die Rundschreiben keine Zahlen, aber es galt, der Konkurrenz mit dem Mädchennamen der Ehefrau zu imponieren, um sich finanzkräftiger als vor der Ehe darzustellen. In dem Zusammenhang sind die internen Beziehungen der Eheleute und die Eigentumsrechte[27] von Männern und Frauen bedeutsam. Es stellt sich die Frage nach der Haushaltsökonomie: Wie wirkte sich das von Frauen eingebrachte Kapital auf das Verhältnis der Eheleute aus und wie handhaben Frauen und Män-ner die Hauswirtschaft?

Mit Sparsamkeitsphrasen demonstrierten Bremer Bürger Understatement. So lobte ein Überseekaufmann in seinen Lebenserinnerungen den Fleiß und vor allem die Sparsamkeit seiner Frau.[28] Und in den Briefquellen mahnte ein anderer Kauf-mann bei seiner Frau Sparsamkeit an.[29] Bestand etwa eine verschwenderische bür-gerliche Haushaltsführung?

Ein wichtiger Abschnitt beschäftigt sich mit den Ehefrauen, denen in der Lite-ratur unterstellt wurde, sie verbrächten ihre Tage im Müßiggang oder „demonstra-tiven Müßiggang"[30]. Daher wurden die Quellen nach dem „weiblichen" Arbeitsalltag,

---

der Arbeit in Hamburg-Altona: Historisches Büroensemble; idealtypisch ausgestaltet mit zeitge-nössisch verwendetem Wandschmuck, wie Schiffsgemälde, Portrait des Hamburger Reeders und Kaufmanns Adolf Woermann, Weltkarte und Darstellungen von Börse und Speicherstadt. http://www.museum-der-arbeit.de. Zugriff: 18. Juli 2007.

26 Vgl. Quellen Staats- und Universitätsbibliothek Bremen Brem.c.4056, Nr. 4: „25 Jahre Ostasia-tischer Verein Bremen eV." (1901-1926); darin im Anhang Fotos von repräsentativen Firmensit-zen in Übersee, z.B. Freudenberg & Co., Colombo um 1900. Ebenso in Privatquellen Freuden-berg: Fotos vom Kontor, Mobiliar und Bürotechnik. Die Abbildungen zeigen in Weiß gekleidete Chefs, kaufmännische Angestellte, Bürodiener und Türsteher.

27 Ursula Vogel (1988).

28 Hans Niclas Franzius (1830-1916) über seine Frau Helene, geb. Uslar. Gedruckt in: H.C. Fran-zius (1935): S. 78-79.

29 Z.B. Privatquellen Vietor: J.K. Vietor an seine Frau Hedwig, 4. Juli 1897.

30 Der Begriff „Müßiggang" im Gegensatz zu Arbeit und Leistung wurde 1520 von Martin Luther in seinen Leitsätzen „Von der Freiheit des Christenmenschens" eingeführt. – Zur Bewertung von Arbeit und Müßiggang: Josef Ehmer; Peter Gutschner (1998). – Der US-Soziologe Thorstein Veblen (1899/1981) kategorisierte um 1900 große Teile des Bürgertums als „müßiggehende

wie Haushaltsorganisation und „Mutterpflichten" befragt. Wie schätzten Frauen diese Arbeiten selbst ein? Was erfahren wir über ihre Haushaltsökonomie und welche Auswirkungen hatte die pekunäre Abhängigkeit der Frauen auf die Beziehungen der Eheleute?

Ehefrauen von Überseekaufleuten ließen Freundinnen und weibliche Verwandte in Bremen zurück und gründeten in Übersee einen Haushalt. Es ist von Interesse, welchen Kontaktkreisen sich Frauen in Übersee anschlossen. Ehefrauen blieben oft monatelang als Strohwitwen in Bremen zurück, während ihre Ehemänner Geschäftsreisen nach Übersee unternahmen. Es ist zu fragen, welche Absprachen zwischen den Eheleuten für diese Zeiten hinsichtlich der Haushaltsökonomie und der Erziehung der Kinder getroffen wurden. Wie arrangierten sich Bremerinnen in Bremen und in den Handelskolonien in Übersee? Lebten sie während der Abwesenheit ihrer Ehemänner gesellschaftlich eingeschränkter und damit weniger handlungsfähig als zusammen mit dem Ehemann?

In Übersee beschäftigten Bremerinnen indigenes weibliches Hauspersonal. Ich gehe den Beziehungen zwischen den ethnisch unterschiedlichen Frauen nach und frage nach den wechselseitigen Aushandlungsprozessen, ohne die das Zusammenleben unter einem Dach nicht funktionieren konnte. Welche Themen erörterten Bremerinnen und fremde Hausgehilfinnen bzw. Ammen?

Ein weiteres zentrales Thema meiner Arbeit handelt von der Geschichte des Körpers und seiner historischen Konstruiertheit. Mein Interesse gilt körperlichen Veränderungsprozessen durch europäische und überseeische Einflüsse. Körperliches Verhalten von Europäern ist nach Norbert Elias von Zivilisation geprägt, die bestimmte „vormoderne" Ausdrucksformen, wie Sinnlichkeit und Sexualität unterdrückt.[31] „Alltägliche Phänomene wie Essen und Wohnen, Strafen und Sexualität

---

Klasse". Eric J. Hobsbawn (1999): S. 214: „Ein Großteil des Bürgertums des ausgehenden 19. Jahrhunderts bestand aus einer ‚müßiggehenden Klasse'". – Heidi Rosenbaum (1982): Die Bürgerin „arbeitete nicht ernsthaft, sondern das, was sie tat, war primär Zeitvertreib." S. 341; die Autorin relativierend und erklärend: „Der scheinbare Müßiggang ist [...] mit äußerster Unfreiheit gepaart." S. 346. – Im Zusammenhang mit weiblichen Lebensformen stellte Gunilla-Friedericke Budde (1994) fest, dass bürgerliche Frauen weder nur dem Bild der „müßigen Salondame noch dem der emsig tätigen Haushaltsmanagerin entsprachen". S. 407. – Thomas Nipperdey (1990) stellte fest, Dienstmädchen trügen wesentlich zur Arbeitsentlastung der Hausfrau bei, aber „es ist falsch, daraus auf ein untätiges, müßiggängerisches Dasein der normalbürgerlichen Hausfrau zu schließen. [...] Ihr Leben bestand zuerst immer noch aus Arbeiten und Sparen, Haushaltsführen und Kindererziehen." S. 54. – In einem Universitätsseminar gingen Teilnehmer und Veranstalter der Frage nach, ob Frauen „adlige Traditionen" aufgriffen und Müßiggang demonstrierten, so dass damit anstelle von Arbeit „Luxus" sichtbar gemacht werden sollte. Universität Münster, Lehrstuhl für Sozial- und Wirtschaftsgeschichte, Prof. Dr. Ulrich Pfister, WS 1998/99, http://www.uni-muenster.de/Geschichte. Zugriff: 11. Juli 2007. – Gegen Vorstellungen, bürgerliche Frauen seien im permanenten „Müßiggang", zogen Historikerinnen wie Barbara Duden und Gisela Bock (1977) zu Felde. Vgl. Kirsten Schlegel-Matthies (1995): S. 15.

31 Norbert Elias (1992): Kapitel „Über das Verhalten im Schlafraum"; „Wandlungen in der Einstellung zu den Beziehungen von Mann und Frau": S. 219-263. – Anlässlich der Verleihung des Theodor W. Adorno Preises am 2. Oktober 1977 hielt Wolf Lepenies die Laudatio auf Norbert Elisas. In unserem Zusammenhang „kann Elisas' Entwurf, seine historisch-soziologische ‚Verstehenstheorie', als in vielen Teilen gelungene Verknüpfung der „kleinen Geschichte' des Individuums mit der ‚großen Geschichte' der Gesellschaft" gewertet werden." http://www.tourliteratur.de. Zugriff: 18. Juli 2007.

haben eine zivilisationsgeschichtliche Dimension"[32]. Gesittete und „ungesittete" Verhaltensweisen, Reinlichkeitsvorstellungen und Mangel an Hygiene (Staub, Ungeziefer usw.) bei gleichzeitigen körperlichen Wahrnehmungen von Angst und Schmerz trafen während des Überseeaufenthalts zusammen. Unter diesen Bedingungen lebten Bremer und Bremerinnen jahrelang – und sie wurden Eltern. Während die älteren Kinder unter der Obhut ihrer Mütter und indigener Ammen sowie Kindermädchen heranwuchsen, erlebten Frauen erneute Schwangerschaften und Geburten nicht immer als „Mutterglück". Entwickelten Bürgerinnen aus Bremen Widerstand gegen „die weibliche Bestimmung" und Kinderreichtum?

Über die Sexualität von „Anderen" (Europäern oder Einheimischen) erzählen die Quellen häufiger als vom eigenen sexuellen Verhalten. Doch auch die fremden Beispiele spiegeln eigene Vorstellungen oder Praktiken. Dabei ist zu bedenken, wem was geschrieben wurde. In Briefen zwischen Söhnen und Vätern waren männlich-sexuelle Witze zu finden, während in Briefen zwischen Töchtern und Müttern solche Texte fehlten. Auch in Korrespondenzen zwischen Eheleuten schimmert in etlichen Textpassagen eine kokette Sinnlichkeit durch. Ich befrage die Quellen nach dieser tabuisierten Thematik.

Gesundheitsvorsorge und körperliche Auswirkungen des Klimas bildeten Schwerpunkte in den Korrespondenzen. Tropenkrankheiten trafen Kinder und Erwachsene. Wie gingen Bremer mit schwer kalkulierbaren Krankheitsrisiken um? – Aber auch Mode und bürgerlicher Kleidungsstil beschäftigte Männer und Frauen in Übersee. Wie inszenierten sich Bremerinnen und Bremer in Übersee im Vergleich zu Einheimischen und zu den Gewohnheiten in Bremen?

Bürgerliche Festkultur in Bremen und Übersee beansprucht in meiner Arbeit kein eigenes Kapitel. Es zeigte sich, dass „deutschen" Familienfesten, wie dem Weihnachtsfest, aber auch den „patriotischen" Festen wie „Kaisers Geburtstag", „Sedanstag" sowie den im Jahresrhythmus veranstalteten lokalen Vereinsgeselligkeiten hervorgehobene Bedeutungen zukommen. Doch spannender als die „deutsche" erschien die Exotik der indigenen Festkultur oder hochrangige Einladungen in Übersee. Es löste bei den Bremern Befremden aus, wenn Einheimische auf ihre Weise religiöse Feiertage wie Ostern oder Weihnachten in Bahia oder Guatemala begingen. Welche realen und symbolischen Unterschiede sind zwischen der deutschen Festkultur und der der Fremden festzustellen?

In Bremen trafen sich seit Anfang des 19. Jahrhunderts die „Herren der Stadt" (Hans-Walter Schmuhl) in unterschiedlichen elitären Vereinen.[33] Dagegen fand sich in den deutschen Handelskolonien um 1900 meistens nur ein Vereinslokal. Doch

---

32 Richard van Dülmen (2001): S. 71-74.
33 Die Vereinslokale von „Union von 1801", „Erholung" und „Museum" in Bremen galten als Klubs, in denen bereits vor 1800 vornehme Männergesellschaften einkehrten und die einen vom Berufsalltag unabhängigen Rahmen unter Gleichgesinnten boten: Bildung durch Vorträge und Bibliotheksbesuch, Unterhaltung bei Konzert, Spiel und Ballvergnügen. Dies war eine willkommene Abwechselung vom beruflichen Alltag. Neben der Funktion Geselligkeit differenzierten sich die Vereinszwecke im Laufe des 19. Jahrhunderts in zahlreiche berufspezifische Vereinsziele aus. Vereinsmitglieder und -vorstände mit professionell-ökonomischen Ambitionen sind nicht zu übersehen. Vereine wie die „Union von 1801" unterhielten Ausbildungs- und Vermittlungseinrichtungen für den kaufmännischen Nachwuchs, auch für dessen Einsatz in Übersee. Richard

Kaufleute organisierten Vereins-Untergliederungen, wie Abteilungen für Fußball, Tennis, Musik sowie einen Schulverein. Geselligkeit in Übersee fand auffallend häufig als kaufmännisch „nützliche" Festkultur oft auch im Umkreis von Konsulaten statt. Die Geselligkeit wurde so wichtig genommen, dass sie der Arbeitszeit ähnelte. Es ist zu fragen, ob und auf welche Weise Bürgerinnen an solchen Geselligkeitsformen teilnahmen.

5. Globalisierung, Kulturvergleich und Transkulturation

Unter Globalisierung versteht man den Prozess der zunehmenden internationalen Verflechtung in den Bereichen Wirtschaft, Politik, Kultur, Umwelt, Kommunikation usw. Diese Intensivierung der globalen Beziehungen geschieht auf der Ebene von Individuen, Gesellschaften, Institutionen und Staaten[34]. Die geschichtliche Dimension spielte in der frühen Globalisierungsdebatte kaum eine Rolle, es sei denn, man sah die Zeit nach dem Zweiten Weltkrieg als Zeitpunkt für den Beginn des sich bis heute beschleunigenden wirtschaftlichen Integrationsprozesses[35]. Als Replik auf die Gegenwartszentriertheit der frühen Argumentationen wurde der Vorgang der Globalisierung zuweilen historisch grundsätzlich in Frage stellt: „Globalisierung sei ein uralter Trend, dieser Integrationsprozess sei so alt wie die Menschheit"[36]. Die neueren Studien von deutschen Historikern behandeln den Globalisierungsprozess im Zusammenhang mit dem Prozess der europäischen Moderne. Demnach habe Globalisierung im 15. Jahrhundert mit der europäischen Expansion über die ganze Welt begonnen. Und verstärkt habe sich die Globalisierung mit den Wellen der beschleunigten Moderne. Der Wirtschaftshistoriker Knut Borchardt etwa will der Frage nachgehen, was wirklich neu ist an dem, was heute Globalisierung genannt wird. Er schlägt ein Modell vor, das mehrere Globalisierungswellen vorsieht, also historische Phasen der Zunahme der internationalen Verflechtung, gefolgt von Phasen der Abnahme von Verflechtungen. Die letzte historische Globalisierungswelle sieht Borchardt in der Zeit von den 1840er Jahren bis zum Ersten Weltkrieg. Damals stiegen Handelsverflechtung, kommunikationstechnische Entwicklung, der Kapitalverkehr und die Migration enorm.[37]

Globalisierung ist ein Schlüsselbegriff, der seit den 1980er und 1990er Jahren populär wurde. Jürgen Osterhammel und Niels P. Petersson[38] plädieren für

---

A. Will (1895); Uwe Puschner (1982); Club zu Bremen (1984); Otto Dann (1984); Stefan-Ludwig Hoffmann (2003).

34 Ein aktueller Diskurs zu Globalisierung findet sich – in ständig überarbeiteter Form – in der Internet-Enzyklopädie Wikipedia als 15-seitiger Hauptartikel mit ausführlicher Literaturliste, daneben: Film-Verzeichnis und Weblinks (http://de.wikepedia.org/wiki/Globalisierung. Zugriff: 30. Januar 2008). – Wiktionary, das Wörterbuch von Wikipedia, stellt unter Globalisierung die Bedeutungserklärungen, Wortherkunft, Synonyme und Übersetzungen zusammen (http://de.wiktionary.org.wiki/Globalisierung. Zugriff: 30. Januar 2008).

35 So bei Ulrich Beck (2001).

36 Wikipedia: Globalisierung (2008): S. 9.

37 Knut Borchardt (2001).

38 Jürgen Osterhammel; Niels P. Petersson (2006); Ulrich Beck (2001): Was ist Globalisierung?

historische Globalisierungsperspektiven, die in verschiedenen Phasen seit Beginn der Neuzeit einsetzten. Sie konzentrierten ihre Forschungen nicht auf Nationalstaaten oder Kulturräume, sondern auf den „Aufbau, die Verdichtung und die zunehmende Bedeutung weltweiter Vernetzung"[39]. Bereits in der Phase von 1750 bis 1880 kam es demnach zum Aufbau von dichten wirtschaftlichen Verflechtungen und zur Weltwirtschaft, in deren Mittelpunkt Großbritannien stand. Vor diesem Hintergrund sind die Aktivitäten der Bremer Überseekaufleute einzuordnen.

Mein Erkenntnisinteresse richtet sich nicht nur auf Differenzen zwischen den Kulturen, sondern auch auf Akkulturationsprozesse und Wahrnehmungen von kulturellen „Zwischenräumen", das heißt auf Eingewöhnungsprozesse von Migranten.[40] Als kulturelle „Zwischenräume" werden wechselseitige Annäherungs- bzw. Anpassungsprozesse bezeichnet, die sich durch den jahrelangen Aufenthalt in Übersee ergaben. Bei der Betrachtung der Quellen sind längerfristige Kulturbegegnungen in Arbeitsverhältnissen, Nachbarschaften usw. festzustellen, in denen sich Akteure wechselseitig annäherten, sich gegenseitig beeinflussten und veränderten. Solche Kulturprozesse werden unter dem Begriff Transkulturation zusammengefasst.

Transkulturationsprozesse heben kulturelle Differenzen nicht unbedingt auf, aber sie können Machtverhältnisse und kulturelle Praktiken verändern. Bisherige eigene Wertvorstellungen und Traditionen werden überprüft. Es sind daher Fragen nach dem Fortbestand eines „bürgerlichen Wertesystems" zu beantworten, das zwar nach Übersee als „geistiges Gepäck" transportiert wurde, aber möglicherweise in der Ferne nicht überleben konnte.

Die Akteure und Akteurinnen dieser Studie entstammen dem bremischen bürgerlichen Milieu. Ihre Lebensläufe weisen aufgrund von individuellen Erfahrungen in Übersee Ähnlichkeiten auf. Da sie zu unterschiedlichen Zeiten aufbrachen und zurückkehrten und sich unterschiedlichen Orten und Regionen in Übersee zuwandten, sind die jeweiligen Rahmenbedingungen „zu Hause" in Bremen und die jeweiligen regionalen und transnationalen Konstellationen in Übersee zu erfassen, damit eine methodische Vergleichsbasis geschaffen werden kann.

Kaufmannsfamilien zeichneten sich durch eine besondere Mobilität aus. Sie lebten wie andere Migranten oft nur für eine begrenzte Zeit an einem Ort, an dem sie Teil einer europäischen Kolonisierung waren. Handel und Tausch wurden durch Absprachen und gesellige Kontakte mit Trägern unterschiedlicher Kulturen gefördert.[41] Die eigene Identität und Tradition sahen die Akteure dadurch nicht gefährdet, beabsichtigten sie doch, nach einigen Jahren nach Bremen zurückzukehren. Aber wie steht es mit kulturellen Grenzüberschreitungen zum „Fremden" oder zu fremden Menschen, zumal der Begriff „Fremdheit" oft mit Adjektiven „primitiv", „wild", „archaisch" und „niedrig" konnotiert bzw. erläutert wird?

39　Jürgen Osterhammel; Niels P. Petersson (2003): S. 24. Daniel Maul: Rezension von Osterhammel/Petersson. In: sehepunkte 3 (2003), Nr. 12. http://www.sehepunkte.historicum.net/2003/12/4078.html.
40　Peter Bolz (1999): S. 16.
41　Friedrich H. Tenbruck (1992): S. 13-35; hier S. 24.

In der transkulturellen Praxis sind persönliche Begegnungen und Handlungen von entscheidender Bedeutung. Dabei erweist sich Sprache beim mehr oder weniger gleichgewichtigen Aushandeln von Sicht- und Verstehensweisen als wichtigstes Element in gegenseitigen Verständigungsprozessen. Unter dem Begriff „Pidgin" sind reduzierte Sprachformen zur Verständigung zwischen Personen unterschiedlicher Muttersprachen zu verstehen. Häufig vermischen sich Englisch, Spanisch oder Portugiesisch mit in Übersee gesprochenen Sprachen. „Pidgin" ist eine „zweckbestimmte Handelskontaktsprache oder Handelshilfssprache, die sich bei Handel und Geschäft im Bereich von Überseehäfen ergibt"[42].

Sprachvermischungen gehörten auch in Bremer Haushalten in Übersee zum Alltag. So wurde die Kontaktsprache zwischen Deutschen und Namibiern umgangssprachlich als „Küchendeutsch" oder „Südwesterdeutsch" bezeichnet. Es war eine Hilfssprache, die Elemente der dominanten Sprache der deutschen Kolonisten übernahm. Für eine fruchtbare Kommunikation für Verwaltungszwecke zwischen deutschen Kolonialbeamten und den Herero konstruierte 1916 der deutsche Kolonialbeamte Dr. jur. Emil Schwörer ein spezifisches „Kolonialdeutsch"[43]. Der Erste Weltkrieg verhinderte die praktische Umsetzung.

Mischsprachen werden als „Kreolsprachen" bezeichnet, wenn sie im Zusammenhang mit Kolonisation und Plantagenbau z.B. auf Haiti, Jamaika usw., also unter langfristigen, stabilen soziokulturellen Bedingungen, zu „Muttersprachen" geworden sind. Kreolsprachen setzen sich aus unterschiedlichen europäischen Sprachen und nur wenigen Wörtern afrikanischen Ursprungs zusammen.[44]

Autoren des grundlegenden Sammelbandes über Kulturvergleich[45] gehen davon aus, dass fast alle gesellschaftlichen Entwicklungen durch Kulturkontakte entstanden seien. Der Kulturvergleich ist demnach als ein „Denkraum" anzusehen, in dem sich Vertrautes und Anderes im Kontrast wahrnehmen lassen. Nach Joachim Matthes sollten Forscher offen für „überraschende" Ergebnisse sein.[46] Homi K. Bhabha führte diesen Gedanken weiter. Der von ihm definierte „Dritte Raum" der Migranten ist ein Ort kultureller Vermischungen, in dem Menschen in einem offenen und fortwährenden Prozess agieren.[47]

Migrations- und Kolonisationsprozesse zeigen, dass sich die aufnehmende Kultur ebenso wie die der Migranten verändert. Einwohner und Zugereiste befanden (und befinden sich auch heute) keineswegs in abgeschotteten kulturellen Räumen, in denen sie lediglich „reine" Traditionen pflegten. Durch Kulturkontakte entwickelten sich Wechselbeziehungen, die Reflektionen und gemeinsames Handeln ermöglichen. Zwischen den Kulturen wurden demzufolge Praktiken ausgehandelt, die zu Veränderungsprozessen kultureller Ausdrucksformen und Vorstellungswelten führten. Der Blick auf das kulturelle „Dazwischen" – das sich gegenseitig

---

42 Theodor Lewandowski (1994): Bd. 2, S. 814-816.
43 Emil Schwörer (1916); Wikipedia, 5. Juli 2007; Susanne Mühleisen (2005): www.fu-berlin.de/phin. Zugriff: 7. Juli 2007.
44 Theodor Lewandowski (1994): Bd. 2, S. 615.
45 Joachim Matthes (1992).
46 Joachim Matthes (1992): S. 75-99; hier S. 95f.
47 Homi K. Bhabha (1993): DissemiNation, S. 207-253.

Verändernde – steht im Kontrast zu Vorstellungen von gesellschaftlicher Homogenität und Stabilität.

Postmoderne Ansätze gehen über den Kulturvergleich hinaus: Seit einigen Jahren werden von anglosächsischen Anthropologen in den USA und England kulturwissenschaftliche Theoriedebatten über Hybridität und Transkulturation geführt, die sich gegen homogene, nationale Zugehörigkeitsauffassungen richten. Die Anglistin Elisabeth Bronfen machte diese Kulturtheoretiker für den deutschen Raum mit dem Band „Hybride Kulturen" bekannt.[48] Ein prominenter Vertreter dieser Richtung ist Homi K. Bhabha. Kulturelle Vermischung („Hybridität") und Transkulturalität sind Konsequenzen seiner Weltsicht:

> „Die Repräsentation von Differenz darf nicht vorschnell als Widerspiegelung vorgegebener ethnischer oder kultureller Merkmale gelesen werden, die in der Tradition festgeschrieben sind. Die gesellschaftliche Artikulation von Differenz ist aus der Minderheitenperspektive ein komplexes, fortlaufendes Verhandeln, welches versucht, kulturelle Hybriditäten zu autorisieren."[49]

Für die vorliegende Untersuchung bedeutet dies, die Stimmen der „Kolonisierten" in Übersee „mitzuhören" und mitzudenken. Sie bildeten die Mehrheit in den aufnehmenden Gesellschaften, während die Zugereisten zur Minorität einer kleinen, elitären Gruppe gehörten.

Die Geschichten, die Überseekaufleute und ihre Ehefrauen in ihren Briefen erzählten, handeln von Differenzen, Similaritäten und hybriden Prozessen, die sich oft nur schwer in „große Strukturgeschichte" einordnen lassen. Aber den Texten sind spezifische Prozesse des Aushandelns, der Distinktion und kultureller „Vermischung" vor dem Hintergrund von Migration und Kolonialismus zu entnehmen. Eine Sensibilität für Transkulturation in historischen Quellen (Texten und Bildern) ermöglicht Einblicke in vermischte kulturelle Innenräume der Protagonisten. Meinen Zugang möchte ich folgendermaßen skizzieren:

Im Kontakt zwischen Europäern und Einheimischen in Übersee entwickelten sich Prozesse von Transkulturalität in allen Lebensbereichen. In der männlichen Arbeitswelt beim Umgang mit indigenen Mitarbeitern und innerhalb des Familienlebens beim Aufziehen der Kinder, die von „fremden" Ammen genährt und von indigenen Kindermädchen betreut wurden. In dem weiten Spektrum der Körperlichkeit (Gesundheit, Krankheit, Schwangerschaft, Geburt, Tod, Nahrung usw.) machten die Akteure besonders einschneidende Erfahrungen. Ein weiterer Bereich waren gemischte Geselligkeiten mit der Möglichkeit, auf ranghohe Einheimische

---

48 Das Konzept „hybrider Identitäten und Kulturen" wird seit einigen Jahren von Kulturtheoretikern in den USA und England (u.a. Homi Bhabba, Stuart Hall, Benedict Anderson), diskutiert. Ihre eigene Migrationserfahrung machte sie zu Trägern von kulturellen Mehrfach-Identitäten. Als Kategorien und Konzepte werden „Kreolisierung", „Diaspora" und „Hybridisierung" genannt. Im Zusammenhang mit diesen Theorien stehen neue, schlagwortartige Begriffe („Entbettung", „Rooting" u.a.) für das oft erzwungene Verlassen der relativ sicheren „Heimat" bzw. die Notwendigkeit, an fremden Orten neue „Wurzeln" zu schlagen. Elisabeth Bronfen; Benjamin Marius (1997). Einleitung, S. 1-30; Benedict Anderson (1997): S. 31-58.

49 Homi Bhabba (1997): S. 123-148; hier S. 125.

im Umkreis von Konsulaten und Vereinen zu treffen und sich in transkulturellen
Netzen einzurichten.

6.   Methodik und Quellen

In geisteswissenschaftlichen Disziplinen wird seit einigen Jahren gefordert, dass
Methoden nicht nur exklusiv, sondern sich gegenseitig ergänzend einzusetzen sei-
en. Die Einbeziehung von Ansätzen aus soziologischen und kulturwissenschaftli-
chen Forschungen führten in der Geschichtswissenschaft zu einer schnell wechselnden methodischen Orientierung mit neuen Fragestellungen, aber seit Anfang
der 1990er Jahre auch zu kontroversen Diskussionen um kulturhistorische Ausrich-
tungen in der Geschichtswissenschaft. Bezogen auf meine Untersuchung ging es
z.B. um die Frage nach der Möglichkeit von Repräsentativität und Verallgemein-
barkeit von Ergebnissen auf der Mikroebene. Aber auch die Mikroebene bietet im
vorliegenden Fall Möglichkeiten zum Vergleich: Soziale und familiäre Beziehungen, Geschlechterverhältnisse, weibliche Ökonomie, Arbeitsformen usw. zwischen
Bremen und Übersee.[50]

Historische Ereignisse, kulturelle Phänomene und soziale Beziehungen können neu bewertet werden, wenn schriftliche Zeugnisse handelnder Menschen „zum
Sprechen" gebracht werden und in den Mittelpunkt der Untersuchungen rücken. In
meiner Studie soll die Geschichte eines Personenkreises von Bremer Bürgerinnen
und Bürgern unterschiedlicher Kaufmannsgenerationen analysiert werden.[51] Mein
Beitrag fokussiert insbesondere weibliche Arbeit in Kaufmannsfamilien. Die Untersuchung von Lebensläufen oder kleiner gesellschaftlicher Einheiten eröffnet die
Möglichkeit zur Interpretation von Selbst- und Fremdeinschätzungen der Akteure.
Dabei werden Erkenntnisse über individuelle, soziale, wirtschaftliche und politische Beziehungen gewonnen.

Mikrogeschichte kontrastiert strukturelle Sozial- oder Wirtschaftsgeschichte und
beansprucht für sich, bisherige Forschungsergebnisse nicht nur zu ergänzen und

---

50 Winfried Schulze (1994): S. 6-18. Demgegenüber macht z.B. Strukturgeschichte langfristige
    wirtschaftliche Prozesse, wie Schwankungen oder Konjunktur- und Depressionsphasen deutlich.
    Dieser Komplex wird auch in Privatbriefen thematisiert. Er wird verständlich durch Struktu-
    ren kapitalistischer Wirtschaftsformen: Kurze Konjunkturzyklen werden – nach den von Nikolai
    Kondratjew 1926 entwickelten Theorien – von langen Konjunkturwellen in Zeitabschnitten zwi-
    schen 40 und 60 Jahren überlagert. Über den zeitlichen Ablauf der Kondratjew-Zyklen besteht
    überwiegend Einigkeit. Eine dieser Perioden (= zweite industrielle Revolution) wurde zwischen
    1849 und 1890 durch die Stahlindustrie (Eisenbahnbau, Dampfschiffe) bestimmt. In der folgen-
    den Periode zwischen 1890 und 1940 waren Elektrotechnik, chemische- und Schwerindustrie
    von zentraler Bedeutung. Nikolai D. Kondratjew (1926). Kondratjew Wikipedia: Kondratjew-
    Zyklus, mit Literatur und grafischen Darstellungen. Zugriff: 18. Juli 2007. – Dazu auch Jürgen
    Kocka (1984): Sozialgeschichte, S. 103-105. Hans Rosenberg (1967). – Hans-Ulrich Wehler
    (1995) strukturierte die Kapitel seiner Deutschen Gesellschaftsgeschichte auffällig nach histori-
    schen Konjunktur- und Depressionsphasen.
51 Nach Hans Medick (1989) sollen „Gesichter von geschichtlichen Personen in der Menge" iden-
    tifiziert werden. S. 64.

zu korrigieren, sondern auch qualitativ zu erweitern.[52] Zur Methode schrieb Ute Daniel 1994 befürwortend, der „angebliche konzeptionelle Gegensatz" habe sich als „Scheinopposition erwiesen". Makro- und Mikrohistorie seien „jeweils aufeinander angewiesene Schwerpunktsetzungen." Wenn neue Forschungsgebiete erschlossen würden und Ergebnisse „anregend" dargestellt werden sollten, müssten „alternative Ansätze" etabliert und als geschichtswissenschaftliche Methoden angewandt werden.[53]

Mein Erkenntnisinteresse formulierte ich als Fragen nach Migrationsgründen und nach Lebensprozessen in Übersee. Mich interessieren Auswirkungen, die der langjährige Überseeaufenthalt der Kaufleute und ihrer mitgereisten Ehefrauen nach ihrer Rückkehr nach Bremen hatten. Zwischen Aufbruch und endgültiger Rückkehr der Akteure lagen oft viele Jahre. Diese Zeit war durch elementare Erfahrungen wie Arbeit, Haushaltsführung, Familienleben, Umgang mit fremden Menschen in der Häuslichkeit, am Arbeitsplatz und gesellschaftlichen Zusammenhängen bestimmt. Zudem hatten tropisches Klima und fremde Kulturen Auswirkungen auf die körperliche und mentale Befindlichkeit der Akteure.

Die Lebenspraxis der Auswanderer aus Bremen soll rekonstruiert und analysiert werden, wobei das jeweilige sozialhistorische „große Ganze" der Geschichte nicht aus dem Blick gerät. Die Untersuchungen konzentrieren sich auf die von den Protagonisten in privaten Korrespondenzen und Tagebüchern beschriebene bürgerliche Lebenswelt. Die Quellen geben Auskunft über Familien- und Geschlechterbeziehungen, Freundschaften, funktionierende und getrübte Geschäftspartnerschaften. Das Quellenmaterial kann vielfältig kombiniert werden. Dieses schließt Möglichkeiten zum Vergleichen von Wertorientierungen und den daraus folgenden sozialen Beziehungen und Handlungen ein. Vergleichbarkeiten werden hervorgehoben, doch wird auch den Spezifika historischer Stellenwert beigemessen, um Erfahrungsprozesse von weltoffenen und weit gereisten Individuen aus Bremen zu beurteilen.

Wie unterscheiden sich z.B. Aussagen in der Retrospektive gedruckter Lebenserinnerungen von denen in aktuellen Privatbriefen? Was drücken Skizzen und Kritzeleien in Briefen aus? Was bedeuten Briefbeigaben wie Bildchen oder gepresste Blumen? Handschrift als Indikator für Emotionen?

Das Themenspektrum der Historischen Anthropologie verfolgt Spuren von „Tabuthemen", etwa Fragen nach Geschlechterbeziehungen. Dabei geht es um die Beziehungen zwischen den Geschlechtern, aber auch um Beziehungen innerhalb der Geschlechter. Die Bereiche Sexualität und Geschichte des Körpers erlauben Rückschlüsse auf das Handeln und Denken von Menschen.

Unter Perspektiven der Historischen Anthropologie betrachtete Rebekka Habermas drei Nürnberger Bürgergenerationen zwischen 1750 und 1850 „aus der Nähe"[54]. Diese Methode verband sie mit einem geschlechtergeschichtlichen Ansatz

---

52 Richard van Dülmen (2001): S. 105: „Ohnehin werden mikro- und makrohistorische Perspektiven aufeinander zugehen müssen, da eine Mikrogeschichte ohne Makroperspektive an Erkenntnisfähigkeit verliert wie umgekehrt die Makrogeschichte ihre Realitätsnähe und eine Breite an Erkenntnissen aufgibt, wenn sie die Ergebnisse der Mikrohistorie nicht berücksichtigt."
53 Ute Daniel (1994): S. 55.
54 Rebekka Habermas (2000): S. 8-9.

und untersuchte auf der Grundlage umfangreichen autobiografischen Quellenma-
terials die Themen Arbeit, Geselligkeit und Familie. Unter anderem erforschte sie
eine spezifische bürgerliche Kultur und Lebensführung und ermöglichte Einblicke
in die bürgerliche Geschlechterordnung. Auch an diese Studie, die im Zusammenhang des Bielefelder Forschungsprojekts zur „Sozialgeschichte des neuzeitlichen
Bürgertums" steht, möchte ich methodisch anknüpfen.

Es bietet sich an, das biografische Material – Texte und ausgewählte Fotos –
ähnlich einer ethnologischen „Feldforschung im Archiv"[55] im Hinblick auf gesellschaftliche und individuelle Praktiken, lokale Besonderheiten, Wahrnehmungen des
Eigenen und des Fremden, die bürgerliche Geschlechterordnung usw. zu durch-
leuchten und zu beschreiben. Meine Aufmerksamkeit richtet sich auf die Egodoku-
mente[56]. Ich verknüpfe und vergleiche sie, um Bedeutungen und Funktionen auch
in übergeordneten Zusammenhängen zu erkennen.

„Briefe zu schreiben und zu empfangen, gehörte im 19. Jahrhundert auch jen-
seits aller objektiven Notwendigkeit des Informationsaustausches zum guten Ton
des gesellschaftlichen Lebens. [...] Es handelte sich um eine Art schriftlicher
Gesprächskultur"[57]. Briefe waren auch bis in die dreißiger Jahre des 20. Jahrhunderts hinein ein alltägliches Kommunikationsmittel zwischen weit entfernt lebenden
Menschen.[58] Aus Übersee wurden Briefe nach Bremen abgeschickt, auch wenn wenig Berichtenswertes vorgefallen war, denn Frauen und Männer hielten den Posttag
ein, der von den Schifffahrtsliniendiensten bestimmt wurde. Nur so schien die Auf-
hebung der räumlichen Distanz „nach Hause" möglich zu sein.

Um 1860 kamen Briefe aus Kalkutta nach drei Monaten in Bremen an. Nach
dem Bau des Suezkanals brauchten sie nur noch sieben Wochen.[59] 1887 wurden
Briefe von Chile nach Bremen in acht Wochen befördert. Um 1900 benötigte Post

---

55 Im Unterschied zur historischen Forschung in Archiven werden gegenwartsbezogene ethnologi-
sche Forschungen im „Feld", d.h. jeweils am Ort des Geschehens durchgeführt. Dabei werden
in überschaubaren Gemeinschaften Situationen und Handlungen mit qualitativen Forschungsme-
thoden (z.B. in „teilnehmender Beobachtung") über einen langen Zeitraum studiert, um Unbekanntes zu entdecken. ForscherInnen sind „immer Teil der Situationen." Hans Fischer (1999):
S. 123. – Zur Quellenerschließung und Quellenkritik im Archiv schrieb der Ethnologe und Historiker Wolfgang Kaschuba (1999): S. 213: „Historische Forschung wird in vielen Bereichen
längst unter intensiver Einbeziehung ethnologischer und kulturanthropologischer Perspektiven
betrieben. Dabei spielt insbesondere die Erkenntnis eine Rolle, dass auch das historische ‚Feld'
eine andere Kultur verkörpert, mit der wir in Austausch treten und die damit umgekehrt auch
unsere Leseweisen problematisiert und reflektiert."
56 Das sind nach Winfried Schulze (1996) „Autobiografien, Selbstzeugnisse, die etwas über die
(Selbst)-Wahrnehmung und Darstellung des Ich verraten." Zu Selbstzeugnissen zählen Briefe,
Fotos, Tagebücher, Chroniken, Lebenserinnerungen, Reiseberichte und auch „unfreiwillig ent-
standene Äußerungen zur Person im Rahmen administrativer, jurisdiktioneller oder wirtschaftlicher Vorgänge." S. 7-11. Vgl. Andreas Rutz: Ego-Dokument oder Ich-Konstruktion? Selbstzeugnisse als Quellen zur Erforschung des frühneuzeitlichen Menschen. In: Zeitenblicke 1
(2002), Nr. 2 (20.12.2002). http://www.igl.uni-bonn.de. Zugriff: 18. Juli 2007.
57 Rainer Baasner (Hrsg.) (1999): S. 1-36.
58 Zum Genre Briefkultur verweise ich auf folgende Literatur: Robert Vellusig (2000); Annette C.
Anton (1995); Daniela Magill (1989).
59 Privatbriefe Smidt: Johann Smidt an seinen Vater, 9. März 1868. Er bestätigte seinem Vater,
dessen Brief vom 25. Januar 1868 erhalten zu haben.

zwischen Guatemala und Bremen fünf Wochen.[60] Zwischen den Briefpartnern kam es wegen der langen Zeitspannen zwischen den abgesendeten und empfangenen Briefen eher zu einem erzählenden und keinem dialogischen Briefstil. Die Akteure in Übersee versuchten, das Fremde in Relationen zum Vertrauten darzustellen. Sie verglichen die fremde Wirklichkeit mit dem in Bremen Bekannten. Manchmal entschuldigten sie sich wegen Zeitmangels oder für ihre schlechte Handschrift. Sie betonten gegenüber den Verwandten in Bremen, sich für alle, auch die geringsten Neuigkeiten aus der Heimat, zu interessieren. Briefe, die in Bremen verfasst wurden, waren von Bedeutung, da sie bremisch-bürgerliche Lebensformen mit dem Alltag in Übersee kontrastierten.

Eilige Mitteilungen wurden in Telegrammform aufgegeben. Zwischen Bremen und der damals deutschen Kolonie Togo war es seit 1894 möglich, innerhalb von zwei Tagen an entfernte Orte telegrafische Nachrichten zuzustellen,[61] während Briefe etwa vier Wochen benötigten. Um Gebühren zu sparen, bedienten sich Kaufleute bestimmter Codes, die in einem späteren, dem Telegramm folgenden Brief noch einmal in ausführlicher Form bestätigt wurden. Damit sollten Missverständnisse der Übermittlung oder bei der Decodierung ausgeschlossen werden. Dazu möchte ich schon an dieser Stelle Beispiele anführen:

Der Guatemala-Kaufmann Friedrich Köper riet seinem Vater Gerhard Köper in Bremen mit dem telegrafischen Code „Skirret", umgehend Aktien bei der Deutschen Nationalbank zu verkaufen.[62] Und ein wichtiges bevorstehendes familiäres Ereignis kündigte Friedrich Köper mit einer Auswahl von Codes und ihrer Übersetzung seinen Verwandten an: „Bugbear = gesunder Junge; Buggy = gesundes Mädchen; Buglehorn = Mutter und Kind wohl"[63].

Vor dem Ersten Weltkrieg waren Telegramme das schnellste Kommunikationsmittel zwischen Guatemala und Bremen. Über Telefon verfügte das Guatemala-Geschäft Köpers zu der Zeit offenbar noch nicht. Das weltweite Telefonnetz, das sich aus einer Vielzahl kleiner Verbindungsnetze entwickelte, stand erst zwischen 1905 und 1915 in Europa und USA für einen größeren Personenkreis zur Verfügung.[64] Von innerstädtischer Telefonkommunikation zwischen Privathäusern ist in den Quellen um 1900 in Bremen noch selten die Rede.[65]

Die vorliegende Arbeit wertet hauptsächlich die Nachlässe von zehn Bremer Bürgerfamilien aus. Sie umfassen Privatkorrespondenzen, Tagebücher, Lebens-

---

60 Privatbriefe Noltenius: Eberhard Noltenius an seine Eltern aus Valparaiso, 27. Oktober 1887. – StAB 7,13: Friedrich Köper an seinen Vater, 4. Januar 1901.

61 Johann Karl Vietor hielt sich in Westafrika auf, als seine Frau am 4. November 1894 in Bremen das erste Kind gebar. Bis zum Eintreffen des Telegramms mit der Mitteilung über die Geburt eines Mädchens am 6. November 1894 war er „schlecht gelaunt", wie er schrieb. Seine [besorgten] Gedanken an sie störten ihn bei der Arbeit. Privatbriefe Vietor: J.K. Vietor an seine Frau, 25. Oktober 1894; 4. November 1894.

62 StAB 7,13: Gerhard Köper an seinen Sohn Friedrich, 3. Dezember 1903. vgl. Katharina Trümper (1996). Darin werden deutsche Banken und insbesondere Hamburger Firmenkonsortien genannt, die in den Kaffeeplantagenanbau in Guatemala investierten.

63 StAB 7,13: Friedrich Köper an seine Eltern, 26. Oktober 1900.

64 Wolfgang König (1997): S. 492-510.

65 Seit 1881 wurde mit der Verlegung von Telefonleitungen in Bremen begonnen. Dazu: Herbert Schwarzwälder (1995): Bd. 2. S. 373.

erinnerungen, Fotos und einige Geschäftsunterlagen, die im Bremer Staatsarchiv niedergelegt wurden. Die Suche nach Privatbriefen von Frauen erwies sich als schwierig. Nachdem ich dazu zwei Konvolute aus dem Bremer Staatsarchiv transkribiert hatte,[66] wandte ich mich an Nachkommen von Bremer Kaufleuten. Sie öffneten für mein Projekt ihre Keller, Schränke, Koffer, Schachteln, Briefkassetten und Fotoalben. Ich wurde mit meinem Anliegen in den Familien „weiterempfohlen". In diesem Zusammenhang ist zu erwähnen, dass manche der erzählten Erinnerungen in meine Arbeit einfließen konnten. Einige der Informanten waren miteinander verwandt. Insgesamt ergab sich so ein Fundus von Quellen, deren Informationen vernetzt werden konnten. Familienbriefe zwischen Übersee und Bremen wurden häufig von Frauen im Wochenrhythmus auf jeweils vielen Briefseiten verfasst. Ebenso wie die Briefe der Frauen sind auch die der Männer in deutscher Schrift geschrieben. In einigen Familien traf ich auf Briefe und Gegenbriefe von Eheleuten sowie auf Korrespondenzen zwischen Kindern und Vätern bzw. Vätern und erwachsenen Söhnen. Kurz nach 1900 traten in den Konvoluten die ersten mit Maschine geschriebenen Briefe auf, die von den Kaufleuten und in der Regel nicht von ihren Frauen verfasst wurden.

Besonders zahlreiche Privatkorrespondenzen stellten mir die Familien Kulenkampff, Noltenius, Smidt und Vietor zur Verfügung. Im Bremer Staatsarchiv befand sich ein weitgehend unbekanntes, umfangreiches Konvolut des Überseekaufmanns Friedrich Köper, das mir als Quellenmaterial diente und exemplarisch vorgestellt werden soll.

Quellen: Friedrich Köper.[67]
Das Konvolut Köper im Bremer Staatsarchiv besteht aus vierzehn Archivkisten auf etwa 1,5 Regalmetern. Friedrich Köper war ein fleißiger Briefschreiber. Seine Originalbriefe an Familienmitglieder umfassen den Zeitraum zwischen 1887 bis 1947. Im Nachlass befinden sich auch Briefe von seinem Vater Gerhard Köper, von seiner Ehefrau Mathilde („Tilly") Köper und seinem Sohn Fritz Köper, der Ende 1920 seine kaufmännische Berufsausbildung in Bremen abschloss und dann in Übersee erste Berufserfahrungen als Kaufmann machte. Das Konvolut enthält auch einen Stadtplan von Guatemala (1894), in dem auch das erste Ladengeschäft Köpers eingezeichnet ist, sowie eine Landkarte Guatemalas aus dem Jahr 1902. In zwei weiteren Kartons des Bestands sind Fotografien aus familiären und geschäftlichen Zusammenhängen sowie beschriebene und unbenutzte Postkarten aus Zentralamerika aufbewahrt.

Das Konvolut umfasst auch aus der Zeit nach Köpers Rückkehr nach Bremen auf Spanisch und Deutsch abgefasste Briefe seiner Teilhaber Domingo Muñoz und Wilhelm Lottmann in Guatemala. Bei der Übersetzung einiger der Spanischen Briefe waren mir Studienkolleginnen behilflich. Diese Übersetzungen waren mir wichtig, da sie Einblicke in Köpers Geschäftsaktivitäten nach seiner Rückkehr nach Bremen zulassen.

---

66 StAB 7,500-B-81: Marie Overbeck aus Bahia, ca. achtzig Briefe, d.h. einhundert Seiten als transkribiertes Konvolut; StAB 7,13: Mathilde Köper aus Guatemala, ca. fünfunddreißig Briefe, d.h. dreiunddreißig Seiten als transkribiertes Konvolut.
67 StAB 7,13.

Im Archivbestand Köper befinden sich auch elf Briefkopierbücher aus der Zeit zwischen 1887 und 1912. Die meisten enthalten jeweils fünfhundert oder zweihundertfünfzig Seiten in deutscher Schrift verfasste Briefe, die aus geschäftlichen oder privaten Gründen verfasst wurden. Da sie auf dünnem Kopierpapier überliefert wurden, sind sie teilweise schwer oder gar nicht mehr lesbar. Insbesondere am unteren und rechten Rand des Papiers ist die Schrift durch häufiges Umblättern der Seiten verblasst oder durch Tintenfraß nicht mehr vorhanden. Durch dieses Vervielfältigungsverfahren ersparten sich Kaufleute das zeitaufwändige Abschreiben von Schriftstücken. Es fand in Kontoren bis zum Schreibmaschinen-Zeitalter Anwendung. Die Kopiermethode erläuterte mir der Kaufmann Peter Schütte aus Bremen: Die Briefseiten wurden mit einer Mischung aus Alkohol und Wasser befeuchtet und auf die Rückseite eines Briefkopierblattes gedrückt. Durch die Oberseite des Seidenpapiers war die bedruckte Briefseite lesbar.

Ergänzend zu den Quellen der Familie Köper im Bremer Staatsarchiv wertete ich Dokumente aus privaten Nachlässen aus, die sich im Besitz von Friedrich Köpers Enkel und Enkelinnen in Guatemala, Stuttgart und Essen befinden.

Neben dem umfangreichen Archivbestand von Friedrich Köper, zog ich Auswandererbriefe aus Brasilien heran[68] und benutzte auch das Tagebuch des Afrikakaufmanns Alfred Kulenkampff[69], das im Staatsarchiv Bremen auf Mikrofilm vorliegt. Leider war es nur teilweise auszuwerten. Das Original hat 1973 im Staatsarchiv zur Verfilmung vorgelegen[70], seitdem ist es verschollen. Die Suche danach blieb, auch in der Familie Kulenkampff, erfolglos.

Lebenserinnerungen in Maschinenschrift liegen von Johann Lauts im Staatsarchiv vor.[71] Darin erwähnte der China-Kaufmann, dass er zur rückblickenden Beschreibung von Situationen in Übersee das Tagebuch seiner Frau Louisa Suzanna benutzt habe. Dieses Tagebuch ist leider nicht erhalten. Dafür fand sich jedoch ein Fotoalbum dieser Zeit in Privatbesitz, das sich mit den Lebenserinnerungen von Johann Lauts verknüpfen lässt. Zu den weiteren Quellen und Privatschriften aus den Familien Vietor/Overbeck (Brasilien), Kulenkampff (Wohlenrode, Hannover und Bremen) und Lauts (Bremen) verweise ich auf die Auflistung von Korrespondenzen, Schriftstücken und Fotos aus Privatbesitz im Quellenverzeichnis sowie auf Angaben zu den biografischen Skizzen.

Einige Privatkorrespondenzen deuten auf „sensible" Ereignisse in Familienzusammenhängen hin. Der Versuch einiger Akteure, die Quellen von bestimmten Details zu „reinigen", ließ sich erkennen: So waren in Briefen aus dem Staatsarchiv oder aus Privatbesitz Passagen weg geschnitten oder Seiten ganz entfernt worden. Privatbriefe und Tagebücher dienten manchmal der Erinnerung und als Basis zum Verfassen von Autobiografien. Dazu finden sich nicht nur in den Konvoluten Heinrich Lauts, sondern auch in Briefen von Johann Karl („J.K.") Vietor und Friedrich

68 StAB 7,500-B-81 (1901-1919), geschrieben von Marie und ihrem Bruder Wilhelm Overbeck.
69 StAB 7,500-22, FB 679. Tagebuch des Bremer Afrikakaumanns Alfred Kulenkampff über seinen Aufenthalt in Togo 1909-1911. 176 Seiten.
70 Hartmut Müller (1973): S. 107.
71 StAB 7,178: Lebenserinnerungen Johann Lauts (5 Bände). Dazu auch die Bremer Dissertation von Heide Ziegler (2003).

Köper Hinweise. Je sorgfältiger Korrespondenzen verwahrt wurden, umso flüssiger gelang das spätere Verfassen von Lebenserinnerungen. Nach Wolfgang Kaschuba „spiegelt sich ein historisches bürgerliches Selbstverständnis nirgendwo deutlicher wider als in der Flut von Autobiografien und Briefen", die während des 19. Jahrhunderts verfasst wurden. Lebenserinnerungen, Selbstdarstellungen und Selbststilisierungen seien Teil einer bürgerlichen Kultur.[72] Auch Rolf Engelsing verweist auf die zahlreichen Tagebücher und Autobiografien, die seit Anfang des 19. Jahrhunderts von Kaufleuten geschrieben wurden.[73] In Bibliotheken und Archiven sind für den Kreis von Überseekaufmannsfamilien aus Bremen nicht allzu viele zu finden.[74]

Persönliche Hinterlassenschaften, amtliche Schriften, Konsular- und Firmenakten, Vereinsschriften sowie gedruckte und ungedruckte Schriften aus Privatbesitz sind dagegen zahlreich im Bremer Staatsarchiv vorhanden. Zusammen mit den Unterlagen, die mir freundlicherweise aus Privatbesitz zur Verfügung gestellt wurden, konnte ich von einer umfangreichen und vielfältigen Quellenbasis ausgehen. Wichtige Rückschlüsse ließen sich auch aus den im Archiv der Handelskammer Bremen befindlichen Quellen ziehen, die dort jeweils außenwirtschaftlichen Vorgängen zugeordnet sind. Darin finden sich Korrespondenzen zwischen Handelshäusern, Regierungen der Hansestädte, der Reichsregierung und offiziellen Vertretern (Konsuln, Residenten) in Überseestaaten.

Als weitere Quellen sind zeitgenössische Vereinsschriften, Vereinsprotokolle, Nekrologe, Verwaltungs- und Konsularakten, Kolonial-Zeitungen, Bremer Tageszeitungen und andere Periodika aus der Bremer Staats- und Universitätsbibliothek zu nennen. Auch die zahlreichen biografischen „Grauen Mappen" der Familienforschung „Die Maus" im Bremer Staatsarchiv sind zu erwähnen. Diese Bestände helfen, Familienbeziehungen zu verstehen. Im Bremerhavener Stadtarchiv griff ich auf Quellen der Höheren Töchterschule Gill zurück. Dieses Bremerhavener Institut besuchten Mathilde Köper und Helene Noltenius.

Neben der Auswertung von Privatkorrespondenzen und von gedruckten und ungedruckten Lebenserinnerungen ziehe ich auch Fotoquellen heran. Dabei geht es mir darum, durch Bildquellen neue und andere Wahrnehmungsebenen zu erschließen. Fotos vom Abschied aus Bremen, von Schiffspassagen, von der Ankunft, dem Leben in Übersee und der späteren Rückkehr nach Bremen existieren in vielen Kaufmannsfamilien. Diese bildlichen Quellen stehen im Kontext zu vielen Briefen, und doch erzählen sie auch andere Geschichten als die überlieferten Texte. Die Entzifferung und Analyse wird durch weitere historische Recherchen ermöglicht.

---

72 Wolfgang Kaschuba (1995): S. 92-127; hier S. 93-94.

73 Aber „fast alle hüteten sich, etwas zu veröffentlichen; wenn es geschah, so mit einer Entschuldigung für die „Missgriffe gegen Logik und Rhetorik". Rolf Engelsing (1958): S. 7-112; hier S. 23.

74 Ich beziehe mich im gewählten Zeitraum auf gedruckte Lebenserinnerungen und Firmenschriften u.a. von Franz Böving (1974); Arnold Duckwitz (1842); H.C. Franzius (1932; 1935); Firma Freudenberg (1949); Alfred Kulenkampff (1969); Rudolf Alexander Schröder (1952) sowie auf ungedruckte Autobiografien von Friedrich Köper (StAB 7,13); Wilhelm Overbeck (Bahia), J.K. Vietor (StAB 7,73-54) und Johann Lauts (StAB 7,178).

So können z.B. körpergeschichtliche Betrachtungsebenen, Ausschnitte von Mobilität, Akkulturation, Anpassung, Distinktion und Geselligkeit in Übersee „sichtbar" gemacht und die Brieftexte auf einer weiteren Ebene hinterfragt werden.[75] Zusätzliche Einblicke in individuelle und gesellschaftliche Praktiken, lokale Besonderheiten und die bürgerliche Geschlechterordnung rücken durch Bilder und Texte in den Blick. Um das Vorgehen im Umgang mit Briefquellen exemplarisch darzustellen, sei an dieser Stelle ein Beispiel genannt. Es zeigt unterschiedliche Wahrnehmungsebenen, die der Briefschreiber im Verhältnis zu Briefempfängern beachtet und daher auch bei der Bewertung von Quellen zu berücksichtigen sind.

7. Beispiel für die Quellenbearbeitung

Am 28. November 1887 schrieb der zweiundzwanzigjährige Friedrich Köper drei Briefe aus Guatemala: Seiner Schwester Anna, seinem Vater und seinen Eltern in Bremerhaven.[76] Die Schwester erfuhr von seinen ersten Begegnungen mit Fremden, insbesondere von „durchgängig sehr hübschen, freundlichen Damen". Doch er stellte gleich zu Beginn seines Aufenthalts bestimmte schlechte Manieren fest. Dem Vater berichtete er vom Wohnen im Hotel – was viel zu teuer sei, solange er noch nichts verdiene – und von dem bevorstehenden Umzug in ein gemietetes Haus. Im dritten Brief an beide Elternteile erzählte er u.a. vom herrlichen Klima und erwähnte „zwei Schattenseiten" seiner neuen Umgebung. Das Leben sei teuer und es gäbe eine „Unmasse von Flöhen", die, während er schrieb, ganz „vergnügt auf dem Tisch herumhoppten."

Die drei am gleichen Tag datierten Briefe thematisierten unterschiedliche Wahrnehmungen in der Fremde. Köper ging davon aus, dass die Briefe in der Heimat untereinander ausgetauscht würden. Daher wählte er für die Adressaten unterschiedliche Aspekte seiner Realität aus. Der neunzehnjährigen Schwester Anna schilderte er gesellige Aktivitäten und knüpfte damit an gemeinsame Bremerhavener Vergnügungen der Vergangenheit an. Dem Vater gegenüber fühlte sich Köper verpflichtet, von wirtschaftlichen Ausblicken und der nach seiner Einschätzung zu teuren Unterkunft zu berichten. Der Vater war Kommanditist des im November 1887 in Guatemala etablierten Geschäfts Köper & Co. Im dritten, an beide Elternteile gerichteten Brief, griff er noch einmal die verhältnismäßig hohen Kosten für den Unterhalt auf und versuchte, im Plauderton lebendig seine Situation beim Schreiben einzufangen.

Die Kurzbeschreibung dieser drei Briefinhalte verdeutlicht vertraute Beziehungen zwischen Briefschreiber und den Adressaten. Köper inszenierte in Ausschnitten alltägliche Erfahrungen in der Fremde. Er informierte die Angehörigen über seine Befindlichkeit und Lebensformen und versuchte, sie manchmal mit kuriosen

---

75 Visual History, d.h. der Umgang mit Bildquellen ist ein neueres historisches Forschungsfeld. Ich beziehe mich bei der Analyse und Interpretation von Fotos u.a. auf Literatur von Jens Jäger (2000 und 2006); Marita Krauss (1991 und 2006); Gerhard Paul (2006).
76 StAB 7,13-20.7: Friedrich Köper an seine Verwandten, 28. November 1887.

Fremdwahrnehmungen zu belustigen. Man könnte fast glauben, er säße ihnen beim Gespräch gegenüber. Bei der Textproduktion ging er zielgerichtet vor. Mit dem Vater, der nicht nur Kommanditist im Geschäft, sondern auch aus der Ferne Köpers wichtigster Berater war, führte er bis zu dessen Tod 1906 die intensivste Korrespondenz. Briefe an seine Mutter und seine spätere Braut, Mathilde Meiners, wurden ebenfalls zahlreich überliefert, während der Bruder Gerhard Köper vermutlich wenige Briefe erhielt.[77] Schwester Anna empfing nach Köpers Verlobung ebenfalls nur noch selten Briefe.

Die Funktion der Privatbriefe hat sich durch die Einlagerung des Nachlasses Köper im Bremer Staatsarchiv verändert. Aus teilweise flüchtig verfassten Privatbriefen wurden Dokumente der Geschichte, derer wir uns zu Forschungszwecken bedienen können. Da von Köper Briefe aus der gesamten Zeit als Überseekaufmann vorliegen, finden sich unterschiedliche Darstellungen seiner Lebensstationen und -formen sowie seiner privaten und seiner geschäftlichen Kontakte. Auch Eigenheiten und briefliche Inszenierungen sind zu erkennen: Köper wählte für seine Narrationen Ausschnitte aus seiner Realität. Ebenso können auch nur Ausschnitte aus der Menge der hinterlassenen Briefe beleuchtet und analysiert werden.

---

77 Diese Vermutung liegt nahe, da Köper auch von Privatbriefen Kopien in Kopierbüchern hinterließ.

B. Biografische Skizzen

Um Orientierung über die zahlreichen „Akteure" aus unterschiedlichen Familien zu ermöglichen, folgen nun knappe biografische Skizzen. Sie entsprechen den üblichen Regeln von bürgerlichen Lebensläufen ihrer Zeit, d.h. die männlichen Akteure treten jeweils als Haushaltsvorstand mit ihren Lebensdaten auf. Ihnen zugeordnet sind ihre Eltern, Geschwister, Ehefrauen und Kinder. Daten über Wohn- und Geschäftsadressen und berufliche Ausbildung sind den Personal- und Geschäftsakten, Adressbüchern oder den biografischen „Grauen Mappen" der „Maus" im Staatsarchiv Bremen entnommen.

Weibliche Lebensläufe weisen oberflächlich betrachtet selten außergewöhnliche Merkmale auf. Die Bürgerinnen, von denen hier die Rede ist, waren keine „politischen Aktivistinnen" und übten auch keine Erwerbstätigkeit aus, sondern traten als Ehefrauen von Kaufleuten, als Haushaltsvorstände und Mütter zahlreicher Kinder auf. Und doch unterschieden sie sich von anderen bürgerlichen Frauen, da sie zusammen mit ihren Ehemännern jahrelang in Übersee lebten oder auf andere Weise Kontakte zu außereuropäischen Regionen hatten. Ich gebe die Lebensdaten der Protagonisten wieder, wie sie sich durch Quellen und anderes biografisches Material erschließen lassen oder mir von Nachkommen Bremer Überseekaufleute berichtet wurden. Bei einigen der Frauen konnte zumindest das soziale Umfeld vor ihrer Eheschließung (z.B. Elternhaus, Geschwister, Schulausbildung, Pensionsjahr usw.) oder spätere Vereinszugehörigkeiten ermittelt werden.

Freudenberg, Siegmund

Abb. 1: Privat: Siegmund Freudenberg und Rose-Julia Middleton, Colombo 1912

1881 in Colombo/Ceylon geboren, 1965 in Bremen gestorben. Eltern: Philipp Freudenberg (1843-1911), kaiserlich-deutscher Konsul, Kaufmann und Inhaber der Firma Freudenberg & Co. in Colombo und Amalie, geb. Springmann (1851-1942), Tochter des Pastors Heinrich Springmann aus Remagen.

Geschwister: Hellmut (1876-1906); Reinhard (1877-1968); Winfried (1879-1959). Alle vier Söhne mit englischem Pass.

Eheschließung: 1913 mit Rose-Julia, geborene Middleton, 1886 auf Zypern geboren, gestorben 1971 in Bremen; Tochter des Richters Sir John Page Middleton (1861-1932) und Lady Corlone Matilda Middelton (1859-1934).

Nach Ausbruch des Ersten Weltkriegs: Internierung der gesamten Familie, anfangs in Ceylon, dann in Bourke/Australien; 1919 Übersiedlung der Brüder Freudenberg mit Familien und Mutter Amalie Freudenberg nach Bremen; 1920 gründeten die Brüder Freudenberg die Firma Freudenberg, Böhringer & Co. in Bremen. Nach 1926 und 1928 reiste die Familie nicht mehr nach Colombo.

Kinder: Erika, geb. 1917 im Internierungslager in Australien; Karl-Hugo, geb. 1920 in Bremen; Rosmarie, geb. 1925 in Bremen.

Informanten:
Frau Rosmarie Blaum und Herr Dr. Blaum, Bremen.

Köper, Friedrich Erich[1]

Abb. 2: StAB 7,13: Friedrich und Tilly Köper, 1900

---

1   StAB 7,13: Rückseite beschriftet mit „Unserer lieben Schwester Anna zum Andenken. Friedrich und Tilly Köper. Guatemala, den 15.6.1900." Fotograf: Hans Eichenberger, Guatemala.

1865 im Chinesischen Meer auf dem Handelsschiff „Libelle" geboren, gestorben 1953 in Bremen;

Besuch des Progymnasiums in Geestemünde, kaufmännische Lehre in einer Baumwollimportfirma in Bremen, bis zum einjährigen Militärdienst in der Festungsartillerie Bremerhaven arbeitete er in der Firma seines Vaters. Seit 1887 Auslandsaufenthalt in Guatemala, Rückkehr nach Bremen Ende 1907, später häufig Aufenthalte in Zentralamerika, insbesondere Guatemala. Geschäftsanschrift (1910): Friedrich Köper Export-, Import- und Kommissionsgeschäft, Bremen, Altenwall 21. Gemeinnützliche Engagements und Vereinszugehörigkeit: u.a. Geografische Gesellschaft, Logenbruderschaft.

Eltern: Kapitän und Kaufmann Gerhard Köper (1833-1906) und Elisabeth, geb. Wieting (1840-1922). Firmensitz: Bremerhaven, später Bremen.

Geschwister: Anna Lucie Elfriede (1867-1925); Gerhard (1869-1929). Beide unverheiratet.

Eheschließung: 1899 mit Mathilde („Tilly"), geb. Meiners (1872-1939), Tochter eines „Privatmannes" aus Bremerhaven; Schulbesuch: Höhere Töchterschule Auguste Greuer-Gill, Bremerhaven.

Kinder: Elisabeth (1900-1980); Margarita (1902-1945); Gerda (1905-1991); Friedrich („Fritz") (1907-2000); alle in Guatemala geboren.

Köper, Friedrich („Fritz")

1907 in Guatemala geboren, 2000 in Guatemala gestorben; Sohn von Friedrich Erich und Tilly Köper.

Fritz Köper besuchte in Bremen die Handelsschule, ab 1927 absolvierte er eine praktische kaufmännische Ausbildung in New York, von dort reiste er im März 1928 nach Guatemala, um im väterlichen Handelshaus zu arbeiten; von den Alliierten im Juli 1942 aus Guatemala ausgewiesen.[2] Nach 1945 kehrte Köper nach Guatemala zurück.

Eheschließung: 1936 in Bremen mit der Röntgenassistentin Gisela („Mady") Strohm (geb. 31.12.1915, gest. 1945?) aus Hamburg; anschließend reiste das Ehepaar nach Guatemala; zwei Töchter: Heide (1939) und Gisela (?) in Guatemala geboren. – Zweite Eheschließung: mit Frieda Marie Johanne, geb. Oertel.

Informanten:
Frau Erika Schleifenbaum, Stuttgart; Frau Margarita Kantner, Essen; Herr Claudio Köper, Guatemala.

---

2 Regina Wagner (1996): S. 443.

Kulenkampff, Alfred[3]

Abb. 3: Privat: Alfred und Hedwig Kulenkampff, 1911

1884 in Bremen geboren, 1969 in Bremen gestorben; besuchte das Alte Gymnasium in Bremen, absolvierte nach dem Abitur eine zweieinhalbjährige kaufmännische Lehre in der Firma Menke und Kulenkampff, Bremen; danach sechs Monate Sprachschulung in Lausanne (1906); einjähriger Militärdienst im „1. königlichen bayrischen Feldartillerieregiment Prinzregent Luipold" in München, seit Oktober 1907 Aufenthalte in Lomé/Togo; 1915 ausgewiesen und in England interniert; nach 1918 Arbeit als Landwirt in der Umgebung Bremens bzw. Kaufmann in Bremen; 1926 Ausreise nach Südwestafrika; 1944 freiwillige Rückkehr zum Wehrdienst in Deutschland; Internierung in Andalusia/Südafrika; endgültige Rückkehr nach Bremen ca. 1960.

Eltern: Überseekaufmann Johann Daniel <u>Albert</u> Kulenkampff (1853-1915) und <u>Friederike</u> Hermine, geb. Noltenius (1857-1945). Anschrift: Bremen, Am Dobben 104;

Geschwister: Lina, Dr. phil. Oberstudiendirektorin (geb. 1886), verheiratet mit Dr. phil. Paul Wilhelm Mayer; Ilse (geb. 1887), unverheiratet, Gartenbautechnikerin; Albert, Dr. phil. (geb. 1889), Chemiker.

Eheschließung: 1912 in Santa Cruz/Teneriffa mit Hedwig, geb. von Seydlitz-Kurzbach (1891-1980), sechstes von acht Kindern des Generalleutnants Alexander von Seydlitz-Kurzbach (1849-1935) aus Zoppot und seiner Ehefrau Helene, geb. von Günther (1856-1933). Hedwig von Seydlitz-Kurzbach besuchte 1908 die Landwirtschaftsschule des Reifensteiner Verbandes in Scherpingen, 1911 arbeitete sie als Gärtnerin in der Blumengärtnerei G. Bornemann in Blankenburg/Harz.

Geschwister: Herta (1884-1983), blieb unverheiratet und wurde Lehrerin in einer Landwirtschaftsschule des Reifensteiner Verbandes; Heinrich (1885-1914); Siegfried (1887-1950), wurde Farmer in Schönfeld/Südwestafrika, Walther (1888-1976), General; Gertrud (1890-1930), heiratete Dr. Franz Rickert (1871-1939); Elfriede (1893-1927), heiratete 1927 in Südwestafrika Eberhard Freyer, geb. 1902; Wolfgang (1895-1916).

---

3 StAB 7,500-22, FB 679.

Alfred und Hedwig Kulenkampffs Kinder:

Gerhard Siegfried, Dr. med. vet. (1913 geb. in Lome, gest. 1944 in Frankreich); Gertrud Lina Marianne, geb. 1914; Heidrun (Heide) Hertha Maria, geb. 1919; Alfred Gustav Engelbert (1921-1943); Elfriede Bertha Gisela, geb. 1922; Dietlind Hedwig Kathinka, Dr. med vet., geb. 25.6.1923; Rainer Alfred, Farmer, geb. 1926 in Bremen; Karl Wolfgang Eberhard, Dipl.-Architekt, geb. 10.12.1927 in Südwestafrika; Hellmut Elfried, geb. 1932 in Südwestafrika; Elke, geb. 1937 in Südwestafrika.

Informanten:
Frau Dr. Dietlind von dem Hagen, Wohlenrode; Frau Elke Kulenkampff, Hannover; Herr Eberhard Kulenkampff, Montecastello di Vibio/Italien; Herr Dr. Heinrich von Seydlitz-Kurzbach, Bremen.

Lauts, Johann Theodor[4]

Abb. 4: Privat: Johann und Louisa Lauts während der Ausreise nach China, 1890

1855 in Bremen geboren, 1944 in Bremen gestorben; Privatunterricht in Deutsch, Englisch, Französisch, Latein und Spanisch; besuchte die Handelsschule bis 1871, kaufmännische Lehre in Firma Banck & Finke (1871-1875); nach der Militärzeit wurde er kaufmännischer Angestellter in der Firma Arens & Heinsohn; Johann Arens war sein Onkel; seit 1878 Angestellter in der Firma Melchers & Co.; Ausreise nach Hongkong/China; 1882 bis ca. 1888 arbeitete er in der Firma Dircks & Co. (Zuckerexport), die Bankrott machte. Anschließend wurde Lauts selbständiger Kaufmann mit Beteiligungen an den Firmen Lauts und Haesloop sowie Lauts, Wegener & Co. in Hongkong und Swatau. Sein Transportgeschäft bestand aus Küstenschifffahrten. Er beförderte im Auftrag von niederländischen Plantagenbesitzern Wanderarbeiter (Kulis) zwischen China und den indonesischen Inseln. 1910 kehrte er endgültig nach Bremen zurück und wurde in die

---

4   StAB 7,178.

Bürgerschaft gewählt, der er bis 1923 angehörte. Er war Deputationsmitglied für die Stadterweiterung, gründete eine Staatliche Feuerversicherung und wurde Vorsitzender der Geographischen Gesellschaft.

Eltern: Tabakmakler Conrad Friedrich Lauts (1815-1896) und Adelheid Elisabeth, geb. Arens (1824-1858); nach dem Tod der ersten Ehefrau heiratete der Vater 1862 Helene Marie Wessels (geb. 1820);

Geschwister: Heinrich Gerhard Friedrich; Anna Thadea, Lucie Auguste, Adelheid Elisabeth Conradine Friederike, Sophie Elise;

Eheschließung: 1890 mit Louisa Suzanna, geb. Brouwer (1871-1943), Tochter des Bremer Kaufmanns Henriecus Adolphus Brouwer (geb. 1821 in Groningen, gest. 1885 in Bremen) und Wilhelmine Marie Brouwer, geb. Hoffmann (1843-1905).

Kinder von Johann und Louisa Suzanna Lauts: Wilhelmine Marie (Minnie), geb. 1891 in Swatow/China; Conrad Friedrich (Fritz) Lauts (1894-1916); Dr. Heinrich Lauts (geb. 1898 in Hongkong, gest. 1978 in Bremen); Prof. Dr. Jan Lauts (geb. 1908 in Bremen, gest. 1993 in Karlsruhe).

Informantin:
Elisabeth Lauts, Bremen.

Noltenius, Bernhard[5]

1823 in Bremen geboren, 1899 in Bremen gestorben; fünftes von zehn Geschwistern.

Eltern: Dr. jur. Johann Eberhard Noltenius (1777-1845) und Marie, geb. von Lingen (1790-1858).

Geschwister: Heinrich (1820-1884); Wilhelm (1821-1904); Johanne (1822-1891); Conrad (1824-1900), Carl (1827-1903); Friedrich Eberhard (1828-1891); Johannes (1831-1884); Marie (1835-1864). Seine Brüder waren wie er Kaufleute: Heinrich und Johannes in Australien, Carl in Bremen, Friedrich in Lima/Peru und Iquique/Chile, Wilhelm in den USA; sein Bruder Conrad segelte als Kapitän nach Westindien und Südamerika.

Bernhard Noltenius lebte von 1848 bis 1888 als Kaufmann in Australien. Dort traf er seinen voraus gereisten Bruder Heinrich Noltenius (1820-1884); sein jüngerer Bruder Johannes Noltenius (1831-1884) folgte ebenfalls; Heinrich und Johannes Noltenius starben in Australien.

Bernhard Noltenius blieb unverheiratet.

---

5   StAB 7,67-58.

Noltenius, Eberhard

Abb. 5: Privat: Eberhard und Hedwig Noltenius, 1898

1865 in Bremerhaven geboren, 1925 in Bremen gestorben, Neffe von Bernhard Noltenius;

Besuch des Progymnasiums in Geestemünde, kaufmännische Lehre in Bremen; Militärdienst in der Festungsartillerie Bremerhaven, anschließend kaufmännischer Angestellter in einem Bremer Kontor. Seit 1887 Auslandsaufenthalt in Quillem und Valparaiso (Chile), anschließend zusammen mit Friedrich Köper Teilhaber der Firma Köper & Noltenius in Guatemala; nach der Trennung von Köper 1902 Geschäftsführer der Firma Noltenius & Co. in Guatemala-City und der Filiale in Retalhuleu; Rückkehr nach Bremen im Sommer 1909; erbte das Gut Brandenhof in Bremen-Borgeld; nach der Rückkehr zeitweise Aufenthalte in Guatemala.

Eltern: Ältester Sohn von Schiffskapitän <u>Conrad</u> Rudolf Noltenius (1824-1900), Bremerhaven und Anna Marie Helene Pajeken (1842-1918).

Geschwister: Dr. jur. Eduard Noltenius (1868-1947); Kaufmann <u>Friedrich</u> Hermann Noltenius (1872-1959); Kaufmann <u>Otto</u> Justus Conrad Bernhard Noltenius (1874-1978); Kaufmann <u>Conrad</u> Rudolf Wilhelm Noltenius (1881-1957).

Eheschließung: 1898 mit <u>Helene</u> Adolfine, geb. Kalm (1875-1966), Tochter des Gymnasiallehrers Eduard Kalm (1841-1926) aus Bremerhaven, Graben 2, und Marie Kalm, geb. Bruns (1846-1914). Helene war das vierte von sechs Geschwistern.

Geschwister: Katharine [„Käthe] Hoffmeyer, geb. Kalm (1867-1929); Dr. med. Adolf Kalm, geb. 11.3.1868; Korvettenkapitän Hermann Kalm (?); ein Bruder [Name nicht ermittelt], der nach Chile auswanderte; Hanni Jäger, geb. Kalm (1883-1955).

Helenes Schulzeit: Seit März 1880 in der Höheren Töchterschule Auguste Greuer-Gill, Bremerhaven. Anschließend absolvierte sie in Thüringen ein Haushaltsjahr.

Kinder von Helene und Eberhard Noltenius: geboren in Guatemala: Friedrich Eberhard (1899-1907); Käthe (1901-1983); Wilhelm Adolf (1901-1965); Maria Elena Cristina (1906-1991); Otto Georg Eduard (1908-1932); geboren in Bremen: Hermann Edmund (1908-1944).

Informanten:
Frau Jutta Malla, Bremen; Frau Antje Noltenius, Bremen; Herr Eberhard Noltenius, Worphausen; Dr. Volkert Hoffmeyer, Bederkesa; Herr Schmersahl.

Overbeck, Wilhelm

Abb. 6: Privat: Wilhelm und Anita Overbeck, o.J.

1873 in Bremen geboren, 1962 in Santos, Staat Sao Paulo/Brasilien gestorben;
Schulbesuch bis zur Obersekunda, kaufmännische Lehre in Firma Laporte & Co. in Bremen, Militärdienst, Auslandsaufenthalt seit 1892 über Baltimore (USA) nach Bahia; Tabakpflanzer; ab 1895 Angestellter im Geschäft seines Onkels, Hermann Overbeck (1850-1913), Laporte & Co., 1902/03 Teilhaber und Geschäftsführer als Tabakexporteur in Firma Overbeck & Hoyer; häufige Geschäftsreisen nach Bremen; unterhielt ein Haus in Bremen, Parkallee 33; seit 1893 mit Unterbrechung bis 1933 Vorsitzender des Vereins „Germania" in Bahia.

Eltern: Bremer Kaufmann Adolf Heinrich Overbeck (1839-1903) und Louise Agnes Theobald, Tochter eines Pastors (1844-1926), Wohnung: Bremen, Schönhausenstraße 39.

Geschwister: Juliane Dorothee Luise Overbeck (1874-1956); Lehrerin Caroline Amalie Victoria Overbeck (1876-1957); Marie Henriette Dietrica Overbeck (1883-1970).

Eheschließung: 1900 mit Anna Maria (Anita), geb. Schleef, geb. 1879 in Bogotá/ Kolumbien, gest. 1969 in Salvador-Bahia; sie war Tochter des Kaufmanns Renning Conrad Schleef (geb. 1850 in Bremen, gest. 1902 in Bogotá) und Maria Elisa Luisa de la Concepcion Price (geb. 1855 in Bogotá, gest. 1944 in Berlin).

Kinder: Maria Luisa („Mucki"), geb. 1901 in Bremen, gest. 1905 in Bremen; Anita Henriette Conradine (Henny), geb. 1903 in Salvador-Bahia/Brasilien, gest. 1969; Margarethe Amalie Lina (Grete), geb. 1905 in Bremen, gest. 1989 in Sao Paulo; Hermann Heinrich, geb. 1910 in Salvador-Bahia/Brasilien; Wilhelm Renning (Willy), geb. 1913 in Salvador-Bahia/Brasilien.

Marie Henriette Dietrica Overbeck[6]

1883 in Bremen geboren, 1970 in Bremen gestorben; jüngste Schwester von Wilhelm Overbeck (s.o.); sie reiste 1903 zur Familie ihres Bruders nach Bahia, um der Schwägerin bei der Beaufsichtigung der Kinder zu helfen. Später machte sie eine Ausbildung als Krankenschwester und arbeitete in der Privatklinik des Augenarztes Dr. Heuberger; sie blieb unverheiratet.

Informanten:
Ingeborg Vietor, geb. Falke, Sao Paulo [Tochter von Grete (1905-1956) und Enkelin von Wilhelm Overbeck]; Wilhelm Vietor, Bremen.

Schütte, Hermann Conrad

Abb. 7: Privat: Hermann und Fanny Schütte mit Sohn Hermann in Guatemala, 1904

(1872-1926), Kaufmann in Bremen und Guatemala; Angestellter von Kaufmann Gerald Callmeyer, Guatemala. Endgültige Rückkehr nach Bremen: 1908. Teilhaber der Firma Johann Gottfried Schütte & Co., Tee- und Drogeriewarenhandlung, Albutenstraße 4 (1910).

Eltern: Kaufmann <u>Hermann Conrad</u> Schütte (1845-1908) und Antonie (<u>Tony</u>) Charlotte; geb. Bley (1850-1927), Tochter des Teilhabers der Getreide- und Holzhandlung J.C. & W. Bley & Co.

Eheschließung: 1901 mit der Tochter des Kaufmanns Alfred Unkraut, Maria Franziska (<u>Fanny</u>), geb. Unkraut (1876-1957).

Ihre Kinder: Maria Franziska (Mariquita) (1902-1975); Hermann Gottfried (1904-1972); Zwillinge: Antonie Charlotte (Toni) und Beatrix (Trixi), geb. 1907; alle in Guatemala geboren.

Informanten:
Frau Sigrid Meyer und Peter Schütte.

---

6 StAB 7,500-B-81.

Smidt, Johann

Abb. 8: Privat: Johann Smidt in
Kalkutta, 1865

Abb. 9: Privat: Marie Smidt in
Bremen, 1869

1839 in Bremen geboren, 1910 in Bremen gestorben;

Schulbesuch in Bremen und Oldenburg; kaufmännische Lehre in der Bremer Firma Louis F. Kalkmann & Co; 1860 bis 1862 kaufmännischer Mitarbeiter in Firma Johann Philipp Schneider in Kalkutta; dort wurden auch die Geschäfte des hanseatischen Konsulats geführt;

1863 Etablierung eines selbständigen Handelsgeschäfts in Kalkutta, Schröder Smidt & Co., zusammen mit Johann Schröder (1837-1916) aus Bremen; 1866 Konsul in Kalkutta; 1876 endgültige Rückkehr nach Bremen (Restitutionsurkunde vom 2. April 1879); Mitglied der Handelskammer; seit 1889 Mitglied der Bürgerschaft; Übernahme des Tonnen- und Barkenamts (Seezeichen); Mitglied des Aufsichtsrats des Norddeutschen Lloyd; Vorstandsmitglied und Sponsor des Vereins „Volksheim" zugunsten von Lehrlingen und Arbeitern sowie zur „Unterweisung der Mädchen im Flicken und Nähen."[7] Vorstandsmitglied der Jacobi Bruderschaft; Mitglied des Bürgerpark- und des Gartenbauvereins.

Eltern bzw. Großeltern: Richter Dr. jur. Hermann Smidt (1804-1879) und Gesche Catharine Wilhelmine, geb. Noltenius (1816-1846). Hermann Smidt war seit 1847 in zweiter Ehe mit Marie Christine Amalie, geb. Gildemeister, verwitwete Ulrichs (1817-1906), verheiratet. Johann Smidt war Enkel von Bürgermeister Dr. jur. Johann Smidt (1753-1857) und Johanne Wilhelme, geb. Rohde (1777-1848).

Geschwister: Johanne Henriette Wilhelmine (Willi) (1837-1899), verheiratet mit Dr. jur. Johann Heinrich von Lengerke (1825-1906); Johann Eberhard Smidt (1840-1841); Johann Eberhard Heinrich (1842-1848); Marie Julie Charlotte Smidt (1844-1923), heiratete den Kaufmann Gerhard Hermann Eggers (1836-1874), Inhaber von Eggers & Stallfurth; Metta Amalie Smidt (1846-1924) blieb unverheiratet.

---

7 Staats- und Universitätsbibliothek Bremen, Brem.c.614, Nr. 30b.

Eheschließung: 1869 mit Marie, geb. Achelis (1845-1925), Tochter des aus Bremen stammenden Überseekaufmanns Thomas Achelis in New York (1807-1872) und dessen Ehefrau <u>Julie</u> Sophie Rosine, geborene Hütterott (1821-1911), ebenfalls aus Bremen stammend.

Marie Smidt war in der Geschwisterreihe das vierte von sieben Kindern und die älteste der drei Achelis-Töchter. Sie war vier Jahre alt, als die Eltern 1849 nach Bremen zurückkehrten, und acht Jahre alt, als die Familie 1853 erneut ihren Wohnsitz in New York nahm.[8] Zwischen 1860 und 1862 wurde sie im Stuttgarter Katharinenstift erzogen; verheiratete sich in New York 1869 mit dem Kaufmann Johann Smidt, der sie zunächst nach Bremen brachte. Nach der Geburt des ersten Kindes in Bremen reiste die Familie Ende 1870 nach Kalkutta.

Kinder: Hermann, geb. 1870 in Bremen; Thomas, geb. 1871 in Kalkutta; Julie, geb. 1874 in Bremen; Christine Wilhelmine (<u>Minnie</u>), geb. 1876 in Bremen; Friedrich (<u>Fritz</u>) (1878-1898); Johann (<u>Hans</u>), geb. 1886 in Hamburg.

Informant:

Johann Georg Lohmann, Bremen.

Susemihl, Friedrich Franz[9]

(1857-1927); kam von Sachsen nach Bremen; absolvierte eine Kaufmannslehre in Firma D.H. Wätjen & Co.; seit 1882 Auslandsaufenthalte in Mexiko, Costa Rica, Nicaragua, Salvador, Guatemala; wurde Kaufmann und Teilhaber der Firma Eggers & Stallforth; von 1898 bis 1908 Königlich Sächsischer Konsul in Bremen, Kohlhökerstraße 15.

Eheschließung: 1888 mit Lizzy, geb. Gildemeister (geboren 1862 in Bremen, gestorben 1945 in Dresden), Tochter des Bremer Senators, Bürgermeisters und Reichstagsabgeordneten, Otto Gildemeister (1823-1902) und Felicie, geb. Meyer, Tochter des Kaufmanns Adolf Meyer.

Lizzy Susemihl war Gründungsmitglied des „Frauenklubs von 1908"; schrieb Aufsätze für die bremische Monatsschrift „Die Güldenkammer" und Artikel für die Bremer Nachrichten; 1915 gehörte sie als Schriftführerin dem Hausfrauenverein Bremen e.V. an; Aufenthalt in USA zum „Studium der amerikanischen Frauenbewegung"; 1922 veröffentlichte sie einen Band mit Briefen ihres Vaters Otto Gildemeister. Seit 1927 war Lissy Susemihl-Gildemeister zweite Vorsitzende der „GEDOK".[10]

Kinder: Félicie Marie Breyer, geb. Susemihl (1890-1989), verheiratet. mit Dr. Arthur Breyer; Maria Matthes, geb. Susemihl, verheiratet mit Detmar Matthes; Otto F. Susemihl (1895-1977).

---

8   Joh. und Hans Achelis (Hrsg.) (1921): S. 35f. Die Geschwister: Thomas (geb. 1840); George (geb. 1842); Fritz (geb. 1843); Marie (geb. 1845); Anna Margarete (geb. 1847); Johann (geb. 1850); Julie (geb. 1853).

9   StAB 7,25.

10 Hannelore Cyrus (1991): S. 427-430. GEDOK ist die Abkürzung für Gemeinschaft Deutscher und Österreichischer Künstlerinnenvereine aller Kunstgattungen.

Vietor, Johann Karl („J.K.")[11]

Abb. 10: Privat: J.K. Vietor und Hedwig Augener, 1893

geboren 1861 in Bremen, gestorben 1934 in Hude; nach der Schulzeit: dreieinhalbjährige kaufmännische Lehre in Firma Warnecken & Sohn; Militärzeit; danach Berufstätigkeit bei einem Onkel, August Stachow, Teilhaber der Firma Schröder, Gebrüder & Co. in Hamburg; ab Januar 1883 Stellung in Firma Rodatz in Liverpool; im August 1884 wechselte er zu seinem Onkel in die Firma Friedrich M. Vietor Söhne nach Westafrika; wurde Leiter der Niederlassung in Klein-Popo; mit Kredit seines Onkels Fritz Vietor Gründung eines eigenen Überseegeschäfts. Von 1884-1894 lebte er ständig in Westafrika, danach unternahm er bis 1914 etwa im Zweijahresrhythmus monatelange Überseeaufenthalte.

Eltern: Pastor und Vorsitzender der Norddeutschen Missionsgesellschaft in Bremen, Dr. theol. Cornelius Rudolf Vietor (1814-1897), der aus drei Ehen siebzehn Kinder hatte; J.K. Vietor war das zehnte aus der zweiten Ehe mit Adelheid Henriette, geb. Luce (1831-1865).

Eheschließung: 1894 mit Hedwig Henriette, geb. Augener (1875-1955), Tochter des Überseekaufmanns Friedrich Christoff Augener (1832-1888) und Helene (1841-1878), geb. Augener; in zweiter Ehe mit Meta Gesine, geb. Augener (1841-1932). Der Vater war von 1887 bis zu seinem Tod Geschäftspartner von Friedrich Köper in Guatemala.

Hedwig Vietor verbrachte als Kind einige Jahre in Guatemala; ihre Brüder waren Kaufleute; drei von ihnen waren zeitweise in J.K. Vietors Firmenkonsortium in Afrika beschäftigt. Otto Augener schloss sich nach seiner Rückkehr aus Afrika einem Onkel in Guatemala an, Enrique Augener baute zusammen mit Vietor ein Handelshaus in Las Palmas auf; Andres Augener wurde 1912 Vietors Geschäftspartner in Accra/Westafrika.

Hedwig Vietor unterrichtete Kinder in der „Sonntagsschule" der Stephanigemeinde und engagierte sich in zahlreichen wohltätigen Vereinen: Missionsverein; Frauen Erwerbsverein; Gustav-Adolf-Verein; Stephani-Frauen-Verein; Verein Verschämte Arme; Kleiner Frauenverein von 1814 usw. sowie im Kolonialen

---

11 StAB 7,73.

Frauenbund Rotes Kreuz, Mädchen-Bewahr-Verein. Zusammen mit ihrem Mann J.K. Vietor reiste sie erst 1926 nach Westafrika.

Neun Kinder: <u>Hedwig</u> Henriette Meta („Hedi"), geb.1894; Johann <u>Karl</u> (1899-1917); <u>Claus</u> Otto Emil, geb. 1901-1955; <u>Irmgard</u> Annemarie Erna, geb. 1904; Helene Catharine Adelheid („<u>Alli</u>"), geb. 1906; <u>Gertrud</u> Helene Luise, geb. 1907; <u>Wilhelm</u> Hermann Friedrich (1910-2001); Richard (1912-1943); Siegfried (geb. ca. 1913/1914, gest. 1944). Seit 1922 arbeitete der älteste Sohn Claus auch in Westafrika.

Informanten:
Ekkehart Meyer, Bonn; Wilhelm Vietor, Bremen.

C. Stand der Forschung

1. Stadt- und Bürgertumsforschung

Jürgen Kocka veröffentlichte 1988 Ergebnisse des umfangreichen interdisziplinären Forschungsprojekts „Bürgertum, Bürgerlichkeit und bürgerliche Gesellschaft. Das 19. Jahrhundert im europäischen Vergleich"[1]. Es zielte auf sozialhistorische Vergleiche zwischen deutschen und anderen europäischen bürgerlichen Gesellschaften. Die Einzelbeiträge des Forschungsprogramms sind für meine Arbeit auch zwanzig Jahre nach der Erstpublikation wichtig.[2] 2000 wurden abschließende Resultate des „Bielefelder Sonderforschungsbereichs (1986-1997)" von Peter Lundgreen vorgelegt.[3] Insbesondere Kockas Einleitungskapitel und Lundgreens zusammenfassendes Resümee lieferten den Hintergrund für meine Reflexionen zu den Begriffen Bürger und Bürgertum. Aber: Kein Artikel in Kockas dreibändigem Werk befasst sich mit Bürgertum in Übersee!

Andere sozialhistorische Forschungen wandten sich der Entstehung und dem Wandel bürgerlicher Lebensformen vom frühen 19. Jahrhundert bis in das erste Drittel des 20. Jahrhunderts zu. Klaus Tenfelde und Hans-Ulrich Wehler konstatierten „uneinheitliche soziale Formationen" bürgerlicher Lebensformen.[4] Unter den Begriff Bürgertum fallen unterschiedliche soziale, kulturelle und ökonomische Gruppen, die von Berufen ihrer männlichen Vertreter abhängig waren. Dazu gehörte in der zweiten Hälfte des 19. Jahrhunderts eine Minderheit zwischen drei bis fünf Prozent der deutschen Bevölkerung. Das waren Kaufleute, Fabrikanten, Bankiers, Kapitalbesitzer, Unternehmer, Direktoren, also das Wirtschafts- oder Besitzbürgertum. Zur Gruppe der Bürger gehörten Ärzte, Rechtsanwälte, freie Berufe, Gymnasiallehrer und Professoren, Richter und höhere Verwaltungsbeamte, Naturwissenschaftler, Diplomingenieure und qualifizierte Experten in den Leitungsstäben großer Unternehmen.[5] Zu den Bildungsbürgern zählten auch evangelische Pastoren. Dagegen rechneten Adlige, Bauern und die unteren Schichten der Bevölkerung nicht zum Bürgertum.

---

1 Jürgen Kocka (Hrsg.) (1988): 1.-3. In der Einleitung zu Band 1 bündelte Kocka die Ergebnisse, die unter Mitwirkung von vierzig Wissenschaftlerinnen und Wissenschaftler im Rahmen eines von der Deutschen Forschungsgesellschaft geförderten Sonderforschungsbereichs an der Universität Bielefeld erarbeitet wurden und führte ein ausführliches Literaturverzeichnis an. S. 11-76. Eine Neuauflage der drei Bände erschien 1995 in Göttingen.

2 Besonders die Darstellungen zur Rechtsgeschichte in Band 1 erwiesen sich als wichtig zur Einordnung von Darstellungen aus den Quellen zur weiblichen Emanzipation, Mitgift und Ausübung von häuslicher Gewalt. Dieter Grimm (1988): S. 303-339; Ursula Vogel (1988): S. 406-438; Ute Gerhard (1988): S. 439-468.

3 Peter Lundgreen (Hrsg.) (2000). Darin befinden sich zahlreiche Aufsätze von einigen an der Bielefelder Bürgertumsforschung beteiligten Historikerinnen und Historiker, u.a. von Hans-Ulrich Wehler, Jürgen Kocka, Hans-Walter Schmuhl, Gunilla-Friederike Budde und Monika Wienfort sowie eine umfangreiche Bibliografie zur Bielefelder Bürgertumsforschung.

4 Klaus Tenfelde; Hans-Ulrich Wehler (1994): Einleitung, S. 7.

5 Jürgen Kocka (1988): Bd. 1, S. 11-12.

Allein die Zugehörigkeit des Bürgers zu unterschiedlichen Berufsgruppen verdeutlicht, dass meine Arbeit nicht „das Bürgertum" in seiner Gesamtheit zum Thema haben kann. Selbst bei der Beschäftigung mit kleineren Einheiten des Bürgertums, wie mit einigen Kaufleuten und ihren Familien aus Bremen, sind heterogene Arbeits- und Familienbeziehungen festzustellen. Sie entsprechen nicht immer dem „idealen" bürgerlichen Selbstverständnis, das sich seit der Aufklärung herausbildete und sich im Laufe des 19. Jahrhunderts wandelte.

Als wichtige gemeinsame Fundamente des Bürgertums gelten Arbeit und individuelle Leistung sowie Bildung und Familie. Bürgerliche Lebensbereiche wurden durch soziale Bindeglieder, z.B. eine „bürgerliche Kultur" zusammen gehalten.[6] Unter bürgerlicher Kultur waren spezifische Werthaltungen, Lebensstile und Zukunftsentwürfe zu verstehen. Zu diesem Komplex legten Klaus Tenfelde und Hans-Ulrich Wehler nahe, Fragestellungen zur „bürgerliche Kultur" nicht nur nach „strikt sozialgeschichtlichen Untersuchungsmethoden" zu erforschen.[7]

Die Entwicklung von bürgerlichen Gesellschaften in Europa ist Gegenstand zahlreicher sozialhistorischer Untersuchungen. Die Aufklärung markierte seit dem letzten Viertel des 18. Jahrhunderts bis zum Beginn des Ersten Weltkriegs in Mitteleuropa einen politisch-gesellschaftlichen Wandlungsprozess. Im gesellschaftlichen Leben trat das Bürgertum neben die höfische Kultur. Einige Forschungen erweiterten die bürgerliche Epoche bis 1933, um in dieser Zeitspanne „Schwächen"[8] des Bürgertums nachzugehen.

In den wissenschaftlichen Debatten geht es im Vergleich zwischen Deutschland und anderen europäischen Staaten um die „Feudalisierung" des deutschen Bürgertums und um den „deutschen Sonderweg", der zum Durchbruch des Nazi-Regimes geführt haben könnte.[9] Unter den Begriff Feudalisierung fallen die wechselseitigen Anpassungsprozesse zwischen Bürgern und Adligen. Feudalisierung beschreibt historische Vorgänge, die vorherige „Frontlinien" (Kocka) durch ökonomische, soziale und kulturelle Annäherung verblassen ließen. Gegen diese Auffassung wurde argumentiert, das Bürgertum habe sich letztlich nicht gegen die Adelsmacht durchzusetzen vermocht.[10] An dieser These Arno Meyers „reiben" sich bis heute Bürgertum- bzw. Adelsforscher. Historiker wandten sich der Adelsforschung mit dem Ziel zu, adelige Eliten in einem veränderten sozialpolitischen Gefüge zwischen Feuda-

---

6   Jürgen Kocka (1988): S. 26-27; Rebekka Habermas (2000): S. 8; und fügte Ergebnisse anderer Forschungen als wichtige Kriterien hinzu: Nach Thomas Mergel (1997) z.B. das Selbstverständnis des Bürgertums als Elite mit dem Anspruch auf politische Herrschaft; nach Manfred Hettling (1997) leite sich „politische Bürgerlichkeit" von „wirtschaftlicher Selbstständigkeit" ab. Bürgerliches Ansehen entwickelte sich nach Karin Schambach (1996) durch Engagement in der kommunalen Selbstverwaltung, in wirtschaftlichen Interessenvertretung und in Kirchenvorständen. Rebekka Habermas (2000): S. 9; Fußnote 39.

7   Klaus Tenfelde; Hans-Ulrich Wehler (Hrsg.) (1994): S. 8.

8   Nach Wehler erwies sich das Argument vom „schwachen" deutschen Bürgertum als falsch. Vgl. Klaus Tenfelde (1994): S. 318, Fußnote 7.

9   Zum Ansatz „Feudalisierung" und „Sonderweg-Debatte": Jürgen Kocka (1988): S. 19; Jürgen Kocka (2000): S. 93-110.

10   Arno Meyer (1988).

lismus, Aufklärung und dem 19. und 20. Jahrhundert zu analysieren.[11] Es ist zu fragen, inwiefern „Verlust- und Abstiegserfahrungen" des Adels die Beziehungen zu anderen gesellschaftlichen Gruppen, insbesondere zum Bürgertum beeinflussten.[12]

Stadtbürger grenzten sich gleichermaßen vom ländlich-feudalen Adel und von „unteren" Gesellschaftsgruppen wie Kleinbürgern, Handwerkern und Arbeitern ab. Doch diese sozialen Distinktionen zeigten sich als brüchig: Bis zum ersten Drittel des 19. Jahrhunderts hatten Bürger die Privilegien und die Verschwendungssucht des Erbadels strikt abgelehnt. Gegen Ende des 19. Jahrhunderts und später repräsentierten etliche Bürger Bremens ihren Wohlstand selbstbewusst in prunkvollen Stadthäusern und zeigten sich als „Geldadel" mit einer Vorliebe für exklusive Landsitze in der näheren Umgebung der Stadt.

Bürger strebten nach Wohlstand und Reichtum; etliche wurden im liberalen Wirtschaftsgefüge zu Kapitalisten; d.h. sie lebten aus ihrem Besitz. 1904 brandmarkte Max Weber den vorherrschenden „Geist des Kapitalismus". Vermögende Kaufleute handelten – so Weber – nach dem Leitmotiv, „immer mehr Geld [zu erwerben], unter strengster Vermeidung alles unbefangenen Genießens"[13]. Damit hatten sich etliche Wirtschaftsbürger bzw. Industrielle im Laufe des 19. Jahrhunderts weit von Idealen der Aufklärung entfernt: Freiheit, Gleichheit und Brüderlichkeit erwiesen sich zunehmend als Fiktionen. Vorstellungen von freien, gleichberechtigten, gebildeten und toleranten Menschen konnten nur bürgerliche Männer umsetzen, die über ein regelmäßiges Einkommen verfügten. Sie trafen sich z.B. in exklusiven geselligen Vereinen, Lesegesellschaften, Clubs und Logen. Bürgerinnen und nichtbürgerliche Bewerber hatten keinen Zutritt. Bis zum Beginn des Ersten Weltkriegs blieb Frauen nicht nur das politische Wahlrecht, sondern auch in der Regel der Zugang zu „gehobenen" Berufsfeldern verwehrt.[14]

In der gemeinsamen Ablehnung der um die Mitte des 19. Jahrhunderts erstarkenden Arbeiter- und Handwerkerbewegungen waren sich Bürger und Adlige einig. Sie beeinflussten sich gegenseitig in ihrer Distinktion nach „unten": Sie verabscheuten streikende Arbeiter und die von einigen Bürgerinnen mitgetragene Frauenbewegung.

Während das Bürgertum im 19. Jahrhundert Positionen in Ökonomie, Politik und Gesellschaft ausbaute und um sich für „das Ganze, das Gemeinwohl, die Menschheit schlechthin zu repräsentieren"[15], hielt ein adliger Bevölkerungsteil an seinen Privilegien fest.[16] Dieses schlug sich beim Zugang zu Machtpositio-

---

11 Dazu ein Standardwerk: Heinz Gollwitzer (1957).
12 Zur Adelsforschung im 19. und 20. Jahrhundert: Eckart Conze; Monika Wienfort (Hrsg.) (2004); Monika Wienfort (1993a); Marita Krauss (1997); Heinz Reif (1999); Hans-Ulrich Wehler (1990). Zu Festen, wie Kaisers Geburtstag: Monika Wienfort (1993).
13 Max Weber (2000): S. 39-66; hier S. 44. Christina von Hodenberg (2000): S. 79-104; hier S. 80.
14 Erst in den 1960er Jahren war es Frauen in größerer Zahl möglich, gleiche Berufsfelder wie die der Männer anzustreben. Vgl. Klaus Tenfelde (1994): S. 317-353; hier S. 319.
15 Andreas Schulz (2002): S. 5.
16 Vor dem Hintergrund der „Sonderweg-Debatten" z.B. von Arno Mayer (1988) stellte Marita Krauss (1997) Unterschiede der Herrschaftspraxis zwischen den Monarchien Bayern und Preußen heraus. Von einer generellen ‚Aristokratisierung des Bürgertums' könne nicht gesprochen werden. Vgl. Kapitel „Adel": S. 123-184; hier S. 183. – Nach Eckart Kehr sei der „Deutsche

nen auf unterschiedlichen Ebenen der staatlichen Herrschaft nieder; gemeint sind Stellungen an Fürstenhöfen, beim Militär, in höheren Verwaltungen usw., die Adlige einnahmen.[17] Trotzdem sahen sich Bürger als von der Obrigkeit emanzipierte Staatsbürger in einer sich selbst regulierenden bürgerlichen Gesellschaft.

Bürgerinnen und Bürgern der „Freien Hansestadt Bremen" wurde ein ausgeprägter „Gemeinsinn" zugeschrieben. Sie zeigten sich als großzügige Mäzene sozialer und kultureller Einrichtungen.[18] Es ist zu fragen, ob vor oder nach der Reichsgründung auch Wirtschaftsbürger in Bremen durch nachahmende „adlige" Verhaltensweisen auffielen und auf welche Weise sie sich zum Adel äußerten.

2. Stadtforschungen im Vergleich

Von den zahlreichen Untersuchungen zum Bürgertum sind die vergleichenden Forschungen zu nennen, die unter der Leitung von Lothar Gall, Frankfurt am Main, entstanden. Der Forschungsschwerpunkt „Struktur und Wandel des städtischen Bürgertums in Mitteleuropa vom Ende des 18. Jahrhunderts bis zum Ersten Weltkrieg anhand von ausgewählten Städten"[19] entwickelte für Stadtforschungen ein gemeinsames Fragenraster mit einem nach Möglichkeit einheitlichen Kategorien- und Begriffssystem. Der Bürgerbegriff und „das konkrete Bürgertum in den Städten" sollte in den Mittelpunkt der Forschungen gerückt werden.[20]

Inzwischen liegen Forschungsergebnisse aus Handels- und Gewerbestädten, Industriestädten, Residenz- bzw. Verwaltungsstädten, Universitätsstädten und Städten mit „relativer Rückständigkeit" vor.[21] Bremen wurde erwartungsgemäß zum

---

Sonderweg" aus einem „Bündnis von ‚Eisen und Roggen'"; d.h. aus der Verbindung zwischen einer großbourgeoisen Führungsschicht mit den alten Eliten (Adel), besonders den großagrarischen ostelbischen Junkern entstanden. Zu einem ähnlichen Bündnis kam es in Bayern nicht. S. 182. – Über die politisch-soziale Einflussnahme des europäischen Adels zwischen 1800 und 1945 wurde 2002 auf einer interdisziplinären Tagung in Bielefeld diskutiert. Dazu die zusammenfassenden Aufsätze: Eckhart Conze; Monika Wienfort (2004). – Zur Sonderweg-Debatte Jürgen Kocka in der Bilanz des Bielefelder Sonderforschungsbereichs, in: Peter Lundgreen (Hrsg.) (2000): S. 93-110.

17 Jürgen Kocka (1988): S. 52.
18 Andreas Schulz (1998): S. 240-263.
19 Nach Lothar Gall (1990) entwickelten sich im 19. Jahrhundert in Deutschland sechs „deutlich unterscheidbare" Stadttypen: Handels- und Gewerbestädte mit älterer Tradition – dazu gehörten neben Frankfurt am Main, Köln und Hamburg auch Bremen – Gewerbestädte, Industriestädte, Residenz- und Verwaltungsstädte, Universitätsstädte sowie Städte, „die in ihrer Entwicklung" im Vergleich „relativ zurückblieben". S. 17.
20 Klaus Tenfelde (1994): S. 341. Anmerkung 1 sowie zahlreiche Literaturhinweise. Bürgerliche Führungsgruppen verwalteten Städte vom Mittelalter bis zur Urbanisierung am Ende des 19. Jahrhunderts. Die „Sonderstellung und relative Homogenität dieser Führungsschicht beruhte weitgehend auf Selbständigkeit." S. 317.
21 Zum Stadtstudien-Forschungskreis um Lothar Gall gehören, z.B. Hans-Werner Hahn (1991); Ralf Zerback (1996); Karin Schambach (1996); Thomas Weichel; Frank Möller (1998); Andreas Schulz (2002). Hans-Walter Schmuhl untersuchte städtische Selbstverwaltungsstrukturen im Vergleich zwischen Nürnberg und Braunschweig. Seine Studie (1995) „Die Herren der Stadt. Bürgerliche Eliten und städtische Selbstverwaltung in Nürnberg und Braunschweig vom 18. Jahrhundert bis 1918" entstand im Umkreis des Bielefelder Sonderforschungsbereichs „Sozialgeschichte des neuzeitlichen Bürgertums: Deutschland im internationalen Vergleich."

Typ Handelsstadt gerechnet. In der vergleichenden Bilanz mit anderen Städten des Stadtforschungsprojekts wurde Bremen als „rückständig" bezeichnet. Dort dominierten nach Gall die „Kräfte der Beharrung"[22]. Diese Bewertung bezieht sich besonders auf die beschränkten demokratischen Partizipationsmöglichkeiten der Bevölkerung. Aufgrund des Achtklassenwahlrechts, das bis 1918 gültig war, blieb die große Mehrheit der Bremer Einwohner von der Mitgestaltung des Gemeinwesens ausgeschlossen.[23] Bis zur Mitte des 19. Jahrhunderts übte eine Gruppe von „ökonomisch herausragenden" Bremer Kaufleuten von etwa „200 bis 300 Personen mit ihren Familien" direkt oder indirekt politische Macht in der Bremer Bürgerschaft aus.[24] Dagegen kam es bereits seit Mitte des 19. Jahrhunderts in anderen deutschen Städten zur Modernisierung der Bürgerrechte. Diese Beurteilung von Bremen steht im Kontrast zu Auffassungen, nach denen Kulturkontakte in der Fremde zu Innovationen in Politik und Gesellschaft daheim führen. Meine Arbeit will durch die Auswertung von Privatkorrespondenzen dazu beitragen, bisherige Forschungsergebnisse zu überprüfen und zu ergänzen.

Zu den Historikern im Umkreis von Lothar Gall und dem Forschungsprojekt „Stadtforschungen im Vergleich" gehört auch Andreas Schulz. Er publizierte zahlreiche Einzelergebnisse[25], ehe seine Habilitationsschrift „Vormundschaft und Protektion. Eliten und Bürger in Bremen 1750 bis 1880" im Jahre 2002 veröffentlicht wurde. So z.B. beschreibt sein Aufsatz zum Bremer Bürgertum in der Umbruchzeit zwischen 1789 und 1818 „... Tage des Wohllebens, wie sie noch nie gewesen ..." (1991). Bremens Senat hatte 1813/14 einen Verfassungskonflikt durchstehen müssen, doch für die Bremer Elite (Senatoren und die führenden Vertreter der Bürgerschaft) wurde der politisch-ökonomische Erfolg nicht infrage gestellt. Familiäre Bindungen und gemeinsame gesellschaftliche Aktivitäten brachten sie auch außerhalb ihres amtlichen Einflussbereichs in Korporationen, Assoziationen und Vereinen zusammen. Schulz resümiert, dass „keine der um 1800 bestehenden Gesellschaften in Opposition zum Senat" stand.[26]

1994 stellte Schulz in einem Beitrag hanseatische Lebenswelten der „Weltbürger und Geldaristokraten" in den Mittelpunkt. Im Vergleich von Bremer, Hamburger und Lübecker bürgerlicher Eliten zeigte er, dass das hanseatische Bürgertum zum Teil „eine weltmännisch-distinguierte Attitüde pflegte, durch die es dem Adel näher zu sein schien als dem eigenen Stand"[27]. Zum bürgerlichen Verhalten gehörte – so Schulz – das persönliche Engagement, sich ehrenamtlich an der städtischen Armenpflege zu beteiligen, z.B. durch Mitwirkung in Wohltätigkeitsvereinen.

---

22 Lothar Gall (1991): S. 7.
23 „Nur ein Bruchteil der erwachsenen männlichen Bevölkerung zählte zu den politisch vollberechtigten Bürgern. [...] In den Bremer „Bürgerkonvent" konnten nur die Altstadtbürger und unter diesen wiederum nur die vom Senat benannten Honoratioren der Stadt geladen werden, auch hier dominierte der Gelehrten- und der Handelsstand." Andreas Schulz (1994b): S. 645.
24 Andreas Schulz (1991): S. 19-64; hier S. 61.
25 Andreas Schulz (1991); (1993); (1994 a, b); (1995); (1998); (1999).
26 Andreas Schulz (1991): S. 19-64.
27 Andreas Schulz (1994b): S. 637-670; hier S. 638.

In „Vormundschaft und Protektion" geht es in drei Kapiteln um bürgerliche Generationen, die als Führungsschichten in den Zeiten zwischen 1750 bis 1830, 1814 bis 1848 und 1848 bis 1880 die Politik der Stadt Bremen bestimmten. Schulz richtete in seiner umfangreichen Studie seinen Blick auf Strukturen, in denen männliche Stadtbürger Politik und Wirtschaft bestimmten und soziales und kulturelles Engagement zeigten. Schulz stellte weiterhin kennzeichnende religiöse Bewegungen und Strukturen in der Stadt Bremen heraus.

In meinem Zusammenhang sind besonders Familien- und Handelsbeziehungen sowie Orte der Handlungen (Wohnen, Arbeiten, Kirchengemeinden und Vereine) wichtig. Schulz' Untersuchungszeitraum reicht allerdings etwa einhundert Jahre vor meine frühesten Briefquellen (1860) zurück. Primär interessierten ihn Fragen nach Wandlungsprozessen in der städtischen Politik, die nicht nur von den traditionellen Eliten (Juristen, Kaufleute), sondern auch von „neuen" Berufsgruppen, wie Maklern und Bauunternehmern, mitgestaltet wurden. Von zentraler Bedeutung erwies sich die „hanseatische Tradition" und „Bürgerpflicht", sich durch soziales Engagement, d.h. Stiftungen und Schenkungen, Bürgerehre zu erwerben. Das Herrschaftsverhältnis äußerte sich in „einer perfektionierten Kultur des Gebens und Nehmens"[28]. Die Beschenkten würden dadurch zu „abhängigen Mündeln degradiert"[29]. Eine „verbindende Kultur des Bürgertums angesichts wachsender Disparitäten in der Lebensführung" konnte in Bremen nur selten ermittelt werden.[30] Dagegen stellte Schulz in einem frühen Aufsatz zur Kultur und Lebenswelt des Bremer Bürgertums zwischen Aufklärung und Vormärz den „politischen Freiheitsgedanken" als starkes einigendes Band der Bremischen Einwohnerschaft fest.[31]

Schwachpunkt in Andreas Schulz' Studien ist die fehlende Auseinandersetzung mit der Bremer Familiengeschichte. Diese beginnt mit seiner Quellenauswahl zu diesem Komplex. Er beschränkte sich auf die Auswertung von Adressbüchern, Stammbäumen und gedruckter Genealogie. Ergänzend verwendete er Firmen- und Vereinsschriften. Frauen kommen bei Schulz kaum vor; sie interessierten ihn offensichtlich nicht. Lebensformen und Lebensstile bürgerlicher Frauen ließ er außer Acht.[32] Meine Forschung setzt u.a. dort an, indem ich den wichtigen Anteil der Ehefrauen an der bürgerlichen Familienstruktur Bremens hervorhebe.

---

28 Franklin Kopitzsch (2004) in seiner Rezension zu Schulz' Studie. S. 232.
29 Andreas Schulz (2000): S. 706.
30 Andreas Schulz (2000): S. 710.
31 Andreas Schulz (1994a): S. 52.
32 Andreas Schulz (2002). Franklin Kopitzsch (2004): Bis auf wenige Ausnahmen kommen Frauen in der fast 800 Seiten umfassenden Studie nicht vor.

3.   Bremen als Handelsstadt

Die Literatur bremischer Provenienz wurde dem Bremer Staatsarchiv[33], den Bremer Museen[34], den Bremer (Fach)Hochschulen[35] sowie Nicht-Historikern[36] zugeordnet. Erst mit der Gründung der Bremer Universität[37] (1972) befassten sich professionelle Bremer Historiker mit der Stadtgeschichte und dem Überseehandel. Mitarbeiter der genannten Bremer Institutionen kooperierten mit der Universität, übernahmen

33   Die Geschichte des Bremer Staatsarchivs reicht bis ins 18. Jahrhundert zurück. 1875 wurde Wilhelm von Bippen (1844-1923) als erster Fachhistoriker eingestellt. Seine Bremische Geschichte in drei Bänden erschien 1892-1912. 1912 gab er die Bremische Biografie heraus und edierte das „Bremische Jahrbuch". Sein Nachfolger als Leiter des Staatsarchivs war Hermann Entholt (1870-1957). Dieser gab neben dem Bremischen Jahrbuch der Historischen Gesellschaft seit 1928 die „Veröffentlichungen aus dem Staatsarchiv" heraus. Seine über einen langen Zeitraum veröffentlichten Arbeiten sind zahlreich: Hermann Entholt; Kurt Wiedenfeld (1928); Entholt (1931; 1932; 1944; 1947). Von den folgenden Archivdirektoren Friedrich Prüser (1892-1972) und Karl Heinz Schwebel (1911-1992) wurden wichtige Forschungsergebnisse mit Schwerpunkten Wirtschafts,- Handels- und Firmengeschichte sowie zur Personen- und Familiengeschichte veröffentlicht. Auf Friedrich Prüsers Band „Vom Bremer Überseekaufmann" (1940) und seine Publikation (zusammen mit Karl H. Schwebel) „De Koopman tho Bremen (1951) konnte ich aufbauen. Ebenso benutzte ich Prüsers Aufsatz zur Familie Vietor (1971). – Karl Heinz Schwebel schrieb eine Abhandlung zur „Bremischen Freiheit" (1955) und ging Spuren von Bremer Kapitänen und Überseekaufleuten, besonders in Mittel- und Lateinamerika nach (1966; 1994). 1974 veröffentlichte er Auszüge des Tagebuchs von Franz Böving (1773-1849). Diese Quelle handelt vom Aufstieg und Scheitern eines Bremer Kaufmanns und war ein erster Hinweis, dass Kaufmannsarbeit in Übersee nicht nur von Erfolg gekrönt war. – Seit Mitte der 1970er Jahre forschte auch der Archivleiter Hartmut Müller zur Bremer Handelsgeschichte. Seine Aufsätze (1971 und 1973) erläuterten etliche Handels- und Familienbeziehungen zwischen Bremen und Westafrika. – Adolf E. Hofmeister veröffentlichte Beiträge zur bremischen Geschichte und veröffentlichte einen Aufsatz zu den bremischen Handelsbeziehungen zu China (1998; 2004). – Dem Bremer Staatsarchiv ist die Familienforschung „Die Maus" angeschlossen. Dieses Archiv besteht aus gedrucktem und ungedrucktem Familienschriftgut.

34   Die Bremer Museen – Überseemuseum, Focke-Museum und das Stadthistorische Museum in Bremerhaven – traten mit zahlreichen Ausstellungen und Publikationen zu meinem Thema hervor. Ich besuchte die Ausstellungen und nutzte Ausstellungskataloge, Zeitschriften, Herausgeberschriften und Museums-Reihen („Tendenzen", hrsg. vom Überseemuseum). Dem Überseemuseum sind Veröffentlichungen von Herbert Abel (1938; 1970); Andreas Lüderwaldt (1992; 1995); Hartmut Roder (1995; 2001) und Bettina von Briskorn (2000) zuzuordnen. Werner Kloos (1965) und Waltraud Dölp (1984) gehören zum Umkreis des Focke-Museums.

35   Von den mit Wirtschafts- und Sozialgeschichte befassten Hochschullehrern der Hochschule Bremen ist zu meinem Thema besonders Literatur von Peter Kuckuk (2004) und von Dieter Leuthold zur historischen Unternehmensentwicklung zu nennen.

36   Lebenserinnerungen, Tagebücher, Memoiren usw. wurden von Laien, also von Kaufleuten, ihren Frauen oder anderen Familienmitgliedern verfasst, um den Nachkommen oder anderen Interessierten Lebensbilder, -formen und -stile zu vermitteln. Andere genealogische Aufzeichnungen, wie z.B. Stammtafeln wurden von ihnen für die „Nachwelt" verfasst.

37   Heinz-Gerhard Haupt: Kleine und große Bürger in Bremen um 1900 (1986); Herbert Schwarzwälder steht als Historiker der Bremer Universität für den Schwerpunkt Bremen und die umliegende Region. Er veröffentlichte u.a. eine fünfbändige „Geschichte der Freien Hansestadt Bremen" (1995), zahlreiche Bildbände, Aufsätze und das zweibändige „Große Bremen-Lexikon" (2003). – Wilfried Wagners Schwerpunkt ist Übersee- und Kolonialgeschichte (2001), Dagmar Bechtloff befasst sich überwiegend mit Überseegeschichte in spanisch beeinflussten Territorien (hier jedoch Asien: 2001); Dirk Hörder ist Spezialist für Auswanderungsgeschichte (USA, Kanada); Lothar Machtan publizierte zu Bismarck und zum Kaiserreich. – Einige Seminar- und Magisterarbeiten entstanden seit den 1980er Jahren zum Thema Bremer Bürgertum, z.B. Katrin Geyer (1984), StAB U-684; Sabine Brandt zu Bernhardine Schulze-Smidt (Betreuerin: Marita Krauss); Nicola Wurthmann zu Johann Smidt (Betreuer: Franklin Kopitzsch).

Lehraufträge, vermittelten den praktischen Umgang mit historischen Quellen[38] oder boten Studierenden Praktikumsplätze. Von überregional arbeitenden Historikern sind neben Andreas Schulz besonders die Veröffentlichungen von Hermann Kellenbenz[39] und Percy Ernst Schramm[40] zu beachten.

Nach dem Abzug der napoleonischen Truppen aus Bremen wurde im November 1813 die „Wiederherstellung" der „Freien Hansestadt Bremen" erklärt.[41] Damit knüpfte Bremen an die mittelalterliche Hansezeit an.[42] Die Regierung bezeichnete sich seit 1822 als Senat und bestand aus Bürgermeister und Senatoren, die aus einem kleinen Kreis der gebildeten und finanzkräftigen Oberschicht gewählt wurden. Während des Wiener Kongresses gelang es Bremen, diese Staatsform zu sichern. Der Titel „Hansestadt" hob die Bedeutung des Handels für das Bremer Gemeinwesen hervor.

Die Bremer Verfassung schrieb 1854 das ständisch orientierte Achtklassenwahlrecht fest, das bis 1918 Gültigkeit behielt. Es war nach der ökonomischen und sozialen Stellung der männlichen Bürger ausgerichtet und begünstigte klar die Elite des ersten, zweiten und dritten Standes. Dazu gehörten Akademiker, Kaufleute und Gewerbetreibende.[43] Die durch Beruf und Besitzstand festgesetzten Rangstufen waren ausschlaggebend für die Teilnahme an der Mitwirkung im Bremer Senat. Nach der Gesetzgebung wurden Bürger mit Universitätsbildung – meistens Juristen – Mitglieder des Kaufmannskonvents und der Handelskammer sowie Mitglieder des Gewerbekonvents und der Gewerbekammer bevorzugt. Den anderen Bevölkerungsgruppen gehörte zwar die Mehrheit der Stadtbevölkerung an, doch durch eine

---

38 z.B. D. Fricke, Staatsarchiv Bremen, zum Thema „Das Bremer Bürgertum – Aufstieg und Blüte (1850-1914). ‚Geschlossene Heiratskreise' und Kontorinteressen." Wintersemester 1996/1997. Zu diesem Thema veröffentliche Erika Brandes 1963 einen Aufsatz.

39 Hermann Kellenbenz: (1964); (1965); (1969).

40 Percy S. Schramm: (1949a), (1949 b.); (1950); (1964).

41 Herbert Schwarzwälder (1995): Bd. 2, S. 38-48.

42 Mit dem Begriff „Hanse" (mhd.) für Kaufmannsgilde wurde an den mittelalterlichen Fernhandelsverband angeknüpft. Das Wort ist erstmals 1266/67 belegt. Überblick zur Geschichte der Hanse: Großer Brockhaus (2001), Band 9: S. 481-482; hier S. 481f. Die Blütezeit der deutschen Hanse, einer Gemeinschaft von Fernhandelskaufleuten, bestand zwischen dem 14. und 17. Jahrhundert. Die Kaufleute verfolgten vornehmlich wirtschaftliche Ziele. Dabei entstanden „See- und Flussfahrgemeinschaften" zu Hansekontoren in Nowgorod, Bergen, Brügge und London sowie zu zahlreichen Handelsplätzen, insbesondere an den Küsten der Nord- und Ostsee. Zum Kern der Hanse zählten ca. 70 Städte, weitere 130 Städte gehörten zu unterschiedlichen Zeiten dazu. Die erste Hauptversammlung der Mitglieder („Hansetag") fand 1356 in Lübeck, die letzte mit „nur neun" Vertretern 1669 statt (Angelo Pichierri (2000): S. 36). Der Niedergang der Hanse begann während des dreißigjährigen Krieges. Der Studie von Angelo Pichierri (2000) ist eine tabellarische Chronologie und Karten zur hanseatischen Geschichte zu entnehmen: S. 37-45. Das Kapitel „Kollektive Identität" ist zum Thema „Überseekaufleute" von Bedeutung. S. 49-62. – „Freiheit" präge den „hanseatischen Geist", so Hermann Kellenbenz in seinem Beitrag der Geschichts- und Sprachforscher zu Ehren einer Tagung der Bremer Historischen Gesellschaft: Bremer Nachrichten, 9. Juni 1962. – Literatur zu den Hansestädten Bremen, Hamburg und Lübeck: Hermann Entholt (1928).

43 Das ständisch orientierte Wahlverfahren war von der Zugehörigkeit zur Wahlklasse, insbesondere von Bildung (akademischer Abschluss), Beruf und Wohnort abhängig. Bürgerrecht setzte einen „Bürgereid" voraus. Eine „Verfassung rechtliche Privilegierung der Handelskammer garantierte [Kaufleuten] von vornherein einen direkten Einfluss auf die lokale Wirtschaftspolitik." Berghoff; Möller (1991): S. 165; S. 174. Schwarzwälder (1995): Bd. 2, S. 216f.

ungünstigere Stimmenverteilung hatten ihre Vertreter weniger oder gar kein politisches Gewicht. Vom Wahlrecht ganz ausgeschlossen war die große Mehrheit der Einwohner Bremens, Vegesacks und Bremerhavens, d.h. Frauen, Arbeiter, ein großer Teil der Handwerker, Tagelöhner usw.

Bremer Politiker des 19. Jahrhunderts stellten die Sonderstellung des Stadtstaats Bremen heraus. In zeitgenössischen Darstellungen ist eine starke regionale Identität festzustellen. Die Texte vermitteln ein stolzes Hochgefühl, „freier Bremer Bürger zu sein"[44]. Das Bremer „Wir-Gefühl" wurde offenbar konstruiert, um mit diesem Selbstentwurf ein spezifisches „hanseatisches" Lebensgefühl zu betonen. Diese Selbsteinschätzung zeigte Außenwirkung. Im Blick von Außen auf die Stadt und seine Bürger bewunderte man im ersten Drittel des 19. Jahrhunderts den „stabilen altständischen" Stadtstaat Bremen und mit Respekt den „merkantilen Geist" der „Bremer"[45]. Aber wer ist ein Bremer? Ein Beispiel aus jüngster Zeit:

> „Ich bin ein begeisterter Bremer, weil hier Freiheit mit Gemeinsinn, Weltoffenheit mit Wirtschaftskraft und Tradition mit Entdeckermut zusammengehören. Ich denke, wir können stolz sein auf das Geschaffene, und wir können noch vieles schaffen, wenn wir weiter frei und zusammenbleiben."

Dieses schrieb Bremens Bürgermeister Jens Börnsen in einem Rundbrief an alle Haushalte, vier Monate vor der Bürgerschaftswahl 2007 und bevor das Bundesverfassungsgericht über einen erneuten Finanzausgleich zwischen „armen" und „reichen" Bundesländern entscheiden sollte.[46] Börnsen fasste damit stereotype Vorstellungen, die in Geschichte und Gegenwart über Bremer und Bremen kursieren, zusammen.

Als „Bremer" oder „Bremerin" bezeichnen sich vielfach Menschen, die in Bremen geboren sind oder für lange Zeit ihren Lebensmittelpunkt in dieser Stadt hatten. Aber seitdem Stadt- und Landmenschen aufgrund permanenter Mobilität fast als „Weltenbummler" bezeichnet werden konnten – und dies gilt in besonderem Maße für Überseekaufleute und ihre Ehefrauen – war die Bremer Bevölkerung nicht „homogen". Seit Ende der 1820er Jahre wanderten Kaufleute zunehmend in die USA aus und gründeten dort Handelshäuser. Im Zeitraum zwischen 1870 und 1914 verfügten etwa zwei Drittel der Bremer Kaufleute über „direkte Auslandserfahrungen"[47]. Etliche kehrten später nach Bremen zurück. Zur gleichen Zeit ließen sich zahlreiche Kaufleute aus Deutschland in Bremen nieder und

---

44 Rolf Engelsing (1958).
45 Andreas Schulz (1994b): S. 636.
46 Rundbrief vom 11. Januar 2007.
47 Hartmut Berghoff; Roland Möller (1991): S. 156-177; hier S. 165. Im Zeitraum von 1870-1914 hatten bereits 70% der Bremer Unternehmer Auslandserfahrungen, davon reisten 12,5 % in eigene überseeische Besitzungen. In diesen Personenkreis sind angestellte Unternehmer ohne Kapitalbeteiligung, aber mit kaufmännischen Befugnissen eingeschlossen. S. 157; S. 165. – Zur Bedeutung von Auslandsaufenthalten für deutsche Unternehmer: Jürgen Kocka (1975). – Zeitliche begrenzte Überseeauswanderungen von Kaufleuten wurden „Elitenwanderung" oder „Zeitwanderung" bezeichnet. Kaufleute ließen sich vorwiegend in städtischen Marktzentren nieder und vermittelten den Export von Agrarprodukten und Rohstoffen. Walther L. Bernecker; Thomas Fischer (1992): S. 207f.

erwarben das „große Bürgerrecht mit Handlungsfreiheit". Auch unter ihnen entwickelten sich etliche zum „Typ des Überseekaufmanns" und wurden „achtbare" Bürger.[48]

Auswanderung oder zeitlich begrenzte Migration können „Menschen in Bewegung"[49] „ortlos"[50] machen. Es scheint, als wenn im letzten Drittel des 19. Jahrhunderts nicht nur ein globaler Wettlauf um Ressourcen, sondern auch ein Reisefieber unter der Bremerinnen und Bremern ausbrach. Ich folge ihnen auf den Schifffahrtsrouten von Bremen an Welthandelsplätze: Kalkutta, Australien, New York, Mexiko, Guatemala, Brasilien, Chile und Afrika. Hier setzt mein Forschungsprojekt an: Ich möchte herausfinden, wie Bremer und Bremerinnen in Übersee mit ihrem bürgerlichen Erfahrungshintergrund umgingen. Wie richteten sie sich im Kontakt zu fremden Menschen im Alltag in der Arbeitswelt und in ihrer Häuslichkeit ein? Was waren die Gründe für ihre Rückkehr? Und welche Auswirkungen hatte der lange Aufenthalt in der Fremde auf die Zeit nach der Rückkehr?

4. Die bürgerliche Familie

Neben der allgemeinen Bürgertumsforschung ist für diese Arbeit vor allem die Forschungsdiskussion zur Familie wichtig. Unter den Begriff Familie[51] fallen engere

---

48 Vgl. Fritz Peters (1936): S. 306-361.
49 Ins Blickfeld rücken u.a. Forschungen wie von Harald Kleinschmidt (2002) sowie Publikationen des Stuttgarter Arbeitskreises Historische Migrationsforschung e.V., z.B. Marita Krauss; Holger Sonnabend (Hrsg.) (2001).
50 Elisabeth Bronfen (1997): S. 1.
51 Zum Begriff, zu Formen, Funktionen und Wandlungsprozessen von Familie: Michael Mitterauer (1995). – Wichtige Standardwerke zur Familienforschung lieferten u.a. Dieter Schwab (1975), Werner Conze (1976), Edward Shorter (1977). – Michael Mitterauer (1990) entwickelte seine Thesen zur geschlechtsspezifischen Arbeitsteilung in vorindustrieller Zeit aus historisch-ethnologischen Sichtweisen (S. 289-313): Die traditionelle Geschlechterrollenerziehung vermittelte demnach Knaben dem Prestige nützliche Muster und Werte, während weibliche Arbeit generell minder bewertet würde. Aus biologischen und sozialen Gründen (= „biosozial") seien Frauen eher an den Wohnplatz gebunden als Männer. Weibliche Tätigkeiten sollten sich zur Aufzucht von Kindern unterbrechen lassen. Der Frau käme von Natur aus die Aufgabe zu, Kinder zu gebären und zu stillen (S. 292). – Zum gleichen Thema auch Karin Hausens (1976) häufig zitierter Aufsatz über „Die Polarisierung der ‚Geschlechtscharaktere'". – Michael Mitterauer und Reinhard Sieder (1991) forschten zum „Strukturwandel der Familie": Mitterauer ging dem „Mythos von der vorindustriellen Großfamilie" nach und untersuchte historische „Zäsuren des Familienzyklus"; Sieder beschäftigte sich mit Ehe, Fortpflanzung, Sexualität und dem Familiennachwuchs sowie den „Alten" und Kranken in Familien. – Andreas Gestrich, Jens-Uwe Krause, Michael Mitterauer (2003) schrieben eine europäische Kulturgeschichte der Familie mit Schwerpunkten Antike, Mittelalter und Neuzeit. – Neben Eheschließungen (Duhamelle, Christophe; Schlumbohm, Jürgen (Hrsg.) (2003); Beziehungen der Ehepaare bzw. Eltern (Karin Hausen, 1988); (Yvonne Schütze (1988) und Isabel V. Hull (1988) wurden auch andere Familiengruppierungen Gegenstand der Forschung: So z.B. die Geschwister: Martine Segalen (1984); die Söhne: „Es ist ein Junge!" Martschukat, Jürgen; Stieglitz, Olaf (2005); die Witwen: Friedrich Prinzing (1990); Peter Borscheid (1989) und auch der Familienstand „ledig" wurde untersucht: Bärbel Kuhn (2002). – Eine wichtige Studie zur bremischen Familiengeschichte und Heiratskreisen legte Erika Brandes (1963) vor. Darin zeigte sie, auf welche Weise Wirtschafts- und Bildungsbürger zum Teil über Generationen durch Konnubium verbunden waren. – Peter Marschalck (1993) untersuchte demografisches Material nach Familienbindungen in Bremen. Seine

und weitere Verwandtschaftsbeziehungen. Mit Familie sind in meinem Zusammenhang Gruppierungen gemeint, die zusammen in einem Haushalt lebten. Das waren in der Regel verheiratete Männer und Frauen mit ihren Kindern. Zu bürgerlichen Haus- und Haushaltsgemeinschaften gehörten aber auch „familienfremde" Personen. Das waren langjährig beschäftigte Haushaltshilfen und kurzfristiger angestellte Dienstmädchen, Lehrlinge und junge Kaufmannsgehilfen. Zum großen Familienkreis zählten besonders die genealogischen Linien des Ehepaars: deren Eltern und Großeltern, Familien von Tanten und Onkeln, Geschwister, Schwägerinnen und Schwager sowie deren Kinder.

Historische Forschungen näherten sich dem Thema Familie[52] auf unterschiedliche Weise. Das breite soziale Spektrum von Aufgaben, Geschlechterkonstellationen und den Wandel vom idealisierten „Ganzen Haus"[53] zur bäuerlichen, proletarischen, unterbürgerlichen und bürgerlichen Familie untersuchten Ingeborg Weber-Kellermann und Heidi Rosenbaum.[54] Die Familie rangiert nach Thomas Nipperdey „vor dem Individuum. [...] Alle Parteien, alle religiösen Richtungen, alle Klassen teilen diesen Glauben an die Familie." Nipperdey konstatierte: „Aus der emphatischen Geltung der Familie entwickelte sich so etwas wie eine Familienreligion"[55]. Zur Forschungsgeschichte der Familie trug Andreas Gestrich bei, indem er Modelle der Sozial- und Wirtschaftsgeschichte, Alltagsgeschichte, Historischen Anthropologie sowie Frauen- und Geschlechtergeschichte miteinander verknüpfte.[56] Diese Forschungen werden in meiner Arbeit reflektiert und Ergebnisse aus Studien z.B. von Ute Frevert, Ute Gerhard, Gisela Bock, Karin Hausen und Anne-Charlott Trepp

---

Ergebnisse weisen für die erste Hälfte des 19. Jahrhunderts auf Geburtenkontrolle in Bremen hin. Eine niedrige Fruchtbarkeit wurde auf Familienplanungspraxis zurückgeführt. Ein Grund dafür könnte die soziale Orientierung nach Vorbild der Eliten sein. Es dominierten große Geburtenabstände, anders als es durch die biologische Fruchtbarkeit vorgegeben wäre.

52 Nach Karin Hausen (1988) sind Themen wie Familie und Haushalt zentral für das „Zusammenleben von Menschen"; Familienforschung sei „Kernbereich einer Sozialgeschichte". S. 59. – So äußerte sich auch Michael Mitterauer (1995): Es handele sich nicht um eine Hilfswissenschaft wie Genealogie. Historische Familienforschung interessiere sich für die Familie als soziale Gruppe. S. 161.

53 Dieser Begriff wurde 1854 von Wilhelm Heinrich Riehl (1823-1897) geprägt und 1956 von dem österreichischen Historiker Otto Brunner (1898-1982) aufgegriffen. Mit diesem Konzept wurde eine mittelalterliche bzw. frühneuzeitliche Hausgemeinschaft beschrieben: Unter einem Dach und unter einem Haushaltsvorstand lebten Familienmitglieder und unverheiratetes, kinderloses Dienstpersonal zusammen. Ebenso wie in ländlichen Gebieten wurden auch in Städten handwerkliche und kaufmännische Wohn- und Arbeitseinheiten gebildet. Otto Brunner (1968): Kapitel „Das ‚Ganze Haus' und die alteuropäische ‚Ökonomik'": S. 103-127. – Die Formel „Das ganze Haus" bezieht sich auf ländliche Gesellschaften im Spätmittelalter und in der Frühen Neuzeit. Kritische Anmerkungen dazu von: Valentin Groebner (1995); Claudia Opitz (1994).

54 Ingeborg Weber-Kellermann (1982). Heidi Rosenbaum (1982). Eine Sammlung von Aufsätzen zu Familienverhältnissen und -krisen findet sich in Jürgen Schlumbohm (Hrsg.) (1993).

55 Thomas Nipperdey (1990): Kapitel „Familie, Geschlechter, Generationen", S. 43-124, hier S. 43.

56 Andreas Gestrich (1999).

einbezogen.[57] Meine Arbeit baut insbesondere auf Studien von Gunilla-Friederike Budde und Rebekka Habermas auf.[58]

Die ältere Literatur über Bremer Kaufmannsfamilien hebt die besonderen verwandtschaftlichen Beziehungen hervor. Demnach wären Kaufmannskarrieren bzw. weltweit agierende kaufmännische Familienunternehmen durch einen spezifischen Bremer Familiensinn zustande gekommen. Als Beispiel wird aufgeführt, dass Brüder oder Schwäger ein Handelsnetz zwischen Bremen und Übersee zum gegenseitigen Nutzen aufbauten.[59] Doch von solchen fruchtbaren Geschäftsverbindungen unter Verwandten ist in den Quellen nicht immer die Rede. Im Gegenteil: Oft erfüllten sich die in Familienmitglieder gesetzten Erwartungen nicht. Offenbar funktionierten Welthandelsbeziehungen doch nach anderen Mustern.[60]

---

57 Literaturauswahl zur Frauen- und Geschlechtergeschichte: Gisela Bock (1988; 2005); Ute Frevert (1986; 1988; 1995; 1996); Ute Gerhard (1988; 1990; 1994); Karin Hausen (1976; 1977; 1983; 1988); Anne-Charlott Trepp (1996a; 1996b); Hausen, Karin; Wunder, Heide (Hrsg.) (1992); Thomas Kühne (1996).

58 Rebekka Habermas (2000) erschloss einen umfangreichen Familiennachlass und stellte Arbeit, Geselligkeit und Familienbeziehungen zwischen 1750 und 1850 in den Mittelpunkt ihrer Untersuchung. – Gunilla-Friederike Budde (1994) erfasste mehr als dreihundert gedruckte deutsche und englische Lebenserinnerungen von Bürgerinnen und Bürgern. Dabei ermittelte sie z.B. unterschiedliche familiäre Erziehungsstile für den Zeitraum zwischen 1840 und 1914. – Zur bürgerlichen Mädchen- und Knabenerziehung im Deutschen Kaiserreich beziehe ich mich auch auf Dorle Klika (1990), deren Forschung auch auf Autobiografien beruht.

59 Friedrich Prüser (1940b): Die Geschäftsbeziehungen zwischen USA und Bremen wurden durch „enge Fäden", nämlich „oft und immer wieder durch Verwandte bekräftigt und aufrechterhalten. Man fühlte sich darum auch eins und stützte einander." Unter anderen Beispielen führte Prüser das der Brüder Caspar und Hermann Henrich Meier (1809-1898) an, die Anfang des 19. Jahrhunderts zwischen Bremen und New York Überseehandel betrieben. S. 12-13. Caspar Meier wurde 1815 erster Konsul in New York. Herbert Schwarzwälder (1995): Bd. 2, S. 94. – Hans-Ludwig Schäfer (1957) beschrieb gute Geschäftsverbindungen zwischen Bremen und USA. Nachgereiste Verwandte und Geschäftsfreunde verhinderten, dass „Überseekaufleute nicht im fremden Volkstum untergegangen" seien. Als gelungenes Beispiel für eine fruchtbare Zusammenarbeit nannte auch Schäfer die Brüder Caspar und Hermann Henrich Meier. S. 75-76. – Rolf Engelsing (1958): „Ein in einer nordamerikanischen Hafenstadt zum Erfolg gelangter Zuzügler holte Vettern und Neffen nach." Auf eine Anstellung als Lehrling, Kommis und Auslandsagent konnte der hoffen, der in einem näheren oder entfernten Verwandtschaftsverhältnis zu bremischen Akademikern und Kaufleuten stand. S. 50. – Ein Beispiel aus Hamburg: Fünf Mitglieder einer Hamburger Familie folgten einem um 1820 ausgewanderten „Stammvater" und Firmengründer nach Brasilien. Percy Ernst Schramm (1964): S. 43.

60 So schrieb z.B. Bernd Eberstein (1988) zur einflussreichen Hamburger Chinafirma Siemssen & Co. – Inhaber Georg Th. Siemssen (1816-1886) – mit Geschäftsverbindungen nach Bremen, Holland, England und New York, dass Geschäftsnachfolgen nicht unbedingt nach familiären Gesichtspunkten geregelt wurden. S. 37-53. Dagegen erklärte Percy Ernst Schramm (1964) mit Hinweis auf Hamburger Geschlechterbücher: „Bei den Kaufmannsfamilien ist es im 19. Jahrhundert geradezu der Normalfall, dass sich eine Seitenlinie, womöglich mehrere, ablösen, die fortan auf fremdem Boden wirksam sind." S. 41. – Hartmut Berghoff (2004) hob für Geschäftsverkehr im 19. Jahrhundert die Bedeutung von „zivilgesellschaftlichen Prinzipien" in Vereinen und Börsen als vertrauenstiftende „Infrastrukturen" hervor; „neue Vertrauensfundamente erwuchsen in erster Linie aus gemeinsamen Geschäftsinteressen". Dagegen waren „Abstammung, Konfession und Verwandtschaft als Bindemittel unzureichend." S. 154-155.

5. Bürgerliche Frauen in Bremen

Die vorliegende Arbeit beschäftigt sich insbesondere mit Frauen von Bremer Über-seekaufleuten. Ihr Arbeitsumfeld als Mütter und Vorstände großer bürgerlicher Haushalte in Bremen und Übersee ist bisher weitgehend unerforscht.

Im „Bremer Frauenlexikon" wurden etwa zweihundert Frauenbiografien mehr-heitlich aus dem Zeitraum 19. Jahrhundert und der ersten Hälfte des 20. Jahrhun-derts veröffentlicht.[61] Bürgerliche Frauen waren bis zum Ersten Weltkrieg selten erwerbstätig. Mit etwa fünfzehn Jahren hatten sie ihre Schulzeit beendet. Jungen Frauen blieb oft keine andere Wahl, als sich an geschlechtsspezifische Muster zu halten: Sie warteten auf einen Bräutigam, um Hausfrau und Mutter zu werden.[62] Gegen Ende des 19. Jahrhunderts heirateten bürgerliche Frauen oft erst mit fünf-undzwanzig Jahren; folglich hatten sie eine etwa zehnjährige Wartezeit zu überbrü-cken, in die auch häufig ein Pensionatsaufenthalt fiel.[63] Im Anschluss daran war es möglich, einen zweijährigen Kurs zur Ausbildung als Lehrerin an einer höheren Mädchenschule zu absolvieren oder den Abschluss als Volksschullehrerin in drei Jahren zu erwerben.[64] Bereits im Alter von neunzehn oder zwanzig Jahren konn-ten Frauen ausgebildete Lehrerinnen sein, um anschließend eine Anstellung in ei-ner Höheren Töchterschule, Volksschule oder als Privatlehrerin anzutreten. Die Au-torinnen des Lexikons gingen Lebensspuren von 28 Frauen nach, die unabhängig vom Familienstand aus traditionellen weiblichen Rollen heraustraten. Die Väter der meist ledigen und als Lehrerinnen ausgebildeten Frauen waren vorwiegend Bil-dungsbürger. Einige Bremerinnen wurden „Vorkämpferinnen für Frauenrechte". Sie nahmen ihre Lebensplanung selbst in die Hand, zumal sich nicht immer ein stan-desgemäßer Heiratskandidat fand.[65]

Auffallend viele Frauen engagierten sich in politischen Vereinen bzw. als Poli-tikerinnen. So existierten fünfzehn Bremer Frauenvereine, die sich 1910 zum Frau-enstadtbund[66] zusammenschlossen, um politische Aktivitäten zu bündeln. Viele,

---

61 Hannelore Cyrus u.a. (Hrsg.) (1991). Vgl. Kapitel „Lehrerinnen als Vorkämpferinnen für Frau-enrechte" von Claudia Huerkamp (1999): S. 179-185.

62 Beispiele anderer weiblicher Lebensläufe sind zu finden in: Hannelore Cyrus u.a. (Hrsg.) (1991). Literatur zur Ehelosigkeit: Bärbel Kuhn (2002).

63 Die Erziehung „höherer Töchter" sollte während eines mehrmonatigen Pensionatsaufenthalts im In- oder Ausland vollendet werden. Doch aus Kostengründen verbrachten nur etwa 10% der Bürgertöchter in einem Mädchenpensionat im Ausland. Gunilla-Friederike Budde (1994): S. 231; S. 342.

64 Claudia Huerkamp (1999): S. 176-200.

65 Ein Beispiel aus den Quellen: Anna Köper (1867-1925) verlobte sich 1889 mit Heinrich Cam-man, der sich jedoch während einer längeren Verlobungszeit als nicht „standesgemäß" erwies. StAB 7,13: Friedrich Köper an seine Schwester Anna, 5. März 1890; StAB 7,13-22.7: Friedrich Köper an seinen Vater, 15. Februar 1893.

66 Die erste Vorsitzende wurde Verena Rodewald (1866-1937). Sie war die Tochter eines angese-henen Kaufmanns aus Bremen. Sie studierte und promovierte in Heidelberg, danach lebte sie in Bremen und blieb ledig. Zum Vereinzusammenschluss gehörten: Bremer Bund für Mutterschutz, Bremer Verein für Frauenstimmrecht, Bremer Verein für Verbesserung von Frauenkleidung, Deutscher Bund abstinenter Frauen, Ortsgruppe Bremen, kaufmännischer Verband für weibliche Angestellte, Unterstützungskasse der Wochenpflegerinnen, Schwesterngruppe Bremen der Be-rufsorganisation der Krankenpflegerinnen Deutschland, Verein Bremischer Hebammen, Verein bremischer Lehrerinnen, Verein bremischer Malerinnen, Verein Frauenarbeit, Verein Mütter- und

nicht namentlich genannte Frauen engagierten sich in Wohltätigkeitsvereinen und in kirchlich-karitativen Einrichtungen. So bestand seit 1868 in Bremen das Diakonissenhaus, in dem Krankenpflege als Frauenberuf erlernt werden konnte.

Einige bürgerliche Frauen aus Bremen erlangten um 1900 überregionale Bekanntheit durch künstlerische Arbeiten als Schriftstellerinnen, Malerinnen und Bildhauerinnen.[67] Für meine Arbeit stellt sich die Frage, wie die gesellschaftlichen Bewertungen der Ehefrauen von Überseekaufleuten einzuschätzen sind.

Ehefrauen, die Kaufleute nach Übersee begleiteten, übten keine Erwerbsarbeit aus, aber sie wuchsen in eigenständige Positionen als weibliche Haushaltsvorstände hinein. Da Kaufmannsarbeit häufig weit entfernt vom Wohnort in Übersee verrichtet werden musste und die Familien auch nach der endgültigen Rückkehr nach Bremen oft getrennt waren, übernahmen Frauen Pflichten, die nicht den Vorstellungen vom „müßigen" bürgerlichen Alltag entsprachen. Dies lässt sich an Beispielen von Haushaltsbüchern einer Bremer Kapitäns- und späteren Fabrikantenehefrau ermitteln:

Rebecca Margaretha Klencke, geb. Hellmers (geb. 1844 in Bremen), notierte zwischen 1869 und 1875 sowie zwischen 1891 bis 1893 Ein- und Ausgaben ihrer Hauswirtschaft. Sie hielt fest, welche Miet- und Zinseinnahmen in welchem Zeitraum zu erwarten waren und trug die Beträge nach Erhalt ein. Auf der Ausgabenseite verzeichnete sie den monatlichen Aufwand für die bürgerliche Lebenshaltung. Dieser Teil weiblichen Handelns war besonders in Übergangszeiten wichtig, z.B. nach der Eheschließung, zu Beginn des Überseeaufenthalts, während der Abwesenheit der Ehemänner und in der Eingewöhnungsphase nach der endgültigen Rückkehr nach Bremen. Die Buchhaltung eines privaten Haushalts diente ebenso wie die eines Kaufmanns der Übersicht von Ausgaben und Einnahmen sowie einer längerfristigen Kalkulation. Auch aus der Haushaltsbuchführung von Hedwig Vietor lässt sich für die Zeit von 1912 bis 1930, von einigen Lücken in den Aufzeichnungen abgesehen, der Umfang ihres bürgerlichen Haushalts ablesen.

Es ist also zu überlegen, ob sich nicht mit dieser Gruppe von Frauen ein Feld für die Forschung auftut, das bisherige Vorstellungen von Ehefrauen und Müttern versus „selbständige" Frauen in einem neuen Licht erscheinen lässt. Neben Übernahme der Haushaltsökonomie in Bremen und Übersee trat wie üblich die Geburt und Aufzucht zahlreicher Kinder: Ernährung von Säuglingen und Kleinkindern, Gesundheitsvorsorge und Hygiene in tropischen Regionen, Beaufsichtigung und Erziehung von Schulkindern. Mit diesen Aufgaben waren Frauen rund um die Uhr beschäftigt. Die hohe Belastung der Ehefrauen konnte bedeuten, dass das „Abenteuer Übersee" durch die schwierigen familiären Bedingungen in Gefahr geriet.

Säuglingsheim, Zweigverein Bremen der internationalen abolistischen Föderation. Hannelore Cyrus (1991): S. 365-369.

67 Vgl. Hannelore Cyrus (1991): Schriftstellerin Bernhardine Schulze-Smidt (1846-1920), S. 60-61; Malerin Paula Becker-Modersohn 1876 in Dresden geboren, besuchte ab 1893 in Bremen das Lehrerinnenseminar, starb 1907 in Worpswede, S. 73-77; Bildhauerin Clara Rilke-Westhoff, 1878 in Bremen geboren, 1954 in Fischerhude gestorben, S. 143-144.

6.   Exotik und Stadtkultur

Bei den Vorbereitungen zur Handels- und Kolonialausstellung[68] von 1890 in Bremen wurde von Kaufleuten erwartet, dass sie „ihre Ehre darin suchen, dem vaterländischen Museum Raritäten zu senden"[69]. Die im Juni 1890 auf dem Bürgerparkgelände eröffnete „Nordwestdeutsche Gewerbe- und Industrie-Ausstellung" sollte auch einem Laienpublikum anschaulich den Plantagenbau, die Gewinnung und Verarbeitung von Rohstoffen zeigen, sowie eine Vorstellung von fremden Handelsplätzen in Übersee verschaffen.[70]

Weltweit engagierte Bremer Handelshäuser, wie z.B. Schröder, Smidt & Co. (Kalkutta), Johann Karl Vietor (Westafrika), Eggers & Stallforth (Mexiko)[71] vermittelten mit Handelsprodukten, exotischen Exponaten, Karten, Landschaftsgemälden usw. Bilder von Übersee. Tabak als Rohstoff aus Brasilien stand im Mittelpunkt eines Ausstellungsteils, den die Handelshäuser „Casp. G. Kulenkampff, F. Arckenoe, H.W. Lamcke und H.J. Lackemann" organisiert hatten. Gezeigt wurden Photographien aus Bahia, auf denen die europäischen Kontore, der Hafen und der Badeplatz abgebildet waren. Ein in einem Turm befindlicher „Elevator" verband Bahias „Unterstadt" mit der „Oberstadt", die vorwiegend von Europäern in repräsentativen Häusern bewohnt wurde. Dagegen befand sich ein „Negerdorf" am Fuße der Stadt, das von Hafenarbeitern besiedelt war.[72] Die Ausstellung sollte Bremens handelspolitische und koloniale Bedeutung durch weltwirtschaftliche Vernetzungen

---

68 Dazu Literatur: Susann Lewerenz (2006); Ines Caroline Zanella (2004); Paul Lindenberg (1896).

69 Ausstellungszeitung der Nordwestdeutschen Gewerbe- und Industrie-Ausstellung zur Idee der Gründung eines Handelsmuseums, Nr. 14/1890, zitiert nach Bettina von Briskorn (2000): S. 161. Die Untersuchung zeigt, dass während der deutschen Kolonialepoche zwischen 1884 und 1914 mehr als Zweidrittel der gesamten ethnografischen Gegenstände aus Afrika als Geschenke in den Besitz des Bremer Überseemuseums gelangten, allerdings nicht ausschließlich von Kaufleuten. Besonders zahlreich gingen Geschenke in den Jahren 1905, 1907 und 1911 ein. S. 160; S. 166-168.

70 Die Handels- und Kolonialschau war in die „Nordwestdeutsche Gewerbe- und Industrieausstellung" von 1890 integriert. Herbert Schwarzwälder (2003), Bd. 2: S. 627f.; Herbert Schwarzwälder (1995), Bd. 2: S. 479-480. Wilhelm Lührs (1990). Dazu auch Oliver Korn (1999), der die Gewerbeausstellungen in den Hansestädten Hamburg (1889), Bremen (1890) und Lübeck (1895) verglich. Demnach übertraf die Bremer Ausstellung die Veranstaltungen in Hamburg und Lübeck in der Größe der Ausstellungsfläche und Ausstellungshallen und mit einigen Attraktionen. S. 177; S. 147. – Zur Ausstellung in Bremen wurden neben dem offiziellen Katalog drei Spezialkataloge gedruckt: Einen zu den Handelsprodukten, zum Architektur- und Ingenieurwesen und zu Erzeugnissen des Gartenbaus. S. 145. Ausstellungsbesucher in Bremen lobten besonders die Abteilungen Marine und Handel: „Das erste unterseeische Kriegsfahrzeug war ausgestellt, und das Ausstellungskonzept für den Bremer Handel überzeugte durch Anschaulichkeit." S. 147-148.

71 „Hervorragend stellt sich Mexico in einer Ausstellung dar, welche wir den Herren Eggers & Stallforth in Bremen u.a. (Stallforth Alcázar & Co. in Guanajuato) [...] verdanken. [...] Die Erzgewinnung nimmt den ersten Rang ein. Mit größter Lebendigkeit tritt sie uns vor Augen in dem reizenden Modell des Amalgationswerkes und des Hofes einer Silbermine in Guanajuato". Ausgestellt wurden zudem Gesteinsproben, Abbildungen von Bergarbeitern sowie Handelsgüter, Kleidung aus Mexiko, Muscheln, Corallen, Schildpatt usw. Katalog der Handelsausstellung. (1890). Ab 1882 war Franz Susemihl (1857-1927) im Auftrag der Firma Eggers & Stallforth in Mexiko, von dessen Aufenthalt noch später die Rede sein wird.

72 Nordwestdeutsche Gewerbe- und Industrie-Ausstellung (1890): S. 58.

zu Indien, Mexiko, Afrika, Brasilien usw. repräsentieren. Auch die Akteure meiner Forschungen beteiligten sich an den Ausstellungsaktivitäten. Johann Smidt gestaltete die Ausstellung mit, ebenso wie auch J.K. Vietor, Franz Susemihl (Teilhaber der Firma Eggers & Stallforth), Wilhelm Overbeck als Geschäftspartner des Handelshauses Kulenkampff.

In einer Abteilung der Ausstellung wurde vom deutschen Offizierverein in Berlin für den Einsatz von tropentauglichen Ausrüstungsgegenständen in den deutschen Kolonien geworben.[73] Dies diente reichspolitischen Belangen. Bis 1914 „trugen alle an den Schutzgebieten interessierten Kreise – Offiziere, Beamte, Kaufleute, Pflanzer, Missionare, Gelehrte usw."[74] – dazu bei, dass im Überseemuseum eine wachsende Anzahl von Exponaten aus deutschen Kolonien zur Verfügung stand. Bremer Kaufleute traten bereitwillig als Vermittler von fremden Kulturen und kolonialem Gedankengut in Bremen auf.

Einen besonderen Eindruck vermittelten Szenerien von „original getreuen" Darstellungen mit lebensgroßen Schaugruppen vor exotischen Kulissen. Die Exponate sollten die Wirklichkeit in den Tropen abbilden[75] und führten zu Klischees und Projektionen vom Fremden. Die Initiatoren waren angeregt durch zeitgenössische „echte Völkerschauen"[76] wie sie in Hamburg von Carl Hagenbeck mit großem Publikumsinteresse durchgeführt wurden.[77]

Im Mittelpunkt der Handelsausstellung standen weltwirtschaftliche Beziehungen aus dem Blickwinkel von Kaufleuten aus Bremen. Eingebunden war das Ereignis in die Interessen des Deutschen Kaiserreichs, wie die Beteiligung des Offiziersvereins Berlin zeigt.

Der überregionale Erfolg der Ausstellung in Bremen führte zur Entscheidung, die Exponate der Handelsausstellung mit den oben genannten „Raritäten" zusammenzuführen und im geplanten städtischen „Museum für Natur-, Völker- und Handelskunde" in besonderen Abteilungen unterzubringen.[78] Kaufleute aus Bremen mit Niederlassungen in Übersee betätigten sich weiterhin als Sammler von ethnografi-

---

73 Nordwestdeutsche Gewerbe- und Industrie-Hausstellung (1890): S. 141.

74 Bettina von Briskorn (2000): S. 166.

75 Bettina von Briskorn (2000): S. 62-63; mit Abbildung einer Gruppe von Figuren, die „Alltag" vor einer Hütte in Afrika darstellt und wie sie in der Handelsausstellung gezeigt wurde.

76 Literatur zu Völkerschauen: Hilke Thode-Arora (1989); Gabi Eißenberger (1996); Anne Dreesbach (2005); Volker Mergenthaler (2005); Cordula Grewe (2006).

77 Der Tierhändler und Zoodirektor Carl Hagenbeck (1844-1913) brachte von seinen Forschungsreisen zunächst exotische Tiere, aber bereits 1874 Rentiere und eine Lappland-Familie für eine Ausstellung nach Hamburg. Seit dieser Zeit wuchs das Publikumsinteresse an „echten Völkerschauen". Oft führten anschließende wissenschaftliche Veröffentlichungen dazu, dass die Fremden als „von Natur aus minderwertig" betrachtet wurden. Vgl. Gabi Eißenberger (1996): S. 50; S. 211. – 1896 löste in Wien eine Gruppe von etwa 70 Afrikanerinnen und Afrikaner „ein regelrechtes Aschanti-Fieber aus", ehe die „Schaustellung einer Neger-Truppe von der Goldküste Afrikas" nach Dresden weiterreiste. Der „Kaffeehausliterat" Peter Altenburg „gesellte" sich zu ihnen in ihr „Hüttendorf" im Wiener Tiergarten und verarbeitete seine Eindrücke unter dem Titel „Ashantee". Stephan Besser (2004): S. 200-208.

78 Über Pläne, Gründung und Eröffnung (1896) des Museum: Herbert Abel (1970): S. 65-74; der Bau des Museums wurde von einer Bremischen „Behörde für das städtische Museum für Natur-, Völker- und Handelskunde" geleitet; von Briskorn (2000): S. 60-61.

schen Gegenständen und stifteten „ihrem Museum"[79], das 1935 vom Bremer Senat in „Deutsches Kolonial- und Übersee-Museum" umbenannt wurde.

Nach 1930 stellte sich Bremen als „Stadt der Kolonien" dar.[80] Zur Erinnerung an die deutsche Kolonialzeit sollten lebende und tote Kämpfer der ehemaligen deutschen Kolonien mit einem Denkmal im „Rang eines Nationaldenkmals"[81] geehrt werden.[82] Es wurde nicht in Berlin, sondern in Bremen aufgestellt. Die lange Planungszeit – seit 1908 zunächst für Berlin projektiert und seit 1925 in Bremen geplant – bis zur Einweihung des Denkmals 1932 in Bremen – verweist auf ein andauerndes „Kolonialfieber"[83]. Der „Kolonialelefant" sollte nicht nur an Bremens Beteiligung am deutschen Kolonialismus erinnern, sondern das Denkmal sei ein „Symbol für die unverjährbaren Rechte Deutschlands auf koloniale Betätigung in der Welt"[84].

---

79 Von Briskorn (2000): S. 57-74; Kaufleute als Sammler, S. 124-127.
80 Herbert Abel (1970): S. 171-172; von Briskorn (2000): S. 82-116; Heinz Gustafsson (2003): S. 12.
81 Heinz Gustafsson (2003): S. 305.
82 Entstehungsgeschichte des Kolonialdenkmals und Kritik: Heinz Gustafsson (2003): S. 303-328. Kerstin Dahlberg (1992).
83 Hans-Ulrich Wehler (1995): Bd. 3., S. 989.
84 Bremer Senat 1932 an den Münchner Bildhauer Fritz Behn (1878-1970), nach dessen preisgekröntem Entwurf das Denkmal gebaut wurde. Dritte-Welt-Haus Bremen (1984): letzte Umschlagseite; Heinz Gustafsson (2003): S. 303f.

D. Kolonialismus und Bremer Welthandel

1. Bremer Kolonialismus

In Bremen waren seit dem Beginn des 19. Jahrhunderts durch den Bau der Seehäfen Bremerhavens und dem Ausbau von neuen Hafenanlagen in der Stadt die Bedingungen für den Überseehandel geschaffen worden. Zahlreiche Kaufleute hatten sich bereits in den Jahrzehnten vor der Reichsgründung an Handelsplätzen in Übersee niedergelassen. Ihre Aktivitäten wurden durch Handelsverträge[1] geschützt, die zwischen den Hansestädten und überseeischen Staaten ausgehandelt worden waren. An wichtigen Handelsplätzen in Übersee residierten hanseatische Konsuln, später die Vertreter des Norddeutschen Bundes und anschließend die des Deutschen Kaiserreichs.[2] Kaufleute drangen auch in abgelegene Regionen vor, in denen Menschen nach eigenen Gesetzen, weit entfernt von europäischen Einflüssen lebten. Die Obrigkeit wurde dort weiterhin von Häuptlingen und lokalen Chefs repräsentiert. Es ist zu fragen, wie die Kaufleute mit den Fremden in Kontakt traten, um Handelsbeziehungen aufzubauen.

Bremer Bürgertum, Kolonialismus und Handel verbanden sich in Bremen im 19. und 20. Jahrhundert zu einer Symbiose. Mit den Familiennamen Lüderitz und Vietor werden in Bremen Vorstellungen von kolonialen Aktivitäten verknüpft. Adolf Lüderitz (1834-1886), Kaufmann und Abenteurer aus Bremen, gilt als Initiator der deutschen Kolonisation in Südwestafrika. Nach dem Tod seines Vaters übernahm er das väterliche Tabakgeschäft. Nach seiner Eheschließung mit einer „reichen Bremerin" lebte er in Bremen als Kaufmann und „Gutsherr". 1882 erwarb er in Lagos/Westafrika eine Handelsniederlassung. Heinrich Vogelsang, Lüderitz' Bevollmächtigter aus Bremen, „kaufte" für insgesamt 700 Pfund Sterling und 260 Gewehre einen Landstrich in Südwestafrika. Lüderitz forderte die Berliner Reichsregierung auf, seine Erwerbungen – das Gebiet umfasste nach weiteren Kaufverträgen 580 000 Quadratkilometer mit 200 000 Bewohnern – unter deutschen Schutz zu stellen.[3]

---

1 Literatur zu Handelsverträgen bzw. -beziehungen zwischen Bremen, dem Norddeutschen Bund und der deutschen Reichsregierung zu Staaten in Übersee: Jürgen Prüser: (1962); Moritz Lindemann zu Bremen und USA (1878); Ludwig Beutin (1953): Bremen und Amerika; Franz-Josef Pitsch (1974): Bremens Beziehungen zu den USA; Hartmut Müller zu Bremen und Westafrika (1971/1973); Handelsbeziehungen zu den Hawaii-Inseln: Friedrich Prüser (1941); Hermann Wätjen (1944); Dieter Glade (1965; 1966); Hartmut Tessmer (1979) zu den Handelsbeziehungen zu Australien mit Liste der Konsulate und Konsuln Bremens seit 1845 in Australien (S. 17), dem „Reglement für die Consuln der freien Hansestadt Bremen" (1855) im Anhang, S. 201-208, sowie dem Vertrag zwischen dem Norddeutschen Lloyd und dem Deutschen Reich über die Postdampfschiffverbindungen mit Ostasien und Australien" vom 3. Juli 1885, S. 210-221; Franz Gehrke (1910): Bremens „Stellung in der Weltwirtschaft".
2 Jürgen Prüser (1962).
3 Horst Gründer (2004): S. 80. Heinz Gustafsson (2003): insbesondere Kapitel „Franz Adolf Eduard Lüderitz, Heinrich Vogelsang, Otto von Bismarck und die Gründung der Kolonie Deutsch-Südwest-Afrika. 1850-1885. S. 93-172. – Ehefrau von Lüderitz war seit 1866 Emilie von Lingen, Tochter von Dr. jur. Carl von Lingen.

Zur gleichen Zeit (1883) lagen der Reichsregierung weitere Anträge des Bremer und des Hamburger Senates vor. Darin wünschten Kaufleute,

> „dass den Häuptlingen durch Erscheinen eines deutschen Kriegsfahrzeuges an jener Küste [Togos] mehr Respekt vor unserer Nation beigebracht und bei solcher Gelegenheit versucht werden möge, mit den Eingeborenen eine Art Vertragsverhältnis abzuschließen, um die Störung unseres Handels abzuwenden."[4]

Die Anträge dazu waren von bremischen und hamburgischen Handelshäusern vorgebracht worden; für Bremen von der Firma Friedrich M. Vietor Söhne, die seit 1857 entlang der Togoküste Faktoreien unterhielt.

Im Sommer 1884 kreuzte der Vertreter des Deutschen Reichs, Gustav Nachtigal, mit einem Kriegsschiff vor der Küste Togos auf. Nach einem von Hamburger Kaufleuten entworfenen Vertrag[5] wurde ein Küstenstreifen Togos annektiert.[6] Das heißt, die deutschen Händler genossen nun den Schutz ihrer Kolonialmacht. Als Zeichen für die Inbesitznahme zog Nachtigal „mehrfach die deutsche Flagge hoch"[7]. – Zehn Tage später übernahm das „Reich" auch die „Schutzherrschaft über das Gebiet am Kamerun"[8]. Anschließend wurden mit den englischen, französischen, portugiesischen und spanischen Kolonialmächten Grenzabsprachen getroffen.

Die Privatkorrespondenzen zwischen J.K. Vietor und seinen Angehörigen enthalten Hinweise auf Ereignisse und atmosphärische Kommentare zur Etablierung der deutschen Kolonialmacht in Togo zu Beginn der 1890er Jahre.

Die Arbeit von Überseekaufleuten wird in den ausgewerteten Quellen nicht nur als „Innensicht" erfahrbar. Es sind auch Bezüge zu institutionellen, staatlichen, transnationalen und wirtschaftpolitischen Strukturen erkennbar. Es ist zu fragen, auf welche Weise Akteure auf diese Rahmenbedingungen reagierten und wie sie in ihr Handeln einflossen.

Eine der wichtigsten weltwirtschaftlichen Drehscheiben war seit Beginn des 19. Jahrhunderts London. Das Kolonialreich Großbritannien umfasste handelspolitische und militärische Stützpunkte rund um die Welt. „Menschen, Güter, Kapitalien und Technologien konnten sich weitgehend ungehindert zu spektakulär sinkenden Kosten um die Welt bewegen"[9]. Transnationale Welthandelsbeziehungen verbanden Großbritannien, Indien, USA, die Staaten Südamerikas, Australien und Deutschland. Etliche Kaufleute aus Bremen unterhielten Niederlassungen in London bzw. Großbritannien oder machten dort als junge Kaufleute erste berufliche Erfahrungen.[10]

---

4   Peter Sebald (1989): S. 691. Fußnote 58; nach Reichskolonialakten vom 6. und 9. Juli 1883 zitiert. Zu den Bremer Westafrika-Handelshäusern: Hartmut Müller (1973): S. 82-110.
5   Firma Wölber & Brohm legte sieben Häuptlingen den Vertrag vor. Gedruckt in Peter Sebald (1989): S. 43-45; Horst Gründer (2004): S. 83
6   Peter Sebald (1989): S. 40.
7   Horst Gründer (2004): S. 83.
8   Horst Gründer (2004): S. 83. Zur deutschen Kolonialherrschaft in Kamerun: Karin Hausen (1970).
9   Niels P. Petersson (2006): S. 51.
10   Ulrike Kirchberger (1998): S. 211-220, ermittelte Geschäftsverbindungen um 1850 zwischen London, Hamburg und Bremen: Alexander Kleinwort, Johann Heinrich Schröder (Bankhaus), Friedrich Huth (Importhaus Huth & Co.) und Nikolaus Trübner. Zu nennen wären noch Eg-

Moderne Kommunikationsmittel, wie Telegraf und Telefon beförderten beschleunigt den Kreislauf von Kapital und Informationen. Warenströme erreichten in neuem Zeitmaßstab nach international abgestimmten Fahrplänen auf Eisenbahnen und Dampfschiffen ihre Ziele rund um die Welt. Die weltweite Dynamik hatte Einfluss auf die Beziehungen zwischen Bremen und Übersee. Bis zum Ersten Weltkrieg waren Geschäftsreisende aus Bremen permanent auf den Weltmeeren unterwegs. Unter den Passagieren des Dampfers „Kleist" war 1911 auch Friedrich Schütte aus Bremen, der nach Fernost reiste, um Produkte zu prüfen.[11] Die Reisezeit von Genua nach Colombo dauerte nur noch achtzehn Tage. Andere Kaufleute suchten weltweit Absatzmärkte, trafen sich mit Geschäftsfreunden, investierten in Übersee in Plantagenbau oder Produktionsanlagen. Betriebe und Agenturen erforderten häufige Inspektionsreisen.[12]

Etliche Bremer und Hamburger Kaufleute in Übersee drängten sich nach Funktionen in Konsulaten und Gesandtschaften.[13] Diese Positionen waren begehrt, da sie das Prestige eines Kaufmanns stärkten. Kaufleute zeigten den „lebhaften Wunsch", in diesem Ehrenamt mit „Ehrentitel" für Bremen „nützlich zu sein"[14]. Zu den Aufgaben eines Konsuls gehörte, deutschen Kaufleuten, Kapitänen und Schiffsbesatzungen in Übersee in jeder Weise behilflich zu sein. Dazu erledigten sie Verwaltungsarbeiten und legten darüber ihren Dienstherren für auswärtige Angelegenheiten Rechenschaft ab.

Zu besonderen Anlässen inszenierten sich Konsuln in einer mit hanseatischen Symbolen geschmückten Uniform. Zum dunkelblauen Jackett trugen sie weiße Beinkleider, Chapeau Claque und einen geraden Degen.[15] Die Anordnung der

---

gers & Stallforth, Lemot & Lürmann und Frühling & Goschen (Bankhaus). Zur Herkunft der Geschäftsinhaber, die im Zusammenhang mit meinen ausgewählten Quellen eine Rolle spielen: Percy Ernst Schramm (1964): S. 40.

11 Privatquellen Schütte: Das Tagebuch von Friedrich (Fritz) Wilhelm (1888-1960) umfasst den Zeitraum vom 2. November 1911 bis 27. Mai 1913 (ca. 450 Seiten, mit der Schreibmaschine geschrieben). Schütte war u.a. in Singapur, Manila und Kalkutta „auf Produktsuche", d.h. er prüfte „Drogerie-Rohstoffe" wie Tee, Tamarinden, Gewürze usw. Das Tagebuch verdanke ich dem Kaufmann Peter Schütte. – Nach der Firmenschrift handelten Johann Gottfried Schütte & Co. u.a. mit „Graphit, Tee, Kaneel und Kokosraspel aus Ceylon; Sennesblättern und Sennesschoten aus Südindien." StAB Ad-74.

12 Dieses ist dem Tagebuch des Direktors des Norddeutschen Lloyd, Philipp Heineken (1911), zu entnehmen.

13 Christa Popelka (1958/59): Anhang 4: Gründungen hanseatischer Konsulate in Süd- und Mittelamerika: z.B. Argentinien: Buenos Aires 1818; Brasilien: Rio de Janeiro 1818 Generalkonsulat; Bahia 1820 Konsulat; Campos 1837; Pernambuco 1827 Vize-Konsulat; Guatemala 1841. StAB U-43.

14 Die Akteure gaben sich bescheiden und gaben an, lediglich der Heimatstadt nützlich sein zu wollen; so z.B. Johann G. Lohmann an Senator Dr. Smidt, 28. September 1864: „Es ist der Stolz eines Bremers seiner Vaterstadt in jeder Weise nützlich zu sein." Lohmann beabsichtigte, „die Interessen [seiner] lieben Vaterstadt wirksam und würdig wahrzunehmen." StAB 2-C.12.b.3.: Verhältnisse der Hansestädte mit Brasilien. Hanseatische Konsuln usw. in Brasilien, auch Verhandlungen mit denselben. Bahia 1817-1869.

15 StAB 2-P.7-C.1.a.: „Notiz über die Uniform der Bremischen Consuln im Auslande, Bremen, den 5. März 1835": Uniform eines Bremischen Consuls. (übereinstimmend mit der Hamburgischen, Lübeckischen oder Hanseatischen Consulats-Uniform) Dunkelblauer Frack mit einer Reihe Knöpfen und stehendem Kragen. Einfache Goldstickerei in Eichenlaub am Kragen, an den Ärmelaufschlägen, an den ausgezackten Aufschlägen (Patten) über den Rockschößen. Die vergol-

Goldknöpfe war ebenso vorgeschrieben wie Jackenkragen und Schuhe. In dieser Uniform nahmen die Konsuln an gesellschaftlichen Ereignissen teil. Sie kontrastierte zu der eintönigen männlichen Bekleidung in Grau und Schwarz. Das Blau der Jacke, Hut und Paradedegen sowie die markanten Knöpfe und Tressen setzten auffällige Akzente. Die Präsentation des Bremer diplomatischen Personals übertraf in Übersee bei weitem die schlichte männliche Kleiderordnung in Bremen.

Im Umkreis handelspolitischer Vertretungen siedelten sich zahlreiche Überseekaufleute mit ihren Familien an. Sie bildeten in transatlantischen Räumen, z.B. in Süd- und Zentralamerika als soziale Minderheit „deutsche Kolonien" mit der Absicht, während eines mehrjährigen Aufenthalts regionale Identität zu bewahren. Diese Form von Kolonialismus bezeichnete Jürgen Osterhammel als „überseeische Siedlungskolonisation"[16].

2.   Britischer Kolonialismus

Für Bremer Kaufleute waren keineswegs nur das Deutsche Reich und seine Außenbeziehungen wichtig. Sie arbeiteten auch im Bereich des Britischen Kolonialreiches. Drei Brüder, Heinrich, Bernhard und Johannes Noltenius aus Bremen, schifften sich Mitte des 19. Jahrhunderts nacheinander ein, um in Australien ihr Glück im Überseehandel zu machen. Das Innere Australiens war zu der Zeit noch wenig erforscht und erschlossen; nur an einigen Küstenstrichen Australiens existierten zu der Zeit Siedlungskolonien. Und doch zog es viele Auswanderer dort hin, nachdem Informationen über Goldfunde in Australien nach Europa gedrungen waren.

Zwischen dem 17. und 19. Jahrhundert baute England die Herrschaft über Indien aus; anfangs fast ausschließlich durch die East India Company (EIC) in ihrer Doppelfunktion als Geschäftsunternehmen mit Aufgaben einer Staatsmacht. Sie kontrollierte die wichtigsten indischen Handelsplätze. Durch Vereinbarungen mit einigen der indischen regionalen Fürsten entwickelte sich der Handel zum gegenseitigen Nutzen. 1813 verlor die Kompanie ihr Handelsmonopol für Indien; die Häfen wurden Kaufleuten fremder Nationen geöffnet. 1830 hatte Großbritannien die militärische Dominanz erreicht, eine Verwaltungsstruktur aufgebaut und sich auch Steuereinnahmen gesichert.[17] Die Beziehungen zwischen Indien und dem Britischen Empire entwickelten sich zunehmend als militärische Gewaltherrschaft.

---

deten Knöpfe mit dem Hanseatischen Kreuze versehen, in allem 19 Knöpfe, vorn 9, zwischen den Rockschößen 2, unter jeder Patte 3 und unten in der Falte jedes Rockschlosses 1. – Enge weiße Unterkleider mit Schuh- und Knieschnallen, ohne weitere Abzeichen – grader Degen und Chapeau Claque [darüber: mit Hanseat. Kokarde]. – Als Halbuniform wird ein gewöhnlicher blauer Frack mit schwarzem Sammtkragen getragen, mit doppelter Reihe von Knöpfen, dessen Auszeichnung nur in diesen, ebenfalls mit dem Hanseatischen Kreuz versehenen Knöpfen besteht, von denen ebenso wie bei der vollen Uniform je drei über jeden Rockschoß besetzt werden. Bremen, d. 5. März 1835."

16   Jürgen Osterhammel (2006): S. 11f.

17   Jürgen Osterhammel (2006): S. 38-39. Die East India Company legte bereits Anfang des 17. Jahrhunderts durch Hafenstützpunkte das Fundament für die britische Herrschaft in Indien. Ich beziehe mich auch auf David K. Fieldhouse (1965): S. 230-239.

Diesen Expansionstypus einer Kolonialherrschaft bezeichnete Osterhammel als „Beherrschungskolonie"[18].

1860 segelte Johann Smidt auf dem Frachtschiff „Ulysses" von London nach Kalkutta. Ebenso wie die Noltenius-Brüder, die seine Cousins waren, befand er sich in Indien in einer Kolonie Großbritanniens. Als er 1860 in Indien eintraf, hatte die Kolonialmacht Großbritannien einen Aufstand in Nordindien (1857-1859) niedergekämpft. Als Folge dieser Revolution wurde die East India Company aufgelöst, Indien direkt der Krone unterstellt und der Generalgouverneur zum Vizekönig ernannt. Johann Smidt überbrachte in Kalkutta einem Engländer ein Empfehlungsschreiben. Auf dessen Anregung trat der Zwanzigjährige aus Bremen bald darauf dem englischen Rifle-Regiment bei. Damit war er in wichtigen Gesellschaftskreisen der Kolonialmacht eingeführt.

Der Kaufmann Philipp Freudenberg (1843-1911) etablierte sich 1873 in Colombo. Seit 1876 war er dort deutscher Konsul. Die Beziehungen zwischen den britischen Gouverneuren, Kolonialbeamten und dem Handelshaus Freudenberg & Co. entwickelten sich als „gedeihliche Zusammenarbeit"[19]. Die Wohnhäuser und das zwischen 1908 und 1910 errichtete fünfstöckige Geschäftshaus waren Zentren des gesellschaftlichen und wirtschaftlichen Lebens in Ceylon. Der englische Gouverneur und hochrangige europäische Gäste, wie der Direktor des Norddeutschen Lloyds[20] oder die preußischen Prinzen Waldemar und Heinrich mit Gefolge, waren Gäste im Haus der Freudenbergs. Die Geschäftstätigkeit umfasste den Handel mit Kokosprodukten, Dünger, Gewürzen, Baumwolle, Tee, Tabak usw.

Mit Beginn des Ersten Weltkriegs wurden alle Mitglieder der Familie Freudenberg, auch Frauen und Kinder, sowie alle deutschen Angestellten mit Familien in Ceylon und später in Australien interniert.[21] Solche Internierungen waren – wie noch zu zeigen sein wird – dramatische Einschnitte in Lebensverläufe. Die Internierten mussten das Land verlassen, das vielen zur zweiten Heimat geworden war.

3. Handel zwischen Bremen, China und Ostindien

Auch die Handelsbeziehungen zwischen Bremen und Staaten in Fernost entwickelten sich im Laufe des 19. Jahrhunderts vor dem Hintergrund europäischer Kolonialpolitik. Historische Landkarten Asiens zeigen die Dominanz der europäischen Kolonialmächte, die zwischen 1815 und 1914 den größten Teil des asiatischen Festlands und der Inselgruppen im Pazifik beherrschten. Die Niederlande erhoben Anspruch auf die indonesischen Inseln und den ertragreichen Gewürzhandel. 1602

---

18 Jürgen Osterhammel (2006): S. 14.
19 Walther Freudenberg (1949): S. 2.
20 Freudenberg & Co. betrieb in Colombo eine der wichtigsten Agenturen für den Norddeutschen Lloyd in Asien. – Vgl. Tagebuch Philipp Heineken (1911).
21 Aufgeführt sind etwa 50 deutsche Familiennamen, aber es handelte sich um schätzungsweise 100 Personen, die von Engländern gefangen genommen wurden. Walther Freudenberg (1949): S. 28.

wurden die niederländische Vereinigte Ostindische Kompanie und 1619 die Stadt Batavia (heute Jakarta) gegründet.

Nach dem Opium-Krieg (1840 bis 1842) war China gezwungen, auf Forderungen von Großbritannien einzugehen, chinesische Häfen für den britischen Handel zu öffnen und Hongkong an Großbritannien abzutreten. Preußen und Sachsen begründeten 1847 ein gemeinsames Konsulat in Kanton. Bremen und Hamburg traten 1851 und 1852 in der chinesischen Stadt konsularisch getrennt auf: Die Hansestädte ernannten jeweils einen Konsul. Bis 1855 wurden auch in Shanghai und Fuzhou Bremische bzw. Hanseatische Konsulate eröffnet.[22]

China wurde zwischen 1856 bis 1858 erneut mit Waffengewalt – diesmal von England, Frankreich, Rußland und USA – gezwungen, begünstigende Verträge abzuschließen. 1860 entsandte Preußen unter Leitung von Graf Friedrich zu Eulenberg (1815-1881) eine Expedition nach China, Siam und Japan, der sich Gesandtschaften der drei Hansestädte, Staaten des deutschen Zollvereins und die beiden Mecklenburger Großherzogtümer anschlossen. Mit dieser Reise sollten Handelsbeziehungen zwischen den deutschen Staaten und Fernost intensiviert werden. Mit Japan schloss Preußen einen Handelsvertrag, der nur Preußen betraf. In den Verhandlungen mit dem Kaiserreich China war der preußische Gesandte erfolgreicher: 1861 wurde ein „Freundschafts-, Handels- und Schifffahrts-Vertrag zwischen den Staaten des Deutschen Zoll- und Handelsvereins, den Großherzogthümern Mecklenburg-Schwerin und Mecklenburg-Strelitz sowie den freien Hansestädten Lübeck, Bremen und Hamburg" in China unterzeichnet.[23] Demnach sicherte China den Vertragspartnern Privilegien zu, wie sie auch Großbritannien, Japan, Frankreich, Russland und den USA gewährt wurden. Nach dem Vertrag mit Meistbegünstigungsklausel standen deutschen Kaufleuten in China fünfzehn chinesische Häfen offen. Zudem war es ihnen erlaubt, sich in allen Landesteilen frei zu bewegen. Die Hansestädte lehnten es ab, sich von britischen Konsuln vertreten zu lassen und bestanden auf eigenen Konsulaten in den betreffenden Hafenstädten.

1871 ging der kleindeutsche Handelsvertrag auf das Deutsche Reich über und war Grundlage für die deutsch-chinesischen Beziehungen bis zum Ersten Weltkrieg. Den Handelsschiffen stand ein „wirtschaftlich und auch militärisch rasch erstarkendes Reich im Rücken"[24].

Über diese Handelsverträge hinaus dachten deutsche Diplomaten, Geografen, Militärs und Vertreter deutscher Banken über den Erwerb eines Marinestützpunktes in China nach.[25] Deutschland strebte seit den 1870er Jahren nach Kolonien. Nach der Besetzung der deutschen Kolonialgebiete in Südwestafrika, Togo, Kamerun

---

22 Literatur: Heiko Herold (2004): S. 70-86; Adolf E. Hofmeister (2004): S. 11-17; Heide Ziegler (2003): S. 54-56; S. 60-61. Dieter Glade (1965); Dieter Glade (1966). Jürgen Prüser (1962). Dazu auch Jürgen Osterhammel (1989).

23 Bernd Eberstein (1988): S. 122-128.

24 Bernd Eberstein (1988): Kapitel „Vom Freihandel zur kolonialen Machtpolitik": S. 153-174.

25 „Der erste ernsthafte Versuch, das Reich auf den Weg des Kolonialismus zu führen, kam aus der Freien Hansestadt Bremen" von einem Kreis um den Reeder Peter Rickmers aus Bremerhaven. Die Petition von 1870 an den Reichstag des Norddeutschen Bundes, den Erwerb Saigons als Marinestützpunkt betreffend, ist abgedruckt in: Dieter Glade (1966): S. 156; dazu Geschichte und Namen der Unterzeichner: S. 126-130.

und Ostafrika, verhandelte das Deutsche Reich seit 1884 mit den anderen Kolonial-mächten, um sich Besitzungen auf den Südseeinseln, im Pazifik und in China anzu-eignen. 1897 okkupierte die deutsche Marineleitung die Kiautschou-Bucht.[26]

Die seit 1806 souveränen Hansestädte Bremen, Hamburg und Lübeck hatten ge-genüber China Vorteile. Sie traten als Gesandte der hanseatischen Kaufmannschaft und nicht etwa mit kolonialen Ansprüchen auf[27] und waren vor der Reichsgründung bestrebt, selbständig Handels-, Schifffahrts- und Freundschaftsverträge in Asien zu schließen. Die Hansestädte versuchten, sich aufgrund ihrer politischen Souveräni-tät weitgehend aus den Konflikten zwischen den Kolonialmächten herauszuhalten. Sie agierten in Kolonialgebieten und Einflusszonen Großbritanniens und der Nie-derlande, und zwar u.a. in China, Ceylon und Indonesien. Schiffspassagen nach Asien führten unter hanseatischer Flagge[28] entweder über die Westküste Amerikas mit Zwischenstopp auf Hawai[29] oder über die Mittelmeerroute durch den Suezkanal über Colombo weiter nach dem Fernen Osten.

Erste handelspolitische Beziehungen zwischen Bremen und China sind seit Ende des 18. Jahrhunderts dokumentiert.[30] Carl Philipp Cassel (1744-1807) war Kapitän, Reeder und Kaufmann, der zwischen 1782 und 1788 drei Reisen nach Fernost unternahm. Er reiste als Agent der niederländischen Vereinigten Ostindi-schen Kompanie und segelte nach Batavia und Kanton/China. Aus China brachte er chinesisches Porzellan nach Bremen. Während des 19. Jahrhunderts waren im Asi-engeschäft etwa zwanzig Handelshäuser aus Bremen beteiligt, die zum Teil über eigene Schiffe verfügten und deren Besitzer oft eigene berufliche Erfahrungen in Fernost gemacht hatten.[31]

Direkte Handelsbeziehungen zu China begründete das Handelshaus C. Melchers & Co., das aus dem 1806 in Bremen etablierten Kolonialwarengeschäft von Carl Melchers (1781-1854) und Carl Focke hervorging. Das Im- und Export-Geschäft verfügte über eigene Schiffe.[32] Nach der Etablierung von Überseeniederlassungen in Südamerika wurden von Melchers & Co. insgesamt zehn China-Filialen zwi-schen 1866 und 1910 gegründet.[33] Der Firmenteilhaber Hermann Melchers (1842-1918) arbeitete bis 1874 in China, bevor er sich im Bremer Im- und Export-Ge-schäft niederließ.

---

26 Mechthild Leutner (1997): Quellensammlung „Musterkolonie Kiautschou"; Klaus Mühlhahn (2000); Horst Gründer (2004): S. 188-211. Jürgen Osterhammel (1989).

27 Dieter Glade (1966) ermittelte Ausnahmen: Der Krieg zwischen Preußen und Frankreich war noch nicht beendet, als Bremer Kaufleute und Reeder „besten Kalibers" vorschlugen, Preußen sollte sich in den bevorstehenden Friedensverhandlung neben Elsaß-Lothringen auch Réunion und Saigon von Frankreich abtreten lassen. S. 126-128.

28 Flagge mit „Hanseatenkreuz". Herbert Schwarzwälder (2003): S. 355.

29 Hawaii wurde bereits Anfang des 19. Jahrhunderts wegen der günstigen Lage im Stillen Ozean zu einem „Verkehrszentrum" für Walfänger. 1845 ernannte der Bremer Senat den amerikani-schen Kaufmann Reynolds in Honolulu zum hanseatischen Konsul. Hermann Wätjen (1944): S. 278-304.

30 Herbert Schwarzwälder (2003): S. 166. Dagmar Bechtloff (2001a): S. 44. Heide Ziegler (2003): S. 13-14.

31 Dagmar Bechtloff (2001a): S. 52.

32 Dagmar Bechtloff (2001a): S. 50-52.

33 Heide Ziegler (2003): S. 153: In Hongkong, Shanghai, Hankow, Kanton, Tientsin, Chingkiang, Ichang, Nanking, Chungking und Tsingtau.

Johann Lauts (1855-1944), dessen Lebenserinnerungen von mir im Hinblick auf seine Lebensformen im Alltag in China und seine Rückkehr aus China ausgewertet werden, war zunächst kaufmännischer Angestellter der Firma Melchers & Co. in Bremen. Seit 1878 lebte er in Hongkong. 1885 machte er sich in Swatou/China und Formosa selbständig. Er übernahm die Organisation von Küstenschifffahrten.[34] Dabei wurden angeheuerte chinesische „Kulis" als Wander- oder Saisonarbeiter an Orte in südchinesischen Regionen, insbesondere nach Niederländisch Ostindien transportiert, wo sie als billige Arbeitskräfte Plantagenarbeit verrichten.[35]

Johann Lauts verfasste seine Lebenserinnerungen im Alter von achtzig Jahren, nachdem er bereits seit etwa dreißig Jahren wieder in Bremen lebte. Seine Einstellung zu seinem Beruf als Kaufmann fasste er rückblickend als Motto „Mehr Gestank – mehr Verdienst!" (Geld stinkt nicht!) zusammen. Das sollte heißen: Je mehr chinesische Arbeiter er in einem Schiff „verstaute", desto größer war sein Gewinn. Wie die Passagiere untergebracht waren, interessierte ihn nicht. Ihm kam es darauf an, dass sich die Fahrten zwischen China und Deli – einem ehemaligen Sultanat im Nordosten Sumatras, südlich von Medan – amortisierten. Er wurde nach abgelieferter „Kopfzahl" der Kulis bezahlt.[36]

4.   Kaufleute im postkolonialen Iberoamerika

Andere Kaufleute, wie Franz Susemihl, Wilhelm Overbeck, Eberhard Noltenius, Friedrich Köper und Hermann Schütte zog es von Bremen aus nach Westen. Sie ließen sich in Nachfolgestaaten der ehemaligen portugiesischen und spanischen Kolonialreiche in Lateinamerika und Zentralamerika nieder. Bis auf einige Territorien im Nordosten – Britisch-, Niederländisch- und Französisch-Guayana und einem britischen Einflussgebiet im südlichen Südamerika, lösten sich die ehemaligen Kolonien Anfang des 19. Jahrhunderts von ihren europäischen Metropolen. Die Hansestädte Bremen und Hamburg nahmen mit den selbständigen Staaten Südamerikas – Chile und Brasilien – Kontakt auf und handelten auch mit weiteren Staaten Zentralamerikas, wie z.B. Guatemala, Honduras, Nicaragua, Costa Rica und Panama sowie Mexiko „Freundschafts-, Handels- und Schifffahrtsverträge" aus.

---

34 Dieter Glade (1966): S. 118.
35 Heide Ziegler (2003): S. 201, Fußnote 926: Der Begriff „Kuli" (engl. „Coolie") wurde im ostasiatischen Raum von Kolonialmächten für Tagelöhner, Lastenträger, Fremdarbeiter, Haushaltsangestellte usw. benutzt. Heide Zieglers Dissertation, der die Lebenserinnerungen von Johann Lauts zugrunde liegen, wies nach, dass sich Bremer Kaufleute seit Mitte des 19. Jahrhunderts am Kuli-Transportgeschäft beteiligten. S. 204.
36 Zu den Kuli-Transporten: Bernd Eberstein (1988): S. 172-175.

Besonders lange zogen sich die Verhandlungen mit Mexiko hin, da sich dieser Staat von den Hansestädten übervorteilt sah.[37] Nach der Unabhängigkeit wurde der Staat Mexiko über fünfzig Jahre lang von Putschen, Rebellionen, Staatsstreichen, Aufständen, Bürger- und Interventionskriegen erschüttert. Und doch zeugt dieses Beispiel von dem Selbstbewusstsein eines „jungen" Staates, der sich nicht um jeden Preis in Abhängigkeit bringen ließ und auf gegenseitig gleichen Rechten bestand.[38]

Dagegen hatte Brasilien den Hansestädten 1826 die Selbständigkeit mitgeteilt, und schon 1827 wurde ein Handelsvertrag unterzeichnet. Handelsverträge mit Meistbegünstigungsklausel sicherten den Handelspartnern z.B. niedrigere Zollgebühren zu.[39] Die Hansestädte versuchten, ein dichtes Netz von Handelsverträgen über die süd- und zentralamerikanischen Staaten zu knüpfen, um Handelsbeziehungen auszubauen und Schiffen und Schiffsbesatzungen Schutz zu bieten. Einen weiteren Handelsvertrag schlossen die Hansestädte 1847 mit Guatemala, danach einen mit Costa Rica.[40]

Um 1850 importierten deutsche Staaten vor allem Cochinille[41] und ab 1880 insbesondere Kaffee, während Guatemala „fast ausschließlich Elberfelder und Krefelder Seidenwaren sowie Solinger und Remscheider Eisenwaren" einführte.[42] Handelsunternehmen mit Firmensitz in Bremen und Hamburg investierten auf der Grundlage von Handelsverträgen mit Meistbegünstigung zum beiderseitigen Nutzen. So entstand Guatemalas Kaffee- und Zucker-Plantagenbau auf Flächen, die vorwiegend von Indios für Hamburger Unternehmen urbar gemacht worden waren. Der Staat Guatemala stellte den deutschen Kolonisten Land zur Verfügung, nachdem zahlreiche guatemaltekische Bauern enteignet worden waren. Anschließend zwang man die Indigenen, in Schuldknechtschaft-Verhältnissen zu arbeiten.[43]

1900 waren in Guatemala fünfzig deutsche Handelshäuser mit Zweigniederlassungen ansässig; den Wert ihrer Investitionen schätzte man zur gleichen Zeit auf „fünfzig bis sechzig Millionen Mark". Die Zahl der Deutschen stieg nach Fröschle bis zum Ersten Weltkrieg auf eintausend.[44] Deutsche Bankinstitute und Kaufleute aus Hamburg und Bremen beteiligten sich an industriellen Unternehmungen wie dem Bau von Eisenbahnen, Elektrizitätswerken und Telefonnetz. Guatemala gab staatliche Schuldverschreibungen für die Infrastruktur heraus; einige deutsche Unternehmer und Banken wurden Gläubiger der Republik Guatemala.

---

37 Jürgen Prüser (1962): S. 41f. Die Verhandlungen zogen sich von der ersten Kontaktaufnahme 1825 bis 1841 hin.
38 Walther L. Bernecker; Raymond Th. Buve (1992): S. 498.
39 Bis zum Abschluss dieses Vertrages hatte Großbritannien die Handelsmonopolstellung in Brasilien und zahlte 15% Zoll, während alle anderen mit begünstigten Staaten 24% Zoll zu entrichten hatten. Jürgen Prüser (1962): S. 43-44; Fußnote 104.
40 Jürgen Prüser (1962) bemerkte, dass bei Vertragsabschluss die innere Ordnung Guatemalas durch ein diktatorisches Regime gewährleistet schien. S. 54.
41 Ein roter Farbstoff, der aus bestimmten Läusen gewonnen und durch chemische Farben überflüssig wurde.
42 Ekkehard Zipser; Hartmut Fröschle (1979): S. 597-606; hier S. 598.
43 Katharina Trümper (1996).
44 Ekkehard Zipser; Hartmut Fröschle (1979): hier S. 599; S. 601.

Manuel José Estrade Cabrera (1857-1924) regierte Guatemala von 1898 bis 1920.[45] Er kam an die Macht, nachdem 1898 sein Vorgänger Reina bei einem Attentat getötet worden war. Cabrera forcierte den liberalen Handel gegen den Widerstand der Landbevölkerung, indem er deutsche Kaufleute und Plantagenbesitzer mit günstigen Bedingungen durch Steuerbefreiung und Landschenkungen ins Land lockte. Amerikanische Unternehmungen, z.B. die United Fruit Company spezialisierten sich seit 1906 auf den Bau von Bananenplantagen. Cabrera zeigte sich ihnen gegenüber von „einer geradezu unanständigen Großzügigkeit"[46]. Im Gegenzug stellten 1908 US-amerikanischen Investoren die Eisenbahnlinie zwischen Guatemala-Stadt und der Karibikküste fertig und beteiligten sich am Ausbau des Karibikhafens Puerto Barrios.

Die politisch-ökonomischen Voraussetzungen und Bedingungen vor und nach Cabreras Regierungszeit spiegeln sich nicht nur in den Privatbriefen der Kaufleute, sondern auch in ihren nach Bremen geschickten Fotos wider. Bilder vom Aufstand gegen Guatemalas Regierung sandte 1920 der Bremer Kaufmann Eberhard Noltenius nach Hause. Die Fotos zeigen eine mit Knüppeln bewaffnete Menschenmenge und Barrikaden auf dem Platz vor der Kathedrale[47]. Ein anderer Kaufmann schickte Anfang der 1930er Jahren Fotos von Aufmärschen der deutschen Nationalsozialisten in Guatemala-Stadt.[48]

Bremer Kaufleute passten sich Herrschaftsverhältnissen in Mexiko, Brasilien, Chile und Guatemala an und waren an der Inbesitznahme und Ausbeutung von Ressourcen beteiligt. Handelsverträge schufen die Basis, Unternehmen ohne Beschränkungen zu entfalten, so als seien die Kaufleute „zu Haus". Unter dem Schutz von Konsulaten, deutschen Gesandtschaften und der deutschen Kriegsflotte errangen sie gegenüber einheimischen Händlern wirtschaftliche Vorteile.

Diese Form des Kolonialismus ist nach Osterhammel einem speziellen Typ von überseeischer Siedlungskolonisation zuzuordnen:

> „Sie stellt sich dort ein, wo eine [wirtschafts]politisch dominante Siedlerminderheit [...] eine traditionell bereits Ackerbau treibende einheimische Bevölkerungsmehrheit [...] vom besten Land vertreiben kann, aber auf ihre Arbeitsleistung angewiesen bleibt."[49]

Diese Möglichkeiten boten sich in der Republik Guatemala, da es den Diktatoren des Landes um Umsatz im Welthandel ging. Die Einwanderer aus Deutschland besetzten nur zum Teil Positionen auf Plantagen. Eine andere Gruppe, zu der

---

45 Dazu schilderte Miguel Angel Asturias (1962) in seinem Roman „Der Herr Präsident" das Schreckensregiment eines Diktators, wie es auch für andere „Bananenrepubliken" Gültigkeit haben kann. Vorbild seines Protagonisten ist Manuel José Estrada Cabrera (1857-1924), Präsident und Autokrat der Republik Guatemala, der „im Dienste ökonomischer Modernisierung" von 1898 bis 1920 regierte. Jean Carriére; Stefan Karlen (1996): S. 386-388.

46 Jean Carriére; Stefan Karlen (1996): S. 386-388; hier S. 386.

47 Privatquellen Noltenius: Fotos von der Revolte gegen Manuel José Estrade Cabrera (1857-1924) lagen dem Brief vom 20. April 1920 an seine Frau bei.

48 StAB 7,13: Fritz Köper schickte zwei beschriftete Fotokarten vom SA-Aufmarsch in Guatemala-City an seine Verwandten, 16. November 1933.

49 Jürgen Osterhammel (2006): S. 12.

Friedrich Köper, Friedrich Augener und Eberhard Noltenius gehörten, ließ sich in der Hauptstadt Guatemala nieder und versorgte das Land mit importierten industriellen Wirtschaftsgütern und exportierte Rohprodukte wie Gummi, Tierhäute von Schlachthöfen, Kaffee, Tabak, Tropenholz. Eine Kaffeeplantage erwarb Friedrich Köper erst in den 1930er Jahren.

5. Deutscher Kolonialrevisionismus

Der Vorwurf der Alliierten, Deutschland habe bis 1914 eine „koloniale Misswirtschaft" betrieben und in der Eingeborenenpolitik versagt, traf deutsche Kolonialpolitiker und Kolonialpraktiker hart. Sie behaupteten dagegen, z.B. in Togo eine „Musterkolonie" errichtet zu haben und bezichtigten ihrerseits die Alliierten der „kolonialen Schuldlüge"[50]. Seit 1920 wurden in der Berliner Kolonial-Zentralverwaltung des Reichsministeriums Pläne entwickelt, um den Kolonialbesitz zurück zu gewinnen.[51] Die daran beteiligten Bevölkerungsgruppen bestanden zwischen 1918 und 1933 aus Mitgliedern von Verbänden, Beamten des Auswärtigen Amts, der Reichsregierung und Vertretern der deutschen Wirtschaft. Dazu gehörten Überseehandel und Banken.[52] Sie waren sich 1926 einig, dass der Verlust der Kolonien nur „vorübergehend" sei.[53] Durch zahlreiche „prokoloniale Massenkundgebungen", Umzüge, Einweihung von Denkmälern und Versammlungen hielten die Akteure das Interesse der Öffentlichkeit am Thema wach.[54] Ein Mitglied der deutschen Kolonialgesellschaft, Abteilung Bremen, schrieb 1928:

> „Die Lüge, wir wären nicht würdig, Kolonien zu besitzen, [...] ist längst als lächerlich abgetan – aber man enthält uns unsere geraubten Kolonien einerseits aus politischen Gründen und andererseits deshalb vor, um sie immer mehr mit dem eigenen [d.h. Englands, Frankreichs und der USA] Kolonialbesitz wirtschaftlich, politisch und kulturell zu verschmelzen. [...] Wir verlangen unsere Kolonien zurück als Ehrenforderung des deutschen Volkes."[55]

---

50 Horst Gründer (2004): S. 217; Peter Sebald (1987).
51 Horst Gründer (2004): S. 217; 213-231; Andreas Eckert (2004); Winfried Speitkamp (2005); Susann Lewerenz (2006).
52 Vgl. Christian Rogowski (2003): S. 243-262.
53 Koloniales Hand- und Adressbuch (1926-1927), Hrsg. Kolonialkriegerdank e.V., Berlin 1926. Das Nachschlagewerk enthält auf 350 Seiten neben den aktuellen Adressen von „Kolonialdeutschen im In- und Ausland" und Informationen über die wirtschaftliche Entwicklung der ehemaligen Kolonialgebiete nach dem Ersten Weltkrieg und nennt Behörden, die sich mit Entschädigungen bzw. „Wiederausreisedarlehen" befassten.
54 Christian Rogowski (2003): S. 245.
55 Quelle: Staats- und Universitätsbibliothek Bremen. Signatur: 39.c.184, Nr. 13: C. Kettler (1928): Brauchen wir Kolonien? Einleitung zum Vorstands- und Beisitzerverzeichnis der Deutschen Kolonialgesellschaft. Abt. Bremen. Bremen. Es wurden 50 männliche Mitglieder genannt, die „Männer und Frauen aller Berufsstände, aller Parteien und Bekenntnisse" zur Mitgliedschaft aufforderten, „Schulen und Wohlfahrtseinrichtungen in Afrika" finanziell zu fördern. Ziel der Gesellschaft war, die koloniale Aufklärungsarbeit im „Kampf für Deutschlands koloniales Recht und koloniale Ehre" zu verstärken. – Vorstand und Vertreter: Ed. Achelis; J.K. Vietor. – Satzung und Mitgliedsliste (1899): 33.c.489. Vgl. Walter Schicho (2001): Bd. 1; S. 174.

Diesen Anspruch unterstützten fünfzig Bremer Persönlichkeiten des Wirtschaftslebens. Die Geschäftsstelle der Gesellschaft arbeitete in der Bremer Handelskammer im Schütting. Eine Gruppe von Kaufmanns-Kolonialisten ließ sich in West- und Südwestafrika nieder, insbesondere während und nach der Kolonialzeit des Deutschen Kaiserreichs. Die Quellen von Johann Karl Vietor und Alfred Kulenkampff sind vor diesem Hintergrund zu lesen.

Zu Beginn des Ersten Weltkrieg teilten die Alliierten die deutschen Kolonien auf: Sie fielen unter das Mandat des Völkerbunds. Aber faktisch wurden sie den Kolonialmächten England und Frankreich unterstellt. Togo, Kamerun und das ehemalige Deutsch-Ostafrika gerieten unter den Einfluss der Kolonialmächte Frankreich und England. Der Kaufmann Alfred Kulenkampff verlor sein Vermögen in Lomé/Togo an die neue Kolonialmacht Frankreich. Schon 1919 entwickelte die Kolonial-Zentralverwaltung im Reichsministerium für Wiederaufbau in Berlin Pläne, um den Kolonialbesitz zurück zu gewinnen. Diese Bewegung wurde von Bürgerinnen und Bürgern in „patriotischen", deutsch-nationalen Vereinen getragen.

Während die Plantagen und Niederlassungen der deutschen Kaufleute in Togo und Kamerun enteignet sowie die lukrativen Beteiligungen am Gold- und Diamantbergbau in Südwestafrika beschlagnahmt wurden, blieben die Farmen in Südwestafrika in deutschem Besitz.[56] Viele Deutsche kehrten dorthin zurück. So war der Schwager von Alfred Kulenkampff, Siegfried von Seydlitz-Kurzbach, mit dem Aufbau einer Rinder- und Schaffarm in Südwestafrika beschäftigt, als der Erste Weltkrieg ausbrach. 1918 wurde er des Landes verwiesen, konnte jedoch bereits 1922 zusammen mit seiner Familie auf die Farm zurückkehren.[57]

6.   Bürgerliche Frauen und Kolonialismus

Zahlreiche Frauen aus bürgerlichen und adeligen Kreisen waren bereits vor 1914 durch ihre Mitgliedschaft oder Mitwirkung in konservativen Frauenvereinen kolonialpolitisch engagiert. Die neuere Kolonialismusforschung weist auf die Mitarbeit von Frauen in Organisationen und Vereinen hin, die Einfluss auf die Kolonialpolitik gewannen.[58] Nach dem zweiten Vereinsjahresbericht von 1907 bildeten achtzig Ortsgruppen den „Flottenbund deutscher Frauen". Die Schriftführerin der „Abteilung Hannover", Clärchen Müller, wandte sich im Februar 1908 an den Bremer Senat und bat um Empfehlung „geeigneter Damen als Mitglieder" aus Bremen. Der Vereinsbericht war dem Schreiben beigefügt. In den Statuten ging es auch um das

---

56   Vgl. Walter Schicho (2001): Bd. 1; S. 174.
57   Die Informationen zur Familie von Seydlitz-Kurzbach verdanke ich Dr. jur. Heinrich von Seydlitz-Kurzbach, Bremen. – Vgl. Walter Schicho (1999): S. 174.
58   Umfangreicher Literaturbericht zu „Frauen der politischen Rechten", von Christiane Streubel, 10. Juni 2003, http://hsozkult.geschichte.hu-berlin.de vom 10. Juni 2003. Zugriff: 10. Oktober 2008. – Hans-Ulrich Wehler (2006): S. 163f.; bezeichnete die Forschungen zum Einfluss der vom Deutschen Kolonialverein entsandten deutschen Frauen nach Südwestafrika als „groteske Überschätzung"; es seien insgesamt nur etwa dreihundert Frauen gewesen, die eine „Rassenvermischung" zwischen deutschen Männern und Afrikanerinnen verhindern sollten.

Vorhaben der Frauen, auf Wohltätigkeitsveranstaltungen Geld für ein „Kriegsschiff" zu sammeln.[59] Der Bremer Senat reagierte darauf ablehnend.[60]

Der Verlust von Kapital, Besitz und „Ehre" als Folge des Ersten Weltkriegs verursachte tief greifende individuelle Veränderungen und depressive Stimmungen. Vor dem Hintergrund von prokolonialen Aufmärschen, Versammlungen, Einweihungen von Denkmälern und anderen öffentlichen Aktionen wurde die politische Grundstimmung besonders in Handels- und Bankkreisen aufgeheizt, von der sich auch Frauen beeinflussen ließen.

Forschungen von Birthe Kundrus, Susanne M. Zantop, Lora Wildenthal, Karen Smidt widmeten sich dem Thema „Frauen und Kolonialismus"[61]. Birthe Kundrus stellte heraus, dass Frauen kolonialen Ideen in unterschiedlichen Vereinen zuarbeiteten, die auf den ersten Blick ausschließlich „Männervereine" zu sein schienen: in Bremen Flotten- und Kolonialverein.[62] Auch Bürgerinnen aus Bremen waren Mitglieder bzw. Sympathisantinnen von Kolonialvereinen und dem Flottenverein.[63]

Eine spezielle Entwicklung des Überseegeschäftes lässt sich in den deutschen Kolonien in Afrika feststellen. Händler wurden zu Farmern. Dies ermöglichte Frauen innerhalb der Familie eine bedeutende Position als wirtschaftende Farmersfrau einzunehmen. Etliche „höhere Töchter" absolvierten in Deutschland nach ihrer Schulzeit eine Ausbildung als ländliche Hauswirtschaftsleiterin in einer der zahlreichen Frauenschulen, die zum Reifensteiner Verband gehörten.[64] Zwischen der Gründung 1897 und der Schließung der letzten zum Verband gehörenden Schulen 1990 wurden in 52 Einrichtungen mehr als 90.000 Schülerinnen ausgebildet. Ein Viertel der Schulen und Lehrbetriebe entstanden während des Ersten Weltkriegs.[65] Die Erziehung zur Hauswirtschaftsleiterin in den Reifensteiner Schulen sollte ebenso

---

59 Nach Hannelore Cyrus (1997) ging es den Bremer Mitgliedern des „Flottenbund deutscher Frauen" um „humanitäre Hilfe". S. 316. – 1935 feierten Frauen aus Bremen das 30-jährige Jubiläum des Vereins. Nach einer Einladung an den Bremer Senat waren auch Frau E. Firle, Ehefrau des Vorstandsvorsitzenden des Norddeutschen Lloyd, Rudolf Firle (1881-1969) und Frau von Lettow-Vorbeck, Ehefrau des ehemaligen Kommandeurs von „Deutsch-Ostafrika" dabei. Quelle: StAB 3-V.2. Nr. 597/1908 Flottenbund deutscher Frauen. – Nach Birthe Kundrus beabsichtigten Frauen des Flottenbundes „ihre Gelder nicht für ‚Kleinigkeiten'" auszugeben. „Statt für ein Seemänner-Genesungsheim wollten sie lieber für ein Schlachtschiff sparen." Der Flottenbund deutscher Frauen bestand 1913 aus 60.000 weiblichen Mitgliedern. Birthe Kundus (2006): S. 213-235; hier S. 216, S. 227. – Auch protestantische Frauenvereine bildeten oft den Mittelpunkt für das Festhalten an konservativen Ordnungen (z.B. von Sittlichkeit); Veränderungen lehnten sie ab.

60 StAB 3-V.2. Nr. 597 (1908-1935).

61 Birthe Kundrus (2003a); Birthe Kundrus (2003b); Susanne M. Zantop (1999); Lora Wildenthal (2001); Karen Smidt (1997).

62 Birthe Kundrus (2006): S. 213-235.

63 So fanden sich auch 1912 im Haushaltsbuch von Hedwig Vietor monatliche Beitragszahlungen für den Kolonialverein Rotes Kreuz in Höhe von 20 Mark. Privatquellen Vietor: Haushaltsbuch.

64 StAB 3-V.2. Nr. 1120 (1918): Nach den in der Vereinsschrift von 1917 abgedruckten Mitgliedslisten unterstützten auffällig viele Frauen aus Adels- und Militärkreisen die Reifensteiner Schulen. Das Schulgeld für das erste Hauswirtschaftsjahr: 1.400 Mark. Der Reifensteiner Verband wurde 1896 von Ida von Kortzfleisch (1850-1915), Tochter eines preußischen Offiziers und einer Mutter, die einer ostpreußischen Gutbesitzerfamilie entstammte, gegründet. Zum Lebenslauf der Gründerin: Ortrud Wörner-Heil (1997): S. 37-43.

65 Ortrud Wörner-Heil (1997): S. 9; S. 19; S. 57.

diszipliniert verlaufen wie die Ausbildung in „Kadettenanstalten zur Offiziersaus-
bildung" oder in „Diakonissenanstalten". Sie zielte auf „einen Dienst für die Gesellschaft und die Nation"[66]. Die Schülerinnen, im Verband als „Maiden"[67] bezeichnet, wurden in der Regel mit 18 Jahren aufgenommen. Die Erziehung vermittelte
Tugenden wie „Mut, Ausdauer, Idealismus und Demut"[68] mit dem Ziel, Absolven-
tinnen zu befähigen, „immer häufiger als selbständige wirtschaftliche Unterneh-
merinnen auf[zu]treten"[69]. Die Ausbildung als landwirtschaftliche Hauswirtschaf-
terin umfasste in Theorie und Praxis Garten- und Gemüseanbau, Geflügel- und
Schweinehaltung, Molkerei und Imkerei. Besonders Städterinnen sollten „mit dem
Landleben vertraut" gemacht werden.[70]

Ein anderer Ausbildungsgang endete mit dem Abschluss als „Hausbeamtin".
Ehemalige Adelssitze und Gutshöfe bekamen bis zum Zweiten Weltkrieg eine neue
Funktion: Sie wurden zu Schulgebäuden, so z.B. in Ostpreußen, Estland, Bayern,
Schleswig-Holstein und am Rhein.

1911 fusionierten der Reifensteiner Verband und die Kolonial-Frauenschule in
Bad Weilbach in der Nähe von Wiesbaden.[71] Die Zusammenarbeit zwischen der
Gesellschaft Kolonial-Frauenschule mbH., Hedwig Heyl[72], der Vorsitzenden des
Kolonialfrauenbundes, und dem Reifensteiner Verband stand unter der Schirmherr-
schaft von Kaiserin Auguste Viktoria.[73]

Die langfristigen Ziele des von konservativen Frauen initiierten und geleiteten
Reifensteiner Verbandes werden vor dem Hintergrund deutlich, dass bereits seit
1909 eine Lehrfarm in Brakwater bei Windhuk in Südwestafrika dem Reifensteiner Verband angeschlossen war.[74] Die Frauen nahmen in diesem Punkt eine Vorrei-
terrolle ein. Nach Vorstellung der weiblichen Mitglieder in kolonial ausgerichteten
Vereinen sollten deutsche Frauen die deutsche Kultur in Übersee stärken, indem
sie als potentielle Heiratskandidatinnen deutsche Männer vor „Verrohung" oder der
Vermischung mit einer „minderwertigen Rasse" bewahrten.[75]

---

66 Ortrud Wörner-Heil (1997): S. 53-54.
67 Etymologisch verweist der Begriff Maid (mdh. meit bzw. maget) auf Mädchen, Jungfrau, Die-
     nerin, Magd. Im Englischen heißen Dienstmädchen, Hausangestellte und Jungfern „maid".
68 Ortrud Wörner-Heil (1997): S. 57.
69 Ortrud Wörner-Heil (1997): S. 51. Auch als Lehrerinnen im Reifensteiner Verband waren sie
     gefragt; als Anfangsgehalt wurden (1917) genannt: 600 bis 850 Mark; in verantwortlichen Stel-
     lungen 1.800 bis 2.800 Mark, bei freier Station. StAB 3-V.2. Nr. 1120 (1918): Vereinsschrift. S.
     15.
70 StAB 3-V.2. Nr. 1120 (1918): S. 9. In der Akte des Bremer Senats befindet sich eine „Allge-
     meine Vereinsschrift, Gotha 1917" des Reifensteiner Verbands. In der Mitgliederliste fanden
     sich auch „Fräulein Clementine Noltenius, Bremen, Mathildenstraße 86", die spätere Frau von
     Siegfried von Seydlitz-Kurzbach und Maria Ruyter, Bremen, Parkstraße 75.
71 Ortrud Wörner-Heil (1997): S. 219. Lora Wildenthal (2003): S. 215.
72 Vgl. biografische Skizze der Kaufmannstochter aus Bremen, Hedwig Heyl, geb. Crüsemann
     (1850-1935) in: Hannelore Cyrus (Hrsg.) (1991): S. 401-403. Hedwig Heyl übernahm nach
     dem Tod ihres Gatten die Leitung der Heylschen Farbenfabriken in Berlin. Später verfasste sie
     Schriften zur Hausarbeit und 1925 ihre Biografie.
73 Ortrud Wörner-Heil, S. 219. Lora Wildenthal (2003): S. 215.
74 Ortrud Wörner-Heil (1997): S. 144.
75 Von 1897 bis zur Schließung der letzten Schulen 1990 existierten 52 Einrichtungen. Die meisten
     wurden zwischen 1914 und 1928 zum Teil zusammen mit anderen Vereinen oder Körperschaf-
     ten gegründet und unterhalten. Vgl. Ortrud Wörner-Heil (1997): S. 19. Zur Lehrfarm Brakwater

Der Reifensteiner Verband pflegte enge Beziehungen zur Deutschen Kolonial-
schule. Die Reifensteiner Landwirtschaftsschulen vermittelten in Zusammenarbeit
mit den Kolonialschulen Vorstellungen von „Ideal"-Ehepaaren, die sich z.B. als
Gutsbesitzer in den „Ostmarken" oder als Farmersleute in Südwestafrika ansiedeln
sollten.[76]

Zahlreiche Frauen aus bürgerlichen oder adeligen Kreisen waren bereits vor 1914
durch ihre Mitgliedschaft oder Mitwirkung an konservativen Frauenvereinen politi-
siert. Die Mitglieder des Kolonialvereins von 1895, Abteilung Bremen, und die des
Bremer Kolonialvereinvorstands von 1928 stammten aus dem Kreis angesehener
Wirtschaftsbürger. Ihre Ehefrauen dürften sich ihrer Forderung, „Wir verlangen unsere Kolonien zurück!" angeschlossen haben.

In den folgenden Kapiteln wird es konkret um die Einstellung von Frauen zum Kolonialismus gehen. So wanderte 1926 Familie Kulenkampff von Bremen nach Südwestafrika aus. Hedwig Kulenkampff machte sich die Entscheidung nicht leicht. In
ihren Abwägungen stimmte sie besonders die zukünftige Schulerziehung der Kinder nachdenklich. Aber auf der Aktivseite im Entscheidungsprozess wird ihre praktische Ausbildung als Hauswirtschaftsleiterin in der zum Reifensteiner Verband gehörenden Wirtschaftlichen Frauenschule in Scherpingen in Westpreußen eine Rolle
gespielt haben. Hedwigs Schwägerin Clementine von Seydlitz-Kurzbach, geb. Noltenius, die ebenfalls eine solche Ausbildung absolviert hatte und bereits seit Anfang
der 1920er Jahre in Südwestafrika lebte, riet ihr, einen Neuanfang in Südwestafrika zu wagen, auch wenn das Land mit dem Ende des Ersten Weltkriegs nicht mehr
deutsche Kolonie, sondern als Mandatsgebiet von Südafrika verwaltet und dies aus
der Perspektive von Deutschen als „Fremdherrschaft" wahrgenommen wurde.

---

bei Windhuk/Südwestafrika, S. 144, 173. – Karen Smidt (1997): S. 78, Fußnote 427, S. 330.
Zur Zusammenarbeit von Frauenschulen, Frauenbund und der Deutschen Kolonialgesellschaft:
Lora Wildenthal (2003): S. 202-239; mit Verzeichnis der englischsprachigen Literatur.

76 Birthe Kundrus (2006): S. 230.

E. Arbeit als Kaufmann in Übersee: Transkulturelle Verhandlungen

1. Arbeit in Übersee

Dieses Kapitel befasst sich mit realer Arbeit Bremer Kaufleute. Es führt zu konkreten Erkenntnissen über kaufmännische Arbeitswelten, individuelles Handeln und das soziale Miteinander von Kaufleuten und ihren Mitarbeitern an überseeischen Handelsplätzen und in Bremen. Die Akteure berichteten in Privatbriefen, Tagebüchern und Lebenserinnerungen ebenso von Kontorarbeit wie von Körperarbeit und Mobilität in abgelegenen, unwegsamen überseeischen Regionen.

In der Einleitung ihres Kapitels „Arbeit" plädierte Rebekka Habermas für historisch-anthropologische Methoden und Fragestellungen in der Bürgertumsforschung. Arbeitseinstellungen und Arbeitspraktiken sollten nicht gleich gesetzt werden. Es gäbe eine Diskrepanz zwischen Selbstdarstellungen und Praktiken. Arbeitsauffassungen seien oft Wunschvorstellungen.[1] An diese Überlegungen möchte ich anknüpfen.

Mein Interesse gilt dem beruflichen Alltag Bremer Kaufleute. Ich möchte das Streben nach Selbständigkeit, den Aufbruch nach Übersee, den angestrebten Aufstieg, aber auch den Umgang mit Konkurrenz und schließlich die Rückkehr betrachten. Die Akteure träumten vom Erfolg und nahmen sich vor, nach einigen Jahren in Übersee, reich nach Bremen zurückzukehren, wie es andere Kaufleute vor ihnen praktiziert hatten. Die Protagonisten folgten in der Regel den Wünschen ihrer Väter und übernahmen Aufgaben in Übersee. Sie setzen sich dem tropischen Klima aus und gingen gesundheitliche Risiken ein.

Für Bremer Kaufleute sollen enge Familienbeziehungen und das damit verbundene Familienvertrauen die Basis für erfolgreichen Handel zwischen Bremen und Übersee gewesen sein.[2] Demnach übernahmen Verwandte herausgehobene Funktionen in Bremer Handelshäusern und in überseeischen Filialen. Mit diesen familiären Konstellationen wurden Vorstellungen von „harmonischen" Geschäftsbeziehungen verbunden. Ein Beispiel für ein offenbar fruchtbares Miteinander: Die Geschäftsteilhaber Friedrich Vietor und Thomas Achelis waren mit zwei Frauen aus der Bremer Familie Hütterott verheiratet. Vietor und Achelis wechselten sich

---

1 Rebekka Habermas (2000): S. 33-38.
2 Friedrich Prüser (1940b): S. 3-53; hier S. 15. Die Zusammenarbeit zwischen den Brüdern Caspar und Hermann Henrich Meier basierte auf „gegenseitigem und unbegrenzten Vertrauen" und bestand bis 1864. Prüser nannte weitere fruchtbare Handelsbeziehungen unter Verwandten („Bruder folgte dem Bruder", S. 16): Hirschfeld, Lahusen, Wätjen, Fritze. Andreas Schulz (2002) nannte zahlreiche andere Beispiele u.a. C.L. Brauer & Sohn; Brüder Delius; Brüder Melchers, S. 101f.; Hermann Kellenbenz (1969) hob die verwandtschaftlich-geschäftlichen Verflechtungen der Familien Vietor/Graebe; Kulenkampff/Stolz; Achelis & Söhne; Frerichs/Knoop usw. hervor. S. 39f.; Karen Schniedewind (1994) ermittelte enge Handels- und zum Teil auch Familienbeziehungen zwischen Bremen und New York. Verwandtschaftliche Beziehungen waren der Karriere förderlich. S. 78-79; S. 130.

ab, um ihre Firmen in New York bzw. in Bremen zu leiten.[3] Geschäftsbeziehungen basierten auf Abhängigkeitsverhältnissen zwischen Chef bzw. Firmenpatriarch und Brüdern, Onkeln, Söhnen, Neffen usw. In den Quellen sind Streit und Unbehagen unter Familienangehörigen im Geschäftsalltag nicht zu übersehen. Bremer Kaufleute engagierten außerhalb familiärer Netzwerke andere Bewerber. Sie rekrutierten Angestellte über Vertrauenspersonen und Berufsvereine oder beförderten bewährte Buchhalter oder Verkäufer zu Teilhabern in Übersee.

Bei der Auswertung der Quellen fielen geschäftliche Abstimmungen zwischen Eheleuten, z.B. zwischen Johann Karl und Hedwig Vietor sowie zwischen Eberhard und Helene Noltenius auf. Mitgift, Erbschaft, Sparbücher, Konten und Aktien der Ehefrauen trugen zur ökonomischen Basis eines Handelsunternehmens bei. Insofern können Frauen als „Geschäftspartnerinnen" ihrer Ehemänner bezeichnet werden. In engen Vater-Sohn-Relationen standen Hermann und Johann Smidt, Gerhard und Friedrich Köper sowie in der nächsten Generation Friedrich und Fritz Köper. Diese familiären Konstellationen sind wichtig im Hinblick auf lebensgeschichtliche Weichenstellungen und Entscheidungen. Die Väter Hermann Smidt und Gerhard Köper waren Vertrauenspersonen, deren Rat ihre Söhne befolgten.

In der Rückschau neigten die Autoren dazu, das Arbeiten in der Fremde zu verklären. Das Spezifische ihrer kaufmännischen Arbeiten in Übersee blieb undeutlich. Im Rückblick blieben ihnen Wahrnehmungen des Fremden und substantielle Erinnerungen an ehemalige indigene Mitarbeiter, Vermittler und Konkurrenten zuweilen nicht präsent. Doch diese Fremden nahmen in Arbeitszusammenhängen wichtige Funktionen wahr. Geschäftliche Erfolge in Übersee waren nur durch ihre Vermittlungstätigkeiten und Hilfe zu erzielen. Bremer engagierten indigene Sprachgehilfen, Dolmetscher, Kontorangestellte und Arbeiter. Ich möchte sozialen „Machtfragen" mit dem Interesse nachgehen, ob sich Bremer den Fremden gegenüber dominant zeigten, obwohl sie auf deren Arbeitseinsatz und sonstige Unterstützung angewiesen waren.

Überseekaufleute präsentierten sich in Lebenserinnerungen als Abenteurer und als Meister im Umgang mit Gefahren. Damit festigten sie ihr Image als Pioniere. Dagegen vertrauten sie in Privatbriefen einigen Briefempfängern depressive Stimmungen, Ängste, geschäftliche Sorgen und gesundheitliche Beeinträchtigungen an. Imaginationen und Vorwissen entsprachen oft nicht der Realität in Übersee. In Lebenserinnerungen erfahren wir von Erfolgen, aber wenig über die psychische und physische Befindlichkeit. Daher erscheint es sinnvoll, diesen „verdrängten" Teil der Kaufmannsarbeit in Übersee aus Privatkorrespondenzen zu ermitteln.

In Privatarchiven stieß ich auf Fotos aus dem Arbeitsalltag. Es sind Momentaufnahmen, die kritisch gelesen wurden. Bilder verweisen auf ihrer Oberfläche auf eine reale Welt, doch sind die abgebildeten Zeichen auch mehrdimensional zu lesen, wenn die Ebenen des Fotografen, des Betrachters und die Zeichensprache des

---

3   E.W. Röhrig (1936): S. 109. Ich führe dieses Beispiel an, da in meiner Forschungsarbeit die Nachkommen der Familien Vietor, Achelis und Smidt eine wichtige Rolle spielen. Prüser vermutete, „das Baumwollgeschäft der Firma Hütterott" sei durch diese Familienverbindungen beeinflusst worden. Prüser (1940b): S. 31.

Mediums beschrieben und gedeutet werden. Bei den Fotos handelt es sich zum Teil um laienhafte „Schnappschüsse". Sie waren als Botschaften für Verwandte geeignet. Andere „professionelle" Fotos aus der kaufmännischen Arbeitswelt dienten der geschäftlichen Repräsentation.[4] Im transkulturellen Prozess bekommt die Sprache der Fotos Bedeutung.

Abb. 11:   Privat: Rückseite des Geschäftshauses von Johann Lauts, Swatow/China

Kaufleute stellten sich flexibel auf Arbeitsprozesse und Arbeitsbezugssysteme in Übersee ein. Meistens waren sie an bereits bestehenden Handelsplätzen tätig, aber im Inneren von Afrika, Südamerika und Australien betraten sie „Weiße Flecken" zeitgenössischer Landkarten. Das Arbeiten fand häufig in primitiv anmutendem Umfeld in tropischen Regionen statt. Erfolgreiches Arbeiten in Übersee erforderte neben Mobilität und besonderen Fähigkeiten, sich wechselnden Situationen rasch anzupassen, eine stabile körperliche Konstitution. Aber: Bremer Überseekaufleute unterschätzten oft die gesundheitlichen Risiken. Tropenkrankheiten ließen sich nicht mit Hausmitteln oder Alkohol kurieren. Die Sorge um Frauen und Kinder veranlasste Ehemänner manchmal, früher als geplant nach Bremen zurückzukehren.

Mit der Arbeit von Überseekaufleuten wird heute ein positives „Allgemeinwissen" verknüpft, das Erfahrungen von Fremdheit, Krankheit und Tod ausblendet.

---

4   So die veröffentlichten Fotos in einer Vereinsschrift vom Ostasiatischen Verein Bremen E.V. 1901/1926, unter anderen die Vorderseite des repräsentativen Geschäftshauses von Lauts & Haesloop in Swatow. Brem.c.4056.No. 4.

Der Blick richtet sich nicht nur auf Arbeitseinstellungen und Arbeitspraktiken, sondern auf Brüche und Problemphasen. So waren z.B. in Arbeitszusammenhängen Konflikte zwischen europäischen oder indigenen Mitarbeitern zu lösen.

2.   Beruf des Kaufmannes

Um im 19. Jahrhundert Kaufmann zu werden, bedurfte es keiner besonderen Vorbildung. Oft setzten Väter die Berufswünsche gegenüber den Söhnen durch, wenn diese erst eine kurze Schulzeit absolviert hatten. Etliche von ihnen verließen schon im Alter von dreizehn bis fünfzehn Jahren die Schule[5] und wurden in einer kaufmännischen Lehre zu Handlungsgehilfen ausgebildet.[6]

Aufgrund der Bremer Verfassung und dem damit verbundenen Achtklassenwahlrecht erreichten Bürger mit juristischem oder medizinischem Studium ein größeres Prestige als Kaufleute.[7] Bildungsbürger, die ihre Reputation durch ihre Beschäftigung im Staatsdienst begründeten, bemängelten den „mercantilen Geist" von Kaufleuten, und wenn sie geistige Fähigkeiten zeigten, hieß es von akademischer Seite, sie seien „viel zu gut zum Kaufmann"[8]. Akademiker fühlten sich somit als Repräsentanten eines „idealen" Bürgertums, das seit der Aufklärung „Bildung, Ethos und innere Orientierung auf das Gemeinwesen" verkörperte.[9] Diese Ideale hielten die akademisch Gebildeten jedoch nicht vom Einheiraten in wirtschaftsbürgerliche Kreise ab, denn frei von Neid auf die besser verdienenden Kaufleute waren sie nicht.[10] Umgekehrt gingen auch führende Kaufleute aus dem Bremer Bildungsbürgermilieu hervor. Dazu ermittelte Rolf Engelsing, dass Akademiker ihre Söhne Kaufmann werden ließen, wenn sie für ein Studium zu unbegabt erschienen.[11]

---

5   Das ermittelte Andreas Schulz an Beispielen der Kaufmannssöhne Franz Böving (1773-1849) und Hermann Henrich Meier (1809-1898). Andreas Schulz (2002): S. 120-121. Und 1880 bestimmte der Kaufmann Hans Niclas Franzius (1830-1915), Vater von acht Kindern, dass sein sechzehnjähriger ältester Sohn Heinrich Carl Franzius das Alte Gymnasium zu verlassen habe, um Kaufmann in Venezuela zu werden. Später vermittelte der Vater seinen jüngeren Söhnen Anstellungen in Guatemala und Hawaii. H.C. Franzius (1935): S. 75; S. 78; S. 121.
6   Unter dieser Berufsbezeichnung bildeten sich unterschiedliche, hierarchische Positionen in Handelshäusern heraus. Dazu Karen Schniedewind (1994): S. 55.
7   Herbert Schwarzwälder (1995): Bd. 2. S. 216-218. Bürger mit Universitätsausbildung bildeten die erste Klasse; danach folgten Mitglieder des Kaufmannskonvents und der Handelskammer.
8   Rolf Engelsing (1958): S. 21.
9   Lothar Gall (1987): S. 601-623; hier S. 615f. Seit Mitte des 19. Jahrhunderts bestand die städtische Oberschicht, bezeichnet als „Bürger bzw. Bürgertum", aus Bildungs- und Wirtschaftsbürgern sowie „Beamten, Vertretern der freien Berufe, Abkömmlingen des alten Stadtbürgertums und Angehörigen des neuen Mittelstandes".
10   „Zwei Minderheiten, das wirtschaftliche Großbürgertum und das – meist beamtete – Bildungsbürgertum, eine die andere insgeheim verachtend, verbanden sich." Lothar Gall (1987): S. 621.
11   So ließ auch der Jurist Hermann Smidt (1804-1879) nichts unversucht, seinem einzigen Sohn Johann (1839-1910) eine adäquate Schulausbildung zu ermöglichen. Der Sohn hatte als Kind Lernschwierigkeiten und wurde deshalb zum Schulbesuch nach Oldenburg geschickt; der Junge wohnte dort bei einer Tante mütterlicherseits in Pension. Quelle: StAB 7,67-53: Konvolut Noltenius. Darin befindet sich ein Brief vom „Quartaner" Johann Smidt aus Oldenburg an Frau Dr. Noltenius in Bremen Kohlhökerstraße, 2. April o.J. – Rolf Engelsing (1958) schrieb zum Verhältnis von Bildungs- und Wirtschaftsbürgern in Bremen: „Der Gelehrte bestimmt den min-

In den 1830er Jahren setzte ein Umdenken ein. Kaufleute begannen, neben den Geschäftsinteressen öffentliche Aufgaben zu übernehmen.[12] Damit zeigten sie sich aufgeschlossen „für Fragen des Gemeinwohls", z.B. als Mäzene oder als „Handelspolitiker" im Rahmen der Bremer Handelskammer.[13]

Nach der Definition der Begriffe „Beruf" und „Profession" von Hannes Siegrist ist Kaufmann ein Beruf, mit dem sich „besondere Erwerbschancen verknüpfen", und es ist auch deshalb ein Beruf und nicht nur eine Tätigkeit, weil sich damit „eine bürgerlichen Position begründen, rechtfertigen oder erreichen lässt"[14]. Diesem Leitbild folgend schärften Kaufleute ihr theoretisches Wissen und bildeten kulturelle und politische Interessen aus, nachdem ihre eigentliche Ausbildung bereits mit der Lehrzeit abgeschlossen war.

Berufspraxis erlernte der kaufmännische Nachwuchs in einem Kontor. Fremdsprachenkenntnisse erwarb er in Kursen im Bremer kaufmännischen Verein „Union von 1801". Das allein reichte aber nicht aus: Mit Kaufmannshandbüchern[15], Fachzeitschriften für Handelswissenschaft und Handelspraxis mussten die berufspraktischen und theoretischen Kenntnisse ständig ausgebaut und an wechselnde politische Verhältnisse in Deutschland und Übersee angepasst werden. Denn seit dem letzten Drittel des 19. Jahrhunderts führten Kommunikationsmittel, Verkehr und Technik zu einer beschleunigten Modernisierung des Handelsverkehrs, einschließlich des Zahlungsverkehrs. Das Denken und Handeln in weltumspannenden volkswirtschaftlichen Zusammenhängen auf der Grundlage von angeeignetem Wissen gewann zunehmend an Bedeutung. Daher gerieten Kaufleute in einen Prozess, in dem sich ihr traditioneller Beruf durch ständige Innovationen zu einer Profession wandelte. Nach Siegrist ist der Begriff Profession „tendenziell" auf die Tätigkeit einer Person mit wissenschaftlicher Ausbildung, z.B. als Diplomkaufmann, Betriebswirt und Wirtschaftswissenschaftler anzuwenden.[16]

Mit dem Begriff „Arbeit" werden häufig ideologische Vorstellungen verbunden. Einerseits geht es um Unterscheidungen zwischen körperlicher und geistiger,

derbegabten seiner Söhne für den Handel, weil er zum Studium zu dumm ist. [...] Der Gebildete fühlte sich autark. Der Kaufmann sah mit Selbstverständnis zum gelehrten Stand empor." S. 22. Engelsing nannte in dem Zusammenhang z.B. auch den Kaufmann Gustav Smidt, den Sohn von Bürgermeister Johann Smidt. S. 21.

12 Z.B. als Mäzen oder „Handelspolitiker" im Rahmen der Bremer Handelskammer. Engelsing (1958): S. 23.

13 Hermann Kellenbenz (1969): S. 47. Andreas Schulz (1998): S. 240-263. Rolf Engelsing (1958): S. 23.

14 Hannes Siegrist (1988): S. 13; S. 18-19.

15 In diesem Zusammenhang verweise ich auf Kaufmannshandbücher von J.C. Nelkenbrecher: Bereits 1805 erschien es in der neunten, 1848 in der siebzehnten und 1890 in der 20. Auflage. Darin sind wirtschaftspolitische Länderberichte, Handelsgüter, Maße, Gewichte, Angaben über Devisen, Umrechnungstabellen, Angaben zum Verkehr und zu Messen enthalten. J.C. Nelkenbrecher (1805), Taschenbuch der Münz-, Maas- und Gewichtskunde für Banquirs und Kaufleute, befindet sich in der Universitäts- und Staatsbibliothek Bremen, Signatur IX.c.631; das von 1890 in der Bibliothek der Handelskammer Bremen.

16 Hannes Siegrist (1988): S. 14. Vgl. darin die Einleitung von Jürgen Kocka: „Profession meint im Folgenden einen besonderen Typus von Berufen, nämlich solche, die spezialisierte, gehobene, theoriehaltige, tendenziell wissenschaftlich, durch Examen nachgewiesene Ausbildung voraussetzen." S. 8.

andererseits um abhängige Arbeit oder unabhängige, freiberufliche Tätigkeiten. „Arbeit" umfasst Mühsal, Plage, Qual und steht in Relation zu Knechtschaft, Sklave, Diener, Gehilfe. Diese Begriffe verweisen auf herrschaftlich strukturierte Gesellschaften, in denen die Arbeiter auf einer unteren Stufe der sozialen Pyramide stehen. Eine Semantik der Beschreibung von Arbeit verweist auf körperliche Anstrengungen.[17]

Wenn Arbeit vorwiegend Zweck gerichtet und planmäßig ablaufen soll, so wird diese Tätigkeit schwerpunktmäßig von geistigen Fähigkeiten gelenkt.[18] Im Diskurs über die gravierenden sozialen Unterschiede zwischen Lohnempfängern und Arbeitgebern, die über Produktionsmittel verfügen, wurde der daraus abgeleitete Betriff „Kapitalist" zum Kampfbegriff. Der Einsatz von Kapital und die Unternehmerleitungsfunktionen des Kaufmanns gehörten aus der Sicht von Kritikern nicht zur „Arbeit". Nach Wolf D. Hund war der Begriff Arbeit umkämpft und konnotierte seit dem 19. Jahrhundert Klasseninteresse.[19]

Arbeit von Mägden, Haushaltshilfen, Industriearbeiterinnen und Industriearbeitern fand in der Forschung zwischen 1970 und 1990 besondere Beachtung. Untersuchungen befassten sich z.B. mit der Arbeiterbewegung und „proletarischer Kultur". Arbeiter und ihre beruflichen Arbeitsstrukturen als historische Untersuchungsgegenstände ließen in etlichen Arbeiten den Schluss zu, Tätigkeiten von Kaufleuten und Unternehmern seien nicht als nützliche Arbeit zu bezeichnen. Stand doch „in der Regel" beim kaufmännischen Handeln nicht die Existenzsicherung im Vordergrund, sondern „Gewinnmaximierung"[20]. Körperliche, abhängige Arbeit eines ungelernten Arbeiters, eines Fabrikarbeiters oder eines Handwerkers seien demnach grundsätzlich von der selbständigen Arbeit eines Kaufmanns zu unterscheiden.

Nach einer anderen Definition bekommt der Begriff „Arbeit" eine darüber hinausgehende Bedeutung. Arbeit schaffe das „Grundwesen des Menschen im Unterschied vom Tier: [durch] das Hervorbringen seiner Welt"[21]. Diese Begriffsdefinition entsprach der von Bremern häufig zum Ausdruck gebrachten Selbstverortung; sie seien Zivilisationsbringer[22] und Pioniere.[23] Mit diesen Zuschreibungen glaubten sich die Kaufleute an der Spitze einer edlen sittlich-moralischen Arbeitswelt zu befinden. Solides, planmäßiges Handeln verbanden sie in ihrer Selbstsicht mit

---

17 Kluge (2002): „Arbeit". S. 57.
18 Arbeitsbegriff, in: Gerhard A. Ritter; Klaus Tenfelde (1992): S. 265.
19 Wolf D. Hund (1990): S. 163-190.
20 Gerhard A. Ritter; Klaus Tenfelde (1992): „Unter ‚Arbeit‘ wird im Allgemeinen eine Zweck gerichtete und planmäßige Tätigkeit verstanden, die in der Regel der Existenzsicherung, aber auch der Gewinnmaximierung dient." S. 265.
21 Karl Jaspers (1957): Definition Arbeit: S. 104-105.
22 Fernsehfilm des Bayerischen Rundfunks von Uli Stelzner und Thomas Walthe (2000) mit dem Titel „Die Zivilisationsbringer", der in Guatemala aufgenommen wurde und in dessen Mittelpunkt Bremer und Hamburger Kaufleute standen. Aufgrund einer vermeintlichen kulturellen Überlegenheit, waren Kaufleute davon überzeugt, bürgerliche Tugenden, Verhaltensnormen und Fortschritt nach Übersee zu übertragen. Sie legitimierten ihre auf Gewinn ausgerichteten Missionen und stellten sich als „gute" Kolonisten dar. In der Literatur wurden Kultur und Zivilisation gleichgesetzt (E.B. Tylor), während Zivilisation nach Norbert Elias ein nicht abgeschlossener Prozess von Verhaltensstandards ist.
23 So Andreas Schulz (2002) S. 461: „Bremer Kaufleute [seien] Pioniere des Direkthandels mit den ehemaligen britischen Kolonien."

risikofreudigen, dynamischen Potentialen in einem umfassenden Netz von Handelspartnern.

Johann Karl Vietor schilderte um 1900 seine berufliche Arbeit als forciertes
„Laufen, Drängen und Treiben"[24]. Ein anderer Kaufmann notierte zur gleichen Zeit,
es dürfe „kein Stillstand eintreten"[25]. Ihr Handeln passten sie vorausschauend wirtschaftspolitischen Veränderungsprozessen an. Kaufleute wie Vietor stellten sich
„wie Bäume im Wind" auf wechselnde Bedingungen ein. Dieses erforderte Standfestigkeit und Flexibilität[26].

Ebenso wie Vietor hatten im Laufe des 19. Jahrhunderts auch zahlreiche andere
Bremer Kaufleute überseeische Handelsplätze aus eigener Anschauung kennen gelernt. Einige verkauften in Übersee die aus Europa und Amerika importierte Mas-
senware in kleinen Mengen in Gemischtwarenläden[27] und Faktoreien. So verfuhren Friedrich Köper und Eberhard Noltenius in ihrer Anfangszeit in Guatemala;
J.K. Vietor und Alfred Kulenkampff in Westafrika. Doch sie mussten sich von ihren stationären Verkaufsplätzen als Reisende mit Verkaufsgepäck in abgelegene Regionen zu potentiellen Kunden auf den Weg machen. Bremer Kaufleute ritten oder
wanderten – Hausierern ähnlich – durch unwegsames Binnenland, um neue Märkte zu erschließen. Moderne Verkehrswege existierten z.B. in Guatemala und Afrika noch nicht. Gleichzeitig „besuchten" sie ihre Schuldner, kauften Tierhäute auf,
trockneten sie und verschifften sie nach Europa. Bremer Kaufleute fungierten auch
als Plantagenbesitzer oder -pächter, deren Rohprodukte (Kaffee, Tabak, Kautschuk,
Holz, Zucker, Gewürze usw.) zur industriellen Verarbeitung nach Bremen transportiert wurden. Insofern waren noch um 1900 die Grenzen zwischen Großkaufmann
und Einzelhandelskaufmann fließend.

Eintragungen auf Stammtafeln von Bremer Kaufmannsfamilien bestehen aus
genealogischen Lebensdaten, die häufig durch Berufsbezeichnungen ergänzt wurden. Dabei geraten Akteure mit den Berufen „Kaufmann" und „Großkaufmann" in
den Blick.[28] Der Sammelbegriff „Kaufmann" fasste Personen mit unterschiedlichen
kaufmännischen Vorkenntnissen und jeweils spezifischer Berufspraxis zusammen.
Ein unselbständiger Buchhalter, ein Bürovorsteher sowie ein Agent und ein Makler
mit umfangreichem Produktwissen wurden ebenso als „Kaufmann" bezeichnet wie
ein Detailhändler oder ein Überseekaufmann. Das Handelsgesetz schrieb eine Eintragung als selbständiger Vollkaufmann im Handelsregister vor, um Positionen und
Veränderungen im Geschäftsverkehr klar zu stellen und nicht zuletzt Sicherheit unter Handelspartnern zu gewährleisten.

---

24 Privatbriefe Vietor: J.K. Vietor aus Las Palmas an seine Frau Hedwig, 31. Januar 1895: „Ohne
    ewiges Laufen, Drängen und Treiben wird man nichts in der Welt."
25 StAB FB 697: Alfred Kulenkampff, Tagebuch 1909: S. 21.
26 Vgl. Definition „Flexibilität" bei Richard Sennett (2002): S. 57.
27 Zur Entstehung von Kolonialwarenläden in Bremen: Hartmut Roder (1995): S. 290-292. Aus
    sich gut entwickelten Detailgeschäften in aufstrebenden Regionen entstanden „Halbgrossisten",
    die im Idealfall zu „Grossisten" wurden, so Teetzmann; Harzmann (1905): S. 154. Rolf Engel-
    sing (1958): S. 12.
28 So die Stammtafel der Familie Vietor von 1912.

Bis zum 1. Januar 1900 hatte das Allgemeine Deutsche Handelsgesetzbuch (ADH) von 1862-1864 in den einzelnen deutschen Bundesstaaten Gültigkeit. Danach trat das Handelsgesetzbuch (HGB) in Kraft. Nach Paragraf 1 ist Selbständigkeit als Kaufmann grundlegende Voraussetzung für die offizielle Anerkennung und den Eintrag ins Handelsregister. Die Bremer Volkszählung von 1900 unterschied Erwerbstätige nach Wirtschaftsbereichen und beruflicher Stellung. In der dritten von zwölf Gruppen „Handel und Schifffahrt, Verkehr" wurde nach Selbständigen, Angestellten und Arbeitern unterschieden. Kaufmännische Sektoren umfassten demnach Großhandel, Kleinhandel, Viehhandel, Hausierhandel, Geld- und Kredithandel, Handelsvermittlung, Schifffahrt usw.,[29] wobei diese statistische Orientierung nichts zu den Überlappungen der einzelnen Geschäftsbereiche aussagt. In ihrer Arbeitspraxis waren Kaufleute vielseitig und in weitaus mehr als einem der aufgeführten Ressorts beschäftigt.

Als „Großkaufmann" bezeichnete man Akteure, die in einem Vertriebssystem große Warenmengen zum Zweck des Weiterverkaufs bewegten. Sie agierten in globalen Kommunikationsnetzen, organisierten den Vertrieb von Gütern und Kapital auf dem Weltmarkt, korrespondierten mit Wiederverkäufern und fungierten häufig als Vermittler an Schnittstellen zwischen Produzenten und Kleinhändlern. Dies erforderte neben einer gesicherten Kapitalbasis und verlässlichen Geschäftspartnern fundiertes Wissen über globale ökonomisch-politische Zusammenhänge. Bremer Kaufleute gingen arbeitsteilig vor, indem sie an unterschiedlichen Handelsplätzen Filialgeschäfte gründeten und Geschäftsführer einsetzten, die damit einen Aufstieg vom kaufmännischen Angestellten zum Teilhaber bzw. Prokuristen schafften.[30]

Etliche Bremer Familiennamen hatten und haben seit dem 19. Jahrhundert einen guten Klang in der Stadt Bremen. Einige dieser Familien brachten es im Überseehandel zu „Reichtum" und heirateten in bildungsbürgerliche Milieus ein. Zu diesen begehrten „Heiratskreisen"[31] zählten u.a. die Familien Lahusen, Meier, Smidt, Noltenius und Kulenkampff. Sie repräsentierten „politisch, wirtschaftlich und kulturell die gesellschaftliche Elite"[32]. Im Folgenden soll auch von Kaufleuten, Teilhabern, Kommanditisten, Agenten usw. die Rede sein, die nicht per se zum Personenkreis der „reichsten und [...] exponiertesten Wirtschaftsbürger" der Stadt gehörten.[33] Häufig zerrannen wirtschaftliche Potentiale bereits in der nächsten oder übernächsten Generation.[34]

---

29 „Begriffliche Unterscheidungen der Erwerbstätigen nach Wirtschaftsbereichen und beruflicher Stellung", nach der Volkszählung von 1900, veröffentlicht in Bremen 1903. Siehe Dokument im Anhang in: Romina Schmitter (1996): S. 127.

30 Hartmut Müller (1971): S. 45-92; Hartmut Müller (1973): S. 75-148; darin über das Firmenkonsortium des Kaufmanns J.K. Vietor.

31 Erika Brandes (1963): S. 25-49.

32 Ältere und neue Literatur zur sozialgeschichtlichen Verortung der Bremer Kaufleute während des 19. Jahrhunderts: siehe Andreas Schulz (2002): S. 90-94.

33 Hartmut Berghoff; Roland Möller (1991): S. 156-177.

34 StAB 7,13: Köper, unveröffentlichte Lebenserinnerungen (1945): S. 45. Friedrich Köper schrieb von einem wenig beneidenswerten „harten Kampf" als Kaufmann, dessen Vermögen „nur für drei Generationen" reiche.

Kaufleute waren einer „individualistischen Berufskultur" zuzuordnen und kon-
kurrierten auf freien Märkten nach dem Motto, „jeder ist der Schmied des eigenen
Glücks"[35]. Ihre beruflichen Tätigkeiten in Bremen und Übersee umfassten ebenso
kaufmännisch-organisatorische Schreibtischarbeiten wie auch körperliche Arbeit als
Einkäufer oder Verkäufer auf Märkten[36] oder beim Ritt mit Musterkoffern durchs
Binnenland.[37] Auch der Bremer Kaufmann Wilhelm Overbeck berichtete in seinen
Lebenserinnerungen von körperlicher Arbeit: In Brasilien verpackte er auf Tabakplantagen das Rohmaterial für die Tabakindustrie in Bremen[38] und überwachte den
anschließenden Transport durch unwegsames Gelände bis zur Verschiffung.[39]

Überseekaufleute in Bremen importierten Rohprodukte, z.B. spezifische Landesprodukte, wie Baumwolle, Petroleum, Kaffee, Tabak, Holz, Gummi, Guano und
Reis. Sie exportierten Zwischenprodukte: wenig bearbeitete, noch nicht gebrauchs-
fertige Artikel, wie Leinen- und Baumwollgewebe und Kunstseidengarne. Kaufleute verschifften Fertigfabrikate: Maschinen, Spirituosen, Lebensmittel, Glas- und
Eisenwaren nach Übersee[40] und traten gleichzeitig als Vermittler im Geld- und Kredithandel und bei Waffengeschäften[41] auf.

In Europa war das Kontor Mittelpunkt des Geschäfts. Hier hatten Kaufleute als
Angehörige des „Handelsstands" in der Regel keine „rohen" Arbeiten zu verrichten.[42] Aber galt das auch in Übersee? Bremer Kaufleute überwachten Schiffsabfer-
tigungen, arbeiteten auf Bazaren, setzen sich dem Gestank von Naturdünger und
trocknenden Tierhäuten aus.

Klischeehafte Zuschreibungen galten den Arbeitskräften in Übersee, d.h. der
Mehrheit der Bevölkerung. Beamte, hohe Regierungsvertreter und Konsuln der
fremden Nationen wurden ebenso wie Vertreter der deutschen Nation hofiert. Dagegen zeigten Bremer Kaufleute gegenüber indigenen Mitarbeitern durch Züchtigungen („Peitschen knallen"[43]) und „Anschnauzen"[44] Macht und vermeintliche Überlegenheit.

---

35 Werner Schiffauer (1997a): S. 92-127, hier S. 108-110.
36 Wie z.B. Johann Smidt 1860 zu Berufsbeginn in Kalkutta.
37 Wie z.B. Vater und Sohn Köper in Guatemala zwischen 1887 und 1930.
38 Seit den 1830er Jahren entwickelte sich Bremen zum „Welttabaksmarkt" mit zahlreichen Zigar-
    renfabriken. Vgl. Fritz Peters (1936): S. 315.
39 Seine unveröffentlichten Lebenserinnerungen hinterließ Wilhelm Overbeck seiner Enkelin Inge-
    borg Vietor, geb. Falke (1929-2005), Santos/Brasilien.
40 Eine Übersicht bedeutender Bremer Überseekaufleute, importierter Rohstoffe und deren Ver-
    arbeitung in Bremen findet sich in: Hartmut Roder (Hrsg.) (1995). Einige Großkaufleute wa-
    ren auf eigenen Schiffen „zu Hause". Zu Bremer Kaufmannsreedereien: siehe Rolf Engelsing
    (1957): S. 65. – Die lukrativen Bremer Auswanderer-Geschäfte bleiben in meiner Arbeit unbe-
    rücksichtigt.
41 Zwischen 1909 und 1912 verhandelten Friedrich Köper in Bremen und seine Geschäftsteilhaber
    in Guatemala, Wilhelm Lottmann und Domingo Muñoz, über die Vermittlung von „Kanonen"
    und „Gewehren" für die Regierung Guatemalas.
42 Wolf D. Hund (1990): S. 179.
43 So Johann Smidt in Kalkutta.
44 So Friedrich Köper in Guatemala.

3.　Überseekaufmann: Bilder von Abschied

In Bremer Kaufmannsfamilien kursierten Erzählungen, die den Nutzen eines Überseeaufenthalts weitaus größer als die Risiken einschätzten. Väter hatten als Kapitäne und Überseekaufleute die Welt bereist und tropische, die Gesundheit gefährdende Handelsplätze kennen gelernt. Aus der Perspektive von Vätern war die Arbeit in Übersee zwar mit Wagnissen verbunden, aber Geschäftsnachfolgen sollten dort traditionell durch Söhne gesichert werden. Nach den Aufzeichnungen des Kaufmanns Gerhard Köper (1833-1906) überstand er bei der Ausübung seines Berufs als Kapitän mehrmals Katastrophen in Übersee.[45] Etliche Familienangehörige waren in der Fremde ums Leben gekommen.[46] Väter, die bildungsbürgerlichen Berufen angehörten, wie der Richter Dr. jur. Hermann Smidt und der Pastor Dr. theol. Cornelius Rudolf Vietor, hatten „Großkaufleute" als Brüder. So waren auch sie über Arbeitsbedingungen, Krankheit und Tod in Übersee informiert.

Etliche Bremer nahmen bereits nach der Schulzeit mit sechzehn Jahren Abschied von Bremen.[47] Sie träumten davon, „steinreich" zurückkehren. Sie verinnerlichten entsprechende Abschiedsformeln.[48] Der Abschied aus Bremen hatte spezifische Rituale. Nach der Phase des Einkleidens und dem Kauf von nützlichen Dingen[49] für den Aufenthalt in Übersee, wurden bei Verwandten und in Freundeskreisen Empfehlungsschreiben gesammelt, um sich damit in der Fremde bekannt zu machen. Dann folgten Abschiedsgesellschaften.

Conrad Noltenius und Gerhard Köper hatten 1887 ihre aktive Berufstätigkeit als Kapitäne beendet und waren Kaufleute geworden. Ihre ältesten Söhne Eberhard

---

45　StAB 7,13-10-11.4: Gerhard Köper schrieb: „Gerhard Köper, geb. 4.7.1833. In größter Lebensgefahr geschwebt." Zum Beispiel: „1848 als Schiffsjunge per ‚Johann Carl' im Hospital von Trinidad de Cuba; [...] 1853 Winterreise von Archangel[sk] mit der ‚George Duckwitz'. 1854. Beim Seebeben vorm Hafen von Mazatlan an Bord der ‚Hero'". „In Hongkong. Amputation meines zerschossenen Arms. Kalter Brand." Auch für 1857, 1862, 1863 und 1866 führte er Katastrophen in Übersee auf. Diesen auf einem Zettelchen notierten Erinnerungen ist der Jahreszahl 1865 hinzuzufügen: Gerhard Köper befand sich auf seiner „Hochzeitsreise", als ihm nach einem Piratenangriff im südchinesischen Meer sein linker Arm schwer verletzt wurde und anschließend amputiert werden musste. Auf dieser Schiffsreise, an Bord der Bremer Bark „Libelle", gebar seine Frau Elisabeth am 19. Mai 1865 ihren ersten Sohn Friedrich Köper.

46　So starb 1870 der Kaufmann Hermann Köper, Bruder von Gerhard Köper, während seiner Inspektionsreise für den Norddeutschen Lloyd nach Westindien an Tropenfieber in Jamaica. Ein anderer Bruder, Georg Köper, geb. 19.3.1845, hielt sich zu der Zeit in Batavia als Kaufmann auf. StAB 7,13 – 33 – 9 [7,13 – M.2.b. ungeordnet]: Gerhard Köper an seinen Bruder Georg in Batavia, 26. Juni 1871; 12. September 1871.

47　Mit der Vollendung des siebzehnten Lebensjahrs waren junge Männer wehrpflichtig. Der dreijährige Militärdienst wurde bei zahlreichen Auswanderern umgangen. Das zeigen Auswanderungsdaten auch vor Beginn des Ersten Weltkriegs. Gut situierte Bürger konnten jedoch ihren Söhnen, die das Gymnasium oder eine kaufmännische Realschule besucht hatten, den einjährigen freiwilligen Militärdienst ermöglichen, wenn sie die Kosten in Höhe von zwei- bis dreisendtausend Mark dafür aufbrachten. Karen Schniedewind (1994): S. 63f.

48　„Eins will ich dir auf den Weg geben, du kommst nicht wieder nach Haus, ohne etwas geworden zu sein!" gab ein Verwandter Johann Lauts beim Abschied aus Bremen auf den Weg. StAB 7,178: Lebenserinnerungen Johann Lauts, Bd. 2, S. 67.

49　So verstaute 1887 z.B. Friedrich Köper Blanko-Geschäftsbücher der Fa. Dörrbecker, Bremen, in seinen Überseekoffer. Ebenso machte es Alfred Kulenkampff, als er 1926 nach Südwestafrika auswanderte.

Noltenius und Friedrich Köper, beide 1865 geboren, wuchsen in Bremerhaven auf, wurden Schulfreude und Kameraden beim Militär. Danach trennten sich zunächst ihre Wege. 1887 wanderte Eberhard Noltenius nach Chile und Friedrich Köper nach Guatemala aus. Kurz vor ihrem Abschied ließen beide Familien in Fotoateliers in Bremerhaven Abschiedsfotos machen.[50] Die Eheleute Noltenius hatten fünf Söhne. Das waren in der Altersfolge Eberhard, Eduard, Friedrich, Conrad und Otto. Bis auf Eduard wurden alle Überseekaufleute.

Abb. 12:   Privat: Abschiedsfoto der Familie Noltenius, 1887

Im Mittelpunkt des Fotos[51] sitzen Conrad und Helene Noltenius, geb. Pajeken. Um die Eltern haben sich ihre fünf Söhne aufgestellt. Dicht neben seinem Vater steht Eberhard Noltenius, der an seinem Oberlippenbart zu erkennen ist. Die beiden ältesten Söhne, Eberhard und Eduard, fallen durch andere männliche Attribute auf: Beide tragen Westen mit daran befestigten Taschenuhrenketten sowie weiße Einstecktücher in der linken Brusttasche. Ihre Anzüge mit kleiner Kragenschleife unterscheiden sich von denen der jüngeren Brüder. Eduard und Eberhard tragen ihre Haare in der Mitte gescheitelt, während der Haarschnitt der drei Geschwister deutlich kindlicher ist. Eberhard hat seinen Arm um seinen Bruder Friedrich gelegt. Eduard, der zu dieser Zeit als Jurist ausgebildet wurde, steht in lockerer

---

50 In Privatarchiven und im Bremer Staatsarchiv befinden sich etliche Fotos in der Gattung „Abschiednehmen".

51 Privatquellen Noltenius: Familienfoto. Auf der Rückseite der Aufnahme befindet sich ein Eindruck in Goldschrift auf schwarzem Grund: „Ludwig Brade. Photographisches Institut. Bremerhaven, Fährstraße Nr. 5." Von links nach rechts: Eduard, Otto, Helene, Friedrich, Eberhard, Conrad und Conny Noltenius.

Beinhaltung links im Bild. Die beiden jüngsten Brüder tragen große Kragenschleifen auf ihren Jacken und halblange Hosen zu Schaftstiefeln. Vater Conrad Noltenius hat kurze dunkle Kopfhaare, aber einen weißen „Kaiser Wilhelm I. Bart". Er
und seine Frau Helene sitzen an einem kleinen gedrechselten Ateliertisch. Die Mutter ist dunkel und hoch geschlossen gekleidet. Sie trägt ihr glattes Haar in der Mitte gescheitelt. Als Schmuck hat sie in der Mitte ihres Kragens eine runde Brosche
befestigt. Mit ihrer linken Hand hält sie die linke ihres jüngsten Sohnes.

Otto und Conny folgten den Anweisungen des Fotografen. Sie versuchten, eine
unverkrampfte Haltung einzunehmen. Dazu fixierten sie ihre Hände in der Jacken-
knopfleiste bzw. im Gürtel. Eberhard Noltenius' Abreise nach Chile stand bevor.

Dieses Foto sollte an die gemeinsame Zeit im Elternhaus erinnern. Das Abschiednehmen am Schiffsanleger in Bremerhaven oder Hamburg gehörte in Kaufmannsfamilien zur gemeinsamen Erfahrung. Ebenso prägte sich das Zurückbleiben als ein
unangenehmes Ereignis ein, denn der Abschied verunsicherte auch die in Bremen
Zurückbleibenden. Von ihren betrübten Stimmungen und Gefühlen schrieben sie
anschließend in ihren ersten Briefen nach Übersee.[52] Nach Grinberg und Grinberg
werden nahe Verwandte nach dem Abschied bisweilen von „Kummer und Depressionen überfallen. [...] Manchmal wird die Trennung als Tod erlebt"[53].

Die reale Arbeit von Kaufleuten soll in den folgenden Unterkapiteln behandelt
werden: Selbständigkeit als Prozess, Arbeitsalltag, Netzwerke.

4. Erwerb der Selbständigkeit

Durch Vermittlung seiner Verwandten trat der einundzwanzigjährige JOHANN SMIDT
im Sommer 1860 für zunächst zwei Jahre[54] eine Stellung als kaufmännischer Angestellter in dem angesehenen Exportgeschäft von Johann Philipp Schneider in Kalkutta, der Hauptstadt Britisch-Indiens, an.[55] Die Vertragsbedingungen waren zwischen dem Arbeitgeber, seinem Vater Hermann Smidt[56] und dessen Bruder, dem

---

52 So z.B. 1910 Helene Noltenius, nachdem sie ihren Mann verabschiedet hatte: „Merkwürdig
kommt es mir vor, dass ich an dich nach Guatemala schreiben soll, während du wohl eben aus
dem Kanal heraus bist. [...] Du standest so traurig da oben an Bord, konntest dich so tapfer
zusammen nehmen und hast es doch viel schwerer wie ich, ich bin bei den Kindern und Verwandten, du bist ganz allein. Aber es ist doch kolossal hart, kleiner Mann, wenn man sich so
von Herzen und so furchtbar gern hat, wie wir beiden, und sich dann für viele Monate trennen
muss. Ich hätte dich mit aller Gewalt festhalten mögen." Privatbriefe Noltenius: Lene Noltenius
an ihren Mann, 6. Januar 1910.

53 Grinberg; Grinberg (1990): Kapitel: Die Zurückbleibenden. S. 75-82; Andreas Gestrich; Marita
Krauss (2006).

54 Privatbriefe Smidt: Johann Smidt an seinen Vater, 2. Juni 1860.

55 Schneider stammte aus Hamburg und war zwischen 1861 und 1865 hanseatischer Konsul. StAB
2-C.4.b.6.c.1. Konsularakte Kalkutta 1843-1866. Johann Philipp Schneider bat am 27. Dezember 1865 um Entlassung aus seiner Position als Konsul. Danach übernahm Johann Smidt das
Amt des Bremischen Konsuls.

56 Johanns Vater war der Richter Dr. jur. Hermann Smidt (1804-1879), Bremen, Kohlhökerstraße
40; sein Großvater der Bremer Bürgermeister Johann Smidt (1753-1857). Der Vater unterstützte
den Wunsch seines einzigen Sohnes, Kaufmann zu werden. Unter den Verwandten von Johann

Kaufmann und Reeder Gustav Smidt, und einem weiteren Verwandten, Eduard Büsing[57] vereinbart worden. Es war üblich, dass Söhne aus „guter" Familie bei Antritt ihrer Stellung Kapital ins Geschäft einbrachten.

In der Eingewöhnungszeit nahmen Büroarbeiten Johanns ganze Aufmerksamkeit in Anspruch: Er las sich in „auswärtige Korrespondenten" ein und übersetzte internationale Handelsberichte. Sein Englisch sprach er so gut er konnte, aber es war ihm klar, dass er auch schnell die regionalen Sprachen (Hindi und Bengalisch) lernen musste, um auf Bazaren beim Einkauf[58] verantwortlich mitmachen zu können. Johann Smidt rückte in der Firmenhierarchie bereits nach drei Monaten auf. Einer seiner zwei deutschen Kollegen verließ das Geschäft, um sich selbständig zu machen. Johanns Selbstbewusstsein stieg, als er dessen Arbeiten übernehmen konnte. Mit seinem Verdienst war er auch zufrieden. Er sparte bei seinen persönlichen Ausgaben und freute sich, als Schneider ihm bzw. seinem Vater die Kosten für die Schiffspassage gut schrieb.[59] Nach einjährigem Aufenthalt rechnete Johann dem Vater seinen Status vor und verglich sich mit seinen Kollegen.[60] Herr Schneider sprach „viel und gern" mit ihm über das Geschäft und war an Johanns Einschätzungen über Exportartikel interessiert.[61] Johann bedauerte aber, dass er mit dem Vorgesetzten nicht auch über andere, ihn bewegende Eindrücke und Themen sprechen konnte. Er wünschte sich ein freundliches Sohn-Vater-Verhältnis zu seinem Prinzipal.

Die Fluktuation unter den jungen Angestellten war groß. Mit Erstaunen stellte Johann fest, wie selbstsicher seine Kollegen ihre Arbeitsverträge kündigten und die berufliche Selbständigkeit herbeiführten. Johann verlor seinen letzten gleichrangigen Arbeitskollegen noch vor Ablauf des ersten Jahres. Den Firmenchef und Vorgesetzten Johann Philipp Schneider nahm er inzwischen als jähzornig und unangenehm wahr und überlegte, wie er sich selbst einmal von Schneider „losmachen" könnte.[62]

Smidt waren vermögende Kaufleute, insbesondere sein Onkel Johann Friedrich <u>Gustav</u> Smidt (1809-1887), der ihm diese Anstellung vermittelte. Über die Höhe des Einstandsbetrages wurde nichts bekannt. Vgl. StAB 4,75/5-E69: Johann Friedrich <u>Gustav</u> Smidt hatte am 28. Mai 1873 als Kommanditist in die Firma Eggers und Stallforth 300.000 Reichsmark investiert.

57   Carl Eduard Gustav Büsing etablierte ca. 1842 in Batavia das Handelshaus Büsing, Schröder & Co.; er kehrte etwa 1858 nach Bremen zurück. Dieter Glade (1966): S. 104. Das Bremer Bürgerrecht für sich und seine Ehefrau ließ Büsing 1858 wiederherstellen. Vgl. Hermann Kellenbenz (1969): S. 43; Dieter Glade (1965): S. 299. Karl H. Schwebel (1966); S. 222. Seinen Wohnsitz hatte Kaufmann Büsing in Bremen, Rembertistraße 92.

58   Reis gehörte neben Zucker, Jute, Schellack und Salpeter zu den begehrten Hauptexportgütern, die die Firma Schneider nach Europa verschiffte. – Bremen entwickelte sich ab Mitte des 19. Jahrhunderts zum wichtigsten europäischen Reiseinfuhrhafen. In Bremer Mühlen wurde der Reis geschält und veredelt weitertransportiert. Eugen de Porre (1995): S. 251-155.

59   Privatbriefe Smidt: Johann Smidt an seinen Vater, 7. April 1861.

60   Privatbriefe Smidt: Johann Smidt an seinen Vater, 4. August 1861; 22. August 1861.

61   Privatbriefe Smidt: Johann Smidt an seinen Vater, 8. November 1860.

62   „Wenn ihn irgendeiner fragt, so kann er gar nicht die Frage abwarten, fängt mit den Füßen an zu trampeln und ruft mit weinerlicher Stimme ‚nur rasch, nur rasch'". Privatbriefe Smidt: Johann Smidt an seinen Vater, 20. Mai 1861.

Johann Smidt verkehrte in Kalkutta freundschaftlich mit Johannes Schröder.[63] Kurz vor dem Ende seines ersten Jahres in Kalkutta unterbreitete Johann seinem Vater den „gründlich überlegten" Plan, sich nach Ablauf seines Arbeitsvertrages mit Johannes Schröder in Kalkutta selbständig zu machen. Bei dem geplanten Im- und Exportgeschäft zwischen Europa und Indien konnten beide auf die Unterstützung von zahlreichen Verwandten und Geschäftsfreunden rechnen. Zudem symbolisierten die Familiennamen Smidt und Schröder in überregionalen Bank- und Handelskreisen Potenz und Rechtschaffenheit. Johann war überzeugt, dass Schröder, Smidt & Co. bald bekannter klingen würde, als alle anderen „zehn deutschen Häuser", die aus Kalkutta Waren nach Europa transportierten.[64]

Besonders schwer empfand Johann die Monate bis zu seinem Ausscheiden aus Schneiders Geschäft. Das Vorhaben wurde zum zentralen Thema seiner zahlreichen Briefe an den Vater. Je deutlicher ihm während dieser Zeit die kaufmännischen und persönlichen Defizite seines Vorgesetzten wurden, umso mehr steigerte er sein Arbeitspensum in Büro und Bazar sowie beim Be- und Entladen der Schiffe. Die verstärkten Anstrengungen würden ihm selber zugute kommen. Er wollte sich nicht nachsagen lassen, etwa die Buchführung vernachlässigt zu haben. Heimlich notierte und kopierte er aus Geschäftsunterlagen im Büro.[65] Er traf in Kalkutta im Geheimen Vorbereitungen für seine Selbständigkeit und doch waren seine Pläne in Bremen bekannt geworden. Das war ihm unangenehm.[66] Johann bat seinen Vater um Aquisitionsunterlagen von der Bremer Handelskammer, Seekarten und strengste Geheimhaltung seiner Pläne. Im Sommer 1862 suchten Schröder und Smidt ein Geschäftslokal, während Schneider offenbar noch nichts über Johanns Pläne bekannt geworden war.

Im Bewusstsein, dass ein Kündigungsgespräch ein juristischer Akt war, gab Johann seinem Vater den kurzen Dialog mit seinem Arbeitgeber wieder.

> Johann Smidt: „Herr Schneider, es sind mir Offerten gemacht worden, die mich veranlassen, meine Stelle bei Ihnen zu kündigen." – Schneider: „Gut!" – Johann Smidt: „Wenn es Ihnen recht ist, so wünsche ich im Oktober Ihr Comptoir zu verlassen." – Schneider: „Ja wohl!"[67]

Aus taktischen Gründen schlug Johann Smidt die Beendigung des Vertrages zum Oktober 1862 vor und nicht so kurzfristig, wie er das „Feuern" von Mitarbeitern durch Schneider erlebt hatte. Durch Johanns Strategie bewahrten beide ihr Gesicht:

---

63 Johannes Schröder (1837-1916), seit 1859 in Kalkutta, arbeitete in der Firma J.B. Rentiers (Kalkutta und Hamburg), bevor er sich mit Johann Smidt 1862 selbständig machte. Bremische Biographie (1969): S. 461-462.

64 Privatbriefe Smidt: Johann Smidt an seinen Vater, 9. Februar 1862.

65 „Ich bin jetzt stark dabei, aus Schneiders Büchern mir alle für die Zukunft nützlichen Fakten zu kopieren. Je eher ich davon komme, desto besser, denn wenn die Sache erst bekannt ist, so kann ich darauf rechnen, dass Schneider mir auf die Finger sehen wird. Ich halte mich dazu berechtigt, mir Notizen und Abschriften von Fakturen, Verkäufen usw. zu machen, da dies von jedem jungen Kaufmann getan wird." Privatbriefe Smidt: Johann Smidt an seinen Vater, 22. Mai 1862; 22. Juni 1862; 21. August 1862.

66 Privatbriefe Smidt: Johann Smidt an seinen Vater, 1. Juni 1862.

67 Privatbriefe Smidt: Johann Smidt an seinen Vater, 6. August 1862.

Schneider akzeptierte einsilbig die Kündigung und legte das Ausscheiden auf Ende August fest, um Johann nicht noch weitere Einblicke in seine Geschäfte zu gewähren. Johann wusste seine Kenntnisse vorteilhaft für sich zu nutzen. Mit Rücksicht auf seine Onkel Gustav Smidt und Eduard Büsing riskierte er keinen Streit, denn die Verwandten waren Geschäftspartner von Schneider. Johann rechnete auf ihre Unterstützung für das eigene Geschäft.

Smidt und Schröder etablierten ihr Handelshaus unter dem Firmennamen Schröder, Smidt & Co. Johann empfand den Namen so klangvoller als in umgekehrter Reihenfolge. Die Teilhaber mieteten ein Büro und bauten ihre Schreibtische in einem Raum auf. In einem anderen arbeiteten die Native-Assistenten und in einem weiteren großen Raum wurden „dreißig halbnackte Weiber" zum Reissieben beschäftigt. Ihre Arbeitszeit legten die Teilhaber auf acht Uhr morgens bis sieben Uhr fest.[68]

Johann erzählte mit Stolz, aber wohl auch zur Beruhigung seines Vaters, von „besten deutschen Referenzen unterschiedlicher Handelsplätze." Es war wichtig, das neue Geschäft in Europa bekannt zu machen, wobei er die Handelszentren London, Paris, New York, Hamburg und Bremen und Firmen wie Gustav Smidt, Eduard Büsing und Fred[erik] Vietor & Söhne nannte und auch die Zustimmung der angesehenen Firma Fruhling & Goschen, London, erwartete.

Zusammenfassend: Nach seiner Ankunft in Kalkutta passte sich Johann Smidt schnell sprachlicher und kultureller Fremdheit an. Von seinem Vorgesetzten Schneider wandte er sich nach kurzer Zeit ab. Johann Smidt hatte von ihm gegenüber Angestellten, die nicht älter als zweiundzwanzig Jahre alt waren, mehr Schutz und Verantwortung erwartet. Daher stand schon nach wenigen Monaten fest, dass er seine Stellung kündigen wollte. Er entschloß sich, den Arbeitsvertrag mit Schneider zwar einzuhalten, ihn aber nicht zu verlängern. Ehe er ein Kündigungsgespräch herbeiführte, bereitete er den Weg in seine berufliche Selbständigkeit mit Johann Schröder vor. Sie gründeten eine eigene Firma in Kalkutta.

1887 gründete der zweiundzwanzigjährige FRIEDRICH KÖPER (1865-1953) zusammen mit Friedrich Christoph Augener (1832-1888), einem Freund seines Vaters, in Guatemala-Stadt das Im- und Exportgeschäft Köper & Co.[69] Von Friedrich Augener war in Guatemala bekannt, dass er 1878 mit dem Guatemala-Geschäft Rieper Augener & Co. Konkurs anmelden musste.[70] Augener führte Friedrich Köper in den Arbeitsalltag in der Fremde ein und machte ihn mit Beamten der guatemaltekischen Verwaltung bekannt. Nur in Zusammenarbeit mit ihnen war eine erfolgreiche Geschäftstätigkeit möglich. Köper lernte europäische Kaufleute und Plantagenbesitzer sowie einflussreiche indigene Personen kennen. Er orientierte sich in der Hauptstadt im Umfeld von Konkurrenten und potentiellen Kunden. Darüber hin-

---

68 Privatbriefe Smidt: Johann Smidt an seinen Vater, 23. Dezember 1862.
69 StAB 7,13: Kommanditkapital Gerhard Köper 12.500 Mark; J.D. Lerbs 10.000 Mark; Ernst Pilgram 5.000 Mark. – Nach dem Gesellschaftsvertrag brachte Friedrich Christoph Augener kein Kapital ins Geschäft ein. Er wurde Prokurist.
70 StAB A.3.C.1.

aus erschloss Köper als reisender Händler neue Märkte in abgelegenen Regionen Guatemalas.

Noch während der Eingewöhnungszeit Köpers in Guatemala starb 1888 Friedrich Augener. Köper konnte es sich nicht vorstellen, das Geschäft allein weiterzuführen. Durch eine Vereinbarung, die in Bremerhaven durch die Väter Gerhard Köper und Conrad Noltenius getroffen wurde, schlossen sich deren Söhne, Friedrich Köper und Eberhard Noltenius, zur Firma Köper & Noltenius zusammen. Während Köper Außenkontakte zu Kunden pflegte und ausgedehnte Geschäftstouren ins Innere des Landes machte, überwachte Noltenius das Ladengeschäft und war mit Kalkulationen und Buchführung beschäftigt.

Das Geschäftskapital der Firma Köper & Noltenius wurde überwiegend von der Familie Noltenius zur Verfügung gestellt: Von Vater Conrad Noltenius (1824-1900) und dessen Brüdern Bernhard (1823-1899) und Friedrich (1828-1891) sowie von Eberhards Vetter, dem schon genannten Bremer Überseekaufmann Johann Smidt. Das Kapitalungleichgewicht zu Gunsten von Noltenius führte bald zu einem Riss zwischen den Partnern. Trotzdem blieb die gemeinsame Firma über zehn Jahre lang bestehen. Danach vertraute Köper auf seine bis dahin erworbenen Geschäftskontakte und machte sich von Noltenius unabhängig. Köper arbeitete seit 1901 auf eigene Rechnung unter dem Firmennamen Federico Köper & Cia. Das Eigenkapital von Köper betrug 65.740 Mark. An dem Geschäft beteiligten sich sein Vater Gerhard Köper mit 15.000 Mark und seine Ehefrau Mathilde, geb. Meiners, mit 50.000 Mark.[71] Köper handelte mit Textilien, Garnen, Eisenwaren, Kolonialwaren (Mehl, Reis, Gewürze), Petroleum in Blechkanistern, Stacheldraht, Häuten, Reiherfedern, Gummi.

Zusammenfassend: Der Kaufmann Gerhard Köper schickte 1887 seinen Sohn zur Gründung eines Geschäfts nach Guatemala. Friedrich Augener, ein in Guatemala erfahrener Überseekaufmann, reiste mit und führte den jungen Kaufmann Köper ins Geschäftsleben ein. Augener starb 1888. Gerhard Köper und Conrad Noltenius, zwei wohlhabende Bürger Bremerhavens, handelten für ihre Söhne Modalitäten zur Gründung der Firma Köper & Noltenius in Guatemala aus. Eigenes Kapital hatten die Söhne noch nicht. Das Geschäftskapital wurde überwiegend von der Familie Noltenius aufgebracht. Köper war für den Geschäftsbereich „Aquisition" zuständig. Er hielt Kontakt zu einflussreichen Personen und Institutionen. Mit kaufmännischen Expeditionen ins Innere des Landes hatte er Erfolg; damit festigte er seine Position. Sein Ansehen in der Geschäftswelt stieg, als er sich 1898 mit der Bremerhavenerin Mathilde Meiners verlobte.

EBERHARD NOLTENIUS (1865-1925), ältester von fünf Söhnen von Conrad Noltenius und Helene, geb. Pajeken (1842-1918), ging wie Friedrich Köper, der sein Schulfreund und Kamerad während der Militärzeit[72] war, ebenfalls 1887 „in die Welt hi-

---

71 StAB 7,13: Friedrich Köper an seinen Vater, 8./9. März 1901.
72 StAB 7,13-21.7: Friedrich Köper an den Bezirks-Feldwebel der 3. Bezirks-Compagnie, Bremerhaven, 26. April 1889.

naus." Sein Ziel war Quillem in Chile.[73] Er erreichte diesen kleinen Ort am 10. Mai 1887. Da ihm dieser Handelsplatz nicht gefiel, wechselte er innerhalb von zwei Wochen zur englischen Firma Fred Huth & Co. nach Valparaiso. Die Firma Huth & Co. exportierte Kupfer, Salpeter und Weizen und importierte Zucker, Yerbamate[74] und Textilien („Zeug"). Seinen Eltern schrieb er, zwei seiner drei Chefs seien Bremer und außerdem arbeite auch ein Verwandter von Johann Smidt dort.[75] Ein Nachteil war, dass er wenig Gelegenheit hatte, Spanisch zu sprechen, da im Büro außer Deutschen und je einem Italiener und Dänen überwiegend Engländer beschäftigt waren und deshalb Englisch gesprochen wurde.[76] Sein Familienname war in Kaufmannskreisen Chiles nicht unbekannt: Sein Onkel Friedrich (1828-1891) hatte von 1852 bis 1872 als Kaufmann in Iquique, der Salpeter-Stadt in Nordchile, gelebt. Sein Ansehen übertrug sich auf den Neffen Eberhard Noltenius.

Ende des Jahres 1888 erhielt Eberhard Noltenius die Nachricht, dass Friedrich Köpers Geschäftspartner gestorben sei. Er ermunterte seine Eltern, ihn beim Vater Köper „diskret" als Nachfolger zu empfehlen.[77] Daraufhin nahm Conrad Noltenius zu Gerhard Köper Kontakt auf, um eine zukünftige Geschäftsbasis für die Söhne auszuhandeln. Eberhard Noltenius kam Ende Mai 1889 in Guatemala an.

Ehe ein Gesellschaftsvertrag geschlossen werden konnte, verging mehr als ein Jahr. Wie die Vorjahresbilanzen zeigten, mussten fast neunzig Prozent des ehemaligen Geschäftskapitals von Köper & Co. auf der Verlustseite verbucht werden.[78] Eberhard Noltenius und Friedrich Köper standen mit ihren Eltern in regelmäßiger Verbindung, doch auf die schriftliche Zusage des potentiellen Kommanditisten Johann Smidt warteten sie monatelang.[79] Zum 1. September 1889 wurde die neue Firma schließlich angemeldet.[80]

---

73 Quillem lag abseits der Küste auf einem Gebirgsplateau südlich des 38. Breitengrads, nördlich von Valdivia, nahe der Eisenbahnlinie Victoria-Ercilla-Lautaro-Temuco. Vgl. Handbuch des Deutschtums im Auslande (1906): Karte, S. 529.

74 Privatbriefe Noltenius: Eberhard Noltenius an seine Eltern, 14. Oktober 1887. Aus den geschnittenen Blättern eines Baums wurde in Brasilien und Peru eine Teesorte (Yerbamate = Südsee-Maté-Tee) gewonnen, die Koffein enthielt. Meyers kleines Konversationslexikon (1892): Bd. 2. Eintrag „Ilex", S. 149.

75 Ihre Namen: Focke, Wellbrock und Rodewald. Privatbriefe Noltenius: Eberhard Noltenius an seine Eltern, 26. Mai 1887.

76 Privatbriefe Noltenius: Eberhard Noltenius an seine Eltern, 6. Juni 1887.

77 Privatbriefe Noltenius: Eberhard Noltenius an seine Eltern, 22. Dezember 1888: „Zuletzt kommt etwas, was nur für Euch ist, also nicht laut vorlesen. Habt Ihr gar nicht an mich gedacht, als Ihr den Todesfall von Köpers socico erfuhrt, ob sich da nicht etwas für mich arrangieren lassen könnte? Ich dachte sofort an etwas derartiges und habe an Fritz in diesem Sinne geschrieben, d.h. sagte ich ihm, dass es ihm schwer werden müsse, dort allein fertig zu werden und ob er nicht im Stande wäre, mir annehmbare [Konditionen] zu machen, dass ich im Falle gern bereit wäre, nach Guatemala zu kommen etc."

78 Privatbriefe Noltenius: Eberhard Noltenius an seinen Vater, 21. Juni 1889; 21. Mai 1890.

79 Privatbriefe Noltenius: Eberhard Noltenius an seine Eltern, 26. Juni; 24. Juli 1889.

80 StAB 7,13-1: Der erste Gesellschaftsvertrag mit Eberhard Noltenius vom 2. Juli bzw. 31. August 1889; zweiter Gesellschaftsvertrag vom 31. Mai 1894. Firmenname: Köper Noltenius & Cia.; Sitz: Guatemala. Persönlich haftende Gesellschafter: Friedrich Erich Köper und Johann Eberhard Noltenius. Kommanditisten: C.R. Noltenius [Vater Noltenius], Bremerhaven 20.000 Mark; Gerhard Köper, Bremerhaven 10.000 Mark; Johann Smidt, 20.000 Mark; Friedrich E. Noltenius Erben, 10.000 Mark.

Eberhard Noltenius beklagte das Verhalten der Konkurrenzfirmen. Es sei „schmutzig". Er fand heraus, dass einigen Handelhäusern „Sonderkonditionen" bei der Verzollung importierter Waren eingeräumt wurden. Bestechung von Zollbeamten sei üblich; „mit Erlaubnis des Präsidenten"[81] würden Produkte unverzollt ins Land „geschmuggelt", so dass es einem „anständigen" Handelshaus nicht möglich sei, dagegen zu konkurrieren. Ihm fielen solche Manipulationen bei der Einfuhr von Seide auf, die anstelle von fünf mit nur drei Dollar verzollt wurde. Darauf verglich er die Endpreise der Konkurrenz, die wesentlich niedriger als die eigenen kalkuliert waren. „Die Sache ist nur dadurch zu erklären, dass die Waren eben geschmuggelt sind oder einen noch viel niedrigeren Zollsatz bezahlt haben", schloss er daraus.[82]

Bereits zu Beginn ihrer gemeinsamen Tätigkeit traten Differenzen zwischen Köper und Noltenius auf. Noltenius machte sich keine Illusionen über die möglichen Geschäftserfolge, während Köper die Zukunft eher optimistisch sah.[83]

Im Sommer 1892 schaltete sich Vater Gerhard Köper in die Beziehungen der Teilhaber ein und mahnte die Erfüllung ihrer Pflichten an. Sie sollten sich um ein freundschaftliches Verhältnis bemühen, wie es die Kommanditisten von ihnen erwarten würden. Ihm sei von seinem Sohn mitgeteilt worden, dass der Jahresabschluss 1891 besser ausgefallen wäre, wenn die „Harmonia" zwischen Kompagnons „nicht so gänzlich gestört gewesen" sei.[84]

Bis zu diesem Zeitpunkt hatte Noltenius seinen Eltern nichts von dem Zerwürfnis zwischen sich und Köper mitgeteilt, er sei durch diesen Brief „in eine ganz schiefe Lage gekommen", schrieb er ihnen. Noltenius zeichnete ein Bild eines „störrischen", „launischen" und „misstrauischen" Geschäftspartners.[85] Aber Köper habe durch „seine Reisen dafür gesorgt, dass wir eine so große Anzahl auswärtiger Kunden haben, wodurch sich der Warenumsatz auch verhältnismäßig rasch vergrößert hat."

---

81 Seit Februar 1898 war Manuel José Estrada Cabrera Präsident Guatemalas, nachdem ein Jahr zuvor sein Vorgänger General José Maria Reina Barrios ermordet worden war. Über diese Ereignisse: StAB 7,13: Friedrich Köper an seine Eltern, 15. Februar 1898.

82 Privatbriefe Noltenius: Eberhard Noltenius an seine Eltern, 20. November 1889.

83 Privatbriefe Noltenius: Eberhard Noltenius an seine Eltern, 11. September 1889. „Er [sieht] alles im rosigsten Lichte, ich dagegen vielleicht manches zu schwarz [...]. Leider kann ich ihm oft durch unerbittliche Zahlen beweisen, dass meine Ansicht die richtigere war. Wenn wir wirklich etwas verdienen wollen, so muß das ganz anders gehen, eine Selbständigkeit ohne praktischen Erfolg ist nicht mein Geschmack und deshalb kann ich nur wiederholen, dass ich niemals Bedingungen zustimmen werde, die mir im Interesse des Geschäfts als ungünstig erscheinen. Fritz hat sein Möglichstes getan, um das Geschäft nach Augeners Tode auf der Höhe zu erhalten, aber die Berichte über den günstigen Verlauf der Verkäufe etc. hätte er sich ersparen können, dadurch seid sowohl Ihr als auch ich irre gemacht worden." Und in einem späteren Brief heißt es: „Köper ist acht Tage [lang] vergnügt, wenn wir dreißig Taler verdient haben und wir müssen mindestens dreihundert Taler verdienen, um die Unkosten zu decken und dann ist noch nichts für uns dabei übrig." 4. Dezember [1889].

84 Er schloss seinem Brief mit dem Spruch „Friede ehrt, Unfriede verzehrt." Privatbriefe Noltenius: Gerhard Köper an die „Herren Köper Noltenius y Cia., Guatemala", 18. August 1892.

85 Privatbriefe Noltenius: Eberhard Noltenius an seine Eltern, 24. August 1892. An einer anderen Textstelle des 16-seitigen Briefes: „Köper ist ganz gewiß kein schlechter Mensch, aber ebenso wie sein Vater launisch, oppositionell und verschlossen, drei Eigenschaften, die ihm und seinen Mitmenschen, sobald sie näher mit ihm in Berührung kommen, das Leben sauer machen."

Die Kommanditanteile wurden jährlich verzinst. Aber da sich die beteiligten Mitglieder der Familie Noltenius die Zinsen nicht auszahlen, sondern im Guatemalageschäft ließen, verfügte Eberhard Noltenius über Potentiale, die rechnerisch ihm persönlich zufielen.[86] Die Firma Köper, Noltenius & Cia. bestand vom 1. September 1889 und endete am 31. Mai 1901. Köper und Noltenius teilten sich den gemeinsamen Kundenstamm. Noltenius übernahm eine Agentur des Norddeutschen Lloyd und unterhielt Geschäftsniederlassungen in Guatemala-Stadt und in Retalhuleu an der tropischen Küste Guatemalas. Seine berufliche Selbstständigkeit begann erst nach der Trennung von Köper.

Zusammenfassend: An seinem Ziel in Quillem/Chile angekommen, ertrug Eberhard Noltenius die Randlage dieses Ortes nicht länger als nötig: Er ging auf ein Arbeitsangebot in der Hafenstadt Valparaiso ein. Auch dort blieb er nur wenige Monate, da ihn der schnelle Aufstieg vom kaufmännischen Angestellten in Chile zum Geschäftsführer in Guatemala reizte. Dafür wurde von den Familien Köper und Noltenius Geschäftskapital mobilisiert. Die Aufgabenverteilung im Unternehmen entsprach den Neigungen der Partner: Noltenius setzte seine Kenntnisse in klassischen kaufmännischen Bereichen ein: Er kalkulierte, bilanzierte und führte das Kassenbuch; während Köper Außenkontakte knüpfte und weiterhin als reisender Kaufmann Kunden im Binnenland aufsuchte. Eberhard Noltenius fand schnell heraus, dass das Unternehmen bis zu seinem Eintritt keine großen Gewinne, sondern Verlust gemacht hatte. Er hätte sich von sich aus nicht von Köper getrennt. Die Trennung wurde akut, nachdem Köpers Vater Druck von Außen ausübte und Friedrich Köper durch seine Heirat „reich" geworden war und sich ein eigenes Geschäft leisten konnte. Nachdem der erste Gesellschaftsvertrag geschlossen war, traten Spannungen zwischen Köper und Noltenius auf. Seit November 1889 klagte Köper in etlichen Briefen an seinen Vater über „Misstrauen" und „Ärger" gegenüber Noltenius. Offenbar fühlte er sich von seinem ehemaligen Freund verletzt oder missachtet. Darauf schaltete sich Gerhard Köper als Kommanditist der Gesellschaft ein und mahnte „Harmonie" unter den Teilhabern an. Eberhard Noltenius wandte sich erst danach an seinen Vater, um ihm seine Sicht des Konflikts darzustellen.

Als Überseekaufmann „in die Welt hinaus zu müssen", wurde nicht nur als Lust, sondern auch als Last empfunden. So erging es ALFRED KULENKAMPFF (1884-1964). Er hatte in Bremen Abitur und eine zweieinhalbjährige kaufmännische Lehre gemacht und war nicht einseitig auf den Kaufmannsberuf, sondern auch in seinen musischen und künstlerischen Begabungen gefördert worden. Daher war er nicht unbedingt „wild entschlossen", als er im Alter von dreiundzwanzig Jahren 1907 zum ersten Mal nach Afrika reiste. Er konzentrierte sich auf den Auftrag seines Vaters, indem er kulturelle Interessen, sportliche Ambitionen und Gedanken an

---

86 Vgl. Privatbriefe Noltenius: Eberhard Noltenius an seine Eltern, 25. Juni 1891. Darin geht es um Kalkulationen (Kommanditkapital und Zinsen für Conrad und Friedrich Noltenius) bis Mai 1894, die sich Eberhard Noltenius gutschreiben möchte.

Freunde beiseite schob.[87] Ende September 1907 endete seine Militärzeit.[88] Bereits am 9. Oktober 1907 wurde er von seinen Eltern und Geschwistern in Hamburg auf dem Dampfer „Lucie Woermann" verabschiedet.[89] Am 28. Oktober 1907 traf er zum ersten Mal in Lomé/Togo ein.[90]

Kulenkampffs Tagebuchaufzeichnungen setzen 1909 ein. Demnach bemühte er sich, den Auftrag des Vaters zu erfüllen, ein herunter gekommenes Geschäft, in das der Vater investiert hatte, aufzukaufen und zu sichern. Er verfiel in hektische Aktivität und notierte, es dürfe „kein Stillstand eintreten." In den deutschen Kolonien Westafrikas waren zahlreiche deutsche Konkurrenten etabliert. Die Zahl der Handel treibenden Firmen stieg bereits von 1884 bis 1897 von vier auf zehn. Dazu kamen je eine britische, eine französische und eine afrikanische offizielle Handelsgesellschaft. Die Firmen unterhielten etwa fünfzig Läden an verschiedenen Orten.[91] Alfred Kulenkampff hielt nichts von dem Vorschlag seines Vaters, nach Gründung von zwei Niederlassungen in Dahomey[92] noch eine Faktorei in Accra/Goldküste einzurichten. Mit den bereits bestehenden Kulenkampff-Faktoreien an der Küste und im Binnenland war er ausgelastet. Ständig war er auf Inspektionsreisen, die er wegen der Hitze nachts unternahm.

Zusammenfassend: Alfred Kulenkampff fügte sich dem Wunsch des Vaters. Er fand sich mit seiner Rolle als „Retter" des in Westafrika sonst verlorenen Kapitals seines Vaters ab. Um kaufmännische Aktivität zu zeigen, verfiel er in hektische Reisetätigkeit. Er kontrollierte Zweigniederlassungen und philosophierte in seinem Tagebuch über „Lebenssinnfragen". Erst nach seiner Heirat 1912, als ihm seine Frau nach Westafrika folgte, scheint ihm bis zum Ausbruch des Ersten Weltkriegs, also für kurze Zeit, seine Arbeit als selbständiger Kaufmann in Übersee mehr Spaß gemacht zu haben. Nach dem Ersten Weltkrieg und seiner Gefangenschaft in England fand er als Kaufmann in Bremen keinen Anschluss. Ende der zwanziger Jahre wanderte er mit seiner Familie nach Südwestafrika (Namibia) aus und wurde Farmer.

---

87 Lebenserinnerungen Kulenkampff, S. 20. Durch Vermittlung eines Verwandten absolvierte Kulenkampff seine einjährige Militärzeit ab 1. Oktober 1906 im „1. kgl. bayrischen Feldartillerieregiment Prinzregent Luipold"; er verließ München als „bürgerlicher" Reserveoffizier.

88 Hans-Ulrich Wehler (1995): S. 881-885, zum Status der Offiziere im Kaiserreich: „Schon der preußische Leutnant ging als junger Gott, der bürgerliche Reserveoffizier wenigstens als Halbgott durch die Welt." Nach Wehler wirkte selbst der „kurze Einjährig-Freiwilligendienst" (Sozialmilitarismus) durch den Verhaltensstil, Sprache und Denkweise disziplinierend in alle Bereiche des gesellschaftlichen Lebens hinein.

89 Privatquellen Kulenkampff: Tagebuch Friederike Kulenkampff, 2. und 31. Oktober 1907.

90 Nationalarchiv Togo, FA 3/204, Blatt 17; Kaufmann Alfred Kulenkampff: „Tag der Anmeldung im Schutzgebiet": 28. Oktober 1907.

91 Peter Sebald (1989): S. 111; über die Aktivitäten der Bremischen Handelshäuser in Westafrika siehe Hartmut Müller (1973): S. 75-110.

92 Dahomey gehörte nicht zum deutschen Kolonialreich. Es wurde 1894/1895 nach militärischen Auseinandersetzungen dem Generalgouvernement Französisch-Westafrika angegliedert. Vgl. Hartmut Müller (1973): S. 76-77. Dazu ausführlich über Zwangsarbeit, Kopfsteuer und Sklavenhandel in Dahomey in der von Europäern initiierten Ausprägung: Walter Schicho (2001): S. 104-107.

JOHANN KARL VIETOR (1861-1934) machte nach einer kaufmännischen Lehre 1883 erste Berufserfahrungen in einem Handelshaus in Liverpool. Größere Aufstiegs-chancen versprach er sich ab 1884 im Geschäft seines Onkels Friedrich Martin Vietor Söhne[93] in Keta/Westafrika. Dieses Im- und Export-Geschäft hatte sich be-reits um 1850 im Küstenbereich Westafrikas im Umfeld der Bremer Norddeutschen Mission etabliert.

Das folgende Foto vom Vietor-Kontor[94] in Keta ist eine Reproduktion und trägt in Druckbuchstaben die Aufschrift „Bremer Faktorei F.M. Vietor Söhne 1904 Keta/ Office".

Die Aufnahme zeigt die Inneneinrichtung eines Kontors. Drei Schreibtischarbeits-plätze sind sichtbar. Im Raum befinden sich zwei weiß gekleidete Europäer, die über Eck mit übergeschlagenen Beinen an einem kleinen Schreibtisch sitzen. Ihre Gesichter und ihre Köper sind dem Fotografen im Halbprofil zugewandt. Rechts im Bild befindet sich ein Afrikaner an einem weiteren Schreibtisch, der Kopf und Körper ebenfalls der Kamera zuwendet. Zwischen ihm und einem hohen dunklen Schrank steht ein vierter Mann, ebenfalls ein Afrikaner. Das Bild ist an der rechten Seite wenig ausgeleuchtet, sodass sein Gesicht, Hals, Hände und seine Hose kaum zu erkennen sind. Lediglich das Weiß seiner Jacke strahlt aus dem Foto heraus.

Abb. 13:   Privat: Kontor Vietor in Keta/Westafrika, 1904

---

93 Der Inhaber wurde Fritz Vietor (1821-1906) genannt, nach dessen Tod übernahm sein Neffe J.K. Vietor Anfang 1907 die Niederlassungen Friedrich M. Vietor in Westafrika. Privatbriefe Vietor: J.K. Vietor an Gouverneur Zech, 29. August 1906.
94 Privatquellen Vietor: Foto eines Vietor-Kontors in Westafrika.

Neben der Karte befindet sich in großem schwerem Rahmen die Fotografie des Firmengründers Friedrich Martin Vietor. Darunter hängt mittig eine runde Wanduhr in breiter Rahmung, die 11.20 Uhr anzeigt. Unter der Uhr ist ein Tageskalender mit der Zahl „28" und Wochentag „Montag" zu erkennen. Ein zweiter Kalender an der Wand ist ein Wochenkalender.

Von der Möblierung sind drei Thonet-Lehnstühle zu erwähnen; rechts im Bild ist eine Metallwaschschüssel auf einem Ständer, daneben Handtuchhalter und Handtuch zu erkennen. Auf der linken Seite befindet sich ein Möbelstück, auf dessen Unterschränke eine schräge Arbeitsplatte wie ein Stehpult befestigt ist.

Der Blick des Betrachters fällt auf den Wandschmuck: Die linke Seite ist mit einer großen Afrika- und Südeuropalandkarte der Schifffahrtslinie Woermann, Hamburg, geschmückt. Die Karte trägt die Aufschrift „Woermann-Linie. Deutsche Ostafrika Linie." Auf der Karte ist unterhalb der Guineabucht ein Schiff dargestellt, das sich durch „hohe See" kämpft und schwarzen Dampf ausstößt.

Unterhalb der Landkarte hängen zwei Ablagen. Die sich darin befindlichen Papiere sind möglicherweise gelocht und durch einen Bindfaden zwischen zwei dunklen Aktendeckeln gehalten. Beide Ablagen haben ein weißes Schild für Beschriftungen. Rechts neben dieser „Hängeregistratur" befindet sich ein weiterer Haken in der Holzwand, an dem ein Schlüssel hängt. An dem dunklen, hohen Schrank, rechts im Bild, sind auf beiden Seiten Garderobenhaken befestigt. Am Haken, links, hängt eine helle Schirmmütze. Auf dem Schrank liegen ein Tropenhelm und andere Gegenstände, die nicht zu erkennen sind.

Die Wände des Raumes sind mit hellen Brettern verkleidet; der Fußboden besteht aus Holzbohlen. Die Fenster sind geschlossen. Sie bestehen aus jeweils zwei übereinander angeordneten Doppelflügeln mit je sechs kleinen Fenstern. Auf der Außenseite der Fenster sind Fensterklappen aus Holzflechtwerk angebracht. Durch eins der Fenster dringt Licht in den Raum.

Der Büroraum macht durch Mobiliar und die darin fotografierten Angestellten einen engen Eindruck. In dem Raum fiel das Licht auf die Personen, besonders auf die weiß gekleideten europäischen Angestellten, und das schlichte Mobiliar. Der Fußboden und die rechte Seite des Bildes blieben fast im Dunkeln. Die beiden im Zentrum des Fotos abgebildeten Männer dürften Angestellte mit Leitungsfunktionen sein, der auf der linken Seite sitzende macht durch seine Körperhaltung, seinen weißen Kragen mit Schleife, seine weißen Stiefel und seine Sitzposition vor dem Schreibtisch den Eindruck eines Chefs. Dagegen sitzt der zweite Europäer an der schmalen Seite des Schreibtischs, so als ob er sich für den Fotografen „zum Diktat" dort in Position gebracht hat. Der rechts im Bild sitzende Afrikaner könnte ein Clerk sein, der fürs Foto kurz seine Schreibarbeiten unterbrochen hat. Er steht im Abhängigkeitsverhältnis zu den Europäern. Er trägt Arbeitskleidung. Die Funktion des vierten Mannes ist unklar.

Die Landkarte mit seiner Aufschrift und das Bildnis des Firmengründers sind Symbole, die auf geografische Räume und Zugehörigkeit dieses Kontors verweisen. Woermann-Dampfer steuerten von Hamburg kommend alle größeren Häfen

bis nach Südwestafrika an. Das große Bildnis des Firmengründers Friedrich Martin
Vietor und nicht etwa das von Kaiser Wilhelm II. sollte Angestellte an die Großta-
ten mit Vorbildfunktion erinnern. Das Zeitalter von Telefon und Schreibmaschine
scheint nach diesem Foto in Keta noch nicht begonnen zu haben.

J.K. Vietor begann seinen Arbeitstag morgens um vier oder fünf Uhr, wenn die
„Leute aus dem Busch mit ihren Produkten" kamen. Die Afrikaner klopften ans
Tor, Vietor öffnete und bis acht Uhr hatte er schon den größten Teil der angebote-
nen Landesprodukte für den Export aufgekauft, wie er schrieb. Von den aus Europa
importierten Waren konnte er nur sehr wenig absetzen, „aber an dem Wenigen wurde ganz kolossal schwer verdient. [...] Es war ein wahres Herrenleben für mich"[95].
1888, d.h. nach vierjährigem Aufenthalt[96] in Westafrika, machte er sich mit einem
Kredit seines Onkels Fritz selbständig. 1894 hatte er den Betrag zur Hälfte zurückgezahlt.[97]

Nach seiner Heirat 1894 hielt er sich nicht mehr ständig in Afrika auf, sondern
pendelte zwischen seinen Geschäften in Bremen und den Niederlassungen in Togo,
Dahomey, Kamerun, Liberia, Deutsch-Südwest und Las Palmas und machte Mitarbeiter zu Teilhabern.[98] 1912 unternahm er seine letzte Inspektionsreise, und 1927
reiste er zusammen mit seiner Frau ein letztes Mal nach Afrika.

In den Korrespondenzen an seine Frau bekannte er sich zu seiner christlichen
Einstellung. Er glaubte sich von der Kraft seines Glaubens geführt, da er bei seiner
Arbeit gesund blieb und erfolgreich war.[99] Bis zum Ersten Weltkrieg entwickelte
sich unter Vietors Leitung mit zuverlässigen, tropentauglichen Teilhabern ein weit
verzweigtes Firmenkonsortium. Er investierte u.a. in Gummi- und Kaffeeplantagen
sowie zusammen mit englischen Kapitalgebern in Afrika in Gold- und Diamantbergbau. Diese Investitionen konnte er über die Kriegsjahre retten.

Zusammenfassend: Johann Karl Vietor baute zwischen 1888 und 1914 ein eigenes Handelsimperium zwischen Westafrika, Südwestafrika und Bremen auf. Zunächst arbeitete er als Angestellter der Firma Friedrich M. Vietor Söhne in Westafrika. Er setzte die Arbeit seiner Verwandten Friedrich Martin und Fritz Vietor fort,
die bereits seit Mitte den 19. Jahrhunderts Niederlassungen in Westafrika unterhalten und die Bremer Norddeutsche Mission in Westafrika mit großzügigen Spenden gefördert hatten. Nach seiner Heirat 1894 lebte Vietor nicht mehr ständig in
Westafrika, aber er reiste bis 1912 in unregelmäßigen Abständen nach Afrika und
schrieb während seiner monatelangen Geschäftsreisen anschauliche Briefe an seine
Frau. Er stellte sich ihr mit Stolz dar. Seine Schilderungen handeln von seinen Touren durch Steppe und „Busch" und von seinen Begegnungen mit Fremden in bis

---

95   StAB 7,73-54: J.K. Vietor, Lebenserinnerungen, S. 15.
96   Vgl. Friedrich Prüser (1969): S. 532-534.
97   Privatbriefe Vietor: J.K. Vietor an seine Frau Hedwig; 15. September 1894. Vietor hatte Gewinn
      gemacht, von dem er „Onkel Fritz 15.000 Mk zurückzahlen" wollte, „dann wäre ich die Hälfte
      meiner Schulden bei ihm los."
98   Die Zweiggeschäfte firmierten u.a.: Vietor & Lohmann in Bremen, Dahomey und Nigeria;
      Vietor & Freese in Bremen, Togo und Kamerun; Vietor & Huber in Liberia. Siehe Friedrich
      Prüser (1940): S. 184; Hartmut Müller (1973): S. 82-97.
99   Horst Gründer (2004): S. 128: J.K. Vietor wurde als „christlicher Kaufmann" bezeichnet. Er
      war einer der tatkräftigsten Mäzene der Bremer Norddeutschen Mission.

dahin von Europäern fast unberührten Regionen. Insofern ist Vietor als „Handelspionier" zu bezeichnen; er stellte sich oft als „Abenteurer" dar.

Die Abbildung 13 zeigt ein Kontor in Keta/Westafrika. Es gehörte bis 1906 noch zur Firma Friedrich M. Vietor Söhne. Erst nach dem Tod des Firmeninhabers Fritz Vietor konnte J.K. Vietor die Niederlassungen seines Verwandten übernehmen.

Nach Obersekundareife und einer kaufmännischen Lehre im Kontor von Laporte & Co. in Bremen wurde der achtzehnjährige WILHELM OVERBECK (1873-1962) von seinem Vater, dem Kaufmann Heinrich Overbeck (1839-1903), auf die Reise zu einem Logenbruder nach Baltimore geschickt. Den Bekannten des Vaters traf er nicht an, deshalb schlug er sich zu einem Verwandten nach New York durch, dem es aber wirtschaftlich nicht gut ging. Doch Overbeck fand durch dessen Vermittlung eine Anstellung. 1892 erfuhr er durch seinen Onkel Hermann Overbeck von Arbeitsmöglichkeiten in Bahia/Brasilien. Wilhelm Overbeck kam in Bahia im Kontor der „ersten Tabakfirma am Platze" unter. Danach arbeitete er ein Jahr lang auf einer Tabakmusterpflanzung. Overbeck lernte den Umgang mit Tabak „von der Pike" auf. Er beobachtete Entwicklungsprozesse der Tabakpflanzen, um entsprechende Qualitätsstandards beim Pflanzen, Ernten, Trocknen, beim Verpacken und Transport ableiten zu können. Während dieser Arbeitsvorgänge lernte Overbeck von Arbeitern und Vorarbeitern die portugiesische Sprache. Erst Mitte 1895 wurde er als Angestellter im Geschäft seines Onkels Laporte & Co. eingestellt. Er arbeitete vorwiegend als Tabakpacker auf Plantagen im Landesinneren. Zusammen mit einem Kollegen zog er weiter, um selbständig Tabak zu packen und in großen Tabakpackhäusern zu trocknen. Dieses Arbeiten bezeichnete er als „Regiegeschäft".

1898 bereiste Overbeck entlegene Gegenden. Er eignete sich auf Plantagen Kenntnisse für das Kakaogeschäft an. Monatelang lebte er auf den Pflanzungen und „wohnte" in einem Verschlag hinter den Lagerschuppen.[100] Zur Belohnung für seinen Einsatz wurde er 1899 Prokurist und 1902 dritter Teilhaber des Überseegeschäfts Overbeck & Hoyer.[101] Nachdem sich 1903 die Seniorchefs Hermann Overbeck und Hoyer nach Deutschland zurückgezogen hatten, übernahm Wilhelm Overbeck die alleinige Geschäftsführung.

Zusammenfassend: Wilhelm Overbeck konnte offenbar von seiner Familie auf nicht allzu große Unterstützung rechnen. Er lernte sein Fach als Tabakpacker und später als selbständiger Tabakexporteur besonders gut kennen. Seine Geschäftspartner in Bremen schätzten seine Zuverlässigkeit. Die Rohware kam gut „über". So lautete im Geschäftsverkehr die entsprechende sprachliche Formel für einen geglückten Transport. Rückblickend schrieb Wilhelm Overbeck, er sei nicht „aus Begeisterung für den Beruf" Kaufmann geworden.[102]

---

100 Privatquellen Overbeck: Lebenserinnerungen Wilhelm Overbeck, Bd. 1, S. 47.
101 Vgl. zum Tabakexport der Firma Overbeck in Bahia und Gebrüder Kulenkampff als Partner in Bremen: Karl H. Schwebel (1966): S. 197-228.
102 Privatquellen Overbeck: Lebenserinnerungen Wilhelm Overbeck, Bd. 1, S. 32; S. 7. Wegen der Datierung: Wilhelm Overbeck (1923): Mitgliedliste, S. 198.

FRITZ KÖPER (1907-2000), Sohn von Friedrich Köper, ist in meinem Arbeitszusammenhang ein Vertreter der späteren Generation von Überseekaufleuten. Sein Berufsweg als Kaufmann im Ausland bzw. „Auslandsdeutscher"[103] war bereits seit seiner Geburt in Guatemala vorbestimmt. Nach dem Ende des Ersten Weltkriegs maß der Vater der in Guatemala ausgefertigten Geburtsurkunde des Sohnes eine besondere Bedeutung zu. Nach den Handelsverträgen, die zwischen Guatemala und der Berliner Reichsregierung seit 1888 geschlossen und vor dem Ersten Weltkrieg prolongiert wurden, garantierten die Staaten wechselseitig „immerwährenden Schutz ihrer Person[en] und ihres Eigentums"[104]. Dieser Paragraf war nach dem Kriegsende für Deutsche im Ausland von großer Wichtigkeit.

Im Alter von zwanzig Jahren hatte Köper eine kaufmännische Lehre in einem Exportgeschäft und die Handelsschule in Bremen beendet. Im September 1927 schickte ihn sein Vater auf ein „Wanderjahr" in das Handelshaus Ultramares nach New York, das von Geschäftsfreunden (Schlubach und Deetjen) geleitet wurde. Fritz Köper arbeitete mit zahlreichen anderen Mitarbeitern in einem gemeinsamen Büro und verglich die Enge des Kontors mit einer „Heringstonne"[105]. Unter den zahlreichen Deutschen, die dort beschäftigt waren, wurde nur Englisch gesprochen. Fritz Köper nahm Unterricht, da er sich seiner mäßigen Fremdsprachenkenntnisse bewusst war.

Die ihm zugewiesenen Arbeiten in einer Strumpfabteilung interessierten ihn wenig. Auch als ihn der Abteilungsleiter zum Empfang von Agenten und anderen Besuchern an den Abteilungseingang setzte. Als Fritz Köper davon seinem Vater schrieb, riet dieser, sich nach anderen Arbeiten zu drängen; „Nimm sie anderen Leuten weg, damit gewinnst du Vorsprung und Credit." Er solle in dem Großbetrieb „tüchtig seine Ellenbogen, auch gegen den Willen anderer, gebrauchen und immer vorwärts streben", schrieb er dem Sohn.[106]

Fritz Köper verdiente einhundert Dollar monatlich, sein Vater gab noch einhundertfünfzig Mark dazu.[107] Fritz war erst drei Monate in der Weltmetropole New York, schrieb seiner Mutter[108] enthusiastisch von Konzert- und Opernaufführungen, von Damen- und Herren-Moden, vom „amerikanischen Bridge-Fimmel", von

---

103 Seit Mitte des 19. Jahrhunderts wurden deutsche „Auswanderer" häufig als „Auslandsdeutsche" bezeichnet. Trotz dauerhafter Abwesenheit vom „Vaterland" war ihnen eine „stabile" Zugehörigkeit zur deutschen Nation sicher. Sebastian Conrad (2006): S. 233-238. – Wenn Friedrich Köper in Korrespondenzen seine Herkunft und Werthaltungen aufgrund von Erfahrungen in Übersee zum Ausdruck bringen wollte, leitete er seine Explikationen mit „Wir Auslandsdeutschen ..." ein. Auch als es um die Geburtsurkunde seines Sohnes ging, war ihm als Betonung wichtig: „Wir Auslandsdeutsche brauchen alle Dokumente doppelt, einmal für hier, einmal für dort." StAB 7,13: Friedrich Köper an seinen Sohn, 22. März 1928.

104 Archiv der Handelskammer Bremen: Handelsvertrag Deutschland und Guatemala vom 7. Februar 1888, § 5.

105 StAB 7,13: Fritz Köper an seine Mutter, 1. Dezember 1927.

106 StAB 7,13: Korrespondenzen zwischen dem 24. September und 19. November 1927.

107 Ein Dollar hatte den Wert von vier Mark, d.h. Köper hatte insgesamt 550 Mark zur Verfügung. Zum Vergleich: 1926 betrug das Gesamteinkommen eines Angestelltenhaushalts in Deutschland ca. 370 Reichsmark. Davon entfielen ein Drittel auf Ernährung, 18-19 Prozent auf Miete und Heizung. Günther Schulz (2000): S. 106.

108 StAB 7,13: Briefe Fritz Köper an seine Mutter Mathilde Köper, 1. Dezember 1927 bis 12. März 1928.

„Subways-Hochbahnen" und Hochhäusern, als der Vater wünschte, dass er einen frei werdenden Platz im Guatemala-Geschäft Köper, Lottmann & Cie. übernehmen solle. Dem kam Fritz Köper ungern nach. Mitte März 1928 befand er sich auf einem Dampfer auf dem Weg nach Guatemala.

Neben Friedrich Köpers Teilhaber Wilhelm Lottmann arbeitete Hans Krause, ein Cousin Fritz Köpers, im Kontor. Mit dem etwa gleichaltrigen Vetter verstand er sich gut, doch sein Vater warnte vor dessen „Leichtsinnigkeit"[109]. Die zahlreichen Gesellschaften und Antrittsbesuche, zu denen Fritz von seinen Eltern gedrängt wurde, waren ihm lästig. Er fand das Leben in Guatemala sehr eintönig.[110] Dem Neuankömmling wurde die Buchhaltung übertragen; wenig begeistert schrieb er, „Mädchen für alles zu sein." Darauf erwiderte der Vater, die Buchhaltung sei das „Rückgrat des Geschäfts".

Heftig reagierte Vater Köper, als der Sohn seiner Aufforderung, eine Kopie der Geburtsurkunde vom 13. September 1907 von der Deutschen Gesandtschaft Guatemala zu beschaffen, nicht umgehend nachkam.

> „Ich habe in meinem Briefe vom 22. März [...] ganz klar und deutlich verlangt: Eine Copie Deiner Geburtsurkunde No. 1 vom 13. September 1907 beim Deutschen Gesandten Graf Ulrich Schwerin, Guatemala. Ich ersuche dich jetzt noch einmal in aller Form, eine solche Anfertigung bei der Deutschen Gesandtschaft zu verlangen. Sollte das Dokument innerhalb einer bestimmten Zeit nicht in meine Hände kommen, so müsste ich mich veranlasst sehen, durch Vermittlung des Auswärtigen Amtes in Berlin die Ausstellung einer derartigen Urkunde zu erzwingen [!]. Die Sache ist nämlich viel wichtiger für mich, Dich und für Mutter als es auf den ersten Blick den Anschein hat, besonders bei Todes- und Erbfällen, abgesehen von Deinem Militärdienst, zu dem sie die Deutschen gerne in Guatemala heranziehen möchten."[111]

Friedrich Köper war zu der Zeit dreiundsechzig Jahre alt. Er hatte 1920, nach dem Ersten Weltkrieg, sein in Guatemala beschlagnahmtes Kapital zurückbekommen.[112] Jetzt wünschte er, dass der Sohn als Überseekaufmann sein Lebenswerk fortführte, dessen Früchte ihm und seiner Frau als Altersversicherung dienen sollten. Mit der zweiten beglaubigten Geburtsurkunde sorgte er einem möglichen Notfall vor, falls Fritz etwas zustoßen oder er zum Militär in Guatemala eingezogen werden sollte.[113]

---

109 StAB 7,13: Friedrich Köper aus Guatemala an seinen Neffen Hans Krause, der Urlaub in Europa machte. Die Geschäftslage sei schlecht, mit dieser Erklärung wollte Köper Krause davon abbringen, weitere Familienmitglieder nach Guatemala mitzubringen, und er fügte hinzu: „Unser Geschäft ist keine Familienversorgungsanstalt." 21. Dezember 1926.
110 StAB 7,13: Fritz Köper an seine Mutter, 21. Juni 1928.
111 StAB 7,13: Friedrich Köper an seinen Sohn, 3. Juni 1928.
112 Zur Freigabe der beschlagnahmten Vermögen: Privatbriefe Noltenius: Eberhard Noltenius aus Guatemala an seine Frau Helene in Bremen, 23. Juni 1920.
113 Archiv der Handelskammer Bremen: Akte Guatemala, Handelsverträge: §§ 2 und 3 des Handelsvertrages besagen, dass ein „in Guatemala geborener ehelicher Sohn eines Deutschen als Deutscher gelten solle." Spätestens ein Jahr nach Erreichung der Großjährigkeit musste der Militärdienst in Deutschland abgelegt worden sein; anderenfalls konnten Deutsche als Bürger Gua-

Friedrich Köper kannte die vertrauten Korrespondenzen zwischen seinem Sohn und seiner Frau Mathilde.[114] Der Vater animierte Fritz, sich zu Vorgängen im Geschäft zu äußern und eigene Vorschläge zu machen. Daraufhin wagte der Sohn, die Geschäftleitung von Wilhelm Lottmann zu kritisieren. Außerdem plädierte er für mehr „Culanz dem Personal gegenüber. Das mache eine Firma niemals ärmer." Dieses und sein Hinweis, er würde im Geschäft mehr auf Qualität als auf Quantität achten, scheint den Vater beunruhigt zu haben.[115] Ein paar Monate später machte sich Friedrich Köper auf den Weg nach Guatemala, um seinen Sohn „nach seinen Ideen einzuarbeiten"[116]. Im Gepäck hatte er einen neuen Geschäftskontrakt für die nächsten Jahre, der dem Sohn den Weg in die Selbständigkeit bahnen und den beruflichen Aufstieg vorbereiten sollte.[117]

Zusammenfassend: Väter oder andere männliche Familienmitglieder versuchten, den Weg in die berufliche Selbständigkeit junger Kaufleute zu ebnen. Dabei ging es nicht unbedingt nach den Neigungen der Söhne, wie die Beispiele von Alfred Kulenkampff und Wilhelm Overbeck zeigten.[118] Offenbar waren Söhne schon seit ihrer Geburt von ihren Eltern für den Kaufmannsberuf vorgesehen. Das wurde an dem Beispiel Fritz Köpers deutlich.

Friedrich Köper und Eberhard Noltenius regelten auf ähnliche Weise ihre Nachfolge im Guatemala-Geschäft. Nach der endgültigen Rückkehr nach Bremen setzten beide Väter Geschäftsführer ein, bis mit den Söhnen Fritz Köper (geb. 1907) und Wilhelm Noltenius (geb. 1901) die nächste Generation ins Geschäft eintreten konnte. Die Söhne der ehemaligen Gesellschafter der Firma Köper & Noltenius trafen 1928 in Guatemala zusammen. Die Konflikte der Väter wirkten sich nicht auf die nächste Generation aus.

Johann Smidt wandte sich mit Selbstbewusstsein einflussreichen Menschen in der englischen Handelskolonie zu. Ebenso wichtig war ihm der Kontakt zu gleichaltrigen Kollegen, mit denen er eigene Zukunftspläne schmiedete. Er war bestrebt, gegen die Bedenken seines Vaters die berufliche Abhängigkeit abzuschütteln, auch wenn sein Vorgesetzter ein namhafter Kaufmann, hanseatischer Konsul und Geschäftspartner seiner Onkel war. Smidt hatte nicht nur in kurzer Zeit die Regionalsprachen gelernt, sondern auch nicht ganz redliche Heimlichkeiten und Tricks praktiziert, um sich den Start in die Selbständigkeit zu erleichtern. Zusammen mit seinem Freund, dem zweiundzwanzigjährigen Johann Schröder, gründete er ein eigenes Geschäft in Kalkutta.

---

temalas angesehen und eingezogen werden. StAB 7,13: Friedrich Köper an seinen Sohn Fritz, 3. Juni 1928.

114 Tilly Köper hielt engen Kontakt zum Sohn. Sie sandte zahlreiche Briefe, Geschenke und Erinnerungsstücke, wie Bremer Zeitungen, „Bremer Klaben", ein Bild von der Weser, ein Schneeglöckchenfoto, Geld, Ostereier usw. Das geht aus den Antwortbriefen des Sohnes zwischen Dezember 1927 und 1935 hervor. Sie diskutierten über Kleidungsstile, Konzerte und Gesellligkeit in New York und Guatemala.

115 StAB 7,13: Friedrich Köper an seinen Sohn, 28. August 1928.

116 StAB 7,13: Friedrich Köper an seine Frau, 26. Februar 1929.

117 StAB 7,13: Friedrich Köper an seine Frau, 26. März 1929 und 3. September 1929.

118 Auch Heinrich Carl Franzius hätte gern seine schulische Ausbildung beendet, musste jedoch mit sechzehn Jahren das Gymnasium verlassen und wurde von seinem Vater nach Venezuela geschickt. Siehe Lebenserinnerungen: H.C. Franzius (1932); (1935).

Verwandte mit Erfahrungen in Übersee galten jungen Kaufleuten als Vorbilder. Doch die Berufswege verliefen nicht immer „glatt". Köpers Kompagnon Augener starb nach wenigen Monaten gemeinsamer Arbeit. Um weiter arbeiten zu können, nahm er unter väterlicher Protektion seinen ehemaligen Schulfreund Eberhard Noltenius als Geschäftsteilhaber auf. Aus der Sicht von Köper „quälten" sie sich mehr als zehn Jahre lang miteinander. Vater Gerhard Köper in Bremen war gegen die Auflösung des Gesellschaftsvertrages. Er befürchtete negative geschäftliche Auswirkungen. Der Sohn setzte sich durch. Nach der Trennung eröffneten die schwierigen Partner jeweils ein eigenes Geschäft. Ihre Rivalität ist noch in Briefen von 1920 zu spüren. Rückblickend war es ein steiniger Weg, den die Väter Köper und Noltenius für die Söhne vorgesehen hatten.

Alfred Kulenkampff akzeptierte den Auftrag seines Vaters, in Westafrika ein Geschäft zu retten. Mit Pflichtbewusstsein stürzte er sich in seine Aufgaben, als wenn er die Kaufmannsarbeit in der Fremde (Reisetätigkeit, Kontrollieren der Niederlassungen, Kalkulieren usw.) möglichst schnell ableisten wollte, um danach in Europa anderen Neigungen nachzugehen.

J.K. Vietor stammte aus einer Bremer Pastoren- und Kaufmannsfamilie. Erfolgreiche Großkaufleute, wie seine Onkel Friedrich Martin („Fritz") und Karl Vietor pflegten Handelsbeziehungen mit eigenen Schiffen zwischen Europa, Amerika und Westafrika. An diesen Vorbildern orientierte sich der Neffe. Bis zum Ersten Weltkrieg baute er ein Netz von Zweigniederlassungen vorwiegend in den Küstenregionen Westafrikas auf. Vietor schonte sich körperlich nicht. Er war davon überzeugt, den beruflichen Erfolg seinem christlichen Handeln und seiner robusten Gesundheit zu verdanken.

Wilhelm Overbeck wurde von seinem Vater an einen Logenbruder und danach an einen Onkel in den USA vermittelt, die ihm beide beruflich nicht weiterhelfen konnten. Nach seiner Ankunft in Bahia arbeitete Wilhelm Overbeck auf Tabakplantagen und lernte von anderen Arbeitern die portugiesische Sprache. Danach machte er sich als Tabakpacker selbständig, ehe ihn sein Onkel Hermann Overbeck als Angestellten in seiner Firma Laporte & Co. aufnahm. Bis zu diesem Zeitpunkt entsprach er nicht der gängigen Vorstellung von einem Kaufmann, der im edel möblierten Kontor eines Überseegeschäfts sein Glück gemacht hatte. Zehn Jahre nach seiner Ankunft in Brasilien wurde er als dritter Teilhaber in dem Geschäft seines Onkels aufgenommen.

Fritz Köper war seit seiner Geburt 1907 in Guatemala von seinem Vater als Geschäftsnachfolger vorgesehen. Der Sohn durchlief in Bremen zügig seine Schul- und Lehrzeit. Sein Vater vermittelte ihm eine Anfangsarbeitsstelle in New York, als er zwanzig Jahre alt war. Bereits nach einem halben Jahr schickte Friedrich Köper seinen Sohn weiter nach Guatemala, wo er sich unter der Aufsicht des Geschäftsteilhabers, Wilhelm Lottmann, ins väterliche Geschäft einarbeiten sollte. Im Vergleich zu New York kam es Fritz Köper in Guatemala langweilig vor: In New York hatte er kulturelle Angebote wahrgenommen, in der deutschen Handelskolonie von Guatemala-City sollte er den Ratschlägen seiner Eltern entsprechend „Antrittsbesuche" machen. Und als er sich seinem Vater gegenüber kritisch über

Geschäftsvorgänge äußerte, machte sich der Vater auf die Reise nach Guatemala, um seinen Sohn persönlich ins Geschäft einzuarbeiten.

5. Kaufmannsarbeit in Übersee: Kalkutta, Guatemala, Westafrika

JOHANN SMIDT IN KALKUTTA. Das Wohn- und Geschäftshaus Johann Philipp Schneiders befand sich in einem vornehmen Quartier Kalkuttas. Das Gebäude, das in der Straße „The Strand", ganz in der Nähe oberhalb des Flusses Hugli (Hooghly), dem westlichen Mündungsarm des Ganges, lag und von Dienern Tag und Nacht bewacht wurde, hatte drei Stockwerke, in denen Packräume, Wohnungen für den Chef, für die drei europäischen Mitarbeiter und die Diener sowie ein großes Kontor untergebracht waren. Zudem verfügte das Grundstück über große Terrassen.[119] Johann Smidt verglich diese Verhältnisse mit Bremen: Er hatte sich „verbessert".

Johann Smidt war kontaktfreudig und verstand sich mit seinen Kollegen gut. Seinen Arbeitgeber Schneider verurteilte er nicht nur wegen seines ungeduldigen Verhaltens im Büro. Johann hatte herausgefunden, dass Schneider gegen einen „braven, deutschen" Kapitän sehr unfair gewesen sei. Der Chef hatte eine Schiffsladefrist verstreichen lassen und die Kosten dafür auf den Kapitän abgewälzt. Johann solidarisierte sich mit dem Kapitän. Schneiders Geschäftsgebaren sei nicht ehrbar, sondern „schändlich"[120], schieb er seinem Vater. Johann distanzierte sich von seinem Vorgesetzten, dessen Handlungen in diesem Fall auf Betrug und Täuschung beruhten. Ein solches Verhalten verstieß gegen Regeln kaufmännischer Werthaltungen, die die Grundsätze Vertrauen und Redlichkeit zum Prinzip erhoben.

Während seines Arbeitsalltags war er ständig mit Fremden (Indern) zusammen. Er lernte mehr von ihnen als von seinem Chef. Nach kurzer Zeit verhandelte er auf Bazaren und schloss Reis- und Zuckergeschäfte ab. Johann Smidt schilderte das exotische Arbeitsumfeld auf indischen Bazaren ausführlich, da er ein besonderes Interesse dafür bei den Briefempfängern in Bremen annehmen konnte. Fremde Geschäftspraktiken verglich er mit eigenen bzw. Bremer kaufmännischen Handlungsweisen.[121] Hier gab es nach seinem Eindruck keine „ehrlichen" Makler oder Küper (Warenkontrolleure) wie in Bremen. Das Prüfen und Auswählen der Produkte lag allein in Johanns Hand. Nach einem Großeinkauf auf dem Bazar musste er aufpassen, dass die geordnete Ware verladen und nicht etwa eine minderwertige verstaut wurde:

> „Der Reis liegt in Haufen, von denen man selbst Proben nimmt. Nun gibt es aber keinen Native-Kaufmann, der nicht seinen größten Verdienst aus Betrügereien zieht. [...] An den Stellen, wo man möglicherweise Proben nimmt, streuen

---

119 Privatbriefe Smidt: Johann Smidt an seinen Vater, 6. und 7. August 1860.

120 Privatbriefe Smidt: Johann Smidt an seinen Vater, 1. Juni 1861. Zu den Differenzen des hanseatischen Konsuls Johann Philipp Schneider mit der englischen Zollbehörde in Kalkutta 1865: Dieter Glade (1966): S. 52.

121 Eigene Verhaltensweisen bzw. Eigenes werden im Kontakt zu Fremden wahrgenommen. Als Eigene bezeichne ich Akteure der eigenen Hautfarbe.

sie guten Reis hin; aber an andere [Plätze] geringen. Wenn man also nicht selbst immer mit den Augen beim Empfange dabei ist, so wird man unbedingt betrogen. Man steht dort nicht in schönen, kühlen Packhäusern [wie in Bremen], nein, in kleinen, muffigen aus Bambusstäben mit Palmblättern bedeckten Hütten, oder wenn man hinaustritt, in der brennendsten Sonnenhitze.“[122]

Johann Smidt war sich sicher: Ehrlichkeit war in Bremen Grundlage des Geschäfts. In Indien musste ein Kaufmann mit Unredlichkeit und Betrügereien rechnen. Johann verhandelte in Kalkutta in dunklen Hütten. Wenn er mit dem Verkäufer einig war, wurden die Reissäcke in Schneiders Lagerräume abtransportiert.

> „75 sog. Hockeries, d.h. zweirädrigen Bambuswagen, auf denen 800 Säcke“ verstaut waren, wurden von „je zwei Ochsen gezogen und von einem Native geführt,“ und sie „strebten alle nach ein und derselben Tür.“

Der Treck traf morgens 6 Uhr ein. Die zahlreichen Tiere hatten die Straße und den Platz wie einen „Kuhstall“ verdreckt. Arme Leute („native Frauen und Kinder der geringeren Kasten“) „stürzten“ sich auf den Dünger, um ihn als Brennmaterial zu verwenden. Johann musste den Empfang der Säcke bestätigen. Dabei versuchen Kutscher und Tiertreiber möglichst zuerst abgefertigt zu werden. Johann griff drohend zur Peitsche und „brachte zwei der Treiber zur Ordnung“[123]. Damit stellte sich Johann seinem Vater als „Herr der Lage“ dar. Mit der Redensart „Wer nicht hören will, muss fühlen“ inszenierte er Durchsetzungsvermögen.

Johann Smidt hatte noch keine guten Kenntnisse vom Einkauf von Zucker, als er von Schneider auf den Bazar geschickt wurde, um im großen Stil Zucker einzukaufen. Alles, was preiswert war, sollte er in der Größenordnung von „1000 Säcken“ aufkaufen. Zusammen mit einem „Native Schreiber“ aus dem Büro kaufte er zu günstigem Preis ein. An die Atmosphäre des Bazars hatte er sich auch nach längerem Aufenthalt noch nicht gewöhnt. Staub, Schmutz, Gestank, Geräusche und Bettelei waren ihm bei der Arbeit im Bazar unangenehm. Zudem musste er ständig auf der Hut vor Betrug sein. Mit einiger Übung im Hindi gelang es ihm, die von Maklern beschäftigten Kulis daran zu hindern, „schlechte“ Zuckersäcke an den Mann zu bringen. Johann resümierte, sein Agieren auf dem Bazar hätte etwas „Erniedrigendes“. Unter Mohammedanern und Hindus gäbe es nicht einen ehrlichen Kaufmann.[124]

Die Ware musste für den Transport in unbeschädigte Säcke abgefüllt werden. Manchmal wandte sich Johann ab und zeigte damit Desinteresse an weiteren Verhandlungen. Dann kamen ihm die Makler nachgelaufen. Dieses Verhalten kommentierte Johann:

> „Man glaubt kaum, auf welch niedrigen Stufe dies Volk hier noch steht. – Des Verkäufers Mund steht nie still, er preiset auf alle Weise seine Ware an und weiß dann dagegen sprechen, was mir natürlich noch schwer wird. [...] Du siehst, um

---

122 Privatbriefe Smidt: Johann Smidt an seinen Vater, 23. November 1860.
123 Privatbriefe Smidt: Johann Smidt an seinen Vater, 23. November 1860.
124 Privatbriefe Smidt: Johann Smidt an seinen Vater, 24. Februar und 1. Juni 1861.

Geschäfte mit den Natives zu machen, muss man eben selbst Native werden, denn sonst haben diese Schufte einen zu großen Vortheil den Europäern gegenüber."[125]

Im Büro trug Johann Smidt die Verantwortung für Geschäftsbücher sowie für Korrespondenzen. Diese kaufmännischen Arbeiten strengten ihn an. In Bremen waren ihm ähnliche Arbeiten nicht übertragen worden, hob er hervor. Seine Schreibarbeiten gingen ihm leichter von der Hand, nachdem er ein modernes Tintenfass geschenkt bekommen hatte. Es hatte zwei „Klappen", die sich durch einen Mechanismus verschließen ließen. Er steckte die Feder mit Druck ins Fass hinein; es verschloss sich „gleich wieder, nachdem man eingetunkt hat"[126]; Staub und Insekten wurden auf diese Weise von der Tinte ferngehalten.

Nachdem er sich mit Johann Schröder selbständig gemacht hatte, baten einige der Native-Mitarbeiter aus dem Büro von Schneider, ihm in sein Geschäft folgen zu dürfen. Die neu gegründete Firma Schröder, Smidt & Co. konnte sich somit auf erfahrene Mitarbeiter stützen.

Zusammenfassend: Johann Smidts Narrationen über den Arbeitsalltag als Kommis in Kalkutta richtete er an seinen Vater, mit dem ihn ein besonderes Vertrauensverhältnis verband und der ihm in schwierigen Situationen fehlte. Dieses wurde ihm klar, als er feststellen musste, dass er auf persönlicher Ebene mit Schneider nicht harmonierte.

Im Vergleich zum geregelten, ordentlichen Ablauf von kaufmännischen Handlungen in Bremen fiel ihm in Kalkutta das Chaos beim Reis- und Zuckereinkauf und bei der Lieferung der Säcke auf. Unter Bremer Kaufleuten würde Ehrlichkeit herrschen, in Kalkutta müsse er ständig vor Betrug auf der Hut sein. Damit bestätigte er abgrenzende Klischees.

Nachdem Johann Smidt sprachliche Differenzen durch das Lernen von weiteren Fremdsprachen ausgleichen konnte, verhandelte er auf Bazaren in Kalkutta mit Verkäufern, zu denen er kein Vertrauen hatte. Die Verkaufstaktiken waren für einen Fremden schwer zu durchschauen.

FRIEDRICH KÖPER IN GUATEMALA. Friedrich Köper fühlte sich bei seiner Ankunft 1887 in Guatemala in die Zeit des Mittelalters versetzt. Briefe und Lasten wurden von Trägerkolonnen zu Fuß oder mit Hilfe von Eseln über die Berge geschleppt.

> „Diese Leute, Indier werden sie hier genannt, sind die zuverlässigsten Boten, die es gibt; trotzdem sie gern stehlen, so führen sie alle Aufträge gut aus und nehmen niemals von dem ihnen anvertrauten Gut, so dass man durch diese Leute schon Tausende von Thalern in Silber [...] durchs Land verschickt hat, ohne dass auch nur einer gefehlt hat."[127]

So bewertete er die Fremden in ihrem Verhalten: Er bediente sich klischeehafter Vorstellungen, und doch vertraute er ihnen seine Besitztümer als Lasten an.

---

125 Privatbriefe Smidt: Johann Smidt an seinen Vater, 24. Februar 1861.
126 Privatbriefe Smidt: Johann Smidt an seinen Vater, 11. Januar 1861.
127 StAB 7,13-20.7: Friedrich Köper an seine Schwester Anna, 20. Februar 1888.

Eine erste Eisenbahnstrecke in südliche Richtung existierte von Guatemala-City nach Escuintla. Zur Küste verkehrte regelmäßig ein mit fünf Mauleseln bespannter Postwagen (Diligencia).[128] Die 1.500 m hoch gelegene Stadt Guatemala hatte 1892 73.000 Einwohner.[129] Dagegen war Köpers Heimatstadt Bremerhaven mit gut 18.000 Einwohnern (1895) eine kleine Hafenstadt. Die Gebäude in Guatemala wurden wegen häufiger Erdbeben in einstöckiger Bauweise errichtet. Die Bremer nahmen Glockenschläge und Glockengeläute als Tageseinteilung wahr. Platzkonzerte, Musik von zwei Militärkapellen,[130] Kommandos für die Truppen in den Kasernen und der Festung gehörten zur ständigen Geräuschkulisse.

Friedrich Köper und Friedrich Augener bewohnten die obere Etage ihres Ladengeschäfts in der Stadtmitte. Das Haus lag am zentralen Marktplatz. Nützlich für das Geschäft in der Hauptstadt war, dass sich sämtliche Behörden, wichtige Märkte und gesellschaftliche Treffpunkte in der Nähe befanden. Friedrich Köper ließ sich von Augener in die Geschäftswelt einführen und machte nützliche Bekanntschaften mit „Hiesigen". So bezeichnete er die für ihn Fremden.

Köper schilderte seinen Eltern Impressionen von Geschäftsreisen auf einem Esel ins Innere Guatemalas. In seinem Tross befanden sich reitende Diener und ein Lastenesel mit den Musterkoffern. Er lernte die üppige Tropenvegetation, Zuckerfelder und Kaffeeplantagen kennen. Das Reisen war beschwerlich, aber es wirkte sich „gut auf seine Gesundheit" aus.[131]

Friedrich Köper versuchte, sein Geschäft zum „ersten Haus am Platz" zu machen. Er bemühte sich, das Vertrauen der Indio-Händler durch „freundliche Behandlung und vor allem durch streng kaufmännisches redliches Verhalten" – d.h. nach den Prinzipien eines Bremer Kaufmanns – zu gewinnen. Köper „machte sich bei der hiesigen Kundschaft im ganzen Lande bekannt". Dabei waren ihm seine Spanischkenntnisse und sein Bemühen um indianische Dialekte nützlich.

Obwohl Friedrich Köper Indios als Experten im Färben, Weben und Herstellen von Textilien aus Naturfasern schätzte, setzte er seine Verkaufskunst ein, um die Bevölkerung von importierten Kunstfasern zu überzeugen.[132] Köpers aus Europa eingeführte Woll- und Baumwolltuche in modischen Farben ließen sich im Inneren Guatemalas und in seinen Ladengeschäften gut verkaufen. Er unterbot die Konkurrenz, indem er auch Mischgewebe und Kunstseide in ansprechenden Farben und

---

128 StAB 7,13-1: Köper an seine Eltern, 2. Dezember 1895. „Ich ging heute Morgen früh um fünf Uhr a Diligencia nach Palin. Ein solches Fahrzeug ist gerade kein angenehmes Beförderungsmittel, es geht aber mit diesem Wagen ziemlich rasch vorwärts. Fünf Pferde oder Maulthiere bilden die Bespannung und im raschen Tempo geht es im immer bergauf vom Vulkan de Ague hinauf bis zu dem sehr hoch gelegenen Orte Santa Maria." – Die erste Eisenbahn wurde zwischen 1877 und 1884 gebaut. Sie verband den Hafen San José am Stillen Ozean mit Escuintla und der Hauptstadt. In nördlicher Richtung bis Puerto Barrios stockte der Bau, bis 1908 ein amerikanischer Bananenexporteur initiativ wurde. Brian R. Hamnett (1992): S. 557-577; hier S. 573.

129 Meyers Konversationslexikon (1897): Bd. 8. S. 54; StAB 7,13: Stadtplan von Guatemala 1894.

130 StAB 7,13-20.7: Köper an seine Schwester Anna, 28. November 1887.

131 StAB 7,13: Lebenserinnerungen, S. 21; StAB 7,13-22.7: Friedrich Köper an seinen Vater, 1. April 1891.

132 StAB 7,13: Lebenserinnerungen. „Plaudereien über Handelsmarken", S. 21. Köper importierte Webgarn aus England. Kunstseide hatte andere Eigenschaften als Naturseide; sie hatte mehr Gewicht.

Mustern beschaffte. Den Kleinhändlerinnen auf dem Markt in Guatemala räumte er Kredite mit Wochenfrist ein. Sein Lehrling war ein guter Verkäufer und wußte mit den Marktfrauen umzugehen. Friedrich Köper hatte „es sich drüben [in Bremen] nicht träumen lassen, dass er in seinem Leben Heringe, seidene Tücher usw. importieren und Kaffee, Häute, Gummi usw. exportieren würde." Und er fügte hinzu, dass solches „Geschäft viel mehr Reiz als die Bremer Geschäfte [habe], wo man nur schreibt und rechnet, aber von den Waren nichts zu sehen bekommt"[133]. Von seinem Ziel, ein Großhändler zu sein, war er zu dieser Zeit noch weit entfernt, aber er sah es mit Vergnügen, wenn sein Ladengeschäft zu einem Treffpunkt des Marktes wurde. Er war stolz auf seine im Wortsinn bunt gemischte Kundschaft:

> „Ich habe mich trotz der kurzen Zeit ganz gut in die mir bisher unbekannten Verhältnisse hineingearbeitet und wenn die Tienda [Laden] immer recht voller Leute steht, sodass man viel zu thun hat, so ist es sehr interessant und macht viel Vergnügen. Das Geschäft ist ja recht vielfältig, denn wir importieren alle Arten Waren. Während man einen Augenblick mit einem Halbindianer, einem Handelsmann aus irgendeinem Dorf, um eine Kiste Sardinen gehandelt hat, sieht man im nächsten Augenblick eine Tiendera [Käuferin], die zwar etwas braunes Blut hat, sich aber doch für eine Weiße hält. Das bezeugen wenigstens ihre fein gepuderten Wangen und ihr feines Kleid nach neuester Pariser Mode. [Er möchte ihr] ein Stück Seiden-Zeug verkaufen. Indessen kommt dann ein richtiger Indier herein, nur mit dem Nothdürftigsten bekleidet, und will Steinzeug kaufen, das er alles in seine Hocke [auf dem Rücken getragene Last bzw. Rückentragekorb] packt, mit der er, indem er sie mit einem um die Stirn geschlungenen Strick trägt, die ganze Republik durchzieht. Dabei wird dann furchtbar gehandelt, so dass man auf diese Weise zu einem richtigen [unleserlich] wird, denn selbst die feinsten Damen handeln hier."[134]

Das Foto auf der folgenden Seite zeigt das Innere von Köpers Hauptgeschäft in Guatemala-City.[135]

Hinter dem Tresen, der aus zahlreichen Glaselementen besteht, haben sich zwei Verkäufer für den Fotograf aufgestellt. Der Mann auf der linken Seite ist Wilhelm Lottmann; der zweite ist nicht bekannt. Das sichtbare Warenangebot in den Vitrinen besteht aus Geschirr; hinter den Verkäufern sind Textilien in den Regalen gestapelt. Außerdem hängen von der Decke etliche Gurte, Seile usw. herab. Vor dem Verkaufstisch ist ein breiter, im Rombenmuster gefliester Gang auffallend.

Ganz am Rand der rechten Seite des Fotos stehen zwei indigene Frauen an der Wand, die in die Kamera schauen. Die vordere Frau ist ganz in Weiß gekleidet. Ihr

---

133 StAB 7,13-20.7: Friedrich Köper an Carl Storck, 11. September 1888.

134 StAB 7,13-20.7: Friedrich Köper an seinen Onkel Georg, 3. Juni 1888. – In den um die Köpfe geschlungenen Trageriemen transportierten Guatemalteken Lasten über weite Strecken durch das Land, während Köper, von Dienern begleitet, auf Eseln durchs Land ritt, um Geschäftskontakte zu pflegen oder neue Beziehungen herzustellten. Die direkten Kontakte zur indigenen Bevölkerung im entlegenen Binnenland waren interessant und nützlich, doch es war beschwerlich, dorthin zu gelangen.

135 StAB 7,13-2-4.2: Fotokarton. Beschriftung: „Almacen Federico Köper & Cia. Tienda Guatemala." Rückseite: „Verkaufsraum im Stammhaus in Guatemala-Stadt."

Abb. 14: StAB 7,13: Friedrich Köpers Ladengeschäft in Guatemala, 1911

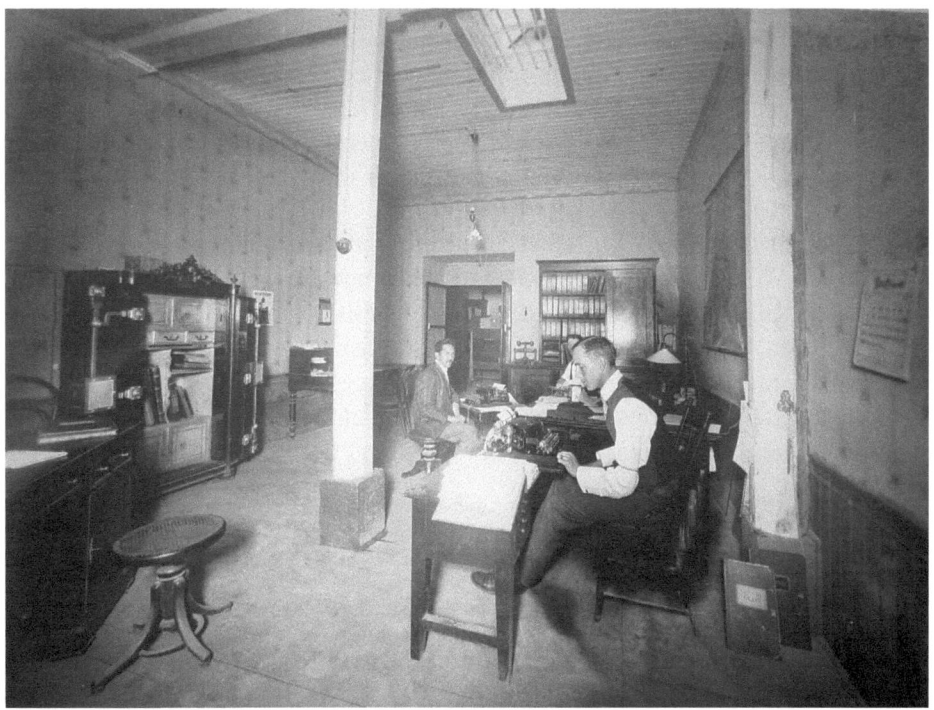

Abb. 15: StAB 7,13: Schreibbüro der Firma Friedrich Köper in Guatemala, 1911

kleiner Halsausschnitt wird von einem großen Kragenvolant umrahmt. Das Oberteil und der Ärmel des Kleides fallen ebenso weich wie der lange Rock, der im unteren Drittel in zwei Volants genäht ist. Die zweite Frau steht im Schatten, sodass
sie nicht zu beschreiben ist.

Das Foto gibt einen Eindruck von Köpers Ladengeschäft in Guatemala-City. Es ist
auf dickem Fotokarton aufgeklebt und gehört zu einer Serie von Aufnahmen aus
dem Jahr 1911, mit denen Köper seine europäischen Geschäftspartner beeindru-
cken wollte. Das Foto wurde ausgewählt, um das großzügige Ladeninnere, das Ver-
kaufssortiment und auch die Kleidung einer indigenen Frau zu dokumentieren. Sie
kleidete sich wie eine Europäerin ganz in Weiß und war im Vergleich zu anderen
auf Fotos abgebildeten Frauen aus Guatemala weder ein Dienstmädchen noch eine
Amme.

Friedrich Köper schaute sich die fremden Frauen an, und ihr Äußeres gefiel ihm.
Und doch grenzte er sich kategorisch ab, denn ihr selbstbewusstes Auftreten hatte
für ihn etwas Bedrohliches. Sie entsprachen nicht dem Bild wohlerzogener, zurück-
haltender Damen. Sie kleideten sich elegant, wussten ihren Körper in Szene zu setzen, aber sie benahmen sich im Ladengeschäft unzivilisiert: Sie spuckten.[136] Köpers
vielfältiges Warenangebot zog Käufer aus unterschiedlichen sozialen Gruppen an.
Köper differenzierte nach Ethnien. Aus der Nähe beobachtete er „Halbindianer",
Indier [Indianer] und [dunkle] guatemaltekische Frauen, die sich das Gesicht „ge-
pudert" hatten. Seine Kundschaft wählte Nahrungsmittel (z.B. Fisch), Haushalts-
waren und auch Seidenstoffe aus. So versuchte er, die Exotik in seinem Geschäfts-
raum illustrieren. Mit der Einfuhr von billigen Textilien in einer für den dortigen
Markt richtigen Farbauswahl versuchte er, konkurrenzfähig zu sein.
    Ein anderes Foto von 1911 (Abb. 15) gibt einen Eindruck vom Schreibbüro in
Köpers Geschäft in Guatemala. Vier Arbeitsplätze sind sichtbar.[137]

Im Vordergrund ist ein Angestellter an einer Schreibmaschine zu sehen. Er trägt
eine dunkle Weste, unter der sein weißer Kragen und die weißen Hemdsärmel herausschauen. Oberhalb der Ellenbogen hat er Gummis umgelegt, um die Ärmellänge
zu korrigieren. Hinter ihm lehnen zwei Kaufmannsbücher an einer Säule. Im Hintergrund sitzen zwei weitere dunkel gekleidete Angestellte.
    Der Stahlschrank (Tresor), links im Bild, fällt mit seinen zwei geöffneten
schweren Türen auf. Im Inneren des Schrankes sind Geschäftsbücher zu sehen. Zur

---

136 StAB 7,13-20.7: Friedrich Köper an seine Schwester Anna, 28. November 1887. Nach Norbert
    Elias wurde im 19. Jahrhundert das ungehemmte Spucken aus gesellschaftlichen und gesund-
    heitlichen Rücksichten mit Tabus belegt. Norbert Elias (1992): S. 212-219. Auch ein anderer
    Bremer Kaufmann (StAB 7,25: Friedrich Franz Susemihl (1857-1927), Teilhaber der Firma Eg-
    gers & Stallforth und Königlich Sächsischer Konsul von 1898-1908, in Bremen, Kohlhöker-
    straße 15) staunte 1881 in Mexico über das Spucken im Audienzsaal des Gouverneurs. Neben
    jedem Sessel der Würdenträger befanden sich Spucknäpfe. In deutschen Läden- oder Wohnhäu-
    sern Guatemalas gab es wohl keine dieser anrüchigen Behälter!
137 StAB 7,13-2-4.2: Fotokarton. Beschriftung: „Ferderico Köper & Cia, Guatemala. ‚Escretorio'"
    und die Rückseite: „E. Luder. Kontor im Stammhaus in Guatemala-Stadt".

Möblierung des Raumes gehören des Weiteren ein Aktenschrank, ein Schrank in einer Wandnische, 2 Drehhocker und eine Kopierpresse im Hintergrund. Fenster sind im Raum nicht zu sehen; aber je eine Schreibtischlampe, Deckenlampe und Röhrenlampe unter der Decke. Der Fußboden besteht aus Dielen, die einen abgetretenen Eindruck machen.

Der Fotograf versuchte besonders die Arbeitsamkeit des an der Schreibmaschine sitzenden Angestellten Köpers einzufangen. Auch diese Aufnahme zeigte Köper, wenn er sich neuen Geschäftspartnern in Europa vorstellte.

Einige kirchliche Feste waren aus kaufmännischer Sicht nützlich, wenn z.B. in der Osterwoche und an Fronleichnam die Menschen zu den zahlreichen Kirchen und Plätzen in die Stadtmitte strömten. Nach Prozession und Kirchgang drängte sich die Bevölkerung um die Buden und Verkaufsstände, in denen z.B. Früchte, Süßigkeiten und Kurzwaren angeboten wurden. Dort hatten auch Marktfrauen wie Maria Martinez ihren Platz und präsentierten Waren, die sie im Laden von Köper als Zwischenhändlerinnen gekauft hatten. Während religiöser Feiertage profitierte Köper vom guten Umsatz der Marktfrauen.[138]

Schilderungen von der „semana santa" hatten einen festen Platz in Köpers Korrespondenzen. Anlässlich der Festlichkeiten in der Osterwoche wurden Festgewänder der Frauen von den Kaufleuten mit Aufmerksamkeit betrachtet. Die Händler fühlten sich in der Stoff- und Farbauswahl bestätigt, wenn sich die Prozessionsteilnehmerinnen in der Osterwoche in den von Köper importierten Textilien zeigten. Mit Kennerblick und Wohlgefallen erspähten Kaufleute die „religiösen Schleier aus Krepp, Tüll, Puntos de Tul und Organdi", die „feiner waren als die der Konkurrenz." Köpers Prokurist, Domingo Muñoz, stellte die Modefarben heraus. Neben „Cafe, Ebenholz, Resedagrün, Corinto, Terracotta hört man nicht auf, Rosa und Hellblau zu gebrauchen"[139].

Köper exportierte monatlich mehr als fünfhundert Tierhäute, die in Europa zur Herstellung von Schuhsohlen begehrt waren. In der Nähe des Schlachthofes hatte er ein Gelände gemietet, auf dem er die Arbeiten kontrollierte.

> „Die Häute von Rindern und Rehen wurden über einen Bock aus zwei Pfählen in der Erde und einer darüber befestigten Latte in der Sonne getrocknet, dann in Arsenikwasser leicht vergiftet."[140]

Damit waren die Häute für die Verschiffung konserviert. Auch wenn Köper die Häute nicht selbst anfassen musste, so war auch das Kontrollieren der Arbeiten

---

138 StAB 7,13-23.7: Friedrich Köper an Tilly Meiners, seine spätere Frau, 23. Juni 1898.
139 StAB 7,13-13: Prokurist Domingo Muñoz an Friedrich Köper, 16. März 1909.
140 StAB 7,13: Köper Lebenserinnerungen, S. 22. Köper über die Menge von ca. 7.000 Schlacht-häuten: „Freilich laufen wir [in] ein großes Risiko, aber wir hoffen auf gute Preise drüben." StAB 7,13-23.7: Friedrich Köper an seinen Vater, 14. Januar 1897. Auch der Bremer Kaufmann H.C. Franzius exportierte Rinderhäute. Über seine Arbeit in Venezuela schrieb er in seinen Lebenserinnerungen, das „Vergiften der Häute" sei eine „äußerst wichtige Arbeit". Die Häute würden „eine Stunde in arsenikhaltiges Wasser getaucht und dann an der Sonne getrocknet." H.C. Franzius (1932): S. 47.

in der Hitze eine unangenehme, anstrengende Tätigkeit. Gereizt „schnauzte er die Indier" an.[141] Der Handel mit Häuten florierte, so dass Köper in wirtschaftlich schlechten Jahren mit dem Gewinn durch seinen Häuteexport die Gesamtbilanz verbessern konnte.[142]

Ein besonderes Geschick zeigten Überseekaufleute wie Köper in wirtschaftspolitischen Krisenzeiten. 1897 handelte Köper umgehend, als er von einem Dekret in der Hauptstadt erfuhr, dass das gültige Silbergeld gegen Papiergeld umgetauscht werden sollte. Köper ritt mit einem Diener auf seinem „besten" Esel ins Hochland, um von säumigen Schuldnern „harte Silbertaler" einzutreiben, ehe diese vom Vorhaben der Regierung erfuhren. In einem Bergdorf engagierte er zahlreiche Träger, die ihm zu Fuß die schwere Last „in acht bis zehn Tagen" in die Hauptstadt transportierten. Zusammen mit einem anderen Bremer Kaufmann[143] schaffte Köper vom Zoll unbemerkt mehr als zehntausend Dollar nach London. Er hoffte dadurch auf einen Extraverdienst von „zehn bis vierzehn Prozent"[144].

1903 beschaffte sich Köper Kapital von seinem Vater und zwei Brüdern Lüttich[145], um gepachtetes Land als Gummi- und Zuckerplantage zu bewirtschaften. Damit begründete Köper ein weiteres lukratives, aber risikoreiches Exportgeschäft. Zudem hatte er 1902 ein Filialgeschäft in Escuintla gegründet, das zunächst von Wilhelm Lottmann beaufsichtigt wurde.[146] Ein weiteres leitete ab 1909 Juan Bornholt in Quezaltenango.[147] Von diesen Niederlassungen aus konnten Köper und seine Mitarbeiter neue Märkte erschließen. 1904 pachtete er für zwei Jahre „Gummi-Wälder" im Departement Escuintla. Köper schrieb:

> „Ihr braucht nun nicht ängstlich zu sein, dass ich je nach diesen Gummi-Wäldern gehen werde, nicht einmal nach Escuintla brauche ich hin. Ich bleibe hübsch oben hier in der Hauptstadt und leite von hier aus die kaufmännischen Exportseiten. Augenblicklich ist Herr Lottmann nach Escuintla und besorgt die nöthigen Agenten, welche die Arbeiten des Huleros zu beaufsichtigen und den Gummi versandfähig abzuliefern haben."[148]

Escuintla lag in einer tropischen Region und war wegen des Klimas und der dort auftretenden Krankheiten gefürchtet. Jeweils ein Reisetag musste für die Hin- und Rückfahrt mit dem Zug eingeplant werden.[149]

---

141 StAB 7,13-20.7: Köper an seine Eltern, 12. Juni 1888.
142 StAB 7,13: Köper an seine Eltern, 4. Juni 1898.
143 Gerhard Callmeyer, geb. 3. März 1853 in Bremen.
144 StAB 7,13-23.7: Köper an seinen Vater, 27. Februar 1897. Köper, Lebenserinnerungen, S. 26.
145 StAB 7,13-25.8: Dankesbrief von Friedrich Köper an Lüttich, 3. April 1903. Wer von den Brüdern Lüttich die Kreditgeber waren, ist nicht bekannt. In den Korrespondenzen werden Wilhelm Lüttich (Konsul von Costa Rica in Bremen), Georg Lüttich (Honduras) und Fritz Lüttich erwähnt.
146 StAB 7,13: Tilly Köper an ihre Mutter, 9. Mai 1902.
147 StAB 7,13-17: Juan Bornholt an Friedrich Köper, 1. Juli 1909.
148 StAB 7,13: Köper an seine Eltern, 30. November 1904.
149 StAB 7,13-25.8: Köper an seine Frau, 2. März 1904. „Die Züge fahren jetzt so rasch, dass man in einem Tage hin- und zurückfahren kann und noch 3 bis 4 Stunden Aufenthalt hat, um seine Geschäfte zu erledigen. Ich war da, um den Platz für die Café Wäscherei anzusehen, bin aber noch nicht weiter gekommen. Es war sehr heiß und ich habe tüchtig geschwitzt."

Zusammenfassend: Mit dem Tod von Friedrich Augener endete bereits 1888 eine Geschäftspartnerschaft. Anschließend waren Friedrich Köper und Eberhard Noltenius Geschäftsführer. Mitglieder der Familie Noltenius unterstützten die Firma mit mehr Kommanditkapital als Köpers Vater. Aufgrund dieses Ungleichgewichts entwickelte Köper gegenüber Noltenius Minderwertigkeitskomplexe. Friedrich Köper befürchtete einen noch stärkeren Einfluss („Übermacht") der Familie Noltenius. Nach der Trennung von Noltenius gründete Köper Filialgeschäfte, ein Zeichen, dass er sich seiner kaufmännischen Fähigkeiten sicher war. Neben seinen Importen von Textilien und Kolonialwaren weitete er seine Aktivitäten auf den Export von Tierhäuten, Gummi und Edelhölzern nach Europa aus.

Von der Hauptstadt Guatemala aus unternahm Friedrich Köper Geschäftsreisen zu entfernten Siedlungen. Befestigte Straßen existierten kaum. Das Binnenland war von Fuß- und Karrenwegen durchzogen. Wenn er als Fremder das Land auf seinen mit Musterkoffern bepackten Eseln bereiste, traf er „primitive" Verhältnisse an, und so ging es auch noch 1930 seinem Sohn Fritz. Köper berichtete vom Zusammenleben von Menschen mit Tieren (Schweine, Hühner usw.) in Lehmhütten, wie er es zuvor nicht kennen gelernt hatte. Köpers kaufmännisches Kalkül zielte auf ein intensives Studium von Land und Leuten. So versuchte er, in abgelegenen Landstrichen den Bedarf an Konsumgütern zu erkunden bzw. zu

Abb 16: StAB 7,13: Fritz Köper: Rast auf einer Geschäftsreise in Guatemala, 1931[150]

---

150 Rückseite: „Beim Mittagessen! Januar 1931."

wecken. Er gab sich Mühe, unterschiedliche Regionalsprachen zu lernen. Er überzeugte Käuferinnen von den Vorteilen der modernen Mischgewebe und Kunstseide und legte großen Wert darauf, gerade zur Landbevölkerung ein langfristiges
Vertrauensverhältnis aufzubauen. Er agierte seiner eigenen Einschätzung nach mit
„großer Schlauheit".

Als Vermittler zwischen den Kulturen fungierten insbesondere drei indigene
Personen, die Köper in seinen Privatbriefen auffallend häufig und wohlwollend
nannte. Es waren Maria Martinez, eine Marktverkäuferin, Miguel Lara, ein ehemaliger Lehrling und sein kaufmännischer Angestellter Domingo Muñoz. Köper
plante die Rückkehr nach Bremen, nachdem er Wilhelm Lottmann und Domingo
Muñoz gegen Ende 1907 zu seinen Teilhabern gemacht hatte. Die zahlreichen anderen guatemaltekischen Mitarbeiter, mit Ausnahme des Hauspersonals, nannte Köper nicht mit Namen.

EBERHARD NOLTENIUS IN GUATEMALA. Eberhard Noltenius (1865-1925) leitete zusammen mit Friedrich Köper von 1889 bis 1901 das Handelshaus Köper, Noltenius &
Cia. in Guatemala.[151] Danach führten beide je ein eigenes Geschäft. Noltenius blieb
im alten Ladengeschäft gegenüber dem Marktplatz. Köper fand einen anderen Laden.

Zusammen mit seinem Bruder Otto Noltenius (1874-1963)[152] eröffnete Eberhard
Noltenius 1904 eine Niederlassung in Retalhuleu. Die Regionalstadt, ein Mittelpunkt ausgedehnter Kaffeeplantagen, liegt in der Küstenregion im Eisenbahndrei-
eck zwischen dem Seehafen Camperico und der Hauptstadt Guatemala. Retalhuleu war 1920 in einer Tagesreise aus Guatemala-City zu erreichen.[153] Die Filiale
entwickelte sich gut. 1907 arbeiteten dort neben den Brüdern Noltenius noch zwei
weitere deutsche Angestellte. Die Brüder pendelten abwechselnd zwischen den Geschäften in der Hauptstadt und der Provinz.

1905 begannen die überlieferten Korrespondenzen zwischen Eberhard und seiner Frau Helene Noltenius. Die Bremerin blieb mit den vier Kindern in der Hauptstadt Guatemala zurück, wenn ihr Mann nach Retalhuleu reiste. Das Sortiment in
seinen Verkaufsläden bestand aus importierten Kolonialwaren, Konserven, Taschen-
tüchern, Kurzwaren, Kämmen, Schmuck, Meterware, Delikatessen und Süßwaren,
wie den „Wunschzetteln" für den Privathaushalt von Helene Noltenius zu entnehmen ist. Noltenius betrieb eine Agentur des Norddeutschen Lloyd. Er handelte auch
mit Nähmaschinen und Steingutwaren; Kinderspielzeug führte er 1920 ein. Nach
Europa exportierte er landwirtschaftliche Produkte und Tierhäute.

Trotz der Ausweitung des Geschäfts konnte nach den Briefquellen zwischen
1906 und Frühsommer 1909 der Eindruck entstehen, als wenn „nichts verdient"

---

151 Zur Trennung der Teilhaber: StAB 7,13: Friedrich Köper an seinen Vater, 8./9. März 1901. Zur
   Auflösung des Gesellschaftsvertrages: StAB 7,13-25.8: Köper an seine Eltern, 4. September
   1902.
152 Otto Noltenius arbeitete seit 1896 in Guatemala.
153 Privatbriefe Noltenius: Eberhard Noltenius an seine Frau, 16. März 1920. Die Fahrtzeit zwischen der Hauptstadt Guatemala und Retalhuleu betrug 1920 neun Stunden.

würde.[154] Der Handel stocke und sei „trostlos." Im Geschäft war es deprimierend „still"[155]. Als wichtigsten Grund für die Stagnation nannte Eberhard Noltenius „den hohen Cours, der jeglichen Verdienst illusorisch" mache. Im Juli 1907 zog ein Börsencrash in New York Weltwirtschaft und Kapitalmärkte in eine wirtschaftliche Depressionsphase. Es herrschte „Geschäftslosigkeit"[156]. Der „scharfen" Konkurrenz[157] konnten nur Unternehmen mit Liquidität standhalten. Umso wichtiger war es für den Kaufmann, alles zu tun, um geschäftsinterne Mängel zu beheben. Er musste durchgreifen, wenn Angestellte „bummelten", selbst wenn es Bruder Otto Noltenius war.[158]

Die schlechten Zukunftsaussichten („Keiner hat Vertrauen in die Zukunft."), eine schwere Erkrankung von Helene Noltenius[159] und nicht zuletzt die inzwischen schulpflichtigen Kinder Käthe und Wilhelm Noltenius mit ihren mangelnden Deutschkenntnissen, beschleunigten den Entschluss, nach Bremen zurückzukehren. Eberhard Noltenius hielt sich zu diesem Zeitpunkt über zwanzig Jahre, seine Frau seit zehn Jahren in Übersee auf. Die Familie trat im Mai 1909 die Rückfahrt nach Bremen an. Bruder Otto Noltenius blieb zunächst in Guatemala zurück.

Nach halbjährigem Aufenthalt in Bremen reiste Eberhard Noltenius im Januar 1910 erneut nach Guatemala. Die Familie wohnte auf dem Brandenhof in Bremen-Borgfeld in der Hoffnung, dort ständig bleiben zu können.[160] Ungeklärt war auch die Zukunft der Firma Noltenius & Co. in Guatemala. Eine direkte familiäre Geschäftsnachfolge war nicht möglich, denn der älteste Sohn Wilhelm Noltenius war erst acht Jahre alt. Daher hätte es Eberhard Noltenius gern gesehen, wenn sein Bruder Otto Noltenius bis zur Volljährigkeit des Sohnes Geschäftsführer geworden wäre. Aber dieser wollte Guatemala aus gesundheitlichen Gründen endgültig verlassen.[161] Ein Verkauf des Geschäfts kam nicht in Frage. Eberhard Noltenius wollte sich „nicht die Früchte seiner 20jährigen Tätigkeit nehmen lassen"[162], aber auch nicht mehr ständig in Guatemala leben. Daher benötigte er einen zuverlässigen Geschäftsführer für die Niederlassungen in Guatemala und Retalhuleu. Die Verhandlungen mit einem seiner Angestellten Friedrich Jördens aus Bremen zogen sich einige Wochen hin. Schließlich wurde im Frühjahr 1910 der Gesellschaftsvertrag der Firma Noltenius & Joerdens geschlossen.[163] Jördens wurde Teilhaber und Heinrich (Enrique) Koch Prokurist.

---

154 Privatbriefe Noltenius: Eberhard Noltenius an seine Frau, 9. Januar 1908

155 Privatbriefe Noltenius: Eberhard Noltenius an seine Frau, 21. April 1906.

156 Hans-Ulrich Wehler (1995): S. 608f.

157 Privatbriefe Noltenius: Eberhard Noltenius an seine Frau, 31. März 1909; 23. August 1905.

158 Privatbriefe Noltenius: Eberhard Noltenius an seine Frau, 8. März 1909.

159 Privatbriefe Noltenius: Helene Noltenius, geb. Pajeken, aus Borgfeld an Sohn und Schwiegertochter Eberhard und Helene Noltenius in Bremerhaven, 15. September 1909. Sie hoffe, dass „die böse Sache glücklich überstanden ist, die so lange wie ein schweres Erz vor Euch lag, möchte jetzt glücklich überstanden sein! – Jetzt noch eine Zeitlang Geduld, meine liebe, tapfere Lene, und du bist wieder eine gesunde junge Frau."

160 „Hoffentlich lässt sich alles so einrichten, dass wir dauernd in Borgfeld wohnen bleiben." Privatbriefe Noltenius: Eberhard Noltenius aus Guatemala an seine Frau, 4. Februar 1910.

161 Privatbriefe Noltenius: Eberhard Noltenius an seine Frau, 14. März 1910.

162 Privatbriefe Noltenius: Eberhard Noltenius an seine Frau, 11. März 1910.

163 Privatbriefe Noltenius: Eberhard Noltenius an seine Frau, 30. März 1910.

Nach dem Ersten Weltkrieg machte sich Eberhard Noltenius Anfang November 1919 wieder nach Guatemala auf. Er blieb länger als ein Jahr dort, um das Überseegeschäft den veränderten politischen und wirtschaftlichen Bedingungen anzupassen. Während des Krieges wurden Kapital und Landbesitz deutscher Kaufleute und Plantagenbesitzer konfisziert. Noltenius beschwerte sich in einem Brief an seine Frau:

> „Die Beschlagnahme des Eigentums der in feindlichen Ländern lebenden Deutschen ist weiter nichts als ein ganz gemeiner Diebstahl der Nordamerikaner. [...] Wohin soll das führen, wenn das Privateigentum künftig nicht mehr geschützt ist? Besonders haben es die Amerikaner auf die fincas abgesehen und dort zuerst ihre interventores eingesetzt. Von den Staaten [USA] sind schon verschiedentlich Kommissionen gekommen, um die fincas anzusehen."[164]

Zwischenstaatliche Handelsverträge, die bis zum Ersten Weltkrieg Deutsche in Übersee begünstigten, hatten jetzt keine Gültigkeit mehr. Deutsche Kaufleute konnten nach dem Ende des Ersten Weltkriegs nur eine untergeordnete Rolle in der Weltwirtschaft spielen. Die USA gewannen zwischen 1900 und 1930 wachsenden Einfluss auf die Politik zentralamerikanischer Staaten. Die US-Gesandtschaft und der guatemaltekische Präsident Manuel José Estrade Cabrera kooperierten: So wurde 1908 die Eisenbahnstrecke zwischen Guatemala-Stadt und Porto Barrios an der Karibikküste von einem amerikanischen Firmenkonsortium zu Ende geführt.[165] Cabrera empfing amerikanischen Flottenbesuch[166]. Im Gegenzug gewährleistete die US-Regierung dem Diktator bis 1920 den Machterhalt durch Unterdrückung von Indianeraufständen.[167]

Zahlreiche Deutsche in Übersee büßten nach dem Ersten Weltkrieg nicht nur materielle Werte ein, sondern wurden in Internierungslager transportiert.[168] Die Gespräche der Kaufleute in der deutschen Kolonie in Guatemala kreisten um die Frage, wie sie Entscheidungen der Entente-Kommission beschleunigen und beeinflussen konnten. Es wurde kolportiert, dass einige Deutsche durch den Krieg „sehr wohlhabend geworden" seien. Diese hatten ihr Kapital in Dollar angelegt; ande-

---

164 Privatbriefe Noltenius: Eberhard Noltenius an seine Frau, 5. Januar 1920.
165 StAB 7,13: Friedrich Köper an seinen Vater, 27. Januar 1899: „In Guatemala kauft die Eisenbahngesellschaft die Hälfte der Actien der Companie de Agencias unter der Hand auf, hat dadurch die Majorität und wirft alle Beamten hinaus. Sie stellt Amerikaner mit hohen Gehältern an und Schandwirthschaft [staatliche Schandwirtschaft = Spekulation] und Dividenden wird es in Zukunft nicht mehr geben. Unsere Actien sind dadurch so gut wie werthlos geworden." Vgl. S. 76.
166 StAB 7,13: Domingo Muñoz an Friedrich Köper, 15. Januar 1909: „Die Regierung ließ die Straßen vom Bahnhof bis zur Präsidentenresidenz luxuriös schmücken. Sie stellten mehrere Triumpfbögen auf und der beste von ihnen stellte die Freiheitsstatue dar. Es gab Banquetts, Umzüge und eine große Tanzveranstaltung, wo es Champagner im Überfluß gab."
167 Literatur dazu: Jean Carrière; Stefan Karlen (1996): S. 365-458; zu Guatemala, S. 386-388.
168 So ein kaufmännischer Angestellter von Friedrich Köper, sein Neffe Hans Krause. StAB 7,13-1: Friedrich Köper an seine Mutter und seine Schwester Anna, 18. März 1920. Die Gefangenen seien wieder frei.

re – wie auch Friedrich Jördens für Noltenius – in Mark, weil sie noch „im Juli 1918 der Ansicht waren, Deutschland würde den Krieg gewinnen und sich dann an den Vereinigten Staaten schadlos halten. Die Mark würde also bei Friedensschluss steigen"[169]. Zudem verkaufte Jördens während Noltenius' Abwesenheit die Filiale in Rethalhuleu. Der Verlust dieses Geschäfts schmerzte Noltenius. Er schrieb:

> „Es bleibt mir noch ein Rätsel, wie Jördens dazu kommen konnte, dieses schön eingeführte Geschäft mit dem besten Ruf an der ganzen Küste zu verkaufen. Mein direkter Schaden beläuft sich auf mindestens [(?) Zahl aus dem Original ausgeschnitten] Dollar Gold, das bleibt aber ganz unter uns. Einen solchen Verlust kann ich natürlich in diesem Leben nicht wieder einholen, dafür bin ich leider schon zu alt."[170]

Nach dem Krieg schätzte Eberhard Noltenius seinen finanziellen Schaden hoch ein: Sein Vermögensstatus sei geringer als im Jahr 1904.[171]

Noltenius bemühte sich, während seines Aufenthalts in Guatemala die Geschäftsnachfolge zu Gunsten seines Sohnes Wilhelm in die richtigen Bahnen zu bringen. Der Sohn hatte noch nicht die Schule beendet, als Noltenius sich eine schriftliche Vereinbarung von Jördens erbat, Sohn Wilhelm in das Guatemala-Geschäft aufzunehmen und ihn gründlich auszubilden.[172]

Anfang 1920 erlebte Eberhard Noltenius die innenpolitischen Unruhen Guatemalas, die mit einer blutigen Revolte und der Absetzung Estrade Cabreras ihren Höhepunkt fanden. „Das geschäftliche Leben stockte vollkommen, vom 9. bis zum 18. April 1920 war kein Laden geöffnet." Das elektrische Licht funktionierte nicht; abends und nachts lag die Stadt im Dunkeln. Geschosse sausten über die Dächer. Auf der einen Seite kämpften – zum Teil „unter Noltenius' Fenster" – Soldaten mit Maschinengewehren und Granaten für Estrade Cabrera, auf der anderen Seite Männer und viele Frauen, die sich mit „Knüppeln und Macheten" bewaffnet hatten.

Eberhard Noltenius schrieb dazu:

> „Wie du aus den Zeitungen gehört haben wirst, ist der Präsidentenwechsel nun doch blutig verlaufen. Am 9. April eröffnete Cabrera die Feindseligkeiten und dann hat die Schießerei fast ununterbrochen bis zum 13. April morgens 9 Uhr gedauert. Fast jedes Haus weist Kugelspuren auf. Außer zahlreichen

---

169 Privatbriefe Noltenius: Eberhard Noltenius an seine Frau, 30. Dezember 1919.
170 Privatbriefe Noltenius: Eberhard Noltenius an seine Frau, 16. März 1920.
171 Noltenius verglich sich in dem Zusammenhang mit seinem ehemaligen Teilhaber: „Köper ist durch den Krieg ein sehr wohlhabender Mann geworden, während ich weniger habe als 1904." Privatbriefe Noltenius: Noltenius an seine Frau, 14. Juli 1920.
172 Privatbriefe Noltenius: Zwei Briefkopierseiten, Aktennotiz, ohne Unterschrift, 20. Mai 1920. „Bei guten Leistungen und einwandfreiem Benehmen bin ich bereit nach Ablauf – oder auch schon innerhalb der ersten drei Jahre, ihn zum Prokuristen zu machen." Sein Gewinnanteil solle von Jahr zu Jahr steigen. Nach etwa fünf Jahren könne Wilhelm Teilhaber werden. Jördens werde sich aus dem Geschäft zurückziehen, wenn es seine Verhältnisse erlauben. „An dem Tage, an welchem ich aus der Firma austrete, soll ihr Sohn als mein Nachfolger zunächst in Frage kommen. Ich bin bereit, dieses in dem Sozietätsvertrag in der Art festzulegen, wie das heute in unserem Gesellschaftsvertrag der Fall ist."

Abb. 17:   Privat: Putsch in Guatemala, 1920

Maschinengewehrkugeln, die zum Teil in unmittelbarer Nähe meines Zimmers einschlugen, bekam das Gran Hotel auch einen Granat-Volltreffer auf das Kantinendach, wo das Geschoß krepierte und allerhand Schaden anrichtete. Am schlimmsten war das Bombardement morgens früh an meinem Geburtstage. Schon um 5 Uhr ging eine fürchterliche Schießerei los. Bald darauf riss eine Granate einen Zweig der großen Aronkenie [Baum] im patio ab und sauste direkt über mein Zimmer weg in die Kathedrale. [...] Die wütende Menge kappte die Wasserleitung zum Fort, bis sich das Militär ergab. Wer sich auf die Straße wagte, riskierte sein Leben. "[173]

Manuel José Estrada Cabrera war länger als zwanzig Jahre Guatemalas Regierungschef gewesen. Er entging mehrmals Attentaten, so z.B. 1908, als ein Offizier auf ihn während eines Festaktes im Präsidentenpalast schoss.[174] Cabrera stand eine „relativ moderne, disziplinierte und gut ausgerüstete Armee" als Machtinstrument zu Verfügung. Das Militär stützte seine „Autokratie im Dienste ökonomischer Modernisierung." Cabrera ließ Wahlen durchführen und sich regelmäßig im Amt bestätigen. Er förderte den Verkauf des fruchtbarsten Landes an ausländische Investoren und führte der gewinnträchtigen Kaffeeplantagenwirtschaft die erforderlichen billigen Arbeitskräfte zu. Das war die zuvor enteignete indianische Bevölkerung. „Großzügig" verfügte Cabrera über Land und Leute und verhalf deutschen „Kaf-

---

173 Privatbriefe Noltenius: Eberhard Noltenius an seine Frau, 20. April 1920. Diesem Brief legte er mehrere Fotos von der Straßen-Revolution in Guatemala-City bei.
174 http://de wikipedia.org/wiki/Manuel José Estrade Cabrera. Zugriff: 21. März 2007.

feebaronen", der US-amerikanischen United Fruit Company und ihren Teilhabern zu großem Reichtum.[175]

Nach den schweren Erdbeben 1917 und 1918 wurde die Wirtschaftskrise augenfällig. Cabrera reagierte angesichts von Erdbebenschäden, Kurs- und Preisverfall inkompetent und hilflos. Aus dem US-Außenministerium kam im Frühjahr 1920 keine Hilfe mehr, d.h. er wurde mit Zustimmung der US-Regierung abgesetzt. Es konnte nicht ermittelt werden, ob Cabrera „sich weigerte, die während des Ersten Weltkriegs beschlagnahmten deutschen Vermögenswerte an die USA herauszugeben."[176]

Noltenius war sicher, der Regierungswechsel würde sich vorteilhaft für deutsche Kaufleute auswirken, und „Cabrera und seine Freunde" daran hindern, die „besten deutschen fincas" an sich zu bringen.

Die Kaufmannsarbeit in Guatemala der Nachkriegszeit deprimierte Noltenius. Das Geschäft sei „trüb, still, tot"[177]. Jördens hatte für 400.000 Mark Artikel in Europa gekauft und in den Lagern türmten sich Artikel, die niemand kaufen wollte. Auf Kredit gekaufte Waren wurden von Kunden zurückgebracht, weil sie sie nicht bezahlen konnten. Inzwischen hielt Noltenius seinen Teilhaber „nicht für den richtigen Mann in diesen schlechten Zeiten." Nur in der Eisenwarenbranche gab es nach dem schweren Erdbeben in Guatemala (1917) „goldene Zeiten", so Noltenius.[178]

Ende November 1920 entschied sich die Entente-Kommission gegen Eberhard Noltenius' Antrag auf Herausgabe seines beschlagnahmten Kapitals, während Friedrich Köper bereits im Juni 1920 als einer der drei ersten deutschen Kaufleute einen positiven Bescheid erhalten hatte.[179] Noltenius überließ es kurz vor seiner Abreise nach Bremen seinem Teilhaber, diese Angelegenheit zu regeln. Der intervenierte Betrag war einschließlich der aufgelaufenen Zinsen" zu bezahlen. Noltenius hoffte, dass ihm die deutsche Regierung den Betrag zurück vergüten würde.[180]

Zusammenfassend: Nach der Trennung von Köper erweiterte Noltenius sein Geschäft durch Gründung einer Zweigniederlassung in Retalhuleu. Von dort war der Hafen Camperico im Süden Guatemalas mit der Bahn zu erreichen, um Import-

---

175 Jean Carrière; Stefan Karlen (1996): S. 386-388.

176 Vgl. http://de wikipedia.org/wiki/Manuel José Estrade Cabrera. Zugriff: 21. März 2007, S. 2. – Nach Cabrera übernahm ein „Zivilist", Carlos Herrera, die Führung Guatemalas. Er widersetzte sich monopolistischen Praktiken US-amerikanischer Firmen (International Railways of Central America). Er regierte nur bis Dezember 1921. – Anschließend wurden General José Maria Orellana (1921-1926) und Lázaro Chacón (1926-1930) Präsidenten. Sie begünstigten ausländische Wirtschaftsinteressen und unterdrückten die Opposition. Mit dem folgenden Diktator, General Jorge Ubico, übernahm ein weiterer autokratischer Herrscher die Regierung. Er stärkte das Engagement von US-Firmen, die daher „bei ihm gut aufgehoben" waren. Guatemala geriet fast ganz unter ausländische Kontrolle.

177 Privatbriefe Noltenius: Eberhard Noltenius an seine Frau, 20. Januar, 15. Juni, 22. Dezember 1920.

178 Privatbriefe Noltenius: Eberhard Noltenius an seine Frau, 18. März 1920.

179 Privatbriefe Noltenius: Eberhard Noltenius an seine Frau, 24. November 1920; zu Köpers „Befreiung": StAB 7,13: Friedrich Köper an seine Mutter, 14. Juni 1920. „Als Erste kamen Peper, Kleinschmidt und Köper frei." Privatbriefe Noltenius, Eberhard Noltenius an seine Frau, 23. Juni 1920.

180 Privatbriefe Noltenius: Eberhard Noltenius an seine Frau, 24. November 1920.

produkte in Empfang zu nehmen und sie zügig zum Ladengeschäft zu transportieren. Von diesem Standort aus ritten die Angestellten als Handlungsreisende durchs südliche Land, um Waren zu verkaufen. Eberhard und Otto Noltenius teilten sich bis 1909 die Aufgaben, wie es dem Muster eines Familienbetriebes entsprach. Nach der endgültigen Rückkehr von Eberhard Noltenius nach Bremen erklärte Bruder Otto, aus gesundheitlichen Gründen ebenfalls nicht in Guatemala bleiben zu wollen. Die Geschäftsnachfolge war ungeklärt. Die bisherigen kaufmännischen Mitarbeiter, Jördens und Koch, übernahmen die Geschäftsführung. Alberto Garcia Pouas, ein indigener Mitarbeiter, blieb Angestellter.

Das Überseegeschäft war von Bremen aus nicht zur Zufriedenheit zu leiten. Große Kapitalsummen wurden im Ersten Weltkrieg beschlagnahmt. Noltenius machte seine Geschäftsführer für weitere Verluste verantwortlich. Völlig unverständlich war es ihm, warum Jördens das Retalhuleu-Geschäft verkauft hatte und warum er erhebliches Kapital in Wareneinkäufen festlegte. Seinen Teilhaber hielt er für unfähig, die Geschäfte in schwierigen Zeiten zu führen. Je mehr ihm das bewusst wurde, umso öfter drängte Noltenius seine Frau, dafür zu sorgen, dass dem ältesten Sohn Wilhelm[181] frühzeitig kaufmännische Fähigkeiten antrainiert würden.[182] Zunächst dachte er an privaten Schreibunterricht; eine Lehrstelle in Bremen wurde auch gefunden. Zudem ließ er sich weit vorausschauend von Jördens eine Absichtserklärung zur Begünstigung seines Sohnes schreiben. Nach seinem monatelangen unerfreulichen Aufenthalt in Guatemala (1919/1921), kehrte Eberhard Noltenius nach Bremen zu seiner Familie zurück.

ALFRED KULENKAMPFF IN WESTAFRIKA. Hamburger und Bremer Kaufleute hatten 1884 die deutsche Reichsregierung bewogen, die westafrikanische Kolonie Togo unter Schutz zu stellen. Hanseatische Kaufleute hatten schon in vorkolonialer Zeit Niederlassungen in diesem Teil Westafrikas gegründet.

1897 gab es insgesamt zehn deutsche Niederlassungen in Togo. Zahlreiche Faktoreien in Küstennähe und im Binnenland gehörten zu den Bremer Firmen Friedrich M. Vietor Söhne und Johann Karl Vietor.[183] Im deutschen Kolonialismus standen sich betreffend Togo zwei Gruppierungen gegenüber: Der „Verein der Togo-Kaufleute" – an der Spitze J.K. Vietor[184] – hoffte auf eine christlich-bürgerliche Kultura-

---

181 Wilhelm Noltenius (geb. 1901) besuchte 1920 das Alte Gymnasium. Der Vater war enttäuscht, dass der Sohn im Herbst 1920 das Abitur wiederholen musste.

182 Privatbriefe Noltenius: Eberhard Noltenius an seine Frau, 27. Januar 1920. „Der Verkauf des Retalhuleu Geschäfts ist für mich sehr schmerzlich; Franck und Riege haben durch dessen Übernahme brillant verdient, und ich habe Jördens gegenüber einen Trumpf weniger in Händen. Ich möchte dich bitten, gleich nach Wilhelms bestandenem Examen ihm Schreibunterricht geben zu lassen. Seine Schrift ist zu schlecht. Es sind nur wenige Stunden nötig, dann wird es schon besser gehen. Bruder Conny kann dir am Besten raten, er hat selbst mal einen solchen Kursus durchgemacht."

183 Hartmut Müller (1971): S. 55-71; Hartmut Müller (1973): S. 82-97; Peter Sebald (1989): S. 111-115.

184 Peter Sebald (1989): S. 384. Zur Plantagenwirtschaft in Togo, Kapitel 4; S. 231-399. – Vietor beabsichtigte, Afrikaner als Arbeitnehmer für europäische Unternehmungen heranzubilden: Stefan Weißflog (1986): S. 295-306.

lisierung der Afrikaner. Vietors Familie war seit der Mitte des 19. Jahrhunderts mit der Norddeutschen Mission liiert. Man setzte auf einen liberalen Handel mit afrikanischen Produzenten von landwirtschaftlichen Produkten und mit dem Verkauf von europäischen Waren an eine entstehende „bürgerliche" Landbevölkerung.

Eine Gegenposition entstand in der Deutschen Togo-Gesellschaft (DTG), die der Hamburger Branntweinexporteur und Präsident des Westafrika-Syndikats[185], Adolph Woermann, präsentierte. Das Syndikat strebte für Togo eine klassische koloniale Bergbau- und Plantagenwirtschaft an, die nach dem Erwerb von Landbesitz die afrikanische Bevölkerung nur als preiswerte Arbeitskräfte beanspruchte. Die Auseinandersetzung zwischen Kaufleuten und „Kapitalisten" war bis zum Ausbruch des Ersten Weltkriegs nicht entschieden worden.

1907 wurde Alfred Kulenkampff von seinem Vater, dem Bremer Überseekaufmann Albert Kulenkampff beauftragt, die heruntergekommene Firma Funk & Risch in Lomé/Togo zu übernehmen und weiterzuführen.[186] Dieses Eingreifen war dem Vater wichtig, da er als Hauptkreditgeber um sein Kapital fürchtete. Der Sohn schob Träume von einem Leben als Bohemien in Paris[187] beiseite und konzentrierte sich auf den Auftrag seines Vaters in Lomé. Alfred Kulenkampff setzte sich gegen die Besitzer der Funk & Risch-Niederlassungen in Lomé und Keta durch. Als der Vater Ende Februar 1909[188] die Handelsplätze inspizierte, war der Auftrag erfolgreich abgeschlossen. Danach unterbrach Alfred Kulenkampff seine Arbeit in Afrika für einen Erholungsurlaub in München. Dort begann er am 28. Oktober 1909 mit Tagebucheintragungen mit der Intention, durch das Schreiben mehr Ruhe zu finden als bei seinem ersten Afrika-Aufenthalt.

Ein Foto gibt Auskunft über Alfred Kulenkampffs damaliges Aussehen; es zeigt aber noch sehr viel mehr. Der Bremer Kaufmann ließ sich im Hof der Faktorei in Lomé im Sattel eines kleinen, dunklen Reitpferds fotografieren.[189] Das Foto ist undatiert.

---

185 Vgl. Horst Gründer (2004): S. 132; vgl. Hartmut Müller (1973): S. 76, zu dem Ziel, aus Westafrikanern „disziplinierte und wirtschaftlich rentable ‚Untertanen' zu machen."

186 Alfred G.E. Kulenkampff (1969): S. 24. Zu den Firmen Kulenkampff und Funk & Risch in Westafrika: Hartmut Müller (1973): S. 106-109. Faktorei Funk & Risch in Lomé: StAB 7,1025, Album 127/7, Foto 25.

187 StAB 7,500-22, FB 679. Mikrofilm: Tagebuch des Afrikakaufmanns Alfred Kulenkampff. Hier S. 82

188 Nationalarchiv Togo, FA 3/204, Blatt 104; Kaufmann Albert Kulenkampff: „Tag der Ankunft im Schutzgebiet": 26. Februar 1909.

189 Privatquellen Kulenkampff: Foto Alfred Kulenkampff als Reiter.

Abb. 18:   Privat: Alfred Kulenkampff in Togo

Alfred Kulenkampff präsentiert sich als Reiter in einem Hof, dessen Raum durch einen Wellblechzaun begrenzt und von außerhalb nur einsehbar ist, wenn das Tor geöffnet ist. Vom Hof aus richtet sich der Blick durch die beiden weit geöffneten hölzernen Flügeltüren auf eine Kulisse außerhalb des vom Fotografen gewählten Bildmittelpunkts. Im Zentrum des Fotos steht der Reiter Alfred Kulenkampff, der in weiße Hose, Jacke und Hemd gekleidet in Richtung Kamera schaut. Sein hochgeschlossener Hemdkragen ist mit einer dunklen Fliege geschmückt. Auf dem Kopf trägt er eine Schirmmütze, die seine Stirn freilässt. Mit beiden Händen hält er die Zügel fest. Seine Füße stecken in hohen, dunklen Reitstiefeln, die in den Steigbügeln stehen. Der Außenraum im Hintergrund, oberhalb der Wellblechbegrenzung, ist durch hohen Pflanzenbewuchs gekennzeichnet. Durch die weite Öffnung des Faktoreitores schauen bunt gekleidete Afrikaner von der tiefer liegenden Straße auf die Szenerie mit Reiter und Fotograf im Hof, der ungepflastert ist.

Es sind unzählige Männer, Frauen und Kinder mit und ohne Kopfbedeckungen zu erkennen, die draußen bleiben müssen. Links und rechts strecken die Afrikaner ihre Köpfe, um Einblicke in das Geschehen im Hof der Faktorei zu erhaschen. Eines der Kinder kann uneingeschränkt in das Innere des Hofs schauen. Der Knabe steht nur wenige Schritte von Kulenkampff entfernt. Er trägt eine helle Mütze und eine über der Brust und dem Bauch geöffnete weiße Jacke; um seine Hüfte hat er ein großes Tuch geschlungen, das seine Knie bedeckt. Der etwa achtjährige Junge zeigt sich in einer saloppen Körperhaltung, die auf seine Mitarbeit in der Faktorei hindeuten könnte: Mit seiner linken Schulter lehnt er am Pfosten des äußeren Torpfostens und mit der linken Hand führt er wohl etwas Essbares zu seinem Mund. Sein linkes Bein hat er auf die nicht sichtbare Stufe, die von unten in den Hof führt, gestellt. Bei diesem Jungen könnte es sich um einen „Hausboy" der Faktorei handeln.

Das Foto ist eine Momentaufnahme aus Kulenkampffs Alltag. Es scheint, als wenn er seinen Verwandten damit Entschlossenheit demonstrieren wollte. Der Reiter ließ sich nicht neben, sondern auf seinem Pferd in aufrechter Körperhaltung fotografieren. Er drückte von Kopf bis Fuß ernste Standfestigkeit aus. Übertragen auf die Kaufmannsarbeit könnte das bedeuten: Kulenkampff lässt die Zügel nicht schleifen!

Die Aufnahme lässt Zuschauer teilhaben an den kulturellen Grenzen, die das Draußen und Drinnen, die Herrschaft Einzelner gegenüber der afrikanischen Mehrheit absteckten. Nach Schätzungen der Deutschen Kolonialverwaltung lebten 1905 zwei Millionen Afrikaner in Togo; die Anzahl von deutschen Händlern und Regierungsbeamten betrug zu diesem Zeitpunkt etwa einhundert. Zudem wurden etwa achtzig Deutsche anderer Berufsgruppen gezählt. Aus der Sicht der Kolonialregierung hätten „die Togoneger ein Interesse daran [...], ungestört dem Ackerbau und der Viehzucht" nachzugehen; sie würden deshalb auch weiße Kolonialisten nicht als Eindringlinge betrachten, da sie wüssten, dass ihre Landesprodukte erst dadurch Wert gewinnen, dass „jene sie ihnen abnehmen" würden.[190]

Mit Publikationen dieser Provenienz sollte Togo als „Musterkolonie" dargestellt werden. Nach Horst Gründer beruhte der gute Ruf der Kolonie auf dem ausgeglichenen Etat, d.h. sie war unabhängig von Reichszuschüssen.[191] Afrikaner verrichteten beim Eisenbahn- und Straßenbau Zwangsarbeit. Sie wurden 1901 von der Bezirksverwaltung gezwungen, zwölf Tage jährlich „Steuerarbeit" zu leisten oder ein Strafgeld zu zahlen.[192] Die Erziehung der Afrikaner zur Arbeit gehörte zu den zentralen Zielen. Beten und Arbeiten erschien eine „Voraussetzung der Menschbildung" zu sein.[193] Bis 1914 besuchte eine Minderheit von Afrikanern (1,4 Prozent) eine der 342 Missionsschulen in Togo.[194] Seit 1891 gab es die Regierungsschule in Deutsch-Togo. Junge Männer mit Schulbildung hatten Chancen, in Faktoreien oder in der Kolonialverwaltung beschäftigt zu werden, es herrschte „großer Mangel an Dolmetschern und Schreibern" im Landesinneren.[195]

Alfred Kulenkampff war nach seiner Ankunft in Lomé entschlossen, gegen mögliche Widerstände die Zügel festzuhalten und die Mitarbeiter zu motivieren. Er versuchte, seinen Leuten – Europäern und Afrikanern – Vorbild zu sein, indem er sich trotz afrikanischer Hitze hektisch in die Arbeit stürzte.[196]

---

190 Handbuch des Deutschtums im Auslande (1906): S. 256.
191 Horst Gründer (2004): S. 128.
192 Horst Gründer (2004): S. 133.
193 Sebastian Conrad (2006a): S. 107-128. In diesem Aufsatz werden transnationale Aspekte zur Erziehung von „unzivilisierten" Menschen herausgearbeitet, indem „Koloniale Arbeiterkolonien" in Ostafrika mit „Arbeiterkolonien" im Deutschen Reich in Bezug gesetzt werden. Sebastian Conrad (2006b): Kapitel Mission, Arbeit, Kolonialismus, S. 84-93.
194 Horst Gründer (2004): S. 128. In der Einleitung zum Handbuch des Deutschtums im Auslande (1906) heißt es: „Deutsche Bildung [sei] Menschheitsbildung."
195 Handbuch des Deutschtums im Auslande (1906): S. 257-258.
196 StAB 7,500-22, FB 679: Tagebuch Kulenkampff: S. 21. „Er hatte auch, wenn auch etwas skeptisch, die Absicht, durch Pflege seiner Persönlichkeit: durch Lesen, Schreiben, ew. Musik, an der Kultur mitzuarbeiten." Kulenkampff benutzte ein besonderes Stilmittel: Er schrieb sein Tagebuch in dritter Person, so als wenn nicht er im Mittelpunkt des Erzählten stünde.

Schon am Tag nach seiner Ankunft in Lomé reiste er nach (britisch) Keta. Geschäftstouren machte er gewöhnlich nachts. Er wurde von vier Afrikanern in einer Hängematte nach Keta getragen.[197] Die etwa 20 km von Lomé nach Keta legten die Träger in etwa sechs Stunden zurück. Wenige Tage später kehrte er nach erneutem nächtlichem Aufbruch wieder nach Lomé zurück. Anschließend reiste er nach Anecho und „hatte am 4. Februar seinen ersten ruhigen Moment"[198]. Bei seinen ersten Inspektionsreisen spürte er, dass auch andere Deutsche „dieses Leben auf die Dauer nicht aushalten" würden.[199]

Ende Februar 1910 machte Kulenkampff eine Reise von Lomé über Anecho nach Grand-Popo. Er bedauerte einen Angestellten, der dort auf einem „sehr langweiligen Posten" saß. Der Abend endete bei einer Flasche Wein und am nächsten Morgen verabschiedeten sie sich mit einem „Kater"[200]. Die folgende Etappe der Reise auf dem Weg nach Cotonou legte Kulenkampff auf der parallel zur Küste verlaufenden Lagune mit einem Boot zurück. Es wurde eine lange beschwerliche Fahrt, da der Wasserstand so niedrig war, dass das Boot zeitweise von „zehn Schwarzen halb durch Wasser, halb über Sand" gezogen werden musste.[201] Zur Nacht machte Kulenkampff Zwischenstation in der Niederlassung Ouidah/Dahomey „und schlug in seinem neuen Hause sein Bett auf." Nach kurzem Schlaf eilte er um halb sieben Uhr zur Bahn und fuhr nach Cotonou, um seinen neuen Mitarbeiter Franz Richards zu treffen, der von Kulenkampffs Vater für das Dahomey-Geschäft eingestellt worden war.[202]

Beim Kalkulieren des Geschäfts in Quidah „standen ihm fast die Haare zu Berge." Es schien ihm unmöglich, mit der neuen Faktorei Geld verdienen zu können.[203] Außer Rechnen und Kalkulieren gab es an diesem abgelegenen Ort für Kulenkampff nichts zu tun. „Afrika hatte ihm wohl noch nie so schlecht gefallen wie an diesem Tag"[204]. Es waren wohl nicht nur die Zahlen, die den Kaufmann trübsinnig stimmten.[205] In Quidah hatte sich bereits zehn Jahre zuvor der Bremer Kaufmann J.K. Vietor mit seiner „schönsten Faktorei" – so Vietor – positioniert. Kulenkampff hatte wenig Mut, im Umkreis dieser Konkurrenzfirma ein neues Geschäft aufzubauen.

Der neue Mitarbeiter Franz Richards zeigte sich als „ein ruhiger, zuverlässiger, ordentlicher Mann und wickelte seinen Geschäftsverkehr mit Bremen selbständig und unmittelbar ab"[206]. Ende Mai 1910 gewann Kulenkampff einen guten Eindruck von dem neuen Handelsplatz Quidah. Er rechnete mit zwanzigtausend Mark

---

197 StAB 7,500-22, FB 679: Tagebuch Kulenkampff: S. 27; S. 31.
198 StAB 7,500-22, FB 679: Tagebuch Kulenkampff: S. 28.
199 StAB 7,500-22, FB 679: Tagebuch Kulenkampff: S. 26.
200 StAB 7,500-22, FB 679: Tagebuch Kulenkampff: S. 33.
201 StAB 7,500-22, FB 679: Tagebuch Kulenkampff: S. 33.
202 StAB 7,500-22, FB 679: Tagebuch Kulenkampff: S. 11f.
203 StAB 7,500-22, FB 679: Tagebuch Kulenkampff: Tagebuch, S. 39.
204 StAB 7,500-22, FB 679: Tagebuch Kulenkampff: S. 39.
205 Vietor hatte bereits 1897 beschlossen, die Küstenorte nicht weiter auszubauen, sondern weiter in das Landesinnere vorzudringen. Im Dahomey-Geschäft wurden 1897 30.000 Mark Verlust verzeichnet. Die Umsätze der Vietorschen Firmen, in: Hartmut Müller (1973): S. 89.
206 Alfred Kulenkampff (1969): S. 30.

Umsatz. Ihm erschienen die Verkaufspreise so niedrig, „dass die anderen Firmen ihm mit Recht vorwerfen konnten, er verdürbe die Preise?" Kulenkampff „verlangte": jeder Artikel sollte „innerhalb eines Monats verkauft" sein. Ladenhüter sollten besser „schnell mit kleinem, als spät mit großem Verlust verkauft werden"[207]. Richards schien wenig von solchen Kaufmannsweisheiten zu halten, während Kulenkampff drängte, Lagerbestände schnell zu verkaufen, um Platz für ankommende Artikel zu schaffen. Auf Erfolg könne man nicht warten, als Kaufmann müsse er handeln![208]

Kulenkampff war permanent unterwegs. Das Reisen diente dazu, die Niederlassungen an der Küste und im Binnenland zu kontrollieren. Er hoffte, dass die Mitarbeiter seinen „genauen Verhaltungsmaßregeln" folgten. Neue Kulenkampff-Filialen gründete er an der Eisenbahnstrecke in Palimé, Assahoun, Noépe, Tsévie und Atakpamé. Auf dem neuen Transportweg mit Personenverkehr konnten wechselseitig vom Binnenland afrikanische Rohstoffe an die Küste und europäische Güter in das Inland befördert werden.

Deutsche Firmen beteiligten sich unter Aufsicht der Kolonialregierung an einem Export-„Pool" (Monopol). Die Menge von Ausfuhrprodukten wurde vom Zoll kontrolliert. Ein Preisabkommen regulierte den Finanzausgleich der am Pool beteiligten zehn Handelsfirmen.[209]

Kulenkampff war nicht bereit, von Lomé aus noch eine weitere Niederlassung in Accra zu organisieren und zu betreuen, wie es sein Vater wünschte.[210] Von seinen Inspektionsreisen kehrte Kulenkampff oft sehr müde nach Lomé zurück. In solchen Zeiten konnte er sich nicht vorstellen, ständig in Afrika zu sein und immer wieder mit „unfähigen" Mitarbeitern „kämpfen" zu müssen. 1911 beschäftigte Kulenkampff drei Europäer, die in zwölf Läden ca. sechzig afrikanische Gehilfen und Arbeiter beaufsichtigten.[211] Es ist dem Tagebuch nicht zu entnehmen, ob Probleme und Differenzen eher durch Deutsche oder durch Afrikaner hervorgerufen wurden.

Mehrere Fotos von Alfred Kulenkampffs Niederlassungen in Westafrika fanden sich in Privatbesitz. Auf einem war vor dem Eingang einer Faktorei eine große Waage aufgestellt. Hier wurden die aus dem Binnenland von Afrikanerinnen und Afrikanern herbei getragenen Landesprodukte gewogen. Kaufleute wie Kulenkampff „bezahlten" ihre Lieferanten in der Regel im Wert der abgelieferten Rohstoffe, d.h. Afrikaner suchten sich in der Faktorei entsprechend ihres „Verkaufs" aus Europa importierte Güter aus. Eines der Fotos soll präsentiert werden, das Einblicke in die Kaufmannsarbeit in Westafrika gibt.

---

207 StAB 7,500-22, FB 679: Tagebuch Kulenkampff: S. 29.
208 StAB 7,500-22, FB 679: Tagebuch Kulenkampff: S. 55; 56.
209 Alfred Kulenkampff (1969): S. 26f.; Hartmut Müller (1973): S. 107.
210 StAB 7,500-22, FB 679: Tagebuch Kulenkampff: S. 36; 11. Februar 1910.
211 Tabelle „Firmen- und Erwerbsgesellschaften in Togo", Stand 1. Januar 1911. In: Peter Sebald (1989): S. 321.

Abb. 19: Privat: Händlerinnen tragen Produkte in Kulenkampffs Faktorei in Lomé

Das Foto ist einem Album aus Privatbesitz entnommen. Die rechte obere Seite ist von einer anderen Aufnahme überklebt.

Zwei Angestellte schauen aus einer geöffneten Tür dem Treiben auf dem Platz vor dem Haus zu: Drei afrikanische Frauen in bunten Gewändern tragen unterschiedliche Gefäße auf dem Kopf, in denen sie Landesprodukte zum Verkauf bringen. Sie gehen an der Hausecke vorbei zur zweiten geöffneten Tür. Darüber ist ein Firmenschild angebracht, dessen Schriftzug aber nicht lesbar ist. Eine Frau trägt großes flaches „Gepäck" auf dem Kopf und gleichzeitig ein kleines Kind im Tragetuch auf dem Rücken. Das eingeschossige weiße Haus ist gemauert und mit einem dunklen Sockel versehen. Es hat auf den sichtbaren Seiten keine Veranda. Die zwei Fenster im Erdgeschoss sind vergittert und haben zusätzlich Fensterläden. Rechts im Bild steht ein Baum, in dessen Schatten sich Afrikaner aufhalten. Sie haben Gepäck abgestellt. Ein Afrikaner mit gebeugtem Körper und in buntem Gewand strebt ebenfalls zur Tür. Ein anderer wendet sich dem Schatten des Baumes zu. Ein dritter mit Hut auf dem Kopf und in weißem Umhang steht ganz rechts im Bild. Aufgrund des starken Kontrasts zwischen Sonne und Schatten sind Einzelheiten auf der rechten Bildseite nicht genau zu erkennen.

Das Foto wirkt durch die zur Haustür strebenden Afrikanerinnen lebendig. Es zeigt einen Teil des Alltags, in dem Frauen als Händlerinnen und Lastenträgerinnen fungieren.

Die Vorstellung, Kaufmann in Bremen zu sein und dort ständig auf Post aus Afrika warten zu müssen, war Alfred Kulenkampff genauso unangenehm wie ständig in den Tropen leben zu müssen.

> „Wie war es möglich, sich von Afrika wieder frei zu machen? Was für ein Geschäft konnte er dafür in Europa anfangen? [...] Oder war es möglich, so viel Geld in Afrika zu verdienen, dass es sich lohnte, dort zu arbeiten?"

Abb. 20: Privat: Familie Kulenkampff in Togo, 1913

Diese und andere Fragen notierte Kulenkampff Anfang April 1910 und kalkulierte mit Jahresgewinnen zwischen zwanzig- und einhunderttausend Mark. Nach solchen Gedankenspielen versuchte er, seine Müdigkeit zu überwinden, um wieder „frisch und unermüdlich" zu wirken.[212]

Nach seiner Heirat brachte Alfred Kulenkampff im Februar 1912 seine Ehefrau mit nach Westafrika. Sie hatte sich unter anderem mit einem Buchhaltungskursus auf den Aufenthalt vorbereitet, um ihren Mann bei seiner Arbeit in Afrika zu unterstützen. Hedwig Kulenkampff nahm an den nächtlichen Expeditionen von Filiale zu Filiale teil, bis sie schwanger wurde. Ihr Sohn Gerhard wurde Februar 1913 im Krankenhaus in Lomé geboren. Mitte August 1913 verließ die Familie Togo und Alfred Kulenkampff kehrte ohne Frau und Kind nach Westafrika zurück.

Bei Ausbruch des Ersten Weltkriegs gehörte der Kaufmann aus Bremen zu den „100 waffenfähigen Deutschen" Lomés, von denen die meisten eigene Gewehre hatten. Kulenkampff wurde kurzfristig Soldat im Grenzgebiet zwischen Togo und Dahomey. Er nahm seine Gitarre mit, ließ seinen „Pferdejungen Wongarra und den Koch Ayiteauch" nachkommen. Er schilderte diese Phase in seinen Lebenserinnerungen in einer Art Kriegsromantik; demnach hatte er den Auftrag, Häuptlinge über den Kriegsausbruch zu informieren und zur Bereitstellung von „Kriegern" zu bewegen. Kulenkampff führte als Dolmetscher zusammen mit Kolonialbeamten Übergabeverhandlungen mit englischen Offizieren. Wieder nach Lomé zurückgekehrt,

---

212 StAB 7,500-22: Tagebuch Kulenkampff: S. 48.

war es ihm bis zu einem ungewollten „Stillstand" kaufmännischer Arbeit im Frühjahr 1915 erlaubt, sein Geschäft weiterzuführen. Mit dem Dampfer „Kamerun" wurde er nach England gebracht und dort interniert.[213]

Zusammenfassend: Nach den Familienquellen befand sich Alfred Kulenkampff vor seiner Heirat in einem Lebensabschnitt, in dem ihm sein Beruf wenig Freude machte. Er war in Westafrika in einer Position, die er im Auftrag seines Vaters verantwortungsvoll auszufüllen suchte. Aber in seinem Tagebuch notierte er häufig Zweifel am Sinn seiner Aufgabe. Er spielte auch im Hinblick auf die wachsende Konkurrenz Bremer und Hamburger Kaufleute Zukunftspläne durch, so bald wie möglich aus Westafrika abreisen zu können. Kulenkampff schloss sich 1913 mit anderen Bremer und Hamburger Firmen dem neu gegründeten „Verein der Togokaufleute" an.

Hedwig Kulenkampffs Schwangerschaft, die Geburt eines Sohnes in Lomé und ihre Malaria-Erkrankung beendeten den gemeinsamen Aufenthalt in Togo. Nach Ausbruch des Ersten Weltkriegs geriet Alfred Kulenkampff in Lomé in englische Internierung. Damit war sein Berufsleben als selbständiger Kaufmann nicht nur unterbrochen, sondern beendet. 1926 migrierte Kuhlenkampff mit Familie nach Südwestafrika (Namibia) und nahm auf der Farm „Okongue" die Arbeit als Farmer auf.

JOHANN KARL VIETOR IN WESTAFRIKA. Anders als Alfred Kulenkampff fühlte sich J.K. Vietor in Westafrika „wie zu Hause". Wenn Vietor sich in Togo aufhielt, und noch unter dem Eindruck der „überwältigenden" Begrüßungsempfänge stand, bekannte er, „schrecklich gern in Afrika" zu sein[214] und dass er „jetzt wieder Afrikaner" sei. Er lebte von 1884-1893 ständig in Westafrika.

Nach seiner Heirat 1894 in Bremen machte Vietor bis 1912/1913 monatelange Inspektionsreisen nach Afrika, um seine Mitarbeiter in den Faktoreien und auf den Plantagen zu kontrollieren. Als seine Frau ihm einmal ein Bild mit dem Sinnspruch „Nord, Ost, Süd und West, daheim am Best", schickte, mochte er es nicht an die Wand hängen, da „seine Leute ja gerade <u>nicht</u> [unterstrichen W.H.] an zu Hause denken sollen, wenn sie in Afrika" seien.[215] Seine Mitarbeiter sollten sich auf ihre Arbeit konzentrieren und durch nichts abgelenkt werden.

In den Jahren 1894/1895 bereiste Vietor wieder Westafrika und inspizierte die Handelsniederlassungen an der Küste und im Binnenland. Vietor verband Handelsgeschäfte mit afrikanischer Plantagenwirtschaft. Auf den Pflanzungen wurden z.B. Tabak, Kaffee und Kakao angebaut. Jedes Zweiggeschäft besetzte Vietor mit jungen, deutschen Mitarbeitern, die sich nach einer Bewährungszeit in verantwortliche

---

213 Alfred Kulenkampff (1969): S. 49-52.

214 Privatbriefe Vietor: J.K. Vietor aus Quidah an seine Frau, 16. April 1897. Es war üblich, sich zum Empfang entgegenzufahren. Vietor wurde von einem Mitarbeiter (Kleber) auf dem Dampfer abgeholt, gemeinsam ließen sie sich im Kanu an Land bringen, wo sich alle anderen weißen und schwarzen Mitarbeiter aufgestellt hatten, die Frauen, seine „alten Freundinnen erhoben ein wahres Freudengeheul, als sie ihn sahen". Das Haus hatten sie mit Palmzweigen geschmückt. Privatbriefe Vietor: J.K. Vietor aus Klein Popo an seine Frau, 5. September 1894.

215 Privatbriefe Vietor: Vietor an seine Frau, 10. Oktober 1897.

Positionen als Prokurist, Niederlassungsleiter oder zum Teilhaber emporarbeiten konnten.[216] Die kaufmännischen Mitarbeiter rekrutierte er in der Regel nicht aus dem Familienkreis, da Verwandte als Angestellte Rücksichtnahme erwarteten, aber oft nicht die in sie gesetzten Erwartungen erfüllten.

Der Arbeitsalltag in den zum Teil abgelegenen Handelsniederlassungen begann oft vor Sonnenaufgang zwischen fünf und sechs Uhr und dauerte bis zur Dunkelheit. Zeit und Raum für individuelle Lebensformen waren kaum möglich. Vietor legte zwar Wert darauf, dass die Wohnbereiche in festen Gebäuden mit dem dafür Nötigen, wie Bett, Tisch und Stuhl sowie einer Küche und einem Essraum ausgestattet und sauber waren, aber nicht alle Europäer hielten es über einen längeren Zeitraum in dieser Umgebung aus. Einige Unterkünfte bezeichnete Vietor als „Buden". Um das tropische Klima über einen längeren Zeitraum unbeschadet zu überstehen, mussten Europäer von robuster Konstitution sein. Ein weiteres Problem war, dass nach dem Arbeitsalltag auch der Feierabend fast ausschließlich als Männergesellschaft stattfand. Nur wenige unverheiratete europäische Frauen lebten in Westafrika und diese arbeiteten als Diakonissen und Schwestern in Missionsstationen. Andere Europäerinnen waren entweder Ehefrauen von Kolonialbeamten oder von Missionaren.[217] Vietors deutsche Angestellte mussten sich verpflichten, keinerlei sexuelle Kontakte zu Afrikanerinnen aufzunehmen.[218]

Im Dezember 1894 erhielt Johann Karl Vietor einen langen Brief seiner Frau, die während seiner Abwesenheit in Bremen das erste Kind geboren hatte und ihm von ihrem Alltag in Bremen mit dem Baby erzählte. In seinem Antwortschreiben ging er darauf ausführlich ein.[219] Am Ende seines Briefes schilderte er in Kurzform seinen Arbeitsalltag in Afrika:

> „3. Dezember, ½ 6 Uhr aufgestanden. Sofort Krach mit Freese,[220] der für einen Missionar nicht an den Dampfer signalisieren wollte. Frühstück mit Bruder

---

216 Zur Arbeitsteilung bzw. Verantwortlichkeit in Vietors Niederlassungen: Hartmut Müller (1973): S. 84-97.

217 Nach einer Zählung vom 1. Januar 1905 hielten sich dreißig deutsche Frauen in Togo auf; von diesen wurden elf als Missionsangehörige und dreizehn als [Ehe]frauen von „Regierungsbeamten, Schutztruppenangehörigen, Geistlichen und Missionaren" bezeichnet. Handbuch des Deutschtums im Auslande (1906): S. 256.

218 Otto Diehn (1956): S. 41. „Jeder junge Mitarbeiter seiner Firma musste sich, bevor er hinausgeschickt wurde, schriftlich verpflichten, sich jeden Umgangs mit schwarzen Frauen zu enthalten. Wer diesen Vertragsteil nicht unterzeichnen wollte, wurde nicht entsandt." Diehn zitierte nach dem „Vietor-Nachlass", Bilder aus dem Leben J.K. Vietors (Nr. 14), verfasst von Wilhelm Vietor. – Diskussionen über „Mischehen" und zur Empörung von deutschen Missionaren und Kolonialbeamten über den „moralischen und geistigen Tiefstand der Negerweiber." Sebastian Conrad (2006b): S. 88.

219 Auf die Nachricht von der Geburt seiner Tochter Hedwig reagierte er emotional. Er ließ weiße und schwarze Mitarbeiter holen, um ihnen das Ereignis mit Stolz bekannt zu geben. Doch die Versammelten reagierten nicht wie erhofft: „In Afrika ist es bei der Hitze der Weiber, den Männern nichts ungewöhnliches, Vater zu werden, und so machte meine Mitteilung so wenig Eindruck, dass ich mich beinahe schämte." Privatbriefe Vietor: J.K. Vietor an seine Frau, 6. November 1894.

220 Nicolas Freese ging 1893 nach Afrika. Nach 12 Jahren Kaufmannsarbeit in der Fa. Vietors in Anecho kehrte er nach Bremen zurück und gründete 1905 zusammen mit Vietor das Im- und Exportgeschäft Vietor & Freese in Bremen, das 1911 in Duala/Kamerun eine Zweigniederlassung einrichtete. Die Firma handelte mit Palmöl, Baumwolle und Kakao. Während des Ersten

Ambrosius [ein katholischer Missionar]. Thee getrunken, Puttkamers Schafe verschifft, sehnsüchtig Post erwartet. Glücklich über den Brief meiner lieben süßen Frau. Beim Lesen gestört durch Schwarz und Stöhr. Beide etwas krank. Glas deutschen Sekt getrunken. Den Beiden angeboten. Puttkamers Boot umgeschlagen. Arbeit am Strand. Einladung zum Sekt bei Zolldirektor Boeder[221] mit Militärmusik. Abfahrt Puttkamers. Sämtliche Beamte zum Frühschoppen eingeladen. Bis 12 Uhr gekneipt. Schwarzer Besuch. Mittagessen. Krach mit Freese wegen schlechter Manieren. Nach Tisch rührende Aussprache. Las meine Briefe. Landcontract gemacht. Langes und heftiges Palaver mit meinem Schuldner. Missionar Ulrichs Besuch. Empfang und Öffnen der Weihnachtskiste. Den Brief von meiner Frau gelesen. Alles Andere vergessen. Pachtcontract für ein Stück Land aufgesetzt. Eingabe an den Landeshauptmann. 10 Ballen Zeug verkauft an F.A. Almeida.[222] Besuch bei Maul im Krankenhaus. 7 ½ Uhr Abendessen. 9 Uhr zu Bett. Mosquitostiche. Brief an meine Frau. – So ist ein Tag, und wenn ich nun anfing, den einen Krach mit Freese zu beschreiben, oder Bruder Ambrosius' dreckigen Anzug oder die Verhandlungen wegen des Landcontractes, dann bliebe alles andere liegen. Doch mein theures Weib, nun will ich noch einmal versuchen, ob die Angst vor Schlägen nun die Jungs besser aufpassen lässt, denn morgen hoffe ich, nach Grand Popo zu gehen und wird es denklich ein anstrengender Tag. In herzlicher Liebe verbleibe ich, meine liebe, theure Hedwig, Dein Dich innig liebender Mann J.K. Vietor."[223]

Diese Stichworte sollten Hedwig Vietor einen Eindruck von seinen vielfältigen Arbeiten und den zahlreichen Begegnungen während eines Arbeitstages geben. Vietor inszenierte sich als Mittelpunkt in einem kleinen afrikanischen Küstenort. In diesem Tagesverlauf stellte er drei Programmpunkte besonders heraus, die zentral für kaufmännisches Arbeiten in Übersee waren und im Folgenden näher analysiert werden sollen: Sein Hauptaugenmerk galt den verantwortlichen Mitarbeitern. Es war ihm wichtig, eine eindeutige Position zu den Vertretern der deutschen Kolonialverwaltung einzunehmen. Er musste an diesem Tag – wie auch an vielen anderen Tagen – mit Schuldnern einig werden.

6.   Die Mitarbeiter des Kaufmannes

Vietor wählte seine Mitarbeiter für Afrika sorgfältig aus. Seine europäischen Angestellten sollten über eine solide kaufmännische Ausbildung, eine christliche Lebensauffassung verfügen und tropentauglich sein. Er suchte nach jungen Mitarbeitern, die er für den Umgang mit Afrikanern erzog, damit sie auf fremde „vermischte"

Weltkriegs wurde das Geschäft enteignet und 1923 ganz eingestellt. Zusammen mit Vietor gründete Freese das „Afrikahaus J.K. Vietor", das bis zur Bankenkrise 1931 bestand. Bremische Biographie (1969): S. 160.

221 Gustav Boeder in Togo von 1889 bis 1895. Siehe Peter Sebald (1989): S. 781.

222 Antonio Felix d'Almeida, selbständiger afrikanischer Unternehmer. Siehe Sebald (1989): S. 114; S. 570.

223 Privatbriefe Vietor: J.K. Vietor aus Klein Popo an seine Frau, 3. Dezember 1894.

Abb. 21: Privat: J.K. Vietor als Mittelpunkt seines Leitungsteams in Westafrika

Situationen reagieren konnten. Vietor lernte auch zahlreiche afrikanische Mitarbeiter als Handlungsgehilfen an. Von diesen erwartete er, dass sie eine der protestantischen Missionsschulen besucht hatten und daher Christen waren.

Das Foto wurde von einem unbekannten Fotograf gemacht. Es ist auf der Rückseite handschriftlich gekennzeichnet: „10.10.1904" und mit folgenden Namen beschriftet: Die Namen: „Rötscher, Zellweger, Atehissen,? Kuhlmann, Lohmann, Sam, Garske." Das Foto mit den Eisenbahnschienen im Vordergrund wurde an einer Station zwischen Lomé und Palimé oder in Klein Popo aufgenommen.

In der Mitte sitzt J.K. Vietor, rechts neben ihm sein Mitarbeiter Lohmann. Beide haben eine legere Beinstellung im Sitzen eingenommen. Links von Vietor sitzt ein junger Kaufmann in verkrampfter Fußstellung. Vietor und sein kaufmännisches Personal sind in Weiß gekleidet. Auffallend sind ihre blank geputzten Schuhe. Vietor ist in „Gesellschaftskleidung" zu sehen. Zu seinem hell gestreiften Hemd trägt er eine Kragenschleife und einen „Kummerbund". Als einziger hat er einen eng am Kopf anliegenden Tropenhelm aufgesetzt. Die anderen Europäer tragen helle Hüte mit unterschiedlichen Hutkrempen. Zwei Afrikaner befinden sich auf dem Bild – einer von ihnen heißt „Sam", der andere in der Mitte des Bildes ist „Almeida". Dieser steht neben Vietor und trägt einen dunklen Anzug. Auffallend an seiner Jacke sind seine Uhrenkette und sein weißes Einstecktuch.

Vietor nannte in seinen Briefen häufig seinen afrikanischen Clerk Almeida. In der privaten Fotosammlung Vietor befindet sich ein Brustbild dieses Afrikaners. Der afrikanische Mitarbeiter, links hinter Vietor stehend, ist demnach nicht „Atehissen?", sondern Almeida.

Im Kontrast zu Vietors gemischtem Leitungsteam ist die Abbildung 22 auf der folgenden Seite zu betrachten. Die Aufnahme wurde von Hedwig Vietor mit „Arbeiter v. J.K. Vietor – Klein Popo" beschriftet.

Die Gruppe hat sich links neben einem Afrikaner, der zur dunklen engen Anzugjacke Schlips und Kragen trägt, vor einem Palmenhintergrund aufgebaut. Am mittleren Knopfloch seiner Jacke ist eine dicke Uhrenkette bis zur Jackentasche reichend befestigt. Er trägt ein weißes Einstecktuch in seiner linken Brusttasche, weiße Manschetten schauen unter den Ärmeln hervor. Zur Jacke hat er eine kurze dunkle Hose, weiße Kniestrümpfe und Schuhe an. Er ist der einzige der Männer, der einen langen Stock in seiner Hand hält und überragt in seiner Körperlänge alle anderen.

Die Gruppe von insgesamt sechzehn Arbeitern präsentiert sich in unterschiedlichen Körperhaltungen: Im Sand hockend, auf Baumstümpfen oder Hockern sitzend und in der hinteren Reihe stehend. Die Männer zeigen sich mit unterschiedlichen Attributen. Es sind Trommler unter ihnen, zwei halten einen Fächer in den Händen und der Mann im Vordergrund hält in einer Hand seine Machete hoch, mit der anderen hält den gespreizten hinteren Teil eines geschlachteten Tieres (Schaf?) fest. Die Männer sind gemischt gekleidet und tragen überwiegend Kopfbedeckungen: Schirmmützen, Hüte oder Tücher, an denen Troddel hängen. Sie sind bis auf die drei Afrikaner im Vordergrund überwiegend in hoch geschlossene europäische Jacken gekleidet. Besonders die zwei Trommler und der Mann mit dem Stück Hammel scheinen sich mit ihren Darstellungen – trotz ihrer sehr ernsten Gesichter – einen Spaß mit dem Fotografen zu erlauben.

Vietor bezeichnete seine Arbeiter oft als „Kerls". Damit erkannte er ihre körperliche Kraft an. Möglicherweise wurden diese Afrikaner von dem großen Aufseher mit dem Stock (rechts im Bild) zur Arbeit angehalten. Der Mann mit Machete und geschlachtetem Tier versuchte sich „wild" zu gebärden. Damit wollte er wohl dem europäischen Bild von Unzivilisiertheit entsprechen.

J.K. Vietor führte seine Handelsgeschäfte in Bremen und Afrika mit weißen und schwarzen Mitarbeitern, die sich seinem zwischen Lob und Strenge[224] wechselnden Erziehungsstil unterordnen mussten. In seinem Haushalt in Klein Popo waren sechs Kinder als Hausangestellte („Jungen") beschäftigt, die u.a. für die Reinigung der Gebäude und Höfe zuständig waren. Folgten sie den Europäern nicht, wurden sie manchmal unter Androhung von Hieben mit der Reitpeitsche[225] oder mit „einigen festen Ohrfeigen", auch von Vietor, gezüchtigt. Er schrieb:

---

224 Über „Liebe und Hiebe", siehe Privatbriefe Vietor: J.K. Vietor an seine Frau Hedwig, 29. Oktober 1912.
225 Privatbriefe Vietor: J.K. Vietor an seine Frau, 3. Dezember 1894. Vietor nahm kleine Afrikaner in seinen afrikanischen Haushalten auf, um sie unter seiner Obhut zum Schulbesuch und Lernen anzuhalten. Er versuchte, sie zu einem „christlichen Leben" erziehen.

Abb. 22:   Privat: Arbeiter von J.K. Vietor in Klein Popo

> „Die Kerle mögen mich aber wohl leiden, weil ich mich immer viel mit ihnen ab-
> gebe, während leider die meisten Europäer nicht mehr mit ihnen sprechen, wie
> gerade notwendig ist."[226]

Die Kinder lernten in der Missionsschule Lesen und Schreiben. Vietor kontrollierte
ihre Lernfortschritte. Einer von ihnen, der kleine „Selly, schwitzte vor Angst dicke
Tropfen, die nur so auf das Buch fielen", als Vietor das Gelernte überprüfte. Vietor
war überzeugt, dass Zuwendung und Disziplin nützlich waren, um Kinder zu fleißigen Mitarbeitern zu erziehen und sie durch Freundlichkeit und regelmäßigen Lohn
an seine Faktoreien zu binden. Aber in diesem Zusammenhang waren die Grenzen zu Lohnsklaverei (Bond) auch für einen „christlichen Kaufmann"[227] um 1900
fließend. Woher kamen die Kinder und wo hielten sich z.B. die Eltern der Kinder
auf? Darüber schrieb Vietor nichts. Aber sie machten lange Fußmärsche mit, wenn
Vietor in einem Tross von Begleitern ins Binnenland aufbrach[228] oder sie wurden
z.B. auch einmal „ausgeliehen", als in Quidah zur Vorbereitung eines festlichen Diners des französischen Gouverneurs Arbeitskräfte fehlten.[229]

---

226 Privatbriefe Vietor: Vietor an seine Frau, 11. Oktober 1894.
227 Otto Diehn (1956): S. 39. Horst Gründer (2004): S. 128.
228 Privatbriefe Vietor: J.K. Vietor an seine Frau. Klein Popo, 21.-30. November 1894 [17 Seiten].
    „... Maul, Almeida und ich, zwölf Hängemattenleute mit drei Hängematten, acht Trägern und
    drei Jungens. Es war sehr heiß." Vietor kannte verschiedene Afrikaner mit Namen Almeida; die
    Vornamen der Personen nannte er meistens nicht. Der Name deutet darauf hin, dass es sich um
    Afrikaner handelte, deren Vorfahren als Sklaven nach Übersee verschifft worden waren.
229 Privatbriefe Vietor: J.K. Vietor aus Klein Popo an seine Frau, 11. Oktober 1894. „300 flache,
    weiße Teller, 60 Rotwein- und 60 Champagnergläser habe ich dazu hergeliehen und sogar mei-

Vietor profilierte sich gegenüber seiner Frau, indem er ihr von seinen Beziehungen zu afrikanischen Kindern erzählte, nachdem Hedwig Vietor am 4. November 1894 in Bremen ihr erstes Kind zur Welt gebracht hatte. In Quidah würde „eine Masse" Knaben nach ihm „Vito" genannt, schrieb er.[230] Es sei Sitte, diesen Kindern etwas zu schenken,

> „wenn sie nach einem genannt sind. [...] Wir haben hier auch eine Art Garn eingeführt, das sie Leute jetzt Vito nennen."

Vietor stellte sich damit als eine Persönlichkeit dar, deren berufliche und soziale Aktivitäten sogar Einfluss auf die Namensgebung in afrikanischen Familien hatte. Vietor fühlte sich in einer Funktion als „Erzieher" mit Vorbildcharakter bestätigt. In seiner Anfangszeit in Afrika beobachtete Vietor, wie „ungeschickt" Afrikaner beim Tragen von schweren Reissäcken waren. Sie schleppten die Lasten zu viert von den Booten bis zur Faktorei. Vietor erzählte:

> „Ich ließ mir einen solchen Sack auf ein Fass stellen, nahm ihn auf den Rücken und schleppte ihn allein in die Faktorei, und von dem Tage an konnten auch sämtliche Croo-Boys, bis auf die ganz kleinen, es ebenso machen."[231]

Diese Unterweisung habe den Leuten imponiert: Afrikaner setzten danach ihre Körperkraft ergonomisch ein.

In seinen Faktoreien und auf den Plantagen arbeiteten 1894 etwa einhundertdreißig Afrikaner, zusätzlich dirigierte er etwa einhundert „Canovaleute" als Bootsmannschaften.[232] „Acht Europäer und zehn sehr tüchtige Clerks quälten sich um seinen Kram", wie er aus Klein Popo schrieb.[233] Während seiner Aufenthalte brachte er seine Leute auf Trab, kümmerte sich persönlich um Verkaufstraining,[234] Lageraufnahme/Inventur, Eintreiben von Schulden und stoppte weitere Importe bei

---

ne Jungens haben die Leute sich gepumpt, um dort zu helfen." Dieses gesellschaftliche Ereignis könnte mit der „Eingliederung" Dahomeys in das französische Kolonialreich zusammenhängen. Nach jahrelangen militärischen Auseinandersetzungen wurde die ursprüngliche Verwaltungsstruktur des Landes beseitigt; ab 1894 unterstand Dahomey der Aufsicht Frankreichs. Vgl. Walter Schicho (2001), Bd. 2: S. 106.

230 Privatbriefe Vietor: J.K. Vietor aus Gran Popo an seine Frau, 9. September 1894; 24. November 1894 von einer Buschreise: Sie besuchten einen Geschäftspartner, dessen „Clerk brachte mir dann sein Söhnlein von 6 Monaten, welches er nach mir ‚Vito' genannt hatte, und ich schenkte meinem Patchen zur Belohnung einen kleinen Biscuit."

231 StAB 7,73-54: Lebenserinnerungen Vietor, S. 13.

232 Privatbriefe Vietor: J.K. Vietor an seine Frau Hedwig, 26. September 1894.

233 Privatbriefe Vietor: J.K. Vietor an seine Frau Hedwig, 21. Oktober 1894.

234 „Ich gehe auch oft in den Laden, begrüße meine alten Freundinnen, mache etwas Spaß mit ihnen, und verkaufe ihnen dann flott. Wenn ich dann ein gutes Geschäft gemacht habe, sage ich meinen Clerks wohl: ‚Seht, so muss man das machen.' Neulich sehe ich nun wie der Daniel einen ganzen Haufen des besten Zeuges fein zusammen gelegt auf einen Reissack legt. Ich frug ihn, was er da mache und meinte er dann, das lege er so hin, als wenn eine Frau sich das ausgesucht hätte, wenn das die andern Frauen sähen, dann kauften sie lieber." Dann zeigte Vietor, auf welche Weise Textilien im Verkaufsraum wirkungsvoller präsentiert werden konnten. Privatbriefe Vietor: J.K. Vietor an seine Frau Hedwig, 25. Oktober 1894.

gefüllten Lagern. Wenn alles wunschgemäß verlief, feierte er mit Afrikanern „ein schönes Fest".[235].

Vietor wurde jedoch zornig, wie er am Beispiel eines Tagesablaufs (s.o.) skizzierte, wenn einer seiner deutschen Mitarbeiter seine Vorbildfunktion gegenüber Afrikanern vergaß. Das bezog Vietor ebenso auf den Umgangsstil wie auch auf die Handlungsweisen. So monierte er Freeses Ton: Der Dreißigjährige würde wie ein „Unteroffizier [...] viel zu viel herum schnauzen." Den „Größenwahnsinn" werde er ihm schon austreiben.[236] Der Mitarbeiter hatte einen afrikanischen Jungen wegen einer Kleinigkeit „durchgehauen" und dann hinausgeworfen. Vietor fand heraus, dass sein Angestellter und späterer „Hauptagent" mit seinem „bulligen Wesen" auch bei anderen jungen Afrikanern verschrien war. Vietor ließ dieses Verhalten nicht durchgehen.[237] Als er nach fast einjähriger Abwesenheit wieder in Afrika war, stellte er fest, dass der Mitarbeiter auch den Fehler gemacht habe, zwanzig afrikanischen Arbeitern für einen Arbeitstag insgesamt zwei Mark zu „schenken" [unterstrichen W.H.] und sie nicht wie üblich mit einem Tageslohn von einer Mark je Arbeiter zu entlohnen. Es wunderte ihn nicht, dass seine ehemaligen tüchtigen Arbeiter zur Konkurrenz abgewandert waren. Freese und die anderen europäischen Angestellten rügte er wegen ihrer Unbedachtheit und forderte, afrikanische Arbeiter verbindlich zu entlohnen. Von der Rekrutierung neuer Arbeiter zu niedrigerem Stundenlohn als in Konkurrenzbetrieben hielt er nichts[238] und war auch nicht mit „Schenkungen" einverstanden.

Vietor versuchte sich, vom Rassismus der deutschen Kolonialadministration und des Militärs abzugrenzen.[239] Er folgte langfristigen ökonomischen Intentionen und war von der Leistungsfähigkeit der afrikanischen Männer überzeugt, auch wenn sie nach seiner Auffassung ständig dazu erzogen werden mussten.

Sklaverei wurde geächtet und doch geduldet. So verfügten Vertreter des Deutschen Kaiserreichs in der Kolonie Deutsch-Ostafrika erst 1904, dass alle nach dem

---

235 Privatbriefe Vietor: J.K. Vietor an seine Frau Hedwig, 11. Oktober 1894.

236 Privatbriefe Vietor: J.K. Vietor an seine Frau Hedwig, 10. Oktober 1894.

237 Privatbriefe Vietor: J.K. Vietor an seine Frau Hedwig, 5. September 1894; 26. Oktober 1894.

238 Privatbriefe Vietor: J.K. Vietor aus Klein Popo an seine Frau, 5. September 1894. „Wir haben anscheinend nur ein ziemliches Pack hier in der Faktorei. [...] Das ist so falsch, wie nur irgend möglich und wenn man da wirklich auch etwas Geld spart, so geht das doch auf andere Weise wieder flöten. Die alten Leute, die lange bei mir sind und gut für mich aufpassen, haben doch ein ganz anderes Interesse an der Arbeit als die Leute, die heute kommen und morgen gehen. So haben sie die [neuen] Leute oft bis den Abend um neun Uhr arbeiten lassen und ihnen dann, anstatt sie dafür zu bezahlen, [allen] zwanzig Mann zwei Mark geschenkt. Das wollten sich die alten Leute nicht bieten lassen und sind dann einfach davon gelaufen."

239 1892 gehörte Sklaverei in der deutschen Kolonie Togo zur Realität. So gab Freiherr Karl von Gravenreuth, Plantagenbesitzer aus Kamerun, dem stellvertretenden Kommissar Boeder in Togo den „Auftrag", von den afrikanischen Häuptlingen in Klein Popo 150 Sklaven „freizukaufen". 190 bis 240 Mark kostete ein Sklave. Als Gravenreuth die Gesamtsumme nicht zahlen wollte, weil ein neu angekommener Beamter sie freiließ, beschwerten sich die Häuptlinge beim Kaiserlichen Kommissariat. Daraufhin „wurden auf Anweisung Puttkamers 1000 Mark für diese Sklaven nachgezahlt." Zu diesem Vorfall äußerte sich J.K. Vietor erbost. In Togo gäbe es „in aller Form Sklavenhandel", Afrikaner würden von Sklavenhändlern in Ketten gehalten, weil sie sonst wegliefen, während in Ostafrika gegen solche Geschäfte eine „ganze deutsche Flotte" ausgerüstet würde. J.K. Vietor an das Kaiserliche Kommissariat, 8. Mai 1892. Zitiert nach Peter Sebald (1989): S. 133; 701.

31. Dezember 1905 geborenen Kinder von Sklavinnen frei sein sollten.[240] Nach Walter Schicho verringerte sich zwar „die Nachfrage nach Sklaven", aber an der sogenannten Sklavenküste blieb „Sklavenarbeit ein wichtiger Bestandteil der Export orientierten Produktion und Vermarktung." Etliche der aus Übersee zurückgekehrten Nachkommen ehemaliger Sklaven aus Übersee, „Brasilianer" genannt, schafften es, eine einheimische Oberschicht zu bilden. Sie trugen dazu bei, dass sich die Lebensformen in den europäischen Kolonien in Westafrika veränderten. Sie nahmen Vermittlungstätigkeiten als Dolmetscher, Lehrer und Verwaltungsangestellte wahr. Einige arbeiteten als Transportunternehmer oder Händler erfolgreich.[241]

Der europäischen Expansion in überseeischen Kolonien wurde „die Überzeugung von der eigenen kulturellen Höherwertigkeit" zugrunde gelegt.[242] Aus diesem Grund wurde gesellschaftlich nach Rassen getrennt: In Wohnsiedlungen, an Arbeitsplätzen, in Verkehrsmitteln, Vereinen (Tennis, Fußball) usw.

Eingeborene wurden als „Ressourcen" in das koloniale System integriert. Der Bevölkerungsreichtum Togos[243] führte dazu, dass Arbeitskräfte auch zur Plantagenarbeit nach Kamerun und auf Farmen nach Südwestafrika transportiert oder ihr Einsatz in Arbeitslagern in Togo administrativ und militärisch durchgesetzt wurde.[244] Diese Form von Sklaverei legitimierten deutsche Kolonialbeamte und Kaufleute mit einer rassistischen Grundeinstellung und Argumenten wie, Afrikaner würden nicht regelmäßig arbeiten oder seien unzuverlässig. Daher seien sie nicht wie europäische Lohnarbeiter zu behandeln. Der Tageslohn eines Plantagenarbeiters von 0,50 Mark sei – nach Puttkamer – deshalb zu hoch.[245]

Vietor wählte seine jungen Mitarbeiter für Afrika sorgfältig aus. Kaufmännische Angestellte sollten über eine gründliche Ausbildung, Gesundheit, gute Manieren und Bildung verfügen. Er erwartete von deutschen Mitarbeitern, dass sie sich ihrer Rolle als zivilisierte Menschen gegenüber den Schwarzen bewusst würden und seinem Vorbild im Auftreten und Handeln nachkamen. Eine wichtige Voraussetzung dazu war ihm eine christliche Einstellung und entsprechendes Handeln. Doch gerade in diesem Punkt wurde er manchmal von Bewerbern getäuscht. Seine Frau Hedwig machte ihn auf das ‚fromme Getue' vor der Einstellung eines Angestellten aufmerksam und schrieb:

---

240 Großer Brockhaus (2001): Bd. 20. S.294-297; hier S. 296.
241 Walter Schicho (2001), Bd. 2: S. 104-105.
242 Jürgen Osterhammel (2006): S. 20.
243 In Togo lebten 1911 1.032.000 Afrikaner. O.F. Metzger (1941): S. 26.
244 Peter Sebald (1989): S. 129-138. Osterhammel nennt Merkmale von kapitalistischen Produktionsformen auf Plantagen und Haciendas im Unterschied zu Arbeitsformen auf Farmen. Plantagen sind Großbetriebe (oft Kapitalgesellschaften), die sich häufig in entlegenen Regionen befinden. Die Ländereien werden mit hohem Kapitaleinsatz, Maschinen und Hilfsarbeitern gemanagt; die Produkte (z.B. Kautschuk, Zucker, Tabak, Kaffee, Kopra) anschließend weltweit vermarktet. Jürgen Osterhammels Beispiele betreffen insbesondere Kamerun und Südostasien; für die Frühe Neuzeit karibische Räume. Dagegen werden Farmen meistens von der Eigentümerfamilie unter Mithilfe von Lohnarbeitern betrieben. Mit den erzeugten Produkten wird in der Regel der einheimische Markt versorgt. Jürgen Osterhammel (2006): S. 84-88.
245 Peter Sebald (1989): S. 130; 700. Nach von Puttkamer (1891): „Die Sklavenfrage im Togogebiet".

„<u>Du</u> hast mir übrigens, wie ich schon oft sagte, das Misstrauen gegen die Menschen als solches beigebracht, und ich wundere und ärgere mich immer wieder, wie sie dich dann oft so mit ihrem Frommtun für sich einnehmen können. [...] Ich habe dir schon oft gesagt, dass einer dich leichter gewinnen könnte, wenn er wusste, dass er vor allen Dingen ‚fromm' reden müsste. Dieser Nissen ist mir ein schlagendes Beispiel dafür."[246]

Demnach hatte dieser Angestellte zunächst Vietors Vertrauen gewonnen, es aber nach kurzer Zeit in Afrika verspielt. Er hatte in Bremen behauptet – so Hedwig Vietor – alle deutschen Mitarbeiter einer Faktorei Vietors „gingen zu [afrikanischen] Frauenzimmern und alle seien geschlechtskrank" und „überall [sei] so was eingerissen." Hedwig Vietor bezeichnete den Angestellten als „Lump" und „Schw[ein]" und erinnerte sich an sein „unanständiges, unverschämtes" Verhalten gegenüber ihrer Tochter Hedi, als der Mann vor seiner Abreise nach Afrika in ihrem Haus wohnte. Dies zeigt: Von Bremen aus schaltete sich Hedwig Vietor in das Personalwesen des Überseegeschäfts ein.

Vietor achtete darauf, dass seine Mitarbeiter miteinander harmonierten. Wenn ihm Alkoholgeschichten kolportiert wurden, ging er diesen Erzählungen ebenso selbstverständlich nach, wie Gerüchten, nach denen sich Mitarbeiter afrikanische „Frauenzimmer gehalten" hätten. Das waren für ihn „sittliche" Verfehlungen, die zu „Rassenvermischung" führten. Er reagierte darauf konsequent mit Entlassung der Mitarbeiter.[247] Schwarze und weiße Mitarbeiter sollten in seinem Sinn „alle ein ordentliches, nettes Leben führen"[248]. Seine Haltung gegenüber „geschlechtlicher Vermischung" war geprägt von Überlegenheit, deren Hintergrund rassisches Denken war. Afrikanischen Frauen wurde Laszivität und Verführung europäischer Männer nachgesagt, sie seien „Weiber mit Hitze". Von Europäern mit afrikanischen Mätressen[249] distanzierte sich Vietor und hielt den weißen Männern vor, „verrückt" zu sein, wenn sie sich „schwarze Weiber" hielten und sich so das Leben verdürben. „Für kein Geld der Welt möchte ich das tun. Ein solches Weib ohne Liebe ist doch etwas Tragisches!" schrieb er seiner Frau.[250]

Einem anderen weißen Nachwuchsmitarbeiter kündigte Vietor, obwohl ihm dessen Geschäftsführung in Grand Popo, die Ordnung der Buchhaltung, die Umsätze, der Lagerbestand und das saubere Äußere der Faktorei angenehm auffielen. Er sei aber „so hochnäsig, eingebildet und aufgeregt, dass er es verstanden" habe, sich zum „unbeliebtesten Menschen an der Küste" zu machen. Vietor schilderte einen sehr nervösen Mann, der zu Jähzorn neigte und vor dem Afrikaner „weglaufen" würden.[251] Angst „vorm weißen Mann" konnte er nicht dulden, da er als Kaufmann

---

246 Privatbriefe Vietor: Hedwig Vietor an ihren Mann, 6. August 1912.
247 Privatbriefe Vietor: J.K. Vietor aus Klein Popo an seine Frau Hedwig, 5. November 1897.
248 Privatbriefe Vietor: J.K. Vietor aus Quidah an seine Frau Hedwig, 16. April 1897.
249 Zu Mätressen von Kolonialbeamten und des Gouverneurs. Peter Sebald (1989): S. 550.
250 Privatbriefe Vietor: J.K. Vietor aus Porto Novo an seine Frau Hedwig, 2. Oktober 1904.
251 Privatbriefe Vietor: J.K. Vietor an seine Frau Hedwig, 9. September 1894: „Er ist immer in Bewegung mit Armen und Beinen und gibbelig, dann sich vor den Kopf schlagend, dann auf dem Stuhl herumhüpfend, dann muss ein Schwarzer ja schon bange werden. [...] Ich habe lange mit ihm gesprochen und kam es dann auch so weit, dass er darüber einige Tränen vergoss. Ich

das Vertrauen von Afrikanern gewinnen wollte. Wenn Afrikaner den fremden Weißen unvermittelt im Binnenland begegneten, ließen sie ihre Lasten fallen und versteckten sich.[252] Vietor konnte sich die wechselnden, fast pathologischen Stimmungen seines Mitarbeiters nicht erklären. Er verbreitete eine Unruhe, die im Betrieb störend wirkte. Da dennoch gut verdient worden war, kam Vietor für die Rückreisekosten des Mitarbeiters auf.

Vietors Inspektion der Faktorei in Quidah ergab: Die Räume seien in einem „unwürdigen" Zustand.

> „Hier sah es übrigens so gräulich aus, wie in keiner Factorei sonst. Eine Ahnung von Haushaltung hat Maul überhaupt nicht. Hier gibt es keine Kissenbezüge und keine Servietten, die Tischtücher haben Rost- und Tintenflecke und sind nicht weiß, sondern grau. Sechs Teller existieren in der Factorei, das ist alles."[253]

An diesem Beispiel wird deutlich, dass Vietor von dieser „Männerwirtschaft" nichts hielt. Die Faktorei machte auf ihn einen verkommenen Eindruck. Fehlende oder verschmutzte Wäschestücke erschienen ihm deutschen Mitarbeitern unwürdig zu sein.

Zornig machte ihn ein Clerk, der noch einem „heidnischen" afrikanischen Glauben anhing. Vietor schrieb, der Angestellte sei ein „Fetischmann, der alle anderen [Mitarbeiter] bedrohte"[254]. Als Vietor der Sache persönlich nachging, fand er in der Unterkunft („Bude"; „Loch") des Mannes alles „voll Fetischen, Kauristränge, Tierschädel, mit Hühnerblut bestrichene Kalebassen usw.". Vietor entließ den Mann. Und bevor dieser seine „Sachen" nehmen konnte und gehen wollte, musste er versprechen, „keinen Schaden oder Unheil an[zu]richten. [...] Er wand sich wie ein Aal" und versprach es, da Vietor mit der Polizei drohte. Dieses Beispiel zeigt, dass Afrikaner zwar im Umkreis der Norddeutschen Mission als Christen erzogen wurden, sie sich aber zu Hause zwischen Bibel und Fetischen einrichteten. Der Clerk

---

werde aus dem Mann auch nicht klug. [...] Aus diesem Grunde kann ich ihn nicht hier lassen, zumal ich glaube, dass seine Aufgeregtheit hier in Afrika immer noch schlimmer wird."

252 Vietor schrieb von einer Expedition im Hinterland-Grenzgebiet zwischen Togo und Dahomey. Er führte eine „Karawane" von Afrikanern, Trägern mit Handelsartikeln, an. „Damit richtete ich aber ein großes Unglück an, denn so wie die Leute mich sahen, oft 20-30 in einem langen Gänsemarsch hinter einander, liefen sie weg. [...] Ganz ängstlich warfen sie sogar ihre Lasten weg und mehr als einen Oeltopf sah ich am Boden liegen, aus dem das schöne Oel auf die Erde lief. Es nützte auch nicht, dass ich ihnen sofort ein ‚daffe, daffe' (willkommen) zurief und ‚Blow, Blow neva' (na, kommt doch her). In das Gras und in den Busch nach beiden Seiten des Weges sprangen sie und klitsch, klatsch, bums hörten wir immer, wenn sie dann mit ihren schweren Lasten umfielen. Die stärksten Männer mit Flinte und Degen bewaffnet galoppierten ebenso fix davon wie die armen Weiber, welche ja eigentlich mehr Grund hatten, unsere Karawane zu fürchten, da sie ja ganz wehrlos waren. Diesen Weg hatte wohl kaum ein Weißer vor uns gemacht, denn wir hatten inzwischen die Grenze von Dahomey passiert und früher hatte niemals ein Verkehr zwischen den beiden Ländern stattgefunden. Einer Frau, die ganz allein kam und weglief, rief ich nach ‚ach, komm' doch her.' Dann blieb sie einen Augenblick stehen und schrie mich förmlich an: ‚nein', und rannte weiter." StAB 7,73-54: Lebenserinnerungen Vietor: S. 121. - Im Zusammenhang mit Pockenimpfungen wurde das Weglaufen oder das Sichverstecken als Widerstand gegen Europäer aufgefasst. Dazu Peter Sebald (1989): S. 517.
253 Privatbriefe Vietor: J.K. Vietor aus Quidah an seine Frau, 26. September 1894.
254 Privatbriefe Vietor: J.K. Vietor aus Keta an seine Frau, 19. Oktober 1908.

wurde entlassen, weil er Drohungen gegen seine afrikanischen Kollegen ausgesprochen hatte, die offenbar an die Macht von Fetischen glaubten.

Beim Marschieren durch den Busch gab Vietor das Tempo vor, während seine Mitarbeiter ihm kaum folgen konnten, sich das aber nicht anmerken lassen wollten.[255] Nach fünf Tagen erreichten sie von der Küste (Klein Popo) das ca. 160 km entfernte Atakpamé im Binnenland. Vietor schrieb, sie hätten dabei ihre Körper mit Laufen, Reiten, Klettern und Schwimmen trainiert.[256] Körperlichen Anstrengungen konnte Vietor nur Vorteile abgewinnen. In dieser Meinung bestätigte ihn sein Arzt. „Mäßigkeit, Moral und körperliche Anstrengungen" seien Voraussetzungen, um in Afrika gesund zu bleiben. Und danach sollten auch seine Mitarbeiter leben.

Zusammenfassend: J.K. Vietor entwickelte einen eigenen, bemerkenswerten Stil im Umgang mit Europäern und Afrikanern. Die ausgewählten Quellen erweckten den Eindruck, dass eher die Weißen Ärgernisse im Geschäftsbetrieb und in Wohnbereichen verursachten als die Schwarzen. Vietor erzählte seiner Frau von Mitarbeitern und Vorkommnissen in Arbeitszusammenhängen. Hedwig Vietor hatte die jungen kaufmännischen Angestellten in Bremen kennen gelernt. Während sich diese im Bremer Hauptgeschäft auf ihren Einsatz in Afrika vorbereiteten, waren sie zuweilen im Privathaus Vietors untergebracht. Daher wurde die Kommunikation der Eheleute wie eine informelle Dreierbeziehung geführt: Jeder erzählte dem anderen über den Dritten.[257] J.K. Vietor und seine Frau diskutierten Begebenheiten, die zuweilen wie Denunziation wirken.

Vietor setzte Vertrauen in den kaufmännischen Nachwuchs. Er übertrug verantwortliche Positionen an junge deutsche Kaufleute, wenn er von ihren Fähigkeiten, ihrer christlichen Einstellung und Tropentauglichkeit überzeugt war. Den Geschäftspartnern bzw. Teilhabern, Freese, Huber, Lenz und Lohmann überließ er die Geschäftsvertretung.[258] Zu einem ähnlichen Ergebnis kommt auch Hartmut Müller nach Auswertung von Geschäftsunterlagen.[259]

J.K. Vietor übte Nachsicht gegenüber schwarzen Mitarbeitern. Sein Erziehungsstil gegenüber afrikanischen Knaben in seinen Hauswirtschaften war von Strenge und Einschüchterungstaktiken, aber auch von Zuwendungen geprägt. Mit beson-

---

255 Privatbriefe Vietor: J.K. Vietor aus Klein-Popo an seine Frau, 9. Mai 1897. „Bei Lutze hatte ich immer Angst, dass er liegen bliebe." Vietor hörte, wie „Fischer wie ein Rohrspatz" über den unendlich langen Weg schimpfte. Er habe sich einen „Wolf gelaufen und kaputte Füße. Den nächsten Tag gingen wir auf die Plantage, und Fischer musste eine Hängematte nehmen, weil er noch zu angegriffen war, um mitzugehen." Als sich die Kolonne nach einem Zehnstundenmarsch durch den Busch, an Sümpfen, Bächen und Wasserfällen vorbei, Rastplätzen näherte, begannen die Leute mit letzter Kraft einen Wettlauf. „Kurz vorm Ziel fingen die Leute zu rennen an. Ein Crooboy, der immer geschimpft hatte, seine Last sei so schwer, fiel mit ihr um, und ohne sich zu besinnen, ohne Jemanden zu rufen, war er wieder auf den Beinen und hatte die Last auf dem Kopf und lief in der Linie weiter." Vietor gab zu, „die Reise dorthin war keine Kleinigkeit."

256 Privatbriefe Vietor: J.K. Vietor an seine Frau, 10. August 1897.

257 Privatbriefe Vietor: J.K. Vietor an seine Frau, 5. September 1894. Über Nicolaus Freese: „Er liebt dich auch zärtlich und ist er wirklich ganz rührend, wie er immer von dir spricht."

258 Privatbriefe Vietor: J.K. Vietor an seine Frau, 5. November 1897.

259 Hartmut Müller (1973): S. 82–97.

derer Strenge behandelte er weiße Mitarbeiter, die zuviel Alkohol tranken und sich mit afrikanischen Frauen einließen.

Entgegen der oft verbreiteten Aussage, globale Handelsnetze würden besonders fest durch zahlreiche Familienmitglieder geknüpft, machten J.K. Vietor und auch Friedrich Köper schlechte Erfahrungen mit diesem Konzept. In den unveröffentlichten Lebenserinnerungen von J.K. Vietor und Friedrich Köper erfahren wir von Verwandten, die zeitweise als Angestellte oder Teilhaber in den Handelshäusern mitarbeiteten. Offenbar waren die im Überseegeschäft unterzubringenden Familienangehörigen nicht immer willkommen oder es fiel einigen Kaufleuten schwer, auf diese Rücksicht zu nehmen. In seinen Anfangsjahren als Kaufmann wurde Vietor beispielsweise ein Vetter aus Bremen zur Unterstützung geschickt, der sich für die Arbeit in Afrika als ungeeignet erwies.

Friedrich Köper wollte sein Geschäft nicht zu einer „Familienversorgungsanstalt" verkommen lassen. Als er einen Neffen bei sich in Guatemala aufnahm, drängte dieser Köper, auch noch einen Bruder und eine Schwester nachkommen zu lassen. Dieses Ansinnen wendete Köper ab. Wenig erbaut war Köper auch über den Wunsch seines Vaters, dem jüngeren Bruder Gerhard (1869-1929) eine Stellung in Guatemala zu verschaffen. Ebenso äußerte Friedrich Köper Misstrauen gegenüber seinem Teilhaber Eberhard Noltenius, der vier jüngere Brüder hatte. Köper befürchtete, dass die Noltenius-Brüder auch nach Guatemala kommen könnten und er selbst schließlich durch eine „Noltenius-Übermacht" ausgebootet werden würde. Wie wurde über diese Probleme in den Korrespondenzen verhandelt?

Im Sommer 1895 erfuhr Köper, dass sein Vater seinen Bruder Gerhard nach Guatemala schicken wollte. Dieser lernte bis dahin das „Baufach". Friedrich Köpers Reaktion klang wenig erfreut. Es scheint, als wenn er Vater und Bruder von ihrem Vorhaben abbringen wollte:

> „Es überrascht mich einigermaßen, dass Ihr so schnell den Entschluss gefasst habt, Gerhard nach hier ziehen zu lassen. Mir will das noch gar nicht so recht klar werden, weshalb Gerhard das Baufach aufgeben will, was er doch studiert hat [...] und sich nun in einen Beruf begeben will, von dessen Leiden und Freuden er sich keinen Begriff und lauter Vorstellungen hat, die ihm, weiß Gott wer, beigebracht haben mag. [...] Seine Flinte braucht Gerhard nicht mitzubringen, denn die Aasgeier sind hier gesetzlich geschützte Vögel und das einzige Wild, und krank werden darf man hier zu Lande überhaupt nicht, am wenigsten auf einer Pflanzung, denn wenn der Europäer krank ist, laufen die Indianer weg. Zwar gibt es sehr guten Caffee auf der Finca, aber sonst besteht das Menü aus schwarzen Bohnen, gebratenen Bananen, Eiern, Fleisch, mitunter auch mal getrocknetes, des Sonntags vielleicht ein Huhn, Tortillas und wohl hin und wieder Kartoffeln als Delicatesse. Ich möchte Dich bitten, Gerhard vorher auf diese Punkte aufmerksam zu machen, damit er nachher nicht enttäuscht ist."[260]

---

260 StAB 7,13-23.7: Köper an seinen Vater, 27. Juli 1895.

Köper versuchte, seine Verwandten von romantischen Vorstellungen über das Leben und Arbeiten in Guatemala abzubringen. Er hob die einfache Kost und die gesundheitlichen Gefährdungen in den Plantagenregionen außerhalb der Hauptstadt hervor. Auch Vergnügungen wie das Vogelschießen würden unangebracht sein. Er sagte seinem Vater nicht, dass er seinen Bruder für ungeeignet hielt und nicht die Verantwortung für ihn übernehmen wollte.

Zur gleichen Zeit hörte Köper von Überlegungen aus der Familie Noltenius, ihren Sohn Otto nach Guatemala reisen zu lassen. Davon war Köper ebenso wenig begeistert wie über die Pläne seiner Familie, die im Frühjahr 1896 realisiert werden sollten. Aber dazu kam es nicht, denn Köpers Bruder erkrankte. Dagegen traf der zweiundzwanzigjährige Otto Noltenius Ende 1896 in Guatemala ein. Köper erfuhr zunächst nicht, in welchem Geschäft Otto angestellt wurde. Dieses Verschweigen macht die Entfremdung der ehemaligen Freunde sichtbar, sie informierten sich nur über das Nötigste und verheimlichten sich wechselseitig Zukunftspläne. Nach der Auflösung der Firma Köper & Noltenius arbeitete Otto mit seinem Bruder Eberhard zusammen. Die Brüder Noltenius wechselten zwischen den Kontoren in der Hauptstadt und ihrer Filiale in Retalhuleu. Aber Geschäftsnachfolger in Guatemala – wie es dem Idealkonzept von Bremer Kaufleuten entsprach – wollte Otto nicht werden. Er nannte gesundheitliche Gründe für seine kurzfristige Heimkehr nach Bremen und blieb nur bis zum Frühjahr 1910 in Guatemala.[261]

Im Herbst 1904 kam es zwischen Friedrich Köper und seinem Schwager Johann Meiners, einem jüngern Bruder von Tilly Köper, zu einem Arbeitsverhältnis in Guatemala. Ein Jahr später wurde der Bruder seiner Frau Taufpate der jüngsten Köper-Tochter Gerda. Aber Tilly Köpers Freude über den Aufenthalt ihres Bruders endete abrupt. Ohne sich zu verabschieden, reiste dieser an die Küste, um eine Schiffspassage für die Heimreise zu buchen. Er wollte fort und davon erfuhren Köpers zufällig. Sie ließen ihn suchen und brachten ihn wieder zurück in die Stadt. Der Bruder erklärte, er werde von Friedrich Köper zu schlecht und streng behandelt.[262] Dieser Vorfall wurde zum Gesprächsstoff in der deutschen Kolonie. Eine Frau sprach Tilly das Beileid aus[263] und eine andere schrieb ihrem Mann: „Über Meiners wird erzählt, dass er furchtbar viel getrunken haben soll und nun zu seinem Bruder Friedrich reist"[264]. Der Schwager sei in schlechte Gesellschaft geraten, obwohl ihm das Ehepaar Köper „Gelegenheiten einer ordentlichen Lebensführung" mit Familienanschluss geboten hatten. Er habe durch sein Verhalten

> „die schwesterlichen Gefühle von Tilly aufs tiefste verletzt." Nur in der „Kneipe bei seinen Freunden fand er sich wohl. In den letzten acht Tagen hat er auch nur unter Alkohol gestanden, [wie auch zuvor] dass er gestern Morgen einfach abgereist ist."[265]

---

261 Privatbriefe Noltenius: Eberhard Noltenius an seine Frau, 22. März 1910.
262 StAB 7,13-26.8.: Friedrich Köper an seine Eltern, 18. September 1906; Friedrich Köper an seinen Schwager Fritz Meiners, 19. September 1906; Friedrich Köper an Schwager Heinrich Meiners, 21. September 1906; Friedrich Köper an Schwager Fritz Meiners, 24. September 1906.
263 StAB 7,13-26.8: Friedrich Köper an seinen Schwager Fritz Meiners, 24. September 1906.
264 Privatbriefe Noltenius: Helene Noltenius an ihren Mann, 24. September 1906.
265 StAB 7,13-26.8: Friedrich Köper an Fritz Meiners, 24. September 1906.

In der Retrospektive griff Friedrich Köper das Thema erneut auf:

> „Er hatte ein angenehmes Wesen, war auch fleißig; leider war er keine selbständige schöpferische Kraft und leicht fremden Einflüssen ergeben, also ungeeignet für einen späteren Nachfolger und Geschäftsleiter."[266]

Köper ließ sich auf keine Zugeständnisse gegenüber Familienangehörigen ein. Als Firmenchef regierte er sein Unternehmen mit Strenge. Er duldete es nicht, in seiner „Ehre" verletzt oder wegen des Verhaltens eines jungen Schwagers verspottet zu werden. Ein Familienmitglied bekleidete für Köper einen besonderen Rang und durfte sich deshalb nichts zu schulden kommen lassen. Johann Meiners schied für eine verantwortliche Stellung aus.

J.K. Vietors Erfahrungen mit Personal aus der Verwandtschaft waren ähnlich. Mit den Brüdern Augener war Vietor schon geschäftlich verbunden gewesen, ehe er seine Frau Hedwig kennen lernte.[267] In seinen Handelsniederlassungen waren zu unterschiedlichen Zeiten Brüder seiner Frau beschäftigt.[268] Schwager Otto Augener war bis zum April 1893 in der Faktorei Klein Popo eingesetzt.[269] Vietor hielt Otto für „abscheulich leichtsinnig" und war wohl erleichtert, als dieser aus gesundheitlichen Gründen nach Bremen zurückkehrte.

---

266 StAB 7,13- Köper Mappe Verwandtschaften, 3. September 1945.

267 Vietor schrieb, dass einer der Brüder in Afrika ein Bildnis seiner Schwester Hedwig aufgestellt hatte, das Vietor „heimlich" betrachtete.

268 Privatbriefe Vietor: J.K. Vietor an seine spätere Schwiegermutter Meta Augener, 5. Februar 1893. Das Las Palmas-Geschäft firmierte unter J.K. Vietor & Enrique Augener. Hartmut Müller (1973): S. 93. – StAB 7,73-54: Lebenserinnerungen Vietor, S. 81: J.K. Vietor über Enrique Augener in Las Palmas: Ich „sandte meinen Schwager nach Las Palmas und ließ ihn dort ein Geschäft beginnen. Es war eigentlich nur klein gedacht, aber während ich in Afrika war, hatte Herr Paul [ein Mitarbeiter in Vietors Bremer Geschäft] Herrn Augener sehr große Kredite gegeben, und als ich auf der Rückreise dahin kam, schuldete er mir, [...] statt M 10.000 oder 20.000 das Doppelte oder die dreifache Summe. Damals war ich noch nicht kapitalkräftig genug, um dieses Geld im Geschäft entbehren zu können." Privatbriefe Vietor: Hedwig Vietor an ihren Mann, 21. November 1899; 6.-10. September 1908; J.K. Vietor an seine spätere Schwiegermutter [Entwurf], 5. Februar 1893. – Lebensdaten und Berufstätigkeit der Brüder: Friedrich Augener (1866-1901) war Offizier auf einem Handelsschiff des Norddeutschen Lloyd; Heinrich [Enrique] Augener (1869-1940) war seit 1892 Leiter von J.K. Vietors Faktorei in Grand Popo; später waren J.K. Vietor und Augener Geschäftspartner in Las Palmas; Otto Augener (1871-1932) war bis April 1893 Vietors Mitarbeiter in Klein Popo; danach wechselte er nach Guatemala zur Firma Augener & Gross; Karl Augener (1877-1912) war Versicherungsvertreter. Andres Augener (1882-?) war seit 1912 Vietors Geschäftspartner in der Firma Henry Dietrich & Co. bzw. Augener & Mau in Accra. Die Firma Augener & Mau endete mit einem Zivilprozess. Vgl. Hartmut Müller (1973): S. 91-93.

269 „Bruder, Otto Augener, der früher bei uns gewesen war, kam dann – ein sehr gemütlicher Herr – der ganz außer sich war, [als] ich ihm Vorwürfe machte, dass er nicht mehr verdient hätte, wo doch ein ganz netter Gewinn zu verzeichnen wäre. Nach meiner Meinung hatte er aber mit etwas mehr Energie noch bedeutend mehr verdienen können. Er ging dann nach Guatemala und begann dort [in] Firma Koch & Co. sein eigenes Geschäft. Dieser Koch ging aber bankerott, und er kam selbst hierher, um sich neue Kredite zu suchen. Die Gläubiger von Koch erklärten sich bereit, die Schuld von Herrn Augener, die ganz außerordentlich billig angesetzt war, zu streichen, wenn ich den Rest bezahlte. Einen Teil gab ich in bar und einen Teil in Wechseln. Aus diesem Geschäft ist leider nichts geworden, weil mein Schwager kein energischer Mann war, und er ging nach kurzer Zeit schlimm bankerott und schuldete uns Unsummen." StAB 7,73-54: Lebenserinnerungen Vietor, S. 87.

„Er hätte es doch wirklich nötig gehabt, Geld zu sparen, allein schon aus Rücksicht auf Mama, denn es ist doch nicht mehr wie recht, dass die Kinder, wo sie können, den Eltern helfen, dann kann es mich aber verdrießen, wenn ich höre, wie Otto dann hier so riesig viel Sekt immer gekneipt hat. Das hätte er doch wahrhaftig bleiben lassen können."[270]

Um weder seine Frau noch seine verwitwete Schwiegermutter zu verstimmen oder zu belasten, übernahm Vietor nach Otto Augeners Rückkehr nach Bremen dessen Kosten für Unterkunft und Erholungsurlaub. Später beglich Vietor die Schulden dieses Schwagers in Guatemala.[271] Vietor diskutierte mit seiner Frau die beruflichen Perspektiven ihrer Brüder und hielt sie über seine Geschäfte mit ihrem Bruder Enrique auf aktuellem Stand. Im Gegenzug erbat er sich von ihr Nachrichten über ihre Brüder Otto und Andres Augener.

Nachdem Vietor monatelang in Afrika an den unterschiedlichen Handelsplätzen unterwegs gewesen war, machte er Mitte Januar 1895 auf der Rückreise nach Bremen in Las Palmas einen Zwischenstopp. Der Zustand des Geschäfts ließen ihn „das Schlimmste befürchten", so dass er seine Abreise von Mitte Februar auf Ende März verschieben musste. Innerhalb von zwei Stunden fand er heraus, dass „Enrique mehrere Male böse übers Ohr gehauen" worden sei. Mehr als zehntausend Mark seien verloren. Vietor warf seinem Schwager vor, ihn im Glauben gelassen zu haben, „das Geschäft wäre fein im Gang, und in Wirklichkeit war es miserabel"[272]. Die Buchführung fand er so in Unordnung vor, dass nicht nachzuvollziehen war, wo das Geld geblieben war, „das ist eine Sache, aus der ich Enrique einen schweren Vorwurf mache". Der Beruf des Kaufmanns erfordere „ewiges Laufen, Drängen und Treiben." Enrique habe zu wenig „Schneid" und sei zu gleichgültig.[273] Aber Vietors schlechte Stimmung verflog nach dem Lesen „aus dem Jesaia", wie er schrieb, denn inzwischen schämte er sich, seiner noch nicht zwanzigjährigen Frau im Zorn über den Schwager berichtet zu haben. Er versuchte sie zu beruhigen, denn „bankrott" könne ihn dieser Vorfall nicht machen.[274] Er dürfe seinen Mitarbeitern – in diesem Fall seinem Schwager – durch seine Erregung nicht „Lust und Liebe zu der Sache" nehmen. Es käme ihm „fast krankhaft vor, [sich] um einige lappige tausend Mark zu ängstigen." Ganz besonders ärgerte es ihn, seine Abreise nicht festlegen zu können, denn weitere zehn- bis fünfzehntausend Mark stünden auf dem Spiel. Er sehnte sich nach Haus zu Frau und Kind. In Bremen wuchs seine Tochter heran und er hatte sie noch nicht kennen gelernt.

Über die Unzuverlässigkeiten der Schwager war Vietor sehr verärgert. In das von Enrique Augener geleitete Handelshaus in Las Palmas investierte Vietor in der Hoffnung, sich mit seiner Familie in dem angenehmen Klima Gran Canarias

---

270 Privatbriefe Vietor: J.K. Vietor an seine Frau, 12. Oktober 1894.

271 StAB 7,73-54: Lebenserinnerungen Vietor, S. 87; über „Augeners Bankrott" und J.K. Vietors „Hilfe" kursierten in Kaufmannskreisen Guatemalas Gerüchte. – StAB 7,13-25.8: Friedrich Köper an seine Frau, 22. November 1903.

272 Privatbriefe Vietor: J.K. Vietor an seine Frau, 28./29. Januar 1895.

273 Privatbriefe Vietor: J.K. Vietor an seine Frau, 31. Januar 1895.

274 „... Selbst wenn alles hier verloren wäre, was wir haben. Es ist auch zum großen Teil Nervosität." [nächste Seite fehlt] Privatbriefe Vietor: J.K. Vietor an seine Frau, 27. März 1895.

niederlassen zu können. Von dort aus wäre er seinen Afrika-Niederlassungen näher gewesen.[275] Diese Pläne gab Vietor auf. Einen Handel mit landwirtschaftlichen Erzeugnissen eigener Plantagen aufzuziehen, ohne einen geeigneten Geschäftsführer zu haben, erschien ihm zu risikoreich. Vietor trat vom Las Palmas-Geschäft zurück und überließ es Enrique Augener.[276]

Vietor beendete die Zusammenarbeit mit Otto Augener in Klein Popo. Er erklärte seiner Frau, dass es der Stellung eines engen Verwandten nicht entsprach, sich – wie im Fall dieses Schwagers – als Buchhalter einem jüngeren Faktoreigeschäftsführer unterordnen zu müssen. Vietor besetzte diese Position mit einem Angestellten, der ihm zuverlässiger als der Schwager vorkam.[277]

1895 war Andres Augener noch Gymnasiast in Bremen. Vietor zahlte dem „kleinen Bruder" seiner Frau den Nachhilfeunterricht in Französisch mit der Bemerkung: „Lasst ihn nur nicht Kaufmann werden!" Doch Vietor ließ sich umstimmen: 1899 arbeitete Andres in Vietors Bremer Hauptgeschäft. Hedwig Vietor legte ein gutes Wort für den Bruder ein.[278] 1912 arbeitete Andres Augener im Geschäft Henry Dietrich & Co. in Accra, an dem Vietor beteiligt war.[279] Ein Konflikt zwischen den Verwandten entstand, als kolportiert wurde, Augener habe sich mit „schwarzen Weibern" eingelassen.[280] Im Herbst 1912 inspizierte Vietor das neue Geschäft in Accra, das er als „recht dürftig" beschrieb". Er schätzte, dass in Accra „ein unmenschlich großes Geschäft zu machen" sei. Beeindruckt zeigte sich Vietor vom wirtschaftlichen Aufschwung und von der Mobilität an der Goldküste. „Du siehst hier jetzt hunderte von Pferden, Mauleseln und Automobilen, die geschäftig hin und her fahren"[281]. Auch Schwager Andres fuhr ein Auto. Nachdem sich Vietor „im Busch" die „Verhältnisse" [Kakao-Pflanzungen] angeschaut hatte, kam er zu dem Schluss, Andres weiter zu unterstützen. Er schrieb, es gäbe

---

275 StAB 7,73-54: Lebenserinnerungen, Vietor, S. 81.

276 Privatbriefe Vietor: J.K. Vietor an seine Frau, 18. Juli 1895: Das Las Palmas-Unternehmen nannte er „unser Unglücksnest."

277 Privatbriefe Vietor: J.K. Vietor an seine Frau: 21.-27. August 1894. „Dann glaube ich, dass es besser ist, dass Otto nach Hause gekommen ist, denn ich hätte ihm mit dem besten Willen keine Factorei geben können. Das passt doch nicht, dass er dort als mein Schwager nur eine Buchhalterstelle bekleidet, und junge Leute, welche viel jünger herauskommen, eine Factorei bekleiden. – Insofern ist es besser. Dass Otto jetzt so sentimental tut, halte ich für unrecht von ihm, damit macht er Mama und dir nur das Leben schwer!"

278 Privatbriefe Vietor: Hedwig Vietor an ihren Mann, 20. November 1899. „Andres gibt sich sehr viele (i.O.) Mühe, Lohmann [ein Geschäftspartner Vietors] meint auch, er würde noch mal brillant werden. Verbummeln tut er ja manches noch mal, dafür muss er natürlich feste einen aufs Dach haben, aber er arbeitet mit großer Freude, das ist wahr und hält von dir Großes!"

279 Vietors Firmen und Beteiligungen in Afrika: Vgl. Hartmut Müller (1973): S. 82-97; S. 91: Im Laufe des Jahres 1912 übernahm Augener zusammen mit Rudolf Mau das Geschäft, das unter dem Namen Augener & Mau firmierte.

280 Privatbriefe Vietor: Andres Augener an seinen Schwager J.K. Vietor, 28. Oktober 1912: Auf Briefpapier „Henry Dietrich & Co. Accra. Goldcoast. West-Afrika. „Mein lieber Karl! Auf deine Anfrage vom 22. 10. möchte ich dir nur eben mitteilen, dass ich mir kein Frauenzimmer halte. Ich möchte doch aber gern wissen, wer sich so für meine Privatangelegenheiten interessiert, dass er Sachen erzählt, die er nicht verantworten kann und tust du mir wohl den Gefallen, den Namen dieses „gentleman" anzugeben, damit ich ihn mir mal kaufen kann."

281 Privatbriefe Vietor: J.K. Vietor an seine Frau, 5. September 1912.

„eine kolossale Chance viel Geld zu verdienen. Und wenn wir ihm jetzt in dieser Saison helfen wie wir können, dann werden wir unser Geld im März/Mai zu-
rückhaben. Und dann können wir ja weiter sehen, ob wir das Geschäft weiter machen können." [282]

Vietor hielt nicht mit Kritik an den deutschen Geschäftsführern zurück. In ihrer Ge-
sundheitsvorsorge seien sie zu leichtsinnig. Andres hätte von Mücken zerstochene
Füße und Beine gehabt, das könne zu Gelbfieber führen. Nach der Inspektion im
„Busch" zeigte er sich entsetzt über die verlotterten, unhygienischen Zustände. Die
Lebensverhältnisse seien „unter aller Kanone". Nach Vietors Schilderung traf er in
der Unterkunft („Bude") auf der Pflanzung Heinrich (Henry) Dietrich an. Er lag

> „auf dem Bett ohne Kopfkissen und schalt auf die schlechte Matratze, da alle
> Kopfkissen von Zimmermann her noch auf das Abscheulichste nach Katzendreck
> rochen, was ich in der ersten Nacht auch gemerkt habe. Mau[283] saß davor auf dem
> kleinen Lehnstuhl und wusch sich die Füße. Unter dem Waschtisch stand eine
> leere Kiste, in der Maus' dreckige Wäsche herausguckte. Andres saß müde auf ei-
> nem Stuhl und betrachtete wehmütig seine Hühneraugen, die ihm seine klitsch-
> nassen steinharten Stiefel gedrückt hatten." [284]

Verwandte als Mitarbeiter im Geschäft konnten nicht unbedingt besondere Rücksichtnahme erwarten. Dennoch entschied sich Vietor mit Rücksicht auf seine Frau,
ihren Brüdern aus Geldschwierigkeiten herauszuhelfen oder er verschaffte ihnen
trotz aller vorherigen Vorsätze doch Anstellungen in seinen Unternehmungen.

Zusammenfassend. Solidarität unter Verwandten diente dem Versuch, auf der
Grundlage von gemeinsamen Werten, Bräuchen und Erwartungen ökonomische
Netzwerke sicher zustellen. Dazu schien der Einsatz von Familienmitgliedern besonders dann geeignet zu sein, wenn mehrere, örtlich getrennte Haupt- und Filial-
handelsgeschäfte geführt werden sollten. Dies sei ein Grundprinzip früher multi-
nationaler Unternehmen, so Hartmut Berghoff.[285] Doch Verwandte waren offenbar
nicht immer die zuverlässigsten Mitarbeiter. Hedwig Vietors Brüder Enrique, Otto
und Andres Augener waren zu unterschiedlichen Zeiten Angestellte oder Teilhaber
in Vietors Geschäften in Bremen, Afrika und Las Palmas. Keiner von ihnen erfüllte seine Erwartungen. Mit „Leichtsinn", Unfähigkeit, Alkoholproblemen, Schulden
und Unsittlichkeit konkretisierte er die Konflikte. Wenn Vietor wütende Briefe an
seine Frau aus Afrika schrieb, reagierte Hedwig Vietor sanft vermittelnd.

Friedrich Köper zeichnete seinen guatemaltekischen Mitarbeiter Domingo
Muñoz mit einer Vertrauensstellung aus. Zunächst übertrug er ihm Prokura und
später machte er ihn zum Geschäftsteilhaber. Rückblickend hielt er Muñoz für den

---

282 Privatbriefe Vietor: J.K. Vietor an seine Frau, 8. September 1912.
283 Rudolf Mau war ein Neffe Vietors, der zusammen mit Augener das Geschäft Augener & Mau
    betrieb. Vgl. Hartmut Müller (1973): S. 91.
284 Privatbriefe Vietor: J.K. Vietor an seine Frau, 8. September 1912.
285 Hartmut Berghoff (2004): S. 149f.

„besten Caligraph" in Guatemala.[286] Dagegen fand Köper in der Retrospektive über seinen zweiten langjährigen Mitarbeiter und späteren Teilhaber Wilhelm Lottmann aus Butershausen/Ostfriesland wenig gute Worte. Er sei ein „intriganter und eitler Mensch in der Miene des biederen Ostfriesen gewesen"[287].

Der Geschäftsabschluss 1903 stimmte Köper zufrieden. Dankbar bemerkte er, dass sein „hiesiger erster Angestellte Domingo Muñoz" an dem guten Ergebnis einen großen Anteil habe. Er wolle ihm „Vollmacht" geben. Muñoz interessiere sich für das Geschäft so, als wenn es sein eigenes wäre. Neben seinem Gehalt von sechshundert Dollar, das seien zweihundert Mark, sollte er mit zehn Prozent des Reingewinns im folgenden Jahr belohnt werden.[288] Ebenso lobte Köper anfangs seinen Angestellten Wilhelm Lottmann. Er sei gut eingearbeiteter Buchhalter und „trotz seiner Jugend ein besonnener zuverlässiger Mensch von gediegenem Charakter"[289]. Lottmann war nicht nur Buchhalter: Nachdem Köper Kapital in Gummi- und Holzplantagen investiert hatte, um sich als Rohstoffexporteur zu profilieren, nahm Lottmann anstelle von Köper gesundheitliche Risiken in der tropischen Region um Escuintla in Kauf.[290] Lottmann brachte Friedrich Köpers „Gummigeschäft in Ordnung"[291]. Aber als sich Lottmann ohne Köpers Zustimmung verlobte und noch im selben Jahr in Deutschland heiraten wollte, reagierte der Vorgesetzte ungehalten. Lottmanns Reisepläne trafen mit denen von Köper zusammen.[292]

Nachdem Köper 1907 Lottmann und Muñoz zu seinen Teilhabern gemacht hatte, reiste er mit seiner Familie nach Bremen zurück und war sicher, die Geschäftsnachfolge in Guatemala vorerst geregelt zu haben. Er selbst eröffnete in Bremen ein Handelshaus. Mit beiden Teilhabern stand Köper in engem Briefkontakt.[293] Muñoz und Lottmann entwickelten während Köpers Abwesenheit unterschiedliche Ansichten über den Fortgang des Geschäfts. 1912 trennten sie sich.

Doch Köper setzte nicht nur ein besonderes Vertrauen in Domingo Muñoz, sondern baute ein Netz von indigenen Zwischen- und Kleinhändlern auf, das auf Verlässlichkeit basierte. Eine seiner „alten Bekannten", wie er schrieb, war Maria

---

286 StAB 7,13: Lebenserinnerungen Köper, S. 31. Die überlieferten Briefe von Domingo Muñoz an Köper (1908-1912) sind nicht nur in einem zuvorkommenden Stil, sondern in feinsten Schriftzügen von ihm verfasst.

287 StAB 7,13: Lebenserinnerungen Köper. Abschnitt „Angestellte und Teilhaber".

288 StAB 7,13: Köper an seinen Vater, 27. Februar 1903. „Er [Muñoz] ist verheiratet und aus sehr anständiger ehrbarer hiesiger Familie, welche durch den frühen Tod ihres Vaters ihre Pflanzungen verloren hat."

289 StAB 7,13: Köper an seinen Vater, 20. März 1903.

290 StAB 7,13: Köper an seine Eltern, 30. November 1904.

291 StAB 7,13: Köper an seine Frau, 30. November 1904.

292 StAB 7,13-25.8: Köper an seine Frau, 13. November 1904.

293 StAB 7,13: Domingo Muñoz an Friedrich Köper, 7. Januar 1911. In seinen Briefen schmeichelte Domingo Muñoz seinem Chef in Bremen: So bat er: Köper solle nicht zu große Warenmengen nach Guatemala schicken, worauf Köper antwortete, er müsse erst das richtige Maß für die Exporte finden. Darauf antwortete Domingo: „Wenn die Weißen sagen, dass sie noch viel zu lernen haben, so habe ich als einfacher Mensch erst recht viel zu lernen."

Martinez.[294] Köper überließ Maria Martinez aus Europa importierte Waren auf Kredit, die sie auf ihrem Marktstand „Bazar Este"[295] zügig an ihre Kunden verkaufte. Köper schätze ihre Zuverlässigkeit. Er schrieb:

> „Ich habe der Maria Martinez, weil sie ein ordentliches intelligentes Mädchen ist, $ 10000 auf Credit gegeben, womit sie derartige Erfolge erzielt hat, dass sie mir wöchentlich $ 1000 bezahlt und damit zu den besten Kunden gerechnet wird."[296]

Die geschäftlichen Beziehungen zwischen Köper und Maria Martinez bestanden noch 1912. Sie schrieb ihm in feinster Schrift nach Bremen, er solle sich umgehend um Artikel, nach neuester Pariser Mode bemühen. Sie könne nur mit Gewinn verkaufen, wenn die „Damenkreationen" der neuesten Mode entsprächen. Der Konkurrenz entging dieser Erfolg Köpers offenbar nicht.[297] Köpers Arbeit in Guatemala fußte auf guter Zusammenarbeit mit indigenen Angestellten, wobei vor allem Muñoz und Martinez von ihm genannt wurden.

7. Umgang mit Schuldnern

> „Saumseligkeiten in Deinen Privatangelegenheiten, worüber doch auch ich schon zu klagen gehabt habe, musst Du Dir nicht zu Schulden kommen lassen. Das wirft kein gutes Licht auf Dich als Geschäftsmann. Je exacter und pünktlicher du in allen Geldangelegenheiten bist, desto creditwürdiger wirst du gehalten."[298]

Diese Ermahnung Gerhard Köpers galt seinem Sohn Friedrich. Demnach achteten auch Verwandte darauf, dass Verbindlichkeiten fristgerecht und pünktlich beglichen wurden. Das betraf ebenso Auslagen der Eltern für persönliche Gegenstände – z.B.

---

294 StAB 7,13-24-7: Köper an seine Schwiegereltern, 5. Februar 1898. Namensliste zur Versendung von Verlobungsanzeigen: unter vielen Deutschen aus Hamburg, Bremen und Guatemala wurde eine auch an „Senora Dona Maria de Martinez Sobral" geschickt. Nach den aufgeführten Namen, war sie die einzige Indigena, die schriftlich von der Verlobung Köpers unterrichtet wurde.

295 StAB 7,13: Maria Martinez an Friedrich Köper, Juli 1912. Köper hatte Maria Martinez zur Eröffnung ihres neuen Geschäfts gratuliert. Durch Vermittlung von Köper wurde sie mit einem Pariser Agenten bekannt. Sie arbeitete auch eng mit „ihrem Freund Domingo Muñoz", Köpers Teilhaber, zusammen. Von Köper forderte sie Artikel für Kinder und elegante Frauen der Stadtbevölkerung an. „Ehrlich gesagt, mein Stand zieht nicht die Dorfkundschaft an. [...] Schals und Tücher und bestickte [...] gehen weg wie warme Semmeln." Guatemala sei in Modefragen weit fortgeschritten. „Wenn wir erfolgreich sein wollen, müssen wir mit der Zeit und der europäischen Mode gehen, vor allem der aus Paris, die mehr dem lateinamerikanischen Geschmack entspricht. [...] Entschuldigen Sie, Don Federico, dass ich Ihre Aufmerksamkeit immer wieder auf dieses Thema lenke, aber ich halte es für meine Pflicht, Ihnen diese äußerst nützlichen Angaben zu machen."

296 StAB 7,13: Köper an seine Frau, 17. Januar 1904.

297 Hermann Schütte sei zu Maria Martinez gegangen, um „ihr persönlich [aber vergeblich] zu verkaufen" und ihre Verbindlichkeiten gegenüber Köper zu erfragen. StAB 7,13: Köper an seine Frau, 17. Januar 1904.

298 StAB 7,13: Gerhard Köper an seinen Sohn Friedrich, 17. August 1900.

Wäsche, „Kneifer" oder Reitanzug – wie auch für die vierteljährlichen Schuldzinsen für den Geschäftskredit, den Vater Köper dem Sohn gewährte.[299]

Den Handlungen eines Kaufmanns lag das Streben nach Gewinn zugrunde. Monatsabschlüsse und Jahresbilanzen bildeten das Fundament für eine „rationale Betriebsbuchführung"[300]. Die Kalkulation und die spätere Überprüfung der realen Umsetzung unternehmerischer Aktionen unterlagen schriftlichen kaufmännischen Kontrollen, die den eigenen finanziellen Status, aber auch Fehleinschätzungen sichtbar machten.

Kaufleute etablierten ihr Geschäft auf Kredit. Sobald sie Gewinne erwirtschafteten, zahlten sie neben den vereinbarten Kreditzinsen Teilbeträge ihrer Schulden an die Geldgeber zurück.[301] Sie bemühten sich, nach Möglichkeit „niemanden etwas zu schulden" (Friedrich Köper). Nach einigen Jahren erfolgreicher Arbeit wurden sie selbst auch Gläubiger und erwarteten Pünktlichkeit von ihren Schuldnern. Überseekaufleute schilderten ihren Umgang mit kreditwürdigen Menschen, aber auch das Verhältnis zu „faulen" Kunden, die Waren auf Kredit gekauft und „kein Gedächtnis für ihre Schulden" hatten. Das Eintreiben von Schulden übernahmen Friedrich Köper und J.K. Vietor oft selbst. Umso deutlicher äußerten sie sich, wenn ihre Geschäftspartner gegen vermeintliche „Bremer" Kaufmannstugenden wie Redlichkeit, Pünktlichkeit, Disziplin, Fleiß und Sittlichkeit verstießen.

Afrikanische Frauen und Männer transportierten Landesprodukte wie z.B. Kokosöl und Kokoskerne aus dem Landesinneren in die Höfe der Faktoreien. Dort wurden die Rohstoffe gewogen und der Tausch- oder Geldwert festgelegt. Es kamen auch zahlreiche Händler, die größere Mengen von Landeserzeugnissen im Kanu brachten und sich aus Europa importierte Waren zum Einhandeln auf Kredit auswählten. 1894 ermittelte Vietor einen hohen Minusbetrag in der Buchführung und übernahm die „unangenehme Aufgabe, alle Kunden energisch zu mahnen", schrieb er. Viele seiner Kunden und Kundinnen waren ihm auch nach längerer Abwesenheit persönlich bekannt. Er nannte sie mit ihrem Namen und versuchte ihnen zu erklären, dass Kredite Vergünstigungen seien, die auf gegenseitigem Vertrauen beruhten. Seinem deutschen Faktoreileiter (Maul) traute er erfolgreiches, „energisches" Durchgreifen gegenüber Schuldern nicht zu.[302]

---

299 Im Verhältnis zwischen Schuldner und Gläubiger müssten auch die „unbedeutendsten Handlungen, die den Kredit eines Mannes beeinflussen, von ihm beachtet werden." Dazu gehörten nach Auffassung von Benjamin Franklin: Pünktlichkeit (beim „Schlag des Hammers"), ein ständiges Gedächtnis für die Schulden zu haben und immer dem Bild eines „ehrlichen Mannes" zu entsprechen. Das vermehre die Kreditwürdigkeit. Zitiert nach Max Weber (2000): S. 41.

300 Max Weber (2000): S. 12-16.

301 J.K. Vietor machte sich 1883 mit einem Darlehen seines Onkels Friedrich Martin („Fritz") Vietor in Westafrika selbständig. Zehn Jahre später schrieb er über seine Vermögensverhältnisse. Demnach war er am 1. Oktober 1892 schuldenfrei. Privatbriefe Vietor: J.K. Vietor an seine spätere Schwiegermutter, 5. Februar 1893 – Vietor schickte diesen Brief nicht ab, wie er am 27. August 1895 schrieb. – 1894 teilte er seiner Frau mit: Er beabsichtigte, seine Schulden bei „Onkel Fritz" zurückzuzahlen. Zudem schuldete er zu dieser Zeit „Paul und Klein nicht mehr als 100.000 Mark." Den Schulden standen Außenstände in Höhe von 40.000 Mark allein in Quidah gegenüber, von denen er in „14 Tagen ca. zehn Prozent" kassierte. Privatbriefe Vietor: J.K. Vietor an seine Frau aus Klein Popo, 15. September 1894.

302 Privatbriefe Vietor: J.K. Vietor aus Klein Popo und Quidah an seine Frau, 15. und 26. September; 25. Oktober 1894.

Abb. 23:   Privat: J.K. Vietor und Schuldner

Wenn Vietor mit seinem Tross durch den Busch zu Marktplätzen marschierte, nahm er auch Umwege auf sich, um Schuldner an ihren Wohnorten aufzusuchen. Doch meistens waren sie nicht zu Hause. Es musste ein „günstiger Zufall" sein, wenn er jemand „überhaupt zu fassen kriegen sollte." Ihm war bewusst, dass er auf einen Teil des Schuldbetrages verzichten musste. Er hoffte, dennoch genug verdient zu haben.[303] Mit seinem Gewinn beabsichtigte er 1894, der Norddeutschen Mission 10.000 Mark zu spenden, ein Haus auf einer der Plantagen und eins in Quidah zu bauen sowie einen großen Wassertank am Strand zu errichten.[304]

Auf einer seiner Touren durch den Busch verpasste Vietor Angelo Almeida, einen ehemaligen Clerk seiner Faktorei, der seinen Verpflichtungen nicht nachgekommen war. Vietor ließ sich mit seinen deutschen Angestellten und afrikanischen Trägern auf dem Hof von Almeida nieder, während „Carieta, Angelos Favorit-Weib", das Essen zubereitete. Sie kochte „nach Landesweise eine sehr üppige, natürlich auch sehr gepfefferte Mahlzeit, [die aus] Krabben in Oel und Antilopenbraten mit Kohl, Keuke, dem hiesigen Maisbrot, und Fufu" bestand.

> „Nach Tisch schrieb [Vietor] dann zum Dank [!] für diese Gastfreundschaft einen sehr energischen Brief an Angelo, dass ich nun sofort mein Geld haben wollte. [Anschließend legte er sich] etwas nach 8 [Uhr] in sein [Almeidas] Bett, in dem bequem eine kleine Familie hätte wohnen können, und schlief die ganze Nacht durch, da ich übermüdet war."[305]

---

303 Privatbriefe Vietor: J.K. Vietor an seine Frau, 26. September und 11. November 1894.
304 Privatbriefe Vietor: J.K. Vietor an seine Frau, 9. September 1894. Vietor informierte seine Frau auch über andere Geldgeschäfte: Für Importe waren 188.000 Mark zu zahlen; 10.000 Mark nach Bremen gesandt; 30.000 Mark für Enrique.
305 Privatbriefe Vietor: J.K. Vietor an seine Frau, 21.-30. Oktober 1894.

Während Vietor auf Almeida wartete, betrachtete er dessen Haus und Hof. Er äußerte sich zufrieden, dass er seinem ehemaligen afrikanischen Clerk eine selbständige kaufmännische Existenz ermöglicht hatte. Aber Almeida zeigte sich als ein unzuverlässiger Geschäftspartner. Das bürgerliche Kaufmannsethos war ihm offenbar fremd. Er hatte nicht gelernt, rechtzeitig die Schulden seinem Gönner Vietor zurückzuzahlen.

Vietor hinterließ ein Foto von einem Schuldner-„Besuch", das auf der Rückseite mit „Ein Schuldner 152,000 fres" [?] beschriftet ist.

Den Mittelpunkt des Fotos (Abb. 23) bildet der Platz mit den Tellern, auf denen Speisen angerichtet sind. Sie sind auf einer Decke auf dem Boden aufgebaut. Einen Tisch gibt es nicht. Als Sitzgelegenheiten dienen ein Korbsessel, einfache Stühle und ein Baumstamm. Die meisten der abgebildeten Afrikaner sitzen auf dem Boden. Die Versammlung besteht aus Frauen im Vordergrund, Kindern auf der linken Bildseite und zahlreichen Männern. Die Frauen sind zum Teil traditionell, zwei von ihnen europäisch gekleidet. J.K. Vietor hat auf einem Stuhl mit Rückenlehne neben dem afrikanischen Dorfchef im Korbsessel Platz genommen. Auf dem Foto wendet Vietor seinen Rücken dem Dorfältesten zu. Seine weißen Mitarbeiter und etliche Afrikaner sitzen ihm gegenüber.

Die Afrikaner reagierten mit Gastlichkeit auf den Besuch von Vietor und seinen Angestellten: Sie boten ihnen zu Essen und zu Trinken an und setzten sich mit den Europäern im Schatten von Palmen zusammen, um über die Forderungen Vietors zu verhandeln. Einer der afrikanischen Männer, rechts im Bild auf einem Stuhl in gleicher Höhe wie Vietor und der Dorfchef sitzend, hielt ein Glas mit Inhalt hoch, so als wenn – nach langem Palaver – auf das Einvernehmen angestoßen wurde. Dieser Mann gehörte offenbar zur „Cheferie". Er war europäisch mit Stiefeln, Hut, Kragenschleife, weißem Anzug und „Kummerbund" gekleidet.

Auch Friedrich Köper suchte in Guatemala seine Schuldner auf. Über seine Visiten in entfernte Provinzen des Landes und zu seinen Filialgeschäften in Quezaltenango und Escuintla fertigte er Aktennotizen an. Er notierte, was er von und über seine Händler erfuhr. Er interessierte sich für die jeweiligen Lebensumstände seiner Kunden[306] und auch für das Warenangebot der Konkurrenz.

Kaufleute eröffneten in Übersee Unternehmen, ohne „nennenswertes Kapital" zu besitzen. Kreditfähigkeit war das wichtigste Potential eines Kaufmanns.[307] Friedrich Köper verkaufte Waren,

---

306 StAB 7,13-45-10 (Reiseinformationen 1912-1931): „Clothilde Biaz de Pinto, Queztgo. Die Frau ist in anderen Umständen. Der Mann war bei mir und entschuldigte sich, dass sie mit ihren Zahlungen im Rückstande seien. Die Geschäfte gingen sehr mäßig, am besten ginge noch die seda artif, von der sie bald eine neue Bestellung machen müssten. Er hätte noch Geld und Häuser in Mexico, aber er bekäme keine Zinsen und wolle dort alles verkaufen, um seine Rechnung an uns zu bezahlen. Er behauptet anderweitig nicht zu schulden, er ist von Beruf Zahnarzt, welche Praxis er aufgegeben habe, weil die Leute sich hier Zähne auf Pump ziehen ließen. – Rodolfo Diaz Queztgo. Der Schwager von obigem soll verschuldet und als Spieler alles verspielt haben, wie man mir sagte."

307 StAB 7,13: Friedrich Köper Lebenserinnerungen, S. 6; Max Weber (2000): S. 40. Nach Benjamin Franklin: „Bedenke, dass Kredit Geld ist."

„aber nicht gegen Geld, das hatten meine Kunden gar nicht, sondern wieder auf Kredit. Meine Kunden verkauften so erhaltenen Waren auch wieder auf Kredit an die Konsumenten. Diese zahlten in Landeserzeugnissen: Häute, Kaffee, Vieh, Tabak, Pfeffer und dergl. Hatte mein Händlerkunde eine genügend große Menge beisammen, dann kam er damit nach der Hauptstadt, verkaufte seine Produkte, bezahlte seine Schulden mit dem Gelde bei mir und nahm dann gleich eine neue Sendung europäischer Importwaren auf Kredit mit. Diese Händlerkunden wohnten oft in weit entfernten Gegenden bis nach Mexiko und Honduras hinein und brauchten für Reise durch unwirtliche Gegenden oft acht und mehr Tage. Zu solchen Kreditgeschäften gehört natürlich viele Erfahrung, Geduld, Umsicht und kaufmännische Kenntnisse und vor allem Umgangskunst mit Eingeborenen."[308]

1899 schrieb Köper in mehreren Briefen von einem „faulen Kunden", der ihm zweitausend Dollar schuldete. Er ritt „mehrere Tage über Land", um eine Hypothek auf das Haus des Schuldners zu bekommen.[309] In der Hoffnung auf gute Geschäfte spekulierten Köper und andere deutsche Kaufleute auf Aktiengewinne durch Beteiligung an Guatemalas Eisenbahngesellschaft. Köpers Bekannter, Oscar Mohr, hatte sogar zusammen mit einem „Schweizer" an der projektierten Eisenbahnlinie („Nordbahn") ein Hotel im Departement Zacapa gekauft. Doch die Aktien wurden „so gut wie wertlos", als die guatemaltekische Regierung die Hälfte der Aktien „unter der Hand" aufkaufte und an eine amerikanische Gesellschaft verkaufte. „Dividenden wird es in Zukunft nicht mehr geben", konstatierte Köper. Solche staatlichen Spekulationen nannte Köper „Schandwirtschaft".

Die Regierung Guatemala war gegenüber europäischen und amerikanischen Unternehmen hoch verschuldet. Daher hielt es Friedrich Köper für riskant, der Regierung Geld zu borgen oder sich in irgendeiner Weise an Regierungsprojekten zu beteiligen. Die Zollerhöhung zum 1. Mai 1902 sollte der Sanierung des Staatshaushalts dienen, so Köper.[310]

8. Kolonialbürokratien

Sebastian Conrad schilderte Strategien der deutschen Kolonialbürokratie, „Neger zu Plantagen-Arbeit" zu erziehen. Dieses Problem veranlasste Verantwortliche des Auswärtigen Amtes, Ideen dazu durch ein Preisausschreiben zu sammeln. Als geeignete Mittel zur Rekrutierung von Arbeitern wurden drei Varianten ins Auge gefasst: Zwangsmaßnahmen, ökonomische Anreize und „Bildung des inneren Menschen"[311]. Die Erziehung zur Arbeit durch protestantische Missionen schien das geeignete Mittel zu sein, wobei den Missionen angeraten wurde, ihren Selbst-

---

308 StAB 7,13: Friedrich Köper Lebenserinnerungen, S. 6.

309 StAB 7,13-24.7: Friedrich Köper an seinen Vater, 27. Januar 1899; Friedrich Köper an Oscar Mohr, 30. Januar 1899.

310 StAB 7,13-25.8: Friedrich Köper an seinen Vater, 18. April 1902.

311 Sebastian Conrad (2004): S. 107-128; hier S. 109; S. 110.

zweck, d.h. die „Bekehrung der Heiden" zugunsten der Erziehung zur Arbeit fallen zu lassen.[312]

Die deutschen Kolonien wurden von Gouverneuren, Landeshauptmännern, Bezirksleitern und Sekretären verwaltet und durch Polizeitruppen bei der Durchsetzung von Gesetzen unterstützt. Selbstbewusst nutzte J.K. Vietor seine Handlungsräume in Togo und Kamerun sowie in den westafrikanischen Kolonien Frankreichs und Englands gegenüber Verwaltungsinstanzen. Er zeigte sich als entschiedener Gegner von Sklaverei und Zwangsarbeit. Dazu verfasste Vietor eine Petition an Gouverneur Julius Graf von Zech (1868-1914), die grundlegende Empfehlungen zur Veränderung – er schrieb von seinen „alten Wünschen" – für die Kolonie Togo enthielt. Ihm ging es vor allem um ein friedliches Zusammenleben zwischen Afrikanern und der deutschen Kolonialmacht zu gegenseitigem Nutzen. Seine Forderungen an die Regierung legte er einem Brief an seine Frau bei und kritisierte insbesondere das Verhalten der deutschen Verwaltungsbeamten, Polizisten und Soldaten. Ihm waren schwerwiegende Gesetzesverstöße gegenüber Afrikanern in Strafkolonien und Gefängnissen bekannt geworden. Besonders in abgelegenen Hinterlandregionen führten sich Soldaten und Verwaltungsbeamte als brutale Despoten auf. Seine Kritik an Deutschen in Togo richtete sich auch gegen „unsittliche" Beamte. Er prangerte ihren unchristlichen Lebenswandel an und berichtete:

> „ein Beamter ist mit seinen schwarzen Weibern in einem Boot mit der Reichsflagge gefahren. Es sei vorgekommen, dass Beamte sich ihre schwarzen Frauenzimmer auf Reisen in der Hängematte haben nachtragen lassen."[313]

Dieses Beispiel zeigt Vietors sozialpolitische Einstellung: Er sorgte nicht nur in seinen Faktoreien für die Umsetzung seiner moralisch-christlichen Wertvorstellungen. Besonders verwerflich empfand er es, wenn Vorgesetzte, Beamte oder Soldaten ihre Vorbildfunktionen vernachlässigten. Dass ein Deutscher sogar in einem Boot, das die deutsche Reichsflagge schmückte, mit afrikanischen Mätressen in aller Öffentlichkeit Küstenfahrten unternahm, meldete Vietor dem ranghöchsten Kolonialbeamten.

1894 besuchte der kaiserliche Kommissar und Landeshauptmann Jesko von Puttkamer (1855-1917)[314] zusammen mit einigen Kolonialbeamten Vietors Faktorei in Klein Popo. Nachdem die Besucher und die für den Export bestimmten Scha-

---

312 Der Katalog zur Erziehung von Afrikanern war weit gefächert und betraf alle Lebensbereiche: Beziehung der Geschlechter, hygienische Maßnahmen, Kleidung, Zeiteinteilung und Ernährung. Vgl. Sebastian Conrad (2004): S. 110-111.

313 Auszug aus Vietors Text mit seinen Forderungen an Gouverneur Zech (1906): „Abschaffung der Prügelstrafe außer auf richterliche Erkenntnis hin, Verbot für die Soldaten in ruhigen Bezirken mit geladenem Gewehr zu gehen. Verbot, dass nicht mehr wie 2 Gefangene an einer Kette gehen sollen, das Verbot, dass den subalternen Beamten von den Bezirksamtmännern ihre Strafbefugnisse ohne die ausdrückliche Genehmigung des Gouverneurs übertragen werden dürfen. Dass für die Erziehung der Mulatten Kinder Alimente zu bezahlen sind. [...] Schärfere Kontrollen auf Sittlichkeit der Beamten. Gutes Beispiel geben."

314 Vgl. dazu den Briefauszug: S. 139. Zum Herrschaftsstil von Puttkamers in Togo und Kamerun bis 1914. In: Peter Sebald (1989): S. 55-57. Von Puttkamers offizielle Funktionen in Togo endeten im Dezember 1894, danach war er mehr als zehn Jahre Gouverneur in Kamerun. Peter Sebald (1989): S. 55.

fe[315] in Kanus durch die hohe Brandung zum Dampfer gebracht worden waren, feierten Vietor und der Zolldirektor mit Sekt und Militärmusik das gute Ende eines herrschaftlichen Besuchs mit einer riskanten Verladeaktion.[316]

Diese Situation verdeutlicht das Zusammenwirken von zahlreichen Afrikanern und wenigen Deutschen an einem Arbeitstag in Westafrika: Ein Dampfer lag auf der Reede und sollte beladen werden. Währenddessen verließen die Verwaltungsleute das Schiff, um Vietor zu treffen.

Vietor befürwortete Bildung und berufliche Ausbildung für afrikanische Knaben und Mädchen. Afrikaner und Afrikanerinnen sollten gut erzogen und nach bürgerlichen Mustern diszipliniert werden. Seine Ansichten vertrat er seit 1901 offensiv im kaiserlichen Kolonialrat und als Vorstandsmitglied der deutschen Kolonialgesellschaft. Wenn er sich in Afrika aufhielt, verhandelte er mit den ranghöchsten Verwaltungsbeamten und nutzte Gelegenheiten, Kolonialbeamte von seinen Ansichten zu überzeugen. Vietor berichtete seiner Frau von einem Besuch des Gouverneurs Julius Graf von Zech in seiner Faktorei in Palimé.

> „Ich habe ausführlich alles mit ihm beredet und ihm alles gesagt, was ich wusste. Er war brillant. Er hat sich alles aufgeschrieben und war fast mit allem einverstanden. Es sind eine Reihe Forderungen, die die hiesigen Neger stellen, die absolut berechtigt sind, die ewige Hauerei, die schwere Kette ect. ect. die einfach geändert werden muss, die Willkür der Soldaten, die Rücksichtslosigkeit der Subalternen usw. Wenn dem nachgegeben wird, dann wird es immer noch besser werden und verbessert haben sich im letzten Jahr die Verhältnisse schon."[317]

Vietor machte sich zum Anwalt gegen Unterdrückung und Gewalt, die mit der Macht deutscher Kolonialtruppen und unteren Verwaltungsbeamten gegen Afrikaner durchgesetzt wurden.

FRIEDRICH KÖPER, der sich von 1887 bis 1907 bis auf einige Erholungsurlaube ständig und danach bis zum Zweiten Weltkrieg häufig als pendelnder Geschäftsreisender in Guatemala aufhielt, erlebte die Regierungszeit mehrerer guatemaltekischer Präsidenten, die wie Diktatoren herrschten.[318] Nach dem gewaltsamen Tod von Justo Rufino Barrios, der von 1873-1885 regierte, Einwanderungen von Europäern förderte, das Land säkularisierte und als Protestant mit Freimaurerlogen kooperierte[319], übernahm General Barillas (1885-1891) die Regierungsgeschäfte. Diesem folgte

---

315 Der Exportzoll betrug 1894 fünf Mark pro Schaf. Vergleichszahlen für Importzölle (z.B. Spirituosen, Tabak, Gewehre, Schießpulver): Vgl. Peter Sebald (1989): S. 115-118.

316 Afrikanische Bootsbesetzungen bestanden aus zwölf „starken" Ruderern. Diese transportierten Waren und Passagiere vom Strand durch die hohe Brandung auf die vor der Küste liegenden Dampfer, so schrieb Vietor in einem umfangreichen Text über „Afrikanische Männer". Vier Mark bekäme die Besatzung für eine Fahrt. Hedwig Vietor erhielt seinen Brief mit dieser Anlage am 27. September 1894.

317 Privatbriefe Vietor: J.K. Vietor an seine Frau, 27. November 1904. Im selben Brief schrieb Vietor von einem Abschiedsempfang ihm zu Ehren in Lomé, bei dem er es „wagte über die Missstände in der Kolonie einen Vortrag zu halten." Sein Gastgeber wurde daraufhin „etwas scharf"; man dürfe Gerüchten keinen Glauben schenken.

318 Brian R. Hamnett (1992): S. 573.

319 Brian R. Hamnett (1992): S. 576-577.

José Maria Reina Barrios, der zwischen 1891-1898 regierte und von politischen Gegnern ermordet wurde. Bis zum Ersten Weltkrieg gelang es Köper, seine beruflichen Ziele mit Hilfe von einheimischen Vermittlern und Vertretern der Verwaltungsspitzen umzusetzen. Durch seine Kontakte drang er mit seinen Anliegen bis zum Regierungschef Manuel Estrade Cabrera vor, der bis 1920 regierte. Auch vor dem Hintergrund der kurzen Regierungszeit des nächsten Präsidenten, Carlos Herrera y Luna (1920-1921) sind die Korrespondenzen der Bremer Kaufleute Köper (und Noltenius) einzuordnen. Um diese Zeit hielten sie sich in Guatemala auf, um ihren Besitz aus der Intervention freizubekommen. Im Wechsel übernahmen anschließend bis 1930 zwei Generäle die Macht in Guatemala.[320]

Als Köper sich 1887 als Kaufmann in Guatemala niederließ, war das Land zu einem der Hauptausfuhrländer von Kaffee geworden, das durch die zahlreichen eingewanderten deutschen Pflanzer enge Verbindungen zum Weltmarkt pflegte. Kaufleute investierten Kapital und davon profitierten nicht nur sie, sondern auch die Elite Guatemalas. Die Öffnung zum liberalen Handel hatte zwei Seiten: Das ins Land strömende ausländische Kapital verwendete die Regierung zur „Modernisierung" der Streitkräfte. Prestigeprojekte wie Eisenbahnbau, Elektrizitätswerk und Bau eines neuen Hafens in Porto Barrios sollten das Renommee des Landes stärken. Diese Großvorhaben wurden durch Staatsverschuldungen ermöglicht.[321] Auf der anderen Seite band die Praxis der Schuldknechtschaft Arbeiter für den Großteil ihres Arbeitslebens an die Fincas.

Ehrgeizig umgesetzte Projekte der Regierung fielen um 1900 auch einem deutschen Diplomaten in der Hauptstadt Guatemala ins Auge: Die moderne elektrische Straßenbeleuchtung stand im Gegensatz zu unbefestigten, zur Regenzeit unpassierbaren Straßen. Darüber spannten sich Telegrafen- und Telefondrähte, die „improvisiert" zwischen unregelmäßig gewachsenen Ästen befestigt waren. „Zweidrittel" der Bevölkerung trug aus Armut keine Schuhe und im Kontrast dazu waren viele Einwohner „vollständig nach europäischer Manier gekleidet, die Frauen mit Goldschmuck geschmückt, die Männer mit weißen gestärkten Hemden und mit Krawatten."[322]

Wie schafften es Köper – und auch Noltenius – in Guatemala, trotz „Dauerkrise" zwischen 1890 und Weltwirtschaftskrise sowie im Umfeld der ständig wechselnden Regierungen erfolgreich zu sein?

Jürgen Osterhammel verweist auf „Mischgesellschaften" in den ehemaligen spanischen Kolonien, in denen nicht unbedingt eine „Hierarchie der Hautfarben" über „Rasse und Klasse" entscheide. Wichtiger als die Hautfarbe sei im gesellschaftlichen und politischen Leben die „kulturelle Nähe" zu Spaniern. Als Kolonialmacht

---

320 Eine Zeittafel der Präsidenten Guatemalas: In: Walter L. Bernecker u.a., (1996), Bd. 3, S. 451.
321 Brian R. Hamnett (1992): S. 570-577.
322 Regina Wagner (1996): S. 389. Wagner zitiert Hugold Behr: „Wir sehen hier alle Fortschritte der modernen Technik in enger Beziehung zu einer barbarischen Unkultur und einer grenzenlosen Nachlässigkeit: elektrisches Licht in den Straßen, die nicht einmal asphaltiert sind und in denen man in den Regenzeiten bis zu den Knien im Schlamm versinkt; Telegrafen- und Telefondrähte an Pfählen, die aus dem Urwald kommen und krumm und schief sind und die gerade eben ein Mann umfassen kann und die voller Knoten von abgesägten Ästen sind."

habe Spanien „weniger scharf" als Frankreich, England und Holland Rassismus praktiziert. Freigelassene Afrikaner, Mestizen, Indianer und „reinblütige" Spanier lebten in Lateinamerika, im karibischen Raum und in Mexiko zusammen, ohne dass eine der Bevölkerungsgruppen allein der Hautfarbe wegen geächtet worden wäre.[323] Guatemaltekische Minister, Präsidenten und oberste Verwaltungsbeamte waren Ladinos, d.h. „vermischte" Menschen.

Köper passte sich in Guatemala den gesellschaftlichen Regeln an. Er sprach exzellent Spanisch, zeigte höfliche Umgangsformen und ließ sich während der Dauer seines Aufenthalts auf intensive Kontakte zu indigenen Angestellten, Verwaltungsbeamten und Kunden ein. Dies machte ihn auch zum Ladino, d.h. zu einem transkulturellen Menschen, dessen kulturelle Praktiken sich seit seiner Ankunft in Guatemala veränderten, da sich „eigene" und „fremde" vermischten.

Friedrich Köper wandte sich an Zollbeamte, die ihm geschäftlich nützlich waren. Diese praktizierten Amtsmissbrauch „unter Freunden" und empfingen dafür von deutschen Kaufleuten „Wohltaten". In seinen Lebenserinnerungen deutete Friedrich Köper seine Freundschaft zu einem guatemaltekischen Zollbeamten an. Köper erfuhr von ihm, auf welche Weise Konkurrenten die ordnungsgemäße Verzollung der Waren umgingen und mit Bestechungsgeldern „im Bunde mit irgendwelchen Ministern" die Konkurrenz unterboten. „Das Geschäft wurde im Zoll gemacht, wer nicht gut durch den Zoll kam, verlor eben viel Geld"[324], schrieb Köper und nahm auch Gefälligkeiten eines Bekannten in Anspruch, der sich durch seine Kontakte zum Präsidenten wichtig machte. Durch diesen kam ein für Köper wichtiges Geschäft zustande. Er schrieb:

> „Durch Vermittlung und mit Hülfe eines Freundes des Präsidenten riss ich das große Gummiexportgeschäft, wenigstens den größten Theil desselben, was Triebel [ein deutscher Kaufmann] bis jetzt gemacht hat, an mich. [...] Ich habe schon seit vielen Jahren vergeblich daran gearbeitet! [...] Ich habe die Hauptterrains im Departemento Escuintla gepachtet [...] und mir außerdem die Unterstützung der Regierung und des Jefe politico [Verwaltungsbeamter] in Escuintla gesichert, ohne deren Hülfe eben kein Geschäft möglich ist in Gummi."[325]

1904 ließ sich Köper Guatemalas Diktator Estrada Cabrera vorstellen, ein paar Monate später gratulierte er ihm telegrafisch zum Geburtstag. Sein nächster diplomatischer Schachzug war eine Audienz beim Präsidenten. Bei dieser Gelegenheit diente er sich dem Herrscher an. Darüber schrieb Köper:

> „Donnerstag war ich beim Präsidenten. Erst war ich im Palast! Der Offizier, der jeden anständig gekleideten Mann für einen Minister hält, ließ die ganze Wache präsentieren! Der Präsident war nicht [da], und ging ich daher einfach zu seiner Präsidentenwohnung und wurde auch gleich vorgelassen. Er empfing mich äußerst liebenswürdig und freute sich, mich kennen zu lernen. Wir waren ganz alleine in einem ziemlich dunkel gehaltenen Zimmer, und ich bat ihn, nachdem ich ihm

---

323 Jürgen Osterhammel (2006): S. 89-94.
324 StAB 7,13: Köper Lebenserinnerungen, S. 18.
325 StAB 7,13: Köper an seine Frau, 27. November 1904.

erzählt hatte, dass ich auf meiner letzten Reise in Europa Leute für Guatemala zu interessieren gesucht hätte, meine Dienste als Vermittler an. Er sagte mir, dass er mir danke und meinen Dienst gerne in Anspruch nähme und er mich in nächster Woche vielleicht rufen werde. Ich bin nun gespannt, was daraus wird."[326]

Der „dunkel gehaltene" Raum schuf eine intime Atmosphäre, in der es üblich war, dass zumindest der Gastgeber den Gast fixieren konnte. Über eine ähnlich beklemmende Situation schreibt auch Miquel Asturias in seinem Roman „Der Präsident". Der Diktator Manuel Estrada Cabrera wird darin als eine zwielichtige Figur porträtiert. Er tritt in einem düsteren Milieu auf und ist von einem Machtapparat aus Militärs und Günstlingen umgeben. Er ist „wie immer nach der strengsten Trauersitte gekleidet. Schwarze Schuhe, schwarzer Anzug, schwarze Krawatte, schwarzer Hut, den er nie abnahm." An einem Tag warten „sechzig verzweifelte" Bittsteller auf den Präsidenten im Audienzzimmer. Und über die Atmosphäre von Überwachung und Denunziation außerhalb des Palastes schrieb der Dichter:

> „Ein unsichtbares Netz von Fäden, noch unsichtbarer als Telegrafendrähte, verband jedes Blatt der Bäume mit dem Herrn Präsidenten, der auf alles achtete, was im Innersten seiner Bürger vor sich ging."[327]

Mit diesem Menschen sprach Friedrich Köper 1904 über geschäftliche Zusammenarbeit, die ein paar Jahre später konkretisiert wurde.

FAZIT: Bremer Kaufleute waren zwischen achtzehn und dreiundzwanzig Jahren „jung", als sie von Bremen nach Übersee aufbrachen. Sie wurden von ihren Vätern in ihren Vorhaben unterstützt, aber nicht immer gedrängt. So zeigte z.B. der Richter Hermann Smidt eine skeptische Haltung gegenüber den Plänen seines Sohnes. Er wurde durch den Geschäftserfolg seines Sohnes überzeugt.

Väter machten ihren Söhnen den Weg in die Selbständigkeit nicht leicht. Manchmal schien es, als wenn sie aus dem „Nest" in Bremen herausgestoßen würden, damit sie die vorbestimmten männlichen Rollen übernahmen. So erging es oft den ältesten Söhnen: Alfred Kulenkampff, Eberhard Noltenius, Wilhelm Overbeck und auch Fritz Köper als einzigem Sohn von Friedrich und Tilly Köper.

Die Eheschließung, die etwa nach zehnjähriger Tätigkeit in Übersee erfolgte, spielte eine größere Rolle als zunächst angenommen. So zeigte sich Alfred Kulenkampff in Westafrika vor seiner Heirat in hektischer Mobilität. Pflichtgefühl schien ihn zu seiner Arbeit anzutreiben. Das änderte sich, nachdem er für kurze Zeit seine Frau Hedwig nach Übersee mitbrachte und mit ihr zusammen Geschäftsreisen unternahm, bis sie an Malaria erkrankte.

Die Überseekaufleute agierten in großartigen Landschaften. Aber es fehlte bis in die 1930er Jahre an guten Verkehrswegen. Fritz Köper besaß zwar ein Lieferauto und ein Motorrad mit Beiwagen. Diese Verkehrsmittel waren jedoch nicht für seine Geschäftsbesuche im Bergland geeignet. Dorthin ritt er – wie sein Vater dreißig

---

326 StAB 7,13-25.8: Friedrich Köper an seine Frau, 27. November 1904.
327 Miguel Asturias (1957): S. 31; 33.

Jahre zuvor – mit Pferden und Eseln, auf die er Musterkoffer schnallte. Ebenso rückständig war die Infrastruktur in Westafrika, obwohl die Kolonialregierungen vor dem Ersten Weltkrieg die Erschließung des Landesinneren mit dem Eisenbahn- und Straßenbau vorantrieben. Die von der deutschen Kolonialregierung gebaute Landungsbrücke über die Brandung in Lomé war nur wenige Jahre funktionsfähig. Sie wurde 1904 fertig gestellt und 1911 durch hohe Brandungswellen zerstört. Anschließend waren wieder afrikanische Kanu-Mannschaften für die schwere Arbeit des Be- und Entladens der Dampfer nötig.

Mit Verwandten als Mitarbeiter machten Friedrich Köper und J.K. Vietor schlechte Erfahrungen. Vietor und seine Frau hatten zahlreiche männliche Verwandte, die sich jedoch langfristig nicht als zuverlässige Geschäftspartner bewährten. Dagegen konnte Vietor sich auf seine Teilhaber und leitenden Angestellten Freese, Lohmann, Huber und Lenz verlassen. Die Leitung von Faktoreien und Verkaufsläden im Hinterland überließ er afrikanischen Clerks. Die jahrelange Zusammenarbeit mit einem Afrikaner mit Namen Almeida hob er besonders hervor. Ebenso erging es Friedrich Köper, der sich in Briefen und Lebenserinnerungen mit „Grausen" an seine Verwandten im Geschäft erinnerte. Dagegen zeichnete er seinen indigenen Mitarbeiter mit Prokura und später als Teilhaber aus. Auch die Arbeit der Marktverkäuferin Maria Martinez lobte Köper und gewährte ihr einen hohen Kredit.

Friedrich Köper wusste sich den postkolonialen iberoamerikanischen Wirtschaftsstrukturen in Guatemala anzupassen. Er sei nicht nach Übersee gegangen, um „Land, Leute, Sitten und Gewohnheiten" zu verbessern, sondern um Geschäfte als Kaufmann zu machen, und zwar in „Hochachtung und Freundschaft zu Eingeborenen und auch der <u>Farbigen</u>"[328] [unterstrichen i.O.]. Diese Geschäftsphilosophie versuchte Friedrich Köper 1928 seinem Sohn Fritz zu vermitteln. Er solle sich nicht außerhalb der deutschen Kolonie stellen. Aber er müsse versuchen, mit den Einheimischen in guten Kontakt zu kommen, Freundschaften pflegen und sich „ihrer Lebens- und Denkungsweise" anpassen.[329]

Dagegen hielt sich Vietor im deutschen „Schutzgebiet" Togo auf und arbeitete bevorzugt mit deutschen Mitarbeitern als Geschäftsführer zusammen. Es war ihm aber auch selbstverständlich, Afrikaner als Faktoreiangestellte einzusetzen. Vietor

---

328 StAB 7,13: Friedrich Köper an seinen Sohn Fritz in Guatemala, 12. März 1928: „Aber ich hoffe, Du wirst schon den richtigen Ton finden. Vergiß nicht, dass wir nur durch und mit den Eingeborenen Geschäfte und Verdienst machen. Das Gleiche gilt von der großen Chinesischen Colonie, die unsere besten Kunden hergiebt. Es ist leider in manchen Deutschen Kreisen Sitte, besonders unter jungen Leuten, auf alles Eingeborene herabzusehen und sich als Weisse über alles und alle erhaben zu denken. Das ist ein großer Fehler. Die Eingeborenen: Ladiner, Indianer & Chinos schätzen beim Deutschen dessen Tüchtigkeit, Zuverlässigkeit und Aufrichtigkeit und Rechtlichkeit und dürfen in dieser Beziehung nie getäuscht werden. [...] Wenn wir wirklich höher stehende Menschen sein wollen, [müssen wir] die Fähigkeit haben, uns an deren Gewohnheiten anzupassen und sie zu verstehen lernen. Nicht aber umgekehrt. Die Eingeborenen haben auch viele gute Seiten, und ich habe mich immer so gut mit ihnen gestellt, dass ich viele Freundschaftsdienste von ihnen gehabt habe, die mir Deutsche Landsleute nicht gewährt hätten. Politisch soll man sich immer streng neutral halten im fremden Land, in dem wir Gastfreundschaft genießen."

329 StAB 7,13: Köper an seinen Sohn in New York, 19. November 1927.

kritisierte das Verhalten von Verwaltungsbeamten, Offizieren und Soldaten, die sich mit Gewalt als Kolonialherren aufführten. Vietor war sich sicher, dass Afrikaner mit christlichen Erziehungsmethoden zu „Bürgern" und Konsumenten erzogen werden könnten. Für seine Überzeugung trat er als Mitglied des Kolonialrats in Berlin ein.

F. Kaufmannsarbeit: Partizipation der bürgerlichen Ehefrauen

1. Weibliche Handlungsräume in Bremen und Übersee

Die Ehefrauen der Kaufleute waren mit vielfältigen Arbeiten in ihren Hauswirtschaften und mit der Aufzucht und der Erziehung von Kindern beschäftigt. Sie wurden in Übersee in besonderem Maße mit der Arbeitswelt ihrer Männer konfrontiert, die sich stark von der Kaufmannsarbeit in Bremen unterschied.

Weibliche Handlungsräume und männliche Arbeitswelt sind selten als getrennte Sphären aufzufassen.[1] Die Arbeitsbereiche der Männer in Übersee boten Abwechslung. Kaufmannsarbeit fand nicht nur in Kontoren und Ladengeschäften, sondern auch „draußen" außerhalb der Städte, auf Plantagen, auf Binnenlandtouren und in Abfertigungsschuppen beim Zoll statt. Bürgerliche Ehefrauen gingen in Bremen und Übersee ihrer Arbeit in der Hauswirtschaft nach und doch kam es zu wechselseitigen Grenzüberschreitungen in männlichen und weiblichen Arbeitsbereichen.

Junge Ehepaare in Übersee hofften auf raschen Kapitalgewinn und baldige Rückkehr nach Bremen. In ihren Ehefrauen fanden Kaufleute meist engagierte Mitstreiterinnen für diese Aufgabe. Männerfreundschaften waren in Übersee selten: Händler begegneten sich als Konkurrenten. Diese Situation ließ auch Ehefrauen nicht unberührt.

Frauen betätigten sich als „fleißige" Korrespondentinnen. Aus ihren Briefen ist zu entnehmen, dass sich auch im Haushalt Vieles um die Arbeit der Männer drehte. Frauen bewirteten nicht nur hochrangigen Geschäftsbesuch, sondern beschäftigten sich mit Kursschwankungen und Kreditzusagen, nahmen Anteil an männlichen Aktivitäten und zeigten sich erfreut über „nützlichen" gesellschaftlichen Verkehr. Waren die Eheleute unter sich, zeigten sich die Frauen als geduldige Zuhörerinnen, wenn die Männer von ihrer Arbeit berichteten. Sie hielten ihren Ehemännern „den Rücken frei" und akzeptierten seine beruflichen Entscheidungen.[2] Sie hatten Einblick in Geschäftsvorgänge und schalteten sich in Personalfragen ein. Frauen litten unter Trennungen und doch entwickelten sie Selbstbewusstsein als „Chefinnen", wenn sie z.B. in der Abwesenheit ihrer Männer ihre Hauswirtschaft organisierten und kaufmännische Nachwuchsangestellte in ihrem Haushalt aufnahmen.

---

1   In der neueren Bürgertumsliteratur wird nach geschlechtergeschichtlichem Ansatz diese Auffassung bekräftigt, so z.B. Anne Charlott Trepp (1996) für den Zeitraum zwischen 1770 und 1840 an Beispielen des Hamburger Bürgertums und Rebekka Habermas (2000) für die Zeit zwischen 1750 und 1850 auf der Grundlage von Brief- und Tagebuchquellen von drei bürgerlichen Generationen aus Nürnberg. Anne Charlott Trepp verweist auf die Diskrepanz zwischen bestehenden trennenden Bildern, Klischees und Stereotypen über das Verhältnis zwischen Bürgerinnen und Bürgern. Sie kommt zu Ergebnissen, dass eher Nähe als Trennung die Beziehungen von Bürgerin und Bürger bestimmte.
2   Gunilla-Friederike Budde (2000): S. 249; als Beispiel Schriftsteller Theodor Fontane und Ehefrau Emilie.

2.   Wahrnehmung der männlichen Arbeitswelt

In Bremen: Hedwig Vietor

Hedwig Vietor hatte ihren Wohnsitz ständig in Bremen. Von dort aus schrieb sie zahlreiche Briefe an ihren Mann. Während seiner Abwesenheit waren die Kaufleute im Kontor des Bremer Hauptgeschäfts Hedwig Vietors wichtige Kommunikationspartner. Auch zu den Ehefrauen der Teilhaber hielt sie Kontakt. Aber sie machte sich auch persönlich ein Bild von Geschäftsvorgängen, schaute die Geschäftpost durch und kommentierte in den Briefen an ihren Mann Geschäftsvorfälle und das Verhalten von Teilhabern, Angestellten und ihren Frauen. Dabei vermischte sie geschäftliche und private Inhalte. Außerdem versorgte sie Familienmitglieder mit Informationen aus Übersee und wählte aus, was sie in Familienkreisen aus J.K. Vietors Afrika-Briefen vorlas und was nicht.

Hedwig Vietor war über Gewinne im Maisgeschäft[3] ebenso informiert wie über die Tätigkeit oder – wie sie manchmal befand – die Untätigkeit der Bremer Angestellten.[4] Sie passte auf, was im Kontor geschah und informierte darüber ihren Ehemann. Hedwig Vietor schaltete sich ein, wenn es um personelle Fragen ging. Sie beurteilte Teilhaber und leitende Angestellte[5], Veränderungsprozesse („Er kommt mir besonnener als früher vor."), gesundheitliches Befinden, Arbeitsatmosphäre im Kontor, kommentierte geschäftliche und personelle Vorgänge („Es ist ja ein Segen, dass du mal dazwischen kommst."). Auch mit „Onkel Fritz" Vietor, dem Senior des Vietor-Konsortiums, diskutierte Hedwig Personalfragen. So hatte ein leitender Mitarbeiter eine Option, ins Geschäft seines Bruders einzutreten, verhandelte jedoch darüber, als Teilhaber ins Vietor-Geschäft aufgenommen zu werden. Hedwig Vietor kommentierte: „Schade, wenn du ihn verlörst, aber du kannst ihn doch eigentlich nur für Afrika gebrauchen"[6].

J.K. Vietor rekrutierte junge kaufmännische Angestellte nicht nur aus Bremen. Hedwig Vietor war durch die Kontakte mit den auswärtigen Nachwuchsangestellten am Geschehen beteiligt. Sie lernte junge kaufmännische Angestellte in ihrem Bremer Privathaus als Hausgäste kennen, bevor sie zu ihrem Einsatz nach Übersee abreisten. Dazu stellte Rolf Engelsing fest, es sei seit der Reichsgründung üblich geworden, Angestellten eine eigene, vom Dienstherren separate Unterkunft zu ermöglichen.[7] Im Fall der Familie Vietor blieb es jedoch wie früher; sie stellte dem

---

3   Privatbriefe Vietor: Hedwig Vietor an ihren Mann, 26. September 1908: „Das Maisgeschäft geht ja kolossal und prachtvoll, wie daran verdient wird! [...] Sonst ist hier in Bremen gar nichts zu tun."

4   Privatbriefe Vietor: Hedwig Vietor an ihren Mann, 3. Mai 1910: „Freese langweilt sich im Kontor. Weil du nicht da bist, ist ja auch geschäftlich nichts los."

5   Privatbriefe Vietor: Hedwig Vietor an ihren Mann, zwischen 20. November und 8. Dezember 1899. „Ich habe ihm [?] wohl zwanzigmal gesagt, bitte, donnern Sie doch mal dazwischen. Dagegen sagt er: Aber sehen sie mal, meine Herren, so etwas darf nicht vorkommen, wenn irgendwas Grobes verbummelt ist. Lohmann brächte einen anderen Zug in die Gesellschaft. Aber Lenz verehren alle, aber Lohmann halten sie für den bedeutenderen."

6   Privatbriefe Vietor: Hedwig Vietor an ihren Mann, 8. Dezember 1899.

7   Rolf Engelsing (1978): S. 105.

Firmennachwuchs Gästezimmer zur Verfügung. Auch das Verhalten der Kostgänger zu den Kindern war ein Bewertungskriterium für Hedwig Vietor.[8]

Hedwig Vietors Brüder, die im Handelsgeschäft Vietors zu unterschiedlichen Zeiten angestellt waren, hielten die Bremerin in ständiger Aufregung. Es war ihr peinlich, wenn die von ihrem Mann in die Schwäger gesetzten Hoffnungen enttäuscht wurden. Diese Geschichten lasteten manchmal wie „ein Alp" auf ihr. Ihre Gefühle schwankten zwischen Hoffnung[9], Peinlichkeit, Trauer und Wut. Ende August 1908 erreichten sie Nachrichten über ihren Bruder Enrique aus Las Palmas. Von wem, ließ sich in den Quellen nicht klären, aber sie reagierte darauf in einem Brief. Sie war über die

> „niederschmetternde Nachricht über Enrique [..] außer sich! Dieser Lump! Die Nachricht hat mich so angegriffen, dass ich gleich ins Bett musste, so hundejämmerlich fühlte ich mich, ich war wie niedergedonnert und weiß noch kaum, wo mir der Kopf steht. Wie entsetzlich. Und das ist mein Bruder, es ist wahrhaftig zum heulen. Für dich mein Karl, ist es mir noch am Entsetzlichsten, dass du einen solchen Schuft Deinen Schwager nennen musst. Wenn, wie ich ja hoffen will, auch nicht alles wahr ist, so zweifle ich eigentlich doch nicht an der Wahrheit, sein Nicht-Erscheinen spricht zu sehr gegen ihn. Es ist wahr, so kannst Du keine Geschäfte mehr mit ihm machen, das ist doch absolut klar. Ich warte seinen Brief ab, sonst setze ich mich mit Lenz [Prokurist im Bremer Kontor] in Verbindung. Hast du wohl allen davon geschrieben? Ich kann es einstweilen nicht hoffen, denn ich würde mich zu sehr schämen, seine Schwester zu heißen. Mama muß es aber wissen, ich überlege immer noch hin und her, was tun, und sehne mich nach jemanden, mit dem ich davon sprechen kann. [...] Wie sehne ich dich herbei, ich bin äußerlich und innerlich so zerschmettert, ich kann es kaum sagen, wie sehr. Ich kann heute nicht weiter schreiben."[10]

Hedwig Vietor blieb einige Wochen ohne Nachricht über die Vorkommnisse in Las Palmas. Sie beschloss, Vietors Vertretern im Bremer Kontor zu sagen, dass

> „aller geschäftliche Verkehr [mit Enrique] aufhören muss. Ich werde ihm [Enrique] selbst dann auch noch schreiben. Ich darf gar nicht an die Geschichte denken, es ist furchtbar."[11]

Der Kummer über ihren Bruder ging ihr „unausgesetzt im Kopf herum". Der Grund für Hedwigs Empörung ist auch in den Briefen von J.K. Vietor nicht zu er-

---

8 Privatbriefe Vietor: Hedwig Vietor an ihren Mann, 2.-5. Oktober 1908: „K.M. ist sehr reizend und niedlich hier zu haben, ich freue mich sehr, dass er hier ist. [...] Er ist, glaube ich, auf ganz guten Wegen, er ist neugierig, das hat mich amüsiert, aber reizend, so um sich zu haben. Entzückend, wie er mit den Kindern umgeht, sie schwärmen alle für ihn." Nach einem Brief vom 19. April 1910 erwartete Hedwig Vietor Herbert Fricke als neuen Mitbewohner, der sich später mit der Vietor-Tochter Irmgard verheiratete. Das Paar wohnte An der Gete 32 in Bremen.

9 Privatbriefe Vietor: Hedwig Vietor an ihrem Mann, 21. November 1899; 6.-10. September 1908; J.K. Vietor an seine spätere Schwiegermutter [Entwurf], 5. Februar 1893.

10 Privatbriefe Vietor: Hedwig Vietor an ihren Mann, 25. August 1908.

11 Privatbriefe Vietor: Hedwig Vietor an ihren Mann, 10. September 1908.

mitteln. Der entsprechende Brief bzw. die Textstellen dürften später von Hedwig Vietor entfernt worden sein.[12]

In Übersee: Tilly Köper, Helene Noltenius, Marie Overbeck, Hedwig Kulenkampff, Hedwig Vietor

„Familie" in Übersee war zunächst auf Zweierbeziehungen (Ehepaare, Geschwister, Freunde) beschränkt. Wenn Männer aus dem beruflichen Alltag männliche Rivalität und Konkurrenz thematisierten, übernahmen Frauen den emotionalen Teil der Interaktion. Sie waren über geschäftliche Angelegenheiten informiert und glichen ihr Verhalten geschäftlichen Belangen an.

Die Arbeitsbereiche von Frauen und Männern zeigten sich offen zu anderen Kommunikationszirkeln. In Übersee nahmen sie Einladungen der Botschaft des Deutschen Reichs, des eigenen Konsulats und der Konsulate fremder Staaten an. Ehemänner genossen in Anwesenheit ihrer Ehefrauen ein höheres Ansehen als Junggesellen. Um 1900 waren Frauen in deutschen Vereinen nur zu bestimmten Anlässen zugelassen, aber sie fanden sich nicht immer mit der von Männern vorgegebenen Vereinsordnung ab. 1904 drangen Frauen in eine Männerdomäne ein und „überfielen" den Club Germania in Bahia.[13] Vereinsräume wurden zunehmend zu kulturellen Treffpunkten von Männern und Frauen. Dabei spielten Bremerinnen mit ihren Gesangsbeiträgen eine wichtige Rolle.

Bürger in Bremen lebten in vornehmen Wohnquartieren. Ihre Wohn- und Geschäftshäuser beeindruckten durch stilvolle Fassaden und Inneneinrichtungen. Die Bewohner präsentierten sich den Anlässen entsprechend in zweckmäßiger, distinguierter Kleidung. Bildung, „kultivierte" Manieren und ein „ästhetischer Sinn für die Distinktion" (Pierre Bourdieu) bildeten das Fundament für eine bürgerliche Erziehung. In Übersee kam dieser Grundlage eine besondere Bedeutung zu. Bürger und Bürgerinnen fügten sich in exklusive fremde Gesellschaften ein. Der erste Auftritt in der Handelskolonie wurde besonders inszeniert, wenn zu einem hochrangigen Anlass eingeladen oder ein Antrittsbesuch beim Konsul oder Geschäftsträger zu absolvieren war. Informelle Kontakte zu Konkurrenten und Verwaltungsbeamten waren geschäftlich ebenso wichtig wie die aktive Mitgliedschaft in exklusiven Vereinen. Bürger und Bürgerinnen präsentierten sich beim Tanzen, mit Gesang und musikalischen Darbietungen.

---

12 Z.B. im Brief vom 13. September 1908 eine Seite fehlt. Resttext im Brief J.K. Vietor seine Frau: „... denn ich habe wirklich Angst davor." [...] dann Seite weg geschnitten und abgerissen; ein Drittel der nächsten Seite fehlt; abgeschnitten; 19. September 1908 es fehlen 1 ½ Seiten. Im Brief vom 11. Oktober 1908 fehlt eine Seite. Am Ende heißt es: „Enriques Brief hast du wohl bekommen. Je mehr ich es mir überlege, desto tragischer ist er doch und er beweist mir nur, dass im Allgemeinen die Sache richtig ist."

13 StAB 7,500-B-81: Marie Overbeck an ihre Verwandten, 19. Juli 1906. „Dienstag: [Im Klub] Abschiedskegeln für die Offiziere. Einige junge Mädchen haben immer noch nicht genug und verabreden einen Überfall der Damen nach dem Kegeln. Frau Konsul wird zur Protektorin ernannt."

TILLY KÖPER IN GUATEMALA. Tilly Köper machte in Guatemala die Bekanntschaft der Repräsentanten des Deutsche Reichs. Die Herrschaften machten zusammen mit ihren Ehefrauen als sogenannte „feine" Leute großen Eindruck auf die Bremerin. In diesem Umfeld bewegte sie sich in den nächsten Jahren und sie tat es der „gesellschaftlichen Stellung" wegen gern.[14] Unter dem gleichen Vorzeichen stand auch ihre Teilnahme am „amerikanischen Ball". Tilly Köper nahm sich vor, Fremdheitsgefühle und Zurückhaltung aufzugeben und mitzumachen, wenn es von Vorteil für das Geschäft war. Sie würde sonst von Bekannten nicht verstanden werden, resümierte sie, nachdem ihr einige Frauen Vorhaltungen gemacht hatten.[15]

Einer der ersten Besucher, der im Salon des Ehepaars Köper Platz nahm, war ein Kaufmann aus Hamburg.[16] Die Gastgeber hofierten ihn: Er sei „Millionär"[17], so Tilly. Zur Erinnerung an diesen Tag ließen sich Köpers zusammen mit dem wichtigen Gast im Salon fotografieren. Das folgende Foto[18] ist auf der Vorderseite beschriftet. Der Text lautet: „Vater, Mutter, Herr Müller. Guatemala-Salon."

Der Blick fällt auf einen großen ovalen Spiegel an der hinteren Wand des Raumes. Er hat einen breiten, glänzenden Rahmen, der mit Ornamenten verziert ist. Der Spiegel ist von zwei gerahmten Bildern umgeben. Die untere Mitte des Spiegelovals trifft mit der Mitte der Sofarückenlehne zusammen. Ein weiterer Blickfang des Fotos ist das gepolsterte Sitzmobiliar, das um einen verschnörkelten Tisch mit vier geschwungenen Beinen steht. Auch die vier Polsterstühle, zwei mit und zwei ohne Armlehnen, und das zweisitzige Sofa haben aufwändige Holzverzierungen an Rücken- und Seitenteilen. Auf der Tischplatte befindet sich ein einzelnes hohes Tafelgeschirr. Als weiteres Salonzubehör sind die Decken- und die Stehlampe mit Stoffschirm sowie Teppich und bodenlange Vorhänge zu erwähnen. Im Vordergrund, vor dem Tisch liegen zwei große Sitzpolster auf dem Teppich über einander. Der Raum ist mit einer Ornamenttapete ausstaffiert. Friedrich und Tilly Köper sitzen auf der linken Seite in Polsterstühlen, der Gast hat auf dem Sofa rechts vom Spiegel Platz genommen und schaut in die Kamera. Friedrich Köper ist im Profil aufgenommen. Sein Blick ist auf den Besucher gerichtet und auch die links neben ihm sitzende Tilly hat ihre Augen auf die rechte Seite des Raumes gewandt.

Mit diesem Mobiliar wurde bürgerliches Selbstverständnis inszeniert: Postermöbel, Kristalllüster, Teppich, textile Wanddekorationen und Gemälde in schweren Rahmen sollten den Familienangehörigen dokumentieren, dass es ihnen in Guatemala an nichts fehle. Köpers waren von einer zeitgenössischen bürgerlichen

---

14 StAB 7,13: Tilly Köper an ihre Verwandten, 22. September 1899.
15 StAB 7,13: Tilly Köper an ihre Mutter, o.D., nach Weihnachten 1899.
16 Der Besucher war vermutlich der Kaufmann Gustav Müller aus Hamburg, der zum Vorstand von Hanseatischen Plantagengesellschaften gehörte. Katharina Trümper (1996) zu G. Müller und seinem kaufmännischen Engagement in Guatemala: S. 37f. – StAB 7,13: Tilly Köper an ihre Schwiegereltern und Schwägerin Anna Köper; 10./11. November 1899: „In den nächsten Tagen werden wir einen Gast bei uns sehen, der recht verwöhnt ist, und da heißt es gut auftischen. Herr Müller kommt aus Hamburg, und ist ein vielfacher Millionär [3 blaue Fragezeichen über „vielfacher"]. Friedrich ist damals in der Familie eingeladen gewesen, darum müssen wir uns revanchieren. Herr Müller ist nur für einige Monate hier herausgekommen, er besichtigt seine Fincas." Die Fragezeichen wurden mit einem Korrekturstift in Tilly Brief eingefügt.
17 Über diesem Begriff wurden nachträglich drei Fragezeichen eingefügt.
18 StAB 7,13-10-11.4: Darin befindet sich noch ein anderes Fotomotiv mit „Herrn Müller".

Abb. 24: StAB 7,13: Gastlichkeit im Salon von Tilly und Friedrich Köper in Guatemala, 1899

Wohnkultur umgeben, wie sie auch in Bremen bekannt war. Die Einrichtungsgegenstände waren zwar nicht aus erster Hand, aber standesgemäß. Üppige Dekorationen, Spiegel, Sitzmöbel und Tisch sind einem Stil[19] zuzurechnen, der etwa einhundert Jahre zuvor schon einmal modern war. Das Foto ist im Kontext zu Tillys Brief zu lesen, in dem sie ihren Salon als „hochfein"[20] bezeichnete. Das Foto erzählt von bürgerlicher Repräsentation im „Salon" und nicht von „Gemütlichkeit". Die Männer sitzen aufrecht. Tilly versuchte, es sich „bequem" zu machen. Aber die Polsterstühle hatten eine tiefe Sitzfläche, so dass sie darauf nur auf der Stuhlkante hätte gerade sitzen können. Sie beabsichtigte wohl, sich leger zu geben. Das gelang ihr nicht. Tilly scheint auf dem Stuhl mehr zu liegen als zu sitzen. Offenbar ließ ihr die Bluse-Rock-Kombination und das darunter getragene Korsett nur wenig Bewegungsfreiheit. Sie wirkte verkrampft in ihrer Köperhaltung.

Die drei Personen scheinen für den Moment des Fotografierens ihre Unterhaltung eingestellt zu haben. Es ist, als wenn sie Teil des Mobiliars wären; sie verharrten in sitzender Statik, bis der Auslöser der Kamera bedient wurde. Tilly und Friedrich Köper waren stolz auf ihre Einrichtung. Die aus Europa importierten „piekfeinen" gebrauchten Möbel hatte Köper in Guatemala gekauft.[21] Tilly und Friedrich Köper führten den Gast auch in den Patio des Hauses. Dort stell-

---

19 „Louis-XVI"-Stil; nach Helmut Seling (1965): S. 235.
20 StAB 7,13: Tilly Köper an ihre Mutter, 23. August 1899.
21 StAB 7,13: Tilly Köper an ihre Mutter, 23. August 1899; Friedrich Köper an seinen Bruder Gerhard, 2. September 1899.

Abb. 25:   StAB 7,13: Gastlichkeit im Patio in Guatemala, 1899

ten sie sich zusammen mit drei Dienstmädchen und dem Hund „Putz" für einen Schnappschuss neben Pflanzentrögen und -kanistern auf.

Mit Selbstverständlichkeit wurden geschäftliche Sorgen von Ehefrauen mitgetragen. So spürte Tilly Köper, wenn ihr Mann „oft recht still" nach Hause kam, dass er Geschäftssorgen hatte. Im Laufe der Zeit nahm sie sprachliche Formen und Gedanken seiner Arbeitswelt in ihren Wortschatz auf. Um „Café und Häute und Häute und Café" kreisten ihre Unterhaltungen, bemerkte sie ernst und enttäuscht.[22] Sie wünschte, dass sich „endlich die Geschäftslage heben wollte [...]. Es sei zu traurig und ein unbefriedigendes Arbeiten für alle Kaufleute"[23], schrieb sie. Das Geschäft verlange doppelte Arbeitskraft.[24] Sie machte sich mit dem Nähen von „viele[n] kleine[n] Beutelchen für Caféproben fürs Geschäft" nützlich. Sie habe „sicherlich schon 100-200 solche [Säckchen] gearbeitet." Über die von Köper importierten „entzückende[n] Karttunstoffe" freute sie sich. Diese Ware würde allerdings nur en gros verkauft.[25]

Tilly Köper reagierte auf die Geschäftssorgen von Friedrich Köper emotional und sie ertrug die Gespräche über Geschäftsvorgänge. Ihre Hochachtung gegenüber Diplomaten, Konsuln und anderen ranghohen Persönlichkeiten Guatemalas brachte

---

22   StAB 7,13: Tilly Köper an ihre Mutter, o.D. [nach Weihnachten 1899]: „Mein lieber Mann hat seit einiger Zeit so sehr viel zu thun, dass er kaum sein Stündchen Zeit gefunden hat zu seinen Weihnachts- und Neujahrsbriefen. Café und Häute, und Häute und Café werden immer exportiert, und das soll so viel Arbeit machen, besonders jetzt bei den schlechten Zeiten."
23   StAB 7,13: Tilly Köper an ihre Verwandten, 11. Oktober 1905.
24   StAB 7,13: Tilly Köper an ihre Verwandten, 10. November 1899.
25   StAB 7,13: Tilly Köper an ihre Verwandten, 9. März 1900.

sie in vielen Briefen zum Ausdruck. „Reiche" deutsche Plantagenbesitzer taxierte sie: Zu solchem Reichtum wollten sie und Friedrich Köper auch gelangen.

HELENE NOLTENIUS IN GUATEMALA. Während Kaufleute im Kontor oder „draußen" arbeiteten, blieben die Ehefrauen meistens in ihrer Wohnung zurück. Aber die Geschäfte der Kaufleute gingen den Frauen nicht aus dem Kopf. So ließ beispielsweise Helene Noltenius ihrem Mann eine schriftliche Botschaft überbringen, weil sie nicht bis zum Abend auf Neuigkeiten aus dem Geschäft warten wollte. Sie schrieb:

> „Laß mich bitte wissen, kleiner Mann, was für Nachrichten Du über die Credite hast? Ich sorge mich drum und kann unmöglich bis heut Abend warten. – Ich lasse Dich nie fort. Deine Alte."[26]

Sie interessierte sich für das Ergebnis eines Geschäftsgesprächs mit Kreditgebern, von dem abhängig war, ob Eberhard Noltenius eine längere Geschäftsreise machen müsste. In schwierigen beruflichen Zeiten hielt Noltenius seine Frau tagsüber mit Informationen auf dem Laufenden. Wenn er z.B. gute Nachrichten hatte, ließ er es sie wissen. Sie sollte sich nicht länger als nötig sorgen. Obwohl sie sich in der ihrer Hauswirtschaft einschränkte, befürwortete sie den Kauf eines Pferdes für „375 Taler". Ihr war wichtig, dass auch ihr Gatte „immer Sonntags mit allen anderen Herrn ausreiten konnte." Sie führte auch berufliche Gründe an: Er sei „viel beruhigter, wenn er selbst zu seinen Häuten reiten" könne.[27] Damit meinte sie die Plätze, auf denen die Tierhäute in der Sonne getrocknet wurden. Demnach setzte sich Noltenius ebenso wie Köper dem Gestank von Tierhäuten aus.

Frauen vermittelten ihren Verwandten geschäftliche Schwierigkeiten konkret und anschaulich. Sie befürchteten, dass sich ihr Aufenthalt in der Fremde länger als geplant hinziehen würde, falls nicht „genug Geld" für die spätere Existenz in Bremen verdient würde. Im Frühjahr 1901 war die Situation so prekär, dass Helene Noltenius vermutete, „noch mal ein Jahrzehnt" in Guatemala bleiben zu müssen.[28] Zu dieser Zeit stand fest, dass sich die Geschäftspartner Köper und Noltenius trennen würden. Sobald Eberhard Noltenius seinen Eltern über den Streit mit Köper berichtet hatte, schrieb auch Helene darüber ihren Verwandten. Ihr Mann habe es ihr vorher schon

> „im Vertrauen erzählt[e]; auch hier in Guatemala weiß es noch niemand. Eberhard will nicht, dass vorher so viel darüber geredet wird. Dazu ist ja immer noch Zeit. – Nun gibt es ja viele neue Sorgen für meinen Liebling, aber ich hoffe auch mehr Freuden, denn er hat doch oft in privater und geschäftlicher Beziehung [...] zu leiden gehabt von wegen Köpers Launen."[29]

---

26 Privatbriefe Noltenius: Helene Noltenius an ihren Mann, o.D. [kleiner Zettel].
27 Privatbriefe Noltenius: Helene Noltenius an ihre Verwandten, 11. November 1899.
28 Privatbriefe Noltenius: Helene Noltenius an ihre Verwandten, 22. März 1901.
29 Privatbriefe Noltenius: Helene Noltenius an ihre Verwandten, 18. Januar 1901.

In den folgenden Jahren schilderte Helene ihren Verwandten auch häufig von Begegnungen mit Tilly Köper. Die Frauen waren keine Freundinnen mehr wie zu Beginn ihrer Zeit in Guatemala.

Nach der Trennung von Köper nahm sich Eberhard Noltenius geschäftliche Schreibarbeiten mit nach Hause. Während er abends bis zehn oder elf Uhr arbeitete, leistete Helene „ihm Gesellschaft und nähte"[30]. Wenn sie zusammen am großen Tisch im Esszimmer saßen und sie sich mit ihren Korrespondenzen beschäftigte, während er für „seine[n] Abschluss" Zahlen addierte, wurde er „kribbelig, wenn [sie] so drauf los" schrieb. Dann ging sie ins Nebenzimmer und brachte dort ihre Briefe zu Ende. Dass er bei ihrer Schreibarbeit nervös wurde, konnte sie sich „wohl denken, er hat zu rechnen und aufzupassen"[31].

Als Eberhard Noltenius Köper nicht mehr zum Geschäftspartner hatte, wuchs Helene eine neue Rolle zu. Er erklärte ihr geschäftliche Zusammenhänge. Unabhängig von Friedrich Köper musste er sich jetzt um neue Bank- und Geschäftsverbindungen bemühen. Die Nachricht von einer Kreditzusage kommentierte Helene mit „Hurrah", dann würden wohl auch die anderen aus Manchester bestätigt werden.[32] Helene identifizierte sich mit der Kaufmannsarbeit und erklärte, dass eine schlechte Kaffeeernte Auswirkungen auf den Export haben würde, „darunter müssen wir [!] anderen Geschäftsleute denn auch leiden"[33]. Sie berichtete auch aus dem Ladengeschäft und stellte fest, es würde zwar verkauft, aber der Verdienst sei gering.

> „Oft, wenn ich am Tage mal zu große Sehnsucht habe, gehe ich zu ihm in die tienda und sehe zu, wie er verkauft und biedere mich seinen Kundinnen an. [...] Und dann wird man noch bestohlen, so z.B. kommt vor einigen Tagen eine Kundin zum kleinen Mann, um Schulden zu bezahlen. Wie er beim Nachzählen der Summe ist, läuft sie glatt fort, um eine Bekannte zu begrüßen. Und richtig fehlen an dem Gelde 10 Thaler. Wenn die Person nun wiederkommt zum Einkaufen, darf Eberhard nichts von dem Vorfall sagen, sonst ist er sie los."[34]

---

30 Privatbriefe Noltenius: Helene Noltenius an ihre Verwandten, 9. Februar 1901. „Vatern ist enorm fleißig, er macht immer noch Existenz, arbeitet bis abends um 11 Uhr, hatte gestern sogar die Idee, falls er nicht schlafen könnte, in der Nacht arbeiten zu wollen. Das habe ich ihm natürlich sofort ausgeredet – der kleine Mann ist ja nun allein im Geschäft und glaubt mir, nun geht man mit einem ganz anderen Gefühl hin, auch die Freunde besuchen ihn viel öfter, so ohne Köper ist es doch noch mal so schön. Sie haben nun noch eine Menge Waren aus der aduana [Zoll] geholt, die geteilt werden müssen und denkt Euch, von denen, die Köper zu teilen hat, schiebt er dem kleinen Mann immer die zerrissenen Pakete und die am wenig nettesten Stoffe zu. Behält das Beste für sich, ich finde das direkt ungebildet [!]. Ich hoffe, Eberhard revangiert sich, fürchte aber, er ist zu gut dafür. Die jungen Leute hat Eberhard vorläufig alle noch, sie hängen riesig an ihm, kann ich ihnen nicht verdenken."
31 Privatbriefe Noltenius: Helene Noltenius an ihre Verwandten, 15. Februar 1901; 19. Februar 1909.
32 Privatbriefe Noltenius: Helene Noltenius an ihre Verwandten, 26. April 1901.
33 Privatbriefe Noltenius: Helene Noltenius an ihre Verwandten, 13. April 1901.
34 Privatbriefe Noltenius: Helene Noltenius an ihre Verwandten, 26. April 1901; 28. August 1901.

Die Verkäufe wurden auch in Guatemala in der Regel auf Kreditbasis abgewickelt und das war angesichts der unsicheren Kurse mit großen Risiken verbunden. Dazu schrieb Helene:

> „Das Creditgeben ist sehr schwierig, wenn z.B. heute für 1000 Taler verkauft wird und der Taler ist 50 Pfennig wert (das ist er gar nicht mal), dann sind das 500 Mark, wenn nun die 1000 Taler bezahlt werden, so in [einem] ½ Jahre und der Kurs ist gestiegen, dann bekommt man statt 500 Mark wenn möglich nur 250 Mark, und wo bleibt da der Verdienst. Dass der Kurs runtergeht ist kaum anzunehmen."[35]

Die Beispiele dokumentieren Helene Noltenius' Kenntnisse im geschäftlichen Bereich. Sie unterstützte den Plan, ihren Schwager Conrad Noltenius nach Guatemala kommen zu lassen. Doch „Conny" entschied sich im Herbst 1901, ein Angebot von Johann Smidt zur Mitarbeit in Kalkutta anzunehmen.

Kaufleute empfanden unerwartete Gebührenfestsetzungen und die schleppende Abfertigung von Importwaren als Willkür. So brachte ein Dampfer kurz vor einer Zollerhöhung Waren für Firma Noltenius & Cia. Das Schiff wurde aber nicht vollständig entladen, sondern fuhr mit einem Teil der Fracht weiter nach San Francisco. Als es auf dem Rückweg die restliche Ladung für Noltenius wieder in Guatemala löschte, berechnete der Zoll die erhöhten Gebühren. Helene schrieb empört:

> „Nun ist wieder aller Verdienst futsch. – Köper verdient noch so gut, weil er einen Hiesigen im Geschäft hat, jetzt sogar als Teilhaber, der Liebling des Landesvaters ist, dadurch informiert die Regierung die Militärsachen durch Köper und er kriegt seine eigenen Waren dann <u>zollfrei</u> mit rein unter dem Vorwande, es sei alles für die Regierung. – Der kleine Mann würde ja bei solchen Geschäften keine ruhige Nacht haben, lieber wollen wir einfach aber ehrlich durch die Welt kommen."[36]

Als Ehefrau eines Überseekaufmanns vermittelte Helene den Verwandten ihre Sicht der Geschäftsvorgänge. Sie kritisierte das korrupte Zollsystem, die Günstlingswirtschaft und kommentierte „schreckliche Zustände" in Guatemala. Der Kurs steige wieder und die Verkäufe seien „mangelhaft, um nicht schlecht zu sagen"[37].

MARIE OVERBECK IN BAHIA. Auch Marie Overbeck schilderte ihren Verwandten Eindrücke aus der männlichen Arbeitswelt. Im Februar 1904 begleitete sie ihren Bruder auf eine Geschäftsreise mit dem Kanu ins Binnenland. Der Besuch galt einem deutschen Schuldner. Marie wunderte sich über den furchtbaren Schmutz an der Anlegestelle. Dann hörte sie, wie ihr Bruder einen „Neger beauftragte, [sie an Land] zu tragen. So kam ich auf dem Arm des schwarzen Jünglings trockenen Fußes an festes Land." Das empfand sie nicht unangenehm; es war praktisch und

---

35 Privatbriefe Noltenius: Helene Noltenius an ihre Verwandten, 3. April 1903.
36 Privatbriefe Noltenius: Helene Noltenius an ihre Verwandten, 9. August 1908. Der „Hiesige" und „Liebling des Landesvaters" war Friedrich Köpers Teilhaber Domingo Muñoz.
37 Privatbriefe Noltenius: Helene Noltenius an ihre Verwandten, 10. September 1908.

nützlich, weil dabei ihre Kleidung nicht verschmutzte. Dann „wurden [sie] von einem Haufen Neger empfangen, die sich um unsere Reisetaschen stritten." Jeder der Fremden wollte sie tragen und war auf ein kleines Trinkgeld aus.

Der deutsche Kaufmann und Schuldner angelte gerade, als die Geschwister Overbeck eintrafen. Sie warteten auf ihn in der Nähe seiner „Behausung"[38]. In den folgenden Briefen ging Marie auf ihre Wahrnehmungen näher ein und deutete: Der Geschäftspartner von Wilhelm Overbeck war „in den Alkohol-Sumpf" geraten.[39] Er habe „sein Geschäft, Geld und alles verloren." Einen Teil seiner Schulden sollte er im Kontor abarbeiten. So wurde der ältere Mann als „jüngster Commis" ins Geschäft Overbecks aufgenommen. Er durfte im Privathaus wohnen und begleitete abends den Gesang der Hausfrau am Klavier.[40] Sein „Niedergang" war jedoch nicht aufzuhalten. Der Mann bat um seine Entlassung und kehrte nach Europa zurück.[41] Alkohol griff in den Tropen nicht nur die Gesundheit, sondern auch Moral und Disziplin an.[42] Dieser Kaufmann hatte Warnungen vor Alkohol in den Wind geschlagen, die jedem Tropenreisenden mitgegeben wurden. Er kehrte nicht mit „Reichtum", sondern im Gegenteil als verschuldeter, kranker Mensch nach Deutschland zurück.

Marie Overbeck beobachtete, wie in der sengenden Hitze auf dem Grundstück ihres Bruders einige Arbeiter damit beschäftigt waren, eine Zisterne zu bauen. Dazu musste ein tiefes Loch ins harte Erdreich gegraben werden. Das Arbeiten in der Hitze seien „die Neger gewohnt." Aber als einer von ihnen unter „Krämpfen" litt, vermutete Marie die Wirkungen von Hitze und Alkohol.

> „Die Neger bewegen sich äußerst langsam. Zu jeder Arbeit lassen sie sich sehr viel Zeit. So viel und so schnell wie drüben kann hier kein Mensch arbeiten."[43]

Einige Wochen später stellte sie fest, auch sie werde „sehr viel eher müde" als in Bremen; es sei in dem Klima nicht möglich, „so scharf zu arbeiten"[44]. Das konnte sie auch nicht von den in der Tropenhitze arbeitenden Negern erwarten; so korrigierte sie indirekt ein Vorurteil, „Neger" seien faul oder „langsam".

Ende 1904 brach in den Geschäftshäusern Overbeck in der Unterstadt ein Feuer aus. Marie berichtete, dass nichts gerettet werden konnte. Die Mieter im obersten Stockwerk seien „mit dem Leben davon gekommen"[45].

Berichte über die Vernichtung von Geschäftshäusern durch Feuer bzw. Brandstiftung finden sich auch in zahlreichen Briefen aus Guatemala und Chile. So

---

38 StAB 7,500-B-81: Marie Overbeck an ihre Verwandten, 4. Februar 1904.
39 Heinrich Kerner kam aus Kiel und war von 1894-1904 Mitglied im Verein Germania von Bahia. Wilhelm Overbeck (1923): S. 196.
40 StAB 7,500-B-81: Marie Overbeck an ihre Verwandten, 18. März 1904.
41 StAB 7,500-B-81: Marie Overbeck an ihre Verwandten, 14. April 1904.
42 Johannes Fabian (2001): S. 99.
43 StAB 7,500-B-81: Marie Overbeck an ihre Verwandten, 24. März 1904. „Darum braucht man auch so viel Dienstboten", schloss Marie daraus.
44 StAB 7,500-B-81: Marie Overbeck an ihre Verwandten, 2. September 1904.
45 StAB 7,500-B-81: Marie Overbeck an Ihre Verwandten, 8. Dezember 1904.

bildeten z.B. in Valparaiso europäische Kaufleute Freiwillige Feuerwehr-Mannschaften. In Guatemala-City nahmen Brandkatastrophen solche Ausmaße an, dass die Regierung ein Gesetz erließ, nach dem Haus- und Ladenbesitzer verhaftet wurden, damit während ihrer Gefängnishaft die Brandursache geklärt werden konnte. Damit sollte den Brandstiftern das Handwerk gelegt werden, die in schlechten Konjunkturzeiten versuchten, Entschädigungen ihrer Feuerversicherungen zu kassieren.[46]

HEDWIG KULENKAMPFF IN WESTAFRIKA. Hedwig Kulenkampff lernte 1911 als zwanzigjährige Ehefrau männliche Arbeitswelten an Küsten- und Buschplätzen in Westafrika kennen. Hedwig Kulenkampff schrieb aus Lomé, Kpong, Palimé, Addah, Quidah, Accra und Keta. Diese tropischen unwirtlichen Regionen, die von Kaufleuten häufig als „draußen" bezeichnet wurden, durchquerte sie zusammen mit ihrem Mann, um Faktoreien zu inspizieren. Sie nahmen Boote und fuhren an der Atlantikküste entlang. In Kanus kamen sie auf Flüssen voran und mit der Eisenbahn von Lomé aus erreichten sie nach einhundertzwanzig Kilometern Palimé.[47] Um vor der Tageshitze geschützt zu sein, reisten sie nachts in Hängematten der afrikanischen Lastenträger. Nach einem kurzen Aufenthalt in Lomé traten sie eine Hängemattereise noch am späten Nachmittag an. In sechs Stunden erreichten sie Keta.[48] Nach der Rückkehr von einer Buschreise in Togo schrieb Hedwig Kulenkampff ihrer Schwester aus Addah, einem Küstenort südlich der Voltamündung:

> „Nachdem wir gestern wieder einen ganzen Tag auf dem Wasser zugebracht haben, sind wir wieder hier in Addah angekommen, von wo wir aber schon diese Nacht wieder weitergehen nach Quitta [Keta]."[49]

Das Reisen war anstrengend. Manchmal hatte sie genug davon. Sie blieb dann lieber in Lomé als in Quidah zurück, weil sie in der deutschen Verwaltungsstadt Lomé auf mehr „menschliche Gefolgschaft und Hilfe" zurückgreifen konnte.[50]

In Lomé befand sich Kulenkampffs Hauptfaktorei mit Wohnräumen im ersten Stock. Die Fenster waren mit Holzjalousien ausgestattet, Glasscheiben hatten sie nicht. Der Aufenthalt auf der umlaufenden, schattigen Veranda war angenehm, wenn der Seewind Kühlung brachte. Ganz in der Nähe des Hauses befanden sich koloniale Verwaltungsgebäude, Häuser der Kolonialbeamten, eine Arztpraxis und ein Krankenhaus. Hedwig Kulenkampff fühlte sich in Lomé in der Bremer Straße gut aufgehoben. Dagegen war die Faktorei in Quidah, das etwa siebzig Kilo-

---

46 Archiv der Handelkammer, Mappe Guatemala: Kaiserlich Deutsche Gesandtschaft, Guatemala an Reichskanzler von Bethmann Hollweg, 25. Juni 1910. Dekret 810 vom 6. Mai 1910 und Abänderung Nr. 699: „Die Festnahme des versicherten Hausbesitzers und die Forderung der Erbringung des Unschuldbeweises sind bestehen geblieben."
47 Peter Sebald (1989): Stadtführer Lomé, S. 40, S. 44. 1914 waren vier Autos in Lomé gemeldet.
48 Privatbriefe Kulenkampff: Hedwig Kulenkampff an ihre Schwester Elfriede, 21.-23. März 1912.
49 Privatbriefe Kulenkampff: Hedwig Kulenkampff an ihre Schwester Elfriede, 3. April 1912.
50 Privatbriefe Kulenkampff: Hedwig Kulenkampff aus Quidah an ihre Schwester Elfriede, o.D.

meter östlich von Lomé lag und in einem Tag von Lomé aus zu erreichen war, ein kleines Anwesen mit primitiven Unterkünften.

HEDWIG VIETOR IN ACCRA. 1927 unternahmen Hedwig und J.K. Vietor eine fünfmonatige Afrika-Reise. Sie besuchten ihren ältesten Sohn Claus, der in Accra die Vietor-Faktorei leitete. Hedwig Vietor erzählte ihren Kindern und Verwandten ausführlich von ihren Eindrücken; es war ihre erste Reise nach Afrika. Während der Dampfer in Sekonde/Ghana auf der Reede lag, schaute sie afrikanischen Bootsleuten bei der Entladung der Fracht zu. Die Männer transportierten in zahlreichen Booten

> „– in jedem [saßen] 8-10 Ruderer und ein Steuermann" – europäische Produkte durch die hohe Brandung an Land. „Man muss diese wundervollen Gestalten immer wieder ansehen", schrieb sie. „Trotzdem sie nur eine kleine Badehose anhaben, machen sie niemals den Eindruck des Nackenden. Diese schwarze Haut, diese sehnigen, kräftigen Gestalten mit den prachtvollen Muskeln, das ist ja ein Staat. Und wie sie arbeiten, fabelhaft einfach."[51]

Hedwig Vietor konzentrierte sich in dieser Brieftextstelle auf die Ästhetik der exotischen männlichen Körper. Zugleich assoziierte sie die unter Europäern weit verbreitete biologische Differenz, nach der afrikanische Menschen in ihrer „wilden", fast nackten Körperlichkeit Tieren[52] ähnlich seien. Mit dieser Taxonomie wurden seit Mitte des 19. Jahrhunderts koloniale „rassische Ordnungen" konstruiert.[53] Am folgenden Tag erreichte das Schiff Accra. Der Dampfer ankerte auch hier vor der starken Brandung und Passagiere und Schiffsfracht mussten ausgebootet werden. Dieses Umsteigen war nicht ungefährlich und wieder waren afrikanische Bootsleute daran beteiligt. Hedwig erzählte, wie es vor sich ging:

> „Wir kamen dann zu Viert in den sogenannten mammi chair [...] wie eine russische Schaukel, tief unten das auf und ab schaukelnde Boot, und mit der Winde ging es dann hoch und wieder runter, bis man grade das Boot traf, plums hinein. Vater und ich bekamen einen feinen Korblehnstuhl. Zu nett, wie die Bootsleute nun aufpassten. Einer setzte mir so niedlich auseinander: ,Mammie no finger, auf', ich sollte nicht an den Bootsrand fassen, denn das Boot schlug immer mit Wucht gegen unsere große „Wakeke" [Name des Dampfers], bis es denn losging, 10 Ruderer in roten Wolljacken saßen auf dem Bootsrand und pullten mit den kleinen afrikanischen Rudern. [...] Fabelhaft einfach, wie die arbeiteten, 10 Minuten lang über das Meer und mit den hohen Wellen und nun kam die Landung, wie die Kerls so auf Kommando genau schneller oder langsamer machten, damit wir mit so einer riesigen Welle voran kamen, ehe sie sich überschlug, so 5 hintereinander, man saß so in den Wellenbergen drin. Die letzte Welle musste uns nun auf den Strand treiben, auf Kommando sprangen die Kerls ins Wasser und zogen das Boot weiter, bis es nicht mehr weiter konnte. Mich trugen sie mit samt dem Stuhl

---

51 Privatbriefe Vietor: Hedwig Vietor an ihre Kinder, 26. August 1927.
52 Leni Riefenstahl in einem Bildband, in dem sie „gesunde und schöne Körper" von Afrikanern und Afrikanerinnen in Szene setzt. S. 425; S. 217. „Ihre Bewegungen sind von unglaublicher Eleganz – sie bewegen sich wie Raubkatzen."
53 Pascal Grosse (2000): S. 11.

aufs Trockene. Vater saß im Moment auf den Schultern von zwei Mann und so waren wir in Accra. Das nächste Boot kam nicht so gut durch, eine riesige Welle schlug hinein und ein Mann wurde über Bord gerissen.“[54]

Jede Handelsfaktorei an der Küste beschäftigte afrikanische, in der Brandungsschifffahrt erfahrene Ruderleute, die sogenannten „Kru“ (= Crew). Peter Sebald ermittelte, dass es häufig Wanderarbeiter aus Liberia waren, die diese Schwerstarbeit der Lastenbeförderung bewältigten. Sie lebten auf den Faktoreigeländen und wurden auch zu anderen Arbeiten herangezogen. Aus der Sicht des Überseekaufmanns J.K. Vietor war der Beruf dieser Männer „der beste, wenn auch wohl gefährlichste und schwierigste“[55].

In den Wohn- und Arbeitsräumen der Faktorei lernte Hedwig höfliche Mitarbeiter kennen, von denen sie mit „Knicksen und tiefen Verbeugungen“, zum Teil bis „aufs Knie“ begrüßt wurden. Alles war „tipp topp sauber“[56]. Das Esszimmer und das Fremdenzimmer waren „schön groß“. Hedwig erfreute sich an den drei Hausboys Coffie, Reinbert und Gottfried.

> „Wenn die 3 so bei Tisch an der Tür stehen in weißen Anzügen mit goldenen Knöpfen u. so tadellos bedienen, lautlos und schnell und sich dann immer wieder so grade an der Tür aufstellen, das sieht ja zu famos aus. Hier lässt sich schon leben, das kann ich Euch sagen. Es gibt tadelloses Essen, der dicke Koch überreichte mir Blumen und einen schönen deutsch geschriebenen Brief. Er muss für alles sorgen, bekommt 3 shilling à Person.“[57]

Die von Europäern bewohnten Gebäude in Accra waren ungeschützt von Mauern, Zäunen und Toren. Vom Faktoreihof führte eine Außentreppe direkt zur „weit offenen Schlafzimmertür“ des Ehepaars Vietor. Ein Nachtwächter säße zwar davor, so Hedwig Vietor, aber der „schläft sanft und süß, anstatt zu wachen.“ Abgeschlossen seien nur „store und office“[58].

Nachdem die neuen Importwaren in der Faktorei ausgepackt waren, florierte das Geschäft, besonders mit Gummischuhen, „von denen 19 große Kisten“ mit dem Dampfer angekommen waren. „Fabelhaft ging der Betrieb“, berichtete Hedwig Vietor. Lastenträger „schleppten sie sofort, eine Kiste voll nach der andern auf dem

---

54 Privatbriefe Vietor: Hedwig Vietor an ihre Kinder, 26. August 1927.
55 Peter Sebald (1989): S. 24, über den Lohn der Mannschaft: „.... an guten Tagen [können die Männer] achtzig Mark verdienen. Dann kommen aber auch wieder Tage, an denen sie von morgens früh bis mittags arbeiten müssen und nicht viermal den Dampfer erreichen. Da im Monat vielleicht nur acht Tage Dampfer da sind, führen die Leute im ganzen ein sehr bequemes Leben, denn in diesen acht Tagen verdienen sie reichlich genug, um gut leben zu können.“
56 „Unser Coffie, der chiefsteward, ein ganz kleiner Kerl (darum sucht er sich auch immer nur möglichst kleine boys aus), deichselt die Geschäfte tadellos u. passt mit seinen klugen rollenden Augen wie ein Schießhund auf alles auf. Das fliegt nur so. Und sprechen tun sie dann keinen Ton mit einander, auch nicht bei der Arbeit, wenn ich da oben sitze, alles lautlos und wunderschön. Sonnabends wird fabelhaft reingemacht. Die Fußböden werden täglich ganz eingerieben, sonnabends sogar auch die Türen von oben bis unten gebohnert u. altes Holzwerk ebenso.“ Privatbriefe Vietor: Hedwig Vietor an ihre Kinder, 6. November 1927.
57 Privatbriefe Vietor: Hedwig Vietor an ihre Kinder, 26. August 1927.
58 Privatbriefe Vietor: Hedwig Vietor an ihre Kinder, 6. November 1927.

Kopf fort." Das Tragen von Lasten auf dem Kopf beeindruckte sie sehr. Afrikaner könnten Kakao-Säcke von „140 Pfund Gewicht im Geschwindschritt auf dem Kopf tragen"[59].

Claus Vietor chauffierte seine Eltern in einem neuen „Dodge" (= Jeep) umher; seine Mutter war begeistert von diesem Auto.[60] Auf einer Geschäftstour, „weit ins Landesinnere hinein", kamen sie in ein Dorf, in dem „ein sogenanntes play, so ein Fetisch=Tanzen" zu Trommelmusik stattfand.

> „Nun waren wir also mit unserem Auto plötzlich von 50-60 baumlangen Kerls umringt, vor uns stand eine große Lorry, so dass wir nicht weiter konnten. Die Bande stand dann auf dem Trittbrett dicht an dicht, die anderen sprangen ‚wie die Wilden' im wahrsten Sinne das Wortes um uns herum, grässlich war das, man konnte kaum atmen vor dem Dunst, den diese Kerls um sich herum verbreiteten. Sie wollten Geld haben. Zum Unglück hatte keiner von uns auch nur einen Pfennig bei sich, bis dann Claus eine Seite aus dem Notizbuch riss [...] und ihnen einen Gutschein für 1 shillig aufschrieb, da ging der mächtigste Kerl zurück, Claus gab schnell Gas auf rückwärts und johlend sprangen die Wilden ab vom Wagen und wir kamen heraus aus dem Betrieb. Ich freute mich aber doch, wie wir wieder in freier Luft waren und heraus aus dem engen Dorf. Ich sagte mir auch immer: ‚Nur nicht etwa Angst zeigen, im Gegenteil.' – So lief dies Abenteuer dann noch gut ab. Aber wenn ich jetzt von weitem das Trommeln und das eintönige Singen höre, dann wird mir doch so ‚etwas anders' zu Mute. Zur Zeit ihrer Xmas plays [Christmas], die jetzt bald zu Ende sind, sind sie einfach ganz verrückt. Das Schlimmste ist dann das Trinken."[61]

1927 machten Europäer ihre Inspektionsreisen durch das Hinterland mit dem Auto. Inzwischen war der Straßenbau fortgeschritten.[62] Kaufleute gingen nicht mehr zu Fuß zu ihren Kunden, wie es J.K. Vietor vor dem Ersten Weltkrieg oft abseits der Küstenrouten und Eisenbahnlinien praktiziert hatte.

In Hedwigs Vietors Schilderungen der Arbeitswelt in Westafrika bleibt weibliche Arbeit unerwähnt. Afrikanische Männer arbeiteten nach ihren Beobachtungen als Hilfsarbeiter für europäische Faktoreien: Als Kruleute, Koch, Nachtwächter, Lastenträger usw. Die drei Knaben, die im Haushalt putzten, wuschen, bedienten und servierten waren „Haussklaven", die später als Lehrlinge oder Handlanger ins Geschäft eintreten konnten.[63]

---

59 Privatbriefe Vietor: Hedwig Vietor an ihre Verwandten in Bremen, 30. August 1927

60 Über ihren Führerschein und Spaß beim Autofahren: Privatbriefe Vietor: Hedwig Vietor an ihre Kinder, 19. September 1927.

61 Privatbriefe Vietor: Hedwig Vietor an ihre Kinder, 11. November 1927.

62 „Die Straßen hier ja einfach großartig, breit und im Allgemeinen ganz tadellos. Da haben die Engländer ganz Enormes geleistet in ihren Kolonien, das muss man ihnen lassen." Privatbriefe Vietor: Hedwig Vietor an ihre Kinder, 11. November 1927.

63 Privatbriefe Vietor: J.K. Vietor an seine Frau, 29. Oktober 1912: „Dort müssen sie zunächst im Laden helfen, die Sachen putzen und hübsch wegpacken. Sie müssen herein tretende Kunden bedienen, an die Dampfer fahren und die gesamten Waren in Empfang nehmen, das Verladen der Landerzeugnisse beaufsichtigen usw. wird ein solcher junger Mann dann älter, und hat sich stets zur Zufriedenheit seiner Herren gemacht, wird sein Gehalt allmählich erhöht und erhält später dann vielleicht die selbständige Beaufsichtigung eines Ladens."

FAZIT: Die Arbeit von Männern bekommt aus weiblicher Perspektive andere Schwerpunkte. Demnach sind nicht nur separierte, geschlechtsspezifische Arbeitsräume zu erkennen, sondern unterschiedliche, aber „mindestens zwei Geschichten" aus der männlichen Arbeitswelt, eine aus männlicher und eine aus weiblicher Sicht zu erzählen.[64] Frauen registrierten auch Schattenseiten der kaufmännischen Arbeit in Übersee. Sie wurden konfrontiert mit Gescheiterten (Schuldnern, Alkoholikern) und registrierten in Brasilien und Westafrika körperliche Anstrengungen indigener Arbeiter.

Die Gespräche zuhause und die Korrespondenzen mit Verwandten drehten sich oft ums Geschäft. Daher konnten Frauen geschäftliche Zusammenhänge, konkurrierende Unternehmen und wirtschaftspolitische Verflechtungen kommentieren. Frauen übernahmen Redewendungen der Kaufmannssprache. Das Kontor, die Faktorei oder das Ladengeschäft waren für sie weder in Übersee noch in Bremen unbekannte Orte. Auch über die Kundschaft, die Handelsgüter, den Geldverkehr, die Teilhaber und die Angestellten des Geschäfts sprachen Frauen ein gewichtiges Wort mit. In Personalfragen, d.h. in der Kommunikation über Angestellte und Teilhaber war der weibliche Einfluss der Ehefrau auffallend. Frauen gewannen in geschäftlicher Hinsicht wichtige Positionen als Beraterinnen: Weibliche Wahrnehmungen und Bewertungen wurden in kaufmännische Entscheidungsprozesse einbezogen. Frauen wollten nicht nur als „Weltbestätigerinnen"[65] fungieren, sondern ihren gleichberechtigten Anteil am beruflichen Erfolg ihrer Ehemänner zeigen.

---

64 Ute Gerhard (1988b): S. 210-214. Zusammenfassung von Tagungsergebnissen zu „Bürgerliche Gesellschaft, Bürgertum und Geschlechterverhältnis im 19. Jahrhundert (22.-24.1.1987).
65 Ute Frevert (1988) über „Männer-Bilder" Ende des 18. und Anfang des 19. Jahrhunderts: F.G. Fichte „sprach alle Probleme mit ihr durch und schätzte sie als Spiegel der eigenen Ideen und Projekte, als emotionale und intellektuelle ‚Weltbestätigerin'" S. 33.

G. Frauenarbeit in der Kaufmannsfamilie

1. Hauswirtschaft

In diesem Kapitel werden Arbeitsbereiche bürgerlicher Frauen in Bremen und Übersee beschrieben. Die Frauen verfügten in der Regel über keine berufliche Ausbildung, sondern waren durch ihre Erziehung auf ein „dreifaches Bürgerfrauenideal" als Ehefrauen und Mütter, „Meisterhausfrauen und schöne Gesellschaftsdamen" eingestellt.[1] In Bremen wurde die Reputation eines erfolgreichen Kaufmanns durch repräsentativen Wohnstil und eine entsprechende bürgerliche Hauswirtschaft dargestellt. Dies sollte nach Möglichkeit auch in Übersee beibehalten werden. Dabei kam Frauen die Rolle zu, die Hauswirtschaft unter fremden Bedingungen zu organisieren.

Bürgerinnen in Bremen bzw. in Bremerhaven führten ihre Hauswirtschaften in vornehmen Quartieren. Die Akteurinnen wohnten in stattlichen Wohnhäusern in den Straßen Herdentor, Contrescarpe, Kohlhökerstraße, Am Dobben, Am Wall, Wiesenstraße, Osterdeich und Schönhausenstraße, jeweils im Umkreis von wenigen Hundert Metern von Rathaus, Dom und Stadtkirche entfernt.[2] Lediglich das Erbgut Brandenhof in Bremen-Borgfeld lag etwa zehn Kilometer vom Stadtmittelpunkt entfernt. Die Bürgerhäuser besaßen einen Durchschnittswert von 10.000 Talern bzw. 35.000 Mark.[3] Auch Mathilde Meiners und Helene Kalm lebten als Töchter Bremerhavener Bürger an bevorzugten Orten. Die Fährstraße, in der Familie Meiners wohnte, wurde zur Gründungszeit Bremerhavens angelegt; die Vergabe der Grundstücke richtete sich nach dem Vermögen der Interessenten, die meistens Kaufleute oder Kapitäne waren.[4] Familie Kalm wohnte zwischen Altem Hafen und dem Fluss Geeste in der Keilstraße. Eduard Kalm war Gymnasiallehrer und unterrichtete Schülerinnen der Bremerhavener Höheren Töchterschule Greuer, die auch von Mathilde Meiners und Helene Kalm besucht wurde.

Die Modernisierung der technischen Infrastruktur Bremens brachte seit der Gründung des Gaswerks 1854 nicht nur abends Helligkeit in Bremens Straßen, sondern veränderte auch die Innenräume und die Tagesabläufe in Bürgerhäu-

---

1   Vgl. Gunilla-Friederike Budde (1994): S. 173.
2   Eine übliche, aber „recht bescheidene" Raumaufteilung eines Typs bürgerlicher Bremer Häuser beschrieb 1910 Bernhardine Schulze-Smidt, geb. Smidt (1846-1920), eine Cousine von Johann Smidt: „Im Kellergeschoß eine anständige, helle Küche und Nebengelass; im Erdgeschoß Essstube und Wohnzimmer. Im ersten Stock zwei Schlafgemächer" und Arbeitszimmer des Hausherren, „unterm Dache hausen die Töchter im braun getäfelten, halbschrägen Alkovenstübchen und haben das Dienstmädchen in sicherer Nähe." Schulze-Smidt (1910): S. 6.
3   Für die Gründerzeit, nach Andreas Schulz (2002): S. 495-496. Die Grundstücke und Wohnhäuser waren durchweg teuer. Um 1900 kostete der kleinste Bremer Haustyp mit einer Hausfront von fünf bis sechs Metern und etwa acht Metern Tiefe ca. 5.000 Mark; der nächst größere Typ 10.000 bis 15.000 Mark. Vgl. E. Gildemeister (1900): S. 409-410.
4   Vgl. Rita Kellner-Stoll (1982): Stadtpläne und Ansiedlungsbeginn in den 1830er Jahren; S. 66-74.

sern.[5] Von der Stadtmitte ausgehend wurden nach und nach alle Gebäude an ein Abwasser- und Trinkwasserrohrsystem angeschlossen. In Bremer Haushalten kochte man bis zur Mitte der 1920er Jahre überwiegend mit Gas, obwohl seit 1893 ein Elektrizitätswerk Strom erzeugte.[6] Die Umbaumaßnahmen der Stadt weckten Wünsche nach mehr Bequemlichkeit in der Häuslichkeit. So lernten die zwischen 1875 und 1885 geborenen Bremerinnen in Bremen eiserne Holz- und Kohleherde sowie Gasherde und auch „moderne" Hilfsmittel zum Wäschewaschen (Wäschestampfer, manuelle Wringmaschine) kennen. Hedwig Vietor verfügte 1898 in ihrem gemieteten Sieben-Zimmer-Haus in Bremen in der Nordstraße 33 über ein Badezimmer.[7]

Ganz andere Wohnverhältnisse und Wohnquartiere fanden Bremerinnen in Übersee vor. Auf dem Guatemala-Stadtplan von 1894 ist das Wohn- und Geschäftshaus Friedrich Köpers im Zentrum der Stadt markiert.[8] Es lag ein paar Schritte von der Kathedrale und den anderen Läden und Marktarkaden entfernt. Hier entwickelten Tilly Köper, Helene Noltenius und Fanny Schütte um 1900 eigene Lebensformen. Sie waren Fremde, die sich auf unbestimmte Zeit in neue Bezugssysteme einrichteten. Das Geschäftshaus der Firma Köper, Noltenius & Co. in Guatemala befand sich „nicht mehr als fünf Minuten" vom Privathaus Köpers entfernt. Das Wohnhaus von Helene und Eberhard Noltenius war in „drei Minuten zu erreichen"[9]. Während der Geschäftszeiten erfreuten sich die Jungvermählten wechselseitig mit kurzen Nachrichten und kleinen Präsenten, die von Boten überbracht wurden.[10] Durch die Nähe der gemieteten Wohnhäuser zum Ladengeschäft war es den Frauen möglich, nach Arbeitsschluss die Männer dort abzuholen.

1903 brach Marie Overbeck zu ihrem Bruder Wilhelm und dessen Frau Anita Overbeck nach Brasilien auf, um als ledige Frau ohne Berufsausbildung der Schwägerin mit den zwei kleinen Kindern zu helfen. Während sich der Überseedampfer „Belgrano" den Hafenanlagen von Bahia/Brasilien näherte, erkannte Marie Overbeck schon von weitem das Haus ihres Bruders in der Oberstadt Bahias. Der Bruder hatte ihr vor der Abreise eine Skizze geschickt. Das Haus lag am Rande eines vornehmen Viertels, in dem viele Deutsche wohnten. Marie schrieb:

> „Die Häuser sind teils sehr hübsch und groß von einem Garten umgeben. In den Gärten sieht man sehr viele kleine und große weiße Figuren. Es ist ein merkwürdiger Geschmack. Blumen wären doch viel schöner".[11]

---

5   Kurz nach Eröffnung des Gaswerks brannten bereits „5000 Privatflammen" in Bremen. Um 1900 existierten 25.000 „Gaszähler und Hausanschlüsse". Vgl. Elisabeth Hannover-Drück (1996): S. 68, 70.
6   Das städtische Elektrizitätswerk wurde 1893 eröffnet. Das zentrale Wasserwerk arbeitete seit 1873, die Abwasserentsorgung funktionierte nach 1892. Vgl. F. Jordan (1900): 499-505; E. Götze (1900): 506-515. Vgl. Elisabeth Hannover-Drück (1996): S. 71.
7   Privatbriefe Vietor: Hedwig Vietor an eine Verwandte „Trinili", 8. Juli 1898. – Zum Badezimmer auch ein Bremer Architekt: „Ein auf dem Dachboden aufgestelltes, vom Keller aus geheiztes Reservoir versorgt das Haus mit Warmwasser. Im Obergeschoß fehlt selten das Badezimmer und Wasserklosett neben den Schlafräumen." Vgl. E. Gildemeister (1900): S. 412.
8   StAB 7,13: Stadtplan Guatemala.
9   StAB 7,13: Tilly Köper an ihre Verwandten, 14. Oktober 1899.
10 Privatbriefe Noltenius: Helene Noltenius an ihren Mann, Zettelbotschaften, o.D.
11 StAB 7,500-B-81: Marie Overbeck an ihre Verwandten, 23. November 1903.

Eine spanisch geprägte Gartenarchitektur, die in den Tropen auf blühende Pflanzen verzichtete und anstelle dessen Marmorskulpturen als Blickfang gruppierte, fand nicht ihren Gefallen. Ihr Bruder Wilhelm Overbeck wohnte „an der Barre in einem reizenden kleinen Häuschen." Es machte auf Marie Overbeck einen freundlichen Eindruck.

Hedwig Kulenkampff folgte 1912 ihrem Mann nach Lomé in Togo/Westafrika. Bis zum Ersten Weltkrieg lebten dort etwa achttausend Einwohner, darunter 185 Deutsche.[12] Zu den imposantesten Gebäuden und Bauwerken der Kolonialzeit gehörten der Gouverneurspalast, der Bahnhof sowie die Landungsbrücke. Zahlreiche Straßenzüge trugen deutsche Namen. Bremer und Hamburger Kaufleute unterhielten Faktoreien nahe der Landungsbrücke; ihre Kontore befanden sich in den parallel zum Strand verlaufenden Straßen (Bremer Straße; Hamburger Straße). In diesem Quartier befand sich auch das gemietete Haus von Alfred Kulenkampff.

Welche Verhältnisse fanden Frauen in Übersee im Vergleich zu Bremen in den Hauswirtschaften vor? Welche Ansprüche konnten sie stellen? Wie richteten sie sich ein? Was schrieben sie über die Zeit nach der Rückkehr aus Übersee?

Hinter den Fassaden der Bremer Bürgerhäuser blieb die Hauswirtschaftsarbeit der Frauen meistens unsichtbar. So konnten bürgerlich-weibliche Lebensformen in der zeitgenössischen Literatur abschätzig als „demonstrativer Müßiggang" bezeichnet werden. „Demonstrativer Müßiggang", d.h. ein beabsichtigtes Zurschautragen von Untätigkeit, Freizeit und Ruhe war eine Zuschreibung, die weibliches Verhalten stereotypisierte.[13] Bürgerinnen führten demnach, abgeschirmt von der Außenwelt, tagsüber ein auf den Haushalt bezogenes Dasein. Im Konkreten bestand der Alltag der Akteurinnen aus Haushaltsorganisation, Ökonomie und dem „Beruf" als Mütter zahlreicher Kinder.

Nach ihrer Rückkehr nach Bremen bestand weiterhin die Verbindung nach Übersee: Ehemänner und heranwachsende Söhne „gingen wieder nach drüben." Die Ehefrauen dagegen organisierten ihr Leben in Bremen. Sie bewältigten Kindererziehung, pflegten Kontakte zu Familienmitgliedern, die ihnen nach langem Überseeaufenthalt in Bremen fremd geworden waren.

Um 1900 leisteten Frauen – Hausfrauen und Dienstpersonal – die körperliche und logistische Arbeit, um einen bürgerlichen Haushalt im Laufen zu halten. Nach dem Ersten Weltkrieg startete die Haushaltsgeräteindustrie Staubsauger-, Waschmaschinen- und Warmwasserboiler-Werbekampagnen. Diese Geräte sollten die

---

12 Peter Sebald (1989): S. 47-54.

13 „Der demonstrative Müßiggang" und „Der demonstrative Konsum", sind Begriffe, die von dem nordamerikanischen Soziologen Veblen 1899 für einen Großteil des Bürgertums eingeführt wurden. Thorstein Veblen (1981); Dorothea Schmitt (2002): „Im mittleren Bürgertum legte die Hausfrau dagegen bei der Hausarbeit oft mit Hand an, musste aber dem eigenen Anspruch nach auch einen gewissen Müßiggang zur Schau stellen." S. 214. – Vgl. Eric J. Hobsbawm (1999): S. 214. Gegen Vorstellungen, bürgerliche Frauen seien im permanenten „Müßiggang" gewesen, zogen Historikerinnen wie Gertraude Kittler (1980), Barbara Duden und Gisela Bock (1977) zu Felde. Vgl. Kirsten Schlegel-Matthies (1995): S. 15. Heidi Rosenbaum untersuchte unter anderem bürgerliche Frauen und Genderkonstruktionen in Familienzusammenhängen. Die Frau „arbeitete nicht ernsthaft, sondern das, was sie tat, war primär Zeitvertreib." S. 341. Rosenbaum relativierend und erklärend: „Der scheinbare Müßiggang [sei] mit äußerster Unfreiheit gepaart." vgl. Heidi Rosenbaum (1982): S. 346.

anstrengende Frauenarbeit erleichtern. Hausfrauen kämen auch ohne Hilfspersonal aus, so die Werbung. Doch weiterhin bestimmte mühsame Hausarbeit den Alltag von Frauen, daran änderte der Einsatz moderner Haushaltsgeräte wenig.[14]

Etymologisch verweist der Begriff Hauswirtschaft bzw. „Wirtschaft" sowie „Hauswesen und Hausverwaltung" auf einen männlichen „Hausvater" (Hauswirt) als Haushaltsvorstand. Nach der Trennung der idealisierten sozialen Einheit „das ganze Haus" übernahmen Frauen („Hausmütter") die Regie im Haus, während Männer außerhalb des Hauses beruflicher Erwerbsarbeit nachgingen.[15] Bis zur Mitte des 19. Jahrhunderts umfasste Hauswirtschaft überwiegend Selbstversorgung und Vorratswirtschaft.[16] Auch in der Stadt Bremen war die Bewirtschaftung von Gartenland und Kleintierhaltung selbstverständlich. Im Prozess der Industrialisierung und Spezialisierung verdichteten sich städtische Räume. Aus Gartenland wurden Wohnquartiere mit dem Ergebnis, dass die haueigene Produktion von Nahrungsmitteln aufgegeben werden musste. Das große Angebot von Nahrungs- und Genussmitteln, Alltags- und Luxusgütern als Roh- oder Fertigprodukte, das auf Märkten, in Kolonialwarenläden und städtischen Markthallen und Warenhäusern[17] angeboten wurde, ersetzte die Selbstversorgung. Einige Lebensmittel wurden weiterhin als Rohprodukte gekauft und von Hausfrauen weiter verarbeitet. Das Prüfen von Angeboten und das Einkaufen von Nahrungsmitteln und Haushaltsgeräten wurden zu wichtigen Bestandteilen hauswirtschaftlichen Arbeitens.[18]

Um Unterschiede des Hauswirtschaftens in Bremen und Übersee herauszuarbeiten, ist es erforderlich, die Quellen nach Bedingungen weiblicher Arbeit zu befragen. Federvieh gehörte um 1885 noch zur Haushaltsführung von Marie Smidt. Nach ihrer Rückkehr aus Kalkutta 1873 ließen Smidts zunächst ein Hühnerhaus bauen und anschließend die Küche im Keller des Hauses renovieren. Die Küche wurde mit einem neuen Herd modernisiert. Dazu brauchten die Handwerker etwa fünf Wochen. Sie stellten während der Zeit des Umbaus einen provisorischen Herd mit einer Flamme auf.[19] Das Einkaufen und Kochen erledigte in der Regel eine Köchin.

---

14   Marianne Friese (2002): S. 223f.; Marianne Friese (1991). – Immer noch als Klassiker nicht zu ersetzen: Hermann Bausinger (1961): Volkskultur in der technischen Welt. 1. Aufl., Köln.

15   Zur Geschichte der Begriffe Hauswirtschaft, Wirtschaft, Ökonomie: Johannes Burkhardt (1992): S. 511-594.

16   Ende des 18. und zu Beginn des 19. Jahrhunderts verlangten „Selbstversorgung und Vorratswirtschaft auch im wohlhabenden Haushalt große organisatorische Leistungen, mit denen [die Hausfrau] normalerweise ausgefüllt war." Heidi Rosenbaum (1982): S. 340. – In ihrem viel zitierten Artikel, den die Autorin als „Werkstattbericht" bezeichnet, wertete Karin Hausen Autobiographien von BürgerInnen und SchriftstellerInnen aus. Ein Ergebnis: „Die bürgerlichen Haushalte entwickelten sich im 19. Jahrhundert weit auseinander. Im wohlhabenden Bürgertum wurden Ehefrauen immer stärker von der Arbeit in Familie und Hauswirtschaft entlastet und freigesetzt zur Muße." Karin Hausen (1988): S. 85-117; hier S. 103.

17   Rudolf Karstadt übernahm das Manufaktur- und Modegeschäft von Th. Graser, Ecke Söge-/ Pelzerstraße in Bremen und eröffnete das Geschäft 1902 als 25. Filiale seiner Warenhauskette. Herbert Schwarzwälder (2003): S. 459-460.

18   Vgl. Kirsten Schlegel-Matthies (1995): Über den Einkauf der Nahrungsmittel, S. 38.

19   Nach ihrer Rückkehr aus Kalkutta Ende 1873 bezogen Johann und Marie Smidt ihr Haus in der Contrescarpe 32. Privatquellen Smidt: Marie Smidt an ihre Mutter über den Bau eines Hühnerhauses, 29. Januar 1874; Umbau des Kochherdes, 15. November 1874.

Eine moderne städtische Infrastruktur mit zentraler Wasserversorgung, Kanalisation, Gas- und Elektrizität brachten zwar Fortschritt, aber auch große Hausumbaumaßnahmen mit sich.[20] Die Modernisierung umfasste die Einrichtung von Wasserklosetts, Badezimmern und insbesondere die Ausstattung der Küchen. Holz- oder Kohleherde wurden nach 1900 durch Gaskocheinrichtungen ersetzt. Zentralheizungssysteme erleichterten die Hausarbeit. Küche und Badezimmer waren der Stolz jeder Hausfrau. Mit der Versorgung von Elektrizität und Telefon[21] waren Haushalte auf modernstem technischem Stand der Zeit. Spezialgeräte revolutionierten den Waschtag, das Reinigen des Hauses und die Küchenarbeit. Beachtung fanden auch Erkenntnisse über den Zusammenhang zwischen Ernährung, Hygiene und Gesundheit. Nach dem Ersten Weltkrieg waren Hausfrauen bereit, mit weniger Personal ein gesteigertes Arbeitspensum zu leisten.[22]

Töchter bürgerlicher Eltern besuchten „Höhere Töchterschulen"[23]. Die dort erlernten Fremdsprachenfertigkeiten waren für spätere gesellschaftliche Verpflichtungen wichtig. Textile Handarbeiten und Rechnen sollten der Haushaltsführung nützen. Anschließend traten die fünfzehn- bis achtzehnjährigen Mädchen ein

---

20 Das Bremer Gaswerk lieferte ab 1855 Energie für Bremens Straßenbeleuchtung, und um 1870 führte ein Wasserrohrnetz von etwa 100 km Länge von der „Wasserkunst" auf dem Stadtwerder zu den Verbrauchern. Die Stadt Bremen ließ zwischen 1876 und 1885 neue Abwasserkanäle aus „glasierten Tonröhren" bauen. Ende 1881 waren viele Straßenzüge durch Gaslampen beleuchtet. Franz Buchenau (1882): S. 145; S. 89; S. 111; S. 178. – Zwischen 1888 und Anfang der 1890er Jahre wurden der Bremer Freihafen und einige Straßenzüge während der Nordwestdeutschen Gewerbeausstellung elektrisch beleuchtet. Vgl. Herbert Schwarzwälder (1995): Bd. 2. S. 258; S. 379. – Das Elektrizitätswerk wurde 1904/1905 erbaut. Franz Buchenau (1935): S. 476. – Elisabeth Hannover-Drück (1996): S. 69-70. Von 1895 bis in die 1920er Jahre hinein wurde in Bremer Haushalten mit Gas gekocht. Zusätzlich schafften sich Hausfrauen mit Braunkohle beheizte „Grudeherde" und „Kochkisten" an. 1924 waren elektrische Herde und elektrische Beleuchtung in Bremer Haushalten noch nicht üblich. – Zur Technisierung in Haushalten mit Zeittafel: Arbeitsgemeinschaft Hauswirtschaft e.V. (1990).

21 Privatbriefe Vietor: Hedwig Vietor an ihren Mann, 4. Januar 1905. Der sechsjährige Karl Vietor „war ganz stolz und aufgeregt, dass Großmutter ihn ans Telefon kommen ließ, sie konnte bei dem Nebel heute nicht ausgehen" und gratulierte ihm am Telefon zum Geburtstag. „Mit mächtiger Stimme brüllte er immer hinein: ‚Hier Ibo etc.' und erzählte allen, er hätte heute wirklich telefoniert." In Bremen wurde der Telefonverkehr seit Anfang 1880 ausgebaut. Die Einrichtung öffentlicher Fernsprechstellen begann 1885, zwischen Bremen und Hamburg bestand eine Verbindung ab 1. Februar 1887. Vgl. Statistische Mitteilungen der Handelskammer Bremen (1887): S. 48.

22 Über die Rationalisierung der Hausarbeit und „Dienstbotennot" nach dem Ersten Weltkrieg in Bremen: Elisabeth Hannover-Drück (1996): S. 70-73.

23 Quelle: Stadtarchiv Bremerhaven, Schulakten. Laut Schulprospekt lernten die Bremerhavenerinnen, die um 1900 mit ihren Ehemännern Friedrich Köper und Eberhard Noltenius nach Guatemala auswanderten, „Häkeln, Stricken, Namenszeichen in verschiedenen alphabethischen Schriftzügen in einem Namenbuch, Hohlsäume, verschiedene Näharbeiten, Zeichnen, Zuschneiden und das Anfertigen eines Hemdes aus Leinen". Der Lehrplan 1872/73 sah zwei Wochenstunden in Rechnen in der ersten und zweiten Jahrgangsstufe, im Elementarunterricht vier Stunden pro Woche, vor. – So wurden Tilly Meiners, am 1. Oktober 1884 und Helene Kalm, am 2. März 1880 in die Höhere Töchterschule von Auguste Greuer in Bremerhaven eingeschult. Vgl. Herbert Körtge (1999): S. 77-83; Wiltrud Ulrike Drechsel (2001) über Höhere Töchterschulen in Bremen.

Pensionsjahr in bürgerlichen Einrichtungen oder Familien an.[24] Auch Marie Smidt wurde in „Pension" geschickt; sie besuchte in Stuttgart das Katharinenstift. Danach kehrte sie zu ihren Eltern nach New York zurück[25]. Andere Frauen, wie z.B. Hedwig Vietor, lernten Haushaltsarbeiten bei ihren Müttern. Marie Overbeck kam nach dem Tod des Vaters 1903 im Haushalt ihres Bruders in Brasilien unter.

Hedwig Kulenkampff absolvierte 1908 eine einjährige Schulzeit in der landwirtschaftlichen Frauenschule des Reifensteiner Verbandes in Scherpingen in Westpreußen. Schulen des Reifensteiner Verbands standen Töchtern aus „guten Haus" offen. Während der einjährigen Schulausbildung wurde ihnen landwirtschaftliche Haushaltspraxis vermittelt.[26] Diese praktische Ausbildung wurde für Hedwig Kulenkampffs späteren Lebensweg besonders wichtig. Erstens lernte sie während dieser Zeit ihre spätere Schwägerin Ilse Kulenkampff aus Bremen kennen und zweitens erwarb sie dort grundlegende Kenntnisse für die Zeit als Farmerfrau in Südwestafrika.

Die Feststellung, dass bürgerliche Frauen bis zum Ersten Weltkrieg selten über eine berufliche Ausbildung verfügten und bis 1918 keine politischen Partizipationsrechte hatten, ist für die folgenden Ausführungen wichtig, denn Bürgerinnen waren gebildet und hätten sich zu unabhängigen, gleichberechtigten Individuen entwickeln können, wenn sie nicht von Bereichen ferngehalten worden wären, die ihren Brüdern bzw. Männern zugedacht waren. In Autobiografien erlebten Frauen diese Erziehung als ungerecht. Die bürgerlich-weibliche Lebensperspektive richtete sich trotz vielfältiger gesellschaftlicher Wandlungsprozesse im 19. Jahrhundert auf eine standesgemäße Heirat, um als Ehefrau einer Hauswirtschaft vorzustehen.

Männliche und weibliche Lebensentwürfe differierten in bürgerlichen Kreisen bis weit ins 20. Jahrhundert hinein. Die gesellschaftlich und kulturell verfestigten Geschlechterrollen, die durch freie Berufswahl von Männern und die Festlegung von Frauen auf Hausarbeit, Mütterlichkeit und Abhängigkeit vom Ehemann bestanden, wurden in bürgerlichen Kreisen in der Regel akzeptiert. Die gültigen gesellschaftlichen Rollennormen veränderten sich erst sukzessive im Generationenwechsel ab Anfang des 20. Jahrhunderts und wurden nicht immer von Frauen erstrebt, jedoch manchmal von Ehemännern angeregt. Wenn sich Väter als berufliche Wegbereiter für ihre Töchter darstellten, widerstrebte es einigen Müttern, ihre unverheirateten Töchter aus ihrer Abhängigkeit für eine Erwerbsarbeit freizugeben.

---

24 Privatquellen Kulenkampff: Tagebuch Friederike Kulenkampff, 25. September 1902; 4. Oktober 1904. Demnach begleitete die Mutter ihre achtzehnjährige Tochter Lina und zwei Jahre später die jüngere Tochter Ilse in die Schweiz, wo sie ihre Pensionszeit antraten.

25 Privatbriefe Smidt: Hermann Smidt an seinen Sohn Johann in Kalkutta, 15. Juli 1860. Marie war zu der Zeit fünfzehn Jahre alt.

26 Ortrud Wörner-Heil (1997): S. 57.

2. Beispiele praktischer Hauswirtschaftsführung

Von hauswirtschaftlichen Arbeiten konnten weder die bürgerliche Hausfrau noch die Hausgehilfin besondere Anerkennung erwarten. Dennoch dienten sie dem Prestige und dem Ansehen des Kaufmanns, seines Geschäfts und seiner Familie.

Die Briefe Marie Smidts aus Bremen an ihre Mutter in New York sind in diesem Zusammenhang von besonderer Bedeutung. Marie schaute aus der Perspektive einer „Fremden" aus New York auf Bremer Verhältnisse. In den Monaten ihres Bremer Zwischenaufenthalts (1869/1870) bereitete sie sich auf die Geburt ihres ersten Sohnes und die Abreise nach Kalkutta vor. Sie führte keinen eigenen Haushalt, sondern wohnte im Bremer Hotel Europa, Herdentorsteinweg 38. In ihren Hausfrauenpflichten wurde sie täglich von dem „kleinen Stundenmädchen Friederike" unterstützt. In dieser Zeit waren ihre häufigsten Beschäftigungen das „Kramen" und Aufräumen. Offensichtlich suchte sie oft nach Gegenständen, die in den Hotelzimmern keinen festen Platz hatten.[27]

Hedwig Vietor verfasste zwischen 1894 und 1912 lange Briefe an ihren Mann. Auch aus ihrem ersten Ehejahr wurden Quellen überliefert. Während J.K. Vietor auf einer langen Geschäftsreise in Afrika war, erlernte Hedwig mit neunzehn Jahren das Wirtschaften im Haushalt ihrer verwitweten Mutter in Bremen, Wiesenstraße 16, und gebar in dieser Zeit ihr erstes Kind. Einen eigenen Haushalt leitete sie seit 1896 in der Contrescarpe 175. Das Gebäude war gleichzeitig Firmensitz von „J.K. Vietor Im- und Export"[28]. Hedwig Vietor versorgte in ihrem Haushalt zeitweise junge kaufmännische Angestellte. Die Wände zum Kontor waren dünn: Wenn Hedwig Vietor sich abends zurückzog, war es ihr unangenehm, wenn sie durch die Wand hörte, wie ihr Mann noch Instruktionen an Angestellte gab oder „Männerwitze" verbreitete.[29]

Zahlreiche andere Bürgerinnen richteten sich nach ihrer Heirat in Bremen ihre erste Hauswirtschaft in der Fremde ein. Sie orientierten sich wie Tilly Köper und Helene Noltenius zunächst an den ihnen bekannten Verhältnissen. Sie versuchten, erlernte kulturelle Praktiken und Lebensformen nach Übersee zu transportieren und wurden mit fremden Arbeitsweisen konfrontiert. Die Frauen gerieten zu der Einsicht, sich in der Privatsphäre flexibel auf Fremdes bzw. fremde Dienstmädchen einzulassen. Dabei überschritten sie sprachliche Grenzen. Von Indigenas übernahmen sie unbekannte Praktiken beim Wäschewaschen. Die von Köchinnen aus einheimischen Lebensmitteln zubereiteten Speisen waren preiswert. Im Be-

---

27 „Ich habe in dieser Zeit viel zu wirtschaften, zu besorgen, zu bedenken und zu kramen gehabt, und habe alles gut überstanden und vertragen; jetzt wohnen wir in unseren gemütlichen geräumigen Zimmern. [...] Umzuziehen macht [...] doch immer Mühe, für alles einen bestimmten Platz zu haben. Und es erst gemütlich und wohnlich einzurichten, dazu gehört Geschmack und etwas Talent!" Privatbriefe Smidt: Marie Smidt an ihre Eltern, 27. Dezember 1869.

28 „J.K. Vietor Im- und Export", Vermieter des Hauses war Herr Märtens, der 1897 eintausend Mark Miete dafür verlangte. Privatbriefe Vietor: Hedwig Vietor an ihren Mann in Afrika, Juni 1897 [ohne Tag].

29 Privatbriefe Vietor: Hedwig Vietor an ihren Mann, 29. November 1912.

reich der häuslichen Reinlichkeit beharrten die Hausfrauen auf ihren mitgebrachten hygienischen Vorstellungen.

Marie Overbeck vermittelte in ihren Briefen an ihre Mutter und Schwestern Eindrücke vom Haushalt ihrer Schwägerin in Bahia/Brasilien. Marie erzählte auch von ihrer Arbeit als Kindermädchen in der Familie des Bruders und ihrem Wunsch, durch eine Berufsausbildung unabhängig von Verwandten zu werden.

Hedwig Kulenkampff reiste nach ihrer Heirat 1912 in Santa Cruz/Teneriffa mit ihrem Mann nach Lomé in Westafrika. Von städtischen bürgerlichen Lebensformen hatte sie wohl schon vorher Abschied genommen. Sie folgte ihrem Mann von Ort zu Ort, jeweils dorthin, wohin er geschäftlich reisen musste. Nach dem Ersten Weltkrieg führte Hedwig Kulenkampff einen Haushalt in Diensthoop bei Bremen in ländlicher Umgebung. 1926 wanderte die Familie nach Südwestafrika aus und kehrte erst in den 1960er Jahren zurück.

MARIE SMIDT traf 1869 als junge Ehefrau aus New York in Bremen ein. Marie träumte von Selbständigkeit in ihrem ersten eigenen Haushalt. Doch damit musste sie sich gedulden. Bremen wurde für sie zu einer Zwischenstation auf dem Weg nach Kalkutta. Das Ehepaar lebte bis zur Geburt ihres Sohnes Hermann im Februar 1870 bis Ende 1870 überwiegend in einem Bremer Hotel. Befremdlich wirkte auf sie, dass niemand der engeren Verwandtschaft, die über große und zum Teil unbewohnte Häuser in der Stadt verfügte, sie und ihre Familie bis zur Abreise nach Kalkutta aufnehmen wollte. So stand die mittlere Etage von Tante Marie Vietor[30] in Bremen, Contrescarpe 50, ganz leer und im dritten Stock waren nach Maries Kenntnis noch zwei Fremdenzimmer vorhanden. Ihr Großvater Hütterott verfügte ebenfalls über genügend Platz zum Wohnen.[31] Offenbar fühle sich niemand von den Verwandten „zuständig". Besonders Maries Familie mütterlicherseits zeigte sich abweisend. Neben ihrer Tante Marie Vietor lebten noch drei weitere Schwestern ihrer Mutter in Bremen: Luise Busjaeger, Betty Hampe und Johanne Hütterott waren mit „bekannten" Kaufleuten in Bremen verheiratet.[32] Schließlich fand Marie von Juni bis August auf dem Landgut „Dunge" der Familie Smidt in Bremen-Nord

---

30 Geb. Hütterott (1819-1903).

31 „Privatbriefe Smidt: Marie Smidt an ihre Mutter, 4. September 1870: „Lächerlich waren mir die Gesichter aller Bremer Verwandten, dass ich nun so gut untergebracht war. Alle fühlten betrübt für mich, dass ich ins Hotel ziehen sollte, und keiner wollte mich gern haben, fühlten nebenher aber doch etwas wie Pflicht, es mir anzubieten! – Dieses Gefühl der Befreiung, was Alle überkam, als ich ihnen mein Schicksal mittheilte, hat mich wirklich amüsirt. Großvater sagte, nachdem ich sicher gestellt war – ‚Ja, liebe Marie, ich hätte Dich gern zu mir genommen, aber ich kann es nicht, da ich 3 Mann Einquartierung habe!' Nebenbei gesagt, schlafen 2 Mann im Souterain und einer in der Schrankstube auf der Erde, selbstverständlich bewohnen sie nicht Onkel Konrads schön möblirte Räume! – Tante Vietor, die jetzt das große leere Haus hat, die Mitteletage steht ganz leer, und im 3ten Stock sind auch noch 2 Fremdenstuben leer, hätte mir eigentlich das Wohnen wohl anbieten können."

32 Zur Bremer Familie Hütterott gehörten sechs Schwestern und ein Bruder. Johanne Hütterott behielt nach der Eheschließung mit ihrem Vetter [Kaufmann Theodor Hütterott, Teilhaber der Fa. M. und F.A. Gildemeister, Dobben 24, Ecke Fedelhören] ihren Familiennamen. StAB Familienforschung „Die Maus": Lülmann, S. 47.

Aufnahme. Danach bot eine unverheiratete Tante von Johann Smidt ihr Haus zum Wohnen an. Das Wechseln der Quartiere war Marie unangenehm.

Abb. 26: StAB 10,B: Hotel de l'Europe, Bremen, Herdentor, um 1880[33]

Marie Smidt bewegte sich in dieser Zeit fast ausschließlich unter Verwandten und hatte Gelegenheit, Vergleiche zwischen New York und Bremen anzustellen. Bremerinnen organisierten ihre bürgerlichen Haushalte mit großem Arbeitsaufwand. Dabei setzten sie Dienstmädchen zum Saubermachen, Kochen, Waschen und Bügeln sowie Kindermädchen und jeweils zum Saisonwechsel Näherinnen ein.[34] Marie Smidt stellte beim Saubermachen Unterschiede zwischen Bremen und New York fest. Die Putztage, an denen in allen Winkeln der Haushalte „gründliche" Reinlichkeit angestrebt wurde, bezeichnete sie ironisch als „Bremer Reinmachefeste". Mit der Qualität von Bremer Nahrungsmitteln war sie nicht immer zufrieden, daher bestellte sie bei ihrer Mutter in New York Delikatessen wie Tomaten, Bananen, Äpfel und Geflügel (Enten, Puter). Ebenso fielen ihr Differenzen bei Kleidung und Mode sowie im Rollenverhalten von Männern und Frauen bei geselligen Anlässen auf. Es gefiel ihr nicht, dass sich in Bremen Männer nach gemeinsamen Mahlzeiten von den anwesenden Frauen separierten. Das kannte sie aus New York nicht.

---

33 StAB 10,B: „Hotel de l'Europe, Bremen. Hotel I. Ranges. Philipp Eckhardt." Das Foto ist die Titelseite eines elfseitigen Leporello, Format: ca. 4 x 6 cm. Auf dem Dach des Hotels flattern drei Fahnen, eine davon ist die Bremer „Speckfahne". Auf anderen Fotos wurden Schlafzimmer, Salons und Clubzimmer abgebildet.

34 Zum Thema Dienstmädchen in bürgerlichen Haushalten wurde umfangreiche Literatur veröffentlicht, u.a. beziehe ich mich auf Dorothee Wierling (1987); Klaus Tenfelde (1985); Ritter; Tenfelde (1992): Kapitel Frauenarbeit, S. 205-219; Karin Orth (1993); Dorothea Schmidt (2002). Dienstmädchen in Bremen: Romina Schmitter (1996); Elisabeth Hannover-Drück (1996); Lebenserinnerungen eines Dienstmädchens: Gunilla-Friederike Budde (Hrsg.) (1989).

Abb. 27: Privat: Wohnhaus Smidt, Contrescarpe 32, 1889

Von Marie Smidts erster selbständiger Haushaltsführung in Kalkutta ist nur wenig bekannt. Da sich die Geschäftsteilhaber Smidt und Schröder in Kalkutta gut
verstanden, bot es sich an, auch mit den Familien zusammen zu wohnen. Familie
Smidt kam im Januar 1871 zusammen mit Meta Eden, der Bremer Betreuerin für
den Sohn, in Indien an.[35] Ein wichtiges aus Bremen mitgebrachtes Gepäckstück für
den Haushalt war eine Nähmaschine.[36] Marie Smidt leitete Meta Eden durch „stun-
denlanges Probetreten" im Nähen an. Außer Meta Eden sorgten ein „schwarzer
Diener" und ein indigenes Kindermädchen für den zweijährigen Sohn. Zur Hauswirtschaft gehörten zwei Kühe und zahlreiche Hühner. Im Garten reiften Tomaten,
die „Marie so schmackhaft zuzubereiten wusste wie die Köche in New York"[37].

Nach der Rückkehr aus Kalkutta bezogen Marie und Johann Smidt 1873 das
Haus Contrescarpe 32. Als zuverlässige Kinderfrau war Meta Eden wieder dabei.
In dem „feinen" Quartier wohnten zahlreiche Verwandte. So befanden sich auch

---

35 Johann Smidt machte einige Beobachtungen von der Hauswirtschaft, als er für kurze Zeit wegen
einer Erkrankung nicht ins Kontor ging. Er schrieb über die Beziehung zwischen den Bremer
Familien Smidt und Schröder sowie über die Eingewöhnung der Kinderfrau Meta in die fremde
Häuslichkeit. Offenbar beabsichtigten Schröders nach Bremen abzureisen. Privatbriefe Smidt:
Johann Smidt aus Kalkutta an seinen Vater, 11. Januar 1871.

36 Vgl. Karin Hausen (1978): S. 392-169. Darin wurde die Nähmaschine als „Zwitterding zwischen
Hausrat und Produktionsanlage" bezeichnet. In Deutschland setzte der „Nähmaschinen-Boom"
1860er Jahren ein. Den Kaufpreis von 350 Talern für eine der ersten „schnell und gleichmäßig"
arbeitenden Singer-Nähmaschinen konnten sich Bürgerinnen leisten. Minderbemittelte Bevölke-
rungskreise wurden durch ein Ratenkaufsystem zum Kauf einer Nähmaschine gelockt.

37 Privatbriefe Smidt: Johann Smidt an seinen Vater, 25. Januar 1871.

in der Nachbarschaft Johann Smidts Elternhaus und die Wohnhäuser seiner Onkel Gustav Smidt[38] und Senator Dr. jur. Heinrich Smidt.[39] Neben der großen Küche im Untergeschoß, von der eine Tür zum Garten führte und an die Grundstücke der Verwandten in der Kohlhökerstraße grenzte, befand sich die Plättstube im Haus. Die Hausfrau überließ dort der Köchin „das Regiment", weil ihr die Küchenarbeiten „höchst unsympathisch" waren.[40]

Auch HEDWIG VIETOR musste nach ihrer Heirat auf einen eigenen Hausstand warten. Ihr Ehemann war 1894 in Afrika und sie wohnte noch etwa ein Jahr lang im Haus ihrer verwitweten Mutter in Bremen in Bahnhofsnähe. Die Frauen stellten sich auf die Geburt des ersten Kindes und die damit verbundenen Veränderungen in der gemeinsamen Hauswirtschaft ein. Sie wählten einen Ofen für das Kinderzimmer aus, „bestellten Reinmachefrauen" und schauten sich „eine kleine Aussteuer" an. Hedwig Vietor nahm sich vor, alles „so einfach und sparsam wie möglich zu machen, aber hübsch, praktisch und nett"[41]. Tochter Hedi Vietor wurde Anfang November 1894 während der Abwesenheit des Ehemanns geboren. Von 1898 bis 1902 mietete sich Familie Vietor das Haus in der Nordstraße 133,

> „allerdings ohne Garten, nur ein Fleckchen Erde hinter dem Hause, kann man kaum einmal Hof nennen, so unbedeutend klein ist es. Aber die Zimmer sind sehr nett. Und wenn wir nur ebenso gesund und glücklich da sind, wie wir es an der Contrescarpe gewesen sind, dann will ich schon sehr froh sein. Wir haben sieben sehr nette Zimmer, eine Mädchenkammer noch oben und unten eine schöne große Plättstube und neben unserer Schlafstube eine reizende Badestube."[42]

Hedwig Vietor war es wichtig, dass jetzt Wohn- und Geschäftsbereiche getrennt waren. Das erste eigene Haus bewohnten sie ab 1902 am Osterdeich 49a. Hedwig Vietor tauschte in den Sommermonaten mit ihren Kindern, Dienstboten und dem auf drei Möbelwagen verladenen Hausstand das Wohnen in der Stadt gegen das Landleben in Leuchtenburg bei Bremen ein. Diese Lebensform bot ihr und den Kindern Abwechslung. Sie entwickelte Selbstbewusstsein und Stärke, wenn sie Strohwitwe war. In diesen Zeiten stieg ihr Ansehen als Frau eines erfolgreichen Überseekaufmanns und Familienmittelpunkt.

Wichtig war den Frauen, sich in einer eigenen Haushaltsführung zu bewähren. Auf diese Form von Selbständigkeit hatten sich Bürgerinnen nach ihrem Schulabschluss vorbereitet. Etliche Ehefrauen, die mit ihren Ehemännern unmittelbar nach der Eheschließung nach Übersee auswanderten, schrieben von ihren Hauswirtschaften. Sie entzogen sich der Einflussnahme durch Mütter und Tanten und emanzipierten sich. Ehefrauen wie TILLY KÖPER und HELENE NOLTENIUS, die nach ihrer Heirat

---

38 Lebensdaten: 1809-1887, von Beruf Reeder und Überseekaufmann.
39 Lebensdaten: 1806-1878.
40 Privatbriefe Smidt: Marie Smidt an ihre Mutter, 12.-18. Oktober 1882.
41 Privatbriefe Vietor: Hedwig Vietor an ihren Mann in Afrika, 3. September 1894.
42 Privatbriefe Vietor: Hedwig Vietor an Trineli [eine Verwandte?], 8. Juli 1898.

in Bremerhaven zusammen mit ihren Ehemännern für eine begrenzte Zeit nach Guatemala auswanderten,[43] lernten eigenverantwortliches Hauswirtschaften in Übersee kennen. In ihren ersten Schilderungen stellten sie räumliche und klimatische Unterschiede sowie Differenzen in kulturellen Praktiken im Vergleich zu Bremen heraus. Die Lage der Wohnhäuser in der Stadtmitte Guatemalas und die Haus- und Hofarchitektur ließen das Zusammenleben mit indigenem Hauspersonal zu. Die Raumaufteilung empfanden sie vorteilhaft, da die langen Achsen des Hauses Wohn- und Wirtschaftstrakt trennten, während in Bremer Bürgerhäusern die Trennung zwischen Herrschaft und Personal durch die in Kellerräumen befindlichen Wirtschaftsräume vertikal erfolgte.

Die ebenerdig gebauten Häuser in Guatemala-Stadt hatten ein unscheinbares Äußeres. Mit ihrer schmalen Front standen sie zur Straßenseite. Die Fenster zur Straße waren vergittert. Hinter den Fenstergittern lagen Antesala und Sala (Wohnzimmer und „beste Stube" bzw. Salon). Der Innenbereich des Grundstücks öffnete sich zum ersten Patio und zu zwei überdachten Fluren, von denen Schlaf-, Kinderzimmer und Mädchenkammer abzweigten. Der letzte Raum unterhalb der Überdachung war die Küche, vor der sich der gemauerte Brunnen befand. Zwischen erstem und zweitem Patio befand sich das Esszimmer.[44] Tilly Köper schrieb, die Häuser seien „ideal gebaut". Sie lebe aufgrund des milden Klimas den ganzen Tag im Freien. Das stellte sie im Unterschied zum rauen Klima Bremerhavens heraus.

Tilly Köper ließ sich auf fremde Wohnformen ein und schickte zur Anschauung einen Hausgrundriss[45] sowie Fotos von den Innenräumen des Hauses nach Bremerhaven. Um Zoll- und Transportkosten für Möbel aus Europa zu umgehen, hatte Friedrich Köper in Guatemala einen kompletten Haushalt von einem nach Deutschland zurückkehrenden Kaufmann übernommen. Sogar Flügel und Nähmaschine waren dabei. Tilly Köper reinigte das Mobiliar und gab sich zufrieden mit ihrem Hausstand. Allerdings konnte sie ein paar Monate später nicht begreifen, warum ihre Schwester Malie Ludwig Möbel für ihren Hausstand in Graz auch aus zweiter Hand kaufte.[46] Daran wird deutlich, dass Tilly die eigenen gebrauchten Möbeln in Übersee für eine Notlösung hielt.

Fotos zeigen Impressionen vom Leben im Patio. Der mit Blumen und kleinen Palmen bewachsene Patio wurde zu Tilly Köpers bevorzugtem Aufenthaltsort. Zur Haushaltsführung gehörte das Versorgen kleiner Haustiere, deren Anzahl wechselte: In einem Patio der Familie Köper in Guatemala lebten Hühner, Küken, Tauben, Enten, ein von Nachbarn geschenkter Kanarienvogel und ein Hund. Gern hätte Til-

43   Helene Noltenius von 1898-1909; Mathilde Köper mit Unterbrechung von 1899-1907.

44   StAB 7,13-24.7: Friedrich Köper an Tilly Meiners, 10. September 1898. Köper schickte seiner Braut eine Grundrisszeichnung mit Beschreibung.

45   StAB 7,13: Tilly Köper an ihre Verwandten, 23. August 1899. Waschküche und Toiletten sind auf dem Plan nicht zu erkennen.

46   In einem späteren Brief über die Schwester, die heiraten wollte: „Liebe Mutter, ich begreife auch nicht, warum Malie sich keine neuen Möbel käuft, das ist doch eben gerade der Reiz, seine eigene Häuslichkeit zu haben, darin walten und schalten zu können, wie man es für gut befindet. Ich kann nur nicht anders denken, als dass Mali sich doch noch eine neue Aussteuer anschafft." StAB 7,13: Tilly Köper an ihre Mutter, 3. Februar 1900.

ly auch einen Puter gehabt, wenn dessen Anschaffung nicht so teuer gewesen wäre. Der zweite Patio war

> „für die Pferde oder Maultiere, die man in dem unwegsamen Gelände immer zur Hand haben musste", reserviert. „Die Stallknechte schliefen bei den Pferden. In einem geordneten spanischen Hauswesen kam jeden Morgen der Zacatera (Zacateum = frisches grünes Gras) und brachte mit seinem Ochsenkarren frisch gemachtes bzw. geschnittenes Futter und nahm dafür den Mist und Unrat fort."[47]

Als Friedrich Köper 1902 eine Eselin mit Jungem anschaffte, um Milch für die Ernährung seiner kranken Tochter bereitzustellen, wurde das Tier im Patio von der „Köchin aufs Beste versorgt"[48]. Diese ländlich anmutende Atmosphäre schufen sich Bremer Kaufmannsfamilien um 1900 im Stadtzentrum in unmittelbarer Nähe der Kathedrale Guatemalas. Damit dürften sie sich von den einheimischen Stadtbewohnern nicht unterschieden haben.

In Bremen setzte sich in bürgerlichen Haushalten in ungleichem Tempo moderne Technik durch. Gas- oder Petroleumlampen sorgten für Beleuchtung im Haus; und Herde in der Küche wurden mit Gas betrieben. In Übersee blieb es beim mühsamen und „ungemütlichen" morgendlichen Feuermachen für den Kochherd.[49] Tilly Köper in Guatemala nahm es gelassen und amüsierte sich darüber; während Marie Overbeck zur gleichen Zeit, also 1904, das Feuerschüren in Bahia/Brasilien als Rückschritt empfand.

Haushalte in der Hauptstadt Guatemala hatten den Vorteil, mit elektrischem Licht[50] ausgestattet zu sein. Aber sonst fehlte es an einer städtischen Infrastruktur. Trinkwasser[51] wurde von einem „Wassermann"[52] gebracht, Brauchwasser aus einem Brunnen (Pila) im Hof des Hauses geschöpft. Ein Abwassersystem wie in Bremen existierte nicht. Viele städtische Straßen waren unbefestigt, was zu Klagen über sehr viel Staub draußen und drinnen führte.

Eberhard und HELENE NOLTENIUS brachten Möbel und die wichtigsten Wäsche- und Haushaltsgegenstände aus Bremen mit. Der Importzoll für Einrichtung und Hausrat hielt sie davon nicht ab. Ende 1899 fehlten der Hausfrau noch Gardinen für die

---

47 StAB 7,13: Friedrich Köper, Lebenserinnerungen, 1. März 1946.

48 StAB 7,13: Friedrich Köper an seine Eltern, 29. August 1902.

49 StAB 7,13: Tilly Köper an ihre Verwandten, 31. Juli 1900; StAB 7,500-B-81: Marie Overbeck an ihre Verwandten, 2. September 1904: „Das Ungemütliche war, des morgens Feuer an[zu]machen." Gusseiserne Herde und das mühsame Feuer-Anmachen werden beschrieben in: Kirsten Schlegel-Matthies (1995): S. 59f.

50 „Ich schwelge nur immer in dem Genuss des elektrischen Lichtes, in der Küche und überall haben wir es, sogar die Mädchen in ihrem Zimmer haben die Einrichtung, worauf sie natürlich sehr stolz sind. – Willst du glauben, liebe Mutter, dass ich erst wieder lernen musste, auf einem eisernen Herd zu kochen. Es klingt unglaublich, ist aber so!" StAB 7,13: Tilly Köper an ihre Mutter, 31. Juli 1900.

51 Über „trinkbares Wasser aus schönen Brunnen" in Guatemala schrieb der Schweizer Arzt und Ethnologe Otto Stoll, aber das galt nicht für die Hauptstadt. „Das Wasser gelangt in einem für Europäer durchaus ungenießbaren Zustand in die Stadt, es ist überreich an thierischen und pflanzlichen Bewohnern." Daran hatte sich um 1900 nichts geändert. Vgl. Otto Stoll (1886): S. 19-21.

52 Privatbriefe Noltenius: Helene Noltenius an ihren Mann, o.D.

Fensterscheiben und Glastüren im Schlafzimmer. Das Bett sollte mit einem textilen „Betthimmel" versehen werden. Außerdem war sie noch nicht zum Annähen der „Knöpfe für die reizenden Überschlaglaken" gekommen.[53] Ansonsten war die bürgerliche Wohnausstattung komplett. Familie Noltenius bewohnte ein „schönes Haus" in der Innenstadt von Guatemala. Es hatte sechs Zimmer und ein „Fremdenstübchen" sowie ein Schrankzimmer. Die Bremerin erwähnte besonders die großen, nach Außen abgeschirmten „Höfe", die den Kindern viel „Auslauf" boten. Das sei für sie eine „herrliche Freiheit, während sie doch drüben [in Bremen] im Winter auf ein Zimmer angewiesen" seien. Das Haus hätten sie für „150 Taler = 50 Mark" gemietet und Helene fügte hinzu, eine solche Wohnmöglichkeit sei in Bremen für diesen Preis nicht zu bekommen.[54] Unter diesen Aspekten erschien ihr der Familienwohnsitz Guatemala vorteilhaft zu sein.

Als ersten Eindruck beim Betreten des Hauses ihres Bruders in Bahia registrierte MARIE OVERBECK Sauberkeit und Gemütlichkeit und schloss daraus, dass ihre Schwägerin Anita „eine liebe tüchtige kleine Hausfrau" sei. Die Haushaltshilfen („Mädchen") schienen „nett, aber noch sehr jung" zu sein. „Die Plätterin" sei „für eine Schwarze gewiss eine Schönheit." Das Haus verfügte über eine Veranda, auf der die Familie abends zusammen mit den im Haus wohnenden kaufmännischen Angestellten den Feierabend genoss. Ganz in der Nähe des Hauses befand sich ein Zugang zum Meer mit einer Badestelle. Marie bezog ein großes schönes Zimmer zwischen Elternschlafzimmer und Kinderzimmer, in dem das Kindermädchen mit den beiden kleinen Töchtern des Hauses schlief. Zum Schutz vor Moskitos war ein Netz über Maries Bett ausgebreitet.

Marie Overbeck schrieb begeistert von der Lage des Hauses oberhalb des Meeres.[55] Das großzügige Anwesen war nicht zu vergleichen mit ihrem Elternhaus in der Schönhausenstraße. Marie befasste sich auch mit der veränderten Situation im Bremer Haushalt: Nach dem Tod des Vaters 1903 wurde es in dem Bürgerhaus „eng", denn Maries Mutter begann aus finanziellen Gründen mit der Untervermietung von insgesamt vier Zimmern.[56]

HEDWIG KULENKAMPFF ließ sich 1912 in Westafrika im Vergleich zum großbürgerlichen Wohnen in Bremen auf einfachste Lebensformen ein. Sie bewohnte mit ihrem Mann in Lomé ein

> „sehr einfach eingerichtetes Haus – aber luftig und kühl sind sie durchweg. Unten ist meist ein Laden. Eine freiliegende Holztreppe führt in das obere Stock[werk], das je nach dem drei, vier oder mehr nebeneinander liegende Zimmer hat, die

---

53 Privatbriefe Noltenius: Lene Noltenius an ihre Verwandten, 11. November 1899.

54 Privatbriefe Noltenius: Lene Noltenius an ihre Verwandten, 16. April 1903.

55 Zum Vergleich: „Die Bay von Bahia ist das Schönste, was ich je gesehen. [...] Die Victoria ist ein wahres Eden mit hübschen Häusern und gut gepflegten Gärten," schrieb Adolphine Schramm (1875-1955). In: Percy Ernst Schramm (1949a): S. 441.

56 StAB 7,500-B-81: Marie Overbeck an ihre Mutter und Schwestern, 3. März 1904: „Mich freut sehr, dass Ihr die zwei Zimmer vermietet habt. Nun werden die beiden anderen auch noch leicht einen Liebhaber finden."

alle große Türen und Fenster zu einer rings ums Haus führenden mit überstehen-
dem Dach gedeckten Veranda hat. So ist ein andauernder Durchzug und Schatten
möglich. An den Küstenplätzen sorgt die ständige Seebrise schon für Abkühlung.
Aber [...] im Busch regt sich manchmal den ganzen Tag kein Lüftchen. Die Sonne brütet von morgens sechs bis abends sechs vom wolkenlosen Himmel und entwickelt eine geradezu höllenartige Glut."[57]

Hedwig Kulenkampff genoss die Zweisamkeit[58], weit entfernt von den Großfami-
lien in Bremen und Zoppot, wo ihre Eltern lebten. Von ihrem eigenen Haushalt in
Lomé wurden nur kurze Schilderungen überliefert.[59] Sie äußerte sich zurückhaltend
über den afrikanischen Koch, während Alfred Kulenkampff ihn von großer Gestalt
und „schmierig" in Erinnerung behielt. Dennoch kochte er „erstaunlich gut und
sorgte für unser leibliches Wohl"[60].

Hedwig Kulenkampffs Zukunftsträume von einer bürgerlichen Hauswirtschaft
in Bremen waren durch die Folgen des Ersten Weltkriegs zunichte geworden. Alfred Kulenkampff fand nach der Internierung in England 1917 keinen Anschluss
in seinem Beruf als Kaufmann. 1919 verkaufte Hedwig Kulenkampff in Bremen
entbehrliches Mobiliar als „Althändlerin". Sie „räuberte" von Bremer Verwandten
und Bekannten Möbel und Hausrat zusammen, um ihrem Mann in Bremens Umgebung nach Diensthop in ein „sehr, sehr altes verwahrlostes Häuschen am Ende
der Welt"[61] zu folgen. Nach einem Versuch Alfred Kulenkampffs, als selbständiger
Landwirt in Krauel am Elbdeich und einem gescheiterten Vorstoß, sich in Bremen
als Kaufmann zu etablieren, entschied sich das Ehepaar Kulenkampff, mit seinen
sieben Kindern nach Südwestafrika (heute: Namibia) auszuwandern. Ab Mai 1926
tauschten sie Briefe mit ihren Verwandten[62] in Südwestafrika aus und bereits im
Dezember 1926 reiste die Familie ab.

---

57 Privatbriefe Kulenkampff: Hedwig Kulenkampff an Schwester Elfriede von Seydlitz-Kurzbach
     aus Kpong/Westafrika, 21.-23. März 1912.
58 Privatbriefe Kulenkampff: Hedwig Kulenkampff an ihre Schwester Gertrud, 29. Juli 1912: „Wir
     haben so unsäglich schöne Wochen in unserem kleinen Heim in Ouidah [Dahomey] verlebt, die
     uns so fest zusammen gebracht haben, wie wohl Jahre es in Europa nicht vermocht hätten."
59 Privatbriefe Kulenkampff: Hedwig Kulenkampff an ihre Schwester Elfriede, 21.-23. März 1912.
     Es gäbe im Haushalt „allerhand zu tun. Ich räume Schränke und unbeachtete Winkel auf – küm-
     mere mich so gut das eben geht auch etwas um die Küche! Wir hatten dort bisher einen wenig
     erfreulichen Koch."
60 Alfred Kulenkampff (1969): S. 24.
61 Privatbriefe Kulenkampff: Hedwig Kulenkampff an ihre Schwester Hell, 1. März 1919. – Nach
     Alfred Kulenkampffs Lebenserinnerungen wurde er Tagelöhner. Ab 1. Mai 1919 war sein Ar-
     beitgeber der Bauer Heinrich Kracke. Er wies der Familie Kulenkampff Raum in einem nieder-
     sächsischen Bauernhaus mit hohem Strohdach, großer Diele und 4 oder 5 meist kleinen Wohn-
     räumen zu. Ein Ziehbrunnen stand hinter dem Haus. Die Toilette fehlte, bis Kulenkampff „in
     einem unbenutzten Kuhstall am Ende der Diele einen notdürftigen Verschlag errichtete." Am
     12. September 1919 wurde in Diensthop das dritte Kulenkampff-Kind geboren. Alfred Kulen-
     kampff (1969): S. 61; 66.
62 Die Verwandten waren ein Bruder Hedwig Kulenkampffs Siegfried („Sicke") von Seydlitz-
     Kurzbach (1887-1950) und dessen Frau Clementine („Lütt"), geb. Noltenius (1890-1978), aus
     Bremen. Sie lebten auf der Farm „Schönfeld". Im Auftrag von Alfred Kulenkampff kaufte der
     Schwager eine Nachbarfarm („Okongue").

Hedwigs Bruder Siegfried von Seydlitz-Kurzbach hatte geraten, eine Farm in ihrer Nachbarschaft zu kaufen und einen Neuanfang als Farmer zu wagen. Das Land war seit dem Ersten Weltkrieg nicht mehr deutsche Kolonie, sondern als Mandatsgebiet von Südafrika verwaltet. Dies wurde von Deutschen als „Fremdherrschaft" wahrgenommen. Zukunftsbilder, die durch die Verwandten vermittelt wurden, verbreiteten Hoffnungen auf ein Leben in „freier, weiter Natur", in der man sich eine neue Heimat schaffen konnte. Dieses gelte für „innerlich gesunde Menschen", so die Schwägerin. Das Klima sei gesund; die Kinder würden gedeihen. Es seien Freuden, wie auch die „Vorfahren im Mittelalter" beim Erschließen und Bestellen von Grund und Boden gehabt hätten. In der Abgeschiedenheit der Farmen würden Frauen in der Regel nichts von der politischen Herrschaft bemerken. Aber zuweilen müssten sie mit Polizeipatrouillen rechnen.[63] Die Farmgebäude wurden von den Verwandten als „ganz besonders gut und geräumig" mit Brunnen und „guten Wasserstellen" als Viehtränken beschrieben.[64]

Hedwig Kulenkampff ließ sich nur widerstrebend auf das Auswanderer-Projekt ein. Sie hatte Ende Juni 1926 ihr siebentes Kind in Bremen geboren. Afrika lastete wie ein „undurchdringliches Dunkel"[65] auf ihr, schrieb sie. Das Ehepaar Kulenkampff entschied sich für die Auswanderung in einer Zeit existentieller Unsicherheit. Koloniale Emphase ist den Briefen von Hedwig Kulenkampff aus dieser Zeit nicht zu entnehmen. Aber von der kolonialrevisionistischen Stimmung waren die Verwandten in Südwestafrika ebenso ergriffen wie viele Menschen in Bremen und Deutschland. Auch Alfred Kulenkampffs retrospektiver Hinweis, in Südwestafrika sei 1926 „alles noch Deutsch"[66] gewesen, ging in diese Richtung. Bei dem Südwestafrika-Projekt ging es im Gegensatz zu ihrem bisherigen Leben als Landarbeiterfrau um eine selbständige Arbeit als Farmerfrau. In ihren Abwägungen stimmte sie besonders die fehlende zukünftige Schulerziehung der Kinder nachdenklich.

Hedwig und Alfred Kulenkampff verfügten über keine eigenen Mittel, um eine Farm in Südwestafrika zu kaufen. Dazu mussten sie sich verschulden. Es erschien Hedwig Kulenkampff fast ausgeschlossen, den Betrag jemals wieder tilgen zu können. Hedwigs Bedenken versuchte ihr Bruder Siegfried von Seydlitz-Kurzbach zu zerstreuen, indem er von einem Nachbarfarmer berichtete, der seinen Bankverpflichtungen in Berlin nicht nachkäme und daher die Reichsdarlehen wie „ein Geschenk" ansähe:

---

63 Privatbriefe Kulenkampff: Clementine von Seydlitz-Kurzbach an Hedwig Kulenkampff, 21. September 1926. – Anmerkung: Aus ihrer Sicht sind Patrouillen der südafrikanischen Mandatsherrschaft gemeint. Die ehemalige deutsche „Siedlungskolonie" (Horst Gründer) Deutsch-Südwestafrika musste 1919 an den Völkerbund abgetreten werden. Die Verwaltung wurde 1920 als Mandatsgebiet auf die afrikanische Union übertragen. Die spätere Republik Südafrika annektierte das Gebiet, bis es 1966 Südafrika durch die UN-Generalversammlung entzogen wurde und den Namen „Namibia" erhielt.

64 Privatbriefe Kulenkampff: Alfred Kulenkampff in einem Rundbrief an seine Geschwister, 13. Juli 1926.

65 Privatbriefe Kulenkampff: Hedwig Kulenkampff an ihre Schwester Hell, 2. Juli 1926.

66 Dazu Alfred Kulenkampff (1969), S. 79-80: „Ich setzte auch hier meinen Kopf durch." „Wesentlich schien mir [...], dass wir in ein immer noch deutsches Land kamen, mit deutschen Schulen und mit einem durchaus erträglichen Klima kamen."

„Das Reich hat allen Grund, dir als Vater einer großen Familie und enteigneten Auslandsdeutschen, eine Unterstützung zu geben, die wirklich eine Unterstützung ist. Also lass dich nicht mit Kleinigkeiten abfinden."[67]

Das Reichsentschädigungsamt bewilligte der Familie Kulenkampff ein Reichsdarlehen in Teilbeträgen von insgesamt 46.000 sowie ein Reisedarlehen von 5.000 Mark. Alfred Kulenkampff verwies gegenüber seinem Schwager Siegfried darauf, dass ihm „diese Darlehen auf Grund von Kriegsschäden" bewilligt worden seien. Die Familien Kulenkampff und von Seydlitz-Kurzbach beteiligten sich mit etwa 15.000 Mark[68] am Kauf der Farm. Außerdem rechnete Alfred Kulenkampff mit einer Hypothek der Standard Bank Omaruru/Südwestafrika.

Vor diesem Hintergrund ließ sich Hedwig Kulenkampff „schweren Herzens" umstimmen. Sie fügte sich, da ihre jüngere Schwester Elfriede („Bize") von Seydlitz-Kurzbach bereit war, mitzureisen. Als Kinderkrankenschwester wollte sie sich um die Kinder kümmern. In den 1930er Jahren griffen Hedwig und Alfred Kulenkampff auf den Stellenvermittlungsdienst eines Bremer Frauenvereins zurück und engagierten eine deutsche Lehrerin.[69]

Was sollte an Möbeln und Hausrat aus Bremen mitgenommen werden? Und welche Gegenstände für den Alltag konnten dort angeschafft werden? Hedwigs Schwägerin Clementine vermisste auf der Farm insbesondere Kleiderschränke im Haushalt und gute Wäsche bzw. Wäschestoffe. An hauswirtschaftlichen Geräten für die Waschtage seien u.a. „Wäscherolle (Wäschemangel), Waschbaljen aus Metall, Plätteisen für Holzkohle, Plättbrett sowie Waschmittel (Seife und ‚Persil')" sehr gefragt. Für die Küche sei „gutes, praktisch geformtes Aluminiumgeschirr zum Kochen das Idealste, wenn man mit Eingeborenen arbeiten" müsse. Die Schwägerin riet, „Emaillenäpfe zum Resteverwahren oder Steintöpfe" sowie einen Vorrat an Holzkochlöffeln und Kuchen- und Auflaufformen anzuschaffen. Als ganz wichtiges Küchengerät für den Farmhaushalt empfahl sie eine handbetriebene „Fleischhackmaschine." Unbedingt erforderlich sei auch eine Nähmaschine mit Ersatzspulen, -schiffchen und -nadeln. Aus dem „ältesten Zeug" würde geschneidert und geflickt. Die Schwägerin schrieb:

> „Bringt alles mit, was ihr habt, auch warme Bettdecken, auch Winterzeug, ja, dicke Mäntel. Man verwendet hier alles."[70]

Nach dem sozialen Abstieg als Tagelöhner auf einem Bauernhof in Niedersachsen sollte ein neues Leben als Farmer in Südwestafrika beginnen. Hedwig und Alfred

---

67 Privatbriefe Kulenkampff: Siegfried von Seydlitz-Kurzbach an seine Schwester Hedwig Kulenkampff, 26. August 1926.

68 Privatquellen Kulenkampff: Bilanz Alfred Kulenkampff, Farm Okongue, 10. Januar 1927.

69 Privatquellen Kulenkampff: Bilanzen 1931, 1934, 1935. Demnach wurde ihnen die Lehrerin Gretel Gorsky vermittelt.

70 Privatbriefe Kulenkampff: Clementine von Seydlitz-Kurzbach an Hedwig Kulenkampff, 27. August 1926. Auch auf kleine, in Bremen fast unbeachtete Gegenstände machte die Schwägerin aufmerksam. Kulenkampffs sollten für ihre Hausapotheke eine „Pinzette mit geriffelten Enden zum Dorn- und Splitterrausziehen" nicht vergessen.

Kulenkampff wurden von den Plänen der Verwandten überrascht, eine gemeinsame Hauswirtschaft auf der Farm Okongue zu gründen. Sie bestanden auf getrennten Haushalten, auch wenn die Familie von Seydlitz es anders geplant hatte.[71] Eine solche Lebensform konnte nur gelingen, wenn in diesem Punkt auch langfristig Einigkeit unter den zahlreichen Familienmitgliedern[72] herrschte. Alfred Kulenkampff erläuterte seine Bedenken gegen eine gemeinsame Hauswirtschaft: Die zwei familiären Einheiten seien unterschiedlich in Temperament, Geschmack und Einstellung zur Kindererziehung. Da Hedwig Kulenkampff und ihre Schwester Elfriede selbständiges Wirtschaften gewohnt waren, sollten etwaige Unstimmigkeiten von vornherein vermieden werden.[73]

Nach etwa fünfwöchiger Schiffspassage kamen sie an ihrem Ziel „Walfischbucht" an. Auf einem Privatfoto wurde die Familie Kulenkampff 1926 bei ihrer Ankunft in Südwestafrika fotografiert. Die Aufnahme fand sich in einem beschrifteten Fotoalbum. Das Original ist stark vergilbt.

Die Gruppe wird von einem Mann angeführt, der auf seinen Schultern den Korbstubenwagen des Babys trägt. Hinter ihm gehen drei Kinder, zwei Jungen und ein Mädchen. Darauf folgen vier Erwachsene, unter denen eine Frau ist. Vor dieser steht ein kleines Mädchen in einem weißen Kleid. Die Personen betreten hintereinander einen unbefestigten Untergrund. Sie haben Gepäckstücke in der Hand oder über der Schulter. Die Kinder haben Rucksäcke umgehängt und tragen kurze Hosen oder Kleider. Die Köpfe der Personen sind mit Hüten vor der Sonne geschützt. Die genaue Gruppengröße ist nicht zu ermitteln, da sich, verdeckt von der letzten Person in der Reihe, noch ein Kind befinden könnte, und auch in der Mitte der Gruppe ist ein Mensch zu erkennen, der mit gebeugtem Rücken ein schweres Gepäckstück auf seinem Rücken trägt. Auch auf der rechten, sehr verblassten Seite des Fotos, ist der Umriss eines Menschen zu erkennen. Der Vordergrund wird durch einen grob-steinigen Untergrund bestimmt; im Hintergrund sind hinter Sandhügeln das Dach eines Hauses und zwei senkrecht stehende Masten zu sehen.

---

71 Und der Schwager Siegfried von Seydlitz schrieb: „Ich denke, für den Zeitlauf mindestens eines Jahres mit meiner Familie auch nach Okongue zu ziehen, erstens um dich einzuführen und zweitens, um die Gesamtwirtschaft zu verbilligen. Du wirst zunächst mehr Hof, Garten und Buchführung übernehmen. Ich werde die Gebäude und Anlagen etwas in Ordnung bringen. [...] Ihr alle sollet das Unternehmen von einer etwas höheren Warte betrachten. Es gilt ja auch, [...] das Deutschtum zu stützen und zu entwickeln und eure Kinder gehen einer schönen Zukunft entgegen, wenn es Euch gelingt, das zu erfassen und zu halten, was sich Euch jetzt bietet." Privatbriefe Kulenkampff: Siegfried von Seydlitz an Alfred Kulenkampff, 26. September 1926.

72 Außer dem Ehepaar von Seydlitz lebten 1926 noch eine Schwester der Hausfrau (Jenny Annemarie Noltenius), eine langjährige Freundin und „Käserei-Fachfrau" (Martha Sturm) und drei kleine Kinder auf der Farm; Kulenkampffs brachten Elfriede von Seydlitz, einen Hauslehrer und sieben Kinder mit.

73 Privatbriefe Kulenkampff: Alfred Kulenkampff an seinen Schwager Siegfried von Seydlitz, 16. Oktober 1926.

Abb. 28: Privat: Ankunft der Familie Kulenkampff in Südwestafrika, 1926[74]

Familie Kulenkampff betrat einen Landstrich, der einer Mondlandschaft glich. Im Hintergrund ist ein großer Sand- oder Geröllberg zu erkennen. Nicht sichtbar ist auf diesem Foto der Möbeltransport. Die Auswanderer brachten neben nützlichen Gebrauchsgegenständen, wie Nähmaschine, Schreibmaschine und Zinkbadewanne, auch den zweihundert Jahre alten Eichenschrank, Kinderspielzeug und den Steinway-Flügel aus Bremen mit. Der schwere Schrank war offenbar ein Familienerbstück, von dem sich Kulenkampffs nicht trennen mochten, zumal auch die Schwägerin – wie oben erwähnt – über die „Schranklosigkeit" in Übersee geklagt hatte.[75] Ebenso wie der mächtige Eichenschrank war auch der Steinway-Flügel ein unübersehbares Relikt einer besseren, bürgerlichen Zeit.[76]

In Briefen wurde nicht überliefert, wie Hedwig und Alfred Kulenkampff die mit Wellblech gedeckten Gebäude und das Umfeld der Farm wahrnahmen. Die zwei lang gestreckten Häuser hatten nur vier bis fünf Fenster, zwischen denen sich viele Türen befanden. In einiger Entfernung stand ein Verwalterhaus, dessen vier Räume die Verwandten als Wohnung der neunköpfigen Familie Kulenkampff vorbereitet hatten. Über eine „schmale Veranda" war die kleine Küche zu erreichen, die wie auch die Wohn- und Schlafräume mit Zementfußböden ausgestattet war. Die Wände bestanden aus ungebrannten Lehmsteinen. Zu den ersten Eindrücken gehörten

---

74 Privatquellen Kulenkampff: Das Album gehörte Elfriede Freyer, geb. von Seydlitz-Kurzbach. Beschriftung: „Ankunft in Walfischbucht, 13. Dezember 1926."

75 Privatbriefe Kulenkampff: Clementine von Seydlitz-Kurzbach an ihre Schwägerin Hedwig Kulenkampff: „Hedel, was Ihr mitbringt, das wird von der Geldbörse diktiert. Als wirklichen Mangel empfinde ich nur die Schranklosigkeit und die geringe Auswahl an Wäschestoffen."

76 Dietlind vom dem Hagen, geb. Kulenkampff, berichtete vom Feierabend auf der Farm. Nachdem der Vater die Tiere versorgt und sich anschließend umgekleidet hatte, musizierte er auf dem Flügel, während die weiblichen Familienmitglieder Strümpfe stopften.

auch die „schwarzen dienstbaren Geister, die an der Küchenschwelle auf Beschäftigung warteten"[77].

Um eine Vorstellung von den Gebäuden der Farm, das heißt auch dem Ziel der Auswanderung zu geben, soll ein weiteres Foto beschrieben und interpretiert werden.

Abb. 29: Privat: Farmhaus der Familie Kulenkampff, beschriftet: „Haus von hinten, Jan. 1927."

Das Foto zeigt die Rückseite des Farmhauses mit einem Wasserhochbehälter, vor
dem Schafe oder Ziegen Auslauf haben. Die Hälfte des Fotos wird von einem steinigen, zum Teil mit Wildblumen bewachsenem Vordergrund bestimmt. Im Hintergrund, in einer geöffneten Tür des Hauses lehnt eine Frau in einem Türrahmen. Sie
und ein vor ihren Füßen sitzendes kleines Kind befinden sich auf dem Eingangs-
sockel der Tür. Ein zweites, größeres Kind in einem weißen, knielangen Kleid steht
links im Bild an einer Hausecke in einiger Entfernung zur Tür. Es hat eine seitliche
Position zum Fotografen eingenommen. Die Hausseitenwände sind auf einem groß-
steinigen Sockel gemauert und stehen in L-Form zueinander. Die Bäume vor dem
Haus haben etwa Dachhöhe.
   Da die Bäume kaum Schatten werfen, wurde das Foto vermutlich während der
Mittagszeit aufgenommen. Durch die abgebildeten Menschen – Elfriede („Bize")
von Seydlitz-Kurzbach in der Tür stehend, das Kleinkind zu ihren Füßen und das
größere Kind an der Hausecke – wirkt das Foto wie ein Idyll. Ohne Personen wür-
de es einen erbärmlichen Eindruck machen. Die Farmgebäude waren Hedwig und
Alfred Kulenkampff von den Verwandten seit Monaten in der Korrespondenz nach

---

77 Privatquellen Kulenkampff: Gertrud Suhr, geb. Kulenkampff, in der Familienschrift „Okongue
     1926-1928", die Dietlind von dem Hagen zum 100. Geburtstag ihres Vaters Alfred Kulenkampff
     zusammenstellte. S. 14.

Deutschland als „ganz besonders gut und geräumig" beschrieben worden. Das Klima sei angenehm, da das Farmgebiet „1.500 bis 2.000 m über dem Meer [liege], so dass die tropische Lage, nördlich des Wendekreises, durch die Höhenlage ausgeglichen" werde.[78] Auch die Schönheit der Umgebung „mit hohen, alten Bäumen, und [dass es] selbst in der ‚kalten Zeit' immer noch grüne Büsche und Bäume gäbe"[79], gehörte zu den Vorstellungsbildern, die Hedwig Kulenkampff mit auf die Reise nach Südwestafrika nahm.

Die Fotos aus der Anfangszeit in Südwestafrika waren für den Familiengebrauch bestimmt. Sie wurden in ein Fotoalbum eingeklebt und dienten später als Grundlage für Erzählungen über Räume und Ereignisse.

Zusammenfassung: Menschen haben „ein Bedürfnis nach einem Raum, der ihnen Aktion, Sicherheit und Identität gewährt"[80]. Bilder von der Fremde, die Bremerinnen vor ihrer Abreise nach Übersee in sich trugen, wurden – nicht immer bewusst – durch reale Wahrnehmungen überprüft. In ihren Briefen an die Verwandten schrieben die Frauen von ihren Eindrücken, Erfahrungen und Verhaltensweisen. Die Fremde nahmen sie in Relation zu bekannten Örtlichkeiten wahr und versuchten, sich in einer neuen Ordnung und anderen Räumen zu Recht zu finden.

Marie Smidt und Hedwig Vietor lebten in Bremen in innerstädtischen Räumen mit einem sozialen Umfeld, das ihnen einen sicheren Aktionsrahmen bot. Sie bewohnten sogenannte Bremer Häuser mit einer spezifischen Raumaufteilung. Die Wirtschaftsräume im Souterrain, die Beletage, die Ober- bzw. Dachgeschosse mit den Schlafräumen der Familie und ein repräsentatives Treppenhaus sind spezifisch für bürgerliches Wohnen in Bremen. Das Haus der Familie Smidt in Bremen, Contrescarpe 32, war 1873 von Gartenland umgeben, zu dem neben spielenden Kindern auch Hühner- und Entenzucht und Gemüsegarten gehörten. Johann Smidt brachte von seinen Überseereisen seltene Pflanzen und Gehölze mit. Dieses Hobby gefiel auch seiner Frau Marie Smidt.[81]

Die Hauptstadt Guatemala wies eine beeindruckende Architektur auf. Nachdem die alte Hauptstadt Guatemalas (Antigua) im 18. Jahrhundert durch ein schweres Erdbeben zerstört wurde, entstand in einiger Entfernung (in 1.500 m Höhe) eine neue Stadt, die 1815 durch den Bau einer Kathedrale vervollständigt wurde. Wegen ständiger Erdbebengefahr war auch um 1900 ein einstöckiger Hausbau üblich. Die flache, nach Außen unscheinbare, aber innerhalb der Umgrenzungen großzügige Hausbauweise, in deren Zentrum sich ein Patio befand, wurde von Bremerinnen geschätzt. Die Haushalte verfügten um 1900 über Elektrizität, aber eine sonstige moderne Infrastruktur (Kanalisation, Straßenbefestigung usw.) wie Bremen

---

78 Privatbriefe Kulenkampff: Alfred Kulenkampff an seine Geschwister, 13. Juli 1926.
79 Privatbriefe Kulenkampff: Annemarie Noltenius an Hedwig Kulenkampff, 1. August 1926.
80 Beatrice Ploch (1994): 113-133.
81 Privatbriefe Smidt: Marie Smidt nach ihrer Rückkehr aus Kalkutta an ihre Mutter in New York: [o.D.], ca. 20. Dezember 1873.

besaß Guatemala noch nicht. Ein gemauerter Brunnen lieferte Brauchwasser für die Hauswirtschaft. Die Haushalte wurden mit Trinkwasser vom „Wassermann" versorgt. Bremerinnen bestanden bei der Möblierung ihrer Häuser in Übersee auf bürgerlichen Einrichtungsgegenständen wie Sofa, Sesseln, Posterstühlen usw. Mit Schaukelstühlen, die Tilly Köper als fast einziges Mobiliar in fremden Wohnhäusern wahrnahm, konnte sie sich nicht „anfreunden"[82]. Sie war es gewohnt, in ihren Kleidern, die Brust und Taille stark betonten, aufrecht zu sitzen, denn sie trug nach der zeitgenössischen Mode ein Korsett. Dies passte nicht zum Schaukelstuhl.

Die weißen Wohnhäuser im kolonialen Stil in der Oberstadt Bahias strahlten ankommenden Passagieren auf Überseedampfern schon von weitem entgegen. Palmen umgrenzten die Villen wohlhabender Kaufleute. Marie Overbeck fühlte sich in Bahias tropischem Klima gut: „Immer blauer Himmel und blaues Meer, es wird einem fast zu viel", fügte sie einschränkend hinzu, denn es machte sie auf Dauer müde.[83]

Migration von Bremen nach Übersee bewirkte aufgrund von Klima, Sprache, Nahrung, Kleidung, einer fremden sozialen und kulturellen Umgebung usw. essentielle Veränderungsprozesse. Einige Bremer, wie am Beispiel von Hedwig und Alfred Kulenkampff dargestellt, folgten Verwandten nach Südwestafrika. Der intensive Gedankenaustausch mit ihren Verwandten, durch die eine gründliche Vorbereitung zur Auswanderung möglich war, überzeugte schließlich auch Hedwig Kulenkampff. Beim Vorschlag einer gemeinsamen Hauswirtschaft verweigerte sie ihre Zustimmung und Alfred Kulenkampff erklärte seinem Schwager und seiner Schwägerin die Gründe dafür. Die Schwestern waren selbstbewusste, eigenständige Frauen, die mögliche atmosphärische Verstimmungen zwischen den Familien vermeiden wollten. Wir erfahren nicht, wie Hedwig Kulenkampff auf die öden Räume, in denen sie jetzt leben sollte, reagierte. Die Farmgebäude waren zwar geräumig, aber wohl unbewohnbar. Die Familie richtete sich in einem kleinen Verwalterhaus ein, in dessen Lehmwänden Termiten hausten, wie sich Gertrud Suhr, geb. Kulenkampff, als Tochter später erinnerte.[84] Im Elternschlafzimmer wurde das Baby im Korbwagen zum Schlafen gelegt, die „vier mittleren Kinder" schliefen in der Milchkammer. Die Toilette befand sich aus hygienischen Gründen weitab vom Wohnhaus.[85]

Nach der anstrengenden Hauswirtschaft der Frauen und der Männerarbeit in Viehställen und auf Viehweiden spielte Alfred Kulenkampff auf dem Steinway-Flügel. Klassische Musik und das Licht von Petroleumlampen lieferten den Hintergrund für die abendlichen Stopf- und Flickarbeiten der Frauen. Die Farm „Okongue" war der letzte der häufig wechselnden überseeischen Aufenthaltsorte von Hedwig Kulenkampff und Familie. „Alle die Jahre hindurch war mein Sehnen

---

82 StAB 7,13: Tilly Köper an ihre Verwandten, 17. August 1899. „Der Hauptschmuck sämtlicher Wohnungen scheinen Schaukelstühle zu sein. In der Sala standen alleine um den Sophatisch 6 dieser Stühle, in Reih' und Glied aufgestellt." Über Schaukelstühle: Hajo Eickhoff (1993): S. 211-214.

83 StAB 7,500-B-81: Marie Overbeck an ihre Verwandten, 18. August 1904.

84 Privatquellen Kulenkampff: Gertrud Suhr. In: Okongue 1926-1928, S. 18.

85 Privatquellen Kulenkampff: Gertrud Suhr. In: Okongue 1926-1928, S. 15.

und Verlangen, so etwas Ähnliches wie einen eigenen Haushalt zu haben"[86], schrieb sie. Zum Neubeginn als Farmer in Südwestafrika konzentrierte sich das Ehepaar Kulenkampff auf das Erlernen des dazu nötigen Handwerks, um in weitläufigen Räumen, den Plan eines selbst bestimmten Lebens zu realisieren.

3. Organisation des Personals

Nach Gunilla-Friederike Budde beschäftigte die Mehrzahl der Bürgersfrauen zwischen 1840 und 1914 in Deutschland ein Dienstmädchen, zweiundzwanzig Prozent zwei und etwa sechs Prozent drei Dienstmädchen. Die Kindermädchen wurden extra erfasst.[87] In den großen bürgerlichen Haushalten in Bremen und Übersee war eine einzige Haushaltshilfe überfordert. Arbeitsagenturen, Zeitungsannoncen und private Empfehlungen brachten Arbeitgeberinnen und Arbeit suchende Frauen und Mädchen zusammen. Dienstmädchen übernahmen das Waschen, Kochen, Reinigen und Beaufsichtigen der Kinder. Mädchenwechsel und „Mädchenkalamitäten"[88] war ein fortwährender Topos in den Korrespondenzen und ein Thema unter bürgerlichen Hausfrauen. Die Vorsitzende des Bremer Hausfrauenbundes, Lizzy Susemihl-Gildemeister (1862-1945), schrieb 1911, es sei „schon sehr viel Druckerschwärze vergossen worden, wie man dem überhand nehmenden Übel dieser Dienstbotennot am wirksamsten" entgegen steuern könne. Sie schlug vor, als Hausfrau das Klagen einzustellen und sich stattdessen an England zu orientieren. Dort seien Haushalte wie kaufmännische Betriebe organisiert und Dienstmädchen „tadellos gedrillte Maschinen". Wie in kaufmännischen Berufen üblich, sollten Verträge zwischen Herrschaft und Dienstmädchen geschlossen werden. Die Vertragsparteien wüssten dann genau, was sie von einander erwarten könnten. Deutschen Hausfrauen legte sie eine bessere Arbeits- und Zeiteinteilung, freundlichere Behandlung und Vertrauen im Umgang mit Dienstpersonal nahe.[89]

Die Hausfrauen legten die Tageseinteilung der Hausangestellten fest und waren für den reibungslosen Ablauf der Arbeit von Köchinnen, Waschfrauen, Haus- und Kindermädchen verantwortlich. Der Hausherr trat in diesem Bereich nur in Erscheinung, wenn Schwierigkeiten auftraten oder die Hausfrau aus physischen Gründen, wie z.B. während einer Schwangerschaft oder nach einer Geburt, beeinträchtigt war. Auf diese Weise unterstützten Johann Smidt in Bremen und Friedrich Köper und Eberhard Noltenius in Guatemala ihre Frauen.

---

86 Privatbriefe Kulenkampff: Hedwig Kulenkampff aus Schiedam/Holland an ihre Schwester Hertha, 8. November 1918. Alfred Kulenkampff war kurz zuvor aus der Internierung in England entlassen worden.

87 Gunilla-Friederike Budde (1994): S. 276.

88 Bernhardine Schulze-Smidt (1910) ging auf das Problem ein. Sie habe in einem Flugblatt gelesen, der „dienende Stand" sei von „Empörungskeimen durchsetzt". Als Gegenmaßnahmen schlug sie in sieben Abschnitten konsequente Haushaltsorganisation vor. S. 13-17.

89 Lizzy Susemihl-Gildemeister (1911): S. 341-349. „tadellos gedrillte Maschinen": S. 345.

Hausfrauen und Dienstmädchen strebten in der Regel trotz sozialer und kultureller Unterschiede ein einvernehmliches Verhältnis zum gegenseitigen Nutzen an. Trotzdem entwickelten sich im Arbeitsalltag Differenzen, die in der Literatur[90] thematisiert wurden. In Übersee kamen oft auch noch gegenseitige ethnische Ressentiments hinzu.

Dienstmädchen wurden im überseeischen Haushalt freie Unterkunft und geringer Verdienst geboten. Vor dem Hintergrund der Not und Unterdrückung der Landarbeiter auf den Kaffee-Fincas in Guatemala erscheint eine Anstellung als Dienstmädchen in einem deutschen Haushalt in der Hauptstadt vergleichsweise erstrebenswert gewesen zu sein. So berichtete Friedrich Köper, guatemaltekische Dienstmädchen würden die abwechslungsreiche Nahrung in europäischen Haushalten schätzten.[91] Bremerinnen und Bremer richteten sich in Übersee mit zumeist weiblichem Hauspersonal ein. Ohne dessen Hilfe konnten sie weder ihren Haushalt, das Waschen und Kochen noch die dazu nötigen Einkäufe bewältigten. Mit Selbstbewusstsein traten die Indigenas in die Dienstverhältnisse ein und versuchten, den Neuankömmlingen die Haushaltsführung in Guatemala zu erklären. So etwas löste einerseits Befremden bei den Bremerinnen aus, andererseits stieß diese Form der Kulturvermittlung keineswegs nur auf Ablehnung.

Die Vorgänge können nur aus der Sicht der Dienstherrschaft, d.h. aus den Korrespondenzen von Bremerinnen und Bremern rekonstruiert werden.[92] Und doch finden sich in den Quellen die eigenen, für Bremer zuweilen fremden Arbeitspraktiken der Dienstmädchen. Als Grundlage für die Perspektive von Dienstmädchen in Bremen und Übersee wird die Forschungsliteratur,[93] Periodika sowie die selten publizierten Aufzeichnungen von Dienstmädchen herangezogen.[94]

In Deutschland befanden sich Unterkünfte für Dienstmädchen oft in „Dachkammern im Speicher, in der Küche, im Bad, im Keller, im Korridor oder der Speisekammer, manchmal auch im Näh- und Bügelzimmer, im Wohnzimmer, im Schmutzwäscheraum, im Abstellraum"[95]. In Bremer Häusern lagen die wichtigsten Arbeitsräume des Dienstpersonals im Souterrain (Küche, Waschküche, Plättzimmer). Die Kindermädchen hatten ihre Schlafplätze in der Nähe der Kinderzimmer unter der Dachschräge des Hauses.

---

90 Für die Perspektive der weiblichen Hausangestellten: Dorothee Wierling (1987); Dokumente von Dienstmädchen aus Bremen, in: Rominia Schmitter (1996); Elisabeth Hannover-Drück (1996); Tenfelde; Ritter (1992): S. 208f.; Oscar Stillich (1902); Elisabeth Meyer-Renschhausen (1989); Rolf Engelsing (1978): S. 225-261 über „Das häusliche Personal in der Epoche der Industrialisierung." Demnach wurden in Bremer Haushalten zwischen 1871 und 1900 im Vergleich zu Berlin und Hamburg mehr Dienstboten beschäftigt.

91 StAB 7,13-21.7: Friedrich Köper an seine Eltern, 27. November 1889. „Die alte Zuriaca ist noch immer bei uns, wird aber jeden Tag schwärzer, sorgt aber gut fürs Haus; verschiedene unserer freundlichen Landsleute haben schon versucht, sie uns [abzuwerben]. Nach Hiesigen will sie überhaupt nicht hingehen, sie sagt, die essen nur Tortillas u. Frigoles."

92 Die Quellen enthalten lediglich vereinzelte Briefe oder kurze Notizen von Dienstmädchen.

93 u.a. Dorothea Wierling (1987); Dorothea Schmidt (2002).

94 z.B. Elisabeth Burgos (1984), die den Dienstmädchenalltag von Rigoberta Menchú in Guatemala veröffentlichte; Tagebuch eines Dienstmädchens aus Schleswig-Holstein, herausgegeben von Gunilla-Friederike Budde (1989).

95 Dorothea Wierling (1987): S. 94.

Im Folgenden sollen Eindrücke aus dem Haushalt von Marie Smidt mit der Haushaltsführung von Hedwig Vietor in Bremen und während der Sommermonate in einem Landhaus in der Umgebung von Bremen gegenüber gestellt werden. Anschließend folge ich den Erzählungen von Tilly Köper und Helene Noltenius über Dienstmädchen in Guatemala. Was erfahren wir über das Zusammenleben mit Dienstmädchen in der Hauptstadt Guatemala? Wo waren die Dienstmädchen untergebracht? Wie fügten sie sich in einen fremden Bremer Haushalt in „ihrer" Stadt ein?

Für große Gesellschaften engagierte Marie Smidt Personal auf Zeit. So lieferten Köche von außerhalb Speisen und brachten eigenes Personal zum Servieren mit. Zusätzliches Personal war auch nötig, wenn sich Logierbesuch einstellte. Die Unruhe im Bremer Haus wurde Marie Smidt – sie war 1881 inzwischen Mutter von fünf Kindern – manchmal „etwas bunt"[96]. In solchen Fällen stellte sie morgens eine zusätzliche Hilfe ein und war zufrieden, „wenn sich der Haushalt geregelt" hatte, d.h. sie verschaffte sich durch die Organisation von zusätzlichem Personal Entlastung. – Das Bremer „Reinemacherfest", so Marie Smidt, stellte besondere Anforderungen an die Hausfrau. Bremerinnen überkam alljährlich ein Zwang, den bürgerlichen Reinlichkeitsnormen durch ein „Großreinemachen" zu entsprechen. Dem Jahreslauf angepasst organisierten Hausfrauen das „gründliche" Saubermachen. Es gehörte zu den Pflichten, die sich Bürgerinnen auferlegten und mit denen sie sich von Unterschichten abzusetzen trachteten.[97] Auch wenn es Marie Smidt „zuwider" war, passte sie sich den Verhaltensnormen der Bremer Verwandtschaft an.[98] Nach der Hektik des Waschens, Schrubbens, Bohnerns und Putzens war auch sie zufrieden. Marie ließ es sich nicht nehmen, „im Schweiß [ihres] Angesichts", alles mit einer Substanz aus Kampfer zu desinfizieren. Sie habe „alles eingecampfert, was auch keine Kleinigkeit ist." Dann sichtete sie Vorratskammer und Keller und trennte nach „Gutem und Unbrauchbarem"[99]. Anschließend genoss sie ruhigere Haushaltswochen.

Das „gründliche" Reinemachen, d.h. Putzen in allen Winkeln und Ecken trug dazu bei, das Haus von Schmutz und Krankheitskeimen zu säubern. Holz und Kohlen wurden in Bremen über die Treppenhäuser durch das Haus getragen, aber wenn nach den Wintermonaten Kamine und Kachelöfen nicht mehr geheizt wurden, ging es an das „Großsaubermachen". Die Hausfrau und ihre Dienstmädchen sorgten für Durchlüftung der Wohn-, Schlaf und Wirtschaftsräume. Bis 1900 richtete sich die häusliche Hygiene in Bremen auch auf „Plumpsklos", Waschgeschirre und Nassräume der Häuser. Die Parkettböden bekamen nach der Reinigung eine dicke Bohnerwachsschicht.

Seit dem ersten Drittel des 19. Jahrhunderts wurde in europäischen Städten öffentliche Hygiene propagiert. Reinlichkeit in Straßen und auf Plätzen sollte sich als ein Schritt zur Gesundheitsvorsorge und Vermeidung von Epidemien wie Cholera

---

96 Privatbriefe Smidt: Marie Smidt an ihre Mutter, 31. Mai 1881.
97 Zu Relationen zwischen Armut, Krankheit und Schmutz sowie „innerer" und äußerer Reinlichkeit: Manuel Frey (1997).
98 Privatbriefe Smidt: Marie Smidt an ihre Mutter, 16. April 1881.
99 Privatbriefe Smidt: Marie Smidt an ihre Mutter, 31. Mai 1881.

erweisen. Parallel dazu empfahlen Ärzte nicht nur eine intensive Körperpflege, sondern die Wäsche weiß, sauber und fleckenfrei zu waschen. Seit den 1880er Jahren führte die Entdeckung von Mikroorganismen zu verstärkten Wasch- und Kochanstrengungen. Keine Bürgerin wollte sich nachsagen lassen, darin etwa „leichtsinnig" zu sein. Nach dem Kochen, Bleichen bzw. Trocknen wurden die Wäschestücke heiß gebügelt. In bürgerlichen Haushalten war es üblich, Weißwäsche, d.h. Körperwäsche, Handtücher und Bettwäsche häufig zu wechseln und sie jeweils hygienisch rein zu kochen. Da bürgerliche Haushalte über einen großen Vorrat an Bett-, Tischund Leibwäsche verfügten, fand „Große Wäsche" etwa alle vier bis sechs Wochen statt.[100] Nach etwa einer Woche war die Prozedur mit Hilfe von Wäscherinnen und Büglerinnen überstanden: Die Wäsche war gekocht, mehrfach gespült, getrocknet, gerollt, gebügelt und lag zur Benutzung wieder im Wäscheschrank.[101]

Dagegen war das „Großreinemachen" in Übersee eine tägliche Aufgabe. Zusammen mit Dienstmädchen kämpfte Tilly Köper gegen den Staub unbefestigter Straßen, der durch alle Ritzen des Hauses drang und gegen das Ungeziefer, wie Flöhe, Moskitos, Wanzen usw.

> „Du glaubst nicht, wie viel Arbeit ein hiesiges Haus und ein hiesiger Haushalt macht." Wenn „man nicht alles verschluren will, was in diesem Klima sehr leicht möglich ist, muss die Hausfrau überall dabei sein. Aber Spaß macht es doch, wenn das ganze Haus schön sauber ist."[102]

„Spaß" ist hier wohl nicht wörtlich zu nehmen, aber Tilly war zufrieden, wenn die Dienstmädchen ihr folgten und alles geschafft war. Sie leitete die Dienstmädchen zu gründlicher Sauberkeit an, sie arbeitete mit, damit das Haus nach bürgerlichem Standard blank geputzt war. Das Ergebnis dieser Tagesarbeit stimmte sie heiter. Um die Verwandten auf prekäre Situationen von Unreinlichkeit und Verschmutzung in Übersee aufmerksam zu machen, zählten Tilly Köper und auch Helene Noltenius die aufgespürten Flöhe vor ihrer Entfernung. Verständlich wird diese penible Sauberkeit an einem Beispiel aus der Hauswirtschaft von Helene Noltenius in Guatemala. Sie wollte kein „Reinmachedeubel" sein und hatte sich nicht wie Tilly Köper selbst um das gründliche Sauermachen gekümmert. Einmal fand Helene das Kinderbett des Babys verwanzt vor. Sie war „außer sich" und zählte einundzwanzig Tiere im Bettzeug. Sie konnte sich das nicht erklären und machte die nicht anwesende Amme dafür verantwortlich.[103] Danach inspizierte Helene Noltenius täglich Ecken und Winkel im Wohnbereich. Wanzen vertrieb sie mit kochendem Wasser. Wände, Möbel und Fußböden rieb sie zusammen mit einem Dienstmädchen mit desinfizierendem „Creolin"[104] ein.

---

100 Dazu Karin Hausen (1987): S. 277: In anderen sozialen Milieus wurde um 1900 alle drei Wochen gewaschen.
101 Karin Hausen (1987): S. 273-303; hier S. 280; 292.
102 StAB 7,13: Tilly Köper an ihre Mutter, 12. Januar 1900.
103 „Ich [...] habe, um das Mädchen nicht zu verstimmen, immer auf die Ammen gescholten." Privatbriefe Noltenius, Helene Noltenius an ihren Mann, 9. September 1907.
104 Creolin wirkte antiseptisch und wurde auch zur Wundbehandlung benutzt. C.E. Bock (1898): S. 608f.

1912/13 beschäftigte HEDWIG VIETOR vier Hausangestellte. Mitte November 1912 erwartete sie eine Erzieherin (Miss Woods) aus England[105] und hoffte, eine Entlastung für die Kinderfrau Alma Fehrens engagiert zu haben[106], die bereits seit 1905 im Haushalt arbeitete.[107] Die Hausfrau machte sich Gedanken, wie hoch die Weihnachtsgratifikation für vier Haushaltshilfen ausfallen sollte. „Meta fünfzig Mark, Käthe fünfundsiebzig Mark (ist erst seit Mai hier) und Alma und Anni je einhundert Mark", schlug sie Ende Oktober 1912 vor. Mit der Zahlung von Weihnachtsgeld brachte die Hausfrau ihre Zufriedenheit mit der Arbeit der Angestellten zum Ausdruck und signalisierte, dass sie beabsichtigte, das Personal weiterhin zu beschäftigen.

Einige Bremer Bürgerinnen lebten in den Sommermonaten in Zweithaushalten auf dem Land. Nach Heidi Rosenbaum erhöhte der ländliche Rückzugsort das Prestige eines Kaufmanns, wenn er während des Sommers zwischen beruflicher Geschäftigkeit in der Stadt und ländlicher Idylle pendelte.[108]

Hedwig Vietor bewirtschaftete einen Haushalt in der Stadt, aber für etwa drei Monate pro Jahr zog sie zwischen 1899 und 1914 mit dem auf drei Möbelwagen verstauten Hausrat aufs Land.[109] Das Landleben tat ihr und den Kindern gut. Sie sei

> „jetzt eine Hausfrau, wie es keine eine zweite giebt, immer in der Küche am Herde. [...] Ich habe Kronsbeeren gekocht! So etwas hat es noch nie gegeben."[110]

Zu der Zeit war sie vierundzwanzig Jahre alt, Mutter von zwei kleinen Kindern und lebte während der Sommermonate in der „Villa Waldheim" in der Nähe von Bremen. Bevor es zurück in die Stadt ging, wurden bei schönem Wetter draußen die Bettdecken und Matratzen geklopft, gebürstet und gelüftet. 1908 waren es „siebzehn an der Zahl à mindestens fünf Stück, macht fünfundachtzig Stück"[111]. Es hatte ihr wohl Freude gemacht, einmal zu zählen, wie umfangreich das Umzugsgut

---

105 Privatbriefe Vietor: Hedwig Vietor an ihren Mann, 14.-23. November 1912. Die Erzieherin wurde durch Kontakte zwischen Kirchengemeinden in Bremen und England vermittelt.

106 Privatbriefe Vietor: Hedwig Vietor an ihren Mann, 5. November 1912. „Nächste Woche kommt nun Miss Woods, diese Perle, die hoffentlich gut einschlägt, da wird die Arbeit hier auch weniger, für Alma war es auch reichlich."

107 Privatbriefe Vietor: Hedwig Vietor an ihren Mann, 2.-5. Januar 1905. Hedwig Vietor war unsicher, ob sie ihrem Mann nach Las Palmas entgegen reisen sollte und überlegte, ob sie ihre Mutterpflichten verletzte, wenn sie die Kinder „bei Alma und Frau Wendte" zurücklassen würde. Ein weiterer Hinweis Hedwig Vietors auf Alma vom 21. September 1907: „Hast du dir auch ein neues Nachthemd erstanden? Alma muß es dann noch verkürzen an den Ärmeln und Knöpfe an die Ärmel nähen." Demnach war Alma zu der Zeit nicht nur für die Kinder zuständig, sondern erledigte auch Näharbeiten.

108 Über bürgerliche Lebensformen und „Rückzugsorte" auf dem Land: Heidi Rosenbaum (1982): S. 370.

109 Privatbriefe Vietor: Hedwig Vietor an ihren Mann, 28. September 1908. Sie beschloss, in Zukunft nicht mehr mit dem gesamten Hausstand aufs Land zu reisen, sondern sich etliche Gegenstände doppelt anzuschaffen, um so einen dritten Möbelwagen zu sparen. „Ich will dieses Mal [...] einige Sachen hier lassen und sie mir, anstatt das Geld für den Federwagen zu bezahlen, von dem Geld anschaffen und dann in Bremen lassen. Das ist entschieden praktischer und spart auf die Dauer viel."

110 Privatbriefe Vietor: Hedwig Vietor an ihren Mann, 11. August 1899.

111 Privatbriefe Vietor: Hedwig Vietor an ihren Mann, 25. September 1908.

allein durch das Bettzeug für damals fünf Kinder und die Dienstmädchen war. Sie demonstrierte mit dieser Aufzählung ihre Organisationsleistung. Mit den Bettenzahlen versuchte sie, ihrem Mann zu imponieren. Im Sommer 1908 konnte der Hausherr nicht bis zum Ende an diesem „Doppelleben" teilnehmen, da er im August nach Afrika abreiste. Das Landleben bot der Hausfrau und auch den Dienstmädchen Abwechslung. Hedwig Vietor inszenierte sich und die Mädchen in entspannter Atmosphäre bei ihrer Abreise in die Stadt:

> „Heute Morgen gab es hier einen schönen Hophei. Es kam ein Orgeldreher, Seedorf [Verwalter] forderte mich ganz galant zum Tanz auf, und somit war der Ball eröffnet. Alle Packerei und Reinmacherei hatte ein Ende, alles tanzte. Die Mädchen haben sich königlich amüsiert, und heute Abend sitzen sie in der Küche beim Silberputzen, und es ist ein Juchzen und Lachen da, das gar kein Ende nehmen will."[112]

Demnach ließ sich Hedwig Vietor spontan auf ein außergewöhnliches Vergnügen mit Musikanten und Hausverwalter sowie den Dienstmädchen und ihren Kindern ein: Sie tanzte! Ihr Verhalten führte offenbar zu guter Stimmung unter allen Beteiligten. In „guter Laune" entstand 1913 wohl auch das Foto,[113] auf dem sich drei Dienstmädchen Hedwig Vietors im hohen Gras einer Obstbaumwiese der Kamera zuwendeten.

Die beiden älteren Hausgehilfinnen, Käthe und Anni, sind etwa zwanzig Jahre alt und halten sich ihre Hände. Ihre deutlich jüngere Kollegin Meta sitzt offenbar auf einem nicht sichtbaren Schemel. Dadurch wirkt ihre Gestalt in der Mitte größer, als die der neben ihr im Gras knienden Käthe und Anni. Meta schaut ernst in die Kamera und legt ihre linke Hand auf Annis Schulter, die sich Meta zuneigt und in Richtung Fotograf lächelt. Die Frauen zeigen sich in ihrer Arbeitskleidung. Sie tragen blütenweiße Schürzen und dunkle Kleider mit langen Ärmeln.

Das Strohdachhaus im Bildhintergrund spricht für eine ländliche Umgebung. Die Frauen stellten sich im Mittelpunkt des Bildes dar. Käte macht den Eindruck, als wenn sie die Arbeit kurz zuvor für den Schnappschuss unterbrochen hat. Die Ärmel ihres Kleides sind hoch gekrempelt. Ihr Gesicht und ihre Hände drücken Konzentration für die Momentaufnahme aus. Ihre Körperhaltung wirkt angestrengt. Die Hände sind ein auffallendes Merkmal im Bildzentrum, die auf Freundschaft und Gemeinschaftsgefühl deuten können. Einen lebensfrohen Eindruck vermittelt die Aufnahme nicht.

Nach Gunilla-Friederike Budde waren Eigenschaften wie „Anpassungsbereitschaft und -fähigkeit" sowie „Duldsamkeit gegenüber ständig wechselnden Launen" der Herrschaft wichtige „Charakteristika", die ein Dienstmädchen mitbringen musste, um auch im eigenen Interesse zur möglichst spannungsfreien Hausarbeit beizutragen.[114] Das Foto wurde vor dem Landhaus der Familie Vietor aufgenommen.

---

112 Privatbriefe Vietor: Hedwig Vietor an ihren Mann, 7. Oktober 1908.
113 Privatquellen Vietor: Foto. Bildunterschrift: „Käte, Meta, Anni, 1913." Größe: ca. 8 x 8 cm.
114 Gunilla-Friederike Budde (1989): S. 29.

Abb. 30: Privat: Die Hausgehilfinnen „Käthe, Meta, Anni"

Hedwig Vietor organisierte ihre Hauswirtschaft mit verlässlichen Dienstmädchen. So übergab sie im August 1912 ihre Hauswirtschaft an Vertrauenspersonen, Dienstmädchen und Kinderfrau, und reiste zusammen mit ihrer ältesten Tochter zu einem Kuraufenthalt nach Schlangenbad, um ihre Rheuma-Erkrankung behandeln zu lassen. Sieben Vietor-Kinder im Alter von neun Monaten bis dreizehn Jahren blieben in der Obhut von weiblichen Hausangestellten zurück. Nach ihrer Rückkehr freute sich Hedwig Vietor, die Kinder vergnügt vorzufinden. Auf den Zustand des Hauses (Sauberkeit und Ordnung) reagierte sie mit Gelassenheit:

> „Im Haus sah es böse aus mit der Reinmacherei. Es ist mir recht ungemütlich, so alle die fremden Menschen da allein kramen zu wissen, aber das will nun mal nicht helfen, ich setze mich mit Grazie darüber weg, denn muss es eben mal so gehen!"[115]

Hedwig Vietor war entspannt: Sie hatte den Haushalt und die Erziehung der Kinder eine Zeitlang erfahrenem Dienstpersonal überlassen. An Alma Fehrens, der die Beaufsichtigung der Kinder oblag, hatte sie keine Kritik. Nur das Haus fand sie nicht so sauber vor, wie sie es sonst gewohnt war.

Meta Eden arbeitete zwölf Jahre lang als Kinderfrau im Haushalt von Marie und Johann Smidt und kümmerte sich bis zu ihrer Kündigung um die fünf Smidt-Kinder im Alter von vier bis zwölf Jahren. Es war, als wenn sie zur Familie Smidt

---

115 Privatbriefe Vietor: Hedwig Vietor an ihren Mann, 19. September 1912.

gehörte.[116] Sie reiste im Herbst 1870 mit nach Kalkutta, kehrte mit der Familie Smidt 1873 nach Bremen zurück und nahm auch an einer Reise zu Verwandten nach New York teil. – Als die Kinder größer wurden, stellte MARIE SMIDT fest, dass Metas Einfluss auf die großen Jungen „auf die Dauer schädlich" und dass sie „zu unfein" sei und „nicht genug Bildung"[117] habe. Die Hausfrau bevorzugte eine jüngere Frau, die auch die Schularbeiten der Kinder überwachen sollte. Es scheint, dass die Trennung beiden Frauen schwer fiel. Meta „brach zuletzt oft laut in Tränen aus", und Marie Smidt erinnerte sich beim Abschied an Metas „Sorgfalt und Treue". Sie konnte nicht umhin einzugestehen, dass die Kinderfrau großen Anteil am Wohlergehen ihrer Kinder habe. Sie, Meta und die Kinder hätten „ein Stück Leben zusammen gelebt"[118]. Trotzdem kündigte sie ihr. Metas weiterer Lebensweg war Marie Smidt jedoch nicht gleichgültig. Ehe Meta eine neue „gute Stelle" antrat, „bangte" Marie Smidt „wie sie sich dort wohl machen" würde,

> „doch habe ich sie den Leuten als sehr derb und dwatsch[119] [!] hingestellt, was dieselben aber nicht abgehalten hat, sie doch zu engagieren!"[120]

Marie Smidt gab ihrer langjährigen Mitarbeiterin keine gute Referenz. Mit der Kündigung endete ein beiderseitiges, langjähriges Vertrauensverhältnis.[121] Marie Smidt konnte auf die Dauer Metas „Schattenseiten"[122] nicht mehr ertragen. Meta Eden sprach wie viele Bremer – so auch Johann Smidt – plattdeutsch, konnte sich aber auch schriftlich in der deutschen Hochsprache ausdrücken. Marie argumentierte mit dem schlechten Einfluss, den Meta auf die Erziehung der größeren Kinder habe. Meta reagierte emotional auf die Kündigung. Sie schrieb Maries Mutter in New York einen Abschiedsbrief.[123] So schnell hatte sie das Ende des Dienstverhältnisses nicht erwartet, zumal außer den großen noch drei kleine Kinder im Haushalt aufwuchsen.

Doch Meta fand nicht nur schnell einen neuen Arbeitsplatz. Im Herbst 1882 überraschte sie Marie Smidt mit der Ankündigung, „dass sie Braut sei" und in Kürze heiraten werde. Ihr Verlobter, Vater von drei Kindern im Alter von neun bis vierzehn Jahren, könne sie ernähren.[124] Nach dieser Neuigkeit vergaß Marie Smidt ihr schlechtes Gewissen, gönnte Meta das Glück und doch wunderte sie sich über den „Geschmack des Mannes"[125]. Während ihres Dienstverhältnisses im Hause Smidt,

---

116 Privatbriefe Smidt: Marie Smidt an ihre Mutter Julie Achelis, 3. September 1882.
117 Privatbriefe Smidt: Marie Smidt an ihre Mutter, 16. April 1882; 6. Juli 1881.
118 Privatbriefe Smidt: Marie Smidt an ihre Mutter, 16. April 1882.
119 Dwatsch = Dumm, unvernünftig, der nichts begreifen kann. Michael Richey (1756): Idioticon Hamburgence. Hamburg: König.
120 Privatbriefe Smidt: Marie Smidt an ihre Mutter, 22. Februar 1882.
121 Vgl. dazu Gunilla-Friederike Budde (1994): S. 344-352; über die Sozialisation englischer Bürgerkinder durch „nannies" und im Vergleich dazu die in deutschen Autobiographien selten beschriebenen Beziehungen zu Kindermädchen..
122 Privatbriefe Smidt: Marie Smidt an ihre Mutter, 3. September 1882. Bei Metas „Schattenseiten" könnte es sich um mangelhafte Kompetenz im Hochdeutschen gehandelt haben.
123 Privatbriefe Smidt: Meta Eden an Maries Mutter, Julie Achelis, 31. Dezember 1881.
124 Privatbriefe Smidt: Marie Smidt an ihre Mutter, 3. September 1882.
125 Privatbriefe Smidt: Marie Smidt an ihre Mutter, 3. September 1882.

lebte Meta Edens eigene Tochter bei „fremden Leuten"; sie war inzwischen vierzehn Jahre alt und kurz vor der Konfirmation. Dankbar nahm Meta Eden Johann Smidts finanzielle Unterstützung für die Ausbildung des Mädchens an, wie ihrem Abschiedsbrief an Maries Mutter zu entnehmen ist. Die Information über Metas vierzehnjährige Tochter trat in den Quellen unvermittelt im Zusammenhang mit ihrer Entlassung auf. Auch über Metas Familienstand als ledige Mutter wurde vorher nichts geschrieben. Demnach gehörte Meta Eden, zu der Zeit etwa zweiunddreißig Jahre alt, zu den „älteren" Dienstmädchen. Sie waren „fast überall unverheiratet"[126] und betrachteten ihre Beschäftigung durchweg als Ehevorbereitung. Nach Lebenserinnerungen, die Gunilla-Friederike Budde auswertete, tauchten nur selten Schilderungen über deutsche Kindermädchen auf, während in England nur wenige bürgerliche Kinder ohne „Nanny" aufwuchsen.[127] Marie und Johann Smidt hatten Meta Eden engagiert, bevor sie nach Kalkutta auswanderten. Sie entschieden sich für diese Kinderfrau, da sie bereit war, mit ihnen nach Indien zu ziehen. Schon während der Schiffspassage war sie ihnen von Nutzen. Zudem erübrigte sich durch die Anwesenheit von Meta die schwierige Suche nach einer indischen Aya oder einer englischen Nanny in Kalkutta.

Der Arbeitstag des Bremer „Kinderfräuleins" Elisabeth, das nach Meta Eden im Frühjahr 1882 im Haus der Familie Smidt angestellt wurde, begann am Morgen mit einem gemeinsamen Frühstück. Anschließend wurden die Kinder zur Schule geschickt. Für den ältesten Sohn Hermann begann die Schule schon um sieben Uhr, die anderen verließen später das Haus. Marie Smidt schrieb über die Arbeit der neuen Hausangestellten:

> „Dann stäubt sie das Wohnzimmer und geht dann hinauf, um ihre Stube in Ordnung zu machen. Sie macht die Betten, feidelt [wischt den Boden], gießt die [Nacht]töpfe aus. Dann [...] lackiert sie von den drei Kleinen die Schuhe und sorgt für Alles, was sie anziehen, sodass weder ein Knopf fehlt, noch Flecken sich in der Kleidung finden. Dann näht sie, was sie sehr gut kann, da sie Schneidern gelernt hat und es ihr nebenbei rasch von der Hand geht! Sie hat ihre eigene Maschine mitgebracht, die sie für mich mit benutzt! [...] – Bei Tisch ist mir unser Fräulein (Elisabeth nenne ich sie schlankweg) eine große Hülfe. Sie schneidet mit, sorgt für die Kleinen und steht auf, wenn irgendetwas verlangt wird. [...] Du kannst Dir denken, wie angenehm mir solches Wesen ist, besonders, wenn sie mir so sympathisch ist, wie dieses." [128]

Zum Abendbrot sorgte Elisabeth für Milch und Butterbrote; nach dem Essen wurden die „Kleinen" um sieben Uhr zu Bett gebracht; anschließend aß das „Fräulein" um acht Uhr mit den „Großen", packte dann mit ihnen ihre Schulmappen für den nächsten Tag, kontrollierte die Vokabeln und spielte vor dem Zubettgehen noch ein kleines Spiel mit ihnen.

---

126 Klaus Tenfelde (1992): S. 208.
127 Gunilla-Friederike Budde (1994): S. 345.
128 Privatbriefe Smidt: Marie Smidt an ihre Mutter, 16. April 1882.

In Bremen beschäftigte Hedwig Vietor jahrelang die gleiche Kinderfrau bzw. Erzieherin. Aus den Briefen von Hedwig Vietor geht hervor, dass Alma Fehrens von 1904 bis 1927 im Haus der Vietors beschäftigt war.[129]

Die Arbeitsbeziehungen zu Dienstmädchen wurden in zahlreichen Korrespondenzen zwischen Übersee und Bremen angesprochen. Dieser Themenkomplex beschäftigte Männer und Frauen. Häufig legten sich Akteure auf Stereotypen über weibliches Hauspersonal fest. So erörterten Friedrich Köper und seine Braut schon während der Verlobungszeit das Thema Dienstboten. Als Junggeselle beschäftigte er eine erfahrene Köchin in Guatemala, die er als „alt und hässlich" wahrnahm. Köper einigte sich im Briefwechsel mit seiner zukünftigen Frau auf eine junge Köchin für den Beginn des gemeinsamen Haushalts in Guatemala.[130] Vorbehalte zum Personal korrigierte der Hausherr später nach einem „Mädchenwechsel." Jetzt stand für ihn fest, die neuen Hausmädchen seien „dumm"[131]. Tilly Köper hob dagegen hervor, dass das neue Mädchen Rosa sehr gut serviert habe. Nachdem die Hausfrau genaue Anweisungen gegeben hatte und sie das Mädchen beim Servieren „fortwährend mit den Augen dirigierte"[132], verlief die Zusammenarbeit zur Zufriedenheit. Rosa hatte sich lernfähig und nicht „dumm" gezeigt.

Zum Haushalt von Tilly Köper in Guatemala gehörten eine Köchin und zwei Mädchen, von denen eines die zwölfjährige Tochter der Köchin war. In den Briefen an die Verwandten wurden die Hausangestellten mit ihren Namen genannt, um spezifische Dienstboten-Geschichten zu erzählen, in denen Exotisches im Zentrum stand.[133]

Bremer Hausfrauen in Guatemala achteten auf ordentliche, saubere Bekleidung der Mädchen. Die indigenen Frauen zeigten sich auf Atelier- und Privatfotos in traditioneller Kleidung, sorgfältig frisiert, aber ohne Fußbekleidung. Einige Frauen trugen um 1900 wie die Europäerinnen hochgeschlossene Spitzenblusen. Es ist nicht bekannt, ob es sich dabei um abgelegte Kleidungsstücke von Bremerinnen handelte.[134] Über das Aussehen indigener Dienstmädchen äußerten sich Bremerinnen selten.[135] Dagegen klagten sie häufiger über Unreinlichkeit, Unzuverlässigkeit und Frechheit, wenn es zur Beendigung des Arbeitsverhältnisses gekommen war.

---

129 Privatbriefe Vietor: Hedwig Vietor an ihren Mann aus den Jahren 1904, 1907, 1908 1912 und 1927.

130 StAB 7,13-24-7: Friedrich Köper an Mathilde Meiners, 28. Oktober 1898.

131 StAB 7,13: Friedrich Köper an seine Eltern, 9. Dezember 1899. „In dieser Woche haben wir zu Hause den ersten Mädchenwechsel gehabt und hat meine kleine Frau jetzt sehr viel zu thun, die neuen dienstbaren Geister, die ziemlich was an Dummheit mitbekommen haben, anzulernen."

132 StAB 7,13: Tilly Köper an ihre Mutter, 12. Januar 1900.

133 Tilly Köper ironisch: „Sehr hochtrabende Namen haben meine stolzen Maid [etymologisch: Mädchen, Jungfrau, Dienerin, Magd]: Mercedes, Maria und Romelia. Nicht wahr, solche schönen Namen findet man bei unseren deutschen Dienstboten nicht." StAB 7,13: Tilly Köper an ihre Verwandten, 23. August 1899.

134 Rigoberta Menchu erhielt als Dienstmädchen „ordentliche" Kleider von ihrer Herrschaft. Die Ausgaben dafür wurden ihr fortwährend vom Lohn abgezogen, so dass sie permanent in einer „Schuld" den Arbeitgebern gegenüber und auch ohne Bargeld war. vgl. Elisabeth Burgos (1991): S. 91-102. 1992 erhielt Rigoberta Menchú (geb. 1959) den Friedensnobelpreis.

135 Privatbriefe Noltenius: Helene Noltenius an ihren Mann, 25. Januar 1907. Sie schrieb über die schwarze Haarpracht einer Bewerberin: „Hat Haar wie'n Buschmann, sah auch nicht sauber aus."

Tilly Köper war stolz auf die Elektrizität im ganzen Haus. Die Technik versorgte 1899 auch die Räume der Mädchen mit elektrischem Licht.[136] Mit den in allen Zimmern installierten elektrischen Klingeln konnte die Hausfrau die Dienstmädchen dirigieren, ohne sie rufen oder sich in die Wirtschaftsräume begeben zu müssen. Das Klingeln war ein Herrschaftsmittel, um Dienstmädchen zu überwachen und zu steuern. In Bremen und Hamburg klagten Hausangestellte über schlaflose Nächte, weil sie nachts ständig „heraus geklingelt" würden.[137]

Wenn sich Dienstmädchen in Guatemala in die fremden Verhältnisse deutscher Haushalte eingefügt hatten, wünschten die Hausfrauen, dass sie lange blieben. Es bestand die Gefahr, dass sie von anderen europäischen Arbeitgebern „abgeworben" wurden.[138] Nach längerem Aufenthalt in Guatemala versuchte Helene Noltenius im persönlichen Gespräch, Dienstmädchen als „Nachrückerinnen" zu gewinnen. So sprach sie das Dienstmädchen Sophia an, das bei der Familie Köper arbeitete. Sophia konnte Anfang Januar keine Zusage zum 1. Februar 1906 geben.[139]

Dienstmädchen in Guatemala waren genügsam. Wenn sie es mit der Dienstherrschaft vergleichsweise gut getroffen hatten, hofften sie, bleiben zu können. Tilly Köper lernte

> „die Mutter von der Oktavia [kennen, diese versicherte], dass die Oktavia gerne [in der Stellung] bliebe, und mit ihren Herrschaften ‚zufrieden' sei. Ist das nicht köstlich? [...] Ich konnte nicht anders, ich musste der alten Frau, ob dieses Kompliments eine Verbeugung machen."[140]

Gewöhnlich gehört es zur Rolle der Arbeitgeber, über die Fortsetzung einer Arbeitsbeziehung zu entscheiden. Hier ergriff ein Dienstmädchen, vertreten durch ihre Mutter, die Initiative. Diesen Vorgang fasste Tilly Köper ironisch auf.

Über das „Fremde" in Unterscheidung zum „Eigenen" berichteten Bremerinnen oft nach Hause, nachdem sie in Übersee weibliche Hausangestellte engagiert und erste Eindrücke verarbeitet hatten. Die Begegnung mit indigenen Dienstmädchen konfrontierte bürgerliche Frauen mit besonderen Wahrnehmungen von Fremdheit. Beiderseits waren Sprachbarrieren zu überwinden. Gegenstände, Räume,

---

136 StAB 7,13: Tilly Köper an ihre Mutter, 31. Juli 1900. „Ich schwelge noch immer in dem Genuß des elektrischen Lichtes, in der Küche und überall haben wir es, sogar die Mädchen in ihrem Zimmer haben die Einrichtung."

137 Zum Missbrauch von elektrischen Klingeln im Haushalt, vgl. Rominia Schmitter (1996): Dokumente M 97-M99. S. 179. Ebenso aus der Perspektive der Vorsitzenden des Bremer Hausfrauenverbandes, Lizzy Susemihl-Gildemeister (1911): „Ein Mädchen leistet das Doppelte, wenn es zu jeder Stunde weiß, was es zu tun hat. Wenn es weiß, dass die Frau damit rechnet und es nicht durch häufiges Klingeln von der Arbeit ruft, ein Fehler, den viele Damen ganz harmlos begehen und sich nachher wundern, dass nicht mehr geschafft wurde. Ein Mädchen, das gut arbeiten soll, muß auch gern arbeiten und das Gefühl haben, dass seine Arbeit nützlich ist." S. 348.

138 StAB 7,13: Friedrich Köper an seinen Vater: 15. Juni 1901. Köper über seinen Verdacht: „Mein Verhältnis zu Noltenius scheint sich immer unfreundlicher gestalten zu wollen. [...] Auch scheint mir seine Frau tüchtig zu hetzen, welche jetzt versucht, durch Geschenke an unser Mädchen hinter Tillys Rücken, uns auch noch dieses Mädchen abspenstig zu machen. Das sind nur kleine Reibereien."

139 Privatbriefe Noltenius: Helene Noltenius an ihren Mann, 7. Januar 1906.

140 StAB 7,13: Tilly Köper an ihre Mutter, 5. Februar 1900.

Tätigkeiten, Arbeitsweisen, Wünsche usw. mussten in einer fremden Umgebung und meist auch in einer Fremdsprache benannt werden. Nicht jedes Dienstmädchen hatte zuvor Erfahrungen in europäischen Haushalten erworben. Manchmal bewältigten die Frauen sprachliche und andere kulturelle Schwierigkeiten, indem sie zusammen lachten. In anderen Situationen stand kulturelles Anderssein unüberbrückbar im Gegensatz zu verinnerlichten bürgerlichen Werthaltungen. Und doch bewegten sich die Akteurinnen in einem Kulturgrenzen überschreitenden Annäherungs- und Veränderungsprozess aufeinander zu. Im Konfliktfall setzten sich die Bremerinnen nicht immer durch. Was Tilly an den Hausmädchen nicht leiden konnte: Es „kribbelte sie, wenn die Mädchen naschten." Aber sie hörte von anderen europäischen Frauen, dass diese Angewohnheit

> „hier zu Lande durchaus nichts Schlechtes ist, sogar als selbstverständlich angesehen wird. [...] Ich schließe schon alles ein, was irgend möglich ist."[141]

Das heimliche Verspeisen von Nahrungsmitteln war Tilly Köper ein Ärgernis. Die Hausfrau bediente sich einer symbolischen Grenzziehung. Sie hielt das Essen unter Verschluss und wachte über die Begehrlichkeiten. Einige Frauen aus Tillys Bekanntenkreis hatten sich mit der Realität des Naschens abgefunden oder teilten den Dienstmädchen Nachspeisen, Süßigkeiten und Früchte zu.[142]

Tilly Köper lebte in einem warmen Klima und empfand es als angenehm, den Tag bei geöffneten Türen und Fenstern zu verbringen. Aber dadurch drangen Staub und unzählige Insekten ins Haus. Die Mädchen lernten zunächst, wie man Staub und Ungeziefer im Haus bekämpft. Die Hausfrau schrieb:

> „Ist man am Abend vorsichtig und lässt bei offener Thür oder Fenster kein Licht im Schlafzimmer brennen, dann hat man selten des Nachts Mosquitos, wenigstens wir haben wenig darunter zu leiden. Meine Maria weiß jetzt, dass sie zuerst ins Schlafzimmer gehen muß, um Fenster und Thür zu schließen, und dann das Licht anzünden darf. Doch die Flöhe haben mich zuerst recht geplagt, jetzt ist es schon besser. [...] Den ersten Abend habe ich neunundzwanzig dieser Tiere in meine Waschschale hüpfen lassen, nicht wahr, das genügt, doch jetzt ist die Zahl auf sechs bis acht reduziert worden. Am Morgen bis Mittag merke ich von den Tierchen gar nichts, da ich immer in Bewegung bin, doch will ich meine Siesta halten, muss ich mich erst ‚absuchen.‘ [...] Man kann aber auch selber sehr viel daran thun, dass man nicht so viele Flöhe im Hause hat, durch tägliches, gutes Reinmachen sämtlicher Zimmer, Ihr könnt wohl denken, dass ich es daran nicht fehlen lasse, den Mädchen wird es wohl nicht immer so passen, das rührt mich aber weiter nicht."[143]

---

141 StAB 7,13: Tilly Köper an ihre Verwandten, 27. Januar 1900. – Adolphine Schramm schloss in ihrem Haus in Brasilien alle Speisereste weg; sie war über den monatlichen Fleischverbrauch stutzig geworden. Percy Ernst Schramm (1949a): S. 454.

142 Bernhardine Schulze-Smidt (1910): Handbuch „Häusliche Lebenskunst", Kapitel „Kleine Mittel, große Ansprüche", S. 3-32; hier S. 13.

143 StAB 7,13: Tilly Köper an ihre Verwandten, 14. November 1899.

Flöhe, Läuse, Wanzen und Moskitos sind Parasiten, durch die Krankheiten verursacht werden können. Tilly gab von der Größenordnung des Problems einen Eindruck, indem sie über die Anzahl der Insekten berichtete, die nur durch Reinlichkeit und ständiges Entfernen aus dem Wohnbereich ferngehalten werden konnten. Am Beispiel des Saubermachens zeigte sich die Hausfrau penibel und setzte sich mit ihren Reinlichkeitsvorstellungen bei den Hausmädchen durch.

Mit der Köchin Mercedes waren Köpers zufrieden. Sie kochte preiswert und gut. Daher überließ Tilly ihr das Einkaufen und die Küche. Nach „hiesiger Sitte" aßen sie zweimal täglich warme Speisen: Um zwölf und um sieben Uhr. Ein appetitliches „hiesiges" Kochrezept, „Olla" genannt, lernte Tilly von ihrer Köchin und gab es an ihre Mutter in Bremerhaven mit Anweisungen weiter.[144] Dieses Beispiel zeigt, dass Tilly Köper im sensiblen Bereich der Essenszubereitung Vertrauen zur Köchin fasste, die auf dem Markt einkaufte und aus zum Teil fremden Lebensmitteln landestypische Gerichte kochte. Die Hausfrau hatte nichts an ihr auszusetzen. Offenbar hielt sich die Köchin auch an hygienische Grundregeln, wie eigene körperliche Sauberkeit und gewissenhafte Reinlichkeit bei der Essenszubereitung in der Küche. In Tilly Köpers Häuslichkeit war Mercedes die wichtigste Kulturvermittlerin. Sie sprachen zusammen Spanisch, so gut es ging,[145] und dabei lernte Tilly, fremde Arbeitsweisen im Haushalt in einer Fremdsprache zu bezeichnen. Die Köchin übernahm nach Tillys Anweisungen weitere Aufgaben im Haus und leitete die beiden anderen Mädchen an.

Was für die Sauberkeit der Räume galt, war der Hausfrau ebenso wichtig bei der Wäsche. Auf keinen Fall sollten Wäschestücke außer Haus gegeben werden, da der Verlust einzelner Stücke zu befürchten war. Tilly und Mercedes verständigten sich über das Wäschewaschen. Die Hausfrau lernte, wie die Wäsche in kaltem Wasser mit Seife eingerieben und nicht in einem Waschkessel gekocht wurde. Ebenso verfuhren die Frauen beim Abwaschen des Geschirrs. Darüber schrieb Tilly ihrer Mutter:

> „Wie Du weißt, liebe Mama, dachte ich immer mit Sorge an das Waschen aus dem Hause, und nun kannst du dir meine Freude denken, dass meine Mercedes und Maria mir versprochen, dieselbe immer waschen zu wollen. Vorgestern haben sie schon damit begonnen, mit großem Interesse habe ich ihrer Arbeit zugesehen.

---

144 StAB 7,13: Tilly Köper an ihre Mutter, 10. November 1899. „Du kochst eine schöne kräftige Bouillonsuppe mit allem Gemüse, was Du auf dem Markt finden kannst, grüne Bohnen, Weißkohl, Erbsen, Kohlrabi, Blumenkohl, Wurzeln und was es sonst noch giebt, und Reis. Wird die Suppe angerichtet, wird in die Mitte einer großen Schüssel das Fleisch und rings herum das Gemüse gelegt, zu dem Fleisch muß eine pikante Sauce gemacht werden. Die Suppe schmeckt vorzüglich, besonders, wenn man wie wir hier eine Elote [= zarter Maiskolben] hineinkochen können."

145 Ebenso ging es 1936 Mady Köper, Schwiegertochter von Mathilde und Friedrich Köper: „Die ersten vier Tage waren nicht so leicht. Die Verständigung mit den Mädchen geschah durch Zeichensprache." Die Frauen lachten zusammen wegen der Verständigungsschwierigkeiten. „Die Köchin ist sehr gut, auch das Mädchen, die Verständigung mit ihnen geht jeden Tag etwas besser. Allerdings kommen häufig die komischsten Missverständnisse vor. Soeben lief ich ganz aufgeregt in die Küche und rief: ,bengo muchos pulgas!' Ich meinte natürlich die Hunde, merkte aber an dem Lachen der Mädchen, dass ich wohl irgendwas Falsches gesagt haben musste." StAB 7,13: Mady Köper an ihre Schwiegereltern, 23. Oktober 1936.

Es ist ähnlich, als wenn man bei uns im Gossenstein waschen wollte, der aus Stein gearbeitet wäre. Warmes Wasser wird gar nicht genommen, nur mit Seife die Wäsche auf dem Stein auf und abgerieben, dann wird das Zeug auf die Leine gehängt, und kommt blendend weiß wieder herunter. Ebenfalls wird zum Aufwaschen der Schüsseln kein warmes Wasser genommen, und doch kommt es blitzblank auf den Tisch. – Nicht wahr, Ihr Lieben, gegen solche Gebräuche haben wir Deutschen kein Verständnis, und doch haben mich diese Sitten nicht abgestoßen als ich es gesehen, und ich bin doch auch sehr für Reinlichkeit."[146]

Auch 1927 wurde in Guatemala auf diese Weise die Wäsche gewaschen; das schilderte Hanna Küstermann, die zwischen 1927 und 1939 in Guatemala auf einer Kaffee-Finca lebte. Die Hamburgerin schrieb über ihre „Unsicherheit im Haushaltsführen" zu Beginn ihres Aufenthalts, „alles [sei ihr] sehr fremd" gewesen. Als Beispiele führte sie Küchenarbeiten und das Wäschewaschen an. Die Köchin Angela ließ sie nach kurzer Zeit „im Stich", aber die Wäscherin Casimira und der „Hausjunge" José führten sie

„förmlich in die Gewohnheiten ein. Wäsche zählen am Montag und schön die Stückzahl aufschreiben. In der Nacht zum Dienstag lag die Wäsche schon auf dem Rasen zur Bleiche. Mit einfacher Seife auf dem Stein gewaschen und immer spülen mit dem kalten Wasser aus der großen pila. Und trocknen in der Sonne. Blütenweiß kam die Wäsche von der Leine. Ab Donnerstag wurde gebügelt."

Hanna Küstermann akzeptierte diese Form von „Großer Wäsche". Im Gegenzug vermittelte sie Hausangestellten und Plantagenarbeitern andere Hygienestandards: Sie mussten auf der Finca die „vorhandenen Latrinen" benutzen.[147]

Saubere, fleckenfreie Wäsche und Oberbekleidung, wie Herrenhemden, Kragen, Manschetten, Kinderkleidung, Damenkleider und Spitzenblusen – alles in Weiß – sollten Reinlichkeit ausstrahlen. Das Weiß gehörte um 1900 zum Erscheinungsbild europäischer Frauen und Kinder in Guatemala. Tilly Köper fasste Vertrauen zu ihren Wäscherinnen. Sie verzichtete auf das Kochen der weißen Wäschestücke, als sie sah, dass die Wäsche auch mit kaltem Wasser, Seife und nach dem Bleichen in der Sonne blütenweiß war. Die Wäscherinnen in Guatemala benutzten weiches, kalkarmes Wasser, das aus den Bergregionen in die Brunnen der Stadt geleitet wurde.[148]

Mit zwölf Jahren waren Tillys Hausmädchen deutlich jünger als die durchschnittlich neunzehn Jahre alten Bremer Dienstmädchen, die aber oft mit vierzehn Jah-

---

146 StAB 7,13: Tilly Köper an ihre Mutter, 23. August 1899.

147 Hanne Küstermann, geb. Richter (geb. 24. März 1899), kam 1927 in Guatemala an und heiratete dort Hans Arnold Küstermann, den Verwalter einer Kaffee-Finca in Santa Anita. Die männliche Hilfskraft José wurde „Junge" genannt, obwohl bekannt war, dass er verheiratet und Vater von fünf Kindern gewesen war, die aufgrund von unhygienischen Lebensverhältnissen gestorben waren. Ungedruckte Lebenserinnerungen von Hanne Küstermann (1989): S. 49. Diesen Text verdanke ich der Vermittlung von G. Beesk, Berlin.

148 Otto Stoll (1886): S. 19-22. Zur Wasserversorgung der Stadt Guatemala.

ren in „Stellung" gingen.[149] Um 1902 ein Dienstmädchen in Guatemala einzustellen, nutzte Tilly Verbindungen zu anderen Frauen in der deutschen Kolonie. In Bremen wurden Dienstmädchen auch durch persönliche Kontakte, über Zeitungsannoncen oder durch eine gewerbliche Stellenvermittlung engagiert. An Bremer Vermittlungsgebühren ist abzulesen, welchen Stellenwert weibliche Hausangestellte hatten. Demnach rangierten Köchinnen vor Haushälterinnen, Wirtschafterinnen, Wärterinnen oder Ammen.[150] Unabhängig von ihrer Bewertung hatten alle Dienstmädchen rund um die Uhr einsatzbereit zu sein. Verpflegung und Unterkunft wurden ihnen zugesichert. In Bremen war ein geregelter Lohn keineswegs üblich. Allenfalls wurde ein „Taschengeld"[151] von der „Herrschaft" versprochen. 1906 erhielten 14- bis 16-jährige weibliche Dienstboten in Bremen jährlich 90-180 Mark, eine perfekte Köchin 240-480 Mark.[152] Mit der Entlohnung von Dienstmädchen in Guatemala verfuhren Hausfrauen aus Bremen unterschiedlich. Tilly Köper schrieb, unter dem Personal sei wegen der Essenszuteilungen durch die Köchin gestritten worden:

> „Ob es sich bewährt, liebe Mama, den Mädchen für ihren Unterhalt Geld zu geben, frugst Du an? Gerade heute machte ich eine schlechte Erfahrung damit, denn die Maria kam, [um] mich zu bitten, ihr zum Essen auch Geld zu geben. Dadurch muß ich annehmen, dass die Köchin erst für sich und ihre Tochter sorgt, und dann Maria zu essen giebt. Mein Fed hat heute mittag auf mein Bitten, der Köchin gesagt, sie solle der Maria mehr Essen geben, denn mich hat diese Rederei sehr geärgert, und dann ist es wirklich schrecklich, dass man der sp[anischen] Sprache nicht so mächtig ist, um ihnen mal tüchtig den Kopf zu waschen. Ob sie sich nun in der Küche einigen werden, muß abgewartet werden."[153]

Demnach erhielten Köpers Hausangestellte in Guatemala üblicherweise keinen Lohn, sondern arbeiteten für Kost und Logis.[154] Dagegen verhandelte Helene

---

149 Romina Schmitter (1996): S. 24. Gunilla-Friederike Budde (1994): S. 277-278: Die zwölf bis sechzehnjährigen Mädchen kamen aus ländlichen Gebieten in die Stadt, um als Dienstmädchen 12 bis 16 Stunden täglich zu arbeiten.

150 Für das Jahr 1924 veröffentlicht in der Bremer Hausfrauen-Zeitung. Vgl. Elisabeth Hannover-Drück (1996): S. 226.

151 Romina Schmitter (1996): S. 39; Abschnitt „Der Lohn". – Zur Entlohnung: Dienstmädchen waren nur „begrenzt in die Geldwirtschaft einbezogen. Häufig sollten sie mit „Kost und Logis" zufrieden sein. – Herbert Schwarzwälder (2003): S. 197. Dienstboten unterstanden in Bremen Dienstbotenordnungen, die bis 1876 häufig geändert wurden. Dorothea Schmitt (2002): S. 211; 216.

152 Nach der „Polizeilichen Zusammenstellung durchschnittlicher Löhne für weibliche Dienstboten (1906)"; Dokument in: Romina Schmitter (1996): S. 199.

153 StAB 7,13: Tilly Köper an ihre Mutter, 17. September 1899.

154 Rigoberta Menchus achtmonatiges Arbeitsverhältnis in einem Haushalt in Guatemala-Stadt entsprach dem System von Schuldknechtschaft. Sie erhielt abgelegte Kleidungsstücke von ihrer Dienstherrin, für deren von der Hausfrau festgesetzten „Wert" sie arbeiten musste. Sie fühlte sich „weniger wert als das Tier [Hund] im Haus" und war fortwährend in der „Schuld" der Hausfrau. Sie arbeitete vier Monate ohne Lohn. Nach zwei Monaten gab die Hausfrau dem Dienstmädchen einen „Vorschuss" auf ihren Lohn, damit es sich „einen Huipil, ein neues Kleid und ein Paar Schuhe" kaufen konnte. Rigoberta Menchu fand heraus, dass erwartet wurde, „die Söhne des Hauses in den Sexualakt einzuweisen". Elisabeth Burgos (1991): S. 92-102; Schuldknechtschaften und ein Zwangsarbeitersystem waren auf den Kaffeeplantagen in Guatemala üblich! Brian R. Hamnett (1992): S. 574.

Noltenius in Guatemala über den Lohn eines Hausmädchens, das fünfzig Dollar [!]
bei der Einstellung wünschte und von der Hausfrau auf fünfunddreißig Dollar herunter gehandelt wurde.[155] Tilly Köper stieß bei ihrer Mutter oder Schwiegermutter
auf reges Interesse, wenn sie Unannehmlichkeiten mit Dienstmädchen thematisierte. Diese Probleme beschäftigten die Verwandten zu Hause genauso wie die Europäerinnen in Guatemala. Die Verwandten wurden immer auf Stand gehalten. Anders als die indigenen Hausmädchen wurden deutsche Hausangestellte in Übersee
grundsätzlich entlohnt. So stellte sich der Familie Köper eine deutsche Köchin vor
und „verlangte den ‚bescheidenen‘ Lohn von monatlich 60 Mark und freie Reise.“
Friedrich Köper bot ihr „50 Mark, doch darauf dankte sie“[156]. Demnach wurden
deutsche Hausangestellte in Guatemala deutlich besser entlohnt als in Bremen und
Berlin, wo sie z.B. um 1900 weniger als zweihundert Mark jährlich verdienten.[157]

Bremerinnen gewährten indigenen Dienstmädchen stundenweise Freizeit zum
Besuch der katholischen Messen.[158] Auch nach dem preußischen Gesinderecht wurden „Kirchzeiten“[159] für Dienstmädchen befürwortet. Aber Tilly Köper empfand es
als sehr befremdlich, wenn ihre Dienstmädchen Urlaub begehrten. Das kannte sie
aus Bremen nicht. Dienstboten in Bremen „vermieteten“ sich als Person und mit
ihrer ganzen Arbeitskraft „rund um die Uhr“ und Urlaub war für sie nicht vorgesehen.[160] In Guatemala machte Tilly die Erfahrung, dass Haushaltshilfen wie selbstverständlich für längere Zeit um Beurlaubung baten. Tilly Köper musste dem zustimmen: Das Küchenmädchen wollte für acht Tage nach Antigua reisen und ihr
„gutes Stubenmädchen“ meldete sich sogar für vier Wochen ab, um

> „auf eine Finka zur Erholung“ zu gehen. „Man muss es erlauben, weil es hier Sitte
> ist“, erklärte Tilly ihrer Mutter. „Natürlich bin ich von diese[n] ‚Erholungsreise[n]‘
> nicht sehr erbaut, doch muß ich sie schon ziehen lassen, sonst geh[en] sie mir
> fort, denn die Mädchen bekommen hier einmal im Jahr für einige Zeit Urlaub, sie
> bedürfen auch mal der ‚Erholung‘; für die Hausfrau sehr [un]angenehm.“[161]

155 Privatbriefe Noltenius: Helene Noltenius an ihren Mann, 15. Januar 1907.
156 StAB 7,13: Tilly Köper an ihre Mutter, 27. Juni 1902. StAB 7,13: Konvolut Köper. Darin ein
    Vertrag zwischen Friedrich Gerlach (Guatemala) und der Köchin Maria Welcher: Als Lohn wur-
    den vereinbart: 600 Mark für das erste; 700 Mark für das zweite und 800 Mark für das dritte
    Jahr. Nach Vertragserfüllung würde Gerlach für Hin- und Rückfahrt aufkommen.
157 Gunilla-Friederike Budde (1994): S. 279.
158 Privatquellen Noltenius: Helene Noltenius an ihren Mann, 25. März 1907: „Um ½ 6 Uhr klopfte
    die Köchin an, ob sie zur Messe dürfe.“ Vgl. Gunilla-Friederike Budde (1994): S. 278.
159 Klaus Tenfelde (1992): S. 208.
160 Dorothee Wierling (1987): S. 85f.; Romina Schmitter (1996): S. 38ff. Forderungen nach Ver-
    besserung von Arbeitsverträgen für Dienstboten: „Die Gleichheit“, Nr. 21, 1906, S. 149: Dienst-
    boten sollte jede Woche ein freier Nachmittag von mindestens vier auf einander folgenden,
    vor 8 Uhr abends liegenden Stunden für persönliche Einkäufe oder Arbeiten gewährt werden.
    Die Aufhebung aller Gesindeordnungen wurde vom Rat der Volksbeauftragten in Berlin 1918
    verkündet. Dokumente M 136; M 137.1. In: Romina Schmitter (1996): S. 211f. – Erst in den
    zwanziger und dreißiger Jahren des 20. Jahrhunderts wurde es üblicher, Urlaubsregelungen in
    Arbeitsverträgen auszuhandeln. Vgl. Wolfgang Ruppert (1993): Kapitel „Die Zeit“. S. 58. Dazu
    weiterführende Literatur: Jürgen Reulecke (1981): S. 262.
161 StAB 7,13: Tilly Köper an ihre Mutter, 31. Juli 1900; 27. Juni 1902.

Demnach schufen sich Indigena in Guatemala Freiräume, die in Deutschland unbekannt waren. Als „Erholungsreisen", wie Tilly Köper unterstellte, wurden die Arbeitsunterbrechungen wohl nicht genutzt. Die Hausmädchen unterbrachen ihre Arbeit in der Hauptstadt, um ihren Familien bei der Arbeit auf den Fincas zu helfen.

Tilly Köper hatte auch nach längerem Aufenthalt in Guatemala noch nicht soviel Spanisch gelernt, dass sie in der Fremdsprache auf Konfliktsituationen zu reagieren wusste. Sie musste mit ansehen, dass ihr Dienstmädchen Rosa von zwei Polizisten verhaftet und abgeholt wurde. Tilly war im wörtlichen Sinn „sprachlos" und verstand auch nicht, warum Rosa abgeführt wurde. Die Hausfrau blieb bedrückt zurück.

> „Da ich die Sitten und Gebräuche der Polizei nicht kenne, warte ich ab, bis zum Frühstück mein Fed [Friedrich Köper] kommt, und der nur erklärt, dass die Rosa sicherlich nichts verbrochen habe. Die Polizei wolle nur, dass wir das Mädchen für 4 Thaler loskauften. Und so verhielt sich wirklich die Sache. Sofort wurde die Oktavia hingeschickt, um die Rosa zu holen. Als das Mädchen kam, war sie so aufgeregt und auf uns wütend, dass wir sie nicht sofort aus dem Gefängnis geholt hätten, dass sie mir erklärte, sie ginge sofort aus dem Dienst. Alles Reden von meinem Fed und mir haben nichts genützt, gestern Morgen ist sie tief gekränkt abgezogen. Es ist nämlich eine große Schande für jedes anständige Mädchen hier, längere Stunden im Gefängnis zu sitzen, besonders wo die Rosa nichts verbrochen hatte. Es wurde ihr nämlich nachgesagt, sie hätte eine Frau mit schmutzigem Wasser [vom] Fenster aus begossen und wie sich herausstellt, ist es im Nebenhause gewesen."[162]

Rosa war gekränkt, weil sie annehmen musste, dass Tilly sich nicht um sie kümmerte, während sie unschuldig im Gefängnis saß. Tilly verstand nicht, warum Rosa von der Polizei abgeführt wurde. Erst als Friedrich Köper mittags nach Hause kam, konnte der Vorfall aufgeklärt werden. Ein Dienstmädchen wurde losgeschickt, um Rosa mit Bestechungsgeld freizukaufen. Rosa war so empört über diesen Vorfall, dass sie die Arbeit aufkündigte. In diesem Zusammenhang ist die 1899 eingerichtete effektivere Polizeistruktur in Guatemala-Stadt zu erwähnen, an deren Spitze ein Offizier aus Washington berufen worden war.[163] Polizisten patrouillierten nicht mehr sporadisch nach einem Hauptliniensystem durch die Quartiere, sondern die Stadt wurde in Planquadrate unterteilt. Polizisten waren ab dieser Zeit auch in Nebenstraßen und abgelegenen Höfen präsent. In jedem Quadrat war ein Telefonposten stationiert, sodass Delinquenten ohne viel Zeit zu verlieren verhaftet und abgeführt werden konnten.

In Tillys Briefen überwiegen in den ersten Wochen nach der Ankunft die Berichte über Häuslichkeit. Das Anleiten der Dienstmädchen, Näh- und andere Hausarbeiten

---

162 StAB 7,13: Tilly Köper an ihre Mutter, 12. Mai 1900.
163 Gustavo Joseph wurde berufen, um die Nationalpolizei zu reformieren. Vgl. Michael Riekenberg, (1990): S. 85-89. Die Studie basiert überwiegend auf Forschungen in Archiven in Guatemala-Stadt.

nahmen sie tagsüber in Anspruch. An Beispielen, wie Wäschewaschen und Geschirrspülen (mit kaltem Wasser und doch sauber) und Kochen (zweimal täglich „warm" und „vorzüglich") erlebte Tilly Grenzverschiebungen. Sie ließ sich darauf ein, in sensiblen Haushaltsbereichen (Reinlichkeit und Geschmack) Fremderfahrungen zu machen. Die Fremdsprache erprobte sie vor allem mit der Köchin. Es gelang ihr nicht immer, sich verständlich zu machen. Die Sprachschwierigkeiten führten zu Irritationen bei den Dienstmädchen.

1902 beschäftigten Köpers vier Dienstmädchen, die in zwei Mädchenzimmern untergebracht waren. Die Unterkünfte befanden sich im hinteren Teil des ebenerdigen Hauses. Nach einem schweren Erdbeben im Frühjahr 1902 wollten zwei der Dienstmädchen lieber zu ihren Familien zurückkehren, als in Köpers Haushalt „sterben"; die anderen baten darum, im Freien, im Patio, schlafen zu dürfen. Das wurde ihnen verwehrt.[164]

Im alltäglichen Zusammenleben zwischen langjährigen Dienstboten und Herrschaft fehlte es nicht an gegenseitigen Sticheleien und geringfügigem Ärger. Aber weder die Dienstmädchen noch HELENE NOLTENIUS waren nachtragend.[165] Mit den Dienstmädchen Rosa und Juana blieb Familie Noltenius in langjährigem Kontakt. Während die ganze Familie 1905 in Bremen war, beaufsichtigte Rosa das Haus in Guatemala und schrieb in einem Brief nach Bremen, dass „alles in schönster Ordnung" sei.[166] Und als Eberhard Noltenius in späteren Jahren (1910, 1913, 1919/1920) ohne Familie in Guatemala auf Geschäftsreisen war, traf er mit den ehemaligen Dienstmädchen zusammen. Rosa hatte weder den Geburtstag von Eberhard Noltenius[167] noch den Todestag des ältesten Sohnes Friedrich Eberhard Noltenius in Guatemala vergessen: Sie legte Rosen auf die Grabstätte.[168] 1910 arbeitete Rosa als Köchin im Restaurant „Quisisana", das von Europäern frequentiert wurde. Sie kochte, wie sie es im Haushalt von Helene Noltenius gelernt hatte, so Eberhard Noltenius. Ein anderes ehemaliges Dienstmädchen, Damiana, hatte eine Arbeit im „casino aleman" gefunden.[169] Besondere Zuneigung empfand Helene Noltenius zu Juana. Sie reiste 1909 zusammen mit der Familie Noltenius nach Bremen. In den ersten Wochen der Eingewöhnung in Bremen war es praktisch, Juana zu haben, denn die Kinder sprachen nur wenig Deutsch.

Frauen äußerten sich in ihren Briefen selten zu politischen Verhältnissen in ihrem Gastland, sodass der Eindruck entstehen könnte, dass sie keine Kenntnisse über die politischen Unterdrückungen durch die Staaatsgewalt hatten. Helene Noltenius berichtete von einem indigenen Bekannten, der unter einem Vorwand zur

---

164 StAB 7,13: Tilly Köper an ihre Mutter, 24. April 1902.
165 Privatbriefe Noltenius: Helene Noltenius an ihren Mann, 27. März 1909. „Rosa wollte mich heute ärgern, da habe ich sie glatt wieder geärgert, nun sind wir quitt und sie macht wüst rein."
166 Privatbriefe Noltenius: Eberhard Noltenius an seine Frau, 23. August 1905. Aus den Briefen geht nicht hervor, ob Rosa zuvor Dienstmädchen im Haus Köpers gewesen war.
167 Glückwunschkarte von Rosa: 11. April 1910: „Que Viva mil anos mi buen patron. Rosa S."
168 Privatbriefe Noltenius: Eberhard Noltenius aus Guatemala an seine Frau in Bremen, 18. Februar 1910. Als er zum Grab kam, sei schon vor ihm jemand dort gewesen. „Das war Rosa!"
169 Privatbriefe Noltenius: Eberhard Noltenius aus Guatemala an seine Frau in Bremen, 4. Februar 1910.

Polizeistation bestellt, dort verhaftet und ins Gefängnis gebracht wurde.[170] Die Szenen, die Helene Noltenius beschrieb, sind mit Darstellungen aus Asturias Roman „Der Präsident" fast identisch.[171] Auch darin geraten arme, reiche oder bis zur Verhaftung einflussreiche Menschen in Verdacht, gegen die Regierung zu arbeiten. Es geht um Willkür gegen „Staatsfeinde" und unmenschliche Zustände in guatemaltekischen Gefängnissen.

Zusammenfassung: Tilly Köper und Helene Noltenius lebten für einige Jahre in Guatemala. Beide richteten sich dort ihren ersten Haushalt ein und beide beschäftigten zwischen drei und vier indigene Dienstmädchen. Da sich Hausfrauen und Dienstmädchen in der Regel gut verstanden und wechselseitig bereit waren, von einander zu lernen, waren es überwiegend langfristige Dienstverhältnisse. Die zahlreichen Briefe enthalten Fortsetzungsgeschichten über Köchinnen, Stubenmädchen und Wäscherinnen.

Tilly Köper und Helene Noltenius sprachen nur wenig Spanisch, als sie in Guatemala ankamen. Die Dienstmädchen sprachen Spanisch oder einen Dialekt; sie führten eigene Waschverfahren ein und kochten Gerichte mit Landesprodukten. Beim wechselseitigen Verhandeln über Haushaltstechniken in Küche und Waschküche konnten sich transkulturelle Prozesse entwickeln. Im Bereich von Hausreinigung und Hygiene waren weder Tilly Köper noch Helene Noltenius zu Kompromissen bereit. Sparsamkeit brachte Helene Noltenius und Tilly Köper dazu, Nahrungsmittel vor dem Dienstpersonal zu verschließen.

Hedwig Kulenkampff klagte auf der Farm „Okongue" über den Schmutz in Wohnhaus, Nebengebäuden und auf den Hofplätzen sowie über das „schadhafte Haus" und die großen Entfernungen zwischen den Gebäuden.

> „Ist eine Seite des Hauses, des Hofes, des Gartens glücklich sauber und ordentlich, dann sieht alles andere daneben so hoffnungslos aus, dass man nur gleich weiter machen kann. Und ist man wirklich mal – was eigentlich noch nie vorgekommen ist – mit allem oder doch mit dem Nötigsten durch, dann kann man schon wieder von vorn anfangen. Es verschmutzt und verkommt in Afrika alles so besonders schnell. Man hat keine Leute, um alles immer auf der Höhe zu

---

170 Privatbriefe Noltenius: Lene Noltenius an ihre Verwandten, 9. August 1908. Sie schrieb. „Man hat [den Bekannten] zur munizi polidad [!] kommen lassen unter dem Vorwand, man wollte seinen Rat haben, als er ankommt, wird er festgenommen, zum Gefängnis gebracht, nackend auf eine Bank geschnallt und ihm mit Knuten 50 übergehauen. Dann für 4 Wochen in eine dunkle Zelle geworfen, ohne irgend welches Licht, ohne Bett, 1 ½ Meter lang, 1 Meter breit, hat er auf dem Steinboden sich rumtreiben müssen. Bei Regen ist alles feucht geworden und 14 Tage im eigenen Dreck, mit Verlaub zu schreiben, hat er sein müssen. Nach 4 Wochen ist er dann in ein etwas anständigeres Lokal gekommen, aber unter Null behandelt! Ist so was zu glauben? Soll einen das nicht empören? Leute, die kein Geld haben, werden so behandelt, den reichen Hiesigen nimmt man Geld und Gut und steckt sie 9 Jahre ins Zuchthaus."

171 Über das Polizei- und Militärregime und das System von Denunziation, Verfolgung, Angst und Gewalt in Guatemala während der Diktatur von José Estrade Cabrera (1898-1920) schrieb Miguel Angel Asturias (1898-1974) in seinem autobiografischen Roman während seiner Zeit im Exil: Der Herr Präsident, Reinbek 1962 (Übersetzung nach der spanischen Erstausgabe von 1946).

halten. [...] Oft ist mir ganz elend von all der Verkommenheit, gegen die man nicht ankommt. Und dann die Entfernungen! Wenn ich nur ein einziges Mal am Tage nach oben muß, so sind das fünfhundert Schritt durch meistens heißen, blendenden Sand. Die Hälfte davon etwas bergauf. Und der Zeitverlust! Zum ‚kleinen Haus' sind es nach der entgegengesetzten Seite bald ebenso viele Schritte. [...] Manchmal bringt mich das Gefühl, dass man an diesen Hauptfehlern nie oder nur in unabsehbarer Zeitläufen vielleicht mal etwas ändern kann, zu großer Mutlosigkeit."[172]

Einen bürgerlichen Reinlichkeitsmaßstab legte Hedwig Kulenkampff wohl weder im Haus noch im Außengelände der Farm an. Außerhalb des Hauses kümmerte sie sich um Gemüseanbau, Ernte, Vorratswirtschaft und versuchte, Milchprodukte und Eier zu verkaufen. Hedwig Kulenkampff schrieb: „Man hat keine Leute." So bezeichnete sie Gesinde, d.h. afrikanische Frauen und Männer, die auf der Farm arbeiteten, deren Anzahl aber wohl nicht ausreichte. Musste das Ehepaar Kulenkampff an den Kosten für das Personal sparen? Hedwigs Bruder und Schwägerin auf der Nachbarfarm beschäftigten 1926

„außer den Hirten nur 2 Melkarbeiter, 2 Arbeitsjungen und einen 14-jährigen Jungen für Haus, Küche, Waschmaschine drehen. Von diesen 5 Leuten sind meist 2 oder 3 ‚krank', wogegen man keine Machtmittel hat. Die übrigen nehmen sich viel heraus in dem Gefühl: rausgeschmissen werden wir nicht, denn der Baas braucht uns"[173].

Demnach ging es der Familie von Seydlitz-Kurzbach nicht viel besser als den Neuankömmlingen. Hedwig und Alfred Kulenkampff versuchten, ihre Kinder zu Arbeiten auf der Farm anzuleiten. Soweit es der Schulunterricht zuließ, übernahm jedes der Kinder Aufgaben im Haus und Außenbereich.[174] Elektrizität existierte 1926 auf der Farm „Okongue" in Südwestafrika nicht. Der Herd wurde mit Holz beheizt; abends flickte und stopfte Hedwig Kulenkampff beim Licht der Petroleumlampe Kleidung und Wäsche ihrer vielköpfigen Familie. Dabei half ihr 1931 die deutsche Hauslehrerin Gretel Gorsky, die den Kindern auf der Farm Unterricht erteilte. Hedwig Kulenkampff und ihre älteste Tochter Gertrud schilderten die Feierabendatmosphäre: Der Hausherr las vor oder ließ auf dem Flügel „Beethoven, Mozart und Bach" erklingen.[175]

---

172 Privatquellen Kulenkampff: Hedwig Kulenkampff an ihre Schwester Hell, 24. Mai 1931.
173 Privatbriefe Kulenkampff: Clementine von Seydlitz-Kurzbach an Hedwig Kulenkampff, 2. August 1926.
174 Privatquellen Kulenkampff: Lebenserinnerungen von Gertrud Suhr, geb. Kulenkampff. In: Okongue, S. 21-22. Die jüngeren Kinder wurden privat auf der Farm unterrichtet; der älteste Sohn Gerhard besuchte ab 1927 das deutsche Gymnasium in Windhoek. Mit dreizehn Jahren besuchte Gertrud Kulenkampff das Gymnasium in Swakopmund und schloss 1932 mit dem Abitur ab. Im Rückblick prägte sich bei den Kulenkampff-Kindern ein, dass die Eltern jeweils Schulgeld und Internatskosten aufbringen mussten.
175 Privatquellen Kulenkampff: Lebenserinnerungen von Gertrud Suhr, geb. Kulenkampff. In: Okongue, S. 17.

„Um 7 Uhr haben wir meist schon die Kinder im Bett, nachdem wir zusammen gesungen oder etwas vorgelesen haben. Gerhard [der älteste Sohn] ist noch bis 8 - ½ 9 beim Abendmelken und Durchdrehen der Milch. Dann sitzen Gretel und ich über den Riesenstrumpfbergen. 70-80 Stück die Woche, auch über 100 haben wir schon gehabt – und was für welche! Aber Alfred liest uns dabei vor. Das ist fein. Nachdem wir alle einzeln uns schon an den ‚Dreizehn [Büchern] der deutschen Seele'[176] ausgiebig erfreut und erbaut hatten, hat Alfred es uns jetzt noch einmal vorgelesen. Die schöne klangvolle kernige Sprache kommt dabei besonders zur Geltung. Und der Inhalt ist ja tief und gewichtig genug, um immer wieder gehört und gelesen zu werden."[177]

Der Steinway-Flügel und die zahlreichen Bände der deutschen Klassiker sowie die zeitgenössische Literatur waren Relikte einer bürgerlichen Existenz. Hedwig und Alfred Kulenkampff besaßen eine Sammlung mit völkischer und esoterischer Literatur. Alfred Kulenkampff listete seinen Buchbestand auf.[178] Die Bibliothek enthielt u.a. Werke von Schriftstellern wie Gustav Frenssen[179], Hans Grimm[180], Wilhelm Hauer[181] und Wilhelm Schäfer.

Das mit „Waschtag auf Okongue. Februar 1927" beschriftete Foto[182] erzählt von einem Frauenarbeitstag auf der Farm.

Es sind elf Personen abgebildet, sechs Erwachsene und fünf Kinder; Europäer und Afrikaner. Im Zentrum des Bildes steht eine Frau, die sich, dem Fotografen zugewandt, über eine auf einer Holzkonstruktion stehenden Waschbalje beugt. Im Bottich ist ein Waschbrett zu erkennen. Neben ihr sitzt ein kleines Kind in einem hölzernen Leiterwagen. Ein zweites blondes Kind steht unter einem geöffneten Fenster, aus dem eine Frau herausschaut. Eine weitere Frau steht vor dem Hintereingang mit der leicht geöffneten Tür. Sie ist mit dem Abtrocknen von Geschirr beschäftigt.

---

176 Wilhelm Schäfer (1868-1952) wurde mit „dem 1922 erschienenen, die ‚deutsche Volksseele' glorifizierenden Buch zu einem der populärsten völkisch-nationalen Autoren der Weimarer Republik und des Dritten Reichs." Bis 1952 veröffentlichte er mehr als einhundert Buchtitel. http://de.wikipedia.org/wiki/Wilhelm Schäfer (Zugriff: 17.5.2007).

177 Privatbriefe Kulenkampff: Hedwig Kulenkampff an ihre Schwester Hell, 24. Mai 1931.

178 Privatquellen Kulenkampff: „Bücherliste Okongue, November 1960." 9 Seiten handschriftlich; 4 Seiten Maschinenschrift.

179 (1863-1945). Frenssen arbeitete zunächst als evangelischer Pfarrer und nach 1900 als Schriftsteller. Mit der in der Bücherliste verzeichneten Publikation „Der Glaube der Nordmark" (1936) trat er mit völkisch-antisemitischen Positionen auf. Er war ein erfolgreicher Autor, z.B. in „Hilligenlei" (1905) die „Lebensborn"-Bewegung der Nazis vorweg nahm. „Hilligenlei" fand Leserinnen wie Marie Overbeck und Lene Noltenius. Vgl. Kornelia Küchenmeister (1997) zum Frauenbild und die Funktion von Sexualität in Gustav Frenssens Werk.

180 (1875-1959). Grimm war mit Buchtiteln wie „Volk ohne Raum"; „Warum? Woher? Aber wohin?"; „Erzbischofsschrift"; „Erkenntnisse und Bekenntnisse"; „Leben in Erwartung"; „Englische Rede" und „Rückblick" vertreten.

181 (1881-1962). Dr. phil., als Religionswissenschaftler Professor in Marburg und Tübingen, gründete 1921 den „Religiösen Menschheitsbund"; seit 1934 einer „völkisch-religiösen deutschen Glaubensbewegung" zugehörig. „Der deutsche Born. Hausbuch für Besinnung und Feier. Gedichte, Sinnsprüche, Gedanken" (1952), gehörte zum Buchbestand im Hause Kulenkampff.

182 Privatquellen Kulenkampff: Foto aus dem Album von Elfriede Kulenkampff.

Abb. 31:   Privat: Waschtag auf der Farm Okongue in Südwestafrika, 1927

– Zwei Afrikanerinnen mit geschlungenen hellen Tüchern als Kopfbedeckung und weiten, bodenlangen Kleidern sind am Boden gebückt bzw. hockend mit dem Waschen und Spülen der Wäschestücke in mehreren großen runden und eckigen Behältern beschäftigt. Hinter der gebückten Frau steht ein kleines, weiß gekleidetes Kind und richtet seinen Blick auf einen Mann, der einen Hut trägt, dessen Beschäftigung jedoch nicht sichtbar ist. Auf der linken Seite des Fotos stehen Waschkörbe und die „Waschmaschine", die von einem jungen Mädchen bedient wird. Das Mädchen liest dabei in einem Buch. – Als „Zaungast" schaut von der rechten Seite ein fast unbekleideter afrikanischer Junge zu. Er steht vor einer Einzäunung, auf deren Pfählen Eimer und Kanister umgestülpt und griffbereit für die Benutzung bereit sind. Den Hintergrund dazu bildet ein an das Haus angebauter Holzschuppen, dessen Dach ein schräg befestigtes Wellblech bildet.

Das Foto von einem Waschtag vermittelt einen Eindruck vom Alltag weiblicher Arbeit auf der Farm. Um Weiß- und Buntwäsche, Bettwäsche, Handtücher, Arbeitskleidung, Socken usw. für eine große Familie zu waschen und zu trocknen, waren zahlreiche Helferinnen nötig. Das war nicht unüblich: In ähnlich gebückter Haltung wurde um 1900 auch in Deutschland in Bauernhaushalten die Wäsche gewaschen.[183] Dagegen setzten sich in den Städten bereits vor dem Ersten Weltkrieg „Reformhaushalte" mit dem Einsatz von einfachen Küchen- und Reinigungsgeräten durch.[184] In Afrika ließ das noch lange auf sich warten. Die Waschmaschine der

---

183 „Ließ das Wetter es zu, so wurden die Nachwascharbeiten, wie Spülen und Wringen, nach draußen verlegt." Fotoserie über das Wäschewaschen durch Kochen, Rubbeln und Stampfen um 1900. In: Arbeitsgemeinschaft Hauswirtschaft und Stiftung Verbraucherinstitut (1990): S. 34-35.
184 vgl. Dorothee Wierling (1987): S. 124f.

Familie Kulenkampff bediente die älteste Tochter Gertrud. Sie funktionierte folgendermaßen:

> „Vier Eisenbeine trugen einen Eisenring, auf den ein riesiger Waschkessel passte. In dem Kessel hing, an einer Drehachse aufgehängt, eine durchlöcherte Blechtrommel – also wie bei der elektrischen heute, aber mit Handkurbelbedienung."[185]

Durch das Kurbeln wurde die Wäsche in der Waschlauge bewegt. Unter dem Bottich ist die Feuerstelle zu erkennen. Über den hohen Schornstein der Waschmaschine konnte der Rauch entweichen.[186]

Das Foto erlaubt einen näheren Blick in einen belebten Innenbereich des Farmhofes mit der Hausecke, die in Abbildung 29 aus einem größeren Abstand aufgenommen wurde. Das Wäschewaschen für eine Familie mit Erwachsenen und sieben Kindern im Alter zwischen dreizehn und einem halben Jahr gehörte zur „Schwerstarbeit"[187]. Die Aufnahme wurde wenige Monate nach der Ankunft gemacht. Die Frau im Mittelpunkt der Szenerie dürfte Hedwig Kulenkampff oder ihre Schwester Bize sein. Das Kind im Leiterwagen ist der etwa acht Monate alte Rainer Kulenkampff. Große Wäsche zog sich in bürgerlichen Haushalten über mehrere Tage hin. Die Waschtage begannen nach den „Reifensteiner Waschregeln" mit den Arbeitsschritten Sortieren und Einweichen; anschließend folgten Vorwaschen, Kochen, Nachwaschen, Spülen, Blauen, Auswringen, Stärken, Aufhängen, Trocknen, Rollen und Plätten der Wäsche.[188]

Karin Hausens Artikel „Große Wäsche" zeigte, dass sich diese Hausarbeit seit dem 19. Jahrhundert besonders durch den Einsatz von Waschmaschinen und durch chemische Waschmittel veränderte. In Deutschland fehlte es in den 1920er Jahren in vielen kleineren Städten an Elektrizität, um die von der Industrie propagierten Maschinen einsetzen zu können. Und auch mit einer modernen Waschmaschine ließ sich die Wascharbeit für eine große Familie nicht – wie von der Werbung suggeriert – „nebenbei" erledigen.

Auf der Farm gab es weder fließendes Wasser noch Elektrizität. Das Waschwasser musste herangetragen und in Waschbaljen[189] in die improvisierte „Waschmaschine" gefüllt werden. Holz zum Heizen wurde herbei geschafft. Die weiße Wäsche wurde gekocht. Hedwig Kulenkampff hatte einen Waschmittelvorrat von

---

185 Gertrud Suhr, geb. Kulenkampff, in: Dietlind von dem Hagen (Hrsg.), Okongue. Familienschrift zum 85. Geburtstag von Alfred Kulenkampff am 3. Mai 1969, S. 16.

186 Ähnliche Waschmaschinen gab es auch auf anderen Farmen in „Südwest", wie in der Zeitschrift „Kolonie und Heimat, Jg. IV, Nr. 25, S. 8, publiziert. Diesen Hinweis verdanke ich Marta Tuschek, Bremen.

187 Karin Hausen (1987): S. 273.

188 Reifensteiner Rezepte (2005): Wäscheregeln. S. 233-254.

189 Privatquellen Kulenkampff: Clementine von Seydlitz-Kurzbach an Hedwig Kulenkampff, 26. August 1926. Darin beantwortet sie „31" Fragen zum Gepäck für die bevorstehende Auswanderung der Familie Kulenkampff. Sie handelten auch von Geräten für die Große Wäsche: Wäscherolle, Waschkelle, Waschbaljen, Plätteisen für Holzkohle, Plättbrett. Unter den Positionen 25-27 ging es um Seifen und das Waschmittel Persil.

„Persil"[190] aus Bremen mitgebracht, aber sehr lange wird dieser nicht gereicht haben. Möglicherweise machte auch sie die Erfahrung, dass aufgefangenes Regenwasser und Seife die besten Vorraussetzungen für saubere Wäsche waren.

4. Haushaltsökonomien

Gunilla-Friederike Budde fand in Autobiografien Hinweise auf Bürgerfrauen, die „häufig die Verwaltung des männlichen Einkommens"[191] übernahmen. Ein solcher Befund lässt sich durch Quellen aus Bremen nicht bestätigen. Bürgerinnen notierten zwar üblicherweise ihre Haushaltsausgaben, aber sie verwalteten nicht das gesamte Einkommen. Das erledigten die Ehegatten als Kaufleute selbst. Nur bei langer Abwesenheit der Männer übernahmen Frauen die Aufgaben von Haushaltsvorständen. Frauen waren von dem Verdienst und der Großzügigkeit des Mannes abhängig. Ihre Haushaltsbuchführung diente der eigenen Kontrolle und zur Rechtfertigung gegenüber dem Hausherrn. Sie wollten sich nicht dem Vorwurf ihrer Männer aussetzen, sie könnten nicht mit Geld umgehen.[192]

Bremer Bürger mit „kaufmännischen Spitzenvermögen"[193] führten nach Rolf Engelsing einen Lebensstil, der sich nach ihrem Vermögen (z.B. Kapitalzinsen, Aktien- und Immobilienbesitz) und nicht nach der Höhe des ständigen Einkommens richtete. Engelsing wählte Beispiele von Hamburger und Bremer Bildungsbürgern, wohlhabenden Kaufmannsfamilien und „großen Unternehmern" aus. Die Hälfte der Einkünfte wurde für den „notwendigen" Lebensaufwand ausgegeben.[194] Die von mir ausgewählten Quellen sind Korrespondenzen aus den ersten Ehejahren von Überseekaufmannsfrauen. Es war üblich, Hausfrauen einen geringen Betrag zuzuweisen, mit dem sie haushalten sollten. Ein regelmäßiges Hauswirtschaftsbudget von etwa der Hälfte des Einkommens, wie von Engelsing veranschlagt, wurde von mir nicht ermittelt.

Während der Trennung der Eheleute änderte sich der Umgang mit Geld. Wenn die Ehemänner auf Geschäftsreisen waren und die Frauen langfristiger über Zahlungsmittel verfügten, teilten sie das Wirtschaftsgeld so ein, dass sie davon auch sparen konnten. Zuweilen übernahmen sie die gesamte Ökonomie. Dies widersprach dem weiblichen „Geschlechtscharakter", wie er in bürgerlichen Kreisen des 19. bis zum Anfang des 20. Jahrhunderts erfahren und in Lexikonartikeln festgeschrieben

---

190 1907 stand „Persil" als „selbsttätiges" Waschmittel zur Verfügung. Es sollte – so die Werbung – quasi „problemlos" die Arbeitskräfte von Waschfrauen, Hausfrauen oder sogar Waschmaschinen ersetzen. Vgl. Karin Hausen (1987): S. 279.

191 Gunilla-Friederike Budde (1994): S. 172.

192 Dazu habe ich sechzig- bis achtzigjährige Frauen, die zum Teil auch berufstätig waren, befragt. Das Haushaltsgeld wurde ihnen überwiegend täglich, wöchentlich oder monatlich zugeteilt.

193 Rolf Engelsing (1978): S. 39. In dem Zusammenhang nannte er Bremer Kaufleute wie August Nebelthau und Hermann Henrich Meyer (Gründer des Norddeutschen Lloyd).

194 Rolf Engelsing (1978); darin besonders das Kapitel: Hanseatische Lebenshaltungen und Lebenshaltungskosten im 18. und 19. Jahrhundert, S. 26-50; hier S. 36-37. Die Zahlen setzen sich zusammen aus: Hauswirtschaft 28 bis 34 Prozent; Wohnung 12 bis 14 Prozent; Heizung und Licht 3 bis 5 Prozent; Kleidung 5 bis 8 Prozent.

wurde.[195] „Vom Geschlecht abhängige Eigentümlichkeiten der Menschen" (Kirchner) sprachen den Frauen ökonomische Kompetenzen ab, da dies eine Domäne der Männer sei.[196] Auch verfügbares Kapital aus Erbschaften oder selbstverdientes Geld, stand „höheren" Töchtern nicht zur Verfügung. Nach ihrer Heirat änderte sich daran meistens nichts. Als Ehefrauen waren sie nun nicht mehr von Vätern, sondern von Bargeldzuteilungen ihrer Ehemänner abhängig. Und diese trauten ihren Frauen häufig den sorgfältigen Umgang mit Geld nicht zu.

Durch ihre Legate war Tilly Meiners eine vermögende Braut. Der Hauptteil ihres Kapitals floss nach ihrer Heirat in die Firma Federico Köper & Co. in Guatemala. Tillys Anteil wurde mit fünf Prozent verzinst.[197] Einen Restbetrag von Tillys Erbschaft verwaltete ihr Schwiegervater, Gerhard Köper in Bremerhaven. Selbst Kleinigkeiten im Wert von einer Mark wurden auf Kontoblättern von 1905 und 1906 vermerkt. Gerhard Köper registrierte Zinsen, Ausgaben für Geschenke und Auslagen für die Enkelin Elisabeth Köper, die zwischen 1905 und Ende 1907 bei den Großeltern in Bremen lebte.

1890 war Helene Kalm erst fünfzehn Jahre alt, als sie, ihr Vater, Eduard Kalm als gesetzlicher Vertreter, und der Bräutigam Eberhard Noltenius einen Ehevertrag schlossen. Darin heißt es:

> „Namentlich reserviert sich auch die Braut ihre Aussteuer als ihr besonderes Eigentum. Auch behält sie sich die Befugnis vor, ihrem Ehemanne die Verwaltung ihres besonderen Capitalvermögens zu übertragen, worüber derselbe ihr dann Quittung zu erteilen hat und betreffs dessen er sich verpflichtet, dasselbe getrennt von seinem eigenen Vermögen zu verwalten. Es sollen insbesondere Verzeichnisse über das Vermögen der Ehegattin angelegt und fortgeführt werden, die zur Vermeidung späterer Zweifel von beiden Ehegatten unterschrieben werden."[198]

---

195 K.H. Scheider (1863); Friedrich Kirchner (1907); u.a.

196 Vgl. Friederike-Gunilla Budde (1994): S. 179. – Für das erste Drittel des 19. Jahrhunderts stellte Rebekka Habermas in der Häuslichkeit Gemeinsamkeiten und keineswegs „separate Sphären" von Männern und Frauen heraus. Rebekka Habermas (2000): S. 315f. – Nach dem „Wörterbuch der philosophischen Grundbegriffe" (1907) werden männliche und weibliche körperliche Differenzen betont und daraus gefolgert: „Diesem leiblichen Unterschied entspricht der seelische." Mit Blick auf die Frauenbewegung räumt der Verfasser Friedrich Kirchner ein, es seien eher die „sozialen Verhältnisse" als die „Natur", die dazu geführt hätten, dass z.B. der „Verstand" des Mannes mit dem „Gemüt" der Frau kontrastiert würde. http://www.textlog.de. Zugriff: 20.5.2007. – Arbeiten zur historischen Frauen- und Geschlechterforschung widmeten sich den geschlechtsspezifischen Zuschreibungen. Ich verweise auf Studien von Karin Hausen (1976), (1988); Gisela Bock; Barbara Duden (1977); Ute Frevert (1986), (1995); Thomas Kühne (1996) sowie auf Ute Daniel (2001) mit zahlreichen Literaturhinweisen im Kapitel „Frauen- und Geschlechtergeschichte". S. 313-330.

197 StAB 7,13-24.7: Friedrich Köper an seinen Vater, 23. März 1901; 8./9. März 1901. – Gunilla-Friederike Budde (1994): S. 29: Die Höhe der Mitgift hing von den Vermögensverhältnissen der Familie der Braut und von der Anzahl der Töchter ab. Tilly Köper hatte zwei Schwestern und zwei Brüder. Seit 1895 verfügte sie über ein Prälegat von 10.000 Mark, das sie wohl für die Aussteuer verwendete. StAB 7,13-1: Konvolut Köper; „Vermischte Korrespondenz, Betrachtungen".

198 StAB 7,67-54: Nachlass Noltenius. Notarieller Ehevertrag vom 10. Januar 1890. – Zu den Motiven der Partnerwahl und Eheverträgen: Heidi Rosenbaum (1982): S. 332-339. – 1900, vor in Krafttreten des Bürgerlichen Gesetzbuches, hatte im Wesentlichen das Preußische Allgemeine

Die Aussteuer blieb im Besitz der Braut. Dieser Ehevertrag ist bemerkenswert: Der Brautvater war Gymnasiallehrer von Beruf;[199] der Bräutigam war der älteste Sohn eines angesehenen Kapitäns und Kaufmanns. Vor diesem beruflichen Hintergrund scheint der finanzielle Hintergrund der Parteien ungleich gewesen zu sein. Möglicherweise verfügte der Brautvater (oder die Brautmutter) über Vermögen, das nicht aus Berufsarbeit stammte.

Sparsamkeit ist ein wichtiger, aber auch ambivalenter Topos in der Korrespondenz zwischen Eheleuten. Sparsamkeitsappelle richteten sich ausschließlich an Ehefrauen. Die Frauen äußerten selten persönliche materielle Wünsche und schienen als Mittelpunkt eines bürgerlichen Haushalts zufrieden gewesen zu sein. Etwaige Verschwendungsvorwürfe wiesen sie zurück und beteuerten, übertrieben modische Kleidung und kostbaren Schmuck abzulehnen. Manchmal wurden aber Frauen von ihren Ehemännern ermuntert, sich neu einzukleiden. Bremerinnen versicherten, bei der Bewirtung von Gästen „alles ganz einfach" zu gestalten. Deshalb empfanden sie Mahnungen, sie könnten sich nicht einschränken oder würden Geld verschwenden, als ungerecht. Auf latente Vorwürfe reagierten sie mit dem Aufzählen außergewöhnlicher Ausgaben, wenn sie beispielsweise Mehrkosten wegen unerwarteter Gäste hatten.

Rebekka Habermas stellte für Anfang des 19. Jahrhunderts fest, dass weibliche Arbeitsbereiche in der Hauswirtschaft, nämlich die „vielseitige Haushaltsökonomie, der Arbeitsstruktur des Kaufmanns auffallend ähnlich"[200] seien. Dieser Befund lässt sich auch an Quellen aus Bremen bestätigen. Die Organisation und Kalkulation eines großen Haushalts, Beschäftigung und Entlohnung des zahlreichen Dienstpersonals in Bremen und Übersee erforderte in der oft monatelangen Abwesenheit der Männer Eigenständigkeit. In solchen Zeiten übernahmen Kaufmannsfrauen mit Selbstverständlichkeit die Position des Haushaltsvorstands. Über die Einteilung und Verwendung des Wirtschaftsgelds für Sparen, Konsumieren, Repräsentieren und über die festen Kosten, wie Miete, Entlohnung des Personals, Schulgeld usw. wurde manchmal zwischen Eheleuten beharrlich verhandelt. In diesem wichtigen Punkt zeigten sich Machtverhältnisse zwischen den Geschlechtern.

Landrecht (ALG) von 1794 Gültigkeit. Ursula Vogel (1988) ermittelte, dass das ALR nicht fortentwickelt, sondern zurückgebildet wurde. Die patriarchale Struktur der Institution Ehe blieb „in ein Netz von Bevormundungen eingebunden." Dies ging besonders aus der Rechtsprechung hervor. S. 418. Nach dem ALR ging das gesamte von der Frau eingebrachte Vermögen grundsätzlich in die Verwaltung und Nutznießung des Mannes über. Nach einem anderen Modell des ALR konnte Gütergemeinschaft vereinbart werden. S. 415. – Zur Rechtsstellung von Frauen und wichtigen Rechtsquellen nach Marianne Weber: In: Ute Gerhard (1990): S. 126-128. – Zur Rechtsstellung der Frau in der bürgerlichen Gesellschaft: Ute Gerhard (1988a).

199 Eduard Kalm war Lehrer für Geografie und Physik; möglicherweise unterrichtete er in der Höheren Töchterschule Greuer Mädchen im Rechnen. Im Stadtarchiv Bremerhaven fand sich dazu ein blaues Heft mit der Aufschrift „Schulausgaben 1896", in dem u.a. Lehrer Kalm mit „90,-Mark"; 1895 „360,- nebenberuflich" verzeichnet ist. – 1880 lagen die Jahresgehälter für akademisch gebildete Lehrer in Bremerhaven zwischen 2.700 und 5.000 Mark. Rita Kellner-Stoll (1982), Gehaltstabelle. S. 327.

200 Rebekka Habermas (2000): S. 52.

Das Verhalten von Strohwitwen stand unter der sozialen Kontrolle von Verwandten. Diese verschafften sich Einblicke in den Lebensstil und den gesellschaftlichen Umgang der Frauen. Die folgenden Beispiele aus Bremen und Übersee zeigen Bürgerinnen in ihren ökonomischen Handlungsräumen. Konnten bürgerliche Frauen dem Bild einer aus dem Handwerk stammenden „Meisterhausfrau"[201] entsprechen, in deren Zuständigkeit nach Engelsing etwa ein Drittel bis zur Hälfte[202] des Familieneinkommens fiel und doch über kein regelmäßiges Haushaltsgeld verfügte?

MARIE SMIDT korrespondierte ab 1869 aus Bremen mit ihrer Mutter in New York. Ehe sie mit Mann und Sohn von Bremen nach Kalkutta abreiste, lebte sie monatelang in einem Hotel in Bremen. Sie berichtete mit Stolz über ihr regelmäßiges Haushaltsgeld:

> „Ihr müsst nämlich wissen, dass ich jetzt mein Bestimmtes monatlich bekomme, wovon ich Hotel und was drum hängt und bummelt bezahle, was über bleibt, darf ich verwenden für mich und meine Bedürfnisse! Die Summe [ist] monatlich zweihundert Taler, und die Hotelrechnung [beträgt] gewöhnlich fünfundzwanzig bis dreißig Taler, so dass ich ein ganz nettes Sümmchen überhabe."[203]

Marie Smidt bezahlte von den zweihundert Talern die Hotelkosten und wöchentlich vierundzwanzig „Grote" für eine Näherin sowie einen Taler pro Monat für ein Stundenmädchen, das täglich Besorgungen machte. Die folgende Vergleichszahl veranschaulicht den Wert von Maries monatlichem Haushaltsgeld: Zweihundert Taler entsprachen in etwa dem Jahreslohn eines Handwerkers.[204]

Marie und Johann Smidt warteten zu dieser Zeit auf die Geburt ihres ersten Kindes. Aber sie verfügten über keinen eigenen Haushalt in Bremen. Dieser „wartete" in Kalkutta. Und doch verfügte Marie in Bremen über Haushaltsgeld. Sie zeigte sich als Repräsentantin des vornehmen Bremer Bürgertums mit hohem Lebensstandard. Sie empfing zahlreiche Familienmitglieder in ihren Hotelzimmern und machte beim „Tantenthee", wie einer der festen Familientermine genannt wurde, vorwiegend Bekanntschaften von Frauen der Generation ihrer Mutter.[205]

Marie und Johanns monatelanger Aufenthalt im Hotel führte sicherlich zu Gesprächsstoff unter Verwandten und Bekannten. Nachdem Marie ihrer Mutter freudig von ihrem regelmäßigen Haushaltsgeld erzählt hatte, thematisierte sie in ih-

---

201 Gunilla-Friederike Budde (1994): S. 173.
202 Rolf Engelsing (1978): S. 36. Zusammensetzung der Gesamtkosten einer bürgerlichen Hauswirtschaft.
203 Privatbriefe Smidt: Marie Smidt an ihre Mutter, 12. Dezember 1869.
204 Rolf Engelsing (1973): S. 34.
205 Privatbriefe Smidt: Marie Smidt an ihre Mutter, 24. Oktober 1869. „Könntet Ihr doch nur ein einziges Mal mich in unsern gemütlichen Zimmern besuchen; es ist so nett bei uns. Jedermann kommt so gern. [...] Die Zimmer sind ja nicht sehr groß, auch bekommen wir später noch ein geräumigeres Logis, wie wir es uns nur wünschen, aber die Zimmer sind jetzt groß genug, und da sie so gemütlich und freundlich sind, macht das schon für Vieles Andere auf! [...] Ziemlich viel Besuch bekomme ich jetzt auch, habe mir auch die Hütterottschen Tanten alle mit Elise Könke zum Tantenthee gebeten, was sie Alle mit Freude aufnahmen."

ren folgenden Briefen pekuniäre Angelegenheiten nicht wieder. Geldsorgen hatte sie nicht, so dass in diesem Punkt Zufriedenheit und Einigkeit unter den Eheleuten bestand. Nach dem Tod ihres Vaters – er starb am 24. März 1872 in Brooklyn – hinterließ dieser ein Drittel seines Vermögens seiner Frau, zwei Drittel wurde unter den sieben Kindern verteilt. Maries Anteil war ca. 50.000 Dollar. Dieser Betrag blieb auf Namen von Marie Smidt mit 7 Prozent Verzinsung im Geschäft der Erben in New York stehen. Wir „haben genug Geld"[206], erläuterte Johann Smidt seinem Vater diesen Vorgang.

Für den Zeitraum zwischen 1869 und 1893 fanden sich in zwei unterschiedlichen Bremer Archiven Haushaltbücher der bürgerlichen Ehefrau REBECCA KLENCKE.[207] Die Aufzeichnungen sind Belege einer bürgerlichen Lebensführung in Bremen. Die Hausfrau war die Ehefrau eines Bremer Kapitäns. In seiner Abwesenheit in den Jahren zwischen 1869 und 1872 verwaltete sie den Familienhaushalt. Zwanzig Jahre später hatte sich der Ehemann in Bremen mit einem Eisen- und Stahlunternehmen etabliert und seine Frau besorgte weiterhin die Haushaltsbuchführung. Die Haushaltsbücher von Rebecca Margaretha Klencke sind Dokumente einer selbständigen Ehefrau. Sie belegen, dass die Hausfrau das Gehalt des Ehemanns von der Reederei D.H. Wätjen bar in Empfang nahm, Mieteinnahmen und Kapitalzinsen überwachte und sogar einen „Wechsel aus San Francisco einlöste (lautend auf 602 Taler 30 Groten)"[208]. Rebekka Klencke begann mit ihren Eintragungen im Juni 1869. In den folgenden Monaten wandte sie monatlich durchschnittlich 75 Taler für ihren noch kinderlosen Haushalt auf. Sie bewohnte ein eigenes Haus Am Wall 20, in dem noch zwei Mietparteien untergebracht waren.[209] Sie verzeichnete neben Lebenshaltungskosten auch Beiträge für Versicherungen, Vereine, Zeitungsgeld, Personal- und Handwerkerkosten, Arzthonorare, Geschenke, Spenden, Porti usw. Nach den Abrechnungen für 1869 bis 1872 hatte das Ehepaar Klencke etwa 20.000 Taler in Teilbeträgen zwischen 500 und 1.850 Talern als Kredite verliehen. Rebecca Klencke überwachte den Ausgleich der halbjährlichen Zinsbeträge. Die Schuldner waren u.a. zwei Kapitäne, Handwerker (Bäcker, Tischler), ein Lehrer. Auch die Mutter von Rebekka Klencke (F. Hellmers Wwe.) hatte sich Geld geliehen, für das sie Zinsen bezahlte.

---

206 Privatbriefe Smidt: Johann Smidt an seinen Vater, o.D. [Ende November 1872?].
207 Der Familienname wurde unterschiedlicher Schreibweise überliefert; ich entscheide mich für „Klencke" mit „ck". – Zu den Fundorten: In der Bremer Staats- und Universitätsbibliothek stieß ich auf ein Haushaltsbuch, das zwischen 1891 und 1893 von einer „unbekannten" Bremerin geführt wurde (Signatur: Manuskript b.244). Darin waren Ausgaben für eine Hochzeit in Bremen notiert. Über die Namen des Brautpaares und die dazu veröffentlichte Heiratsanzeige in den Bremer Nachrichten am 2. September 1893 („Der Regierungsbaumeister Karl Wilhelm Schiefler und Anna Helene Klencke, wohnhaft zu Kattowitz, 30. August 1893.") recherchierte ich im Bremer Staatsarchiv. In den biografischen Mappen der „Maus" befand sich ein weiteres Haushaltsbuch mit dem Deckblatt „Buchführung meiner Mutter Frau Joh. Gerhard Klencke, geb. Hellmers, zu Beginn ihrer Ehe. [überreicht von:] Heinrich Klenke, geb. 26.6.1875." Es umfasst den Zeitraum Juni 1869 bis Oktober 1872.
208 StAB. „Die Maus". Buchführung Rebecca Klencke: 18. Februar 1870.
209 Sie nahm 1869 halbjährliche Miete in Höhe von 60 Talern von „Augeners Wwe.", von „Nobbertus Wwe." [?] und 1870 von „Schröders" 75 Taler halbjährlich ein.

Lebenshaltung setzte sich nach Rolf Engelsing in erster Linie aus Kosten für Nahrung, Kleidung und Wohnen zusammen. Diese Ausgaben unterschied er vom „Konsum"[210]. Das Haushaltsbuch von Rebecca Klencke verzeichnet von 1869 bis 1872 geringe Ausgaben für Kleidung. Unansehnliche Kleidungsstücke sollten nach dem Färben weiter getragen werden, ehe 1869 die Hausschneiderin für eine Neuanfertigung bestellt wurde.[211] Selten leistete sich die Hausfrau Kolonialwaren (Kaffee, Kakao) oder Genussmittel wie Wein als „Luxus". Dagegen fallen relativ hohe monatliche Beträge für Fleisch[212] auf. Für die „große Wäsche" kaufte Rebecca Klencke 25 Pfund Seife ein.[213] Mit diesem Vorrat wird sie einige Zeit ausgekommen sein!

1870 nahm sie als Gehalt ihres Ehemanns dreihundert Taler vom Reeder Wätjen in Empfang und schrieb am 23. Dezember 1870 in ihr Buch: „Von Herrn D.H. Wätjen & Co. von Gerhards Verdienst 300 Taler, davon nach der Bank gebracht 250 Taler, bleiben 50 Taler für meine Casse." Demnach konnte sie den größten Teil dieser Einkünfte sparen. Rebecca Klencke wohnte in einem eigenen Haus, wie es ihrem bürgerlichen Stand entsprach, lebte von Wohnungsvermietung und Zinseinnahmen und zeigte sich in der Abwesenheit ihres Gatten sparsam in der Hauswirtschaft.

Aus ihrem späteren Haushaltsbuch von 1891-1893[214] ist ersichtlich, dass sich ihre Hauswirtschaft in der Zwischenzeit durch drei Kinder und den Berufswechsel ihres Gatten vom Kapitän zum Unternehmer[215] verändert hatte: Gerhard Klencke nahm ein monatliches Taschengeld von seiner Frau entgegen.[216] Rebecca Klencke verzeichnete höhere Ausgaben für Kleidung und Ernährung der Familie und auch die Kosten für die Hochzeit der Tochter Anna und die auswärtige Ausbildung des Sohnes Heinrich fallen auf. Im Jahr 1893 notierte sie 75,80 Mark Einkommensteuer.

Als Eberhard Noltenius mit seiner Familie im Sommer 1909 aus Guatemala zurückkehrte, fanden sie Aufnahme als Mieter [!] auf dem weitläufigen Familiensitz Brandenhof in Bremen-Borgfeld. Zunächst war nicht geklärt, ob und unter welchen

---

210 Rolf Engelsing (1978): S. 11.
211 Z.B. 30. Juli: eine Kappe 1 Taler; 26. September: ein graues Kleid rotbraun zu färben: 1,36 Taler; 29. Oktober 1869: schwarzer Sammethut 3,34 Taler.
212 Z.B. 7. Juli 1869: 3,69; 11. August 1869: 5,24; 14. September 1869: 3,71; 9. Oktober 1869: 3,43 Taler.
213 6. Juni 1869. Die Ausgaben für alltägliche Bedürfnisse in einem bürgerlichen Haushalt (Küchengerät und Personalkosten) sind der Buchhaltung im Detail zu entnehmen.
214 Staats- und Universitätsbibliothek Bremen, Signatur b.244: Buchführung Klencke, 19. September 1893.
215 Johann Gerhard Klencke (1832-?) war bis 1872 Kapitän; anschließend wurde er Mitinhaber der Eisengießerei Gebrüder Klencke]. Quelle: StAB Biografische Mappen der „Maus": Buchführung Rebecca Klencke; Brief des Sohnes Heinrich Klencke (geb. 26. Juni 1875). Zur Firma Klencke: Dierk Wolters (1974): S. 156.
216 Staats- und Universitätsbibliothek Bremen, Signatur b.244: Buchführung Klencke: [Stichproben] Sein „Taschengeld": 5. Februar 1891 20 Mark; 3. März 1891: 15 Mark; 17. April 1891: 15 Mark usw. Die Kinder Heinrich und Anna erhielten 5 bzw. 3 Mark als monatliches Taschengeld.

Bedingungen die Familie dort ständig bleiben konnte.[217] Helene Noltenius arbeitete sich in die umfangreiche Haushaltsführung und in die Verwaltung auf dem Gutshof ein. Dabei wurde sie von ihrer Schwiegermutter Helene Noltenius, geb. Pajeken (1842-1918), unterstützt. Diese Zusammenarbeit war besonders intensiv, nachdem Eberhard Noltenius Ende 1909 erneut nach Guatemala reisen musste.

Helene Noltenius hatte keine Kenntnisse von der Landwirtschaft und doch sollte sie auf dem Brandenhof ein Schlachtfest organisieren. Zwei Schweine wurden geschlachtet und verwertet. Ausführlich bilanzierte Helene die Anzahl von Würsten, Speck, Schinken, „Snuten un Poten in süßem Pökel" usw. Helene Noltenius bezahlte dem Schlachter 17,50 Mark, nachdem sie sich über seinen Lohn informiert hatte.

Andere Geldausgaben versetzten sie so in Sorge, dass sie „nicht schlafen" konnte. Sie musste für die Tiere Haferstroh kaufen, zum Steuerberater, um Steuern zu bezahlen,[218] 42 Mark für Invaliden- und Krankenkasse bereitstellen und einen neuen „Plättofen" für 150 Mark besorgen. Zudem war eines ihrer Kleider zur Reparatur und auch die Betten hatten ausgedient. Sie erkundigte sich bei ihren Schwägerinnen nach Qualität und Preisen für Daunendecken im Vergleich zu preiswerteren Steppdecken und betonte gegenüber ihrem Mann, „denk' blos nicht, dass ich das beste haben will"[219]. Eine weitere Anschaffung diskutierte sie schriftlich mit ihrem Mann. Durch ein Feuer war auf dem weitläufigen Besitz ein Föhrenwald vernichtet worden. Helene Noltenius schaffte Ersatz durch eintausend preiswerte Tannenbäumchen, die sie aufgrund einer Zeitungsannonce kaufte und pflanzen ließ.[220]

Helene Noltenius rechnete mit einer monatlichen Geldüberweisung von eintausend Mark aus Guatemala. Ihre Buchhaltung für Februar 1910 schloss sie mit Ausgaben in Höhe von 1.253,90 Mark ab.[221] Sie verwaltete auch die Bareinnahmen

217 Zur Geschichte bzw. Erbfolge auf dem „Brandenhof" seit der Heirat Johann Eberhard Noltenius (1777-1845) mit der Hoferbin Wilhelmine Holler: Wilhelm Dehlwes (1971): S. 19-20. – Petra Seling-Biehusen (1988) – Privatquellen Noltenius: Testament von Friedrich Noltenius, 13. Januar 1890.

218 Privatbriefe Noltenius: Helene Noltenius an ihren Mann, 14. und 20. Februar 1910. „Ich zeigte Edu[ard Noltenius] unsere Steuerzettel. Das Geld muss am 22. bezahlt werden, unser Grundstück ist also im Werte von 99.000 Mark berechnet, während es uns mit 89.000 taxiert ist. Edu sagte, ich sollte es bei Tietjen selbst bezahlen und ihn bitten, „unter Vorbehalt aller Rechte" drauf zu schreiben, dann könntest du das nachher selbst in Ordnung machen, die 2. Rate muß am 20. Juni beglichen werden, dann bist du hoffentlich schon hier."

219 Privatbriefe Noltenius: Helene Noltenius an ihren Mann, 20. Februar 1910. Die Daunendecken von Schwager Friedrich und Schwägerin Elsa Noltenius hatten 40, die von Schwager Eduard und Schwägerin Lisbeth Noltenius 60 Mark pro Bett gekostet.

220 Privatbriefe Noltenius: Helene Noltenius an ihren Mann, 7. März 1910: „Auf eine Annonce in der Wümme Zeitung hin kaufte ich 1000 Tannen für 6 Mk. Mit Rollgeld und Fracht 9 Mk. Gärtner Thölken zeigte sie an. Gestern kamen sie, heute haben Herm. und Hilken angefangen, die Tannen im Moorland zu pflanzen und Kohlmann holte Heide. Die Tannen sind über der Erde allerdings nur 30-35 cm hoch, sind aber alle gut und hübsch gewachsen, es ist ein kolossal billiger Kauf. Ich war heute Nachmittag auf dem Ackerwagen mit Käthe und Wilhelm mit. Zurück saßen wir aber auf der Heide, das Ruckeln merkt man in meinem Alter aber im Rücken, ich wollte es mir aber gern mal ansehen. Sie hoffen heute 400-500 zu pflanzen. Wie schade, dass die Föhren dort alle abgebrannt sind."

221 Privatbriefe Noltenius: Helene Noltenius an ihren Mann, 7. März, 3. April und 1. Juni 1910. Sie bestätigte ihm jeweils den Eingang der Sparkassenüberweisung. Zweimal tausend Mark für März; eintausend Mark für Mai.

aus Pachtverträgen und nahm „Molkereigelder" ein, die sie auf ein Konto bei der Sparkasse einzahlte.[222] Mehreinnahmen erwartete sie während der Sommermonate durch ein renoviertes Sommerhaus auf dem Grundstück. Bevor sie das leer stehende Haus für monatlich eintausend Mark vermietete, schaute sie sich in der „Rumpelkammer" nach gebrauchten Möbeln für die Mieter um und fand eine „ganze Menge Sachen". Sie freute sich, zahlungskräftige, angenehme Mieter gefunden zu haben. Die Vermietung ging auf ihre Idee zurück.[223] Sie war zufrieden mit sich: „Für die eintausend Mark Miete vom Nachbarhaus, können wir fein unsere Zimmer bezahlen"[224], erklärte sie.

Sie unterschied zwischen betrieblichen (Ferkel, Kuh, Futter, Haushaltsgegenstände usw.) und privaten Ausgaben (wie Privatunterricht und Schulgeld für die Kinder). In einem „grünen Buch" verzeichnete sie die Mädchenlöhne.[225] Von persönlichen Ausgaben schrieb sie kaum.

Helene Noltenius arbeitete sich kurzfristig in die Arbeit einer Gutverwalterin ein. Sie wurde von ihrer Schwiegermutter unterstützt, die sich mit der Verwaltung und dem Umgang mit zahlreichen Mitarbeitern auskannte. Von den Brüdern ihres Gatten wohnte der Richter Dr. jur. Eduard Noltenius (1868-1947) mit Familie in einem der Gebäude des Gutes. Mit ihm konnte sie sich über Finanzen und Steuern für das Anwesen beraten. Was sie nicht schätzte war, dass der Schwager ihrem Mann gegenüber missgünstig zu sein schien. Helene schrieb nach Guatemala:

> „Immer redet er von deinen Goldsäcken etc. und klagt denn Mutter soviel von sich vor, dass sie ihnen immer was schenkt."[226]

Helene Noltenius verwaltete nach kurzer Einarbeitungszeit das Gut Brandenhof mit kaufmännischem Geschick. Sie führte Buch, kaufte Saatgut und Pflanzen, ließ Geräte reparieren oder ersetzen und leitete zahlreiche Mitarbeiter an. Sie schränkte sich ein und arbeitete auf die Zeit der Rückkehr ihres Gatten hin.[227]

---

222 Privatbriefe Noltenius: Helene Noltenius an ihren Mann, 3. April 1910. „Herr Tietjen brachte mir vorgestern 395 Mk. 80 Pf. für die verpachteten Länder (20 Mk. Unkosten); soviel Miete hat es noch niemals gegeben, ich habe es zur Sparkasse geschickt, brauche das Geld so schnell nicht."

223 Privatbriefe Noltenius: Helene Noltenius an ihren Mann, 18. Januar 1910. Sie war „gespannt, was [ihr Mann] zu [s]einer Alten als Vermieterin" sagen würde.

224 Privatbriefe Noltenius: Helene Noltenius an ihren Mann, 3. April 1910.

225 Privatbriefe Noltenius: Helene Noltenius an ihren Mann, 26. April 1913.

226 Privatbriefe Noltenius: Lene Noltenius an ihren Mann, 7. März 1910.

227 Die Brüder Noltenius (Johann Eberhard, Eduard, Friedrich, Otto und Conrad) einigten sich „in freundschaftlicher Weise" über das Erbe. Wilhelm Dehlwes (1971): S. 20. Zum Erbrecht, zur Vererbungspraxis und Anerbenrecht: einer erhält Grund und Boden, die anderen mobilen Besitz bzw. Geld. Heidi Rosenbaum (1982): S. 60f.

HEDWIG VIETOR war zwischen 1894 und 1912 häufig Strohwitwe. Eigene Erfahrungen in Übersee hatte sie schon als Kind in Guatemala gemacht.[228] Nach ihrer Heirat 1894 wohnte die Zwanzigjährige zusammen mit ihrem jüngeren Bruder Andres zunächst weiterhin im Haus ihrer Mutter, Meta Gesine Augener[229], Bremen, Wiesenstraße 16. Bargeld und Sparbüchse nahm sie abends mit an ihr Bett. So hatte sie es von ihrer Mutter gelernt.[230]

Während dieser Zeit begann die umfangreiche Korrespondenz zwischen Hedwig und J.K. Vietor. Hedwig Vietor nahm die Themen Hauswirtschaft und Erziehung der Kinder wichtig. Beim Thema „Ökonomie in der Hauswirtschaft" empörte es sie, wenn ihr unterstellt wurde, sie sei im Umgang mit Geld verschwenderisch. Sie hielt die Kontostände, die Buchhalter im Bremer Geschäft Vietors ihrem Mann nach Afrika meldeten, für falsch. 1897 erhielt die Hausfrau monatlich vierhundertfünfzig Mark Haushaltsgeld. Damit käme sie aus, schrieb sie. Aber sie habe das Haushaltsgeld nicht in voller Höhe zur Verfügung gehabt, sondern ihrem Mann, bevor er abreiste, davon ausgelegt und es nicht wieder bekommen,

> „so dass [ich] z.B. den Schlachter nicht bezahlen konnte. [...] Ich will natürlich nicht darauf loswirtschaften, sondern was ich übrig behalte, auf die Sparkasse bringen, um dann, wenn möglich Schneiderin etc. davon zu bezahlen."[231]

Es kränkte sie, wenn ihr Ehemann ihr unterstellte, ihr sei „nichts lieber als das Geldausgeben!"[232] Sie habe keine „großen Gesellschaften" in seiner Abwesenheit gegeben,[233] allerdings einmal seiner Mutter die Organisation für ein Vietorsches Familientreffen abgenommen und alle Verwandten bewirtet. Die Kosten für alltägliche Ernährung seien so hoch, dass sie gar nichts übrig habe für „Extravaganzen oder Putz". Sie zählte auf, welche besonderen Ausgaben sie gehabt hatte. Mit der Ehefrau seines Geschäftspartners (Else Lohmann) machte sie mit der elektrischen Bahn eine Tour nach Horn. Die Damen tranken Kaffee. „Das sind dann schon wieder beinahe vier Mark"[234]. Sie unternahmen eine Dampfertour nach Vegesack. Sie kaufte sich einen neuen Regenmantel und Tochter Hedi brauchte einen Sommermantel. Dazu schrieb sie:

> „Wirklich, lieber Karl, ich will alles so sparsam machen wie nur möglich und habe es auch getan."[235]

---

228 In ihren Briefen deutete sie Erinnerungen an diese Zeit an. Eine Fotografie ihres guatemaltekischen Kindermädchens ist erhalten. Die Rückseite des Fotos ist u.a. beschriftet mit „Siriaca", meine so sehr geliebte Indianerin." Privatquellen Vietor: Foto Kindermädchen. Fotograf: E. Herbruger, Guatemala.

229 Lebensdaten: 1845-1932. Hedwig Vietor unterschied nicht zwischen ihrer leiblichen Mutter, Helene Augener (1841-1878), und der zweiten Ehefrau ihres Vaters, Meta Augener.

230 Privatbriefe Vietor: Hedwig Vietor an ihren Mann, 3. September 1894.

231 Privatbriefe Vietor: Hedwig Vietor an ihren Mann, Brieffragment, Blatt 7, nach dem 8. Juli 1897 [Ein Stück der Seite ist abgerissen.].

232 Privatbriefe Vietor: Hedwig Vietor an ihren Mann, 21. April 1897.

233 Privatbriefe Vietor: Hedwig Vietor an ihren Mann, 20. Juli 1897.

234 Privatbriefe Vietor: Hedwig Vietor an ihren Mann, 21. April 1897. Über ihre Aufzählung kleiner Beträge wird sich der Großkaufmann Vietor amüsiert haben. Aber da er immer wieder Sparsamkeit thematisierte, fühlte sich Hedwig angegriffen und beteuerte, sich Mühe zu geben.

235 Privatbriefe Vietor: Hedwig Vietor an ihren Mann, 20. Juli 1897.

Anschließend nahm sich Hedwig Vietor vor, in Zukunft ein Haushaltsbuch[236] zu führen, aber sie wusste, dass sie auch mit dieser Übersicht nicht sparsamer wirtschaften könnte. Es gefiel ihr nicht, wenn ihr Mann von falschen Zahlen ausging und dann ihre Haushaltführung kritisierte. Sie rechnete ihm Extraausgaben und die ihm vorgestreckten Beträge von ihrem Haushaltsgeld vor. Seine Nachrechnungen und die der Kontorangestellten akzeptierte sie nicht.

Sie erinnerte ihn an ihre Jugend: sie sei erst zweiundzwanzig. Aber „wenn ich erst mal fünfundzwanzig Jahre alt bin", würde sie wohl noch besser wirtschaften und ein „Leben mit so vielerlei Ansprüchen und so vielen Aufregungen in jeder Art" eher ertragen können. Es war ihr wichtig, ihn auf ihre Jugend und ihre schwache körperliche Konstitution hinzuweisen. Diese Schlussbemerkungen waren ihr durchaus ernst.[237] J.K. Vietor ging auf ihre entrüsteten Antworten ein: Er argumentierte erneut mit möglichen Geschäftsverlusten und schrieb:

> „Wir können gar nicht sparsam genug sein. Wenn wir reich sind, sind wir feine Leute, und wenn wir arm sind, dann mag uns keiner."[238]

Er schlug vor, „in allem [zu] sparen, wo sich mit Anstand sparen" ließe, ohne sich dabei selbst „einen Vorwurf der Lieblosigkeit oder des Geizes machen"[239] zu müssen. Damit sprach Vietor seine zahlreichen sozialen Engagements an. Besonders die Unterstützung der Bremer Norddeutschen Mission in Westafrika lag ihm am Herzen. Hedwigs Verstimmung über die Verschwendungsvorwürfe sowie seine Geschäftssorgen in Afrika diskutierten die Eheleute monatelang (von April bis Anfang Oktober 1897), ohne dass sich die Missverständnisse aufklärten. Als sich seine Afrikageschäfte besser entwickelten, kam Hedwig Vietor noch einmal auf seine Vorwürfe zurück.[240] Vietor befand sich auf seiner zweiten großen Afrikareise. Ihre Reaktionen auf seine Vorwürfe bewirkten, dass er in Zukunft nicht mehr im Zweijahresrhythmus für lange Zeit, sondern jährlich für nur vier Monate (von Septem-

---

236 Vorschläge für eine Haushaltsbuchführung, in: Bernhardine Schulze-Smidt (1910): Kapitel: „Haushaltsgeld und Buchung", S. 21-24. Hedwig Vietors Buchführung wurde für die Jahre 1909-1912 und 1931 überliefert.

237 Entsprechend hatte sich wohl ihr Hausarzt Dr. Weitz geäußert. Privatbriefe Vietor: Hedwig Vietor an ihren Mann, 20. Juli 1897.

238 Privatbriefe Vietor: Vietor an seine Frau aus Quidah/Dahomey, 13. Juni 1897.

239 Privatbriefe Vietor: Vietor an seine Frau aus Porto Novo, 4. Juli 1897.

240 Privatbriefe Vietor: Hedwig Vietor an ihren Mann, 5. Oktober 1897: „Gegen mich bist du mal wieder so furchtbar streng, so als ob ich, ich weiß nicht wie, darauf loswirtschaftete, meine Gesundheit etc. zu ruinieren. Das macht mich ordentlich traurig. Ich gebe mir wirklich alle Mühe, mein lieber Karl. Und wenn du nun erst da bist und bist so recht verständig und niedlich und zart gegen mich (so wie ich im Brief vom 25. September an dich schrieb), dann wird es noch viel besser. Ich habe wirklich sehr einen verständigen Mann nötig, der sich in allem noch mehr um seine Frau kümmert als bisher. Nun sagst du natürlich, das habe ich aber doch immer getan. Gewiss hast du das auch, aber ich glaube, [...] etwas mehr kannst du es noch, insofern, dass du dich noch etwas mehr nach den Eigenheiten deiner Frau richtest (Ich meine damit nicht Eigensinn, den habe ich gar nicht.). Ich meine, dass du dich auch mal hineindenkst, wie ich es mit meiner Manier machen würde oder vielmehr wie ich darüber denke. Dann kannst du viel leichter und zarter und niedlicher alles anbringen als bisher und sollst mal sehen, was für eine folgsame Frau du hast. – Aber nun bin ich wieder dabei, dich so etwas auf den Schwung zu bringen und das will ich gar nicht."

ber bis Dezember) nach Afrika reisen wollte. Er nahm sich vor, sich nach seiner Rückkehr mehr Mühe mit seiner Frau zu geben und gesellschaftlich zurückgezogener zu leben.[241]

Ein anderes Problem waren die Finanzen von Hedwigs Mutter. Sie war Witwe des Guatemalakaufmanns Friedrich Augener, mit dem Friedrich Köper 1887 ausgewandert war.[242] Witwen wurden in der Regel von ihren Söhnen und Töchtern oder anderen Familienangehörigen unterstützt.[243] Anfang Mai 1897 hoffte Hedwig Vietor vergeblich auf „Geld für die Mutter" aus Guatemala. Dort arbeitete zu der Zeit ihr Bruder Otto Augener als Kaufmann.[244] Auch auf die beiden anderen Brüder konnte sie nicht zählen. Oft gab Hedwig in ihren Briefen nur das an ihren Mann weiter, was sie an „Not" bei ihrer zweiundfünfzigjährigen Mutter wahrnahm und bat ihren Mann um finanzielle Unterstützung. Vietor reagierte darauf nicht immer freundlich, sodass Hedwig manchmal annahm, er könne ihre Mutter „nicht leiden". Doch da die Brüder Augener permanent in beruflichen Schwierigkeiten waren, sprang J.K. Vietor wie oft zuvor mit finanziellen Zuwendungen für die Schwiegermutter ein[245] und bezahlte auch die Nachhilfestunden für seinen minderjährigen Schwager Andres Augener.

Hedwig Vietor war es oft unerträglich, als „Puffer" zwischen ihrem Mann und der Familie Augener zu fungieren und ihr Ehemann war wütend auf seine Schwäger, die ihrer Mutter zu wenig oder gar keine Unterstützung gewährten. Wenn Hedwig Vietor an ihr sparsames Wirtschaften dachte und beobachtete, wie gut gestellt und eitel sich einige ledige kaufmännische Angestellte gebärdeten, wurde sie ärgerlich und wies ihren Mann auf Verschwendung der Nachwuchsangestellten hin.[246]

1909 verbrachte Hedwig Vietor einen Erholungsurlaub auf Norderney, während J.K. Vietor in Berlin einen Vortrag im Kolonialrat hielt. Zu dieser Zeit hatten Vietors offenbar keine Geldsorgen: Im Gegenteil. Vietor kam in der Reichshauptstadt mit Vertretern von Banken und Aktiengesellschaften zusammen, die ihm Aktien-

---

241 Privatbriefe Vietor: Vietor an seine Frau Hedwig Vietor, 1. August 1897.

242 Privatquellen Vietor: Briefe, Stammbaum Familie Augener, Foto des Kindermädchens. Die Eltern von Hedwig Vietor: Friedrich Christoff Augener (1832-1888) und Meta, geb. Augener (1841-1932). Über den Tod von Friedrich Augener: StAB 7,13-20.7: Friedrich Köpers Briefe an seinen Vater und an die Witwe des verstorbenen Geschäftspartners, 28. Oktober 1888.

243 Zur sozialen Lage der Witwen in Deutschland nach Auswertung der Berufszählung von 1895: Kinder einer Witwe waren zur Unterstützung gesetzlich und moralisch verpflichtet. Friedrich Prinzing (1900): S. 96-109; hier S. 105.

244 Privatbriefe Vietor: Hedwig Vietor an ihrem Mann, 8. Mai 1897.

245 Privatquellen Vietor: Haushaltsbuch. 1930 erhielt Hedwigs Mutter, Meta Gesine Augener (1845-1932) monatlich 210 Mark für ihren Unterhalt.

246 Privatbriefe Vietor: Hedwig Vietor an ihren Mann, o.D., ca. Sommer 1897. „Mein lieber Karl, das geht wirklich zu weit, dass du deine jungen Leute so ausgezeichnet stellst und wir selber müssen uns einschränken, wie nur eben möglich. [...] Zum Beispiel hat es L[ohmann] doch so gut. Wie viel verdient er nur eigentlich, und warum bezahlst du sein ganzes Privatleben? Wenn es auch richtig ist, viel für seine Angestellten, die tüchtig arbeiten müssen, zu tun, es hat aber alles seine Grenzen und zu viel, tut ihnen nicht gut, und das ist ganz sicher bei Lohmann der Fall, der hat es zu gut, wenig Arbeit, ein angenehmes Leben, viel Plaisir, verdient ordentlich Geld usw. Wenn ich denn denke, dass du dich da in Afrika so quälen musst, dich einschränkst, wo du kannst, dann kann so ein junger Mensch es doch wahrhaftig auch tun, das kann mich ganz schändlich ärgern."

spekulationen empfahlen. Offenbar ging es auch um Hedwig Vietors Aktienbesitz. Er schrieb:

> „Alle Leute sagen, dass der Lloyd ganz unsinnig hoch stände, und ich würde für ca. hundertfünf verkaufen, daran verdienst du Tausend bis Tausendfünfhundert Mark, und ich glaube, im nächsten Frühjahr wird es billiger und man kann dann wieder kaufen. Ich rate Dir zu."[247]

Demnach war sie Aktionärin, denn sie stimmte dem Verkauf zu und bemerkte ganz salopp am nächsten Tag: „Dann kann ich im Frühling ja wieder welche kaufen."

Als 1912 ein großes Grundstück in Oberneuland (Rickmers Park) als Bauland erschlossen wurde und Hedwig Vietor dieses von einer Freundin erfuhr, machte sie ihrem Gatten, der auf Geschäftsreise in Afrika war, den Vorschlag, eine große Fläche davon zu kaufen und zu bebauen. Die Grundstücke kosteten zwischen vierzehn- und sechsundzwanzigtausend Mark. J.K. Vietor ging auf ihren Vorschlag ein.

Hedwig Vietor verfügte über monatliches Haushaltsgeld, aber das Familieneinkommen verwaltete sie auch als Strohwitwe nicht. Die Privatkonten wurden im Kontor von einem Buchhalter auf dem Laufenden gehalten. So betrug 1898 die Miete für das Wohn- und Geschäftshaus in der Contrescarpe 175 eintausend Mark. Über Beträge in dieser Höhe verfügte sie nicht, sie wurden von der Firma aus beglichen. Parallel zur professionellen Arbeit eines angestellten Buchhalters überprüfte Hedwig mit ihrer eigenen Buchführung ihre Einnahmen und Ausgaben. Sie war überzeugt, sparsam zu wirtschaften. Vorwürfe, sie habe Geld verschwendet oder zuviel ausgegeben, wies sie empört zurück. Es gefiel ihr nicht, wenn ihre Privatangelegenheiten im Kontor bekannt wurden. Das hatte Auswirkungen auf ihre Beziehungen zu den Ehefrauen der leitenden Angestellten. Hedwig beabsichtigte, auch diesen Frauen gegenüber als „Chefin" aufzutreten, wenn sie Strohwitwe war.

Das Haushaltsbuch[248] von Hedwig Vietor umfasst Monats- und Jahresabrechnungen von 1909 bis 1931. Die Buchführung ist jedoch nur für die Jahrgänge 1911, 1912 und 1931 vollständig. Aus einzelnen, nicht eingehefteten Kontoblättern der Jahre 1930 und 1931 ist zu entnehmen, aus welchen Einzelposten sich die Gesamtbeträge errechneten. Die Gesamtjahresausgaben für 1909 und 1910 ergaben sich aus Unterkonten, deren Einzelpositionen vermutlich in den Haushaltsbüchern der betreffenden Jahre verzeichnet wurden; diese sind jedoch nicht überliefert. Die Beträge für 1909 und 1910 befinden sich unterhalb der Abrechnung des Jahres 1911 und galten Hedwig Vietor wohl als Vergleichszahlen.

Hedwig Vietor ordnete die Haushaltsausgaben nach Kostengruppen. Sie versah ihre Eintragungen mit Symbolen. Diese Signaturen erklärte sie auf der ersten Seite des Haushaltsbuchs. Sie schrieb:

247 Privatbriefe Vietor: J.K. Vietor an seine Frau, 21. September 1909.
248 Privatquellen Vietor: Haushaltsbuch; zusätzlich einige lose Blätter mit Abrechnungen.

„Haushalt-Ausgaben sind ohne Bezeichnung:

Extra Ausgaben	xx
Porto, Billets, Wagen	x
Haushaltungsgegenstände	–
Kleidung, Nähsachen etc.	I
Beiträge, Geschenke etc.	!
Schulsachen	o
Bücher, Concerte etc.	(.)
Apothekersachen	(X)
Diverses	II
Weihnachtsgeschenke	= "

Unter „Haushalt-Ausgaben" ohne Zeichensymbol fasste sie z.B. Nahrungsmittel, wie Fleisch, Brot, Kuchen, Obst, Schokolade und „Haushalt" usw. zusammen. Das Haushaltsbuch 1911 beginnt mit Hedwig Vietors Einnahmen für den Monat September 1911. Auf der „Haben-Seite" verbuchte sie in sieben Teilbeträgen 1.030,15 Mark, wobei sie auch einen Restbetrag vom Vormonat in Höhe von 40,15 Mark berücksichtigte. Die Abrechnungen der Monate Januar bis August 1911 flossen in die Gesamtrechnung ein. Der Jahresabschluss 1911 verzeichnete Ausgaben von 14.786,50 Mark. In diesem Betrag waren die Lohnkosten für regelmäßig beschäftigte Hausangestellte in Höhe von 1.760 Mark als durchlaufende Posten[249] enthalten. Neben ihren „Mädchen" – Alma, Tilly, Anna, Julchen und Anni – halfen Aushilfskräfte, wie das Ehepaar Seedorf während des Aufenthalts auf dem Land in Leuchtenburg, Reinmachefrauen am Osterdeich, extra Fensterputzer, Schneiderinnen, Plätterin, Waschfrau, Teppichklopfer, Möbelpacker und ein Herr Lehmann, der mit 20 Mark für Holzhacken entlohnt wurde.[250] Diese unregelmäßig anfallenden Kosten notierte Hedwig Vietor als „Extra-Ausgaben". Das Jahr 1912 begann sie mit einem Übertrag von 150,45 Mark; im Laufe des Monats Januar 1912 schrieb sie 900 Mark als Einnahmen auf, die sie in fünf Teilbeträgen erhielt. Mit den Kosten für das Wohnhaus Osterdeich wurde Hedwig Vietors Budget bis auf Beträge für das Putzen, den Schornsteinfeger und die Deichsteuer nicht belastet. Aber sie bezahlte Handwerkerrechnungen vom Tischler, Schuster, Sattler – und den Aufwand für die Schulausbildung der Kinder und die Kosten für ihre Weiterbildung und Hobbys.[251]

Einige Rechnungen wurden im Kontor J.K. Vietors beglichen: So bezahlte Hedwig lediglich das Frachtgeld für Weinsendungen, aber nicht den Wein. Sie wählte Weihnachtsgeschenke für Familienangehörige, Hausangestellte und für kaufmännische Mitarbeiter[252] aus. 1911 beliefen sich die Kosten für Weihnachtspräsente auf 749,75 Mark; das waren 1,9 Prozent ihres Budgets und „preiswerter" als in den

---

249 Sie verzeichnete den Gesamtbetrag für Personal und zahlte ihn in Einzelbeträgen aus.
250 Privatquellen Vietor: Haushaltsbuch Hedwig Vietor, 22. Oktober 1911.
251 Z.B. Tanzschule für Karl, 3. November 1911: 10,75; Tennisschläger für Richard, 1. Mai 1930: 20,–; Violine für Richard, Mai 1930: 64,–; Klavier für Siegfried, Juli 1930: 120,–; Kochschule für Alli, März 1930: 126,– Mark.
252 Z.B. Ludwig, Speckmann, Waltjen, Nolte (Handschuhe), Bernet (Rasier); Ludewig, Rohlfing, Pfeifer, Hernez, Buse usw. Haushaltsbuch, 12./16. Dezember 1911.

vorhergehenden Jahren. 1909 und 1910 gab sie 536,70 (= 2,6 Prozent) bzw. 636,65 Mark (= 2,2 Prozent) für Weihnachtsgeschenke aus. Im Dezember 1912 bedachte sie auch das „Polizeihaus" und notierte dazu den Betrag von 90,95 Mark. Auf das Unterkonto „Weihnachten" entfielen 1912 insgesamt 688,15 Mark (= 2,3 Prozent).

Hedwig Vietor engagierte sich auffallend häufig für kirchliche Einrichtungen bzw. Wohltätigkeitsvereine.[253] Eintrittsgelder für Theateraufführungen und Konzerte verzeichnete sie selten. Durch ihre Mitgliedsbeiträge unterstützte sie im Zeitraum von 1911 bis 1931 auch politische Vereine: 1911 Kolonial Verein Rotes Kreuz; Kolonialverein; Kolonial Frauenbund.[254] Hedwig Vietor gehörte dem Vorstand des „Frauenbunds der Deutschen Kolonialgesellschaft", Abteilung Bremen, an.[255] Auf ihrem Unterkonto „Beiträge und Geschenke" verbuchte sie Mitgliedsbeiträge, Zuwendungen für Bedürftige sowie Geschenke für Hausangestellte und Verwandte. Dieses Konto wurde 1909 mit 12 Prozent, 1910 mit 10,2 Prozent, 1911 mit 9,6 Prozent und 1912 mit 10,4 Prozent ihres Jahresbudgets belastet. Dagegen gab Hedwig Vietor verhältnismäßig wenig Geld für „Kleidung/Nähsachen" aus: 1909 2,9 Prozent; 1910 2,7 Prozent, 1911 2 Prozent und 1912 1,9 Prozent.

1912 beliefen sich die Fleischrechnungen über insgesamt 1.747 Mark, bezogen auf Hedwig Vietors Jahresbudget von 15.705,50 Mark auf 9 Prozent. Für Fleisch, Brot und Kolonialwaren erhielt die Hausfrau jeweils Rechnungen. In der Kolonialwarenhandlung Gustav Bode, Bremen, Kreuzstraße 29, die sich in der Nähe des Wohnhauses befand, wurde der Lebensmitteleinkauf für die große Familie getätigt. Hedwig schrieb jeweils „Bode" und die Beträge in ihr Buch.

Hedwig Vietor führte das Haushaltsbuch nach Januar 1913 nur noch sporadisch. Sie begann ihre Buchführung wieder am 1. August 1923 während der Inflationszeit. Als Einnahmen verzeichnete sie knapp eine Million Mark. Auf der Ausgabenseite notierte sie häufig Millionenbeträge für alltägliche Einkäufe: z.B. im September 1923 spaßhaft „Hosenknopf für Karl" 1,12 Millionen; Schuhcreme 43,5 Millionen; im Oktober 1923 drei Pfund Salz für 480 Millionen Mark usw. Sie brach ihre Buchhaltung wohl ab, als sie in ihrem Buch auf mehr als auf zwei Seiten diese großen Summen dokumentiert hatte. Von Dezember 1923 bis Januar 1924 führte

---

253 In alphabetischer Reihenfolge: Bahnhofsmission; Frauen Erwerbs-Verein; Gemeindeschwester; Gemeindeverein St. Magnus; Grohner Frauenverein; Gustav-Adolf-Verein; Heilsarmee; Kindervolksküche; Kirchensammlungen; Kleiner Frauenverein; Mädchenbewahrverein; Mädchenwaisenhaus; Missionsausstellung; Missionsnähen; Schwester in St. Magnus; Sonntagsschule; Stadtmissionar; Stephani-Verein; Verschämte Arme; Weibliche Krankenpflege.

254 Kolonialbeitrag Rotes Kreuz, 26. Januar 1912: 20 Mark; Beitrag Kolonial Rotes Kreuz, 4. Februar 1912: 20 Mark; 8. März 1912, Kolonial Frauenbund Beitrag: 10 Mark; Kolonialverein Rotes Kreuz über See, 21. April 1928: 26 Mark; 15. November 1928: 3 Mark; Kolonialrechnungsführer Fr. Meyer: 11. Dezember 1928: 20 Mark; Beitrag Nationalverband Unteroffiziere, 7. April 1928: 10 Mark.

255 Die Abteilung Bremen wurde während der Hauptversammlung der Deutschen Kolonialgesellschaft im Juni 1908 in Bremen gegründet und hatte eine selbständige Satzung. Der Vorstand bestand aus Frau Engelbrechten, Frl. A. Schmidt, Frl. Elisabeth Achelis, Frau Vietor und der „Schatzmeisterin", Frau Julie Lohmann. Der Frauenbund wählte 1911 zwanzig, 1912 achtundvierzig und 1913 einundvierzig „Mädchen" aus, die in die Kolonie Deutsch-Südwest „zur Erstarkung des Familienlebens" (Hedwig Heyl) ausgesandt wurden. Quelle: Ausschuss des Frauenbundes der Deutschen Kolonialgesellschaft (Hrsg.) (1918): S. 45; Einleitung von der Vorsitzenden Hedwig Heyl, S. 11.

Hedwig Vietor ihr Haushaltsbuch in Dollar-Währung weiter. „1 Dollar = Goldmark 4,20", schrieb sie. Ab Februar 1924 rechnete sie in Rentenmark und hatte insgesamt knapp 700 Mark, die sie in siebzehn Einzelbeträgen auflistete, zur Haushaltsführung zur Verfügung.

Aus den zum Haushaltsbuch gehörenden Einzelkonten (lose Blätter) von Januar bis Dezember 1930 gehen die Aufwendungen für fünf Vietor-Kinder – Alli, Trudi, Wilhelm, Richard und Siegfried – hervor. Im Januar 1930 wurden Vorbereitungen für Allis Hochzeit getroffen. Die Hochzeitsfeier fand im Ratskeller in Bremen statt. Nach Hedwig Vietors Eintragungen kosteten Aussteuer ca. 4.500 Mark, Hochzeitsfeier ca. 550 Mark, Kleidung ca. 250 Mark sowie Bewirtung der Gäste mit Wein/ Tabakwaren ca. 900 Mark.

Gertrud Vietor (Trudi) war zu dieser Zeit in einer Gärtnerinnen-Ausbildung in Bassum und verursachte nur noch selten finanzielle Belastungen. Im März 1930 schloss Richard seine Schulzeit mit dem Abitur ab. Dafür wurde er mit einhundert Mark, einer Violine und einer Reise nach Spanien belohnt, auf der er von seinem jüngeren Bruder begleitet wurde. Die Kosten dafür beliefen sich zwischen Januar und März 1930 auf etwa 800 Mark. Siegfried Vietor ging 1930 noch zur Schule. Zum Schulgeld von 135 Mark je Vierteljahr kam eine Monatskarte zu je 20,50 Mark für die Fahrt von Hude nach Bremen.[256] Im Juni 1930 schaffte Hedwig Vietor für Siegfried ein Klavier für 120 Mark an.

Neben dem religiös-wohltätigen Engagement fällt Hedwig Vietors Neigung für konservative politische Veranstaltungen um 1930 auf: Sie nahm an einem Vortrag von Lettow-Vorbeck[257] und an einer „Nazi-Versammlung"[258] teil. Sie notierte Eintrittsgeld für „Kino Stahlhelm" und die Vereinigung „Stahlhelm" mit ihrem Buchhaltungssymbol für Beitrag [„!"][259].

Zusammenfassung: Hedwig Vietor verfügte über Haushaltsgeld in unterschiedlicher Höhe. Sie erhielt es nicht in einer Gesamtsumme am Anfang des Monats, sondern gestückelt in einhundert oder zweihundert Mark-Beträgen, z.B. im Oktober 1911 an zehn unterschiedlichen Tagen 1.185 Mark, im Dezember 1911 an fünf Tagen 1.000 Mark und zusätzlich für Weihnachtsgeschenke 350 Mark an vier weiteren Tagen. Selten verzeichnete Hedwig Vietor explizit Ausgaben für Kleidung und niemals „Taschengeld" für ihren Gatten, wie es z.B. Rebecca Klenke ihrem Mann Heinrich regelmäßig auszahlte. Kosten für die Schul- und Berufsausbildung fielen um 1930 noch für die zwischen 1912 und 1914 geborenen Söhne Richard und Siegfried an, während die Töchter bis zu dieser Zeit entweder ihre Berufsausbildungen beendet, geheiratet hatten oder sonst nicht mehr viel kosteten.[260]

---

256 Anfang der 1920er Jahre kauften Vietors ein zwischen Bremen und Oldenburg gelegenes Landhaus in Hude, das sie zunächst als Sommerhaus und Ende 1920 als ständigen Wohnsitz nutzten.

257 Eintritt 6,- Mark, Haushaltsbuch, 21. Februar 1924.

258 Eintritt 5,50 Mark, Haushaltsbuch, 28. Januar 1931.

259 Eintritt 4,75 Mark; Beitrag 3,- Mark, Haushaltsbuch, 8. Februar 1931.

260 Zum Lebensweg der Vietor-Töchter: <u>Hedwig</u> Henriette Meta (geb. 4.11.1894), besuchte in Berlin eine Kunstschule, heiratete den Missionsarzt Otto Huck und reiste mit ihm ca. 1920/21 nach

Auffallend ist Hedwig Vietors Aufwand für „Extra-Ausgaben", Beiträge und Geschenke. Es ist bemerkenswert, dass sich die Hausfrau ein Unterkonto „Weihnachtsgeschenke" mit dem Symbol „=" einrichtete, das nur in den Monaten November und Dezember aktiviert wurde. Demnach erhielt zu Weihnachten ein großer Personenkreis (Verwandte, kaufmännische Angestellte) Sachgeschenke, während „arme" Leute mit Geldgeschenken unterstützt wurden.

Es ist schwierig, die Haushaltsbuchhaltung von Hedwig Vietor nach Kriterien von Sparsamkeit oder Verschwendung zu beurteilen. Um vermögend zu werden oder den Wohlstand zu erhalten, muss man weniger ausgeben, als man einnimmt.[261] Wenn wir davon ausgehen, dass um 1911/12 zwischen den Eheleuten Vietor als monatliche Obergrenze eintausend Mark für den Haushalt vereinbart waren, so verwundert es doch, dass Hedwig diesen Betrag in zahlreichen Einzelbeträgen „erbitten" musste. Wenn sie zum Beispiel wie im Januar 1912 noch 150 Mark vom Dezember 1911 übrig hatte, erhielt sie nur 800 Mark in vier Teilbeträgen.

Die Buchhaltung von Hedwig Vietor für die Jahre 1909 bis 1912 ist auf einen bürgerlichen Haushalt mit zahlreichen Kindern und drei oder vier Dienstmädchen zugeschnitten. Auffallend hoch sind auch die „Extra-Ausgaben" der Hausfrau. Darunter fielen z.B. Aufwendungen für das „Haarfrisier-Abonnement", Möbelwagen zum Transport auf das Landgut, Sporen und Kopfgestell für ihr Pferd, Gesellschaften und Familienfeste, so die Taufen der Söhne Wilhelm und Richard.

Im Frühjahr 1903 verbrachten Friedrich und Tilly Köper mit ihren zwei Kleinkindern einige Monate zur Erholung in Deutschland. Köper ließ seine Familie in Bremen zurück und reiste allein zurück nach Guatemala. Bis Anfang 1905 wohnte TILLY KÖPER zur Miete in Bremen, Altenwall 12, I. Stock[262]. Zum Lebensunterhalt überwies Friedrich Köper seiner Frau monatlich fünfhundert Mark. Tilly Köper war zu der Zeit zweiunddreißig Jahre alt. Sie und ihre dreijährige Tochter Elisabeth waren in ärztlicher Behandlung. Tilly konsultierte Dr. Scholz[263] in Bremen, das kranke Kind wurde von Dr. Nocht im Tropeninstitut Hamburg[264] behandelt. Die dafür nötigen Geldausgaben bekümmerten Tilly. „Weshalb sorgst du dich wieder so ängstlich um das Geld?" schrieb Friedrich Köper ihr. Tilly solle ihn benachrichtigen, wenn sie mehr Geld benötige.[265]

China. – Irmgard Annemarie Erna (geb. 8.10.1904), wurde Gewerbelehrerin und übte den Beruf aus. Sie heiratete den Kaufmann Herbert Fricke und lebte in Bremen. – Helene Catharine Adelheid (Alli) (geb. 23.1.1906), absolvierte ein Sprachenstudium in Stuttgart, wo sie ihren späteren Mann Dr. jur. Faber kennenlernte. Die Hochzeit fand 1930 in Bremen statt. Die Exta-Ausgaben für Aussteuer und Festlichkeit sind Hedwig Vietors Haushaltsbuch zu entnehmen. – Gertrud Helene Luise (geb. 7.4.1907) wurde Gärtnerin, arbeitete in Bassum und Bethel. Sie heiratete den Landschaftsarchitekten Gerhard Meyer. Diese Informationen verdanke ich Herrn Eckehart Meyer, Bonn.

261 Nach Rolf Engelsing (1978): S. 292; Fußnote 80.
262 StAB 7,13-25.8: Friedrich Köper an seine Frau, 3. Dezember 1903.
263 Bremer Adressbuch 1905: Dr. Paul Friedrich Scholz, Arzt, Keplerstraße 45, Sprechstunden für Nerven- und Gemütskranke.
264 Der Hafenarzt Bernhard Nocht (1857-1945) gründete 1900 die Einrichtung für Tropenmedizin.
265 StAB 7,13-25.8: Friedrich Köper an seine Frau, 6. Januar 1904. „Ich weiß, dass meine kleine

Über Tillys Haushalt in Bremen ist nur wenig bekannt, da aus dieser Zeit keine Briefe von ihr überliefert wurden. Sie beschäftigte ein „Kinderfräulein"[266] und empfing Besuche von ihrer Mutter und ihren Schwiegereltern. Nach ihrem Guatemala-Aufenthalt lebte sie sich in Bremen in einem bürgerlichen Stil ein. Tilly Köpers finanzieller Rahmen entsprach 1904 dem Jahresgehalt eines gut bezahlten Berliner Angestellten in einer Vertrauensposition.[267] Friedrich Köper ermunterte seine Frau, wenn es nötig sei, sich darüber hinaus „frei und unabhängig" zu bewegen. Sie solle ein behagliches Leben führen, wie es ihr nach dem anstrengenden Überseeaufenthalt gebührte. Aber es sei ihre „Verpflichtung" ihren Kindern und ihrem Gatten gegenüber gesund zu werden.[268]

Es ist davon auszugehen, dass Tilly Köper nicht in finanzieller Hinsicht unzufrieden war. Sie war missgestimmt und enttäuscht über ihre Situation. Ihr Ehemann versuchte, ihre Verstimmung mit großzügiger Geldzuteilung zu regeln. Tilly überschritt Anfang 1904 ihren Monatsetat um das Doppelte.[269]

Ein Einblick in die private Kontenführung der Großeltern Köper in den Jahren 1905 und 1906 ermöglicht, zumindest die Kosten für den Lebensunterhalt der fünfjährigen Elisabeth Köper darzustellen.[270] Das Kind blieb nach der Abreise seiner Eltern bei den Großeltern in Bremen zurück. Für zehn Monate, von März bis Dezember 1905, berechneten sie den Aufwand für das Kind mit 276,36 Mark und im Jahr 1906 für sechs Monate 820,65 Mark. Eine Reise zum Tropenarzt Dr. Nocht in Hamburg kostete nach dieser Buchhaltung 24,10 Mark, eine „Sache bei Dr. Noltenius"[271] wurde mit 39 Mark registriert. Zwei Zahnarztbesuche schlugen in dem Zeitraum mit 19 Mark zu Buch. Die Großeltern kauften zur Stärkung der Gesundheit des Enkelkindes mehrmals „Sanatogen" und „Hämatogen"[272]. 1906 kostete ein Kinderkleid 15,75 Mark. Die Großeltern ließen dem Kind die Haare schneiden

---

Frau keine unnöthigen Ausgaben macht." Zum Hintergrund: 1904 brachte Friedrich Köper seine Familie nach Bremen. In den Quellen heißt es, Tilly Köper litte unter Nervosität, seitdem sie in Guatemala ein schweres Erdbeben erlebt habe. Auch die Sorge um die dreijährige Tochter Elisabeth, die an Malaria erkrankte, bewirkte, dass sich Tilly Köper in Guatemala nicht mehr wohl fühlte. Zur Geschichte von „Nervosität" und Neurasthenie um 1900: Joachim Radkau (2000).

266 StAB 7,13-25.8: Friedrich Köper an seine Frau, 20. Dezember 1903.

267 Rolf Engelsing ermittelte Einkommenszahlen zum Vergleich: 1901 verdiente ein Prokurist der Westfälisch-Anhaltischen Sprengstoff-Actien-Gesellschaft in Berlin jährlich 6.000 Mark; ein bewährter wissenschaftlich gebildeter Laborleiter, der vorher Dozent an der Bergakademie in Berlin gewesen war, trat 1904 mit einem Jahresgehalt von 3.600 Mark in die Firma ein. Rolf Engelsing (1978): S. 103.

268 StAB 7,13-25.8: Friedrich Köper an seine Frau, 20. Dezember 1903. „Weder Du noch ich haben in Bremen Verpflichtungen irgend welcher Art gegen irgend jemand. Wir haben das große Glück, ganz frei und unabhängig in der Welt dazustehen, danach habe ich immer gestrebt, darauf bin ich stolz, und das solltest du nur ruhig ausnutzen. Dagegen hast du die erste Verpflichtung, deinen Kindern sowohl wie mir gegenüber für deine Gesundheit zu sorgen."

269 StAB 7,13-25.8: Friedrich Köper an seine Frau, 17. Februar 1904. „Dass du M 1.000 gebraucht hast, habe ich notiert, du kennst ja meine Ansichten darüber und wenn du mit M[ark] 500 nicht auskommen kannst, müssen wir eben mehr gebrauchen. Solange wir es verdienen schadet es ja nichts. Ich weiß sehr wohl, dass das Leben in Bremen sehr gesund, gut und teuer ist."

270 StAB 7,13: Konvolut Köper.

271 StAB 7,13: Gerhard Köper an Tilly und Friedrich Köper in Guatemala, 18./20. April 1905. Dr. Noltenius entfernte die „kleinen Rachenmandeln".

272 Sanatogen ist ein eiweißhaltiges Nährpräparat; Hämatogen wirkt Blut bildend.

(1,25 Mark), Schuhe besohlen (2 Mark) und Kleidungsstücke (Mantel, Muff, Hut) chemisch reinigen. An Spielzeug kauften sie ein „Bilderlotto", eine Puppe und „Schaufel und Eimer" für den Strand. Als größerer Ausgabenposten ist das Stundenmädchen vermerkt: Es erhielt für ein halbes Jahr 66 Mark Lohn, als Kostgeld wurden 108 Mark ausgewiesen. Für die Ernährung des Enkelkinds führte der Großvater im gleichen Zeitraum 288 Mark auf.

Nach Tillys Rückkehr nach Guatemala notierte der Großvater in seiner Abrechnung für 1906 nicht nur Kosten für die in Bremen gebliebene Elisabeth. Etwa einhundert Mark betrafen Anschaffungen, die Tilly für sich und ihre zwei jüngeren Töchter in Bremen bestellt hatte. Die Großeltern besorgten Kleidungsstücke, wie Handschuhe, Schuhe, Rock, Bluse sowie Noten für die Schwiegertochter und verkauften den in Bremen zurückgelassenen Kinderwagen für zehn Mark.

Die private Buchhaltung verweist auf einen bürgerlichen Stil der Großeltern Köper. Einige Einzelposten sind besonders aufschlussreich. So lassen sich Arbeitslohn und Ernährung eines Stundenmädchens mit dem Kostgeld des fünfjährigen Mädchens vergleichen. Die Großeltern kleideten die Enkelin ein und notierten den finanziellen Aufwand für den Kauf, die Herstellung und die Reinigung von Kleidungsstücken. Sie sorgten sich um die Gesundheit des Kindes, machten Arztbesuche und kauften stärkende Medizin. Es erstaunt, wie penibel Kleinigkeiten von einer Mark oder sechzig Pfennig für die „Reinigung der weißen Mütze" aufgelistet wurden. Auch Ausgaben für Näharbeiten, den Besuch im Fotoatelier und Geschenke, die das Kind Verwandten überreichen sollte, erscheinen in der Buchhaltung.

Zu Tillys Lebensstandard als Strohwitwe in Bremen lassen sich nur wenige Zahlen anführen. Die gemietete Wohnung in einer vornehmen Straße Bremens, die Beschäftigung eines Kindermädchens und ihre Möglichkeit, über finanzielle Mittel in „fast" beliebiger Höhe zu verfügen, verweisen auf eine gutbürgerliche Lebenshaltung.

Nach dem Tod des Bremer Kaufmanns Adolf Heinrich Overbeck (1839-1903) beschlossen Familienmitglieder, die jüngste, unversorgte Tochter MARIE OVERBECK (1883-1970) zu der Familie ihres Bruders Wilhelm Overbeck (1873-1962) nach Bahia/Brasilien zu schicken. Dort sollte die Zwanzigjährige ab Herbst 1903 ihrer Schwägerin Anna Maria (Anita) Overbeck, geb. Schleef (1879-1969), im Haushalt und bei der Beaufsichtigung der Kleinkinder zur Hand gehen. Marie hatte 25 Mark[273] in der Tasche, als sie zusammen mit ihrem Onkel Hermann Overbeck (1850-1913) in Brasilien ankam. Für ihre Arbeit im Haushalt und gelegentliche Schreibarbeiten für ihren Bruder erhielt sie keinen Lohn, sie war ja eine weibliche Verwandte. Wenn ihr die Mutter aus Bremen Geld anbot, lehnte Marie die Zuwendung ab. Sie wusste, dass die verwitwete Mutter ihre Finanzen notgedrungen mit Zimmervermietung im Elternhaus in Bremen, Schönhauserstraße 39, aufbesserte.

Im Laufe der Zeit litt Maries mitgebrachte Kleidung. Deshalb hatte sie ihren „schwarzen Alpackarock" „schon gekehrt, doch er war auch auf der [bisherigen

---

273 StAB 7,500-B-81: Marie Overbeck an ihre Mutter, 3. März 1904.

Unter-]Seite nicht besser". Schwägerin Anita versuchte, das abgetragene Grau mit „schwarzer Seife" zu bekämpfen.[274] Marie schämte sich, wenn sie als unverheiratete junge Frau bei gesellschaftlichen Anlässen die elegante Garderobe der anderen Damen sah, aber sie tröstete sich, denn ihre Schwägerin kleidete sich auch „einfach". Mit ihrer Mutter diskutierte sie ihre Kleiderprobleme. Marie brauchte neue Stiefel, Blusen mit Kragen, Manschetten und Krawatten sowie Stoff für einen Morgenrock. Marie hoffte auf Geburtstagsgeschenke von ihren Tanten.

Wegen ihrer finanziellen Abhängigkeit fühlte sich Marie unwohl. „Könnte ich doch einmal etwas verdienen"[275], klagte sie mehrfach. Besonders unangenehm war es ihr, als sie kurz vor Weihnachten 1903 erkrankte. Sie durchdachte, wie viel Kosten sie damit ihrem Bruder verursachte und schrieb:

> „Ich wollte, Wilhelm wäre sehr reich [!], dann müsste ich nicht immer an die Doktorrechnung mit Grauen denken. Denk Dir, der Arzt nimmt 10 Mark für jeden Besuch und kommt jetzt noch jeden Tag, die Medizin, die ich alle verschluckt habe, mag ich gar nicht rechnen."[276]

Diese Überlegungen stellte sie an, da im Familienkreis oft über kaufmännische „Tätigkeitsfelder"[277] und Sparsamkeit gesprochen wurde. Marie hatte keinen genauen Einblick in die Vermögensverhältnisse des Bruders, nahm aber an, dass Einschränkung geboten sei. Da sie selbst kein Geld verdiente, lebte sie in seiner Abhängigkeit. Zu Weihnachten freute sie sich über sein Geschenk: Er präsentierte ihr „eine Rolle ganz neuer 200 rs. (20 Pf.) Stücke", zusammen „15 Mark"[278]. Im Jahr darauf überraschten die Verwandten Marie Overbeck mit einem Fingerring „mit 8 funkelnden Diamanten [darüber in Rot, eingefügt], aber ganz kleine"[279]. Auf das kostbare Geschenk reagierte Marie mit Freude und Bescheidenheit, das „Prachtstück" sei „viel zu schön für ihre Hand." Sie selbst konnte keine Geschenke machen und fühlte sich von Anita und Wilhelm „verzogen".

Zusammenfassung: Marie Overbeck verhielt sich wie eine mittellose weibliche Verwandte, die in allem von ihrem Bruder abhängig war. Besonders wenn sie von den Verwandten aus Bahia oder Bremen zu Geburtstag oder Weihnachten beschenkt wurde, reagierte sie beschämt. Sie empfand es als ungerecht, nicht über die geringsten Mittel zu verfügen, sondern darauf lediglich mit Freude reagieren zu

---

274 StAB 7,500-B-81: Marie Overbeck an ihre Mutter, 28. Dezember 1903.

275 StAB 7,500-B-81: Marie Overbeck an ihre Mutter, 14. Dezember 1903; 26. April 1904; 28. Juli 1904.

276 StAB 7,500-B-81: Marie Overbeck an ihre Verwandten, 14. Dezember 1903. Wilhelm Overbeck war 1903 dritter Teilhaber der Firma Overbeck & Hoyer, nachdem sich sein Onkel Hermann Overbeck und Hoyer aus dem Geschäft zurückgezogen hatten, alleiniger Geschäftsführer. Privatquellen Overbeck: Lebenserinnerungen Wilhelm Overbeck, Bd. 1, S. 54f.

277 Über die permanenten kaufmännischen Tischgespräche im Hause des Bremer Kaufmanns Eduard Crüsemann schrieb seine Tochter Hedwig (1850-1935) in ihren Lebenserinnerungen. Zitiert nach Gunilla-Friederike Budde (1994): S. 83; Bezug: Tischgespräche in der Kaufmannsfamilie Crüsemann in den Erinnerungen von Hedwig Heyl, geb. Crüsemann (1925): S. 2.

278 StAB 7,500-B-81: Marie Overbeck an ihre Verwandten, 28. Dezember 1903.

279 StAB 7,500-B-81: Marie Overbeck an ihre Verwandten, 29. Dezember 1904.

können.[280] Wenn Marie sich nachdenklich über ihre Situation äußerte, riet ihr die Mutter aus Bremen „wohlgemut" zu sein. Offenbar diente Maries Aufenthalt in Bahia auch der Suche nach einem geeigneten Heiratskandidaten. Der fand sich aber nicht. Marie nahm sich vor, selbständig zu werden. Dazu wollte sie in Bremen eine Ausbildung absolvieren und in einem sozialen Beruf arbeiten.

HELENE NOLTENIUS hatte noch keine eigenen Erfahrungen als Hausfrau, als die nach ihrer Heirat in Guatemala ankam. Sie fügte sich in die spezifisch weiblichen Arbeits- und Lebensformen in der Fremde ein und hoffte auf eine abwechslungsreiche, gesellige Zeit. Ihr Haushalt sollte Gastlichkeit ausstrahlen und die Bewirtung bürgerlich-bremischen Standards entsprechen. Alle dazu nötigen Delikatessen und heimatliches Gemüse in Konserven, Bier usw. wurden importiert und waren entsprechend teuer.

Mit Haushaltsgeld wurde sie von ihrem Ehemann knapp gehalten. Das erfahren wir aus zahlreichen Zettelbotschaften[281], die Helene Noltenius während der Geschäftszeit an ihren Mann verfasste und ihm ins Geschäft bringen ließ. Helene war für das Bezahlen der Trinkwasserlieferungen und die Entlohnung Hausangestellten zuständig. Da Köper & Noltenius Detailhandel betrieben, war es Helene manchmal möglich, aus dem Geschäft Waren abzuzweigen. Damit sparte sie Haushaltsgeld. Die „Wunschzettel" von Helene Noltenius zeigen, was im Privathaushalt vom Sortiment zu gebrauchen war: „Habt ihr Zahnbürsten im Geschäft? Dann bist Du wohl so nett und bringst mir nachher eine mit, meine ist hinüber"; „Etwas Lisol [ein Desinfektionsmittel], ein Paket Watte, Rattengift und ein Stück schwarzen Futterstoff", wünschte sich Helene Noltenius an einem anderen Tag.

Wenn sie in Zeiten schlechter Geschäfte um Geld oder „Vorschuss" bitten musste, kompensierte sie unangenehme Gefühle, indem sie sich originelle Sprachformen einfallen ließ. Manchmal fügte sie ihren Zettelbotschaften Abrechnungen hinzu. Helene Noltenius' Aufzeichnungen sind undatiert und alltägliche, eilig geschriebene „Notrufe" an ihren Mann. Es war ihr peinlich, immer wieder um Geld bitten zu müssen.[282] Die Hälfte der sechzig überlieferten Zettelbotschaften Helenes handeln von ihrer leeren Haushaltskasse. Sie benutzte die Metapher vom „Wegfliegen des Geldes". Dringend war es ihr an einem anderen Tag, als sie von „Gläubigern" berichtete, die wie der Wassermann von ihr entlohnt werden wollten.

Die Währungseinheit „Taler" wurde im Deutschen Reich seit Anfang Januar 1876 durch die Mark ersetzt. In Guatemala rechnete man nach Pesos (Piastern;

---

280 StAB 7,500-B-81: Marie Overbeck an ihre Verwandten, 15. Dezember 1904; 28. November 1906. Sie schrieb: „Es ist schade, dass ich nichts zu schenken hab!" oder „Leider habe ich in diesem Jahr auch nicht die kleinste Weihnachtsgabe. Das ist recht schade."

281 Helene Noltenius waren die kleinen Schriftstücke aus der Guatemala-Zeit Erinnerungen von großem Wert. Sie bewahrte sie in einem kleinen Umschlag auf. Privatbriefe Noltenius: Helene Noltenius an ihren Mann, o.D.

282 „Kleiner Mann, kann ich wohl 50 <u>Thaler</u>! bekommen? Verzeih die Unverschämtheit, ich möchte gern den Schlachter bezahlen. – Besten Dank und viele Grüße Deine Alte." An einem anderen Tag: „Mein Lütter, verzeih, wenn ich noch 5 Thaler dazu haben muss, von diesen ist nur noch einer vorhanden. Magst mich trotzdem leiden, was? Deine Alte." Privatbriefe Noltenius: Helene Noltenius an ihrem Mann, o.D.

Ps.) zu je acht Reales oder einhundert Centavos. Die Einheit „Centavo" wurde auch Céntimo genannt.[283] In Kaufmannskreisen war der Dollar die Leitwährung,[284] doch in der Umgangssprache von Helene Noltenius hielt sich der Begriff „Taler" als Münzbezeichnung, den sie bei ihren Rechnungen mit Dollar und Reales kombinierte und sich dennoch bei ihrem Mann verständlich machte. Einmal wünschte sie sich „noch fünfzehn Dollar für eine Gesellschaft"; dann fehlten ihr „dreißig Thaler für die Köchin", und auch der „Wäscherin [konnte sie nicht die] drei Thaler fünfeinhalb reales" geben. An einem anderen Tag wandte sie sich mit der förmlichen Anrede „Don Ernando" an ihren Mann:

> „Lieber kleiner Mann! Hoffentlich gehst du auf meinen Vorschlag zur Güte ein u. schickst mir durch Manuela die 75 Thaler, die ich eigentlich erst am 15. bekomme? Ich muss das etwas einteilen, da ich von den 65 Th., die du mir am 2. Oktober gabst, schon folgendes verausgabt habe. [Dann belegte sie ihre Ausgaben.] Nun habe ich noch zehn und muss davon meiner Manuela cent [centavo] zwölf geben, wie soll ich das machen? Habe also bitte Erbarmen mit Deiner Frau, ich komme ja auch ganz gewiß diesen Monat aus, ich sitze andauernd und rechne; – es hat sich aber in dieser ersten Hälfte des Monats so gehäuft, dabei fällt mir ein: Kartoffeln 4 Thaler, – nun habe ich ja auch Vorrat und kann mich in der letzten Hälfte einrichten, ja, Schatzel? Diese allen scheußlichen Gelder. – Wie immer Deine dankbare [„Deine" mehrfach unterstrichen] Lene."[285]

Das Ehepaar Noltenius pflegte häusliche Geselligkeit und erwiderte Einladungen von Bekannten durch eigene Gastlichkeit. Für die Bewirtung war die Hausfrau zuständig, aber manchmal schlug sie vor, „wir wollen lieber Niemanden einladen, ich habe nichts im Hause." Wenn sie von der Köchin erfuhr, dass Preiserhöhungen bevorstanden, brauchte sie kurzfristig mehr Haushaltsgeld, um z.B. größere Mengen Reis einzukaufen. Beim Bitten um finanzielle Mittel setzte sie immer neue Varianten von Humor und Ironie ein. Damit versuchte sie, besonders in der Anfangszeit in Guatemala, ihren Bitten um Geld die Peinlichkeit zu nehmen und Abhängigkeitsgefühle zu kompensieren.

1903 wurde Helene Noltenius von vier Dienstmädchen im Haushalt unterstützt. Die wichtigste Position nahm die Köchin ein. Ausführlich erzählte sie ihren weiblichen Verwandten in Bremen von ihrer Hauswirtschaft und von der Arbeit der Köchin. Diese kochte täglich zwei unterschiedliche Gerichte: Eins für die

---

283 Nelkenbrechers Taschenbuch (1890): Artikel Deutschland, S. 227-368; Artikel Guatemala, 433-438.

284 „Der Peso heißt namentlich bei den Engländern und Nordamerikanern auch Dollar ($). Die Währung ist in Guatemala [...] gesetzlich Alternativwährung, thatsächlich aber nur Silberwährung." Nelkenbrecher (1890): S. 434. Eine Umrechnungstabelle zur Berechnung von Wechselstempelsteuer (10. April 1880) gab den Wert eines Amerikanischen Dollars mit 4,25 Mark an. Nelkenbrecher (1890): S. 334.

285 | Mais | 8 Thaler |
|---|---|
| Stein und Meyer | 22 Thaler |
| Chumipe | 12 reales |
| Enten | 28 reales |
| Butter | 5 Thaler |
| Summa | 40 Thaler. |

Dienstmädchen und die Kinder; das zweite warme Gericht bereitete sie für das Ehepaar Noltenius zu. Der Aufwand lohnte sich, denn das getrennte Kochen diente der Sparsamkeit. Helene schrieb:

> „Die Köchin bekommt täglich 3 Taler, 2 reales von mir und kauft dafür für die fünf ein. Das sind in deutschem Gelde 95 Pfennig. Sie kauft alles davon, Kaffee, Brot, Zucker und Frühstücks- und Abendbrot. [...] Was sie in der Küche essen, ist mir ganz egal, ich sehe nur ab und an mal, ob es genug ist und wundere mich jedes Mal, wie fein die Leute von dem Gelde leben."

Demnach verstand es die Köchin, sparsam einzukaufen. Aber sie hatte „durch die zweifache Küche viel zu tun und die hiesige Kost macht mehr, viel mehr Arbeit als die deutsche"[286], erklärte Helene Noltenius. Die Hausfrau gab vor, den Dienstmädchen würde das „deutsche" Essen nicht schmecken. Doch sie erklärte, es sei

> „zu teuer, wenn die [!] unser Fleisch mitessen wollten. Und setzt man ihnen Suppenfleisch vor, dann sind sie beleidigt."

Sie habe „alles eingeschlossen" und gäbe davon täglich die Lebensmittel zum Kochen der deutschen Küche heraus, „auf die Weise können sie nichts stehlen," schrieb sie. Zum nahe gelegenen Markt ging die Köchin täglich. Das Fleisch wurde ins Haus geliefert. Abends aß die Familie kalte Speisen. Das kam Helene „etwas kümmerlich" vor, denn sie verzehrten Reste vom Mittagessen.

> „Wurst, Schinken und sonstige Auflage so wie drüben gibt es nicht, oder nur unbezahlbar teuer. Käse kennen wir gar nicht mehr. Wir sind auch so zufrieden. Wir leben hier wirklich sonst sehr nett und gut."[287]

„Deutsche" Kost in Übersee bestand aus Fleisch, Gemüse, Kartoffeln und Dessert. Nach Helene Noltenius' Beschreibungen wurden Menus oft aus importierten Gemüsekonserven gekocht, dagegen verwendeten indigene Köchinnen für sich und für die Kinder und Hausangestellten schwarze Bohnen (Frijoles), Tortillas (Mais), Tomaten und gebratene Bananen[288] als Zutaten.

In wirtschaftlicher Hinsicht befand sich die Familie Noltenius seit 1902 in einer Neuorientierungsphase: Friedrich Köper hatte sich von seinem Teilhaber Noltenius getrennt. Das hatte Auswirkungen auf die private Hauswirtschaft. Eberhard Noltenius eröffnete ein Filialgeschäft in Retalhuleu, daher musste sich das Ehepaar häufiger als zuvor trennen. Im Vergleich zu den ersten Monaten ihres Guatemala-Aufenthalts gewann Helene deutlich an Selbstsicherheit. Ihre Familie und ihr Stab an Hausmädchen waren größer geworden. Die Zeiten ihrer „Bettelbriefchen" um Haushaltsgeld waren vorbei. Wenn sie kein Haushaltsgeld mehr hatte, ging sie ins Kontor und ließ sich von einem Angestellten einen Betrag auszahlen.

---

286 Privatbriefe Noltenius: Lene Noltenius an ihre Verwandten, 3. April 1903.
287 Privatbriefe Noltenius: Lene Noltenius an ihre Verwandten, 3. April 1903.
288 StAB 7,13: Friedrich Köper an seine Eltern, 24. April 1894; 20. August 1888.

1899 erschrak TILLY KÖPER über die Verteuerung der Waren auf dem Markt. Nur Apfelsinen, Bananen und Ananas kaufte sie im Vergleich zu Bremen zu Pfennigbeträgen. Daran wollte sie nicht sparen, Früchte hätte sie „immer im Haus"[289]. Bremerinnen in Übersee verglichen ihre wirtschaftlichen Verhältnisse mit denen anderer europäischer Familien. Tilly Köper staunte bei einem Besuch der Finca „Chocolá" in Guatemala über die komfortablen, herrschaftlichen Gebäude sowie die ausgedehnten Ländereien des Hamburger Kaufmanns Johann Friedrich Gerlach, der auf seiner Kaffee- und Zuckerplantage „dreitausend Mozos" arbeiten ließ.[290] Tilly war sich sicher: „Im Laufe von zehn Jahren ist noch jeder als ein gemachter Mann nach Deutschland zurückgekehrt"[291]. Mit dieser Bemerkung konkretisierte sie den eigenen Migrationsgrund: Sie und ihr Mann waren in Übersee, um auch zu Wohlstand und Ansehen zu kommen. Zu der Zeit war Friedrich Köper bereits zwölf Jahre, sie selbst seit einem Jahr in Guatemala. Demnach benötigten einige Bremer eine längere Zeit, um mit kaufmännischer Arbeit in Übersee an ihr Ziel, den „Reichtum", zu gelangen.

Zu Weihnachten waren Köpers bei den genannten Fincabesitzern zur „Bescherung" eingeladen und Tilly ließ sich wiederum von dem Wohlstand der Hamburger Familie blenden: Frau Gerlach wurde von ihrem Mann mit einem Diamantcollier beschenkt. Mit dem pompösen Geschenk imponierte der Hausherr nicht nur seiner Frau, sondern auch den Geschäftsfreunden und ihren Ehefrauen.

Tilly Köpers Wirtschaftsgeld war knapp bemessen. Sie hatte zu wenig, um davon zwanzig Mark für ein Weihnachtsgeschenk abzuzweigen und bat ihre Mutter um das Geld.[292] Die reichen deutschen Kaufleute und Plantagenbesitzer gaben dem Ehepaar Köper die Richtung zum Wohlstand vor. Tilly schaute zu ihnen auf. Das Einteilen und Sich-Beschränken diente dem Ziel, das Ersparte geschäftlich zu investieren.[293]

Nach dem Ersten Weltkrieg waren Hedwig und Alfred Kulenkampff gezwungen, Abschied von ihrem bürgerlichen Lebensstil zu nehmen. Sie verfügten über

---

289 StAB 7,13: Tilly Köper an ihre Verwandten, 22. September 1899.

290 Der Hamburger Kaufmann Friedrich Gerlach war 1888 durch einen „Spekulationsgewinn" zu Reichtum gelangt. Er schloss sich mit Hamburger Im- und Exporthandelshäusern sowie Hamburger und Berliner Banken zur Gründung von vier Plantagengesellschaften zusammen. Die Finca „Chocolá" wurde 1891 gegründet und galt als „Musterpflanzung". Vgl. Katharina Trümper (1996): S. 32-44. Die Landarbeiter Guatemalas („Mozos") arbeiteten auf den Kaffeeplantagen nach einem Schuldknechtschaft- und Zwangsarbeitersystem, ihr eigenes Land in den fruchtbaren Kaffeeanbauregionen wurde enteignet.

291 StAB 7,13: Tilly Köper an ihre Verwandten, 3. April 1900. Adolphine Schramm äußerte sich um 1860 realistischer: „Sehe ich um mich, so bin ich umringt von Männern, die alle mehr oder weniger ihre ganze Jugend dem Geschäftsleben in Brasilien gewidmet, ohne es bis jetzt so weit gebracht zu haben, in das heiß ersehnte Vaterland zurückzukehren zu können." Percy E. Schramm (1949): S. 448.

292 StAB 7,13: Tilly Köper an ihre Verwandten, 10. November 1899. Tilly hatte vor, ihrem Mann eine Pferdesatteldecke als Weihnachtsgeschenk zu machen.

293 Max Weber (1905/2000): „Ansehnliche Vermögen wurden gewonnen und nicht auf Zinsen gelegt, sondern immer wieder im Geschäft investiert." S. 57.

keine finanziellen Mittel und waren jahrelang von Hedwigs Schwester Hertha[294] unterstützt worden. Da der Farmbetrieb um 1930 weder mit Milcherzeugnissen, Fleisch noch mit Karakulfellen genug Verdienst abwarf, experimentierte HEDWIG KULENKAMPFF mit Sahnebonbons nach Reifensteiner Rezepten, um damit „im größeren Stile" Geld zu verdienen. In der Praxis in Südwestafrika stellte sie Ungenauigkeiten in dem Rezept fest.[295] Hedwig schrieb:

> „Meine Versuche mit Sahnebonbons sind mir bis jetzt noch nicht gleichmäßig genug ausgefallen zum Verkauf. Nur wenn ich die kleinste Menge (ein Viertel Liter Sahne, ein halbes Pfund Zucker) in der Bratpfanne koche, habe ich gleichmäßig feste Ergebnisse. So wie ich mehr in einen Kochtopf tue, geraten sie sehr verschieden."[296]

Einen weiteren Gelderwerb versprach sie sich von der Käserei:

> „Ich will es so gern mal wieder mit einer einfachen Käsesorte versuchen. Wir müssen natürlich Vollmilch nehmen. Ich will die Käse in der Küche festmachen und dann zum Reifen nach oben in die Milchkammer bringen. Hoffentlich wird was draus. Ich dachte an Backsteinkäse in Limburger Art."

Die Eheleute verrichteten die Farmarbeiten arbeitsteilig. Hedwig war für die Hauswirtschaft, den Geflügelhof, den Gemüse- und Obstanbau sowie für die Milchwirtschaft zuständig. Dabei erwiesen sich ihre Vorkenntnisse aus der Landfrauenschule des Reifensteiner Verbandes in Scherpingen als wichtige Basis für den Neubeginn in Südwestafrika. Zu Hedwigs Arbeitsgebiet gehörten mehr als einhundert Hühner und Enten. Die Milchkühe wurden in den Konten der Buchhaltung nicht gesondert aufgeführt. Die 740 Karakulschafe, 16 Schweine, ein Pferd und zwei Esel notierte Kulenkampff extra.[297]

Für die Aufzucht und Pflege des „Großviehs", wie Schafe, Rinder, Ziegen, Schweine, Esel und Pferde war Alfred Kulenkampff zuständig. Tierwirtschaft, insbesondere der Handel mit Karakulfellen und die Produktion von Milcherzeugnissen sollten zu einem regelmäßigen Familieneinkommen führen. Alfred Kulenkampffs Buchführung vom Februar 1927[298] enthält neben der Position „Nahrungsgrundmittel" zwei größere Beträge: Der eine betrifft das Schulgeld für den ältesten Sohn Gerhard, der zweite Reisekosten von Hedwig Kulenkampff nach Swakopmund. Möglicherweise bot sie auf dem Markt landwirtschaftliche Produkte an. Geringere Kosten verursachten z.B. Patronen [Munition], Photos, Schuster, Zahnarzt und

---

294 Hertha („Hell") von Seydlitz-Kurzbach (geb. 1884 in Hanau, gest. 1983 in Bremen) war Lehrerin und zeitweise Leiterin einer Landfrauenschule des Reifensteiner Verbandes. Vgl. Ortrud Wörner-Heil (1997): S. 137; 153. „Deine Freigiebigkeit und Großmut in punkto Geld macht mich etwas besorgt. [...] Ich sehe wohl einige Lichtseiten in der afrikanischen Zukunft, aber lieben und wünschen kann ich sie darum noch nicht," schrieb Hedwig Kulenkampff. Privatbriefe Kulenkampff: Hedwig Kulenkampff an ihre Schwester, 2. Juli 1926.
295 Sahnebonbons nach Reifensteiner Rezepten (2005): S. 81.
296 Privatbriefe Kulenkampff: Hedwig Kulenkampff an ihre Schwester, 24. März 1931.
297 Privatquellen Kulenkampff: Buchführung per 10. Januar 1928.
298 Privatquellen Kulenkampff: „Mit Gott!" [Deckblatt], Bilanz und Buchführung, Okongue 1927.

Kleidung. Über Hedwig Kulenkampffs strapaziöse Arbeit auf der Farm Okongue in Südwestafrika schrieb ihr Sohn Hellmuth rückblickend:

> „Ich wuchs als Neunter in einem Haushalt auf, in dem fast alles selbst erzeugt werden musste – von der Sternenbutter, die nur in der Morgenkühle und bei Sternenschein zu gelingen schien, über die Eier, die einzeln in Zeitungspapier und dann kistenweise verpackt in die Bäckerei Maischatz in Walfisch Bucht geschickt wurden, um damit ein wenig Bares zu erwirtschaften. Den riesigen Garten, der bestellt, bewässert, vor Sandhühnern geschützt, geerntet und viele Früchte als Saft oder Mus eingemacht werden mussten, über das tägliche Brot, bis hin zu unserer Kleidung [...] – alles hatte Mutter zu bewältigen. Ich sehe sie noch in der Gluthitze des Mittags zwei Kantinen (18 Liter Eimer) gefüllt mit Wasser und Quark mit frisch gehäkselter Luzerne zum Hühnerstall schleppen. Ob das so und nicht anders möglich war?"[299]

Die wirtschaftliche Situation der Familie war auch noch 1931, fünf Jahre nach der Auswanderung, erdrückend. Dazu schrieb Hedwig Kulenkampff:

> „Ich weiß nur, dass wir mehr als je sparen müssen, denn es sind leider trotz Regens und guter Weide noch immer so gut wie gar keine Einnahmen zu erzielen. Die Ochsen sind fett, und kein Mensch will sie kaufen. Die Kühe geben Milch, aber die Sahne hat einen sehr schlechten Preis, und Butter ist unverkäuflich."[300]

Dieser Familie gelang es trotz körperlicher Arbeit, kaufmännischem Wissen, Ökonomie und Sparsamkeit nicht, in Afrika „reich" zu werden.

Zusammenfassung: Bremerinnen in Bremen und Übersee wurden in diesem Abschnitt in ihren finanziellen Handlungsräumen vorgestellt. Einige Frauen hatten einen Teil ihres Erbes in das Geschäft des Ehemanns eingebracht, einen anderen Teil ließen sie von Dritten verwalten.

Helene Noltenius brachte ihre Vorsätze auf den Punkt: „Ich will natürlich nicht drauf loswirtschaften." Sie gab sich Mühe, durch Sparsamkeit und Arbeit in der Hauswirtschaft dem Gesamtfamilieneinkommen zu Gewinn zu verhelfen und schrieb: „Ich sitze andauernd und rechne." In den beruflichen und familiären Aufstiegsphasen schränkten sich die Frauen ein, um sich den Erfordernissen der Geschäfte der Ehemänner anzupassen. Es wurde deutlich, dass Eberhard Noltenius, Friedrich Köper und J.K. Vietor die Richtungen vorgaben. Die nach Übersee mitgereisten Frauen Tilly Köper und Helene Noltenius trugen dazu bei, das gemeinsame Ziel zügig zu erreichen. Sie konnten mit „gutem Gewissen" nach Bremen zurückkehren. Auch die Etablierung in Bremen erforderte fortwährende Anpassungen an die wirtschaftlichen Bedingungen.

In Guatemala wurde Helene Noltenius von ihrem Ehemann mit Haushaltsgeld knapp gehalten. Es war ihr peinlich, ihn ständig um Geld bitten zu müssen. Als

---

299 So Hedwigs Sohn Hellmut Kulenkampff (geb. 1932). Privatquellen Kulenkampff: Okongue – Erinnerung an ferne Bilder meiner Kindheit (1997). In: Familienschrift Okongue: S. 40f.
300 Privatbriefe Kulenkampff: Hedwig Kulenkampff an ihre Schwester, 24. März 1931.

Strohwitwe übernahm sie ab 1909 in Bremen Verwaltungsaufgaben und Geldgeschäfte. Sie wuchs in die Rolle einer Gutsherrin in Bremen-Borgfeld hinein. Ab 1910 war sie für den großen Haushalt mit einem Stab von Angestellten und Lohnarbeitern im Haus und auf den Ländereien zuständig. Auf dem Gut wurden landwirtschaftliche Erzeugnisse für den Eigenbedarf und für den Verkauf produziert. In der Abwesenheit ihres Ehemanns entwickelte sie Geschäftstüchtigkeit. Helene Noltenius und ihre Schwiegermutter inspizierten alle Räume des Anwesens. Sie legten eine Liste der vorhandenen Einrichtungsgegenstände an, um Streitigkeiten unter erbberechtigten Familienangehörigen zu vermeiden.

Auch die Eltern-Generation hielt – wie Beispiele aus der Buchhaltung der Großeltern Köper zeigten – an „strengster" Sparsamkeit fest. Zwar sollte es dem Enkelkind in Bremen an nichts fehlen, aber es verwundert, dass selbst Pfennigbeträge für die Enkelin als Ausgaben notiert und Friedrich und Tilly Köper in Rechnung gestellt wurden.

Hedwig und Alfred Kulenkampff siedelten 1926 als Farmer in der Region der ehemaligen Kolonie „Deutsch-Südwest". Sie waren gezwungen, ihre Lebensführung einzuschränken. Arbeit, Selbständigkeit und Leistung in der Landwirtschaft sollten zu einer ausreichenden Lebenshaltung führen. Als Farmerfrau leistete Hedwig Kulenkampff schwere körperliche Arbeit, um die große Familie zu ernähren, zu kleiden und die Häuslichkeit komfortabler zu gestalten. Fleisch, Milch und Butter waren vorhanden, wenn es ausreichend geregnet hatte. Was fehlte war Bargeld und Mittel zum Zurückzahlen der Bank- und Familienkredite. Bis 1931 brachte die Farmarbeit keinen ökonomischen Gewinn.

Die unterschiedlichen Hauswirtschaften sind schwer zu vergleichen. Aber es ist festzustellen, dass die Buchhaltungen von Rebecca Klenke und Hedwig Vietor korrekt geführt wurden. Hedwig Vietor ordnete ihre Ausgaben nach spezifischen Sachkonten, die ihr einen detaillierten Monatsabschluss ermöglichten und Grundlage für ihre Jahresendrechnungen waren. 1899 überraschte sie ihren Mann mit Abrechnungen vom „Schlachter, Krämer etc." Sie hatte sich angewöhnt, dort auf Kredit anschreiben zu lassen. Die Beträge wurden ihr in nicht näher bestimmten Zeiträumen als Rechnung vorgelegt. Dagegen legte J.K. Vietor auf Barzahlung in seinem Privathaushalt Wert. Das sei übersichtlicher und zweckmäßiger. Hedwig Vietor war es als junge Ehefrau ebenso wie Helene Noltenius „peinlich", ihren Mann immer wieder um Geld bitten zu müssen. „Ich mag es dir nicht sagen, dass ich Geld haben muss." Über diese bedrückende Empfindung schrieb sie einen langen Brief und bat darin „noch einmal um 100 Mark"[301]. Sie versprach, sich in Zukunft „alle Mühe zu geben […] auch was Besuche machen, ‚Liebe erweisen' etc. angeht." Das heißt, sie beabsichtigte ihren Mann zu belohnen. Auch zwischen 1909 und 1912 notierte sie hohe Ausgaben für „Haushalt". Dagegen verursachten „Kleidung und Nähsachen" ihrer großen Familie nur geringe Kosten.[302]

---

301 Privatbriefe Vietor: Hedwig Vietor an ihren Mann, 1. Januar 1899.
302 „Haushalt" [ohne Symbol: also Ernährung]: 1909 53%; 1910 49%; 1911 51%; 1912 51%; „Kleidung und Nähsachen": 1909 3,4%; 1910 3,7%; 1911 5,2%; 1912 5,3% ihres Budgets.

Bemerkenswert sind Hedwig Vietors Vereinszugehörigkeiten. Damit zeigte sie, dass sie nicht nur als Hausfrau und Mutter agierte, sondern mit Zustimmung ihres Gatten protestantisch-soziale Aktivitäten entfaltete. Sie setzte ihre Energien auch für den 1899 gegründeten Frauenbund ein, der laut Gisela Bock wie eine „konservative Bremse"[303] der sozialistischen Frauenbewegungen wirkte.

---

303 Gisela Bock (2005): S. 166.

H. Bürgerinnen als Mütter

1. Bremer Ehefrauen schildern ihre Mutterschaft

Das bürgerliche Familienideal entstand in der zweiten Hälfte des 18. Jahrhunderts.[1] Im 19. Jahrhundert wurde Müttern nach den Vorstellungen von Pfarrern, Lehrern, Schriftstellern und Politikern nicht nur ein „prominenter Platz in Fragen der kindlichen Erziehung" eingeräumt, sondern auch die mütterliche Erziehung als „wichtigstes Geschäft"[2] und Mutterschaft als genuin weiblicher „Beruf" angesehen. Dafür wurden Mütter gesellschaftlich geehrt.[3] Dagegen schädigte es ihr Ansehen, wenn sie etwa ihre Kinder verhätschelten und nicht energisch erzogen.[4]

Im Folgenden möchte ich den weiblichen Alltag bürgerlicher Mütter aus Bremen beschreiben, wie er sich in Briefquellen darstellt. Mein Interesse richtet sich dabei auf ihre Bemühungen, ihre zahlreichen Kinder zu ernähren, sie zu kleiden und sie zu erziehen. Dabei ist nach geschlechtsspezifischen Idealen und Erziehungsmethoden sowie nach den Geschwisterbeziehungen zu fragen. Ich möchte klären, wie Mütter in der Abwesenheit ihrer Männer in Bremen und in Übersee diesen Teil ihrer „weiblichen Pflichten" realisierten. Mütter schufen geschützte Räume mit Nestcharakter, in denen sie Säuglinge, Kleinkinder und heranwachsende Kinder hegten und pflegten. Das mittelhochdeutsche Verb „hegen" (= umzäunen, abschließen, abgrenzen, bewahren) bringt die weitgehende Abgeschlossenheit der Aktionsräume von Müttern und Kleinkindern zum Ausdruck.[5] Väter kehrten häufig erst in den Abendstunden vom Geschäft zurück oder befanden sich wie Bremer Kaufleute oder Kapitäne auf Überseereisen. Während sich Männer beruflich profilierten, übernahmen die Frauen die häusliche Pflege und Erziehung der Kinder.[6]

Der Übergang vom Knaben- zum Erwachsenenalter, nach Gennep 1909 als Rites de Passage[7] kategorisiert, wurde durch die Schulentlassung und die Konfirmation mit etwa vierzehn bis fünfzehn Jahren eingeleitet. Anschließend mussten sich Söhne vom Elternhaus trennen. Oft begannen sie mit einer kaufmännischen Lehre ihre beruflichen Karrieren und wohnten entweder im Hause des Lehrherrn oder zur Untermiete. Danach absolvierten sie ihren Militärdienst.

Dagegen blieben die Töchter nach ihrem Schulabschluss und der Konfirmation noch über einen längeren Zeitraum in einer „Schwellenphase" (Gennep) an das Elternhaus gebunden. Töchter hatten oft keine andere Möglichkeit, als sich im

---

1   Heidi Rosenbaum (1990): S. 252.
2   Rebekka Habermas (2000): S. 369.
3   Über Mütter, Söhne und Blumenhändler in den 1920er Jahren: Karin Hausen (1984): S. 473-523.
4   Elisabeth Badinter (1981): S. 159.
5   Vgl. Duden Etymologie: S. 275; Kluge, Etymologisches Wörterbuch der deutschen Sprache, Berlin und New York 2002, siehe „Hag" = umzäuntes Grundstück, Weideplatz usw., S. 382; „hegen", S. 400.
6   Zur Kindererziehung nach der räumlichen Trennung von Berufsarbeit und Familie: Heidi Rosenbaum (1982): S. 356-365.
7   Arnold van Gennep (1909/1999): Übergangsriten (Les rites de passage).

elterlichen Haushalt auf die für sie vorgesehene Rolle als Ehefrau und Mutter vorzubereiten. Zwar traten etliche junge Mädchen außerhalb von Bremen ein Pensionsjahr an, kehrten aber danach ins Elternhaus zurück. Bis ein passender Heiratskandidat auftrat, wurde die weibliche Erziehung fortgesetzt. Die Mädchen gingen der Mutter zur Hand und hüteten jüngere Geschwister. Manchmal erlernten sie unter den Blicken der Mütter das Tanzen, da dies für Bremer Heiratskreise üblich war.[8] Ein Studium oder einen Beruf ihrer Töchter förderten Mütter in der Zeit vor dem Ersten Weltkrieg in der Regel nicht.

Die Eltern vermittelten bürgerliche Werthaltungen, befürworteten intensive familiäre Kontakte und achteten auf Freundschaften aus gleichrangigen Milieus. Bei den Formen des Freizeitverhaltens von bürgerlichen Kindern und Jugendlichen stellte Wolfgang Kaschuba spezielle Vorlieben, ja sogar „einheitliche gruppenbiographische Umrisse" fest.[9]

Mütter sorgten für ein Umfeld, in dem Kinder gedeihen konnten. Während die ältesten Kinder einer Familie erwachsen wurden, rückten die folgenden nach. Mütterliche Zuwendungen zogen sich über eine Zeitspanne von bis zu zwanzig Jahren hin. Manchmal entstand der Eindruck, die Fürsorge sei von „unbegrenzter Dauer"[10]. Marie Smidt (1845-1925) brachte z.B. zwischen 1870 und 1886 sechs Kinder zur Welt, d.h. sie gebar ihr jüngstes Kind als einundvierzigjährige Mutter. Gleichzeitig begann der älteste Sohn mit einer Lehre. Hedwig Vietor (1875-1955) wurde zwischen 1894 und 1913 neunfache Mutter; ihr neuntes Kind entband sie mit achtunddreißig Jahren. Ihre älteste Tochter war zur Zeit der letzten Geburt neunzehn Jahre alt.

Aufgaben der Mütter werden nicht als Arbeit, sondern als liebevolle Hinwendung zu Säuglingen und Kindern angesehen. Mütter sorgten – so Elisabeth Badinter – zumindest zu einem „bedeutenden Teil für die geistige Bildung der Kinder."[11] Auf Muttermilch sollten Babys mit Wohlbefinden reagieren und sich in geistiger und körperlicher Hinsicht zu ihrem Vorteil entwickeln.[12] Doch die Mutter-Kind-Idylle wies Brüche auf. Um bürgerliche Erziehungsziele zu erreichen, schlug die den Frauen und Mädchen zugeschriebene „Sanftheit" in mütterliche Stren-

---

8   So erging es Ilse Kulenkampff mit dreizehn Jahren. Die Mutter Friederike Kulenkampff erlebte
     ihre Tochter im Tanzunterricht „so unartig und bockig, dass ich wohl nie so böse auf sie gewesen bin, die andern Male gingen besser, und sie wird sich nun hoffentlich Mühe geben." Die
     Tanzstunden wurden von Jugendlichen aus „besten Kreisen" (Noltenius, Lahusen, Fritze usw.)
     besucht. Privatquellen Kulenkampff: Tagebuch Friederike Kulenkampff, 7. November 1901.
9   Dazu gehörten für Knaben: Ähnliche Spielsachen, Schulfreundschaften, Klavierunterricht, Lesen
     der deutschen Klassiker, eigene Schreibversuche. Wolfgang Kaschuba (1995): S. 115.
10   Elisabeth Badinter (1981): S. 167.
11   Elisabeth Badinter (1981): S. 189.
12   „Die Milch der Mutter ist die zweckmäßigste, weniger tauglich sind Ammenmilch und künstliche Ernährung." Es sei „eine dem Kinde wie der Mutter heilsame Natureinrichtung." C.E.
     Bock (1898): S. 465. – Die Erstauflage des Handbuchs erschien 1855; die letzte 1929. Dies
     zeigt, dass das Nachschlagewerk von C.E. Bock (1809-1874), der Arzt, Volksmediziner, Schriftsteller und seit 1845 Ordinarius für Medizin und Anatomie in Leipzig, sowie auch Mitarbeiter
     der „Gartenlaube" war, oft rezipiert wurde. – Literatur zu C.E. Bock: Otto Bessinger: C.E. Bock
     als Mitarbeiter der Gartenlaube (1956).

ge oder manchmal in Aggression um.[13] Bis zur Mitte des 20. Jahrhundert war die Prügelstrafe[14] ein Mittel, Kindern Gehorsam und Disziplin „einzubläuen". Mütter wandten körperliche Züchtigungen als Erziehungsmittel an. Von diesem gewaltsamen Teil der häuslichen Kindererziehung ist in Autobiografien nur selten die Rede.[15] Sehr kleine, „unartige, ungezogene" Kinder wurden mit Schlägen gestraft und durch „Standpauken" (Strafpredigten) auf „Schwung" gebracht. Eltern verstanden die einschlägigen Bibelsprüche des Alten Testaments buchstäblich als Rechtfertigungen, um die „höheren" bürgerlichen Erziehungsziele zu erreichen.[16] Martin Luthers „Empfehlungen" zur Kindererziehung waren als sprichwörtliche Redensarten weit verbreitet und wurden oft wortgetreu rezitiert.[17] Mütter ließen sich von pädagogischen Publikationen, Ratgebern, Bilderbüchern, Kinderbüchern und -liedern, die oft im Kontext des Alten und Neuen Testaments standen, leiten und hielten Kontakte zu Lehrern, Erziehern und Pastoren. Dies führte zur Sicherheit, das Richtige zu tun. Die Perspektive richtet sich auf Mütter mit Säuglingen, Kleinkindern, Schulkindern und heranwachsenden Jugendlichen.

Gunilla-Friederike Budde stellte ebenso häufig „Mutterfreuden" wie „Muttersorgen" als ein Ergebnis ihrer Studie heraus.[18] Frauen in Mutterrollen setzten „Waffen der Schwäche" ein. Die „Waffen" überforderter Mütter seien „Instrumente der Verweigerung". Sie zögen sich aufs Krankenlager zurück.[19] Es ist zu fragen, wie Erziehungsprobleme von Müttern thematisiert und gelöst wurden. Denn gerade in der Abwesenheit ihrer Männer fielen Müttern die gesamten Erziehungsaufgaben zu. Männlichkeit und Weiblichkeit stehen nicht ein für allemal fest, sondern werden „gemacht", konstatierte Thomas Kühne.[20] Wie verhielten sich Mütter zu ihren Töchtern und wie zu den Knaben?

---

13 Nach Amely Bölte (1986/1876): S. 235-237. Die Frau als Mutter. Die Mutter „opfert sich ohne Murren ihrem kleinen Liebling", doch „das große Werk seiner „Erziehung sei ihr von seiner Geburt an anheim gefallen." Das Kind solle einen „starken Willen" entwickeln, aber dieser müsse „vernünftig" sein. Erziehung sei nichts anderes als „Gewöhnen" und müsse bereits im ersten Lebensjahr in einer Weise vollendet sein, dass sich der starke Wille des Kindes ganz dem Willen der Mutter zu beugen habe.

14 Heidi Rosenbaum (1990): S. 294f. über „brutale körperliche Züchtigungen" und andere Bestrafungen Ende des 18. Jahrhunderts; und zu den Reaktionen von Kindern, „sich stets still", d.h. ängstlich und unterwürfig zu verhalten. Vgl. Hans Zulliger (1966): Darin ein Abschnitt: „Kinder äußern sich zur Körperstrafe", S. 20-26.

15 Gunilla-Friederike Budde (1994): S. 21; S. 152, hob hervor, dass bürgerliche Eltern versuchten, ihr Erziehungsprogramm „weitgehend ohne körperliche Strafen" durchzusetzen, vgl. S. 12. In den „rund 400 gedruckten und ungedruckten Selbstzeugnissen", die Budde auswertete, befand sich eine Familienchronik von 1865, in der ein Pfarrer notierte, er habe seine vier Monate alte Tochter Agnes mit sechs („halben Dutzend") Schlägen behandelt. Diese Erziehungspraxis fand die grundsätzliche Zustimmung der Mutter, aber sie bemerkte, diese Strafe sei „zu früh".

16 Z.B. „Wen der Herr liebt, den züchtigt er, wie ein Vater seinen Sohn und doch Wohlgefallen an ihm hat." (Sprüche 3, 12); „Wer die Rute spart, hasst seinen Sohn, wer ihn aber lieb hat, der züchtigt ihn beizeiten" (Sprüche 13, 24).

17 Aus katholischer Sicht: A. David S.J. (1889).

18 „Mutterfreuden und Muttersorgen halten sich die Waage." Gunilla-Friederike Budde (1994): S. 173.

19 Gunilla-Friederike Budde (1994): S. 183.

20 Thomas Kühne (1996): S. 8.

Während sich Dienstmädchen und Arbeiterinnen seit dem letzten Drittel des 19. Jahrhunderts zunehmend in Frauenvereinen organisierten, um ihre Situation gemeinsam zu ändern, sollen bürgerliche Frauen und Mütter „opferwillig" gewesen sein, so Elisabeth Badinter. Bürgerliche Mütter idealisierten ihr Kind „zu einem unersetzlichen Wesen" und zum „kostbarsten aller Güter". Die Gesundheit des Kindes wurde Hauptgegenstand der elterlichen Besorgnis. „Die neue Mutter ist die uns wohlbekannte Frau, die alle ihre Machtwünsche auf ihre Kinder überträgt"[21]. Diese provokativen Aussagen sollen aufgegriffen werden. Gab es in bürgerlichen Frauenkreisen Bremens Widerstand gegen die Vorstellungen von der „weiblichen Bestimmung", etwa im Zweijahresrhythmus erneut Mutter zu werden? Wie äußerten sich Kaufmannsfrauen zu ihrem „Kinderreichtum"?

Zunächst beschäftige ich mich mit Müttern in Bremen; danach geht es um Mutterschaft in Übersee. Eine strikte Trennung lässt sich nicht immer durchführen. Da die Ehemänner auch nach der endgültigen Rückkehr häufig zwischen Bremen und ihren Geschäftsorten in Übersee auf Reisen waren, wurden Frauen und Kinder ständig mit Geschichten aus Übersee konfrontiert. Dies führte dazu, dass die eigene Überseezeit nicht in Vergessenheit geraten konnte und ein Fixpunkt während ihres weiteren Lebenswegs blieb. Ich beschränke mich auf Briefe von vier Frauen und Müttern. Sie schilderten ihre Wahrnehmungen von abgeschlossenen Räumen ihrer Lebenswelt: Aus Kinderzimmern, Höfen und Gärten sowie Speisezimmern und Küchen. Und doch waren es Räume, in denen kultureller Austausch stattfand. Denn die Ammen, Kindermädchen, Stubenmädchen, Köchinnen usw. spielten in den häuslichen Szenerien ihre Rollen. Sie entwickelten auf ihren Arbeitsplätzen besondere Beziehungen zu den Kindern, aber auch zu den Müttern.

In unserem Zusammenhang geht es zunächst um indigene Ammen, die in Guatemala monatelang die Ernährung der in Übersee geborenen Bremer Säuglinge übernahmen.[22] Diese Ammen trugen Vornamen wie Jakoba, Paula und Augustina und waren für Bremer Familien unentbehrlich. Über ihre Herkunft und Lebensbedingungen in den Bremer Familien ist bisher nur wenig bekannt. Einige Atelier- und Privatfotos von ihnen fanden sich im Bremer Staatsarchiv und in Familienarchiven.

In den privaten Quellen stieß ich auch auf zahlreiche, in Übersee oder in Bremen verfasste Briefe von Kinderhand. Einige wurden nicht nur als erste kindliche Schreibversuche bewertet und von Müttern mit dem Vermerk „Aufbewahren" versehen. Dies scheint darauf hinzuweisen, dass sie für Erwachsene besondere Bedeutung besaßen. Kleinkinder wurden angehalten, Briefe an die Verwandten in Übersee zu schreiben, die den Kindern nicht persönlich bekannt waren. Sie schilderten Auszüge ihres Alltags: Spielen, Beziehungen zu Eltern und Verwandten, außergewöhnliche Erlebnisse. Mütter bewahrten Wunschzettel, Verse und Briefe ihrer Kinder als besonderen Schatz auf. Mit ersten „lyrischen Gehversuchen"[23] traten Jungen und Mädchen bei Familienfesten hervor und beteiligten sich mit Versen am

---

21 Elisabeth Badinter (1981): S. 168.
22 Vgl. Wiebke Hoffmann (2005).
23 Wolfgang Kaschuba (1995): S. 100.

Festprogramm. Einige Kinderbriefe geben die politischen Ambitionen der Elterngeneration wieder. Und auch aus der kindlichen Lebenswelt des Spielens bilden sich Vorstellungen von der Lebenswelt der Erwachsenen ab. Daraus ist zu schließen, dass das Selbstverständnis der Kinder mit dem der Eltern untrennbar verwoben ist.

Mütter vermittelten ihren Kindern frühzeitig Vorstellungen vom Kaufmannsberuf, indem sie aus Übersee empfangenen Briefen vorlasen. Kinder warteten ebenso wie ihre Mütter auf Antworten aus Übersee. Es ist daher zu fragen: was lernten Knaben als Kleinkinder und Schulkinder im Hinblick auf den späteren Beruf als Kaufmann? Wie wurden andererseits Mädchen für ihre späteren Rollen eingestimmt? Wie förderten Mütter ihre Söhne und Töchter? Was wissen wir über den weiteren Lebensweg der Kinder?

Bremen: Marie Smidt, Hedwig Vietor, Tilly Köper, Helene Noltenius

Die folgenden Beispiele beschäftigen sich mit Müttern und ihren Kindern in Bremen. Bis auf Hedwig Vietor, die ihren Wohnsitz ständig in Bremen hatte, verfügten die Frauen auch über Erfahrungen in Übersee und brachten in Kalkutta und Guatemala Kinder zur Welt.

MARIE SMIDT brachte zwischen 1870 und 1886 sechs Kinder (vier Söhne und zwei Töchter) zur Welt, davon eins 1871 in Kalkutta, vier in Bremen und das jüngste in Hamburg; HEDWIG VIETOR gebar zwischen 1894 und 1913 neun Kinder (vier Töchter und fünf Söhne) in Bremen; TILLY KÖPERS vier Kinder wurden zwischen 1900 und 1907 in Guatemala geboren; es waren in der Reihenfolge drei Töchter und ein Sohn; HELENE NOLTENIUS entband sechs Kinder: 1899 in Guatemala einen Sohn, der dort 1906 starb. Die Geburtstagsmonate und -jahre ihrer zwei Töchter und zwei Söhne waren: Januar 1901; Dezember 1901; Dezember 1906; Februar 1908; lediglich der jüngste Sohn wurde 1911 in Bremen geboren; FANNY SCHÜTTE brachte zwischen 1902 und 1907 vier Kinder in Guatemala zur Welt. Nach einer Tochter und einem Sohn wurde sie Mutter eines Zwillingspaares (zwei Töchter).

Die Beispiele beginnen mit Säuglings- und Kleinkinderernährung. Es geht um die Frage, ob und wie lange Bremerinnen ihre Babys stillten, ob vielleicht bereits in den ersten Lebensmonaten – wie von Andreas Gestrich (1998) vermutet – Knaben durch sorgfältigere Ernährung weiblichen Babys vorgezogen wurden und welche Rolle das Geschlecht später bei der Nahrung spielen könnte. Anschließend sollen Erziehungsbemühungen von Müttern betrachtet werden. Auch Briefe von Vätern lassen Blicke in die Innenwelt bürgerlicher Erziehung in Bremen zu.

Bürgerinnen schilderten um 1880, in der Zeit zwischen der Jahrhundertwende und 1910 bis 1920 ihre Freude an ihren Kindern, aber auch nachdrücklich und ernsthaft ihre Mutterpflichten. Zunächst geht es um Marie Smidt.[24] Die Quellen

---

24 Privatbriefe Smidt: Marie Smidt an ihre Mutter, 1880-1882. Es sind etwa 50 lange Briefe, die von mir auf 85 Seiten transkribiert wurden.

ermöglichen Einblicke in die Wochenstuben. Nach der Geburt eines Kindes stand die Ernährung des Säuglings im Mittelpunkt. Die Wöchnerin lernte, das Neugeborene zu stillen. Später standen Themen der häuslichen und schulischen Erziehung im Vordergrund. – Hedwig Vietor zog neun Kinder auf.[25] Ihr Mann arbeitete zu dieser Zeit oft in Afrika. Als Mutter von fünf Knaben und vier Mädchen charakterisierte sie ihre Kinder gerne in ihren vermeintlichen Eigenschaften. In zahlreichen Briefen schilderte sie Geschichten aus der kindlichen Lebenswelt. Die Knaben beschäftigten sich z.B. mit einem Helden der Literatur (Robinson Crusoe) und mit zeitgenössischen „Gewinnern und Verlierern" (kaiserliche Schutztruppe und Hereros). Hedwig Vietors Briefe an ihren Mann geben Beispiele von ihrer christlich-protestantischen Erziehung, die auch körperliche Strafen einschloss. – Tilly Köper lebte mit Unterbrechung von ca. zwei Jahren von 1899 bis 1908 in Guatemala, ehe sie mit ihrer Familie und drei Kindern endgültig nach Bremen zurückkehrte.[26] Während sie sich in den Jahren 1903/1905 zusammen mit ihren Töchtern in Bremen von den Strapazen ihres Guatemala-Aufenthaltes erholte, verkehrte sie in Bremen in einem Kreis von Freundinnen, der sie zum Nachdenken über ihre Situation als Mutter brachte. Sie hätte es vorgezogen, zukünftig ihre Kinder in Bremen und nicht mehr in Guatemala aufzuziehen. Trotzdem folgte sie dem Druck ihres Ehemanns. Sie ließ ein an Malaria erkranktes Kind bei den Großeltern in Bremen zurück und brachte 1904 und 1907 in Guatemala weitere zwei Kinder zur Welt. – Das vierte Beispiel handelt von Helene Noltenius als Mutter in Bremen. Nach der endgültigen Rückkehr aus Guatemala wohnte die Familie Noltenius seit Sommer 1909 auf dem Gut Brandenhof in Bremen-Borgfeld, etwa zehn Kilometer von der Innenstadt Bremens entfernt. Zwischen den Eheleuten begannen ausführliche Korrespondenzen bereits Ende 1909, nachdem der Hausherr wieder nach Guatemala abgereist war. Helene Noltenius kümmerte sich 1909/1910 um die Schulausbildung der beiden ältesten Kinder (Käthe und Wilhelm), die in Bremen mit acht und neun Jahren eingeschult werden sollten, aber große Schwierigkeiten mit der deutschen Sprache hatten. Die Mutter wurde von einer Privatlehrerin unterstützt, die die Kinder auf das schulische Leistungsniveau in Bremen vorbereitete. Auch die Großeltern Kalm aus Bremerhaven reisten an, um mit den Schulkindern zu üben.

MARIE SMIDT. Marie und Johann Smidt hielten sich etwa ein Jahr lang zwischen Herbst 1869 und 1870 in Bremen auf. Sie erwarteten ihr erstes Kind. Anschließend war ihre Reise nach Kalkutta geplant. Marie Smidt nahm ihren „so unbehülflichen Körper"[27] wahr und schaute sich ihre bunt zusammen getragene Babyausstewr an.

---

25 Privatbriefe Vietor: Hedwig Vietor an ihren Mann, ca. 250 Briefe.

26 StAB 7,13: Mathilde Köper an ihre Verwandten, ca. 40 Briefe transkribiert; StAB 7,13-25.8 – Oktober 1901 bis November 1905: Kopierbuch Friedrich Köper an seine Frau: transkribiert, soweit leserlich.

27 Privatbriefe Smidt: Marie Smidt an ihre Mutter, 9. Januar 1870. Ich „muß gestehen, dass es mich jetzt ein wenig anzugreifen anfängt, das lange Sitzen [...] bei einem so unbehülflichen Körper, wie der Meinige jetzt ist, macht müde und schlecht fühlen, und wollte ich Euch deshalb bitten, mir es nicht übel zu nehmen, wenn ich diese Wochen nicht mehr so oft und ausführlich schreibe, später hole ich es, so Gott will, nach!"

Sie bestand aus einem „Kuddelmuddel von amerikanischen, bremischen und indischen" Sachen. Einige Kleidungsstücke hatte sie aus Amerika mitgebracht. Verwandte aus Bremen zeigten sich hilfsbereit und liehen ihr Aussteuerstücke, wie Kindermatratze und Wiege mit Zubehör, die sie vor ihrer Abreise in Bremen zurückließ.[28]

Am Tag nach der Geburt ihres Sohnes Hermann (geb. 6. Februar 1870) übernahm Johann Smidt die Korrespondenz mit seinen Schwiegereltern in New York. Er schrieb im Auftrag von Marie:

> „Lieber Mann, schreib, ich wäre so glücklich, und es ginge mir so gut, und mein Junge wäre so niedlich und ich hoffte, ich könne stillen, es wäre aber noch nicht gewiss und vielen Dank für Mamas Brief."[29]

Marie stillte ihr Kind. Der Säugling trank „tapfer drauf los und meldet[e] sich eifrig durch Schreien, wenn er hungrig" war, schrieb Johann Smidt seinen Schwiegereltern.[30] Aber schon nach etwa einem Monat litt die Mutter an Brustentzündung.

> „Milch hat Marie noch entschieden genug, aber ich glaube, wir müssen, wenn sich die kranke Brust nicht bald bessert, die Flasche zugeben",

meldete Johann nach New York. Die Briefe von Marie und Johann handelten bis Ende Mai 1870 überwiegend von der Ernährung des Kindes. Auf Rat des Arztes begannen die Eltern, mit Kuhmilch und lauwarmem Zuckerwasser zuzufüttern. Marie suchte noch vor ihrer Abreise nach Indien einen guten Zeitpunkt um abzustillen[31] und für die Reise beschaffte sie sich Kondensmilch aus Amerika.[32] Marie bestellte haltbare Milch in Dosen, aber offenbar nicht nur für das Baby, sondern auch zur Verwendung für sich selbst.[33]

Um 1870 war es in bürgerlichen Bremer Kreisen selbstverständlich, die Säuglingsernährung durch Stillen der Mutter trotz gesundheitlicher Beeinträchtigungen und Schmerzen zu gewährleisten. Muttermilch stärkte die Abwehrkräfte des Babys; die mit Muttermilch ernährten Säuglinge waren weniger infektionsanfällig.[34] Auch

---

28 Privatbriefe Smidt: Marie Smidt an ihre Mutter, 15. November 1869.
29 Privatbriefe Smidt: Johann Smidt an seine Schwiegereltern, 10. Februar 1870.
30 Privatbriefe Smidt, Johann Smidt an seine Schwiegereltern, 8. Februar 1870.
31 Privatbriefe Smidt: Johann und Marie Smidt an die Mutter in New York, 4., 15., 20. März, 24. April, 1. Mai, 22. Mai 1870.
32 Zum 1856 in New York entwickelten Verfahren: das Wasser der Milch wird zum größten Teil verdampft und Zucker hinzugefügt. Nach der Homogenisierung und Sterilisierung war Kondensmilch in Dosen lange Zeit haltbar. http://de.wikipedia.org/wiki/Kondensmilch. Zugriff: 27.5.2007. – Die erste deutsche Fabrik für Kondensmilch wurde erst 1874 gegründet. Hans Jürgen Teuteberg; Annegret Bernhard (1978): S. 213.
33 Privatbriefe Smidt: Marie Smidt an ihre Mutter, März 1870 (o.D.); 22. Mai 1870. Marie bestellte „eine Büchse condensed milk (eingemacht, die ich probieren will [für den] Fall [...] auf der Calcutta Reise). [...] Du könntest am Ende, liebe Mama, die condensed milk probieren und mir Bescheid schreiben, dann bestelle ich gleich mehr??!" „Die condensed milk wird morgen dem Docktor übergeben, der dann sein Urtheil darüber aussprechen wird! Geöffnet habe ich sie bis jetzt noch nicht!" 15. Mai 1870.
34 Alexander Parlesak (2003): S. 97. Von dieser Tatsache schrieb eine Ratgeberautorin 1863: „Die Mode, Ammen zu halten, ist Gottlob jetzt weit weniger als vor zwanzig Jahren im Schwunge." Julie Burow 1986 (1863/1886): S. 102.

nach einer Brustoperation gab Marie nicht auf. So verhielt sie sich auch nach der Geburt ihres Sohne Thomas in Kalkutta und bei ihren zukünftigen Geburten[35].

1882 hielt Marie Smidt ihre fünf Kinder im Alter von vier bis zwölf Jahren zum Schreiben von Briefen an und schrieb selbst an ihre Mutter:

> „Du kannst mir wirklich glauben, dass es keine kleine Arbeit war, alle fünf Kinder endlich so weit zu kriegen, dass die Briefe parat lagen. Sie können es alle besser, das kann ich Dir wirklich versichern, sieh nur daraus den guten Willen! An Julies Machwerk habe ich keinen Theil, sie hat es unter Elisabeths Leitung geschrieben, die ihr wohl mehr ihre eigenen Gedanken gesagt haben wird; die Andern haben aber Alle selbst geschrieben, wie du es wohl gleich ersehen wirst! Am Wichtigsten hatte es entschieden Fritzie, der Dir mit großem Eifer seine ‚i‘ und verkehrt herum ‚4‘ geschrieben hat – sein Diktat ist wörtlich wiedergegeben!“[36]

Marie Smidt kommentierte die Entstehungsgeschichte der Briefe. Die älteste Tochter, die achtjährige Julie, wurde beim Schreiben von der Erzieherin beaufsichtigt. Die vier anderen Kinder wurden von Marie angeleitet. Auch der vierjährige Fritz Smidt lernte schon Schreiben. Er brachte einen Buchstaben seines Namens (i) und die Zahl seiner Lebensjahre (4) zahlreich auf das Papier. Alles andere diktierte er der Mutter.[37]

Die Großmutter hatte ihren Enkelkindern Geld für den Besuch des Freimarkts geschickt. Hermann Smidt erhielt 27 Mark, von denen er 17 Mark sparte.[38] Als besondere Attraktionen erwähnte er in seinem Dankesbrief ein Schiffskarussell, ein „Dampf-Karussell“, den Zirkus und das Schießen.

Das kindliche Schreiben gehörte zum pädagogischen Programm und Kinder bürgerlicher Eltern wurden frühzeitig mit Schriftkultur vertraut gemacht.[39]. Manche

---

35 Nach der Geburt ihrer Tochter Julie (geb. 23. Juli 1874) in Bremen schrieb Marie ihrer Mutter. „Mein großer Wunsch, Baby zu stillen, ist Gott sei Dank auch in Erfüllung gegangen, bis jetzt bekommt sie noch ganz satt, und nimmt sichtlich zu. Letzte Nacht schlief sie von 9 Uhr abends bis 6 Uhr heut morgen, so ruhig und sanft, so dass ich es mit der Brust nicht mehr aushalten konnte, und die Frau bat, sie aufzunehmen." Privatbriefe Smidt: Marie Smidt an ihre Mutter, 10. August 1874.

36 Privatbriefe Smidt: Marie Smidt an ihre Mutter in New York, 22. November 1882.

37 Privatbriefe Smidt: Fritz Smidt an seine Großmutter in New York, November 1882: Er diktierte: „Liebe Großmama, Ich schreibe Dir einen Brief mit ‚i‘ und mit ‚4‘ [s. Rückseite von Kindeshand] und viele Küsse und bitte, schreib du mir auch einen Brief. – [vom Zirkus:] Denke mal, ich hab einen Elephant gesehen, und der Koch war so ein kleiner Affe, und da war so ein großer Hund, der passte immer auf die Thiere, da waren Wölfe und Tieger und Löwen! – Freimarkt ist da gewesen, ganz fein, ich habe auf dem Carroussel Parthie gehabt, und bin erst 4 Jahr, ich habe 6 Ringe mit dem Degen gehabt! Ich danke auch vielmals für das Freimarktsgeld, ich habe etwas davon in die Sparbüchse gethan! – Heut kommt Onkel Thomas zuerst wieder mit sein [!] schlimmes Bein. Viele Grüße und Küsse von Deinem lieben Fritz Smidt" [geschrieben von Marie Smidt].

38 Vergleichszahlen nach Rolf Engelsing (1978), der eine Statistik zu den Lebensverhältnissen bremischer Arbeiter heranzog (bearbeitet vom Arbeitersekretariat Bremen und Umgebung, Bremen 1902): „In den bestbezahlten Berufen konnten verheiratete Zimmerer in der Woche zwischen 15 und 63 Mark" verdienen. S. 103; S. 304.

39 1871 schrieb Friedrich Köper als Sechsjähriger seinem Onkel Georg in Batavia. Auch Eberhard Noltenius war sechs Jahre alt, als er 1871 seinen Vater mit einem Brief in St. Thomas (Westindien) erfreute.

Kinderbriefe sind auf Hilfslinien, wie sie in Schulheften von Erstklässlern üblich sind, geschrieben. Andere Kinder benutzten ihr eigenes Briefpapier mit bunten figürlichen Darstellungen oder Aufklebern auf der ersten Seite. Die Briefe sind von unterschiedlichem Umfang und enthalten einen Textrahmen mit Anrede, einem Dank oder einer Fragestellung zu Beginn. Dann folgen Erlebnisschilderungen. Briefe enden mit dem Wunsch nach einem Antwortbrief und einer Unterschrift. Die Mädchen schrieben Briefe in gewähltem, hochdeutschem Wortschatz. Sie „amüsierten sich auf dem Freimarkt" und beim Zirkus war es nach ihrer Ausdrucksweise „prachtvoll". Ihre Briefe handelten von Kindergesellschaften, von „fleißigen Weihnachtsarbeiten", bei denen zusammen Weihnachtslieder gesungen wurden. Die Kinder besaßen ein beleuchtetes Kinderpostamt. Sie spielten mit ihrem Onkel Thomas Achelis, der ebenso wie ihr Vater Johann Smidt Überseekaufmann war, „Comptoir". Die Phantasie vom Kaufmannsberuf und Realität (Briefeschreiben nach New York) fügten sich im Spiel zusammen.[40]

Erwachsene lobten das Strümpfestricken der Mädchen. Julie und Minnie entwickelten nach Vorbildern ihrer Mutter eine Vorliebe für das Klavierspiel.[41] Bürgerliche Häuslichkeit im Kleinformat stellten beleuchtete Puppenhäuser dar, die zum selbstverständlichen Inventar der Mädchenkinderzimmer gehörten. Das Spielen mit beweglichen, sprechenden und lächelnden Puppen oder mit jüngeren Geschwistern bereitete die Töchter auf ihre spätere Rolle als Mütter vor.[42] Wie in der Realität der Erwachsenen fanden sich größere Brüder zum Kaffee- und Schokoladetrinken aus Tassen des Puppengeschirrs in der kleinen Welt der Puppenmütter ein. Marzipantorte war bei Kindern unterschiedlicher Jahrgänge eine häufig gewünschte Köstlichkeit.[43] Das Spielzeug der Töchter nahm die für die Mädchen vorgesehenen sozialen Rollen vorweg.

---

40 Privatbriefe Smidt: Marie Smidt an ihre Mutter, 31. Mai 1881. Im Kontext von bürgerlichen Kinderzimmern in Bremen dürfte wohl auch ein Kaufmannsladen bzw. ein „Packhaus" nicht gefehlt haben. Das „Packhaus" war „mit Hilfe von Flaschenaufzügen zu beladen. Der Junge sollte ja, in dieser Stadt des Handels, einmal Vaters Geschäft übernehmen." Vgl. Rosemarie Pohl-Weber (1987): S. 143-150; hier S. 148.

41 Privatbriefe Smidt: Bremen, November 1882. Julie Smidt an ihre Großmutter, November 1882 [ohne Tag]. „Ich habe von Mama gehört, dass Julie Vietor so schön Clavir spielen kann, bald bekomme ich auch Clavirstunde, wo ich mich sehr zu freue. Bitte, liebe Großmama, grüße Tante Julie und die kleine Ali und Brüderchen von mir, auch all meine anderen Cousinen, Vettern, Tanten und Onkel, und sei Du herzlich gegrüßt und geküsst von Deiner Julie Smidt." – Über das Klavier als bürgerliches Hausinstrument, „Möbelstück" und das davon ausgehende Prestige: Gunilla-Friederike Budde (1994): S. 136-140.

42 Privatbriefe Smidt: Marie Smidt an ihre Mutter, 10. Dezember 1881. „Fritz wird wieder so ein echter rechter Junge. Trotzdem kann er sich mit Minnie sehr gut vertragen, die ihn mit ihrer Schlauheit zu allem überreden kann. Einmal ist er der Vater, dann ist er das Baby – wie es gewünscht wird – sie ist natürlich immer die Mutter oder Wärterin, und ihre Puppen gehen ihr über Alles." – Privatbriefe Smidt: Marie Smidt an ihre Mutter, 2. Januar 1882. „Klein-Minnie war eine süße Puppenmama, schaltete zwischen ihren fünf neuen Kindern wie eine rechte Mutter herum." – Puppen glichen seit den 1880er Jahren in Physiognomie und Körperform kleinen Kindern. Und Fotografien von kleinen Kindern aus dieser Zeit haben Ähnlichkeit mit Puppen. Puppenmacher arbeiteten Stubsnase, Schmollmund und überproportional große Augen heraus. Vgl. Susanne Regner (1987): S. 125-134; hier S. 128.

43 Privatbriefe Smidt: Minni Smidt an ihre Großmutter, November 1882 [o. Tag]. „Heute sind Schröders bei uns gewesen und haben wir aus kleinen Tassen Caffe getrunken. [...] Ich mache jetzt fleißig Weihnachtsarbeiten, für Onkel Thomas eine Hutbürste und dann singen wir dabei

Im Unterschied zum Mädchenspielzeug nahmen die Jungen Geschenke wie Milchwagen (Fritz), je eine Uhr, Kompass, Manschetten mit Knöpfen sowie Schlipse (Hermann und Thomas) aus dem Weihnachtspaket aus New York entgegen.[44] Die Geschenke für die zehn bzw. zwölfjährigen Knaben beziehen sich schon auf die bevorstehende Übergangsphase von der Kindheit zum Erwachsensein.

Marie Smidt beteiligte sich mit Engagement am Lernprogramm ihrer Kinder. Sie nahm die Schultage der Kinder als eigene Arbeitstage wahr.[45] Die Mutter stand mit den Ältesten in der Frühe auf und sorgte dafür, dass die Kinder „sauber und ordentlich" den Schulweg antraten. Der zwölfjährige Hermann Smidt musste schon um sieben Uhr in der Schule sein. Die drei kleineren Kinder machten sich in zeitlich abgestufter Folge später auf den Weg. Ebenso gestaltete sich die Rückkehr am Mittag. Nachmittags überwachte die Mutter die Hausaufgaben und war zusammen mit den Kindern mit Latein, Französisch, Englisch und Mathematik beschäftigt.

Auch während der Ferienwochen auf Norderney übte Marie Smidt mit den zwei ältesten Jungen täglich zwei Stunden lang den Unterrichtsstoff. Manchmal reiste ein Primaner mit, der die Kinder auch in der Sommerfrische die Schule nicht vergessen ließ.[46] Marie Smidt empfand die Lernanforderungen in Bremer Schulen „kolossal und übertrieben"[47]. Sie selber geriet unter erzieherischen Leistungsdruck. Sie versuchte, die Lernschwierigkeiten ihrer Söhne Hermann und Thomas auszugleichen und war entschlossen, diesbezügliche „Pflichten" zu erfüllen. Doch ihr ehrgeiziges Streben machte keinen „tiefen Eindruck" auf die Jungen! Hermann schaffte das Klassenziel nicht. Seine Mutter hoffte, dass er im neuen Schuljahr vielleicht mit mehr Freude lernen würde,

> „und ich will mich nur freuen, wenn er erst so weit ist, dass er das einjährige freiwillige Zeugnis hat! Seine spätere Carriere als Kaufmann macht mir weniger Sorge, er ist dafür wie geschaffen und wird es mit Gottes Hülfe seinem Vater nachthun!"[48]

In Bremen wurde 1844 die Schulpflicht für Jungen und Mädchen eingeführt. Unabhängig vom gesellschaftlichen Stand der Eltern hatten Kinder in der Regel acht Jahre lang, vom vollendeten sechsten bis zum vollendeten vierzehnten Jahr, eine Schule zu besuchen.[49] Bürgerlichen Eltern war es möglich, Schulgeld für Privatschulen oder Privatunterricht aufzubringen. Davon profitierten Mädchen und

---

zusammen Weihnachtslieder mit Mama. Ich freue mich sehr auf Weihnachten. [...] Wir kriegen jedes Jahr eine kleine runde Marzipantorte."

44 Privatbriefe Smidt: Marie Smidt an ihre Mutter, 2. Januar 1882. – Nach Ingeborg Weber-Kellermann (1987a) spielten nur etwa zwanzig Prozent der Kinder während der Kaiserzeit mit hochwertigem Spielzeug. S. 41-44; hier S. 42.

45 Privatbriefe Smidt: Marie Smidt an ihre Mutter, 2. Januar 1882.

46 Privatbriefe Smidt: Marie Smidt an ihre Mutter, 13. Juli 1882.

47 Nach den Beobachtungen von Julie Spies, Maries Schwester (New York): „Kaum kommen sie [die Jungen] aus der Schule, so werden sie gleich wieder ans Lernen geschickt u. ich bin nicht weniger außer mir als Marie, dass sie so wenig körperliche Erholung u. Ausspannung haben." 19. Juni 1882 an die Mutter in New York.

48 Privatbriefe Smidt: Marie Smidt an ihre Mutter, 16. April 1882.

49 C.W. Ritz (1881): S. 159f.; S. 176.

Knaben, wenn auch die Mädchenerziehung eingeschränkt durchgeführt und als weniger wichtig als die Knabenerziehung angesehen wurde. Das Bremer Schulsystem war seit 1856 in Vorschule, Realschule „I. Ordnung" (= Handelsschule) und Gymnasium gegliedert. In der Vorschule für Kinder ab dem vollendeten achten Lebensjahr fand die Vorbereitung für den Wechsel in die zwei höheren Stufen statt.[50] Hermann Smidts Berufsweg als Kaufmann sollte nach dem Wunsch seiner Eltern nach seinem mittleren Schulabschluss (Mittlere Reife) beginnen. Daran schloss sich in der Regel der Militärdienst an[51], der zwei bis drei Jahre dauerte. Als Hermanns erneutes „Sitzenbleiben" drohte, quartierten Marie und Johann Smidt den Zwölfjährigen bei dem Hauptschullehrer Heinrich Wilhelm Christoph Gebert[52] ein.

Marie Smidt erlebte diese Erziehungsmaßnahme und die Trennung vom ältesten Sohn schmerzlich. Sie war mit der Entscheidung nicht einverstanden. Die Strenge gegenüber dem Jungen empfand sie als in Amerika sozialisierte Frau als unangemessene Härte.[53] Sie verstand nicht, warum der Erziehungskonflikt mit dieser Härte ausgetragen werden musste. Den Bremer Verwandten – angesehene Juristen und Kaufleute – musste sie sich anpassen. Diese hatten wohl an der Entscheidung, Hermann auszuquartieren, mitgewirkt. Marie wünschte sich und ihre Familie an einen anderen Ort. Sie war enttäuscht, dass ihre Einschätzungen (z.B. Hermann sei ein „eigenthümlicher Junge, der viel Liebe und Verständnis bedürfe") nicht zählten. An Söhne und speziell an die ältesten richteten sich besondere Zukunftshoffnungen.

Marie Smidt bedauerte es, dass ihre jüngste Tochter „Minnie" 1882 morgens zusammen mit ihrer älteren Schwester Julie das Haus verließ, um zur Schule zu gehen. Bis zur Einschulung hatte die Kleine mit dem kleinen Bruder Fritz zu Hause gespielt. Doch Minnie

> „findet die Schule riesig nett und sie scheint auch körperlich keinen schlechten Einfluss auf sie zu haben! Mir ist es schwer geworden, das süße, kleine Ding abzugeben [...] ich hätte sie gar zu gern noch zu Haus behalten. Aber sie hat eine kleine allerliebste Classe mit niedlichen Mädchen und wollte ich sie deshalb nicht noch zurückhalten!"[54]

---

50 C.W. Ritz (1881): S. 78-80. Durch eine Aufnahmeprüfung mussten die im Elementarunterricht erworbenen Fähigkeiten, das fließende Lesen der deutschen und lateinischen Schrift, Diktat und die vier Grundrechenarten, nachgewiesen werden. Die Handelsschule war zunächst in Bremen unbeliebt, die „besseren Kreise" schickten ihre Söhne zum Gymnasium. 1877 wurde sie als „Realschule I. Ordnung" einem preußischen Standard angeglichen. Die meisten Schüler verließen diese Schule bereits in den mittleren Klassen („mittlere Reife"), da sie im Anschluss an die Schulzeit nicht studieren wollten.

51 Zum Zusammenhang zwischen Wehrpflicht und Wahlrecht im 19. Jahrhundert bis in die 1930er Jahre siehe Ute Frevert (1996): S. 69-87.

52 Nach dem Bremer Adressbuch von 1882 wohnte er Schönhausenstraße 48.

53 „Die hiesige Erziehung ist entsetzlich, am Liebsten wanderte ich reell aus, um allem hier zu entgehen, ich kann den Nutzen einer solchen Zwangserziehung nicht einsehen, und bin auch nicht genug Patriotin, um das Dienen meinen Kindern zu wünschen! Es gilt aber mitheulen unter den Wölfen, und da muß ich mich, wenngleich mit Bitterkeit im Herzen fügen! – Mit Tommi geht es durchaus nicht brillant, doch hoffe ich auch für ihn Nutzen von dieser Veränderung, er wird sich hoffentlich mehr Mühe geben und durch Hermann nicht so viel Abhaltung finden!" Vgl. Lutz Röhrich (1995): Bd. 5. S. 1742f.; Stichwort Wolf: „Man muss mit den Wölfen heulen."

54 Privatbriefe Smidt: Marie Smidt an ihre Mutter, 12.-18. Oktober 1882.

Die Töchter waren an ihrer Kleidung als Schwestern zu erkennen: Sie trugen Kleider in gleicher Farbe und gleichem Schnitt. Auch mit ihren „fliegenden Haaren" ähnelten sie sich. Beide gingen gern zur Schule und lernten „spielend". Bereits mit acht Jahren strickte Julie Smidt ihrer Großmutter Strümpfe. Zur Belohnung schenkte die Großmutter ihr einen Taler, und die Enkelin antwortete darauf:

> „Gestern gab Mama mir Deinen Brief, ich freute mich sehr darüber. Gut, dass Dir meine Strümpfe gefallen haben; aber Du verziehst Deine Julie wirklich, liebe Großmama, mir einen so schönen, blanken Thaler dafür zu geben, da Du mich zum Freimarkt auch so reichlich beschenkt hast. Ich danke Dir tausend Mal dafür. Weißt Du, liebe Großmama, (dass ich es sehr bedauerte,) [eingeklammert im Original] dass ich es sehr bedauerte, dass der Freimarkt so schnell vorüber ging; ich habe mich immer so schön amüsirt. Denke Dir nur, ich bin nach dem Circus gewesen, wo es prachtvoll war. Von meinem Gelde habe ich noch 6 Mark überbehalten. Da kann ich auch für Mama Weihnachtsgeschenke kaufen. Gar zu gern wäre ich mal bei Dir [in New York] und meinen kleinen Cousinen.[55]

Mit seinen sprachlichen Höflichkeitsformen wirkt dieser Brief ernsthaft und bemüht. Julie und ihre Geschwister übernahmen Redewendungen ihrer Mutter.[56] Julie gab sich beim Dank für das Geld devot („Du verziehst Deine Julie wirklich."). Damit zeigte die Achtjährige, dass die Mädchenerziehung, die auf zugeschriebenen weiblichen Tugenden (z.B. innerhäusliche Fleiß- und Geduldsübungen) beruhte, durch die erzieherische Umsetzung der Mutter, der Erzieherin im Haus und den Schulunterricht auf einem erfolgreichen Weg gewesen zu sein schien.[57]

Schulerziehung ging über das gemeinsame fachliche Lernen im Unterricht hinaus. Kinder lernten im Kontakt zu anderen Kindern nicht nur soziales Verhalten außerhalb des Elternhauses, sondern wurden in einem Entwicklungsprozess im Sinne Bremens und Preußens in Religion und „nationaler Bildung" unterwiesen.[58] Sie erhielten in den unteren vier Jahrgängen Unterricht, ohne nach Geschlecht zu trennen. In der ersten Klasse nahm Minnie, die jüngere Smidt-Tochter, wöchentlich an 16 Stunden Elementarunterricht sowie an sechs Stunden Rechnen und je zwei Stunden biblischer Geschichte und Gesang teil (= 26 Schulstunden). Mit den 28 Wochenstunden im zweiten Schuljahr differenzierte sich der Lehrplan aus: Lesen, Rechnen und Schreiben nahmen 22 Wochenstunden ein, Handarbeit, Biblische Geschichte und Gesang jeweils zwei Stunden. Im gesamten Lehrplan und den dazu gehörigen Erläuterungen von 1870 fällt auf, dass zwar Rechnen (vier Stunden für

---

55 Privatbriefe Smidt: Julie Smidt an ihre Großmutter, [o.T.] November 1882.

56 „Die Kinder nahmen den Wortschatz der Mutter auf, ihre individuellen Idiome prägten ihre ersten Kommunikationen. Die Mutter schuf den verbalen Grundstock der Bürgertöchter und –söhne." Gunilla-Friederike Budde (1994): S. 175.

57 Zu den Schreibübungen der Bürgerskinder und zur gewählten Umgangs- und Schriftsprache: Gunilla-Friederike Budde (1994): S. 124-126.

58 So versuchen Lehrer und Lehrerinnen in Bremer Schulen, „der unmündigen Jugend das Maß nationaler, menschlicher und religiöser Bildung [zu] verschaffen und zu sichern, welches nicht als Gabe einzelner Familien, noch als ein besonderes Gut einzelner Klassen der Bevölkerung, sondern als das gemeinsame Bedürfnis Aller für Alle gewährt werden muss." C.W. Ritz (1881): S. 2.

Mädchen, fünf Stunden für Knaben), aber nicht Geometrie und Chemie für Mädchen vorgesehen waren. Die wöchentlichen Unterrichtstunden betrugen für Mädchen je nach Jahrgangsstufe zwischen 26 und 32, für Jungen zwischen 26 und 30. Die Unterschiede traten durch Mehrstunden für Handarbeit vom 5. bis zum 8. Schuljahr auf.[59]

Zusammenfassung: In der zeitgenössischen medizinischen Literatur mit pädagogischem Anspruch wurden die Vorteile des Stillens für Mutter und Kind dargestellt. Entsprechend verhielten sich Marie und Johann Smidt. Während der Zeit der Industrialisierung veränderte sich die Säuglings- und Kleinkindernahrung. Eine Auswertung von medizinischen Quellen bis zur Mitte des 19. Jahrhunderts aus zwölf deutschen Regionen ergab Unterschiede in der natürlichen und künstlichen Säuglingsernährung und den „Trend zur Ammennahrung". Über die Bremer Säuglingsernährung hieß es 1836: „Selbststillen, aber steigende Tendenz zur Ammen- und Zusatznahrung bei Oberschichten." Als Zusatznahrung boten bürgerliche Mütter ihren Säuglingen „Kuhmilch mit Wasser, Milchbrei mit Wasser und Zwieback, später Fleischbrühe mit Gemüse" an.[60]

Johann Smidt schaltete sich in Ernährungsfragen ein. Eigentlich hatte er zu dieser Zeit Geschäftsreisen machen wollen; doch er vernachlässigte eine Zeitlang seinen Beruf und blieb bei Frau und Kind.[61] Dies entspricht einem Befund von Anne-Charlott Trepp. Sie ermittelte für die Zeit im späten 18. und beginnenden 19. Jahrhundert „passionierte Väter", die Freude an ihren Kleinkindern und Babys zeigten und sich nicht erst für die Erziehung und Schulbildung größerer Kinder engagierten.[62] Nach Trepps Einschätzung setzte ein Wandel im Vater-Kind-Verhältnis um 1850 ein. Die Emotionalität von Vätern würde durch Strenge verdrängt. Dagegen hob Rebekka Habermas die gemeinsame elterliche Kindererziehung hervor. Die Mutter war nicht nur „erste Lehrerin der Kinder"[63], sondern vermittelte Wertmaßstäbe wie Moral, Sittlichkeit und Anstand. Diese besonderen Kompetenzen waren für eine bürgerliche Erziehung bedeutend.

Marie Smidt empfand die strenge Knabenerziehung in Bremen als „Härte". Ihre Söhne waren in einem Alter, in dem Disziplin und Leistung vermittelt und ernsthaft ihre berufliche Zukunft geplant wurden. Mit zwölf Jahren waren die unbeschwer-

---

59 Lehrpläne und -ziele der Volksschulklassen 1-8, C.W. Ritz (1881): S. 200.

60 Hans-Jürgen Teuteberg; Annegret Bernhard (1978): S. 177-214, hier S. 191. Nach Ph. Heineken (1836): S. 70. Zur Ernährungswissenschaft im 19. Jahrhundert und über die industrielle Herstellung von künstlicher Säuglingsnahrung: Eduard Seidler (1973): S. 288-302.

61 „Ich sitze hier nun seit Weihnachten in Bremen, hätte schon lange wieder reisen müssen und werde in kleinen 8 Tagen wieder anfangen, zunächst nach Hamburg, Berlin." Privatbriefe Smidt: Johann Smidt an seine Schwiegereltern, 20. März 1870.

62 „Die Ehemänner waren in der Regel auch für das Selbststillen, aber sie machten es nicht zum Dogma. Vielmehr setzten sie sich intensiv mit dem Für und Wider des Stillens auseinander und nahmen die ‚Erfolge', aber auch die auftretenden Probleme ihrer selbst stillenden Frauen sehr genau wahr." Anne-Charlott Trepp (1996b): S. 31-50; hier S. 35; 47.

63 Rebekka Habermas (2000): S. 399f.

ten Jahre des Spielens im Hausgarten vorbei[64] und bereits mit etwa vierzehn Jahren kam es für viele Söhne zur Trennung vom Elternhaus.[65] Hermann Smidt schaffte einen standesgemäßen Schulabschluss. Danach waren Militärdienst und kaufmännische Lehre vorgesehen. Die Preußische Wehrpflicht wurde 1814 zum Gesetz. Die Militärzeit erwies sich für viele Männer als nützliche Zeit, denn „staatsbürgerliche Ehre" und Wahlrecht waren an die Wehrpflicht gebunden.[66] Beim Militär entwickelten sich „Männerfreundschaften" und Verbindungen, die für die spätere Berufstätigkeit nützlich sein konnten.

Frühzeitig erlernten Söhne geschlechtsspezifische Vorlieben und Rollen, d.h. sie übten männliches Verhalten beim Ringstechen, Schießen und Jagen. Töchtern wurde „Weiblichkeit" vorgelebt, die ihnen durch ruhige, besinnliche Tätigkeiten in der Häuslichkeit, wie Korrespondieren, Klavierspielen, Singen, Sticken, Stricken, Kaffeetrinken usw. von der Mutter vermittelt wurde. Die Erziehung zeigte Wirkung: Die Töchter waren „brav und anmutig". Anders als die Knaben gingen die Mädchen mit Freude zur Schule und lernten gern. Sie hielten sich in der Nähe der Mutter auf und gewöhnten sich frühzeitig an einen distinguierten Habitus, der in den sprachlichen Formen ihrer Briefe und beim Spielen „häusliche Welt" (Puppenherd, Puppengeschirr, Puppenhaus, Handarbeiten) zum Ausdruck kam. Die bürgerliche Frauenrolle der Mutter diente den Mädchen als Vorbild; wie sie von Pädagogen des 19. Jahrhunderts vorgesehen war. An der außerhäuslichen Lebenswelt (Schule, Freimarkt, Zirkus) hatten Mädchen genauso viel Spaß wie Jungen.

Väter gaben Erziehungsmaxime vor und es gehörte zur „nervenaufreibenden" Pflicht von Müttern, ihre Söhne zu Leistungen anzutreiben, sonst drohten wie im Fall von Hermann Smidt harte Pressionen. Darüber hinaus zeigten die Reaktionen von Marie Smidt, dass sie wie ihre Söhne auch unter starkem Leistungsdruck stand. Sie gab ihren anfänglichen Widerstand auf und musste sich Anforderungen Bremer Schulverhältnisse fügen. Um den Knaben auch von ihrer Seite die bestmögliche Schul- und Berufsausbildung zu ermöglichen, empfand sie die Übungsstunden am Nachmittag und in den Sommerferien als eigene Arbeit.

---

64 Als „Hobby-Gärtner" schuf Johann Smidt für seine Familie ein Kinderparadies, mitten in einem vornehmen Stadtquartier. Marie Smidt schwärmte: „Johann ist jetzt [viel] im Garten, lässt in der Mitte einen Springbrunnen bauen, hat schon viele hübsche immergrüne Bäume gekauft, lässt Alles umgraben und düngen, und ist mit Plänen fürs Anlegen der Rasenplätze, Beete und Wege eifrig beschäftigt. Ich freue mich sehr, dass er solche Naturliebhaberei hat, und freue mich ungemein auf unsern Garten nächsten Sommer, da wir voraussichtlich, wenn alles nach Wunsch geht, nächsten Sommer gar nicht aus Bremen weggehen!" Privatbriefe Smidt: Marie Smidt an ihre Mutter, o.D., ca. Dezember 1873. – Über die spielenden Kinder im Garten notierte sie am 24. April 1881: Es „wimmelt immer von Jungens und unsere beiden sind schon so verwöhnt, dass sie gar nicht im Garten spielen wollen, wenn keine fremden Jungens dabei sind."

65 Karin Hausen (1988): S. 93.

66 Ute Frevert (1996): S. 79. Die Dauer der Militärzeit war vom Bildungs- und Vermögensstand abhängig. S. 81.

HEDWIG VIETOR war neunzehn Jahre alt, als sie 1894 ihr erstes Kind, Hedwig Henriette Meta („Hedi"), in Bremen gebar. Ihr Mann hielt sich in Afrika auf und sie schrieb ihm nach der Entbindung:

> „Wie wird das Wiedersehen wonnig sein! [...] Was du wohl sagst, wenn du dein Töchterchen zuerst siehst, du brauchst dann wohl eines deiner Lieblingsworte: ‚Famoses kleines Weib!‘ oder so. O, Karl, ich weiß gar nicht, warum ich heute so vergnügt bin. Die Sonne scheint auch so hell und freundlich, mein kleiner Vogel singt ganz sanft, und mein wonniges Kind liegt in seinem Bettchen [...] und grunzt vor lauter Behagen. Sie will gleich wieder was haben, darum meldet sie sich schon langsam. [...] Leider habe ich heute nur sehr wenig Milch und dann wird sie natürlich nicht recht satt. Heute Abend soll sie wieder die Flasche haben. Ich weiß nicht, ob es dabei bleiben kann, dass ich sie stille. Ich möchte es gar zu gern, denn nichts ist süßer, mich kennt sie dadurch schon so gut, wenn ich sie nur auf den Arm nehme, dann sperrt sie schon ihren kleinen Schnabel auf, wie so eine kleine Schwalbe kommt sie mir immer vor."[67]

Mit diesem Briefausschnitt vermittelte sie ihr Mutterglück. Gleichzeitig ist es ein Beleg, dass Hedwig Vietor ihr Baby mindestens vier Wochen lang stillte. Bis Hedwig Vietor ihrem Mann das neugeborene Töchterchen präsentieren konnte, vergingen noch etwa neun Monate.[68] Über ihre Stilltätigkeit nach den Geburten der folgenden Jahre enthalten die Quellen nur indirekte Angaben.

Drei Jahre später erzählte Hedwig Vietor von ihrem Alltag mit ihrer Tochter und auch von Problemen mit den Dienstmädchen. Dora, Catrine und Emma vertrugen sich nicht. Emma gab zuviel „Geld für Kleider, Spitzen usw. aus" und traf sich mit „Männern", während sie die gut dreijährige Hedi ausführte. Die Mutter erfuhr darüber von ihrer Tochter:

> „Mutter das war fein und da war immer son Unteroffizier, der sagte immer zu Emma ‚no, Fräulein‘ und zeigte mir den großen Säbel mit der Troddel dran. Und noch ein fremder Herr war dabei und da sagten sie, heute wollen wir nicht mit ins Haus kommen."[69]

Hedwig Vietor stellte Emma zur Rede. Diese „heulte entsetzlich" und stritt die Vorwürfe ab.

> „Aber das Scheußlichste war, dass Hedi am andern Morgen zu mir kam und sagte: ‚Mutter, das habe ich alles gelogen, da war kein Unteroffizier!!!‘ Wie schändlich, dem unschuldigen Kind so etwas vorzusagen."

Am Ende der Auseinandersetzung zwang Hedwig Vietor das Kindermädchen zu einem Geständnis. Emma gab sich demütig. Und sie wollte sich auch mit ihrer Kollegin Catrine versöhnen und zusammen mit ihr zum Abendmahl gehen. Doch für

---

67 Privatbriefe Vietor: Hedwig Vietor an ihren Mann, 11. Dezember 1894.
68 Er meldete ihr seine Heimkehr mit einem Telegramm aus Liverpool. Privatbriefe Vietor: Hedwig Vietor an ihren Mann, 5. September 1895.
69 Privatbriefe Vietor: Hedwig Vietor an ihren Mann, 18. April 1897.

Hedwig Vietor stand fest, sie würde Emma ab Herbst 1897 nicht weiterbeschäftigen. Dieses Beispiel zeigt, dass Dienstmädchen – sehr zum Ärger der Dienstherrschaft – versuchten, während ihres oft zehnstündigen Arbeitstages „auszubrechen". Kindermädchen übten in den ersten Jahren einen wesentlichen Einfluss auf ihre Schützlinge aus. Daher war es mütterlicherseits geboten, Kontakte zwischen Dienstmädchen und Männern zu unterbinden.

Im Jahre 1908 bestimmten sechs Kinder Hedwig Vietors Tagesablauf. Inhaltliche Schwerpunkte ihrer Briefe waren Erziehung und Entwicklung der Kinder. Sie strukturierte ihre Berichte, indem sie nach der Reihenfolge der Kinder vorging: Zunächst erzählte sie von der ältesten Tochter (Hedi), dann von den vier mittleren Kindern (je zwei Geschwisterpaare: Karl und Claus; Irmi und Alli). Ihre Schilderungen endeten mit der jüngsten Tochter (Gertrud). Sie charakterisierte die Kinder, deren Erziehung nach Ansicht der Mutter nicht immer problemlos verlief. Die älteste Tochter Hedi (geb. 1894) fungierte als Vertraute der Mutter. Zwischen ihr und dem ältesten Sohn Karl („Ibo"[70], geb. 1899) bestand ein Altersunterschied von fünf Jahren. Dadurch wuchs diese Tochter in einer hervorgehobenen Position auf. Sie begleitete ihre Mutter zum Gottesdienst, leistete ihr Gesellschaft auf Reisen[71] oder wurde von der Mutter zum Fehlen in der Schule veranlasst, wenn sie zu Hause „gebraucht" wurde. Eine besondere Mutter-Tochter-Beziehung entstand auch dadurch, dass Hedi in der Abwesenheit des Vaters im Ehebett schlafen durfte. Hedwig Vietor schrieb:

> „Hedi ist so glücklich, dass sie bei mir schlafen kann. Sie macht sich reizend, so
> voll zarter Aufmerksamkeit gegen mich, man merkt so heraus, sie will versuchen,
> mir Dich so weit es möglich ist zu ersetzen."[72]

Auch andere Frauen luden sich weibliche Verwandte oder ihre Kinder zum Schlafen in ihr Bett ein, wenn der Hausherr auf Reisen war. Damit schufen Frauen mit ausgewählten Personen Intimität und überbrückten das Alleinsein während der Strohwitwenzeit. Die Bettbesucherinnen zeigten sich solidarisch mit den Ehefrauen.[73] Hedwig Vietor gefiel es nicht, wenn Hedi gegenüber den kleinen Brüdern „so schrecklich die Regentin und ältere Schwester" herauskehrte. Die Mutter nahm sich schon 1904 die Zehnjährige vor, weil sie „gar nicht so ganz niedlich gegen ihre kleinen lieben Brüder" war. Möglicherweise hatte sich die älteste Tochter schon

---

70 Die Eltern nannten ihren ältesten Sohn Karl häufig „Ibo". Sie stellten damit eine Wertschätzung und einen „persönlichen" Bezug zu dem afrikanischen Volk „Ibo" im Südosten Nigerias her, in deren Sprache bereits 1860 Teile des Neuen Testaments übersetzt wurden. Der „christliche" Afrikakaufmann Vietor – so Horst Gründer (2004): S. 128 – kannte sich auch in den Küstenregionen Nigerias aus. Brockhaus (2001): Bd. 10, S. 379-380.

71 So begleitete sie Hedwig Vietor im August 1912 nach Schlangenbad. Dort sollte eine Rückenerkrankung (Ischias) der Mutter behandelt werden.

72 Privatbriefe Vietor: Hedwig Vietor an ihren Mann, 12. August 1908.

73 Beispiele: Marie Smidt und ihre Schwester Anni Vietor in Bremen; die Schwägerinnen Marie und Anita Overbeck in Bahia; Helene Noltenius und ihre Kinder, die in Guatemala und Bremen abwechselnd bei ihr schlafen durften.

einen „erwachsenen" Befehlston angeeignet. Hedi reagierte auf die Vorhaltungen ihrer Mutter „einsichtig" und fragte

> „jeden Abend, ob ich wohl mal gemerkt hätte, dass sie sich geändert hätte, und zu meiner Freude konnte ich wirklich jeden Tag verschiedentlich sehen, wie sie sich zusammen nahm, wenn ihr mal schnell ein unfreundliches Wort entschlüpfen wollte."[74]

Tochter Hedi zeigte in der Schule gute Leistungen, so z.B. im Aufsatzschreiben („kein Verschreiben, reizender Styl, wunderhübsche Schrift") und es erfüllte die Mutter mit Stolz, wenn sie das von Hedis Lehrerin, ihrer Schwägerin Anna Vietor, erfuhr, die in Bremen Leiterin einer höheren Mädchenschule war.[75] Die Bewertungen von Hedis Verhalten in der Schule stärkten Hedwig Vietor in dem Bewusstsein, dass ihre Erziehungsarbeit fruchtete. Es war ihr wichtig zu erklären,

> „wie sich [die Tochter] in jeder Lage immer reizend benehme, höchst fidel, aber nie albern und übertrieben, immer gesammelt mit ihren Gedanken, so recht die Freude aller."[76]

1904 lernte Hedi Vietor schwimmen und reiten. Im Januar 1905 kam eine Lehrerin ins Haus, die die Zehnjährige im Klavierspiel unterrichtete. Als älteste Tochter wurde Hedi schon im Alter von zehn Jahren auf zukünftige weibliche Aufgaben trainiert. Mit ambivalenten Gefühlen beobachtete Hedwig die gute Beziehung zwischen der Zehnjährigen und der Kinderfrau Alma Fehrens. Die Mutter hielt es für an der Zeit, die Tochter vor dem vermeintlichen schädlichen Einfluss von Alma zu schützen. Sie stellte fest, dass Alma als Bezugsperson der Tochter nicht genüge.

> „Es beschäftigen sie schon so manche Fragen, sie ist so klug und fasst so leicht auf und sieht und hört so vieles. Da ist es auch von großer Wichtigkeit, dass sie richtig gehandhabt wird, damit [sich] nichts Verkehrtes und Unklares in ihr festsetzt. Ich glaube, für ein Kind ist gerade die[se] Zeit von großer Wichtigkeit für die Erziehung. Und weißt du, so unbedingt zuverlässig Alma in der körperlichen Pflege ist – [es] ist schade, dass ihr doch die Bildung und der Tact, die zum Erziehen so notwendig sind, ganz und gar fehlen. Sie kann nicht das in die Kinder hinein bringen, was sie innerlich nötig haben, um tüchtige und brauchbare Menschen zu werden. Das habe ich doch oft sehr empfunden in diesem Winter. Wie gesagt, Hedi liebt Alma ja ganz unendlich, aber sie kann ihr doch nie mit dem Kommen, was ihr aller innerstes kleines Herz bewegt und bisweilen in Aufruhr bringt. Dazu bin ich ja natürlich auch da, Gott sei Dank."[77]

Es ging Hedwig Vietor darum, auf die beginnende „Reifezeit" der ältesten Tochter hinzuweisen. Dem jungen Mädchen sollten Sitte, Anstand und Etikette beigebracht werden. Auf diesen Gebieten („Bildung und Tact") traute die Mutter der

---

74 Privatbriefe Vietor: Hedwig Vietor an ihren Mann, 13. Dezember 1904.
75 (1860-1929); zu Bremer Privatschulen für Mädchen, u.a. von Anna Vietor: Wiltrud Ulrike Drechsel (2001): S. 161-175.
76 Privatbriefe Vietor: Hedwig Vietor an ihren Mann, 4. Januar 1905.
77 Privatbriefe Vietor: Hedwig Vietor an ihren Mann, 7. Februar 1905.

Kinderfrau nicht viel zu. Es stand Alma nicht zu, mit Hedi Zärtlichkeiten auszu-tauschen.[78] Die Mutter beargwöhnte das Vertrauensverhältnis zwischen der Tochter und Alma. Hedwig sah es als ihre Aufgabe an, die Erziehung der ältesten Tochter stärker in die Hand zu nehmen.[79]

Hedwig Vietor mochte ihre sechzehnjährige Tochter auch nicht „hergeben", als es 1912 ihrem Gatten darum ging, Hedi als familiären Nachwuchs im Bremer Kon-tor seines Geschäfts zu positionieren. Hedwig Vietor wandte dieses Vorhaben mit der Begründung ab, Hedi habe nicht

> „genug Interesse für das Geschäft, und dadurch, dass sie für dich tippt, wird sie niemals genügenden Einblick bekommen. Ein Mädchen soll man als Mädchen erziehen, ihr was mitgeben, was für sie selbst Wert hat, und man kann da nicht an eigene Wünsche und Vorteile denken. [...] Ich kann aber wirklich nicht einse-hen und <u>nicht</u> damit einverstanden sein, dass du sie mir und den viel wichtigeren weiblichen Betätigungen hier so einfach nimmst, wo deine Tochter es nicht nötig hat, Tippfräulein zu werden."[80]

Hedwig Vietor sah für ihre fast erwachsene Tochter die übliche bürgerliche Frauen-rolle vor. Weder zur Ausbildung im väterlichen Unternehmen, noch zu einem Stu-dium wurde die Tochter ermutigt. „Was für die Tochter von Wert war", legte die Mutter fest und hatte dabei wohl auch egoistische Gründe. Die Nähe zur ältesten Tochter bedeutete ihr so viel, dass sie sie (noch) nicht aus ihrem erzieherischen Einfluss entlassen wollte. Damit musste sich J.K. Vietor abfinden. In dem Zusam-menhang argumentierte Hedwig Vietor sogar mit der Reihenfolge der Geburten – zuerst das Mädchen, dann die Knaben – wenn „der liebe Gott es für nötig befun-den hätte [...], dann hätte er [Karl] auch gut eher geboren werden lassen können." Es bestätigte sich, Bürgermütter halfen das alte Rollenschema zu verfestigen.[81]

In Hedwig Vietors Briefen kamen auch die jüngeren Kinder nicht zu kurz. Wäh-rend der langen Trennungszeiten versuchte sie, ihrem Mann eine Vorstellung von ihrem Alltag mit den Kindern und von jedem Kind die individuellen Entwicklungs-prozesse zu vermitteln. Sie schrieb:

> „Claus ist fidel mit seinem Arbeiten. Er sieht das alles noch so mehr als Jux an und amüsiert sich königlich über jeden krummen Buchstaben, den er macht. Er ist aber immer sehr fleißig dabei. Rechnen tut er bis jetzt noch immer sehr fein, das ist ja ganz besonders angenehm für einen Jungen. Er ist allerliebst so im Hause, voller Ulk und Spaß [...] <u>Im Übrigen ein rechter Bengel, wie er sein muß.</u> [i.O] Irmgard ist famos, die stramme Deern, hat jetzt mächtigen Appetit und ist den

---

78 „Übrigens dulde man niemals, dass Kinder durch Dienstboten und andere fremde Personen ge-küsst werden, weil durch den Kuss gar leicht Ansteckungsstoffe übertragen werden." Befürchtet wurden Infektionen. Vgl. Carl Ernst Bock (1898): S. 488.

79 Dazu Henriette Davidis (1986 (1895): S. 207. „Die gute Tochter betrachtet die Mutter als die treueste, beste und trauteste Freundin ihres Lebens. Keine Seele meint es doch auch besser mit ihr, keine weiß richtiger zu beurteilen, was ihren Kindern nützt und schadet."

80 Privatbriefe Vietor: Hedwig Vietor an ihren Mann, 14.-23. November 1912. Fortsetzung der Brieftextstelle: „Dass du Karl gern so früh haben willst, sehe ich ja ein. Aber was helfen da die Wünsche und das ‚Übereilen-Wollen.'"

81 Gunilla-Friederike Budde (1994): S. 190.

ganzen Tag im Freien bei allem Wetter. Sie sagt, sie kennte dich noch sehr genau und könnte sich noch denken wie du sprichst."[82]

Die Mutter setzte häufig Schwerpunkte auf Schilderungen des aktiven Verhaltens der Knaben, während sie von den kleinen Mädchen über Appetit oder Ungehorsam berichtete. Wenn Hedwig Vietor ihre Kinder tadelte, ging sie mit Strenge vor. Sie stellte die Kinder zur Rede und „hielt ihnen einen gründlichen Vortrag" oder nahm sich die Kinder „ernst vor" und es setzte „Rüffel". Anschließend war sie froh, wenn ihre Predigten „schon ganz reizend geholfen" hatten.

1908 kam es zwischen Hedwig Vietor und ihrer zweieinhalbjährigen Tochter Alli zu Konfrontationen, obwohl die Mutter ihre Tochter als „eine sehr zart empfindende kleine Person" darstellte. Als Alli einmal nicht gehorchte, „da brachte ich sie, wie man so sagt, auf den Schwung, aber ohne Schläge", schrieb die Mutter. Alli zeigte dabei nur wenig äußere Bewegung, aber sie „zuckte" zusammen. Anschließend ging Hedwig aus dem Haus, um Besorgungen zu machen. Darauf begann Alli zu „schluchzen". Die Kleine blieb nach dem „Donnerwetter" traurig mit dem Gefühl zurück, die Mutter sei ohne Abschied gegangen und noch „böse" auf sie.[83] Dieses Beispiel zeigt eine Erziehungssituation, die das Kind bis zur Rückkehr der Mutter bekümmerte. Hedwig Vietor betonte, sie habe das Kind (diesmal) nicht geschlagen, aber die Tochter war auch durch die verbale Attacke betrübt und erschrocken.

Hedwig Vietor legte ihre Kinder auf bestimmte geschlechtsspezifische Eigenschaften fest. Aber sie stellte auch frühzeitig individuelle Charakteristika fest. So glaubte sie 1905, beim ältesten Sohn Karl (geb. 1899) eine „zarte Natur" zu beobachten. Sie befürchtete, dass der Sechsjährige sich im Kontakt zu anderen Schuljungen besonders „durchbeißen" müsse, wenn er ein „richtiger Junge" werden sollte. Im Unterschied zu Claus, der als Sechsjähriger ein „richtiger Bengel" – also mutig und streitbar und nicht ängstlich oder kränklich, sondern „kernig" war, stellte die Mutter an ihrem ältesten Sohn eine Konstitution fest, die oft Mädchen zugeschrieben wurde. In den Zuschreibungen für Karl und Claus klangen Bewertungen an, die unter Geschwistern zu Konkurrenz führen konnten.

Den Sommer 1908 verbrachte Familie Vietor mit Kindern, Dienstmädchen und einer jungen Französin als Erzieherin („Mademoiselle") auf dem Landsitz in Leuchtenburg. Anfang August reiste der Hausherr J.K. Vietor nach Afrika ab. Hedwig Vietor blieb noch bis Oktober auf dem Land. Zu dieser Zeit waren auch die Söhne Karl und Claus schulpflichtig, d.h. sie mussten zusammen mit ihrer Schwester Hedi ab Mitte August mit dem Zug zur Schule nach Bremen fahren.

Wegen der angeblich schwachen körperlichen Konstitution des ältesten Sohnes machte Hedwig Vietor Besuche bei Karls Lehrern, um ihn zeitweise vom Unterricht zu befreien. Professor Achelis beurlaubte den Jungen mittwochs vom Unterricht. Auf Wunsch der Mutter sollte auch der Hausarzt bestätigen, „dass Karl nicht so oft in die Schule darf." Darüber hinaus beabsichtigte Hedwig, den Jungen

---

82 Privatbriefe Vietor: Hedwig Vietor an ihren Mann, 25. August 1908.
83 Privatbriefe Vietor: Hedwig Vietor an ihren Mann, 1. Juli 1908.

„einfach zwischendurch noch mal einen Tag zu Hause" zu lassen. Was sie nicht bedacht hatte war, dass „Karl so recht mit Freuden" zur Schule ging. Ihm tat es leid, mittwochs nicht in die Schule zu dürfen.[84] Er wollte wegen des Fernbleibens wohl nicht in eine Außenseiterposition unter seinen Klassenkameraden kommen. Hedwig Vietor beabsichtigte, auch Tochter Hedi auf diese Art für „ein bis zwei Tage in der Woche frei [zu] kriege[n]". An den Klassenlehrer von Claus schrieb sie, dass er einstweilen nicht zur Schule käme. Sie bat den Lehrer um die Aufgaben für den „verhinderten" Schüler.[85]

Das Leben auf dem Land in Leuchtenburg mit sechs Kindern – drei Schulkindern und drei kleineren Kindern – brachte nach dem Ende der Sommerferien Unbequemlichkeiten mit sich. Um pünktlich in Bremen zum Schulbeginn zu sein, begann der Tagesablauf mit dem Aufstehen um fünf Uhr, denn der Zug fuhr um sieben Uhr ab. Die Knaben wurden von der Kinderfrau Alma Fehrens begleitet und waren manchmal schon um elf Uhr zurück.[86] Die Mutter wollte sich und den Kindern während des Landaufenthalts das allzu frühe Aufstehen und die unterschiedlichen Abfahrt- und Ankunftszeiten zwischen Leuchtenburg und Bremen möglichst ersparen. Daher entschied sie, die Kinder zeitweise aus der Schule zu „befreien". Sonst hätte Hedwig Vietor zum Schulbeginn das Sommerhaus verlassen müssen.

Aus den umfangreichen Quellen der Familie Vietor lassen sich drei Kinderspiele ermitteln, die verdeutlichen, wie die Kinder durch den kolonialen „Zeitgeist" und nationale Begeisterung durch Erziehung Schule und Elternhaus geprägt wurden.

1908 spielten die „unzertrennlichen" kleinen Schwestern Irmi und Alli (vier und zwei Jahre alt) „Schutztruppe". Sie klappten ihren „Gartenhut so an der Seite hoch", fassten sich an und „zogen immer laut singend im Garten herum"[87]. Die Kinder stellten damit einen Bezug zum Arbeitsfeld ihres Vaters als Kaufmann in den kaiserlichen „Schutzgebieten" in Togo, Kamerun und „Deutsch-Südwest-Afrika" her. Die Uniformen und auch das militärische Zubehör lernten Mädchen und Jungen nach der Niederschlagung des Hereroaufstands 1904 durch Spielzeug kennen. Auch das Geschwisterpaar Karl und Claus Vietor spielte 1905 im Alter von sechs und vier Jahren mit Figuren von Schutztruppen-Soldaten und Hereros Kolonialgeschichte. Die Mutter beobachtete, dass

> „Claus eben alle seine Hereros aufgestellt hatte und in der Mitte legte er lauter Bauhölzer übereinander, und darauf legte er einige von den Negern und erzählte dann strahlend: ‚Die werden alle gebraten, denn freuen die andern sich so.' Das fand er mit Hartherzigkeit aber ganz in der Ordnung, der kleine Lümmel."[88]

Hedwig Vietor ließ die Spielsituationen ihres Sohnes wohlwollend durchgehen. Ob und wie der Vater J.K. Vietor auf diese Erzählung reagierte ist nicht bekannt. Seine

---

84 Privatbriefe Vietor: Hedwig Vietor an ihren Mann, 26. und 27. August 1908.
85 Privatbriefe Vietor: Hedwig Vietor an ihren Mann, 15. August 1908.
86 Privatbriefe Vietor: Hedwig Vietor an ihren Mann, 20. August 1908.
87 Privatbriefe Vietor: Hedwig Vietor an ihren Mann, 2. Oktober 1908.
88 Privatbriefe Vietor: Hedwig Vietor an ihren Mann, 4. Januar 1905.

Einstellung gegenüber Afrikanern geht aus vielen Briefen hervor: Er setzte sich als christlicher Kaufmann und Förderer der Bremer Norddeutschen Mission für Bildung und Selbständigkeit von Afrikanern ein.[89]

Nationale Themen wurden durch Zeitungen und durch kaiserliche Verordnungen aus der Hauptstadt Berlin in Schulen und Elternhäuser getragen. So feierten die Bremer in deutsch-nationaler Gesinnung am 2. September den Gedenktag „Sedanstag", der an den „Jubelsieg" Preußens über Frankreich und an die Reichsgründung 1871 erinnerte.[90] Schüler aller Bremer Schulen setzten sich zusammen mit Kriegsveteranen in einem „Sternmarsch" in Bewegung, um am Kriegerdenkmal[91] Kränze niederzulegen. Ehrenmäler und Ehrenzeichen sind nach Benedict Anderson „fesselnde" Symbole, die Bekenntnisse für eine „moderne Kultur des Nationalismus" bezeugen sollen.[92] Ebenso wie am Sedanstag fand auch am zweiten wichtigen Nationalfeiertag, „Kaisers Geburtstag" (27. Januar), in Schulen und Vereinen – auch in den deutschen Kolonien in Übersee – ein umfangreiches patriotisches Programm statt, bei dem mitwirkende Kinder von nationalen Ideen ergriffen werden sollten.

Mit neun bzw. elf Jahren „gründeten" die Vietor-Knaben 1910 einen Verein, den sie „Wacht am Rhein" nannten. Karl schrieb den Text „Der deutsche Rhein" von M. Becker ab. Dann arbeitete er an einer „Kassenabrechnung", stellte eine Liste von „Ehrenmitgliedern" auf und fertigte in Kinderhandschrift ein „Monatsblatt des Vereins". Darin heißt es:

> „Vor allem braucht der Verein neue Soldaten. Wir haben nur vier und das sind viel zu wenig. Wir müssen Geld haben. Und Ehrenmitglieder und Mitglieder. Wenn man kein Geld geben will, so kann man nützliche Sachen geben. Für alles ist der Verein dankbar."[93]

An dem „Vereinsabend" nahmen Kinder und Erwachsene teil. Er wurde mit dem Gesang von „Die Wacht am Rhein" eröffnet. Danach hielt der elfjährige Karl eine Begrüßungsansprache und dieser folgte ein „Mailied auf der Violine", das Hedwig Vietor auf dem Klavier begleitete. Einer der Erwachsenen hielt anschließend einen „Vortrag über die Entwicklung der Luftschifffahrt", worauf „ein Hoch auf Zeppelin" ausgerufen wurde. „Das Lied von Körner" ließ die Familie aus Rücksicht auf die französische Gouvernante Mahell „taktvoll" weg, so Hedwig Vietor.[94]

---

89 Privatbriefe Vietor: Hedwig Vietor an ihren Mann, 13. November 1904. J.K. Vietor war es selbstverständlich, einen afrikanischen Gast seines Hauses in Palimé (Togo) deutschen Offizieren vorzustellen und er bemerkte: „Die Offiziere machten komische Gesichter, wenn sie mich besuchten und ich sagte, darf ich ihnen Herrn [Robert] Sanwee vorstellen? Sie gaben ihm dann zögernd die Hand und er hatte den Takt, sich gleich zu drücken. Vielleicht gibt es den Herren doch Stoff zum Nachdenken, wenn sie so etwas von mir sehen."

90 Vgl. H.C. Franzius (1935): S. 91. Franzius (geb. ca. 1865) schrieb mit Stolz, er sei als Gymnasiast als Fahnenträger gewählt worden und über das Zusammentreffen mit „Veteranen von 1813 bis 1815, 1864, 1866 und 1870", deren „Orden und Ehrenzeichen" ihm in Erinnerung blieben und durch die „deutsche Siege" verkörpert wurden.

91 Das Monument stand seit 1875 in den Wallanlagen am Ansgaritor und wurde während des Zweiten Weltkriegs eingeschmolzen. Vgl. Herbert Schwarzwälder (1995): Bd. 2. S. 312.

92 Benedict Anderson (1997): S. 31.

93 Privatquellen Vietor: Hedwig Vietor an ihren Mann, 4. Mai 1910.

94 Theodor Körner (1791-1813), Schriftsteller und Mitglied eines Freikorps im Krieg Preußen ge-

Kinder bürgerlicher Eltern wuchsen um 1900 mit nationalen Themen auf. Deutsche und englische Bürgerkinder bevorzugten nach einer „Bestsellerliste" von Kinder- und Jugendbüchern[95] Lesestoffe, die sie vor zeitgenössischen politischen Konflikten „verschonten" und doch waren den Kindern diese Themen präsent. Die „Vereinsgründung" und die Beschäftigung mit deutsch-nationalen Themen fand Unterstützung von Eltern, Lehrerinnen, Herrn und Frau Pastor Groscurth und der Kinderfrau Alma Fehrens. Sie waren Gäste bzw. „Ehrengäste" des „Unterhaltungsabends" des Kinderclubs.[96] Die Kinder kopierten beim Spielen das, was sie von den außerhäuslichen Aktivitäten ihrer Eltern über Vereinszugehörigkeiten erfahren hatten. Sie wuchsen in einem Umfeld auf, in dem soziale und politische Engagements üblich waren. So bereitete sich Hedwig Vietor z.B. auf ihre „Predigten" in der „Sonntagsschule"[97] vor und unterstützte durch ihre Mitgliedschaft den Frauenverein.[98]

Ein anderes Beispiel aus dem Kinderzimmer von Karl und Claus Vietor betrifft ein weit verbreitetes Jugend- und Kinderbuch, das mit seinen Abbildungen mehrere Generationen von Kindern faszinierte: Die Abenteuer von Robinson Crusoe.[99]

---

gen Frankreich, stellte ein Reitergefecht gegen französische Truppen in sechs Strophen dar. Karl Maria von Weber (1786-1826) vertonte das Gedicht. Im Triumph über den Sieg enden Körners Verse jeweils mit dem Refrain über die französischen Gegner „Das ist Lützows wilde, verwegene Jagd". Das Lützower Freicorps trug mit dem Schwarz in Schwarz umgefärbte, mit Rot abgesetzte und mit Goldknöpfen versehene „Zivilkleidung" als Uniformjacken. Das Schwarz der „Gesellen", „Jäger", „Schwimmer", „Reiter" usw. nahm Körner in fünf Strophen, jeweils vor dem Refrain auf. Duden (2001), Bd. 13, S. 666: „Die Glorifizierung der Truppe entsprach in keiner Weise ihrer Kampfkraft." Zu den „deutschen" Farben, vgl. Duden (2001), Bd. 5, S. 292.

95 Gunilla-Friederike Budde (1994): S. 129.

96 Privatbriefe Vietor: Hedwig Vietor an ihren Mann, 4. Mai 1910: „Morgen Nachmittag von sechs bis acht Uhr ist hier der Unterhaltungsabend der „Wacht am Rhein".

97 Privatbriefe Vietor: Hedwig Vietor an ihren Mann; 14./18. März 1897; 8. Mai 1897.

98 Privatbriefe Vietor: Hedwig Vietor an ihren Mann, 22. Dezember 1904; 20. September 1909. Eine Vereinsspende von 100 Mark hielt sie am 20. September 1909 bereit und beteiligte sich am Bazar des „Kleinen Frauenvereins" am 29. November 1912.

99 Robinson Crusoe als Kinderlektüre. „Das Leben und die seltsamen Abenteuer des Robinson Crusoe" von Daniel Defoe wurde 1719 zum ersten Mal publiziert. Seitdem nahmen sich zahlreiche Übersetzer und Pädagogen des Stoffs an; besonders erfolgreich von Joachim Heinrich Campe (1746-1818). Bis 1884 erreichte das Werk die 109. Auflage, und eine illustrierte Ausgabe wurde bis 1923 in der 122. Auflage verbreitet. Campes „Robinson der Jüngere" rechnet zu den erfolgreichsten Büchern deutscher Sprache." Vgl. Hans-Heino Ewers (1996): S. 159-178, hier S. 161. – Eine dieser Robinsonaden wurde in der Reihe „Lebensbücher der Jugend" vor dem Ersten Weltkrieg veröffentlicht. Die fiktive Abenteuergeschichte des Kaufmannssohns, dessen Vater von Bremen nach England ausgewandert war, beginnt mit Robinsons Ungehorsam gegenüber seinem Vater. Anstatt etwas Ehrenwertes zu lernen, trieb sich der Sohn „stundenlang im Hafen herum, beobachtete das Ein- und Auslaufen der Schiffe und ergötzte [s]ich an dem Treiben der Matrosen." In den Fußstapfen des wohlhabenden Vaters wollte er noch nicht treten. Seine Abenteuerlust war so stark, dass Warnungen und auch schreckliche Prophezeiungen des Vaters nicht fruchteten. So verließ Robinson auf einem Schiff die Heimat, ohne Abschied zu nehmen. Für diesen Ungehorsam wurden ihm im Laufe seiner fast dreißig Jahre langen Odyssee Strafen auferlegt, um Einsicht und Reue („Einkehr in die Seele") wegen seiner „Lieblosigkeit" dem Vater gegenüber zu empfinden. Ihm wurden die „Augen für [seine] Schuld geöffnet". In der Inseleinsamkeit schöpfte er „Trost und Kraft aus der Bibel", und Gebete „beglückten" ihn. Robinson hauste fast dreißig Jahre lang auf einer kleinen, sonst unbewohnten Insel, davon etwa drei Jahre lang mit Freitag, den er zivilisierte und zu seinem Diener machte. – Vgl. Gunilla-Friederike Budde (1994): Über die Verbreitung des Stoffs (Robinson Crusoe als Spitzenreiter unter den Jugendbüchern): S.128); Erziehungsziele (S. 112f.) sowie die Vermittlung von Naturbildern (S.

Es ist eine Geschichte, deren Handlungsrahmen von Handel und Kolonisation bestimmt wird, in dem aber für Frauen keine Rollen vorgesehen sind. Die Erzählung beginnt mit dem familiären Umfeld Robinsons: Er wächst in einem Elternhaus in England auf. Sein Vater ist ein aus Bremen [!] stammender Kaufmann. Robinson tritt in die Fußstapfen seines Vaters: Es zieht ihn auch in die Welt hinaus!

Robinson Crusoe spielte in Bremer Kinderzimmern eine besondere Rolle. Die Vietor-Knaben erlebten das Fortmüssen und Zurückkehren ihres Vaters als Realität, und die Geschichten, die J.K. Vietor seinen Kindern nach seiner Rückkehr aus Afrika erzählte oder durch seine Briefe von dort vermittelte, muteten wie „Robinsons Abenteuer" an. Es waren Narrationen aus den Kolonien, in denen Afrikaner zivilisiert wurden. Karl und Claus Vietor „lebten" im Spiel in der Geschichte ihres Helden Robinson Crusoe und dessen farbigen Diener Freitag. Sie kannten alle Einzelheiten der Erzählung und ließen sich immer wieder die Bilder des Buchs erklären. Dazu schrieb Hedwig Vietor ihrem Mann:

> „Ibo [Karl] erzählte mir eine Episode daraus, und Claus erzählt dann immer mit: ‚Nein, Ibo, da hat Freitag erst geweint und dann Robinson, wie sie Kartoffeln aßen und an ihren Vater dachten.' So wissen sie beide sehr genau Bescheid."[100]

Der Beginn der Abenteuergeschichte hatte einen unmittelbaren Bezug zum Beruf ihres Vaters, der sein „abenteuerliches Berufsleben" mit 23 Jahren in Afrika begann und von seinem Alltag, von seinen Exkursionen ins „Hinterland", von Unzivilisierten („Wilden") und deren „Kultivierung" sowie von exotischen Tieren ausführlich an seine Frau und Kinder schrieb.

Robinson war aber viel mehr als eine Abenteuergeschichte: Mit ihr verbanden sich Identifikationen vom Aufbruch in die Fremde, von erfolgreicher Zivilisation und geglückter Rückkehr als reicher Kaufmann. Robinsons Abenteuer regten die Einbildungskraft der Kinder und auch die Phantasie von Erwachsenen an. Der Haupthandlungsort befindet sich auf einer Insel, die dem Orinoco-Delta im Nordosten Südamerikas vorgelagert ist, ein Gebiet, das Reisende und Händler in der Nachfolge von Kolumbus entdeckten. Dort bestand Robinson Abenteuer mit „Menschenfressern"[101]. Dieser besonders exotische Teil der Geschichte war schaurig und interessant zugleich. Die Kinder lernten über die Robinson-Geschichte Vorstellungen von Gut und Böse, von christlich-moralischen Europäern und fremden Eingeborenen, unter denen sich auch Kannibalen befunden haben sollen. Aber einige Schwarze waren durchaus „gelehrig", wie den Kindern das Beispiel von Robinsons

---

165). Vgl. die Bremer Dissertation von Angelika Reinhard (1994) und die Bibliografie zu „Robinson und Robinsonaden in der deutschsprachigen Literatur" von Reinhard Stach (1991) sowie Reinhard Stach (1996). Diese Publikationen verweisen auf die Erfolgsgeschichte des Stoffs zwischen 1800 bis 1950.

100 Privatbriefe Vietor: Hedwig Vietor an ihren Mann, 4. Januar 1905.

101 Brockhaus (2001): Artikel Kannibalismus, Bd. 11, S. 444. Über „klischeehafte Kannibalismus-Vorstellungen" und einem „symbolischen Kannibalismus": „Die aufgezeichneten Fälle beruhen auf Hörensagen oder auf Selbstbezichtigungen, die unter zweifelhaften Umständen zustande kamen." Ursula Dyckerhoff (1994): S. 101-206, hier S. 127: „Gefangene Männer wurden getötet und in einem kannibalischen Ritualmahl mit nachfolgendem Trophäenkult verzehrt."

Diener Freitag zeigte. Es war nützlich, sie zu erziehen, um sie später – wie es J.K. Vietor in Afrika praktizierte – als Plantagenarbeiter oder als Verkäufer in Faktoreien zu domestizieren. Die Kinder identifizierten sich mit Robinsons Abenteuern, der vor seinem Aufbruch nach Afrika in London „Glasperlen und allerlei Tand, wie sie die Neger lieben", kaufte, um diese Waren in Guinea in Westafrika „gegen weit wertvollere Gegenstände, Gold und Straußenfedern ein[zu]tauschen"[102].

Robinson Crusoe wurde zum pädagogisch-bürgerlichen Leitbild erklärt.[103] Die darin vermittelten Werte und Erziehungsziele bestanden aus individuellen Leistungen, Unermüdlichkeit, Willenskraft, ökonomischer Zeiteinteilung und strikter Selbstdisziplin. In diesem Sinn vermittelten auch Hedwig und J.K. Vietor ihren Kindern protestantisch-bürgerliche Tugenden. Aus dem Robinson-Text ergeben sich verschiedene Parallelen zur Lebenswelt der Kinder. Sie wuchsen mit Geschichten aus Briefen und Fotografien aus Afrika und mit Imaginationen von Fremdheit auf. Die Arbeit des Vaters erschien ihnen häufig mehr abenteuerliches Improvisieren als etwa planmäßiges Handeln zu sein. Aber für seinen Erfolg als Kaufmann brachte er unermüdlich „Opfer" für Frau und Kinder, denn er war permanent unterwegs. Um neue Märkte zu erschließen, unternahm er in Afrika „Hinterland-Expeditionen", die nur durch stundenlange Fußmärsche oder „bequem" in Hängematten von Afrikanern getragen zu bewältigen waren. Waren und Proviant wurden ohnehin von Trägern durch den Busch transportiert. Für sein Handelsgeschäft und seine Plantagen zog Vietor indigene Mitarbeiter heran, die er aus dem Umfeld der Norddeutschen Mission rekrutierte. Afrikanische Schuljungen, zum Teil jünger als Karl und Claus, begannen mit ihren Tätigkeiten als Hausboys in Vietors Faktoreien.

Karl und Claus Vietor merkten frühzeitig, dass sie beruflich in die Fußstapfen ihres Vaters treten sollten. Konkrete Wünsche an sie hatte ihr Vater schon, als die Jungen dreizehn und elf Jahre alt waren. Doch Hedwig Vietor wies diese Idee zurück. Sie hob Karls körperliche Konstitution hervor. Er sei noch zu schwach, um im Kontor

> „von morgens bis abends herum zu stehen und zu arbeiten. Er muss mindestens noch zwei Jahre in die Schule gehen. Ihm hat die Schule niemals geschadet – im Gegenteil. Es wird ihm leicht, er hat nette Freunde, er ist auch so ganz im Hause und unter uns, in was für Gefahren kommt der kleine Kerl, wenn er erst so unter die heutige Jugend kommt. Ich meine, du hast ja selbst unter den jungen Leuten an deinem Contor manche recht traurige Erfahrung gemacht. [...] Das wird doch ganz unmöglich sein, mein Karl, bedenke doch, dass Karl jetzt erst 13 Jahre alt ist!!"

Hedwig Vietor war erfolgreich mit ihren Einwänden. Die Kinder sollten ihre Schulzeit nicht frühzeitig beenden. Für die Mutter war nicht vorstellbar, schon jetzt über einen Abschied von ihren Söhnen nachzudenken.[104]

---

102 Daniel Defoe (ca. 1918): S. 8.
103 Annegret Reinhard (1994): S. 198.
104 Privatbriefe Vietor: Hedwig Vietor an ihren Mann, 14.-23. November 1912 [21 Seiten].

Als Hedwig Vietor und ihre Kinder den Sommer 1908 auf dem Land verbrachten, gehörte es zu den Pflichten der größeren Kinder, das Unkraut zu jäten und
Herbstlaub zu harken. In Leuchtenburg fühlten sich Mutter und Kinder wohl. Beim
gemeinsamen Mittagessen, an dem auch die Erzieherinnen oder Gäste teilnahmen, sollten die Kinder kultivierte „Tischsitten", familieninterne Rituale und höfliche Interaktionen lernen. Karl Vietor wurde als Elfjähriger gelobt, weil er eine
kleine „Rede" hielt und einen Toast auf seinen Vater in der Ferne ausbrachte.[105]
Doch während der gemeinsamen Mahlzeiten traten Erziehungsprobleme auf. Dagegen schritt Hedwig Vietor ein. Das galt für das Sprechen, die Sitzhaltung und den
Gebrauch des Essbestecks. Kinder hatten die ihnen zugeteilten Portionen aufzues-
sen, auch wenn ihnen das Essen nicht schmeckte, und bei Tisch „artig" zu sein.[106]
Mit scheinbar nebensächlichen Erzählungen rückte Hedwig Vietor gegenüber ihrem Mann ihre Rolle als Erzieherin ins rechte Licht. So griff sie z.B. ein, als sich
die kleine Tochter Gertrud („Trudeli", geb. 1907) während einer Mahlzeit angeblich ungezogen verhielt. Offenbar war die Kleine zuvor als Tischnachbarin von der
Kinderfrau

> „Alma etwas verwöhnt [worden]. Jetzt wird sie von mir wieder sehr zusammen
> geritten, das gab gestern Mittag etwas Trauerspiel, aber daran ist nun mal nichts
> zu ändern, sie sah es denn nachher auch sehr niedlich ein. Entzückend ist das
> kleine Geschöpf jetzt, sie ist sehr stolz. Wenn du erst wieder unter uns bist, wirst
> du so recht deine Freude an ihr haben"[107],

schrieb Hedwig Vietor. Die Mutter war in Wut, die Tochter weinte, die Kinderfrau
war bekümmert und fühlte sich wohl „schuldig", weil sie das Kind etwas „gehät-
schelt" hatte. In auffälliger Wortwahl stellte Hedwig Vietor die Situation um Gertrud in Adjektiven dar: Das Verwöhnte, Niedliche, Entzückende und Stolze des
Kindes versuchte die Mutter, durch „Zusammenreiten" (also Schlagen, Schimpfen)
zu bändigen. Auch ein Konflikt mit Claus eskalierte am Mittagstisch. Der Sohn
hatte sich nach Ansicht der Mutter schlecht benommen und ihre Ermahnungen und
Drohungen nicht Ernst genommen. Später wandte sich Claus von der Mutter, seinen Geschwistern und den Hausmädchen ab. Die Mutter war sicher, dass er Reue
zeigte. Seine Tränen brachten sie in eine sentimentale Stimmung. Die Strafe der
Mutter wirkte auch auf die anderen Kinder: „Sie nahmen sich alle sehr in Acht."[108]
    In ihren Briefen führte Hedwig Vietor ihrem Gatten „seine kleine Bande" vor
und stellte sich als strenge Mutter, besonders der kleinen Töchter, dar. So vermittelte sie den Eindruck, dass sie sich in der Abwesenheit ihres Gatten nicht von ihren
strengen Erziehungskonzepten abbringen lassen wollte. Sie hob zwar die kindliche
Anmut und Zärtlichkeit ihrer noch nicht zweijährigen Tochter hervor, dennoch ließ

---

105 Privatbriefe Vietor: Hedwig Vietor an ihren Mann, 6. Mai 1910.
106 Vgl. Dorle Klika (1990): S. 230.
107 Privatbriefe Vietor: Hedwig Vietor an ihren Mann, 25. August 1908.
108 Privatbriefe Vietor: Hedwig Vietor an ihren Mann, 15. August 1908. Claus „war entsetzlich ge-
    knickt, was du dir wohl denken kannst. [...] Nachher suchte ich ihn im Garten, Tränen über-
    strömt fiel er mir um den Hals, das war ordentlich rührend." Vgl. Hans Zulliger (1966). In
    einem Kapitel gab Zulliger Äußerungen von Kindern zur Körperstrafe wieder. S. 20-33.

sie durch ihren sprachlichen Ausdruck (sie „wird von mir wieder sehr zusammen geritten")[109] keinen Zweifel an ihrer zeitweiligen Gewalttätigkeit den Kindern gegenüber aufkommen.

Die Ambivalenz von mütterlicher „Liebe" und Prügelstrafe ist heute kaum nachvollziehbar. Die deutsche Redensart „Wer nicht hören will, muss fühlen" bringt diese Praxis als Gemeinplatz zum Ausdruck. Eltern, Lehrer und Lehrherrn gingen davon aus, dass Schläge Kinder weder körperlich noch seelisch schädigen. Schläge gehörten zum Alltag der häuslichen und schulischen Kindererziehung bis zum Ende des Zweiten Weltkriegs. Erst in den 1970er Jahren setzte sich in der öffentlichen Meinung die Ansicht durch, dass Körperstrafen schädlich für die Entwicklung von Kindern sind.

Auch bei der Kontrolle der Schularbeiten traten Konflikte auf. Hedwig Vietor schrieb:

> „Neulich war [der elfjährige Claus] ein Esel mit seinen Arbeiten, da vermied ich es, ihn zu schlagen, weil ich dachte, dazu wäre er für mich schon zu groß, er könne bockbeinig werden. Wie da aber wieder was war, da war ich so wütend und habe ihm rechts und links welche an die Backe gegeben, dass es nur so knackte – aber er muckte sich nicht, sondern fiel mir immer um den Hals. Ich bin jetzt so weit, dass ich wohl bitterstreng in solchen Fällen mit ihm bin, mir aber doch nicht die Freude an seinem reizenden, sonnigen Wesen innerlich stören lasse. Man muß ja scharf aufpassen, aber auch nicht vergessen, was die guten Seiten an ihm sind."[110]

Der Bibelspruch, „Wer sein Kind liebt, der züchtigt es", diente gerade in protestantisch-bürgerlichen Kreisen als Rechtfertigung für strafende Schläge und richtete sich gegen Knaben und Mädchen. Zunächst beherrschte Hedwig ihren Zorn, aber ihre Wut steigerte sich, als sie feststellte, dass der Sohn ihre Strafandrohungen außer Acht ließ. Sie schlug ihn ins Gesicht. Anschließend war sie nicht peinlich berührt über ihren Wutanfall, sondern bestätigte sogleich ihre Zuneigung und Liebe („sonniges Wesen") zum Sohn. Hedwig Vietor reagierte auf weinende, kranke Kinder nicht immer gelassen und tröstend, im Gegenteil: Die zweieinhalbjährige Alli wachte nachts von einem starken Hautjuckreiz auf und konnte auch nach der Behandlung mit einer Hautsalbe nicht wieder in den Schlaf finden. In dieser Situation verlangte Alli nach dem Kindermädchen Tilla, weinte und wünschte „wie eine kleine Maschine [...] immer was Neues". Die Mutter zeigte Strenge und wandte „wieder [!] tüchtig Schläge an", so dass sie nach dieser Szene „noch bebte", als sie später den Brief an ihren Mann in Afrika fortsetzte. Hedwig schlug ihre Tochter so

> „fürchterlich, [...] bis sie nicht mehr konnte [!]. Mit einem Mal ist der Trotz dann gebrochen und dann ist alles gut. Dann lege ich sie in das Bett, dann küsst sie

---

109 Die Mutter „klemmte" sich das Kind zwischen ihre Beine, so dass es bewegungsunfähig war, und in dieser Stellung erhielt das Kind Schläge auf das Hinterteil (Gesäß). Siehe Walter Hävernick (1964) umstrittene „Sittengeschichte" über Schlagen als Strafe: Abbildung aus „Fliegende Blätter", Nr. 20b, im Anhang.

110 Privatbriefe Vietor: Hedwig Vietor an ihren Mann, 14.-23. November 1912.

mich süß und reizend und schläft fein ein. Das Kind tut mir dann so leid, sie ist dann so erregt, die kleine zarte Person."

Hedwig Vietor versuchte, das „Trotzköpfchen"[111] ihrer Tochter zu brechen. So setzte es auch Schläge für die kleine Alli, wenn sie sich nicht an die Anordnungen der Mutter hielt und sich zu weit vom Wohnhaus entfernte.[112] Wie reagierte J.K. Vietor aus der Ferne auf Hedwigs Erziehungsbemühungen?

> „Mir ist es eine große Befriedigung, dass ich weiß, dass du mit den Kindern verständig umgehst. Ich bin mit allen Deinen Aufzeichnungen vollständig einverstanden und ganz deiner Meinung, dass eine kleine Tracht Prügel zur rechten Zeit bei den Kindern wunderbar wirkt. Wenn Ibo [Karl] ein bisschen schneidiger wird, dann ist das ja ganz gut, und du kannst ihn doch gewiss mit Leichtigkeit auf den richtigen Standpunkt zurückschrauben."[113]

Vietor versuchte aber auch, seine Frau in Erziehungsfragen zu belehren. Dabei bezog er sich auf eigene Erlebnisse in seiner Kindheit, in einem Elternhaus, in dem er als zehntes von siebzehn Kindern aufwuchs.[114] Er sei seinem Vater dankbar für den starken „Einfluss", den er auf die Kindererziehung genommen habe. Dabei hatte er in Erinnerung, dass sein Vater größtes Gewicht auf „Liebe" gelegt habe. Aber auch „Schneid" müsse Kindern anerzogen werden, denn „ohne eine gewisse Furcht oder Respekt" führe Erziehung nicht zu dem gewünschten Erfolg. „Schneid" ist ein Begriff, der im 19. Jahrhundert aus der Soldatensprache übernommen wurde und für Kraft und Mut stand. Zu der Zeit war Claus vier Jahre alt. Der Vater schrieb:

> „Du musst Claus energisch durchhauen, wenn er zu frech oder zu üppig wird. In der Jugend ist es leicht den Charakter zu bilden, je älter [die Kinder] werden, desto schwieriger ist es, und doch soll in der Jugend der Kern für die Zukunft gelegt werden."[115]

---

111 Kurz vor Allis erstem [!] Geburtstag registrierte Hedwig Vietor die Fortschritte in der Entwicklung ihrer Tochter. Sie käme „jetzt kolossal voran in allem und sei sehr fidel". Aber ein „Trotzköpfchen" passte nicht ins Erziehungskonzept. Die Mutter ging von Anfang an dagegen vor. Die Tochter musste „dreimal Schläge" ertragen, „und in Folge dessen ist sie heute so artig, wenn ich mich nur sehen lasse, dass es eine wahre Freude ist", schrieb die Mutter. Privatbriefe Vietor: Hedwig Vietor an ihren Mann, 21. Januar 1907. – 1885 wurde „Der Trotzkopf", ein Mädchenbuch von Emmy von Rhoden veröffentlicht, in dem ein zunächst ungezogenes Mädchen dargestellt wird. Ihr Vater, ihre Stiefmutter und der Pfarrer beschließen, dass die Fünfzehnjährige in einem Mädchenpensionat erzogen werden soll, da sie sich zu Hause der Erziehung widersetzt. Das Mädchenbuch „Der Trotzkopf" war erfolgreich: Nach Tod der Autorin nahmen Else Wildhagen und Suze La Chapelle-Roobol den Stoff auf und verfassten Fortsetzungsbücher. http://de.wikipedia.org/wiki/Der Trotzkopf. Zugriff: 6.2.2008.
112 Privatbriefe Vietor: Hedwig Vietor an ihren Mann, 19. August 1908. In den Quellen werden „Keile, Schläge, Prügel" als körperlichen Attacken gegen Kinder synonym benutzt. Vgl. Duden Etymologie (1997): S. 339. Kluge (2002): S. 482.
113 Privatbriefe Vietor: J.K. Vietor aus Porto Novo an seine Frau, 2. Oktober 1904.
114 Familienstammbaum Vietor, Bremen ca. 1913. J.K. Vietors Vater war Dr. theol. Cornelius Rudolf Vietor (1814-1897), der sich dreimal verheiratete (1844, 1859 und 1866).
115 Privatbriefe Vietor: J.K. Vietor aus Gran Bassa an seine Frau, 29. Januar 1905.

In einem Gesundheits- und Erziehungsratgeber, der seit seiner Erstauflage 1855 bis
1929 neunzehn Mal gedruckt wurde und daher in vielen bürgerlichen Elternhäu-
sern gelesen und beherzigt sein dürfte, widmete sich ein Mediziner der Erziehung
und „Pflege des Kindes"[116]. Der Autor betonte, dass Strafen dem „Temperament
des Kindes" angepasst und Schläge als Zuchtmittel bei kleinen Kindern bis zu drei
Jahren angewandt werden sollten, da das Kind bis dahin „noch kein ausgebilde-
tes Selbstbewusstsein" habe. „Ein Kind dürfe sich [später] gar nicht bis zu der Zeit
zurückerinnern können, wo es Schläge bekam"[117]. Eine strenge Erziehung bis zum
vierten Lebensjahr erübrige „Schläge" danach. Ältere Kinder, die in den ersten drei
Lebensjahren weder an Gehorsam noch an Rechtsbewusstsein gewöhnt worden sei-
en, bezeichnete der Autor im wörtlichen Sinn als „verzogene" Kinder. Dies wirft
ein Licht auf die Praktiken im Umgang mit kleinen Kindern, deren psychischer Befindlichkeit keine Aufmerksamkeit geschenkt wurde.

Anders als in der Retrospektive von Autobiografien sind aus Privatbriefen Situationen zu ermitteln, auf die züchtigende körperliche Strafen folgen. Im Verbor-
genen der Häuslichkeit fügten Eltern Kindern durch körperliche Züchtigung Schmerz
zu, um sie zu disziplinieren.[118] Sie versuchten es kaum, Kinder durch besänftigen-
des Zureden, Appelle oder Argumente zu überzeugen. Auswertungen von Autobiografien ergaben, dass in der Regel „kleinere Vergehen" von der Mutter bestraft
wurden. Im Falle von größerem Ungehorsam schaltete sich der Vater ein.[119] Hedwig Vietor erzog insgesamt neun Kinder. Sie versuchte eine liebende, aber auch
auf Gehorsam bedachte, strenge Mutter zu sein.

Manchmal fand Erziehung im Hause Vietor während der Tischzeiten in französi-
scher Sprache statt. Hedwig Vietor sorgte 1908 dafür, dass die größeren Kinder bei
Tisch mit „Mademoiselle" französisch plauderten.

> „Wir sprechen jetzt übrigens alle nur Französisch. Während der Mahlzeiten darf
> kein deutsches Wort gesprochen werden, auch nicht die drei Großen untereinan-
> der, das übt ja kolossal."[120]

Die kleinen Mädchen Alli (geb. 1906) und Irmgard (geb. 1904) übten sich ebenfalls frühzeitig in der fremden Sprache: Sie sprachen „in der Sandkiste" französisch, berichtete die Mutter mit Stolz.[121] Unter den Bediensteten nahm die Gouvernante aus Frankreich eine besondere Position ein, schon allein deshalb, weil sie
einer fremden Nation angehörte und im Unterschied zu den deutschen Dienstmädchen gebildeter war. So machte sie Familienspaziergänge mit und nahm gemeinsam

---

116 C.E. Bock (1898): S. 485-489.
117 C.E. Bock (1898): S. 488.
118 Vgl. Das Beispiel eines Sohnes, der oft von zu Hause „ausriss" und die Reaktionen der Eltern:
    Die Mutter schlug den zurückgekehrten Sohn, während der Vater ihn auch schon vor diesem
    Vorfall häufiger bei der Polizei als verloren gemeldet hatte. Dorle Klika (1990): S. 211.
119 Vgl. Dorle Klika (1990): S. 205
120 Privatbriefe Vietor: Hedwig Vietor an ihren Mann, 10. September 1908.
121 Privatbriefe Vietor: Hedwig Vietor an ihren Mann, 19. August 1908. – Literatur zu Gouvernan-
    ten: Irene Hardach-Pinke (1993).

mit der Familie die Mahlzeiten ein. Wenn eines der Dienstmädchen im Haushalt fehlte, übernahm sie deren Arbeiten.[122] Von ihrem Unterricht profitierten besonders die drei ältesten Kinder Hedi, Karl und Claus. 1910, nach Mademoiselle Mahells Abreise, wurde in der Häuslichkeit der Schwerpunkt auf Englisch gelegt. 1912 engagierte Hedwig Vietor „Miss Woods", eine Privatlehrerin aus England, die von „guter christlicher" Herkunft war. Die langjährige Erzieherin Alma Fehrens blieb den Kindern erhalten. Aber Hedwig Vietor vermutete, Alma werde Miss Woods als Konkurrentin ansehen und eifersüchtig sein.[123]

Erzieherinnen aus Frankreich und England verkörperten eine fremde Kultur. Ihr Einfluss wurde durch ihre Sprache für Mütter und Kinder interessant. Hedwig Vietor versuchte, die Kinder aufgeschlossen und weltgewandt zu erziehen und ihnen frühzeitig fremdsprachliche Praxis zu ermöglichen. Zur höheren Schulausbildung gehörten Kompetenzen in mindestens zwei Fremdsprachen. Für die Zukunft der Söhne war das ebenso wichtig wie für die Mädchen, wenn auch aus unterschiedlichen Gründen.

In der Schule wurden die Weichen für die beruflichen Karrieren der Knaben gestellt. Das Reifezeugnis des Gymnasiums mit einer humanistischen Ausrichtung, Unterricht in Altphilologien und vielfältigem Fremdsprachunterricht befähigte zu einem Universitätsstudium. Für viele Kaufmannssöhne endete der Besuch des Gymnasiums aber bereits mit dem „Einjährigen", d.h. sie brachen diese Schullaufbahn mit dem Versetzungszeugnis zur Obersekunda ab. Damit verkürzten sie nicht nur die Schulzeit, sondern auch den sonst üblichen dreijährigen Militärdienst um zwei Jahre.

Höhere Mädchenschulen vermittelten spezifisch weibliches kulturelles Kapital, das die Chancen auf eine spätere Heirat in angesehene wirtschafts- oder bildungsbürgerliche Kreise verbesserte. Im Vordergrund standen Erziehungsziele zur Befestigung des weiblichen „Geschlechtscharakters". Das waren Handarbeit, Musik, Religion und eine „begrenzte intellektuelle Förderung"[124]. Was zur Bildung von „höheren" Töchtern gehörte, stand in Bremen auch ohne ausdrückliche Vorschriften für das Curriculum fest. Die privaten Bremer Standesschulen bzw. „Höheren Töchterschulen" folgten dem Bildungsinteresse bürgerlicher Eltern, die das Schulgeld

---

122 Privatbriefe Vietor: Hedwig Vietor an ihren Mann, 16. August 1908. „Mademoiselle, die mir extra Grüße auftrug für Dich, ist ganz rührend. Heute hat sie den ganzen Morgen geplättet, da Emma nicht da ist, Kartoffeln geschält, Geschirr gewaschen." Die Erzieherin lebte etwa zwei Jahre im Haushalt von Hedwig Vietor (von August 1908 bis Mai 1910).

123 Privatbriefe Vietor: Hedwig Vietor an ihren Mann, 16. November 1912. Frau Woods sei angekommen und habe ein „Engländerinnengesicht"; sie mache einen angenehmen Eindruck. Die Privatlehrerin aus England wurde von einem englischen Pastor in Bremen vermittelt. Hedwig Vietor: „Ich hoffe, es kommt nun alles richtig aus, und besonders Alma, davor habe ich am meisten Angst, macht nicht wieder solche Eifersuchtsszenen. Ich will sie gleich noch mal gründlich vornehmen, denn das kann ich mir auf keinen Fall wieder gefallen lassen. Diese Zeit ging es ganz vorzüglich mit ihr, nun sie allein war. Aber sie kann ja nicht, sie ist körperlich vollkommen alle wieder, diese Jahreszeit mit dem vielen Nebel und Regen ist für sie ja auch schlimm. Ebenso wie für mich." 14.-23. November 1912.

124 Hans-Ulrich Wehler (1995): Kapitel zum Ausbau eines Schulsystems, S. 396-414; hier S. 410-411.

aufbrachten. Daher entwickelten diese Privatschulen Unterrichtspläne, die der traditionellen Erziehung von Mädchen angepasst war.[125] 1910 sollten in Bremen auch private höhere Mädchenschulen unter staatliche Aufsicht gestellt und naturwissenschaftliche Schulerziehung durchgeführt werden. Darauf reagierte Hedwig Vietor mit Unverständnis. Sie zitierte die Schwägerin Anna Vietor, die nach einem Schreiben des Bremer Senats innerhalb von „drei Jahren" ihr Lehrerinnenkollegium durch Lehrer für Naturwissenschaften mit Universitätsabschluss aufstocken und einen „Zeichensaal, Physiksaal!!! Turnsaal etc." einrichten sollte. „Eigentlich müssten die Schulen jetzt mal alle streiken", schrieb Hedwig Vietor, da ihr die neuen Lehrpläne nicht zusagten.[126] 1914 lag der Schwerpunkt des Sprachunterrichts im Lyzeum von Anna Vietor[127] auf Französisch. In sieben Jahrgangstufen wurden Mädchen jeweils in sechs, fünf oder vier wöchentlichen Französischstunden bis zum Ende der Oberstufe unterrichtet. Englisch rangierte erst an zweiter Stelle.[128] Je drei Wochenstunden „Naturkunde", Geschichte/Kunstgeschichte und Rechnen/Mathematik führten zum Abschluss der Schulausbildung bei Anna Vietor.

Kinder wurden frühzeitig auf zukünftige Rollen festgelegt. Charakterisierungen sollten Kinder geschlechtspezifisch auf Fähigkeiten für ihr späteres Leben einstimmen. Mütter vermittelten Zuschreibungen durch häufiges Wiederholen scheinbar „überzeugend" und gleichsam spielerisch. Das lässt sich besonders in der Spielzeug- und Lesestoffauswahl zeigen. Die Quellen sollen im Folgenden nach weiteren männlichen und weiblichen erzieherischen Weichenstellungen befragt werden. Dabei geht es nicht nur um die „polaren" Rollenfestlegungen, sondern auch um Charakterisierungen in der Geschwisterfolge. Während sich Mütter besonders den ältesten Kindern widmeten, erhielten die später geborenen weniger Aufmerksamkeit.

Für die Söhne vermittelten Eltern frühzeitig Vorstellungen von einem zukünftigen Berufsweg. Sie waren als Geschäftsnachfolger vorgesehen. Mütter planten besonders für die Töchter den weiteren Lebensweg. Dabei legten sie Gewicht auf „Bildung". Musische Neigungen der Mütter wurden auf die Töchter übertragen: Ihre Stimmen wurden im Gesang geschult und das Klavierspielen sollte das „kulturelle Kapital" vermehren. Daneben lernten Mädchen Nadelarbeiten (Stricken, Nähen, Sticken) und erwarben hauswirtschaftliche Kenntnisse. Hedwig Vietor kennzeichnete ihre Söhne Karl und Claus mit unterschiedlichen Merkmalen: Karl sei ein „Denker", Claus dagegen mehr praktisch veranlagt. Karl ließ sich von seinem jüngeren Bruder Claus „ärgern". Er zeigte sich introvertierter als der kleine Bruder und auch äußerlich unterschieden sie sich. Der jüngere war im Gegensatz zum „zarten", älteren für die Mutter „der dicke Claus", d.h. er war offenbar körperlich

---

125 Wiltrud Ulrike Drechsel; Martina Käthner (2001): S. 112.
126 Privatbriefe Vietor: Hedwig Vietor an ihren Mann, 27. April 1910.
127 Die höhere Mädchenschule war seit 1912 an das preußische Schulkonzept von 1908 angepasst. Abitur konnten Mädchen dort erst 1916 machen. Wiltrud Ulrike Drechsel (2001): S. 26
128 Wiltrud Ulrike Drechsel (2001): S. 19. Nach der Stundentafel wurden ab der Mittelstufe von dreißig Wochenunterrichtsstunden zwischen vier und sechs Stunden Französisch, in Englisch je vier Stunden in den letzten vier Jahrgangstufen unterrichtet.

robuster. Er sei ein „Lümmel", ein „Schlauberger", schrieb die Mutter belustigt. Mit drei Jahren musste er seine Kleidchen ablegen und sich in Hosen als „richtiger" Junge zeigen.[129] Es scheint, als wenn die Mutter ihre Söhne als Konkurrenten beschrieb. Die älteren Vietor-Jungen wurden frühzeitig auf ihre spätere Berufstätigkeit als Kaufmann eingestimmt. Hedwig Vietor lobte besonders die Zeugnisse der Knaben, wenn sie gute Noten im Rechnen enthielten; das war bei Claus der Fall. Karl hatte eher eine sprachliche Begabung, so profilierte er sich im Französischen und konnte „Reden" halten.

Als ältestes Mädchen mit acht kleinen Geschwistern wurde Hedi schon früh auf eine mütterliche Rolle festgelegt. Sie wird es als „Vorteil" empfunden haben, wenn sie mit besonderen Vertrauensbeweisen der Mutter bedacht wurde: Das Schlafen im Ehebett und die Begleitung zu Kuraufenthalten waren Bevorzugungen. Sie wurde „gebraucht", um die Mutter zu entlasten. Hedi sei „zart" und „lieb" und heiterte die Mutter auf, wenn der Vater auf Reisen war. Die kleinen Mädchen Irmi, Alli und Trudi mussten sich in die Geschwisterfolge einreihen; sie „liefen mit." Nach ihnen wurden noch drei Brüder geboren, von denen in den Quellen wenig die Rede ist.

Ein Atelier-Gruppenbildnis aus dem Jahr 1908[130] zeigt die Familie Vietor mit den zu der Zeit sechs Kindern. Möglicherweise entstand es kurz vor J.K. Vietors Abreise nach Afrika. Der Fotograf war Chr. Pundsack, Wall 116, Bremen.

Die Mutter steht im Mittelpunkt des Bildes und hält die jüngste Tochter Gertrud auf dem Arm. Der Vater sitzt am linken Bildrand auf einem großen, dunklen Holzsessel mit Schnitzereien an der Rücken- und Armlehne. Er stemmt den rechten Arm in seine Hüfte; auf seinem linken Knie sitzt seine Tochter Irmtraud. Rechts im Bild steht die älteste Tochter Hedi, die wie ihre Mutter ein langes, hochgeschlossenes Kleid trägt, das an der viereckigen Ausschnittpasse, an den weiten dreiviertel langen Ärmeln und an dem unteren Teil des halblangen Rocks aufwändig verarbeitet ist. Die Weite des Kleides wird von einer großen rückwärtigen Taillenschleife gehalten, die mit einer großen weißen Haarschleife im dunklen, langen Haar Hedis korrespondiert. Links von Hedi beugt sich ihr Bruder Karl, der ihr bis zur Schulter reicht, über einen kleinen Tisch. Er hat wie sein Bruder Claus einen Matrosenanzug an. Claus und Alli nehmen Positionen in der Mitte des Fotos ein. Jedes von den kleinen Mädchen – Gertrud, Irmtraud und Alli – hält einen Gegenstand in der Hand: Trudi eine Puppe, Alli einen Apfel, Irmtrauds Gegenstand ist nicht zu erkennen. Vor dem ältesten Sohn Karl liegt ein Buch auf der großgemusterten Tischdecke. Die Familie hat sich vor einem überwiegend neutralen Hintergrund aufgebaut. Alle schauen in die Kamera.

Neben den Kleidern der Mutter und Töchter aus zarten weißen Stoffen fallen die Haartrachten auf. Hedwig Vietors lange Haare sind hochgesteckt. Ihre Frisur lässt Stirn, Schläfen und Ohren frei. Eine kleine Locke setzt auf ihrer linken Stirn

---

129 Privatbriefe Vietor: Hedwig Vietor an ihren Mann, 16. Dezember 1904.
130 Privatquellen Vietor: Gruppenportrait 1908. Von links nach rechts: J.K. Vietor, Irmtraud, Claus, Helene Catharine („Alli"), Karl, Hedi. Dahinter stehend: Hedwig Vietor mit Gertrud auf dem Arm.

Abb. 32: Privat: Familie Vietor, 1908

einen Akzent. J.K. Vietor trägt einen großen Schnurr- und Kinnbart, der seine untere Gesichtspartie fast ganz bedeckt. Seine Kopfhaare sind kurz geschnitten und an
den Schläfen heller als das Haupthaar. Er ist mit einem „Cutaway", d.h. dunklen
Jackett mit (nicht sichtbaren) schräg geschnittenen Schößen, weißer, hochgeschlossenen Weste und heller gestreifter Hose bekleidet.

Hedwig Vietor ließ sich im „Abonnement" ihre Haare frisieren. Kinderhaarschnit-
te machte sie mit einer Haarschneidemaschine selbst.[131] J.K. Vietor zeigte sich in
einer männlichen Körperhaltung. In diesem fotografischen Moment richtete er seinen Blick in die Kamera. Mit seiner Körperhaltung schien er auszudrücken: Hier
bin ich ganz Familienvater. Doch seine Pose zeigte ihn auch als Mann, der für diesen Augenblick seine Geschäfte ruhen ließ. Seine rechte Hand stemmte er als Faust
in der sitzenden Position in die Hüfte, so dass sein halb geöffnetes dunkles Jackett
eine Perspektive auf seine enge, weiße Weste freigab. Die Knopfleiste der Weste spannte über seiner stämmigen Brustpartie und auch das gestreifte, graue Tuch
seiner Hose lag eng auf seinen unteren Körperpartien. Mit zurück genommenen
Schultern stellte er seine Beine so neben einander, dass seine Tochter auf seinem
linken Oberschenkel Platz hatte. Seinen linken Arm legte er locker um die Taille der Tochter, ohne dass er damit eine besondere Nähe zum Kind ausdrückte. Sei-

---

131 Privatquellen Vietor: Hedwig Vietor an ihren Mann, 10. August 1904. Sie schrieb von „Ke-
gelköpfen", die sie den Jungen schnitt: „Zu schade, dass du [Claus] nicht mehr so als rechten
Bengel gesehen hast, das fidele kleine Gesicht und dabei der kurz geschorene Kopf."

ne Kleidung, eine Kombination aus „Rock", Weste und Hose, wurde Ende des 19. Jahrhunderts als Gesellschaftsanzug am Vormittag getragen.

Für die Mutter dürfte es vor dem Fototermin anstrengend gewesen sein, sich und die sechs Kinder im Sonntagsstaat zu kleiden und zu frisieren. Ihre Gesichtsmimik und Körperhaltung deuten auf Mühe und Anspannung hin. Auf dem Foto wurden männliche und weibliche Körperhaltungen dargestellt. Karl, der älteste Sohn, lehnte mit übergeschlagenen Armen über einem Buch, das auf einem Tischchen lag – damit wurde auf seine intellektuellen Fähigkeiten angespielt – während die kleinen Schwestern jeweils angemessene Requisiten in den Händen halten. Im Vergleich zu den kleinen Geschwistern stellte sich Hedi schon als junge Dame dar.

Die Bildkomposition lässt auf eine Familienhierarchie schließen: Innerhalb der Häuslichkeit war Hedwig Vietor dominant (Bildmitte). Die kleinen Vietor-Kinder werden vom Hausherrn (links) und der ältesten Tochter Hedi (rechts) flankiert. Das Geschwisterpaar Karl und Claus fand besondere Beachtung; beide waren als Geschäftsnachfolger prädestiniert. Auch sie schauen selbstbewusst in die Kamera, während Alli und Irmgard schüchtern zum Fotoapparat blickten. Dagegen fühlte sich Gertrud auf dem Arm ihrer Mutter wohl gut aufgehoben.

Viele Erwartungen und Hoffnungen der Eltern wurden durch den Ersten Weltkrieg zunichte gemacht; so auch in der Familie Vietor. Hedwig Vietor brachte ihren Sohn Karl am 22. Juli 1916 in Goslar „zur Kaserne" und schrieb: „Ein elender Tag!" Der achtzehnjährige starb 1917 als Soldat in der Nähe von Triest. Über die anderen Nachkommen ist aus den Quellen nur wenig zu erfahren: Claus Vietor wurde Kaufmann und machte als 21-jähriger ab 1922 in einer Faktorei des Vaters in Grand Bassa/Liberia Erfahrungen in Übersee. Hedi Vietor heiratete Anfang der 1920er Jahre einen Missionsarzt und folgte diesem nach China. Irmgard wurde Gewerbelehrerin, übte den Beruf in Bremen aus und heiratete. Alli nahm in Stuttgart Sprachstudien auf und heiratete dort einen Juristen. Gertrud lernte Gärtnerin und heiratete den Landschaftsarchitekten Gerhard Meyer. Wilhelm wurde Kaufmann und arbeitete in Afrika und Hude. Richard (1912-1943) studierte Jura und starb im Zweiten Weltkrieg; Siegfried Vietor wurde Pfarrer.[132]

Zusammenfassend: In diesem Unterkapitel ging es um ungleiche Kindererziehung am Beispiel von Familie Vietor in Bremen. Die Mutter versuchte ihre Töchter und Söhne so zu erziehen, dass sie traditionelle Rollen im Rahmen des bürgerlichen Familienhintergrunds mit weltbürgerlichen Optionen übernehmen konnten. Es wurde deutlich, dass die häusliche und schulische Erziehung der Söhne auf ihre Aufgaben als spätere Geschäftsnachfolger zielte. Sie konnten Lob für ihr Spiel, Redenhalten, Vereinsgründung, gute Zensuren im Rechnen, Fortschritte im Fremdsprachenunterricht und freudige Zustimmung für jungenhafte Rüpeleien erwarten.

Mädchenerziehung zielte auf geschlechtliche und politisch-gesellschaftliche Unterordnung. Mädchen lernten Zurückhaltung und Beschränkung. Energisch griff Hedwig Vietor ein, wenn sich ihre Töchter „unartig", laut und ungezogen und nicht

---

132 Diese Angaben verdanke ich Eckehart Meyer, einem Enkel von Hedwig Vietor.

wie „höhere Töchter" verhielten. An dem Punkt setzte die Mutter ihren kleinen Töchtern gegenüber manchmal harte Grenzen. Sie achtete darauf, dass sie nicht „aus der Rolle" fielen. Dann wurden sie mit Schlägen gezüchtigt und gezähmt, wie es offenbar in vielen anderen „kultivierten" bürgerlichen Familien üblich war. Wie reagierten die Kinder darauf?

„Es hat uns nicht geschadet", bemerken dazu Betroffene im Erwachsenenalter. Und sogar ein Arzt riet Müttern und Vätern in seinem „Gesundheitsbuch" im Kapitel „Pflege des Kindes"[133] mit dem Schlagen der Kinder möglichst früh zu beginnen, da sie ihre prügelnden Eltern später in besserer Erinnerung hätten. Im Gegensatz zu Gunilla-Friederika Buddes Auswertungen von Lebenserinnerungen sind den Familienbriefen zahlreiche Strafen in Form von Prügeln, Erniedrigung und Ausstoßen zu entnehmen.

Abb. 33: Privat: Alma Fehrens beim Spaziergang mit den Vietor-Kindern in den Bremer Wall-Anlagen, 1907[134]

Durch die Anwesenheit von Erzieherinnen und Dienstmädchen war die Erziehungsarbeit auf mehrere Schultern verteilt. Die Kinder entwickelten Vertrauensverhältnisse zu den Gouvernanten und zur langjährigen Erzieherin Alma Fehrens. 1905 beobachtete Hedwig Vietor die vertraute Beziehung zwischen Alma und ihrer Tochter Hedi. Diese befand sich mit elf Jahren im beginnenden Lebensabschnitt Pubertät. Die Mutter versuchte zu verhindern, dass ihre Tochter etwa unter einen unstandesgemäßen Einfluss der Erzieherin geriet. Frauen, die als Kindermädchen arbeiteten,

---

133 C.E. Bock (1898): S. 487f.
134 Privatquellen Vietor: Von links: Alli, Karl, Gertrud, Alma Fehrens, Claus und Irmgard Vietor.

hielten sich an die durch die Kinder und Hausfrau vorgegebene Tageseinteilung und doch waren sie nicht unter ständiger Aufsicht. Innerhalb dieses Rahmens konnten sie sich „freier" als Dienstmädchen bewegen. Alma Fehrens bekleidete jahrelang eine Vertrauensstellung im Haushalt von Hedwig Vietor. Sie gehörte „fast" zur Familie; sie brachte die Kinder zur Schule, verbrachte mit ihnen zusammen die Sommermonate auf dem Land und ging, wie auf Abb. 33, mit ihnen in den Bremer Wallanlagen spazieren.

Nach diesem Foto war Alma Fehrens kein „Kindermädchen", sondern eine Frau etwa im gleichen Alter wie Hedwig Vietor.

TILLY KÖPER. Im Frühjahr 1902 erlebte Tilly Köper in Guatemala ein schweres Erdbeben. Die Naturkatastrophe brachte ihre häusliche Sicherheit im wörtlichen Sinn ins Wanken. Zudem erkrankte die zweijährige Tochter an Malaria. Daher reisten Tilly und Friedrich Köper mit ihren Töchtern Elisabeth (geb. Dezember 1900) und Margarita (Januar 1902) Anfang 1903 nach Bremen und zu einer Kur in den Harz.[135]

Friedrich Köper kehrte allein nach Guatemala zurück. Tilly und ihre Kinder blieben aus gesundheitlichen Gründen in Bremen. Aus einem geplanten Urlaub von etwa einem halben Jahr wurden für Tilly und ihre Kinder mehr als zwei Jahre. Da eine Tochter an Malaria erkrankt war, verzögerte sich ihre Rückkehr nach Guatemala. Elisabeth sollte in Bremen und im Hamburger Tropeninstitut behandelt werden. Tilly überdachte in Bremen ihre Situation als Ehefrau und Mutter. Je länger sie sich in Bremen aufhielt und Kontakte zu anderen Übersee erfahrenen Frauen[136] schloss, entwickelte sie Distanz zu den bisherigen Plänen. Sie beabsichtigte, nicht mehr nach Guatemala zurückzukehren. In dieser Auffassung wurde sie von Freundinnen ihres Spanisch-Kränzchens in Bremen unterstützt. Sie rieten ihr auch von weiteren Geburten ab. Als Tilly bis Anfang Mai 1904 keine Vorbereitungen für ihre Rückkehr nach Guatemala machte, traf Friedrich Köpers erneut in Bremen ein und kehrte nach seinem Besuch wiederum allein nach Guatemala zurück. Den Grund dafür erfahren wir nicht; plausibel wäre, dass sich der Zustand der ältesten Tochter noch nicht gebessert hatte und Tilly ihre Tochter nicht in Bremen zurücklassen wollte.[137] Mitte November 1904 stand Tillys dritte Schwangerschaft fest. Til-

---

135 StAB 7,13 Friedrich Köper aus Alexisbad an seinen Vater, 16. Juni 1903.
136 StAB 7,13-25.8: Friedrich Köper aus Guatemala an seine Frau in Bremen, 17. Februar 1904. „Es war also sehr recht, dass Du das span. Kränzchen mitgemacht hast und ich hoffe, dass du auch zu dem nächsten gegangen bist. Umso mehr als der Verkehr mit den Damen dir zu behagen scheint. [undeutlich] Sie wissen von überseeischen Verhältnissen." Zum Spanischen-Kränzchen gehörten Frauen um Hedwig Callmeyer, geb. Eggermann (1865-1941), Contrescarpe 8. Friedrich Köper kannte Gerhard Callmeyer und dessen Frau seit 1887 aus Guatemala.
137 StAB 7,13-25.8: Oktober 1901 bis November 1905. Köpers Reiseaktivitäten zwischen Zentralamerika und Bremen in der Zeit von März 1903 bis April 1905 sind Brieforiginalen an seinen Vater und zahlreichen Briefkopien in Kopierbüchern, die Friedrich Köper von Briefen an seine Frau Tilly anfertigte, zu entnehmen. Die Lektüre des Kopierbuchs erwies sich als besonders aufwändig, da viele Seiten verblasst sind.

ly lebte während der Abwesenheit von Friedrich Köper mit ihren Kindern in einer Wohnung in Bremen, Am Alten Wall.[138]

In Hedwig Callmeyer fand Tilly 1904/1905 eine Vertraute. Die Frauen tauschten sich über spezifische Frauen-Themen vor dem Hintergrund eigener Erfahrungen in Übersee aus.[139] Sie stellten das Rollenmuster „Mutter" infrage, während Köper nicht duldete, von dem eingeschlagenen Weg abzuweichen. Daher führte er Argumente an, die einerseits Tillys Bremer Freundinnen herabsetzten und andererseits Tillys „gesunde Mutterinstinkte" ansprechen sollten. „Frau Callmeyer und andere Damen der höheren Gesellschaftsklasse [hätten] eine Gesinnung", die von „allen vernünftig denkenden Menschen als widrig und gemein verurteilt" würde. Köper setzte seine Frau moralisch unter Druck. Er schrieb:

> „So schädlich kann das Kindergebären nicht sein. Wie viele neureiche Frauen gibt es drüben, auch unter deinen Freundinnen, deren Leiden häufig nur unterdrückte Geburten sind. Dem können wir doch nicht nacheifern."[140]

Er stellte Schwangerschaft und Geburt als unschädlich und „gesund" dar und reagierte damit möglicherweise auf Vorschläge für eine Geburtenregelung. Seine Argumente gipfelten in einem Vergleich zwischen kinderlosen, früh alternden Frauen und kinderreichen, jugendlich erscheinenden Müttern:

> „Sehen wir uns mal Bekannte an: Hier Frau Payens mit keinem, Frau Peper mit einem Kinde. [Sie sind] bereits ältere Damen. Wogegen Frau Ascoli, die neun Kindern das Leben geschenkt hat, wie ein junges Mädchen frisch und gesund erscheint."[141]

Aus der Ferne versuchte Köper, vom weiteren Besuch der „Kränzchen" abzuraten. Während Tilly aus ihren „Gefühlen keinen Hehl" machte, stellte er fest, dass diese „Wahrheit bitter" für ihn sei[142] und drängte sie, „rechtzeitig" zur Geburt des Kindes zurück nach Guatemala zu kommen. Doch Tilly versuchte in Bremen zu bleiben. Er reagierte darauf, indem er von der „Heiligkeit des Berufs als Mutter" redete und sie mit biologischen Gegebenheiten der Frauen konfrontierte.[143] Ausführlich eröffnete er ihr dazu seine Lebensphilosophie und versuchte, sie zu überzeugen:

---

138 StAB 7,13-25.8: Friedrich Köper an seine Frau, 26. Dezember 1903. Zu Tilly Köpers Bremer Adresse: „Auch schreibst du Am alten Wall 20, I. Stock, während es meiner Ansicht nach 12, I. Stock, ist. Was ist nun richtig? Wie sehr bedaure ich deine Nervosität! [...] Wenn du nicht schlafen kannst, musst du dir mehr Bewegung in freier Luft machen."

139 So kannte auch Frau Callmeyer aus eigenem Erleben die Lebensformen in Guatemala. Als Tilly sich während ihrer Verlobungszeit 1898/99 auf ihre Migration nach Guatemala vorbereitete, ließ sie sich von Frau Callmeyer über die dortigen Verhältnisse informieren.

140 StAB 7,13-25.8: Friedrich Köper an seine Frau, 21. November 1904 (neunseitiger Brief, mehr als die Hälfte des Textes ist sehr verblasst, daher Transkription schwierig).

141 StAB 7,13-25.8: Friedrich Köper an seine Frau, 21. November 1904.

142 StAB 7,13-25.8: Friedrich Köper an seine Frau, 10. Januar 1905.

143 StAB 7,13-25.8: Friedrich Köper an seine Frau, 10. Januar 1905: „Deine Idee, dass wir Männer, besonders ich, gering von der Frauenarbeit und Frauenlieben und Frauengeduld denken, ist wohl nicht ganz richtig. Im Gegenteil: jeder, der seine Frau recht lieb hat, weiß solche wohl zu schätzen und zu würdigen, und für uns Männer [ist] die Frau als Mutter [„heilig", nämlich in ihrem] höchste[n] Beruf. Da ist nichts von Dienerin etc. die Rede, sondern wir sehen in ihr un-

„Man mag über das ewige Leben denken wie man will, eines dagegen ist bombensicher, dass wir durch fortlaufende Fortpflanzung das sicherste Mittel zu einem Leben nach dem Tode" haben.[144]

Doch wenn sie so ungern in Guatemala gewesen sei und lieber in Bremen bliebe, so müssten sie die gemeinsame Zukunft neu planen. Zu seinem Plan gehörte, dass Tilly sich trotz ihrer Bedenken seinen Wünschen unterordnen sollte. Und dafür sorgte er mit der Macht des Ehemanns und Vaters: Köper holte seine Frau aus Bremen ab und brachte sie nach Guatemala. Mitte Mai 1905 wurde die Tochter Gerda und Mitte August 1907 der „Stammhalter" Fritz Köper geboren, beide in Guatemala.

Köper war es wichtig, einen männlichen Nachkommen für das Guatemala-Geschäft zu haben. Durch die Geburt eines „Stammhalters" in Guatemala sollte das Geschäftsvermögen in Guatemala – so Köpers Ansicht – gesichert werden. Die auf Spanisch abgefassten Geburtsurkunden[145] verwiesen durch den Geburtsort auf einen besonderen völkerrechtlichen Status der Kinder. Aufgrund von Handelsverträgen zwischen dem Deutschen Kaiserreich und Guatemala war dieser wie eine doppelte Staatsbürgerschaft anzusehen. Um sein Geschäftsvermögen auch in politisch turbulenten Zeiten retten zu können, bestand Köper darauf, dass die Geburten der Kinder Gerda und Fritz in Guatemala erfolgten, auch wenn das zu Tillys Lasten ging.

Zusammenfassend: Während ihres Aufenthalts in Bremen geriet Tilly Köper durch den Kontakt zu Frauen in einen folgenreichen Konflikt. Sie war in einer Situation, in der sie über Selbstbestimmung und Unterordnung entscheiden musste. Auf der einen Seite wurde sie mit zeitgenössischen Frauenthemen konfrontiert. Dabei ging es vor dem Hintergrund fortschrittlicher Programme von Frauenvereinen um Gleichberechtigung, Emanzipation und Formen des weiblichen Widerstands gegen die Fortführung tradierter Frauen- und Mutterrollen. Nachdem Tilly mit Themen dieser Art in Berührung gekommen war, begann sie, über „weibliche Bestimmung" und Würde nachzudenken und sich von Frauen- und Mutterrollen, die in

---

sere innigste Gefährtin, unsere Hoffnung, der wir uns ganz mit Leib und Seele hingeben und die unser ein und alles ist. Und die wenigen Jahre, während welcher das Weib gebären kann, wie rasch verschwinden sie." Er wies sie schon zuvor auf Goethe (Faust, 2. Teil) hin und zitierte vom „überreichen Segen und Heiligkeit, die Goethe über die Mütter [...] ausgießt." 21. November 1904.

144 StAB 7,13-25.8: Friedrich Köper an seine Frau, 21. November 1904. Ähnliche, fast religiöse Überzeugungen, hatten auch Anthroposophen wie Rudolf Steiner oder das Ehepaar Erich Ludendorff (1865-1937) und Mathilde Ludendorff (1877-1966) als Mitglieder des „Tannenbergbundes" (deutsch-gläubige Bewegung).

145 Privatquellen Köper: Original und Übersetzung der Geburtsurkunde von Gerda Köper, geb. 17. Mai 1905 in Guatemala. Das Kind wurde demnach abends, zehn Uhr, geboren. Köpers Prokurist Domingo F. Muñoz zeigte die Geburt erst am 24. Mai 1905 dem Standesamt (Civil-Register) an. Mit dem spanischen Vornamen des Vaters „Federico" und dem Zusatz „Ladino" wurde in der Geburtsanzeige Köpers Status als Einwanderer kenntlich gemacht. Die Taufe fand in der „Eglesia Presbiteriana" statt. Der Text der Taufurkunde bestätigt das Sakrament („Santo Sacramento") in spanischer Sprache und wurde am 7. Oktober 1905 von einem „englischen Pastor" unterzeichnet, wie Tilly Köper ihren Verwandten schrieb. StAB 7,13: Tilly Köper an ihre Verwandten, 11. Oktober 1905.

der Generation ihrer Mutter und Schwiegermutter üblich waren und zum Teil auch von den Frauen der deutschen Kolonie in Guatemala praktiziert wurden, zu distanzieren.[146] Sie war schwanger und lebte mit ihren zwei kleinen Töchtern allein in Bremen. Zu ihrem Mann nach Guatemala zurückzureisen, war ihr unangenehm. Sie dachte an gesundheitliche Beeinträchtigungen in den Tropen, an Hitze, Erdbeben, schlechtes Trinkwasser, Probleme mit der Ernährung für Kinder und nicht zuletzt an die eingeschränkten Lebensformen in der deutschen Kolonie, die ihr nach den Zusammenkünften mit Bremer Freundinnen nicht mehr zusagten.

Dorle Klika untersuchte nach dem Generationenkonzept lebensgeschichtliche Erinnerungen von Frauen, die in der zweiten Hälfte des 19. Jahrhunderts geboren wurden. Sie stellte bei den um 1864 geborenen bürgerlichen Frauen um 1900 kaum Interesse für fortschrittliche Frauenthemen fest, während bei den um 1885 geborenen um die Jahrhundertwende ein Umdenkungsprozess begann. Diese jungen Frauen beklagten ihre mangelhafte Schulbildung und hatten den Wunsch, arbeiten zu dürfen. Diese Ideen wirkten sich auch auf ihre zukünftige Rollen als Mütter aus. 1903 bis 1905 geriet Tilly in Bremen in einen ähnlichen Umdenkungsprozess.

Von HELENE NOLTENIUS sind ebenso viele Briefquellen aus Guatemala wie auch aus Bremen nach ihrer Rückkehr aus Übersee erhalten. Ich greife hier zunächst auf Briefe zurück, die sie aus Bremen schrieb und nähere mich damit wie bei Tilly Köper einem Teilaspekt der Leitfragestellung an: Welche Auswirkungen hatten Erfahrungen in Übersee auf die Zeit nach der Rückkehr nach Bremen?

Je häufiger sich bei Kindern Lernprobleme zeigten, desto mehr bestimmten Schule und die damit verbundene Lern- und Zeitdisziplin den häuslichen Tagesablauf. Das traf in besonderem Maße nach einem Überseeaufenthalt zu. Das Ehepaar Noltenius, das von 1899 bis 1909 in Guatemala lebte, kehrte mit vier Kindern nach Bremen zurück. Das guatemaltekische Kindermädchen Juana reiste mit. Der älteste Sohn Lico war 1907 im Alter von sieben Jahren in Guatemala gestorben; zwei der Kinder – Käthe (geb. Januar 1901) und Wilhelm (geb. Dezember 1901) – waren schulpflichtig und hatten bereits die deutsche Schule in Guatemala besucht. Zwei Kleinkinder – Maria und Eduard – die ebenfalls in Guatemala zur Welt gekommen waren, waren zu versorgen. Das jüngste Kind, Hermann, wurde 1911 in Bremen geboren. Nach ihrer Rückkehr Ende Mai 1909 lebten die Kinder auf dem Brandenhof in Bremen-Borgfeld, umgeben von Viehweiden, Gemüsegarten, Obstwiesen und Ställen für Groß- und Federvieh. Dort lernten sie auch ihre große Verwandtschaft väterlicherseits kennen. Wie die Kinder mussten sich auch die Eltern an neue Verhältnisse anpassen: Vor ihrer Heirat hatten beide mit zahlreichen Geschwistern bei den Eltern in Bremerhaven gelebt. In Guatemala bewohnten sie ein gemietetes Haus.

In Bremen nahm die Familie Rücksicht auf Eberhards Mutter, die Witwe Helene Noltenius, geb. Pajeken (1842-1918) und auf die ebenfalls auf dem Gutshof le-

---

146 Vgl. Dorle Klika (1990): S. 219.

bende Familie des Bruders Eduard Noltenius. Die anderen Brüder Eberhards, Otto, Conny und Friedrich Noltenius kamen oft zu Besuch.

Kurz nach ihrer Rückkehr suchte Helene Noltenius einen Arzt auf und wurde Mitte Juni 1909 im Krankenhaus in Bremerhaven operiert.[147] Während dieser Zeit kümmerten sich Eberhard Noltenius und seine Mutter um die Betreuung von Wilhelm und Käthe, während das aus Guatemala mitgereiste Kindermädchen Juana die beiden Kleinen beaufsichtigte. Eberhard Noltenius bemerkte, dass die zweieinhalbjährige Maria das Deutschsprechen verlernte. Juana sprach nur Spanisch mit dem Kind und alle anderen Verwandten und der Vater versuchten vergeblich, sich mit der Kleinen in Deutsch zu verständigen. „Sie scheint nicht mehr hindurch finden zu können," schrieb Eberhard Noltenius seiner Frau. Ebenso fiel den Eltern auf, dass ihre beiden Schulkinder vor ihrer Abreise aus Guatemala „schon viel besser und vor allem richtiger geschrieben"[148] hätten als im Sommer 1909 in Bremen. Ihre deutschen Sprachkenntnisse waren so mangelhaft, dass sie zunächst in keiner Bremer Schule Anschluss finden konnten.

Die Kinder waren in Guatemala unkontrolliert „zweisprachig" aufgewachsen. Sie verständigten sich mit den Hausmädchen auf Spanisch, mit den Eltern sprachen sie Deutsch, aber sie konnten nach ihrer Ankunft in Bremen keine der Sprachen richtig. Die Schwiegermutter bemühte sich um die Einstellung einer Hauslehrerin für Käthe und Wilhelm.[149] Bis zum Schuljahrsbeginn im Herbst des folgenden Jahres sollten sie eine besondere Förderung erhalten.[150] Frau Disam [oder Dysam] begann im März 1910 mit Privatstunden, ohne die die Kinder dem Unterricht in der Schule im Rechnen und in Französisch nicht hätten folgen können. So waren eine Privatlehrerin, die Mutter, beide Großmütter und der Großvater, der ehemalige Gymnasiallehrer Kalm aus Bremerhaven, sowie „Onkel Edu Noltenius" bemüht, die Kinder auf das bremisch-bürgerliche Bildungsniveau vorzubereiten.

Auch Helene Noltenius hatte während ihrer zehn Guatemala-Jahre Briefe nicht nur in hochdeutscher Sprache geschrieben, sondern die deutsche Sprache oft mit

---

147 Briefe an Helene Noltenius an ihre Adresse in Bremerhaven wurden im Zeitraum vom 15. Juni bis 5. Juli 1909 überliefert. Es ist nicht ganz klar, ob Helene Noltenius bereits krank aus Guatemala zurückkehrte und an welcher Krankheit sie litt. War es ein Frauenleiden? Die Schwiegermutter Helene Noltenius schrieb an ihre Schwiegertochter gleichen Namens: Eine „böse Sache, die so lange wie ein schweres Erz vor Euch lag." Privatbriefe Noltenius: Helene Noltenius an ihre Schwiegertochter, 15. Juni 1909.

148 Privatbriefe Noltenius: Eberhard Noltenius an seine Frau, o.D. [ca. Sommer 1909]

149 Privatbriefe Noltenius: Helene Noltenius an ihre Schwiegertochter Helene, 15. Juni 1909. „Gestern kam ein junges Mädchen, es wird wohl nichts sein, sie hat nur die Kippenberg-Schule [Bremer Gymnasium] besucht, kein Seminar, ich habe ihre Adresse, sie schien sonst nett. Und ein schriftliches Anerbieten heute, ich fürchte, es ist auch nicht das Richtige. [...] Für deine Kinder sorgen wir nach besten Kräften, tun es mit Freuden. – Nachher will ich ein bisschen mit ihnen arbeiten."

150 Die Einschulung der Kinder in die nahe gelegene Volksschule in Bremen-Borgfeld, die der Bremer Behörde für das Landschulwesen unterstand, wurde nicht diskutiert. Siehe Herbert Schwarzwälder (2003): Artikel Borgfeld, S. 91-93. Die Eltern Noltenius zogen eine standesgemäße Schule in der Innenstadt vor.

ihrem eingeschränkten spanischen Wortschatz vermischt.[151] „Pidginisieren"[152] konnte sie, weil es die tägliche Umgangssprache mit den indigenen Hausangestellten war. Nach Grinberg/Grinberg (1990) ist die Sprache eines der Hauptprobleme, mit dem Immigranten konfrontiert werden.[153]

Eberhard Noltenius, kaum mit seiner Familie aus Übersee zurückgekehrt, reiste Ende 1909 wieder für einige Monate nach Guatemala; Juana wird er mitgenommen haben. Helene Noltenius kümmerte sich in Bremen um die eigene Akkulturation und die ihrer Kinder. Sie rechnete mit einer längerfristigen Beschäftigung der Hauslehrerin Frau Disam und meldete sie bei der Krankenkasse an.[154] Die Frauen wälzten Schulpläne und diskutierten über Käthes Aufnahme in eine der Höheren Töchterschulen.[155] Die Mädchenschule von Anna Vietor, Am Dobben 123, verlangte mehr Schulgeld als andere Privatschulen. Sie kam aber auch deshalb nicht in Frage, weil dort zwei Töchter von Noltenius' ehemaligem Kompagnon in Guatemala, Elisabeth und Margarita Köper, unterrichtet wurden und Helene Noltenius auf alle Fälle Abstand zur Familie Köper wahren wollte.[156] Bekannte der Familie Noltenius lobten die Höhere Töchterschule von Hedwig Kriebsch.[157] Eine dritte Möglichkeit war die „Frl. Roselius Schule". Die Schulleiterin sei „energisch und frisch". Helene informierte sich über den „schwedischen Turnunterricht" in der Schule. Das „Schauturnen gefiel ihr ausgezeichnet"[158].

---

151 Helene Noltenius' Briefe sind von spanisch klingenden Begriffen durchzogen, die jedoch oft als Lexeme nicht zu finden sind. Das machte das Transkribieren dieser Briefe manchmal schwierig.

152 Vgl. Hadumod Bußmann (1990): Artikel Pidgin-Sprache, S. 587-588; Duden Fremdwörterbuch (1997): Artikel Pidgin. S. 626.

153 Über den Zusammenhang von Migration und Sprache widmen Grinberg/Grinberg (1990) ein Kapitel. Solange Migranten sich nicht in der neuen Sprache verständlich machen können, fühlen sie sich in der neuen Umgebung „entfremdet." S. 113-127. Daher „arbeiteten" Familienmitglieder und die Privatlehrerin an der Akkulturation der Kinder. Die Jahreszeit Winter kannte Wilhelm Noltenius aus Guatemala nicht. Als er 1909/1910 seinen ersten Aufsatz darüber verfasst hatte, wurde er sehr gelobt. Privatbriefe Noltenius: Helene Noltenius an ihren Mann, 20. Februar 1910.

154 Helene schlug vor, Frau Disam ab 1. April 1910 bei der Krankenkasse als „Kinderfräulein" zu versichern. Im Krankheitsfall müsse sie sonst „alles bezahlen! So haben wir 4 Mk. zu bezahlen für die damalige Behandlung von Dr. Ruckert; und ist es doch wohl besser, wenn sie in der Kasse ist." Privatbriefe Noltenius: Helene Noltenius an ihren Mann, 7. März 1910.

155 Vgl. Wiltrud Ulrike Drechsel (2001): S. 17-31. Darin befinden sich Stundenpläne unterschiedlicher höherer Mädchenschulen.

156 Käthe käme eventuell mit der ältesten Köper-Tochter in dieselbe Klasse, „das ginge schlecht," bemerkte Helene, der das Zerwürfnis der Geschäftspartner in Guatemala Köper & Noltenius noch gegenwärtig war.

157 Sie befand sich lt. Bremer Adressbuch 1909 in der Löningstraße 21. – Privatbriefe Noltenius: Hedwig Noltenius an ihren Mann, 9. Januar 1910. vgl. Drechsel, S. 163.

158 Privatbriefe Noltenius: Hedwig Noltenius an ihren Mann, 23. Januar 1910. „Von Frl. Roselius Schule bin ich sehr erbaut, die Dame selbst energisch und frisch (hat übrigens als Kind mit dir gespielt), dann sah ich mir einen schwedischen Turnunterricht dort mit an, der mit ausgezeichnet gefiel, die kleine Bünemann (Schütte) turnte gerade seut [„süß"; niedlich]. Heute sandte mir Frl. Roselius die Namensliste der Kinder, die Oktober 1910 in die VII Klasse gehen, Mutter kannte sehr viele, alles angesehene nette gute Familien. Frau Schütte schickt ja Marigita auch in die Schule, meint, es wäre die Richtigste auch für Käthe; ich bin Freitagnachmittag bei Leni Brickenstein, wo auch ihre Schwester Martha dann ist, die hat ihre zwei Mädchen bei Vietor und will mir von denen mal erzählen lassen." Lt. Bremer Adressbuch 1909 war Marie Roselius Inhaberin und Schulvorsteherin dieser höheren Mädchenschule, die sich in der Lerchenstraße 4 befand.

Nachdem Helene Noltenius Auskunft von Direktor Daniel Müller, dem Leiter der Knabenschule in der Schillerstraße 8, eingeholt hatte, versuchte sie zu erfahren, was beide Kinder bis zum Beginn des Schuljahres im Oktober 1910 zu lernen hätten. Nach diesen Erfordernissen wurden sie zu Hause trainiert. So konnten die Kinder an Leistungstests der Schulen teilnehmen.[159] „Diktat und Rechnen" seien „die Hauptsache" und beide Kinder müssten die deutsche und die lateinische Schrift schreiben und lesen können. Wilhelm sollte ab sofort „jeden Sonnabend nach Bremen komm[en], am Unterricht teilnehmen und sich Aufgaben für die kommende Woche abholen. Als Schulgeld musste je Halbjahr zehn Mark aufgewendet werden.[160]

Ab Frühjahr 1913 war Helene Noltenius wiederum Monate lang Strohwitwe. Ihre Briefe aus dieser Zeit handeln von ihrem Krankenhausaufenthalt nach einer weiteren Operation und einer langen Schonzeit zu Hause.[161] Wir erfahren, dass Helenes Schwester Käthe Hoffmeyer während dieser Zeit die Kinder in Borgfeld betreute.

Zu Ostern 1917 wurde der neunjährige Sohn Eduard Noltenius im Alten Gymnasium und der jüngste Sohn Hermann in der Schule Müller angemeldet.[162] 1920 galt die besondere Aufmerksamkeit der Eltern dem ältesten 19-jährigen Sohn Wilhelm, der nach bestandenem Abitur mit einer kaufmännischen Lehre in der Eisen- und Metallgroßhandlung Conrad Kellner[163] seinen Berufsweg beginnen sollte. Obwohl bereits seit zwanzig Jahren Schreibmaschinen in den Kontoren benutzt wurden, galten Handschriften als „Visitenkarten" eines Kaufmanns. Es war den Eltern wichtig, dass Söhne Schönschreibkompetenzen erwarben.

Wilhelms Kleidungsstil und äußeres Auftreten sollten „seriöser" werden, sobald er die Schule mit dem Abitur abgeschlossen hatte. Die Eltern korrespondierten über die Anschaffung eines „Cutaway" für den Sohn. Aus Kostengründen arbeitete der Schneider zunächst einen entbehrlichen Smoking des Vaters zu einem Anzug für Wilhelm um. Um Wilhelm den Berufsweg zu ebnen, traf der Vater Vereinbarungen mit dem Lehrherrn Keller und mit seinem Teilhaber Friedrich Jördens in Guatemala, der Wilhelm nach der Lehrzeit aufnehmen sollte. Aber Wilhelm bestand im Frühjahr 1920 das Abitur nicht. Die Pläne des Vaters mussten zurückgestellt werden. Wilhelms nachgeholte Prüfung wurde zur „Angstpartie". Wilhelm konnte mit seiner beruflichen Karriere erst ein halbes Jahr später beginnen.[164]

---

159 Privatbriefe Noltenius: Helene Noltenius an ihren Mann, 7. und 11. März 1910.

160 Privatbriefe Noltenius: Helene Noltenius an ihren Mann, 11. März 1910.

161 Privatbriefe Noltenius: Helene Noltenius (sen.) aus Bremen-Borgfeld an ihren Sohn in Guatemala, 30. April 1913: „Helene muss sich noch den ganzen Sommer schonen, sechs Monate darf sie nicht pflücken, nicht begießen usw. muss viel liegen." Nach den Quellen wurde sie vom 17. April bis 5. Mai 1913 im Krankenhaus gynäkologisch behandelt.

162 Privatbriefe Noltenius: Eberhard Noltenius an seine Frau, 30. August 1917. Der Vater bemerkte: „Hoffentlich kann es Edu schaffen."

163 Nach dem Bremer Adressbuch (1920) befand sich das Büro Breitenweg 9; daneben verfügte das Unternehmen über Lager für Sanitär- und Wasserleitungsartikel.

164 Privatbriefe Noltenius: Eberhard Noltenius aus Guatemala an seine Frau, Korrespondenzen zwischen 23. März und 22. September 1920.

Die Mädchen waren in privaten Schulen standesgemäß untergebracht, aber das dortige Bildungsangebot war eingeschränkt.[165] Käthes Lebensweg war nach dem Ende ihrer Schulzeit offen. Sie wurde nicht ermuntert, einen Beruf zu erlernen, sondern half, auf dem Gutshof Gemüse- und Blumenbeete[166] anzulegen und wurde als Haustochter zu Verwandten empfohlen.[167]

Friedrich Köper förderte im Gegensatz zu Eberhard Noltenius die Berufstätigkeit seiner Töchter. Margarita Köper (geb. 1902) reiste 1920 nach Guatemala. Sie sollte Spanisch lernen.[168] Gerda Köper (geb. 1905) besuchte 1923 die Bremer Handelsschule Union, „Klasse A" und begleitete den Vater 1927 nach Guatemala.[169] Im Herbst 1927 finden wir Gerda Köper als Angestellte im Bremer Kontor ihres Vaters und im Sommer 1929 arbeitete sie im Konsulat von Ecuador in Bremen. Dort waren ihre Spanischkenntnisse gefragt.[170] Lediglich über die Entwicklung seiner ältesten, kränkelnden Tochter Elisabeth war Friedrich Köper manchmal ungehalten.[171] Köpers Sohn Fritz folgte seinem Vater: Er ging im Jahr 1923 zur „Lehrlingsschule" und anschließend zur Höheren Handelsschule.[172] Als Zwanzigjähriger machte er seit Herbst 1927 erste Erfahrungen als Kaufmann in New York.[173]

Köper und Noltenius planten die Zukunft ihrer in Guatemala geborenen Söhne. Familie Köper reiste kurz nach der Geburt ihres Sohnes aus Guatemala ab. Fritz wuchs in Bremen auf, während Wilhelm Noltenius die ersten acht Jahre seines Le-

---

165 Höhere Töchterschulen existierten neben dem staatlichen Schulwesen mit einer eigenen Schulverwaltung. Daher entwickelte „jede Schulvorsteherin ihr eigenes Unterrichtsprogramm". Vgl. Wiltrud Ulrike Drechsel (2001): S. 9; S. 18.

166 Privatbriefe Noltenius: Eberhard Noltenius an seine Frau, 13. April 1919; 11. Mai 1920.

167 Privatbriefe Noltenius: Eberhard Noltenius an seine Frau, 28. Juli 1920.

168 StAB 7,13: Friedrich Köper an seine Mutter und Schwester, 6. Oktober 1920. „Margarita geht es sehr gut. Sie lebt sich immer mehr ein und ich denke in kurzer Zeit wird sie auch die Sprache beherrschen." Margarita blieb etwa ein Jahr lang in Guatemala. StAB 7,13: Friedrich Köper an seine Mutter und Schwester, 16. Juni 1921.

169 StAB 7,13: Friedrich Köper an Dr. Loerner, 15. Oktober 1929; mit dem Hinweis auf die Reise von Gerda, die den Vater 1927 begleitete.

170 StAB 7,13: Friedrich Köper an seinen Verwandten Krause, 19. Oktober 1927; StAB 7,13: Friedrich Köper aus Guatemala an seine Frau, 4. Mai 1929.

171 StAB 7,13: Friedrich Köper an seine Mutter und Schwester, 16. Juni 1921. „Von Elisabeth lauten die Nachrichten ja unbefriedigend. Ich bin dafür, dass sie sofort auf ein Landgut kommt, wo sie bei guter Nahrung und frischer Lust gut gedeiht und gleichzeitig lernt und arbeitet. Das Herumsitzen im Hause mit wenig Arbeit ist für ein so junges kräftiges Mädchen ebenso schädlich wie manches andere. Ich nenne es Müßiggang und Warten auf Dinge, die sich nie ereignen werden. Es gibt in Hannover, Mecklenburg & Holstein Güter genug (Oldenburg), die gern ein kränkliches junges Mädchen aufnehmen, auch für den langweiligen Winter und so ist beiden geholfen. Man muß nur wirklich wollen." Elisabeth Köper heiratete 1935 den Dipl.-Kfm. Dr. Karl Vogt (Büro: Domsheide 3). Sie hatte eine schwache körperliche Konstitution, die möglicherweise von ihrer Malaria-Erkrankung herrührte und ihre Mutter Tilly Köper bis zum Lebensende (1939) in Sorge versetzte.

172 StAB 7,13: Konvolut Köper, Mappe Aufschrift „Inflations-Denkmäler", 1923. Siehe dort Rechnungen Handelsschule der Union zu Bremen. Schulgeld für Gerda Köper, Sommerhalbjahr 1923 und für Klasse „a", Juli u. September 1923. Ebenso für Fritz Köper Schulgeld für Unterricht in der „Lehrlingsschule Klasse H.H.d., Mai, Juli und September 1923. Höhere Handelsschule, Klasse a, Oktober 1923." Mit „Lehrlingsschule" ist wohl eine Art kaufmännischer Berufsschule während der Lehrzeit gemeint.

173 StAB 7,13: Friedrich Köper an seinen Verwandten Krause, 19. Oktober 1927.

bens in Guatemala verbrachte. Fritz Köper durchlief schneller als Wilhelm Noltenius Schule und kaufmännische Ausbildung. Die Eltern Köper vernachlässigten
die musische Erziehung ihres Sohnes nicht. In seinen Briefen aus New York stellte sich Fritz als Liebhaber von klassischer Musik dar. Er besuchte Konzerte und
spielte Violine.

In die in Bremen sonst üblichen bürgerlichen Tanzzirkel wuchsen die Noltenius-
Kinder erst spät hinein. Die Idee, die Kinder an einer Tanzschule teilnehmen zu
lassen, verstärkte sich bei Eberhard Noltenius, als in Guatemala die heranwachsenden Töchter eines Freundes veranlasst wurden, ihm etwas vorzutanzen. Eberhard Noltenius erfreute sich an den anmutigen Bewegungen der Mädchen, ihrer
„Grazie"[174]. Der Vater befürwortete standesgemäße Umgangsformen für seine Kinder.[175] Den passenden gesellschaftlichen Umgang erhofften die Eltern in der Stadt
im Umfeld befreundeter Familien und nicht im ländlichen Borgfeld. Um die älteste Tochter Käthe machten sich die Eltern Sorgen betreffend ihrer „Grazie". Bereits
als Kleinkind in Guatemala hatte sie sich als gute Esserin gezeigt. In Bremen wurde sie während ihrer Pubertät „dick". Ihr Vater schrieb:

> „Käthes Gewicht ist ja enorm, aber das wächst sich später alles zurecht. Es ist
> mir viel lieber, dass sie dick als bleichsüchtig oder ätherisch ist."[176]

Die Eltern duldeten nicht, dass Käthe „auf ländlichen Festen" tanzte und befürchteten, dass sie dort in „schlechte", d.h. nicht bürgerliche Gesellschaft geriet. Eberhard Noltenius trug seiner Frau auf, die älteste Tochter vor unpassenden Männerbe-
kanntschaften zu bewahren.

> „Die Deern hat ja leider einen Hang zum Gewöhnlichen, und den dürfen wir ihr
> nicht durchgehen lassen. Wenn sie mal auf den ländlichen Festen tanzt, so ist
> das gewiss sehr nett, du darfst sie aber unter keinen Umständen dort allein bis in
> die Nacht hinein lassen. Käthe ist moralisch nicht fest genug, und liegt die Ge-
> fahr nahe, dass sie mal eines Tages von einem jungen Burschen wie Rippe ver-
> führt wird und das möchte ich nicht erleben. Freuen tue ich mich, wenn ihr in gu-
> ten Familien Gelegenheit zum Tanzen geboten wird wie z.B. bei Castendyks, aber
> nach Peters gehört sie nicht hin."[177]

Mit fast zwanzig Jahren befand sich Käthe nach ihrer Schulzeit im „Wartestand"
auf eine standesgemäße Heirat, und zwar in dem Sinn, wie es von Erika Brandes über den Bremer „geschlossenen Heiratskreis" ermittelt wurde. In ihrer Studie

---

174 Privatbriefe Noltenius: Eberhard Noltenius an seine Frau, 28.-30. Dezember 1919: „Es ist heute
    unbedingt notwendig, der Jugend Grazie beizubringen. Wir müssen [...] schon jetzt etwas für
    Maria tun. Bekümmere Dich doch mal darum." – Privatbriefe Noltenius: Eberhard Noltenius
    an seine Frau, 13. Oktober 1920: „Müssen die Kinder Käthe, Wilhelm und Maria auch wohl
    wieder Tanzunterricht haben?"
175 Privatbriefe Noltenius: Eberhard Noltenius an seine Frau, 20. Oktober 1920: „Für uns, die wir
    auf dem Lande wohnen, ist es immer schwierig die Kinder passend unterzubringen."
176 Privatbriefe Noltenius: Eberhard Noltenius an seine Frau, 26. August 1913.
177 Privatbriefe Noltenius: Eberhard Noltenius an seine Frau, 1. Juni 1920.

spielt auch die weit verzweigte Familie Noltenius eine wichtige Rolle.[178] Möglichkeiten des Kontakts boten sich im Sommer 1920 in Bremerhaven im Kommunikationskreis von Helene Noltenius' Schwester Käthe Hoffmeyer. Nach dem Wunsch des Vaters sollte sich seine älteste Tochter „nett" kleiden, „damit sie sich allerwärts sehen lassen kann und nicht gleich gemerkt wird, dass sie vom Lande kommt." Käthe sollte nicht nur eine „Stütze" im Haushalt der Schwägerin, sondern auch attraktiv sein. Außerdem sahen die Eltern Gesangstunden und hausfraulich-praktischen Unterricht im Schneidern für sie vor.[179] – 1926 absolvierte Käthe in Berlin eine Ausbildung als Krankenschwester, heiratete[180] und brachte einen Sohn zur Welt.

Wie am Beispiel der Familie Noltenius gezeigt wurde, kehrten Eltern und Kinder mit einer „Doppelidentität" aus Übersee zurück. Ihre deutschen Sprachkenntnisse waren eingeschränkt. Die schulpflichtigen Kinder benötigten zusätzlichen Unterricht, wenn sie eine standesgemäße Bremer Schule besuchen sollten. Die Schulerziehung von Knaben wurde besonders gefördert. So besuchten Wilhelm und Eduard das Bremer Alte Gymnasium. Eberhard Noltenius erinnerte seine Frau, „ihre Schuldigkeit", nämlich ihre Aufgaben als Mutter, ernst zu nehmen.[181]

Das Beispiel von Käthe Noltenius zeigt, dass Erziehung und Fürsorge für Mädchen auch im Alter von zwanzig Jahren noch nicht abgeschlossen waren. Anstelle einer beruflichen Ausbildung wurden ihr Möglichkeiten zum Gesellschaftstanz und zu hauswirtschaftlichen und gärtnerischen Arbeiten gegeben. Die Eltern zogen 1920 noch nicht in Erwägung, Käthe für einen qualifizierten Frauenberuf ausbilden zu lassen. – Maria Noltenius, die jüngere Schwester, machte nach ihrer Schulzeit in Bremen eine einjährige „Maidenausbildung" in Malchow/Mecklenburg, die dem Reifensteiner-Verband seit 1916 angeschlossen war. Anschließend kehrte Maria nach Borgfeld zurück und arbeitete in einer nahe gelegenen Entenfarm. Hier lernte sie ihren späteren Mann kennen, der dort als Praktikant arbeitete.

Zusammenfassung: Das Beispiel von Marie und Johann Smidt aus Bremen zeigte Übereinstimmung der Eltern bei der Säuglingspflege und -ernährung. In Erziehungsfragen wurden die unterschiedlichen Positionen von Mutter und Vater

---

178 Erika Brandes (1963): S. 25-48. Familiäre Heiratsnetzwerke von Kaufleuten, Senatoren und Juristen bestanden seit dem 18. bis ins 20. Jahrhundert hinein. Zu Brandes untersuchten Familienverbindungen gehörten auch die Familien Noltenius, Smidt und Kulenkampff.

179 Privatbriefe Noltenius: Eberhard Noltenius an seine Frau, 28. Juli 1920.

180 StAB 7,67-36 Konvolut Noltenius: „Generalvollmacht: Käthe Noltenius für ihre Mutter Helene Noltenius, 8. März 1926. Schwesternschülerin Käthe Noltenius. Potsdam, Moltekestr. 4."; „Ehevertrag zwischen der Haustochter Käthe Noltenius, wohnhaft zu Borgfeld bei Bremen und Kaufmann Bruno Schmersahl, wohnhaft in Harburg-Wilhelmsburg, Handweg 1: Wir schließen für diese künftige Ehe hierdurch die Verwaltung und Nutznießung des Mannes am eingebrachten Gut der Ehefrau aus und beantragen die Eintragung in das Güterrechtsregister."

181 Privatbriefe Noltenius: Eberhard Noltenius an seine Frau, 30. März 1920. „Du hast gewiß deine Schuldigkeit den Kindern gegenüber getan, aber manchmal liegt es auch sehr an den Fähigkeiten und dem Aufpassen der Kinder in der Schule. Edu ist für sein Alter im Denken zurückgeblieben und auch träumerisch veranlagt. Das wird sich aber mit der Zeit bessern und ich bezweifle keinen Augenblick, dass er seinen Weg im Leben machen wird." – Wilhelm Noltenius trat 1923 ins väterliche Geschäft in Guatemala ein; sein Bruder Eduard (1908 in Guatemala geboren und dort 1932 gestorben) folgte ihm 1929. Vgl. Wilhelm Dehlwes (1971): S. 20.

deutlich. – Nach der Rückkehr nach Bremen unterzog sich Helene Noltenius einer Operation im Krankenhaus. Eberhard Noltenius übernahm die Erziehung seiner Söhne und Töchter. Er stellte die bürgerliche Schul- und Berufsausbildung der Söhne sicher. – Hedwig Vietor entwickelte in der Abwesenheit ihres Ehemanns eine starke Bindung zu ihrer ältesten Tochter und zu ihren Söhnen Karl und Claus. Die Mutter stellte sich als Familienmittelpunkt dar. In dieser Rolle entschied sie, die Kinder dem Vater (noch) nicht freizugeben und setzte sich damit durch. – Tilly Köper versuchte, sich erneuter Schwangerschaften und Geburten in Guatemala zu entziehen. Auf die von Tilly vorgebrachten Gründe, nicht wieder nach Guatemala zu reisen, ging Friedrich Köper nicht ein. Er erinnerte sie an ihre Aufgabe als Frau und Mutter. „Fortlaufende Fortpflanzung" sei „das sicherste Mittel zu einem Leben nach dem Tode", so Köper. Tilly beugte sich der Autorität ihres Ehemannes. Sie musste ihre kranke Tochter in Bremen zurücklassen und ihrem Mann nach Guatemala folgen.

Übersee: Marie Smidt, Tilly Köper, Helene Noltenius, Fanny Schütte

Frauen wurden in tropischen Regionen durch Schwangerschaften und Geburten vor besondere Probleme gestellt. Auf Schwierigkeiten mit der Ernährung von Säuglingen und Kleinkindern waren sie nicht immer eingestellt, obgleich Geburten in Übersee zu den gemeinsamen Erfahrungen von Bremer Kaufmannsfrauen gehörten. In ihren Aufgaben als Mütter waren sie mehr als in Bremen auf die praktische Unterstützung ihrer Ehemänner angewiesen. Ebenso wie in Bremen standen ihnen in Übersee Kindermädchen zur Seite. Die indigenen Frauen passten sich an das Leben in einem Bremer Haushalt an. Obwohl in Guatemala um 1900 eine deutsche Hebamme vorhanden war, bedauerten Bremerinnen, nicht persönlich Rat von erfahrenen weiblichen Familienangehörigen holen zu können.

1871 berichtete Johann Smidt nach der Geburt seines Sohnes Thomas in Kalkutta von den Schwierigkeiten seiner Frau Marie, den Knaben zu stillen. Johann Smidt gab einen Einblick in männliche Vorstellungen von Kindererziehung. – Zum Frauennetzwerk im Umfeld der Hebamme Frau Fuchs in der deutschen Kolonie in Guatemala gehörten um 1900 unter anderen die Bremerinnen Tilly Köper, Helene Noltenius und Fanny Schütte. – Seit dem Tod ihres ältesten Sohnes Friedrich Eberhard in Guatemala galt die besondere Aufmerksamkeit von Helene und Eberhard Noltenius der körperlichen Entwicklung ihrer Kinder Käthe und Wilhelm sowie Maria und Eduard. Kinder waren in Zentralamerika besonderen gesundheitlichen Risiken ausgesetzt. In Guatemala drohten Malaria, Gelbfieber, Darmerkrankungen und Hirnhautentzündung. Mütter sorgten für Hygiene: Reinlichkeit im Haus und das Abkochen des Wassers waren ihnen selbstverständlich. Helene Noltenius versuchte, ihre fünf in Guatemala geborenen Babys zu stillen, aber nicht immer mit Erfolg.

MARIE UND JOHANN SMIDT: Marie Smidts Kalkutta-Briefe an ihre Verwandten sind verschollen, daher beziehe ich mich auf Quellen, die Johann Smidt hinterließ. Dies soll nicht als „Mangel", sondern kann auch als Bereicherung angesehen werden. Die Briefe von Johann Smidt belegen seine Bereitschaft, sich in sogenannte weibliche Bereiche – manchmal auf unbeholfene Weise – hineinzudenken und dort zu agieren.

Ende 1870 reiste die Familie Smidt nach Kalkutta ab. Dort gebar Marie ihren zweiten Sohn Thomas (geb. 13. Juli 1871). Sie kämpfte mit ähnlichen Problemen beim Stillen wie in Bremen nach ihrer ersten Entbindung, jetzt allerdings im tropischen Klima Indiens. Als Johann seine Eltern über den Familienzuwachs informierte, setzte er mit dem Thema Säuglingsernährung einen Schwerpunkt. Marie konnte ihren Knaben wegen einer „verhärteten Brust" nur eingeschränkt stillen.[182] Zwei Wochen nach der Geburt hielt sie sich „noch auf dem Wochenzimmer" auf. Marie und auch die Pflegerin[183] sorgten sich, ob die Muttermilch ausreichte. Die „Wärterin" war geduldig und half, indem sie Marie massierte. Anschließend erklärte Johann prägnant: „Die Brust ist gut, hat aber weniger Milch als die gesunde"[184]. Im April 1872 trank Thomas seine Milch nicht mehr von seiner Mutter und auch nicht aus der Flasche, sondern aus einem Glas. Der Arzt riet zu Hühnersuppe, damit sollten die Kinder widerstandsfähig gegen „Fieber" werden. Während Marie, Johann, die Bremer Kinderfrau Meta und die indische Bediensteten an „Dendifieber" [Dengue-Fieber, auch Dandy-Fieber genannt] litten, waren die Kinder bis auf eine Durchfallerkrankung noch verschont geblieben. Johann erklärte seinem Vater, welche Symptome zu der Krankheit gehörten.[185]

Einem Brief von Anfang August 1872 ist zu entnehmen, dass der jetzt einjährige Thomas an einer Magen-Darm-Infektion erkrankt war. Johann schrieb seinen Eltern, dass er in „ernstliche[r] Sorge" gewesen sei, ob sie „das Kind behalten würden." Das Kind wurde mit Eselsmilch ernährt und eine „Brechmedizin" sollte es von seiner Darmerkrankung heilen.[186] Den zweijährigen Sohn Hermann beschrieb

---

182 Privatbriefe Smidt: Johann Smidt an seine Eltern, 22. Juli 1871. „Die krank gewordene Brust wollte wieder hart werden, doch ward dieselbe unter der <u>sehr guten</u> Pflege der Frau bald wieder weicher. Der Junge nimmt dieselbe, obgleich er schwere Arbeit hat und nicht viel daraus bekommt. Die gesunde liefert desto mehr. Das Kind gedeiht, trotz Maries Unwohlsein, sehr gut, schläft viel und verdaut gut, schreit wenig."

183 Es wird sich um eine einheimische Frau (Inderin) gehandelt haben, denn die aus Bremen mitgereiste Meta Eden kümmerte sich um den in Bremen geborenen Sohn Hermann.

184 Privatbriefe Smidt: Johann Smidt an seine Eltern, 29. Juli 1871.

185 Privatbriefe Smidt: Johann Smidt an seinen Vater, 12. April 1872. „Das Fieber – von Africa nach Bombay importiert – ist hier jetzt sehr stark. Man nennt es das Gebrochene-Knochen-Fieber, da man sich in den ersten sieben Tagen nicht rühren kann. Alle Gelenke schwellen an und kneifen ganz enorm [?] dabei. Kopfweh und starkes Fieber, dabei wird man ganz roth. Am 3. Tage unter Hilfe von Castor Oel und Belladonna Tropfen geht das Fieber weg. Man behält nur Steifheit in den Gliedern, Schmerzen, z.B. in allen Fingern und Zähnen usw. Am 6. Tage bekommt man Masern ähnlichen Ausschlag. Es steckt sehr an bis zum 10.-11. Tage bis nach der Abschilferung." Die Infektion wird durch Stechmücken übertragen. Impfstoffe oder spezielle Heilmittel gibt es bislang noch nicht. Stichwort Dengue-Fieber, in: Brockhaus Enzyklopädie (2001): Bd. 5, S. 219.

186 Privatbriefe Smidt: Johann Smidt an seinen Vater, 6. August 1872. „Die Brechmedicin (Ipecacuanha) sowie die Eselsmilch haben ihm entschieden geholfen, und wenngleich der Durchfall noch sehr grau und schleimig, so ist es nicht so oft, etwa noch achtmal täglich. Auch scheint er mir kräftiger zu werden, bisher nahm er zusehends von Tag zu Tag ab. [...] Der Arzt sagt, der Durchfall würde sich heben, sobald einige Backenzähne durchgebrochen [seien]. Ich dachte

Johann als „recht unruhige[n] Patron", der seine Kindermädchen Meta und die Mya [das indische Kindermädchen] „aufs Blut quälte", damit sie mit ihm „in den Stall zum Hühnerfüttern" gingen. Johann Smidt zeigte einen harten Erziehungsstil, wenn ihn sein kleiner Sohn z.B. beim Zubettgehen reizte. Körperliche Strafen gehörten auch im Hause Smidt in Kalkutta zur Normalität. Einmal passierte dem Knaben ein Missgeschick: Während seine Mutter beim Briefeschreiben war, stieß er an das Tintenfass, sodass sich die Tinte über einen dreiseitigen Brief ergoss.

> „Marie war sehr böse darüber und wollte fast weinen, hat ihn aber doch nicht geschlagen. Da er brüllte, weil er aus ihrer Nähe sollte und mich beim Schreiben störte, kam ich mit meiner Reitpeitsche. Doch nur ein kräftiges <u>Ruhig</u> [i.O.] und Drohen mit der Peitsche genügte, den Jungen anderer Meinung zu machen. Er ignorierte mich ganz, drehte sich zu seiner schwarzen Wärterin und lachte ebenso fix wie er vorher gebrüllt [hatte]."[187]

Die Peitsche repräsentierte Johanns Erziehungsgewalt. Er zeigte sich wie ein Offizier in gebieterischer Pose und hatte ein Werkzeug in der Hand, das zur Züchtigung von Tieren und als körperliches Zuchtmittel für Menschen, z.B. indischen Coolies diente. Hermann reagierte auf die Drohung mit der Peitsche ängstlich, aber nicht unbedingt gelehrig. Er wandte sich Schutz suchend an sein indisches Kindermädchen. Darauf stellte der Vater fest, dass seine Frau Marie und das Bremer Kindermädchen Meta zu nachsichtig gegenüber dem Sohn seien. Ebenso würden die „Schwarzen", d.h. die indischen weiblichen und männlichen Hausangestellten „ihm ganz seinen Willen lassen, so kann für's Erste nicht viel Gutes aus ihm werden"[188]. Zwei Fotos aus einem Album der Familie Smidt[189] zeigen die Knaben Hermann und Thomas Smidt mit ihren indischen Betreuern im Fotoatelier Dauff in Kalkutta. Die Aufnahmen sind im Album beschriftet.

Hermann trägt einen locker sitzenden Anzug aus klein kariertem, leichtem Stoff. Das Oberteil hat lange Ärmel. Die weiten Hosenbeine enden kurz unterhalb seiner Knie. Die Füße und Beine des Knaben sind mit dunklen Stiefeln und weißen Strümpfen bekleidet. Sein Kopf ist mit einem hellen, kräftigen, hoch stehenden Haarschopf bedeckt. Mit der linken Hand umgreift er die Mitte seines Taillengürtels, sein Daumen steckt unter dem Gürtel. Seine rechte Schulter wendet sich seinem ganz in Weiß gekleideten Betreuer zu, der neben Hermann in einer Position

---

mir, eine Luftveränderung sei wünschenswert, etwa eine Seereise, doch ist der Arzt einstweilen dagegen und müssen wir also ruhig hier bleiben und hoffen, dass die Natur und die Eselsmilch, so Gott will, ihn wieder fix machen." – Ipecacuanha ist ein sehr giftiges homöopathisches Arzneimittel, das aus einer Art Ingwerwurzel gewonnen wird. Es ist auch heute in Deutschland verschreibungspflichtig im Handel. Wikipedia. Zugriff: 17. Juni 2007.

187 Privatbriefe Smidt: Johann Smidt an seinen Vater, 22. Juli 1871. Es „comodierte ihm nicht, er brüllte, ich trug ihn herum, legte ihn ins Bett, als ich ihn eingeschlafen glaubte, doch er fing wieder an, nach Meta zu brüllen, ich gab ihm einige Klapse auf seinen heißen Hintern, worauf er mich küsste und dann auch bald einschlief."

188 Privatbriefe Smidt: Johann Smidt an seinen Vater, 17. Juni 1871.

189 Privatquellen Smidt: Fotos. Beschriftet: „Hermann Smidt, geb. 6.2.1870" und „In Calcutta 1873 – Tom Smidt, geb. 13.7.1871".

Abb. 34: Privat: „Hermann Smidt, geb. 6.2.1870" in Kalkutta

Abb. 35: Privat: „In Calkutta 1873. Tom Smidt, geb. 13.7.1871"

sitzt, die ihn etwas kleiner als das Kind aussehen lässt. Der stehende Knabe und der auf einem Schemel sitzende Inder berühren sich an den Schultern. Beide schauen ernst in die Kamera. Sie halten sich an den Händen, wobei sich Hermanns Körper etwas zu dem Inder herunterneigt. Dieser trägt einen weißen Turban, ein hochgeschlossenes, langärmeliges, bis über die Knie fallendes Gewand mit weiten weißen Hosen. Im Vordergrund der Komposition sind helle und dunkle Kacheln zu erkennen, die auf der linken Seite bis zu einem dunkeln Wandsockel verlaufen. Auf der rechten Seite des Fotos sind ein gemusterter, schwerer Vorhang und eine Möblierung zu erkennen.

Das Foto zeigt einen braven Knaben zusammen mit seinem Betreuer. Beide schauten aufmerksam in Richtung Fotograf, der die beiden in diese Posen dirigierte. Hermann hielt sich mit einer Hand an der Vertrauensperson fest, mit der anderen sollte er mit etwa drei Jahren eine männliche und kräftige Körperhaltung zeigen. So wurden Männer häufig abgebildet: Eine Hand steckte entweder zwischen der Knopfleiste, in der Hosen- oder Jacketttasche oder stemmte sich – den Oberkörper streckend – in die Taille.[190]
    Das zweite Kinderfoto aus Kalkutta zeigt Thomas Smidt mit seiner indischen Kinderfrau. Es wurde auch vom Fotograf Dauff in Kalkutta aufgenommen.

---

190 Ellen Maas (1975): S. 58, S. 69

Die Figuren auf diesem Bild sind mittig, auf gleicher Höhe inszeniert. Beide schauen in die Kamera. Der Knabe trägt ein Kinderkleid mit langen Ärmeln. Es reicht etwa bis zum Knie. Der Saum des Kleides ist mit auffallenden dunklen Bögen bestickt. Dazu trägt er weiße Strümpfe und dunkle Stiefel. Thomas Smidt sitzt oder lehnt an einer nicht sichtbaren Kulisse. Er wird von seiner Betreuerin mit dem linken Arm umfasst, deren Hand auf dem hellen Kinderkleid sichtbar ist und das Kind festhält. Sie trägt ein weißes Gewand, zu dem ein großes weißes Tuch gehört, das ihr dunkles Gesicht umrahmt.

Bei diesem Foto wurden die Kulissen retuschiert. Um eine besondere Wirkung zu demonstrieren, besteht der Hintergrund aus einem dunklen, konturenlosen Oval. Neben dem besonders reich bestickten Kinderkleid fallen die zwei Hände des Kindes und die eine Hand der Inderin auf. Während Thomas Smidts Kinderhände entspannt auf seiner unteren Körperhälfte in Oberschenkelhöhe liegen, ist ein Teil der linken schlanken, fast knöchrigen Hand der Betreuerin zu sehen. Die Finger der Hand sind ausgestreckt und angespannt und drücken den Köper des Kindes in eine stabile Position zum Fotografieren.

Sollten „unbefangene" Aufnahmen von Kindern in der fremden Umgebung eines Fotoateliers gelingen, müssten einige Bedingungen erfüllt sein, schrieb ein Berliner Fotograf in seinen Ratschlägen für Eltern. Kinder sollten nicht durch „Exercitien in Wort und That auf den Act" vorbereitet werden. Als Begleitpersonen sollten nur die Mutter oder ein Kindermädchen mitkommen. Dieselbe unerwünschte Wirkung mache „das viele Kämmen, Bürsten, Zupfen am Kleide" usw. Die Kinder sollten ihre gute Laune beim Fotografieren nicht verlieren.[191] Wegen der langen Belichtungszeiten war das Stillsitzen des Kindes eine wichtige Vorbedingung für ein gelungenes Foto. Kinder wurden mit Spielzeug beschäftigt, während der Fotograf einen passenden ruhigen Moment abwartete.

Marie Smidt kehrte schon Ende 1873 mit Mann und zwei kleinen Kindern nach Bremen zurück. Sie hatte im Herbst 1872 in Kalkutta eine Fehlgeburt erlitten.[192] Das heiße, feuchte Klima wurde von Familie Johann Smidts als gesundheitlich gefährlich erlebt.

Zusammenfassung: Johann Smidt übernahm die Regie im Haus, während seine Frau in der „Wochenstube" das Bett hütete. Ebenso hatte er sich auch schon nach der Geburt von Hermann in Bremen (1870) und während der Überfahrt nach Kalkutta, als Marie und Meta seekrank waren (1871), nützlich gemacht. Die Beispiele aus Kalkutta machen deutlich, dass Ernährungs- und Gesundheitsfragen in Übersee sehr ernst genommen wurden. Zwei kleine Bremer Kinder wuchsen in ihren ersten Lebensjahren in Kalkutta auf. Außer der Kinderfrau Meta Eden aus Bremen

---

191 Ellen Maas (1975): nach dem Berliner Fotografen Max Petsch aus den 1870er und 1880er Jahren. Abschnitt „Kinder in Atelier" mit Beispielen, S. 95-99.

192 Privatbriefe Smidt: Johann Smidt an seinen Vater, 4. Oktober 1872; 29. November 1872. Johann bezeichnete diesen Vorgang unbeholfen als „Misswerfen" und war darüber besorgt, als sich Maries Befinden danach nicht besserte.

waren alle weiteren Personen im Haus Inder. Johann und Marie vermittelten Eindrücke von einer „guten", d.h. zärtlichen, aber auch strengen Erziehung, an die sie sich aus der eigenen Kindheit erinnerten. Dazu gehörten auch Gewaltandrohungen (Peitsche) und „Klapse". In Bremen zeigte Marie später Bedenken gegen die zu strenge „deutsche" Erziehung.

TILLY KÖPER fand in der deutschen Kolonie in Guatemala-Stadt Anschluss an einen weiblichen Kontaktkreis, zu dem die deutsche Hebamme Frau Fuchs gehörte. Sie übernahm Geburtshilfe und Ernährungsberatung. Friedrich Köper bezeichnete sie als „Faktotum". Sie war um 1900 eine der wenigen berufstätigen Frauen in der deutschen Kolonie. Die Hebamme war eine resolute Frau und in deutschen Familien in der Hauptstadt Guatemala und der umliegenden Region so gefragt, dass Termine frühzeitig mit ihr abgesprochen werden mussten. Wenn Frau Fuchs bei der Geburt zugegen war, konnte in der Regel auf einen Arzt verzichtet werden. Zur Entbindung und für die Zeit danach quartierte sie sich für etwa zehn Tage in den Haushalt ein. Von Frau Fuchs sind weder Vorname, Lebensdaten noch Familienstand bekannt. Zwischen ihr und Friedrich Köper muss ein besonderes Vertrauensverhältnis bestanden haben, denn er verwahrte noch 1908, nachdem die Familie Köper von Guatemala nach Bremen zurückgekehrt war, ihr Sparkassenbuch mit einem Guthaben von 1.736,35 Mark.[193]

In Guatemala wurden Säuglinge mit Muttermilch aufgezogen. Sie galt während der ersten sechs Monate als optimale Ernährung für Babys.[194] Die Vorteile des Stillens für Gesundheit und Wohlbefinden von Säuglingen und Müttern waren um 1900 in Bremen und Übersee bekannt. Abgesehen von der „natürlichen Pflicht", die Kinder zu nähren, sei das Stillen zur Erhaltung der Gesundheit und zur Rückbildung der Gebärmutter wichtig.[195]

Wenn das Stillen durch die leiblichen Mütter nicht möglich war, wurden in Guatemala indigene Ammen engagiert. Die Ammen ließen ihre eigenen Säuglinge bei Verwandten zurück und zogen für einige Monate in den Haushalt der Bremer Familien ein. Den Ammen aus dem „Indianerdorf"[196] Mixco, nahe der Hauptstadt Guatemala, ging der Ruf besonderer Reinlichkeit voraus. Diese Vorstellung

---

193 StAB 7,13-29.8: Köper an seinen Teilhaber Wilhelm Lottmann, 10. Dezember 1908. Die Entscheidung von Frau Fuchs, ihr Sparkassenbuch Friedrich Köper zur Aufbewahrung zu überlassen, könnte mit ihrem Beruf und ihren dadurch wechselnden Aufenthaltsorten in Guatemala zusammenhängen. So wird in den Quellen häufig über Hausbrände berichtet. Die Familie Köper reiste in Eile nach Bremen ab. Möglicherweise befand sich das Sparbuch von Frau Fuchs versehentlich in Friedrich Köpers Gepäck aus Guatemala.

194 V. Scherbaum; F.M. Perl; U. Kretschmer (2003): S. 6; Hans Jürgen Teuteberg; Günter Wiegelmann (1986): S. 383.

195 Meyers Konversationslexikon (1897): Bd. 16, S. 445f.

196 Die populären Bezeichnungen „Indianer" oder „Indios" für Indigenas (von lat. indigenus, = Eingeborene, Einheimisch) in Zentral- und Südamerika wird von den Betroffenen als „anstößig" empfunden. (Feest (1999): 184. – Ich verwende weder das Wort noch entsprechende Konnotationen als abwertende rassische Zuschreibung, sondern wie es auch aus der Perspektive von Rigoberta Menschú (Guatemala) benutzt wurde („Indiofrau", S. 15); „Wir Indios essen Hühnerfleisch nur an Festtagen." (S. 56). Die herabsetzende Bedeutung des Begriffs wird deutlich, als eine Hausfrau das indigene Dienstmädchen mit „Ah, diese Indios, du Missgeburt weißt überhaupt nichts," beschimpfte (Elisabeth Burgos (1991): S. 101).

vermittelte 1886 der Schweizer Arzt und Ethnologe Otto Stoll in seinen Reisebe-richten über Land und Leute Guatemalas. Stoll veranschaulichte ausführlich das Äußere der Frauen Guatemalas, schilderte weibliche Fertilität, Geburtshilfe, hygi-enische Verhältnisse und Pflege der Säuglinge. Die Nährtätigkeit von „reinlichen" Ammen sollte europäische Säuglinge vor Ernährungsstörungen bewahren und wi-derstandfähig gegen tropische Erkrankungen machen. Köper schrieb, dass in Mixco „dieser Erwerbszweig lustig blühe"[197]. Die indigenen Frauen hatten so viel Milch – so Stoll – dass „sie davon belästigt" wurden und „junge Hunde" oder „auch fremde Kinder anlegten, um dem Segen abzuhelfen"[198]. Friedrich Köper, Eberhard Nolteni-us und Hermann Conrad Schütte verpflichteten Ammen aus Mixco. Sie reagierten auf kritische Situationen zu Hause, auf schreiende Babys und verzweifelte Mütter. Die Männer brachten junge, fremde Frauen als Ammen mit nach Hause. Friedrich Köper schrieb von einer Anwerbungstour bei schlechtem Wetter nach Mixco:

> „Eine Amme, India aus Mixco, haben wir auch schon. Ich habe sie am Sonn-tagabend noch per Wagen unter strömenden Regen und trotz des schlechten We-ges mit mehreren fußtiefen Wasserlöchern vom 3 Meilen entfernten Mixco geholt. Sie ist erst 16 Jahre alt, und heißt noblerweise Paula Menriquez [undeutlich], und scheint ganz guten Charakters zu sein, was bei einem solchen Milchinstitut ja die Hauptsache ist. Bis so weit wäre alles in Ordnung."[199]

Dieser Text verweist auf ambivalente Gefühle Köpers. Um seine Eltern und viel-leicht auch sich selber zu beruhigen, wies er auf den „guten Charakter" der Frau hin. Damit spielte er auf die Vorstellung an, Eigenschaften der Frau würden über ihre Muttermilch auf das Baby übertragen.[200] Den Namen der Amme versah Kö-per mit einer ironischen Bemerkung. Damit machte er auf die Relation zwischen klangvollem Namen und niedrig bewerteter, aber wichtiger bezahlter Dienstleistung aufmerksam. Das Nennen von Namen und Alter der Amme deutet darauf hin, dass er sie nicht nur als „Milchinstitut", sondern als Person wahrnahm. Ihr eigenes, kurz zuvor geborenes Baby ließ die Frau bei Verwandten zurück, um gegen Bezahlung ein fremdes Kind zu nähren.[201]

Kulturelle und soziale Differenz wurden im Kontakt zu fremden Frauen im ei-genen Haus wahrgenommen. Ein transkultureller Dialog kam häufig auf Grund un-terschiedlicher Sprachen nicht zustande, sodass Konfliktsituationen nicht zu ver-meiden waren. Bremer Überseekaufleute hatten Spanisch gelernt und auch ihre Frauen „quälten" sich mit der Fremdsprache ab,[202] d.h. sie verständigten sich mit den Dienstboten mit Hilfe von Zeichensprache und lernten erst im Laufe der Zeit,

---

197 StAB 7,13-25.8: Köper an die Schwiegermutter, 22. Januar 1902.
198 Otto Stoll (1886): S. 156.
199 StAB 7,13-26.8: Köper an seine Mutter, 21. August 1907.
200 Zu dem „schlechten Ruf" der vermeintlich „boshaften und lasterhaften Ammen" und dem Volks-glauben, Charaktereigenschaften würden durch Muttermilch auf Säuglinge übertragen: Hans Jür-gen Teuteberg; Annegret Bernhard (1978): S. 189; Elisabeth Badinter (1993): S. 104.
201 „Je jünger das eigne Kinder der Amme ist, desto gesünder ist ihre Milch für das neugeborene Kind." Julie Burow (1863/1986): S. 102.
202 StAB 7,13-1: Köper an seine Eltern, 29. September 1899.

eingeschränkt zu artikulieren. Auch den fremden Frauen und Männern im Haushalt war nicht immer das „reine" Spanisch geläufig. Die Maya-Indianerin und Nobelpreisträgerin (1992) Rigoberta Menchú berichtete, dass sie kein Spanisch sprach, als sie als dreizehnjähriges Dienstmädchen in die Hauptstadt Guatemala kam.[203] Da es in der Häuslichkeit keine „Übersetzer" für wechselseitig sensible kulturelle Prozesse gab, konnten Vorurteile entstehen und sich verfestigten.

Den Ammen aus Mixco ging nicht nur der Ruf von Reinlichkeit voraus, sondern auch der von „Unausstehlichkeit und Unverschämtheit". Diese Zuschreibungen wurden bereits vor ihrer Tätigkeit geäußert[204] und auch später nicht näher begründet. Die jungen Frauen zeigten Selbstbewusstsein beim Aushandeln des Lohns, da ihre Dienste als Ammen in deutschen Familien gefragt waren. Im Hause Köper kam es häufig zu Problemen mit Ammen. Als Tilly Köper 1901 nach sechs Wochen ihre Tochter nicht mehr nähren konnte, versuchten es Friedrich und Tilly Köper mit einer „indianischen Amme", doch schon am nächsten Morgen schickten sie diese wegen „Unverschämtheit" fort. Jetzt wurde Elisabeth ein Flaschenkind und Köper bemerkte, „vorläufig gehe das ganz gut."[205] Mit dem Attribut „unverschämt" brachte Köper Wut und Enttäuschung über die Amme zum Ausdruck.

Erfolgreiches Stillen ist nicht nur ein unmittelbar nach der Geburt einsetzender „umfassender, störanfälliger Lernprozess", sondern stark von „stillfördernden Umgebungseinflüssen" abhängig.[206] Ursachen für das Ausbleiben der Muttermilch sind häufig psychische Störungen.[207] Oft war es weder den Wöchnerinnen, Vätern, Nachbarinnen noch der erfahrenen Hebamme in Guatemala möglich, die für die Stilltätigkeit nötige, ruhige und entspannte Atmosphäre zu schaffen, wie sie in Bremen in vertrauter Umgebung von Müttern, Schwestern und Freundinnen üblich war. Das Baby selbst zu stillen und damit „Mutterliebe" zu zeigen, gehörte jedoch zu den wichtigsten Zielen in der Rolle als Mutter.[208] Das Versiegen der Muttermilch führte zu Krisensituationen, auf die Mütter mit Depressionen und Ängsten reagierten.

Über die richtige Ernährung des Säuglings berieten die Eltern mit einem Arzt sowie der Hebamme und auch die Großeltern in Bremerhaven diskutierten aus der Ferne mit. Offenbar führte die Umstellung von Muttermilch zu Flaschennahrung zu einer schweren Ernährungsstörung des Säuglings Elisabeth. Muttermilch schützt in tropischen Regionen gegen Infektionskrankheiten. Sie muss weder sterilisiert noch mit Trinkwasser verdünnt werden. Sterilisation von Milch und Trinkwasser bereitete in Guatemala wie auch in anderen tropischen Regionen Probleme.[209]

---

203 Elisabeth Burgos (1991): Kapitel: Dienstmädchen in der Hauptstadt. S. 91-102.
204 StAB 7,13: Friedrich Köper an die Eltern, 6. Dezember 1900.
205 StAB 7,13: Friedrich Köper an den Vater, 19. Januar 1901.
206 Veronika Scherbaum; Friederike M. Perl; Ursula Kretschmer (Hrsg.) (2003): Einleitung. S. XVIII-XIX.
207 Reiner Gödtel (1979): S. 24.
208 Elisabeth Badinter (1981): S. 160f.
209 Vgl. Arbeitsgruppe Dritte Welt Bern (1976): Darin werden die Werbekampagnen des Nestlé-Konzerns und die Folgen für die Dritte Welt diskutiert und angeprangert.

Abb. 36: Privat: Familie Köper im Patio in Guatemala, 1905

Die Familien Köper, Noltenius und Schütte waren in ihrem Haushalt mit der Körperlichkeit von fremden, stillenden Ammen konfrontiert. Die weibliche Brust der
Ammen bedeutete Nährtätigkeit, aber auch erotische Situierung.[210] Durch ihre Auswahl bestimmten die Männer, wer eine „gute" Amme war. Im Folgenden war entscheidend, wie die Fremden in konkreten Situationen wahrgenommen wurden. Fotos von Ammen entstanden in Momenten des gegenseitigen Einverständnisses. Es
waren Begegnungen in gemeinschaftlichen „Übergangsräumen", in denen Grenzen
unterlaufen werden konnten. Ein unbeschriftetes Amateurfoto zeigt eine Gruppe in
einem Patio in Guatemala.

Um die Familie Köper haben sich ein europäisches Paar, ein guatemaltekisches
Dienstmädchen und eine Amme gruppiert. In der Bildmitte sitzt Tilly Köper in einem weißen, langen Kleid. Neben ihr steht die dreijährige Tochter Margarita. Mutter und Tochter halten sich die Hände. Hinter ihnen haben sich Friedrich Köper
und – etwas kleiner als er – die indigene Amme mit dem Säugling Gerda auf dem
Arm aufgestellt. Sie hält das in eine karierte, dunkle Decke gehüllte Baby mit beiden Armen fest und schaut dabei lächelnd in die Kamera, während Friedrich Köper
über ihre rechte Schulter den Säugling betrachtet.

---

210 Die nährende Brust ist keineswegs unerotisch. Ich verweise auf die zahlreichen Beispiele aus
   der bildenden Kunst (Madonna lactans) und Literatur (Goethe, Faust I, Vers. 454-459); E. Niehüser (2003): 6-12.

Tilly und ihre Bekannte tragen weiße, hochgeschlossene, taillierte Kleider mit großen Schulterkragen, weiten Ärmeln und weiten Röcken. Die Haare der Damen sind zu gebauschten Frisuren eingeschlagen, wobei ihnen lockige Haare in die Stirn fallen. Dagegen tragen indigene Frauen ihre langen, schwarzen Haare gescheitelt und zu Zöpfen geflochten. Die Zöpfe fallen auf den Rücken der Amme, das Dienstmädchen hat die Zöpfe zu einem Haarkranz hoch gebunden. Beide Frauen sind mit dunklen, weiten Röcken bekleidet. Das im Hintergrund stehende Dienstmädchen trägt eine hochgeschlossene weiße Spitzenbluse mit langen Ärmeln, die Amme ein weites, buntes, ärmelloses Oberteil.

Die Männer sind mit grauen Anzügen, Westen und Stehkragen bekleidet. Friedrich Köper trägt um den Hals eine dunkle Kragenschleife, sein Bekannter einen schmalen, dunklen Schlips. Im Hintergrund und an der linken und rechten Seite des Fotos sind üppige tropische Pflanzen zu sehen. Drei schlanke Säulen, Fotos an der Wand und eine Türöffnung gehören ebenfalls zu den Kulissen. Im Vordergrund des Bildes sind Bodenplatten zu erkennen, von denen eine im Quadrat fünf Löcher aufweist.

Dieses Foto wurde im Mai 1905, nach der Geburt von Gerda Köper im Patio des Wohnhauses der Familie aufgenommen. Die drei Säulen im Hintergrund hielten die Konstruktion des umlaufenden Dachüberstands. Von dort zweigten die Räume des Hauses ab. Der Patio wurde mit Boden- und Wandfliesen, Brunnen, Wasserabfluss, wie hier mit gelochter Zementbodenplatte, und üppigen tropischen Pflanzen ausgestattet. Die idyllische Inszenierung im Patio mit den weit ins Bild hineinragenden tropischen Gewächsen gibt uns einen Eindruck von Räumen, in denen sich Mathilde Köper besonders wohl fühlte. Auch wenn sie im Haus arbeitete, hatte sie das Gefühl, den „ganzen Tag im Freien" zu sein, „der Flur lag ganz frei nach dem Patio; die Häuser hier sind ideal gebaut"[211], schrieb sie über ihre Häuslichkeit. Margarita drängte sich stehend an die Mutter. Das Neugeborene lag als Wolldeckenbündel vor der Brust der aufmerksam, freundlich lächelnden Amme. Sie drückte das Baby mit beiden Armen fest an sich. Die etwa achtzehnjährige Amme trug keine Schuhe. Ihr dunkler Rock endete oberhalb ihrer Knöchel. Tilly blinzelte auf diesem Foto in Richtung Kamera; auch alle anderen Personen – bis auf Köper – schauten zum Fotografen. An der Hauswand, unterhalb der Überdachung im Hintergrund des Fotos, ist ein Bild eines Schiffs zu erkennen, bei dem es sich um ein Bild von besonderem Erinnerungswert gehandelt haben könnte. Wahrscheinlich war es ein Dampfertyp des Norddeutschen Lloyd.

Tillys Gesicht zeigte Zuversicht. Geburt und Wochenbett lagen zu dieser Zeit noch nicht lange hinter ihr. Im Sitzen neigte sie ihren Oberkörper nach rechts, als ob ihr das taillierte Kleid unbequem sei. Zu dieser Zeit lebte diese Amme noch nicht lange im Haushalt. Das Dienstmädchen im Hintergrund gab sich fast unbeteiligt, so als wenn ihm das Fotografieren lästig war. Trotzdem ist dieses Foto ist ein Beispiel für Einvernehmen zwischen Arbeitgebern und weiblichem Personal. Das

---

211 StAB 7,13: Tilly Köper an ihre Schwiegereltern, 23. August 1899.

Dienstverhältnis endete jedoch nach sechs Monaten mit einem heftigen Krach. Die Amme war mit ihrem Lohn unzufrieden. Köpers hatten wegen der Vergütung mit ihr „jeden Monat" Auseinandersetzungen, wie Tilly schrieb:

> „Die Amme wurde [an dem] Morgen so unsagbar frech gegen mich, dass Friedrich sie aus dem Haus jagte. Sie war eine vorzügliche ‚Amme', aber leben konnte man kaum mit der Person, ich wundere mich noch immer, dass wir sie so lange gehabt haben. Jeden Monat machte sie uns eine furchtbare Scene und wollte weglaufen, ihren Zweck, mehr Lohn zu bekommen, erreichte sie dann bei Friedrich auch jedes Mal, darum nur immer die Scenen. Den ganzen Tag musste nun Margarita unter Weinen und Schreien die Flasche nehmen, denn erst um 6 Uhr brachte Fed [Friedrich] eine neue Amme. Diese ist das ganze Gegenteil von der ersten, still, bescheiden und freundlich, ob sie so vorzüglich Milch hat wie die Andere, weiß ich nicht, doch würde das auch jetzt nicht mehr so schlimm sein, denn das Kind bekommt schon einmal am Tag die Flasche und ist dick und rund."[212]

Tillys Brief ist die Erregung nach dem Streit anzumerken: Die Amme – Tilly bezeichnete sie distanziert als „die Person" – hatte ein halbes Jahr lang Margarita Köper genährt. Sie bestand hartnäckig auf mehr Geld für ihre Tätigkeit. Dadurch wurde dem Ehepaar Köper das Zusammenleben mit dieser Amme zunehmend unangenehm und anstrengend. Sie musste das Haus verlassen. Obwohl Margarita bereits mehr als ein halbes Jahr alt war, konnte sie noch nicht ohne Muttermilch einer Amme gedeihen. Daher engagierte Friedrich Köper in Mixco eine andere, „stille, bescheidene und freundliche" Amme.

In Guatemala wurden Babys und Kleinkinder von ihren Ammen und Kindermädchen in einem Tragetuch auf dem Rücken „ausgetragen" und nicht wie in Europa im Kinderwagen ausgefahren. Das folgende Foto, eine Reproduktion des Originals aus dem Fotoatelier Valdeavellano in Guatemala, wurde auf der Rückseite nachträglich mit Ort und Datum versehen („Guatemala 1905"). Die Gestaltung des Fotos lag in der Hand von Alberto Valdeavellano (1861-1928).[213] Er und sein Partner Fernández waren um 1900 in Guatemala „Modefotografen". Dies belegen auch seine Guatemala-Fotos, die sich im Nachlass der Familien Noltenius und Schütte befinden. Neben Valdeavellano wurde in Guatemala auch das Fotostudio des Schweizers Emilio Eichenberger von Bremern aufgesucht. Auf dem folgenden Atelierfoto aus Privatbesitz sind eine indigene Amme und ihre „Milchtochter" Gerda Köper abgebildet. Der Fotograf bildete die Figuren von ihrer rechten Seite aus ab.

---

212 StAB 7,13: Tilly Köper an die Schwiegereltern, 18. Juli 1902.

213 Etliche Landschaftsaufnahmen und Studien von Guatemalas Bevölkerung des Fotografen Valdeavellano befinden sich im Bremer Staatsarchiv (StAB 7,13 Konvolut Köper). 2000 fand eine Ausstellung von historischen Fotos von Valdeavellano unter dem Titel „Picturing Guatemala. Images from the cirma photography Archiv 1870-1997" in „The Americas Society", New York, statt. http://www.io.com/reuter/Valdeavellano.htm. Zugriff: 13. Juni 2007.

Abb. 37: Privat: Gerda Köper im Tragetuch ihrer Amme, 1905

Die Amme trägt traditionelle Kleidungsstücke, die aus einem bunt gewebten Oberteil und einem weiten, knöchellangen Rock bestehen. Die Stoffe sind unterschiedlich gemustert. Das Oberteil weist kleine in Streifen angeordnete Muster auf hellem Grund auf, während der Rock in gedeckten Farben große Ornamente zeigt. Die
Frau hat ihr dunkles Haar über der Stirn gescheitelt; auf dem Hinterkopf sind hochgesteckte Zöpfe zu sehen. Auf ihrem Rücken trägt sie Gerda Köper in einem weißen Tragetuch, das mit Stickereispitze verziert ist. Mit der rechten Hand fasst die
Amme die Füße des Kindes, die linke hält das diagonal um ihren oberen Körperteil
geschlungene Tragetuch. Die Hand der Amme bildet den diagonalen Schnittpunkt
des Fotos. Beide Personen schauen aus einer seitlichen Position in die Kamera. Der
Hintergrund des Fotos besteht aus Schattierungen in Grautönen, die im unteren Bereich des Bildes dunkler sind.

Es scheint, als wenn sich das Gewicht des Kindes nur wenig auf die Körperhaltung
der Frau auswirkte. Die Komposition des Fotografen mit Amme und Kind in seitlicher Position rief später bedeutende Erinnerungen wach. Anhand solcher Aufnahmen konnten Familiengeschichten weitererzählt werden. Das Foto von Gerda und
ihrer Amme inszenierte Fremdheit und Vertrautheit. Das Tragen auf dem Rücken
wurde Kindern selbstverständlich.

Auch „moderne" europäische Mütter greifen zum großen Rückentuch und tragen ihre Babys und Kleinkinder wie Indigenas aus Guatemala oder Afrikanerinnen auf dem Rücken herum. Elegante Kinderwagen, wie sie um 1900 zur Kinderausstattung in bürgerlichen Kreisen in Europa üblich waren, bewährten sich auf den Straßen in Guatemala-Stadt nicht. Die Straßen waren zum Teil ungepflastert und weichten bei Regenwetter auf. Tilly Köper benutzte einen Kinderwagen bzw. Stubenwagen im Haus, wie ein Amateurfoto[214] zeigt. Über das bürgerliche Statussymbol „Kinderwagen" schrieb Helene Noltenius:

> „Tilly will ja durchaus einen Wagen für die Straße haben, aber das Tragen schadet den Kindern nichts. Hier sind bis jetzt alle auf die Weise und mit einem <u>geraden</u> Rücken groß geworden. Ich schrieb euch glaube ich schon mal, dass das Fahren für die Kinder hier viel schädlicher ist, da die Fahrstraße so mangelhaft ist und alle 6 Häuser kommt ein Straßenübergang. Aber ich sage und rate ihr nichts, das muß sie selber wissen."[215]

Mit diesem Kommentar gab Helene Noltenius sich als „erfahrene" Mutter: Sie hatte zu der Zeit bereits ein Kind in Guatemala geboren; das zweite war unterwegs. Sie ging auf Kritikerinnen von Tragetüchern ein, nach deren Ansicht sich der Körperbau der Kinder darin nicht frei entwickeln könnte.

In der Häuslichkeit, in der sich durch die Anwesenheit von Hausmädchen und stillenden indigenen Ammen sensible Beziehungen zwischen Europäern und Fremden anbahnten, wurden kulturelle Grenzen überschritten. In seinen Briefen vermied es Köper, abwertende rassistische Zuschreibungen und Bewertungen über Ammen zu formulieren. Aber er „flüchtete" sich sprachlich in Ironie, sodass mit dem Formulierten manchmal das Gegenteil gemeint war.[216]

Im Sommer 1902 erkrankte die fast zweijährige Tochter Elisabeth an schwerem Durchfall. Das Kind verlor ständig an Körpergewicht, während das Baby gedieh. Da für die jüngste Tochter Margarita noch eine Amme im Haus war, versuchte Tilly Köper vergeblich, die sich wehrende Elisabeth zum Trinken an die Brust der Amme zu legen, aber das Kind reagierte mit Übelkeit.[217] Daher riet der Arzt zu Eselsmilch, die fett- und eiweißärmer und daher bekömmlicher als Kuhmilch oder der Getreidekost ist.[218] Friedrich Köper schrieb:

> „Ich habe eine Eselin mit Fohlen für $ 300,- käuflich erworben. Das Biest wird von der Köchin aufs Beste im Hause versorgt. Dr. Ortega hat uns in diesen Tagen treu zur Seite gestanden. Ihr glaubt nicht, wie wir uns nach dieser schweren Zeit nach drüben sehnen."[219]

---

214 StAB 7,13: Fotokarton Köper.

215 Privatbriefe Noltenius: Helene Noltenius an ihre weiblichen Verwandten, 16. August 1900.

216 StAB 7,13: Friedrich Köper an seine Schwiegermutter, 22. Januar 1902. „Diese Amme scheint ganz gut zu sein, wenigstens vorläufig. Später bekommst Du ein Conterfei von dieser Schönheit."

217 StAB 7,13: Tilly Köper an die Eltern, 25. Oktober 1902.

218 V. Scherbaum (2003): S. 25.

219 StAB 7,13: Friedrich Köper an seine Eltern, 29. August 1902.

Abb. 38: StAB 7,13: Tilly Köper, Amme und Margarita Köper im Patio, 1902

Die Tiere wurden im Patio untergebracht. Auf diese Weise hatten Köpers zwei „Milchquellen" für die Kinder: eine Amme für die halbjährige Margarita und eine Eselin, die Milch für Elisabeth lieferte. Während sich der Krankheitszustand von Elisabeth langsam verbesserte, machte der Umgang mit den Eseln Tilly und den Kindern Freude, wie es das unbeschriftete und undatierte Foto[220] für die Verwandten in Bremen zeigt.

Im Zentrum des Fotos steht der Esel, auf dem Margarita Köper sitzt und von der Amme in traditioneller Kleidung festgehalten wird. Die Hände der Frau umfassen die Taille des Kindes, während Tilly den linken Oberarm des Kindes festhält. Mutter und Amme halten das Kind gemeinsam. Tilly steht in aufrechter Körperhaltung einen Schritt vom Tier und seiner Reiterin entfernt. Das Kind trägt ein weißes Kleid, das sich vom dunklen Fell des Tieres absetzt, und lacht in die Kamera.

---

220 StAB 713: Foto Konvolut Köper.

Die Amme hat ihre langen Haare zu Zöpfen geflochten und auf dem Hinterkopf befestigt. Tilly hat eine Rock-Bluse-Kombination an. Vom langen schwarzen Rock setzt sich ihre weite, gemusterte Bluse ab. Die Bluse ist mit einem hohen, schwarzen Stehkragen versehen, das Schwarz des Kragens wiederholt sich an den eng anliegenden Blusenmanschetten. Tilly hat ihre blonden Haare auf dem Hinterkopf hochgesteckt. Links im Vordergrund ist ein Brunnen, im Hintergrund zwischen den Dach tragenden Säulen eine Haustür und ein Fenster zu erkennen.

Die zahlreichen Pflanzen, Ranken- und Palmengewächse, hölzerne Dachkonstruktionen und deren Stützen schufen den Rahmen für die geschützte, wohnliche Atmosphäre des Hofgartens, der durch die Wohn- und Wirtschaftsräume des Hauses umgrenzt ist.

Der Fotograf dieses Fotos war möglicherweise Friedrich Köper. Er versuchte aus einer sitzenden oder hockenden Körperhaltung, eine Perspektive des Alltags von Tilly, Amme, Kleinkind auf dem Esel einzufangen. Die Akteure befinden sich im unteren Teil des Fotos und der Betrachter bekommt – vielleicht unbeabsichtigt – einen Eindruck von hohen Decken im überdachten, umlaufenden Gang zwischen Patio und Innenräumen. An Tilly Köpers Körpersprache ist auffallend, dass sie ihrer Tochter zwar zulächelt, doch ihre Haltung zeigt Anspannung. Das mag mit der eng geschnürten Taille durch ihr Korsett, dem bodenlangen Rock und dem unbequemen Kragen der Bluse zusammenhängen. Dadurch wirkt ihre Gestalt statisch, während sich Indigenas – wie auch auf den vorhergehenden Fotobeispielen erkennbar – in ihrer lockeren Kleidung beweglich zeigten. Das Foto entstand offenbar in einem Augenblick von Freude und Harmonie. Es sollte die Botschaft an Verwandte vermitteln: Wir sind wohlauf! Trotz der Erkrankung Elisabeths und des schweren Erdbebens!

Tilly Köper erlebte die Realität einer Erdbebenregion und war darauf nicht vorbereitet. Nach dem schweren Erdbeben im Frühjahr 1902 hatte Friedrich Köper „alle Hände voll zu tun, um Angestellte, Diener und Mädchen zu beruhigen, denn jeden Tag erfolgten mehrere Erdstöße"[221]. Tilly Köper schilderte am Tag zuvor den Eltern, sie seien „Gott sei Dank" wohlauf und auch in der deutschen Kolonie sei kein Menschenleben zu beklagen, aber Tausende obdachlose Menschen strömten in die Stadt. Seuchengefahr und weitere Erdbeben wurden befürchtet.

> „Am Freitagabend um 8 ¼ Uhr hatten wir ein großes Erdbeben auch hier, ich stürzte auf den Corridor und schrie nach Fed [Friedrich] und den Kindern. Darauf kam ein furchtbarer Stoß und das ganze elektrische Licht erlosch. Als Friedrich und ich die Kinder aufnehmen wollten, war das Erdbeben schon im Verschwinden, nach einer halben Stunde folgte ein zweiter schwerer Stoß. Noch bis gestern hatten wir kleine Erdbeben, so dass wir in eine nervöse Aufregung kamen, die gar

---

221 StAB 7,13: Friedrich Köper an seinen Vater, 25. April 1902.

nicht schwinden will. Ich fühle fortwährend den Boden unter mir schwanken, ein unangenehmes Gefühl. Gott möchte verhüten, dass wir nochmals ein Erdbeben bekommen, es war schauerlich! Alle freien Plätze, Pferdebahnwagen und Droschken sind jede Nacht überfüllt von Menschen, niemand der Hiesigen wagt in seinem Haus zu schlafen. Wir haben nachts die Thüren offen, so dass wir sofort im Freien sind. Noch immer weiß man nicht, woher das Erdbeben gekommen ist, man lässt das Volk im Unklaren, und das ist viel schlimmer. Friedrich hat bei der ganzen Sache eine beneidenswerte Ruhe, für mich zum Glück!"[222]

Dieses Erdbeben hatte erhebliche Auswirkungen auf Tilly Köpers psychisches Befinden. Sie klagte seitdem häufig über Nervosität. Die Reaktionen der vier Dienstmädchen beschäftigten sie: Das Stubenmädchen und die Küchenhilfe verließen jeden Abend das Haus und erklärten, sie wollten lieber mit ihren Familien zusammen sterben als in einem fremden Haus. Die Amme und das Kindermädchen wollten nachts im Patio zu schlafen, was ihnen jedoch verwehrt wurde.

Zusammenfassung: Texte vom Alltag in Guatemala vermitteln oft Bilder vom Fremdsein. Die Fotos fügen sich in die Erzählzusammenhänge der Briefe ein. Sie verweisen auf eine private Praxis, die das Erzählte vertieft oder differenziert. Die Fotos sind Momentaufnahmen eines häuslichen Alltags, der durch Frauen aus Bremen und Guatemala gestaltet wurde. Die Situationen geben uns Einblicke in sonst nicht zugängliche Lebensbereiche in Übersee, in denen sich Frauen trotz aller sozialen, kulturellen und hierarchischen Unterschiede in ihrem Handeln abstimmten und sich annäherten. Auf den Fotos wurde sichtbar, dass Dienstmädchen europäische Kleidungsstücke trugen, die Ammen aber nicht. Ein moderner Kinderwagen blieb im Haus, dafür wurden die Kinder von Ammen und Kindermädchen auf dem Rücken getragen. Bürgersmütter überließen ihre Säuglinge und Kleinkinder indigenen Ammen und Kindermädchen. In den Briefen aus Guatemala wurde diese Thematik häufig aufgegriffen, da sie bürgerliche Wertvorstellungen tangierte.

HELENE NOLTENIUS brachte in Guatemala zwischen 1899 und 1908 fünf Kinder zur Welt. Ihr ältester Sohn starb dort. Im Sommer 1909 kehrte die Familie nach Bremen zurück. Die zahlreichen Briefe, die Helene Noltenius aus Guatemala an ihre Verwandten in Bremerhaven und Bremen schrieb – eine große Anzahl der Gegenbriefe sind auch vorhanden – lassen Einblicke in ihre häusliche Innenwelt in Guatemala zu, in der sie als Mutter lebte. Auch für Helene Noltenius gehörten Ernährung und die Erziehung der Kinder zu den wichtigsten Aufgaben. Bereits kurz nach der Geburt ihres ersten Kindes konnte Helene Noltenius es nicht mehr stillen. Deshalb zog eine guatemaltekische Amme ins Haus. Eine Bank diente ihr als Schlafplatz, ein eigenes Zimmer hatte sie nicht.[223] Neben diese Schlafstätte wurde das

---

222 StAB 7,13: Tilly Köper an die Verwandten, 24. April 1902.

223 Rigoberta Menchú schlief in einem Raum, in dem Kisten und Säcke gestapelt waren und Abfall herum lag. Sie erhielt ein kleines Bett, auf das eine Bastmatte gelegt wurde. Als Zudecke bekam sie eine Jacke. Elisabeth Burgos (1991): S. 92.

Babybett gestellt.[224] Während der Geschäftszeit wandte sich Helene Noltenius an ihren Mann und schrieb auf einem undatierten Zettel:

> „Mein Lütter, die Amme ist sonst mit Allem einverstanden, will nun außer der Matratze noch eine Wolldecke haben. – Sie bat sich Wein!! aus für die Nacht, ich hab aber gesagt, den gäbe es jetzt nicht, enorm, was? Tausend Grüße Deine Helene."[225]

Aus der Sicht der Bremerin waren die Wünsche der Amme unverschämt. Ein Matratzenlager hatte sie doch, nun verlangte sie auch noch eine Wolldecke als Zudecke! Den Wunsch nach Wein für die Nacht wollte sie ihr auch nicht erfüllen. Zum einen war Alkohol während der Stillzeit dem Säugling nicht zuträglich und zum anderen bestätigte sich damit das Vorurteil, Indianer könnten „nicht ohne Alkohol leben"[226]. Differenz und Abgrenzung führten zu einem schnellen Ende des Dienstverhältnisses. Manchmal stellte sich erst zu Hause heraus, dass die Amme nicht genügend Milch hatte. So erging es Helene Noltenius, die ihrem Mann schrieb:

> „Da der kleine Bengel trotz Herumtragens bis eben geschrien hat (1/2 4), ließ die Amme ihn wieder trinken, aus der linken Seite kriegt er nichts, die rechte hat er leer und weint. – Dann fragte ich, wie sie ihr eigenes Kind groß gekriegt hätte, und sie antwortete mir, das hätte schon seit dem ersten Monat was zubekommen. – Soll ich nun noch mal nach der alten Nisolassa schicken, ob sie vielleicht zufällig eine weiß? Ich bin ganz betrübt. Herzlichen Gruß Deine Alte."[227]

Helene Noltenius konnte mit dieser Amme nicht zufrieden sein: Ihr Sohn schrie vor Hunger und die Amme hatte nicht genug Milch. Die Zubereitung von Flaschennahrung zum Zufüttern für den Säugling war problematisch. Vor dem oft von Fäulnisstoffen und Zersetzungsprodukten der Wasserleitungen verseuchten Trinkwasser wurde ebenso wie vor dem unreinen Brunnenwasser gewarnt.[228]

Im Jahr 1908 wendete Helene Noltenius das nach dem deutschen Agrarexperten und Ernährungswissenschaftler Franz Ritter von Soxhlet[229] 1886 entwickelte Ver-

---

224 Privatbriefe Noltenius: Helene Noltenius an ihren Mann, 15. Januar 1907. „Die Amme fragt täglich, wann du wiederkämest, als mir das nun auffällig wurde, sagte ich gestern, ob sie eigentlich was Besonderes von Dir wollte, da meinte sie: nein, das nicht, aber dann würde sie doch wohl mit der Chita [kl. Mädchen] in das andere Zimmer kommen, denn sie hätte niemals des Nachts auf[zu]stehen brauchen, das wäre ihr schädlich! Ich dachte mir schon so was. Nun kommt diese Nacht erst mal das Bett von der Kleinen neben ihre Bank, und bin ich mal neugierig, ob sie überhaupt [auf]wacht, wenn die Lütte [Maria] ruft und sie nachher [nach dem Stillen] auch wieder hinpackt. Der kleinen Deern geht's gut und den Großen auch."

225 Privatbriefe Noltenius: Helene Noltenius an ihren Mann, o.D. [unterstrichen im Original]

226 Bereits als Babys würden sie an Alkohol gewöhnt; Mütter würden den „Finger in die Aguardienteflasche tauchen und ihn den Säuglingen in den Mund stecken." Otto Stoll (1886): S. 71.

227 Privatbriefe Noltenius: Helene Noltenius an ihren Mann, o.D.

228 Otto Stoll (1886): S. 22; Eberhard Noltenius warnte seine Frau davor, den Kindern Brunnenwasser zu trinken zu geben. Privatbriefe Noltenius: Eberhard Noltenius an seine Frau, 5. März 1909.

229 Deutsche Biographische Enzyklopädie (DBE) (2001): Bd. 9. S. 380; Meyers Konversations-Lexikon (1896): Bd. 2. S. 136.

fahren zur Sterilisierung von Milch an.[230] Beim Aufkochen wurde dem Milch-Wasser-Gemisch ein besonderer Nährzucker zugefügt, der den Säugling vor Durchfall bewahren sollte.[231] Auch eine gemischte Ernährung aus Muttermilch der Amme und zusätzlicher Flaschenmilch, die aus Nestlé[232], Maizena[233] und Hafermehl bestand, probierte Helene Noltenius für die Säuglinge aus. Ebenso verfuhr sie, wenn Kleinkinder erkrankten. Maria Noltenius (geb. Dezember 1906) wurde im Alter von fast zwei Jahren von einer Amme, die für den jüngeren Bruder Eduard (geb. Februar 1908) engagiert war, mit Muttermilch versorgt. Die Amme „zapfte" sich Milch ab, die das erkrankte Kind aus einer Flasche trank.[234] Zusätzlich wurde Maria mit Eselsmilch ernährt. Dazu wurde eigens ein Eselmuttertier „gemietet" und in der Nachbarschaft untergestellt, da im Patio kein Platz dafür war. Für die größeren Kinder kochte Helene „Kraftgries aus Bremerhaven"[235].

Helene und Eberhard Noltenius gaben beim Fotostudio Fernández Valdeavellano in Guatemala ein Atelierfoto als Geschenk für die Großväter in Bremerhaven in Auftrag. Es zeigte das erste Enkelkind zusammen mit seiner Amme.

Das Foto ist von Helene Noltenius beschriftet: „Guatemaltekische Amme Jakoba und der Erstgeborene Friedrich-Eberhard Noltenius (30.12.1899-15.2.1907)." Rückseite: „Unserem lieben Vater, Schwiegervater und Großvater zur Erinnerung an sein erstes Enkelkind. Friedrich-Eberhard Noltenius. 4 ½ Monate alt mit seiner Amme Jakoba. Guatemala, den 16. Mai 1900"[236].

Im Mittelpunkt des Doppelbildnisses steht die Amme Jakoba, die das Kind präsentiert. Es sitzt auf einer aus Holz geschnitzten oder schmiedeeisernen Atelier-Requisite, die mit Blumenranken verziert ist. Das Baby wird von den nicht sichtbaren Händen der Amme unter dem weiten Kleid festgehalten. Friedrich-Eberhard trägt ein helles Kleid aus dünnem Stoff mit kurzen Puffärmeln. Es bedeckt seine

---

230 Privatbriefe Noltenius: Helene Noltenius an ihren Mann, 6. Januar 1908.

231 Teuteberg; Wiegelmann (1986): S. 385.

232 Seit 1886 vom Schweizer Nestlé-Konzern weltweit verbreitet.

233 Diese Nahrung aus Mais besteht aus Maisstärke und wurde schon vor der Firmengründung „Deutsche Maizena GmbH" 1916 in Hamburg als „Maizena" bezeichnet.

234 Privatbriefe Noltenius: Helene Noltenius an ihre Verwandten, 9. August 1908. „Aber die Kleine ist wirklich nur noch Haut und Knochen, lacht nicht, spricht nicht, ist blass, weint, wenn man sie anredet. Wir haben eine Eselin gemietet, die bei Bianké (meinem Kalbfleischlieferanten) ganz in unserer Nähe steht, und immer frisch gemolken wird. Nun bekommt Maria seit gestern früh alle 2 ½ Std. 2 Nummern Eselsmilch, 4 Nummern Wasser, der Arzt fand selbst, dass sie in den letzten Tagen sehr abgenommen hätte und unbedingt Nahrung haben müsste. Einmal trank sie das gestern gern, wollte dann später nicht, da hat sich die Amme soviel wie 2 Nummern in der Flasche von 16 Nummern abgezapft. Zweimal, was sie gern nahm, ist ihr auch gut bekommen. Heute nimmt sie die Eselsmilch gern. Ganz ist der Darm noch nicht geheilt. Noch ist kolossale Vorsicht nötig."

235 Privatbriefe Noltenius: Helene Noltenius an ihre Verwandten, 2. März 1901; 26. April 1901. „Heute bekommt er [Friedrich Eberhard „Lico"] die „Dr. Kleinhardt'sche Nahrung [?] zum ersten Male, mal sehen, ob die auch so fein anschlägt wie alles andere. Meiner Ansicht nach, scheint sie dem Nestlé zu ähneln. Diese Büchse, sowie auch eine mit Kraftgries und das Bismarckbild sind in unserem Besitz und freuen wir uns sehr darüber. [...]. Der Kraftgries ist so herrlich, das ich immer wieder um solchen bitte, Ihr solltet mal das Zeug sehen, was man hier bekommt."

236 Privatquellen Noltenius: Foto Friedrich-Eberhard Noltenius. Bildgröße: 17 x 11 cm.

Abb. 39: Privat: Amme Jakoba mit Friedrich-Eberhard Noltenius, 1898

Beine. Die Amme hat ihre dunklen Haare zu einem Zopfkranz um den Kopf gebunden. Sie hat sich mit einem Ohrring (links) geschmückt und um den Hals trägt
sie eine vierreihige Perlenkette. Sie stellt sich mit einem ernsten Gesichtausdruck
dar und wendet ihre Augen ebenso wie das Kind einem nicht sichtbaren Gegenstand im Atelier zu. Die Amme ist von kräftiger Statur und traditionell mit einer
weiten kurzärmeligen, bunt gewebten Bluse[237] und einem weiten, dunkel gemusterten Rock gekleidet, der ihre nackten Füße nicht bedeckt. Im Hintergrund des Fotos
sind Blumen- und Pflanzen eines Tapetenmusters zu erkennen.

Die Amme zeigte sich mit dem Säugling aufrecht, konzentriert und würdevoll. Es
könnte sich um ein Foto zur Erinnerung an den Tauftag des Erstgeborenen handeln. Die Komposition des Fotografen rückte vor allem die Gestalt der Amme und
damit ihr nützliches Dienstverhältnis im Hause der Familie Noltenius in den Vordergrund. Die Requisiten im Fotoatelier (Pfosten und Teil einer Balustrade) nehmen ein Viertel, die Figur der Amme die Hälfte der Perspektive des Fotografen ein.

---

237 Zum traditionellen Kleidungsstil schrieb Friedrich Köper: „Die Indianerin trug gewöhnlich eine
   Art Bluse, Huipil, aus selbst gewebtem Stoff, meistens weiß, schön durchgewebt oder bestickt
   mit indianischen Mustern in verschiedenen Farben." StAB 7,13 Konvolut Köper: Lebenserinnerungen, S. 35.

In das obere dreieckförmige Drittel des Bildes wurden die von der Kamera abgewandten Gesichter und Oberkörper der Personen positioniert. Die Köpfe der Abgebildeten setzte der Fotograf auf fast gleicher Höhe in Szene. Er beabsichtigte wohl, den Kontrast zwischen dunkler und heller Hautfarbe darzustellen.

Während Mutter-Kind-Fotos häufig Inszenierungen von „Mütterlichkeit" sind,[238] präsentierte sich diese Amme in keiner spezifisch gefühlvollen Beziehung zum Kind. Den Auftraggebern dieser Studioaufnahme ging es wohl besonders um die Vermittlung von Exotik: Sie ließen die Amme als Ganzkörperfigur zusammen mit dem Erstgeborenen ablichten.

Nach Heidi Rosenbaum wurde in Deutschland während des Kaiserreichs das Stillen des Säuglings durch bürgerliche Frauen „üblicher", aber Ammen waren immer noch gefragt.[239] Tochter Käthe Noltenius (geb. Januar 1901) war von einen „guten" Amme genährt worden und wuchs gesund und kräftig heran. Als das Kind nach der Pockenimpfung „nur noch weinte", wanderte die Amme des Nachts mit dem Baby herum und „weinte an diesem schlimmsten Tag"[240] ebenso wie das Kind, berichtete Helene Noltenius. Zur Taufe von Käthe erhielt die Amme von den Verwandten in Bremerhaven eine „herrliche Brosche. Dafür wollte sie die Kleine gut versorgen, damit sie so dick würde wie der Junge"[241].

Diese vorbildliche Amme blieb Helene Noltenius jahrelang in Erinnerung.[242] Die neunmonatige Stillzeit und der sorgsame, mitfühlende Umgang der Amme führten bei Käthe zu einem stabilen körperlichen Zustand. Käthes Amme verstand es, sich an einen Bremer Haushalt in Guatemala anzupassen. Beim Baden, Wickeln und Wiegen zeigte sich der körperliche Entwicklungsstand der Babys. Mütter führten darüber Buch, um im Fall einer Erkrankung den Arzt genau informieren zu können oder die Kinder nach einem Diätplan zu ernähren.[243] Nach dem Fortgang der Amme hatten Käthe und ihr zwei Jahre älterer Bruder das gleiche Gewicht.[244] Helene Noltenius nannte ihre Tochter „Klümpchen"[245] und schrieb, dass Käthe als das „dickste Kind in Guatemala" bezeichnet werde.[246]

Bei diesem Beispiel handelt es sich um eine positive Dreierbeziehung zwischen Mutter, Amme und Kind. Helene Noltenius' Beziehungen zu den anderen Am-

---

238 Christiane Cantauw (2004): S. 181. Vgl. Ellen Maas (1975) mit vier Beispielen „mütterlicher Posen" aus der Zeit zwischen 1860 bis ca. 1900. S. 104.

239 Heidi Rosenbaum (1982): S. 357. Dazu auch Theodor Fontane in „Jenny Treibel"; Stillen sei „unschön".

240 Privatbriefe Noltenius: Helene Noltenius an ihre Verwandten, 26. April 1901.

241 Privatbriefe Noltenius: Helene Noltenius an ihre Verwandten, 13. April 1901. Damit spielte die Amme auf den ältesten Sohn Wilhelm Eberhard („Lico") an.

242 Als die kleine Tochter Maria im Sommer 1908 von hohem Fieber und „Enteritis (Darmkatarrh)" geschwächt wurde, blickte Helene zurück. „Hätte die kleine Maria eine bessere Amme gehabt und längere Zeit, wäre sie auch wohl jetzt etwas widerstandsfähiger." Privatbriefe Noltenius: Helene Noltenius an ihre Verwandten, 9. August 1908.

243 Vgl. Gunilla-Friederike Budde (1994): S. 174. Mit genauen Aufzeichnungen über Entwicklungsprozesse der Kinder würde „pädagogische Buchführung" betrieben und einer Verwissenschaftlichung in der Erziehung entsprochen. Ebenso verhielt es sich in körperlicher Hinsicht.

244 Privatbriefe Noltenius: Helene Noltenius an ihre Verwandten, 30. Oktober 1901.

245 Privatbriefe Noltenius: Helene Noltenius an ihre Verwandten, 22. März 1901.

246 Privatbriefe Noltenius: Helene Noltenius an ihre Verwandten, 28. August 1901.

men waren zuweilen konfliktreich. So engagierten die Eltern für ihr drittes Kind Wilhelm (8. Dezember 1901) in seinem ersten Lebensmonat drei Ammen. Die dritte sei zwar „dumm, aber gut"[247], befand Helene zunächst. Doch am Ende des zweiten Monats stand sie vor der Wahl, eine vierte Amme zu suchen oder das Kind ergänzend mit „Soxhlet" zu ernähren. Der Arzt riet, die Amme zu behalten. Er verordnete eine Medizin für die Amme, um sie für ihre Stilltätigkeit zu stärken.

Die fünf Noltenius-Kinder wurden während eines Zeitraums von sieben (Maria und Eduard) bis zu neun Monaten (Käthe) von indigenen Ammen genährt. Besonders beim ersten Kind (Eberhard Friedrich) fiel es der Mutter schwer, den Sohn schon nach einem Monat[248] einer Amme zu überlassen. Der ständige Ammenwechsel in Wilhelms erstem Lebensmonat zeigt, dass die Säuglingsernährung in Guatemala problematisch war: Die Mutter konnte nicht stillen; die Ernährung mit Nestlé und dem Soxhlet-Verfahren waren wegen der Trinkwasserqualität risikoreich und eine „gute Amme" zu finden, war auch schwierig. Nebenbei wurde von mir festgestellt, dass die Noltenius-Söhne als Babys gegenüber ihren Schwestern nicht bevorzugt ernährt wurden, wie es Andreas Gestrich fragend formulierte.[249]

Im Zeitraum von 1899 bis 1909 waren die Noltenius-Kinder in Guatemala von Ernährungsstörungen und Infektionserkrankungen betroffen. So war es beim Übergang von der ausschließlichen Muttermilch-Ernährung durch das „Zufüttern" von Milch-Wasser-Gemischen und anderer Zusatznahrung auf der Grundlage von Getreide oder Gemüse schwierig, die richtige, d.h. die für Kleinkinder bekömmliche Mischung zu treffen. In der mangelhaften Wasserqualität von Guatemala-Stadt lag eine weitere Ursache für die Erkrankung der Kinder. Helene Noltenius schrieb besorgt:

> „Ganz, ganz langsam will der Arzt sie an mehr Milch und weniger Wasser gewöhnen. Und ich will ja alles tun, meine ganze Zeit hergeben, um nichts zu versäumen."[250]

Vier Wochen später empfahl der Arzt, das Kind an eine Krankenkost aus Gemüsebrei zu gewöhnen.

Es ist zu fragen, ob die frühzeitige Zuschreibung „dick" („Klümpchen"; „unsere süße Dicke mit „gesegnetem Appetit") zu Passivität und in späteren Jahren zur Belastung des Kindes geführt haben könnten, denn auch als heranwachsendes

---

247 Privatbriefe Noltenius: Helene Noltenius an ihre Verwandten in Bremerhaven, 30. Dezember 1901. Die Namen der Ammen nannte sie nicht.

248 Tilly Köper besuchte Helene Noltenius nach einer Brustoperation, nach der Helene nicht mehr stillen konnte. „Da ich den ganzen Tag bei Helene Noltenius war, die am Morgen eine kleine Operation an der Brust durchmachen musste, und Herr N. am selben Tage nach Misekko [Mixco] fahren musste, um für seinen Jungen eine Amme zu besorgen. [...] Doch nun befindet sich Helene N. wieder wohl, und der Kleine gedeiht auch prächtig; mit der Amme scheinen es N. gut getroffen zu haben." StAB 7,13 Konvolut Köper: Tilly Köper an ihre Mutter, 27. Januar 1900.

249 Andreas Gestrich (1999): S. 84. Zum Ammenwesen und der geschlechtspezifischen Zuwendung von Eltern dem Kleinkind gegenüber. Gestrichs Fragestellung: Werden Jungen häufiger gefüttert als Mädchen?

250 Privatbriefe Noltenius: Helene Noltenius an ihre Verwandten, 9. August 1908.

Mädchen wurde Käthe in Bremen als „dick" bezeichnet. Zwar waren der Appetit und das Essen für Mütter häufig Indikatoren für die Gesundheit der Kinder, aber wurden kleine Mädchen möglicherweise von ihren Müttern „gemoppelt", um ihr Temperament zu zügeln und sie in ihren Aktivitäten zu dämpfen? Einige Hinweise sprechen dafür: Mit dem Kosenamen, „unsere kleine Dicke"[251], wurde Käthe als Fünfjährige auf eine bestimmte Körperlichkeit festgelegt.

Um 1900 trugen die Mädchen in Bremer Bürgerfamilien keine „Schnürleibchen". Ihre kindlichen Körperformen konnten sich in Hängerkleidchen entfalten, die sich als „Reformkleidung" in bürgerlichen Kreisen eher in der Kinder- als in der Damenmode durchsetzte.[252] Die „weibliche" Beschäftigung mit Gewichtsabnahmen, um dünn zu sein, versuchten zahlreiche Frauen erst ab 1920.[253]

Die Erziehung der in Guatemala geborenen Kinder war auf die Zeit nach der endgültigen Rückkehr nach Bremen ausgerichtet. Alle Fünf sollten „Bremer Kinder" werden. Doch der Einfluss durch indigene Dienstmädchen hinterließ deutliche Spuren.[254] Kurz vor der Rückkehr nach Bremen erzählte die Mutter ihren Kindern mehr als zuvor von den Großmüttern und anderen Verwandten. Sie übte auch deutsche Wörter mit ihnen, weil die Kinder mit den Kindermädchen und Hausgehilfinnen nur Spanisch sprachen. Die Köchin bereitete für die Kinder und Hausangestellten „separate" Speisen zu. Sie wurden in der Küche verzehrt.[255] Die Kinder entwickelten einen Geschmack für einfache Gemüsegerichte und merkten sich beim Aufenthalt in der Küche, die Namen von Zutaten und Gerichten auf Spanisch zu bezeichnen. Sie lernten, ihre Lebenswelt auf Spanisch zu begreifen. Die dreijährige Maria konnte „wie eine Alte [...] lange Geschichten auf Spanisch erzählen", wenn sie sich Bilderbücher beguckte.[256] Die Kinder wurden in ihren Entwicklungsprozessen der ersten Lebensjahre überwiegend von einer Kultur geprägt, die Helene Noltenius auch noch nach längerem Aufenthalt als fremd wahrnahm, ohne sich vielleicht bewusst zu sein, dass sie sich auch in „Zwischenräumen", d.h. in einem kulturellen Veränderungsprozess befand, in dem sich das Eigene mit dem Fremden vermischte. Nach Homi Bhabba sind einige Räume in Häusern „als metaphorische Bezugssysteme" zu bezeichnen: „Es sind die Orte eines Hauses, die Assoziationen hervorrufen, wie oben/unten, höher/niedriger, Himmel/Hölle, Schwarzsein/Weißsein usw." Es sind Konträume (nach Bhabba „Schwellenräume"), in denen transkulturelle Prozesse und grundlegende Veränderungen stattfinden können.[257] Bhabba

251 Privatbriefe Noltenius: Helene Noltenius an ihre Verwandten, 24. September 1906.

252 Vgl. Ulrike Adamek (1987): S. 69-76. – Vgl. Wiltrud Ulrike Drechsel (Hrsg.) (2001). Fotoreproduktionen von „höheren Töchtern" aus den Jahren 1898-1913. – Vgl. Ingeborg Weber-Kellermann (1979): Die Mode für Mädchen veränderte sich zwischen 1800 und 1900 ebenso rasch wie die Damenmode. Anfang des 19. Jahrhunderts zeigten sich Mädchen in damenhaften dekolletierten Kleidern, unter denen sie Fischbeinmieder trugen. S. 33; S. 61. – Ingrid Loschek (2005): S. 293: Ab 1880 wurden Mädchen-„Hängerkleidchen" als Vorreiter des Reformkleids Mode.

253 N. Wolf, zitiert nach Gabriele Bark-Lenz (1999): S. 91.

254 Vgl. Dorle Klika (1990): Zur Bedeutung der Dienstboten für bürgerliche Kinder: S. 207; über „symbiotische" Beziehungen zu Kindermädchen, S. 220.

255 Privatbriefe Noltenius: Helene Noltenius an ihre Verwandten, 3. April 1903.

256 Privatbriefe Noltenius: Helene Noltenius an ihre Verwandten, 26. März 1909.

257 Homi Bhabba (1997): S. 123-148.

führte Treppenhaus, Speicher oder Heizraum eines Hauses als Kontakträume an. Im Haus der Familie Noltenius waren es die rund um den Patio herumlaufenden, mit einem Dach versehenen Korridore, die Kinderzimmer, die Küche, in denen sich Mütter, ihre Kinder und indigene Dienstmädchen begegneten.

Der mit Steinplatten ausgelegte Fußboden des Hauses wurde mit einem in Bremerhaven gefertigten „Spielteppich" ausgelegt. Auf dem Korridor stand der Laufstall für Maria und Edu. Helene legte ihn mit einer Badezimmermatte aus, damit die Kinder auf dem Fußboden („Rotsteine") nicht zu schmutzig würden. Die Kinderkleidung nähte Helene Noltenius selbst und wurde dabei von den weiblichen Verwandten in Bremen und Bremerhaven unterstützt. Mit ihnen tauschte sie sich über europäische bzw. deutsche Kindermode aus und bestellte sich Russenkittel, Matrosenanzüge und Hutband. Der Strohhut von Friedrich Eberhard sollte mit schwarzem Hutband, auf dem „S.M.S. Kronprinz" oder „Saale" gedruckt war, geschmückt werden.[258] Diese Bänder mit den bedruckten Aufschriften und den beiden am hinteren Teil der Kopfbedeckung flatternden Endstücken waren begehrt und wurden von Schiffbesatzungen manchmal als Souvenir und Gruß aus der Heimat verschenkt.[259] Mit diesen Kennzeichen an den Tellermützen zeigten die Mannschaften der deutschen Flotte auch in Guatemala ihre nationale Zugehörigkeit.[260] Und ebenso wollten auch Deutsche in Übersee Verbundenheit zur Heimat darstellen. Die Kinder spazierten täglich mit ihrem Kindermädchen auf die „Plaza", einer wichtigen öffentlichen Kontaktzone für Einheimische und Fremde. Dort „spielte die Musik" und Kindermädchen, Ammen und Mütter zeigten sich stolz mit gut gekleideten Kindern.[261] Kaiser Wilhelms II. „Familienfotos" dienten der nationalen Propaganda. Sie erreichten Deutsche in aller Welt. Die Zeichen der darauf abgebildeten Marinekinderkleidung lösten eine Mode im deutschen Kaiserreich aus.[262] Das Tragen solcher Kleidungsstücke glich einem Bekenntnis zur deutschen Nation. Mädchen trugen zu Faltenröcken Matrosenblusen, die Knaben Anzüge und ebenso wie die Mädchen ein Oberteil mit großem Schulterkragen, der am vorderen Ausschnitt von einem Schlips zusammen gehalten wurde.

---

258 Privatbriefe Noltenius: Helene Noltenius an ihre Verwandten, 6. März 1902; und Tilly Köper wünschte 1905 für ihre Tochter Margarita zwei Matrosen-Mädchenkleider (ein dunkles und ein helles), nachdem die Großeltern ein Foto von der in Bremen zurückgelassenen Elisabeth in einem solchen Kleid geschickt hatten. StAB 7,13: Tilly Köper an ihre Schwiegereltern, 26. Dezember 1905. Zur Geschichte der Matrosenkleidung: Ingeborg Weber-Kellermann (1979): S. 127-133.
259 Marie Overbeck erzählte von der Besichtigung der deutschen Kriegsschiffe „Bremen" und „Krefeld" im Hafen von Bahia: „Unter lustigem Geplauder verging die Zeit mir zu schnell, um acht gingen wir von Bord, alle Damen beschenkt mit Mützenband und Boje."
260 Literatur zur Aufrüstung der kaiserlich-deutschen Handels- und Kriegsmarine und Operationen der Flotte in Übersee: Ekkehard Böhm (1972); Elsa Lüdecke (1915); zu den kolonialen Begehrlichkeiten deutscher Marineoffiziere in Mittel- und Südamerika: Gerhard Wiechmann (2002).
261 Helene bedankte sich für die Kinderkleidung von den Müttern. Käthe bekam eine neue Jacke. „Die Amme ist stolz, dass ihre [Kleine] nun auch was Neues hat, da ja die Lütte vom großen Bruder alles erbt. Privatbriefe Noltenius: Helene Noltenius an ihre Mutter und Schwiegermutter, 15. Februar 1901.
262 Siehe Ingeborg Weber-Kellermann (1979): S. 110. Die Fotografie zeigt den Kaiser mit seinen fünf uniformierten Söhnen, der Jüngste trägt einen Matrosenanzug.

Doch zurück in die private Sphäre im Haushalt von Helene Noltenius in Guatemala: Transkulturelle Zeichen, wie Fotos von indigenen Ammen, eine Brosche als
Geschenk aus Bremerhaven, das Rückentragetuch, Wiege, Kinderbett, Kinderwagen, Laufstall, Soxhlet, Kraftgries aus Bremerhaven, Kinder in Matrosenanzügen
und Russenkitteln vermitteln Eindrücke von der globalen Zirkulationen von Ideen
und Sachen. Im Zentrum dieser Prozesse stand die Bremerin Helene Noltenius als
Fremde in Guatemala. Aus ihrer Perspektive waren ihre Hausmädchen Staffagen
in einer von ihr geschaffenen kulturellen Diaspora. Ohne es jeweils zu bemerken,
nahmen sie und ihre Kinder ebenso wie die Fremden von der jeweils anderen Kultur auf und profitierten davon. Helene Noltenius nahm sich vor, die Kinder nicht zu
sehr mit Geschenken zu verwöhnen. Zum Geburtstag wurden sie von Nachbarn und
Freunden schon genug beschenkt, so die Mutter. Die Geschenke entsprachen jeweils
den Vorstellungen von männlichen und weiblichen „Geschlechtscharakteren"[263].
Käthe erhielt „einen [Blumen]Kranz und einen Kuchen, Sophia brachte ihr eine
niedliche Puppe". Außerdem wurde sie mit einem „Körbchen und einem Ball" beschenkt. Zur Geburtstagsfeier setzten sich die Kinder mit ihren Freunden zusammen, und „dann wurde allgemein Chocolade getrunken"[264].

Wenn der Ehemann nicht zu Hause war, duften die Kinder abwechselnd im Ehebett schlafen. Ungehorsame Kinder wurden von Helene Noltenius manchmal „hart"
angefasst. Dazu bemerkte sie: „Ich habe sie ziemlich stramm erzogen". Sie hätten
alle „dreimal Prügel bekommen", seit ihr Mann fort war.[265] So bekam Wilhelm im
Badezimmer „Prügel, weil er um ‚Nichts' weinte", danach „hörte er sofort auf und
sagte: Ich bin so traurig"[266]. Offenbar handelte es sich um eine Situation, in der die
Mutter keine Geduld mit dem Kind hatte und auch nicht nach seinen Bedürfnissen
fragte.[267] Ähnlich verhielt sie sich an einem anderen Tag:

> Er „knökte so viel – ich haute ihn darauf hin durch, als er dann nach einer Stun-
> de immer noch weinte, gucke ich in seinen Mund und da sind drei Backenzäh-
> ne durch, von jedem eine Spitze. Das hat ihm wohl wehgetan, aber die Prügel ha-
> ben ihm doch nichts geschadet. Er kommt jetzt in das Alter, wo er viel nötig hat,
> damit er merkt, dass sein Wille nicht der maßgebende ist. Friedrich Eberhard hat
> wenige [Schläge] nötig. Käthe auch nicht mehr soviel."[268]

Der siebenjährige Lico bekam „fixe Prügel" von seiner Mutter, wenn er „zu eigen-
sinnig" war.[269] Es wurde nicht überliefert, wie die Kindermädchen auf diese „Prü-
gelroutine" reagierten. Dass Schläge Kindern „nicht schaden" und ein „natürliches

---

263 Privatbriefe Noltenius: Helene Noltenius an ihre Verwandten, 30. Dezember 1901. „Seine Pa-
    tentante Frau Höpfner schenkte ihm einen reizenden Sprengwagen, von einem kleinen Freund
    bekam er ein Pferdegeschirr mit Peitsche und von Vater und Mutter einen Kuß."
264 Privatbriefe Noltenius: Helene Noltenius an ihren Mann, 5. Januar 1906 [Im Brief liegt eine
    getrocknete Blume wohl für ihren Mann.]
265 Privatbriefe Noltenius: Helene Noltenius an ihren Mann, 16. Januar 1906.
266 Privatbriefe Noltenius: Helene Noltenius an ihren Mann, 16. Februar 1905.
267 Auch Dorle Klika (1990) ermittelte in Autobiografien Mütter, die zu „selten" nach der kindli-
    chen Motivation oder nach subjektiven Absichten ihrer Kinder fragten. S. 210-212.
268 Privatbriefe Noltenius: Helene Noltenius an die Verwandten, 3. April 1903.
269 Privatbriefe Noltenius: Helene Noltenius an die Verwandten, 13. Januar 1906.

Erziehungsmittel" seien, wurde auch in Redensarten, Sprüchen und Literatur betont. Diese Erziehungsmuster haben eine lange Wirkung und verweisen auf Unwissenheit in den Anforderungen als Mutter.[270]

Lico, Käthe und Wilhelm wurden in die Deutsche Schule in Guatemala eingeschult. Helene Noltenius übte Schreiben und Rechnen mit ihren Kindern. Sie freute sich, wenn sie den Verwandten kleine Erfolge in der deutschen Sprache melden konnte.[271] Von Wilhelm wurde ein kurzer Brief überliefert, in dem der Siebenjährige von Wahrnehmungen aus seiner Umgebung in Guatemala schrieb. Dabei waren die nützlichen Hühner (Eier- und Fleischlieferanten) und sein kleiner Bruder Eduard und dessen bevorstehende Taufe die Hauptthemen.[272] Von einem besonderen Erlebnis berichtete Wilhelm: Im Kino in Guatemala trat Kaiser Wilhelm II. auf und stellte einen nationalen Bezug zur Heimat her.

Helene Noltenius charakterisierte ihre Kinder, um den Verwandten in Bremen eine Vorstellung von ihnen zu geben. Sie verglich die fast gleichaltrigen Kinder Käthe und Wilhelm und legte sie damit auf ihre „Natur" und zukünftige Rollen fest. Die Tochter Käthe sei immer schwerer zu erziehen, sie habe einen starken Eigensinn und sei dabei gleichgültig. Wilhelm dagegen machten die Schularbeiten keine Mühe. Er ging mit „vielmehr Ehrgeiz" als Käthe daran.[273] In der Schule waren sie Konkurrenten und Helene führte als Beweis die Schulzeugnisse an: Käthe zwei bis drei; Wilhelm eins bis zwei! Käthe passte noch nicht genug auf und „fühlte sich ein bisschen von Wilhelm überflügelt, wollte es aber natürlich nicht merken lassen." Käthe stricke „alle Tage". Sie habe einen „offenen Charakter." Beim Gedanken an ihren verstorbenen Sohn Lico übertrug die Mutter ihre Trauer auf Wilhelm und Käthe: Knaben seien „anhänglicher" als Mädchen.[274]

Seit dem Tod ihres ältesten Sohnes im Februar 1907 befand sich Helene Noltenius in angespannten oder depressiven Stimmungen. Lico starb sieben Wochen nach der Geburt ihres vierten Kindes an Hirnhautentzündung. Wenn Eberhard Noltenius auf einer Geschäftsreise war, ließ Helene Noltenius die Amme und den Säugling aus Sorge um ihr neugeborenes Baby bei sich im Zimmer schlafen. Die

270 Gunilla-Friederike Budde (1994): S. 175.

271 Privatbriefe Noltenius: Helene Noltenius an ihren Mann, 6. März 1902. „Er spricht jetzt alles Mögliche spanisch, wenn er die Sprache erst gründlich kann, wird das deutsch auch kommen. Ich spreche natürlich nur deutsch mit ihm, auch die Mädchen und auf der Plaza hört er aber ja nur spanisch." – Ebenso am 19. Mai 1902: „Ich war glückselig über [Friedrich Eberhards] deutschen Worte, dann sagte er: Tante Margarita (Frau Höpfner), Tante Fanny (Frau Schütte). „Wonnie' nennt er den kleinen Wilhelm und unsere süße Dicke nennt er ‚Käthe', er wird schon das Deutsche lernen."

272 Privatbriefe Noltenius: o.D. [Frühjahr 1908; buchstabengemäß wiedergegeben]: „liber konni, wir haben eine henne gekauft eine andere sitzt auf 8 eiern ond holt kleine küken raus. Wir sind sonntach mit fater ond moter im Kinematograf gewesen und haben keiser wilhelm II gesen. wenn moter geburztach hat taufen wir der kleine edu ond trinken schampanier mit onkel otto. wie get es dir ond den andern fettern. balt kommen wir zum sbilen zu euch. file grüsse dein wilhelm noltenius."

273 Privatbriefe Noltenius: Helene Noltenius an ihre Verwandten, 1. Februar 1909.

274 Privatbriefe Noltenius: Helene Noltenius an ihre Verwandten, 1. Februar 1909. „Die Jungens haben aber mehr Anhänglichkeit an uns. Lico hätte ja nie irgendwas auf seine Eltern kommen lassen und so ist Wilhelm auch. Lico hatte noch mehr Gemüt wie Wilhelm, er war ja auch ein seltenes Kind."

Aufmerksamkeit der Mutter richtete sich zu dieser Zeit besonders auf Wilhelm, der im März 1907 krank gewesen war. Helene registrierte beim Zeitungslesen drei Meningitis-Todesfälle. Die Verstorbenen waren nur „sechzehn und achtzehn Jahre" alt geworden. Helene war „wirklich ängstlich"[275], wie sie ihrem Mann schrieb. Die Tochter Käthe war jetzt das älteste Kind und gab scheinbar wenig Anlass zur Sorge. Doch auch Käthes Verhalten wurde durch die Trauer der Eltern und der Hausmädchen bestimmt. Käthe wollte „brav" sein und zog sich zu ruhigen Beschäftigungen (Stricken) zurück oder versuchte, von der Mutter durch ihren Appetit gelobt zu werden. Käthe und Wilhelm Noltenius erlebten Krankheit, Tod und Beerdigung ihres Bruders. Sie trauerten mit ihren Eltern. Käthe wollte der Mutter „keinen Kummer" machen und ihr als älteste Tochter eine „Stütze" und den jüngeren Geschwistern ein Vorbild sein. Dabei dürfte sich Käthe allein gelassen gefühlt haben. Denn die Sorge der Mutter galt dem sechs Wochen alten Baby Maria und dem erkrankten Bruder Wilhelm. Käthe entwickelte ein auffälliges Essverhalten, das ihr gut tat und sie zufrieden stimmte.[276] Ingeborg Weber-Kellermann wertete Autobiografien zu den Themen Geburt und Tod aus und resümierte, strenge Erziehungsmethoden würden individuelle Gefühlsregungen verhindern. Stattdessen lernten Kinder „unpersönlichen Normen der Artigkeit"[277].

Zusammenfassung: Aus der Perspektive von Helene Noltenius lassen sich Arbeitsbedingungen von Ammen in Bremer Haushalten in Guatemala ermitteln. Wir erfahren von ihrer Unterbringung, von guten und „schlechten" Ammen und von den Wünschen, die sie an die Bremerin hatten. Neben anderen Kriterien entschied sich auf der Babywaage, ob es sich um eine gute oder „schlechte" Amme handelte. Bemerkenswert ist in dem Zusammenhang, dass die Ammen ihre eigenen Kinder monatelang in ihren Familien zurückließen, um das Stillen fremder Kinder zu übernehmen. Den Lohn für diese Tätigkeit ließ sich die Mutter einer Amme auszahlen.[278] Möglicherweise betreute sie ihr Enkelkind, während ihre Tochter einen „Bremer" Säugling nährte.

Ebenso viel Wert wie auf die Muttermilchernährung wurde auf eine hygienische Essenszubereitung für Kleinkinder gelegt. Die Gesundheit war gefährdet, wenn sich die Köchin nicht an Reinlichkeit hielt. Am Bespiel der Ernährung von Kleinkindern zeigte sich, dass die Noltenius-Kinder einfache und preiswert gekochte Mahlzeiten zusammen mit den Hausmädchen einnahmen, während ihre Eltern die „deutsche Küche" bevorzugten. Über transkulturelle Wahrnehmungsebenen und Praktiken verhandelte die Hausfrau mit der Köchin fast täglich.

---

275 Privatbriefe Noltenius: Helene Noltenius an ihren Mann in Retalhuleu, 22. und 23. März 1907.
276 Ingeborg Weber-Kellermann (1994): S. 57-59. Auch Fanny Lewald (1811-1889) machte als Kind Erfahrungen mit Geburt und Tod. Sie erlebte als Zehnjährige die Erkrankung und den Tod eines Bruders und dass es im Hause „vollends still" wurde. Sie weinte „bittere Tränen". Sie ließ sich nicht trösten, als man ihr sagte, sie würde „einen neuen Bruder bekommen", der den Verstorbenen „ersetzen" würde.
277 Ingeborg Weber-Kellermann (1994): S. 92.
278 Das entnehmen wir einer Notiz von Helene Noltenius. Sie schrieb: „Die Mutter von der Amme ist hier, um den Rest ihres Lohnes (40 Thaler) zu holen, willst du denn so gut sein und die mitbringen?" Privatbriefe Noltenius: Helene Noltenius an ihren Mann, o.D.

Helene Noltenius erzog die Kinder nach geschlechtspezifischen Mustern: Sie wurden geliebt, denn die Mutter ging – wie die Beispiele zeigen – zärtlich mit ihren Kindern um. Sie bekamen allerdings auch Schläge, weil sie „es brauchte", wie die Mutter erklärte. Beispiele von Ungehorsam nannte Helene nicht. Dieser Erziehungsstil glich einem „Disziplinierungsmechanismus" (Foucault), der von einer „einfachen" Störung, z.B. vom Quengeln von Kindern, ausgelöst werden konnte.

Besonders die älteste Tochter Käthe hatte es „schwer", weil sie auf eine spezifische Körperlichkeit („dick") festgelegt wurde. Als Schulkind in Guatemala konnte sie nicht die Leistungen ihres jüngeren Bruders Wilhelm erreichen, obwohl die Mutter mit ihr das Rechnen übte, während Käthes fast gleichaltriger Bruder Wilhelm auf „Ehrgeiz" fixiert wurde. Käthes Rückzug in „ruhige" Tätigkeiten, deutet auf eine Kindheit in fügsamer Anpassung hin.

FANNY SCHÜTTE. Maria Franziska (Fanny) Schütte, geb. Unkraut (1876-1957), folgte 1901 nach ihrer Heirat in Bremen ihrem Mann Hermann Conrad Schütte (1872-1926) nach Guatemala.[279] Dort gebar sie 1902 eine Tochter (Maria Franziska) und 1904 einen Sohn (Hermann Gottfried). Sie war einunddreißig Jahre alt, als sie 1907 von Zwillingstöchtern (Antonie Charlotte und Beatrix) in Guatemala entbunden wurde. Mitte Mai 1908[280] kehrte Familie Schütte endgültig nach Bremen zurück. Vier Kinder und zwei indigene Ammen reisten mit.

Von Fanny Schütte sind bis auf ein Tagebuch kaum schriftliche Quellen überliefert.[281] Ihre Aufzeichnungen betreffen jeweils für etwa ein bzw. ein halbes Jahr überwiegend die körperlichen Entwicklungsprozesse ihrer Kinder Maria und Hermann. Neben dem Thema Ernährung notierte die Mutter andere wichtige Ereignisse im ersten Lebensjahr der Kinder, so z.B. Taufe, Pockenimpfung und das Durchbrechen des ersten Zahns.

Neben dem Tagebuch hinterließ Fanny Schütte einige Fotos aus ihrer Guatemala-Zeit. Es sind bis auf wenige Ausnahmen Schnappschüsse, die Momente ihrer Lebenswelt als Mutter zeigen. Sie sollen ebenso wie zwei Atelieraufnahmen als Quellen herangezogen werden, um Räume und Situationen sichtbar zu machen, in denen die Kinder im Mittelpunkt ihrer Gedanken und Aktivitäten standen.

Tagebuch und Fotos lassen sich auch mit den Quellen aus den Beständen der Familien Köper und Noltenius verknüpfen. Beispielsweise schrieb Helene Noltenius:

279 Auf die Zusammenarbeit der Bremer Kaufleute Hermann Schütte und Gerald Callmeyer verweist ein Brief von Friedrich Köper: StAB 7,13: Friedrich Köper an seine Eltern, 8. August 1894.

280 StAB 7,13: Wilhelm Lottmann aus Guatemala an Friedrich Köper in Bremen, 15. Mai 1908.

281 Nach Gunilla Budde (2000): S. 258, legten Mütter Zeugnis von ihren „Mutteraufgaben" in Form von fast wissenschaftlicher „Erziehungsbuchführung" ab. Dadurch werde die „Mutteraufgabe" aufgewertet. – Die Tagebuchaufzeichnungen und Fotos von Fanny Schütte verdanke ich ihrer Enkelin Frau Sigrid Meyer, Bremen.

„Am 12. September [1901] heiratet Herr Schütte und reist am 15. Oktober via Frisco [San Franscisco] ab, kann also vor Ende November gar nicht hier sein. [...] Auf Herrn Schüttes Frau sind wir alle sehr gespannt. [...] Einer meint dies, der andere das.“[282]

Das heißt: das Ehepaar Schütte gab Anlass zu Gesprächsstoff unter Deutschen in Guatemala. Nach ihrer Ankunft wurde registriert, dass Hermann und Fanny Schütte ein deutsches Dienstmädchen aus Bremen, „Fräulein“ Anita Wienberg, mit nach Guatemala brachten. Das leistete sich nicht jede deutsche Familie und daher wurde diese Angelegenheit in der Kolonie sehr genau beobachtet. Helene Noltenius hielt engen Kontakt zur Familie Schütte und war erstaunt über die Toleranz ihrer späteren Freundin, dass z.B. die Ammen morgens „um halb neun noch ganz fest schliefen“[283]. Demnach verhielt sich Fanny Schütte gegenüber den Indigenas großzügig und sah auch später keinen Anlass, einmal engagierte Ammen wieder zu entlassen.

Fanny Schütte war die Tochter eines Bankdirektors und Aufsichtsratmitgliedes einer Bank in Bremen. Sie verfügte genauso wie ihr Ehemann über einen noblen familiären Hintergrund. Fanny Schüttes Tagebuch sind Chronologien der Säuglings- und Kleinkindernährung zu entnehmen. Der erste Eintrag lautet:

„Am 26. Juli 1902, Sonnabend, 6 Uhr, nachmittags, wurde unsere liebe kleine Maria Franziska geboren. 6 ½ Pfd. schwer, mit langen Gliedmaßen, blauen Augen, etwas dunklem Haar, das am nächsten Tage jedoch wieder fiel. Am 9. August kam die Amme Augustina, die bis zum [Datum fehlt] blieb.“

Zunächst hatte die Mutter versucht, ihr Kind zu stillen, doch schon nach vierzehn Tagen wurde das Kind von der Amme Augustina ernährt. Die Amme blieb länger als ein Jahr im Haus. In den ersten Lebensmonaten ihrer Tochter Maria Franziska registrierte Fanny Schütte das jeweilige Gewicht des Säuglings. Nach sechs Monaten befand sie es als zu gering. Es stagniere, weil die Ammenmilch nicht kräftig genug sei. Daher versuchte die Mutter, dem Baby im Soxhlet-Apparat gekochte Nahrung (ein Teil Milch, zwei Teile Wasser) in der Flasche anzubieten. Der Arzt riet weiterhin zu Ammenmilch. Es sei dem Baby nicht zuträglich, in der heißen Jahreszeit entwöhnt zu werden. Zur Stärkung der Amme verordnete er „eine Flasche Landesbier und Pulver“[?]. Fanny Schütte probierte Kuhmilch und „Nestlés Kindermehl“ aus. Geröstetes Brot „lockte“ den Säugling noch nicht. Die Mutter experimentierte zusätzlich zur Ammenmilch auch mit „Phosphatine Foliérs, [des Schweizer Konzerns] Nestlé“ und notierte die Reaktionen des Kindes. Eselsmilch schmeckte der Kleinen nicht und als die Eltern darüber mit dem Arzt Ortega diskutierten, riet dieser davon ab. Erst Ende August 1903 atmete die Mutter auf: Das Kind nahm zu. Sie ernährte es zusätzlich zur Ammenmilch mit Flaschennahrung, die aus Maizena, Phosphatine oder Nestlé-Nahrung bestand. Hafergrütze nahm die Mutter nicht mehr, weil „sie voller Würmern“ war. Im Tagebuch dokumentierte

---

282 Privatbriefe Noltenius: Helene Noltenius an die Verwandten in Bremen, 28. August 1901.
283 Privatbriefe Noltenius: Helene Noltenius an ihren Mann, 6. Januar 1908.

Fanny Schütte Probleme der Säuglingsernährung, die nicht bestanden, solange das Kind ausschließlich von der Amme gestillt wurde.

Einige markante Ereignisse des ersten Lebensjahrs ihrer Tochter hielt Fanny Schütte fest: Drei Wochen nach der Geburt wurde das Kind zum ersten Mal zur Plaza ausgetragen. Im Alter von einem Monat fand die Taufe statt. Eine der zwei Patinnen war Helene Noltenius. Die Pockenimpfung[284] am „linken Oberschenkel" musste die Kleine mit fünf Monaten ertragen. Unter Müttern wurde diskutiert, ob es sinnvoller sei, Mädchen am Oberschenkel oder am Oberarm zu impfen. Aus ästhetischen Gründen entschied sich Fanny Schütte für den Oberschenkel, da nach ihrem Geschmack die „hässlichen" Impfnarben dort durch die Kleidung verdeckt waren. Mit einem halben Jahr wurden der Tochter Maria Schütte „kurze Kleider" angezogen. Mütter wickelten ihre Säuglinge bis zu diesem Alter in Umschlagtücher. Nicht an der Kleidungsform, sondern in der Regel an deren Farbgebung (rosa oder hellblau) war zu erkennen, ob es sich um ein Mädchen oder einen Knaben handelte.

„Gesund, bequem, praktisch, schön" sollte nach dem Motto einer Gruppe der 1896 in Berlin gegründeten Lebensreformbewegung moderne Frauen- und Kinderkleidung sein.[285] Der „Verein zur Verbesserung der Frauenkleidung" beschäftigte sich mit der Modernisierung der Kinderkleidung in der Hoffnung, Reformkleidung eher für Kinder als für Frauen durchsetzen zu können. In der Mädchenmode waren „Hänger- und Prinzesskleider" erfolgreich.[286] Bis etwa zum dritten Lebensjahr trugen Mädchen und auch Knaben um 1900 keine geschlechtspezifische Kleidung. Danach wurden Knaben in Hosen gesteckt. Eltern und Verwandte sahen diesen Zeitpunkt „fast als Initiationsritus" an; diese Einschätzung wird auch durch die vorliegenden Bremer Briefquellen bestätigt.[287]

Als Maria Schütte fast ein Jahr alt war, brach der erste Zahn durch. Dieses Ereignis wurde von der Mutter notiert, weil es den Übergang von flüssiger zu fester Nahrung markierte. Im Juli 1903 wollte die Amme „absolut fort". Sie hatte ihr eigenes Kind während ihrer Tätigkeit im Hause Schütte bei Verwandten zurück gelassen. Sie blieb noch bis zum 6. August 1903 und ging dann zurück in ihr Dorf Mixco.

---

284 In Deutschland wurden zwischen 1871 und 1873 mehr als einhunderttausend Pocken-Todesfälle registriert. Ab 1874 galt die allgemeine Impfpflicht nach dem Reichsimpfgesetz, das bis 1976 bestand. Impfungen gegen die oft tödlich verlaufende Pockenkrankheit wurden im ersten und als Wiederholungsimpfung im zwölften Lebensjahr vorgenommen. Brockhaus (2001): Bd. 17, S. 254-255. Zur Ansteckung, Krankheitsverlauf und Behandlung von Pocken: E.C. Bock (1898): S. 674-676.

285 Ulrike Adamek (1987): S. 69-76. Darin befinden sich auch Abbildungen von Kleidungsdetails, „Reform-Schuhen" und Turnkleidung; auch in den Ausgaben der „Illustrierten Frauenzeitung" wurden seit 1898 regelmäßig Extraseiten für Kinderkleidung gedruckt. S. 74.

286 Ulrike Adamek (1987): S. 76.

287 Vgl. Gunilla-Friederike Budde (1994): S. 311; S. 454, Fußnote 21. – In den Bremer Quellen: Smidt, Vietor.

2.   Fotos: Ammen, Kinder in Haus und Patio

Ein Atelierfoto[288] zeigt die Amme Augustina zusammen mit der etwa drei Monate
alten Maria Franziska Schütte im Arm.

Abb. 40: Privat: Amme Augustina mit Maria Franziska Schütte, 1902

Die Amme sitzt mit dem Kind in einem gepolsterten Sessel vor einer Atelierkulisse, die aus einer mit Blumen bemalten Tapete besteht und deren strahlenförmi-
ge Struktur den Blick auf das Bildzentrum – die Amme Augustina – lenkt. Etwa
dreiviertel der Bildfläche nehmen die Amme im weiten traditionellen Gewand und
das in ein Taufkleid gehüllte Baby sowie eine von der Sessellehne bis zum Fußboden drapierte textile Atelierdekoration ein. Beim Betrachten des Fotos richtet sich
der Blick zunächst auf das Gesicht der Amme, die in die Kamera schaut. Ihr dunkles, glänzendes Gesicht wird durch ihr langes, schwarzes, mittig gescheiteltes Haar
und eine zweireihige dunkle Perlenkette umrahmt. Auf ihrem oberen Hinterkopf

---

288 Privatquellen Schütte: Privatfoto Schütte. Bildgröße: 9,8 x 14 cm. Die Rückseite des Fotos ist
beschriftet: „Mariquita mit Amme Augustina, Oktober 1902“. Auf der Vorderseite sind die Angaben des Fotografen „A.G. Valdeavellano Fotografo Artista – Fernandez y CIA Propietarios,
Guatemala, C.A., 9° Calle Oriente No. 9“, zu lesen. „Mariquita“ ist der aus dem Spanischen
abgeleitete Kosename für Maria Franziska.

sind hochgesteckte Haarzöpfe erkennbar. Augustina ist mit einer bunt gewebten Bluse mit kurzen Ärmeln bekleidet, auf der sich ihre rechte Brust abzeichnet. In Szene gesetzt sind Augustinas aus schwerem Stoff gearbeiteter, dunkler Rock und das voluminöse, weiße Taufkleid des Kindes sowie das, rechts vom Sessel fallende schwere Stoffarrangement. Die Hände der Amme werden vom Taufkleid des Babys, ihre Füße von ihrem langen, weiten Rock verdeckt.

Der Fotograf Valdeavellano stellte indigene Ammen würdevoll dar. Augustina hatte ein ernstes, ausdrucksvolles Gesicht, in dem die Hautfarbe und ihr Mund Exotik ausstrahlten. Es scheint, als wenn sie und nicht das Kind im Mittelpunkt des Fototermins stünde. In Augustinas Gesichtszügen schimmerte etwas von Unsicherheit. Eine „mütterlich" dem Kind zugewandte Pose zeigte sie nicht.

Über die Wohnqualität der Räume, in denen Familie Schütte lebte, erfahren wir aus dem Tagebuch lediglich, dass das Kinderzimmer im August 1903 nicht zu benutzen war, weil der Fußboden „durchgebrochen" war. Demnach gab es im Hause gravierende bauliche Mängel. Die Tochter Maria hatte daher ihren Schlafplatz in der „sala" [Wohnzimmer]. Über die Erziehung des Kindes heißt es, dass die Kleine „die ersten Schläge vom Papa" bekam.[289] Anschließend folgen Tagebucheintragungen über die Entwicklung des Sohnes: Am 27. März 1904 wurde

> „unser lieber kleiner Hermann Gottfried geboren. [...] Am 28. fährt Hermann nach Mixco und kommt mit Amme Paula wieder, die gut ist und bleibt."

Der Knabe hätte acht Tage im „Moseskorb"[290] gelegen, dann sei er in sein Bettchen, das weiß und hellblau ausstaffiert war, gebracht worden. Mit der Zufütterung von Nestlé-Nahrung begann die Mutter schon einen Monat später.

Mitte April promenierten die Eltern mit dem Knaben zur Plaza, auch in der folgenden Zeit wurde das Baby „regelmäßig" zur Plaza gebracht. Das Kind gedeihe „nach Wunsch", so schrieb es die Mutter. Sein Gewicht wurde ständig kontrolliert. Es bot sich an, es mit dem Gewicht der Tochter zu vergleichen. Aber auch Sprache, Bewegungen und sonstige Ereignisse wurden notiert: „Maria redet sehr viel", selbständiges Stehen und Laufen des Knaben und über seine Pockenimpfung. Das Tagebuch endet mit dem 10. Februar 1905. Es ist nicht vermerkt, wie lange die Amme den Sohn nährte. Familie Schütte reiste Mitte April 1905 nach Bremen zu einem Erholungsurlaub.[291]

---

289 Privatquellen Schütte: Tagebuch Fanny Schütte, 12. Oktober 1903.
290 Mit dem „Moseskorb" ist ein Wissen um die Geburtsgeschichte von Moses im Alten Testament verbunden. Moses wurde demnach in einem Korb aus Rohrgeflecht („Schilfkästlein", 2. Mose 1, 1-10) am Ufer des Nils ausgesetzt, bis er nach kurzer Zeit von Frauen gefunden wurde. Da das Kind weinte, suchten sie nach einer Amme, die den Knaben stillte und trafen die Mutter des Kindes. Sie hatte ihr Baby im Schilf verborgen, um es vor der Verfolgung durch den Pharao zu schützen. Vgl. Bibel (1996): Abbildung des „Schilfkästleins", S. 151.
291 StAB 7,13 Konvolut Köper: Friedrich Köper an seine Eltern, 12. April 1905.

Abb. 41: Privat: Amme Paula mit Hermann Gottfried Schütte, 1904

Hermann und seine Amme Paula wurden 1905 im Atelier Valdeavellano fotografiert. Der Fotograf arbeitete sehr stark mit Hell-Dunkel-Effekten.[292] Die Fotorückseite ist beschriftet mit: „Putschie mit seiner Amme Paula." Ein zweiter Schriftzug: „Hermann Gottfried Schütte, geb. 27. März 1904, ca. 1905, Guatemala."

Diese Komposition zeigt die in halb-seitlicher Position auf dem niedrigen Teil einer geschnitzten Atelierkulisse sitzende indigene Frau mit dem Knaben auf ihrem Schoß. Sie ist dunkel gekleidet und ihre schwarz glänzenden, langen geflochtenen Haare trägt sie als Kranz um ihren Kopf. Die Amme hält den blonden Knaben mit beiden Händen fest. Er hat ein weißes, langärmeliges Kleid und weiße Schuhe an. Während sie nach links unten in den für den Betrachter nicht sichtbaren Raum schaut, blickt der in weiße Spitzen gekleidete Junge den Fotografen bzw. den Betrachter an.

---

292 Privatquellen Schütte: Privatfoto. Bildgröße: 9,5 x 13,5 cm. Das Foto ist auf Pappe aufgezogen. Atelier: Valdeavellano & Co. – Eindruck: Fotografia Arte Nuovo. Valdeavellano y co., 6a. Avenida Sur, Número 3°, Teléfono Número 21, Guatemala, C.A.

Der große Kragen seines Kleides fällt weit über seine Schultern. Seine Haare sind zu einer Knaben-Ponyfrisur geschnitten. Die Schuhe sind mit einem Banddurchzug an seinen Knöcheln befestigt. Die Amme trägt zu ihrem dunklen gemusterten Kleid eine doppelreihige, kurze Halskette im Ausschnitt und hängenden Ohrschmuck. Das Oberteil des Kleides mit den nur die Schultern bedeckenden Ärmeln zeigt gewebte Zick-Zack-Muster, während der lange Rock unterbrochene Streifenmuster aufweist und am unteren Rand durch vier aufgesetzte Seidenbänder strukturiert wird.

Die Amme Paula wurde als „schöne, junge Frau", und nicht etwa in mütterlicher Pose dargestellt. Es scheint, als wenn sie durch die Regie des Fotografen keine besondere Beziehung zu ihrem „Milchsohn" zeigen sollte. Es könnte sich um eine vornehme Frau handeln, wenn der Kontext, ihre Stilltätigkeit im Hause Schütte, unbekannt wäre. Ihr glänzendes Haar, ihr Perlenschmuck und ihre aufwändig gefertigte Bekleidung aus einem Material, das wie Seide schimmert, wirken gepflegt und vornehm. Dies ließe den Schluss zu, es handele sich um eine Ladina der Oberschicht Guatemalas. Die Kulissen (Blumenvase und geschnitztes Geländer) tragen dazu bei, sich diese Frau als „Dame" vorstellen zu können. Doch unter dem Saum ihres Kleides schaute – wie unbeabsichtigt – ihr nicht bekleideter linker Fuß heraus. Wie auch an anderen Fotos dokumentiert, trugen Ammen in Guatemala um 1900 keine Schuhe. Hermann Schütte machte den Eindruck eines Kleinkinds und nicht eines Säuglings, obwohl er für den Fotografentermin noch Babyschuhe und nicht etwa Schuhe zum Laufen trug. Zu seiner Motorik schrieb seine Mutter Anfang Februar 1905: „Chito fängt an, allein aufzustehen und will nur gehen und stehen"[293]. Nach der Datierung auf der Rückseite des Fotos („ca. 1905") wäre der Ende März 1904 geborene Hermann zur Zeit der Aufnahme zwischen neun Monaten und einem Jahr gewesen.

Drei weitere Fotos aus Privaträumen sollen vorgestellt werden, um die Aufenthaltsorte des Ehepaars Schütte mit ihren Kindern und Indigenas beschreiben zu können. Das erste zeigt eine Situation im Korridor des Hauses[294]; die Rückseite ist beschriftet: „Juni 1904". Offenbar später wurde hinzugefügt: „geb. März 1904. Hermann mit Paula, und Mariquita mit Augustina". Demnach treten auf dieser Fotoszene die beiden zuvor genannten Ammen wieder auf.

In der Mitte haben sich die Ammen mit je einem Schütte-Kind auf dem Arm aufgestellt. Amme Paula trägt das Baby Hermann, der in leichte, weiße Stoffe eingehüllt ist, auf dem Arm. Über seinen Körper ist zusätzlich ein dünner „Schleier" ausgebreitet, sodass sein Gesicht kaum zu erkennen ist. Paula wendet ihr Gesicht dem Baby zu. Amme Augustina trägt die Tochter Maria. Diese Vierergruppe bildet den Mittelpunkt des Bildes. Amme Paula ist ebenso wie Augustina in ein langes Kleid gehüllt, unter dem – wie auch bei Augustina – ihre nackten Füße herausschauen.

---

293 Privatquellen Schütte: Tagebuch Fanny Schütte, Eintragung, 7. Februar 1905.
294 Privatquellen Schütte: Privatfoto. Bildgröße 10,5 x 8cm.

Abb. 42:   Privat: Zwei Ammen der Familie Schütte, 1904

Beide Frauen tragen lange, breite Tücher um ihre Schultern. Die linke Frau hat einen in sich gemusterten weiten Rock mit dreireihiger Bandapplikation an, während die rechte zu einem hellen karierten Rock ein traditionell-buntes Oberteil trägt.

Maria Schütte sitzt auf dem Arm ihrer Amme Augustina. Sie trägt ein weites, weißes Spitzenkleid. Eine weiße Spitzenhaube mit Volant umrahmt ihr Gesicht. Die Haube wird unter ihrem Kinn von einem breiten Schleifenband umrahmt. Das Kind trägt halbhohe dunkle Stiefel. Das Kind lächelt ebenso wie die Frau in die Kamera.

Das Foto ermöglicht einen Einblick in das Hausinnere: Links im Bild überragt das Blattwerk großer Palmen das schmiedeeiserne Geländer. Eine Palme wächst in einem Holzbottich. Der Fliesenfußboden besteht aus grafischen Mustern in hellen und dunklen Rhomben, die links und rechts an den Rändern von Streifen und Rhomben abgeschlossen werden. An der rechten unteren Seite erkennen wir eine renovierungsbedürftige Wandfläche. Im Hintergrund des Fotos lassen zwei Säulen (oder Deckenstützen) einen Durchblick in einen hinteren Flur zu. Vom Flur zweigen Türen ab. Auch die im rechten Vordergrund geöffnete Flügeltür mit je zwei Glasscheiben in dunklem Holzrahmen verweisen auf einen Zugang zu einem Innenraum.

Das Foto wurde am Tauftag von Hermann Schütte gemacht. Darauf deutet das lange Taufkleid des Kindes und die Kleidung und der festliche Schmuck der Ammen. Paula trug das Kleid und den Ohrschmuck wie auf dem Atelierfoto. Augustina hatte sich mit einer doppelreihigen Halskette geschmückt. Beide Frauen bedeckten ihre Arme mit langen Schulterschals. Die langen Tücher könnten auch Funktionen als Kindertragetücher gehabt haben. Der Fliesenboden und seine Einfassungen lassen die Großzügigkeit des ganzen Hauses vermuten. Diese Elemente sind Attribute der spanischen Kolonialarchitektur. Der Durchblick lässt mit Flur und großer geöffneter Tür mit Glasscheiben ein weitläufiges Ambiente erahnen. Die Gebrauchsspuren an der rechten Wand und der schon erwähnte defekte Fußboden des Kinderzimmers verweisen auf die Verschleppung von Reparaturen in dem gemieteten Haus.

Anlässlich ihrer Europareise (im Frühjahr 1905) gaben Fanny und Hermann Schütte dieses Haus auf und nach ihrer Rückkehr aus Bremen wohnten sie zunächst in einem Hotel in Guatemala. Sie suchten ein neues Haus, doch das war nur schwer und wenn, dann nur sehr teuer zu haben.[295]

Ein anderes Amateurfoto[296] erzählt eine Geschichte von der kleinen Maria, die im Patio mit ihrer Puppe spielt.

Abb. 43: Privat: Maria Schütte im Patio, 1904

Das Bild ist beschriftet und wurde als Postkarte nach Bremen geschickt. Die Empfängerin war: „Fräulein Nana Marie Unkraut, Rutenstraße 8, Bremen, Alemania." Der Absender der Kaufmann, „Hermann C. Schütte. Guatemala. 13.2.05." Er schrieb auf der Bildrückseite: „Liebes Dickchen, wir warten noch auf deinen Bericht über deine Bälle! Fanny und Hermann."

Das Foto zeigt die zweiundeinhalb Jahre alte Maria in einem auf dunklem Grund gemusterten Rock und einem Stofftuch auf dem Kopf. Das Kind steht mit nach unten abgespreizten Armen in der Nähe des Brunnens (Pila), der etwa ein Viertel des

---

295 StAB 7,13: Tilly Köper an ihre Verwandten, 20. März 1906.
296 Privatquellen Schütte: Privatfoto: „Maria im Patio."

Bildes einnimmt. Dieser ist im Inneren gekachelt. Der äußere Rand des Brunnens besteht aus einer Zementschicht, in die kleine Steine gedrückt sind. Der Fußboden im Patio ist unregelmäßig mit Steinplatten ausgelegt, auf dem Pflanzen in Bottichen stehen, die Schatten auf eine helle verputzte Steinmauer werfen. Für ihr Spiel hat sich das Mädchen ein Tragetuch (aguaýo) um die Schulter binden lassen. Es ist auf einer der Schultern des Kindes verknotet, während sich unter der anderen Schulter eine Art Stofftasche bildet, in der – wie in Guatemala üblich – Babys getragen werden. Auf dem Foto ist zu sehen, dass Maria eine kleine Puppe in ihrem Tagetuch befördert.

Maria zeigte sich als Puppenmutter und „Indigena". So stellte sie in ihrem Spiel die indigene Amme dar, die seit der Geburt ihres Bruders Hermann im März 1904 in der Familie Schütte lebte. Marias Kopfbedeckung mit Fransen oder Troddeln über der Stirn, das Puppenkind im Tragetuch sowie ihr dunkel gemusterter Rock waren Inszenierungen der Eltern. Dieses Foto vermittelt einen Eindruck von der Umgebung des Kindes, in der Indigenas keine Fremden, sondern Teil des Eigenen waren. Mit dieser Fotografie wollte Hermann Schütte seine Schwägerin in Bremen erfreuen.

Die bisher vorgestellten Fotos aus Guatemala zeigten Kinder in der Obhut ihrer Ammen und Kindermädchen. Die folgende Aufnahme präsentiert Fanny Schütte im Patio ihres Hauses in Guatemala mit ihren Kindern. Es ist ein undatiertes und unbeschriftetes Bild aus Privatbesitz.[297]

Fanny Schütte zeigt sich mit ihren zwei Kindern in einer Umgebung von tropischen Palmgewächsen in Holzbottichen und hängendem Farn. Sie steht im Patio ihres Hauses. Auf beiden Seiten des Bildes sind die auf einem Steinsockel stehenden Dachstützen zu erkennen.

Der Bildhintergrund ist dunkler als der Vordergrund, in dem sich Mutter und Kinder aufgestellt haben. Fanny Schütte trägt ein hochgeschlossenes weißes Kleid mit langen Ärmeln und langem Rock, der etwa in Knöchelhöhe endet und ihre dunklen Schuhe mit dicker Sohle sichtbar lässt. Der Rock hat eine glockige Form und hat zum Saum hin zwei breite Falten. Fanny Schüttes Blick ist auf die Kamera gerichtet. Sie hält ihr Baby mit beiden Armen in Taillenhöhe, sodass der Kopf des Kindes in ihrem Ellenbogen liegt. Mit einer Hand hält sie eine kleine dunkle Tasche. Sie trägt ihre Haare hochgesteckt; im Sonnenlicht sehen sie mittelblond aus. Links von ihr steht ihre Tochter Maria, die einen flachen Strohhut mit kariertem Hutband auf ihrem Hinterkopf trägt. Sie schaut im Halbprofil zu ihrer Mutter auf. Über ihrem Kleid trägt sie ein weißes mit Spitzen besetztes Schürzenkleid.

Das Foto lässt sich nicht sicher datieren. Im Sommer 1904 war Maria zwei Jahre alt, ihr „Bruder" auf dem Arm der Mutter etwa drei Monate alt. Das Baby könnte

---

297 Privatquellen Schütte: Fanny Schütte mit zwei Kindern in Guatemala. Nicht alle Fotos der Familie Schütte konnten berücksichtigt werden; so z.B. nicht die Aufnahme von Hermann Schütte, der in sitzender Position seine 1907 in Guatemala geborenen Zwillinge auf dem Schoß hält.

Abb. 44: Privat: Fanny Schütte mit ihren Kindern, ca. 1904

aber auch eins der im Oktober 1907 geborenen Zwillinge sein: Dann wäre Maria zur Zeit des Fotos bereits fünf Jahre alt gewesen. Der Fotograf – möglicherweise Hermann Schütte – nahm mit der Kamera eine tiefgelegene Position ein. Diese Haltung könnte die Größenverhältnisse und Perspektiven der Realität verändert haben, so dass Maria größer und älter aussieht als sie zu der Zeit war. Die Tasche des Fotoapparats hielt Fanny Schütte in der Hand.

Zusammenfassung: Von Familie Schütte wurden nur wenige Quellen aus Guatemala überliefert: Neben einigen Fotos ist das einzige schriftliche Dokument das Ernährungstagebuch. Und trotzdem lassen sich zum Lebensstil, zur Ernährung und Erziehung der Kinder Erkenntnisse gewinnen. Einige Hinweise auf den Alltag der Familie Schütte in Guatemala sind aus Helene Noltenius' Briefen und aus den Quellen von Friedrich und Tilly Köper zu ermitteln. Helene Noltenius und Fanny Schütte wurden in Übersee Freundinnen und blieben es auch später in Bremen.

Alle vier Kinder wurden in Guatemala geboren und verbrachten einen Teil ihrer Kindheit dort. Sie wurden von indigenen Ammen gestillt. Bereits zwei Wochen nach der Geburt des ersten Kindes (Maria) kam eine Amme ins Haus, da die Mutter nicht selbst stillen konnte. Marias Amme blieb ein Jahr lang. Während dieser Zeit machte Fanny Schütte auch schon Erfahrungen mit industrieller Babynahrung, die das Kind an die Zeit nach der Stilltätigkeit der Amme gewöhnen sollte. Am Tag nach der Geburt des Sohnes wurde eine Amme engagiert. Sohn Hermann bekam schon nach wenigen Wochen Nestlé als Zusatznahrung. Seine Amme Paula blieb auch etwa ein Jahr lang im Haus. Das heißt, dass der Sohn ebenso lange wie die Tochter gestillt wurde. Die Zwillinge Antonie und Beatrix Schütte wurden im Herbst 1907 geboren und von zwei Ammen genährt. Als Lohn erhielt jede zweihundert Dollar, und Helene Noltenius berichtete, dass die Kinder zusätzlich Nestlé bekämen.[298]

Im Vergleich zu den Schilderungen von Tilly Köper und Helene Noltenius scheint Fanny Schütte im Umgang mit den indigenen Ammen großzügiger gewesen zu sein. Nachdem sich die Familie 1908 zur endgültigen Rückkehr nach Bremen entschlossen hatte, reisten beide Ammen mit.

FAZIT: In diesem Teil wurden Mütter in unterschiedlichen häuslichen Handlungsräumen in Bremen und in der deutschen Handelskolonie Guatemala dargestellt. Ernährung und Erziehung der Kinder standen im Mittelpunkt der Untersuchung. Das Quellenmaterial erlaubte Einblicke in sonst wenig bekannte bürgerliche Innenwelten, in denen Kinder ernährt, gekleidet und erzogen wurden. Die Aufzucht der Kinder wurde von den Müttern geleistet, die diese Aufgaben auch während neuer Schwangerschaften erfüllten. Zwischen 1840 und 1914 verbrachten deutsche Bürgerfrauen „rund ein Viertel ihres Frauenlebens mit Schwangerschaften und Wochenbetten zu"[299], so Budde (1994). Das trifft auch auf Bremer Bürgerinnen zu.

Schwangerschaften waren mit Beschwerden, die Geburten mit Todesangst verbunden. In Bremen entbanden Bürgerinnen ihre Kinder mit ärztlicher Hilfe. In Guatemala bevorzugten sie den Beistand einer deutschen Hebamme. Sie war auch in den ersten Tagen nach der Entbindung gefragt, wenn es darum ging, Mütter in die Stilltätigkeit einzuführen. Während in Bremen Wöchnerinnen zahlreiche Helferinnen – Schwestern, Mütter, Freundinnen usw. – zur Seite standen, waren die Frauen in Übersee im Wesentlichen auf sich, die Hebamme und ihren Ehemann angewiesen. Vermutlich wirkte sich das negativ auf das Stillen aus. Zudem litten Frauen besonders in Zeiten von Schwangerschaften, Geburt, Wochenbett unter Trennung und Verlusten, die durch die Migration verursacht worden waren. In diesen Zeiten verloren sie ihre Freude an den Lebensformen in Übersee. Sie zweifelten am Sinn der Migration. Angst, Schmerz, Unsicherheit oder Verlegenheit gegenüber Fremden beeinträchtigten den Milchfluss.[300] – Weitere Probleme kamen in Übersee hinzu: Guatemala liegt in einer Region, die häufig von Erdbeben heimgesucht wird. Diese Katastrophen hatten erhebliche Auswirkungen auf die psychische Befindlichkeit von Frauen und Männern.[301]

---

298 „Schüttes haben zwei Ladinas als Ammen, each $ 200, dazu Nestlé! – doll, was?" Privatbriefe Noltenius: Helene Noltenius an ihre Verwandten: 8. Januar 1908.

299 Gunilla-Friederike Budde (1994): S. 170.

300 Arbeitsgruppe Dritte Welt Bern (1976): S. 21.

301 Dazu zahlreiche Briefe von Eberhard Noltenius, z.B. wurde er am 22. Juli 1913 beim Schreiben an seine Frau durch ein Erdbeben unterbrochen: „Ich schrieb dir vor 8 Tagen und kann dir heute für deinen lieben Brief – bums! Da kam ein Erdbeben – vom 22. Juni danken." Und drei

Frauen versuchten ihrer „Mutterpflicht" durch Stillen gerecht zu werden. Aber das gelang ihnen in Guatemala nicht. Insofern war es nicht etwa eine „Mode" unter deutschen Frauen in Guatemala, ihre Babys von Ammen stillen zu lassen.[302] Julie Burow empfahl in ihrem Ratgeber (1863), zusätzlich „zur Amme noch eine frischmilchende Ziege zu wählen"[303].

Bremerinnen kannten die Vorteile von Muttermilch, die Babys in den Tropen weitgehend vor Infektionskrankheiten und Verdauungsproblemen schützen sollte. Als Alternative kam Flaschennahrung in Betracht. Die Säuglingsnahrung von Nestlé wurde seit 1866 weltweit vermarktet.[304] Doch in Guatemala-Stadt und vielen anderen tropischen Ländern konnte Nestlé-Nahrung auf Grund schlechter Wasserqualität selten hygienisch einwandfrei hergestellt werden.[305] Andere Gemische bestanden neben Milch und Wasser aus sehr feinem Getreidemehl (wie „Maizena") unter Zusätzen von Malz und Zucker. Wichtig war das Sterilisationsverfahren von Soxhlet, mit dem die Nahrung weitgehend keimfrei zubereitet werden konnte.[306]

Während des 19. Jahrhunderts war das Ammenwesen in Europa weit verbreitet. Aber in Abgrenzung zur adligen Praxis wurden Säuglinge nicht mehr „aufs Land" zu verheirateten Ammen gegeben. Bürger „mieteten" eine Amme und nahmen sie in ihren Haushalten auf, wo sie gegenüber Dienstmädchen in einer hervorgehobenen Stellung wirkten und dennoch keinen „ehrenhaften" Beruf ausübten. Sie schliefen in Kinderzimmern, wurden gekleidet und manchmal „verwöhnt" und trotzdem verächtlich als „Milchinstitut" (Köper) oder „Milchkühe" bezeichnet.[307] Die Eltern des Säuglings erwarteten „strikte Reinlichkeit" und reichlich Muttermilch. Bis gegen Ende des 19. Jahrhunderts war dieses System in Europa nicht ungewöhnlich.[308]

In Deutschland kümmerten sich Ärzte zunehmend um Ernährungs- und Hygienefragen. Flaschennahrung setzte sich durch und das staatliche Fürsorgeprogramm befasste sich neben der Herstellung von Säuglingsnahrung mit physischen Aspekten, wie Säubern, Baden, Schlafenszeiten, Benutzung des Thermometers und pro-

---

Wochen später: „In der letzten Woche hatten wir vielfach Erdbeben und besonders nachts ganz energische Stöße, die sehr unangenehm waren und mich recht nervös machten." Privatbriefe Noltenius: 12. August 1913.

302 Elisabeth Badinter (1981) schilderte für das 19. Jahrhundert die Praxis „privilegierter Klassen", sich in Frankreich – der Mode gehorchend – eine Amme ins Haus zu nehmen und sich ihrer „Diktatur" zu unterwerfen. Sie würde gegenüber der „unwissenden Mutter" schnell an Autorität gewinnen. S. 183.

303 Julie Burow (1863/1986): S. 102f.

304 Der Nestlé-Konzern versprach Hebammen Prämien, wenn sie Nestlé an Mütter vermittelten. Zum „Gewissenskonflikt" der Hebammen: Siehe Yvonne Knibiebler (1997): S. 27.

305 Die Verbreitung von Nestlé-Baby-Nahrung und das damit einsetzende Zurückdrängen von Muttermilch wurde von Arbeitsgruppen Dritte Welt kritisiert. Mütter würden durch die Exportinteressen und aggressive Werbekampagnen des Schweizer Konzerns Nestlé veranlasst, auf das Stillen ihrer Kinder der Bequemlichkeit wegen zu verzichten. Es bestünde die Gefahr, dass Säuglinge Infektionskrankheiten zum Opfer fielen, der Rückgang des Stillens habe „tödliche Folgen". Arbeitsgruppe Dritte Welt (1976).

306 Zu den unterschiedlichen Mischungen und Verfahren: Eduard Seidler (1976): S. 298-300.

307 Zur Stellung der Ammen in bürgerlichen Haushalten und zum Verhältnis zwischen Müttern und Ammen: Yvonne Knibiebler (1997): S. 395-402; hier S. 397.

308 So Elisabeth Badinter (1981): S. 187. Sie beschrieb das „prosperierde Ammen-System" am Beispiel von Frankreich.

pagierte die Führung von Gesundheitsbüchern. Dadurch wurden Kontrollen des Körpergewichts ermöglicht und auch Wachstum, Impfungen und Krankheitsverläufe verzeichnet. Parallel dazu verstärkten Ärzte städtischer Gesundheitsbehörden zusammen mit dem Vorstand des Bundes Deutscher Frauenvereine in sozialschwachen Bevölkerungskreisen die Stillpropaganda. Damit sollten Mütter veranlasst werden, ihre Kinder selbst zu stillen, um die noch um 1900 bedrohliche Säuglingssterblichkeit abzuwenden. Gleichzeitig wurde bezweckt, über Tuberkulose, Geschlechtskrankheiten und „hygienisch einwandfreie Lebensführung" aufzuklären.[309] Die Säuglingsfürsorge wurde um 1900 zu einer „Aufgabe von nationalem Rang"[310].

Eric Hobsbawn konstatierte für die westlichen Länder in der Zeit seit 1875 einen „demographischen Übergang": Die Kindersterblichkeit ging durch die Verbesserung der Lebenshaltung und Körperpflege sowie den medizinischen Fortschritt zurück, gleichzeitig verringerten sich auch die Geburtszahlen. In dem Zusammenhang nannte Hobsbawn auch das Ansteigen des Heiratsalters und die Zunahme von Geburtenkontrolle.[311]

Nach meinen Quellen brachten Frauen im Alter von durchschnittlich vierundzwanzig Jahren ihr erstes Kind zur Welt. Eine Mutter war zur Zeit der ersten Geburt neunzehn Jahre alt; eine andere gebar ihr letztes Kind mit sechsundvierzig. Frauen waren deutlich länger als zehn Jahre mit Schwangerschaften und Geburten beschäftigt. Gleichzeitig zogen sie ihre größeren Kinder auf.

Ärzte sprachen Mütter an, die darauf bedacht waren, alles zu tun, damit ihre Säuglinge gediehen. Die Gesundheit von Babys und Kleinkindern wurde von der Ernährung abhängig gemacht, während die psychischen Entwicklungen in der Kindererziehung fast unbeachtet blieben.[312]

Europäische Betrachter nehmen Ammen, die sich unter der Regie eines Fotografen zusammen mit ihren „Milch-Kindern" im Fotoatelier in Guatemala präsentierten, als fremd wahr. Einige wirken ernst und zurückhaltend, andere werden als selbstbewusst und „schön" empfunden. Es waren Frauen, die der Mehrheitsgesellschaft angehörten und in deutschen Familien arbeiteten. Aus ihrer Perspektive waren die Bremer die Fremden in Guatemala, während den Bremern nur wenig von den ländlichen Lebensformen im Dorf Mixco bekannt war. Sie wurden nach ihren physischen Eigenschaften ausgewählt und waren als Ammen „erfolgreich", solange sie genügend Milch abgaben.

Von den Bildern, die von Ammen und Kindern im Privatbereich aufgenommen wurden, bekommen wir andere Eindrücke als von den künstlerischen Atelieraufnahmen. Es sind Erinnerungsfotos, die einen Ausschnitt des Alltags darstellen. Die Ammen und Kinder zeigten sich vor privaten Kulissen im Flur und Patio. Ammen präsentierten sich und die ihnen anvertrauten Babys in ihrer traditionellen Kleidung. Ihre Röcke waren Knöchel lang; sie trugen keine Schuhe und liefen doch

---

309 Silke Fehlemann (2000): S. 19-30.
310 Silke Fehlemann (2000): S. 27.
311 Eric Hobsbawn (1999): S. 244-245.
312 Eduard Seidler (1976): S. 301.

täglich auf Zement, Fliesen oder Steinplatten. Selten zeigten sich Ammen in europäischen Kleidungsstücken. Der Hell-Dunkel-Kontrast war auch auf Privatfotos ein charakteristisches Merkmal. Die Exotik dieses Augenblicks sollte festgehalten werden und diente später als „Beweis" für eine gute Beziehung zu fremden Frauen. Auch die Fotos von gemischten Gruppen in Situationen, in denen europäische Besucher in den „Alltag in Guatemala" einbrachen, dienten der Visualisierung von Erinnerungen. Sie zeigten Momente, die bewahrt bleiben sollten. Dem Zuschauer (Bildbetrachter) wurde eine fremde Lebenswelt mit exotischen Darstellerinnen vermittelt.

Andreas Gestrich warf grundsätzliche Fragen bezüglich geschlechtsspezifischer Unterschiede bei der Ernährung und gesundheitlicher Versorgung von Säuglingen auf. Seine Annahme, männliche Säuglinge würden gegenüber weiblichen bevorzugt, nahm ich bei der Auswertung der Briefquellen ernst.[313] Belege für geschlechtsspezifische Reaktionsweisen von Vätern und Großvätern auf weiblichen Nachwuchs sind etlichen Briefen zu entnehmen. So hofften manche Männer nach der Geburt eines Mädchens auf „das nächste Mal": Sie wünschten einen Stammhalter für die spätere Geschäftsnachfolge. Aus den Quellen sind geschlechtspezifische Besonderheiten zu ermitteln bzw. weiterhin zu bedenken: Es scheint, als wenn Mädchen zum Essen animiert und als Köchinnen am Puppenherd frühzeitig mit Abschmecken, Servieren und Essen beschäftigt waren. Auch die Kaufmannsläden in den Kinderzimmern verführten sie zum Verzehr von Nahrung.

Bis weit in das 20. Jahrhundert hinein war festgelegt, was Jungen „mussten" und was Mädchen nicht „durften"[314]. Die strenge Knabenerziehung diente ebenso wie die Mädchenerziehung gesellschaftlichen Rollenerwartungen, aber an die Geburt eines Knaben knüpften Eltern aus Kaufmannskreisen besondere Erwartungen: Er sollte möglichst in kurzer Zeit Schule und kaufmännische Lehre durchlaufen, um ins Geschäft des Vaters einzutreten. Vorher wurde ein Knabe durch die Wehrpflicht zum „richtigen" Mann gemacht. Der Militärdienst war die Vorbedingung für den Status eines Staatsbürgers.[315]

Für die Mädchen war das Vorbild der Mütter prägend. Die Entwicklung eines Mädchens sollte einer weiblichen „natürlichen Bestimmung" entsprechend zu einer standesgemäßen Eheschließung mit anschließender Rolle als Mutter führen. Frauen, die im letzten Drittel des 19. Jahrhunderts in Berührung zur bürgerlichen Frauenbewegung kamen, arbeiteten auf Veränderungen in Politik und Gesellschaft hin.[316] Unter dem Begriff „Frauenfrage" wurden fortschrittliche weibliche Lebensentwürfe zusammengefasst. Bürgerliche Fraueninitiativen entwickelten Chancen für neue weibliche Lebensformen. Der Protest dieser Frauen richtete sich gegen die aus der Natur abgeleitete „weibliche Bestimmung", nach der Ärzte und Biologen

---

313 Andreas Gestrich (1999): S. 85f.
314 Gunilla-Friederike Budde (1994): S. 195.
315 Ute Frevert (1996): S. 79.
316 Gunilla-Friederike Budde (1994): S. 195-254; Gunilla-Friederike Budde (2000): Abschnitt „Aufbrüche und Alternativen": S. 265-271.

Geschlechtscharaktere klassifizierten. Frauen und Männern sollten nicht mehr gesonderte soziale „Plätze" und sexuelle Rollen zugewiesen werden. Gegen Ende des 19. Jahrhunderts engagierten sich die „Neuen Frauen" verstärkt für Gleichberechtigung, berufliche Ausbildungen, Studium, Wahlrecht und Geburtenkontrolle.[317] Auf solche Ziele ließen sich Bremer bürgerliche Frauen von Kaufleuten (noch) nicht ein. Ihre Darstellungen klangen überwiegend zufrieden mit dem erlebten „Mutterglück". In ihre „Domäne" Mädchenerziehung ließen sie sich in der Regel von ihren Ehemännern nicht hineinreden.

Kindererziehung nach dem Motto, „Lieben und Strafen" war in Bremen und in Übersee Realität. Der Psychoanalytiker Siegmund Freund schilderte in seinem Aufsatz „Ein Kind wird geschlagen" Reaktionen seiner Probanten zu diesem Thema, um die Ursachen von Neurosen zu erforschen.[318] Seine weiblichen und männlichen Patienten gestanden zögernd ihre Phantasien zum Thema ein, nachdem ihnen Scham und Schuldbewusstsein bewusst geworden waren. In ihren Phantasien waren die geschlagenen Kinder meistens Knaben. Das Thema war mit sexuellen Vorstellungen und sogar „hoher Lust" verbunden. Männer und Frauen erklärten Freud, gezüchtigten Kindern werde durch das Prügeln kein ernsthafter Schaden zugefügt. Die Phantasien könnten – so Freud – aus unterschiedlichen Eindrücken gespeist sein: Szenen aus dem Elternhaus, der Schule, der Lektüre usw. Freud ging davon aus, dass sexuelle Komponenten zu „Schlagephantasien" führten. Und er war sicher, „ein typisches Vorkommnis und zwar nicht von seltener Art erfasst zu haben."

Nach den Briefquellen waren körperliche Strafen gegen kleine Kinder – Mädchen und Knaben – zur Disziplinierung üblich und die Gezüchtigten zeigten sich oft dankbar! Der Schriftsteller Rudolf Alexander Schröder, 1878 als Sohn eines Bremer Kalkutta-Kaufmanns geboren, schrieb in seinen Lebenserinnerungen von „Verwamsen" und Exekutionen mit „Rute, Rohrstock" und „Kofferriemen." Es verging kein Tag, ohne dass er oder eins seiner sieben Geschwister körperlich gezüchtigt wurden. Er selbst habe dies ohne tiefer gehende Folgen überstanden. Seine Kindheit bezeichnete er trotzdem als „Sonnentag"![319] Mütter und Väter gingen offenbar davon aus, „Schläge schaden Kindern nicht!" Das geht auch aus zeitgenössischen Ratgebern hervor. Schläge als Strafmittel gegen Kinder wurden erst seit den 1970er Jahren nicht mehr als Erziehungsmittel verwendet.

---

317 Um 1900 trat in diese Diskussion auch die Ärztin Dr. Hope Bridges Adams Lehmann (1855-1916) ein. Sie war eine berufstätige Frau mit einer großen Arztpraxis und Mutter zweier Kinder. Sie strebte nach einer idealen, sozialistischen Gesellschaft. Ihre Biografie verfasste Marita Krauss (2002) nach verstreuten Artikeln, Korrespondenzen und Privatfotos.

318 Siegmund Freud (1919/2000): S. 229-254.

319 Rudolf Alexander Schröder (1952): S. 27-31. Rudolf Alexander Schröder verfasste zu seinem Vater Johannes Schröder (1837-1916) einen Artikel in der Bremische Biographie (1969): S. 461f. Darin bezeichnete er ihn als „christlichen Kaufmann".

I. Kleidung als bürgerliche Symbolik und Präsentation

1. Kleidung und Stil

Bürgerliche Männer und Frauen in Bremen bekannten sich durch Auftreten und Kleidung zu ihrem gesellschaftlichen Stand. Mit modischen Auftritten und distinguierten Umgangsformen inszenierten sie ihr gesellschaftliches Umfeld. Sie waren sich ihres Standes zu Hause bewusst. Diesen spezifischen bürgerlichen Lebensstil versuchten sie, in Übersee beizubehalten. Sie verschafften sich auch in Übersee Zutritt zu Gesellschaft und Regierung, indem sie sich den dort üblichen Kleidungsgewohnheiten anpassten. Bremer kleideten sich in Übersee „eleganter" als zu Hause. Tagsüber zeigten sich Kaufleute in Übersee in feinem Zwirn, ihre Ehefrauen in weißen Kleidern. Doch wie stellten die Kaufleute und ihre Frauen in Übersee eine bürgerliche Kultur dar?

Bürger in Bremen grenzten sich gegenüber nichtbürgerlichen Gruppen ab. Dazu dienten u.a. protestantische Kleiderordnungen[1] aus dem 17. und 18. Jahrhundert, die in Bremen im 19. Jahrhundert nur zögerlich in Vergessenheit gerieten. So erinnerte 1911 die Autorin und Mitherausgeberin Sophie Dorothee Gallwitz in einem Artikel in der Bremer Kulturzeitschrift „Güldenkammer" daran. Sie unterschied zwischen „Stoffen für den Müßiggang" und denen „für die Arbeit". Sie beabsichtige damit nicht, etwa „Kleiderordnungen" zu aktualisieren, so die Publizistin. Und doch versuchte sie, veraltete Verhaltensgebote festzuschreiben.[2]

Wenn junge Kaufleute aus Bremen nach Übersee auswanderten, trugen sie als „geistiges Gepäck" die von ihren Eltern vermittelten bürgerlichen Werte mit sich. Zusammen mit ihren Ehefrauen behielten sie nach Möglichkeit auch in abgelegenen Regionen in Übersee „in den allergewöhnlichsten Fragen des Alltagslebens (Kleidung, Küche, Wohnungseinrichtung)"[3] ihre bürgerliche Kultur bei. Zu dieser bürgerlichen Kultur gehörten eine nach Außen sichtbare spezifische Lebensführung und kultivierte, höfliche Umgangsformen.[4] Auf diese Weise passten sie sich Gleichgestellten in den deutschen Handelskolonien an. Manchmal fühlten

---

1   Waltraud Dölp (1984): S. 25-26.
2   Sophie Dorothee Gallwitz (1911/1912) über das „Auffallende und die Mode". Ästhetik würde vom „Steuerzettel" bestimmt. S. 166. Sie wolle nicht etwa „jene Zeiten", da Kleidungsverhalten der Obrigkeit unterstellt war, zurückholen. „Es gibt Stoffe, die Müßiggang, und Stoffe, die Arbeit zur Voraussetzung haben. Es gibt Farben und Formen, die auf der Promenade entzückend sind, in unreinlichen Straßen und engen Verkaufläden aber unangenehm wirken." Der reine „Individualismus" müsse vor „Entartungen und Verwahrlosungen" geschützt werden. S. 165-170. – Ein Beispiel aus den Briefquellen: Hedwig Vietor über ihr Dienstmädchen Emma: „Allein diese Eitelkeit von der Person, was sie für ein Geld für Kleider, Spitzen usw. ausgibt, das ist ganz unverantwortlich. Sie verdient ja längst nicht soviel, um sich das alles leisten zu können." Privatbriefe Vietor Hedwig Vietor an ihren Mann, 18. April 1897.
3   Pierre Bourdieu (1992): S. 80.
4   Jürgen Kocka (1995): S. 17-22.

sie sich gezwungen, den aus Bremen gewöhnten Stil zu übertreffen, da sie in den Handelskolonien auf eine „große Eleganz" stießen.

2. Bürgerliche Sparsamkeit: Flicken und Ausbessern

Wenn Akteure in ihren Briefen von ihrer innerhäuslichen Lebenswelt erzählten, betonten sie häufig ihre Sparsamkeit und versuchten damit, einer der sogenannten „Bremer Tugenden"[5] auch in Übersee zu entsprechen. In dieser Untersuchung sollen spezifische bürgerliche Werthaltungen, wie die sprichwörtliche „Bremer Sparsamkeit" sowie die nach innen und außen gerichteten bürgerlichen Lebensstile von Bremern in Übersee ermitteln werden. In den Schilderungen wiesen sie sich als Akteure einer bürgerlichen Oberschicht aus und vermittelten je nach Familienstand, Aufenthaltsort und Aufenthaltsdauer individuelle Ansichten über Vertrautes und Fremdes.

In den Korrespondenzen fallen lange Abschnitte über Kleidungsfragen auf. Kleidung war in der Kommunikation zwischen weiblichen Briefpartnern ein ausdauernder Topos. Auch Männer in Übersee wandten sich an ihre Mütter, Ehefrauen oder Schwestern und diskutieren über Kleidung und Mode. Wenn sich Bremer mit Repräsentanten fremder Nationen verglichen, entsprachen die aus Bremen mitgebrachten Kleidungsstücke oft nicht mehr ihrem Geschmack. Sie beauftragten Schneider und Schneiderinnen in Bremen mit der Anfertigung von Anzügen und Damenkleidern, denn die Herstellung von europäischer Mode in Übersee war ihrer Ansicht nach zu teuer.

Ebenso wie modische Oberbekleidungsfragen in Briefen behandelt wurden, so ging es auch um Flick- und Ausbesserungsarbeiten. So wurden z.B. Damenröcke gewendet, weil die Oberseite unansehnlich geworden war (Marie Overbeck in Bahia), Kleider aufgetrennt, um daraus Blusen zu schneidern (Lene Noltenius in Guatemala), und Hosenflicken und Strumpfstopfwolle in Bremen bestellt (Friedrich Köper in Guatemala). Abgelaufene Schuhabsätze wurden gedreht und so unter der Schuhsohle positioniert, dass die noch nicht benutzten Profile abgetragen werden konnten.[6]

Welche Gründe können für diese ausgeprägte Sparsamkeit angenommen werden? Meines Erachtens beruht diese „strengste" Sparsamkeit auf Erziehungskonzepten, die sich von bürgerlichen Eltern auf nachfolgende Generationen übertrugen. Kaufleute und ihre Ehefrauen sparten im „Kleinen", um die Spitze einer gesellschaftlichen Pyramide zu erreichen. Ihre in Übersee etablierten Handelshäuser betrieben sie auf der Grundlage von Krediten. Tilgung und Zinsen dafür mussten in einem vereinbarten Zeitraum zurückgezahlt werden. Das Einkommen eines

---

5   Das sollen neben Sparsamkeit konzentrierte Arbeit und Leistung sein! Der Überseekaufmann Hans Niclas Franzius (1820-1916) lobte die „Tugenden" seiner Frau Helene, das waren „Liebe, Treue, Fleiß und vor allem Sparsamkeit". In: Heinrich Carl Franzius (1935): S. 78-79.

6   Diesen Hinweis auf Sparsamkeit in Bremer Familien verdanke ich der Enkelin von Helene Noltenius, Frau Malla, Bremen.

Kaufmanns unterlag großen Schwankungen, so dass im Anfang keine kontinuierlichen Geschäftsgewinne möglich waren. Überseekaufleute versuchten, eigenes Kapital zu verdienen, um sich ein eigenes Handelshaus in Bremen einrichten zu können. So wurden „ansehnliche Vermögen gewonnen und nicht auf Zinsen gelegt, sondern immer wieder im Geschäft investiert." Kaufleute, die so handelten, schränkten sich beständig ein.[7] An dieser „strengsten" Sparsamkeit hatten Frauen in ihrem Hauswirtschaftsbereich einen großen Anteil.

Modisches Kleidungsverhalten wird im Bürgertum als Liebhaberei von Frauen angesehen. Männer verzichteten im 19. Jahrhundert auf farbige, mit Ornamenten verzierte Kleidung. Sie „stahlen sich aus dem System der Mode". Im bürgerlichen Berufsalltag, in Politik und Wissenschaften bevorzugten Männer unauffällige, meistens graue, dreiteilige Anzüge, die aus Jackett, Weste und Hose bestanden.[8] Dazu trugen sie ein weißes, schmuckloses Hemd. Lediglich Details wie Hemdkragen, Krawatten oder Knopfleisten der Sakkos „gingen" mit der Mode und auch mit Hüten und Bärten setzten Männer modische Zeichen: 1890 stellte sich Heinrich Lauts mit seiner Frau auf dem Weg nach China in Reisekleidung einem Fotografen. Er war fünfunddreißig, sie neunzehn Jahre alt: Er hatte zum leichten, hellen Tropenanzug eine Mütze aufgesetzt. Sein üppiger Schnauzbart sollte Männlichkeit ausstrahlen.

Der Kleidungsstil der Europäer in Übersee war vom Klima abhängig. 1860 setzte Johann Smidt in Indien zum weißen Anzug als Sonnenschutz einen Hut („Solah") auf, der aus Fasern einer Wasserpflanze gefertigt wurde. 1890 trug Heinrich Lauts beim Verlassen seines Hauses einen Bowler. Friedrich Köper hatte 1895 beim Reiten einen dunkeln Filzhut auf dem Kopf und 1930 machte wohl sein heller Filzhut mit breitem, schwarzem Ripsband Eindruck auf Passanten, wenn er auf einem Schimmel ritt. In den deutschen Kolonialgebieten in Afrika dominierten Tropenhelme der Verwaltungsangestellten und Mützen und Baretts der kaiserlichen Schutztruppen die Szenerien. Auf Privatfotos ist sichtbar, dass Sportmützen und „Prinz-Heinrich-Mützen" beliebte Kopfbedeckungen der Kaufleute waren.

Ein weiterer Schwerpunkt dieses Abschnitts betrifft Kleidung und Lebensstil der Fremden. Europäer bildeten eine Minderheit in ihren Gastländern. Die gesellschaftlichen Gruppen lebten und arbeiteten unter gegenseitiger Beobachtung. Beim ersten Zusammentreffen in Hafenregionen wirkte das körperliche Anderssein der Fremden stark auf die Neulinge aus Bremen. Beide Seiten nahmen die Physiognomie und die Kleidung in den Blick. Sehr schnell hatten einige Bremer rassistische Zuschreibungen oder andere Bewertungen parat. Umgekehrt fragten sich wohl auch die Bewohner des Gastlandes, wer sind die Weißen, die zu uns kommen?

Die fremden Frauen, in helle, ausgeschnittene, ärmellose Kleider gehüllt, die zur dunklen Hautfarbe kontrastierten, machten lautstark auf ihr Warenangebot („le-

---

7   Max Weber (2000): S. 57.
8   Sabina Brändli (1996): S. 102f.

bende Hühner, Papageien, Zigarren, Früchte, Austern und sonstiges"[9]) aufmerksam, ohne zu bemerken, dass sie damit in den Augen der Europäer „unschicklich" wirkten.

Im Laufe eines längeren Überseeaufenthalts erwarben Bremer ethnografische Gegenstände mit Erinnerungswert, die sie mit nach Hause nahmen. Das waren z.B. „traditionelle" Frauengewänder. Darin verkleideten sich Bremerinnen und ließen sich im Fotoatelier fotografieren. Umgekehrt kauften einheimische Frauen Kleiderstoffe nach europäischem Geschmack. Anhand der wenigen „gemischten" Privatfotos ist zu erkennen, dass sich Indigenas einem europäischen Stil anzupassen versuchten.

3.   Weibliche Mode in Deutschland und Bremen

Weibliche Kleidermode unterlag seit dem 19. Jahrhundert einem schnellen Wechsel. Dafür sorgten Kaufleute und Händler, die europäische Erzeugnisse rund um die Welt verkauften. Künstler oder Individualisten fielen in der Metropole Paris mit modischen Kreationen auf und illustrierte Blätter verbreiteten ihre Stile. Die publizierten Bilder und Beschreibungen wurden auch in entlegenen Handelsstädten konsumiert. Der Sozialwissenschaftler René König konstatierte: „Mode geht mit der Macht"[10] und dementsprechend setzten selbstbewusste Kaufleute Kapital ein, um Bedarf an modischer Kleidung zu wecken. Sie handelten mit Modeartikeln, industriell hergestellten Stoffen und in Europa gefertigtem Zubehör. Sie besuchten abgeschiedene Landstriche in Übersee und waren Schrittmacher für den beschleunigten Ausbau von Verkehrswegen. „Höfische Mode" war bis ins frühe 19. Jahrhundert für den Adel bestimmt gewesen. Parallel dazu entwickelten sich bürgerliche Modeströmungen, die ihre Vorbilder überwiegend in nichtadeligen Kreisen suchten. Nach „Gesetzen" aus dem Ausland, nämlich Paris und London, bestimmten Schneider, Putzmacherinnen und Frisöre die Eleganz der Mode.[11] Als Vorbilder traten Schauspielerinnen auf; Zuschauerinnen fanden Gefallen an den Inszenierungen mit ständig wechselnden Kleidern. Ebenso gelten auch Darstellungen in Modeblättern, Zeitschriften, auf Gemälden und Fotografien als Auslöser für neue Moden.[12] Nach Ingrid Loschek bezieht sich modischer Geschmack nicht nur auf Kleidung, sondern auch auf Anschauungen zu Kultur, Kunst und sogar Politik. Mode sei die Art und Weise, wie Menschen innerhalb einer zeitlich-räumlichen Abgrenzung leben.[13] Darstellungen zur wechselhaften Mode- und Kostümgeschichte zeigen, dass Bürgerinnen im 19. Jahrhundert aufgeschlossen gegenüber modischen

---

9   StAB 7,13: Tilly Köper an ihre Verwandten, 17. August 1899.
10 Dieses stellte René König (1985) für die Zeit der europäischen höfischen Aristokratien fest und es gilt auch für die bürgerliche Zeit seit der Französischen Revolution. S. 210.
11 Max von Boehn (1976): S. 197; S. 205; für das erste Drittel des 19. Jahrhunderts.
12 Im 19. Jahrhundert entstanden aber auch Trachten und Nationalkostüme, so dass beispielsweise ein Nebeneinander von Lodenanzügen aus Bayern und Matrosenanzügen der „Kaisertreuen" während eines Kuraufenthalts in Norderney möglich wurde.
13 Ingrid Loschek (1991): S. 261.

Trends waren. Wenn sie einer Mode überdrüssig waren, eiferten sie innovativen Stilen nach. Dadurch gewannen sie offenbar an Selbstbewusstsein. Nach 1850 betonten Frauen ihre schlanken Taillen. Dazu war bis zum Ersten Weltkrieg ein enges Korsett unentbehrlich. Im Kontrast dazu standen voluminöse Ärmel, Schleppen oder Tournüren. Diese Mode wurde von schlanken Silhouetten, den „Linien ohne Bauch" abgelöst. Mit entsprechendem Korsett wurde der weibliche Körper in eine „S-Form" gepresst, so dass die körperliche Seitenansicht der geschwungenen Linie des Jugendstils entsprach. Parallel zu diesen körperlichen Ausdrucksformen wünschten Frauen, sich von den einengenden Korsetts zu emanzipieren. Als „Trendsetter" galten Bürgerinnen und Künstlerinnen, die sich seit etwa 1900 für „Reformmode" begeisterten.[14]

Was trugen Bremerinnen in feiner Gesellschaft in Bremen? Wie verhielt es sich in dieser Hinsicht mit der sprichwörtlichen „Bremer Sparsamkeit"?

MARIE SMIDT – in New York aufgewachsen – beobachtete, wie Damen ihres Stands bei Gesellschaften in Bremen gekleidet waren. Sie stellte fest, dass zum Tanzen in Bremen und „überhaupt in Europa" ausschließlich „ausgeschnittene Toiletten" getragen wurden. Wenn sich eine Dame nicht an diese Mode hielte, würde man annehmen, sie habe „etwas Krankes am Halse". Marie ließ sich zu jeder Robe zwei Oberteile anfertigen: Ein ausgeschnittenes, das sie zum Tanzen trug, und ein hochgeschlossenes, in das sie sich zu anderen Anlässen wie Tischgesellschaften oder „kleineren soirées" kleidete.[15]

Vor ihrer Weiterreise nach Indien ließ sie sich zusammen mit ihrem Mann in Bremen fotografieren. Das Foto ist undatiert und wurde im Atelier Emil Tiedemann in Bremen aufgenommen.[16]

Maries Kleid ist aus schwerem, glänzendem Stoff gearbeitet. Der Rock reicht bis zum Boden, das Rockrückteil hat eine Schleppe. Die Robe ist hochgeschlossen mit langen, locker sitzenden Ärmeln. Eine große Schleife verschließt das durchgeknöpfte Oberteil. Auffallend sind die Fransenverzierungen an einem breit applizierten Samtstreifen, der von der Taille über die Schultern in V-Form oberhalb der tief angesetzten Ärmel verläuft. Ein schwarzer Samtstreifen mit Fransen dient auch als Taillenschärpe und wiederholt sich als schmückendes Element im vorderen Rockteil. Marie hat Samt in ihr hochgestecktes Haar gebunden. Sie steht, während ihr Mann Johann breitbeinig auf einem Stuhl sitzt, dessen geschnitzte Rückenlehne dem Fotografen zugewandt ist. Johann trägt einen dunklen Anzug mit schief sitzender Kragenschleife. Seine Unterarme stützt er auf den oberen, gepolsterten Rand des Stuhles.

---

14 Ingrid Loschek (2005): Damen- und Herrenmode im 19. Jahrhundert. S. 59-67; Ingrid Loschek (2001): Mode zwischen 1900 und 1930, S. 6-103. Zu den Korsetts für eine gerade Vorderfront und die seitliche S-Form: Max von Boehn (1976): S. 303.

15 Privatbriefe Smidt: Marie Smidt an ihre Mutter in New York, 2. Juli 1869.

16 Privatquellen Smidt: Privatfoto aus einem Familienalbum, ca. 1870, betitelt: „Marie und Johann Smidt in Bremen."

Abb. 45: Privat: Marie und Johann Smidt in Bremen, ca. 1870

Johann und Marie Smidt deuteten ein Lächeln an, das wohl den zurückbleibenden Verwandten galt. Samt und Fransen erinnern an den Schmuck von Polstermöbeln. Pomp und Plüsch bestimmten während der Gründerzeit zwischen 1870 und 1890 nicht nur die Inneneinrichtungen der Häuser. Der erworbene Wohlstand wurde in Form einer voluminösen Damen-Kleidermode sichtbar.[17] An der Darstellung des Ehepaars fällt auf, dass sich Johann „lässig" und breitbeinig im Sitzen gab, während Marie Smidts aufwändiges Gesellschaftskleid aus edlen Materialien, wahrscheinlich Samt, schwere Seide und Taft, in ganzer „Pracht" gezeigt werden sollte. Zum Arrangement des Fotografen gehörte auch der rechts im Foto sichtbare Teil eines Vorhangs, der mit dem weiten Faltenwurf von Maries Rock korrespondierte.

Etwa zehn Jahre später – die Familie Smidt war inzwischen mit zwei Kindern aus Kalkutta zurückgekehrt – ließ sich die sechsunddreißigjährige Marie Smidt in Bremen ein Ballkleid für 350 Mark anfertigen.[18] Es war dunkelrot aus Moirée

---

17 Zur Bremer Damenmode der Gründerzeit: Waltraud Dölp (1984): S. 89-97; Abb. 87.

18 Zum Vergleich: In einem Haushaltsbuch notierte die Bremer Bürgerin Rebecca Margaretha Klencke, geb. Hellmers, geb. 1844, für die Jahre 1891-1893 ihre Ausgaben. Darunter sind auch Beträge für Kleidungsgegenstände vermerkt. So heiratete z.B. ihre Tochter Anna Helene Klencke am 30. August 1893 den Regierungsbaumeister Karl Wilhelm Schiefler aus Kattowitz. Die Mutter notierte Ausgaben, die im Zusammenhang mit der Hochzeit standen: Frl. Lürssen nähte Untertaillien für 2,40; Annas Hüte kosteten 9,50; Rechnungen für Annas weißes Kleid und Annas Bluse vom Modegeschäft Lessmann, Obernstraße 8, betrugen 29,40 bzw. 22 Mark; ein

[Wasserlinienmuster] mit Merveillen [weite Röcke mit Volants], das sie je nach Anlass verwandeln konnte (entweder „kurz, hoch sowie lange und halblange Ärmel,
mit und ohne Schleppe"). Der Ausschnitt war mit spanischen Spitzen garniert.[19]

Diese Beispiele zeigen, dass sich eine bürgerliche Frau aus New York dem Bremer Gesellschaftsstil modebewusst, verschwenderisch und doch praktisch anzupassen wusste. Johann Smidt war inzwischen ein erfolgreicher Indienkaufmann und
Konsul in Kalkutta geworden.

Zum hochrangigen Bremer Gesellschaftskreis zählte auch LIZZY SUSEMIHL-GILDE-
MEISTER (1862-1945), Ehefrau des Überseekaufmanns und sächsischen Konsuls
Franz Susemihl (1857-1827). Im Folgenden geht es um ein gesellschaftliches Ereignis in Bremen, bei dem Lizzy Susemihl-Gildemeister 1899 das sächsische Kö-
nigspaar in ihrem Haus bewirtete. Das Besuchsprogramm sah neben Rathausempf-
fang, Visite des Bürgerparks und der Lloyd-Dampfertaufe ein privates Diner im
Hause von Franz Susemihl in der Kohlkökerstraße 15 vor. Susemihls Wohnsitz war
das sächsische Konsulat in Bremen. Der Eingang des Hauses war für den „hohen"
Besuch hergerichtet.[20] Zum Morgenempfang im Bremer Rathaus trug Lizzy Susemihl „Promenaden Toilette [...], ein rosa Crêpe de Chine-Kleid mit weißen Pique-
Bündchen benäht, übrigens von vergangenem Jahr" und dazu „einen entzückenden
neuen Pariser Hut, Goldflitterkopf, der Rand von Nerz und nur zwei große rosa
Flatterrosen als Verzierung." Der König erschien in Uniform, die Königin in lila
und schwarz gestreiftem Kleid. Sie war „enorm dick, besonders an Leibesumfang,
enorm kurzsichtig, sonst aber wohl conservirt für ihre 66 Jahre." Durch ihre Kurz-
sichtigkeit hatte die Königin einen „unsicheren Gang, der ihrem ganzen ersten Auftreten etwas besonderes Verlegendes" gab, urteilte Lizzy Susemihl.

Im Anschluss an den Empfang im Rathaus und nach einem Kleiderwechsel
– die Herrschaften residierten im Hillmann-Hotel – fanden sich die Gäste in der

---

Lohndiener erhielt für seine Dienste 10 und der Pfarrer Henrici für die Trauungszeremonie 50
Mark. Das Hochzeitspaar wurde von den Eltern Klencke mit 500 Mark beschenkt. Quelle (ohne
Namensbezeichnung): Buchführung eines Bremer Haushalts 1891-1893. Staats- und Universi-
tätsbibliothek, Manuskript b.244.

19 Privatbriefe Smidt: Marie Smidt an ihre Mutter, 10. Dezember 1881.

20 StAB 7,25 Konvolut Susemihl. Darin: Ein zwanzigseitiger Rundbrief von Lizzy Susemihl-Gildemeister an Verwandte und Bekannte über das hochrangige Ereignis, 5. Oktober 1899. „Vor
der Tür war ein Baldachin aufgeschlagen und ein Teppich gelegt. Auf jedes der sechs Marmor-
podeste an den Seiten der Vorhaustreppe hatte [die Hausfrau] nasengerecht Sträuße von Herbstlaub mit Früchten untermischt in den schönsten leuchtenden Farben aufstellen lassen, was sich
ganz entzückend machte." – Wir erfahren einige Details über die Innenräume ihres Hauses: Im
Inneren sah es „bei aller Eleganz einfach aus." Die Räume des Hauses präsentierte die Hausfrau
den Gästen fast unverändert. Nur das Büfett ließ sie vor das Fenster rücken, um mehr Platz zu
gewinnen. Die dadurch leere Wand ließ sie mit einem geliehenen Landschaftsbild schmücken.
Ihre große, edle „Satsuma-Vase" aus Japan dekorierte sie mit Herbstlaub und Chrysanthemen.
Die zwei Wohnzimmer im Hochparterre waren mit Öfen und Kamin ausgestattet. Ein großer
Spiegel zwischen zwei Fenstern optimierte den Eindruck von herrschaftlicher Großzügigkeit.
Über dem Esszimmertisch hing ein großer Kronleuchter. Die Hausfrau zeigte Geschmack durch
ihre Vorliebe für blühende Pflanzen. In die Vasen steckte sie „wie absichtslos einige schöne
Blumen." Viel Mühe gab sie sich mit der Tischkultur. Die Tafel „war ganz in weiß und gelb
gehalten." Sie schmückte „acht silberne Töpfe" mit weißem Flieder und gelben Orchideen. Dazwischen wurden silberne Leuchter mit Schirmen aus gelber Seide arrangiert.

Kohlhökerstraße ein. Lizzy Susemihl bewirtete zwölf Personen, darunter auch ihre Eltern (Dr. Otto Gildemeister und Frau Félicie). Das Menu lieferte der Koch Kohlhepp. Sechs Diener servierten „gutes Bremer Essen". Die Gastgeberin staunte über den großen Appetit der „gekrönten Häupter". Auch über das Interesse der Gäste an der bürgerlichen Wohnkultur wunderte sich die Gastgeberin. – Die Königin trug ein „ziemlich scheußliches Gewand", befand die Bremerin. Das Oberteil des Kleides bestand aus einer Rips-Taille, der Rock aus „Möbelstoff mit braunen Samtblumen in hellblauem Atlas gefasst." Lissy Susemihl trug dagegen eine Toilette aus gelbem Chiffon vom letzten Winter, die sie sich für diesen hochrangigen Anlass hatte modernisieren lassen. In der Gegenwart von „Königs" fühlte sie sich selbst „ganz majestätisch"[21].

Etliche Bürger suchten sich ihre Vorbilder in Stil, Geschmack, Wohnkultur, Ambiente usw. in adligen Kreisen.[22] Umgekehrt gingen auch Adelige auf Tuchfühlung zum Bürgertum. In unserem Beispiel zeigte Lissy Susemihl großes bürgerliches Selbstbewusstsein. Als sich „Königs" in der bürgerlichen Häuslichkeit von Lissy und Franz Susemihl wie zu Hause fühlten und nach „Herzens Lust" aßen („Sie sind selig über das gute Bremer Essen."), schien es, als ob Standesbarrieren beseitigt waren. „Das Gespräch stockte nie, und dass gekrönte Häupter einen Blick in einen bürgerlichen Haushalt ebenso interessant finden, wie wir Einsehen in fürstliche Coulissen, wurde mir recht klar"[23], bemerkte die Gastgeberin. – In der Auswahl der Toilette fühlte sich die Bremerin sogar überlegen: Die Königin hatte wenig modischen Geschmack gezeigt, während sich die Gastgeberin ihres gelben Chiffonkleids aus der vergangenen Saison nicht schämte.

4. Übersee

Während junge Kaufleute in Bremen häufig schon aufgrund ihres Namens und familiären Hintergrunds bekannt waren oder sich in Gesellschaften über ihre Familienzugehörigkeit schnell Anknüpfungsmöglichkeiten boten, war es für Neuankömmlinge in der Fremde wichtig, in oberen Gesellschaftskreisen eine „gute Figur" zu machen. Elegante Kleidung, gute Manieren, Gestik, gepflegter Sprachstil usw. trugen zu einem gelungenen Auftritt bei.

Kleidermoden entwickelten sich seit der Reformation in protestantischen Ländern streng und nüchtern. Dieses zeigte besonders der Stil bürgerlicher Herrenmode. Während sich Männer „im Laufe des 18. und 19. Jahrhunderts [darin] einlebten", „revoltierten" Frauen dagegen.[24] In Nationen, in denen katholisch-religiöse Einflüsse vorherrschten, wurde größerer Wert auf modische Kleidung gelegt. Männer und Frauen dieser Gesellschaften zeigten sich mit Vorliebe in kräftigen Farben und waren in ihrem Habitus „offener" als Bürger aus Bremen. Kaufleute stellten

21 Lizzy Susemihl in ihrem Rundbrief vom 5. Oktober 1899, S. 2.
22 So die Feudalisierungsthesen des Bürgertums nach Arno Meyer (1988).
23 StAB 7,25 Konvolut Susemihl.
24 René König (1985): S. 25.

bei ihrer Ankunft in Länder mit iberoamerikanischen Einflüssen wie Chile, Brasilien, Mexiko und Guatemala eine besondere Kleidungspracht fest. Fremde Männer und Frauen waren in Gesellschaften nach „neuester Pariser Mode" in edle Stoffe gehüllt[25]; Damen trieben einen „riesigen Luxus in Toiletten" und hatten ihre Dekolletees mit Diamanten und wertvollen Spitzen[26] geschmückt. Mit Mode wurde „großer Aufwand getrieben", schrieb Eberhard Noltenius 1887 aus Valparaiso/Chile. Damit hatte er „am anderen Ende der Welt" nicht gerechnet. Elegante Gesellschaftskleidung hatte er nicht in seinem Gepäck. Diesem fremden gesellschaftlichen Milieu musste er sich anpassen. Ihm war es wichtig, „mit den Wölfen zu heulen", so Noltenius, denn die Zugehörigkeit zur exklusiven Gesellschaft verhalf ihm potentiell zum geschäftlichen Erfolg. Gerade noch rechtzeitig konnte er sich 1887 in Valparaiso einen Gesellschaftsanzug leihen, sonst hätte er an einem Tanzvergnügen nicht teilnehmen können. Nach dieser Erfahrung gab er bei einem Bremerhavener Schneider einen Frack in Auftrag.[27]

In seiner Abhandlung über die „Philosophie der Mode" analysiert Georg Simmel das Verhalten gesellschaftlicher Gruppen, das auf Imitation und Selbstbehauptung basiert. Die „Nachahmung eines gegebenen Musters" führe das Individuum „auf die Bahn, die alle gehen"[28]. Was den Bremern in Übersee besonders ins Auge stach, war eine Kleidermode und eine Etikette der Oberschicht – Einheimische und Europäer – wie sie sie in Bremen nicht kennen gelernt hatten und die sie sich mühsam aneigneten.

Die Modegesetze nach europäischen Mustern hatten in Übersee Gültigkeit. Beim Betreten gesellschaftlicher Bühnen wurden durch Kleidung/Kostüm, Verhalten, Sprache, Bewegungen in Räumen imponierende Ausdrucksformen entfaltet. Die Bremer Neuankömmlinge fühlten sich von allen Seiten beobachtet und erlebten die vor Ort ansässigen Europäer und die zur gesellschaftlichen Oberschicht gehörenden Einheimischen wie ein aufmerksames Publikum einer theatralischen Aufführung.[29] Das soll im Folgenden näher ausgeführt werden.

Männliche Mode: Kaufmanns- und Gesellschaftskleidung, Reitanzüge

Der zwanzigjährige Johann Smidt ließ 1860 in Kalkutta Pferd und Wagen anspannen, um sich, von einem indischen Büroangestellten begleitet, zu Antrittsbesuchen kutschieren zu lassen. Sein Auftritt in schwarzem Frack mit Weste und Hose sowie weißen Handschuhen trug ihm Respekt ein. Diese Kleidungsform entsprach der Etikette. Im Anschluss an seinen Besuch wurde Johann zu einem Diner in das

---

25 StAB 7,25: Franz Susemihl aus Mexiko, 30. Januar 1882: „Die Damen waren alle sehr elegant in Pariser Toiletten, die Herren wie schon gesagt, etwas stockig und sehr schlechte Tänzer, so dass wir Frischimportierten einigen Vortheil hatten und in einem Damenengagement einfach tot getanzt wurden, man kann bei der dünnen Luft nicht halb soviel vertragen als drüben."

26 StAB 7,13-22.7: Friedrich Köper an seine Mutter, 4. August 1892.

27 Privatbriefe Noltenius: Eberhard Noltenius aus Valparaiso an seine Eltern, 6. Juni 1887.

28 Georg Simmel (1995): S. 7-37; hier S. 10-11.

29 Erving Goffman (2003).

Privathaus eines englischen Kaufmanns eingeladen. Er lernte andere Kaufleute und die junge Hausfrau in einem „dünnen, ausgeschnittenen Kleid" kennen. Johann sprach sein Englisch so gut er konnte und nahm sich in Acht, dass ihm in dieser feinen Gesellschaft kein Fehler unterlief.[30] Damit galt er als in Gesellschaft eingeführt und war bei der nächsten Festlichkeit schon Teil des Publikums.

Aber nicht jeder Bremer Überseekaufmann hatte festliche Kleidung im Gepäck, und es war in Westafrika „kein Vergnügen", bei knapp vierzig Grad Celsius in Gesellschaftsanzügen Antrittsbesuche zu machen. Afrikakaufleute behalfen sich mit „patenten" Kombinationen, die aus „Hemd, Kragen, schwarzem Schlips und offenem weißen Rock" bestanden. Dazu trugen sie dunkle Hosen.[31] In dieser Kleidung machte sich J.K. Vietor für ein „gemischtes" Ballvergnügen fein. Es waren Europäer und Afrikaner zu Ehren des portugiesischen Gouverneurs in Quidah/Dahomey eingeladen. Vietor ärgerte sich, weil er aus seinem Koffer zwar geplättete, aber ungestärkte Kleidungsstücke hervorholte.[32]

Friedrich Köper hatte 1899 durch seine Heirat eine „gute Partie" gemacht. Um seine Frau Tilly in Guatemalas Gesellschaftskreise einzuführen, mietete er eine Equipage. Dieser Stil schien ihm geeignet, seine Frau einem ausgewählten Publikum vorzustellen, während Kutscher, Pferd und Wagen vor der Tür warteten. Köper rechnete sich mit dieser Darstellung Vorteile aus.[33] Als Fußgänger hätten Friedrich und Tilly Köper auf ihren Rundtouren keinen distinguierten Eindruck hinterlassen und dieser war besonders im Umfeld des Bremer Konsulats und des kaiserlichen Ministerresidenten in Guatemala-City wichtig.

Die Alltagskleidung von Bremer Kaufleuten in Indien und Afrika bestand überwiegend aus leichten weißen oder hellen Tropenanzügen. So ließen sich J.K. Vietor und Alfred Kulenkampff sowie ihre kaufmännischen Mitarbeiter fotografieren. Unter ihren Jacken trugen sie hochgeschlossene, mit Krawatten versehene weiße Hemden. Ihre Kopfbedeckungen variierten zwischen sportlichen Mützen, Tropenhelmen, Cowboy-, Panama- und dunklen Filzhüten, die dem Schutz vor der Sonne dienten.

Arme und Beine wurden bedeckt. Die Füße steckten in schweren, hohen Stiefeln, um sie auf den Fußmärschen durch feuchten Untergrund zu schützen und abends auf der Veranda Malariamücken von Beinen und Füßen fernzuhalten. Selbst Frauen trugen aus diesem Grunde Männerstiefel.[34]

---

30 Privatbriefe Smidt: Johann Smidt an seine Eltern, 22. August 1860. An Bord des Segelschiffes waren „viele rohe und gemeine Redensarten nicht verboten, sondern von jedem gebraucht." Er habe sie auch gelernt. „Diese Ausdrücke sind natürlich in feinen Gesellschaften und besonders in Gegenwart von Damen verboten."

31 Privatbriefe Vietor: J.K. Vietor aus Porto Novo an seine Frau, 4. April 1897.

32 Privatbriefe Vietor: J.K. Vietor an seine Frau: 25. August 1894. „Die Plätterin, welche mein Zeug geplättet hat, ist doch aber ein albernes Schaf. Sie hat mein Zeug allerdings geplättet, aber nicht gestärkt und sehen meine Röcke nun wie Nachtjacken aus."

33 Vgl. Pierre Bourdieu (1992): S. 328. Kaufleute räumten diesen Selbstdarstellungen einen großen Stellenwert ein. Sie erwarteten bessere Chancen und mehr materielle oder symbolische Vorteile.

34 J.K. Vietor bedauerte seinen Schwager Andres Augener (geb. 1882), dessen „klitschnasse, steinharte Stiefel" drückten und dessen Füße und „Hühneraugen" nach einem Marsch schmerzten. Privatbriefe Vietor: J.K. Vietor aus Accra an seine Frau: 8. September 1912. Europäer zogen

Durch ihr Auftreten, Stil, Kleidung und Hautfarbe unterschieden sich die europäischen Kaufleute von der in bunte Farben gekleideten afrikanischen Bevölkerung. Doch auch unter den Afrikanern gab es Geschäftleute, die sich an europäischer Mode orientierten. Wenn sie in „blendend weißem Kragen", mit „feiner Krawatte", dem sichtbaren, aus der Jacketttasche herausschauenden blütenweißem Taschentuch, dem „stets blanken Schuhwerk", Gehstock mit „silbernem Griff", Uhrkette, Fingerringen usw. auftraten, wurde ihnen „äffische Putzsucht" unterstellt.[35] So wurde einheimische Konkurrenz verächtlich gemacht.

Die Kaufleute aus Bremen hielten in Guatemala und in Chile an ihrer dunklen, grauen bis schwarzen Geschäftskleidung fest. Sie bewegten sich in wechselnden Klimazonen: An den Küsten herrschte tropisches Klima vor, während es in der 1.500 m hoch gelegenen Hauptstadt Guatemala auch frisch werden konnte.[36] Kaufleute trugen dreiteilige Anzüge aus edlem Tuch. An der Weste zwischen Knopfloch und seitlicher Tasche war eine dicke Taschenuhrkette sichtbar, die Disziplin und Wohlstand der Kaufleute zum Ausdruck brachte. Diese Berufskleidung unterschied sich vom Stil deutscher Pflanzer oder junger kaufmännischer Angestellter; denn die trugen bequeme helle Hosen, Flanellhemden und Jacken aus dünner Wolle, Leinen oder Baumwolldrill.[37] In Guatemala war es in deutschen Kaufmannskreisen Brauch, Einladungen zum Abendessen im Smoking zu folgen; das Wissen um diese Etikette wurde vorausgesetzt.[38] Smokings sind Gesellschaftsanzüge, die in Übersee meistens aus weißen Sakkos mit seidenen Revers sowie schwarzen mit Tresse besetzten (Galons) Hosen bestanden. Sie sollten Diners ein festliches Gepräge auch durch männliche Kleidung geben.[39] Männerkleidung in Übersee war klimaabhängig. Europäer in Afrika und Indien kleideten sich in weiße Stoffe aus „kühlem" Leinen oder Baumwolle.

---

abends beim geselligen Zusammensein auf der Veranda hohe, bis ans Knie reichende Moskitostiefel an. Dazu Hedwig Vietor: „Zum Lachen, wie dann auch die Damen in Gesellschaftstoilette (die wird hier nämlich auch gemacht) mit den hohen Reiterstiefeln herum steigen. Ich konnte leider nirgends mehr Damenstiefel bekommen und musste die einzig in ganz Accra grade vorrätige Herrennummer nehmen. Die sind mir nun 4 cm zu lang. Aber sie erfüllen ihren Zweck." Privatbriefe Vietor: Hedwig Vietor von ihrem Afrikaaufenthalt (Anfang August bis Ende November 1927) an ihre Verwandten in Bremen, 30. August 1927.

35 Missionar Jakob Spieth der Bremer Norddeutschen Mission, 1895. Nach Werner Ustorf (1989): S. 242.
36 Dazu die Klimatabelle in Otto Stoll (1886): Anhang.
37 Zu Johann Smidts Kleidung in Kalkutta: Er schaffte sich zwölf weiße Hosen und sechs weiße Westen an. Die aus Bremen mitgebrachten Kleidungsstücke waren ihm zu warm. – Zur Kleidung auf den Plantagen in Guatemala: StAB 7,13-23.7: Friedrich Köper an seinen Bruder, 17. Juli 1895. – Ratschläge für Neuankömmlinge von Karl Sapper (1902): S. 389-408. Sapper rät zu „rein wollener Kleidung und Leibwäsche (System Jäger)", d.h. gestrickte Reformkleidung für Männer, die der Wirkwarenfabrikant Gustav Jäger (1851-1927) um 1880 einführte.
38 StAB 7,13: Fritz Köper an seine Mutter, 28. Juli 1928. „Am letzten Montag war großes Abendessen (lies Abfütterung) bei Ernesto Schaeffer, zu dem ich auch geladen war. Die Sache war sehr nett. Ich habe nicht gewusst, dass man auf eine telefonische Einladung hin zum Abendessen einen Smoking anziehen muss; hoffentlich ist es nicht unangenehm aufgefallen."
39 Über Herrenkleidung und auch Smoking: Ludmila Kybalová u.a. (1966): S. 531. Über die Einförmigkeit der Männermode im 19. Jahrhundert: Sabina Brändli (1996): S. 101-118.

Um zur exklusiven Gesellschaft in europäischen Kolonien in Übersee dazuzugehören, war es wichtig, ein Pferd zu besitzen. Diese „Notwenigkeit" wurde schon bei der Ankunft diskutiert, obwohl junge Kaufleute sich oft kein Pferd leisten konnten. So überzeugte z.B. Johann Smidt im Jahre 1860 nur mit Mühe einen Engländer („Mr. Walker") davon, dass er sich kein Pferd anschaffen wollte. Er hatte zu der Zeit noch wenig verdient. Er stürze sich in die Arbeit, daher bliebe ihm zum Reiten keine Zeit. Das Tier würde ein großer „Steh-im-Weg"[40] sein. Daran hielt Johann Smidt fest, bis er sich 1866 ein Pferd kaufte.[41]

Reitanzüge sind bürgerliche Attribute, die einerseits Wohlleben und Bequemlichkeit, andererseits Sportlichkeit und Mobilität symbolisieren. Es sind Zeichen für einen hervorgehobenen sozialen Status. Als „Arbeitskleidung" gelten Reitanzüge nicht. Aber in Übersee war Kaufmannsarbeit ohne Pferd und Esel oft nicht denkbar. Zu Pferd, in einem Tross von Dienern und Lasteseln erreichten Händler unwegsame Regionen. So reiste auch Fritz Köper 1930 zu seinen Kunden in Guatemala. Dabei positionierten sich Kaufleute in Reitanzügen und mit dem Respekt verschaffenden Zubehör, wie Peitsche, Sporen, Revolver[42] und Gewehr,[43] in der Öffentlichkeit. Der Ethnograf Karl Sapper erklärte, es sei in Mittelamerika üblich, beim Reiten außerhalb der Städte einen Revolver zu tragen. Manchmal genüge es schon, sich mit einer „Revolvertasche ohne Inhalt" Respekt zu verschaffen.[44] Dieser männliche Kleidungsstil schuf soziale Distinktion.

Kaufleute inszenierten sich in Übersee in speziellen Reitanzügen. So widmete sich Friedrich Köper, dreimal wöchentlich „dem edlen Reitsport", um sich Bewegung zu verschaffen und gleichzeitig in einem hervorgehobenen Habitus und einer die Fußgänger überragenden Körperhaltung auf seinem „Gaul Geck" gesehen zu werden.[45] Friedrich Köper legte Wert auf einen gut sitzenden Reitanzug. 1901

---

40 Privatbriefe Smidt: Johann Smidt an seinen Vater, 22. August 1860: „Zuletzt drang er wieder in mich (schon bei meinem ersten Besuche hatte [er] mich darum gebeten), ein Pferd zu kaufen, weil es hier für die Gesundheit nötig sei, zu reiten, denn die Bewegung fehlt hier ganz und gar. So ein Pferd kostet aber CrR 400-500, ehe ich die mal verdient habe gehen 8 Monate hin, dann kostet ein Pferd zu unterhalten hier CoR 25.- per Monat, also ¼ meiner Einnahmen. Mr. W. erbot sich sogar, wenn ich ein Pferd wüsste, was verkauft werden sollte und was mir gefiele, es zu besehen und es zu taxieren. Natürlich war ich ihm sehr dankbar, doch kostete es mir Mühe, dem Herrn treffende Gründe anzugeben, weshalb ich noch kein Pferd haben wolle, ohne ihm den Grund zu sagen. – So gab ich vor, die Regenzeit sei schlecht für die Gesundheit der Pferde, dies bestritt er heftig, endlich fand ich einen triftigen Grund, der ihn beruhigte, ich müsse, ehe ich ein Pferd kaufte, etwas von der Sprache verstehen, um mit meinem Stallmeister sprechen zu können, dies fand der unbedingt notwendig." 7. April 1861.
41 Privatbriefe Smidt: Johann Smidt an seinen Vater – Johann war zu der Zeit gerade Bremer Konsul in Kalkutta geworden – 18. Juni 1866.
42 Eberhard Noltenius reiste in Chile mit zwei Revolvern, einen davon schenkte ihm sein Onkel Friedrich Noltenius zum Abschied. Privatbriefe Noltenius: Eberhard Noltenius an seine Eltern, 4. April 1887. Im Juni 1913 vermisste Noltenius seine Revolver in Guatemala und schrieb seiner Frau: „Ich möchte dich bitten die zwei Revolver und 200 Patronen, die in meinem Schrank liegen, an Herrn Koch auszuliefern, der sie mit nach hier bringen will." Privatbriefe Noltenius: Eberhard Noltenius an seine Frau, 20. und 24. Juni 1913. bzw. 3./5. November 1913.
43 StAB 7,13-20.7: Friedrich Köper bat seine Schwester Anna um einen Gewehrtrageriemen, 27. November 1887.
44 Karl Sapper (1902): 398.
45 StAB 7,13-21.7: Friedrich Köper an seine Schwester Anna, 11. Juni 1898. „Hier radele ich gar nicht mehr, sondern widme mich nur dem edleren Reitsport." Radfahren und Radsportvereine

bestellte er beim Schneider Engler in Bremerhaven einen neuen, da er an Körperumfang zugenommen hatte.[46] Zu Köpers bevorzugtem Stil gehörte ein Reitanzug aus weichem Kaschmir. Wenn er auf sein gepflegtes Pferd stieg, trug er seine mit silbernen Sporen versehenen Reitstiefel, die er in silberne Steigbügel setzte. Graue Ledergamaschen dienten als Staubschutz. Dann setzte er seinen weichen Reithut auf und griff zur Reitpeitsche „mit silbernem Knopf und Fischbeineinlage"[47].

Abb. 46: StAB 7,13: Friedrich Köper zu Pferd in Guatemala, 1935

Zu den Reitern in der Stadt dazuzugehören und sich die fremde Welt von oben herab ansehen zu können, war das Privileg einer Minorität. Das Agieren „hoch zu Ross" versetzte die Reiter in die Lage, die Handlungsräume von einer „höheren Warte" aus zu betrachten, und es diente dem Prestige, in einer überseeischen Handelskolonie in elegantem Stil auszureiten und gesehen zu werden. Zum Reit-

waren um 1900 in allen Gesellschaftskreisen beliebt, dagegen konnte man sich beim Reiten auf einem eigenen Ross fast wie ein „Adliger" darstellen. Vgl. „edel" und „Adel". In: Duden Etymologie (1997): S. 144; S. 21. Vgl. Martina Rudloff (1991).

46 StAB 7,13: Friedrich Köper an seine Eltern, 4. Januar 1901. „Form wie zuletzt gehabt von Engler auch Maaße, nur der Bauchumfang meines Körpers hat zugenommen, 98 ctm, so dass meine Hosen an dieser Stelle alle zu eng geworden sind! Farbe des Stoffes dunkelgrau! Nicht ins gelbliche, sondern eher ins bläuliche schießend. [...] Auch möchte ich gerne einen goldenen Kneifer haben, da ich letzthin etwas kurzsichtig geworden bin" und er bedankte sich einige Wochen später für die bestellten Sachen: „Der mir gesandte Reitanzug sowie der goldene Kneifer sind vorzüglich." StAB 7,13: Friedrich Köper an seine Eltern, 20. April 1901.

47 StAB 7,13-24.7: Friedrich Köper an seinen Vater, 15. Oktober 1890. Bestellung der Reitutensilien. Zu den Gamaschen: Ingrid Loschek (2005): S. 212.

sport äußerte sich Köpers Teilhaber Eberhard Noltenius kritisch. Zwar seien die Reiterwege „famos" und es gäbe in Guatemala

> „keine Kletterein, wo man nicht im Sattel bleiben könnte. Die Pferde sind dagegen sehr, sehr mäßig und erregen mein leichtes Missfallen. Fritz [Friedrich Köper] hat z.B. einen Klepper, den ich nicht geschenkt haben möchte und dabei sind die Tiere noch riesig teuer. Trotzdem es eigentlich für die Gesundheit unentbehrlich ist, auszureiten, so bin ich doch entschlossen nicht eher einen Gaul zu kaufen, als bis erstens die Regenzeit vorüber ist und zweitens sich eine günstige Gelegenheit bietet, denn Preise von 3-400 Dollar zu zahlen, fällt mir gar nicht ein."[48]

Demnach ritt Köper in seiner Anfangszeit in Guatemala auf einem alten Pferd. In den 1930er Jahren stellte er sich in Guatemala auf einem Schimmel auf einer fast leeren, gepflasterten Straße als Repräsentant einer elitären Gesellschaftsgruppe dar.

Auch Bremerinnen stiegen um 1900 in Übersee „aufs Pferd" und machten Ausritte. Marie Overbeck zog Hosen an und ritt an der Seite ihres Bruders auf einem Schimmel. Sie fühlte sich sicher und konnte bessere Eindrücke von der Umgebung gewinnen.[49] Tilly Köper hatte sich bereits vor ihrer Abreise nach Guatemala in Bremerhaven im Reiten vertraut gemacht. Sie schrieb von einem Ausflug auf eine Finca. Sie setzte sich auf ein Pferd und ritt in einer Gruppe von Reitern.

Weibliche Alltagskleidung: Morgenröcke und weiße Kleider

Über „große" Balltoiletten verfügten verheiratete Bremerinnen in Übersee offenbar nicht. Eine ledige junge Frau beklagte sich sogar, sie sei 1904 in Bahia in Gesellschaft die einzige Teilnehmerin ohne Ballkleid gewesen.[50] Die aus Bremen mitgebrachten Kleidungsstücke erschienen ihr vergleichsweise schlicht.[51] Wir erfahren von fleckigen Hochzeitskleidern, die aufgetrennt neue Kleidungsstücke ergeben sollen,[52] von Seidenkleidern in unmodernem Schnitt und altbackenen Farben sowie

---

48 Privatbriefe Noltenius, Eberhard Noltenius an seine Eltern, 22. Mai 1889.
49 „Wir ritten in ganz gutem Tempo. Ich fühlte mich so sicher im Sattel. Mein Schimmel ging famos. Ob ich gut zu Pferde sitze, weiß ich nicht, aber jedenfalls fühlte ich mich beim Reiten vollständig sicher. Aus dem Sattel zu fallen, muß ein Kunststück sein. Wir ritten etwa eine Stunde durch sehr schöne Waldungen. Man konnte sich fast einbilden, man wäre in Deutschland, nur würde man da keine Palmen am Wege finden." StAB 7,500-B-81: Marie Overbeck an ihre Verwandten, 21. Februar 1905.
50 StAB 7,500-B-8: Marie Overbeck an ihre Mutter, 11. August 1904. „Ich war am Freitag schon das einzige junge Mädchen, das nicht in Balltoilette war."
51 StAB 7,500-B-8: Marie Overbeck aus Bahia an ihre Mutter, 3. März 1904. „Die Damen entwickeln hier eine unheimliche Eleganz."
52 Privatbriefe Noltenius: Helene Noltenius an ihre Verwandten, 26. April 1901. „Heute schicke ich dir meinen auseinander getrennten Brautrock, liebe Mutter, es sind acht Teile, ich habe sie absichtlich ungeplättet geschickt. Möchte dich bitten, doch mit Frau Weiterer zu überlegen, ob zwei Blousen oder eine herausgehen. Sei bitte so nett und lass mir die Seide rosa färben, reinigen ist nicht praktisch, da viele Flecke drin sind, die dabei wohl kaum wegzubringen sind. Die beiden dazu gehörenden Toiletten mache ich mir etwas blusig und trage sie so zum schwarzseidenen Rock. Ich gehe hier fast nur per Taille, wenn es mal kühl ist, ziehe ich mein schönes Jacquett an, das ist noch wie neu."

von „gewendeten Röcken". In dieser Kleidung kamen sich Bremerinnen in Übersee „verloren" vor und gaben sich auffallend genügsam. Waren sie damit zufrieden, unmodern an der „gesellschaftlichen Peripherie" zu agieren, wenn sie doch in Bremen zur Mitte gehörten? Und wie verhielten sich ihre Ehemänner zu Kleidungsfragen ihrer Ehefrauen, zumal offenbar das Prestige und der Kredit[53] eines Kaufmanns durch eine elegante Frau an seiner Seite zu erhöhen war?

Schneiderinnen seien sehr teuer, schrieben Ehefrauen aus Übersee. Aus diesem Grund modernisierten sie ihre Kleider selbst. Dazu wurden sie durch Zeitschriften oder Publikationen wie „Das Blatt der Hausfrau" oder „Jede Frau ihre eigene Schneiderin"[54] animiert. Geschickte Frauen wie Anita und Marie Overbeck in Bahia oder Tilly Köper und Lene Noltenius in Guatemala, veränderten ihre Garderobe oder schneiderten sie selbst. Dazu ließen sie sich aus Bremen Stoffe und Kurzwaren schicken. Kleidungskauf „von der Stange" war für sie in Übersee nicht möglich. Die weibliche Alltagskleidung bestand aus Morgenröcken bzw. weißen und schwarzen Blusen- und Rockkombinationen. So kleideten sich Frauen innerhalb des Hauses und kamen sich recht „unmodern" vor.[55] Was Bremer Bürgerinnen von Schürzen hielten, wurde nicht überliefert.[56] In weißen, eng taillierten Kleidern mit weit schwingenden, bodenlangen Röcken zeigten sich Bremerinnen auf der Straße, wenn sie zum Beispiel mit ihren Kindern spazieren gingen oder auf dem zentralen Platz in Guatemala-Stadt (Plaza) promenierten.

In Tilly Köpers Briefen aus Guatemala ist mehrmals von einem „lila Seidenkleid" die Rede. Offenbar war es Tillys einziges Gesellschaftskleid. Sie trug es, als Guatemala deutschen Flottenbesuch hatte und im Club gefeiert wurde;[57] sie zog es an, als sie und ihr Mann zu einem Diner eingeladen waren. Ebenso zeigte sie sich in Lila, als die Eheleute Köper einer Einladung zu einer großen Abendgesellschaft mit Tanz folgten. „40-50 Personen" erschienen „und alles in großer Toilette"; „Ich habe eben nichts anderes"[58]. Vor ihrer ersten Schwangerschaft blieb Tilly lieber zu Haus, als sich in Gesellschaft zu vergnügen. Möglicherweise war es ihr unange-

---

53 Vgl. René König (1985): S. 27.

54 StAB 7,13: Tilly Köper an ihre Mutter, o.D. [nach Weihnachten 1899]: „Die Schneiderinnen sind hier zu teuer, sie nehmen für ein Kleid 100 und 200 Thaler." Helene Noltenius ließ sich trotzdem ein „Geburtstagskleid mit Jacke" machen. Privatbriefe Noltenius: Helene Noltenius an ihre Verwandten, 16. August 1900. – Buchtitel: Vgl. Ingrid Loschek (2001): S. 8.

55 StAB 7,13: Tilly Köper an ihre Mutter, Brief o.D., oberer Teil abgerissen [nach Weihnachten 1899].

56 Bemerkt sei an dieser Stelle, dass Schürzen auch an vornehme Bürgerinnen verschenkt und wohl auch getragen wurden. Sie unterschieden sich in Material, Farbe und Verarbeitung von denen der Dienstmädchen. So nahm Felicia Gildemeister eine schwarz-seidene Schürze als Weihnachtsgeschenk entgegen. Privatbriefe Smidt: Marie Smidt an ihre Mutter in New York, 12. Dezember 1869. – Schürzen eigneten sich auch deshalb als Geschenk, weil sie mit „Hobby"-Stickereien verziert für „sinnvoll" erachtet wurden. Ein solches Geschenk nahm Marie Overbeck in Bahia von ihrer Tante Lina aus Bremen in Empfang. StAB 7,500-B-81: Marie Overbeck an ihre Verwandten, 22. Mai 1904.

57 StAB 7,13: Tilly Köper an ihre Mutter, 10. November 1899. Das deutsche Kriegsschiff „Geier" machte in San José/Guatemala fest; eine Abordnung von vier Offizieren sollte im Deutschen Club in der Hauptstadt begrüßt werden „Sofort thut sich das Comité des Deutschen Vereins zusammen und arrangiert für den Abend im Deutschen Club den Offizieren zu Ehren einen geselligen Abend mit Tanz."

58 StAB 7,13: Tilly Köper an ihre Mutter, 27. April 1900.

nehm, immer im gleichen Kleid in dem geschlossenen Gesellschaftskreis zu erscheinen. Sie sei

> „sicherlich die [am] einfachst[en] Gekleidete, habe entweder ein schwarzes, weißes oder [das genannte] lila Kleid an. Außer zu einem Theaterabend gehen wir nirgends hin, ich bin immer am liebsten mit meinem Fed gemütlich zu Hause"[59].

Das schwarze Trauerkleid brachte sie im Sommer 1899 aus Bremerhaven mit, da ihr Vater, Johann Heinrich Eduard Meiners, vor ihrer Abreise verstorben war; das weiße trug sie zum Promenieren, so blieb noch das lila Kleid für die Gesellschaften.

Im letzten Drittel des 19. Jahrhunderts entstanden in Europa und den USA Vereine zur Förderung „vernünftiger Kleidung". Der um 1900 in Berlin gegründete „Verein zur Verbesserung der Frauenkleidung" initiierte eine Reformkleider-Ausstellung, um Frauen zu einer „natürlicheren" Kleidung zu bewegen. Die Appelle richteten sich gegen das Tragen von „panzerartigen" Korsetts, die zu Schädigungen des Knochenbaus und der Organe führten konnten. Reformkleidung galt nur unter fortschrittlichen Bürgerinnen und Bürgern als „chic". In einem Artikel in der Bremer Kulturzeitschrift „Güldenkammer" 1912/13 stand die Reformbewegung in der Kritik. Weibliche Reformkleidung wurde als „Reformsack" oder „hässlicher, schlafrockartiger Sack mit plumper, aufdringlicher Ornamentik" abgelehnt. Männliche Reformkleidung – „Kniehose, hemdartiger Rock, hochgeschlossen mit einem Gürtel um die Mitte wie ihn die russischen Studenten tragen oder die Handwerker des Mittelalters trugen" – hatten nach Auffassung des Kritikers ebenfalls keine Chance.[60] Vor dem Ersten Weltkrieg fand „das Reformkleid kaum Anhängerinnen bei Damen der Gesellschaft", so Ingrid Loschek. Das galt für Deutschland und auch für Mittel- und Südamerika.[61] Reformkleider mit hohen Stehkragen und langen Ärmeln fielen locker von den Schultern bis auf den Boden. Stramm geschnürte Korsetts wurden von Reformerinnen verbannt und gegen Unterwäsche getauscht, die aus „Brustleibchen", „Hüftgürtel", ergänzt durch Unterhose oder Hemdhose, bestand. Bürgerinnen in Bremen und Übersee hielten bis zum Ersten Weltkrieg an der „verbindlichen Modelinie, Sans-Ventre [ohne Bauch]" fest.[62]

Die einundzwanzigjährige, ledige Marie Overbeck bemerkte, dass ihr zehn Jahre älterer Bruder Wilhelm auf „recht chic" angezogene Frauen schaute, aber weder „Reform" noch „kleine Ausschnitte" leiden konnte. In ihrer ökonomischen Abhängigkeit vom Bruder orientierte sich Marie an einem Kleidungsstil, der auch ihrem Bruder gefiel, und das waren „Blusen mit Kragen und Manschetten". Sie konnte sich mit ihrem Wunsch nicht durchsetzen; sie hätte ein locker fallendes

---

59 StAB 7,13: Tilly Köper an ihre Mutter, o.D. [oberer Teil abgerissen; nach Weihnachten 1899].
60 Joseph August Lux (1912/13): S. 360-364.
61 Ingrid Loschek (2001): S. 8: „Das Reformkleid findet kaum Anhängerinnen bei Damen der Gesellschaft."
62 Ingrid Loschek (2001): S. 7; 11. „Reformkleidung" und „Hüfthalter": http://de.wikipedia.org/wiki. Zugriff: 9. Oktober 2007.

Reformkleid bevorzugt, als sie sich ein neues Kleid wünschen durfte.[63] Ihr Körper blieb also weiterhin vom Korsett geschnürt.[64]

Auch ein Ballkleid hatte sie zunächst nicht.[65] Dabei gab es im Umkreis des Vereins Germania in Bahia, durch häufige deutsche Flottenbesuche und Festlichkeiten im Hause des Konsuls[66] oft Anlässe für Tanzvergnügen. Da sich ihre Schwägerin Anita sehr schlicht kleidete, blieb Marie nichts anderes übrig, als sich auch zu bescheiden. Wilhelm Overbeck trat im Spätsommer 1904 eine Geschäftsreise von Bahia nach Bremen an. Auf dem Rückweg nahm er von Maries älteren Schwestern Dora und Julia Overbeck getragene Kleidung mit nach Bahia, für die sich Marie überschwänglich bedankte. Möglicherweise war darunter auch ein „Ballkleid."[67]

Seit dem 18. Jahrhundert versinnbildlichen „Schlafröcke" und Morgenröcke männliche und weibliche innerhäusliche Intimsphären. Mit diesen Kleidungsstücken wurden Konnotationen wie Gemütlichkeit und Geborgenheit verbunden. In diesen bequemen Hauskleidern verbrachten die Akteure die Zeit nach dem Aufstehen, während der Morgentoilette oder beim Frühstücken.[68] Hausmäntel für Männer wurden in Übersee nicht nachgewiesen. Vermutlich hielten sich die Kaufleute morgens kaum zu Hause auf.

Die Frauen bevorzugten in ihrer Wohnung legere Kleidungsformen. Marie Overbeck hatte in Bahia einen eleganten Morgenrock und wünschte sich weitere, nachdem sie das Kleidungsverhalten ihrer Schwägerin Anita Overbeck kennen ge-

---

63 StAB 7,500-B-81: Marie Overbeck an ihre Mutter, 8. Mai 1904 und 9. Juni 1904. „Es wird hier viel auf Toiletten gegeben. Reform möchte ich sehr gern. Besprecht das aber bitte mit Wilhelm und lasst ihn mit wählen! Wilhelm wird viel zu besorgen haben. Der arme Junge muss sich auch noch um die Toiletten seiner Schwester quälen."

64 Ingeborg Weber-Kellermann (1979): S. 102. „Aber stets trugen die Frauen fußlang. Die Frauenbewegung und der Sozialismus um die Jahrhundertwende veränderten den Geist der Mode. Kostüm, Hemdbluse, Reformkleidung, Fortfall des Korsetts, und erst im Ersten Weltkrieg wurde der Frauenrock zum ersten Mal verkürzt und Bein gezeigt."

65 StAB 7,500-B-81: Marie Overbeck an ihre Verwandten, 11. August 1904. „Wir kamen erst gegen 4 Uhr nach Hause. Ich hatte meine rosa Seidenbluse an, die hat leider vom Tanzen und der Hitze sehr gelitten. Das war das Vergnügen nicht wert. Ich habe gar keine Lust mehr zum Tanzen. Ein Ball ist doch eigentlich eine alberne Geschichte. Eine Gesellschaft, wo man sich vernünftig unterhalten kann, mag ich viel lieber. Am 25. kommt ein großer Kreuzer, die ‚Vineta'. Dann gibt es noch viel mehr Festlichkeit. Diesmal gehe ich aber nicht mit. Ich hätte ja auch gar kein Kleid. Ich war am Freitag schon das einzige junge Mädchen, die nicht in Balltoilette war."

66 Graf Spee war bis 1904 Konsul in Bahia; danach übernahm Dr. J. von der Heyde das Amt des kaiserlichen Konsuls in Bahia. Wilhelm Overbeck (1923): S. 105; 118.

67 Marie wünschte sich ein weißes oder cremefarbenes Ballkleid, fast ein Brautkleid. StAB 7,500-B-81: Marie Overbeck an ihre Verwandten: 21. Juli 1904. – Als Wilhelm Overbeck sein Gepäck nach seiner Rückkehr aus Bremen öffnete, übergab er Marie „immer mehr wunderschöne Kleider und Blusen", die offenbar den Schwestern gehört hatten („Ihr lieben Schwestern habt mir all Eure schönen Kleider geschickt."). StAB 7,500-B-81: Marie Overbeck an ihre Verwandten, 29. Oktober 1904.

68 Im Mittelalter wurden Faltengewänder, die den Körper bis zu den Knien bedeckten, von Männern und Frauen getragen und als „Röcke" bezeichnet. Ludmila Kybalová u.a. (1966): S. 573; S. 483; S. 486. Röcke der Frauen und davon getrennte Oberteile (Blusen, Taillen, Jacken) gehörten im 19. Jahrhundert zur Damenoberbekleidung. Nach dem Wandel der Herrenmode wurden die im männlichen Alltag getragenen Jacken und Jacketts als „Röcke" bezeichnet.

lernt hatte.[69] Während ihres Aufenthalts in Bahia legten die Frauen erst am späten Nachmittag ihre Morgenröcke und -kleider ab, wenn sie Besuche empfingen oder machten.[70] Sie gewährten ihren Trägerinnen zu Hause körperliche Bewegungsfreiheit. Marie wünschte sich einen neuen Morgenrock aus Kattun in gedeckter Farbe. In Morgenröcken aus strapazierfähiger Baumwolle verrichteten Frauen häusliche Arbeiten wie Nähen und Flicken. In dieser bequemen Kleidung spielte Marie auch mit ihren Nichten. Insofern waren Morgenröcke eine Art weibliche „Arbeitskleidung".

Auch in Guatemala machten es sich deutsche Frauen in der Abwesenheit ihrer Männer zu Hause in Morgenröcken bequem. In diese Praxis körperlicher Behaglichkeit gewährten sie gewöhnlich keine Einblicke. Helene Noltenius tadelte es als „Schlamperei", den Tag in Morgenröcken zu verbringen. Europäische Frauen, die bis zur Rückkehr ihrer Männer mit der Hausarbeit nicht fertig würden und nicht korrekt gekleidet seien, seien „verhiesigt". Sie würden ihren Haushalt vernachlässigen und hätten schlechte Angewohntheiten im Gastland angenommen.[71] Es war für sie nicht denkbar, „womöglich noch im Morgenrock und mitten in der Arbeit" zu stecken, wenn ihr Gatte nach Hause kam. Als sie eine Bekannte nachmittags besuchte, fand sie heraus, dass diese noch um fünf Uhr „ungekämmt", „ohne Kragen" und in einem „roten, dunklen Morgenrock" in ihrem Haus wirkte und bereits Besuch von zwei Damen hatte.[72]

Das Beispiel zeigt soziale Kontrolle. Der kleine Kreis von Frauen in den deutschen Handelskolonien überwachte sich offensichtlich gegenseitig. Auch Lene Noltenius arbeitete zu Hause in einem Morgenrock. Zum Mittagessen – sie nannte es Frühstück – kurz nach zwölf Uhr, erwartete sie ihren Mann und ihren Schwager Otto. Nachdem die Herren nach dem Essen wieder ins Geschäft gegangen waren, „steck[t]e" sich die Hausfrau wieder „in den Morgenrock und räum[t]e mit Mercedes [Köchin] die Küche auf"[73]. Demnach war der Morgenrock auch für diese Bre-

---

69 StAB 7,500-B-8: Marie Overbeck an ihre Mutter, 9. März 1904: „Über bedeckten Kattun zu einem Morgenrock würde ich mich auch sehr freuen. Die meisten werden so schrecklich schnell schmutzig und den einen kann ich nicht mehr tragen, er ist vollständig aufgelöst.

70 StAB 7,500-B-8: Marie Overbeck an ihre Verwandten, 8. Mai 1904. „Man zieht sich ja immer erst gegen ½ 5 Uhr an, dann ist die größte Hitze vorbei. Den Tag über machen wir es uns recht bequem. Nur Hemd und Morgenrock ist dann unsere Bekleidung."

71 Privatbriefe Noltenius: Helene Noltenius an ihre Schwiegermutter, 11. November 1899. „Bei Frau Hegel ist es z.B. so. Sie ist aus Hamburg, aber schon ganz und gar verhiesigt [!], hat drei Kinder, das jüngste 4 Wochen alt. Wenn ihr Mann nun zum Frühstück kommt (ich habe es selbst erlebt) muss er das Kleinste zur Ruhe fahren, das andere auf den Topf setzen, dem dritten die Serviette umbinden usw. Sie läuft dann im unglaublichsten Kostüm mit aufgewickelten Locken herum, hat dabei vier Mädchen und die Zimmer sind nie in Ordnung. [...] Und wenn ich denn mal sage: Frau Hegel, ich verstehe nur nicht, dass ihr Mann dabei zufrieden und glücklich sein kann, dann antwortet sie: Ich kann es nicht anders, die Mädchen sind faul und die Kinder ungezogen. Was soll man machen, ich bin bei den Kindern nun mit 'ner Ruthe und alles nützt nichts."

72 Privatbriefe Noltenius: Helene Noltenius an ihren Mann, 9. Januar 1908. „Gestern war ich bei M. Schäfer, nachmittags um fünf. Sie sah entsetzlich aus im roten, dunklen Morgenrock, ohne Kragen mit ungekämmtem Haar, unglaublich. Mutter Camilla u. Cristine Hillermann waren da, und redeten das Blaue vom Himmel runter, so dass ich bald ging u. froh war, draußen zu sein."

73 Privatbriefe Noltenius: Lene Noltenius an ihre Verwandten, 18. Dezember 1900. Nach dem Mittagessen bereitete sie das Abendbrot vor. Sie aßen auch abends warme Speisen. Zwischendurch

merin ein bequemes Kleidungsstück, das sie auch nachmittags trug, wenn sie arbeitete.

Die Alltagskleidung von europäischen Frauen in Übersee um 1900 bestand aus eng taillierten, bodenlangen, dunklen Röcken. Dazu trugen sie wie in Bremen hochgeschlossene, weiße Blusen, deren Kragen fast bis zu den Ohren reichten. Ihre Arme waren meistens von engen Ärmeln bedeckt. Auf einigen Fotos zeigten sich Bremerinnen in weißen langen Kleidern mit eng anliegenden Oberteilen über dem Korsett. Für diese schlanken Silhouetten brachten sie „gesundheitliche Opfer". Aufgabe des Korsetts war, den Bauch nach innen, Oberkörper und Gesäß nach außen zu pressen. Von der Seite betrachtet ergab sich ein Hohlkreuz[74]. Bremerinnen schilderten, dass sie ihre Männer ganz in Weiß vom Kontor abholten. In dieser „Sonntagskleidung" in weißen Spitzen ließen sie sich auch im Fotoatelier fotografieren. Ebenso kleideten sie sich in Weiß, wenn sie Nachmittagsbesuch zu Hause empfingen. Farbliche Akzente setzten sie mit kontrastierenden Hals- oder Taillenbändern.[75]

Nach Manuel Frey versinnbildlicht das Weiß gleichermaßen die „Tugend der Reinlichkeit und den Luxus." Das Weiß wurde während des Hygienisierungsprozesses zur dominierenden Farbe und ein „Symbol des Unvermischten", der Trennung zwischen Gutem und Schlechtem.[76] Doch in Übersee erwiesen sich bodenlange weiße Kleider auf unbefestigten Straßen und Plätzen als unpraktisch. Nach modischem und sittlichem Empfinden konnten sie aber nicht in der Länge gekürzt werden. Daher entschieden sich Frauen im Alltag in Übersee für schwarze Röcke, die nicht so schmutzanfällig waren wie weiße. In ihren weißen, hochgeschlossenen Baumwollspitzenblusen und bodenlangen Röcken unterschieden sich europäische Frauen in ihrem Kleidungsverhalten von dem der Indigenas in Guatemala. Diese trugen weite, bunt gewebte, ärmellose Kleider, unter denen ihre nackten Füße und unteren Beinpartien herausschauten. Unbekleidete Körperteile galten in den Augen von Europäern als unzivilisiert.

4. Mode und Kultur der Fremden

Im starken Kontrast zu den vornehmen Geselligkeiten im Umfeld von Clubs, Konsulaten und auswärtigen Vertretungen, an denen Europäer und Vertreter der politischen und gesellschaftlichen Eliten des Gastlandes teilnahmen, verglichen sich Ankommende und indigene Menschen gegenseitig an öffentlichen Orten. Die fremde

---

„schlepp[t]e sie den Jungen ab und an herum, da das [Kinder]mädchen doch auch waschen muss, gebe ihm seine Flasche usw."

74 Ingrid Loschek (2005): S. 303.

75 Privatbriefe Noltenius: Lene Noltenius an ihre Schwiegermutter, 18. Januar 1901. Nach dem Tod von Conrad Noltenius (16.12.1824-15.10.1900) schrieb sie: „Es ist dir doch recht, liebe Schwiegermutter, wenn ich jetzt ganz weiße Kleider mit schwarzem Band trage, oder schwarzen Rock und weiße Blousen? Glaube mir, liebe Mutter, ich habe unseren Vater trotzdem lieb und denke mit treuem Herzen an ihn, ganz schwarz ist hier so sehr lästig und man ist niemals ordentlich. Schreibe mir bitte, wie du darüber denkst."

76 Manuel Frey (1997): S. 215.

Wirklichkeit fiel Bremern besonders in der Ankunftszeit auf. Sie trafen auf Personen, die anders aussahen als sie, exotisch gekleidet waren und auf fremde Weise kommunizierten. Erschrocken erlebten sie einheimische Bewohner und den Schmutz, der sie umgab. Ein bekanntes Beispiel aus Bahia (1860) schildert die Eindrücke des späteren Kaisers von Mexiko, Erzherzog Ferdinand Maximilian von Österreich:

> „An der Mauer des Gartens, am Trottoir entlang, kauerte ein ganzer Trupp Obst verkaufender Negerinnen, eine für den Neuling höchst interessante Gruppe, in der alle Größen, Alter und Dimensionen durch die originellsten Exemplare vertreten waren. Alte Negerinnen im leichten, schlotternden Gewande, wahre Hexen an roher Derbheit und Schauder erregender Hässlichkeit, die schwarze Lederhaut wie eine Gummielasticum=Flasche in tausend Falten gerunzelt, die schwarzgrauen Hände und Füße in affenartiger Beweglichkeit, den kleinen schildkrötenartigen Kopf mit kurzer weißer Wolle überzogen, mit langen blendenden Zähnen und widerlich stechenden, in Branntweinfeuer schwimmenden Augen, schrillten den Fremden mit höhnender Geschwätzigkeit an, um ihm Guaven, Bananen, Kokosnüsse und allerhand andere kleinere, mir noch unbekannte Früchte des Urwaldes feil zu bieten. Nebenan lagen in wiederkäuender Ruhe wahre Ungeheuer von jugendlicher schwarzer Fülle, die dunkles Fleisch in einer für unmöglich gehaltenen Masse und in einem wahrhaft gigantischen Umfange den Augen der Vorübergehenden preisgaben."[77]

Hier geraten besonders fremde, alte Frauen in den Blick, die sich um den Verkauf von Naturalien bemühten, während junge Frauen müßig neben den improvisierten Verkaufsständen lagerten. Die Details der Zuschreibungen galten Menschen und nicht etwa Tieren (derb, hässlich, schwarz, affenartig, schildkrötenartig, widerlich stechend, schrill, höhnend, wiederkäuend, Ungeheuer, Wiederkäuer); der Verfasser bedient sich einer Tier-Metaphorik und verweist damit auf ein gängiges Rassismuskonzept. Mit ausgefeilten sprachlichen Formen treibt er die bekannten Muster auf die Spitze.[78] Der Reisebericht von „Kaiser Maximilian" war in Bremer Kaufmannskreisen weit verbreitet.

---

77 Maximilian (1867): S. 25. Maximilian (1832-1867), von Geburt Ferdinand Maximilian, Erzherzog von Österreich und ab 1864 bis zu seiner Verurteilung (Tod durch Erschießen) Kaiser von Mexiko, besuchte 1860 auf seiner Brasilienreise den österreichischen Konsul in Bahia. Zu der Zeit war das Johann Georg Lohmann, Tabakkaufmann aus Bremen, den Maximilian „L." nannte. Dazu die Familienschrift des Bremer Ehepaars Clarissa und Johann Georg Lohmann unter Mitarbeit von Emilie Tegtmeyer (1891): Erinnerungen aus dem Leben Johann Georg Lohmann. Bremen. Für diesen Hinweis danke ich Johann G. Lohmann, Bremen. – Vgl. Bremische Biographien des 19. Jahrhunderts (1912): Lohmann. S. 283-285.

78 Tier-Mensch-Vergleiche lassen sich auch in den Quellen von Köper und Noltenius finden. Als ehemalige Mitglieder der Bremerhavener Bezirkskompanie beobachteten und bewerteten sie Soldaten aus Honduras, Chile und Guatemala. „Militärische Feierlichkeit nach europäischem Vorbild wurden natürlich auch abgehalten, fallen aber natürlich sehr affenmäßig aus, denn Offiziere und Mannschaften sehen aus wie bekleidete Affen" aus. StAB 7,13-21.7: Friedrich Köper an seine Mutter, 30. Juli 1889. – Privatbriefe Noltenius: Eberhard Noltenius an seine Eltern, 26. Mai 1887: „Die ganzen chilenischen Soldaten haben einen Tritt am Leibe wie Enten, es sieht ganz verrückt aus, wenn sie nach dem Tact der Musik durch die Straßen watscheln."

Die Bremer vermittelten von „Einheimischen" auch nach längerem Aufenthalt Bilder, die sie als Primitive und mit „Feigenblatt bekleidete Wilde"[79] klassifizierten. Auffallend häufig schilderten sie Wahrnehmungen von fremden Frauen.[80] Dabei waren nicht nur Hautfarben, Haartracht, Lippen- und Nasenformen, sondern auch der Bekleidungsstil markant. In ihren Darstellungen bedienten sie sich der Klischees von exotischen Körpern, wie sie auch durch Reiseberichte, Werbung für Kolonialwaren[81] oder durch Ausstellungen wie „Hagenbecks Völkerschauen"[82] vermittelt wurden und wie es vielleicht die in der Heimat Gebliebenen erwarteten.[83] Der nach Ansicht der Europäer unsittlich verhüllte Körper der Indigenas diente als Projektionsfläche für rassistische Zuschreibungen. Das betraf die Art, wie sie in der Öffentlichkeit ihren Körper bewegten, wie sie sich schmückten und mit raumgreifenden Gesten den fremden Europäern gegenüber inszenierten.

Frauen und Männer aus Bremen versuchten, Haltung zu wahren und sich der eigenen Identität zu versichern. Dazu distanzierten sie sich oft von Menschen ihres Gastlandes. Sie sahen und hörten die Fremden meist aus einiger Entfernung; dies genügte, um sie zu bewerten und sich abzugrenzen.

Aus der Perspektive der Bremer zeigten Indigenas zu „viel" Haut. Es gehörte sich in protestantisch-westlichen Kulturen nicht, Arme, Beine, Füße und das Dekolletee in der Öffentlichkeit zu zeigen. Des Weiteren war für Bremer üppiger Schmuck nur elitären Gesellschaftskreisen erlaubt. Die Fremden sollten ihre von Bremern hässlich empfundenen Körper gänzlich mit Kleidern bedecken und der Stoff möglichst derb sein, also keinesfalls den Glanz von Seide aufweisen.

In der Stadt Bahia de Todos los Santos (kurz Bahia genannt) residierten um 1900 besonders zahlreich Bremer und Hamburger Tabakkaufleute, von denen MARIE OVERBECK während ihres Aufenthalts etliche kennen lernte. Deutsche Kaufleute trafen sich regelmäßig im Deutschen Verein Germania, dessen Vorstandsmitglied

---

79 StAB 7,13-20.7: Friedrich Köper an einen Freund oder Verwandten „Emil", 27. April 1888: „Du musst nicht denken, dass man hier nur unter feigenblattbekleideten Wilden lebt, deren giebt es zwar auch genug hier, aber die Leute sind schon alle viel zu sehr von der Cultur beleckt."

80 So z.B. von „hässlichen, braunen Frauen" in „hellen Kleidern". StAB 7,13: Tilly Köper an ihre Mutter, 17. August 1899. – Wilhelm Overbeck (1923) bemühte sich nach jahrelangem Aufenthalt in Bahia um einen Kultur „vermittelnden" Schreibstil: Er schrieb von den Tätowierungen der „Kontorneger" und den „Narbenschnitten" der „alten Negerinnen", die von ihrer Herkunft von Sklaven aus Afrika stammten. Overbeck bestätigte, sie seien „treue, zuverlässige Leute" gewesen. In seine Vereinsschrift „Germania" fügte er ein Foto vom „schwarzen" Vereinsökonom „Marcellino" und seinen acht Kindern ein. S. 96-97.

81 Beispielsweise für Kolonialwaren, die in Bremen aus eingeführten Rohstoffen produziert wurden (Kakao, Kaffee, Tabak, Gewürze). Vgl. Nana Badenberg (2004): S. 94-105.

82 Birgitta Huse (2005): S. 345; Hilde Thode-Arora (2002): S. 69-74; hier S. 70.

83 StAB 7,13-20.7: Friedrich Köper an seinen Onkel Georg, 28. Dezember 1887. „Man findet in einem solchen Indianerdorf die Menschen noch in einem halben Naturzustande. Die Kleidung derselben besteht nur aus einem Hemde und einer kurzen Kniehose, welche an den Außenseiten der Beine längs aufgeschnitten ist bis zu den vier Buchstaben, während die Frauen sich ebenfalls nur mit einem Hemde und einem großen rockartig um die Hüften geschlagenem Tuche bekleiden. Das tragen diese Leute, wenn sie zur Stadt kommen. In den Dörfern und Häusern fällt auch noch das eine oder andere Kleidungsstück weg; wenn man überhaupt von Kleidung reden kann. Denn die meisten Leute tragen ihr Zeug so lange, bis es ganz schmutzig ist und in lauter Fetzen vom Leibe hängt, und man ebensoviel von der nackten braunen Haut, wie von Zeug sieht."

Maries Bruder Wilhelm Overbeck von 1902 bis 1921 war.[84] Im Vereinshaus waren auch Brasilianer und zu einigen Festlichkeiten auch Frauen zugelassen.

In den Straßen der Stadt waren Europäer die Minderheit.[85] Marie Overbeck spezialisierte sich auf die Beobachtung der Einheimischen, wenn sie mit Verwandten unterwegs war. Marie nahm sich Zeit zu intensiven Menschenstudien. So konnte sie ihren Blick z.B. nicht von einem körperlich ungleichen „Negerpärchen" wenden. Die Frau hatte ihre Körperfülle in ein zu „enges, pikfeines Kleid nach Pariser Schnitt" gezwängt. Zudem trug sie auf ihrem

> „straff zurückgerissenen wolligen schwarzen Haarwust [einen weißen] mit rosa Rosen geschmückten Hut. Ihr Mann, lang und dünn wie ein Bambusrohr, war in elegantem, schwarzem Anzug mit weißer Krawatte. So saßen die zwei da und ließen sich bewundern und fanden sich ganz außerordentlich schön."[86]

Die genaue Beobachtung und der ironische Ton deuten auf nachdrückliches Interesse und gleichzeitiges Befremden. Das Paar, dicke Frau und dünner Mann, war ausgesprochen modisch gekleidet. Die Rosen verliehen dem weißen Hut ein farbiges I-Tüpfelchen. Das genaue Hinschauen und die Beschreibung des Wahrgenommenen enthält die verkappten Wünsche einer jungen Frau, der von Jugend an Sparsamkeit gepredigt wurde und die aus diesem Grund wenig Verständnis oder gar Freude an Verkleidungsszenen äußern konnte. Zu Weihnachten sah Marie „festlich gekleidete Menschen Schwarze und Weiße" in eine kleine Kirche in Rio Vermelho ein- und ausgehen. Marie schrieb:

> „Unter den Schwarzen waren recht merkwürdige, manche lächerliche Gestalten. In den bunten Festkleidern fiel die furchtbare Hässlichkeit mancher nur noch mehr auf."

Nach diesen Eindrücken wurden die Ausflügler in einer Pferdebahn nach Hause gebracht. Marie musterte die Passagiere:

> „Vor mir in der Bahn saß ein furchtbar lächerliches Männchen, ein Schwarzer in elegantem weißem Anzug, schwarzer Hut und mit einer blauen Brille! Dazu war er so hässlich und machte ein so stolzes, selbstbewusstes Gesicht. Schade dass ich nicht zeichnen kann, es war wirklich eine Figur für die ‚Fliegenden Blätter'. Ich sah übrigens auf der Fahrt noch mehr ähnliche Gestalten. Frauen von unglaublichem Umfang in weißen, reich gesticktem Hemd, buntem Rock und einem möglichst bunten Schal über der einen Schulter. Eine alte Negerin, die auch in solchem Kostüm vor uns saß, hatte ein ganz tätowiertes Gesicht."[87]

Die indigenen Menschen zeigten sich beim Kirchgang zu Weihnachten als fromme Katholiken in festlicher Kleidung. Der Auftritt in gepflegter Kleidung wurde

84 Wilhelm Overbeck (1923): S. 111.
85 Maximilian (1886): „Man sieht Mohren und immer wieder Mohren, ein weißes Volk gibt es in Bahia nicht, nur auf der tiefen Stufe weiße Matrosen aller Länder. [...] Der Fremde beobachtet also eigentlich nur die Neger und Negerinnen in ihrem Gebaren." S. 32; S. 33.
86 StAB 7,500-B-81: Marie Overbeck an ihre Verwandten, 30. Mai 1906.
87 StAB 7,500-B-81: Marie Overbeck an ihre Mutter, 28. Dezember 1903.

als selbst überschätzende Anmaßung erlebt. Der Anblick der Fremden reizte Marie zum Lachen und sie war peinlich berührt vom Äußeren der auffällig gekleideten Personen. Die Menschen wirkten auf sie abstoßend („hässlich"). Doch die einheimischen Menschen hatten ebenso wenig Grund, ihre Körperlichkeit zu verstecken wie Bürger aus Bremen. Wenn sie in „Lumpen" auftraten, erschienen sie eher als Mitleid erregende „Kreaturen", aber auch „hässlich". Doch das erschien wohl stimmiger, weil dieses Bild nach Auffassung der Bremer ihrer ethnischen Zugehörigkeit gebührte. Im Gegensatz zu Begegnungen in der Stadt, wurden Farbige im Binnenland in ihren Lebensformen, vermeintlich weit ab von Zivilisationsprozessen,[88] für ihre Genügsamkeit gelobt. In diesen Beschreibungen schimmern Natur- und Paradies-Vorstellungen durch, die um 1900 nicht mehr existierten und zuvor Utopien waren.[89]

Eine alte Frau („Negerin") in bunter Kleidung mit dem tätowierten Gesicht war Maries dritter Blickfang bei ihrer Bahnfahrt. Tätowierungen (tatau; heute: Tattoo) galten als Hautschmuck oder „Rang- oder Statussymbole"[90]. Unverheirateten Frauen wurden in einigen Kulturen als Zeichen für das Erwachsensein Hautwunden zugefügt und anschließend eingefärbt. Die Haut wird in einem schmerzhaften Prozess durch Einritzungen oder Stiche mit Ornamenten versehen. Häufig gehen von diesen Zeichen auf der Haut von männlichen und weiblichen Körpern Sexualreize aus. Seeleute machten diese „Hautkunst" in aller Welt bekannt, da sie seit dem Ende des 17. Jahrhunderts tätowierte Eingeborene von den Südseeinseln nach Europa verschleppten, an europäische Königshöfe verkauften oder auf Jahrmärkten ausstellten.[91] Der Anblick einer tätowierten Frau wirkte in bürgerlichen Kreisen abstoßend, auch wenn sich die Mode des Tätowierens bis in europäische Adelskreise verbreitet haben soll.[92]

---

88 Die 250 deutschen Kaufleute, die in der Mitgliedsliste des Vereins „Germania" aufgeführt wurden, sahen sich als „Zivilisationsbringer". Sie forcierten die Umwandlung von Urwald in große Tabak- und Kaffeeplantagen und rekrutierten einheimische Landbesitzer als Plantagenarbeiter. Wilhelm Overbeck (1923): S. 193-200.

89 StAB 7,500-B-81: Marie Overbeck an ihre Mutter, 4. Februar 1904. „Die Schwarzen brauchen unendlich wenig, besonders die noch nicht so sehr von der Zivilisation bedeckten. Was sie zu ihrem Lebensunterhalt brauchen, gibt ihnen fast alles die Natur. Für ihre Kleidung geben sie nicht viel aus, die Kinder geben sich mit so überflüssigen Dingen überhaupt nicht ab, sie laufen herum, wie sie geschaffen sind und fühlen sich jedenfalls sehr wohl dabei. So gibt es hier eigentlich keine so traurige Armut wie bei uns."

90 Dietrich Schleip; Wolfgang Müller (1999): S. 368.

91 Nachdem auch Cook 1774 einen „reich tätowierten Südseeinsulaner" mit nach Europa gebracht hatte, ließen sich seit Anfang des 19. Jahrhunderts auch etliche volltätowierte Europäer für Geld auf Jahrmärkten ausstellen. Und auch Mitglieder europäischer Königshäuser sollen sich der Mode entsprechend tätowiert haben. Zur historischen Entwicklung der Tätowierung: Frank-P. Finke (1996): S. 29-49; hier S. 47-49; Tätowierung in der Funktion von Erotik und sexueller Schönheit, S. 146-151. – Nach Stephan Oettermann (1979): S. 66-75, erreichte der Diskurs über Tätowierungen etwa um 1905-1910 einen Höhepunkt.

92 Tattoos sind bis unsere Zeit Ausdruck von Modernität und Toleranz. Menschen mit Tattoos, Piercing und einem Ohring verkörpern einen ungebundenen Lebensstil, wie er von Seeleuten angenommen wird. Die Zeichen auf der Haut sind nicht immer eindeutig zu entschlüsseln. Einige versinnbildlichen Freude an Ornamenten, andere verweisen auf sexuelle Bezüge. Im 19. Jahrhundert verband man Tätowierte mit „Bordell- oder Unterweltszenerien." Aber in manchen Adelskreisen galt es als schick, sich tätowieren zu lassen. Vgl. Alexander Honold (2004): S. 397-406. – Ingrid Loschek (1991): Kapitel Tätowieren, Deformieren, S. 147f.

Von einem Beispiel von Kulturvermischung und gleichzeitigem Missverständnis berichtete der Bremer Kaufmann JOHANN KARL VIETOR, nachdem er zu einem „richtigen weißen und schwarzen Ball" der portugiesischen Vertretung in Quidah/ Dahomey eingeladen war. Das Haus war mit Fahnen, Girlanden und Blumen geschmückt. Mit weißen Manschetten und weißem Kragen machte sich Vietor für das Fest so fein „wie nur möglich". Der Vertreter Portugals erschien in „höchster Gala und hatte seine drei portugiesischen Orden" angelegt. Auf einem Harmonium wurde Tanzmusik gespielt. Dieses Instrument hatte die protestantische Mission in Westafrika eingeführt. Vietor tanzte nicht, aber er beobachtete Afrikanerinnen, die „mit ernstesten Gesichtern" rund um die Tanzfläche dasaßen. Es galt in Quidah als „fein, Körbe zu geben", so Vietor. Vietors Mitarbeiter Maul ertrug ein zweites Mal eine Ablehnung nicht, deshalb „fasste [er] die Widerstrebende beim Arm" und zog sie auf die Tanzfläche. Sie trug ein „schönes schwarzes" Kleid, dessen Oberteil nach diesem herrischen Zupacken zerriss. „Ratsch, sagte das Kleid, und ein tiefer Spalt klaffte von der Brust bis unter den Arm", so kommentierte Vietor diesen Vorfall. Einer anderen Afrikanerin passierte es, dass sich ihr Rock aus der Verknotung in der Taille löste und der Stoff herunter rutschte, „welcher von der Freundin notdürftig gehalten" wurde. Die Europäer amüsierten sich. Vietor bemerkte, solche „Kleinigkeiten" genierten in Afrika nicht.[93]

An den Handelsplätzen im Umkreis der Bremer Norddeutschen Mission an den westafrikanischen Küsten trugen Afrikanerinnen traditionelle Kleidung, die sie sich aus großen, bunten baumwollenen Stofftüchern um den Körper wickelten bzw. knoteten. Aber sie zeigten sich auch in europäischer Kleidung.[94] Bei diesem Ballvergnügen standen Afrikanerinnen als potentielle Tänzerinnen für europäische Männer im Mittelpunkt des Interesses. Diese Gelegenheit zum Tanz wollte sich Vietors Mitarbeiter nicht entgehen lassen. Er riss eine Frau gegen ihren Willen an sich und zerriss dabei ihr Kleid.

1894 war Vietor zu einem Fest im Hause eines wohlhabenden afrikanischen Händlers eingeladen. Die Gastgeber hatten in ihrem Hof mit Fahnen und Palmenzweigen eine Überdachung gebaut. Unter dem Blätterdach stand eine lange Tafel, die „mit einem sauberen, schweren Tischtuch und mit vielen Blumensträußen geschmückt" war. Es fehlte auch nicht an Lampen, „altem Porzellan und Silbergeschirr." Das ganze wirkte wie ein Raum und sah so „hübsch aus, wie nur eine Tafel

---

93 Privatbriefe Vietor: J.K. Vietor an seine Frau, 29. September 1894: „Maul, der sehr gut tanzen kann, strebte siegessicher auf die Julia, das schönste Mädchen im Kreise, zu und forderte sie zum Tanzen auf, sie sagte ,nein', und sie sagte wohl, dass Maul sie doch nicht heiraten würde. [...] Maul meinte natürlich, dass sei ein Missverständnis und bot ihr mit dem liebenswürdigsten Lächeln den Arm, bis ein abermaliges energisches ,no', die Züge sehr ernst werden ließ. Bei der zweiten ging es ebenso, jedoch hatte er da die Geistesgegenwart, und fasste die Widerstrebende beim Arm und nahm sie mit."

94 Schwerpunkt der christlichen Mädchenerziehung war das Handarbeiten. Afrikanische Mädchen lernten es in den Nähstuben der Bremer Norddeutschen Mission. Sie wurden auch mit Finessen vertraut gemacht: Sie übten „Hohlsaum" und Sticken. Kleider nähten sie zum Verkauf und für sich nach Vorbild deutscher Missionarsgattinnen. Auf Fotos aus dem Bestand der Norddeutschen Mission sind Afrikanerinnen daher oft in „modischen" Kleidern und nicht in um den Körper geschlungenen Tüchern abgebildet. Zur missionarischen Mädchenerziehung: Stefanie Lubrich (2002): S. 80-85.

bei uns aussehen kann." Die gegenseitige Begrüßung fand im afrikanischen, sehr höflichen Stil statt. Sie wirkt auf Europäer mit ihren ausführlichen Reden und Gegenreden sowie interessierten Fragen und anschließenden Antworten etwas weitschweifig.

> „An der einen Seite des Zeltes nahmen die geladenen Frauen, in festliche, buntfarbene Gewänder gehüllt, auf ihren kleinen Schemeln Platz und hinter denselben kauerten die Sklaven und Diener auf der Erde, welche an diesem Festtage auch teilnehmen sollen. Die Bedienung besorgten die jüngeren Söhne, alle in tadellosen europäischen Anzügen, mit einer schneeweißen Serviette über dem Arm, dann wurde das Essen aufgetragen, aber nicht wie bei uns, erst die Suppe und dann ein Gang nach dem anderen, sondern alles zu gleicher Zeit."[95]

Nach dem Essen, bei dem Männer, europäische Gäste, Frauen und Bedienstete getrennt saßen, wurde im mit Lampion geschmückten Hof getanzt. Vietor erwähnte „Sklaven und Diener". Auch nach „Abschaffung der Sklaverei" lebten im Umkreis von Europäern und wohlhabenden afrikanischen Händlern Afrikaner in Arbeits- und Abhängigkeitsverhältnissen, ohne Lohn zu erhalten.

> „Bald ertönte eine Orgel, eine Ziehharmonika und eine Trommel und die jungen Herren und Damen der Familie tanzten eine Francaise und einen Walzer, genau wie bei uns zu Hause. Es war hübsch kühl und frisch im Garten und erst spät trennte man sich mit dem Gefühl, einen hübschen Abend verlebt zu haben."[96]

Dieses Beispiel verweist auf gesellschaftliche und kulturelle Gleichklänge trotz aller Unterschiede, die durch Klima, Räumlichkeiten usw. bestanden. Die Gastgeber passten sich dem Stil der europäischen Gäste an, verzichteten jedoch nicht auf ihre traditionellen Höflichkeitsformen Gästen gegenüber. Vietor stellte Übereinstimmung zwischen Bremer und afrikanischen Verhaltenweisen heraus. Damit beabsichtigte er, seine „Mission" als „christlicher Kaufmann" in Afrika seiner Frau Hedwig, späteren Lesern seines Artikels bzw. Zuhörern im Kolonialverein[97] verständlich zu machen. Seine Intention wird besonders deutlich durch seine Betonung von Sauberkeit („schneeweiß"), Kleidung (tadellose europäische Anzüge; Frauen in festlichen, buntfarbenen Gewändern) und bürgerlichem Stil (Servietten, Tischtuch, Porzellan und Silbergeschirr). Auch mit den europäischen Musikinstrumenten (Orgel [Drehorgel?], Ziehharmonika) imponierte der afrikanische Händler. Dieser afrikanische Haushalt stand für geglückte „Zivilisation".

Während ihres langen Guatemala-Aufenthalts lernten Bürgerinnen aus Bremen die Webarbeiten der indigenen Frauen schätzen. Ihre Kleidung bestand aus einem

---

95 Privatbriefe Vietor: J.K. Vietor an seine Frau, o.D. [1894], S. 3. Über „die wirtschaftliche Leistungsfähigkeit des Afrikaners", abgedruckt in Bremer Missionsschriften. Nr. 36, 1912.

96 Privatbriefe Vietor: J.K. Vietor an seine Frau, o.D. [1894] , S. 4.

97 Vietor gehörte im Kolonialverein zu der kleineren Gruppe von Afrikakaufleuten, die „Eingeborenenschutzpolitik" (z.B. gegen Alkoholhandel) befürworteten, und sich gegenüber Vertretern einer „radikal-rassistischen Plantagen- und Konzessionspolitik" distanzierten. Vgl. Horst Gründer (2004): S. 128.

ausdruckvollen Oberteil, dem „huipiles". Es ist eine „rechteckige indianische Bluse, die aus zwei oder drei gewebten und nicht zugeschnittenen Streifen genäht wird"[98]. FRIEDRICH KÖPER handelte mit Garnen und Farben für die Handweberei der Indianerinnen. Er brachte Kunstseidengarne aus England und Deutschland auf die Märkte in Guatemala. Er lernte den Geschmack der Frauen kennen, die mit „schönen, echten Farben" Garne färbten, Stoffe webten und bestickten. Das Lila gewannen sie aus einer Schneckenart, Schwarz aus einem Wurm oder einer Raupe und Rot aus einer Kaktuslaus. Köper war ein Kenner von traditionellen und modernen Textilien. Zu der meistens weißen, „schön durchgewebten oder mit indianischen Mustern bestickten Bluse" – so Friedrich Köper – trugen die Frauen einen weiten, bis an die Knöchel reichenden bunten Rock. In dieser Kleidung traten Indianerinnen auch in „Hagenbeckschen Völkerschauen" auf, die bis 1932 in Deutschland existierten.[99] Im Konvolut Köper befinden sich Privatfotos von Indigenas in dieser Kleidung. Die Frauen kleideten sich in weiße europäische Blusen und traditionelle bunte Röcke und zeigen sich daher als Trägerinnen einer vermischten Kleiderkultur. Köpers ließen sich in ihrem Haus mit einem Ehepaar und dessen kleinen etwa dreijährigen Sohn fotografieren. Dieses Foto ist unbeschriftet und undatiert. Der Anlass war die Taufe ihrer dritten Tochter Gerda im Oktober 1905. Die Taufgäste waren das Ehepaar Marie und Friedrich Groß mit ihrem Sohn.[100] Die Gastgeber stellten sich zusammen mit ihren Gästen, den drei Dienstmädchen, der Amme und ihren zwei kleinen Töchtern auf. Als Fotograf fungierte wahrscheinlich Tilly Köpers Bruder Jonny Meiners, der zusammen mit Frau Groß Taufpate war und zu dieser Zeit im Guatemala-Geschäft Köpers arbeitete.

Auf dem Bild befinden sich drei Personengruppen: Deutsche Erwachsene mit Kindern, drei Dienstmädchen und die Amme.

Die Gruppen lassen sich von ihrer Kleidung her bestimmen. Tilly und ihre Bekannte sind in Weiß gekleidet; ihre Ehemänner in dunklen Anzügen mit weißen Kragen und Kragenschleifen. Der Junge trägt einen Matrosenanzug mit kurzer Hose. Margarita hat ein Stickereikleid mit langen Ärmeln an, ebenso wie ihre Schwester Gerda, die auf dem Schoß ihrer Amme sitzt. Alle drei Kinder sind mit Stiefeln und Strümpfen bekleidet. Die drei Dienstmädchen haben sich für das Foto neben einander aufgebaut. An der Wand hinter ihnen ist die elektrische Glocke zu sehen, mit der die Hausfrau ihre Hausgehilfinnen herbeiklingeln konnte. Auf die Schultern des in der Mitte sitzenden Dienstmädchens haben ihre Kolleginnen ihre Hände gelegt. Zwei von ihnen tragen weiße, mit Volant gearbeitete Blusen zum dunklen Rock. Die dritte hat ein weißes Kleid mit kurzen Ärmeln an. Die Bluse der Frau auf der rechten Seite und ihr dunkler Rock sind nach der zeitgenössischen europäischen Mode geschnitten. Ihr Oberteil hat „Keulenärmel" wie die Blusen der Europäerinnen.

---

98 Birgitta Huse (2005): S. 341; 356. StAB 7,13: Konvolut Köper, Lebenserinnerungen (1945). S. 35.
99 Birgitta Huse (2005): S. 345; Hilde Thode-Arora (2002): S. 69-74, hier S. 70.
100 StAB 7,13: Tilly Köper an ihre Schwiegereltern, 11. Oktober 1905. Privatquellen Köper: Taufurkunde vom 7. Oktober 1905; Privatfoto.

Abb. 47:   Privat: Taufe von Gerda Köper in Guatemala, 1905

Ammen kleideten sich in Guatemala anders als Dienstmädchen. Auf diesem Foto wird deutlich, dass sie eine Art regionale Berufskleidung bzw. Tracht trugen, durch die sie sich kenntlich machten und die auch auf ihr vom Schweizer Ethnologen Otto Stoll gerühmtes Heimatdorf Mixco verwies, wenn sie in Guatemala-City ihrer Tätigkeit als Nährammen nachgingen. Ebenso wie die Dienstmädchen trugen auch die Ammen keine Schuhe.

Offenbar galt es unter Bremerinnen als besonderer Reiz, ein indianisches Gewand zu besitzen. Es wurde nicht überliefert, wo und wann sie es sich erwarben oder ob sie vielleicht eine der traditionellen Werbereien (Rückengurtweben) während ihres Aufenthalts in Guatemala besuchten. Tilly Köper und Helene Noltenius ließen sich in Fotoateliers „als Indianerinnen" abbilden. Dazu gehörten auch ihre Kinder als „kleine Indianer"[101]. Auch ein Dienstmädchen im guatemaltekischen Haushalt von Fanny Schütte, Anita Wienberg aus Bremen, ließ sich in traditioneller Tracht Guatemalas fotografieren.[102]

Tilly Köper wurde 1908 in einem Fotoatelier als „Indianerin" mit ihren Kindern Gerda, geb. 1905, und Fritz, geb. 1907, fotografiert. Das Foto ist ein Abzug vom Original und nachträglich mit „Tilly Köper, Guatemala, 1908 (?) mit Gerda und Fritz", beschriftet.

Mutter und Kinder haben sich an Atelierrequisiten, bestehend aus Zaunelement, Efeu und Treppchen, aufgebaut. Im Vordergrund rankt Efeu. Tilly hat sich schmale, bunte Webbänder ins Haar geflochten. Die Kleider von Mutter und Tochter

---

101 Privatquellen Köper: Foto Tilly Köper und zwei ihrer Kinder als indianische Mutter mit zwei Kindern. Privatquellen Noltenius: Lene Noltenius als Indianerin.

102 Privatquellen Schütte: Foto von Anita Wienberg als „Indianerin". Fotograf: Emilio Eichenberger, Guatemala. Größe: 10x14 cm. Beschriftet: „Anita Wienberg (1.7.1887-27.6.1881). Guatemala, d., 29. Nov. 1907. Meinem Vetter Albert zu Weihnachten!"

Abb. 48: Privat: Tilly Köper als „Indianerin"   Abb. 49: Privat: Helene Noltenius mit ihren
          mit ihren Kindern Fritz und Gerda,   Kindern, Bremen 1905
          1908

bestehen aus bunt gewebten Stoffen, wobei Blusen und Röcke unterschiedlich gemustert sind. Die Kinder tragen keine Schuhe, aber wie ihre Mutter kleine Kopfbedeckungen.

Das Foto wurde Ende 1907 kurz vor Abreise aus Guatemala oder Anfang 1908
nach Rückkehr der Familie Köper in Bremen in einem Atelier aufgenommen. Die
Erinnerungen an die Zeit in Guatemala erhielt durch dieses Foto Präsenz.
    Ebenso wie Tilly Köper suchte auch Helene Noltenius mit ihren Kindern ein
Fotoatelier auf. Während eines Erholungsurlaubs 1905 in Bremen ließ sie sich
mit ihren Kindern in „Indianerkleidung" fotografieren. Im Bremerhavener Atelier
Wernecke existierten keine „authentischen" Requisiten. Die Gruppe stellte sich hinter einem auf dem Boden liegenden Schaffell auf. Das Foto zeigt Helene Noltenius
mit ihren Kindern Friedrich Eberhard („Lico"), Wilhelm und Käthe.

Die Jungen sind nicht als „Indianer", sondern zeitgenössisch modisch in „Russenkittel" gekleidet. Käthe hat wie ihre Mutter ein zweiteiliges Kleid an, das aus unterschiedlich gemusterten Stoffen besteht. Die Kinder tragen – wie „Indianer" – keine
Schuhe. Helene Noltenius hat sich Schmuck in das Haar gesteckt, der wie Zöpfe
auf ihre Schultern fällt. Unter ihrem langen Rock sind ihre Schuhspitzen sichtbar.
Sie trägt eine doppelreihige, lange Kette um den Hals und schaut lächelnd in die
Kamera. Mit ihrer linken Hand hält sie Käthe fest, ihren rechten Arm hat sie kaum
sichtbar um Wilhelm gelegt, der auf einem gedrechselten Armlehnstuhl steht.

Das Fotografieren in „Tracht" scheint dem damaligen Zeitstil entsprochen zu haben, denn Tilly Köper erhielt Post von der Frau eines nach Deutschland zurückgekehrten Ministerialbeamten. Tilly schrieb darüber: „Frau von Kracker schickte mir vorgestern ihre Photographie, gekleidet als Indianerin, ganz entzückend, ich habe mich sehr dazu gefreut"[103].

FAZIT: Der Alltag von Bremerinnen und Bremern in Übersee wurde von Sparsamkeit bestimmt. Sie sparten für einen späteren Wohlstand in Bremen. Sie versuchten, sich modischen Vorbildern auf sparsame Art anzupassen und entwickelten „Nähkünste" beim Umändern der Garderobe oder begnügten sich mit den aus Bremen mitgebrachten Kleidern.

Durch Mode- und Hausfrauenzeitschriften, Inserate in Tageszeitungen und Versandhauskatalogen wurden Konsumentinnen zum Kauf von modischer Konfektionskleidung animiert. „Kleider von der Strange" waren in Bremen preiswerter als in Übersee zu erwerben und auch Schneiderinnen verlangten in Bremen weniger Lohn als in Übersee.

Bürgersfrauen aus Bremen zeigten sich in Übersee sparsam. Sie verfügten über Nähmaschinen und plagten sich, ihrer Kleidung durch Umarbeiten, Umfärben, Auftrennen und eigenen Neuanfertigungen „Chic" zu geben. In ihren nach Guatemala mitgebrachten Kleidern kamen sie sich „unmodern" vor. Bremerinnen und Bremer bemerkten die Eleganz der in Übersee lebenden Europäer. Selbst viele einheimische Frauen und Männer der lokalen Gesellschaft schienen besser als sie selbst gekleidet zu sein. Bemerkenswert erscheint, dass sich Bremerinnen in Übersee an das Gebot der Sparsamkeit hielten, obwohl ihr Outfit nicht nur underdressed, sondern auch altmodisch wirkte. Sie ließen sich nicht zu modischen Veränderungen oder Anschaffungen verleiten, obwohl Männer wie Frauen die Eleganz und den Geschmack in den fremden Gesellschaftskreisen schilderten.

In der Häuslichkeit in Übersee verzichteten Bremerinnen auf geschnürte Taillen: Sie trugen Morgenröcke und hielten sich tagsüber häufiger als in Bremen zu Hause auf. Die Hausarbeit verrichteten sie in Morgenröcken; davon besaßen sie mehrere. Morgenröcke waren aufgrund ihrer einfachen Schnittmuster leichter selbst zu nähen als die bis zum Ersten Weltkrieg von Bürgerinnen aus Bremen bevorzugten figurbetonten Kleider, deren Silhouetten durch Korsetts geformt wurden. Reformkleider setzten sich bis 1914 in bürgerlichen Kreisen kaum durch. Marie Overbeck zeigte sich modisch aufgeschlossen: Sie ritt in Bahia in Hosen und wünschte sich ein Reformkleid.

Einheimische Frauen und Männer wurden in ihrem Kleidungsstil oft beschrieben: Waren es wohlhabende Einwohner, so passten sie sich dem europäischen Stil

---

103 StAB 7,13: Tilly Köper an ihre Verwandten, 25. Oktober 1902. Frau „von Kracker" war die Ehefrau des Legationsrats Dr. Kracker von Schwartzenfeldt, der nach seiner Guatemala-Zeit zwischen 1911 und 1914 als Legationsrat, Gesandter und Generalkonsul in Bogota/Kolumbien residierte. Quelle: StAB Verzeichnisse der Kaiserlich Deutschen Konsulate des Auswärtiges Amt des Deutschen Reichs, Berlin.

an. Sie präsentierten sich nach neuester „Pariser Mode"[104]. Über Einheimische, die nur wenig Kleidung trugen, spotteten Bremer und Bremerinnen. Die Kleidung der Indigenen wurde als schrill und bunt erlebt; manchmal trugen sie nur „Fetzen" und sie zeigten „intime" Körperpartien unbedeckt: Arme, Hals, Dekolletee, Beine, Füße.

Kleidung veranschaulicht Vorstellungen von Mode, Stil und Kultur zwischen Bremen und Übersee. Dazu lassen sich Brief- und Fotoquellen als männliche und weibliche Darstellungen betrachten: Männer und Frauen traten in wechselnden Rollen und zu unterschiedlichen Anlässen auf. Dabei präsentierten sich Kaufleute in Mittel- und Südamerika in der Öffentlichkeit in klassisch-sachlichen Anzügen aus dunklen Wollstoffen. Straßen-, Reit- und elegante Gesellschaftsanzüge wurden bei Schneidern in Bremen und Bremerhaven in Auftrag gegeben, weil die Anfertigung in Chile oder Guatemala zu teuer schien.

In Bremen gingen Marie Smidt und Hedwig Vietor mit der Mode. Marie Smidt schrieb von ihren Neuanschaffungen. Es freute sie, sich in neuen Kleidern zu zeigen. Sie hatte die Möglichkeit, in Bremen Konfektionskleidung zu kaufen. Zudem beschäftigte sie zum Saisonwechsel eine Hausschneiderin. Wenn Hedwig Vietor ihrem Mann von ihren Kleidungskäufen schrieb, appellierte er an ihre Sparsamkeit.

Auf mehreren Fotos sind indigene Dienstmädchen und Ammen abgebildet. Neben ihrem in Zöpfen geflochtenen schwarzem Haar und ihren nackten Füßen sind ihre bunt gewebten, weiten, zweiteiligen Kleider auffallend. An Kleidung und Erscheinungsbild der Indigenas orientierten sich Bremerinnen, wenn sie im Fotoatelier Erinnerungsfotos machen ließen. Umgekehrt kleideten sich Indigenas in Guatemala-City nach europäischer Mode. Darauf wies 1912 die Zwischenhändlerin Maria Martinez Friedrich Köper hin. Sie forderte ihn auf, aus Bremen nur Ware mit Pariser Chic zu exportieren. „Ladenhüter" könne sie nicht verkaufen.[105] Anders verhielten sich die Ammen aus Mixco. Sie hielten an ihrer „Berufstracht" ebenso fest wie in Deutschland sorbische Ammen, Krankenschwestern oder Diakonissen.

---

104 StAB 7,13: Wilhelm Lottmann an Friedrich Köper, 19. Juli 1909: „Wir haben die Partie garnierte Damenhüte, welche Sie uns im letzten Jahr schickten, unter Kostpreis verkaufen müssen und die betreffende Käuferin ist bis jetzt noch im Besitz der ganzen Partie mit Ausnahme von 2-3 Hüten. Inzwischen waren modernere Hüte von Paris gekommen und es wollte keiner mehr die alten Formen kaufen. Dagegen gibt es Privatpersonen, die von Paris Damenhüte importieren, die so neu sind, dass sie in den deutschen Modezeitungen noch gar nicht zu finden sind und deren Formen geradezu auffallend und lächerlich modern sind und welche in Deutschland ganz sicher nicht von anständigen Damen getragen würden. Um diese Hüte reißen sich die Damen hier."

105 StAB 7,13: Maria Martinez an Friedrich Köper, im Juli 1912. Köper hatte Maria Martinez zur Eröffnung ihres neuen Geschäfts gratuliert. Durch Vermittlung von Köper wurde sie mit einem Pariser Agenten bekannt – Sie arbeitete auch eng mit „ihrem Freund Domingo Munoz" Köpers Teilhaber, zusammen. Von Köper forderte sie Artikel und elegante Frauen der Stadtbevölkerung an. „Ehrlich gesagt, mein Stand zieht nicht die Dorfkundschaft an. [...[Schals und Tücher und bestickte [...] gehen weg wie warme Semmeln." Guatemala sei in Modefragen weit fortgeschritten. „Wenn wir erfolgreich sein wollen, müssen wir mit der Zeit und der europäischen Mode gehen, vor allem der aus Paris, die mehr dem lateinamerikanischen Geschmack entspricht. [...] Entschuldigen Sie, Don Federico, dass ich Ihre Aufmerksamkeit immer wieder auf dieses Thema lenke, aber ich halte es für meine Pflicht, Ihnen diese äußerst nützlichen Angaben zu machen."

J.   Körperlichkeit, Eheschließung und Frauenthemen

1.   Körpergeschichte als Forschungsthema

In Deutschland wird Körpergeschichte seit Ende der 1960er Jahre untersucht. Zahlreiche Forschungen zur Konstruktion von Körper und Geschlecht entstanden in den 1990er Jahren. Historiker, Soziologen und Kulturwissenschaftler beschäftigten sich mit dem Unsichtbaren, das sich „unter der Haut" des Körpers befindet. Diese Arbeiten behandeln Sexualität[1], Hygiene[2], Körperwahrnehmungen, wie Gerüche und Hunger sowie Ausdrucksformen, wie Sport, Tanz, Spaziergang, Habitus.[3] Neben Arbeiten zur Körpergeschichte sind auch Studien zur Medizingeschichte relevant, zumal in den außereuropäischen Migrationsräumen nicht nur andere Krankheiten auftraten als in Deutschland, sondern diese auch anders diagnostiziert und behandelt wurden.[4]

Michel Foucault gab mit seinen Veröffentlichungen[5] den Anstoß zu zahlreichen sozial- und kulturhistorischen Forschungen zu Körperlichkeit.[6] Medizingeschichtlich[7] wurden Beziehungen zwischen Kulturgeschichte und Anatomie, krankem Körper, Krankheitswahrnehmungen, Psychiatrie und Gynäkologie abgehandelt. Es entstanden Arbeiten zu Geschlechterdifferenz und Geschlechtergeschichte.[8]

Kulturell geprägte Körpervorstellungen, Körperwahrnehmungen und ihre Körperinszenierungen werden in den Quellen nicht geschlechts- und ethnisch-neutral dargestellt. Auch das Lebensalter und der Gesundheitszustand des Briefschreibers und der Beschriebenen sind wichtige Aspekte für die Wahrnehmungen. Der menschliche Lebenslauf wird von grundsätzlichen Ereignissen, wie Zeugung, Schwangerschaft und Geburt sowie von Sterben und Tod her bestimmt. Das Sichtbare und das Innere des Körpers, d.h. Leibliches, Psyche, Organe und Wahrnehmungssinne wirken auf das „Selbst". Das Selbst eines Individuums wird als Identi-

---

1   Peter R.L. Brown (1991) Keuschheit; Karl Braun (1995) Onanie und Körperängste.
2   Manuel Frey (1997).
3   Richard van Dülmen (2000): S. 74. – Eine Bibliografie von mehr als eintausend Titeln zur Körpergeschichte, die überwiegend zwischen 1970 und 2000 gedruckt wurden, erfasste Maren Lorenz (2000): S. 173-239. Besonders ergiebig sind demnach die Forschungsergebnisse zur Frühen Neuzeit (17. und 18. Jahrhundert) mit interdisziplinären Forschungsansätzen.
4   Zur Repräsentationstechnologie durch Röntgenstrahlen: Monika Domman (1999); zu Tropenkrankheiten und Geschlechtskrankheiten: Johannes W. Grüntzig; Heinz Mehlhorn (2005).
5   U.a. in Deutsch: „Sexualität und Wahrheit" (1976) und „Überwachen und Strafen" (1977).
6   Vgl. Utz Jeggle (1980): S. 169.
7   Frank Stahnisch; Florian Steger (2005): Einleitung, S. 9-23.
8   Siehe Bibliografie Maren Lorenz (2001): S. 199-207; unter vielen anderen Studien auch: Ute Frevert (Hrsg.) (1988) mit wichtigen Forschungsergebnissen zu Geschlechterverhältnissen; Literatur zum Thema „Medizin und Geschlecht", z.B. Katrin Schmersahl (1998); Frank Stahnisch; Florian Steger (Hrsg.) (2005): Medizin, Geschichte und Geschlecht.

tät[9] bezeichnet. Das „Selbst" wird im Hinblick auf Eigenwahrnehmungen definiert und umfasst daher auch das individuelle kulturelle und soziale Umfeld.[10]

An Fallbeispielen aus ausgewählten Quellen, die Bürgerinnen und Bürger aus Bremen hinterließen, zeige ich, dass sich Gefühle wie Freude und Angst oder Empfindungen von Schmerz und Heimweh auf die Befindlichkeit, d.h. auf Körper, Leib und Seele auswirken. Dies trifft ebenfalls auf die indigenen Mitarbeiter zu, die ihre Familien verließen, um den europäischen Kaufleuten und ihren Familien zu Diensten zu sein.

Zwischen den Begriffen Wahrnehmung und Empfindung ist zu unterscheiden: Wahrnehmung ist das „sinnlich ganzheitliche Abbild der Gegenstände mit ihren Eigenschaften und Beziehungen"; der Begriff Empfindung umschreibt „die sinnesspezifischen primären Qualitäten, wie Farbe, Helligkeit, Lautheit"[11]. Im Unterschied zur alltäglichen Wahrnehmung prägten Ethnologen den Begriff Fremdwahrnehmung, unter dem Erkenntnisse über fremde Lebenswelten erfasst und analysiert werden. Ein wichtiger Teil dieses ethnologischen Verständnisprozesses besteht aus empirischer Feldforschung, die in der Fremde einige Monate durchgeführt wird und weitgehende Teilnahme an fremden Lebensformen umfasst. Dies schließt kulturelle und physische Fremdheit während des Aufenthalts ein.[12] Während sich ethnologisches Interesse insbesondere auf fremde Menschen und ihre Lebenspraxis richtet, lenkten Überseekaufleute ihren „Wissensdurst" auf ökonomische Gesichtspunkte. Die Akteure aus Bremen gingen zielstrebig vor, wenn sie in Übersee das Feld für kaufmännische Aktivitäten vorbereiteten. Sie waren überwältigt von der Schönheit fremder Landschaften, aber machten sich selten Gedanken über Relationen zwischen wahrgenommenen Bewohnern und ihren vergleichsweise primitiven Lebensformen.

2.   Körperlichkeit der Männer

Schutz der Gesundheit

Leben in Übersee bedeutete, sich mit Lebensbedingungen und klimatischen Verhältnissen auseinander zu setzen, die mit Europa nur schwer zu vergleichen sind und die die zu Hause verinnerlichte Sicherheit im Hinblick auf körperliche Gesundheit und Unversehrtheit grundsätzlich in Frage stellen: Naturkatastrophen wie

---

9   Zur Verwendung der Begriffe Körper, Leib und Selbst: Vera Kalitzkus (2003): S. 57-59. Identität ist ein schillernder Begriff, der besondere Bedeutung hat, wenn ein Mensch seine kulturelle Umgebung verlässt und mit anderen Lebensweisen oder mit einer anderen Kultur konfrontiert wird. Die Identität, d.h. das innere Selbst, die Einheit der Person – in der Psychologie auch „Ich-Identität" genannt – gerät dabei oft unbewusst in einen Konflikt, der das Individuum verunsichert.

10   Vera Kalitzkus (2003): S. 57.

11   Zur Bedeutung des englischen Begriffs (perception) mit einer aktiven Wahrnehmung und Aufmerksamkeit für die Umwelt und im Gegensatz dazu die Unterscheidung der Begriffe Wahrnehmung und Empfindung: Michael Stadler (1999): S. 1722.

12   Bernhard Streck (1997): S. 56-59.

Erdbeben, Überschwemmungen und Stürme, aber auch Nahrungsengpässe, Krankheiten und Epidemien. Die jeweiligen klimatischen Ausprägungen der überseeischen Standorte erweisen sich als essentielle Faktoren für Gesundheit und Krankheit, ja für das (Über)Leben oder Sterben der Mitglieder von Kaufmannsfamilien. Betrachtet man die Überseegebiete, in denen die Bremer Kaufleute ihren Handel und ihre Gewerbe betrieben, so lässt sich schnell feststellen, dass es überwiegend nicht gemäßigte Zonen waren, in denen sie ihre bürgerliche Existenz aufbauten.

Leben in AUSTRALIEN bedeutete Behauptung im Wüstenklima, aber auch die Erfahrungen von äquatorialen, tropischen, subtropischen und gemäßigten Zonen. In CHINA lebten die deutschen Kaufleute zwar meist im subtropischen bis tropischen Klima des chinesischen Golfs, im Westen, Norden und Nordosten Chinas herrscht aber ausgeprägtes Kontinentalklima mit sehr kalten Wintern und heißen Sommern. In CHILE waren drei grundsätzlich verschiedene Regionen zu erfahren: im Norden die Trockenwüste, in der Mitte ein mittelmeerähnliches Klima und im Süden das niederschlagreiche menschenarme Gebiet, einschließlich Feuerland und anderer Inseln. Das weitestgehend aride Klima NAMIBIAS (SÜDWESTAFRIKA) ist subtropisch kontinental mit großen Unterschieden zwischen den einzelnen Landesteilen. – Für die Diskussion über exotisches Klima und Körperlichkeit wurden Quellen ausgewertet, die vom Leben in INDIEN, ZENTRALAMERIKA und WESTAFRIKA handeln. Damit wurden Regionen fokussiert, die überwiegend tropisches Klima aufweisen.[13] Tropisches Klima wurde in den Egodokumenten als extremer Gegensatz zum gemäßigten norddeutschen Wetter geschildert und in den Erfahrungshorizont der Überseefamilien eingefügt.

In Bremen hatten sich bis zum Anfang des 19. Jahrhunderts Epidemien wie Cholera, Blattern, Ruhr und Typhus ausbreiten können. Es wurde erkannt, dass ein Zusammenhang zwischen unhygienischen Wohnverhältnissen in den sogenannten „Armeleutevierteln" und dem Ausbruch von Seuchen bestand.[14] Die Mehrheit der Stadtbewohner lebte in engen Behausungen. Wohnräume und Stallungen für das Vieh waren Wand an Wand gebaut. Dies führte zur Belastung der öffentlichen Hygiene. Wie in vielen anderen deutschen Städten setzte auch Bremen Anfang des 19. Jahrhunderts eine Gesundheitspolizei ein, die über Gesundheitspflege und Stadthygiene wachte. Die städtische Infrastruktur wurde seit den 1860er Jahren durch Abwasserkanäle, Straßenreinigung, Bau des Wasserwerks, Einrichtung öffentlicher Pissoirs und „Abtritte" modernisiert.[15] Die Bauordnung von 1884 schrieb für

---

13 Das Klima von Guatemala zeigt exemplarisch, dass auch Zentralamerika sehr unterschiedliche Klimazonen aufweist: Der schmale, flache und fruchtbare Küstenstreifen am Pazifik hat durchgehend feuchttropisches Klima. Im Hochland herrscht wegen der Lage zwischen 1.300 und 1.800 Metern über dem Meer fast das ganze Jahr über ein mildes Klima mit Tagestemperaturen zwischen 18 und 28 Grad Celsius. In höheren Lagen kann die Lufttemperatur vor allem im Januar und Februar stark sinken.

14 Manuel Frey (1997) ermittelte Visitationsberichte aus deutschen Städten, die aus der „Welt der Armut, des Schmutzes und der kulturellen Rückständigkeit" angefertigt worden waren. Diese wirkten auf Manuel Frey wie „Berichte von exotischen Reisen in die Südsee". Die „dortigen Eingeborenen" schienen über „seltsame Gewohnheiten" zu verfügen. S. 314-315.

15 Zu den öffentlichen Hygienemaßnahmen der Stadt Bremen: Planmäßige Kanalisation zwischen 1862 und 1892; Kläranlage und Einführung von Spülklosetts zwischen 1899 bis 1906; Gasstraßenbeleuchtung von 1854/55 bis nach dem Ersten Weltkrieg; Pflasterung der Straßen seit 1834;

den Wohnungsbau je Wohnung einen Abort vor. Wohnhäuser mit Kanalisationsanschluss wurden ab 1903 mit Wasserklosetts ausgestattet.[16]

Kaufleute aus Bremen fühlten sich bei der Ankunft in Übersee ins „Mittelalter" zurückgesetzt. In vielen Hafenstädten in Übersee lagen Schmutz und Unrat auf unbefestigten Straßen und Plätzen herum. An einigen Plätzen Mittelamerikas besorgten Geier die Abfallbeseitigung.[17] Friedrich Köper schrieb 1887 Colon/Panama sei ein

> „großer Misthaufen. Der Eindruck, den man dort vom Central Americanischen Leben bekommt, ist für einen neu von Europa Kommenden geradezu deprimierend und man möchte am liebsten gleich wieder umkehren u. nach Hause zurückreisen. Denke Dir, eine offene Rhede [!] mit einigem Preis für die Schiffe, doch dahinter ein großer Sumpf, durch den eine mit Holzbohlen belegter u. als einzige Straße dienender Weg geht, mitten im Sumpf einige 30 Häuser, rechts und links von denselben fußhoher Sumpf, [...] aus den Häusern geworfener Unrath, das ganze des Abends von electrischem Licht beleuchtet voll von Kröten u. Ratten, und die Bewohner Lumpengesindel mit wonnigen Ausnahmen aus aller Herren Länder, das ist Colon."[18]

Das Ankommen in Übersee erwies sich oft als ein Kulturschock.[19] Colon war demnach eine erbärmliche Siedlung ohne Hafen. Dort begann die von den USA gebaute Eisenbahnstrecke durch die Landenge von Panama. Mit dem Bau des Panamakanals war 1887 zur Zeit von Köpers Ankunft noch nicht begonnen worden.[20]

Straßenreinigung seit dem 18. Jahrhundert; regelmäßige Hausmüllabfuhr seit 1869; gepflasterte Bürgersteige, Straßen mit Kopfsteinpflaster, behauenen Steinen und Asphalt zwischen 1837 und 1908. Franz Buchenau (1934): S. 201-204. – Doch auch in vielen Stadtvierteln Bremens, Bremerhavens und den angrenzenden Landgemeinden, in denen sich Überseekaufleute im 19. Jahrhundert in der Regel nicht aufhielten, lebten Stadtbewohner beengt und zum Teil in unhygienischen Verhältnissen. Herbert Schwarzwälder zum Kontext zwischen Kaufmannsvillen und armen Wohnquartieren (1995), Bd. 2, S. 394.

16 Herbert Schwarzwälder (1995): Bd. 2. S. 103; 258, 376, 557. Gruben und Eimer wurden nachts geleert. Ein Beispiel aus den Quellen: Gerhard Köper kaufte zum Frühjahr 1905 das Haus Schönhausenstraße 2, in Bremen. Es kostete 21.750 Mark; ein WC musste noch eingebaut werden. StAB 7,13-2: Gerhard Köper an seinen Sohn Friedrich Köper in Guatemala, 27. Oktober 1904; 30. August 1905.

17 StAB 7,25: Franz Susemihl über Vera Cruz/Mexico, 30. Januar 1882. Die Stadt sei „rein Dank der Tausenden von kleinen Geiern, welche unbelästigt auf den Straßen einher spazieren." – Privatquellen Schütte: Friedrich (Fritz) Wilhelm (1888-1960). Der Kaufmann berichtete aus Colombo, S. 15, von Krähen, die zur „Straßenreinigung" von europäischen Kolonialisten eingeführt wurden, seien eine „wahre Plage".

18 StAB 7,13-20.7: Friedrich Köper an Eberhard Noltenius 7. Dezember 1887.

19 „Kulturschocks" können durch eine unvermittelte Konfrontation mit fremden Kulturen ausgelöst werden, wobei die Reaktionsformen unterschiedlich sind. Von solchen Erfahrungen sind Migranten besonders betroffen. Daher wurde der Begriff seit den 1960er Jahren in Migrations- und Kulturforschungen eingeführt. Brockhaus (2001): Bd. 12, S. 623. – Weitere Reaktionen beim Betreten fremder Siedlungen in Übersee, hier Porto Plata mit Lagezeichnung im Tagebuch von Franz Susemihl: „Die Stadt ist sehr schmutzig, besonders nach dem Regen heute morgen waren die Straßen nur von Stein zu Stein springend zu passieren." 18. Januar 1882; und über Havanna: „Die Straßen sind eng, ganz schmale Trottoirs, schmutzig und theils übel riechend." 21. Januar 1882. StAB 7,25: Franz Susemihl.

20 Der Panamakanal wurde zwischen 1904 und 1914 gebaut; die USA erhielten „auf ewig" Hoheitsrechte über die zehn Meilen breite Kanalzone. Jean Carrière; Stefan Karlen (1996): Bd. 3, S. 394-395.

Schiffsfrachten wurden umgeladen, Passagiere stiegen auf kleine Boote um und wurden an Land gebracht. Colon war nicht mit den „modernen" Hafenanlagen Bremerhavens zu vergleichen. Bemerkenswert ist, dass der Ort schon über Elektrizität verfügte. Er lag im kolonialen Einflussbereich Großbritanniens und im wirtschaftspolitischen Machtbereich der USA.

Malaria, Schwarzwasserfieber, Gelbfieber, Schlafkrankheit, Cholera usw. waren (und sind auch noch heute) in feuchten, heißen Klimazonen weit verbreitet.[21] Die Gesundheitsvorsorge richtete sich besonders auf diese Tropenkrankheiten.[22] Erst mit verfeinerten Untersuchungsmethoden und genauerem Wissen über Krankheitserreger und ihrer Überträger gelang es, sich vor Tropenfieber durch Prophylaxe zu schützen. Malaria trat in unterschiedlichen Ausprägungen auf. Eine schwächere Form der Krankheit, auch Sumpffieber[23] genannt, war auch in der Umgebung Bremens bekannt. Robert Koch schrieb, sie trete in „sumpfigen Niederungen, in Marschländern, an den Küsten" auf.[24] So brach Malaria auch zwischen 1825 und 1827 unter Arbeitern beim Bau des Hafens Bremerhaven aus; und bis 1912 erkrankten Werftarbeiter in Emden an Malaria.

Einige Bremer Kaufleute arbeiteten in Übersee in Sumpfgebieten. Sie versuchen sich, mit Naturheilverfahren – Kaltwasserbehandlungen oder Wechselbädern nach Pfarrer Kneipp – abzuhärten.[25] Sie wandten Bäder, Güsse und Körperwaschungen an. Diese Prozeduren regten den Blutkreislauf und den Stoffwechsel an. Die Akteure versicherten ihren Verwandten, weitgehend „solide" zu leben, um Magen- und Darmerkrankungen zu vermeiden. Ein beabsichtigter „mäßiger" Lebensstil bezog sich auf eine sorgfältige Ernährung und das Meiden von Spirituosen. Anstelle von Alkohol eigneten sich zum Trinken eher Tee oder „Sauerbrunnen"[26]. Friedrich

---

21 Grüntzig; Mehlhorn (2005): S. 142. „Malaria ist noch immer „eine der größten Humanseuchen".

22 Gerhard Venzmer (ca. 1928/29); E.G. Nauck (1967). – Grundlagenforschungen zu Schlafkrankheit, Malaria und Tuberkulose gelangen Robert Koch (1843-1910). Er entdeckte 1882 die Erreger von Tuberkulose und Cholera. Daraus folgten Möglichkeiten zur Verhütung und Bekämpfung dieser Seuchen.

23 Nach Carl Ernst Bock (1898): S. 657-658, zählten Malariakrankheiten zu den „miasmatischen Krankheiten", die nach zeitgenössischen Erkenntnissen in „schädlicher Luft- und Bodenverhältnissen" entstünden. Dazu zählten Urwälder, Seeufer, Lagunen, Reispflanzungen, aber auch der Umkreis von „Kloaken"; auf Schiffen, in Gefängnissen, Hospitälern usw. könnten Malaria-Epidemien entstehen. – Wilhelm Breitenbach (1911): Es seien nicht die giftigen „Ausdünstungen der Sümpfe" (Miasmen), sondern die Sümpfe als „Brutstätten der die Krankheiten übertragenden Mücken". S. 14-24; zu öffentlichen und privaten Schutzmaßnahmen sowie zur Behandlung der Malaria mit Chinin, Petroleum oder Öl, S. 30-37; Krankenstatistik: S. 38.

24 Nach Robert Koch (1898): S. 283; 291, wurde die Malaria tertiana auch mit Chinin behandelt. – Zur Malaria-Bekämpfung in einem Werftarbeiterquartier 1912 in Bant bei Emden: P. Mühlens (1912): S. 46-65.

25 Carl Ernst Bock (1898): S. 582-588. Beschreibung des Naturheilverfahrens nach Pfarrer Sebastian Kneipp (1821-1897).

26 Privatbriefe Vietor: J.K. Vietor an seine Frau, 19. September 1894. „Ich lebe entsetzlich solide. Jetzt vergeht mancher Tag, an dem ich weiter nichts trinke wie Tee, Milch oder Sauerbrunnen (auch keinen Caffee mehr), und merke ich doch, dass Johannes Schroeder [Vorstandsmitglied der Bremer Norddeutschen Mission, ehemaliger Kompagnon Johann Smidts in Kalkutta] ganz recht hat, wenn er behauptet, dass dadurch die Leistungsfähigkeit des Menschen sehr gehoben würde." Vietor beteuerte, bei entsprechender Lebensweise werde er in Afrika beim Arbeiten

Köper litt in Guatemala an Malaria und Tilly Köper schrieb von ständig neuen Fieberschüben und einer Therapie mit Chinin und Arsenik.[27] Die Tochter des Ehepaars lebte wegen ihrer Malaria-Erkrankung seit Ende 1904 bei ihren Großeltern in Bremen. Sie wurde eine Zeitlang vom Hamburger Tropenarzt Dr. Nocht behandelt.[28] Sobald sich nach einer Erkrankung wieder Appetit einstellte, war das ein Zeichen von beginnender Heilung.

Auch in Westafrika war Malaria eine der gefährlichsten Tropenkrankheiten. Hedwig Kulenkampff erkrankte im Sommer 1912 nur wenige Monate nach ihrer Ankunft in Togo an Malaria. Im Krankenhaus von Anecho ließ sie sich von deutschen Ärzten etwa zwei Wochen pflegen. Sie unterzog sich einer „intensiven Chininkur" und kam „wieder halbwegs zu Kräften"[29], wie sie schrieb.

Magen- und Darmkrankheiten, oft als „Sommerkrankheiten" oder „Baucherkältungen" bezeichnet, brachen in der 1.500 m hoch gelegenen Hauptstadt Guatemalas aus, wenn z.B. im März „zwischen 11 und 4" Uhr die Temperaturen so anstiegen, dass Lene Noltenius auf Regen wartete. Eberhard Noltenius litt unter „Brechdurchfall oder Brechruhr oder Sommercholera". Er versuchte die Krankheit mit Wärme, also Bettruhe, warmen Tüchern und Leibbinden, zu kurieren. Die Erreger dieser Krankheit sind Bakterien, die sich unter ungünstigen Hygienebedingungen verbreiten. Die Erreger vermehren sich in unreinem Trinkwasser und bakterienhaltigen, feuchten Nahrungsmitteln. Bei hochsommerlichen Temperaturen bestand auch in Europa die Gefahr, sich durch schlechtes Trinkwasser, gärende Milch- oder Mehlprodukte[30] zu infizieren.

Auf Privatfotos aus Afrika tragen J.K. Vietor und seine Mitarbeiter meistens Kopfbedeckungen. Auf Hüte oder Tropenhelme war in Afrika nicht zu verzichten. Sie waren ebenso wie Moskitonetze Teil der Gesundheitsvorsorge.[31] Für Beamte und Militär war in den deutschen Kolonien ein unpraktisches Modell vorgeschrieben, dessen Vorbild die Pickelhaube war.[32] Diese Helme waren schwer und saßen

---

nicht müde; anders als vor seiner Heirat, als er noch viel Wein und Bier trank. – Mit „Sauerbrunnen" ist Mineralwasser mit Kohlendioxid („Säuerlinge") gemeint.

27   StAB 7,13: Tilly Köper an ihre Schwiegereltern, 24. April 1902: „Friedrich ist sonst wohl, nur dann und wann kommen wieder seine Fiebertage. Oft macht es mich besorgt, dass nach so vielen Jahren durch Chinin und Arseniknahme noch immer das Fieber im Körper steckt. Doch der Arzt sagt, es ist wenig dabei zu thun." – Friedrich Köper hatte seit etwa 1896 Malaria, die bis 1908 noch nicht geheilt war, und auch Tilly Köper war 1901 von der Krankheit betroffen.

28   StAB 7,13: Tilly Köper an ihre Schwiegereltern, 20. März 1906: „Dr. Nochts Untersuchungen des Blutes von unserem Kinde sind ja sehr günstig gewesen, nun fehlt ja nur noch die Blutarmut des Kindes zu heben, und wir sind endlich am Ziel. Wir waren so glücklich über den Bericht von Dr. Nocht, nun meine ich, braucht das Kind kein Chinin mehr zu schlucken, es würde nur die Nieren angreifen. Elisabeths Appetitlosigkeit wird schwer, nach und nach und nach zu geben."

29   Privatbriefe Kulenkampff: Hedwig Kulenkampff an ihre Schwester, 29. Juli 1912. Das kleine Krankenhaus in Anecho wurde in Togo von der deutschen Kolonialregierung gebaut. Ein weiteres existierte seit 1913 in Lomé. Peter Sebald (1989): Stadtführer Lomé, S. 13.

30   C.E. Bock (1898): S. 730.

31   Privatbriefe Vietor: J.K. Vietor an seine Frau, 21.-30. November 1894. Vietor schrieb von einer Expedition ins Hinterland: „Die Sonne brannte glühend heiß auf die Helme und kein Baum und kein Strauch gab Schatten."

32   Grüntzig; Mehlhorn (2005): S. 62. Dazu auch Karl Sapper (1902): S. 392. Tropenhelme, „wie ihn unsere Mannschaften in den deutschen Colonien in Afrika tragen", empfahl er ebenso wenig wie Panamahüte, die wegen mangelnder Ventilation dem Haarwuchs schadeten.

sehr fest auf dem Kopf. Sie waren aus „undurchlässigem Gummistoff" und hatten eine tiefe Krempe. Dagegen hatten die aus Naturmaterialen (z.B. Kork) gefertigten „zivilen" Kopfbedeckungen ein leichtes Gewicht und lagen nicht so eng an. Die Akteure schilderten klimatische Bedingungen aus unterschiedlichen geografischen Räumen und doch scheinen sich ihre Körper- und Krankheitsgeschichten zu ähneln.

JOHANN SMIDT schlief auch während der Regenzeit in Indien bei geöffneten Fenstern. Regen und Wind störten seinen Schlaf nicht. Manchmal regnete es so kräftig, dass er erst beim Aufwachen sein nasses Lager und das fehlende „Moskito Cotton" bemerkte. Als er aufstand, fühlte er sich „erkältet" und schrieb:

> „Doch mit Mutters Flanellbinde und dickem Tuchzeug habe ich mich ganz wieder kuriert. Ein warmer Anzug war auch nötig, denn der Regen hielt unaufhörlich bis zum 14. morgens an, alle Strassen und Plätze standen unter Wasser, der Hooghly stieg 10 Fuss. In den Häusern war es sehr ungemütlich nass und kalt, denn die Dächer erhalten im Sommer vom Sonnenbrand Risse, die erst nach dem ersten Regen aufgefunden werden können, unser Dach hat sehr gelitten, im Wohnzimmer standen in pikanter Eintracht alle unsere Waschkümpe, Suppenterrinen, Nachtgeschirre und sonstigen Behälter, um das an 50 verschiedenen Stellen von der Decke herabtropfende Wasser aufzufangen! Ein hiesiges Comptoir war ganz überschwemmt, so dass die Leute nur arbeiten konnten, indem sie ihre Füße auf einen zweiten Stuhl legten. – Gestern und heute hatten wir keinen Regen und ich arbeitete wieder in Hemdärmeln im Comptoir. – Wie ich gelernt habe, muss man sich im Anfang der Regenzeit in Acht nehmen, und ist mir meine kleine Erkältung sehr gut gewesen, denn ich werde jetzt besser aufpassen."[33]

Johann Smidt machte in der tropischen Region Erfahrungen mit unangenehmem, kaltem Wetter und lernte, die Nützlichkeit von warmer Kleidung und Leibbinde zu schätzen. Für die Leibbinde, die bei Magenbeschwerden und Erkältungskrankheiten als Hausmittel angewandt wurde, hatte Johanns Mutter gesorgt.[34] Sein Bett war durch ein Moskitonetz geschützt. Daher plagten ihn weniger die Moskitos als Ameisen in seinem Bett. Er klagte über Ratten, die sich nachts an seiner Zimmerzimmertür zuschaffen machten.[35]

---

33 Privatbriefe Smidt: Johann Smidt an seinen Vater, 15. Juni 1861.
34 Zur Leibbinde enthält der Gesundheitsratgeber von Carl Ernst Bock (1898) mehrere Hinweise: z.B. Leibbinden verhindern Körperwärmeverlust und sollten des Nachts nicht abgelegt werden. S. 428, S. 666.
35 Privatbriefe Smidt: Johann Smidt an seine Mutter, 31. August 1860. „Bei dem Namen Mosquito muß ich mich am ganzen Körper jucken, [...] ebenso Ameisen, die sich vielseitig in meinem Bett aufhalten, auch habe ich am Tage kleine Eidechsen im Bett gesehen. – Ratten gibt es hier sehr viel und besitzen sie eine große Frechheit, so hatte ich neulich meine Flügelthür nach dem Wohnzimmer geschlossen, weil es mir zu kalt wurde, die Glasthür nach der Terrasse lasse ich immer auf, in der Nacht wurde ich von einem sehr lauten kratzenden Geräusch im Schlaf gestört. Die Ratten waren beschäftigt, sich einen Weg durch die Thür ins Wohnzimmer zu nagen, zweimal stand ich auf und verjagte sie, zum drittenmal war ich zu faul und blieb liegen, am andern Morgen befand sich ein rundes, fast 3'' im Durchmesser fehlendes Loch in der Thür." – Zwischen 1894 und 1898 wurden Rattenflöhe als Erreger von Pest nachgewiesen: Grüntzig; Mehlhorn (2005): S. 124f.

Johann Smidt diskutierte mit seiner Mutter Kleidungsfragen, so als wenn er ihr gegenüber säße:

> „Meine Hemden trage ich jetzt nach der Reihe durch und lasse sie dann waschen. Was hältst Du für besser, soll ich so damit fortfahren oder soll ich erst ein oder zwei Dutzend auftragen und dann ein anderes Dutzend nehmen? – Ich habe mir 12 weiße Hosen und 6 weiße Westen sowie 6 leichtere Nachthosen angeschafft, meine von Bremen mitgebrachten sind in der heißen Zeit zu warm."[36]

In Indien hatten Männer die Aufsicht über die Reinigung der Wäsche. Sie wurde im Fluss gewaschen. Dazu übergab Johann dem Wäscher („Herrn Jes Moli") seine Schmutzwäsche und ließ sich die „Stückzahl und Gattung" in einem „Wäschebuch" quittieren. Johann sprach mit ihm Englisch und „schärfte" dem Wäscher ein, die „Knöpfe und Schnallen an den weißen Westen und Hosen" zu schonen. Über die Waschmethode in Indien schrieb er seiner Mutter:

> „Die Leute waschen, indem sie das Zeug erst etwas einweichen und dann dasselbe auf einen großen Stein schlagen, der halb im Wasser liegt, bis es rein ist. Seife und warm Wasser gebrauchen sie nicht dabei. Weißen und Steifen thun sie mit Reiswasser. – Ich muß gestehen, sie waschen reiner und weißer die Hemden, Hosen usw. [...] dafür verderben sie aber auch so viel mehr."[37]

Mit seiner schneeweißen Wäsche war er zufrieden und er deutete einen Vergleich zur Wäsche in Bremen an, den er aber nicht zu Ende führte. Innerhalb von acht Tagen bekam er die gereinigten Wäschestücke zurück. „Bettzeug und Handtücher riechen jetzt rein" und er legte die Wäschestücke „auf das oberste Bord seines Leinenschranks". Dort sollten sie liegen bleiben, bis er einmal selbst Haushaltsvorstand sein würde. Doch vorerst bekam er Wäsche von seinem Chef Johann Philipp Schneider. Johann Smidt wohnte zusammen mit zwei deutschen Kollegen im Haus seines Arbeitgebers in einem Quartier oberhalb des Flusses Hooghly. Die Bewohner bildeten zusammen mit den Hausangestellten eine „Männerwirtschaft". Manchmal klagte Johann über die Unsauberkeit im Haus. Als einer der Diener erkrankte, blieben Johanns Stiefel acht Tage lang ungeputzt stehen und in den Zimmern häufte sich der Schmutz.[38]

Diese Textauszüge vermitteln Eindrücke von privater Reinlichkeit. Dieses zeigte sich an der Haushaltswäsche und Oberbekleidung in Weiß. Die hygienischen Verhältnisse im Haus wurden von Europäern nicht immer einwandfrei empfunden.

Wenn Smidt Besuche machte, ließ er sich fahren oder tragen.[39] Als Fahrzeuge benutzte er Boote („Dinghy"), zweirädrige Kutschwagen, Rikschaws („offene Wagen"; „Compoir-Wagen"), die von „Kulis" gezogen wurden, oder die Eisenbahn,

---

36 Privatbriefe Smidt: Johann Smidt an seine Mutter, 31. August 1860.
37 Privatbriefe Smidt: Johann Smidt an seine Mutter, 27. August 1860.
38 Privatbriefe Smidt: Johann Smidt an seine Mutter, 20. Mai 1861.
39 Privatbriefe Smidt: Johann Smidt an seine Eltern, 6. August 1860: „Am Ufer angekommen, bestürmte uns ein Heer von Sänftenträgern und Wagenlenkern, alles Hindus, die ihre Transportmittel auf alle mögliche Weise anpriesen und dabei ihre Ehrfurchtsbezeugungen machten, die in tiefen Verbeugungen bestehen, wobei sie mit ihrer rechten Hand das Gesicht bedecken."

wenn er Ausflüge in die Umgebung machte. Er ließ sich aber auch in Sänften (Palankin, ostindische Säfte) tragen. Selten durchstreifte er die Straßen zu Fuß und schaute sich die Lebensformen der einheimischen Stadtbewohner an. Die Stadtviertel in der näheren Umgebung schilderte er schmutzig und laut. Er beschrieb

> „Native-Stadtteile, wo Tag und Nacht ein barbarischer Lärm herrscht (in unserer Gegend nur am Tage). Dies Volk sitzt in feinen kleinen Häuschen, richtiger Hütten, so groß wie unsere Schweineställe, halb nackt, bunt durcheinander, Männer, Frauen, Kinder. Sie sitzen nicht wie vernünftige Menschen, sondern setzen sich auf ihre Waden und berühren nur mit den Fußsohlen die Erde. Der Mund steht ihnen nie still, sie müssen sich außerdem [... (Loch im Papier)] viel zu sagen haben und was sie sagen, schreien sie, auch wenn sich die Unterhaltenden berühren. Der Hubbelbubbel, eine Pfeife aus einer [?], wo der Rauch auch erst wie bei den Türkischen durch Wasser geleitet wird, geht im Kreis herum. Jedes Familienmitglied tut 3-4 Züge und gibt ihn dann weiter. Frauen und Kinder rauchen mit besonderer Liebhaberei."[40]

Je weiter sich Europäer von ihren Unterkünften entfernten, desto besser konnten sie sich ein Bild vom Lebensstil der Menschen machen, deren Leben sich in den Straßen vor den Häusern abspielte. Anders als Europäer verfügten diese Menschen über keine Sitzmöbel und versuchten, eine für sie bequeme Körperhaltung einzunehmen.

Ein Cousin von Johann Smidt, der Bremer Überseekaufmann EBERHARD NOLTENIUS, lebte seit 1887 als Junggeselle in Chile. Nach seinem kurzen Aufenthalt in Quillem, verließ er diesen Ort. Er hatte den Eindruck gewonnen, dass die wenigen dort lebenden Deutschen sehr „abgestumpft" gegen die unhygienischen Verhältnisse waren. Sie hätten sich an die dortige „Schweinerei vollständig gewöhnt". Der Kontrast zu seiner Heimatstadt Bremerhaven sei zu stark.[41] Anschließend arbeitete Noltenius im englischen Handelshaus Huth & Co., das in Valparaiso von drei deutschen Chefs geleitet wurde. Noltenius empfand es als „Glück", dass er in diesem Haus zusammen mit anderen Kollegen untergebracht wurde. Das war nicht in allen Handelshäusern der Fall. Er zeigte sich zufrieden mit seiner Unterkunft; er bewohnte ein „sehr nettes möbliertes Zimmer [...], wo ich Bettstelle, Schrank, Tisch, Stühle etc. alles vorfinde"[42]. Das Haus war voller Flöhe, aber das aus Bremen mitgebrachte Insektenpulver war gegen diese Tiere wirkungslos. „Es ist eine furchtbare Plage und ich Unglücksmensch leide ganz besonders darunter", schrieb er seiner Mutter.[43]

Er klagte nicht über zu heißes Klima, sondern über sintflutartiges Regenwetter und Sturm.[44] Er verglich Straßen mit „Gießbächen", da das Wasser in großen

---

40 Privatbriefe Smidt: Johann Smidt an seine Mutter, 27. August 1860.
41 Privatbriefe Noltenius: Eberhard Noltenius an seine Eltern, 26. Mai 1887; 2. Juni 1887.
42 Privatbriefe Noltenius: Eberhard Noltenius an seine Mutter, 26. Mai 1887.
43 Privatbriefe Noltenius: Eberhard Noltenius an seine Mutter, 6. Juni 1887.
44 Das Klima gilt als „gesund", obwohl Tages- und Nachttemperaturen extreme Unterschiede aufweisen können. Valparaiso liegt in der südlichen, regenreichen Zone Chiles, in der Jahres-

Mengen die Berge herunter schösse. „Hunderte von Arbeitern" seien mit Pferden beschäftigt, die Straßen zu reinigen. Sie waren für Wagen und Menschen unpassierbar. Wassermassen hätten Geröll und Schlamm von den Bergen heruntergespült.[45] Nachts wurde Eberhard Noltenius durch ein heftiges Erdbeben wach. Er schrieb seinen Eltern:

> „Es sollen 6-8 Stöße gewesen sein, von denen jedoch zwei sehr heftig waren [...]. Ein unheimliches und unerklärlich ängstliches Gefühl überkam mich, als ich im Bett gewissermaßen hin und her geschüttelt wurde, wozu meine Sachen im Zimmer die nötige Musik aufspielten. Für meine Waschkanne war ich ernstlich besorgt, sie machte einen kolossalen Radau. Mein Zimmernachbar – wie überhaupt alle im Hause – war auch wach geworden und erkundigte sich teilnehmend, was ich dazu meine, er hatte sich vorsichtiger Weise schon in seine Tür gestellt, die bei evtl. Einsturz einen sehr guten Schutz gewähren soll. Aufgeregt wie ich war gelang es mir nicht, wieder einzuschlafen und vollbrachte ich den Rest der Nacht wachend. Wie ich höre, kommt jetzt die Zeit, wo sehr häufig Erdbeben stattfinden, wahrlich keine angenehme Perspektive für mich."[46]

Erdbeben sind entlang der Westküste Südamerikas nicht selten.[47] Die häufigen Erdstöße waren Eberhard Noltenius unangenehm. Er reagierte ängstlich darauf. Diese Furcht legte sich auch später nicht, als er zwischen 1889 bis 1909 ständig und danach zeitweise in Guatemala arbeitete. In Chiles Küstenregionen traten Seuchen auf. Daher wurden ankommende Schiffe von der Hafenpolizei überprüft. Eberhard Noltenius schilderte, dass etliche Schiffe wegen Cholera-Verdachts nicht entladen werden konnten. Er bedauerte, dass der Handel wegen der Quarantäne zum Stillstand kam. Er schrieb:

> „Es ist zum Verzweifeln. Diese unglückliche Cholera hemmt den ganzen Handel, lässt keine Unternehmungslust aufkommen und verschlechtert den Kurs auf ganz unangenehme Weise. Schließlich ist an der ganzen Epidemie wenig oder gar nichts Wahres. In Chile selbst oder vielmehr in Valparaiso und Santiago ist seit langer Zeit kein Fall mehr vorgekommen, wogegen in einigen kleinen Küstenplätzen sie noch nicht vollkommen erloschen sein soll. Da die Regierung jeden Arzt, der einen Cholerakranken besucht, mit 500 $ monatlich besoldet, so wird natürlich mancher Fall constatiert, wo vielleicht irgendeine andere Krankheit zu Grunde liegt."[48]

Eberhard Noltenius gab wieder, was ihm europäische Kaufleute berichtet hatten. Sie trauten der chilenischen Hafenpolizei Schikane gegenüber den Händlern zu und

---

durchschnittstemperaturen zwischen 14 Grad gemessen wurden. 1885 hatte die Handelsstadt ca. 105.000 Einwohner, von denen 10.000 aus unterschiedlichen Nationen stammten. Meyers Konversationslexikon (1897): Bd. 4. Chile. S. 32-33; Bd. 17. Valparaiso. S. 162-163.

45 Privatbriefe Noltenius: Eberhard Noltenius an seine Mutter, 6. Juni 1887; 12. August 1887.
46 Privatbriefe Noltenius: Eberhard Noltenius an seine Mutter, 20./21. Juli 1887.
47 1822 wurde Valparaiso „verwüstet"; 1835 zerstörte ein Erdbeben erneut einen großen Teil der Stadt. Meyers Konversationslexikon (1897): Chile. Bd. 4. S. 33; Bd. 17. Valparaiso. S. 162-163.
48 Privatbriefe Noltenius: Eberhard Noltenius an seine Eltern, 19. August 1887.

nicht, dass die Schiffsentladungen zum Schutz der Bevölkerung verboten wurden.[49] Cholera, eine bakterielle Seuche, ist auch heute weltweit verbreitet. Sie gehört zu den meldepflichtigen Quarantänekrankheiten der Weltgesundheitsbehörde und wird heute mit Antibiotika behandelt.[50] Die Erreger vermehren sich in unhygienischem Trinkwasser und Nahrungsmitteln in feuchtem Zustand. Daher waren Schiffsbesatzungen von dieser Krankheit besonders betroffen. Hafenärzte verhinderten das Einschleppen der Krankheit durch Sperrzeiten.

Kontakte mit den Fremden: Tanz und Musik

Ganz andere gesundheitliche Gefahren wurden durch sexuelle Kontakte in Übersee befürchtet. Dazu hatten viele europäische Männer und Frauen ambivalente Auffassungen. FRIEDRICH KÖPER beschäftigte das sittliche Verhalten der indigenen Frauen in Guatemala und deren Beziehungen zu europäischen Männern. Er begegnete den Frauen auf Straßen, bei Geselligkeiten und in seinem Geschäft und stellte in etlichen Briefen ihr Aussehen heraus. Es seien „herrliche Gestalten" mit „hübschen" Gesichtern, die sich selbstbewusst in der Öffentlichkeit und in exklusiven Gesellschaften in Szene setzten. Er beurteilte sie überwiegend nach ihrem Äußeren. Friedrich Köper hatte die Schilderungen des Züricher Arztes Otto Stoll gelesen, der in seinem 1886 veröffentlichten Guatemala-Reisebericht[51] auch ein Kapitel über die einheimischen Frauen verfasst hatte. Stoll warnte darin, sich nicht von den „schönen, so viel versprechenden und so wenig haltenden Gesichtern", blenden zu lassen. Er schrieb, die

> „meisten Niñas der Hauptstadt der höchsten socialen Stufe [könnten] auf das Attribut der Schönheit keinen Anspruch erheben, es [seien] gewöhnliche, manchmal recht hässliche und unappetitliche Gesichter, deren Sommersprossen und übrige Mängel sich durch dicke Lagen von Schminke auf der welken Haut eben doch nicht hinwegleugnen"[52] ließen.

Mädchen und Frauen aller gesellschaftlichen Stände lebten nach Stolls Beobachtungen in einer beengenden Privatsphäre. Niemand entging der sozialen Kontrolle von Familie und Nachbarn. Auch in der Öffentlichkeit würde nahezu jede Regung überwacht.[53] „Hauptleistung des weiblichen Lebens [sei] die Erhaltung der Art", so

---

49 Ein Beispiel führte Gerhard Venzmer (ca. 1928/29): S. 33-34 an: „Auf der Reede von Santos [Brasilien] schaukelt ein Segelschiff." Es hatte Kaffee geladen, der zum Weitertransport nach Europa entladen werden sollte. Von Land aus wurde beobachtet, dass die Schiffsmannschaft nicht arbeitete. Nach ein paar Tagen stellte sich heraus, dass die Besatzung „Opfer des Gelbfiebers" geworden war.

50 Grüntzig; Mehlhorn (2005): S. 90f.

51 Otto Stoll (1886). 1898 empfahl Köper diesen Lesestoff seiner Braut. Zwar sei das Werk Stolls über Guatemala vor zwanzig Jahren geschrieben und Etliches habe sich seitdem geändert, aber die Naturschilderungen und seine Beobachtungen über die Menschen seien wahr. StAB 7,13-23.7: Friedrich Köper an Tilly Meiners, 5. Februar 1898.

52 Otto Stoll (1886): S. 149.

53 Otto Stoll (1886): S. 148.

Stoll. Er klassifizierte die Frauen ebenso wie Köper vornehmlich nach ihrer Haut-farbe: weiße, einheimische Damen, die sich als Spanierinnen betrachten; gelbe La-dina [„Vermischte": Vater ein Weißer, Mutter eine Indianerin] und die „kaffeebrau-ne Indianerin"[54].

Seinem Freund und späterem Teilhaber Eberhard Noltenius gegenüber differen-zierte Köper wie Stoll indigene Frauen nach Herkunft und rassistischen Merkma-len.[55] Ladinas gehörten zur Gruppe der Frauen, die er in Gesellschaften oft traf. Ihre Schönheit und Freundlichkeit hob er auch an anderer Stelle hervor, aber er hielt es für ausgeschlossen, sich „als guter Deutscher in sie zu verlieben", da „ihr Benehmen zu sehr von der guten deutschen Sitte" abweiche. Als Beispiel führ-te er an, es berühre in Guatemala niemanden unangenehm, wenn eine Dame „mit-ten ins Zimmer" spucke, wie er es „neulich bei der Frau des ersten Ministers selbst gesehen habe"[56]. Als ein negativ empfundenes äußeres Merkmal hob Köper mehr-fach die geschminkten Gesichter der Frauen hervor. Um Heiterkeit bei den Brief-adressaten hervorzurufen, stellte er zur Diskussion, ob sie wohl zur Morgentoilette ins Mehlfass stiegen.[57] Köper bevorzugte „Natürlichkeit". Puder und Schminke ver-deckten das „wahre Gesicht" und damit auch alle Schönheitsfehler. Ein natürlicher Stil und „natürliche Schönheit" waren Ausdruck von bürgerlichem „Fleiß und gu-ten Sitten"[58]; „wahre" Reinheit und Natürlichkeit benötigten kein Schönheitsmittel.

In ihrer erotischen Ausstrahlung wirkten „Ladinas" anziehend auf den Jungge-sellen Köper. Aber er grenzte sich aufgrund einer ihnen unterstellten exzessiven Sexualität ab. Sie seien fast alle geschlechtskrank.[59] Köper „weihte" seinen Freund Eberhard Noltenius in die Exotik hybrider Beziehungen ein. Er selbst nahm sich vor, sich auf kein sexuelles Abenteuer einzulassen. Schon die vermutete unein-deutige Herkunft („Mischlinge") machte die Frauen verdächtig. Seiner Vorstellung nach seien sie „heißblütig"[60]. Er griff ein verbreitetes Klischee auf, das auf Klatsch-geschichten unter Europäern basierte und unter Neuankömmlingen weiter verbrei-tet wurde. Ihm war wohl zugetragen worden, dass von „Ladinas"[61] gesundheitliche

---

54 Otto Stoll (1886): S. 152f.

55 StAB 7,13-20.7: Friedrich Köper an Eberhard Noltenius in Chile, 24. März 1888. „Also, erstens sind hier alle Mädels durchgängig sehr schön. Dies gilt hauptsächlich für die eingewanderten oder hier geborenen Spanierinnen, unter denen es wirklich herrliche Gestalten und reizende Gesichter, abgesehen von dem vielen Puder, der darauf sitzt, giebt. Diese Damen leben sehr zurückgezogen. Man sieht sie nur selten. – Dann kommt die zweite Classe, die Ladinos, alles hübsche Mädchen, Mischlinge, die zwar für alles zu haben sind, aber von denen man besser abbleibt, da sie mit allen möglichen Krankheiten fast durchgängig behaftet sind."

56 StAB 7,13: Köper an seine Schwester, 28. November 1887. Dazu Manuel Frey (1997), nach dessen Quellen „das Ausspucken von Frauen" unerwähnt blieb. S. 209.

57 StAB 7,13: Köper an seine Schwester Anna, 18. August 1888.

58 Manuel Frey (1997): S. 123.

59 StAB 7,13-20.7: Friedrich Köper an Eberhard Noltenius in Chile, 24. März 1888.

60 Duden Ethymologie (1997): S. 278. Das Adjektiv heiß ist eine Ableitung von Hitze; „Heiß-sporn" = hitziger Mensch, Draufgänger; „heißes Blut haben (heißblütig sein)" ist eine Redens-art, die vorwiegend für Südländer gebraucht wird. Lutz Röhrich (1995): Bd. 2. S. 694.

61 Ladino people. Wikipedia. http://en.wikipedia.org/wiki/Ladino_people. Zugriff: 21. August 2007. Ladino bzw. Ladina sind spanische Begriffe, die verschiedene sozial-ethnische Kate-gorien in Zentralamerika beschreiben. Als „Ladino" werden in Guatemala gewöhnlich Menschen bezeichnet, die nicht im Land geboren, also ethnisch Vermischte („Mestizen") oder westlich beeinflusste Einwohner sind.

Gefährdungen ausgingen. In dem Zusammenhang beschäftigten ihn Geschlechtskrankheiten – auch „Lustseuchen" genannt – die durch Genital- oder Blutkontakte[62] übertragen werden. Von Indianerinnen konstruierte Köper folgende Zuschreibungen:

> „Dann giebt es noch Indianerinnen, welche in einigen Dörfern auch ganz hübsch aussehen, aber um damit etwas zu machen, muß man schon sehr bekannt unter den Indianern sein, da sie gegen Fremde sehr scheu sind. Haben sie aber einmal Zutrauen gefasst, so ist alles mit ihnen aufzustellen, und es sind schon haarsträubende Geschichten von Orgien mit denselben passiert. Bei alledem ist es indessen am Besten, dem weiblichen Geschlecht hier möglichst aus dem Wege zu gehen, denn Gutes kommt nie dabei hervor."[63]

Im Plauderton unter Männern wurde den Frauen sexuelle Hörigkeit unterstellt. Köper beabsichtigte, sich nicht auf sexuelle Abenteuer einzulassen, obwohl er „so nebenbei auch ein wenig poussierte", wie er schrieb. Mit solchen Äußerungen zeigte er sich mutig und wollte wohl als Draufgänger unter Freunden gelten. Er erzählte von der Nähe zu fremden Frauen und konstruierte gleichzeitig Geschichten von Geschlechtskrankheiten. „Die meisten Deutschen" seien in Guatemala „venerisch"[64]. Mit dem Begriff wurde ein Tabuthema euphemistisch verhüllt: Indigenen Frauen und etlichen deutschen Männern wurde in „Tropengegenden" eine „laxe Moral" unterstellt.

Der Arzt Otto Stoll schrieb von der „Unwissenheit" und „Gewissenlosigkeit" seiner Kollegen. Sie seien nicht in der Lage, die Stadien der Infektionskrankheit Syphilis zu diagnostizieren und diese von einer „unschuldigen Angina oder gar einem Erythem" zu unterscheiden. Patienten würden „auf eine erbarmungswürdige Art mit Quecksilber gefüttert, bis ihnen die Zähne im Mund wackeln." Übertragen würde die Syphilis von Prostituierten in den Städten, nämlich von „Ladinas, also Mischlingen", während sich „reine Indianerinnen nicht zur Prostitution" hergäben.[65] Weitgehend heilbar wurden Geschlechtskrankheiten erst mit der Entwicklung von Penicillin in der Ersten Hälfte des 20. Jahrhunderts.[66]

Zu Beginn seines Guatemala-Aufenthalts zeigte sich Friedrich Köper fasziniert von Themen sittlicher Grenzüberschreitungen. Entsprechende Schilderungen seiner Beobachtungen und Wahrnehmungen gab er in Briefen an befreundete Männer

---

62 Grüntzig; Mehlhorn (2005): S. 144-147.

63 StAB 7,13-20.7; Friedrich Köper an Eberhard Noltenius in Chile, 24. März 1888.

64 StAB 7,13-20.7: Friedrich Köper an einen Freund [unleserlich], 18. August 1888. „Ich sage Dir, die Mädels sind hier verteufelt fein, schade etwas braun, aber das macht nichts, man muß sich nur in Acht nehmen und sehr vorsichtig sein."

65 Otto Stoll (1886): S. 139-140. Carl Ernst Bock (1898): S. 685-696, das einzige sichere Schutzmittel sei, „sich einer syphilitischen Ansteckung überhaupt nicht auszusetzen." Und er gab den Rat, sich nach „der Möglichkeit einer Infektion" sofort gründlich die „Genitalien mit Karbolwasser (5:100)", Seifenwasser oder einem Spiritus-Wassergemisch zu waschen. Von der Benutzung von Kondomen gegen Ansteckungsgefahren schrieb er nichts. Nach Bock sei bei Erkrankung an Syphilis eine Quecksilber- oder Jodkur die einzig mögliche Therapie. – Bock schätzte, dass in großen Städten „ein Zehntel" der geschlechtsreifen Männer von Syphilis befallen seien. S. 923.

66 Grüntzig; Mehlhorn (2005): S. 147.

weiter. Sich selbst sah er offenbar als „Fels in der Brandung", dem Moral und Anstand über alles ging. In seinen Erzählungen über die fremden Frauen verfestigten sich seine Vorurteile. Seinen Brieffreunden gegenüber versuchte er sich, besonders männlich und standfest im Hinblick auf „Sündhaftes" anderer zu profilieren. Diese Haltung steht als Beispiel für Doppelmoral und sexuelle Projektion. Schilderungen Otto Stolls vermittelten ein Vorwissen über Land und Leute. Köper und viele andere Europäer in Guatemala verinnerlichten die Beobachtungen des Autors und machten diese zu eigenen Bewertungen.

In diesem Abschnitt sollen Einstellungen zur Sexualität[67] der Akteure dargestellt werden. Es geht um „Triebe, Emotionen, Stimmungen", wie der Anthropologe Johannes Fabian sein Kapitel zur Sexualität von Forschungsreisenden überschrieb. Nach Johannes Fabian schilderten Forschungsreisende, die ins Innere Afrikas aufbrachen, ausführlich die dafür nötigen hygienischen Vorkehrungen, Kleidung, Unterbringung und Nahrung. In diesen Reiseberichten wurde auffallend selten über das Gefühls- und Empfindungsleben der Tropenreisenden geschrieben. Es war ihnen offenbar leichter, Berichte über die Ausrüstung und Reiserouten zu schreiben, als über die Bewahrung ihres seelischen Gleichgewichts beim Anblick von exotischen Frauen. Daher seien Reisebeschreibungen in dieser Hinsicht oft indirekt; das Thema Sexualität würde verschleiert.[68] Ähnlich scheint es sich in den Quellen von Bremer Überseekaufleuten und ihren Ehefrauen zu verhalten.

Im 19. Jahrhundert spielte Sexualmoral in bürgerlichen Kreisen eine besondere Rolle. Sexualität war nach Thomas Nipperey „ganz und gar dem Moralgebot" von kirchlich-ehelichen Beziehungen unterworfen. Selbstbeherrschung, Besonnenheit, Mäßigung und Normalität stellten die „Ordnung des Trieblebens", also in dieser Hinsicht auch bürgerliche Tugenden dar. Über Sinnlichkeit oder geschlechtliche Liebe wurde in der Regel nicht gesprochen[69] und daher auch nichts geschrieben. Es existierte ein Codex: Reinheit und Keuschheit vor der Ehe und Treue nach der Eheschließung.[70]

Intimität und Sexualität lassen sich an Beispielen von Musik- und Tanzstilen darstellen. Moden des europäischen Tanzens vermischten sich mit außereuropäischen Tanzritualen. Spanische Einwanderer, afrikanische Sklaven und deren Nachkommen versuchten die Kultur ihrer Herkunftsländer in Süd- und Mittelamerika zu bewahren. Sprache, Musik und Tanz vermischten sich mit einheimischen Dialekten,

---

67 Der Begriff ist nach Isabel V. Hull (1988) ein „neues, künstliches Konstrukt, ein flexibler, ordnungsgebender Sammelbegriff, der erst im frühen 19. Jahrhundert seinen Namen erhielt." S. 50.

68 Johannes Fabian (2001): S. 113-123.

69 Vgl. Norbert Elias (1992): Kapitel „Wandlungen in der Einstellung zu den Beziehungen von Mann und Frau, Bd. 1. S. 230-263. Darin stellt Elias „Sitte und Moral" seit dem 16. Jahrhundert und „Standards" der im 19. und 20. Jahrhundert beherrschenden Schamgefühle dar. Unter Erwachsenen werde in „hohem Maße alles verdeckt, was das sexuelle Leben" beträfe." Die gleiche Peinlichkeit bestünde für Eltern-Kind-Beziehungen, wenn es darum ginge, über Sexualität aufzuklären. Erwachsenen fiele es „schwer, über diese heimlichen Dinge" zu sprechen. S. 243; S. 247; S. 249.

70 Thomas Nipperdey (1990): Bd. 1. S. 95-112; hier S. 96, bezeichnet dies als „Einhegung der Sexualität in die Moral der Ehe."

Rhythmen, körperlichen Ausdrucksformen, Riten, Kleidung, Stil, usw. Die Pflege von Nationaltänzen und regionalen Volkstänzen diente der Festigung der eigenen Kultur. Für die kulturellen Kontaktzonen Mittelamerikas und der Karibik gilt dies in besonderem Maße. Spanier tanzten Sarabande und Fandango, Franzosen Menuett und Française, aus Osteuropa kam die Polka, Deutsche brachten den Ländler und Walzer nach Übersee. Solche geordneten Gesellschaftstänze wurden in Europa gelegentlich gepflegt, in Afrika und in den karibischen Regionen waren (und sind) spontane Tänze üblich. Eine andere wichtige Unterscheidung zwischen der europäischen Körper- und Tanzkultur und der afrikanisch-karibischen ist die aufrechte, gestreckte Körperhaltung der Europäer beim Tanz. Dagegen werden etliche „exotische" Tänze getrennt vom Tanzpartner in manchmal fast waagerechter Körperhaltung mit Hinterteil- und Brustschwingungen durchgeführt. Bereits Kinder lernen, einzelne Körperteile isoliert und unabhängig voneinander zu bewegen. Dabei wird eine körperliche Spannung aufgebaut, sodass „jeder Körperteil sein eigenes Bewegungszentrum"[71] bilden kann. Europäer empfanden Tanzpraktiken, die durch rotierende Ober- oder Unterkörper Erotik ausstrahlten, „unsittlich"[72]. In Zentral- und Südamerika wurden unter dem Einfluss von nordamerikanischer Musik fortlaufend neue Tänze und Tanzfiguren kreiert. Musik und Tanz der Karibik beeinflussen bis heute moderne Musik- und Tanzpraktiken in Europa.

In Guatemala wurde nach Marimba-Musik getanzt. Die Marimba stammt aus Afrika und hat als „Nationalinstrument" Guatemalas eine Geschichte seit dem 17. Jahrhundert. Das Instrument ähnelt einem großen Xylophon. Es besteht aus Holzklangstäben, an denen zur intensiven Klangabstrahlung Flaschenkürbisse hängen.[73] Der Klang wird durch Schlägel erzeugt. Zu einem traditionellen Orchester gehörten zudem eine Blechschelle, Rohrflöte („Chirimia") und große Trommel mit zwei Schlägeln.[74]

Im Folgenden sollen zwei ledige Bürger und eine Bürgerin aus Bremen in ihren Haltungen zu Tanzvergnügungen in Übersee dargestellt werden. Friedrich Köper tanzte in Guatemala im Freien, Eberhard Noltenius in Valparaiso/Chile auf Teppichen. Marie Overbeck erlebte in Bahia Tanzveranstaltungen, auf die sie sich nicht einließ, sondern die sie nachdenklich stimmten.

Europäische Junggesellen waren in exklusiven Gesellschaftskreisen in Guatemala oft in der Überzahl. Daher wurden Einheimische der Oberschicht und ihre Töchter zum Tanz eingeladen. Friedrich Köper machte anlässlich solcher gemischten

---

71 Helmut Günther (1982): S. 19. Zur Geschichte des Tanzes bzw. der Tänze und Riten der Afro-Amerikaner.

72 Helmut Günther (1982): S. 13. „Der Tanz ist so sündig, dass ich hier die Erzählung einstellen muß", schrieb 1694 ein Missionar über einen unzüchtigen Tanz, zu dem auch „unflätige" Lieder gesungen wurden.

73 Marimbaphon. Mit Abbildung aus Guatemala. http://de.wikipedia.org/wiki/Marimba. Zugriff: 20. August 2007. – Helene Noltenius berichtete von einem Fest in ihrem Haus in Guatemala, zu dem als Überraschungsgäste 15 Musiker erschienen. Darunter waren auch drei „Marimberos". Diese drei fanden mit ihren großen Instrumenten keinen Platz im Haus und spielten daher draußen im Patio. Privatbriefe Noltenius: Helene Noltenius an ihre Verwandten, 13. April 1901.

74 Otto Stoll (1886): S. 372-377. Skizze einer Marimba und Beschreibung der Marimba-Musik. S. 7-10.

Gesellschaften besondere Erfahrungen. Private Feste fanden zum Teil im Freien statt. Köper knüpfte Kontakte zu attraktiven Tänzerinnen und versuchte, sich zu fremden Rhythmen zu bewegen. Junge Indigenas zeigten dabei Selbstbewusstsein: Sie bewegten sich locker und freizügig. Dieses Verhalten war Köper fremd. Von einem Picknick mit Tanz handelt der folgende Briefauszug:

> „So waren wir sämtlichen Deutschen vorigen Sonntag per Extra-Zug nach dem Bergsee in Begleitung der deutschen Familien und vieler hiesigen jungen Damen, und machten erst eine Rudertour und dann unter einem Laubdach ein Tänzchen. Ich sage Dir, eine Danza ist ein famoser Tanz, bei dem die Damen dann alle ihre Cocetherie anwenden können und bei dem man, trotz des sehr langsamen Tanzes, riesig heiß wird. Guatemala gefällt mir mit jedem Tage besser."[75]

Köper lernte in Guatemala die aus Afrika und Spanien beeinflussten Tänze kennen. Unter den Deutschen wurden sie als „spanische Danza" bezeichnet. Die Tanzenden berührten sich nicht, sondern führten mit den Hüften intensive routierende Bewegungen beim Habanera, Rumba, Mambo oder Meringue („Pelvis-Hüft-Motionen"[76]; pelvis = Becken) aus. Köper schilderte besonders den intensiven Blickkontakt zu seinen Tanzpartnerinnen. Offenbar zeigten die Frauen bei diesen Tänzen Überlegenheit. Sie ließen sich nicht von ihm „führen", sondern er ließ sich von ihnen im Tanz lenken. – Ein anderer Ausflug führte „sämtliche Deutsche" und etliche einheimische junge Damen mit einem Extrazug zu einer Ruderpartie mit Picknick zur Lagune [See von Izabal]. Speisen und Getränke nahm die Gesellschaft aus der Stadt mit. Zuerst wurden vier Boote zu Wasser gelassen. Beim Rudern zeigte Köper Geschicklichkeit, es machte ihm „mit dem schönen Geschlecht ganz besonderes Vergnügen." Er schrieb:

> „Vom Wasser zurückgekehrt wurde fein gegessen und getrunken (darin leisten die hiesigen Damen auch was) und dann ein Tänzchen auf dem schlüpfrigen Boden des Ranchos riskiert. Walzer wurde natürlich sehr wenig getanzt, dagegen aber eine Danza, welche wunderschöne Tourne hat, wovon mir die am besten gefällt, bei der Dame und Herr sich gegenseitig ansehen."[77]

Köper ließ sich auf die Performance seiner Tanzpartnerin ein und folgte ihr im Tanz in fremde Sphären. Die Bewegungen einer „Danza" seien – anders als beim Walzer – sehr langsam. Der Tanz wurde nicht in Drehungen, sondern in Vorwärts-Rückwärtsrichtungen ausgeführt.[78] Die Tänzerin löste durch ihren intensiven Blickkontakt und die routierenden Hüftbewegungen bei ihrem Tänzer Verwirrung aus. Ihm wurde „riesig heiß". Köper war von Musik und Tanz fasziniert, daher schickte er seiner Schwester Noten von zwei in Guatemala „componierten Danzas". Verabredungen zum Tanz seien in Guatemala unkomplizierter als in Bremen.[79] Die

---

75 StAB 7,13-20.7: Friedrich Köper an einen Freund [?], 18. August 1888.
76 Helmut Günther (1982): S. 160.
77 StAB 7,13-20.7: Friedrich Köper an seine Schwester Anna, 3. Juni 1888.
78 Fred Ritzel (2001): S. 181
79 StAB 7,13-21.7: Friedrich Köper an seine Schwester Anna, 2. Januar 1888. „Um Dir eine kleine Freude zu machen, sandte ich schon mit voriger Post Dir zwei hier componierte Danzas, wel-

gesellschaftlichen Umgangsformen waren ihm noch fremd. Er musste sich „in die neuen Verhältnisse finden". So nahm Köper auch an einer exklusiven Geselligkeit des renommierten Hamburger Kaufmanns Samuel Ascoli[80] in Guatemala teil. Wichtig war Köper der Hinweis, dass Ascolis Frau eine „Hiesige" sei.[81] Neben vermögenden Europäern der Kolonie waren auch einflussreiche Personen aus der guatemaltekischen Gesellschaft und einheimische Damen anwesend. Köper stellte während des Abends fest, dass die zum Tanz aufgeforderte Dame nicht nur für einen Tanz, sondern für eine Folge von mehreren Tänzen seine Partnerin war. Und damit nicht genug: Es war ihm ungewohnt, „seine" Dame „dann noch im Hause und um den Hof herumlaufenden Corridor bis zum nächsten Tanz spazieren zu führen"[82].

Selbst die in Bremen bekannten Tänze wurden in ungewohnter Weise getanzt. Köper hatte seine Tänzerin auch in den Tanzpausen zu beglücken, in dem er ihr vom Büfett Essen und Trinken reichte. Er passte sich den geselligen Gepflogenheiten an und fühlte sich offenbar wohl dabei. Er empfand „Gemütlichkeit", wenn er in angenehmen Räumen mit netten Menschen in gute Stimmung geriet. Der Alltag in Übersee führte zur besonderen Sehnsucht nach „deutscher Gemütlichkeit" und wurde dadurch zu einem Topos in den Briefen aus Übersee. Mit „gemütlich" grenzten Bremer in Übersee spezifisch „Deutsches" von fremden „Wesensarten" ab.[83]

Manchmal verbreitete Köper Skandalgeschichten, die über indigene Frauen in der deutschen Kolonie kursierten, und berichtete von vermuteten Krankheiten:

> „Weibliche Schönheiten giebt es hier auch die Masse, aber leider heißt es hier: ‚Nicht rühr an', denn die meisten sind krank und erst vor acht Tagen haben wir einen jungen Deutschen, der sich dabei [!] was weggeholt hatte, zu Grabe getragen."[84]

Die eigene sexuelle Ambivalenz entstellte er zu Sensationsgeschichten. Friedrich Köper interessierte sich für entsprechende Verhältnisse in Chile, nachdem sein Freund Eberhard Noltenius Sexualität thematisiert hatte. „Du bist doch wohl nicht

---

che ganz niedlich sind und nach deren Weisen ich auch schon mal das Tanzbein geschwungen habe. [...] Dass das Tanzkränzchen nicht zu Stande gekommen ist, thut mir recht leid, wenn solche Vergnügungen so schwer zusammen zu bringen sind, müsst Ihr es so machen wie hier: Es kommen nämlich in irgend einem Hause durch Zufall einige zusammen, kriegen den Einfall zu tanzen, holen sich einige Freunde aus der Nachbarschaft, einen Orgelkasten und einige Flaschen Cognac (das beliebteste Damengetränk) und amüsieren sich damit bis zum andern Morgen."

80 Das Kaffee-Handelshaus S. Ascoli & Co. wurde 1870 durch Samuel Ascoli aus Hamburg gegründet. Eine Kaffeeplantage mit Namen „Germania" befand sich im Departement Zacapa; acht Handelsniederlassungen wurden in Guatemala eröffnet. In Hamburg etablierte sich 1895 ein Im- und Exportgeschäft S. Ascoli. Vgl. Katharina Trümper (1996): S. 71. – 1898 schickte Köper an Samuel Ascoli, Bergstraße 23, Hamburg, seine Verlobungsanzeige.

81 StAB 7,13-20.7: Friedrich Köper an seine Mutter, 5. August 1888. „Auf übermorgen sind E. Augener und ich auf einen großen Ball bei Ascoli (Deutscher) eingeladen, wo wir uns hoffentlich gut amüsieren werden. Die Frau ist eine Hiesige, doch sie stammt von deutschen Eltern, spricht aber nur spanisch, da sie hier geboren und erzogen wurde."

82 StAB 7,13-20.7: Friedrich Köper an seine Schwester Anna, 18. August 1888.

83 „Gemütlichkeit, eine kulturwissenschaftliche Annäherung", heißt die Habilitationsschrift von Brigitta Schmidt-Lauber (2003).

84 StAB 7,13-20.7: Friedrich Köper an Carl Storck, 11. September 1888.

bei einer hineingefallen?" lautete Köpers Nachfrage.[85] Indigene Frauen wurden verdächtigt, krank zu sein. Köper schrieb zwar nicht, von welchen Krankheiten sie befallen seien. Mit dem „Sich etwas wegholen" deutete er ansteckende Geschlechtskrankheiten an. Die vermuteten Geschlechtskrankheiten fielen ebenso negativ ins Gewicht wie hochprozentiger Alkohol, wenn er von Frauen konsumiert wurde. Manchmal hatte Köper nämlich verblüfft beobachtet, dass Guatemaltekas in krasser Differenz zu der ihm bekannten weiblichen Gewohnheit „gern Cognac tranken", ja, dass sie Cognac „liebten". Dagegen waren unter deutschen Frauen Bowle oder Sekt beliebte alkoholische Getränke. In Männergesellschaften wurden Bier und Schnaps getrunken. Wenn Fassbier aus Deutschland zur Verfügung stand, kam es manchmal zu einer „echten deutschen Kneiperei".

Köpers Darstellungen über indigene Menschen sind nicht geschlechtsneutral: Sie betreffen fast ausschließlich Frauen. Seine Wahrnehmungen richteten sich auf Inszenierungen ihrer Körperlichkeit. Gepuderte Gesichter lehnte er strikt ab, sie entsprachen nicht seinen moralischen und ästhetischen Vorstellungen von „natürlichen" Frauen. Mit Offenheit auftretende Frauen wirkten auf ihn kokett-aggressiv.

Die ausgewählten Textbeispiele aus Köpers Junggesellenzeit beruhen zum einen auf seinen Wahrnehmungen im Umgang mit indigenen Frauen, zum anderen sind sie Exempel für Vorwissen, kursierende Gerüchte, vermeintliche Skandale, Stereotypen und Alterität. Seine rassistische „Einteilung" der Indigenas nach Herkunft und Eigenschaften übernahm er aus Otto Stolls Reiseberichten. Dieser schrieb in seinem achten Kapitel über „die einheimischen Frauen und ihre Erziehung." Stoll klassifizierte die Frauen vornehmlich nach ihrer Hautfarbe: Weiß, Gelb, Kaffeebraun. Sehr selten seien sie „Weiß" mit „schwarzen, von prachtvollen Wimpern umsäumten Augen". Dieses Aussehen erwiese sich jedoch oft als „hohle Maske für ein ödes Nichts". Viele Frauen seien „hässlich und unappetitlich", was mit Schminke überdeckt würde.[86]

Köper hielt Distanz zu guatemaltekischen Frauen. Oft verstießen sie nach seinem Empfinden gegen die „guten deutschen Sitten". In seinen Beispielen führte er Spucken, „Saufen", Sexualität an. Beim Tanz ließ er sich auf ihre Nähe und auf kulturelle Grenzüberschreitung ein. Er machte mit, obwohl ihm das Tanzen im wörtlichen Sinne manchmal „spanisch" vorkam. Seine Emotionen schwankten zwischen Erregung und Befremden. Der Rhythmus der afro-karibischen Musik in Synkopen[87] brachte Hüftbewegungen beim Tanz hervor, die er nicht nur fremd, sondern auch als „unsittlich" wahrnahm. Er ließ sich zögernd auf exotisch-ungewisse Spielregeln ein, indem er sich nach Vorgabe der Tanzpartnerinnen bewegte. Besonders die körperlichen Wahrnehmungen beim Improvisieren von Tanzschritten und die Betonung von Erotik beim Tanzen führten ihn manchmal an Grenzen seines Anstandsempfindens. Köper projizierte auf das „andere" Geschlecht Vorstellungen von

---

85 StAB 7,13-20.7: Friedrich Köper an Eberhard Noltenius, 24. März 1888.
86 Otto Stoll (1886): S. 148-153. Solche Unterscheidungen werden in Meyers Konversationslexikon (1897) nicht gemacht. Die Mehrheit der 1,5 Millionen Einwohner waren „Eingeborene", knapp 400.000 Ladinos. Bd. 8. S. 53.
87 Ein besonderer Takt. Rhythmische Verschiebung durch Bindung eines unbetonten Wertes an den folgenden betonten Wert.

Fremdheit. Diese Bilder beinhalten Defizite in der eigenen Kultur. Die ihm vertrauten geordneten Walzer waren eher geeignet, erotische Gefühle zu verleugnen.[88]

EBERHARD NOLTENIUS berichtete seinen Eltern von einer großen Gesellschaft von über einhundert Personen in Valparaiso, zu der sein Arbeitgeber, die Firma Huth & Co., eingeladen hatte. Ihn beeindruckte die festliche Kleidung der Damen und Herren und er bedauerte, dass nicht mehr deutsche Frauen anwesend waren. Der größte Teil der Gesellschaft bestand aus Engländern.

> „Was Schönheit der Damen anbetrifft, so ziehe ich jedenfalls einen deutschen Ballsaal vor, denn von sämtlichen Tänzerinnen konnten nur <u>zwei</u> einigermaßen passabel genannt werden. Es wurde, wie es überhaupt in Chile Usus ist, auf Teppichen getanzt, was auch ganz gut geht, wenigstens kann man nicht fallen. In ganz Valparaiso existiert überhaupt nur ein Saal mit Parquetboden und dieser ist an eine Privatgesellschaft vermietet. Um 3 war das Klein Bier [!] aus. Ich habe mich ziemlich amüsiert, freilich war es nicht so, als wie in Bremerhaven auf den Familienkränzchen."[89]

An diesem Beispiel ist Eberhard Noltenius' Hinweis wichtig, dass diese Gesellschaft vorwiegend aus Engländern und wenigen Deutschen bestand. Entsprechend waren auch Deutsche im Kontor in der Minderheit, so dass Noltenius meistens Englisch sprach und kaum seine spanischen Sprachkenntnisse verbessern konnte.

Im Gegensatz zu dem exklusiven Tanzvergnügen der Firma Huth fanden sich anlässlich des chilenischen Nationalfestes im September 1887 gemischte Bevölkerungsgruppen zusammen. Die Bewohner der Stadt wurden aufgefordert, die Häuser mit Flaggen zu schmücken und sie zur Straßenseite zu illuminieren. Neben Militärmusik und -paraden, Akrobatik, Pferderennen und abendlichem Feuerwerk sollten Bootswettfahrten und Eselrennen ausgetragen werden. Eberhard Noltenius war als Beobachter und nicht als aktiver Teilnehmer dabei.[90]

> „Alles war in Bewegung, in den Zelten und auf Teppichen, die im Freien ausgebreitet waren, sah man Alt und Jung Quäcker tanzen, zu denen von einem alten Frauenzimmer, unter Gesangbegleitung einiger anderer, auf einer Guitarre aufgespielt wurde."[91]

Eberhard Noltenius stand am Rand und sah den Menschen beim Quäcker (oder Quaker[92]) zu. Dies ist ein religiös-ekstatischer Tanz, bei dem die Tänzer in „Schütteltrance" (to quake = zittern) geraten. Mit dieser fremden Tanzkultur und Musik war er nicht vertraut.

---

88 Dagegen verweist Fred Ritzel (2001) darauf, dass der Walzer im Hinblick auf Erotik in der historischen Entwicklung mithalten könne. S. 181.
89 Privatbriefe Noltenius: Eberhard Noltenius an seine Eltern, 7. Juli 1887.
90 Das Programm legte Noltenius seinem Brief vom 18. September 1887 bei.
91 Privatbriefe Noltenius: Eberhard Noltenius an seine Eltern, 1. Oktober 1887.
92 http://www.quacker.org. Zugriff: 21. August 2007.

Die zwanzigjährige MARIE OVERBECK aus Bremen nahm in Bahia an Tanzvergnügungen teil. Sie war um 1900 als ledige Frau an Festlichkeiten im Umkreis der
deutschen Botschaft und des Deutschen Vereins in Bahia eingeladen. Doch sie
fand keinen Gefallen an Tanzveranstaltungen in Übersee, die zu Ehren der deutschen Marineoffiziere im Deutschen Verein veranstaltet wurden. Zum einen besaß
sie kein Ballkleid, zum anderen war es kein Vergnügen, sich mit fremden, „langweiligen Herren schwindlig zu tanzen", die entweder betrunken waren oder sonst
„nichts taugten". Sie bemerkte, dass ihre rosa Seidenbluse beim Tanzen in der Hitze sehr gelitten hatte.

Anschließend nahm sie sich vor, an den bevorstehenden Festlichkeiten für den
„großen Kreuzer Vineta" nicht teilzunehmen. Zwei Jahre später, im Sommer 1906,
schrieb Marie Overbeck einen zwölf Seiten langen Brief an ihre Mutter und ihre
Schwestern. Darin schilderte sie, wie sehr sie vom Festprogramm für die Besatzung der „Bremen" in Bahia beansprucht worden war. Marie Overbeck lernte den
Kommandanten, den Arzt und einige Offiziere kennen. In ihrem Brief nannte sie
Namen und Dienstgrade der Deutschen. Sie fühlte sich offenbar als ein Mittelpunkt
des geselligen Geschehens: Sie nahm an einem „großen Ball", Gesellschaften beim
Konsul[93], Frühstück im Haus ihres Bruders, Diner, Ausflügen und einem Bordfest
mit jeweils alkoholisierten Offizieren teil. Als sie und einige andere Frauen den
„Kegelabend" der Männer im Club „stürmten", hörte Marie

> „aus den verschiedenen Ohs und Ahs der Männer ein ‚Um Gottes Willen, auch
> das noch; können die Mädels uns denn gar nicht zufrieden lassen.' Jedenfalls war
> das Tanzen, was jetzt anfing, geradezu eine Quälerei für die Herrn, die von 12
> Uhr mittags an getrunken hatten!"[94]

Nach der Abreise des Kriegsschiffs „Bremen" fiel Maries Resümee ernüchternd
aus. Rückblickend war ihr die Teilnahme an solchen Vergnügungen „fast selbstverständlich" geworden, aber es sei „viel Unsinn geschwatzt, Komplimente gemacht,
Liebenswürdigkeiten gesagt, wo man ehrlich ganz anders dachte" und die Männer
hätten „sich auf Kosten der kleinen Mädchen amüsiert, geflirtet u.s.w." Sie verglich
sich selbst mit den einheimischen Frauen: Die Männer hätten sich mit ihr

> „immer sehr ernst und vernünftig unterhalten", aber dem „Adjutant [...] haben die
> lustigen Brasilianerinnen mehr Spaß gemacht, ich kann's ihm auch nicht verden-
> ken, sie waren jedenfalls freundlicher und leichter zu unterhalten und zufrieden
> gestellt."[95]

Marie verzichtete an dieser Stelle auf Schilderungen zur Attraktivität der fremden
Frauen. Sie flüchtete sich in verständnisvolle Worte für das Verhalten deutscher

---

93   Konsul Dr. v. d. Heyde aus Bremen (1906 bis ca. 1910). Vgl. Wilhelm Overbeck (1923): S.
     121; S. 106-107.
94   StAB 7,500-B-81: Marie Overbeck an ihre Verwandten, 19. Juli 1906.
95   StAB 7,500-B-81 Marie Overbeck an ihre Verwandten, 19. Juli 1906.

Männer im „Alkoholrausch". Sie hätten alle zehn Tage ein ähnliches Festprogramm an den mittel- und südamerikanischen Stützpunkten durchzustehen.

Die Beispiele zeigten unterschiedlich gemischte Geschlechterverhältnisse. Bürger und Bürgerinnen aus Bremen blieben auf Distanz. Sie hatten die Warnungen vor Sexualität in den Tropen verinnerlicht.

3. Eheschließungen

Marie Smidt, Helene Noltenius, Tilly Köper, Hedwig Vietor,
Hedwig Kulenkampff

Bei ihrer Abreise aus Bremen ließen die jungen Kaufleute keine Bräute zurück. Aber sie träumten in Übersee von einer Ehefrau, die ihnen den Arbeitsaufenthalt in der Fremde erträglicher machen würde.[96] Sie hielten Kontakte zur Heimat aufrecht und verfolgten aus der Ferne, welche Paarbeziehungen sich aus dem Familien- und Bekanntenkreis entwickelten. Nachdem sie sich in ihrem Kaufmannsberuf bewährt und das nötige Kapital zur Gründung einer Familie erarbeitet hatten, kehrten sie zur Brautwerbung nach Bremen zurück. Ihre vorübergehende Heimkehr sprach sich herum und es wurden Empfänge und Ballvergnügungen organisiert.

Kaufleute machten einen Heiratsantrag und legten gegenüber den Eltern der Erwählten ihre Vermögensverhältnisse offen. Dagegen ließen sich ledige junge Frauen von eher romantischen und religiösen Beziehungsvorstellungen leiten.[97] Die Verlobungsringe waren das Symbol für Treue und die bildliche Darstellung „Glaube, Liebe, Hoffnung", die Tilly Meiners ihrem Verlobten zuschickte, war Sinnbild ihrer protestantisch-christlichen Werthaltung.[98] Etliche Überseekaufleute heirateten nach kurzer Verlobungszeit während eines Erholungsurlaubs oder Geschäftsbesuchs. Andere „sicherten" sich zunächst eine Verlobte und reisten anschließend nach Übersee ab. Zur Hochzeit fand sich der Bräutigam nach einigen Monaten wieder in Bremen ein.

Das Sexualleben – sexuelle Praktiken und Phantasien von Sexualität – war bis in die 1960er in bürgerlichen Kreisen ein Tabuthema.[99] In etlichen Briefquellen sind jedoch Hinweise zu finden, die Sexualität in Ehepaarbeziehungen zum Thema

---

96 StAB FB 697: Tagebuch Alfred Kulenkampff. S. 140.

97 In dieser Stimmung zeigte sich Tilly Meiners enttäuscht über den geschäftsmäßigen Briefstil ihres Verlobten. Danach gab sich Friedrich Köper Mühe, ihr zu gefallen und entschuldigte sich damit, dass er gewöhnlich nur mit Geschäftsbriefverkehr beschäftigt sei.

98 StAB 7,13: Friedrich Köper zum Erhalt des Geschenks von seiner Verlobten Tilly Meiners, 11. Juni 1898. Ein Kreuz versinnbildlichte den christlichen Glauben; das Herz die Liebe und die Hoffnung wurde als Anker dargestellt. „Nun aber bleibt Glaube, Hoffnung Liebe, diese drei; aber die Liebe ist die größte unter ihnen." 1. Korinther, 13, 13. Bibel (1996).

99 Gunilla-Friederike Budde (1994) stellte in ihrer Bürgertumsstudie fest, dass Sexualität auch in Autobiografien ein Tabuthema ist. S. 402. Ingeborg Weber-Kellermann (1982): „Keine ‚anständige' Hausfrau und Mutter berührte dieses Thema." S. 114. Norbert Elias (1992): S. 249, über Sexualität und „dichte Mauer[n] der Heimlichkeit" um Heranwachsende.

haben. Wenn wir die Quellen nach Verben durchschauen, werden die spezifisch weiblichen Ansichten markant. Die gewählten Adjektive sind jeweils als Empfindungen von Zustimmung und Ablehnung zu deuten. Nicht nur an der Anzahl der Kinder erkennen wir, dass Frauen nicht nur ihre Kinder stillten, sondern auch sexuelle Lüste – eigene und die ihres Ehemanns.[100] In manchmal deutlicher, häufig in versteckter Weise äußerten Bremerinnen eigene sexuelle Bedürfnisse („Sehnsucht"), Unzufriedenheit und Angst. Der Begriff Sehnsucht mit seinen Verbformen[101] findet in Frauenbriefen zwischen Bremen und Übersee häufig Verwendung.[102] Abstrakta wie Liebe, Treue und Vertrauen bringen zwischenmenschliche Vorstellungen zum Ausdruck, die als sensible Stimmungsbarometer gedeutet werden können.

Während indigene Tanzpartnerinnen in Übersee von Junggesellen als attraktiv und sexuell reizvoll geschildert wurden, suchten Bremer Kaufleute meistens nicht in Übersee, sondern in Bremen unter „ihresgleichen" nach einer Ehefrau. Aus bürgerlichen Paaren wurden Eheleute und „übers Jahr" Eltern. Bürgerliche Männer und Frauen wählten ihre Ehepartner in der Regel nach drei Kriterien, nämlich Herkunft, Geld/Rang und „Liebe" aus. Um 1900 war es noch üblich, dass Eltern Vorsorge trafen, dass sich die Paare „finden" konnten.[103]

Und wo lernten sich Paare zwecks späterer Heirat kennen? Nach Budde im Familien-, Freundeskreis oder in den Familien von Geschäftspartnern. In diesen sozialen Räumen fanden Festlichkeiten statt, zu deren Anlässen sich auch der Familiennachwuchs präsentierte. Andere Möglichkeiten boten sich während Bildungs- und Kurreisen sowie seit Ende des 19. Jahrhunderts bei Sportveranstaltungen. Als Verlobungszeit ermittelte Budde in Deutschland und England eine durchschnittliche Dauer von oft mehr als zwei Jahren, in denen die Braut ihre Aussteuer nähte und stickte.[104]

Das war unter Bremer Überseekaufleuten oft anders. Sie hatten es eilig, während ihres Erholungsurlaubs in Bremen eine Braut bzw. Ehefrau zu finden. Als Beispiele skizziere ich im Folgenden die Geschichte von fünf Paaren, die sich zwischen Bremen und Übersee begegneten, sich verlobten, Ehepaare und Eltern wurden. Es geht um die Darstellung von Orten der „Annäherungen", Verlobung, Heirat und Gründung von Familien.

MARIE SMIDT. Dr. Hermann Smidt, Richter in Bremen, machte 1860 seinen Sohn Johann Smidt auf eine potentielle Heiratskandidatin aufmerksam. Sie war Tochter

---

100 Auch Barbara Duden (1999) schaute ihre Quellen nach Verben durch. Sie ermittelte, was Akteure (Männer und Frauen) arbeiteten. Sie erfasste „Mühe, Plage, Schufterei von Frauen – das Heizen, Waschen, Putzen oder gar ihr Stillen von Hunger und Lüsten in vergangenen historischen Perioden." S. 66-74.

101 mdh. senen = sich härmen, liebend verlangen oder als zusammengesetzte Form „sehnende Liebe". Duden Etymologie (1997): S. 664.

102 Privatbriefe Noltenius: Helene Noltenius an ihren Mann, 7. März 1910. „Was nützt mir meine Sehnsucht und mein Trauern, ich krieg dich ja sobald noch nicht wieder, wenn du aber erst wieder hier bist, will ich mich den ganzen Tag freuen." 20. Mai 1910: „Oft setze ich mich ganz allein in den Garten und gucke mir alles an, lange dauert es allerdings nie, denn übermannt mich die Sehnsucht nach dir und ich schaffe mir Arbeit."

103 Gunilla-Friederike Budde (1994): S. 401f.

104 Gunilla-Friederike Budde (1994): S. 31-37.

eines aus Bremen stammenden Ehepaars in New York, zu dieser Zeit erst fünfzehn Jahre alt. Das Mädchen wurde im Stuttgarter Katharinenstift erzogen.[105] 1866
kam der Vater auf das Thema Eheschließung zurück. Johann Smidt reagierte darauf amüsiert:

> „Es macht mir Spaß, dass du so ernsthaft wünschst [im Brief Nr. 126/8], dass ich
> mich, wenn ich wieder nach dort komme verheiraten soll und mit einer Frau dem-
> nächst wieder hinaus gehen [nach Kalkutta]. Das ist alles ganz schön gesagt, aber
> nicht so leicht ausgeführt!"[106]

Johann erklärte seinem Vater, dass er zunächst 30.000 Taler verdient haben müsse,
ehe er ernsthaft an Heirat denken wolle. Für sich allein habe er jährliche Unkosten
von 2.000 Talern, für sich und eine Ehefrau wären wenigstens 6.000 Taler erforderlich, ohne dass damit eine besondere Haushaltsführung möglich sei. Er schätzte, er werde noch bis 1868 warten müssen. Marie Achelis und Johann Smidt lernten sich im Herbst 1868 in New York kennen. Sie verlobten sich vor Weihnachten 1868 und heirateten am 5. Januar 1869 in Brooklyn.[107] Anschließend reisten sie
nach Bremen ab, wollten einige Wochen in Bad Kissingen verbringen, um danach
nach Kalkutta aufzubrechen. Maries Schwangerschaft brachte diese Pläne durchei-
nander; das Ehepaar verschob die Abreise nach Übersee bis zum Herbst 1870. Unabhängig von einander schrieben Marie und Johann Smidt jeweils ihren Eltern über
ihre Emotionen und gegenseitigen Wertschätzungen: Johann schrieb seinem Vater,
dass Marie nach seiner „Ansicht alle Tage niedlicher wird und, wie ich mich gern
ausdrücke, küssiger"[108]. Marie berichtete ihrer Mutter ihr Ehemann sei in Bad Kissingen „ungemein beliebt"; er gelte dort als „interessantester Mann." Neben ihm
fühle sie sich manchmal wie „eine ganze Null"[109]. Während Johann die Attraktivität von Marie hervorhob, betonte Marie ihren Stolz, die Frau eines erfolgreichen
Überseekaufmanns geworden zu sein.

1870 gebar Marie einen Sohn in Bremen und einige Monate später reiste die
Familie nach Kalkutta ab. Der zweite Sohn Thomas kam 1871 in Kalkutta zur
Welt. Ende 1872 erlitt Marie in Kalkutta eine Fehlgeburt. Der Arzt „vertröstete"

---

105 Privatbriefe Smidt: Hermann Smidt an seinen Sohn Johann, 15. Juli 1860. „Sie ist auf der einen
Seite schon vollständig, dann auf der anderen noch ganz Kind, sieht sehr niedlich aus, und gefiel uns so wohl, dass ich sie mir als Schwiegertochter denken könnte."
106 Privatbriefe Smidt: Johann Smidt an seinen Vater, 22. Mai 1866.
107 Nach der Verlobung schrieb Johann Smidt: „Ich habe aber nichts mit Americanern hier, sondern
mit Deutschen zu thun, wenigstens mit Leuten, die deutsche Erziehung genossen und nur durch
langjährigen Aufenthalt Americanische Bürger geworden sind. Trotzdem aber vielleicht mehr
deutsch sind und denken wie z.B. mancher Bremer." Er bedauerte „die unglücklichen Braut-
leute", die länger als er auf die Heirat zu warten hätten. Privatbriefe Smidt: Johann Smidt an
seinen Vater, 24. Dezember 1868.
108 Privatbriefe Smidt: Johann Smidt an seinen Vater, 7. August 1869. Johann Smidt schrieb diesen
Brief aus New York, wo er Geschäftsbesuche zu machen hatte. Marie reiste mit, obwohl sie zu
dieser Zeit unter Schwangerschaftsbeschwerden litt. Da zur gleichen Zeit ihre Schwester Anni
Achelis und George Vietor in New York heirateten, wollte Marie sich wohl dieses Fest nicht entgehen lassen.
109 Privatbriefe Smidt: Marie Smidt an ihre Mutter aus Bad Kissingen, 2. Juli 1869.

Johann [!] auf die Zukunft.[110] Danach verließ die Familie Indien. Nach der Geburt einer Tochter im Sommer 1874 in Bremen, war Marie 1876 wieder schwanger. Sie schrieb ihrer Mutter rückblickend, sie sei „unangenehm überrascht und äußerst unzufrieden" gewesen, als sie sich „plötzlich in anderen Umständen fühlte." Anstelle sich zu freuen, wäre es ihr „nicht unlieb gewesen, wenn sich's wieder zerschlagen hätte"[111]. Demnach fühlte sich Marie von kurz aufeinander folgenden fünf Schwangerschaften und vier Geburten zwischen 1869 und 1876 erschöpft. Familienplanung bzw. Empfängnisverhütung beabsichtigte das Ehepaar offenbar nicht. Marie brachte 1878 und 1886 noch zwei weitere Kinder zur Welt.

Helene Kalm, ihr Vater, der Gymnasiallehrer Eduard Kalm als gesetzlicher Vertreter, und Eberhard Noltenius hatten 1890 einen notariellen Ehevertrag geschlossen.[112] Helene war zu der Zeit fünfzehn, Eberhard Noltenius fünfundzwanzig Jahre alt. Erst 1898 lernte sich das Paar in Bremerhaven auf dem Hochzeitsball einer Freundin näher kennen. Die offizielle Verlobung und anschließende Heirat fanden kurz vor der Abreise nach Guatemala statt. Über ihre Begegnung mit Eberhard Noltenius in Bremerhaven schrieb Helene Noltenius rückblickend:

> „Gott sei Dank, dass ich mir den ,Amerikaner Nolte' geangelt habe. Und wie gelungen, als Eberhard damals nach Bremerhaven kam, ich kannte ihn und Euch alle ja noch wenig. Ich sagte immer zu den Freundinnen: Der Amerikaner Nolte kommt, grüßt nur Frau Noltenius recht freundlich, dann kommt ihr mit nach Guatemala. – Später, nach dem ersten Ball mit Eberhard, lernte ich mal Frau Barefeldt bei Remmlers kennen und sagte: Ich finde den älteren Noltenius viel netter wie den Rechtsanwalt (Eduard). Ich glaube, da saß der kleine Mann schon so ein bissel in meinem Herzen drin, aber dass das Leben mit ihm zusammen ein so entzückendes wäre, wie es ist, habe ich mir damals doch nicht träumen las-

---

110 Privatbriefe Smidt: Johann Smidt an seinen Vater, 4. Oktober 1872: „Heute muss ich Dir leider berichten, dass uns die Hoffnung auf ein drittes Kindchen wieder genommen ist. Marie hat noch sehr leiden müssen, ist jetzt jedoch Gott sei Dank auf der Besserung, liegt noch zu Bett und ist schwach, hoffentlich erholt sie sich rasch. Sie hat eine Frau zur Pflege." – 29. November 1872: „Mit Marie geht es nur langsam oder eigentlich gar nicht besser, denn seit dem Mißwerfen [!] hat ihr Unwohlsein nicht aufgehört. Unser Arzt gibt ihr Stahltropfen u. Pillen, ohne dass es hilft. Er vertröstet mich auf die Zukunft. [...] Ein Glück, dass [wir] in den nächsten 8 Tagen die Kisten mit Schinken, durch Mutter gekauft, erwarten [können]. Das ist wenigstens, was sie mag und dabei nahrhaft ist."

111 Privatbriefe Smidt: Marie Smidt an ihre Mutter, 3. August 1876. Nach der Geburt ihrer Tochter machte sie sich Vorwürfe: Sie hatte sich sogar während der Schwangerschaft „eingebildet", solche Gedanken würden sich rächen („vergolten").

112 StAB 7,67-54 Konvolut Noltenius: Ehevertrag vom 10. Januar 1890. „Geschehen zu Bremerhaven, im Jahre Achtzehnhundertundneunzig, den 10. Januar. Vor mir, dem unterzeichneten, hiesigen öffentlichen Notar Doctor juris Nicolaus Christian Georg Claussen und uns, den beiden mitunterzeichneten, zu diesem Acte besonders erbetenen Zeugen, hiesigen Bürgern, Bandagist Heinrich Wilhelm Franz und Schutzmann Johann Christian Wilhelm Meyer, erschien heute der Kaufmann Johann Eberhard Noltenius zu Guatemala, z.Zt. wohnhaft in Bremerhaven und das Fräulein Helene Kalm, letztere im Beistande und unter Zustimmung ihres Vaters, des Gymnasiallehrers Edmund Kalm zu Bremerhaven und erklärten, vor Eingehung der Ehe den nachstehenden Ehe- und Erbvertrag abschließen zu wollen [...]." Genaue Modalitäten (Vermögen, Mitgift usw.) enthält dieses Schriftstück nicht.

sen, sonst hätte ich wohl auf die Frage: Wollen Sie mit nach Guatemala ein viel stürmischeres ‚Ja' hervorgebracht."[113]

Demnach scheint den Familien Kalm und Noltenius in Bremerhaven eine Überraschung gelungen zu sein. Helene inszenierte sich retrospektiv als „wissender" Mittelpunkt in „unwissenden" Gesellschaftskreisen. Eberhard Noltenius und Helene Kalm verlobten sich am 12. Dezember 1898 und heirateten am 11. Januar 1899 in Bremerhaven. Der Überraschungseffekt wirkte bis in die deutsche Kolonie Guatemalas. Eberhard Noltenius war nach Bremen abgereist, ohne seinen Teilhaber über seine Heiratspläne zu informieren. Als Friedrich Köper von der Heirat erfuhr, fragte er sich, wer die Auserwählte seines Kompagnons sein würde.[114] Ausschnitte aus dem Ehe- und Familienleben von Helene und Eberhard Noltenius in Guatemala und Bremen sind zahlreichen Korrespondenzen zu entnehmen. Das Aufheben dieser Briefe scheint für beide Seiten wichtig gewesen zu sein. Sie wurden nicht für Familiennachkommen oder andere spätere Leser „gereinigt", so wie es teilweise in anderen Briefquellen zu bemerken ist.

Tilly Köper lernte Weihnachten 1898 ihren späteren Mann Friedrich Köper, der sich zu einem Erholungsurlaub in Bremerhaven aufhielt, auf einer Hochzeitsfeier im Bekanntenkreis kennen. Tillys Mutter stimmte der „heimlichen" Verlobung zu. Da Tillys Vater Anfang November 1898 gestorben war, konnten in der Trauerzeit weder Verlobung noch Hochzeit gefeiert werden. Der Bräutigam reiste Anfang Januar 1899 nach Guatemala ab. Unklar unter den Verlobten war, wann die Verlobungsringe getragen werden sollten. Friedrich Köper schrieb:

> „Der wahre Feier- und Erinnerungstag bleibt für uns doch immer der Sylvesterabend und wie mir scheint, bist du auch der Ansicht, dass dieses Datum unsere Ringe tragen sollen. [...] Den Trauring habe ich noch nicht angesteckt. Ich habe mir bei reichlicher Überlegung gesagt, dass das bei den vielen und leichten Beziehungen herüber und hinüber evtl. Dir nur Nachreden einbringen könnte; meinen näheren Bekannten habe ich natürlich ohne Namen zu nennen im Vertrauen Mittheilung gemacht von meiner Verlobung. Ich muß nun nächsten Sonntag bei einigen Familien noch Besuche machen, dann wird der Ring noch nicht glänzen, aber am Montag werde ich ihn dann aufsetzen, um ihn nicht wieder herunter zu nehmen. Ein von Europa Angekommener wird ja immer von allen Seiten mit neugierigen Augen betrachtet, und es ist gut, müßigen Fragen aus dem Wege zu gehen. Am Montag werde ich eine kleine Reise über Land machen müssen und wenn ich

---

113 Privatbriefe Noltenius: Helene Noltenius an ihre Schwiegermutter, 30. Dezember 1901.

114 StAB 7,13-24.7: Friedrich Köper an seine Braut, 7. Januar 1899: „Endlich bekomme ich von drüben die Nachricht, wer meine zukünftige Theilhaberin werden wird und ich kann Dir wohl sagen, dass ich mich wirklich gefreut habe, dass es eine Bremerhavenerin und sogar eine Freundin von Dir sein wird. Das ist ja herrlich, und da du und Helene Kalm gut miteinander auskommt, so sehe ich schon im Geiste unseren freundschaftlichen Verkehr hier in Guatemala gedeihen und verspreche mir sehr viel davon. Ich kenne ja Helene Kalm nicht näher, aber Deine Empfehlung genügt mir [...]. Ich finde es eigentlich nicht sehr nett, dass Herr Noltenius vergessen hatte, mir im Cabel nicht gleich den Namen mit aufzugeben. En fin jetzt freut es mich, dass es keine Fremde, sondern eine Bekannte von uns ist, das wird für Dich ja später umso angenehmer sein."

dann mit einem Ring am Finger zurückkomme, wird man nicht viel fragen. Deine beiden Ringe, welche Du mir geschenkt hast, trage ich als Andenken, an dich und Deine Liebe immer bei mir."[115]

Tilly feierte im April 1899 in Bremerhaven ohne ihren Bräutigam offizielle Verlobung. Das Paar heiratete am 15. Juni 1899 in Bremerhaven. Dazu schrieb Köper rückblickend einen Satz: „Ich reiste noch mal nach Europa und verheiratete mich"[116]. Dieses Beispiel zeigt, dass in Lebenserinnerungen eines Kaufmanns kaum substantielle Hinweise auf die Paarbeziehung zu finden sind, während in Privatbriefen Spezifisches dokumentiert wurde. Am 20. Juli 1899 reisten Friedrich und Tilly Köper auf dem Dampfer „Königin Luise" über New York nach Guatemala ab. Tilly Köper brachte zwischen 1900 und 1907 drei Mädchen und einen Knaben in Guatemala zur Welt. Die Gründe für Tillys Widerstand (1904/05), weitere Kinder in Guatemala zu gebären, wurden bereits diskutiert.[117]

Bezüglich des Geschlechts der Neugeborenen ist anzumerken, dass es Müttern weniger wichtig als den Vätern war. Zwar häkelte und stickte Tilly in Blau[118] für ihr erstes Kind [ein Mädchen], während Helene Noltenius in Rosa für den Erstgeborenen handarbeitete. Beide Frauen zeigten sich erleichtert, wenn sie Schwangerschaft und Geburt überstanden und ein gesundes Kind geboren hatten. Dies galt wohl besonders für ihre Aufenthalte in Übersee. – Friedrich Köper und viele andere Väter sahen in der Geburt eines Knaben ein besonders Zeichen eigener Männlichkeit. Außerdem „brauchten" sie einen Stammhalter als Geschäftsnachfolger. Dazu enthält der Briefwechsel zwischen Friedrich Köper und seinem Vater ab 1900 Beispiele. Nach der Geburt von drei Mädchen, brachte Tilly 1907 „endlich" einen Knaben zur Welt.[119]

HEDWIG VIETOR. Die achtzehnjährige Hedwig Augener und der Afrikakaufmann Johann Karl Vietor lernten sich 1893 während seines Erholungsurlaubs in Bremen kennen. Zwei Jahre zuvor hatte Vietor das Foto seiner späteren Frau häufig heimlich auf dem Schreibtisch seines kaufmännischen Mitarbeiters Otto Augener in Afrika betrachtet und beschlossen, Hedwig zu heiraten. In Afrika formulierte Vietor 1893 an Hedwigs Mutter, Meta Augener (1841-1932), einen Heiratsantrag. In seinem Brief legte er seine Vermögensverhältnissen offen: Er hatte am 1. Oktober 1892 40.000 Mark Bargeld, war schuldenfrei, die Faktorei in Grand Popo war 20.000, die Kaffeeplantagen 10.000 Mark wert. Vietor betonte, dass er versuche,

---

115 StAB 7,13-23-7: Friedrich Köper an seine Braut, 5. Februar 1898.
116 StAB 7,13: Köper, Lebenserinnerungen, 1. Februar 1945, S. 29.
117 StAB 7,13-25.8: Friedrich Köper an seine Frau, 21. November 1904. – Zur „Gebärstreik"-Debatte vor dem Ersten Weltkrieg: Anna A. Bergmann (1986). Frauen provozierten nicht nur ihre Ehemänner mit einer ‚subversiven' Einstellung zu Geburtenkontrolle. Politiker und Mediziner charakterisierten das Phänomen als „Willkür". Sie wetterten gegen die „Intellektualisierung" der Frauen. – Zum Geburtenrückgang: Monatsberichte und Mitteilungen des Bremischen Statistischen Amts. 1902-1912, jeweils S. 8. Die Geburtszahlen in dem Zeitraum zwischen 1902 und 1912 pendelten zwischen 590 (1902), 683 (1909) und 624 (1912).
118 StAB 7,13: Tilly Köper an ihre Mutter, 25. Juni 1900.
119 Literatur: Jürgen Martschukat; Olaf Stieglitz (2005): Es ist ein Junge! – StAB 7,13-26.8: Friedrich Köper an seine Mutter, 21. August 1907. „Ein Sonntagskind! Endlich ein Junge!"

„aufrecht vor Gott zu wandeln" und bat Hedwigs Mutter um Zustimmung. Diesen Heiratsantrag schickte Vietor nicht ab, aber er bewahrte ihn auf.[120] Hedwig Augener und Karl Johann Vietor verlobten sich im Herbst 1893 und heirateten Anfang 1894 in Bremen. Im Sommer 1894 begann Vietor eine mehrmonatige Geschäftsreise nach Westafrika. Bis zu seiner Rückkehr hatte Hedwig Vietor ihre erste Tochter geboren. Bei diesem Beispiel ist der Altersunterschied des Paares von vierzehn Jahren auffällig. Vietor, der einer Pastoren- und Kaufmannsfamilie entstammte, heiratete die einzige Tochter einer Kaufmannswitwe. Es ist nicht bekannt, ob Hedwig nach dem Tod ihres Vaters vermögend war. Nach den Quellen scheint Vietor seine Wahl aus „Verliebtheit" getroffen zu haben.

HEDWIG KULENKAMPFF. Der Afrikakaufmann Alfred Kulenkampff begleitete während seines Erholungsurlaubs im Herbst 1911 seine Schwester Ilse in den Harz. Diese besuchte dort ihre Freundin Hedwig, in die sich Alfred Kulenkampff verliebte. Die Familien in Bremen und Zoppot wurden über die Heiratsabsichten informiert. Alfred Kulenkampff machte einen Besuch bei den Brauteltern von Seydlitz-Kurzbach. Anschließend stellte er seine Verlobte seinen Eltern in Bremen vor. Am 20. Oktober 1911 wurde Verlobung gefeiert.[121] Alfred Kulenkampff reiste Anfang November 1911 wieder nach Afrika ab. Es wurde vereinbart, dass drei Monate später auf „halbem Weg" zwischen Bremen und Lomé/Westafrika in Santa Cruz/Teneriffa geheiratet werden sollte.

Während ihrer kurzen Verlobungszeit schrieb Hedwig von Seydlitz-Kurzbach Briefe an ihre Schwester Herta („Hell"). Sie war fast „sprachlos" vor Glück und konnte die Realität („Tatsächlichkeit") nicht fassen:

> „Hell – mein, ich weiß nichts zu sagen, als dass der Mohr[122] und ich Dich grüßen."[123]

Drei Tage später schrieb sie etwas ausführlicher:

> „Wir sind eins – mein Mohr und ich – nie ist man mehr allein. Ach, liebste Hell – jedes Wort, was ich drüber sage, scheint mir so brutal."[124]

Das Paar heiratete wie geplant am 7. Februar 1912 im Bremischen Konsulat in Santa Cruz/Teneriffa. Der bremische Konsul Ahlers nahm die zivile Trauung vor, die kirchliche wurde von einem englischen Pfarrer zelebriert und fand in der kleinen Kirche S. Francisco statt.[125] Die Hochzeitsgesellschaft wohnte in dem vornehmen

---

120 Privatbriefe Vietor: J.K. Vietor aus Klein Popo an seine Schwiegermutter, 5. Februar 1893; zum Heiratsantrag: J.K. Vietor an seine Frau, 27. August 1895.

121 Privatquellen Kulenkampff: Tagebuch Friederike Kulenkampff, S. 158.

122 So nannte sie ihren Verlobten und spielte damit auf seinen dunklen Teint und seine Arbeit in Afrika an.

123 Privatbriefe Kulenkampff: Hedwig Kulenkampff an ihre Schwester Herta („Hell"), 23. Oktober 1911. „... Morgen fahren wir zusammen zu den Eltern, dann nach Bremen. Deine Hedel und Alfred Kulenkampff [seine Unterschrift]. Ich schreibe Dir bald ausführlich."

124 Privatbriefe Kulenkampff: Hedwig Kulenkampff an ihre Schwester Herta, 26. Oktober 1911.

125 Privatquellen Kulenkampff: Tagebuch Friederike Kulenkampff, S. 173.

Hotel Quissisana in Santa Cruz, das auf einer Anhöhe oberhalb des Meeres lag. Aus Bremen waren Friederike und Ilse Kulenkampff – Mutter und Schwester des Bräutigams – und aus Zoppot Generalleutnant Alexander von Seydlitz-Kurzbach und Frau Helene, geb. von Guenther, die Eltern der Braut, angereist. Nach der Hochzeit brachen Alfred und Hedwig Kulenkampff nach Lomé/Westafrika auf. 1913 brachte Hedwig Kulenkampff in Lomé ihren ersten Sohn zur Welt. Danach folgten weitere fünf Töchter und vier Söhne, die in Bremen und Südwestafrika geboren wurden. – Hedwig und Alfred Kulenkampff entschieden sich sehr kurzfristig für die Eheschließung. Es ist bemerkenswert, dass Hedwig Kulenkampff einfache sprachliche Formen für die eigene „Verwirrtheit" fand. Sie wollte ihren unverheirateten Schwestern mitteilen, sie sei verliebt und werde heiraten. Der Beginn dieser Beziehung ist als „Liebesehe" anzusehen, wobei der familiäre Hintergrund der Braut wohl kaum eine Rolle gespielt haben wird. Kulenkampff lernte seine Braut kennen, als sie ihren Beruf als Gärtnerin ausübte.

4.   Frauenthemen

Sexualität als „Arbeit": Schwangerschaft, Geburt, Wochenbett

In Korrespondenzen zwischen Töchtern und ihren Müttern wurde das Geschlechterverhältnis oft mit dem Begriff „Dankbarkeit" verklärt. Eheleute fassten Sexualität und Elternschaft manchmal als „Heiliges" oder Glück auf. Zur Umschreibung von Tabuthemen wählten sie Metaphern. Die folgenden Beispiele verdeutlichen die Einstellungen der Bürgerinnen zu geschlechtlichen Themen.

Zur eigenen Sexualität gab sich Helene Noltenius ihrem Mann gegenüber burschikos. In Guatemala schrieb sie ihm als junge Ehefrau flüchtige Mitteilungen, die sie ihm ins Kontor bringen ließ. Die Schriftstücke im Zettelformat betrafen ihren Alltag als Hausfrau, Bitten um Geld und sehnsuchtsvolle Gedanken an ihn. In den ersten Jahren in Übersee waren die Eheleute häufig getrennt, da Eberhard Noltenius ein Filialgeschäft an der Küste aufbaute. Auch aus dieser Zeit wurden zahlreiche Briefe von Helene Noltenius überliefert. Eberhard Noltenius bewahrte ihre Briefe auf und auch von seinen Gegenbriefen blieben viele erhalten. Von Helene Noltenius' Zettelbotschaften war schon im Abschnitt Haushaltsökonomie die Rede. Doch

---

„Ilse holte um ½ 10 Frau Ahlers ab, um die Kirche zu schmücken mit weißen und rosa Geranien mit Grün. Die Tafel war im gemütlichen Salon gedeckt. Ilse vollendete den Schmuck, ehe wir zum Anziehen hinaufgingen. Vor Alfred und Hedel hatte ich Vaters, vor Ilse Alberts, vor mir Linas Bild hingestellt [Damit gedachte sie der nicht anwesenden Familienmitglieder.] Meine Frisur gelang mir sehr gut. Hedel sah sowohl Mittwoch bei der Civiltrauung im weißen Kostüm mit großem Panama mit weißem Mull, als auch in Kranz und Schleier, mit dem sie Ilse geschmückt hatte, entzückend berückend aus. Um ¼ vor 12 standen die Wagen vor der Tür, Ilse ging Blumen streuend dem Brautpaar voran. Die englische Trauungsformel ist ja etwas eintönig, aber es war doch sehr herrlich. Die Klänge des Hochzeitsmarsches begrüßend uns beim Eintritt in die Kapelle. Nach der Ceremonie, bei der das Brautpaar brav antwortete und auch Herr v. S. zur rechten Zeit sein: „I do" sagte, hat uns Mr. Budworth photographiert, erst die ganze Gesellschaft ohne ihn, dann mit ihm, dann die Familie, schließlich das Paar. Im gemütlichen Wohnzimmer aßen wir. Der Tisch war von Ilse sehr hübsch geschmückt."

sie schrieb darin auch über Sexualität. Als Metapher für Erotik und Geschlechts-
akt wählte sie den Begriff „Arbeit" oder Formen des Verbs „arbeiten"[126]. Sie fügte Zeit-Adverbien, wie „demnächst"; „baldigst", „gleich", „nachher"; „dann" usw.
hinzu. Dazu wählte sie Adjektive („herzhaft"; „energisch"; „famos"), die Aktivität und lustvolles Empfinden unterstrichen. In ihrer Vorfreude auf sexuelle Intimität war sie bereit, durch Trennung Versäumtes „nachzuholen". Sie vermisste ihren
Mann und stellte nach seiner Abreise fest, dass sie keinen „Abschied" zusammen
gefeiert hätten. Damit deutete sie an, dass sie sich ohne Geschlechtsverkehr für einige Zeit getrennt hatten.[127]

Nach Lakoff/Johnson[128] bestimmen Metaphern unsere Wahrnehmungen, unser Denken und Handeln. Metaphern sind aber nicht rein sprachliche Phänomene. Sie werden nach unterschiedlichen Konzepten und kulturellen Vorgaben als Übertragungen
in die Sprache aufgenommen. Das Konzeptsystem kann z.B. von Raumorientierung
(hier – dort – drüben) oder wie im Beispiel von Erfahrungen (Arbeit/arbeiten; Ab-
schied/verabschieden) ausgehen. Im Fall von Sexualität und Erotik tritt „Arbeit"
als semantische Korrelation auf.

Ende 1898 verlobten sich Friedrich Köper und Tilly Meiners in Bremerhaven. Danach reiste der Bräutigam nach Guatemala ab und schrieb ihr:

> „Mit meinen Gedanken und Herzen bin ich immer bei Dir, meiner einziglieben
> Tilly. Das glückliche Bewusstsein Deiner treuen Liebe macht mich stark und die
> Hoffnung auf unsere baldige Vereinigung setzt mich über manches hinweg. – Es
> ist auch eigentlich gar nicht anders zu erwarten, dass ich jetzt mich so alleine füh-
> le. [...] zum Schlusse konnte ich mir noch das Glück meines Lebens, Deine Liebe
> und Deine Treue erwerben. War das nicht etwas zu viel Glück auf einmal?"[129]

Dieser kurze Textausschnitt wird von abstrakten Begriffen wie Glück, Liebe, Treue
und Hoffnung bestimmt. Die Akteure lernten sich kurz vor Friedrich Köpers Abreise kennen. Sie waren beide Gäste eines Hochzeitsfestes in Bremerhaven. Dieses
zufällige Zusammentreffen personifizierte Köper als „Glück meines Lebens". Die

---

126 „Bearbeiten". Privatquellen Noltenius: Die „Zettelbotschaften" sind undatiert und befinden sich
 in einem kleinen blauen Umschlag. „Hätte ich dich doch gleich hier, um dich herzhaft bearbeiten zu können. – Ich bin ganz betrübt." – Einmal besuchte Helene Noltenius mit ihrem ältesten
 Sohn Bekannte außerhalb von Guatemala. Von dort schrieb sie ihrem Mann: „Hätte ich Dich nur
 mit hier, mein einzigster Bumser [...]. So ne Trennung vom kleinen Mann ist doch schwierig,
 da ich's aber selbst gewollt habe, will ich auch nicht stöhnen. Ich hole Alles nach und bearbeite
 dich nachher in Guatemala – ja? Du süßer Mann." Privatbriefe Noltenius: Helene Noltenius
 an ihren Mann, 11. Juli 1902. – „Freue dich auf meine demnächstige Bearbeitung, je länger du
 wegbleibst, je doller wird sie." Privatbriefe Noltenius: Helene Noltenius an ihren Mann, 14.
 Dezember 1907.
127 Helene Noltenius erwartete etwa acht Wochen später ihr fünftes Kind und schrieb: „Weißt Du
 wohl, dass wir gestern gar keinen Abschied gefeiert haben? Das hat mich die Nacht auch gar
 nicht zur Ruhe kommen lassen, erst dachte ich immer, ich wäre Dir doch wohl zu widerlich
 momentan, bis ich mir denn mit Gewalt eingeredet hatte, dass Du wohl sehr müde wärest."
 Privatbriefe Noltenius: Helene Noltenius an ihren Mann, 6. Januar 1908.
128 George Lakoff; Mark Johnson (1998).
129 StAB 7,13-23.7: Friedrich Köper an seine Verlobte Tilly Meiners, 5. Februar 1898.

Vorstellung von „baldiger Vereinigung" ist semantisch nicht eindeutig zu fassen. Vermutlich ist mit „Vereinigung" Eheschließung und Gründung einer Familie gemeint. Die „baldige Vereinigung" sollte das Getrenntsein beenden. In Verbindung mit den Abstrakta Liebe und Glück ist wohl auch körperliche Vereinigung gemeint.

Tilly Köper umschrieb in ihren Briefen an ihre Mutter eheliche Erotik und Sexualität abstrakt mit Metaphern der Dankbarkeit. „Gemeinsames Lachen" als Ausdruck von Übereinstimmung oder gar Sinnlichkeit äußerte sie selten. Für sich selbst wählte sie häufig „Verkleinerungsformen"[130] („Klein-Tilly") und bezeichnete auch ihren Mann – wohl in zärtlichen, dankbaren Stimmungen – als „mein kleiner Fed" oder „mein guter Mann", dem sie es in der Häuslichkeit „nett" machte, was er „dankbar" annahm. Umgekehrt war Tilly ihm dankbar: Er sorge und mühe sich „so lieb" um sie; er sei „ein rücksichtsvoller Mann". Sie schrieb:

> „Ich weiß was es heißt, wenn man einen Mann besitzt, der so lieb, zart und treu ist und nur für seine Frau lebt und strebt. [...] Du hast recht, wenn du sagst, mein Fed verwöhnt mich, aber ich gehöre auch nicht zu den Frauen, die solches nicht vertragen können, im Gegenteil, ich weiß es meinem Fed [durch] doppelte Liebe zu danken."[131]

Sie vergaß nicht, „dankbar für alles" zu sein. Sie war sich seiner Liebe, Zärtlichkeit, Treue und „Strebsamkeit" sicher. Wenn Tilly in ihren Briefen an ihre Mutter und Geschwister von ihrer Beziehung zu ihrem Mann schrieb, nannte sie ihn „Prachtmann" und fügte hinzu – fast ihr Schwärmen entschuldigend – „Bitte lacht nicht, es ist wirklich wahr"[132]. Sie war bereits siebenundzwanzig Jahre alt und freute sich über ihr „Glück", verheiratet zu sein.[133] Auffallend sind in den Textauszügen beider Ehepartner die Formulierungsmuster aus der Kaufmannssprache: Der Kaufmann und Ehemann „erwarb" die Liebe und Treue seiner Verlobten, während sich Tilly Köper über ihren „Besitz", den strebsamen Ehemann, dankbar zeigte.

Im Januar 1900 gebar Tilly ein Mädchen. Ihrer „weiblichen Rolle" kam sie auch 1902 mit der Geburt einer zweiten Tochter und 1905 einer dritten nach. „Der erwünschte Junge wird ja wohl <u>später</u> einmal kommen"[134], schrieb Köper. Auch der Großvater in Bremen spielte auf das Geschlecht des zukünftigen Kindes an, nachdem er 1905 ein Foto von der kleinen Gerda erhalten hatte. Die nicht erfüllte Hoffnung auf ein männliches Enkelkind und den fehlenden Penis umschrieb er mit folgenden Worten:

> „Ein anscheinend kräftiges Kind, welches hätte auch [ebenso] gut einen Semikolon tragen können."[135]

---

130 StAB 7,13: Tilly Köper an ihre Verwandten, 15. und 17. August 1899.
131 StAB 7,13: Tilly Köper an ihre Mutter, 18. Februar 1900.
132 StAB 7,13: Tilly Köper an ihre Verwandten, 23. August 1899.
133 StAB 7,13: Tilly Köper an ihre Verwandten, 22. September 1899. „Ein hartes Wort habe ich noch nie von meinem Fed gehört, und könnte mir auch gar nicht denken, ein solches je aus seinem Worte zu vernehmen. Ich sehe nun Jonny lachen, aber das beirrt mich nicht, böser Bruder!"
134 StAB 7,13-25.8: Friedrich Köper an seine Eltern, 24. Mai 1905.
135 StAB 7,13-2: Gerhard Köper an seinen Sohn Friedrich, 2. Januar 1906.

Friedrich Köper verband Ehestand und damit auch Sexualität mit Vorstellungen von „Heiligkeit". Er sah sich in der Verantwortung, für die Zeugung von Nachkommen, insbesondere eines Knaben zu sorgen. In seinen Vorstellungen war Elternschaft das „Heiligste" einer Ehe.[136] Der weibliche „Beruf" als Mutter sei ihm „heilig" wie auch etwa dem Dichter Goethe, der „überreichen Segen und Heiligkeit" über Mütter „ausgieße"[137].

Bürgerliche Ehefrauen wählten „Glück" und „Dankbarkeit" als Ausdruck ihrer „höchsten" Gefühle, die auch die eigene Sexualität einschlossen. Sie sahen sich im „Ehe-Glück" und waren in ihren Glücksvorstellungen abhängig vom Ehemann. Zu diesem Glück gehörten Vorstellungen, dass Hoffnungen und Wünsche als Ehefrau anders als im Ledigenstand in Erfüllung gehen würden. Sie machten in Übersee besondere Erfahrungen: Reisten in die Ferne, stillten ihre Abenteuerlust, freuten sich, einen eigenen Hausstand unter extremen Bedingungen in der Fremde gründen zu können und standen in Familien- und Bekanntenkreisen im Mittelpunkt des Interesses. Frauen waren glücklich und dankbar, wenn sie ihren Müttern von störungsfreien Gemeinsamkeiten ihres Ehe- und Familienlebens berichten konnten. Aufgrund ihrer bürgerlichen Erziehung war es Frauen schwer möglich, für sich unabhängige Rollen zu denken oder anzustreben.

In den Briefquellen von HEDWIG VIETOR sind Konnotationen zwischen Sexualität und Religion auffällig. Die Bremerin machte ihr Missfallen über das „Männergerede" über Sex deutlich. Ihre eigene Sinnlichkeit und eheliche Sexualität bezeichnete Hedwig Vietor als Zärtlichkeit, ausgedrückt mit dem Adjektiv „zart". Hedwig und J.K. Vietor zeigten sich manchmal vom ständigen Korrespondieren angestrengt, wenn sie monatelang Trennungszeiten schriftlich überbrückten. In ihren Briefen reflektierten die Eheleute über ihre Beziehung. Dabei gingen sie nicht immer „liebenswürdig" vor. Sie warfen sich wechselseitig einen, „geschäftsmäßigen" oder „strengen" Briefstil vor, dabei ersehnten sie „zarte" Worte, Erwartungen, die sich nicht immer erfüllten.[138] Doch am Briefende standen versöhnliche Töne.[139] Wenn sich Vietors Reisen dem Ende zuneigten, erwarteten sie sich beide ungeduldig. Hedwig malte sich das Wiedersehen aus und wollte sich

---

136 StAB 7,13-24.7: Friedrich Köper an seine Braut Tilly Meiners, 27. August 1898. „Ich halte die Ehe auch für etwas Ernstes und Heiliges, als wie bloßes Zusammenleben."

137 StAB 7,13-24.7: Friedrich Köper an seine Frau, 21. November 1904. „Genießen macht gemein, sagt Göthe, der mit seinen Aussprüchen fast immer das Richtige trifft. Wir leben, um uns zu vervollkommnen, immer mehr zu verbessern, die Menschheit weiter zu entwickeln, unsere Kinder zu erziehen und zu vervollkommnen und so in fortlaufender Kette der Entwicklung immer mehr nach dem Wege des Lichtes der Gottähnlichkeit entgegen zu gehen. Ein Ideal, ein Traumbild, aber des Erstrebens wert." – „Heiligkeit der Ehe": Rebekka Habermas (2000): S. 399.

138 „Der Brief ist so furchtbar geschäftsmäßig abgefasst, auch so „streng", ich kann es nicht anders ausdrücken. [...] Wie gern hätte ich mal so einen zarten, niedlichen Brief zum Trost von dir gehabt, und nun schreibst du böser Mann, ich wäre ein dummer, alter munkey und dergleichen. Ist das nun wohl das Rechte, ein wirkliches Verständnis für deine Frau?" Privatbriefe Vietor: Hedwig Vietor an ihren Mann, 18. September 1897.

139 „Ich will von dir nichts, als dass du mich liebst und mich glücklich machst und Herz, ich will dich lieben, wie ich es tue und wie ich nur kann und auch so recht zart mit dir umgehen. Doch, das ist ein schöner Schluss. In herzlicher Liebe verbleibe ich dein treuer J.K. Vietor. Privatbriefe Vietor: J.K. Vietor an seine Frau, 21. September 1897.

„alle Mühe geben, gegen dich, mein Karl, den ich so lieb habe, so ganz besonders zart und freundlich zu sein. Wenn du nur erst wieder hier wärest!"[140]

Er solle aber dafür sorgen, dass nach seiner Ankunft sein Geschäftspartner Freese nicht etwa bei ihnen „sitzen" bliebe.[141] Demnach freute sie sich auf die Zweisamkeit nach einer langen Trennung.

Auf dem Weg nach Afrika hatte J.K. Vietor 1904 Fotos von seiner Frau im Gepäck; Hedwig blieb schwanger in Bremen zurück. Während seiner Reise spürte er, „die Liebe macht das Herz vergnügt". Er schaute sich unterwegs die Fotos an, aber ein Bild Hedwigs gefiel ihm nicht. Sie sei darauf eine „kalte Schönheit". In Erinnerung an ihre Zweisamkeit wurde ihm aber bewusst, dass sie, „sogar hingebend und liebevoll gegen ihren Mann sein kann, wenn sie danach aufgelegt" sei.[142] Aus einem späteren Brief erfahren wir von ihrer „schönen weißen Haut" an Hals und Armen. Und Vietor fügte scherzend hinzu, „vielleicht erlaubst du später auch noch mal, dass ich Deinen Rücken daraufhin ansehe"[143].

Bis zum Beginn des 20. Jahrhunderts gehörte weibliche „weiße Haut" ebenso zum Schönheitsideal wie ein zarter Körperbau. Damit versuchten Bürgerinnen dem Bild von Adligen zu entsprechen und sich von berufstätigen Frauen in Landwirtschaft und Industrie abzugrenzen.[144]

Hedwig Vietor nahm Anstoß an Männern, die über Frauenthemen (Sexualität) schwadronierten, besonders wenn ihr Ehemann daran beteiligt war. Sie legte großen Wert darauf, dass ihr Mann ihre Briefe vertraulich behandelte und sie „unter Verschluss" aufbewahrte. Daran hielt er sich nicht immer. So fand sie einen ihrer Briefe in seinen „alten Kontorröcken", die ihr aus dem Büro gebracht wurden, nachdem ihr Mann nach Afrika abgereist war. Sie hatte ihm den Brief mit „allerinternsten Sachen" vor längerer Zeit geschrieben, als sie im Krankenhaus lag.

> „Alles mögliche Andere wäre mir nicht so entsetzlich unangenehm gewesen, als grade diese so ganz allerpersönlichsten Leiden nun so von jungen Leuten gelesen zu wissen. Ich schäme mich so grässlich in dem Gedanken daran, dass ich immer noch ganz rot werde, wenn ich daran denke. Das ist wirklich ganz unverantwortlich von dir, ich habe dir so entsetzlich oft gesagt und dich gebeten, die Briefe wegzulegen, und denn grade so einen, das ist mir wirklich über alle Maßen peinlich und fürchterlich. Das sehe ich wirklich als eine Verletzung meines innersten Empfindens an, so etwas muss und darf man nicht einfach vergessen."[145]

---

140 Privatbriefe Vietor: Hedwig Vietor an ihren Mann, 11. Oktober 1899.

141 Privatbriefe Vietor: Hedwig Vietor an ihren Mann, 21. November 1899. „Oh wie herrlich wird das sein! Oh mein Karl, ich kann es gar nicht ausdrücken, wie schön!!! (Mal ganz im Geheimen! Freese geht doch gleich weiter nach Haus, so zartfühlend ist er ja wohl, sonst musst du es ihm beibringen, mir zu Liebe auf jeden Fall!!) Oh, ich freue mich zu sehr."

142 Privatbriefe Vietor: J.K. Vietor an seine Frau, 18. August 1904.

143 Privatbriefe Vietor: J.K. Vietor an seine Frau, 24. Oktober 1912.

144 Zu Schönheitsratgebern seit dem 17. Jahrhundert und dem Schönheitsideal zu Beginn des 20. Jahrhunderts: Sabine Sander (2005): S. 43-62. Darin: Schönheit als konstitutives Merkmal von Weiblichkeit, S. 50-51.

145 Privatbriefe Vietor: Hedwig Vietor an ihren Mann, 1912. Sie schrieb z.B. auch am 22. Oktober 1904: „Du lässt meine Briefe doch wohl nicht immer herum liegen, wie sonst oder in Taschen stecken, dass sie jeder lesen kann? Das wäre mir sehr fatal!!"

Hedwig Vietor schrieb über ein Tabuthema in Negationen. Weibliche Leiblichkeit – Geschlechtsorgane und ihre Funktionen – waren von sittlich-moralischen Schranken umgeben. Daher wählte sie für diese Thematik Metaphern, wie: „Monatliche Geschichten der Frauen", „Sachen", „Dinge", „Gebiet", „apartes Thema". Es war ihr peinlich, selbst gegenüber ihrem Ehemann medizinische Begriffe zu nennen. Aber sie schrieb von ihren Gefühlen: Von Verletztheit, Peinlichkeit und Scham. Sie wusste, dass er in Gesprächen unter Männern gerne über weibliche Sexualität redete. Darüber empörte sie sich:

> „Du musst überhaupt nicht mit jungen Leuten über so manche Sachen sprechen, meine ich, die das weibliche Leben, Empfinden, Körperliche usw. betreffen. Junge Leute müssen sich ein für alle Mal angewöhnen, dass das Sprechen, Nachdenken und dergl. über das Weib als solches nicht grade innerlich rein macht. Ich habe da verschiedentlich drüber nachgedacht. [...] Denke bitte doch mal darüber nach, mein Karl, ich glaube wirklich, dass man mit unverheirateten Leuten nicht über die Frauen in der Weise sprechen sollte, das verletzt die eigene Frau, und junge Leute sollen sich angewöhnen, sich um derartige Dinge nicht öffentlich zu kümmern, ich meine grade auch nicht mit verheirateten Leuten, deren gutes Recht es erst ist, von allen den Sachen etwas zu wissen, was die jungen Leute noch nichts angeht. – Ich erinnere mich immer noch eines sehr peinlichen Gesprächs, das du damals noch an der Contrescarpe in unserem ersten Haus mit den jungen Leuten führtest, Hans Lohmann, Deetjen und verschiedenen über die monatlichen Geschichten der Frauen, ich war früher zu Bett gegangen und hörte das nebenan und es war mir grässlich! Ich meine, alle solche Sachen sollten den jungen Leuten mehr heilig sein, dann werden sie innerlich auch reiner und anständiger, und man sollte sich niemals mit jungen Leuten auf ein derartiges Gebiet begeben, ebenso wenig, wie ich mit unverheirateten Mädchen über solche Sachen sprechen würde."[146]

Er sollte mehr auf das „innere Feingefühl" seiner Angestellten einwirken. Ihre sexuellen Phantasien sollten „auf keinen Fall unnütz gereizt werden." Wenn junge Menschen ernsthaft aufgeklärt würden, das müsse „dem jungen Menschen [...] etwas Heiliges sein." Ein junger Mann sollte „in der Beziehung etwas mehr Ehrfurcht vor dem Weib als solchem" bekommen. Ebenso wie man keine „schlechten Witze dulden" sollte, „reizen solche Gespräche doch nur die Sinne unnütz auf, und die jungen Leute bilden sich ein, sie dürften nun ruhig über dergleichen sprechen." Nach seinem Vorbild würden sich die Angestellten dann auch „ganz gewiss einen anderen Ton angewöhnen und dann allmählich auch innerlich eine reinere Denkweise" annehmen.

Ehefrauen und Ehemänner kommunizierten über Erotik und geschlechtliche Liebe verschämt. Dabei sparten Ärzte in ihren gesundheitlichen Ratgebern diesen intimen Teil des ehelichen Geschlechtslebens nicht aus. Sie warnten vor „übermäßiger Ausübung des Beischlafes" und machten auf Gefahren aufmerksam: Es entstünden „Nachteile durch Überreizung von Gehirn und Rückenmark." Der geschlechtliche

---

146 Privatbriefe Vietor: Hedwig Vietor an ihren Mann, 29. November 1912.

Verkehr diene der „Fortpflanzung des Geschlechts und nicht in erster Linie dem Vergnügen"[147].

Nach Gunilla-Friederike Budde gehörte Sexualität zu den Komplexen, über die in der Regel in bürgerlichen Kreisen nicht gesprochen oder geschrieben wurde.[148] Weibliche Hygiene und Monatsbeschwerden[149] wurden unter Frauen diskutiert. Diese Themen waren ebenso wie die Befindlichkeit von Schwangeren von Diskretion umgeben.[150] Die Briefquellen zeigen, dass darüber weder unter Frauen noch unter Männern Verschwiegenheit herrschte.

In den ausgewählten Familien lässt sich kein Trend zur Geburtenregelung oder gar „drastischer Geburtenrückgang" feststellen.[151] Etliche bürgerliche Ehefrauen wurden bereits während des ersten Ehejahres[152] schwanger, weitere Geburten erfolgten in kurzen Zeitabständen. Die Zeit bis zur Entbindung nannten die Akteure „gute Hoffnung", „frohe Erwartung", „solcher Zustand", „gesegnete Umstände", „theure Zeit". Mit diesen Metaphern kündigten sie bevorstehende Geburten an. Ihre Zukunft als Mütter empfanden Frauen als „liebe Aussicht" oder als „süße, selige Hoffnung"[153].

Bürgerliche Frauen verbargen ihre Schwangerschaften so lange wie möglich. Im fortgeschrittenen „Zustand" wollten sie in Bremen nicht in der Öffentlichkeit gesehen werden; sie hielten sich vorwiegend im Familienkreis auf. Männer wurden von Äußerungen über die körperlichen Beschwerden der Schwangeren „verschont". Brüder mussten sich während der Schwangerschaft ihrer Schwestern mit „allerlei Mutmaßungen"[154] abfinden und Kindern wurden Klapperstorchgeschichten erzählt.

Bürgerinnen in Bremen legten während der Schwangerschaft Wert auf die Trennung der Geschlechter. Daher blieben Frauen oft unter sich. Nach den Briefquellen scheint es manchmal, als schämten sich Schwangere ihres Körperumfangs. Ängste und Unsicherheit vertrauten Frauen ihren Müttern oder älteren Schwestern an.

---

147 C.E. Bock (1898): „5. Buch. Das Buch von der Zeugung", S. 861-922, hier S. 906.

148 Gunilla-Friederike Budde (1994): S. 402.

149 Dafür wurden unter Frauen Metaphern wie „unangenehmer Besuch", „4wöchentlicher Besuch" (Marie Smidt, 1. Mai 1870) oder unter Ehepaaren X-Codes benutzt.

150 Thomas Nipperdey (1990): Bd. 1. S. 95.

151 Gunilla-Friederike Budde (1994): S. 402. Ab der zweiten Hälfte des 19. Jahrhundert „wünschten" Familien in Deutschland und England zwei bis drei Kinder und doch wuchsen Kinder bis zum Ersten Weltkrieg mit vier bis sechs Geschwistern auf, da das Wissen über Geburtenkontrolle nur langsam bekannt wurde. – Nach dem Ersten Weltkrieg ging die Zahl der Geburten in Angestellten- und höheren Beamtenkreisen „auf den statistischen Durchschnittswert von 1,92 Kindern pro Ehe" zurück. In den Generationen der nach 1865 Geborenen war die Geburtenbeschränkung besonders früh zu beobachten. Andreas Schulz (2005): S. 30f.

152 Das hatte sich sogar unter Bremer Knaben herumgesprochen. Hedwig Vietors Bruder Karl (1877-1912) „meinte höchst drollig, es wäre doch mal reizend, wenn Hedi mal ein kleines Kind kriegte." Sie sei „doch beinahe ein Jahr verheiratet, darum wäre es doch wohl möglich." Privatbriefe Vietor: Hedwig Vietor an ihren Mann, 29. September 1894.

153 Privatbriefe Kulenkampff: Hedwig Kulenkampff an ihre Schwester Herta, 29. Juli 1912.

154 Privatbriefe Smidt: Marie Smidt an ihre Mutter, 21. November 1869. Marie las ihrem Bruder aus den Briefen ihrer Mutter vor und dieser wunderte sich, dass er nicht mehr Alles lesen durfte. Marie spürte, dass er „allerlei Mutmaßungen in Betreff meiner hegt!".

Monatelang waren sie mit Handarbeiten für die Babyaussteuer und gegen Ende der Schwangerschaft mit der Organisation der Geburt beschäftigt. Vor der Entbindung beschafften sie, wie Rebecca Klencke in Bremen, Dutzende Drellhandtücher sowie viele Ellen Baumwoll- und Leinenstoffe.[155] Die gewaschenen Tücher legten sie für die bevorstehende Hausgeburt bereit.[156] Hebamme und Arzt wurden zur Entbindung bestellt und für die Zeit danach weibliche Hilfskräfte zur Pflege für Mutter und Kind engagiert.

MARIE SMIDT bekämpfte als Schwangere ihr Sodbrennen mit Äpfeln aus Amerika[157], die ihr wunschgemäß zusammen mit Bananen, Honig, Seife, Babykosmetik und Babykleidung von der Mutter aus New York geschickt wurden.[158] Beim Essen der Äpfel konnte Marie Heimweh kompensieren. Sie bevorzugte amerikanische Äpfel, obwohl diese Früchte auch in Bremen und Umgebung gedeihen. Möglicherweise waren die amerikanischen süßer als Bremer Äpfel oder: Es tat ihr gut, Heimatliches zu schmecken, zu riechen und zu fühlen.

Bürgerinnen in Bremen vermieden es, sich während der Schwangerschaft neugierigen Blicken auszusetzen und lebten zurückgezogener als sonst. Bei ihrer ersten Schwangerschaft ließ sich HEDWIG VIETOR sechs Wochen vor der Entbindung nicht mehr „am hellen Tag" in der Öffentlichkeit sehen. Sie ging nicht zum Bazar der Kirchengemeinde und fuhr nicht mehr mit der Pferdebahn. Aber sie setzte sich zu einem Abendkonzert im Dom an „ein dunkles, verstecktes Plätzchen". Anfang Oktober 1894 machte sie zusammen mit ihrer Mutter im Dunkeln Besorgungen. Sie war zu der Zeit neunzehn Jahre alt und gab sich in Briefen an ihren Mann burschikos: Sie bedauerte, nicht „gehörig herumspringen" zu können und hatte „große Lust, mal wieder auf ein Pferd zu steigen"[159]. Zehn Jahre später, als Hedwig Vietor Anfang November 1904 ihr viertes Kind erwartete, zog sie sich erneut wochenlang zurück. Ihr Mann war wiederum in Westafrika. Sie empfing Besuche von weiblichen Verwandten und Bekannten. Manchmal ergab es sich, dass sie in der Dunkelheit in Begleitung einen kleinen Spaziergang machte, aber sie ging selten einen

---

155 Haushaltsbuch Rebecca Margaretha Klencke, geb. Hellmers, geb. 1844. Biografische Mappen der „Maus" im StAB; z.B. am 12. Juni 1873: Drellhandtücher Dtz. 9 Mark; 5 Ellen Cattun; 21 Ellen Cattun; 3 Ellen Cattun; 12 Ellen Leinen 9,60 Mark. Der Geburtshelfer Dr. Pletzer erhielt am 30. Dezember 1873 ein Honorar von 75 Mark. – Nach der Reichsgründung waren drei Taler Gold etwa 10 Mark wert. Herbert Schwarzwälder (2003): S. 873.

156 C.E. Bock (1898): S. 894. Über den Geburtsvorgang (Furchtwasser-Abfluss, Nachgeburt, „Wochenfluss") und die dafür nötigen „Unterlagen" für das Geburtsbett. S. 894.

157 Privatbriefe Smidt: Marie Smidt an Ihre Mutter, 27. Dezember 1869. „Eure Äpfel sind glücklich angelangt und munden sie ganz vortrefflich; ich habe nämlich eine prachtvolle Eigenschaft im Apfelessen entdeckt; ich fing nämlich an, so recht schrecklich an Sodbrennen zu leiden, so dass Magnesia kaum noch half und fand nun aus, dass, wenn ich direkt des Morgens nach dem Caffe zwei Äpfel roh aß, ich für den ganzen Tag von diesem Übel verschont blieb. Jetzt leide ich fast nie mehr daran und wenn es sich des Nachmittags einmal einstellt, so esse ich gleich einen dieser schönen großen Äpfel und dann ist es gleich weg. – Das kannst Du nur anderen Frauen auch empfehlen, liebe Mama, das ist ein angenehmes und sehr gutes Mittel!"

158 Nahrungsmittel symbolisieren „die früheste strukturierende Bindung". Grinberg; Grinberg (1990): S. 88ff.

159 Privatbriefe Vietor: Hedwig Vietor an ihren Mann, 26. September; 2. Oktober; 6. Oktober 1894.

kurzen Weg zu Fuß.[160] Tagsüber ließ sie sich manchmal „im Papendiek" durch die Contrescarpe in den Bürgerpark fahren.

In einigen Bremer Familien scheint eine Art „Nachwuchs-Wettbewerb" ausgetragen worden zu sein. So kommentierte eine Gratulantin die Geburt eines Kulenkampff-Sohnes und ergänzte ihre Glückwünsche mit folgender „Statistik":

> „Alle Achtung, dass du ein neunpfundiges Kindchen zur Welt bringst, trotz aller Arbeit, die Du geleistet hast. [...] Nun hast Du's unserer lüttgen Mutter und Betty gleich getan, aber du hast die kürzeste Zeit gebraucht für Deine Sieben: 14 Jahre, während Mutter 15 brauchte und Betty sogar 20 [Jahre]!"[161]

Solche Gedankenspiele interessierten HEDWIG KULENKAMPFF kurz nach der Geburt ihres Jüngsten nicht. Sie schrieb ihrer Schwester in einer etwas beschwerlichen „halbliegenden Stellung", die sie beim Schreiben auf dem Balkon in Bremen eingenommen hatte. Sie freute sich über den Neugeborenen,

> „als gäbe es gar nichts Selbstverständlicheres und Schöneres auf der Welt, als das siebente Vögelchen in unserem kleinen Nest zu sein [...]. Und wie viel Liebe und Freude hat uns der kleine Kerl schon ins Haus gebracht."

Sie war unsicher, ob Gratulanten überhaupt „Mitfreude" empfinden könnten und fuhr fort. Es gäbe

> „ja noch immer traurige Leute genug, die uns Mitleid schuldig zu sein glauben. Aber diese Leute können mir nur leid tun."[162]

Bei dieser Briefpassage ist zu bedenken, ob Verwandte und Bekannte verständnislos auf Hedwigs Kinderschar reagierten. Familie Kulenkampff befand sich zu dieser Zeit in einer schwierigen ökonomischen Situation: Alfred Kulenkampff gelang es nach dem Ersten Weltkrieg zunächst nicht, eine neue Existenz aufzubauen. Hedwig fühlte sich dem unausgesprochenen Vorwurf ausgesetzt, weitere Kinder aufziehen zu wollen.

MARIE SMIDT hatte außer „Tantentee" und „Familientagen" keine Pflichten, da sie und ihr Mann im Hotel wohnten. Solche Einladungen nahm sie bis etwa vier Wochen vor der Entbindung ihres ersten Kindes an. Marie betonte, nicht von „Langeweile geplagt" zu sein, ihr „Leben [sei] sehr reichhaltig". Sie bestellte Kinderkleidung nach „Bremer Mode"[163] – wobei Marie nicht deutlich machte, was diese von der amerikanischen unterschied. Zur übrigen Babyausstattung trugen Familienangehörige bei: Sie liehen ihr Babywiege und -badewanne. Marie

---

160 Wie vom Osterdeich/Ecke Sielwall bis zur Mozartstraße. An einem anderen Tag ermüdete sie bereits „vor dem Dobben".

161 Privatbriefe Kulenkampff: Schwägerin Annamarie aus Südwestafrika an Hedwig Kulenkampff, 1. August 1926. – Privatbriefe Noltenius: Helene Noltenius an ihre weiblichen Verwandten, 16. August 1900: „Ich komme nur Eurem Beispiel nach: Du liebe Mutter, hattest sechs Kinder, Schwiegermutter fünf und Käthe nun auch fünf."

162 Privatbriefe Kulenkampff: Hedwig Kulenkampff an ihre Schwester Herta, 2. Juli 1926.

163 Privatbriefe Smidt: Marie Smidt an ihre Mutter, 9. Januar 1870.

fühlte sich von den Weihnachtseinkäufen angestrengt, besonders wenn man ihr in den Läden keinen Stuhl zum Sitzen anbot. Anfang Januar 1870 fühlte sie sich körperlich unwohl und wurde etwas „schreibfaul", da das „lange Sitzen und Überbrücken" beim Schreiben unbequem waren.[164] Knapp zwei Wochen vor „Tores Schluss" – so Marie Smidt – war sie schlechter Stimmung. Sie litt unter dem „Umfang ihres Körpers". Ihrer Stickarbeiten, des Klavierspiels, des Lesens und des Briefeschreibens war sie überdrüssig. Sie, ihr Mann, Schwiegermutter, Tante, Arzt, Hebamme und „Sechswochenfrau" konnten den Geburtstermin kaum erwarten. Alles war dafür vorbereitet. Der Arzt legte sich mit dem Termin nicht fest: Es „könne bald kommen." Dagegen konstatierte die Hebamme „es könne noch drei, ja gewiss noch acht Tage dauern!" Marie schrieb:

> „Ich muß sagen, ich will von Herzen dankbar sein, wenn Alles kommt und glücklich vorüber ist – sorgen thue ich mich gar nicht, ich bin wirklich so gut aufgehoben, wie nur möglich, und was für mich geschehen kann, das geschieht – und das Weitere wird der liebe Gott wohl in Gnaden uns geben! Dass ich Dich, liebste Mama in dieser Zeit besonders gern und oft um mich haben möchte, kannst du Dir denken, niemand steht einem doch so nahe, wie seine eigene Mutter, aber meine Schwiegermutter ist wirklich sehr nett, hat natürlich viel Erfahrung in solchen Dingen, und ist aufopfernd liebenswürdig; sie hat Montag & Dienstag fast immer bei mir gesessen, hatte sich darauf präpariert, bei mir zu bleiben, und kommt nun täglich vor, um nach mir zu sehen!"[165]

Marie wählte unbestimmte Sprachformen: „alles kommt"; „das Weitere"; „in solchen Dingen". Offenbar fühlte sie sich in jeder Hinsicht behütet und dadurch auch zu träge, um etwa Vorstellungen von der bevorstehenden Geburt, des Wochenbetts oder ihr Gefühl zum Baby zu schildern. Sie hoffte auf ein schnelles Ende des derzeitigen Zustands und hatte Langeweile. Sie wartete darauf, dass endlich „etwas" passierte.

Bremen war für Marie Smidt und ihre jüngere Schwester Annie Vietor[166] „die Fremde". Sie inszenierten sich als vergnügte, schwangere Frauen. Wenn ihre Ehemänner auf Geschäftsreisen waren, hielten sie sich bevorzugt in Maries Räumen im Hotel auf. Oft verbrachten sie Tag und Nacht zusammen.[167] In den Räumen fühlten sie sich von Familienmitgliedern ungestört und „sehr at home". Die Schwestern „schwelgten in Heimatgedanken", „stöhnen sich gegenseitig etwas vor", schmiedeten Zukunftspläne und tauschten sich über die Bremer Verhältnisse aus. Sie schimpften über den

---

164 Privatbriefe Smidt: Marie Smidt an ihre Mutter, 27. Dezember 1869; 9. Januar 1870.

165 Privatbriefe Smidt: Marie Smidt an ihre Mutter, 27. Januar 1870.

166 geb. Achelis (1839-1910) aus New York begleitete 1869/70 für einige Wochen ihren Mann auf eine Geschäftsreise nach Bremen. Privatbriefe Smidt: Marie Smidt an ihre Mutter, 24. Oktober 1869.

167 Privatbriefe Smidt: Marie Smidt an ihre Mutter: 24. Oktober 1869. „Zwei Nächte war ich während Johanns Abwesenheit bei Annie, und die andern drei war sie bei mir im Hotel, wo wir es eigentlich doch am liebsten mögen."

„ewig dauernden Regen, wobei man wirklich beinah vergisst, dass es noch eine Sonne mit Sonnenschein gibt. [Dies] übt auch oft seinen Teil an unserem Missbehagen und Stimmung aus; ein kalter reiner Tag mit Sonnenschein ist eine solche Seltenheit hier, die unübertrieben alle 4 Wochen kaum vorkommt! Wir, Americaner sind darin besonders verwöhnt!"[168]

Grinberg/Grinberg verglichen den Prozess der Migration mit einem Übergang in eine neue Lebensphase, wie z.B. „von der Kindheit zum Erwachsenenalter"[169]. Marie befand sich in einem Prozess neuer Erfahrungen und Ungewissheiten: Sie hatte geheiratet, ihr Elternhaus verlassen, erwartete ein Kind und lebte in Bremen in Übergangsräumen.[170] Es war noch ungewiss, wann sie von Bremen nach Kalkutta reisen würde. Die Anwesenheit der Schwester schuf eine vertraute Atmosphäre in Maries Umgebung. Die Schwestern gaben sich gegenseitig Halt. Die emotionale und körperliche Befindlichkeit stellte Marie vordergründig am Beispiel des Klimas dar: „Hier" in Bremen: Entsetzlich, ewig dauernder Regen, Missbehagen, [schlechte] Stimmung, stöhnen. „Dort" in New York: Sonne, Sonnenschein, kalte, reine Tage, von der Sonne verwöhnt. Das nasse Bremer Wetter rief Sehnsucht nach Heimat hervor.

Die Unpässlichkeit Schwangerer wurde vor Männern verschwiegen. Über diese Thematik gab es keine offenen Gespräche, weder in der Familie Vietor in Bremen, noch in der Familie Achelis in New York. In Gegenwart des Hausherrn Vietor[171] und in der Gesellschaft der „Vietorschen Jugend" – gemeint waren die zu der Zeit zwischen sechzehn und neunzehnjährigen Vietor-Kinder – sprach man über die Schwangerschaften und die bevorstehenden Geburten nicht.

Marie vermutete, dass ihre Tante Marie Vietor, selbst Mutter von elf Kindern, kein Verständnis für Schwangerschaftsbeschwerden hatte.[172] Die Tante sei „so kräftig und gesund" und könne gar nicht verstehen, dass Schwester Annie aufgrund ihres „zarten Körpers" vorsichtig sein müsse. Annie sei in letzter Zeit ziemlich elend gewesen, sie „sehe aus wie die theure [!] Zeit, und fühle sich demgemäß!" Sie habe „viel Kopfweh und derartige Leiden mehr!" Das sei keine „Pipelei"[173], empörte sich Marie über entsprechende Bemerkungen der Tante. Es störte die Tante, wenn sich die Schwangeren kränkelnd zeigten.[174] Die unbequemen Sitzmöbel im

---

168 Privatbriefe Smidt: Marie Smidt an ihre Mutter, 9. Jan 1870; 29. Oktober 1869; 15. November 1869.

169 Grinberg; Grinberg (1990): S. 83.

170 Nach Maya Nadig wurde das Konzept „Übergangsraum" 1971 von D. W. Winnicott entwickelt, der auf die Relation zwischen körperlicher Befindlichkeit und der Bedeutung der Körperwahrnehmung für Symbolisierungsprozesse hinwies. Unabhängig von einer Betrachtung der menschlichen Innen- und Außenwelt nahm der Psychoanalytiker „dritte" Räume („Übergangsräume") an, in denen sich Beziehungen zwischen Menschen auf der Grundlage von „Vertrauen und Verlässlichkeit" als „lebendige Erfahrungen" entfalten können. Damit wurde die Dimension Körper/ Fühlen als erkenntnistheoretische Dimension eingeführt. Vgl. Maja Nadig (2000): S. 41.

171 Friedrich Vietor (1806-1870).

172 Zwei ihrer Kinder starben bereits im Säuglingsalter.

173 Empfindlichkeit.

174 Privatbriefe Smidt: Marie Smidt an ihre Mutter, 6. u. 21. November 1869.

Haus Vietor trugen zum Unwohlsein der Schwestern bei. Das durften sie sich auch nicht in anmerken lassen. Marie klagte:

> „Man muß sich da immer so sehr zusammen nehmen bei den beginnenden Rückenschmerzen. Als ich Tante Vietor davon in Kenntnis setzte, sagte sie gleich, ‚bitte, laß Dir nur nichts merken‘ – was ich natürlich auch ohnedies nicht gethan haben würde – ich bat sie nur, nicht so ewig lang bei Tisch sitzen zu bleiben, da die Stühle so ungemüthlich sind, und ich mich nach einer Rückenlehne sehnte!"[175]

Je näher der Geburtstermin rückte, umso mehr litt Marie unter ihrem Körperumfang. Wenn sie durch Vorbereitungen und Einkäufe „etwas abgespannt" war, kehrte sie die Unterschiede zwischen Bremen und New York heraus. Sie sind als Zeichen für ihre Fremdheitsgefühle zu deuten. Manchmal erschrak sie über sich und ihre Wahrnehmungen. Auch wenn sie spontan Verwandte und Bremer Verhältnisse kritisiert hatte, so wollte sie die Mutter damit keineswegs beunruhigen. Daher versicherte sie reflektierend zugleich:

> „Ich bin hier ja auch sehr gern, nur <u>lange</u> nicht so gern wie in Brooklyn, hüte mich aber wohl, dies merken zu lassen. Da die Bremer gar keinen Tadel vertragen können, füge mich den Sitten des Landes, solange ich hier bin und habe die Hoffnung, dass wir doch noch mal in Brooklyn unser Quartier aufschlagen können!"[176]

Einen Monat vor der Geburt fühlte Marie sich „noch recht flügge und ging fast alle Abende aus". Sie besuchte die Tanten („Tantentee") und war Gast bei den unterschiedlichen Familientagen. Mit Gleichaltrigen kam sie selten zusammen und wenn, dann fühlte sie sich „wie ein junges Mädchen" und kam „kaum aus dem Lachen heraus." Auch wenn Marie manchmal mit ihrem Bruder oder den jüngeren Cousins vierhändig Klavier und mit Cousine Louise „Zimmer raquet"[177] spielte, so hielt sie sich doch vorwiegend in Gesellschaft von Frauen auf, die im Alter ihrer Mutter oder älter waren. An diesen Beispielen wird deutlich, dass Marie sich in kulturellen Zwischenräumen befand: Jung und unbeschwert fühlte sie sich mit Verwandten ihrer Altersstufe. Ältere Frauen inszenierten sich in Mutterrollen, die Marie zum Vorbild dienen sollten.

Zwischen Weihnachten 1869 und Ende März 1870 machte Johann Smidt keine Geschäftsreisen mehr, weil er seine Frau nicht allein lassen wollte. Trotzdem wurde für Marie die Wartezeit lang. Sie versuchte, sich ihre schlechte Stimmung von der Seele zu schreiben.[178] Rückenschmerzen stellten sich als „falscher Alarm" heraus, nachdem eilig „Hebamme, Sechswochenfrau und Doctor" zusammen gerufen

---

175 Privatbriefe Smidt: Marie Smidt an ihre Mutter, 27. Januar 1870.

176 Privatbriefe Smidt: Marie Smidt an Ihre Mutter, 15. November 1869.

177 Eine Art Tischtennis.

178 Privatbriefe Smidt: Marie Smidt an Ihre Mutter, 27. Januar 1870. „Nichts will mehr so recht, zu Nähen habe ich fast gar nichts mehr, die Stickereien bin ich nach Weihnachten stets überdrüssig, Lesen kann man doch auch nicht den ganzen Tag, [Klavier] gespielt habe ich auch, bis ich nicht mehr konnte, spazieren gegangen, geschlafen – kurz: Alles um die Zeit etwas rascher vergehen

wurden. Die Rückenschmerzen verzogen sich und Marie nahm wieder „wohl und munter" am geselligen Leben der Familien Smidt und Vietor teil. Die Sechswochenfrau, eine „gutmütige nette Person", wurde für alle Fälle im Hotel einquartiert, und tagsüber hatte sie „völlige Freiheit". Marie wünschte, dass sie ab neun Uhr abends im Haus war. Ein bisschen unangenehm war es Marie, dass die Frau tagelang in Bereitschaft war, aber nicht gebraucht wurde. Marie äußerte ungeduldig, so könne „es nun noch 14 Tage dauern, und da wird mir der Tag fast eben so lang, als wenn ich auf See wäre!"[179]

Dieser Vergleich – Warten auf den Geburtstermin und das Warten auf die Ankunft während Schiffspassagen – ist ein Hinweis auf ein Gefühl von Eintönigkeit. Im Zusammenhang damit ist auch Maries Esslust zu sehen. Wenn sie bei den Schwiegereltern zu Gast war, wurden ihre Lieblingsspeisen gekocht, zum Beispiel Kartoffelsalat. Beim Essen „leistete sie Unglaubliches", schrieb sie und klagte anschließend über Schmerzen. Appetit wurde als Zeichen für Gesundheit und Wohlbefinden gedeutet. Maries Esslust verweist auch auf ihre innere Unruhe, die sie durch Essen zu beschwichtigen versuchte.[180]

Frauen schilderten Einzelheiten über Geburten selten. Der Grund dafür mag in dem „Schreibverbot", das Müttern im Wochenbett auferlegt wurde, liegen. Anstelle von Marie übernahm Johann Smidt diese Aufgabe und schrieb ausführlich:

> „Sonntag, den 6ten Feb. Abends um 10 Minuten vor 10 Uhr ist ein dicker Junge, Gott sei Dank, fix und gesund geboren. Er wiegt ca. 6 3/4 Pfund Bremer Gewicht. Meiner lieben Marie, die sich sehr tapfer benahm, geht es Gott sei Dank auch recht gut. In der ersten Nacht hat sie in Folge der Aufregung wenig geschlafen, doch gestern am Tage schlummerte sie und hat diese Nacht trotzdem, dass der Junge sich dreimal um Futter durch Schreien meldete, recht gut geschlafen."[181]

Der Knabe wurde nach seinem Großvater Hermann Smidt genannt. Verwandte und Freunde nahmen zur Kenntnis, dass das Baby der erste männliche Urenkel von Bürgermeister Johann Smidt (1773-1857) war. Johann Smidt versicherte seinen Schwiegereltern, dass er „ein Töchterchen gerade so lieb gehabt hätte. Da sich aber alle Welt so über den Jungen freut, so thue ich es erst recht." Johann Smidt schrieb begeistert und detailliert über die schwarzen Haare, die blauen Augen, Arme und Beine und über die Fingernägel des Kindes. Nach dem Baden nahm er das Kind auf den Arm, betrachtete es, spürte sein Gewicht und stellte familiäre Ähnlichkeiten fest. Dann legt er das Baby zu Marie zum Stillen ins Bett. Er beobachtete neugierig das Verhalten und die Reaktionen des Säuglings. Diesen Themenkomplex erfasste er in den Kernpunkten: „Hunger, eifrig schreien, tapfer trinken"[182].

---

zu machen – und ich bin trotz alledem noch immer recht verdrießlich und unzufrieden – ohne allen Grund, mit dem allerbesten geduldigsten Mann auf der ganzen Welt."

179 Privatbriefe Smidt: Marie Smidt an Ihre Mutter, 27. Januar 1870.
180 Grinberg; Grinberg (1990): S. 89.
181 Privatbriefe Smidt: Johann Smidt an seine Schwiegereltern, 8. Februar 1870.
182 Privatbriefe Smidt: Johann Smidt an seine Schwiegereltern, 8. Februar 1870. Zur Beschäftigung von bürgerlichen Vätern mit der Körperlichkeit ihrer Kinder: Anne-Charlott Trepp (1996a): S. 47. Im 18. und Anfang des 19. Jahrhunderts bestimmten Emotionalität, Offenheit und Körper-

Yvonne Schütze untersuchte bürgerliche Elternrollen. Demnach rückten im Gegensatz zum frühen 19. Jahrhundert gegen Ende des 19. Jahrhunderts „Väter an die Peripherie der auf Emotionalität gegründeten Binnenstruktur der Familie"[183]. Die Zuständigkeit für die Familie verschob sich durch die Trennung von männlicher Berufsausübung und weiblicher Arbeit in der Häuslichkeit zu Ungunsten der Väter. Dies traf jedoch nicht auf Johann zu, der sich von seiner Arbeit frei hielt und seine Geschäfte wochenlang vernachlässigte, um in der Nähe seiner Familie zu sein.

Marie Smidt erzählte von den Geburtsereignissen erst ab Ende März. Ihrer Erinnerung nach, habe ihr Ehemann sie keinen Augenblick verlassen und „bewunderungswürdig bei ihr ausgehalten". Sie beschrieb die Geschehnisse aus wechselnden Perspektiven, zum Beispiel über <u>seine</u> Tränen angesichts <u>ihres</u> Leidens. Johann Smidt hätte versucht, seine Ergriffenheit „hinter seinem Lächeln" zu verbergen,

> „bis der Augenblick kam, wo das Kind da war – da kam der erste Schrei, dann der Ruf ‚ein Junge'. Alles brach in Jubel aus, Johann in Thränen, und den Jungen nur eben aufnehmend, mich küssend, rannte er durch die Stadt, zu Vietors, Johnnie, den Eltern, Großvater und Tante Meta, sein großes Glück zu erzählen! Nie werde ich diesen Abend vergessen, es war wirklich wunderbar und ergreifend."[184]

Unmittelbar nach der Entbindung begann Marie, den Säugling zu stillen. Nach vier Tagen wurde sie „weinerlich". Verständnisvoll setzte sich Johann an ihr Bett und sie ließ ihren Tränen freien Lauf. Vier Wochen später klagte sie über Kopfweh und Fieber: Eine Brust hatte sich entzündet.[185] Das Befinden der „armen Marie" sei „nur schlecht", schrieb Johann. Die kranke Brust „puckerte und brannte zu heftig" und Marie müsse große Schmerzen aushalten. Die Verhärtung werde massiert, um das Gewebe zu lockern. Ein Verband wurde angelegt, doch das allein half auch nicht. Die Entzündung zog auch Maries linken Arm in Mitleidenschaft, sodass sie ihn nicht mehr bewegen konnte. Daher öffnete der Arzt zwischen dem 6. und 20. März 1870 dreimal die „Eiterbeule, um der Brust Luft zu machen". Erst danach wurde es langsam besser.

Zusammen mit Marie Vietor übernahm Johann die Aufsicht über die Pflege in der Wochenstube. Als Personal waren die Sechswochenfrau und die Kinderfrau in der Nähe. Der Arzt kam täglich vorbei. Johann bedauerte die Leiden seiner Frau. Er kümmerte sich um ihr leibliches Wohl, indem er Kochkünste entwickelte. Er schrieb:

---

lichkeit das Verhältnis zwischen bürgerlichen Vätern und ihren Kindern; um 1850 schien sich ein Wandel im Vater-Kind-Verhältnis anzubahnen. Gehorsamkeit und Disziplin standen im Mittelpunkt des bürgerlichen Alltags, der „in erster Linie auf Arbeit ausgerichtet war." Die Kinder lernten „strenge" Väter kennen. S. 47; Gunilla-Friederike Budde (1994): S. 152.

183 Yvonne Schütze (1988): S. 123.

184 Privatbriefe Smidt: Marie Smidt an ihre Mutter, Ende März 1870 [ohne Wochentag]. Ebenso „bewegt" zeigte sich Friedrich Köper 1907, als seine Frau Tilly nach drei Mädchen „endlich einen Jungen!!" zur Welt brachte.

185 Privatbriefe Smidt: Johann Smidt an seine Schwiegereltern, 10. Februar; 27. Februar; 4. März 1870.

> „Außer allen möglichen Milch-, Fleischsuppen kochte ich ihr Blumenkohl. Dann
> habe ich ihr gehacktes rohes Fleisch gebraten. [...] Sie darf jetzt schon wieder Ge-
> müse, Obst und Eier und mag Fleisch."[186]

Das Wohlbefinden seiner Frau war Johann ebenso wichtig wie das des Kindes.
Zwar hatte Marie genug Milch, aber der Säugling konnte nur an der gesunden Brust
gestillt werden. Wenn das Baby trotzdem noch unruhig war, erhielt es von Johann
zusätzlich Kuhmilch oder „die Flasche mit flauem, lauwarmem Zuckerwasser"[187].
Das Kind machte seinem Vater „großes Vergnügen". Manchmal brachte die Pflegerin ihm das weinende Baby zur unrechten Zeit, z.B., wenn er zu schreiben hatte.
Dann legte er es sich auf seine Knie und schrieb „ruhig" weiter. Während Maries
Krankheit machte Johann eine Ausfahrt mit dem Baby; er packte es warm ein, um
es seiner alten Tante Rump in der Kohlhökerstraße zu zeigen.[188]

1870 verhielt sich Johann Smidt in der Zeit um den Geburtstermin und einige Wochen danach so, wie es sich auch heute Frauen von ihren Ehemännern oder
Partnern wünschen: Johann Smidt war aufmerksam und liebevoll gegenüber seiner Frau und seinem Sohn. Sechs Wochen nach der Entbindung stand Marie Smidt
zwei Stunden täglich auf. Der Sohn Hermann wurde von einer „älteren" Kinderfrau gepflegt und beaufsichtigt. Die Mutter fügte an, dass eine junge Wärterin wegen der vielen Kellner im Hotel nicht zu gebrauchen sei.

Im Sommer 1904 verbrachte HEDWIG VIETOR mit Familie etwa drei Monate auf
dem Land und als sie Ende September in die Stadt zurückkehrte, war ihre vierte
Schwangerschaft erkennbar. Seit Mitte August 1904 war sie Strohwitwe, ihr Mann
war auf einer Geschäftsreise in Westafrika. In den folgenden Monaten führte sie
eine Art Tagebuchkorrespondenz. Ihre Briefe waren bis zu dreißig Seiten lang.

Hedwig Vietor stand einem großen Haushalt in Bremen am Osterdeich vor, in
dem sie für drei Kinder im Alter von zehn, fünf und drei Jahren sorgte, das vierte erwartete sie im November 1904. Unterstützung hatte sie von der Kinderfrau
Alma Fehrens, der Köchin Dora, den Dienstmädchen Martha und Gretchen. Nach
ihrer Rückkehr ins Stadthaus ließ sie einige Veränderungen in ihrem Hauswesen
vornehmen. Sie veranlasste, dass die Parkettfußböden in den Räumen mit Terpen-
tin „stumpf" gemacht und nicht mehr gebohnert wurden, eine Vorsichtsmaßnahme
zur eigenen Sicherheit. Hedwig Vietor mochte sechs Wochen vor der Geburt weder
spazieren gehen noch den Gottesdienst besuchen.

> „In die Kirche will ich in diesem Monat nicht mehr gehen. Erst mal ist mir das
> Sitzen da unangenehm, und dann wie du weißt geniere ich mich nur und das wür-
> de mir jegliche Andacht nehmen. Da ist es besser, ich lese still zu Hause für mich.
> Dafür, dass die Mädchen hinkommen, sorge ich natürlich jeden Sonntag. Ich bin
> jetzt, so lange ich in der Stadt bin, noch nicht aus dem Hause gewesen. Ich hat-

---

186 Privatbriefe Smidt: Johann Smidt an seine Schwiegereltern, 15. März 1870.
187 Privatbriefe Smidt: Johann Smidt an seine Schwiegereltern, 6. März 1870.
188 Privatbriefe Smidt: Johann Smidt an seine Schwiegereltern, 15. März 1870.

te eigentlich heute bei dem warmen Wetter mal ein halb Stündchen fahren wollen. Es sind aber so viele Leute unterwegs, da habe ich doch keine Lust."[189]

Beim Kirchbesuch wollte sich nicht neugierigen Blicken und dem Gerede der Leute aussetzen. Sie hatte Hemmungen, schwanger und ohne ihren Ehemann in die Kirche zu gehen.[190]

Professionelle Hilfe konnte sie von der Hebamme Frau Schröder, mit der sie frühzeitig über ihre Leibschmerzen sprach, und der „Sechswochenfrau" Frau Wendte erwarten.[191] Abends leistete ihr Alma Fehrens bis zum Zubettgehen Gesellschaft. Vertrauen hatte sie auch zum Hausarzt Dr. Stoevesandt, einem Verwandten. Aber wenn sie mit ihm über ihre Beschwerden sprach, fühlte sie sich von ihm nicht immer verstanden, wenn er z.B. ungewiss konstatierte, ihre Schmerzen rührten „nur von einer Überanstrengung des Unterleibs" her. Daher tauschte sie sich lieber mit Frauen aus.[192] Von Erna Lohmann wurde sie manchmal zu abendlichen kurzen Spaziergängen überredet.

Hedwig Vietor richtete die Kinderstube ein und veranlasste, dass die Sechswochenfrau Ende Oktober 1904 im großen Raum neben ihrem Schlafzimmer einziehen konnte. Diese empfahl, statt „unbequemer Sitzbäder" täglich „warme Bäder" zu nehmen. Frau Wendtes Dienstleistungen bezogen sich auf die Geburtsvorbereitungen und Säuglingspflege nach der Entbindung. Die „Wärterin" blieb zunächst nur über Nacht, um morgens „lautlos" wieder zu verschwinden. Die drei Vietor-Kinder sollten von ihrer Anwesenheit nichts merken.

> „Seit dem 1. November ist die dicke Frau Wendte nun schon ganz hier eingezogen. Ich habe ihr nun gesagt, die Kinder dürften sie nicht sehen. Nun schleicht sie, soweit ihre Dickigkeit es gestattet, lautlos im Hause herum. Sie hat schrecklich viel zu tun, das ist wirklich zum Lachen. Ich habe ja schon alles auf das Schönste zurechtgelegt. Nun musste sie aber noch die Badewanne heraufholen, ein Badelaken zurechtlegen, Watte auseinander legen und so was! Kurz und gut, sie hatte gestern Morgen so Druck, dass sie nicht eine Besorgung mehr machen konnte. Nie fertig zu sein zur rechten Zeit, das ist ein grässlicher Fehler von ihr, alles dauert schrecklich lange bei ihr. Sie ist aber eine gute Person."[193]

---

189 Privatbriefe Vietor: Hedwig Vietor an ihren Mann, 2. Oktober 1904.

190 Ebenso erging es Marie Smidt. Sie besuchte den Gottesdienst sechs Wochen vor dem Geburtstermin mit dem Hinweis, sie gehe „nur ungern allein". Privatquellen Smidt: Marie Smidt an ihre Mutter, 12. Dezember 1869.

191 Privatbriefe Vietor: Hedwig Vietor an ihren Mann, 29. September bis 7. Oktober 1904 [32 Seiten]: „Ich will jetzt nächstens mal Frau Schröder kommen lassen, ich glaube die Schmerzen sind mehr Krampfadern unten am Leib, an den Beinen sind sie jetzt sehr solide, sie sind da wie immer, tun mir aber absolut nicht weh. Wenn morgen wieder schönes Wetter ist, will ich vielleicht mal mit einem Papendiek durch den Bürgerpark fahren. Mein Appetit ist famos und mein sonstiges Befinden ebenso. Da will ich nur weiter guten Mut behalten."

192 Privatbriefe Vietor: Hedwig Vietor an ihren Mann, 3. Oktober 1904. Frauen ihres Vertrauens: Ihre Mutter, ihre Schwägerin Anna Vietor, die Ehefrau eines Geschäftsteilhabers Erna Lohmann.

193 Privatbriefe Vietor: Hedwig Vietor an ihren Mann, 27.-31. Oktober 1904 [20 Seiten].

Dieser Textausschnitt gibt Einblicke in die Häuslichkeit und die Beziehung zwischen Hedwig Vietor und Frau Wendte acht Tage vor der Geburt. Beide Frauen waren „dick", aber wohl aus unterschiedlichen Gründen. Frau Wendte konnte sich nicht frei im Haus bewegen, sie musste „schleichen" und doch ihre Arbeit tun. Hedwig Vietor beobachtete die Frau. Zwei Tage vor der Entbindung fühlte sich Hedwig Vietor „wie am Vorabend großer Ereignisse", aber die Warterei sei „grässlich". Sie ließ sich von der Hebamme Frau Schröder untersuchen, die mit den Worten, „alles in bester Ordnung", fort ging, aber nachmittags wiederkam.[194] Hedwig Vietor bedauerte, dass sie die Kinder für diese Nacht „nicht aus dem Haus schaffen" konnte. Anstelle dessen wurden die Kinderbetten in die „Spielstube", weit entfernt vom Geburtszimmer, transportiert. Am folgenden Tag schrieb Hedwig Vietor in Bleistiftschrift, „glücklich" im Bett liegend:

> „Weil die kleine Süße neun Pfund, einhundert Gramm wiegt, war es ein furchtbares Stück Arbeit."

Dann berichtete sie von der Geburt: Die Hebamme ließ den Arzt Dr. Eduard Kulenkampff holen, der ein Wehenmittel verordnete und ihr den Leib massierte. Es sei alles „brillant gegangen, nichts gerissen, ich so wohl, wie lange nicht." Die Wöchnerin teilte ihrem Mann die Reaktionen der Kinder auf das Neugeborene mit: Claus war ganz stumm, Ibo strahlte, und Hedi „hätte sich das gleich gedacht"[195].

Nach der Geburt begriff Hedwig Vietor, welche Unterstützung und Betreuung sie von der Hebamme, der „Sechswochenfrau", der Kinderfrau und den drei Dienstmädchen erfahren hatte. Während ihrer wochenlangen Bettlägerigkeit – sie litt nach der Geburt unter Krampfadern und verließ die „Wochenstube" erst nach sechs Wochen – überließ sie den Frauen den Haushalt und ihre Kinder. Hebamme und Arzt machten regelmäßig Hausbesuche. Frau Wendte blieb mindestens drei Monate[196] in ihrer Nähe und setzte die Anweisungen des Hausarztes mit „Strenge" um. Sie kühlte, salbte und legte das kranke Bein hoch. In Hedwig Vietors Briefen aus dieser Zeit ist oft von Verboten oder „Nichtdürfen" die Rede.[197]

Da Hedwig Vietor nicht das Haus verließ, trug „Onkel Karl" (Stoevesandt) ihr Stadtgespräche („die ganze Stadtkomik") zu. In Familienkreisen werde z.B. geulkt, sie müsse zur „Strafe" so lange Bettruhe halten, weil sie das Kind nicht selbst nährte. Hedwig Vietor bekräftigte, sie habe „dieses Mal sehr wenig" Muttermilch

---

194 Privatbriefe Vietor: Hedwig Vietor an ihren Mann, 7. November 1904.
195 Privatbriefe Vietor: Hedwig Vietor an ihren Mann, 8. und 9. November 1904. Die Tochter erhielt die Namen Irmgard Annemarie, Erna – nach Annelie [Anna Vietor], Maria und Erna [Lohmann]. „Das Kind blieb sieben Stunden immer auf demselben Fleck", daher ließ die Hebamme einen Arzt holen, aber nicht „Onkel Karl", was diesen wohl verstimmte. Zum Glückwunsch wurden Hedwig Vietor „pompöse" Geschenke von ihrem Mann überreicht: Eine „dicke, schwere Halskette und ein Armband."
196 Privatbriefe Vietor: Hedwig Vietor an ihren Mann, 21. Januar und 7. Februar 1905.
197 Sie darf „endlich am 10. Tag lesen"; anfangs „nicht so viel schreiben", nicht aufstehen, nicht sitzen und muss „stramm auf dem Rücken liegen"; sie „darf keinen Schritt gehen". Es ist ihr erst nach 14 Tagen erlaubt, Besuch zu empfangen. Nach 4 Wochen kleidete sie sich in eine Seidenbluse, ging die Treppen hinunter und setzte sich in die Stube. Privatbriefe Vietor: Hedwig Vietor an ihren Mann, 13., 16., 19., 24. November und 3. Dezember 1904.

gehabt und „das" sei „jetzt längst überwunden". Das Kind bekam schon seit dem zweiten Tag Flaschenmilch und sei an Leib und Seele gesund. Fotos von Mutter und Kind wurden im Fotoatelier gemacht. Dazu mussten sie das „Wochenzimmer" verlassen haben. „Schicklich" präsentierte sich 1894 die neunzehnjährige Hedwig Vietor mit ihrem ersten Kind als junge Mutter in einem dunklen Kleid.[198]

Hedwig Vietor beklagte die „langen tatenlosen Monate" und hatte – zumal sie bereits Wochen vor der Entbindung selten ausgegangen war – ein „Verlangen nach frischer Luft". Anfang Dezember machte sie einen kurzen Spaziergang mit Alma Fehrens und ihren Söhnen. Am 17. Dezember 1904 nahm Hedwig Vietor zum ersten Mal wieder an einem Gottesdienst in der Bremer Liebfrauenkirche teil. So verfuhren auch andere Frauen, da sie sich erst sechs Wochen nach der Geburt wieder „rein" vorkamen.[199] Dieser Ritus ging offenbar auf das Alte Testament zurück, in dem „Verordnungen für die Wöchnerinnen" festgeschrieben wurden.[200] Bürgerinnen nahmen ihr Aussehen wichtig. So war Hedwig Vietor stolz auf ihren „zarten Körper" und registrierte Komplimente, aber auch Hinweise wie die des Hausarztes, sie würde dick.[201] Eine „Maschine" wollte sie nicht werden; sie hatte ständig Appetit, auch während der langen Zeit des Liegens.[202] Über die Rückgewinnung der Schlankheit nach der Geburt schrieb sie an ihren Ehemann:

> „Jetzt werde ich aber auch wieder ganz bedeutend schlanker, dafür tut Frau Wendte aber auch ihr Möglichstes, indem sie mich nachts einschnürt, dass ich fast nicht atmen kann. Meine alten Kleider fangen nun auch an, mir wieder zu passen, dann kriege ich wohl bald meine alte Figur wieder. Ich habe aber nach wie vor prachtvollen Appetit. Nach den anderen Kindern hatte ich den immer verloren, wenn ich wieder so recht auf war, aber dieses Mal bleibe ich feste dabei."[203]

Hedwig Vietor legte Wert auf „Schönheit" und sie war sicher, dass ihr Mann Gefallen an ihrem „zarten" Körperbau hatte. Während der letzten Wochen ihrer Schwangerschaften trat sie nicht in der Öffentlichkeit auf. Sie schämte sich ihrer veränderten Figur und trug auch keine Reformkleidung. Sie blieb zu Hause und passte ihre Hauskleidung dem Wachstum des Kindes an.

---

198 Privatquellen Vietor: Foto-Rückseite beschriftet „Hedwig mit Hedi, geb. 4.11.94." Fotograf: Müller & Pilgram, Bremen, Richtweg 12.

199 Privatbriefe Vietor: Hedwig Vietor an ihren Mann, 28. November, 6. und 17. Dezember 1904. – Vgl. Christine Loytved (2002) zum Gottesdienstbesuch nach einer Entbindung und anschließenden Tauftterminen: S. 77.

200 Bibel (1996). 3. Mose, 12. Kapitel, Vers 4-5. Nach der Geburt eines Knaben sollte die Wöchnerin demnach 33 Tage „im Blut ihrer Reinigung. Kein Heiliges soll sie anrühren und zum Heiligtum soll sie nicht kommen, bis dass die Tage ihrer Reinigung aus sind." Nach der Geburt eines Mädchens sollte die Wöchnerin „66 Tage daheim bleiben."

201 Privatbriefe Vietor: Hedwig Vietor an ihren Mann, 25. November 1904: „Ich habe so mächtigen Appetit, dass Onkel Karl mir etwas von meinen täglich Mahlzeiten abgeknöpft hat, da ich sonst zu dick und genudelt werde bei dem stillen Liegen."

202 Privatbriefe Vietor: Hedwig Vietor an ihren Mann, 29. November 1904 [S. 17]: „Ich esse, was ich nur kriegen kann mit Mordshunger und dabei [muss ich] immer liegen. Ich bin bange, ich werde eine Maschine dabei."

203 Privatbriefe Vietor: Hedwig Vietor an ihren Mann, 15. Dezember 1904.

Um 1870 und wiederholt um 1913 setzte sich eine Kleider- und Rockmode mit gerafften, gefalteten und plissierten Stoffen durch. Die Stofffülle ließ sich dem „Umfang des Unterleibs" anpassen. Demnach war es eine „Mode" für Schwangere.[204] Vor festem „Schnüren und Druck des Korsetts, sowie vor straffem Binden der Kleidungsstücke in der Taillengegend" warnte ein Gesundheitsratgeber. Kleidung, die nach der Entbindung „Brust und Bauch" einpresse, wirke sich unvorteilhaft auf die „Brust- und Unterleibsorgane der Mutter" aus. „Verdauungsstörungen, Verkümmerung der zur Ernährung des Kindes bestimmten Brüste seien die gewöhnlichsten Folgen zu enger Bekleidung", so der Arzt Carl Ernst Bock. Als zweckmäßige Schwangerschaftsbekleidung empfahl er „Leibchen aus doppelter Leinwand, welche über den ganzen Unterleib hinweggeht, sowie eine passende Leibbinde.[205] Hedwig Vietor setzte offensichtlich trotz dieser Empfehlungen auf nächtliches Schnüren.

HELENE NOLTENIUS entnahm Familienbriefen, dass sich unter männlichen Familienmitgliedern in Bremen die bevorstehende Geburt ihres ersten Kindes schon herumgesprochen hatte.[206] Diese Nachricht beschäme sie. Helene Noltenius hoffte auf ein Mädchen und stellte sich vor, „mehr davon" [als von einem Knaben] zu haben. Sie hätte „so viele Kleider im Kopf, die sie der Lütten machen" wollte. Das heißt: Sie hatte Vorstellungen von einer Tochter, die länger als ein Sohn in ihrer Nähe sein würde. Einem Mädchen würde sie „niedliche" Kleidung nähen. Aber ihr eigenes Aussehen und Wohlbefinden sowie die Bewegungen des Kindes in ihrem Leib deutete sie als Zeichen eines männlichen Babys.[207]

„Diskretion vor den Vätern!" schrieb Helene Noltenius ein Jahr später aus Guatemala am oberen Rand ihres „Extrabriefs". Darin teilte sie ihren weiblichen Verwandten mit, dass sie inzwischen ihr zweites Kind erwartete; ein weiterer, „richtiger Familienbrief" würde folgen.[208] Sie berichtete von Schwindelgefühlen, „Mordsappetit" und erzählte dann von ihrer Körperpflege: Vom zweimal täglichen Waschen und der anschließenden „harten" Körperbürstung. Regelmäßiges Einreiben mit „Cognac" sollte sie gegen Infektionen widerstandsfähig machen.

---

204 Ludmila Kybalová u.a. (1966): S. 293.
205 Carl Ernst Bock (1898): S. 889f.
206 Privatbriefe Noltenius: Helene Noltenius an ihre Schwiegermutter, 11. November 1899. „Übrigens bin ich ganz roth geworden, als ich aus deinem Briefe ersah, dass Edu [Schwager] auch schon etwas von dem nahen Ereignis ahnt (noch 6-7 Wochen), wer hat ihm das denn verraten?" – Im gleichen Brief ging es um einen anderen jüngeren Bruder von Eberhard Noltenius. Otto Noltenius, arbeitete inzwischen auch in Guatemala auf einer Finka. Als er sich zu einem Besuch ankündigte, war es Helene Noltenius unangenehm, ihm ihre Schwangerschaft zu „erklären". Sie schrieb: „Ich freue mich sehr auf ihn. Wenn nur die erste Begrüßung überstanden ist, bis jetzt ist er noch ahnungslos."
207 Privatbriefe Noltenius: Hedwig Noltenius an ihre Schwiegermutter: 11. November 1899. Sie wünschte sich ein Mädchen, stattete daher einen Babykorb in Rosa aus und schrieb von dem Baby von „unserer Lütten" und „die Lütte". – Aber „doch wieder denke ich oft, es tost ein männliches Wesen in mir herum, weil ich mich auch so riesig wohl fühle und man mir im Gesicht gar nichts ansieht."
208 Privatbriefe Noltenius: Helene Noltenius an ihre Mutter, Schwiegermutter und Schwester, 16./17. August 1900.

Bürgerinnen brachten in Bremen und Übersee zwischen vier und zehn Kinder zur Welt. In Übersee nahmen sie während Schwangerschaften und Geburten besondere gesundheitliche Risiken auf sich. Als belastend empfanden Schwangere, ohne den Beistand von weiblichen Familienangehörigen auskommen zu müssen. Sie vermissten ihre Mütter und älteren Schwestern. Frauen zeigten unterschiedliche Einstellungen zum Kinderkriegen. Erneute Schwangerschaften kamen Müttern aber nicht immer gelegen. Einer Frau wäre es lieb gewesen, wenn sich die Schwangerschaften nicht so schnell nacheinander eingestellt hätten; einer anderen Bremerin „graute es vor dem Getratsche und dem ‚Mitleid‘ der Welt." Daher versuchten Frauen, Schwangerschaften möglichst lange geheim zu halten.[209] Wenn sich in Guatemala die Hebamme, Frau Fuchs, in das Haus der Gebärenden einquartierte, wurde umgeräumt. Frau Fuchs bezog für etwa zehn Tage ein „Fremdenbett". Eberhard Noltenius zog während der Zeit in das Fremdenstübchen, das durch ein Schrankzimmer vom ehelichen Schlafzimmer getrennt lag, ein. Er sollte von der nächtlichen „Schreierei" nichts hören, so Helene Noltenius.[210]

Helene Noltenius schrieb auch während ihrer Schwangerschaften muntere Briefe aus Guatemala. Tennis könne sie „natürlich vorläufig nicht mitmachen." Auch dürfe sie während der Stillzeit „nicht so herumtoben." Sie und eine Bekannte würden sich beim Kinderkriegen ablösen, sie seien „Leidensgefährtinnen"[211]. Mit ihrem Mann dachte sie über das Geschlecht des Ungeborenen nach und wettete um eine Flasche Sekt: Diesmal sei es wieder ein Junge. Sie schrieb ironisch vom „Marterbett", das sie alljährlich benutze und fügte hinzu, „an drei Kindern habe ich vollkommen genug, für mehr reicht meine mütterliche Liebe nicht"[212]. 1903 hatte sie sich mit drei Kindern eingerichtet und erklärte, „hoffentlich bleibt Wilhelm immer der Jüngste."[213]

---

209 Privatbriefe Kulenkampff: Hedwig Kulenkampff an ihre Schwester Herta, Brieffragment, S. 4-5, o.D. [Ende 1925] „Ein siebentes Kulenkämpffle, das sich ganz ungebeten für nächsten Sommer bei uns angemeldet hat, trug nicht gerade dazu bei, uns die letzten schweren Wochen zu erleichtern. Aber, mein Hell, Du weißt, ich bin viel zu sehr mit Leib und Seele Mutter, um mich lange darum grämen zu können. Mit den Anforderungen wachsen auch schon wieder meine Kräfte und so soll auch dieses mit Freuden zu uns kommen. Wie wir sie nachher alle groß kriegen, das mag der Himmel wissen bei unserer mangelhaften Fähigkeit, Geld zu verdienen. Aber wenn er uns nur ein liebes und gesundes schenkt, dann wollen wir uns darum nicht sorgen."

210 Privatbriefe Noltenius: Helene Noltenius an ihre Schwiegermutter, 11. November 1899.

211 Privatbriefe Noltenius: Helene Noltenius an ihre Verwandten, 11. November 1899; 16. August 1900.

212 Privatbriefe Noltenius: Helene Noltenius an ihre Verwandten, 19. November 1901. „Im nächsten Jahre möchte ich aber doch mal schlank bleiben, der kleine Mann ahnt ja gar nicht, mit welch eleganter Figur ich renommieren kann."

213 Privatbriefe Noltenius: Helene Noltenius an ihre Verwandten, 8. April 1903.

Abb. 50: Privat: Helene Noltenius mit ihren Kindern Friedrich-Eberhard, Käthe und Wilhelm, Guatemala, 1903

Zu dieser Zeit inszenierte sie sich als glückliche Mutter und freute sich über die emotionale Zuneigung ihres Ehemanns gegenüber den kleinen Kindern. Er sei

> „ein riesiger Kinderfreund, schon früh morgens wandert er singend und Parade marschierend mit seinem Ältesten über den Korridor. Von Käthe lässt er sich sogar einen Sabbelkuß geben und heute entdecke ich, wie er strahlend am Bett unseres Kleinsten steht und ihn bewundert. Er ist ein reizender Vater."[214]

Nach vier Geburten hoffte Helene Noltenius, erneut schwanger zu werden.[215] Das fünfte Kind wurde Ende 1906 erwartet. Helene und Eberhard Noltenius nannten es während der Schwangerschaft „August" und bezogen es in ihre Korrespondenzen ein. Er sei „sehr fidel", er „tokt" [klopft], und er „tobte vor Wonne", nachdem sie gut gegessen hatte. Helene Noltenius nähte „August Hemdchen" und meldete ihrem Mann, dass sechs Wochen vor der Entbindung sein Kinderbett geliefert wurde.[216] Zu Weihnachten 1906 brachte sie ein Mädchen, Maria, zur Welt – und im Februar 1907 starb ihr ältester Sohn. Seitdem verlief der Alltag von Helene Noltenius freudlos.

Gerhard Köper richtete einige Monate vor dem Geburtstermin seines ersten Enkelkinds folgenden Appell an seinen Sohn Friedrich in Guatemala:

---

214 Privatbriefe Noltenius: Helene Noltenius an ihre Verwandten, 30. November 1901.
215 Privatbriefe Noltenius: Helene Noltenius an ihren Mann, 11. Januar 1906. „Die Hoffnung auf ein Lenchen ist wieder mal zunichte, solche Rückenschmerzen und Art Magenkrampf habe ich noch <u>nie</u> gehabt und habe andauernd im Bett gelegen, bin zum Essen aufgestanden und gehe bald wieder hinein, es saust fix. Du wirst lächeln über meine falsche Vorahnung, die ich gestern hatte."
216 Privatbriefe Noltenius: Helene Noltenius an ihren Mann, 30. Juli bis 15. November 1906 [mehrere Briefe].

„Gib nur fleißig Acht, dass Tilly in ihren körperlichen Bewegungen, besonders der Arme, vorsichtig ist, wie ich solches mit Dir hier schon [!] besprochen habe. Hoffentlich verläuft dann alles natürlich und gut. Bei oder vielmehr vor der Geburt unterlasse nicht, die Hebamme oder den Arzt um vorherige sorgfältigste Waschung und Reinigung der Hände oder seines etwas mal nothwendigen Instruments extra zu bitten, da hierin allerorten mitunter etwas leicht hinweg gegangen wird.“[217]

Aus dem ersten Satz des Vaters ist seine frühzeitige Beschäftigung mit der potentiellen Schwangerschaft seiner Schwiegertochter ersichtlich. Demnach gab er seinem Sohn Instruktionen, noch ehe Tilly schwanger war. Seine Hinweise zur Hygiene und Desinfizierung der medizinischen Geburtswerkzeuge waren zur Vermeidung von Kindbettfieber wichtig.[218] Während Vater und Sohn konkret über Besorgnisse korrespondierten, sind Tilly Köpers überlieferten Briefen aus Guatemala kaum Bemerkungen zu eigenen körperlichen Wahrnehmungen oder Veränderungen während der Schwangerschaften zu entnehmen.[219] Aber sie schrieb ihrer Mutter vier Monate vor der Geburt ihres ersten Kindes, sie dürfe „nicht mehr so flott arbeiten wie früher, man müsse es schon gemütlicher nehmen.“ Ihre Figur habe sich bis dahin noch nicht sichtbar verändert. Sie könne „noch [!] überall sehr gut erscheinen“. Aber sie hatte nicht mehr viel Vergnügen an Gesellschaften. Sie schrieb:

> „Ach, liebste Mutter, ich könnte immer sitzen und handarbeiten und nähen für die Sächelchen unseres Kindes, doch darf ich es nicht, mein Fed ist darin wirklich streng, ich muss täglich ausgehen.“[220]

Tilly nähte an einer Babyausstattung, die sie teilweise hellblau einfasste. Dazu wünschte sie sich Stoffe und Garne aus Bremen. Da sie befürchtete nicht rechtzeitig fertig zu werden, ließ sie sich von „frommen Nonnen“ und einer Nachbarin helfen.[221] Das Ehepaar Köper traf auch gemeinsame Vorbereitungen für ihren Nachwuchs: Sie möbelten ein Kinderbett auf. Friedrich Köper nahm Pinsel und Farbe zur Hand, während Tilly es mit „blauem Satin“ ausfütterte.[222] Ebenso wie Helene Noltenius ihren Verwandten von Tillys Schwangerschaft berichtete, erzählte Tilly ihrer Mutter „ganz im Vertrauen“ vom erneuten Familienzuwachs im Haus von Noltenius, und zwar noch bevor Helene Noltenius diese Neuigkeit an ihre Mutter

---

217 StAB 7,13: Gerhard Köper an seinen Sohn Friedrich: 17. August 1900.
218 Yvonne Knibiebler (1997): S. 380-383. Darin wird auch das Verhältnis zwischen Hebammen und Ärzten im 19. Jahrhundert geschildert.
219 Zwischen 2. August 1900 und 24. April 1902 sind keine Briefe von Tilly Köper erhalten.
220 StAB 7,13: Tilly Köper an ihre Mutter, 25. Juni 1900; 31. Juli 1900.
221 StAB 7,13-24.7: Friedrich Köper an seine Eltern. 9. und 16. November 1900.
222 StAB 7,13: Friedrich Köper an seine Eltern, 6. Dezember 1900: „Das größere Kinderbett [...] haben Tilly und ich selbst verfertigt; unsere Bekannten sagen, es sei sehr hübsch, und es kommt uns billig. Doch eigentlich sehr theuer, denn beim Anstreichen habe ich zwei Anzüge hübsch mit Farbe befleckt, und Fußboden und Wände haben auch etwas abbekommen. Auch ist das Möbel etwas zu groß gerathen, so zu sagen auf den Zuwachs berechnet, was ja kein Fehler ist.“

und Schwiegermutter abgeschickt hatte.[223] Demnach wurde über Tilly und Friedrich Köpers Geburtsvorbereitungen unter Frauen schon geredet.[224]

Köper stand seiner Frau zur Seite, als diese am 1. Dezember 1900 das erste Kind zur Welt brachte. Da während der Geburt Komplikationen auftraten, zog Köper eilig einen Arzt hinzu. Seine Wahrnehmungen sind dem folgenden Textauszug zu entnehmen:

> „Die Geburt selbst war ziemlich schwer und hat sehr viele Stunden gedauert, so
> dass meine kleine Frau sehr viel hat aushalten müssen, doch ist alles glücklich
> abgelaufen, dank der guten Fürsorge und der Vorsicht des Arztes. [...] Die Nach-
> geburt wollte nämlich nicht kommen und nur der Umsicht des Doktors haben wir
> es zu danken, dass er dieselbe am andern Tage ohne Operation, also auch ohne
> weitere nachtheiligen Folgen für Tilly herauskam. Ihr könnt Euch denken, welche
> Angst ich ausgestanden habe und wie sehr ich mich jetzt freue, dass alles glück-
> lich überstanden ist. Tilly geht es den Umständen nach gut, sie hütet natürlich
> noch das Bett und freut sich über ihr Kindchen. Während dieser Tage hat Tilly
> das Kind selbst genährt, ihre Milch scheint auch ganz gut und genügend zu sein,
> wenigstens gedeiht die Kleine gut und ist sehr ruhig, so dass wir die beste Aus-
> sicht haben, dass Tilly, wenn keine unvorhergesehenen Zwischenfälle eintreten,
> mit der Ernährung zu unser aller Freude fortfahren kann."[225]

Als besondere Kompetenz wertete Köper, dass der Arzt Dr. Lehnhoff-Wyld erst vor zwei Jahren in Berlin sein Examen abgelegt hatte. Auch auf Frau Fuchs, Hebamme und Pflegerin, ließ er nichts kommen. Sie würde Tilly vor „Fehlern in Diät etc. und im Wochenbette" bewahren. Besuche dürfe Tilly noch nicht empfangen, aber vielleicht wäre es ihr möglich „einen kleinen Bleistiftbrief zu schreiben". Friedrich Köper bedauerte, dass Frau Fuchs nicht länger bei ihnen bleiben konnte, da sie Termine in anderen europäischen Familien hatte. Unter anderem bei Frau Noltenius; sie sei „ja auch bald fällig"[226]. Damit griff Köper auf seine Sprache als Kaufmann zurück. – Das Baby Elisabeth lag im Kinderwagen, der „Tillys Stolz und Freude" war. Der Kinderwagen stammte aus Bremen.

Fazit: In den Hafenstädten in Übersee boten sich den Ankommenden aus Bremen fremde, manchmal erschreckende Bilder: In Zentralamerika fielen ihnen bunt gekleidete und laut artikulierende Menschen auf. Manchmal trafen die Bremer auf sumpfige Hafensiedlungen und fühlten sich dadurch ins „Mittelalter" versetzt. Diese Wahrnehmungen bezogen sich auf die schmutzigen, ungeordneten Wohn- und

---

223 StAB 7,13: Tilly Köper an ihre Mutter, 2. August 1900: „Ganz im Vertrauen [doppelt unterstrichen] will ich Dir mitteilen, dass Lene Noltenius schon wieder im Januar erwartet; sie befindet sich sehr wohl dabei und ist immer vergnügt. Ich glaube, L.N. hat es den Ihren noch nicht geschrieben, darum bitte „schweigen". – Helene Noltenius informierte ihre Mütter mit ihrem Brief vom 16./17. August 1900.

224 Privatbriefe Noltenius: Helene Noltenius an ihre Schwiegermutter, 16. August 1900. „Sie haben ja so gelungene Ideen, Frau Fuchs hat sie sich bestellt und einen Arzt wollen sie auch haben, der sollte dann aber im Nebenzimmer sitzen. Ob sie wohl einen dazu findet?"

225 StAB 7,13: Friedrich Köper an seine Eltern, 6. Dezember 1900.

226 StAB 7,13: Friedrich Köper an seine Eltern, 21. Dezember 1900.

Straßenverhältnisse, die wegen weit verbreiteter Tropenkrankheiten gefürchtet waren. Aus Valparaiso wurde 1887 von der „Gesundheitspolizei" im Hafen berichtet, die bei Verdacht auf Cholera Schiffsbesatzungen unter Quarantäne stellte. In anderen überseeischen Hafenstädten sollten kleine Geier oder Krähen für „Hygiene" sorgen und den Unrat auf den Straßen entfernen. Den Akteuren ging es aber auch um individuelle Hygiene. Sie versuchten, Tropenkrankheiten zu vermeiden, indem sie ihre Wäsche blütenweiß kochen ließen und Verfahren zur körperlichen Abhärtung (kalte Güsse) und Desinfizierung (Abreiben mit Cognac) praktizierten. Das Kochen und Bleichen von weißer Wäsche war Frauen und Männern gleichermaßen wichtig. Doch von Malaria, Denguefieber und Darmerkrankungen wurden die Akteure nicht verschont.

Bilder vom Verhalten Fremder wurden in der Kolonialliteratur und in Reiseberichten – wie an Beispielen Maximilians und Otto Stoll dargestellt – von Europäern verbreitet. Am Beispiel der Schilderungen aus Guatemala von Otto Stoll wurde gezeigt mit welcher Konsequenz: Friedrich Köper übernahm Stolls Konstruktionen über die Frauen Guatemalas fast wörtlich. Beim Tanzen wirkten die attraktiven Frauen anziehend auf ihn. Er beschrieb Situationen, die auf seine ambivalenten Gefühle als Tänzer auf einem fremden Terrain hinweisen. Doch er blieb auf Distanz. Als Heiratskandidatinnen kamen sie für ihn nicht infrage.

Daran schloss sich die Überlegung an, wie sich unter Bremern und Bremerinnen aus Paarbeziehungen Ehen bildeten. Es zeigte sich, dass über Verlobung und Heirat manchmal sehr kurzfristig während eines Erholungsurlaubs des Kaufmanns in Bremen entschieden wurde. Andere Paare fanden durch tatkräftige Unterstützung von Eltern zueinander. Diese Entscheidungen wurden auf Grundlagen wie „Geld und Liebe" getroffen. Die Mitgift der Braut trug wesentlich zur Kreditwürdigkeit und damit zum Renommee eines Kaufmanns bei.

Johann Smidt berichtete seinen Schwiegereltern über den Verlauf der Geburt seines ersten Kindes. Er hatte auch keine Scheu, ihnen Einzelheiten aus der „Wochenstube", das Stillen des Säuglings und Maries Brustentzündung zu schildern. Er und andere Väter übernahmen die Korrespondenzen mit den Verwandten in den Tagen oder Wochen nach der Geburt eines Kindes, da die Wöchnerinnen nicht schreiben „durften". Hedwig Vietor beachtete als Schwangere und später Wöchnerin ungeschriebene „Verbote", die ihr vom Arzt, der Hebamme und der Sechswochenfrau auferlegt wurden. Zudem war es ihr peinlich, sich etwa sechs Wochen vor der Entbindung in der Öffentlichkeit zu zeigen. Nach der Geburt hoffte sie, schlank durch nächtliches Schnüren zu werden.

K. Auswandern und Zurückkehren

1. Arbeiten und Leben in Übersee als Rites de Passage

Arnold van Gennep (1873-1957) entwarf 1909 das dreiphasige Ritualmodell „Rites de Passage", nach dem sich Trennungsphasen, Schwellen- bzw. Umwandlungsphasen und Eingliederungsphasen ablösen.[1] Nach diesem Modell lassen sich Lebensläufe und -prozesse von Auswanderern und Rückkehrern beschreiben. Genneps Phasenmodell bezieht Vorbereitungs-, Übergangs- und Eingewöhnungszeiten im Zusammenhang mit der Auswanderung ein. Bezogen auf die zukünftigen Überseekaufleute bedeutet dies: Bereits während der Ausreisevorbereitungen befanden sich die Akteure in „Schwellensituationen": Sie ließen sich einkleiden, machten Abschiedsbesuche und suchten kurz vor der Abreise zusammen mit Verwandten ein Fotoatelier für ihre Abschiedsfotos auf. In der realen Abreisesituation wurde der Übergang von einem Lebensabschnitt zum anderen oder der Raumwechsel vom „Hier nach Drüben" erfahrbar. Während Freunde und Verwandte in Bremen, Bremerhaven oder Hamburg zurückblieben, führte der Weg der Auswanderer über eine Gangway – nach Arnold van Gennep über eine „Schwelle" – auf das Segelschiff oder den Dampfer. Die Auswanderer brachten ihr Handgepäck an Bord und richteten sich für Wochen oder Monate auf dem Schiff ein. Sie waren während der Schiffspassage Teil einer „geschlossenen Gesellschaft", deren Ordnung und Tagesablauf vom Kapitän bestimmt wurde.

1969 wurde van Genneps Modell von dem Ethnologen Victor W. Turner (1920-1983) weiter entwickelt.[2] Für Turner beginnt nach der Trennungsphase ein Erfahrungsprozess: Bisherige gesellschaftliche Strukturen treten in den Hintergrund oder sind nicht mehr vorhanden. Diesen Erfahrungsprozess nennt Turner „Liminalität" (= Schwellenzustand). Es handelt sich um Orte, Räume oder Phasen menschlicher Grenzerfahrungen. Es bilden sich neue soziale, letztlich auch stabile Ordnungen heraus. Die entstehende neue Gemeinschaft („Communitas") wird – wie im Fall der Bremer Kaufleute in Übersee – zunächst kritisch betrachtet. Auch aus der Ferne verbanden die Akteure oft mit dem eigenen Familienverband mehr Sicherheit und Verlässlichkeit als in neu gebildete Communitates.

Eine solche Vorgehensweise – nämlich des emotionalen Verharrens in dem zumindest temporär verlassenen Familienverband – weisen drei Generationen der bürgerlichen Bremer Großfamilie Noltenius auf. In ihrer Korrespondenz scheint sich zuweilen der Widerspruch von Communitas und Familienverband im Sinne Turners zu spiegeln. Die Briefe von männlichen Mitgliedern weisen in eindrucksvollen Schilderungen auf die Rückkopplung der Überseekaufleute an die in der Heimat verbliebenen Eltern und Verwandten hin. Die Angehörigen von drei Generationen,

---

1   Arnold van Gennep (1909/1999); Wörterbuch der Völkerkunde (1999): Artikel Arnold van Gennep und Übergangsriten. S. 148, 389.
2   Victor W. Turner (1998): S. 251-262. – Artikel Victor Turner, Liminalis. In: Wörterbuch der Völkerkunde, Berlin 1999. S. 234; 388.

die von 1850 bis in die 1930er Jahre „in die Welt hinaus mussten", schildern aber sehr unterschiedliche Erfahrungsprozesse.

An Beispielen der Familie Noltenius soll im ersten Abschnitt dieses Kapitels gezeigt werden, dass Lebensläufe von Abschiednehmen, der Trennung von gewohnten Strukturen, Heimweh und von sozialer Anpassung in Übersee bestimmt waren. Und auch nach der späteren Rückkehr nach Bremen wurden Eingewöhnungsphasen erforderlich. Einige Akteure trafen nach ihrem Überseeaufenthalt Familienverbände in veränderten Situationen an. Oft erleichterten die in Bremen zurückgebliebenen Familienmitglieder den Rückkehrprozess.

Andere Akteure mussten sich nach der Rückkehr in Bremen eine neue Communitas aufbauen: Nach seiner Rückkehr aus Guatemala Ende 1907 zog Friedrich Köper mit seiner Familie zunächst in sein Elternhaus in der Schönhausenstraße ein. Sein Vater, als sein wichtigster Berater in geschäftlichen Angelegenheiten, lebte zu dieser Zeit nicht mehr. Köper konnte sich nicht wie sein ehemaliger Teilhaber Eberhard Noltenius auf ein Netz von einflussreichen Verwandten stützen. Daher strebte er die Mitgliedschaft von Berufsverbänden und Vereinen an, um aus „eigener Kraft" in Bremen ein Handelshaus zu etablieren.

Schließlich geht es um die aufgezwungenen Rites de Passage der Familie Freudenberg, die 1914 in Colombo in britische Gefangenschaft geriet und sich nach der Internierung in Ceylon und Australien in Bremen niederließ.

2. Drei Generationen von Überseekaufleuten: Die Familie des Johann Eberhard Noltenius

Einige der Nachkommen der Bremer Großfamilie Noltenius traten schon in den Kapiteln zuvor auf. Der Familienverband von Johann Eberhard Noltenius mit seinen genealogischen Zweigen über drei Generationen soll als Beispiel für andere Kaufmannsfamilien gelten, deren Mitglieder nach ihrer Rückkehr aus Übersee gesellschaftliche Positionen in Bremen besetzten. Zunächst möchte ich einen für diesen Abschnitt wichtigen Teil der Familienstruktur vermitteln. Es geht um die zehn Kinder des genannten Patriarchen: Dr. jur. Johann Eberhard Noltenius (1777-1845)[3], Bremer Gerichtssekretär und Sohn eines Kaufmanns[4], war in erster Ehe mit Metta Amalia Wilhelmine Holler (1792-1816), der Erbin des Brandenhofs in Borgfeld bei Bremen verheiratet. Die Heirat brachte das Anwesen in den Besitz der Familie Noltenius. Der Brandenhof war ein Erbgerichtshof, dessen Rechte 1810 bzw. 1883 an Bremen abgetreten worden waren. Noltenius war als Grundherr des Bran-

---

3 Seine Eltern: Kaufmann Johann Daniel Noltenius (1726-1791) und Gesche Catharine, geb. Berkemeyer (1747-1825).

4 Andreas Schulz (2002): S. 78, bezeichnet die Vertreter der Generation zwischen 1750 und 1830 als „Hausväter", die der Generation von 1848-1880 als „Potentaten". Johann Eberhard Noltenius bewohnte als Junggeselle um 1800 ein geräumiges Haus am Domshof mit vier Zimmern, drei Kammern, einer Küche, einem Saal im Obergeschoss sowie Stall und Waschhaus im Hinterhof.

denhofes auch „letzter Erbrichter zu Borgfeld" mit richterlicher Gewalt über die bemeierten Höfe[5].

Die erste Generation: Aus der Ehe Noltenius-Holler stammte die Tochter Gesche Catharine Wilhelmine Noltenius (1816-1846).[6] Die Mutter Metta Amalia Wilhelmine, geb. Holler, starb kurz nach ihrer Erstgeburt im Jahre 1816.[7]

1819 heiratete Johann Eberhard Noltenius zum zweiten Mal. Seine zweite Ehefrau, Marie von Lingen (1790-1858), brachte neun Kinder – sieben Knaben und zwei Mädchen – zur Welt. In der Geburtsreihenfolge waren es: Heinrich (1820-1884); Wilhelm (1821-1904); Johanne (1822-1891); Bernhard (1823-1899); Conrad (1824-1900); Carl (1827-1903); Friedrich (1828-1891); Johannes (1831-1884) und Marie (1835-1864).

Fünf der männlichen Nachkommen wurden Kaufleute, einer Landwirt (und Sägereibesitzer) und ein weiterer Kapitän. Heinrich, Bernhard und Johannes wanderten nach Australien aus; Friedrich nach Chile, Wilhelm als „Farmer" in die USA. Conrad war aufgrund seines Berufs als Kapitän häufig unterwegs. Nur Carl blieb als Kaufmann in Bremen.

Die zweite Generation: Die erstgeborene Tochter des „Patriarchen", Gesche Catharine Wilhelmine Noltenius verheiratete sich mit einem Sohn des Bremer Bürgermeisters Johann Smidt (1773-1857), dem Juristen Hermann Smidt (1804-1879). Aus ihrer Ehe ging ein Sohn hervor: Johann Smidt (1839-1910). Johann absolvierte eine Kaufmannslehre und wanderte nach 1860 nach Indien aus.

Als weitere Vertreter der zweiten Generation sind die fünf Söhne von Kapitän Conrad Noltenius (1824-1900) und seiner Ehefrau Helene, geb. Pajeken (1842-1918) zu nennen: Der älteste Sohn war der Guatemala-Kaufmann Eberhard Noltenius (1865-1925). Friedrich Noltenius (1872-1959)[8] wurde ebenso Kaufmann wie die beiden jüngeren Brüder Otto (1874-1963) und Conrad (1881-1957). Friedrich machte Berufserfahrungen in England, Indien, China und Japan; Otto wanderte um 1900 nach Guatemala aus, arbeitete zunächst auf einer Kaffeefinca und anschließend im Geschäft seines Bruders Eberhard in Retalhuleu/Guatemala. Aus gesundheitlichen Gründen beendete er den Guatemala-Aufenthalt und kehrte 1910 nach Bremen zurück. Conrad Noltenius ging 1902 ins Geschäft seines Cousins Johann Smidt nach Kalkutta. Nur der zweitälteste Bruder, der Jurist Dr. Eduard Noltenius (1868-1947), verbrachte sein Leben in Bremen.

---

5 Dazu: Karl Heinz Schwebel (1951); Karl Heinz Schwebel (1955); Petra Selig-Biekusen (1988): S. 132-150; besonders S. 136.
6 Stammtafel Familie Noltenius, 1913. – Uta Brandes (1963): S. 38; S. 40: Dr. jur. Johann Eberhard Noltenius (1777-1845) heiratete 1815 die Erbin des Brandenhofs, Metta Amalia Wilhelmine Holler (1792-1816), die kurz nach der Geburt ihrer Tochter, Gesche Catharine Wilhelmine Noltenius (1816-1846) starb.
7 Stammtafel Familie Noltenius, 1913.
8 Carl Thalenhorst (1969): S. 354f.

Die dritte Generation: Wilhelm (1901-1965) und Eduard Noltenius (1908-1932), Söhne von Eberhard Noltenius (1865-1925), wurden ebenso wie ihr Vater Kaufleute in Guatemala.

Die erste Generation: Bernhard Noltenius hinterließ seinem Bruder Conrad vor seiner Abreise nach Australien eine Kiste mit „Batavia-Zigarren". Er hoffte, „nur für einige Jahre" fort gehen zu müssen und war sicher, dass sie sich „dereinst im Vaterland" wieder sehen würden.[9] Auf der ersten Etappe seiner Auswanderung nach Australien wurde Bernhard Noltenius von Verwandten auf einem „Dampfboot" nach Bremerhaven begleitet. Dort verabschiedete er sich von ihnen. In seinem ersten Brief aus Australien an seinen Schwager, Dr. jur. Hermann Smidt, schrieb er von Beschäftigungen, Bekanntschaften und über seine Gedanken während der mehr als hunderttägigen Schiffspassage auf der „Leontine": Er versuchte, den Matrosen bei ihrer Arbeit zu helfen, schrieb Tagebuch, lernte Englisch und stellte fest, dass die mitreisenden Auswanderer wenig Bildung besaßen. Die Abschiedsworte Smidts hatte er nicht vergessen:

> „Was ich Dir vor meiner Abreise von Bremen nur halb Recht geben wollte, muß ich dir jetzt als völlig richtig, aus voller Überzeugung zuerkennen. Ich bin froh Bremen verlassen zu haben und in die Welt hinausgegangen – denn nur in der Welt lernt man die Menschen, lernt man sich selbst kennen."[10]

Demnach hatte Bernhard Noltenius zunächst nur ungern Bremen verlassen. In Australien machte er Erfahrungen mit „einförmigen" Tagesabläufen und redete sich ein, sie seien ihm „ganz lieb", da „man dadurch mehr zur Arbeit hingezogen" würde. Arbeit mache das „Leben angenehm." Bernhard Noltenius traf 1849 in Australien seinen ältesten Bruder Heinrich „in bester Gesundheit" an.[11] Dieser war schon 1846 ausgewandert, lebte in Adelaide und arbeitete in einem englischen Kommissionsgeschäft, dem eine Apotheke angeschlossen war. Die Brüder beabsichtigten, gemeinsam zu arbeiten. Vorher wollte er noch mehr Englisch lernen, nur so könne er für „Heinrich von großem Nutzen sein", schrieb Bernhard Noltenius.

Die Schilderungen des Bernhard Noltenius' veranschaulichen Ausschnitte der „Schwellenphase", die von der Abreise aus Bremen bis zur Ankunft in Australien und dem Beginn seiner Eingewöhnungszeit in Adelaide markiert wird. Die Brüder wohnten zusammen mit einem Freund in einem kleinen Haus, das mit Erinnerungsstücken aus Bremen geschmückt war. Darunter waren Bilder vom Bremer Rathaus, dem Bremer Bahnhof und von Bürgermeister Smidt. 1851 nahm Bernhard Noltenius an seinem Bruder Heinrich wahr, dass sich dieser nach seiner Eingewöhnungszeit bereits von deutschen Gewohnheiten und „deutschen Sitten" entfernt, aber den deutschen Weihnachtsbaum nicht vergessen habe. Im selben Brief teilte Bernhard

---

9   StAB 7,67-63: Bernhard Noltenius an seinen Bruder Conrad, o.D. – Conrad war zu der Zeit Steuermann auf der „Caroline" von Kapitän „Raschen" in Bremerhaven

10   StAB 7,67-63: Bernhard Noltenius via London an Hermann Smidt, o.D.

11   StAB 7,67-58: Bernhard Noltenius an seine Mutter, 24. Dezember 1849. Darin schreibt er vom „ersten Weihnachtsabend", den er nicht in Bremen feierte.

seiner Mutter Heinrichs Verlobung mit der Engländerin Emma Eliza Payne mit. Heinrich sei „nach englischer Manier sehr geheim damit"[12]. Mit der Verlobung, der Eheschließung 1852 und der Gründung einer Familie in Australien gelang Heinrich Noltenius die „Akkulturation"[13]. Er schloss in Übersee Freundschaften und wurde von ehemals fremden Gemeinschaften („Communitates") aufgenommen.

Bernhard Noltenius versuchte zu dieser Zeit, unabhängig von seinem Bruder sein „Glück zu machen". Er wechselte seinen Wohnort von Adelaide nach Melbourne. „Von Morgen bis Abend, Tag hinter Tag" gingen ihm „kaum andere Gedanken als Geschäftsangelegenheiten" durch den Kopf.[14] 1852 berichtete er von dem Gold-Boom in Australien. „Woche für Woche trafen fünf- bis zehntausend Menschen" in Melbourne ein. Dadurch wuchs die Stadt innerhalb eines Jahres um das Doppelte. Es gab kaum Unterkünfte, wo sich Zuwanderer des Nachts auf einer Matratze ausstrecken konnten. Bernhard Noltenius gehörte für einige Monate zu den „Golddiggern"[15]. Auch ihn packte das „Gold-Fieber". „Man lebt hier in fürchterlicher Aufregung und unterhält sich nur von den Gold-Diggings", schrieb er. Seriöse Kaufmannsgeschäfte seien kaum zu machen.[16] Im Dezember 1852 eröffnete er trotzdem ein „Comptoir" in Melbourne in der Hoffnung, als Kaufmann mehr Erfolg als ein Goldgräber zu haben.

Fünf Jahre nach seinem Abschied in Bremen, war Bernhard Noltenius noch nicht „richtig" in Australien angekommen. Er habe wenige Freunde und „diese wenigen seien ebenso in Geschäften verwickelt" wie er; seinen Bruder Heinrich habe er schon länger als ein Jahr nicht mehr gesehen und von seiner Mutter habe er mehr als zwei Jahre nichts mehr „direkt" gehört. Sie solle ihn „nicht ganz vergessen"[17]. Doch nachdem sie die Briefe ihres Sohnes beantwortet hatte, schrieb Bernhard zurück, dass die Korrespondenz mit der Mutter „eine solche Gewalt" ausübe. Die Briefe der Mutter würden die Söhne „zur Erfüllung [ihrer] Pflicht" treiben.[18]

Bernhard Noltenius' Briefe an seine Bremer Verwandten sind von Heimweh geprägt. Häufig ging er Erinnerungen von Situationen nach, die er zusammen mit seinen Geschwistern im Elternhaus erlebt hatte. In seinen Gedanken war es im

---

12 StAB 7,67-59: Bernhard Noltenius an seine Mutter, 11. Februar 1851; 9. Mai 1851.
13 Karen Schniedewind (1994). Eheschließung und Gründung einer Familie in Übersee wurden als Beispiele für eine „gelungene Akkulturation" bezeichnet. – Es ist die Frage, wie weit Heinrich Noltenius in einem kleinen australischen Ort in der Nähe von Melbourne in die bestehende soziale und kulturelle Umwelt hineinwuchs. Durch seine Heirat scheint sein emotionaler Lebensmittelpunkt nicht mehr Bremen gewesen zu sein. – John W. Berry (1996) untergliederte den Begriff Akkulturation nach Akkulturationsstrategien. Demnach hat Heinrich Noltenius unter Beibehaltung der eigenen Kultur Kontakt zur Mehrheitsgesellschaft aufgenommen und sich integriert.
14 StAB 7,67-59: Bernhard Noltenius an seine Mutter, 19. August 1853.
15 Johannes H. Voigt (1992): S. 221; zwischen 1853 und 1855 trafen 42 Schiffe „allein aus Hamburg" in Port Philipp/Australien ein; etwa 5.000 Deutsche betätigten sich als „Goldgräber".
16 StAB 7,67-59: Bernhard Noltenius an seine Verwandten, 1. Januar; 4. Dezember 1852. „Melbourne, durch die ungeheuren Einwanderungen, ist natürlich überfüllt, und draußen um die Stadt bilden sich Dörfer von Zelten, eisernen und hölzernen Häusern in wenigen Tagen." Er schrieb auch von „Mord und Totschlag", es sei eine „fürchterliche Wirtschaft." 14. Dezember 1852.
17 StAB 7,67-58: Bernhard Noltenius an seine Mutter, 19. August, 31. Dezember 1853.
18 StAB 7,67-58: Bernhard Noltenius an seine, Mutter, 23. Mai 1854. Die Briefe der Mutter „verscheuchten im Nu kleine, sogenannte Unannehmlichkeiten, die einen mitunter quälen."

Elternhaus in Borgfeld bei Bremen „gemütlich, freundlich und friedlich." Dies schrieb er im August 1853 und nicht etwa in Weihnachtsstimmung. Das Heimweh schien seine Akkulturation in Australien zu verhindern.

In den 1850er Jahren bezog Bernhard Noltenius seine beiden Brüder Wilhelm und Johannes in seine Zukunftspläne ein. Beide waren in die USA ausgewandert und offenbar interessiert, dort ihren Aufenthalt abzubrechen, um nach Australien zu wechseln. Für Farmer wäre in Südaustralien viel Geld zu verdienen; für Johannes würde er eine Beschäftigung finden, so Bernhard Noltenius. Johannes traf im Sommer 1854 in Australien ein, arbeitete eine kurze Zeit im Geschäft von Bernhard und ging im Oktober 1855 „als Geschäftsmann" in eine Goldgräber-Region. Wilhelm blieb in den USA, Bernhard klagte, „mein Leben hier allein gefällt mir durchaus nicht"[19]. Er hatte nicht vor, wieder in die Nähe seines Bruders Heinrich umzuziehen. Geschäftlich hatte er „große Verluste" und es misslang ihm, die Schulden einzutreiben. Darauf wandte er sich in Melbourne Maklergeschäften auf Provisionsbasis zu. Er lebte noch 1858 in bescheidenen Verhältnissen zur Untermiete. Es sei überall „dieselbe Schlaffheit im Geschäfte", schrieb er.[20] Doch von seinem Bruder Heinrich gewann er den Eindruck, dass dieser in der Firma Joseph Stilling & Co., Adelaide, „bedeutende" Geschäfte mache, „gesattelt" sei und „sein Schäflein im Trockenen" habe.[21] Auch um 1872 hatte sich Bernhards Geschäft noch nicht zum Besseren verändert. Er nahm von einem Freund aus London und von seinem inzwischen von Chile nach Bremen zurückgekehrten Bruder Friedrich Kredite an, mit denen er „vorsichtig" arbeitete. Damit wollte er erneut sein Glück versuchen, denn ohne den erhofften Reichtum wollte er nicht nach Bremen zurückkehren.[22]

Bernhard Noltenius hatte geschäftlich und persönlich lange „Durststrecken" zu überstehen. Die Zusammenarbeit zwischen ihm und seinem Bruder Johannes endete bereits nach wenigen Monaten. Johannes lebte und arbeitete unter Goldgräbern im Norden Australiens. Auch Heinrich Noltenius' Geschäft kam nur „langsam vorwärts" und 1875 hatte er den Tod seiner Frau Emma und seines Sohnes Henry zu ertragen. Nach 1882 hatte Heinrich seinen Anteil an Stilling & Co. verkaufen müssen. Als Heinrich 1884 plötzlich starb, hinterließ er „zerrüttete Geschäftsverhältnisse"[23].

Nach dem Tod des Bruders veränderte sich Bernhards Privatleben: Er nahm sich seiner unversorgten vier Nichten und Neffen an – das waren „Louise, Helene, Bernie und Ernie" – und versuchte, ihnen die Eltern zu ersetzen. – Ein weiteres

---

19 StAB 7,67-58: Bernhard Noltenius an seine Verwandten, 24. Mai 1854; 23. Oktober 1855.
20 StAB 7,67-59: Bernhard Noltenius an seine Mutter, 11. September 1858.
21 StAB 7,67-63: Bernhard Noltenius an seinen Bruder Wilhelm, 6. April 1854.
22 StAB 767-63: Bernhard Noltenius an seinen Bruder Friedrich, 7. Oktober 1872 und am 23. Juni 1880 bat er seinen Bruder Friedrich für sich, seine Brüder Heinrich und Johannes sowie für drei seiner Neffen um einen Betrag von etwa 2.000 Mark.
23 StAB 7,67-62: Bernhard Noltenius an seinen Bruder Friedrich, 10. Februar 1884.
   „Heinrichs Geschäftsverhältnisse waren nicht brillant trotz seiner großen Tätigkeit. Vor zwei Jahren musste er sein Geschäft verkaufen, weil es von Jahr zu Jahr zurückging. Die Summe, die er dafür erhielt, bezahlte zwar sämtliche Schulden. [...] Heinrich hinterlässt keine Schulden, für die wenigen Rechnungen, die noch ausstehen, sind Gelder vorhanden." 14. Januar 1884, 10. Februar 1884: Friedrich Noltenius hatte versprochen, „Gelder" aus dem väterlichen Nachlass „flott zu machen."

Unglück ereignete sich einige Monate später: Johannes Noltenius, der sich „Gold-diggern" anschloss, wurde im Herbst 1884 von „Wilden mit einem Speer" getötet. Er starb „als ein Märtyrer der Zivilisation", so Bernhard Noltenius über den Tod des Bruders.[24]

Die Briefe von Bernhard Noltenius und seinen Brüdern sind von starken Familienbindungen und tragischen Todesfällen geprägt. Etliche Briefpassagen handeln vom Heimweh.[25] Bernhard Noltenius und seine Geschwister riefen mit ihren Briefen und den mitgeschickten Fotos wechselseitig Erinnerungen an die gemeinsame Kindheit und Jugendzeit hervor. Sie bedauerten, bereits viele Jahre getrennt zu sein. Inzwischen waren sie nicht mehr junge Menschen, sondern hatten ihre Lebensmitte überschritten. Bernhard Noltenius konnte auch nach über dreißigjährigem Aufenthalt in Australien nicht sagen, wann er zurückkommen würde. Er strebte wie viele andere Überseekaufleute Unabhängigkeit durch „Reichtum" an, ohne den er nicht nach Bremen zurückzukehren wollte. Sein Elternhaus, das Gut Brandenhof in Bremen, seine Mutter und die dort lebenden Geschwister bildeten den Mittelpunkt seiner wehmütigen Gedanken. Erst in den letzten vier bis fünf Jahren seiner Migration „schaute er sorgenfreier in die Zukunft". Am 2. Juli 1888 schrieb er während seiner Rückreise nach Deutschland, er sei „Hals über Kopf am 31. Mai fortgekommen. [...] Junge, ich freue mich auf das Wiedersehen." Er schickte seinem Bruder einen Wechsel auf eine englische Bank in London über „130.-.-, Pfund"[!][26] mit, den Friedrich einlösen und zu Bernhards Verfügung bereithalten sollte. Nach seiner Ankunft in Genua plante er in Mailand, Luzern, Freiburg, Offenburg und Düsseldorf Stationen zu machen. Zum Schluss wünschte er, von den Brüdern in Düsseldorf abgeholt zu werden.[27] Damit endete die Auswanderung von Bernhard Noltenius nach vierzig Jahren mit dem gewünschten Erfolg; seine Brüder Heinrich und Johannes hatten nicht das Glück heimzukehren; sie starben in Australien.

Doch wie erging es den Brüdern Noltenius in Chile und USA? Friedrich Noltenius (1828-1891), Kaufmann in Chile, hatte nach zwanzigjährigem Aufenthalt in Übersee 1871 sein Ziel erreicht. Er beabsichtigte nach Bremen zurückzukehren und schrieb seinem Schwager Hermann Smidt, der nach dem Tod des Patriarchen Johann Eberhard Noltenius 1845 das Gut Brandenhof verwaltete:

> „Ich habe eine gewisse Scheu, nach Bremen zu kommen, denn einmal habe ich keine Lust, mich wegen Familienangelegenheiten zu ärgern, und zweitens thut es meinem Herzen weh, wenn bei meiner Ankunft dort keine Einigkeit unter uns Brüdern herrschen sollte. Der unglückliche Zankapfel ist Borgfeld; meiner Ansicht nach ist das Gut keinem von uns zugesprochen und ein Jeder von uns hat folglich dasselbe Anrecht darauf. – Aber alle können wir es nicht besitzen und daher muß es Einer übernehmen. Laßt uns doch eine unparteilche Taxation des Gutes

---

24 StAB 7,67-58: Bernhard Noltenius an seine Geschwister in Bremen, 18. September 1884; 16. November 1884.

25 Günter Schulz (1972) schrieb einen Aufsatz über „Heimweh nach Bremen und Borgfeld". Darin heißt es, Bernhard Noltenius sei ein „begabter Briefschreiber" gewesen. S. 135.

26 Ein Pfund Sterling hatte 1890 den Wert von 20,40 Mark. Nelkenbrecher (1890): S. 338.

27 StAB 7,67-63: Bernhard Noltenius an seinen Bruder Friedrich, 2. Juli 1888, kurz vor Suez.

vornehmen und die Sache auf brüderliche Wege ordnen. Ich für mein Theil beanspruche es nicht, auch wohl eben sowenig Bruder Conrad, doch muß die Sache geordnet werden, da wir es auch den übrigen Brüdern schuldig sind. Ich möchte dir, mein lieber Hermann, als Senior unserer Familie überhaupt den Vorschlag machen, das Vermögen unserer sel. Eltern unter uns Geschwistern zu teilen."[28]

Friedrich Noltenius schrieb auch an seine Schwägerin Helene Noltenius, geb. Pajeken, aus Iquique in Chile und kündigte ihr seine bevorstehende Rückkehr nach Bremen an. Er erklärte, das Schicksal sei ihm „in pecunärer Hinsicht günstig" gewesen. Er habe in den Überseejahren soviel Geld verdient, dass er für die übrigen Geschwister mitsorgen könne. Er habe nicht vor, aus seinen „vielen Reichtümern" ein Geheimnis zu machen. Er erklärte seiner Schwägerin:

> „Unter uns gesagt und dieses müsst Ihr nun auch für Euch behalten, [i.O.] habe ich es soweit auf etwas mehr als 100/m $ gebracht und da mir dieses drüben eine Beute von ca. 5.000 $[29] jährlich bringen wird, mich entschlossen erst meine Gesundheit dort wieder zu stählen und dann im Verein mit Euch ein gemütliches Leben zu führen. – Also freut Euch auf meine Ankunft, wie ich mich freue, Euch alle wieder zu sehen! Nur um Gottes Willen verhätschelt mich nicht. Denn nach 20 jähriger Abwesenheit wird es Mühe kosten, mich in die dortigen Verhältnisse wieder hineinzubürgern!"[30]

Friedrich Noltenius klagte in dem Brief nicht über sein „Leberleiden" und auch nicht über seine „Lungenkrankheit", im Gegenteil: Er fühlte sich „augenblicklich ziemlich wohl" und freute sich auf die Zukunft in Bremen. Er beabsichtigte im Sommer 1872 abzureisen, da er noch die Rückkehr seines Kollegen Dreier aus Bremen abwarten musste. Am Schluss seines Briefes äußerte er den Wunsch, seine Schwägerin möge sich um Einigung in einem Familienkonflikt zwischen den Brüdern Carl und Conrad bemühen.[31]

Dieser Brief handelt vom erreichten Wohlstand in Übersee, aber er thematisiert auch Mühen, Quälerei, „bittere Stunden" und die der Gesundheit abträgliche Kaufmannsarbeit in den „Salpeter-Distrikten" Chiles. Friedrich Noltenius beschloss, das Erbgut Brandenhof für die Familie Noltenius, d.h. für sich und seine Geschwister zu bewahren. Er beabsichtigte, dem Richter Dr. Hermann Smidt, eine „Rimesse[32] von 20 bis 25/m $" zu schicken, damit geklärt sei, dass es ihm mit seinem Anliegen ernst sei. Der Erbanspruch der Familie Smidt sollte zufrieden gestellt werden. In diesem Zusammenhang muss noch einmal erwähnt werden, dass Hermann Smidt

---

28 StAB 7,67-30: Friedrich Noltenius aus Iquique an seinen Schwager Hermann Smidt, 8. März 1871.

29 Ein Dollar hatte 1890 den Wert von 4,25 Mark. Nelkenbrecher (1890): S. 338.

30 Privatquellen Noltenius: Friedrich Noltenius an seine Schwägerin, 8. Juni 1871.

31 Privatbriefe Noltenius: Friedrich Eberhard Noltenius an seine Schwägerin Helene, 8. Juni 1871: „Du, die mir stets von der Liebe unserer sel. Eltern spricht, Du, die mit unendlicher Liebe an allen Geschwistern hängt, verspreche mir, Dein Möglichstes zu tun, damit die Sachen zwischen Conrad und Carl wieder geordnet werden!" [Schlusssatz:] „Wenn du wünschst, dass ich zufrieden und glücklich drüben leben soll, so opfere dich auch etwas auf und sehe zu, dass die Sachen, ehe ich nach dort komme, geregelt sind." [unterstrichen i.O.]

32 Ein Wechsel zur Zahlung des Betrages.

in erster Ehe mit einer Erbin des Brandenhofs, Gesche Catharine Wilhelmine Noltenius (1816-1846), verheiratet war und dass dieser Ehe sein einziger Sohn Johann Smidt entstammte.

Wilhelm Noltenius wanderte 1848 in die USA aus und kehrte 1876 nach Bremen zurück.[33] 1850 lebte er als „Landwirt in Louisville/USA"[34]. Wahrscheinlich wechselte er seine Aufenthaltsorte in den USA während seiner Migration. Einmal fragte ihn sein Bruder Bernhard Noltenius, ob er in den USA schon ein „Sümmchen" für die Rückkehr hätte sparen können. Doch es ging Wilhelm offenbar nicht gut. Daher initiierte Bernhard gegenüber seiner Mutter, Wilhelm solle als Farmer nach Australien kommen.[35] Auch Heinrich Noltenius' Briefe verweisen auf Wilhelms unsichere Einkommensverhältnisse. Er habe „auch viel Pech" in Übersee gehabt. Im Gegensatz zur Farmerei in USA hätten „alle deutschen Landbauer" in Australien „Geld gemacht"[36]. Gegen Ende seines Aufenthalts in den USA waren Verwandte in Bremen unsicher, ob Wilhelm Noltenius die Kosten für Fahrkarte und Passage aufbringen konnte.[37] Daher schaltete sich Wilhelm Noltenius' Neffe Johann Smidt ein, der 1876 Geschäfts- und Familienbesuche in den USA machte.

Nach seiner Rückkehr übernahm Wilhelm Noltenius auf dem Brandenhof die Landwirtschaft. Auf dem Gut wurden Milchkühe, Pferde, Schweine und Federvieh gehalten. Die Ländereien zogen sich bis zum „Hexenberg" in der Gemarkung Timmersloh (heute Niedersachsen) hin.

Zusammenfassung: Die Beispiele bekräftigen einen Familiensinn, der trotz jahrzehntelanger Trennung erhalten blieb und sich aus der Ferne – Chile, USA und Australien – auf den Ort und die Personen der gemeinsamen Kindheit konzentrierte. Gut Brandenhof war der Familienbesitz der zurückgebliebenen Verwandten,

---

33 Wilhelm Dehlwes (1971): S. 30. Wilhelm Noltenius lebte seit 1848 in Kentucky, wo er ein Sägewerk betrieb.

34 Stammtafel Noltenius, Bremen 1913. – StAB 7,67-63: Brüder Bernhard und Heinrich aus Australien an Wilhelm Noltenius, 14. Februar 1850. Demnach lebte Wilhelm Noltenius 1850 in Louisville/USA. – StAB 7,67-53: Hermann Smidt an Wilhelm Noltenius, 28. März 1867. Zu der Zeit hatten sich die Schwager seit 19 Jahren nicht mehr gesehen.

35 StAB 7,67-58: Bernhard Noltenius an seine Mutter, 18. Juli 1854: „Sollte nun ebenfalls der alte gute Wilhelm kommen, dann würde erst recht unser Glück voll sein. Der alte ehrliche Wilm hat sich in Amerika so fort gequält und war am Ende des Jahres doch nicht weiter wie im Anfang desselben, hier jedoch verspreche ich mir für Wilhelm viel, denn der Farmer, wenn aufmerksam und fleißig, hat hier ein gutes und sicheres Auskommen."

36 StAB 7,67-62: Heinrich Noltenius an Bruder Wilhelm, 6. September 1877. Mehr als 36 Jahre hatten sich Heinrich und Wilhelm zu dieser Zeit nicht gesehen.

37 Privatbriefe Smidt: Johann Smidt aus Cincinati an seinen Vater, 20. Mai 1876. – Johann Smidt versuchte, während seines Aufenthalts in USA seinen Onkel Wilhelm Noltenius zur Heimreise zu bewegen. Smidt bestellte dem Onkel in der Lloyd-Agentur von Oelrichs & Co. ein Ticket und erwartete ihn am 17. oder 18. Mai in New York. Aber Wilhelm Noltenius stellte seine Abreise zurück, da er „erst seine Angelegenheiten geordnet" haben musste. Es handelte sich um einen Gerichtstermin im Juni 1876. Seine Anwälte hatten ihn aufgefordert, solange in den USA zu bleiben. Johann Smidt schrieb seinem Vater, dem Onkel sei von „Dohrmann in Cincinati [...] Passagegeld für einen 2ter Classe Platz" beim Agenten des Norddeutschen Lloyd hinterlegt worden." – StAB 7,67-53: Johann Smidt an Wilhelm Noltenius, 5. Mai 1876.

zu denen bis 1858 die Mutter, die zwei Schwestern Helene und Marie[38] und Bruder Carl[39] gehörten. Bis auf Heinrich, der in Adelaide verstarb, beabsichtigten die Brüder nach Bremen bzw. ins Elternhaus zurückzukehren und sesshaft zu werden. Diese Absicht wurde bereits im Abschiedsbrief, noch vor der Ankunft in Übersee geäußert.[40]

Bernhard folgte Heinrich nach Australien und wünschte sich auch seine Brüder Johannes und Wilhelm herbei. Bernhard wohnte an unterschiedlichen Orten in Australien, meistens in der Nähe von Melbourne zur Untermiete. Auf die Fragen seiner Geschwister in Bremen, wann er heimkomme, wusste er nicht anders zu antworten, als von seinem Kummer, dem „Heimweh", zu schreiben.[41]

Johannes blieb ledig und führte ein unruhiges Leben; er schloss sich einem Trupp von Goldgräbern im Norden Australiens an. Heinrich und Johannes starben in Australien. Nach ihrem Tod 1884, verstärkte sich Bernhards Wunsch, nach Bremen zurückzukehren. Erst in den letzten fünf Jahren vor seiner Abreise 1888 florierte sein Wein-, Spirituosen- und Bierimportgeschäft. Seine Abreise schob er daher nicht länger auf.

Während Bernhard nach vierzig und bereits vor ihm Friedrich Noltenius nach zwanzig Jahren nach Bremen wohlhabend zurückkehrte, beendete Wilhelm nach achtunddreißig Jahren seinen Aufenthalt in den USA. Er gehörte offenbar zu den in Übersee „Gescheiterten". Als Bernhard 1888 in sein Elternhaus in Bremen-Borgfeld heimkehrte, erwarteten ihn seine Schwester Johanne (66 Jahre alt), seine Brüder Wilhelm (67 Jahre), Conrad (64 Jahre), Carl (61 Jahre) und Friedrich (60 Jahre). Bernhard, Wilhelm und Friedrich waren durch die Migration entscheidend geprägt. Die Brüder blieben unverheiratet. Ihre soziale Situation hatte sich durch die Jahre in Übersee verändert. Bernhard und Friedrich waren inzwischen vermögend und in einem Alter, in dem sie nicht mehr berufstätig sein mussten. Wilhelm übernahm die Landwirtschaft. Die Wiedereingliederung in das familiäre und gesellschaftliche Umfeld entwickelte sich problemlos.

---

38 Catharine Marie Noltenius (1835-1864) begleitete 1864 ihren Bruder Conrad und ihre Schwägerin Helene auf deren Hochzeitsreise nach Westindien. Unterwegs erkrankte sie an Gelbfieber; sie starb und wurde auf den Azoren begraben. Günter Schulz (1972): S. 135.

39 Günter Schulz (1972): S. 187. Carl Noltenius war auch Kaufmann und lebte ab 1865 als Pächter auf dem Brandenhof, bis sein Bruder Friedrich das Gut 1874 übernahm und umbauen ließ. Es kam zu Streitigkeiten: Carl Noltenius zog mit seiner Familie nach Vegesack und später in die Vahr. Quelle: 7,67-26 Noltenius: S. 17f. – StAB 7,67-27: Brief von Carl Noltenius mit der Überschrift ‚Wie ich um meine Erbschaft von 20.000 M. kam!' an den Testamentsvollstrecker nach dem Tod von Bernhard Noltenius, Dezember 1900.

40 StAB 7,67-63: Bernhard Noltenius an seinen Bruder Conrad, 6. April 1848: „.... hoffentlich nur für einige Jahre, denn ich glaube gewiß, dass wir uns dereinst noch in unserem Vaterland wieder sehen werden – lebe denn wohl und vergiß nicht Deinen Bruder Berhd. Augst. Noltenius."

41 StAB 7,67-63: Bernhard Noltenius an Bruder Carl, 18. Oktober 1848. „Von den Bergen schweift mein Blick dann aufs Meer, um den Weg nach dem Heimathlande zu suchen, doch unser Schiff hat keine Furche in dem Wasser gelassen und ich suche vergebens wohl mit den Augen, doch im Geiste weiß ich ihn wohl zu finden." – Bernhard an Friedrich Noltenius, 20. April 1884: „Du frägst, ob für mich noch wohl ein deutscher Frühling blüht? Wer weiß es, es liegt in Gottes Hand. Nun seht ihr, da habe ich wieder Heimweh. So alt ich bin und so lange fern von der Heimat, gedenke ich ihrer doch täglich." Nach einem erneuten Misserfolg lieh er sich Geld von seinem Bruder Friedrich. Ohne den erhofften Reichtum wollte er nicht zurückkehren, sondern erneut sein „Glück" versuchen, 7. Oktober 1872.

Conrad Noltenius war Kapitän und aus beruflichen Gründen zeitweise in Übersee. Daher vertraute Friedrich Noltenius seiner Schwägerin, Helene, geb. Pajeken – Conrads Frau – seinen Vermögensstand an. Er war stolz, es soweit gebracht zu haben, dass er andere Familienmitglieder unterstützen konnte. Er deutete auch einen Streit zwischen seinen Brüdern Conrad und Carl an und versuchte, seine Schwägerin als Vermittlerin zu gewinnen. Er wünschte bis zu seiner Rückkehr eine Lösung des Problems. Auch das Erbe der Eltern sollte kein Anlass zu Streit unter Verwandten sein. Friedrich Noltenius hatte vor, seinen Neffen Johann Smidt auszuzahlen.

Karen Schniedewind untersuchte Rückwanderer aus Amerika – Kaufleute und Handlungsgehilfen, Arbeiter und Handwerker – im Zeitraum zwischen 1850 und 1914. Kaufleute blieben demnach länger als andere Berufsgruppen in den USA. Im Fall der Brüder Noltenius dauerte der Aufenthalt zwischen etwa zwanzig und vierzig Jahren. Nach einem anderen Ergebnis der genannten Studie heirateten Kaufleute in Übersee häufig „Ausländerinnen", das sei als ein Zeichen von geglückter Akkulturation zu werten.[42] Dieses Heiratsverhalten trifft im Fall von Heinrich Noltenius zu: Er gründete in Australien eine Familie, die sein „Zuhause" wurde und als persönliches „Glück" zu bezeichnen ist. Zwei Brüder, Conrad und Carl, heirateten in Bremen, und vier der Brüder – Wilhelm, Bernhard, Johannes und Friedrich – blieben ledig.

Bernhard Noltenius investierte nach seiner Rückkehr Kapital in die Kaufmannsreederei B. Grovermann & Co. Mit diesem Kommanditanteil verbanden sich familiäre und geschäftliche Interessen.[43] Außerdem ließ er sich auf eine Beteiligung von sechzigtausend Mark in das Guatemala-Handelshaus Köper Noltenius & Co. ein.[44] Diese Engagements zeugen von finanzieller Potenz nach seiner Rückkehr aus Australien.

Die zweite Generation: Im folgenden Abschnitt werden Auswanderungsetappen Johann Smidts nach Indien und seine Rückkehr nach Bremen geschildert. Der erste Teil handelt von der Suche nach einem geeigneten Schiff in London, daran schließt sich seine Schiffsreise nach Indien an. Der dritte Teil handelt von seiner Rückkehr nach Bremen. Johann Smidt war ein Neffe der Geschwister Noltenius und der älteste Enkel des Patriarchen Dr. jur. Johann Eberhard Noltenius.

Johann Smidt nahm als zwanzigjähriger Mitte März 1860 Abschied von seiner Familie und seinen Freunden in Bremen und wanderte von Bremerhaven über London nach Indien aus. Sein Reisegepäck bestand aus einem Koffer und zwei Kisten. London war Metropole des britischen Kolonialreichs und weltweit einer der wichtigsten Handels- und Transitplätze. Von dort starteten Schiffe nach Fernost. Zahlreiche Bremer bzw. deutsche Kaufleute, Versicherungen und Banken hatten in Lon-

---

42 Karen Schniedewind (1994): S. 100-108. – Karen Schniedewind (1994) untersuchte Gründe für die Rückwanderung von Deutschen und Bremern aus den USA. S. 179-185.
43 Uta Brandes (1963): S. 39-40. Christan Noltenius (1821-1898) war Associé der Kaufmannsreederei B. Grovermann & Co.
44 Günter Schulz (1972): S. 187; Privatquellen Noltenius: Gesellschaftsvertrag Köper Noltenius & Co.

don Niederlassungen. Andere waren als Agenten im globalen Schiffslinienverkehr beschäftigt.

Johann Smidt traf in London seinen Freund Wolde, der als kaufmännischer Angestellter im Handelshaus Frühling & Göschen[45] arbeitete. Die Chefs dieser Firma waren in Bremen bekannt; daher überreichte Johann Smidt ihnen Empfehlungsschreiben[46], worauf sie es übernahmen, direkt mit den Maklern und Schiffseignern der „Ostindienfahrer" zu verhandeln.

Während Wolde tagsüber arbeitete, war Johann auf sich selbst gestellt. In den „East India Docks" besichtigte er Schiffe, schaute den Maklern auf dem Leder- und Häutemarkt zu, erkundete die Stadt, ging ins Museum und abends ins Theater. Johann Smidt hatte es eilig, aus London fort zukommen. Mit seinem Vater stand er in Brief- und Telegrammkontakt. Wegen der Passagekosten beriet er sich mit seinem Freund. Johann erfuhr, es sei „Sitte", selbst für Bett, Bettzeug, Handtücher und Waschgerät Sorge zu tragen. Diese Gegenstände bekäme man auf Seglern nach Indien nicht geliefert.[47] Die Kosten für die Passage nach Indien variierten zwischen 52 und 100 Pfund. Der Preis richtete sich nach der Größe der Kajüte. Für alkoholische Getränke war zusätzlich zu bezahlen.[48]

Aber nicht allein der günstigste Preis und die kurzfristigste Abreise waren ausschlaggebend: Johann machte Bekanntschaft fremder Menschen und fasste Vertrauen zu Personen von Schiffsbesatzungen. Johann entschied sich für das Segelfrachtschiff „Ulysses" und dessen Kapitän William Chivas. Dieser sei etwa sechzig Jahre alt und hätte bereits zwanzigmal die Tour nach Kalkutta gemacht. Johann musste sich schnell entscheiden. Der Kapitän erklärte ihm, im Fall seiner Zusage, müsste noch kurzfristig zusätzlich Proviant disponiert werden. „24 Hühner und 2 kleine Schweine" seien kurz vor der Abreise schwer zu bekommen.

Johann spürte nach diesem Gespräch: Mit diesem Kapitän würde er gut auskommen und die Kajüten dieses Seglers waren größer als die auf den bisher besehenen Schiffen! Johann war „ganz vergnügt und glücklich über diesen Schiffshund" [!], das Schiff sei „sehr gut und fest gebaut" und die Schiffsmakler bestätigten ihm, dass weder Schiff noch Kapitän ein Risiko seien.[49]

Die Metaphern „Seebär" und „Schiffshund" verwendete Johann scherzhaft anerkennend. Damit drückte er sein Vertrauen in die Erfahrungen des Kapitäns aus. Der Kapitän gab Smidt bereitwillig Auskunft über die Ausrüstungsgegenstände, die er sich noch kurzfristig für die Reise besorgen müsse: Wein, Bier, Branntwein, Green Ginger. Das sei billiger als später an Bord. Auch ein Bett mit nicht zuviel Bettzeug sowie einen Waschkrug aus Zinn und ein großes Stück Seife sollte er kaufen, damit

---

45 Die Firma hatte seit der Kontinentalsperre Napoleons in London expandiert. Bremer Kaufmannssöhne wurden nach London in das „Zentrum des Welthandels" zur Ausbildung geschickt. Vgl. Ulrike Kirchberger (1999): S. 210. – Johann Smidt lernte „Bremer" in London kennen: z.B. Herrn Caesar, Herrn Kastendiek, „Stiefsohn eines v. Post" aus Bremen.

46 Ich beziehe mich auf dreizehn lange Briefe Johann Smidts, die er seit seiner Abreise seinen Eltern aus London schrieb. Privatbriefe Smidt: Johann Smidt an seine Eltern, 15. März bis 22. April 1860.

47 Privatbriefe Smidt: Johann Smidt an seinen Vater, 30. März 1860.

48 Privatbriefe Smidt: Johann Smidt an seinen Vater, 2. April 1860.

49 Privatbriefe Smidt: Johann Smidt an seinen Vater, 16. April 1860.

von der Wäsche an Bord „mal etwas gewaschen werden könnte". Er selbst wäre nicht auf die Idee gekommen, sich für Indien ein Hindostanisches Wörterbuch und Grammatik zu kaufen. Es leuchtete Smidt ein, während der Reise die fremde Sprache zu lernen. Johann hatte auch nicht daran gedacht, sich für unterwegs eine Flinte zu besorgen. Er folgte dem Tipp des Kapitäns, da man beim Vögelschießen „viel Vergnügen haben und sich die Zeit an Bord verkürzen" könne.[50]

Das Vertrauen in die Zuverlässigkeit des Kapitäns und in dessen Schiff „Ulysses" entstand beim ersten Gespräch. Johann fühlte sich von dem „liebenswürdigen, guten, alten Mann" über das Leben an Bord und die mögliche Reisedauer aufrichtig und zuverlässig informiert. Das Schiff segele nicht „besonders rasch, es habe schon 150 Tage nach Calcutta gebraucht."

Vertrauen setzt nach Ute Frevert „eine Risikosituation und ein Risikobewusstsein voraus. Es beruht auf der Wahrnehmung, dass [...] Entscheidungen ebenso unerwartete wie unangenehme Ergebnisse haben können"[51]. Weltreisen auf Seglern waren im 19. Jahrhundert risikoreich. Das traf besonders auf wochenlange Passagen von Europa um die Südspitze Afrikas nach Asien zu. Die Freundlichkeit und Offenheit des Steuermanns bezog Johann in seine Endscheidung mit ein. Ebenso machten Statur und Physiognomie des Kapitäns Eindruck auf ihn.

Während des sechswöchigen Aufenthalts in London vermisste Johann seinen Vater, der bisher seinen Lebensweg gelenkt hatte. Nachdem er die Entscheidung für seine Weiterreise gefällt hatte, glaubte Johann, in London erwachsen geworden zu sein. Er inszenierte sich wie ein Mann im gesetzten Alter.[52]

In Johanns Reisegepäck befand sich auch ein Nähkastens, dessen Utensilien er unterwegs benutzte. Mit der Schilderung von ihm ungewohnten Näh- und Stopfarbeiten wollte er offensichtlich seiner Mutter Freude machen.[53] Seine Gewohnheit, seine Haare zu pomadisierten, unterließ er an Bord. Er stellte das „Schmieren" ein, nachdem er seine davon verschmutzten Kissenüberzüge bemerkte.[54] Diese

---

50 Privatbriefe Smidt: Johann Smidt an seinen Vater, 18./19. April 1860.
51 Ute Frevert (2003): S. 9.
52 „Was der Mensch im 21. Jahre sieht, prägt sich ihm fest ein und er hat fürs ganze Leben davon. Auch habe ich hier gelernt, dass <u>Selbst der Mann ist</u>." [i.O.] Das hier gewonnene „Selbstvertrauen ist mir für Indien gewiß sehr viel Werth! Manches habe ich zu theuer bezahlt, und manches habe ich unnütz ausgegeben, doch wird mir das Lehrgeld in dieser Beziehung ganz gewiss von Nutzen für die Zukunft sein." Er fühlte sich zur Sparsamkeit verpflichtet und führte an, dass er in London mehr Geld ausgegeben hatte, als zuvor kalkuliert. Privatbriefe Smidt: Johann Smidt an seinen Vater, 2. April 1860.
53 Privatbriefe Smidt: Johann Smidt an seine Mutter, 27. August 1860. „Dein Nähkasten ist mir <u>sehr</u> nützlich gewesen. So hab ich z.B. mir Aufhängebänder an die Handtücher genäht, Strümpfe gestopft, Hosen und Röcke ausgebessert. Von dem [in London] neu angeschafften Zeuge habe ich nichts an Bord des Schiffes getragen, sondern nur die alten Sachen. Die Hosen waren am schwersten im gehörigen Zustande zu halten, sie litten besonders sehr am Sitztheile und da mir Flicken fehlten, schnitt ich Tuch aus der inneren Seite meines alten Comptoir Rocks und setzte sie <u>sehr geschickt</u> und zur Verwunderung des Doctors und des Captains an besagte Stellen."
54 Privatbriefe Smidt: Johann Smidt an seine Mutter, 27. August 1860. „Von meinen in London angeschafften Dutzend Betttüchern, habe ich nur 7 gebraucht. Man lernt sparen, wenn man einen Theil des Haushalts selbst besorgen muß, z.B. hatte ich 6 Kopfkissenüberzüge, und das erste war nach 5-6 Tagen recht schmutzig und schmierig von meinem pomadisierten Haar, ich musste also, trotzdem ich genügend Pomade mit genommen, das Schmieren einstellen und hab ich im Ganzen nur 5 Überzüge gebraucht.

Narrationen waren Teil der Schwellenphase. Nach Victor Turner „durchschreitet das Subjekt einen kulturellen Bereich, der wenig oder keine Merkmale des vergangenen oder künftigen Zustands aufweist"[55].

Wenn die Segel gut im Wind standen und das Schiff vorankam, waren Passagiere und Mannschaft für Abwechslung an Bord offen. Johanns Tagesablauf wurde von der Uhr diktiert, wobei die Mahlzeiten die Strukturen vorgaben. Johann notierte, zu welcher Zeit er welche Speisen aß.[56] Demnach wurde auf dem Segler eine deftige Kost nach englischem Vorbild angeboten. Johann aß mit großem Appetit[57] Salz- und Pökelfleisch. Hühnerfleisch mied er, denn der Koch verstand es nicht, diese Kost wohlschmeckend auf den Tisch zu bringen. Dagegen mundete ihm das Frühstück, wenn es aus „Thee, Salzfleisch, Stockfisch, Eiern, Brod und Butter" bestand. Anschließend rauchte er eine Pfeife türkischen Tabak.

Zu Beginn der Reise war Johann sich sicher, dass der Kapitän ein angenehmer, freundlicher Mann sei, „wenn auch nicht sehr gebildet." Johann Smidt verhielt sich zurückhaltend und „lernte, dass man sich weit besser dabei steht, wenn der Engländer zuerst spricht"[58]. Aber kurz nach Verlassen der Themsemündung fiel ihm das „rothe, versoffene Gesicht und das unfeine Betragen" des Kapitäns auf. Besonders in „plötzlichem Sturm und bei starkem Regen" versagte der Kapitän. Er gab – wie Johann befand – dem Steuermann und der Mannschaft „unsinnige Befehle", als sie sich dem „Cap", d.h. dem südlichsten Punkt der Reise näherten.[59]

Zu dieser Zeit hatte der Kapitän Johanns Vertrauen verspielt. Den Beschreibungen nach war er ein Alkoholiker, der jetzt nicht mehr liebenswürdig, sondern „alt und besoffen" wirkte. Wenn er ihn alkoholisiert erlebte, solidarisierte er sich

---

55 Victor Turner (1998): S. 251.

56 Privatbriefe Smidt: Johann Smidt an seinen Vater, 22. April 1860. „Zum Frühstück hatten wir Caffee oder Thee nach Wunsch, dazu Beefsteaks und gekochtes Rindfleisch, gleich dem wie wir es mit grünen Schnippelbohnen in Bremen essen, die Uhr war ca. 8 ¾. Um 12 Uhr war das zweite Frühstück aus Käse und Brod bestehend, wozu man sein Bier oder Wein trank, ich Bier. Um 4 Uhr war Mittagessen, erst Suppe, sehr gut, dann Hammelfleisch, dann Käse und Brod, dann Apfelsinen. Wenn man nicht isst, so geht man auf dem Deck und raucht. Bei Tisch ist der Captain No 1."

57 „Essen thue ich wie ein Drescher. [quer] Heute morgen hatten wir eine Art Hinken [Huhn?] zum Frühstück, nur dass sie fast noch nahrhafter als unsere zu Hause sind. Verdauung sehr gut. Geist gut. Alles gut, sehr wohl, doch ich kann den Brief nicht mehr überlesen." Privatbriefe Smidt: Johann Smidt an seine Eltern, 27. April 1860.

58 Privatbriefe Smidt: Johann Smidt an seinen Vater, 22. April 1860.

59 Privatbriefe Smidt: Johann Smidts Reisebericht, Mitte Mai 1860: „Es wurde recht, recht kalt, der Capt. setzte eine Ration Spirits auf 2 Flaschen Rum u. Brandy, eine Flasche trank er am Tage zu verschiedenen Zeiten, jedes Mal ½ Bierglas voll, die 2. Flasche nahm er mit in seine Cajüte und war am Morgen kein Tropen mehr drin. Zum 2. Frühstück trank er ½ Flasche Bier, ebenso ½ Flasche beim Mittagsessen und 2-3 Gläser Sherry. [...] Jetzt blieb er oft ganze Tage in seiner Cajüte und kam nur zum Trinken heraus, genoss dabei wenig [Nahrung] oder nichts. – Wenn es recht stürmte und regnete, setzte er sich wohl im Nachtzeuge auf die ziemlich hohe Cajütenthürs-Schwelle, gab schlechte, unsinnige Befehle usw., die natürlich nicht berücksichtigt wurden. So z.B. bei einem plötzlichen Sturm mit starkem Regen hatte Mr. Bell die Matrosen zum Einziehen u. Bergen der Segel sehr nötig, der alte besoffene Capt. sah von seiner Thür, dass es regnet und befahl den Matrosen, Wasser zu fangen, da sagten sie, hätten Befehl vom Steuermann, die Segel einzuziehen, worauf der Capt. zur Antwort gab, „nevermind the sails catch water."

mit dem Steuermann und den Matrosen. Er half ihnen auf dem Deck beim „Puhlen" [Einholen der Segel]. Johann fühlte sich durch diese schwere Arbeit körperlich stark gefordert.

Als der Segler „Uylsses" nach fast fünf Monaten am 4. August 1860 Kalkutta erreichte, war Johann am Ziel seiner Reise. Er vollzog nach Kindheit, Lehrzeit und erster Berufstätigkeit in Bremen nicht nur einen räumlichen Wechsel. Der Übergang betraf ihn als Person umfassend: Sein Körper, seine Sinne, das kulturelle und soziale Bewusstsein waren davon betroffen. Er hatte vertraute Räume und den Sicherheit gewährenden Rahmen der Familie verlassen und Vertrauen zu Fremden gefasst. Sein Vertrauen galt in London Menschen, die ihm empfohlen worden waren. Diesen überreichte er ein Empfehlungsschreiben aus Bremen. Das Vertrauen Fremden gegenüber wuchs, wenn sie ihm ehrlich und äußerlich sympathisch erschienen. Neben Physiognomien spielte auch das Alter eine wichtige Rolle. Das Lebensalter deutete auf professionelle Erfahrenheit hin. Johanns Vertrauen gründete ebenfalls in der Zuversicht, dass sprachliche Verständigungsschwierigkeiten nonverbal oder mit Humor überbrückt werden konnten.

Bereits auf der Reise von Bremen nach London befand er sich in Übergangsräumen bzw. in einer lebensgeschichtlichen Übergangsphase. Auf der Reise von London nach Kalkutta bereiste er transkontinentale Routen, spürte wechselnde Klimazonen (Hitze, Sturmregionen), erwartete mit Spannung das Überfahren der Äquatorlinie und die Umseglung der südlichsten Spitze Afrikas (Kap). Unabhängig von geografischen Räumen, Koordinaten, Himmelsrichtungen und Schifffahrtswegen, weiteten sich Johanns persönliche Horizonte. Er solidarisierte sich unterwegs bei schwerem Sturm mit Matrosen und Steuermann. Körperliche Anstrengungen machten ihn stolz, weil er sich nützlich machen konnte. Dabei lösten sich soziale Grenzen an Bord auf, als es offensichtlich wurde, dass der alkoholisierte Kapitän während der Unwetter keine sinnvollen Kommandos mehr geben konnte. Unter diesem Umständen schwand Johanns Vertrauen zum Kapitän. Den Vertrauensverlust kommentierte Johann ebenso als „Ekel", wie er auch Widerwillen gegen die vom Koch servierten Geflügelgerichte („eklig und widerlich") zeigte. Johanns Kontakt zu den anderen Passagieren war distanziert. Die beiden mitreisenden Männer tranken mit dem Kapitän. Johanns Mitgefühl galt der Ehefrau des Arztes, da sie häufig unter Seekrankheit litt und sich vor dem Schmutz und den unsauberen Speisen an Bord ekelte.

Rückkehr aus Kalkutta

Johann Smidt und sein Geschäftspartner führten das Handelshaus Schröder, Smidt & Co. mit Erfolg. Johann übernahm bereits mit sechsundzwanzig Jahren 1866 das Amt des hanseatischen Konsuls in Kalkutta.[60] Wenn er auf Reisen war, übergab er

---

60 StAB Konsularsakten: STAB 2-C.4.b.6.c.1.: 1843-1866. Vorgänger im Amt war Smidts ehemaliger Prinzipal, Johann Philipp Schneider, der Differenzen mit der Zollbehörde hatte. – Johann Schröder schlug seinen Teilhaber Johann Smidt als neuen hanseatischen Konsul vor, 3. Februar

sein Amt Johannes Schröder zur Vertretung. 1872 rechnete Johann Smidt seinem Vater vor, dass er in zwölf Jahren 150.000 Taler verdient habe. Johann Smidt kündigte seinem Vater die Rückkehr nach Bremen mit Frau und „mit drei Kindern" für 1873 an. Doch Marie erlitt in Kalkutta eine Fehlgeburt[61] und erholte sich davon nur langsam. Über seine Zukunftspläne schrieb Johann seinem Vater, er wolle mit der Familie nach Bremen reisen, um

> „Frau und Kinder dort zeigen zu können, doch wünsche ich durchaus nicht, Indien auf immer Lebewohl zu sagen, sondern wenn Schröder nicht herauskommt, so komme ich allein im Herbst 73 wieder auf einige Monate heraus. Das Stillsitzen in Bremen und Reisen fürs Geschäft in Europa wird mir durchaus nicht zusagen. Es greift mehr an, als hier ruhig zu arbeiten und regelmäßig zu leben."[62]

Dieser Briefausschnitt zeigt, dass berufliche und private Ambitionen von Eheleuten nicht immer übereinstimmten. Während Marie nach kurzer Zeit in Kalkutta Freude und Stabilität verlor und sich aus gesundheitlichen Gründen zurück nach Bremen sehnte, musste Johann Rücksicht auf Geschäft und Teilhaber nehmen. Denn einer der beiden Chefs musste in Kalkutta die Geschäfte führen, während der zweite in Bremen residierte. Am 31. Dezember 1873 teilte Marie Smidt ihrer in New York lebenden Mutter ihre Adresse in Bremen, Contrescarpe 32, mit. Zu dieser Zeit war Marie erneut schwanger.

Das Reisen zwischen 1873 und 1876 von Kalkutta nach Bremen sowie die Geschäftsreisen in die USA mit und ohne Familie führten zu der Entscheidung, sich fest in Bremen niederzulassen.[63] Aus einem Dokument der Bremer „Polizei-Direction" geht hervor, der Kaufmann Johann Smidt sei „1876 nach hier zurückgekommen", habe mithin die Bremische Staatsangehörigkeit verloren und bitte daher um Restitution. Das bremische Bürgerrecht wurde ihm 1879 wieder verliehen.[64]

1879 ließen Johann Smidt und Johannes Schröder den Kaufmann Ernst Bodo Clemens Carl Seebeck (gest. 1905) als dritten Teilhaber der Firma Schröder, Smidt & Co. im Bremer Handelsregister eintragen. Eine entscheidende personelle Veränderung der Firma trat 1892 ein, als Johannes Schröder als Teilhaber ausschied. Johann Smidts ältester Sohn Hermann war inzwischen auch Kaufmann geworden, wurde 1904 Prokurist und 1905 Gesellschafter der Firma.[65]

1866. – Die hanseatischen Behörden stimmten für Johann Smidt. Sein Onkel, Senator für Auswärtiges Dr. Heinrich Smidt, schrieb seinem Neffen vertraulich, er verdankte die Zustimmung der „Popularität Deines Namens, Deiner Person und Deines Hauses – ich selbst habe mich in diesem Fall geflissentlich neutral verhalten." 8. Juni 1866. – Die Akte enthält auch Johann Smidts Bewerbung um das Konsulatsamt des Norddeutschen Bundes, 27. April 1868.

61 Privatquellen Smidt: Johann Smidt an seinen Vater, 12. April und 29. November 1872.

62 Privatbriefe Smidt: Johann Smidt an seinen Vater, 29. Nov. 1872.

63 Privatbriefe Smidt: Marie Smidt an ihre Mutter, 15. November 1874. Privatbriefe Smidt: Johann Smidt von seinen Reisen in den USA an seinen Vater, 6. November 1875; 12. Januar bis 20. Mai 1876; Marie Smidt nach der Rückkehr an ihre Mutter in New York, 6. Juni 1876.

64 StAB: „Acte der Polizei-Direction" in Bremen 1879/152 Nr. 2-P.8.A.6.a.5. Das Dokument enthält Berufsbezeichnung, Adresse und persönliche Angaben über seine Familie mit Frau und fünf Kindern. Die Restitutionsurkunde wurde Johann Smidt am 2. April 1879 ausgehändigt.

65 StAB Handelsregister Bremen 4,75/5 S No 689 HR 8 Fol 398,405: Schröder, Smidt & Co., Eintragungen vom 1. Oktober 1879 bis zur Löschung der Firma 3. März 1937. – Dritter Teilhaber

Mit der endgültigen Rückkehr nach Bremen büßte Johann Smidt sein Ehrenamt als Konsul in Kalkutta ein, doch er wurde in Bremen weiterhin entsprechend tituliert. Familienmitglieder bezeichneten ihn ironisch, aber wohl auch ehrfurchtsvoll als Kommerzienrat.[66] Von 1884 bis 1900 war er Mitglied der Handelskammer und seit 1889 Bürgerschaftsmitglied. Im Auftrag der Handelskammer übernahm er das Amt des Rechnungsführers im „Tonnen- und Barkenamt". Diese Behörde war dem Bremer Senat unterstellt und für die Seezeichen in der Wesermündung zuständig.[67] Von einem „Betriebsausflug" mit Ehefrauen berichtete Marie Smidt ihrer Mutter:

> „Von unserer Tour an Bord der ‚Elbe' wirst Du vielleicht aus den Zeitungen gelesen haben, es war wirklich ein wunderschöner Tag, den ich sehr genossen und man fühlte sich ordentlich als Verwaltungsräthin, da nur Solche und ganz wenig Ausnahmen zugegen sein durften!"[68]

Das Schiff war den Vertretern der Handelskammer, der Bürgerschaft, des Norddeutschen Lloyd und des Senats zur Verfügung gestellt worden.

Während Marie dem großen Haushalt vorstand, die Kinder betreute, deren Schularbeiten und die Dienstboten überwachte, sehr häufig Besuch empfing und ihren musikalischen Neigungen nachging, hatte Johann Smidt in der Stadt bedeutende Ämter[69] übernommen. Seine Aufnahme als Bruder der St. Jakobus-Gesellschaft ging auf eine Empfehlung seines Vaters zurück, der sich in gleicher Weise für wohltätige Zwecke in der Stadt eingesetzt hatte.[70]

Die St. Jacobi (Majoris-)Brüderschaft[71] wurde Mitte des 17. Jahrhunderts zur Unterstützung von jeweils „zwölf armen Frauen" gegründet. Jeder der zwölf Brüder ernannte eine Frau, die für das ausgesetzte Stipendium würdig war.[72] Die jähr-

---

　　　der offenen Handelsgesellschaft war ab 1. Oktober 1879 Ernst Bodo Clemens Carl Seebeck. – 14. Eintragung, 18. Oktober 1910: Demnach war Marie Smidt nach dem Tod ihres Gatten Kommanditistin mit einer Einlage von 900.000 Mark. – HR Akte S. No. 654 HR D Fol. 338: Schröder Smidt and company Limited and Company Limited. Erloschen 1930.

66　Satzung „Verein Volksheim", o.D., Quelle: Staats- und Universitätsbibliothek Bremen Brem.c.614. Nr. 30b: Zum Vorstand gehörte „Consul J. Smidt"; 1882 fungierte „Consul J. Smidt" als Rechnungsführer im Vorstand des Gartenbauvereins, Bremer Adressbuch, S. 490; Privatbriefe Smidt: Marie Smidt an ihre Mutter, 20. Dezember 1876: „Johann wird hier Commerzienrath, seitdem er nicht mehr Consul ist, jetzt immer aus Unsinn genannt."

67　J. Rösing (1912): S. 474; Herbert Schwarzwälder (2005), Bd. 2: S. 890-891; Christine Deggim (2000): S. 73-115; Das Amt hatte seinen Sitz in der Nordstraße 127: Bremer Adressbuch 1910.

68　6. Juli 1881.

69　Mitglied des Aufsichtsrats des Norddeutschen Lloyd, Rechnungsführer Tonnen- und Barkenamt, Rechnungsführer Deputation für Hafen- und Eisenbahn, Mitglied der Handelskammer, Mitglied der Bürgerschaft. Vgl. Eckstein (1915): Bd. 2. Ergänzungsband. S. 41-42. – Hermann Eggers (1910): S. 119-124: „Selbstverständlich beteiligte er sich bei den verschiedensten bedeutenden gemeinnützigen Unternehmungen, besonders der Sparkasse", und er trat für die Schaffung von „guten, billigen Wohnungen für die nichtbesitzende Bevölkerung ein." S. 120f.

70　Privatbriefe Smidt: Hermann Smidt an seine Frau Christine, 16. Januar 1868. Diesem Brief ist zu entnehmen, dass Christine Smidt über ein Wohltätigkeitsnetzwerk verfügte.

71　Herbert Schwarzwälder (2005) Bd. 1: S. 429-430.

72　Ph. Heineken (1836): S. 123. Die Bruderschaften gehen auf Gründungen im Mittelalter zurück. Der heilige Jakobus wurde in Bremens Kirchen verehrt. Von Bremen aus wurden Pilgerfahrten nach „San Jago di Compostella" in Nordspanien unternommen („Das Pilgrimlaufen war vor der Reformationen sehr im Schwange." S. 30). Ehemalige Pilgergasthäuser wurden zu Witwenhäusern umfunktioniert, die von den Brudergesellschaften unterhalten wurden. Stifter waren anfangs

lichen Diners der Jakobus-Gesellschaft gehörten zu den exklusivsten Festlichkeiten Bremens. Anlass war jeweils die sogenannte Rechnungsablage, die vom amtierenden Rechnungsführer der St. Jakobus-Gesellschaft ausgerichtet wurde. Im Februar 1880 war Johann Smidt an der Reihe. Die Männer-Gesellschaft bestand überwiegend aus Bremer Kaufleuten, zwei Senatoren, einem Arzt, einem Lehrer und dem Reichstagsabgeordneten Dr. Otto Gildemeister. Zusätzlich hatte Johann Smidt als Gäste acht befreundete Herren bzw. Verwandte eingeladen.[73]

Auch Smidts andere Mitgliedschaften und übernommenen Ämter sind als Zeichen seines Wunsches zu deuten, nach seiner Rückkehr aus Kalkutta für das Gemeinwohl Bremens tätig zu sein. So engagierte er sich in Bremen in gemeinnützigen Vereinen. Er war ein Freund und Kenner von exotischen Pflanzen, die er von seinen Reisen nach Bremen mitbrachte oder sich bestellte. Von seiner Schwiegermutter beschaffte er Bäume aus Amerika für den Bürgerparkverein.[74] Im Vorstand des Bremer Gartenbauvereins betätigte er sich als Rechnungsführer.[75] Der Blumen- und Pflanzenliebhaber Johann Smidt bat seinen Onkel Wilhelm Noltenius, aus Amerika in Deutschland unbekannte wilde Blumen, Kräuter, Knollen, Zwiebeln oder Samen nach Bremen mitzubringen.[76] Er fachsimpelte mit Gärtner Peppler[77] und war im Begriff, seinen Privatgarten zu einem „Paradies" zu gestalten. Johann veranlasste, dass Nutzpflanzen rechtzeitig ausgesät wurden, damit sie Mitte bis Ende Mai an geschützten Plätzen im Hausgarten gedeihen und Früchte tragen konnten.

Mit besonderem Engagement unterstützte Johann Smidt den „Verein Volksheim". Nach einem Vereinsdokument[78] traf Johann Smidt in Vorstandssitzungen mit

---

Bierbrauer und Bergenfahrer, dann Kaufleute. Zweck der Verbrüderung: Wohltätigkeit. Johann Georg Kohl (1996): S. 29ff.

73 Reichtagsabgeordneter und Onkel Johann Smidts, Otto Gildemeister (1823-1899), Senator Alfred Pauli (1827-1915), Dr. Strube (Arzt), Dr. Heineken, Herr Beektel [?], Richard Fritze (Kaufmann), August Fritze (Kaufmann), Senator Barkhausen (1840-1896), Kaufmann und russischer Vizekonsul Johannis Achelis, Arnold Duckwitz und Edu Wätjen – zugeladen hatte der Gastgeber: (Onkel) Lülmann, Prof. Motz, Eduard Lüsing, Louis Meyer, George Vietor, Louis Vietor, Fritz Achelis und Julius Smidt.

74 Privatbriefe Smidt: Johann Smidt dankte seiner Schwiegermutter, 23. Juli 1882.

75 Bremer Adressbuch 1882, S. 490.

76 StAB 7,67-53 Konvolut Noltenius: Johann Smidt aus Cincinati an Wilhelm Noltenius (1921-1904), der im Begriff war, aus den USA nach Bremen zurückzureisen, 5. Mai 1876.

77 Privatbriefe Smidt: Johann Smidt aus New York an seinen Vater, 12. Januar 1876: „Einliegend sende Dir für Peppler Samen von Gelben Pflaumen Thomatoes, davon will ich gerne 4 bis 6 Pflanzen diesen Sommer am Gewächshause haben. Die Früchte werden wie Essig Pflaumen eingemacht. Sage ihm, er solle diese sowie die dicken rothen Thomatoes, die wir letztes Jahr hatten, möglichst früh säen, damit er Ende Mai große Pflanzen zum Aussetzen hat. Desgleichen will ich einige Egg Plant „Eier Pflanze", ein Gemüse, was hier gezogen wird auch in Calcutta als Brinjal vorkommt u. sehr gut ist. Vielleicht kennst Du an Liebhaber oder Kohlhöker Samen oder junge Pflanzen von Peppler abgeben. Die rothen Beeren, hier Winter-Grün genannt, ist eine hübsche kriechende Grotten Pflanze, für die ich mich interessiere u. die [man] vorsichtig zu behandeln hat. – Ich hätte Peppler selbst geschrieben, doch ziehe diesen Weg der Sicherheit halber vor. Du kannst vielleicht P. veranlassen, mir mal über neue Blumen und Hühner zu schreiben."

78 Staats- und Universitätsbibliothek, Brem.c.619 No. 30b, o.D: 2 Seiten, ohne Anlagen. Aus dem Text geht hervor, dass dem Bittbrief die Satzung und eine Antwortkarte beigefügt waren. Er richtete sich an Bremer Bürger, dem „Verein Volksheim" beizutreten und einen jährlichen oder einen einmaligen Beitrag zu leisten.

seinen Verwandten, Rechtsanwalt Dr. Eberhard Noltenius und Senator M. Gilde-meister zusammen. In der Nähe der vom Gemeinnützigen Bremer Bauverein[79] ge-bauten Häuser, zwischen „Bogenstraße und Friedenstraße", sollte ein „Volksheim" gebaut werden. Nach den Plänen des Vereins war es „zur Förderung des Volks-wohls" vorgesehen. Darunter verstanden die Vereinsmitglieder Einrichtungen für Unterricht und Erholung von Lehrlingen und jüngeren Arbeitern. Ein „Knaben-heim" sollte entstehen, Mädchen würden aber auch im „Flicken" unterwiesen und Mittel für Bildung und Bibliothek beschafft werden. Das „Volksheim" sollte im „westlichsten Teil" der Stadt entstehen und ähnlich nützlichen Zwecken dienen wie „das neue Gemeindehaus der Friedenskirche[80] und der Verein Vorwärts" im Ostteil der Stadt bzw. Stadtmitte. Der Gemeinnützige Bremer Bauverein stellte unentgelt-lich Baugrund zur Verfügung und die Generalversammlung der Bremer Sparkas-se überwies 60.000 Mark als Geschenk.[81] Der Verein verfügte über Gründungska-pital, doch für die laufenden Kosten, den Hausmeister, Versicherungen usw. warb er um „das allseitige freundliche Entgegenkommen", d.h. um zahlende Mitglieder des Vereins. – Die Beispiele zeigen, dass sich Johann und Marie Smidt nach ihrer Rückkehr aus Kalkutta in Bremen einrichteten und sesshaft wurden. Auf private und öffentliche Netzwerke konnten sie sich stützen. Es gehörte zu den traditionel-len Verpflichtungen Bremer Bürger, sich „wohltätig" zu zeigen.

Bis 1886 vergrößerte sich die Familie durch die Geburten von Julie, Wilhelmi-ne, Fritz und Johann. Auf einem Atelierfoto aus Bremen wird der Wohlstand der Bremer Kaufmannsfamilie sichtbar. Die Familie Johann Smidt ließ sich im Bremer Atelier Emil Tiedemann fotografieren.

Das Foto (Abb. 51) wurde im Nachhinein mit „etwa 1892" beschriftet:

Die Acht-Personen-Gruppe zeigt sich im Sonntagsstaat. Die Kinder sind zwi-schen und hinter ihren Eltern angeordnet. Die Mutter sitzt auf der linken Seite auf einem gedrechselten Stuhl. Von den Sitzmöbeln sind nur wenige Elemente sicht-bar. Der voluminöse, bis auf den Fußboden reichende Kleiderrock Marie Smidts verdeckt den Stuhl bis auf ein kleines Rückenlehnstück; vom Stuhl des Vaters sind gedrechselte Beine und untere Holzverstrebungen zu sehen. Zwischen den Eltern, sitzt auf gleicher Kopfhöhe wie die Eltern Wilhelmine Smidt. Sie ist die jünge-re der beiden Töchter. Links vor ihr steht ihr jüngster Bruder John (geb. 1886). Er trägt noch ein Kleid. Demnach wäre das Foto bereits 1889 aufgenommen, da Kna-ben ab etwa drei Jahren Kleider ablegten und Hosen trugen.

Die beiden ältesten Söhne Hermann und Thomas, die links und rechts von ih-rer Schwester Julie aufgestellt sind, waren zur Zeit der Aufnahme 19 und 18 Jah-re alt. Sie präsentieren sich in dunklen Jacketts mit weißem, hohem Hemdkragen,

---

79 Johann Smidt und Christian Papendiek erwarben ein „Gelände in der Nähe des Freihafens" und stellten es dem 1887 gegründeten Gemeinnützigen Bremer Bauverein zur Verfügung. Dazu: G.H. Claussen (1900).

80 Das Gemeindehaus der Friedenskirche in der Humboldtstraße wurde 1892/93 gebaut. Herbert Schwarzwälder (2005): S. 283.

81 Dafür hatte wohl Johann Smidt, der Mitglied des Verwaltungsrats der Sparkasse war, gesorgt. J. Rösing (1912): S. 475.

Abb. 51: Privat: Familie Smidt in Bremen, 1892

gemustertem Binder. Beide sind akkurat mit Seitenscheitel frisiert. Hermann trägt ein weißes Einstecktuch in der linken Brusttasche. Auf seiner Oberlippe ist ein Bart sichtbar. Thomas ist Brillenträger. Die Knöpfe seiner Anzugjacke sind geöffnet, sodass eine dunkle Weste mit der Taschenuhrkette zu erkennen ist. An seinem linken Ringfinger trägt er einen Ring. Auch Fritz trägt eine Anzugjacke, aus deren hochgeschlossenen Revers wie bei seinen älteren Brüdern und seinem Vater ein weißer Kragen und Kragenschleife herausschauen.

Julie und Wilhelmine tragen Ponyfrisuren. Ihre dunklen, glatten Haare sind waagerecht zur Stirn gescheitelt. Der Pony fällt nur bis zum oberen Drittel in die Stirn. Von der übrigen Haarlänge ist nichts zu sehen. Die hochgeschlossenen dunklen Kleider der Mädchen haben wenig einengende Oberteile, die langen Ärmel bauschige Schulteransätze. Am Handgelenk sind die Ärmel eng. Wilhelmines Kleid ist mit etwas helleren Stoffstreifen im Oberteil und am Rocksaum abgesetzt. Der Streifen im Oberteil verläuft zum Taillenansatz hin spitz zu. Julies Kleid hat auch einen Stehkragen, aus dem ein weißer Einsatz herausschaut. In der Kragenmitte ist eine Brosche befestigt.

Marie Smidt ist in ihrem dunklen, glänzenden Kleid sitzend im Halbprofil zu sehen. Das mit einem Stehkragen versehene und zahlreichen glänzenden Knöpfen und Posamenten geschmückte Oberteil ist auf ihre Figur geschnitten. Es sitzt eng in Schulter-, Ärmel-, Brust- und Taillenbereichen. Das Oberteil verläuft im hinteren Bereich in der Taille, während es vorn spitz im weiten Rock verläuft. Das

Vorderteil des Rocks ist glatt, aber weit, während das Rückteil vom Stuhl bauschig herabfällt und der schwere, glänzende Stoff sich auf dem Fußboden des Ateliers staut. Marie Smidt hat ihr Haar hochgesteckt und schaut aufgeschlossen in die Kamera. Zwischen Marie und Johann Smidt steht ihr jüngster Sohn Johann. Die Eltern halten je eine seiner Hände. Johann Smidt trägt einen Bart um Mund und Kinn. Seinen linken Unterarm hat er hat er auf ein Tischchen gelegt, das mit einer gemusterten Tischdecke bedeckt, zu den Atelierrequisiten gehört.

Johann Smidt versuchte, eine unverkrampfte Haltung einzunehmen. Mit seiner linken Hand gelang es ihm nicht. Wahrscheinlich folgte er der Anweisung des Fotografen, den Ellenbogen auf das Tischchen zu legen. Dadurch hing seine Hand in der Luft. Seine Füße stellte Johann Smidt locker auf den Boden; seinen linken vor den rechten. Der Bremer trug keine neuen Schuhe, das Leder seines linken Schuhs verweist auf eine längere Benutzungsdauer. Marie Smidt war es nicht möglich, eine bequeme Körperhaltung einzunehmen. Sie trug unter ihrem Festkleid ein Korsett, das sie beim Sitzen einschnürte.

Das Foto stellte eine Bremer Bürgerfamilie dar. Marie und Johann Smidt machten einen zufriedenen Eindruck und inszenierten sich und ihre sechs Kinder selbstbewusst nach dem Motto: Wir haben es zu etwas gebracht und sind stolz darauf.

Zusammenfassung: Johann Smidt lebte gern in Indien. Er vertrug das Klima gut. Das Handelhaus Schröder Smidt & Co. arbeitete schon nach wenigen Jahren erfolgreich. Bereits vor seiner Heirat 1869 wurde er von Familienmitgliedern „Goldonkel" genannt, ein Spitzname, der seinen seit 1860 in Übersee erworbenen Wohlstand zum Ausdruck brachte. Obwohl auch in seinem Fall die Rückkehr nach Bremen geplant war, wäre er wohl länger in Kalkutta geblieben. Aber seiner Familie bekam das Klima nicht.

Nach seinem Tod erschien ein Nachruf, in dem zu lesen ist, Johann Smidt sei ein „Weltbürger" gewesen, der ebenso wie in Bremen und Kalkutta auch in London oder New York hätte „wurzeln" können. Doch wie passt diese Aussage zu der Charakterisierung, Johann Smidt sei ein „echter Plattdeutscher", der mit „kleinen Leuten mit Vorliebe Platt, herrliches, unverfälschtes Platt"[82] sprach? Ein anderer Zielort als Bremen war ihm wohl doch nicht vorstellbar, zumal sich 1872 auch sein Geschäftspartner Schröder in Bremen niederließ und sich auch die vorhandenen Familien- und Geschäftsbindungen in Bremen nützlich erwiesen. Marie Smidt hätte wohl New York bevorzugt, da dort ihre Verwandten, besonders ihre Mutter und Schwestern lebten.

Nach ihrer Rückkehr kauften sich Smidts ein Haus mit Garten in der vornehmen Contrescarpe in Bremen. In der Nähe wohnten auch Johanns Verwandte. Zur Zeit seiner endgültigen Rückkehr 1876 waren sechzehn Jahre seit seiner Auswanderung vergangen; er war zu der Zeit siebenunddreißig Jahre alt. Er nahm in Bremen Ämter in der Bremer Bürgerschaft und Handelskammer an und bewegte sich beruflich und privat in angesehenen Bürgerkreisen. Am Beispiel der St. Jacobi-Bruderschaft

---

82 Hermann Eggers (1910): S. 123.

zeigte sich: Der Sohn betätigte sich wie früher sein Vater auch gemeinnützig. Die Beispiele zeigen, dass Johann Smidt sich nach seiner Auswanderung in kurzer Zeit wieder in Bremen eingelebt hatte. Sein Wohlstand und nicht zuletzt sein in Bremen bekannter Familienname öffneten ihm „Türen" zur Wiedereingliederung.

1887 wanderte einer seiner Cousins, der zweiundzwanzigjährige Eberhard Noltenius, nach Chile aus; von dort wechselte er nach wenigen Monaten nach Guatemala. Seine Migration ist ein weiteres Beispiel für die zweite Auswanderergeneration einer Familie. Eberhard Noltenius wurde von seinem Vater Conrad und dessen Brüdern Carl und Friedrich (s.o.) in Hamburg verabschiedet. Von dort richtete er an seine Mutter einen Abschiedsbrief:

> „Wie schwer mir der Abschied von dir und den Brüdern gewesen ist, kannst Du Dir kaum denken und hat es mir viele, viele Mühe gekostet, mich einigermaßen aufrecht zu erhalten. Meine liebe Mutter, wie sehr danke ich dir, dass Du so sehr immer für mich gesorgt hast und stets immer nur mein Bestes im Auge hattest. Das will ich dir heilig und fest versprechen, ich werde Dir nie Schande machen und immer gerade und ehrlich bleiben. Doch musst auch Du Dich in Zukunft mehr in Acht nehmen und für Deine Gesundheit sorgen, damit ich Dich nach einigen Jahren frisch und munter wieder sehe."[83]

In diesem Textausschnitt bekräftigte Eberhard Noltenius seine Absicht, „nach einigen Jahren" nach Bremen zurückzukehren. Er hoffte, dass sein drei Jahre jüngerer Bruder Eduard jetzt „die Stelle als Ältester" ausfüllen würde. Dieser sei „in dem Alter, wo man auch an die Zukunft denkt." Seinen nächsten Brief schrieb er nach seiner Abreise aus Hamburg, während sich sein Dampfer „Celia" auf der Elbe durch das Treibeis kämpfte. Er bedankte sich für das Abschiedsgeschenk, eine „Schwefelholzdose mit der Ansicht von Bremerhaven" und wiederholte, wie schwer ihm der Abschied geworden sei, aber er habe „frischen Mut". Er werde „immer an ein fröhliches Wiedersehen denken, und dieser Gedanke wird uns trösten"[84]. In einem späteren Brief fragte er nach, ob ihn sein Vater in Bremerhaven polizeilich abgemeldet und sich nach seinem Bürgerrecht erkundigt habe und ob es „durch meine Auswanderung geschmälert [werde] oder geht es ganz verloren?"[85] Diese Nachfrage ist als Hoffnung auf eine Rückkehr nach Bremen zu deuten.

Seine etwa zweimonatige Schiffsreise führte über Antwerpen und Le Havre durch den Magellan-Kanal nach Valparaiso in Chile. Drei lebende Schweine und etwa zwanzig Hühner sowie „sehr viele feine Conserven" waren als Proviant an Bord. Der Kapitän sei ein „Feinschmecker", so Noltenius, und entsprechend wurden Delikatessen und edle Getränke genossen. Wein, Bier, Cognac und Kümmel seien flaschenweise gegen Bezahlung zu bekommen. Er selbst habe davon einen Vorrat im Gepäck. Unterwegs aß er Apfelsinen, die ihm seine Eltern mitgegeben hatten. Sie sollten ihn vor Vitaminmangel und Skorbut bewahren. Mit dem Kapitän

---

83 Privatbriefe Noltenius: Eberhard Noltenius aus Hamburg an seine Mutter, 20. Februar 1887.
84 Privatbriefe Noltenius: Eberhard Noltenius an seine Mutter, 22. Februar 1887.
85 Privatbriefe Noltenius: Eberhard Noltenius an seine Mutter, 4. April 1887.

verstand er sich gut: Er vertraute ihm sein Geld zur Aufbewahrung an.[86] Eberhard Noltenius langweilte sich unterwegs nicht. Er studierte seine spanische Grammatik. Manchmal knobelte er mit dem Kapitän oder saß nach dem Diner, Zigarre rauchend in der Kajüte. Mit dem Revolver, den ihm sein Onkel Friedrich zum Abschied geschenkt hatte, schoss er auf Seevögel. Am 25. April 1887 kam Eberhard Noltenius in Valparaiso an.

Eberhard Noltenius blieb nur wenige Monate in Chile. Dann zog er nach Guatemala weiter, um zusammen mit seinem Freund aus der Schul- und Militärzeit in Bremerhaven, Friedrich Köper, das Handelshaus Köper, Noltenius & Co. in Guatemala zu etablieren.[87] 1898 kehrte er nach Bremerhaven zurück, um zu heiraten. Anschließend ließen sich Eberhard und Helene Noltenius in Guatemala nieder und wurden bis 1909 Eltern von fünf Kindern. 1905 reiste Familie Noltenius zu einem Erholungsurlaub nach Bremen. Während dieser Zeit einigte sich Eberhard Noltenius mit seinen ebenfalls erbberechtigten Brüdern über die Erbschaft des Brandenhofs.[88] Das Gut wurde nach dem Testament des Vorbesitzers, Friedrich Noltenius (1828-1891), den fünf Söhnen seines Bruders Conrad vererbt. An erster Stelle der Erbberechtigten stand Eberhard Noltenius, der seine vier jüngeren Brüder mit je 12.500 Mark abfinden sollte. Die Brüder einigten sich auf die Gewährung eines zinsfreien „baren Darlehens" von 50.000 Mark.

Rückkehr der Familie Eberhard Noltenius. Seit Anfang 1909 diskutierten die Eheleute Noltenius über ihre Abreise aus Guatemala. Eberhard Noltenius schlug vor, das Kindermädchen Juana mit nach Bremen zu nehmen, sie sei während der Überfahrt und der Eingewöhnungszeit in Bremen nützlich. Helene Noltenius nähte Kinderkleidung „en gros", packte Koffer und räumte die „wenigen Andenken" an ihren 1907 verstorbenen Sohn in einen Kasten.[89] Die achtjährigen Geschwister, Käthe und Wilhelm Noltenius verschenkten Spielzeug an zurückbleibende Freunde. Zu den wichtigsten Reisevorbereitungen von Eberhard Noltenius gehörten der Buchhaltungsabschluss und die Regelung der Geschäftsnachfolge. Die Familie kam gegen Ende Mai 1909 in Bremen an und zog in den Brandenhof in Bremen-Borgfeld ein.

Bereits Mitte Juni 1909 musste sich Helene Noltenius im Krankenhaus in Geestemünde einer gynäkologischen Operation unterziehen, betreut von ihrer Mutter und Schwester in Bremerhaven. Wir erfahren, dass eine Wunde „mit Draht" genäht wurde und beim Liegen schmerzte. Eberhard Noltenius riet seiner Frau, umgehend

---

86 Privatbriefe Noltenius: Eberhard Noltenius aus Le Havre, 1. und 5. März 1887.
87 StAB 7,13: Konvolut Köper. 2. Juli und 31. August 1889 notarieller Gesellschaftsvertrag mit Eberhard Noltenius als Teilhaber.
88 Privatquellen Noltenius: Vertrag zwischen Eberhard Noltenius, Guatemala, und seinen „vier Brüdern Eduard, Friedrich Hermann, Otto Justus Conrad Bernhard und Conrad Rudolph Wilhelm Noltenius"; in Bremerhaven am 4. November 1905 unterzeichnet. – [Handschriftlich hinzugefügt]: Zum Inventar gehörten zu dieser Zeit „3 Kühe, 1 Pferd, 2 Schweine, Hühner, Enten." Privatquellen Noltenius: Testament Friedrich Eberhard Noltenius, 13. Januar 1890; eröffnet am 15. Mai 1891.
89 Privatbriefe Noltenius: Helene Noltenius an ihre Verwandten, 26. März 1909.

Abb. 52: Privat: Eberhard und Helene Noltenius im Pfarrgarten in Borgfeld, 1909

Auskunft vom Arzt einzuholen, später sei es „peinlich"[90]. Als Hausherr übernahm er die Organisation des Haushalts und suchte nach einem weiteren Dienstmädchen. Anfang Juli 1909 konnte Helene Noltenius das Krankenhaus verlassen.[91] Im Januar 1910 musste Eberhard Noltenius nach Übersee reisen[92], um die Geschäftsnachfolge zu regeln. Denn sein Bruder Otto wollte aus gesundheitlichen Gründen nicht länger seine Vertretung übernehmen. Für das Geschäft in Guatemala-City gewann er Friedrich Jördens, während Heinrich Koch für die Niederlassung in Rethaluleu zuständig war. Alberto Garcia Porras[93] aus Guatemala blieb weiterhin sein Angestellter.

Mit seinen Briefen an seine Frau frischte Noltenius Erinnerungen an die gemeinsame Zeit in Guatemala auf. Aber er wies auch auf die unangenehmen Seiten

---

90 Privatbriefe Noltenius: Eberhard Noltenius an seine Frau, 23. Juni 1909: „Frage doch mal den Doktor, warum er dir die allerempfindlichste Stelle mit <u>Draht</u> zugenäht hat, dadurch hat er dir die Schmerzen doch nur außerordentlich vergrößert. Früher nahm man dazu präparierte Garne oder Darm, und die taten doch auch gute Dienste und belästigten den Kranken nicht so wie dieser Knuddel, den man dir gedreht hat. Vielleicht ist das eine ganz neue Sache und du bist das Versuchskarnickel. Der Doktor hat dir doch erlaubt, dich auf die Seite zu legen und das müssen andere Kranke doch ohne Schmerzen gekonnt haben, sonst würde er dir das doch nicht als Erleichterung vorgeschlagen haben. Wie ist es nun möglich, dass das gerade bei dir nicht geht, das muß doch seinen Grund haben. Tue mir bitte denn Gefallen und frag ihn so poco a poco über alles gründlich aus, später ist das immer schwierig und peinlich."

91 Privatbriefe Noltenius: Eberhard Noltenius sieben Briefe an seine Frau, 24. Juni bis 5. Juli 1909.

92 Privatbriefe Noltenius: Eberhard Noltenius vom Dampfer „Prinz Friedrich Wilhelm" an seine Frau, 5. Januar 1910.

93 Privatbriefe Noltenius: Eberhard Noltenius an seine Frau, 7. Mai 1910. Noltenius lernte Albertos Familie kennen: Albertos Frau und Schwiegermutter missfielen ihm. Sie seien „schlurig," d.h. in ihrer Hausarbeit „unordentlich, nachlässig, liederlich". Duden Etymologie (1997): S. 639. – Nach einem Dokument aus Guatemala beschäftigte er vier Mitarbeiter: Alberto Garcia Porras, Francisco Salazar, Teodore E. Hirschfeld und Federico Sinibaldi. Privatquellen Noltenius: 11. April 1907.

Guatemalas hin: z.B. auf seine Nervosität während der Erdbeben. Der Geschäftserfolg sei „gleich Null", die Bevölkerung sei verarmt und könne nichts kaufen. Seine Frau „fehlte ihm sehr"[94]. Noltenius pachtete fruchtbares Land mit Tropenbaumbestand und nannte die Finca nach seiner Frau „Santa Elena"[95]. Mitte Mai 1910 bereiteten Freunde ihm in Guatemala ein Abschiedsfest.

Helene und Eberhard Noltenius wurden 1911 Eltern eines „echten Bremer Kindes": Am 12. September 1911 wurde Hermann Noltenius geboren. Im November 1912 erkrankte Helene Noltenius erneut und musste im Krankenhaus in Bremerhaven wegen einer „dummen Sache" von Dr. Zietschmann operiert werden. Eberhard Noltenius übernahm in der Abwesenheit seiner Frau wiederum Vaterpflichten.[96]

Seine nächste Geschäftsreise nach Guatemala dauerte 1913 zehn Monate lang. Kurz nach seiner Abreise erkrankte Helene Noltenius in Bremen erneut. Sie wurde im Diakonissenkrankenhaus operiert und anschließend von Gynäkologen behandelt.[97] Während ihres Krankenhausaufenthalts übernahm Helenes Schwester Käthe den Haushalt in Bremen-Borgfeld. „Vater Kalm" übte mit seinem Enkel Wilhelm für die Schule und die „Kleinen", Eduard und Maria durften in den Schulferien mit zu den Großeltern nach Bremerhaven. Nach dem Krankenhausaufenthalt musste Helene Noltenius eine Rekonvaleszentzeit von sechs Monaten einhalten.

Nach der Rückkehr der Familie nach Bremen war Helene Noltenius geschwächt und oft krank. Sie litt unter „Frauenkrankheiten" aufgrund von sechs Geburten zwischen 1899 und 1911. Über Erholungskuraufenthalte für Helene ist aus den Quellen nichts zu entnehmen, dagegen von einer geplanten Geschäftsreise Eberhards nach Guatemala, z.B. 1915[98], aber dazu kam es wegen des Ersten Weltkriegs nicht. Es ist nicht bekannt, ob Eberhard Noltenius in Bremen beruflich mit seinen Brüdern Friedrich, Conrad und Otto zusammenarbeitete oder ob er mit der Verwaltung des Gutes ausgelastet war. Friedrich war Direktor der Atlas-Werke[99], Conrad und Otto waren nach ihrer Rückkehr aus Übersee selbständige Kaufleute in Bremen. Sie machten Geschäfte mit Zulieferfirmen der Atlas-Werke.

---

94 Privatbriefe Noltenius: Eberhard Noltenius an seine Frau, 8. Februar; 5. und 11. März 1910.

95 Privatbriefe Noltenius: Eberhard Noltenius an seine Frau, 23. April 1910: „... ein fruchtbares Stück Land, das noch eine Menge Gummi und wertvolle Hölzer enthält. Ich habe es für ein Jahr verpachtet. Wie sich jetzt herausstellt zu einem viel zu billigen Preise. Das ist recht schade, aber es ist nichts mehr dagegen zu machen und Koch muss zusehen, im nächsten Jahre einen besseren Preis herauszuholen."

96 Privatbriefe Noltenius: Eberhard Noltenius an seine Frau, 4., 6. und 7. November 1912.

97 Helene Noltenius war bis ca. 5. Mai 1913 im Krankenhaus. Sie fühlte sich „klapperig"; bis September 1913 wurden „Wucherungen" mit Jod behandelt. Privatbriefe Noltenius: Eberhard Noltenius an seine Frau, 16. Juni; 2. September 1913.

98 Privatbriefe Noltenius: Helene Noltenius an ihren Mann, 22. Juni 1913; er müsse 1915 „schon wieder raus".

99 Herbert Schwarzwälder (2003): S. 44-45. Die Atlaswerke gingen aus der 1902 gegründeten Norddeutschen Maschinen- und Armaturenfabrik hervor, die vom Norddeutschen Lloyd mitbegründet wurde. 1913 hatte der Betrieb 2.000 Mitarbeiter und baute Kriegsschiffe. – Privatbriefe Noltenius: Otto Noltenius an seinen Bruder Eberhard, 5. Juni 1913: „Geschäftlich geht es Conny und mir immer noch ganz befriedigend. Gestern haben wir 7 Schiffskessel an die Atlas Werke verkauft. Objekt ca. M. 50.000. Außerdem hatten wir auch sonst noch gestern ganz nette Verkäufe zu verzeichnen."

Eberhard Noltenius beteiligte sich im Ersten Weltkrieg als „Versorgungsoffizier" in Osteuropa. In Breslau traf er mit Truppenführern zusammen, die von ihm „Stiftungen" zur Verteilung in Offizierskasinos erwarteten. Soldaten sollten mit Büchern, Zeitschriften und Zigaretten, Offiziere mit „Rotwein, Moselwein, Cognac und Sekt in größeren Mengen" beschenkt werden. Die „Liebesgabensammelstelle" in Breslau wurde aufgelöst und in Richtung Czenstochau, Brest-Litowsk und von dort nach Lusanow verlegt.[100] Helene Noltenius und die Kinder schrieben Briefe und Karten, die sie mit „Depot Delegierter Dr. Pfeifer. Brest. Liebesgaben Depot Brest-Litowsk, Europäischer Hof", adressierten.[101] Ein Jahr später war Noltenius von der Ostfront zurück und übernahm ein „Ehrenamt": Er verteilte Brotkarten an die Bremer Bevölkerung.[102] Zu dieser Zeit erreichten ihn schlechte Nachrichten aus Guatemala. Friedrich Jördens hatte das Retalhuleu-Geschäft verkauft.[103] Noltenius hatte keine Möglichkeit, persönlich einzuschreiten. In einem anderen Brief unterrichtete er seine Frau über das Kriegsgeschehen im Westen:

> „Bei Verdun haben wir uns eine kleine Schlappe geholt, wenn wir auch sonst die Stellung ziemlich gehalten haben. Die Erfolge der Engländer in Flandern halte ich für unwesentlich."[104]

Die Kämpfe um Verdun wurden zu dieser Zeit zum Synonym für „Hölle". Aus deutscher Sicht sollte sich auf den Schlachtfeldern um Verdun der Krieg durch „Ausbluten" der französischen Truppen entscheiden. Das Grenzgebiet zwischen Frankreich und Belgien blieb auch nach monatelangen Gefechten im Jahr 1916 bis zum Ende des Weltkriegs umkämpft. Noltenius' beruhigende Semantik ist bemerkenswert.

Exkurs: Erster Weltkrieg

Bürgerinnen und Bürgern äußerten sich in den Briefquellen seit 1900 zunehmend zur Politik. Bremer Kaufleute profitierten vor dem Ersten Weltkrieg vom Schiffsbau und vom beschleunigten Waren- und Passagierverkehr. Die wichtigsten über Bremer Häfen eingeführten Produkte waren Baumwolle, Wolle, Getreide, Tabak, Reis, Kaffee, Rübenzucker, Kunstdünger, Kohlen, Koks, Felle, Viehfutter, Farben, Holz, Metalle, Metallwaren und Südfrüchte. Bereits 1885 nahm der Norddeutsche Lloyd den regelmäßigen Postdampferdienst nach Ostasien und Australien auf.[105] Der Warenverkehr unterlag jedoch Schwankungen, die durch internationale Kon-

---

100 Privatbriefe Noltenius: Eberhard Noltenius an seine Frau, 15. Mai 1916.
101 Privatbriefe Noltenius, o.D.: z.B. von der zehnjährigen Maria und dem achtjährigen Eduard.
102 Privatbriefe Noltenius: Eberhard Noltenius an seine Frau, 13. April und 24. August 1917; Wilhelm Noltenius an seine Mutter, 30. August 1917: „Vater musste an diesem Tag schon wieder um 2 Uhr Brotkarten austeilen."
103 Privatbriefe Noltenius: Eberhard Noltenius an seine Frau, 17. August 1917. – Helene Noltenius war zu dieser Zeit krank und nicht in Bremen.
104 Privatbriefe Noltenius: Eberhard Noltenius an seine Frau, 20. und 24. August 1917.
105 Herbert Schwarzwälder (2003): S. 622.

flikte ausgelöst wurden.[106] Neben der Handelsschifffahrt wurde in Bremen wie auch in den deutschen Küstenstädten Kiel, Hamburg und Wilhelmshaven der Ausbau der Kriegsflotte forciert.[107] Damit löste das Deutsche Kaiserreich bereits vor dem Ersten Weltkrieg Misstrauen unter den europäischen Nachbarstaaten aus. Großbritannien, Frankreich und Russland sahen durch die Rüstungsanstrengungen des deutschen Kaiserreichs das Gleichgewicht auf dem Kontinent gefährdet. Doch Kaufleute in Bremen und Übersee unterstützten diese Politik. Sie erwarteten von der deutschen Regierung militärischen Schutz ihrer Vermögenswerte, nicht nur in den deutschen Überseekolonien, sondern auch z.B. in Zentralamerika. In Bremen hatten Werftindustrie, Maschinenbau und Rüstungsbetriebe Hochkonjunktur.

In historischen Darstellungen zum Ersten Weltkrieg wurden die begeisterte Mobilmachung und die nationalistischen Demonstrationen der deutschen Bevölkerung damit erklärt, dass Deutschlands Militär sich zwischen der Jahrhundertwende und 1914 von einer Heer- zu einer Flottenmacht entwickelte. Hans-Ulrich Wehler konstatierte dazu, die Schlachtflotte habe sich als ein „grandioser Fehlschlag" erwiesen. Sie konnte den „Kriegsverlauf zu keiner Zeit maßgeblich beeinflussen"[108].

Zu Beginn des Ersten Weltkriegs besetzten die Alliierten bis auf Ostafrika die Kolonien des Deutschen Kaiserreichs. Bremer Kaufleute büßten ihren Besitz – Geschäftshäuser, Plantagen, Kapitalbeteiligungen, Konten usw. – ein. Betroffen davon war z.B. der Bremer Überseekaufmann J.K. Vietor, dessen Handelsniederlassungen in West- und Südwestafrika beschlagnahmt wurden. Von den Auswirkungen des Ersten Weltkriegs war auch Alfred Kulenkampff betroffen: Sein Geschäftshaus in Lomé und seine Faktoreien in Togo besetzten französische Truppen. Da sich Kulenkampff bei Ausbruch des Krieges in Togo befand und Französisch sprach, übernahm er zunächst Vermittlungsdienste im Auftrag der französischen Besatzer. Einige Monate später wurde er in England interniert.[109] Wilhelm Overbecks Familie befand sich in Bremen, als der Erste Weltkrieg ausbrach. Anfang 1915 versuchte der Tabakkaufmann Overbeck von Bahia/Brasilien über New York nach Bremen durchzukommen. Er kehrte von New York kommend auf einem kleinen amerikani-

---

106 Z.B. im Ostasienhandel: 1900/1901 Boxeraufstand gegen den Einbruch europäischer Mächte in China; Krieg zwischen Russland und Japan (1904/1905). Herbert Schwarzwälder (1995): S. 443f.; Dieter Glade (1966) zu Reaktionen auf die „Hunnenrede" von Wilhelm II: S. 132-137; Horst Gründer (2004) zur Okkupation, Entwicklung und dem Ende des deutschen „Pachtgebiets" in Kiautschou/China zwischen November 1897 und November 1914: S. 188-205.

107 Der spätere Admiral Alfred von Tirpitz bereitete „das deutsche Engagement in Kiautschou" vor. Durch den Bau von Panzerschiffen sollte – so von Tirpitz – wieder „Schwung in die Erörterung nationalpolitischer Fragen" kommen, nachdem das „Prestige" der Deutschen von 1870/71 „aufgezehrt" gewesen sei. Hans-Ulrich Wehler (1995): S. 1130f.; zum Schlachtflottenbau und Wettrüsten: S. 1132-1137.

108 Hans-Ulrich Wehler (1995): S. 1137. Zu den außenpolitischen Konstellationen und Krisen vor Ausbruch des Ersten Weltkriegs und zur historischen Bewertung nach 1918: S. 1145-1168. – Vgl. Knaurs historischer Atlas (2000): S. 249 [historische Karten]: „Europäische Rivalitäten und Bündnisse" (1878-1914). Europa war bis zum Beginn des Ersten Weltkriegs durch Bündnisse in zwei bewaffnete Lager geteilt. Großbritannien, Frankreich und Russland bildeten einen Block, der andere bestand aus Deutschland, Österreich-Ungarn, Rumänien und Italien. Zwischen Italien und Russland bestand seit 1909 ein „Geheimvertrag". Griechenland und Bulgarien bildeten mit Montenegro seit 1912 den Balkanbund.

109 Alfred Kulenkampff (1969): S. 49-53.

schen Frachtdampfer um. So wollte er einer Internierung in einem englischen Hafen entgehen.[110] Im April 1917 schloss sich Brasilien den Alliierten an; der deutsche Botschafter und die deutschen und österreichischen Konsuln mussten das Land verlassen.[111]

Von Enteignung waren auch Kaufleute in anderen Handelskolonien in Übersee betroffen. So wurde der Besitz von Eberhard Noltenius und Friedrich Köper in Guatemala beschlagnahmt. Familie Freudenberg wurde wie viele andere Deutsche auf Ceylon und in Australien interniert. In Colombo büßte sie Geschäfts- und Wohnhäuser sowie Fabrikationsstätten ein.

Eberhard Noltenius scheint nach dem verlorenen Krieg, der ihm starken ökonomischen Schaden zufügte, in eine aggressive antirepublikanische Stimmung geraten zu sein. In einem Brief an seine Frau bewertete er die Fememorde an Liebknecht, Luxemburg und Eisner mit Dankbarkeit. Den ersten Attentatsversuch auf den Zentrumspolitiker Matthias Erzberger dagegen bedauerte er, da er nicht „tödlich" ausging.

> „Schade, dass die Wunden Erzbergers nicht tödlich sind, der Mann hat den Friedensvertrag und auch vieles andere auf dem Gewissen. So sehr [ich] nun die politischen Morde im Allgemeinen verurteilen muß, so haben doch die Leute, die Liebknecht, Eisner und Rosa Luxemburg umgebracht haben, Großes für ihr Vaterland getan, und müssen wir ihnen dankbar sein."[112]

Der Versailler Vertrag vom 28. Juni 1919 trat am 10. Januar 1920 in Kraft. Das Reisen nach Übersee war Deutschen wieder möglich. Eberhard Noltenius reiste am 6. November 1919 nach Guatemala. Anders als in der Vorkriegszeit mussten deutsche Passagiere mit einer doppelt so langen Reisezeit rechnen. Der sonst übliche Reiseweg über New York war ihnen versperrt. Noltenius stand auf einer „schwarzen Liste"[113]. Er fuhr mit der Eisenbahn in die Niederlande, bestieg dort einen Dampfer vom „Westindischen Maildienst Crijnssen". Das Schiff fuhr durch den Ärmelkanal in südliche Richtung, vorbei an den Azoren, nach Kolumbien, Venezuela und Costa Rica. Noltenius registrierte „eine ausgesprochene Deutschfreundlichkeit" auf dem Schiff. Die Deutschen sangen in gedämpfter Stimmung „Ich hatt' einen Kameraden"[114]. In der britischen Kolonie Trinidad wurden Deutsche jedoch als Feinde behandelt; sie durften nicht an Land und wurden von „Farbigen" auf dem

---

110 StAB 7,500-B-81: Wilhelm Overbeck an seine Verwandten, 8. Januar 1915 [Brieffragment].

111 Privatquellen Vietor: Lebenserinnerungen Wilhelm Overbeck, Teil 2: S. 6. Zum Ersten Weltkrieg in Bahia: Wilhelm Overbeck (1923): S. 149-160.

112 Privatbriefe Noltenius: Eberhard Noltenius an seine Frau, 10. Februar 1920.

113 Privatbriefe Noltenius: Eberhard Noltenius an seine Frau, 8. September 1920: „Es ist für mich zwecklos, mich nach Washington wegen Erlaubnis zu wenden, da ich auf der Schwarzen Liste gestanden habe und allen solchen Deutschen die Erlaubnis von vornherein verweigert wird. Aber auch andern Deutschen wie Samuel Ascoli, Widmann u.s.w., deren Namen nicht auf der Liste standen, und die schon 4 Monate und länger schriftlich und per Kabel um Antwort auf ihr Gesuch gebeten haben, wird entweder kein Bescheid erteilt oder die Reiseerlaubnis abgeschlagen."

114 Privatbriefe Noltenius: Eberhard Noltenius an seine Frau, 21. November; 12. Dezember 1919.

Schiff bewacht. Dagegen war ihnen auf der Insel Curaçao, einer Niederländischen Kolonie, ein Landgang möglich, um sich Zigarren zu kaufen.[115]

Noltenius kam am 26. Dezember 1919 in Guatemala an. Ihm fielen besonders die Ruinen und Trümmer nach dem schweren Erdbeben von 1917 auf. Auch das ehemalige Wohnhaus der Familie lag im Schutt. Aber besonders ärgerlich war, dass er „viel Geld" durch den Krieg und Jördens Entscheidung, die Filiale in Retalhuleu zu verkaufen, verloren hatte. Jördens hatte das Firmenkapital in Mark und nicht, wie z.B. Friedrich Köper, in Dollar angelegt.[116] Viele deutsche Kaufleute hatten darauf spekuliert, nach dem Sieg eine starke Währung zu besitzen.

Nachdem sich Eberhard Noltenius ein Bild von der aktuellen Situation in Guatemala gemacht hatte, schlug er seiner Frau vor, wieder ständig in Guatemala zu leben. Alle Geschäftsfreunde kämen mit ihren Familien wieder. Es sei viel Geld zu verdienen, viele Deutsche besaßen Autos, während Helene Noltenius in Bremen die Beschlagnahme eines Pferds befürchten musste.[117] Im November 1920 war „Bremen ohne Wasser, Licht und Gas" und wegen der Lebensmittelknappheit beauftragte Noltenius ein Guatemala-Handelshaus mit der Lieferung von Kaffee, Zucker und Weizenmehl für den Bremer Haushalt.[118]

Zusammenfassung: 1909, als Eberhard und Helene Noltenius die Migration in Guatemala beendeten, waren sie vierundvierzig bzw. vierunddreißig Jahre alt; er hatte 22 und sie zehn Jahre dort gelebt. Ihre Rückkehr wurde von der Erkrankung Helenes überschattet. Aus den Quellen ergibt sich, dass sich die Rückkehrer auf Familienmitglieder aus Bremen und Bremerhaven verlassen konnten. Dieses Netz von Verwandten war nicht nur während Helene Noltenius' Erkrankungen, sondern auch während einer langen Eingewöhnungsphase wichtig.

Statt bürgerlicher Sesshaftigkeit standen für Eberhard und Helene Noltenius Belastungen, häufige Mobilität nach Übersee und damit Trennungen im Mittelpunkt der Eingewöhnungsphase. Noltenius reiste bereits ein halbes Jahr nach seiner endgültigen Rückkehr im Januar 1910 wieder nach Guatemala. Danach folgten noch ein langer Aufenthalt 1913 und ein weiterer 1919. Die Reise-Einschränkungen und der Kapitalverlust in Folge des Ersten Weltkriegs verbitterten Noltenius. Bei der Betrachtung einer Zeitspanne von etwa zehn Jahren nach der Rückkehr ist bemerkenswert, dass die Kinder den Guatemala-Aufenthalt positiv verarbeiteten.

---

115 Privatbriefe Noltenius: Eberhard Noltenius an seine Frau, 25. November 1919.

116 Privatbriefe Noltenius: Eberhard Noltenius an seine Frau, 30. Dezember 1919: „Geschäftlich ist hier gut verdient worden, aber da [Jördens] mein ganzes Kapital in Mark nach drüben gelegt hat, so habe ich natürlich einen ganzen Posten Geld verloren, während er sein Kapital (ca. 40.000 Dollars) in Gold stehen hat. Damit kann ich mich natürlich nicht ohne weiteres einverstanden erklären." – „Köper hat sein Kapital in Dollars im Geschäft gehabt und steht dadurch natürlich weit besser da als ich."

117 Privatbriefe Noltenius: Eberhard Noltenius an seine Frau, 27. Januar 1920: „Viele Deutsche halten sich Autos", dazu nannte er die Namen gemeinsamer Bekannter. – Am 23. März 1920: „Sehr ärgerlich wäre es, wenn uns Toni [Pferd] weggenommen würde, dagegen musst du dich energisch sträuben. Toni und Lieschen sind für die Landwirtschaft da, Lotte nur für Zuchtzwecke. Äußerstenfalls musst du dir das Tier sehr, sehr gut bezahlen lassen."

118 Privatbriefe Noltenius: Eberhard Noltenius an seine Frau: 3. November 1920, nach „Kabelnachrichten"; die Lebensmittel seien gegen Diebstahl versichert und vom Güterbahnhof abzuholen. 1. Dezember 1920.

So erinnerten sie sich noch Jahre später an die in Guatemala zurückgebliebenen Dienstmädchen, ließen ihre Freunde grüßen oder stellten in einem Rollenspiel „Juana und Pancho" dar.

Als Ältestem in der Geschwisterreihe von fünf Brüdern fiel Eberhard Noltenius die Aufgabe zu, nach dem Testament seines Onkels eine einvernehmliche Lösung mit seinen Brüdern zu erwirken. Die praktische Umsetzung der Vereinbarung wurde nach der Rückkehr der Familie 1909 möglich. Den Briefen von Eberhard Noltenius ist zu entnehmen, dass er seine Frau in geschäftlicher und politischer Hinsicht als Gesprächspartnerin und als kompetente Gutsverwalterin schätzte. Der Aufenthalt in Guatemala war für Helene Noltenius noch im Alter von neunzig Jahren eindrucksvoll und unvergesslich[119], obwohl zwei ihrer Söhne[120] in Guatemala starben.

Die dritte Generation: Wilhelm und Eduard Noltenius wurden 1901 und 1908 in Guatemala geboren und machten nach dem Überseeaufenthalt der Familie in Bremen am Alten Gymnasium das Abitur. Anschließend absolvierten sie eine kaufmännische Lehre. Wilhelm trat nach einer kaufmännischen Lehre 1925 ins väterliche Geschäft in Guatemala ein. Sein Bruder Eduard folgte ihm 1930 nach. Eduard arbeitete nicht im Hauptgeschäft in Guatemala-City, sondern in der tropischen Küstenregion, wo er 1932 vierundzwanzigjährig starb. Wilhelm Noltenius war 1930 Mitglied des Deutschen Vereins in Guatemala.[121] Er heiratete in Bremen-Borgfeld und lebte anschließend mit seiner Frau in Guatemala-City. Sein Geschäft Noltenius & Jördens wurde im Januar 1942 beschlagnahmt. Zusammen mit 115 anderen Deutschen wurde er ausgewiesen und auf dem Dampfer „Drotningholm" nach Europa gebracht.[122]

3. Rückkehr: Familie Friedrich Köper

Seit seiner Auswanderung im Jahre 1887 beabsichtigte Friedrich Köper, mit seinem in Übersee erworbenen Vermögen ein Handelsgeschäft in Bremen zu eröffnen. Ende 1907 realisierte er seinen Plan. Sein Hauptgeschäft in Guatemala-City und seine Filialen in Escuintla und Quezaltenango ließ er von Teilhabern verwaltet zurück.

Mit seinem im August 1907 in Guatemala geborenen „Stammhalter" Fritz Köper besaß er neben drei Töchtern auch einen männlichen Erben mit „doppelter Staatbürgerschaft". Dies war ihm wichtig, da er schon vor dem Ersten Weltkrieg um seine Vermögenswerte in Guatemala fürchtete. Bevor die Familie Köper Guatemala verließ und nach Bremen umsiedelte, machte Köper seine bisherigen leitenden

---

119 Privatquellen Noltenius: Zeitungsausschnitt Wümme-Zeitung, o.D. [1965]: „Die Jahre in dem mittelamerikanischen Staat Guatemala waren in meinem Leben die schönsten", so die Jubilarin in einem Artikel zu ihrem 90. Geburtstag.
120 Friedrich Eberhard (1899-1906) und Eduard (1908-1932).
121 Regina Wagner (1996): S. 433-436.
122 Regina Wagner (1996): S. 443f. – Auf den Seiten 445-456 sind deutsche Männer verzeichnet, die von Guatemala in Gefangenschaft nach Texas deportiert wurden. Ihre Frauen und Kinder wurden nach Europa gebracht.

Angestellten – Wilhelm Lottmann und Domingo Muñoz – zu Teilhabern.[123] Sie sollten bis Ende der 1920er Jahre das Geschäft leiten. Dann würde Sohn Fritz seine kaufmännische Ausbildung beendet haben und in die Firma eintreten können – so der Plan des Vaters.

Die Rückkehr der Familie Köper wurde aus den Quellen rekonstruiert: Friedrich und Tilly Köper fällten die Entscheidung kurzfristig. Zunächst planten sie für das Frühjahr 1908 eine Erholungsreise nach Europa, da Tilly im Herbst 1907 erkrankte. Kurze Zeit später teilte Köper seiner Mutter mit, er sei „auch nervös" und im folgenden Brief konkretisierte er Reisepläne für die definitive Rückkehr nach Bremen. Er verkaufte die Möbel, einschließlich den Vorrat an Wein und Konserven für 7.300 Mark und bot dem neuen Mieter des Hauses auch sein „gutes Dienstmädchen, ‚die Marcos'", an. Sie sei „Köchin, also ein sog. Mädchen für alles"[124]. Ende November 1907 richtete eine Freundin im Deutschen Verein Guatemala ein Abschiedsfest für Tilly und Friedrich Köper aus.[125] Anschließend reservierte Köper für sich und seine Familie sowie zwei mitreisende Dienstmädchen Hotelzimmer in New Orleans und New York.[126] Eine der Frauen war nach einem Meldebeleg die achtzehnjährige indigene Amme Paula Acu Chin aus Mixco, die mit nach Bremen reiste und nach den Quellen etwa sieben Monate lang den Säugling Fritz Köper stillte, davon drei in Bremen.[127] Ihr eigenes fünfmonatiges Baby ließ in der Obhut ihrer Schwester in Guatemala zurück. Die Bedingungen fixierte Köper wie folgt:

> „Hiermit wird bestätigt, dass ich am [? unleserlich] Dezember 1907 Paula Acu Chin, Amme aus Mixco, als Amme für meinen Sohn mit nach Deutschland (Bremen) genommen habe, von wo sie auf meine Kosten nach der nötigen Zeit zurückkehren wird. Das Kind der Paula, mit Namen José Luís Acu und 5 Monate alt, wurde der Schwester der Paula übergeben, die Magdalena Acu Chin heißt, Amme aus Mixco [unleserlich], die das Kind liebevoll pflegen wird, während der Abwesenheit der Paula und die für diesen Dienst von dem Haus Federico Köper & Cia., Guatemala, eine Bezahlung von hundert Pesos monatlich erhält. Es wird

123 StAB 7,13-26.8: Friedrich Köper an seine Mutter, 22. November 1907: „Herrn Domingo Muñoz u. Guill' Lottmann werde ich dieser Tage als Theilhaber aufnehmen, damit sie während meiner Abwesenheit das Geschäft in verantwortlicher Weise leiten."

124 StAB 7,13-26.8: Friedrich Köper an seine Mutter, 9. Oktober, 23. Oktober, 2. November, 16. November 1907.

125 StAB 7,13 – 1 – 1 „ Stammtafeln, Testament etc." Die Menükarte ist mit „M.G.", wahrscheinlich von Frau M. Gerlach am 26. November 1907 signiert. Rückseite: „Willkommen, liebe Gäste, zum frohen Abschiedsfeste, sind wir beisammen hier, denn die lieben Freunde Köper, sie kehren zur Heimat zurück. [...] M.G. Zum Abschied am 26. November 07. Guatemala."

126 StAB 7,13-26.8: Friedrich Köper an Meyers-Hotel, Hoboken New York; Reisebüro Cook u Sons, New Orleans; Hotel St. Charles, New Orleans. Jeweils mit Bitte um „billige Zimmer" für Ehepaar Köper mit drei Kindern und zwei Dienstmädchen, 22. November 1907.

127 StAB biografische Mappe der „Maus": Köper: Nr. 8 und 10. Meldebeleg und dazu Friedrich Köper handschriftlich: „Meldebeleg. Zuname Chin Acu, Paula, Geburtsort Mixco." / Austritt aus dem Dienst, 14.3.1908. / Bisherige Dienstherrschaft: Köper, Schönhausenstr. 2. Neue Wohnung Guatemala. / [Köper handschriftlich]: Paula Chin-Acu, Mixco, Guatemala, 18 Jahre alt, geb. Aschermittwoch 1889. / Abfahrt von Guatemala. 1 Deck 1907; D[ampfer] Mobila. / Ankunft in Bremen: 20 Debr. 1907. / Abfahrt von Bremen: 13. März 1908. / Rückkehr nach Guatemala: Hamburg 14.3.1908. / D[ampfer] Mecklenburg. Capt. Bolken. / Reisebegleiter: Fr. Mimmi Gracer, Fr. Werr. / Abgemeldet auf dem Meldeamt: 18. Februar 1908. / ‚India Amme von Fritz Köper in Guatemala y Bremen 1907'. Bremen, 13. März 1908."

außerdem festgestellt, dass sie heute eine Vorauszahlung von 2 Monatszahlungen erhalten hat, das sind zweihundert Pesos mit der Fälligkeit am 18. Januar 1908. – Guatemala, 27. November 1907. Federico Köper."[128]

Demnach „leisteten" sich Köpers zwei Indigenas. Mit diesem Vertrag stellte Köper den Lebensunterhalt für das zurückbleibende guatemaltekische Baby und die Stilltätigkeit der Schwester sicher. Ihm sollte nicht nachgesagt werden, er würde Kind und Schwester unversorgt zurücklassen. Einhundert Pesos waren etwa vierhundert Mark. Den gleichen Betrag wird auch die nach Bremen mitreisende Amme Paula bekommen haben.

Familie Köper kam kurz vor Weihnachten in Bremen an. Sie wurden von Friedrich Köpers Mutter, seiner Schwester Anna und ihrer siebenjährigen Tochter Elisabeth im Haus Schönhausenstraße 2 in Bremen erwartet. Nach seiner Rückkehr konnte Friedrich Köper von engen Familienangehörigen keine Unterstützung beim Aufbau eines Geschäfts erwarten: Sein Vater war 1906 verstorben und Bruder Gerhard Köper war wegen einer Erkrankung langfristig in einer Krankenanstalt in Schleswig-Holstein untergebracht. Daher informierte er in Bremen bisherige Handelspartner von seiner Ankunft. Er teilte ihnen seine neue Geschäftsadresse mit. Köper mietete zum 1. April 1908 eine Wohnung in Bremen, Bismarckstraße 84, und bemühte sich um neue Geschäftskontakte in Bremen.[129] Über Probleme im ersten Jahr nach der Rückkehr nach Bremen schrieb Köper zusammenfassend:

> „Europa hat uns bis jetzt tüchtig mitgenommen, bis Juni habe ich mich trotz Karlsbad mit dicker Milz und Malaria abgequält und kaum war ich damit durch, da fing meine Frau mit Malaria und Nervenschwäche an, so dass ich sie in ein Sanatorium in der Nähe Bremens bringen musste. Während der Zeit führten meine Mutter und Schwester den Haushalt und führen ihn noch jetzt. Meine Frau ist allerdings schon zwei Monate wieder zurück, musste sich aber die erste Zeit noch sehr schonen und in diesem Monat haben alle 4 Gören die Masern und sind jetzt eben so weit, dass sie den Tannenbaum brennen sehen können. Solche Krankheit ist ja nicht gefährlich, aber ungemüthlich. Ich denke aber im neuen Jahre sind Frau und Kinder mit allem durch."[130]

Demnach hatten Tilly und Friedrich Köper noch Auswirkungen von Tropenkrankheiten auszugleichen. Sie versuchten, sich im folgenden Jahr von den Strapazen des Überseeaufenthalts zu erholen. Sie unterzogen sich Kuren in Bad Kissingen und in St. Moritz und machten Familiensommerfrische im Strandbad Boltenhagen.

---

128 StAB 7,13-43.10 [aus dem Spanischen]. Der Peso entsprach 8 Reales oder 100 Centavos und wurde etwa mit 1 Dollar (etwa 4 Mark) umgerechnet. Nelkenbrecher (1890): S. 433f.; Vgl. StAB 7,13: Köper Lebenserinnerungen, 1. Februar 1945, über Geldwert/Währungen, S. 26.

129 StAB 7,13-26.8: Fragebogen zum Bewerbungsgesuch Köpers an die Victoria Versicherung, Berlin, 16. Oktober 1908: „Seit März 1908 habe ich mich hier etabliert, um den Einkauf für meine Firma drüben persönlich zu besorgen. Doch füllt diese Thätigkeit meine ganze Zeit nicht aus, so dass ich gezwungen bin, mich auch nach anderen Geschäften umzusehen. Das Versicherungsgeschäft ist mir nicht fremd. [...] Mein Geschäft in Guatemala ist in der Hauptsache ein Import & Export Haus mit Deutschland, England & den Ver. Staaten sowie China."

130 StAB 7,13-26.8: Friedrich Köper an Wilhelm Lottmann in Guatemala, 24. Dezember 1908.

Abb. 53: StAB 7,13: Friedrich und Tilly Köper in Bad Kissingen, 1909

1909, zehn Jahre nach Tillys erster Überfahrt nach Guatemala, ließ sich das Ehepaar Köper in Bad Kissingen von einem Atelierfotografen aufnehmen. Fotorückseite: „Fritz Schumann, Hofphotograph, Bad Kissingen."

Das Paar steht vor einer Atelierkulisse, auf der eine Landschaft und im Hintergrund rechts ein „Lustschloss" zu sehen ist. Tilly trägt zum hochgeschlossenen, zweifarbigem Kleid einen weißen Spitzeneinsatz, der mit einem engen, hohen Stehkragen abschließt. Der Spitzeneinsatz wird von einem breiten Band begrenzt, das über der Brust als offen fallendes Schleifenband auf die Taille reicht. Das Oberteil des Kleides mit den dreiviertel langen Ärmeln aus einfarbigem glänzenden Stoff hat eine „blusige Weite". In Brusthöhe sind Zierknopfleisten und eine waagerechte Falte sichtbar. Das Oberteil ist in der Taille wie auch der einfarbige, dunkle Rock mit Posamenten verziert. Der Rock des Kleides fällt im unteren Teil gerafft bis auf die dunklen Schuhspitzen. Das Kleid ist der „Ohne-Bauch-Mode" nachempfunden, d.h. das Oberteil fällt locker bis zur Taille; der obere Teil des Rockes liegt eng an. Dazu trägt Tilly Köper einen kleinen schwarzen Hut mit langem schwarzem Straußenfederschweif. In ihrer linken Hand hält sie an einer dünnen Kette ein helles Täschchen. Am linken Ringfinger trägt sie einen breiten Ring, am rechten Arm einen glänzenden Reif. Tilly Köper ist zu der Zeit 37, ihr Mann 44 Jahre alt. Beide haben ihren Blick auf den Fotografen gerichtet, die Figuren stehen leicht seitlich zueinander.

Friedrich Köper ist mit einem dreiteiligen Anzug bekleidet. Zur dunkelgrau gestreiften Hose trägt er einen Cut, dessen Knopfverschluss geöffnet ist, sodass darunter eine dunkle, hochgeschlossene Weste, steife Kragenecken und Binder herausschauen. Köper hat seinen rechten Fuß leicht vorgestellt, der linke steht fast im rechten Winkel dazu. Köpers Haare sind über seiner hohen Stirn kurz geschnitten. Sein Bartwuchs ist üppig. Zu seiner Inszenierung gehören heller Panama-Hut in der rechten Hand und Spazierstock in der linken Hand. Sein Blick ist ernst und leicht nach oben gerichtet, während Tillys Mund ein Lächeln andeutet.

Erinnern wir uns: Zehn Jahre zuvor „sprang Klein-Tilly" an Deck eines Überseedampfers herum und schrieb von „Glück" und „Dankbarkeit". Sie hatte in sieben Jahren vier Kinder in Guatemala geboren. Sie war eine eindrucksvolle Frau und Mutter. Ihr Gesicht und ihre Figur waren üppig geworden. Doch seit ihrer Rückkehr aus Übersee kämpfte sie gegen körperliche Beschwerden an. In einem späteren Brief schrieb Friedrich Köper, seine Frau könne das „Höhenklima" Guatemalas nicht vertragen.[131]

Köper eröffnete im März 1908 das Export- und Importgeschäft Friedrich Köper, in Bremen, Alten Wall 21. Ein Jahr später kaufte er ein Grundstück zum Bau eines Einfamilienhauses in Bremen, Osterdeich 94. Dazu benötigte er „sukzessive 15-20.000 Mark." Das übrige Geld sei auf Hypothek zu haben, schrieb er seinem Teilhaber Wilhelm Lottmann.[132]

Zwischen 1909 und 1912 engagierte sich Friedrich Köper in Bremen für die Söhne seines Teilhabers Domingo Muñoz, Enrique und Francisco. Damit verband er Privates und Geschäftliches. Die Knaben im Alter von 12 und 15 Jahren sollten nach dem Wunsch ihres Vaters nicht weiter in Guatemala, sondern in Deutschland zur Schule gehen und später auch Kaufleute werden. Enrique trat seine Bremen-Reise Anfang Januar 1910 an; ein Jahr später folgte der zwölfjährige Francisco seinem Bruder.[133] Friedrich Köper übernahm die Aufsicht über die Kinder. Sie wurden im „Süddeutschen Knabenerziehungsheim" in Schondorf am Ammersee untergebracht.

---

131 StAB 7,13: Friedrich Köper an General W. Kretzschmar, 13. Mai 1927. Seine Frau Tilly sei zur Kur in Bad Kissingen, während er „wieder hinaus" nach Guatemala reisen müsse. – Nach Köpers Brief war Kretzschmar kürzlich Mitglied der deutschen Gesandtschaft („Legacion Alemana") in Buenos Aires geworden und Köper schrieb ihm als Privatmann über seine Frau und die Entwicklung seiner Kinder.

132 StAB 7,13-19: Wohnhaus Osterdeich 94, 1909-1911; StAB 7,13-: Friedrich Köper an Wilhelm Lottmann, 24. Mai 1909: „Das Haus soll bis April [1910] fertig sein."

133 StAB 7,13-15: Domingo Muñoz an Friedrich Köper, 18. Februar 1911 [aus dem Spanischen]. Der Vater stellte seinen Sohn wie folgt dar: Francisco sei gesund, aber „sehr nervös", vor allem beim schnellen Sprechen und er würde „etwas die Augen verdrehen". Dazu würden die Ärzte meinen, es sei ein Tick. Er solle keine sauren Sachen essen und auch nicht riechen. Er habe kein so nettes Äußeres wie Enrique. Die Mittelschule habe er gerade beendet, zuerst den Deutschunterricht, dann den normalen Schulunterricht.

Aber sie fügten sich in die neue Umgebung nicht so ein, wie es der Vater, Köper und die Lehrer wünschten.[134]

Aus Muñoz' Briefen, die er zwischen 1908 und 1912 an Köper schrieb, sind hochrangige Beziehungen zu ermitteln, die deutlich machen, dass Muñoz für Köpers Guatemala-Geschäft von Nutzen war.[135] So reiste zum Beispiel eine guatemaltekische Gesandtschaft des Präsidenten, bestehend aus Salvador Serrano, einem Cousin von Domingo Muñoz, zusammen mit Botschafter Juan Barrios 1912 nach Berlin. Sie trafen mit Köper und Enrique in Bremen zusammen, ehe sie weiter nach Berlin reisten.[136] Muñoz' Vetter Salvador wurde im Beisein des „Kaisers von Deutschland und Preußen" zum guatemaltekischen Botschaftssekretär ernannt.

Aus Wilhelm Lottmanns Briefen ist ersichtlich, dass die Zusammenarbeit der Teilhaber in Guatemala nicht einvernehmlich verlief. Daher bat im Juni 1912 Domingo Muñoz Friedrich Köper, nach Guatemala zu kommen, um den Streit zwischen ihm und Lottmann zu schlichten. Auch die Geschäftsberichte aus Guatemala stimmten Köper besorgt.

Während Lottmann und Muñoz in Guatemala „Augen und Ohren" offen hielten und Neuigkeiten aus Verwaltungskreisen und Gerüchten nachgingen, versuchte sich Köper in Bremen ein Bild von der politischen Situation in Guatemala zu machen. Er las Kassiber über Konkurrenten und ging auf die Informationen seiner Teilhaber ausführlich ein.

Die Gründungsperiode der Bremer Firma wurde von Köpers Sorgen um sein Hauptgeschäft in Guatemala überschattet. Der Umsatz ging zurück, nachdem Köper nach Bremen zurückgekehrt war. Lottmann legte Köper sechs Jahresbilanzen zum Vergleich vor. Demnach hatte sich der Nettogewinn der Geschäftsjahre zwischen 1902 und 1907 nur unwesentlich erhöht; dazwischen lagen mit 1904 und 1906 die „fetten" Jahre.[137] Das gute Geschäftsergebnis von 1906 und die Geburt ei-

---

134 StAB 7,13-15: Domingo Muñoz an Friedrich Köper, 7. Januar 1911 bis 10. August 1911; 14. Januar 1911. Köper bedankte sich bei seinem „Onkel Georg", der offenbar in der Nähe von Schondorf wohnte, für dessen Berichte über Enrique. Dieser hatte sich z.B. von der Schule entfernt und war nach München gefahren. Köper bat den Direktor der Schule, die Knaben während der Ferien dort zu behalten, weil er sie nicht in Bremen aufnehmen könnte. StAB 7,13: Köper an Direktor J. Lohmann, 22. März und 20. April 1911; Köper an Domingo Muñoz, 8. Dezember 1911.

135 Muñoz' Vetter habe acht Jahre lang in der Schweiz studiert und sei in Guatemala zuletzt „Untersekretär" der Schulverwaltung gewesen. StAB 7,13-14: Domingo Muñoz an Friedrich Köper, 18. Dezember 1910. – Justo Rufino Barrios regierte Guatemala von 1873 bis 1885 als liberaler Präsident. Nach ihm wurde der nördliche Hafen „Porto Barrios" benannt. Juan Barrios, einer der Nachkommen dieses Präsidenten, löste 1908 den Mietvertrag für die Räume des Deutschen Vereins mehr als ein Jahr vor Vertragsablauf auf. Dafür bot Barrios eine Entschädigung für die Einrichtung von „$ 10.000". Der Grund: 1908 war Diktator Cabrera knapp einem Attentat entgangen. Er beabsichtigte eine Bannmeile um seinen Palast und seine Privatwohnung zu schaffen. „Er will jetzt den ganzen Block für sich haben, vielleicht mit Ausnahme der Tiendas an der Calle Real und hat alle Einwohner des Blocks höflichst aufgefordert, auszuziehen." StAB 7,13-7: Wilhelm Lottmann an Köper, 7. Oktober 1908.

136 StAB 7,13-16: Domingo Muñoz an Friedrich Köper, 17. März 1912. Er berichtete u.a., der Präsident wüsste, dass Muñoz' Söhne in Deutschland seien. Es wäre ihm, Muñoz, „peinlich", wenn er [Cabrera] erführe, dass Enrique „ungezogen" gewesen sei. Zur Gesandtschaft: StAB 7,13-16: Domingo Muñoz an Friedrich Köper, 27. März 1912.

137 StAB 7,13-7: Wilhelm Lottmann an Köper, 31. August 1908.

nes Sohnes gaben wohl den Ausschlag für die kurzfristige Rückkehr nach Bremen. 1909 erklärte Köper, er habe in Bremen nicht genügend Kapital zu Verfügung. Diese Mittel waren offenbar nötig, um das Bremer Geschäft aufzubauen[138], die Baukosten und die Anschaffungen für das Privathaus zu bezahlen, Kuraufenthalte zu ermöglichen und sich in einem bürgerlichen Lebensstil in Bremen einzurichten. Er warf seinen Geschäftsführern Versagen vor. Lottmann war bewusst, dass das Geschäft nicht so „ginge, wie es sollte." 1911 erwartete Köper aus Guatemala monatlich 50.000 Mark. Diese Summe konnte ihm Lottmann nicht „immer" versprechen.[139] Köper reiste 1912 wieder nach Guatemala. Der Streit zwischen den Teilhabern Muñoz und Lottmann war von Bremen aus nicht zu schlichten. Es ging um Lottmanns Vorwurf, Muñoz sei seinen Aufgaben als Kaufmann und „Patron" nicht gewachsen.[140] Köper trennte sich von Domingo Muñoz, der zu der Zeit etwa 45 Jahre alt war. Der etwa dreißigjährige Wilhelm Lottmann blieb Teilhaber.[141]

In Bremen etablierte sich Köper 1918 als Direktor der „Europäischen Handelsgesellschaft mbH", Ausfuhrabteilung Bremen, und im gleichen Jahr wurde er zum Handelsrichter ernannt.[142] Nach der Vermögenserklärung beim Finanzamt Bremen Ost vom 21. Januar 1929 hatte es Köper zu Wohlstand gebracht. Er beabsichtigte, wieder nach Guatemala umzuziehen, während seine Frau Tilly ihren Wohnsitz in Bremen, Osterdeich 94, behalten sollte. Köpers Handelshaus in der Contrescarpe 113/4 wurde vom Prokuristen Otten geleitet. Köper besaß zu dieser Zeit zwei Wohnhäuser und ein Geschäftshaus in Bremen, „frei von jeder Belastung": Osterdeich 94, Schönhausenstraße 2 und Schlachte 38.[143]

---

138 StAB 7,13: Friedrich Köper an Herrn von Schmidthals, Legationssecretär der Kaiserlich deutschen Gesandtschaft, Teheran, 28. Januar 1911, dem Köper z.B. seine Dienste in Teheran anbot.

139 StAB 7,13-10: Wilhelm Lottmann an Köper, 12. April 1911.

140 StAB 7,13-7 bis 7,13-11: Dazu zahlreiche Briefe Wilhelm Lottmanns an Friedrich Köper zwischen 1908 und 1912.

141 StAB 7,13-45-10 – Reiseinformationen 1912-1931 sowie Notarvertrag mit Juan Bornholt, Quezaltenango, 22. Mai 1913; Vertrag mit Muñoz/Lottmann, 22. Mai 1913. – In der Retrospektive stellte Köper den Konflikt als Konkurrenzverhalten Lottmanns dar. Er habe den „sehr verdienstvollen Domingo Muñoz" unter dem Vorwand aus der Firma „heraus gegrault", er wollte nicht mit ihm arbeiten. Köper habe wegen seiner „schlechten Gesundheit nachgeben" müssen. Dabei war es ihm wichtig gewesen, einen „Guatemalteco" als Teilhaber seiner Firma aufzubauen, um einer „Beschlagnahme und sonstigen Belästigungen" durch die Verwaltung Guatemalas zu entgehen. – StAB 7,13: Ungedruckte Lebenserinnerungen, 10. April 1950. „Angestellte und Teilhaber", S. 1. – „Im Großen und Ganzen hat Lottmann sich als intriganter und eitler Menschen erwiesen mit der Miene des biederen Ostfriesen. Allerdings hat er auch viel erreicht in der Führung der Firma in den schwierigsten Zeiten, was wir ihm danken müssen. Aber ein ehrbarer hanseatischer Kaufmann ist er nie gewesen. Er hat alle übertölpelt." S. 2.

142 StAB 7,13-A: Visitenkarte 1918; StAB 7,13-1, Mappe 2: Erlöschen des Amtes als Handelsrichter, 2. Oktober 1936; 1934 war Friedrich Köper Informant der Außenhandelsstelle für das Weser-Ems-Gebiet, Martinistraße 8 (Dr. Alfred Lörner); dies wird aus zahlreichen Briefkopieblättern (in Rosa) dokumentiert; am 20. April 1942 verfaßte Köper eine Selbstauskunft an die „Reichsgruppe Handel Berlin". Danach war er für die „Deutsche Handelsgesellschaft Bremen" in Osteuropa (Rumänien, Tiflis, Kaukasus, Kaspisches Meer) bis zum Zusammenbruch der Ostfront unterwegs gewesen. In Pitesti leitete er eine „große Marmeladen- und Obstkonservenfabrik" mit Hunderten von Arbeitern. StAB 7,13-1.

143 StAB 7,13: Fotokarton. Rückseite des Fotos: „Haus Wesereck, Schlachte 38, Besitzer Friedrich Köper, Bremen, 31. August 1931."

Nach dem Ersten Weltkrieg, im Mai 1919, brach Köper wieder nach Guatemala auf.[144] Tilly blieb in Bremen bei den Kindern. Köper kämpfte mit Erfolg um die Sicherstellung seines Vermögens, das im Ersten Weltkrieg in Guatemala beschlagnahmt worden war.[145] Er übernahm nacheinander Urlaubsvertretungen für seine Geschäftspartner Juan Bornholt in der Filiale Quezaltenango und Wilhelm Lottmann in Guatemala-City und kehrte im Dezember 1921 nach Bremen zurück. Ab Dezember 1926 verschaffte sich Köper erneut einen Überblick über seine Handelshäuser in Guatemala. Sein Sohn Fritz Köper trat im Frühjahr 1928 aus den USA kommend in die Übersee-Firma ein. Friedrich Köper kam aus Bremen von Januar bis Dezember 1929 dazu, um mit ihm und Wilhelm Lottmann das Geschäft neu zu organisieren.

Seit 1920 hielt sich Köper regelmäßig etwa im Zwei- bis Dreijahresrhythmus in Guatemala und auch in anderen zentralamerikanischen Staaten auf: 1926, 1929, 1931 (Bogota/Kolumbien), 1934 kaufte er eine Finca im Departement Chimaltenango. 1935 und 1938 war Köper jeweils monatelang in Übersee, auch im Mai 1939, als seine Frau Tilly in Goslar starb.[146]

Die privaten und geschäftlichen Reisen Köpers zeugen von seiner bemerkenswerten Mobilität während seiner „Sesshaftigkeit" nach 1907. Sein Hauptaugenmerk und seine Zukunftspläne konzentrierten sich weiterhin auf Guatemala. Aber er baute auch in Bremen geschäftliche Kontakte auf. Dabei waren Vereinsmitgliedschaften nützlich: Köper trat in die Gesellschaft Museum/Bremer Gesellschaft von 1914 ein, er nahm an Veranstaltungen des geografischen Vereins teil und schenkte dem Überseemuseums ethnografische Ausstellungsgegenstände aus Guatemala.[147] 1923 pflegte er Kontakte zum Weser Jachtclub, Segelverein „Weser" e.V., Club zur Vahr, Bremer Tennis-Verein von 1896 und dem Deutschen und Österreichischen Alpenverein. Seine Vorliebe für das Reiten behielt er bei. Der „Verein zum Wohltun" und seine Mitgliedschaft als Bauherr der Domgemeinde dienten seinem sozialen Engagement. Zum Feld politischer Betätigung wurde für ihn der „Stahlhelmbund der Frontsoldaten"[148]. Wirtschaftlich-politische Fragen stimmte er als Mitglied mit der Bremer Handelskammer ab und gab auch Informationen und Dekrete der Regierung Guatemalas an die Bremer Handelskammer weiter.[149] So berichtete er 1918

---

144 StAB 7,13. Mappe: „Vermischte Korrespondenz und Abrechnungen"; darin ein Brief von Köper aus Guatemala an das Auswärtige Amt, 20. Januar 1920. Bezug auf seine Eingabe an die „Reichsentschädigungskommission". In dem Brief nannte er seinen Abreisetermin.

145 Köper konnte seit Ende Juni 1920 wieder über sein Vermögen verfügen.

146 Er reiste etwa im Februar 1939 nach Guatemala ab; seine Tochter Margarita telegrafierte ihm am 25. Mai 1939: „Mutter sanft entschlafen. Margarita. Einäscherung Sonnabend."

147 StAB 7,13: Prof. Schauinsland (Überseemuseum) an Friedrich Köper, 15. November 1915.

148 Die Bremer Ortgruppe Stahlhelmbund wurde 1919 gegründet. vgl. Herbert Schwarzwälder (2003): S. 846f.

149 Archiv der Handelskammer: „Dekret 810" vom 10. Juli 1913. Danach würden alle Hausbesitzer in Guatemala verhaftet, deren Gebäude in Brand gerieten. So wollten die Behörden Guatemalas der zahlreichen Brände und Brandstifter Herr werden: Zehn Geschäftshäuser seien in zwei Monaten abgebrannt. Archiv Handelskammer, Brief Kaiserlich Deutsche Gesandtschaft in Central-Amerika: 12. Juli 1912. Zu den Ursachen der Brände: Unverkäufliche Importwaren wurden mitsamt der Lagerhäuser und Läden verbrannt, um Versicherungssummen von Feuerversicherungen zu kassieren. StAB 7,13: Lebenserinnerungen Köper, S. 33-34.

von den Schäden nach einem schweren Erdbeben in Quezaltenango/Guatemala, von dem Bremer und Hamburger Handelshäuser betroffen waren. Köper engagierte sich im „Verein der Kaffee-Exporteure" in Hamburg und im „Verein Bremer Exporteure."[150] 1919 gründete er zusammen mit anderen Bremer Kaufleuten eine „Vereinigung der Guatemala-Firmen". Nach dem Ersten Weltkrieg trat Köper für die erneute Einrichtung einer deutschen Vertretung in Guatemala ein. Unzufrieden äußerte er, dass deutsche Belange nicht weiter vom spanischen Konsul in Guatemala erledigt werden könnten.

Aus einigen Briefen Köpers geht seine Mitgliedschaft in einer Bremer Loge hervor, bei der es sich um den Männerbund „Friedrich Wilhelm zur Eintracht" gehandelt haben dürfte. Manchmal benutzte Köper „Logen-Codes."[151] Nach seiner Rückkehr aus Übersee fand er in der Vereinigung wieder Anschluss. Die Loge wurde in „Deutsch-Christlicher Bund Friedrich Wilhelm zur Eintracht" umbenannt, um sich vor einem Verbot durch die Nationalsozialisten zu „retten". Köper kündigte im Sommer 1933 seine Mitgliedschaft.[152]

In den 1920er Jahren besuchten Gerda und Fritz Köper die Handelschule in Bremen. 1925 heiratete Margarita mit dreiundzwanzig Jahren. Elisabeth blieb bis Ende der 1930er Jahre das „Sorgenkind" ihrer Eltern. Sie heiratete mit fünfunddreißig Jahren den Diplomkaufmann Karl-Heinz Voigt. Nach der Eheschließung 1935

---

150 StAB 7,13: Die Vereinsmitgliedschaften sind einer Liste Köpers zu entnehmen, die er als „Inflationsdenkmäler 1923" bezeichnete. Darin notierte er auch die stark gestiegenen Preise für Lebensmittel, Kleidung, Reparaturen usw. – Vgl. auch Archiv der Bremer Handelskammer, Mappe Guatemala. Darin befindet sich ein Brief der Firma Köper vom 12. Juni 1923; demnach engagierte er sich im „Verein Bremer Exporteure".

151 Als Logenbrüder Köpers ließen sich ermitteln: Wilhelm Kümpel (in der Firma Eggers & Stallforth); Wilhelm Lüttich, Bremen, Barkhof 28; Fritz Lüttich, Bremen, Humboldtstraße; Georg Lüttich (Honduras); Dr. med. Paul Fr. Scholz, Bremen, Keplerstraße 45; Pastor Bode, Bremen (1929). – StAB 7,13-26.8: Friedrich Köper an Wilhelm Kümpel, 14. September 1900: „Zum Besuche hiesiger Logen habe ich mich noch nicht aufschwingen können. Ich bin dadurch abgeschreckt worden, dass ich letzthin wieder Brüder davon kennen gelernt habe, welche im privaten u. öffentlichen Leben als notorische Lumpen bekannt sind und daher auf nähere Bekanntschaft keinen Appetit habe. Es ist zu bedauern, dass eine so erhabene Sache, durch leichtsinnige Aufnahme irgendwelcher hergelaufener Leute verpfuscht werden kann. Zur Zeit des Baues der Nordbahn kamen auch viele Logenbrüder von den Ver. Staaten, die auch nicht immer ein ehrenvolles Andenken hinterlassen haben. [...] Einliegend behändige Ihnen Zeichnung für die Jubiläumsstiftung, nämlich M 10 zum Kapitalfond und M 10 jährlichen Beitrag. – Ich möchte Sie heute wieder bitten, mir doch per Post eingeschrieben meine Bekleidung, die in der Loge im Schrank liegt, zu senden. – Die Jubiläumsfeier ist ja nach Ihrem Berichte großartig gewesen." – Köper an seine Frau Tilly, 25. November 1903: „Wie kamst du eigentlich dazu, zu Dr. Scholz zu gehen? Das war recht von Dir, er ist ein edler Mensch, du weißt, wie viel ich von ihm halte. Er ist Meister in unserer Loge." Zu Pastor Bode, 4. Juni 1929. – Zu den Codes: In Briefen zwischen Köper und Kümpel wurde das Wort „Loge" durch ein Viereck-Zeichen ersetzt, so in den Briefen vom 14. September und 30. November 1900. – „Die Loge ist ein längliches Viereck", antwortete mir ein „Logenbruder" im Rahmen einer öffentlichen Veranstaltung in der Loge „Anker der Eintracht Vegesack" auf meine Frage, was das Zeichen bedeute. – Das rechtwinklige längliche Viereck soll die Himmelsrichtungen und damit „Universalität der Freimaurerei" symbolisieren. Lennhoff; Posner; Binder (2000): S. 878.

152 Vgl. Herbert Schwarzwälder (2003), Bd. 1: Freimaurer. S. 277. Die Satzung der umbenannten Vereinigung vom 28. Juni 1933 ist unter StAB 7,13 „Inflationsdenkmäler 1923" zu finden. Nach § 3: „Mitglieder können nur deutschblütige und deutschgesinnte Männer sein. [...] Juden und Marxisten sind ausgeschlossen." Ein Gelübde der Verschwiegenheit werde nicht verlangt. Vorsitzender: Pastor E. Pfalzgraf, Sandstraße 13, Bremen.

Abb. 54: StAB 7,13: Tilly und Elisabeth Köper, zehn Jahre nach der Rückkehr aus Guatemala,
          1919

ließen die Eltern das Haus am Osterdeich zum Zweifamilienhaus umbauen und in
die obere Wohnung zog Elisabeth mit Mann ein. Elisabeth gebar einen Knaben.
Einige Monate später erkrankte sie und wurde in einem Sanatorium in Bremen-
Oberneuland wegen „Hysterie" behandelt.[153] Tilly sorgte für ihre Tochter und ihr
Enkelkind. Trotzdem machte der Schwiegersohn ihr zum Vorwurf, sie sei immer
auf Reisen und würde sich nicht um ihre Tochter kümmern. Zudem erwartete der
Schwiegersohn von Friedrich Köper die Übernahme der Sanatoriumskosten. Friedrich Köper reagierte wütend und machte seiner Frau zum Vorwurf, dass sie sich
immer wieder hilfsbereit gezeigt hatte. Eine Veränderung sei nicht durch Güte, sondern nur durch Härte zu erzielen, schrieb er seiner Frau. Er stellte sich gerichtliche
Schritte oder eine Ehescheidung vor. Das schaffe klare Verhältnisse, drohte er.[154] Er
schrieb: „In Geldsachen hört die Gemütlichkeit auf, auch unter Verwandten"[155].

Auf diesem Foto von 1919 wurden Tilly und ihre Tochter Elisabeth abgebildet. Die Rückseite ist beschriftet mit „Bremen, September 1919. Mutter u.
Elisabeth."[156]

Die Frauen schauen zur Kamera. Sie wurden an einem dunklen Platz eines
Wohnzimmers mit schweren Polstermöbeln fotografiert. Die Frauen sitzen im Vordergrund, links Elisabeth, rechts Tilly jeweils in einem Armlehnsessel. Tilly hat
sich ein Kissen hinter die linke Schulter gelegt. Von den beiden Frauen sind nur

---

153 StAB 7,13: Elisabeths Schwester Margarita an ihren Vater Friedrich Köper, 23. März 1939;
    Friedrich Köper an seine Kinder mit Kopie von zwei Briefen vom 18. und 19. Mai 1939 an
    seinen Schwiegersohn Karl-Heinz Voigt, 19. Mai 1939.
154 StAB 7,13: Friedrich Köper an seine Frau, 19. Mai 1939.
155 StAB 7,13: Friedrich Köper an seinen Schwiegersohn, 28. März 1939.
156 StAB 7,13-10-11.4: Fotos.

die Gesichter und Teile ihrer Oberkörper sichtbar. Beide tragen hochgeschlossene, weite Blusen mit langem Arm. Tillys dunkle Bluse hat einen kurzen Stehkragen, der mit einer gewellten Spitze und einer ovalen Brosche verziert ist. Von dort
fällt der Stoff fast gleichmäßig üppig über Brust und Arme. Tillys Hände liegen locker in ihrem Schoß. Die Haare trägt sie hochgesteckt, sodass ihre linke Ohrmu-
schel sichtbar ist. Darüber ist ergrautes Schläfenhaar erkennbar. Mit offenen Augen
schaut sie auf den etwas höher positionierten Fotoapparat.

Auf der linken Seite des Fotos sitzt Elisabeth hinter einem runden „Couch-
tisch", auf dem eine gestickte Decke liegt, die von Troddeln gesäumt ist. Elisabeth
trägt ihre langen, krausen Haare ebenso wie ihre Mutter hochgesteckt. Über ihr linkes Ohr und in ihre Stirn fallen Haarlocken. Die Weite ihrer weißen Bluse wird
durch ein Schleifenband um den Hals gehalten. Der Abschluss sitzt locker um den
Hals. Elisabeths linker Arm liegt auf der Armlehne des Sessels. Die Tochter schaut
ebenso ernst wie ihre Mutter in die Kamera. Der Hintergrund auf der rechten Seite
des Fotos besteht aus einer Galerie von Erinnerungsfotos, die auf einem Regalbrett
in hochgestellten Bilderrahmen zu sehen sind, und auf der linken Seite ist der untere Teil eines größeren Gemäldes zu erkennen.

Tilly Köper war zu dieser Zeit 47, Elisabeth 19 Jahre alt. Die Frauen führten die
Hauswirtschaft am Osterdeich 94. Wir wissen nicht, ob Tilly dieses Foto ihrem
Mann nach Guatemala schickte. Friedrich Köper ließ sich fast zur gleichen Zeit in
Guatemala fotografieren. Das Foto ist beschriftet mit „Guatemala, 15. November
1919".

Die Ganzkörperaufnahme zeigt Friedrich Köper in einer statischen, fast frontalen
Inszenierung als Geschäftsmann. Er steht unter großen exotischen Bäumen, von denen mehr Stämme als Blattwerk zu sehen sind. Er ist vom Kopf bis zu den Füßen
dunkel gekleidet. Aus seinem Anzug leuchten lediglich sein weißer Stehkragen mit
den zur Seite geknickten Kragenecken und seine dicke Taschenuhrkette heraus. Auf
dem Kopf trägt er einen Bowler; sein Cut, seine Kragenschleife und seine blank
geputzten Schuhe setzen sich farbig wenig von der dunkelgrau gestreiften Hose ab.
Seine rechte Hand umfasst einen langen Spazierstock mit halbrundem Handgriff,
der wohl auch als Regenschirm fungieren kann. An dem linken Ringfinger trägt er
einen Ring. Sein Gesichtsausdruck ist ernst. Sein Blick ist nach links gerichtet. Unter seinem üppigen Oberlippenbart ist sein Mund geschlossen. Im Hintergrund ist
die fensterlose Wand eines niedrigen Hauses zu erkennen. In einem von einer kleinen Steinmauer begrenzten Beet wachsen halbhohe Pflanzen.

Der elegant gekleidete Kaufmann Köper präsentierte sich 1919 in einer Umgebung,
die nicht zu seinem Outfit passte. Es könnte sich um einen Teil des Hofgartens
handeln, der zu seiner Unterkunft in Guatemala gehörte. Sein Körper und sein Gesichtsausdruck wirken unbeweglich und angespannt.
Das Foto von Tilly und Elisabeth in Bremen und die Aufnahme von Friedrich
Köper in Guatemala verdeutlichen unterschiedliche Lebenswelten: Einerseits das

Abb. 55: StAB 7,13: Friedrich Köper in Guatemala, 1919

Bremer Wohnzimmer als Raum für zwei nachdenkliche Frauen mit aufgereihten Erinnerungsfotos im Hintergrund. Andererseits die exotische, etwas unordentliche Umgebung, in der Friedrich Köper fast ein Jahr lang Energien aufwandte, um nach dem Ersten Weltkrieg seine Besitzansprüche geltend zu machen. Die Akteure – Tilly und Friedrich Köper – befanden sich zehn Jahre nach ihrer Rückkehr in unterschiedlichen „Zuständen" (nach Turner). Köpers Reisetätigkeit nach Übersee begann Routine zu werden; während Tilly an das Haus in Bremen gebunden blieb.

Zusammenfassung: Friedrich und Tilly Köper kehrten, wie zu Beginn der Migration geplant, in Wohlstand nach Bremen zurück. Der ökonomische Erfolg ging besonders zu Lasten von zwei Familienmitgliedern: Tilly litt unter körperlichen und wohl auch psychischen Krankheiten. Ebenso erging es ihrer ältesten Tochter. Elisabeth „kränkelte"; ihr Gesundheitszustand sollte erneut durch einen Aufenthalt im Sanatorium verbessert werden. Sie war bis zu ihrer Eheschließung mit fünfunddreißig Jahren eine „Haustochter". Tilly Köper nahm auf sie Rücksicht, auch als Elisabeth bereits verheiratet war.

Die anderen Familienmitglieder wurden unterschiedlich durch Migrationserfahrungen geprägt. Während Tilly wohl erleichtert auf das Ende ihres „Abenteuer Guatemala" reagierte, lernten die Töchter Margarita und Gerda, ebenso wie Sohn Fritz, in Bremen Spanisch als Vorbereitung für die spätere Berufstätigkeit. Von wenigen

Urlaubsmonaten unterbrochen lebte Friedrich Köper zwanzig Jahre lang in Guatemala. Zur Zeit seiner Rückkehr war er zweiundvierzig Jahre alt und ihm war bewusst, dass es noch etwa zwanzig Jahre dauern würde, bis sein Sohn zum Kaufmann ausgebildet sein würde. Er baute für sich und seine Familie ein Wohnhaus. Köper entwickelte großen Ehrgeiz, sein Bremer Handelshaus aufzubauen und zu entwickeln. Er wurde Vereinsmitglied in renommierten Bremer Vereinen und traf als Logen-Bruder auf Männer, die ihm geschäftlich nützlich waren. In diesem Netzwerk vollzog sich seine Wiedereingliederung in die Bremer Gesellschaft. Ebenso aktiv knüpfte er Verbindungen zur Bremer Handelskammer. Er bot sich als Übersetzer des Spanischen an. Seine rastlose Arbeitsamkeit lohnte sich: Er wurde von der Handelskammer zum Handelsrichter erkoren.

Parallel zu dieser organisatorischen Arbeit in Bremen war er mit seinem Handelshaus in Guatemala beschäftigt. Köper versuchte, hier und dort zu sein. Sein Hauptgeschäft in Guatemala sollte durch seine Rückkehr nach Bremen keinen Schaden nehmen. Während und nach dem Ersten Weltkrieg war es in Guatemala möglich, viel Geld zu verdienen, dagegen war Deutschland vom Warenverkehr abgeschottet.

Über Tillys Eingewöhnungszeit in Bremen ist nur wenig bekannt. Sie schrieb Ende der 1920er Jahre viele Briefe an ihren Sohn Fritz, der damals in den USA und Guatemala seinen Berufsweg begann.

4. Internierung und Zuzug nach Bremen: Familie Siegmund Freudenberg

Das Fotoalbum von Amalie Freudenberg

Im folgenden Abschnitt sollen Fotos eines privaten Fotoalbums als Quelle[157] für „Schwellensituationen" zwischen 1914 und 1919 vorgestellt und analysiert werden. Es handelt sich um visuelle Szenarien von „Knipsern" der Familie Freudenberg in Internierungslagern in Ceylon und Australien. Der „private Blick" der Fotografen hielt Bilder zur Erinnerung fest. Die Fotos wurden in ein Album geklebt und aufbewahrt. Die Aufnahmen stehen im Kontext zu einem Teil der Firmenschrift „Von deutscher Arbeit in Ceylon", in die 1947 auch Erinnerungen an die Gefangenschaft einflossen. Zur Klärung von historischen Zusammenhängen und Familiennamen beziehe ich mich auf Informationen aus der Familie Freudenberg.

Das Fotoalbum hat die Maße von 51 cm Breite und 30 cm Höhe. Wir wissen, dass Amalie Freudenberg während der Gefangenschaft den stabilen Einband schnitzte. In das helle Holz ist die Inschrift „Kriegsgefangen in Diyatalawa-Ceylon. 1914/15" gedrechselt. Um den Schriftzug sind Eichenlaub und Eicheln angeordnet. Das Album enthält dreizehn Seiten, die beidseitig mit bis zu sechs Fotos

---

157 Wege zur Alltagsfotografie als Quelle behandelt Marita Krauss (2006) in ihrem Aufsatz „Kleine Welten". Darin zeigt sie an zwei Beispielen, wie sogenannte Knipser-Fotos beschrieben und in Kontexten analysiert werden können.

beklebt wurden. Sie sind jeweils in Fotoecken gesteckt und zusätzlich fest eingeklebt; sie sind unbeschriftet und undatiert.[158]

Auf dem ersten Foto sind die großzügigen, modernen Wohnhäuser der Freudenbergs in Colombo dargestellt, die die Familie nach Ausbruch des Ersten Weltkriegs verlassen musste. Sie wurde gefangen genommen und zunächst in Ceylon und anschließend in Australien interniert. Ihre Gefangenschaft endete nach fünf Jahren im Mai 1919. Die Familie kehrte nicht nach Colombo zurück, sondern ließ sich nach Deutschland transportieren. Obwohl Familie Freundenberg zuvor nicht in Bremen gewohnt hatte, folgte sie einer Empfehlung eines Onkels und ließ sich in Bremen nieder.

1914 nahmen die Überseeaufenthalte etlicher Bremer Kaufleute ein abruptes Ende.[159] Familie Freudenberg lebte seit 1873 in Colombo/Ceylon und wäre dort wohl auch geblieben, wenn sie nicht nach Kriegsausbruch vom britischen Militär interniert worden wäre. Die Familie bestand zu Beginn des Ersten Weltkriegs aus der Witwe Philipp Freudenbergs (1843-1911), Amalie Freudenberg, geb. Springmann (1851-1942), und ihren drei Söhnen Reinhart, Winfried und Siegmund Freudenberg mit Ehefrauen und Kindern. Die Söhne waren Teilhaber des Handelshauses Freudenberg & Co. in Colombo. Neben ihren weltweiten Geschäftsaktivitäten waren sie Konsuln für Deutschland, Österreich-Ungarn, Brasilien und Peru.[160] Freudenbergs boten bis zum Ersten Weltkrieg zahlreichen europäischen Politikern, Wirtschaftsvertretern, Marineoffizieren und Mitgliedern der deutschen Kaiserfamilie – so den Prinzen „Waldemar. Prinz von Preußen" und „Heinrich XXXIX. Prinz Preußen" – noble Gastlichkeit.[161]

Obwohl die Brüder Freudenberg britische Pässe hatten, wurden sie im Oktober 1914 zusammen mit anderen Deutschen zunächst in Ceylon interniert und im Juli 1915 in ein Gefangenenlager nach Australien gebracht.[162] Großbritannien konfiszierte ihren Besitz in Ceylon: Das mehrstöckige moderne Geschäftshaus[163], Grundstücke, Wohnhäuser mit Einrichtungen sowie Fabrikanlagen und Werkstätten. Auch die gebürtige Engländerin Rosie Freudenberg geb. Middelton, seit 1913 Ehefrau von Siegmund Freudenberg, und die staatenlose Witwe Amalie Freudenberg mussten sich in Gefangenenlagern in Diyatalawa auf Ceylon und im „German Concentration Camp, Bourke N.S.W. Australia" einrichten. Zusammen mit der Familie

---

158 Privatquellen Freudenberg: Fotoalbum mit Holzeinband. Das Fotoalbum befindet sich im Besitz von Frau Blaum, geb. Freudenberg.

159 Vgl. Lebenserinnerungen von Alfred Kulenkampff (1969). Darin erzählt er vom Kriegsbeginn in Togo und von seiner Gefangenschaft ab Frühjahr 1915 in London und auf der Insel Man vor der etwa „17.000" deutsche Männer in Holzbaracken festgesetzt wurden. S. 49-59.

160 Walther Freudenberg (1949): S. 27. Der Autor war ein Bruder des Firmengründers Philipp Freudenberg und lebte bis 1906 auch in Colombo. Anschließend ließ er sich in Bremen als Kaufmann nieder. Zum deutschen Konsulat, S. 45.

161 Privatquellen Freudenberg: Gästebuch der Familie, Colombo. Einträge vom 26. Februar 1912 bzw. 21. April 1912; Walther Freudenberg (1949): S. 48-51.

162 Privatquellen Freudenberg: Fotoalbum, S. 7: Schiff „Malahuta. Ceylon nach Australien. Julie 1915." Dieses Schiff brachte die Deutschen als Gefangene nach Australien.

163 Eine Abbildung des zwischen 1908 und 1911 gebauten Geschäftshauses befindet sich in Hartmut Roder (2001): S. 268.

Freudenberg wurde eine Gruppe von etwa fünfzig Deutschen, etliche mit Ehefrauen und Kindern, festgesetzt.[164]

Die Internierungszeit der Familie Freudenberg wurde durch zahlreiche Privatfotos dokumentiert. Briefquellen existieren aus dieser Zeit nicht. Doch aus der Firmenschrift „Von deutscher Arbeit auf Ceylon", die 1949 Reinhart Freudenberg als ein interniertes Familienmitglied mitverfasste, lassen sich Ereignisse rekonstruieren. Es folgt eine Beschreibung des Fotoalbums und die darin enthaltenen unterschiedlichen Fotomotive. Daran schließen Fallbeispiele an, die den Zusammenhang zu den Theorien von Turner und van Gennep herstellen sollen.

Diyatalawa war eins von fünf britischen „Concentration Camps" in Ceylon und lag etwa 260 Kilometer von der Südwestküste entfernt in einer gebirgigen Landschaft, die von bis zu 2.400 m hohen Bergen umgeben wird. Anfang des 20. Jahrhunderts diente Diyatalawa den Engländern als Gefangenenlager, in das Buren aus Südafrika gebracht wurden.[165] Das Fotoalbum enthält nicht nur Aufnahmen aus Ceylon, sondern auch vom Internierungslager in Australien. Der Ort ließ sich in anderen Privatquellen der Familie Freudenberg ermitteln: Darin befand sich eine Postkarte, die mit „S. Freudenberg P.O.W. German Concentrations Camp Bourke N.S.W. Australia"[166] adressiert wurde. Der Absender erkundigte sich nach Rosie Freudenberg und ihrer in der Gefangenschaft geborenen Tochter Erika. Die Karte trägt das Datum 22. Oktober 1917 und wurde mit einem Zensurstempel versehen. Bourke liegt achthundert Kilometer nordwestlich von Sydney in einer flachen Landschaft. Das Gebiet wurde seit den 1820er Jahren von Engländern besiedelt, die mit Erzeugnissen aus der Schafzucht handelten. Die Region Bourke war auf Flussschiffen auf dem „Darling River" oder mit der Eisenbahn erreichbar.[167]

An den unterschiedlichen landschaftlichen Merkmalen lassen sich einige Fotos Australien, andere Ceylon zuordnen. Die Fotosammlung besteht aus unterschiedlichen Motivgruppen. Die erste Seite des Albums ist für ein Foto vom „Zuhause" in Colombo reserviert. Hier wurde die Familie gefangen genommen und zusammen mit ihren deutschen Angestellten und Mitarbeitern anderer deutschen Firmen in das „Concentration Camp" Diyatalawa gebracht. Einige Bilder zeigen die in einer weitläufigen Gebirgslandschaft aufgestellten Lagergebäude aus Wellblech oder Holz. Im Hintergrund sind hohe Berge Ceylons zu erkennen. Andere Aufnahmen zeigen Gebäude in einer davon unterschiedlichen Landschaft in einer großen Ebene. Dabei dürfte es sich um das Lager Bourke in Australien handeln.

Das Außengelände der Camps wurde durch hohe Stacheldrahtzäune begrenzt. Britisch-indische Soldaten bewachten die Grenzlinien. Stacheldraht,

---

164 Walter Freudenberg (1949): S. 28.

165 http://www.world-covers.com/show-lot-print.php?lot_id=30328. Zugriff: 30. Dezember 2007. Auf einer Postkarte, die die Berglandschaft und das Camp in Diyatalawa zeigt, schrieb ein deutscher Kriegsgefangener am 23. Mai 1915 an seine Cousine Cäthe Boysen in Flensburg: „Von 1900 bis 1902 wurden hier 3.000 Buren gefangen gehalten! In dieser Wellblechbude wohne ich nun schon über ein halbes Jahr!" Der Gefangene malte einen Pfeil in Richtung eines lang gestreckten Gebäudes. Unterschrift: „Dein Vetter Georg."

166 Privatquellen Freudenberg: Postkarte an Siegmund Freudenberg, „Prisoner of War".

167 Bourke hatte früher einen wichtigen Inlandflusshafen. htttp://www.odyssei.com/travel-tips/3040.html. Zugriff: 30. Dezember 2007.

Wellblechwände bzw. Wellblechhäuser und bewaffnete Soldaten waren auffällige Symbole der Gefangenschaft. Die auf einigen Fotos abgebildeten Koffer und Kisten in Wohnräumen dienten offenbar als allgegenwärtige improvisierte „Möbel". Sie wurden als Nachttische, Sitzmöbel oder Ablageflächen genutzt. Im Zusammenhang mit dem ersehnten Ende der Gefangenschaft sollten die notdürftigen „Einrichtungsgegenstände" auf zukünftigen Schiffsreisen wieder in ihre Funktionen als Gepäckstücke kommen. Sie sind bedeutende Symbole von räumlichen Rites de Passage.

Die Fotos bilden überwiegend Menschen vor dem Hintergrund von Landschaften oder in ihrer „häuslichen" Atmosphäre ab. Die weitläufigen Landschaftsszenerien werden häufig von Zaungrenzen und militärischen Patrouillen im Vordergrund bestimmt. Doch die meisten Aufnahmen wurden im Nahbereich des häuslichen Alltags geknipst. Es sind Bildproduktionen von männlicher und weiblicher Arbeit, Geselligkeit, vom Sport und Zeitvertreib. Betrachter erhalten Einblicke in Lebensbereiche, die Landkarten oder nachträglich verfasste Lebenserinnerungen nicht wiedergeben können.[168]

Den Fotos nach bestand die Arbeit der Männer z.B. aus dem Sägen von Brennholz und Transport von Baumstämmen sowie Werkstatt-Holzarbeiten. Männer halfen aber auch mit bei „groben" Reinigungsarbeiten, wie Schrubben der Holzfußböden und Teppichreinigung. Auf einem Foto sind Amalie Freudenberg und ihr Sohn Siegmund auf einer Veranda abgebildet: Sie sortieren und zupfen ungesponnene Schafwolle. Die Frauen kochten, wuschen Wäsche im Holzzuber und hängten die Wäschestücke auf die Leine. Rosie Freudenberg ist auf einem Foto beim Bügeln mit einem schweren Plätteisen zu sehen.

Die Gefangenen vertrieben sich die Freizeit mit „musischen" Tätigkeiten. Die Fotos zeigen Frauen an Staffeleien. Sie porträtierten sich gegenseitig und malten Brustbilder ihrer Verwandten. Ein Foto zeigt ein männliches Modell, das aus zwei unterschiedlichen Blickwinkeln von zwei „Malerinnen" charakterisiert wird. Andere Fotos bilden Männer und Frauen beim Musizieren auf einer „Bühne" im Lager ab.

Männer und Frauen – offenbar Verwandte – badeten zusammen im Fluss, bei dem es sich um den „Darling River" in Australien handeln dürfte. Andere Aufnahmen zeugen von Geselligkeit in großen Gruppen: Zahlreiche weiß gekleidete Männer, Frauen und Kinder haben sich vor der Veranda eines Holzhauses versammelt. Es scheint, als wenn sie sich zu einer Festlichkeit oder zu einem gemeinsamen Kirchgang im Freien versammelt haben.

Etliche Fotos handeln von männlich-sportlicher Aktivität. Es ist zu erkennen, dass Deutsche zwei Mannschaften im „Tauziehen" bilden und dass sie einem Rugby- oder Fußballspiel des britisch-indischen Militärs zuschauen. Etliche Soldaten ließen sich beim Sport, beim Exerzieren, aber auch „unmilitärisch" zusammen mit Rosie Freudenberg und während einer „Pause" auf einer Bank in der Sonne fotografieren.

---

168 Zur historischen Analyse von Fotoalben und Privatfotos: Ellen Maas (1975), Cord Pagenstecher (2003; 2006); Marita Krauss (2002; 2006), Marita Krauss; Florian Beck (Hrsg.) (1990).

Auf zahlreichen Bildern steht Rosie Freudenberg im Mittelpunkt. Es ist anzunehmen, dass Siegmund Freudenberg die meisten der Fotos produzierte, da er selbst selten abgebildet ist. Einige Male zeigt sich Rosie als Tierliebhaberin. So präsentiert sie sich z.B. mit Äffchen, Känguru oder Chow-Chow-Hund auf ihrem Schoß. Auf Spaziergängen wird sie den Bildern nach manchmal von einem Dackel begleitet. Im Folgenden sollen Fotomotive Einblicke in die Lager-Alltagswelt der Familie Freudenberg geben. Dabei folge ich den Passagen von Colombo über Diyatalawa und Bourke nach Bremen.

Fotobeispiele
Das Foto zeigt das „Zuhause" der Familie Freudenberg in Colombo; im Vordergrund das Haus der Eltern, rechts im Hintergrund das Wohnhaus der drei Söhne.

Abb. 56:   Privat: Wohnsitz der Familie Freudenberg im Park in Colombo bis 1914

Die Abbildung (Maße 28,5 x 16 cm) wird von zwei großen Wohngebäuden im Kolonialstil, großen, Schatten spendenden Bäumen und weiträumigen Vorplätzen bestimmt.[169] Das linke Haus hat einen rechteckigen Grundriss mit umlaufenden Arkaden, die an seiner Längsseite von acht und an seiner kürzeren Seite von vier Bögen gebildet werden. Das Haus ist zweigeschossig. In der oberen Etage sind die Fenster den Arkadenbögen entsprechend angeordnet. Vor dem Haus steht eine Kutsche mit weiß gekleideten Menschen zur Ausfahrt bereit, ein einzelner Reiter hat sich auf seinem Pferd sitzend zur Begleitung der Kutsche aufgestellt. Das zweite Haus wird größtenteils von hohen Bäumen und Büschen verdeckt. Es war das Wohnhaus der drei Söhne.

---

169 Walther Freudenberg (1947): S. 68-75; zum Gesellschaftsleben und zur Dienerschaft in Colombo bis 1914.

Abb. 57: Privat: Das Lager Diyatalawa/Ceylon

Von diesen Räumen wurde die Familie in die Gefangenschaft nach Diyatalawa/ Ceylon und später nach Bourke/Australien transportiert.

In der Abbildung 57 sind fünfzehn unterschiedlich große Gebäude mit Satteldächern zu erkennen. Sie liegen in einer flachen Landschaft, die von Hügeln und dahinter liegenden hohen Berge umgeben ist. Bis auf drei kleinere Häuser im Vordergrund stehen alle anderen Häuser mit ihrer Längsseite zum Betrachter. Die Unterkünfte sind in geringem Abstand zu einander gebaut. Ein Lagereingang ist auf der rechten Seite des Fotos zu sehen. Die Pforte ist Teil einer Umzäunung mit hohen, unregelmäßig angeordneten Pfählen. Ein breiter Weg führt auf der rechten Seite an den Gebäuden vorbei, links ist ein schmaler Weg hinter dem Zaun zu erkennen.
     Die Aufnahme entstand aus einer höher gelegenen Position. Sie ermöglicht dem Betrachter einen Überblick auf das Gefangenenlager.

In der folgenden Abbildung sind bewaffnete Soldaten auf der Patroullie am Stacheldrahtzaun zu sehen. Die folgenden Aufnahmen zeigen Eindrücke aus der Gefangenschaft in Nahbereichen.
     Der Stacheldrahtzaun ist zwischen den Pfosten in sechs Reihen gespannt. In einigen Bereichen befindet sich zusätzlich Stacheldraht in Rollen. Vier mit Gewehren bewaffnete Soldaten marschieren am Zaun entlang. Die Pfosten sind aus unregelmäßig gewachsenen Baumstämmen geschlagen und in ungleichem Abstand ins Erdreich versenkt.

Abb. 58: Privat: Der Zaun des Camps

Die Abbildung 59 (Bildgröße 29,5 x 8,5 cm) ist auf der Rückseite mit „S. Freudenberg. Kriegsgefangenenlager Molonglo (Australien) 1915-19." beschriftet; sie zeigt
zahlreiche, gleichmäßig angeordnete, schlichte Gebäude in einer ebenen Landschaft. Die flachen Häuser sind unterschiedlich groß und haben kleine Kamine auf
den Dächern. Die drei im Vordergrund aufgebauten Häuser haben Satteldächer und
Wände aus Wellblech. Der Dachfirst des vordersten Hauses läuft zur Bildmitte zu.
Das Dach wird von Elektroleitungen gekreuzt. Im Hintergrund sind Erhebungen
sichtbar.

Abb. 59: Privat: Das Camp in Bourke/Australien

Das folgende Foto zeigt Rosie Freudenberg und einen indischen Soldaten, der links neben ihr mit etwa einem Schritt Abstand steht.

Die Fotomitte bilden zwei hohe Holzpfosten mit waagerecht verlaufendem und kreuz und quer gerolltem Stacheldraht. Die Frau trägt einen großen Sonnenhut, der durch ein Kinnband gehalten wird. Ihr Blick ist zum Soldaten gerichtet. Sie hat beide Hände in ihre Taille gestemmt; mit der rechten Hand stützt sie sich gleichzeitig auf einen Sonnenschirm, in der linken hält sie ein Tuch. Zwischen ihrem langen, leicht ausgestellten Rock und dem Sonnenschirm sind die Hinterläufe eines Hundes zu erkennen. Der Soldat präsentiert sich in militärischer Haltung und hat sein Gewehr neben seinem rechten Bein auf den Boden gestellt. Um seinen Oberkörper hat er einen Riemen mit fünf Munitionstaschen geschnallt, der von der linken Schulter diagonal bis unter seinen rechten Oberarm verläuft. An seinem Gürtel sind zwei weitere Taschen befestigt. Seine Uniform besteht aus einem Turban, dessen Troddelrand dem Mann über die rechte Stirnhälfte fällt. Er hat ein bis zum Schritt reichendes Hemd mit langen Ärmeln an. Dazu trägt er knielange weite Hosen und bis zu den Knien Wickelgamaschen. Seine Beine stehen durchgestreckt nebeneinander, Schuhe sind nicht sichtbar.

Abb. 60: Privat: Rosie Freudenberg und Soldat

Mit diesem Foto wird eine abhängige Beziehung dargestellt, die sich durch den Kontext der Gefangenschaft ergibt. Dem Soldat gefiel es offenbar, sich in militärischer, etwas erhöhter Pose fotografieren zu lassen. Sein Blick ist auf die Kamera gerichtet. Er gehörte den britisch-indischen Kolonialtruppen an. Rosie Freudenberg zeigt mit ihren offenen Augen und ihrer aufrechten, entschlossenen Körpersprache keineswegs Schüchternheit. Fast scheint es, als wenn die Akteure einen gemeinsamen Spaziergang an der Grenze des Lagers gemacht haben und kurz für einen Schnappschuss stehen geblieben sind. Doch gegen diese Erwägung spricht die Distanz, die das Foto zum Ausdruck bringt. Die Szene „spielt" in einer Hügellandschaft. Der in unterschiedliche Richtungen gespannte und ausgerollte Stacheldraht symbolisiert die Gefangenschaft, aus der zunächst kein Weg heraus führt. Siegmund Freudenberg dürfte auch diesmal der Fotograf des Lagerlebens gewesen sein. Er und seine Frau Rosie versuchten offenbar, sich den Gegebenheiten der Gefangenschaft anzupassen.

Das Album enthält auch Fotos, auf denen das Ehepaar gemeinsam dargestellt ist. Sie haben sich z.B. in der Eingangstür ihrer Unterkunft für die Kamera aufgestellt. Die Kleidung gleicht der von Farmern. Rosie Freudenberg hält einen Dackel an der Leine. Zur Beschreibung von Räumen, Milieus und „Häuslichkeit" im Gefangenlager dienten ausgewählte Motive aus der Privatsphäre.

Auf einem der Fotos sitzen die Eheleute in Korbsesseln und lesen. Die Einrichtung mit drei Tischchen und unterschiedlich bunten Tischdecken, Blumenvasen, die mit einem Tuch verhängte Lampe, die Wanddekorationen und der bunte Teppich ähneln einer kleinbürgerlichen „guten Stube". Der Blick des Betrachters fällt auf die hintere Wand des Zimmers; auf den unregelmäßigen Bretteruntergrund ist eine Ornamenttapete geklebt und mit Bildern und drei aufgespannten Fächern dekoriert. Im oberen Wandbereich sind die offene Dachkonstruktion und das Wellblech zu erkennen. Es entsteht der Eindruck, als wenn die Zimmerwand lediglich einen Sichtschutz zum Nebenraum bildet.

Auch ein Schlafplatz ist im Album dokumentiert: Am Kopfende eines Metallbetts liegt ein Kissen mit Volant. Auf einem Koffer, der als Nachtschrank dient, liegt ein Stapel von vier Büchern mit Glanzprägung-Schnitt. Die Bettwäsche ist uneinheitlich: Ein gestreiftes Betttuch ist über die Matratze gezogen, eine karierte Decke liegt am Fußende. Auf einigen Fotos sind Rosie und Amalie Freudenberg an „weiblichen" Arbeitsplätzen in der Küche, beim Waschen, Wäscheaufhängen und Bügeln abgebildet. Die Männer inszenierten sich zum Teil lachend beim Fußböden schrubben und beim Reinigen von drei Teppichen. Diese Fotos konstruieren das Alltagsgeschehen. Es blieb den Freudenbergs nichts anderes übrig, als sich im Lager auf unabsehbare Zeit in bescheidene Verhältnisse einzufügen. Andere Bilder zeigen Frauen und Männer beim Zeitvertreib. Zu den Motiven „Hobby, Spiel und Sport" sollen drei Beispiele vorgestellt werden: Malerei der Frauen, das Orches-

Abb. 61:
Privat: Ehepaar Freudenberg
vor ihrem Haus im Internierungslager Bourke, ca. 1915

Abb. 62: Privat: Rosie und Siegmund Freudenberg in ihrem „Wohnzimmer"

ter im Lager und „teilnehmende Beobachtung" am Mannschaftssport der britisch-indischen Soldaten.

Die folgende Fotografie zeigt drei Hobbymalerinnen neben einer Ausstellung von acht Portraits auf und vor dem Hintergrund einer Bretterwand.

Im Mittelpunkt der Aufnahme steht Rosie Freudenberg im weißen zweiteiligen Kleid, das sie knöchellang zu weißen Halbschuhen trägt. Links neben ihr sitzen zwei Frauen etwa im gleichen Alter wie sie. Es könnten ihre Schwägerinnen sein. Auf einem großen Überseekoffer mit hohem Deckel sitzt eine der Frauen mit übergeschlagenem Bein. Sie ist die portraitierte Frau mit Schleifenkragen auf dem Bild, das auf der Staffelei in der Bildmitte neben Rosie Freudenberg steht. Ein weiteres Porträt von ihr ist auf der rechten Seite des Fotos auf einer zweiten Staffelei ausgestellt; es zeigt das Modell in linker Seitenansicht.

Die dritte Frau sitzt links im Hintergrund, ebenfalls auf dem Koffer. Sie hält ein auf dem Boden stehendes Bild, das ein männliches Halbprofil zeigt. Das Gemälde wurde von Rosie Freudenberg gemalt, während zur gleichen Zeit eine ihrer Schwägerinnen das gleiche Modell im Profil malte, das an der Bretterwand über Rosies Kopf hängt. Ebenso verfuhren die Schwägerinnen wohl auch mit dem anderen männlichen Modell (mit Schlips). Sein Bildnis ist ebenfalls zweifach ausgestellt.

Abb. 63: Privat: Hobbymalerinnen mit ihren Bildern im Internierungslager Bourke

Abb. 64:　Privat: Das Orchester im Internierungslager Bourke

Zu den Freizeitvergnügen in der Gefangenschaft gehörte das Musizieren. Auf einem Podest in einem großen Raum haben sich Frauen und Männer zu einem Orchester formiert: Es besteht aus zwei Celli, fünf Geigen, einem Klavier und acht Sängerinnen und Sängern. Siegmund Freudenberg spielte Cello.

Auch Sport und Geselligkeit gehörten zur Beschäftigung der Gefangenen. Zahlreiche in Weiß gekleidete Zuschauer sehen Männern beim Rugby- oder Fußballspielen zu. Es könnte sich um Fußballmannschaften des Militärs handeln.

Abb. 65:　Privat: Rugby-Turnier der indisch-britischen Soldaten im Internierungslager Bourke

Auf einem weiteren Bild sind Frauen und Männer beim Picknick in hügeligem Gelände im Gras zu sehen. Die Gesellschaft hat sich auch ein Radio mit ins Freie genommen. Neben der Picknickgruppe halten Soldaten Wache. Beim Betrachten der zahlreichen Fotos wurde deutlich, dass sich die deutschen Familien bemühten, trotz Gefangenschaft Hobbys zu pflegen und sportlich-gesellige Höhepunkte zu schaffen.

Zum Dienst des Militärs gehörte Mannschaftssport. Einzelne Soldaten trainierten im Freien an Turngeräten, wie Barren und „Pferd" oder wir sehen sie als barfüßige Viererformation unter Aufsicht eines Trainers beim Üben unterschiedlicher Laufschritte mit hochgezogenen Knien. Barfüßig zu marschieren gehörte zur militärischen Erziehung der britisch-indischen Truppen.

Die zahlreichen, informativen Fotos aus Amalie Freudenbergs Album können an dieser Stelle nur in Auswahl vorgestellt werden. Festzuhalten ist jedoch, dass viele Fotos Stacheldraht, Militär und/oder Wellblech als Elemente zeigen. Vom „Lagerleben" soll abschließend eines beschrieben und interpretiert werden. Es zeigt die Familie Freudenberg und zahlreiche Mitgefangene in dem Gefangenenlager Diyatalawa 1914/1915 in Ceylon. Die Gruppe hat in einem großen Raum auf Holzstühlen an Esstischen Platz genommen.

Der Raum befindet sich unter einem unverkleideten Wellblechsatteldach. Auf der linken Seite des Fotos sind mehrere gekippte Fensterpaare sichtbar. Vom Dachfirst hängen drei Lampen herab, unter denen an zwei unterschiedlich großen Tischen zahlreiche Personen sitzen. An dem kleineren Tisch im Vordergrund ist Amalie Freudenberg in einem hochgeschlossenen dunklen Kleid, halb mit dem Rücken

Abb. 66: Privat: Der Speisesaal im Lager Diyatalawa/Ceylon

zur Kamera, zu erkennen. Um sie hat sich ihre Familie platziert. Rechts neben ihr sitzt einer ihrer Söhne, rechts neben diesem haben Rosie und Siegmund Freudenberg Platz genommen. Zur Linken von Amalie Freudenberg ist ein Stuhl leer, daneben sitzen fast verdeckt eine Dame und ein kleines Mädchen. Zu dieser Tischgesellschaft gehören noch zwei weitere Frauen und ein Mann. Am zweiten Tisch im Hintergrund sitzt eine etwa doppelte Anzahl von Personen. Sieben Inder haben sich hinter den Stühlen aufgebaut, um Speisen und Getränke zu servieren. Auf dem weißen Tischtuch sind Teller, Gläser, Bestecke, eine Blumenvase und eine Ananas zu sehen. Im Vordergrund, rechts, stehen Getränkeflaschen bereit.

Das Foto zeigt eine Gesellschaft von „bevorzugten" Gefangenen. Sie speisten an einem langen Tisch und es wurden ihnen indische Diener zur Seite gestellt. Die britische Administration räumte der Familie Freudenberg und ihren deutschen Mitarbeitern zunächst Hafterleichterungen ein. Das änderte sich nach der Deportation nach Bourke/Australien. Lediglich Clementine Freudenberg, Ehefrau von Winfried Freudenberg, durfte aufgrund einer Erkrankung das Gefangenenlager vorzeitig verlassen.[170]

Ansiedlung in Bremen: Im Sommer 1919 ließen sich die Familien Winfried, Reinhard und Siegmund Freudenberg in Bremen nieder. Ein Onkel, der Kaufmann Walther Freudenberg, war 1906 aus Ceylon nach Bremen gezogen und stellte private und geschäftliche Verbindungen her. Rosie und Siegmund Freudenberg lebten sich als Eltern mit ihrer in Australien geborenen Tochter Erika in der Mathildenstraße ein; später wohnten sie am Schwachhauser Ring. 1920 brachte Rosie Freudenberg ihren Sohn Kurt-Hugo und 1925 ihre Tochter Rosmarie zur Welt.

Die Abbildung 67 zeigt Rosie und Siegmund Freudenberg auf der in den Garten führenden Treppe ihres Hauses Schwachhauser Ring 110. Es ist mit „August 1925" beschriftet.[171] Hinter ihnen hat Amalie Freudenberg Platz genommen.

Das Ehepaar sitzt auf der obersten von vier gemauerten Stufen, die auf die überdachte Terrasse und nach wenigen Schritten in einen Licht durchfluteten Raum führen. Vier weiß gestrichene Sprossenfenster des Raumes sind sichtbar. Das Gewicht des Terrassendaches wird von zwei Säulen getragen. Die Träger sind aus kantigem Gusseisen mit gezackten Sockelelementen gefertigt, an dem Kletterpflanzen ranken.

Den Mittelpunkt des Bildes bildet die auf einem Stuhl sitzende, zu dieser Zeit vierundsiebzigjährige Amalie Freudenberg. Sie trägt ein dunkles Kleid, dessen Halsausschnitt von einem dunklen, durchsichtigen Stoff und Stehkragen umgeben ist. Als modisches Attribut hat sie sich eine bis zur Taille reichende Kette um den Hals gehängt, die von dem dunklen Stoff ihres Kleides absticht. Links, dicht neben ihr, steht ein mit Blümchenstoff bezogener Baby-Korbwagen, in dem – nicht sichtbar – ihr jüngstes Enkelkind Rosmarie liegt.

Rosie Freudenberg trägt ein auffälliges Sommerkleid. Es ist weit geschnitten und hat große geometrische Ornamente auf hellem Untergrund am Ärmel- und

---

170 Gespräch mit Frau Blaum, November 2003.
171 Privatquellen Freudenberg: Titelzeile des Fotoalbums „Rosmarie Album, geb. Juli 4. 1925".

Abb. 67: Privat: Familie Freudenberg in Bremen, 1925

Rocksaum. Auch das hochgeschlossene Oberteil ist groß gemustert. Zu dem etwa wadenlangen Kleid trägt die Frau modische dunkle Spangenschuhe mit höherem Absatz. Ihre Haare sind mit Seitenscheitel gekämmt, dunkel und kurz wie ein zeitgenössisch modischer „Bubikopf" geschnitten. Ihre Hände hat sie über ihren Knien gefaltet. An der dunklen Kleidung Siegmund Freudenbergs sind der Stehkragen und der Vorderverschluss seiner Jacke bemerkenswert. Der Verschluss besteht aus Posamenten und Knöpfen. Zur Jacke trägt der Hausherr weite Umschlaghosen und seine Füße stecken ohne Strümpfe in dunklen Ledermokassins.

Zu dieser Zeit war Siegmund Freudenberg 44 Jahre alt. Er war Brillenträger und sein Haar wirkt auf dem Foto grau und gelichtet. Die Familie zeigte sich vor der Terrasse ihres Hauses in moderner Kleidung. Groß gemusterte Stoffe auf einfarbigem Untergrund waren während der 1920er Jahre „up to date". Die Kleiderschnitte waren einfach und funktional. In dieser Art und Weise kreierten Künstler und Künstlerinnen während der Bauhauszeit Formen und Muster.[172] Mit seiner Hauskleidung zeigte Siegmund Freudenberg einen ungezwungenen Lebensstil. Er trug weder Oberhemd, Schlips noch Strumpf. Seine Jacke mit dem Stehkragen und dem

172 Ingrid Loschek (2005): S. 182-183; Ingrid Loschek (2001): S. 72-80.

besonderen Verschluss erinnert an asiatische Moden.[173] Die Szenerie wird durch die legere Körperhaltung und die freundlich blickenden Gesichter der Akteure bestimmt.

Auf meine Frage, ob sich Rosie Freudenberg, geb. Middleton, in Bremen als Bremerin gefühlt habe, antwortete ihre Tochter: „Nicht so ganz, sie hatte bis zuletzt einige Schwierigkeiten mit dem Deutschen." Die Eltern hätten in Bremen zurückgezogen gelebt und „keine Lust auf große Geselligkeiten, davon hatten sie zu viele in Colombo mitgemacht"[174]. Der Vater spielte Cello und Klavier. Er liebte Hockey, Tennis und das Autofahren.

Zur kaufmännischen Arbeit der Freudenberg-Brüder von Bremen aus ließ sich Folgendes ermitteln: Walther Freudenberg ebnete seinen Neffen Reinhart, Winfried und Siegmund Freudenberg nach ihrer Ankunft in Bremen den Neubeginn als Überseekaufleute in Bremen. Zusammen mit Geschäftsfreunden aus Colombo und Mitgefangenen aus den Internierungslagern gründeten sie 1920 die Firma Freudenberg, Böhringer & Co. Persönlich haftende Gesellschafter waren Reinhart, Winfried und Siegmund Freudenberg sowie Chr. Böhringer und Heinrich Gauger.[175] Am 1. Januar 1921 veränderte sich die Gesellschaftsform: Sie wurde in eine Kommanditgesellschaft umgewandelt. Als persönlich haftende Gesellschafter zeichneten Siegmund Freudenberg und Heinrich Gauger. Anfang 1923 musste der Eintrag im Handelsregister noch einmal geändert werden.[176] Zunächst eröffneten sie ein kleines Büro in der Ostertorstraße. Es ist anzunehmen, dass die Geschäftsfreundschaft durch gemeinsame Erfahrungen während der Gefangenschaft sie für die Zukunft zusammen schmiedete und sich auch von Bremen aus erfolgreich entwickelte.

Ende 1920 beschloss in London ein Gericht betreffend der Enteignung der Firma in Colombo eine Entschädigung.[177] Mit den zugesprochenen Mitteln sollte eine Düngerfabrik und ein Saatzuchtbetrieb in Argentinien aufgebaut werden. Als Siegmund Freudenberg das vorgesehene Unternehmen in Argentinien aufsuchte, stellte

---

173 Siegmund Freudenberg bezeichnet diesen Hausanzug als „Litefka", so seine Tochter Rosmarie Blaum, d.h. eine Art „Uniform".

174 Gesprächsnotiz, November 2003.

175 Auch Chr. Böhringer und Frau sowie Heinrich Gauger waren zusammen mit Freudenbergs in britischer Gefangenschaft. Walther Freudenberg (1949): S. 28. – Privatquellen Freudenberg, ohne Autor und Datum: Firmengeschichte von 1873 bis zur Währungsreform nach 1945 in zwanzig Abschnitten; Abschnitt 9, S. 3: Zur Entwicklung der Beziehungen zwischen Freudenberg und Böhringer: Die Firma Chr. und A. Boehringer war vor dem Ersten Weltkrieg die „größte Firma auf Ceylon". Sie handelte mit Medizinaldrogen, Säuren und Chemikalien.

176 Die Kommanditgesellschaft Freudenberg, Böhringer & Co. bestand aus zwei persönlich haftenden Gesellschaftern, den Brüdern Winfried und Siegmund Freudenberg mit Kapitaleinlagen von je 1.500.000 Mark, Heinrich Gauger und Ernst Wild beteiligten sich mit je 150.000 Mark. Fünf Kommanditisten beabsichtigten, mit mehr als 4,5 Millionen Mark als „stille Teilhaber" vom Unternehmen zu profitieren. – Privatquellen Freudenberg: Die Kommanditisten: Reinhart Freudenberg M. 1.500.000,-; Böhringer M. 100.000.-; Dietrich Hermsen M 100.000.-; Helmuth Schandein Heyl M 1.500.000.-; Otto Wisotzky M 1.500.000,-.

177 Siegmund Freudenberg, 1881 in Colombo geboren, war faktisch Engländer. Nach dem Ersten Weltkrieg führte er beim Britischen Oberhaus mit Erfolg einen Prozess zur Herausgabe des beschlagnahmten Vermögens. Gesprächsnotiz, vom 8. Februar 2003, mit Herrn Dr. Blaum und Frau Rosmarie, geb. Freudenberg, Bremen.

er ein „trostloses, verschuldetes" Projekt fest. 1924 hob Großbritannien die Sperrzeit für Deutsche in Colombo auf. Winfried Freudenberg reiste als erster der Familie wieder nach Ceylon. Ein Jahr später machte sich auch Siegmund Freudenberg mit Familie nach Übersee auf. Im Jahre 1928 reisten Siegmund Freudenberg, seine Frau und die Kinder ein letztes Mal nach Ceylon.

Das Bremer Geschäft florierte: Der Exporthandel wurde durch eigene Niederlassungen in Madras, Kalkutta, Bagdad und Harbin ausgedehnt. Es waren „die Zeiten, in welchen wir ganze Dampferladungen von Zement und Baueisen nach Colombo exportierten. Dazu kam die ganze Palette der traditionellen Exportgüter, wie Werkzeuge, Haushalts- und Kleineisenwaren, Textilien, Garne"[178]. Auf Ceylon etablierte das Handelshaus Freudenberg Vertretungen für Daimler Benz, Adam Opel, Continental Gummiwerke, Hannover; Robert Bosch, Stuttgart; Varta Akkumulatoren, Osram Werke, Berlin usw. Diese Handelspartnerschaften verdeutlichen die Größenordnungen: Die Firma Freudenberg war bis in die 1930er Jahre hinein ein Welthandelsunternehmen.

Der langjährige Aufenthalt in Colombo und die Gefangenschaft waren prägend für den weiteren Lebenslauf der Familienmitglieder. Die Ansiedlung in Bremen ergab sich aus dem Wohnsitz des 1906 aus Colombo ausgereisten Onkel Walther Freudenberg. Freudenbergs unterhielten in Colombo bis 1914 eine Agentur des Norddeutschen Lloyd, die im asiatischen Raum sehr bedeutend war.[179] Aufgrund dieser Beziehungen entwickelten sich auch für die drei Brüder Freudenberg Anknüpfungsmöglichkeiten zu Bremer Persönlichkeiten in Politik und Wirtschaft.

5. Schwellenpersonen, Grenzgänger, Heimkehrer

Arnold van Gennep und Victor W. Turner unterscheiden zwischen „Zustand" und „Übergang". Demnach ist „Zustand" ein Begriff für stabile soziale und kulturelle Konstellationen. Verliert dieser Zustand an Festigkeit und Beständigkeit, entwickeln sich Bewegungen, die als Übergänge oder Schwellen bezeichnet werden. Nach den Theorien weisen Übergangsriten drei Phasen auf, die nach Trennungs-, Schwellen- und Angliederungsphasen unterschieden werden.

An den Beispielen der Migration von Bremer Überseekaufleuten und ihren Familien zeigt sich, dass die Akteure manchmal dauerhafte „Schwellenwesen" – Victor W. Turner nannte sie auch „Schwellenpersonen" oder „Grenzgänger" – zu sein scheinen. Die räumliche Trennung von bekannten familiären und gesellschaftli-

---

178 Privatquellen Freudenberg: Firmengeschichte, ohne Datum und Autor: S. 3.

179 Philipp Heineken (1911), Direktor des Norddeutschen Lloyd, führte Tagebuch während seiner Asien- und Australienreise. Der Aufenthalt im Hause Freudenberg beeindruckte ihn: „Die Freudenbergsche Besitzung macht einen sehr vornehmen Eindruck; es sind zwei elegant eingerichtete Häuser, die durch den Garten voneinander getrennt sind. In dem einen wohnen die Eltern, in dem anderen die Söhne. Die Familie scheint stets Gäste bei sich wohnen zu haben, zur Zeit meiner Anwesenheit wohnten außer mir zehn Freunde dort." S. 25-26. Vgl. Helmut Arretz (2001): S. 267-274. Firmengeschichte mit Abbildungen. Vgl. darin Foto 38.

chen Strukturen führt in Migrationsprozessen zu wechselnden sozialen Rangfolgen.
Dazu schrieb Victor Turner:

> „Schwellenzustand impliziert, dass es kein Oben ohne das Unten gibt und dass
> der oben ist, erfahren muss, was es bedeutet, unten zu sein."[180]

Für die jungen Kaufleuten aus Bremen heißt das: Sie eigneten sich nach ihrer Ankunft in Übersee neue Rollen in einem fremden System an und versuchten, soziale
Bindungen aufzubauen. Manchmal gelang es erst nach Jahren, Gefühle von Isola-
tion zu überwinden. Das Beispiel dafür ist Bernhard Noltenius. Sein starkes Heimweh erschwerte es ihm jahrelang, sich Menschen in der fremden australischen Gesellschaft und Kultur anzunähern. Anfangs hielt er sich in der Nähe seines Bruders
Heinrich auf. Aber nach dessen Heirat versuchte sich Bernhard, von ihm unabhängig zu machen. Er traf auf Männer, die ebenso wie er nach Australien eingewan-
dert und dort Fremde waren. Sie versuchten wie er, Geld zu verdienen und suchten
wie er nach nützlichen Kontakten. Die Immigranten befanden sich in einer „Un-
bestimmtheit des Schwellenzustands" (Turner). In fast depressiven Heimwehstim-
mungen schrieb Bernhard Noltenius Briefe nach Hause. Trotzdem dürfte er sich in
den vierzig Jahren seines Aufenthalts in Australien in gemischte sozial-kulturelle
Strukturen eingelebt haben. Als Beispiel dafür ist sein geschäftlicher Erfolg in den
Jahren vor seiner Rückkehr nach Bremen anzuführen.

Johann Smidt löste sich mit zwanzig Jahren aus seinem prominenten Familienverband in Bremen, reiste nach London und von dort nach Kalkutta. Dank seiner
Empfehlungsschreiben an international agierende Handelhäuser, die er in seinem
Gepäck mit sich führte, glückte seine Annäherung an Kalkutta innerhalb von wenigen Monaten. Er war zu dieser Zeit noch kein selbständiger Kaufmann, aber seine Korrespondenzen mit seinem Vater in Bremen zeigen, dass er sich auf ein Netz
von einflussreichen Verwandten und Überseekaufleuten zwischen Bremen, Hamburg, London und New York verlassen konnte. Er ging strategisch klug vor: In seiner Eingewöhnungszeit in Kalkutta sparte er und verlor das Ziel, nach einigen Jahren „reich" nach Bremen zurückzukehren, nicht aus dem Auge. Er fand gleichaltri-
ge deutsche Freunde und passte sich dem gesellschaftlichen Stil von einflussreichen
Engländern an. Johann Smidts Prestige zwischen Kalkutta und Bremen stieg 1863
mit seiner Selbständigkeit als Kaufmann, besonders als er 1866 zunächst hanseatischer und danach Konsul des Norddeutschen Bundes wurde. Die Bewerbung
für dieses Ehrenamt ging von seinem Geschäftsteilhaber Johannes Schröder aus.
Der Antrag wurde in Bremen von Johanns Onkel, Senator Dr. jur. Heinrich Smidt
(1806-1878), zuständig für Bremische Außenpolitik, unterstützt.[181] Dieses Beispiel
zeigt das Engagement der Familie Smidt. Nachdem Johann Smidt ab 1870 wenige
Jahre zusammen mit seiner Frau Marie und seinen zwei Kindern in Kalkutta ver-

---

180 Victor W. Turner (1998): S. 253.
181 STAB 2-C.4.b.6.c.1.: Korrespondenzen vom 6. Januar bis 22. August 1866.

bracht hatte, kehrte er nach Bremen zurück, wo er sich mit seiner Familie nach kurzer Zeit in die ihm bekannten Strukturen einlebte.

Eberhard Noltenius aus Bremerhaven war der älteste von fünf Brüdern. Sein Vater war Conrad Noltenius, ein angesehener Kapitän auf Schiffen, die Chile und die Karibik ansteuerten. Drei Brüder Eberhards wurden Kaufleute in Kalkutta, Guatemala, England und Japan. Ebenso wie sein Vetter Johann Smidt profitierte Eberhard Noltenius von seinem Familiennamen. So war sein Onkel Friedrich (s.o.) als Kaufmann in der Firma M. Gildemeister in Chile und Peru bekannt. Eberhard Noltenius wechselte von Valparaiso nach Guatemala und machte sich mit dreiundzwanzig Jahren zusammen mit seinem Freund Friedrich Köper selbständig. Eberhard Noltenius verfügte durch die Beteiligungen seines Vetters Smidt, seines Vaters, seiner Onkel Bernhard und Friedrich über Geschäftskapital, das die Kommanditeinlage von Köper überstieg. Diese Ungleichheit war einer der Gründe, die zum Zerwürfnis zwischen den Geschäftsteilhabern führte.

„Onkel Friedrich" vererbte seinem ältesten Neffen Eberhard Noltenius das Gut Brandenhof. Das bedeutete, Verwaltung, Haushaltung und Landwirtschaft mit Viehhaltung zu übernehmen, ohne dieses zuvor „gelernt" zu haben. Der Erste Weltkrieg richtete in der Familie Eberhard Noltenius erheblichen Schaden an.

Helene Noltenius blickte als Jubilarin im Alter von neunzig Jahren auf ihr Leben zurück. Sie betrachtete ihren Aufenthalt in Guatemala, d.h. die Jahre, in denen sie am Aufbau des Guatemala-Geschäfts ihren Anteil hatte und als Hausfrau und Mutter von Kindern einem großen Haushalt vorstand, als die wichtigsten zehn Jahre ihres Lebens. – Ihre Söhne Wilhelm und Eduard gehörten der dritten Generation an. Eduard Noltenius starb 1932 in Guatemala. Sein ebenfalls in Guatemala geborener Bruder Wilhelm musste das Land während des Zweiten Weltkriegs 1942 verlassen. Sein Besitz wurde von den Alliierten konfisziert. Der in Bremen 1911 geborene Sohn Hermann Noltenius lernte Landwirtschaft und starb während des Zweiten Weltkriegs an der Ostfront.

Friedrich Köper brach seinen Aufenthalt in Guatemala Ende 1907 ab, nachdem dort sein Sohn Fritz geboren war. Die Familie kehrte nach Bremen zurück. Zusammen mit seiner Mutter und seiner Schwester Anna bildeten sie für einige Monate in der Schönhausenstraße eine Haus- und Familiengemeinschaft von drei Generationen. Die vier Kinder waren sechs, fünf und zwei Jahre alt. Für den drei Monate alten Fritz brachte das Ehepaar Köper eine Amme aus Guatemala mit.

Nachdem die Gesundheit des Ehepaars Köper durch Kuraufenthalte wieder hergestellt war, eröffnete Köper ein Im- und Exportgeschäft in Bremen, schaltete sich von Bremen aus in die Organisation des Guatemala-Geschäfts ein, ließ ein Wohnhaus für die Familie bauen und wurde Mitglied zahlreicher geselliger und berufsbezogener Vereine. Das in Guatemala von seinen zwei Teilhabern geführte Geschäft machte ihm zunehmend Sorgen. Ab 1912 begann er mit erneuten Reisen nach Mittelamerika, auch nachdem sein Sohn Fritz 1928 als Geschäftsnachfolger in Guatemala arbeitete, pendelte Köper Senior zwischen Bremen und Mittelamerika.

Seine Frau Tilly blieb dagegen in Bremen zurück. Den Korrespondenzen nach reiste Friedrich Köper gern und schien seinen beruflichen und sozialen Mittelpunkt weiterhin in Guatemala zu haben. In Zentralamerika konnte er während der 1920er Jahre und in den 1930er Jahren mehr Gewinn erwirtschaften als in Bremen.

Amalie Freudenberg, ihr Sohn Siegmund und ihre Schwiegertochter Rosie hinterließen ein Fotoalbum aus ihrer Internierungszeit in Ceylon und Australien. Die Familie verbrachte zwischen 1914 und 1919 mehr als fünf Jahre in Internierungslagern.

Die Bilddokumentation eröffnet eine besondere Sichtweise: Etliche Aufnahmen verdeutlichen die Anpassung der Akteure an unabänderliche Verhältnisse und Situationen in den Camps. Die Annäherungen an die britisch-indischen Soldaten sind als Überlebensstrategien zu bezeichnen. Mitglieder der Familie Freudenberg versuchten, in der Gefangenschaft „freundlich" zu ihren Bewachern zu sein. Fotos zeigen, dass sich Männer und Frauen mit bis dahin wohl ungewohnten Arbeiten beschäftigten. Zahlreiche Bilder sind Tätigkeiten gewidmet, die die Akteure in „niederen" Arbeiten zeigen, die zuvor ihr indisches Personal zu verrichten hatte. Im Kontext zu den gewohnten großbürgerlichen Lebensformen in Colombo sind etliche dieser Fotos dahin gehend zu interpretieren, dass die Gefangenen in der durch Stacheldraht begrenzten Welt der Camps durch ihre körperliche Arbeit (Über)Lebenskraft entwickelten. Gleichzeitig erfuhren sie nach Turner, „was es bedeutet, unten zu sein."

Über die Eingewöhnungszeit in Bremen nach der langen Gefangenschaft ist aus dem Privatbereich nur wenig bekannt. Die Familien der Brüder Freudenberg wurden von ihrem Onkel Walther Freudenberg ideell und in der Anfangszeit wohl auch finanziell unterstützt. Er half ihnen auch beim Einstieg in das Bremer Geschäfts- und Vereinsleben. In den 1920er Jahren wurde die Firma Freudenberg, Böringer und Co. gegründet, die sich in Argentinien betätigte. 1936 wurde der alte Firmenname Freudenberg & Co. wieder hergestellt. Die Firma besaß mehrere Niederlassungen in Asien, die durch den Zweiten Weltkrieg verloren gingen.

L. Ergebnisse

1. Auswertung von Ego-Quellen

Unterschiedliche schriftliche Ego-Quellen führen zu unterschiedlichen Formen der Narration und ermöglichen unterschiedliche Möglichkeiten der Interpretation.

Der Briefwechsel im Dialog zwischen dem nach Übersee reisenden Sohn und dem Vater, der vor der Abreise Briefe einforderte, entspricht einem abgesprochenem Reglement: Es handelt sich dabei um Fragmente einer individuellen Entwicklungsgeschichte,[1] die den Bewusstseins- und Lernprozess des zumeist jugendlichen Helden schildert.[2] Im Zusammenhang mit der bremischen Kindererziehung im Hause Vietor wird der globalhistorisch argumentierende Roman über Robinson Crusoe thematisiert. Innerhalb des Kapitels „Auswandern und Zurückkehren" stellen die Briefe des jungen Johann Smidt, die er an Bord des Seglers nach Indien zur Papier brachte und die er als allein stehender junger Kaufmann in Kalkutta weiterführte, eine umfangreiche Quelle dar. Wir erfahren, wie der junge formal ausgebildete Kaufmann den Umgang mit Menschen ebenso erlernt wie die Praxis seines Berufes und die eigene Etablierung innerhalb der bürgerlichen Arbeits- und Lebenswelt in Kalkutta. Dennoch bleiben wir skeptisch bei der Einschätzung von Smidts Geschichten. Sie sind offensichtlich für die Briefempfänger konstruiert worden und sollten berechenbare und positive Botschaften vermitteln. Damit ähneln sie bildungsbürgerlichen Lebenserinnerungen und Tagebüchern.

Eine charakteristische und zunächst für die persönliche Wirtschaftsorganisation gedachte schriftliche Quellenform stellen die Haushaltsbücher der bürgerlichen Frauen dar. Sie können als bewegliche Ergänzungen der Inventare der europäischen Neuzeit bezeichnet werden und vermitteln über ihre Eintragungen Zahlen- und Mengenrelationen des bürgerlichen Haushaltes. Durch die Haushaltsbücher der Helene Vietor gewinnen wir einen Eindruck über die Aufteilung der Mittel und die Zuteilung nach einzelnen Einordnungen: z.B. Nahrungsmittel mit besonderer Gewichtung der Kosten für Fleisch und andere Lebensmittel, aber auch die Kosten für Mobilität der Familienmitglieder, für Weihnachtsgeschenke, die in prozentualer Relation zum Gesamthaushalt ausgewiesen wurden. Sicherlich dienten die Aufzeichnungen dem Nachweis der Sparsamkeit der Hausfrau. Aber über das Haushaltsbuch der Helene Vietor können wir gleichzeitig auch ihre Partizipation am öffentlichen Leben dokumentieren: Wir finden dort akribische Hinweise auf Mitgliedbeiträge,

---

1 Melitta Gerhard (1968).
2 N. Ratz (1988). Vorbilder des in Briefform ausgeübten „Bildungs- und Erziehungsromans" reichen in dem Kanon der deutschen bürgerlichen Literatur weit zurück – vom „Parzival" des Wolfram von Eschenbach über den „Simplicissimus Deutsch" des Grimmelshausen bis hin zu dem goethischen Prototyp „Wilhelm Meisters Lehrjahre". Im Zeitraum unserer Untersuchung sind Gottfried Kellers „Der grüne Heinrich", Thomas Manns „Die Buddenbrocks. Verfall einer [bürgerlichen!] Familie" und Hermann Hesses „Glasperlenspiel" herausragende Beispiele für „Identitätsromane".

Eintrittskosten und Spenden, die ihr kulturelles, kirchliches, soziales und – konservativ-traditionelles – politisches Engagement verdeutlichen.

Die eindrucksvollsten schriftlichen Quellen im Hinblick auf die Problematik der Geschlechterbeziehungen, der „Frauenthemen" und der kindlichen Sozialisation waren die Briefwechsel zwischen Ehefrauen (Mütter und Töchter) und ihren Männern (Väter und Söhne). Wobei die Frauenbriefe oft konkrete Situationen und Problematiken des Zusammenlebens in Bremen und in Übersee – und während der langen Trennungszeiten – ansprachen. Leider war festzustellen, dass bürgerliche Frauenbriefe oft als periphere Dokumente behandelt – und in Konsequenz als nicht besonders „wertvoll" klassifiziert und aus dem Bestand der Familienbriefe ausgesondert wurden – spätestens dann, wenn die Überstellung des Schrifttums an das öffentliche Archiv in Bremen oder Bremerhaven anstand.

Eine besondere Position innerhalb der Belege stellen die historischen Fotografien dar. Ihnen verdankt die Schilderung der Lebenssituationen und -welten der Kaufmannsfamilien eine besondere Bildhaftigkeit. Exemplarisch sei hier auf den Abschnitt über die Internierung der Familie Freudenberg in Ceylon durch die britische Kolonialmacht als Konsequenz des Ersten Weltkriegs hingewiesen. Dieser basiert auf dem Fotoalbum einer Witwe. Auch die Problematik der indianischen Ammen und Dienstmädchen in Guatemala gewinnt durch die in Familienalben aufbewahrten Fotografien ihre historische Eindringlichkeit. Aber auch bei der Beschreibungen von Fotografien sollten mögliche Inszenierung der Fotografen zur behutsamen Interpretation führen.

Bezogen auf die einzelnen „Akteure" der Kaufmannsszenerie in Bremen und Übersee sind die individuellen und familiären Narrationen in großem Maße von der Zufälligkeit der jeweils vorhandenen Text- und Bildquellen abhängig. So sollten die einzelnen Kapitel stets auch als Ergebnis der in den jeweiligen Quellenarten angelegten Interpretationsmöglichkeiten betrachtet werden. Das von mir vorgelegte Buch entwickelt sich aus einzelnen Facetten, die auf methodischen und theoretischen Zugängen basieren.

2.   Orte, Zeiten, Menschen

Die Globalgeschichte wird seit der Mitte des 19. Jahrhunderts bis zum Zweiten Weltkrieg in den Geschichtswerken üblicherweise als eurozentrisch oder zumindest als vom Westen geprägt gedeutet.[3] Europäische Nationalstaaten, die gerade entstanden oder noch im Entstehen begriffen waren, versuchten ihre Nationalitäten durch koloniale Eroberungen weltweit zu repräsentieren. Und kolonisiert wurden die Fremden, die Unterentwickelten und die vermeintlich kulturell niedriger Stehenden. Ziel des europäischen Kolonialismus war der Gewinn von Macht durch den Einsatz der technischen und kulturellen Überlegenheit. Mit dem Beginn der Dekolonialisierung wurde seit 1945 ein differenziertes Bild der Kolonialzeit

---

3   Sebastian Conrad, Shalini Randeria (2002).

des vorhergehenden Jahrhunderts entworfen, wobei die unterschiedlichen Formen außereuropäischer Kulturen in ihrer „Vielfalt" – so schon bei Herder[4] – in ihrer Medialisierung Berücksichtigung fanden[5]; ein Vorgang, der – wie oben berichtet wird – schon im imperial-kolonialen Bremen durch Musealisierung (Übersee-Museum) und Ausstellungsvorhaben (Nordwestdeutsche Gewerbe- und Industrieausstellung mit Abteilung Kolonialismus) über Fremde zelebriert wurde. Einen bedeutenden Schritt weiter führt die Debatte über die Vermischung von Kulturen und die daraus entstehende kulturelle Hybridität der weltweiten postkolonialen Gesellschaften. Dazu wurden seit dem letzten Jahrzehnt des 20. Jahrhunderts zahlreiche Beiträge von angelsächsischen Wissenschaftlern in die europäische Debatte eingebracht und über die in der Einleitung dieses Buches – neben Kulturvergleich – als Transkulturalität berichtet worden ist. Dazu ist zu bemerken, dass – ebenfalls seit den 1990er Jahren – ein Teil der klassischen Globalgeschichte sich mit dem Problem der Globalisierung zu beschäftigen begann. Der deutsche Wirtschaftshistoriker Knut Borchardt beschrieb seit dem Beginn der europäischen Neuzeit verschiedene Globalisierungswellen. Demnach reichte die letzte von den 1840er Jahren bis zum Ersten Weltkrieg. Kennzeichnend waren die sich herausbildenden starken Kapital- und Handelsverflechtungen sowie moderne Kommunikation- und verkehrstechnische Entwicklungen im Verbund mit der bisher in Europa nicht wiederholten Migration.[6] Die Arbeit von Bremer Überseekaufleuten im Zeitraum von 1860-1930 war auch unter den Gesichtspunkten von unbewussten globalisierenden Handlungsweisen der damaligen Akteure zu betrachten. Demnach war Bremen der Ausgangsort eines Netzwerkes mit dem Zweck der Verflechtung des Handels und des Warenaustausches. Kommunikations- und verkehrstechnische Innovationen wurden gezielt eingesetzt, um dem Überseehandel zu dienen. Der Prozess der Migration, der im Bremen des 19. Jahrhunderts als europäischer Auswandererhafen von seinen Bewohnern und Bürgern täglich erfahren werden konnte, wurde als zeitlich definierter und kalkulierter Arbeitsanteil in den Beruf des bremischen Kaufmanns integriert. Migration als Berufspraxis erzwang von den Akteuren dieser Untersuchung einen Umgang mit den Fremden, der nicht aus ethisch-humanitären Beweggründen verursacht wurde, sondern auf „Geschäftsinteressen" basierte und damit zu gegenseitigen Anerkennungen und Anpassungen führen musste.

Zeiten, Orte und – meist fremde – Menschen bestimmten den Erfolg oder Nichterfolg einer kaufmännischen Mission in Übersee. Durch die Nachlässe der Bremer Kaufmannsfamilien konnten Zeiten, Orte und Menschen in aller Welt imaginiert werden. Zeiten: Kolonialismus und früher Nationalismus in Indien, China, Ostindien, Australien, Iberoamerika, Westafrika. „Mittelalter", wie es junge Deutsche erlebten.

Orte: Handelsplätze an der Küste und im Inland, entwickelte und mangelnde technische Infrastruktur, die sich als günstig oder ungünstig für die Arbeit, für Gesundheit und humane Entwicklung erweisen konnten; Handelsreisen in das

---

4   Daniel Sturm (1997).
5   Ella Shohat; Robert Stam (1994).
6   Knut Borchardt (2001).

Ungewisse. – Im globalen Bereich verknüpften sich geschäftliche Verbindungslinien, z.B. Bremen, New York, Kalkutta, Australien, Guatemala und Westafrika.

Menschen: Fremde Menschen mit exotischen Verhaltensformen, die Kulturschocks hervorriefen, aber ohne deren Einbezug als Gehilfen in das Geschäft oder in den Familienhaushalt ein Leben in Übersee kaum gelingen konnte; Kulturvermittler und Menschen mit bürokratischer Macht im fremden Land.

Johann Smidt begann 1860 seine Karriere als Überseekaufmann in KALKUTTA.[7] Kalkutta wurde 1690 als Hauptquartier der Britischen Ostindien-Kompanie in Sutanuti am Ostufer des Hugli (Hooghly) gegründet. Das Flussufer war bereits von den Handelsniederlassungen anderer europäischer Länder gesäumt. Neben Franzosen, Niederländern, Armeniern, Dänen, Portugiesen und Griechen hatten sich auch schon Deutsche eingerichtet. Die Deutschen siedelten zu Beginn des 18. Jahrhunderts in Bhadreswar. Johann Smidt zögerte nach seiner Ankunft nicht, sich in dem britischen Teil der inzwischen zusammenwachsenden Stadt Kalkutta anzusiedeln. Sein Arbeitsplatz befand sich an der Strand Road, die auch an der im Jahre 1699 begründeten und 1781 ausgebauten Festung Fort William vorbeiführte.

Die Stadt Kalkutta konnte zur Zeit Johann Smidts schon auf eine bewegte Geschichte zurückblicken. 1756 waren Stadt und Fort von bengalischen Truppen eingenommen worden und konnten erst ein Jahr später von Robert Clive zurückerobert werden. 1773 wurde Kalkutta zur Hauptstadt Bengalens erhoben. Aber während des Sepoy-Aufstandes (1857-1858)[8] drohten der Stadt Gefahren aus dem bengalischen Hinterland. Als Konsequenz dieser Erhebung wurde die Britische Ostindien-Kompanie von dem die ihr bis dahin von Regierungsaufgaben entbunden, englischen Herrscherhaus übertragen worden waren. Kalkutta wurde durch diese Änderung der Regierungsform zur Hauptstadt der Kolonie Britisch-Indien. Die Einwohnerzahl betrug um 1860 etwa eine halbe Million[9], die kontinuierliche Steigerung der Bevölkerung ist auf stetige Zuwanderungen unterschiedlicher ethnischer Gruppen zurück zu führen. Die Millionengrenze wurde erst in den 1930er Jahren erreicht. Die überwiegende Anzahl der Bewohner sind Bengalen, dazu kommen seit der Kolonialzeit Minderheiten von Bihari, Marwari, Chinesen, Tamilen, Armeniern, Tibeter, Marathen und Parsen. Die meistgesprochenen Sprachen sind Bengali, Hindi, Englisch, Urdu und Bhojpuri.

Eine Besonderheit kaufmännischer Anpassung an die Verhältnisse Kalkuttas hat Johann Smidt in seinen Aufzeichnungen nicht erwähnt: Die Ostindien-Kompanie hatte bis ins 19. Jahrhundert britische Junggesellen für Indien geworben und machte sie dort zu Beamten. Die sogenannten „writers" lebten unter spartanischen Umständen in Lehmhütten, bis sie das eigens für sie errichtete Writers Building beziehen konnten. Die jungen Männer passten sich den einheimischen Lebensgewohnheiten

---

7 Wikipedia: Kolkata.
8 Wikipedia: Indischer Aufstand von 1857 (Sepoy-Aufstand).
9 1831: 187.000; 1839: 229.000; 1872: 633.009; 1881: 612.307; 1891: 682.305; 1901: 847.796.
   Zahlen nach Wikipedia: Kolkata.

an und heirateten indische Frauen. So war eine neue euro-asiatische Gesellschaft entstanden.

Aus den Aufzeichnungen von Johann Smidt lässt sich nicht erkennen, ob er bemerkte, dass zur Zeit seiner ersten Ankunft in Kalkutta der Höhepunkt der Bedeutung dieser Stadt erreicht war. Die Bedeutung Kalkuttas als internationaler Hafen schwand mit der Eröffnung des Suezkanals (1869) und dem gleichzeitigen Aufstieg Bombays (seit 1997 Mumbai). Schwierige wirtschaftliche Probleme brachte auch das Ende des Opiumhandels mit sich. 1911 wurde Indiens Hauptstadt von Kalkutta nach Delhi verlegt. Das Klima Kalkuttas ist für Europäer anstrengend. In der kurzen Winterzeit herrscht das angenehmste Klima, wenn die tägliche Höchsttemperatur bei 27 Grad Celsius liegt. Kurz vor Beginn der Monsunzeit lastet die Hitze bedrückend auf der Stadt. Die einsetzenden Regenfälle bringen Ende Juni Linderung, doch die heftigen Fluten verwandeln gleichzeitig die Straßen in Morast. Oktober und November sind nach dem Monsun recht angenehme Monate. Die Stadt ist durch immer wieder auftretende Zyklone gefährdet. Die Hauptgefahr geht in den Küstenregionen von den mitunter mehr als zehn Meter hohen Flutwellen aus, die heftige Zyklone vor sich herschieben. Einer der schwersten Stürme forderte am 7. Oktober 1737 an der Mündung des Hugli rund 300.000 Todesopfer.

1860 stellte sich Johann Smidt als Neuankömmling einem Verwaltungsbeamten in Kalkutta vor. Dieser führte ihn 1861 beim „Calcutta Rifle Regiment" ein. Johann ließ sich registrieren, unterschrieb die „Gesetze" und ließ sich Gewehr und Munition aushändigen. Der Bremer überzeugte einen deutschen Kollegen, es ihm gleich zu tun. So standen beide morgens um halb fünf Uhr auf, kleideten sich in eine englische Uniform und exerzierten vor Arbeitsbeginn. 1863 hatte sich Johann Smidt so eingelebt, dass er sich nicht wie ein Engländer, sondern wie ein „alter Inder" vorkam.

Seinem Vater riet Johann, sein Geld nicht in amerikanischen Wertpapieren, sondern eintausend Taler in Tee-Aktien bei indischen Aktiengesellschaften anzulegen. Dem Brief legte er die Notierungen der indischen bzw. englischen Aktiengesellschaften bei. Er beabsichtigte, dem Vater einen Gewinn von neun bis zehn Prozent zu „bescheren". Zu Beginn seiner selbständigen Berufsarbeit in Kalkutta wurden von deutschen Händlern häufiger Geschäfte zwischen Indien, Australien und China abgewickelt als mit Europa. Johann Smidt ließ für einen Kunden in Melbourne ein Oldenburger Schiff mit minderwertigem Tabak beladen. Der Tabak würde in Australien „zum Waschen der Schafe benutzt". Das Frachtschiff sei für achtzehn Monate vom Oldenburger Eigentümer gechartert worden, um Güter und Passagiere zu transportieren. Johann hoffte, in dieser Zeit noch zwei Beiladungen nach Australien mittransportieren zu können. Um jeweils die Frachtschiffe auszulasten, führten Importe nach Indien zum Teil von Bremen via New York über Melbourne nach Kalkutta.

Der Zahlungsverkehr zwischen internationalen Geschäftspartnern wurde durch Wechselgeschäfte geregelt. Die Wechsel konnten auf eine auswärtige Währung mit bestimmter Laufzeit ausgestellt sein. Entweder wurden Wechsel bei einer Bank diskontiert oder zur Zahlung an andere Gläubiger weitergegeben. Der Zahlungsverkehr

mit Wechseln war von der wirtschaftspolitischen Lage des betreffenden Landes beeinflusst und dadurch unter Umständen riskant. Weltweit operierende Handelshäuser, die mit Baumwollprodukten aus den USA handelten, gerieten infolge des Bür-
gerkriegs in den USA in Finanzkrisen. Dies hatte Auswirkungen auf den Handel
zwischen Kalkutta und England. Auch Schröder, Smidt & Co. mussten Verluste
hinnehmen. Sie führten Aufträge für das Londoner Handelshaus Gladstone & Co.
aus, das kreditwürdig „wie die Bank of England" sein sollte. Zunächst entwickelten sich fruchtbare Geschäfte: Die Partner räumten sich gegenseitig für sechs Monate Kredit ein. 1864 machte Gladstone bankrott.

Neben Reis war Tee ein wichtiges Ausfuhrprodukt. Zur Bewirtschaftung einer
Teeplantage kooperierten Schröder, Smidt & Co. mit zwei Handelspartnern. Investitionen und Erträge sollten jeweils gedrittelt werden. 1865 machte Johann zusammen mit einem Geschäftsfreund eine beschwerliche Exkursion zu der gepachteten
Teeplantage, die im Inneren des Landes, in der Provinz „Nagpore", nordwestlich
von Kalkutta lag. Die Reisestrecke führte zum Teil durch sumpfiges Gelände und
betrug etwa vierhundert Meilen. Sie legten die Route mit unterschiedlichen Verkehrsmitteln zurück: Mit der Eisenbahn, mit einem Wagen, der von einem Pferd
gezogen wurde, anschließend ging es von zwölf Coolies gezogen „über eine Bergstraße, immer durch Dschungel", und am Ende der Reise ließen sich die Männer
„per Palankin" (= Sänfte) tragen. Auf dem Rückweg hatte es stark geregnet. Ein
Fluss war unpassierbar. Sie verbrachten die Nacht im Regen in der Wildnis. Jeweils sechzehn Inder schafften die Palki durch den Fluss auf die andere Seite. Johann hatte Silbergeld bei sich; möglicherweise bezahlte er die Träger großzügig.

Konsulat in Kalkutta: 1866 schlug Johannes Schröder seinen Kompagnon Johann
Smidt beim Bremer Senator für Auswärtiges zum hanseatischen Konsul in Kalkutta
vor. Johann Smidt wurde als Konsul Amtsnachfolger seines ehemaligen Chefs Johann Philipp Schneider. 1868 berichtete Johann als hanseatischer Konsul über den
einseitigen Handel zwischen Bremen und Kalkutta. Die englische Regierung forcierte den Import europäischer Waren durch englische Handelshäuser. 1868 wurden auf englischen Schiffen überwiegend Reis, Schellak, Knopflack, Cassia (Ge-
würz), Castoröl, Ingwer, Curcuma, Indigo, India Rubber, Kaffee, Tee, Rehhörner
und Häute exportiert. Nach Johann Smidts Bericht an die Behörde des Senators
für Auswärtiges lag der Im- und Exporthandel zwischen Bremen bzw. Deutschland und Indien weit hinter dem Handel Englands zurück. 1868 bewarb sich Johann Smidt als „Bundeskonsul" für Kalkutta. Dafür setzten sich seine Verwandten, Otto Gildemeister (1823-1902), zu der Zeit Bremer Senator und Vertreter Bremens im Bundesrat und wiederum Heinrich Smidt als Senator für Äußeres ein. Ein
Mitbewerber war der preußische Konsul von Ernsthausen in der Firma Ernsthausen
& Oesterlig. Dieser beherrschte nach Johanns Eindruck das Repräsentieren, aber
er selbst könne besser als andere Kaufleute mit „Capitainen, Menschen und Ree-
dern" umgehen, wenn praktische Probleme auftraten. Der Posten als hanseatischer
Konsul war jedoch nicht immer angenehm. Häufig musste Streit zwischen Kapitänen und Mannschaften geschlichtet werden. Und doch werde es eine „Ehre" sein,

wenn er weiterhin Konsul bliebe. Seinem Vater gegenüber bemerkte Johann, der in Bremen so beliebte Titel „Consul" würde in Kalkutta nicht so ernst genommen und eher als „Spitzname" verwendet.

1869 reiste Johann Smidt von Kalkutta nach New York und verband diese Geschäftsreise mit einer privaten Angelegenheit: Er heiratete Marie, die Schwester seines Geschäftsfreundes George Achelis. Anschließend waren Marie und Johann Smidt für einige Zeit auf Durchreise in Bremen, bis sie Ende 1870 nach Kalkutta aufbrachen.

Die Fremden: Nachdem Johann Smidt als Neuankömmling in Kalkutta beobachtet hatte, wie Europäer mit Indern unterer Gesellschaftsschichten – in Indien nach sozialen Kasten eingeteilt – umgingen, hatte er Mitleid mit den Fremden. Doch seine Einstellung zu ihnen war nicht eindeutig: Sein Mitleid schwand, als er sich von zahlreichen Indern bedrängt fühlte, wenn sie ihm zum Beispiel in Gruppen „bei Nachtzeit" ihre Dienste anboten. Er habe „noch keinen geschlagen", aber ging dazu über, „jeden für einen Betrüger und Dieb zu halten." Sein englisches Schiff, „Ulysses", das ihn 1860 nach Kalkutta gebracht hatte, übernahm anschließend lukrative Cooly-Transporte zwischen Indien und den Damarinseln in den ostindisch-niederländischen Kolonien. Die Zustände auf den Cooly-Schiffen verglich Johann mit den Auswandererschiffen in Bremerhaven. Die „Cooly Wirthschaft" in Indien sei eine „fürchterliche Schweinerei und gar nicht mit den schlechtesten Bremer Auswandererschiffen" zu vergleichen. Je zur Hälfte hatte die „Ulysses" „350 Menschen und eine halbe Ladung Reis" an Bord.[10]

Auf AUSTRALIEN konzentrierten sich seit dem Ende des 18. und während des 19. Jahrhunderts bedeutende Anstrengungen des britischen Kolonialismus.[11] Dies hing mit den Entwicklungen in Nordamerika zusammen. Dort war seit dem Beginn des 17. Jahrhunderts von englischen Siedlungskolonien die Inbesitznahme des Halbkontinents als britische Kolonie durchgesetzt worden – gegen die Rivalität anderer Staaten wie Frankreich, Spanien und die Niederlande. Diese erfolgreiche Entwicklung hatte für die englische Krone durch den Unabhängigkeitskrieg (1777-1783) und die darauf folgende Konsolidierung der jetzt von England unabhängigen Bundesstaaten der Vereinigten Staaten von Amerika ein abruptes Ende gefunden.

Der Verlust der nordamerikanischen Kolonien wurde von Großbritannien durch eine flexible Commenwealth-Politik teilweise kompensiert. Während der Inbesitznahme Australiens durch James Cook im Jahre 1770 lebten nach heutigen Schätzungen ca. 300.000 Aborigines auf dem Kontinent Australien. Es dauerte nur wenige Jahre, bis Australien anstatt Nordamerika als britischer Ansiedlungsplatz für Sträflingskolonien diente. Am 26. Januar 1788 trafen die ersten elf Schiffe der First Fleet mit rund eintausend Männern und Frauen, darunter gut drei Viertel Sträflinge, in Port Jackson ein. Die neue Ansiedlung erhielt den Namen Sydney und

---

10 Wilfried Wagner (2001): S. 204-210; Heide Ziegler (2003); Sebastian Conrad (2006): Kapitel „Kulihandel und globaler Arbeitsmarkt", S. 173-180.
11 Wikipedia: Australien; Stuart Macintyre (2004).

entwickelte sich zur Hauptstadt der Kolonie „New South Wales". Insgesamt wurden etwa 160.000 Sträflinge nach Australien gebracht. Erst im Jahre 1868 gab man die Deportation von Sträflingen ganz auf.

Wie in Nordamerika wurden Besitzansprüche anderer europäischer Kolonialmächte auf Australien meist nicht zugelassen. 1815 gelang es den Niederlanden, West-Neu-Guinea zu annektieren und schon 1792 landete eine französische Expedition auf Tasmanien. Großbritannien legte seit 1803 auf der Insel Tasmanien britische Niederlassungen an und erklärte 1825 das damalige „Van-Diemen's-Land" zu einer eigenständigen Kolonie, die 1853 in Tasmanien umbenannt wurde. Großbritannien gründete bis zur Mitte des 19. Jahrhunderts weitere voneinander unabhängige Kolonien: Western Australia 1829, South Australia 1836, Victoria 1851, Queensland 1859. Zwischen 1855 und 1890 erhielten die einzelnen Kolonien das Privileg des „Responsible Government" und damit eine größere Unabhängigkeit vom britischen Empire. London behielt allerdings vorerst die Kontrolle über Außenpolitik, Verteidigung und Außenhandel.

1838 begann die erste große Auswanderung von Deutschland nach Australien. Als Heinrich Noltenius 1846 in Adelaide eintraf, waren die geografischen Erkundungen Australiens noch nicht abgeschlossen. Der deutschstämmige Ludwig Leichhardt, der mehrere Expeditionen ins Landesinnere geführt hatte, kehrte nicht zurück und blieb verschollen.[12] Die wahrscheinlich berühmtesten Entdecker Australiens waren Robert O'Hara Burke und William John Wills, die 1860-1861 eine gut ausgerüstete Expedition von Melbourne an den Golf von Carpentaria leiteten. Beide starben auf der Rückreise.

Nordöstlich von Melbourne wurde am 22. August 1851 in Victoria Gold gefunden. Der Goldrausch prägte die weitere Geschichte Australiens. Sobald Nachrichten von neuen Funden bekannt wurden, setzten sich Züge von Goldsuchern in Bewegung. Gold wurde vor allem in Ballarat, Castlemaine und Bendigo und später auch in Queensland und West-Australien geschürft. Täglich kamen neue Schiffe mit neuen Goldgierigen aus England, Amerika und China. Während des Goldrauschs stellte die englische Regierung die Gefangenentransporte ein. Minenarbeiter in Ballarat initiieren im November 1854 den Eureka-Stockade-Aufstand, den einzigen bewaffneten Aufstand der australischen Geschichte. Die Aufständischen forderten demokratische Reformen. Britische Militärs und lokale Polizeikräfte schlugen den Aufstand am 3. Dezember 1854 nieder. Im Jahre 1857 arbeiteten 24.000 Chinesen auf den Goldfeldern in Victoria. Viele von ihnen wurden Opfer von gewalttätigen Attacken und Brandstiftungen. Die Handelsgüter Australiens waren: Produkte von Robben und Walen, Schafwolle, Gold (erste Funde 1824), Obst, Getreide, Sandelholz (nach China), Eukalyptusöl, Kupfer (Mine seit 1844), Fleischkonserven (seit 1845), Viehzucht mit chinesischen Kontraktarbeitern (1848), Eisenherstellung (seit 1846), Gefrierkost (seit 1850, Patent 1856), Zuckerindustrie.

Die durch Heinrich Noltenius 1846 ausgelöste Kettenmigration seiner Brüder Bernhard und Johannes wurde schon beschrieben und auch seine Akkulturation

---

12　DBE (2001): Bd. 6. S. 305.

durch Heirat und Geburt seiner neun in Australien geborenen Nachkommen. 1854 entschuldigte sich Heinrich bei seiner Mutter in Bremen für sein „schlechtes Deutsch“, er habe schon seit Jahren keinen deutschen Brief mehr geschrieben. Briefe zwischen Bremen und Adelaide dauerten zu der Zeit etwa 70 Tage. Von seinem Bruder Bernhard bekäme er aus Adelaide wöchentlich Nachrichten; Johannes, der dritte der Noltenius-Brüder in Australien, der in den Goldminen arbeitete, schriebe „nie“. 1875 starben Heinrichs Frau und sein ältester Sohn Harry. Seit dieser Zeit war Heinrichs Befinden „beklagenswert“. Geschäftlich ging es ihm nur „leidlich“. 1883 verkaufte er sein Geschäft und wurde reisender Händler im Auftrag seines Geschäftsnachfolgers. 1885 starb Heinrich. Johannes Noltenius unternahm zu der Zeit eine Expedition zu einer Kupfermine im Norden Australiens. Er wurde von „Wilden“ (Aborigines) ermordet.

Bernhard Noltenius lebte von 1849 bis 1888 in Australien. Er wohnte überwiegend in Südaustralien in der Nähe von Melbourne oder in Adelaide. Bereits 1851 betrug in Adelaide die Zahl europäischer Siedler ca. 14.600.[13] Die Temperaturen pendelten in heißen, trockenen Sommern zwischen Dezember und Februar um 30 Grad, im Winter in den Monaten Juli und August zwischen 5 und 15 Grad. Bernhard Noltenius behagte dieses Klima. Anfangs wohnte er mit seinem Bruder Heinrich und einem ebenfalls ledigen Engländer zusammen. Ihm fiel auf, dass sein älterer Bruder, nachdem dieser 1852 eine Engländerin geheiratet hatte, kaum noch „Deutsches und deutsche Sitten“ pflegte. Zur selben Zeit wurde in der Nähe von Melbourne Gold „in Massen“ entdeckt und auch Bernhard ging zuweilen unter die Golddigger. Auf seiner Schiffsreise von Adelaide in das Goldgebiet nördlich von Melbourne nahm er als Fracht „Mehl zum Verkauf“ mit. Um Melbourne herum hatten sich Zeltstädte der aus aller Welt anreisenden Goldsucher gebildet. Zwischen fünf- und zehntausend Menschen trafen wöchentlich ein. Auch viele Amerikaner reisten an und von der nahen Kolonie „Diemensland“ seien Verbrecher gekommen. Mord, Totschlag, „eine fürchterliche Wirtschaft“ seien entstanden. Trotzdem war ihm im Sommer das Leben in freier Natur angenehm. Seitdem in Australien Goldminen entdeckt wurden, sei „alles“ teuer geworden. Bernhard Noltenius schrieb 1857 zur Infrastruktur Adelaides, es seien zwei Eisenbahnstrecken fertig geworden. Eine mit Dampf betriebene Bahn führte seit 1856 von der Stadt Adelaide zum Hafen. Städtische Einrichtungen bestanden seit 1861 mit der „breit angelegten Wasserversorgung“; die Gasversorgung funktionierte seit 1863. Adelaide und London waren seit 1872 telegrafisch verbunden. 1878 begann der städtische Straßenbahnbau und 1901 wurde ein Stromkraftwerk zur Versorgung der Haushalte gebaut. Nach Europa verkehrten um 1880 fünf regelmäßige Postdampferlinien.

1864, nach seiner Golddigger-Zeit, wandte sich Bernhard Noltenius wieder der „Comptoir“-Arbeit zu. Bis 1880 stellte sich nur geringer Geschäftserfolg ein. Australische Farmer spekulierten auf bessere Preise in England und „hielten ihren Weizen“ zurück, während die USA ihre Kontakte nutzten und in London das amerikanische Getreide verkauften. „Nun sitzen wir mit unserem Weizen hier und hoffen

---

13 Wikipedia, Adelaide. Zugriff: 1. April 2008.

vergebens auf einen gütigen Abnehmer", so Bernhard Noltenius. Er verdiente mit
seiner Berufsarbeit „mehr, als er zu seinem Unterhalt" brauchte, da er sich eine billige Unterkunft gesucht hatte. Er mietete sich zusammen mit vierzehn anderen ledigen Männern zur Untermiete in Melbourne ein. Seine Arbeit bestand aus „Ma-
keln", d.h. er kaufte und verkaufte für australische Auftraggeber und lebte von
Provisionsgeschäften mit wenig Gewinn. Er arbeitete mit den Bremer Handelshäusern C.A. Caesar und F.A.E. Lüderitz zusammen. Er bestellte westfälischen Schinken; die Sendungen sollten „schnellstens" über die Häfen Bremen, Hamburg oder
London abgewickelt werden. Als Broker müsse er Verluste mit Geduld tragen.

Erst um 1880 begann seine Erfolgsphase. Er wurde Importeur von Hamburger Bier und arbeitete fruchtbar mit den Eigentümern der St. Pauli Brauerei „Otto
Brandt und C.L. Wilh. Brandt" zusammen. Bernhard Noltenius machte das Lager-
bier in Australien bekannt. 1887 etablierte er sich mit dem „ersten und einzigen
Wein- und Spirituosen Geschäft" in Adelaide. Seine Kunden kamen von „weit"
her: aus Queensland, Neuseeland und Tasmanien in „seine Bude" – so nannte er
seinen Ausschankpavillon. Den Geldverkehr wickelte er über Hamburg ab. Bernhard Noltenius investierte seinen Gewinn in Silber- und Zinn-Aktien und kehrte
1888 wohlhabend nach Bremen zurück. Seine Beharrlichkeit hatte sich gelohnt. In
Pierers Konversationslexikon von 1889 heißt es über die Wirtschaftslage Australiens: „Der Handel ist sehr blühend und in großem Aufschwung begriffen"[14].

Die chilenische Hafenstadtstadt IQUIQUE liegt westlich der Wüste Atacama zwischen dem Pazifik und den Kordillieren. Das Klima ist heiß und schwankt im Jah-
resdurchschnitt um knapp 18 Grad Celsius. Es regnet selten, oft jahrelang nicht. Im
August 1868 kam es zu einem schweren Erdbeben, ebenso im Mai 1877. Nach der
Stadtgründung im 16. Jahrhundert entdeckte man 1556 in der Nähe von Iquique
in der Mine von Huantajaya große Silbervorkommen. Der Silberbergbau in Huantajaya entwickelte sich für die Spanier nach Potosi in Bolivien zur zweitgröß-
ten Silbermine. 1835 beschrieb Charles Darwin Iquique als Stadt von etwa 1.000
Einwohnern, die angesichts der klimatischen und vegetativen Extremlage um ihre
Entwicklung kämpfen musste. Die Besichtigung des Salpeterwerkes in einer „Entfernung von vierzehn Stunden" war für den Entdecker offensichtlich Pflicht.[15]

Die erste Entsalzungsanlage in Iquique wurde 1845 in Betrieb genommen. Das
einst ärmliche Fischerdorf entwickelte sich um die Mitte des 19. Jahrhunderts zu
einer ansehnlichen Stadt und einem bedeutenden Seehafen. Zu dieser Zeit entstand
das spezielle Engagement der Bremer Handels- und Schifffahrtsgesellschaften in

---

14 Bd. 2. Berlin; Stuttgart. S. 147.
15 „Wir ankerten in Hafen von Iquique in 20° 12' S. Breite an der Küste von Peru. Die Stadt ent-
    hält ungefähr tausend Einwohner und steht auf einer kleinen Ebene von Sand am Fuße einer
    großen, 2000 Fuß hohen, hier die Küste bildenden Felswand. Das Ganze ist vollkommen wüst
    … Die Bewohner leben wie die Leute an Bord eines Schiffes. Jedes Bedürfnis kommt von weit
    her. Wasser wird in Booten von Pisagua, ungefähr vierzig nördlich, gebracht und wird zum
    Preis von neun Realen (4 s. 6 d.) das Achtzehn-Gallonenfass verkauft. Ich kaufte eine Wein-
    flasche voll für 3 Pence. In gleicher Weise wird Brennholz und natürlich jedes Nahrungsmittel
    eingeführt. Sehr wenige Tiere können an einem solchen Ort gehalten werden." Charles Darwin
    (1845/2006): S. 251f.

Iquique. In den 1860er Jahren wurde die Gewinnung von Salpeter in der Atacama-wüste ausgebaut. Die einander überschneidenden Interessen Chiles, Perus und Boliviens führten zwischen 1879 und 1883 zum Salpeterkrieg. Die Salpetervorkommen und die Stadt Iquique wurden von Chile okkupiert und mit britischem, amerikanischem und deutschem[16] Kapital geschürft.[17] 1907 protestierten Tausende Arbeiter der Salpeterwerke in Iquique gegen katastrophale Arbeitsbedingungen. Die Armee ging gegen sie vor, wobei bis zu tausend Protestierende, darunter Frauen und Kinder, erschossen wurden.

Der südamerikanische Salpeter war vor allem für den Export bestimmt. Um von Europa aus die chilenischen Häfen zu erreichen, mussten die Schiffe Kap Hoorn von Ost nach West gegen die vorherrschenden Westwinde umrunden. Wenn die Schiffe Stückgut nach Valparaiso mit sich führten, wurde dort eine Zwischenstation eingelegt. Ansonsten fuhren sie unter Ballast direkt bis Iquique, wo der Salpeter übernommen wurde. Um 1890 lagen oft bis zu hundert Schiffe vor Iquique gleichzeitig auf Reede, um auf ihre Ladung zu warten. Mit Südkurs ging es dann wieder zum Kap Hoorn und zurück nach Europa. „Salpeterfahrt" war für die europäischen Kapitäne gefährlich und hart. Bis in die Zwanziger und Dreißiger Jahre des 20. Jahrhunderts segelten sie mit Windjammern um das Kap; das war gewinnbringender als mit Dampfschiffen. Der Salpeter, der für Dünger- und Sprengstoffherstellung benötigt wurde, war als billiges Massengut verfügbar und in der Anlieferung nicht zeitkritisch. Die britische Seeblockade im Ersten Weltkrieg setzte den deutschen Fahrten bis Mitte 1919 ein Ende. Die Weiterentwicklung von chemischen Düngemitteln in Deutschland machte Europa zunehmend vom Chilesalpeter unabhängig. 1929 führte die Weltwirtschaftkrise binnen weniger Monate fast zur Einstellung des Handels und brachte auch den Abbau von Salpeter weitgehend zum Erliegen.

Betreffend Salpeteranbau und Salpeterfahrt wurden in den beiden Hafenstädten Iquique und Bremerhaven musealisierte Geschichtspräsentationen eingerichtet: Etwa 50 km östlich der Stadt Iquique befinden sich die Humberstone- und Santa-Laura-Salpeterwerke, die zum Weltkulturerbe der UNESCO gehören. Und das Deutsche Schifffahrtsmuseum in Bremerhaven richtete 2003 eine eigene Abteilung ein, die das Gedächtnis der inzwischen nostalgisch aufgewerteten „Kap-Hoorniers" bewahren soll.[18]

Friedrich Noltenius in LIMA UND IQUIQUE. Der dreiundzwanzigjährige Friedrich Noltenius nahm 1851 eine kaufmännische Stellung in dem von C. Corssen und J. Gildemeister gegründeten Bremer Handelshaus in Lima/Peru an.[19] Die Schiffspassage dauerte 136 Tage. In seinem ersten Brief an seine Mutter schrieb er von Eindrücken zum Stadtbild, dem Stil der Häuser und von den breiten Straßenkanälen, in denen Schmutz und Abfälle fortgeschwemmt würden. Für seine Beschreibungen über

16 Exemplarisch: Gildemeister (1916).
17 Wikipedia: Iquique.
18 Ursula Feldkamp (2003).
19 Gildemeister & Co. (1916).

die Bewohner benutzte er Klischees für die Frauen: „Negerweiber hätten Glimm-
stängel im Mund", „scheußliche Gesichter" und grässliche Stimmen, die manchmal
dem Ton eines Esels gleichkämen.

Lima hatte 1850 bereits 80.000 Einwohner. Die Stadt liegt in der trockenen
Küstenregion, nördlich von Iquique. Die mittlere Durchschnittstemperatur be-
trägt etwa 18 Grad, der kälteste Monat ist der August, der wärmste ist Februar
mit durchschnittlich 22 Grad. Es fallen kaum Niederschläge. Zur Zeit des spanischen Eroberers Francisco Pizarro war das Tal des Rio Rimac fruchtbar. Dort wurde 1542 das Vizekönigreich Peru mit Lima als Hauptstadt gegründet. Es umfasste
die heutigen Flächen von Ecuador, Kolumbien, Venezuela, Bolivien, Chile, Argentinien und Paraguay. Während des 16. und 17. Jahrhunderts war Lima das religiöse, wirtschaftliche und politische Zentrum der spanischen Kolonien Südamerikas.[20] Um 1600 hatte Lima etwa 25.000 Einwohner. Im 18. Jahrhundert entstanden
mit der Gründung von weiteren Vizekönigreichen Neugranada (1717) und Rio de
la Plata (1776) neue politische Strukturen. Die katholische Kirche setzte in ihrem
südamerikanischen Zentrum in Lima gegen indigene Glaubenstraditionen „Inquisi-
tion und Scheiterhaufen" ein.

Die Stadt Lima „blühte" durch den Abbau von Salpeter, Edelmetallen und
schließlich gegen Ende des 19. Jahrhundert durch den Export von Guano. Lima
wurde zum Ziel zahlreicher Migranten. Friedrich Noltenius fand heraus, dass sich
Auswanderer aus Bremen über die Arbeit in Peru „Luftschlösser" gemacht hätten.
Die Realität sei ernüchternd. Der Anwerber, „Herr Bodulfo", hätte mit Auswanderern in Bremen Verträge geschlossen, die in Peru nicht eingehalten würden. Mehr
als einhundert Personen der „ersten Einwanderer" seien ohne Beschäftigung und
müssten auf Bodulfos Kosten untergebracht und beköstigt werden. Die in Bremen
geschlossenen Verträge hatten demnach in Peru keine Gültigkeit.[21]

1868 wurde Friedrich Noltenius Chef des Zweiggeschäfts der Firma J. Matth.
Gildemeister in Iquique. Das Handelshaus verfügte über Packhäuser und eine eigene Landungsbrücke. Es importierte Eisenwaren, Zement und Lebensmittel. Der
Schwerpunkt lag jedoch auf dem Export von Salpeter. Weitere Ausfuhrprodukte
waren Chile-Steinkohlen, Chile-Hölzer und Getreide. Der in den Bergwerken Perus
abgebaute Salpeter wurde in großen Mengen nach Liverpool ausgeführt, obwohl
der europäische Markt zu dieser Zeit mit Salpeter gesättigt war. Am 13. August
1868 erlebte Friedrich Noltenius in Iquique ein schweres Erdbeben. Eine große
Flutwelle zerstörte die Geschäftshäuser und Hafenanlagen. Geldschränke, Wertpa-
piere, Besitztitel und Verträge wurden ins Meer gespült. Friedrich Noltenius und
seine Kollegen rannten um ihr Leben.[22] Nachdem die Auswirkungen der Katastro-
phe erkannt waren, schickten die Geschäftführer einen kaufmännischen Angestellten über Panama nach New York mit dem Auftrag, von dort über die Niederlassungen befreundeter Bremer Handelshäuser, wie D.H. Wätjen & Co. und Frühling
& Göschen, die europäischen Salpeterlager aufzukaufen. Damit wurde auf eine

---

20 Wikipedia, Lima. Zugriff: 5. April 2008.
21 StAB 7,67-30: Friedrich Noltenius an seine Mutter, 9. Mai 1851; 30. Dezember 1851.
22 Geschichte des Hauses Gildemeister & Co. (1916): S. 28f.

Verknappung des Salpetermarktes in Europa spekuliert. Firma Gildemeister kaufte Salpeter in Le Havre und Genua und profitierte von der anschließenden Preissteigerung.

Im Sommer 1872 kehrte Friedrich Noltenius wohlhabend nach Bremen zurück. Er veranlasste, dass das Familieerbe – der Brandenhof mit Ländereien – unter den Erbberechtigten aufgeteilt wurde. Diese Angelegenheit bezeichnete er als „unglücklichen Zankapfel". Friedrich Noltenius kaufte den Brandenhof auf und zahlte seine Verwandten aus. Er nahm seine Schwester Johanna und die aus Übersee zurückkehrenden Brüder Wilhelm und Bernhard auf dem Gut auf. Auch einer der australischen Neffen reiste 1876 nach Bremen, machte Abitur, studierte später Medizin und wurde Arzt in Potsdam.

Das WESTAFRIKA des Johann Karl Vietor erstreckte sich entlang des Golfs von Guinea bis hin nach Kamerun. Seit dem 16. Jahrhundert hatten sich an den Elfenbein-, Gold- und Sklavenküsten Seefahrer und Händler festgesetzt: Spanier, Portugiesen, Niederländer, Dänen, Franzosen und Engländer. Inzwischen gut erforscht ist die Kolonie Groß Friedrichsburg, eine kurbrandenburgische Kolonie (1683-1717) an einem Küstenstreifen am „Kap der drei Spitzen" (Cabo Tris Puntas, Cape Three Points) im heutigen Ghana.[23]

Die Namen der Küsten symbolisieren die Produkte, mit denen gehandelt wurde. Unter den Europäern der Handelskolonien verschärfte sich im 19. Jahrhundert ein Machtkampf, in den afrikanische Händler und Häuptlinge eingriffen. So verbündeten sich die Aschanti im Inland zeitweilig mit den Niederländern, während Briten und Dänen den Häuptlingen Grundzins zahlen mussten. Zwischen 1840 und 1850 forderten britische Händler die Gründung einer Kronkolonie Goldküste in Westafrika. England verdrängte die letzten der niederländischen Kolonien aus diesem Gebiet und führte Krieg gegen das Aschantireich. Anschließend gründete Großbritannien 1874 die „Gold Coast Colony", ein Gebiet, das das heutige Südghana umfasst. Schon 1861 war Nigeria in englischen Besitz genommen worden.

Auch Frankreich erzwang im 19. Jahrhundert großräumigen Kolonialbesitz in Afrika. Das Königreich Dahomey bestand seit dem 17. Jahrhundert, bis es zwischen 1892 und 1894 von französischen Truppen erobert und ein Teil von Französisch-Westafrika wurde.[24]

Ein wesentlich kleinerer Teil in Westafrika stand mit Togo und Kamerun unter deutscher Herrschaft. Beide wurden 1884 deutsche Kolonien, nachdem Bremer und Hamburger Händler die Regierung in Berlin um „Schutz" gebeten und der deutsche Afrikaforscher Gustav Nachtigal die Reichsflagge gehisst hatte.

Die Kolonie Togo umfasste einen schmalen Küstenstreifen von etwa 50 km Länge an der sogenannten Sklavenküste und ragte etwa 550 km ins Landesinnere hinein. Im Binnenland betrug die größte Entfernung von Ost nach West bis zu 140 km. Im Osten wurde das Land damals vom Königreich Dahomey und im Westen von der englisch kontrollierten Goldküste begrenzt. Im Norden lag Burkina Faso,

---

23 Ulrich van der Heyden (2001).
24 Wikipedia, Dahomey. Zugriff: 6. April 2008.

das 1898 französische Kolonie wurde. Das feuchte tropische Klima weist ganz-
jährig Temperaturen zwischen 27 und mehr als 30 Grad auf und an der Küste Regenzeiten von April bis Juni und September und November. Der „kühlste" Monat
ist der August mit 27 Grad im Süden des Landes. Das Klima wurde für Europäer
als so unerträglich erlebt, dass eine feste Besiedlung durch Deutsche grundsätzlich
nicht vorgesehen war. Während der deutschen Kolonialzeit wurde eine Eisenbahnstrecke an der Küste zwischen Lomé und Anecho gebaut. Nach deren Fertigstel-
lung 1905 entstanden bis 1907 eine Verbindung zwischen Lomé und Palimé und
1911 die zwischen Lomé und Atakpamé. Damit war das gebirgige Hinterland erschlossen. Auf den Eisenbahnlinien wurden Landesprodukte wie Kautschuk, Kokos,
Sisalhanf, Kaffee, Kakao, Baumwolle usw. für die Verschiffung zur Küste transportiert.

Bremens Handel mit Westafrika war fest mit den Bremer Handelshäusern von
Friedrich M. Vietor und Johann Karl Vietor verbunden.[25] Kaufleute galten als
Pioniere bei der Erschließung und Kolonisation entlegener überseeischer Räume.
Bremer Kaufmannsfamilien beteiligten sich während des 19. Jahrhunderts an der
Besetzung globaler Handelsplätze zur Sicherung von Ressourcen.[26] Johann Karl
Vietor arbeitete zunächst als kaufmännischer Angestellter in Firma Friedrich M.
Vietor. Später machte er sich selbständig, gründete in Westafrika Handelsnieder-
lassungen und wurde Konkurrent seiner Verwandten. Nach dem Tod des Firmen-
gründers Friedrich Martin Vietor, genannt Fritz (1821-1906), übernahm er die
Geschäftsnachfolge der Friedrich M. Vietor-Niederlassungen in Westafrika. Er
gründete zwischen Liberia und Dahomey neue Filialen und besetzte sie mit jungen
Geschäftsführern aus Deutschland.

J.K. Vietor wuchs in Bremen im Umkreis der Norddeutschen Mission auf. Sein
Vater, der Theologe Cornelius Vietor (1814-1897), war Präsis der Norddeutschen
Mission und Herausgeber von Missionsschriften. Die Brüder des Pastors, die Kauf-
leute Johann Carl (1810-1870) und der genannte Friedrich Martin Vietor, engagier-
ten sich ebenfalls für die Mission. Beide arbeiteten im nordatlantischen Tabak- und
Auswanderergeschäft. Ab 1856 wandten sie sich dem Afrikahandel zu. In ihren
Bremer Kontoren wickelten sie die Korrespondenzen der Norddeutschen Mission ab. Das Handelshaus war ein kommerzielles Unternehmen, doch es versuchte,
Ökonomie und „christliches Handeln" zu verbinden. Friedrich M. Vietor & Söhne
setzte Schiffe „nicht aus Gewinnsucht, sondern einzig und allein" im Dienste der
Mission ein. Die Firma verpflichtete sich, Personen und Waren zum Selbstkosten-
preis und weitaus günstiger als nach englischen Tarifen nach Afrika zu transportieren. Im Afrika-Projekt sahen die Vietor-Brüder die Möglichkeit, für die Mission und „redlichen Handel" einzutreten.[27] Friedrich M. Vietor Söhne waren seit

---

25 Hartmut Müller (1973): S. 81-97.
26 Der Bremer Tabakkaufmann Adolf F. Lüderitz kaufte z.B. 1883 große Landflächen an der Süd-
    westküste Afrikas, die ein Jahr später unter „deutschen Schutz" gestellt wurden. Ebenso sicher-
    ten sich Bremer Kaufleute in Westafrika Schutz von der Regierung in Berlin. Der Togo-Schutz-
    vertrag zwischen afrikanischen Häuptlingen und Gustav Nachtigal wurde 1884 in einer Faktorei
    der Bremer Kaufmannsfamilie Vietor geschlossen.
27 Werner Ustorf (1989): S. 34.

1860 die „Finanziers" der Norddeutschen Mission. Ihr Geschäft florierte auch ohne den von anderen Händlern nach Westafrika importierten Alkohol. Dagegen machten z.B. Spirituosen 66 Prozent der aus Hamburg eingeführten Waren aus. Als J.K. Vietor 1884 in Togo eintraf, existierten fünf Faktoreien des Handelshauses Friedrich M. Vietor & Söhne. 1888 übernahm er die 1873 bis 1875 aufgebaute Niederlassung in Klein Popo (Anecho).

In seinen Lebenserinnerungen beschrieb Johann Karl Vietor, auf welche Weise er mit Afrikanern kommunizierte: Ein Ebenholzstock mit seinem Firmenwappen diente als „Visitenkarte". Daran erkannten Häuptlinge oder Kunden, dass er Auftraggeber der übermittelten Botschaft war. An der Grenze zu Dahomey mussten bei der Ein- und Ausreise bestimmte „geschnitzte Stöcke" vorgezeigt werden. Zur Zeit der „Opferfeste" durften europäische Mitarbeiter die Faktoreien nicht verlassen. Die örtlichen Könige verlangten von Europäern Abgaben. Wenn die Steuern nicht entrichtet wurden, setzte sich ein „königlicher" Aufseher im Auftrag des Königs an die Eingänge der europäischen Niederlassungen. Dieser schickte alle potentiellen Kunden mit der Bemerkung fort: „Hier ist kein Geschäft". So wurden die Europäer zur Zahlung von Geschenken und Steuern gezwungen. Johann Karl Vietor war dem König von Dahomey (Gbêhanzin) zu Dank verpflichtet, da er mit ihm gute Geschäfte machte. Vietor schenkte dem König eine Badewanne mit „schwerer Dusche". Der „König hatte ein kindliches Vergnügen daran, seine Weiber in die Badewanne zu setzen, und dann unversehens die Dusche anzudrehen, so dass sie mit fürchterlichem Wehgeheul vor Angst herausgesprungen seien"[28]. Ob Johann Karl Vietor König Gbêhanzin (1845-1906), der von 1890 bis 1894 herrschte, persönlich kennen lernte, ist nicht bekannt. Aber er machte Geschäfte mit ihm, bei denen Vietor „blendend verdiente"[29].

Aus der Sicht der Europäer hatten die Herrscher Dahomeys einen schlechten Ruf. Sie galten als autoritär und schützten den Sklavenhandel.[30] Das Königreich Dahomey pflegte Beziehungen zu deutschen Kaufleuten in dem Küstenort Quidah, „seinem Tor zur Welt"[31]. Mit europäischen Gewehren machten afrikanische Sklavenhändler Jagd auf Menschen, die zu den Anlegeplätzen europäischer Händler gebracht und anschließend nach Westindien und Amerika verschifft wurden. Ein anderes negatives Image war aus europäischer Sicht, dass Dahomey an Traditionen und Riten seiner Vorfahren festhielt, zu denen „Menschenopfer" zählten. Das Hauptausfuhrprodukt war Palmöl. Als Schutzpatrone wurden „vornehmlich Schlangen" und „auch europäische Waffen verehrt"[32].

---

28 StAB 7,73-54: Lebenserinnerungen J.K. Vietor, S. 34-39.
29 StAB 7,73-54: Lebenserinnerungen J.K. Vietor, S. 38: „Elfenbeinzähne, Korallen". Einladungen des Königs schlug Vietor aus.
30 Hartmut Müller (1971): S. 59; Horst Gründer (2004): S. 128. Afrikaner bewunderten den Mut König Gbêhanzin, der sein unabhängiges Land gegen die Kolonialmächte zu verteidigen versuchte. Adjai Paulin Oloukpona-Yinnon (1996): S. 7-18.
31 Adjai Oloukpona-Yinnon (1996): S. 9.
32 Brockhaus. Konversationslexikon (1894-1896). 14. Auflage. Bd. 4.

Seit 1900 war Vietor im Vorstand der Norddeutschen Mission. Offenbar rechnete die Gesellschaft mit „festen" Einnahmen durch ihn. Seit den 1880er Jahren spendete die Familie Vietor etwa vierzig bis fünfzig Prozent des Missions-Jahresetats. Auch andere „Christliche Unternehmungen", wie der Evangelische Volksbund und der Evangelische Verein, deren Vorsitzender Vietor war, knüpften Erwartungen an Vietors Großzügigkeit. Diese christlichen Vereine und Gesellschaften befanden sich permanent in „Geldverlegenheit". Vietor war aber nicht bereit, der Mission ständig „viel Geld zu pumpen", zumal die eigenen Geldgeschäfte und Investitionen risikoreich waren und ihm zeitweise die „eigene Geldverlegenheit" bewusst wurde. In solchen Zeiten war Vietor unsicher, ob er wohl „genug" gäbe. Er war 1912 zwar einer der „reichsten" Bremer Kaufleute[33], doch seine Mittel waren fest disponiert und keineswegs „flüssig". Manchmal „litt er unter diesen Dingen" und fühlte sich wohl, in Afrika, fernab von solchen Entscheidungen, zu sein.[34]

Vietor als Kolonialpolitiker: J.K. Vietor trat im Kolonialrat für eine menschenwürdige Behandlung von Afrikanern ein. Dazu wurde bereits oben Vietors Beitrag zur „Leistungsfähigkeit der Afrikaner" angeführt und Beispiele seines praktischen Umgangs mit afrikanischen Mitarbeitern angegeben. Auch 1906 wandte er sich mit solchen Gedanken an sein Publikum.[35] In einem anderen Dokument, einem zwanzigseitigen Redemanuskript, das Vietor auf einem Briefbogen mit Firmeneindrucken aus Westafrika schrieb, setzte er sich mit der Unterdrückung der Plantagenarbeiter in Kamerun auseinander und forderte eine Untersuchung durch die Kolonialadministration. Die Verhältnisse seien katastrophal. Selbst in den französischen und englischen Kolonien gingen Kolonialbeamte und Militärs schonender mit afrikanischen Arbeitern um. Er schäme sich, ein Deutscher zu sein, so Vietor. Er beklagte bei der Kolonialverwaltung in Berlin, dass noch nach „zwanzig Jahren [Kolonialherrschaft] beständig Krieg gegen die Eingeborenen" geführt würde. Dazu schilderte er seine Beobachtungen und Nachforschungen zur Anwerbung von Plantagenarbeitern. Vietor verfasste den Text 1904.[36]

Nach dem Ersten Weltkrieg: Nachdem J.K. Vietor vor dem Ersten Weltkrieg die deutsche Kolonialpolitik im Kolonialrat aktiv mitgestaltet hatte, wurde er in der Nachkriegszeit zum Bittsteller. 1925 wandte er sich an das Auswärtige Amt in Berlin und bat um ein Darlehen von 150.000 Mark. Zur Begründung gab er an, dass er seit 1922 den ehemaligen Standort der „Bremer Faktorei" in Keta mit einem

---

33   Rudolf Martin (1912). Vgl. S. 504, Fussnote 53.

34   Privatbriefe Vietor: J.K. Vietor aus Duala/Kamerun an seine Frau, 29. September und 2. Oktober 1912.

35   J.K. Vietor, um 1906: „In unseren Kolonien liegt es heute lediglich an unserem Willen, ob wir die Eingeborenen zu Hörigen der Europäer und Gesellschaften herabsinken lassen, oder ob wir sie zu unabhängigen, selbständigen Bauern und zu leistungsfähigen, tüchtigen Menschen heranziehen wollen." Zitiert nach Dokument in Horst Gründer (1999): „... da und dort ein junges Deutschland gründen." Rassismus, Kolonien und kolonialer Gedanke vom 16. bis zum 20. Jahrhundert. München. S. 248-250.

36   RKA, Nr. 3664, R. 1001, Bl. 102. o.D.; aber mit einem Hinweis über die Herkunft dieser „Denkschrift" vom 4. Januar 1934. Mein Dank geht an Peter Sebald, Berlin, der mir die Texte aus dem Reichskolonialamt zur Verfügung stellte.

Mitarbeiter besetzt habe. Vorher sei der Handel im englischen Mandatsgebiet nicht wieder möglich gewesen. Vietor beabsichtige, mit seiner Kaufmannsarbeit wieder an die Vorkriegszeit anzuknüpfen. Das war nur mit großem Kapitalaufwand möglich.[37] Das Auswärtige Amt verwahrte einen Vermögensstatus der Vietor-Unternehmensgruppe mit Bezug auf Vietors Darlehensantrag. Darin heißt es: Vietors

> „Firmen betrieben vor dem Kriege ein großzügiges Unternehmen mit einer Reihe eigener Niederlassungen in Französisch-Guinea, Liberia, an der Goldküste, in Togo, Dahomey, Kamerun und Deutsch-Südwestafrika. Alle diese Unternehmen bis auf dasjenige in Südwestafrika verfielen der Liquidation durch die engl. und franz. Regierung. Die Faktoreien in Südwestafrika wurden gänzlich ausgeplündert. Durch die Liquidation ihrer Niederlassungen haben die verschiedenen Vietor-Firmen beinahe ihr gesamtes Vermögen verloren. In Bremen befanden sich lediglich Büros zur Leitung der Unternehmen. [...] Der Friedenswert der Firma Vietor & Freese ist auf 800.000 M, der Friedenswert der Firma J.K. Vietor einschließlich der Firmen Friedrich M. Vietor Söhne sowie Vietor & Lohmann ist auf rund 1.700.000 M, der Friedenswert der Firma Vietor & Huber auf rund 795.000 M festgesetzt worden. [...] Frau Hedwig Vietor, geb. Augener, hat ein Grundstück Markusallee 39 in Rosenthal-Bremen."[38]

Das Reichsentschädigungsamt für Kriegsschäden gewährte J.K. Vietor Darlehensbeträge von 34.000 und 100.000 Reichsmark. Unter „streng geheim. Projekt einer Westafrikanischen Handelsgesellschaft"[39] heißt es, Vietors Kriegsverluste im Jahre 1914 seien „mit mehreren Millionen" anerkannt worden.[40] 1931 wurden keine weiteren Kredite bewilligt, auch nicht, nachdem sich der Norddeutsche Lloyd für Vietor verwandt hatte. 1931 ermahnte der Bremer Missionsinspektor Schreiber Vietor, die Liquidität der Guthaben der Spar- und Pensionskasse der „Ewekirche" in der britischen Kolonie Goldcoast sicher zu stellen.[41] Im selben Jahr wurden Vietors Firmen liquidiert.[42]

Geografische und klimatische Konstellationen sowie die wirtschaftlichen und politischen Bedingungen zwischen 1890 und 1920 in GUATEMALA wurden im Hauptteil meines Buches beleuchtet. Nach dem Ersten Weltkrieg waren die wirtschaftspolitischen Rahmenbedingen für deutsche Kaufleute schwieriger geworden. In Guatemala-City hatten sich Geschäftsviertel „der Chinesen", d.h. zahlreiche Konkurrenten etabliert; der wirtschaftspolitische Einfluss der USA wurde durch die Anwesenheit von „Juden" auffällig, so Friedrich Köper. Ende der 1920er Jahre missfielen Fritz Köper die aggressiven Auftritte von deutschen Nationalsozialisten. Im deutschen Verein Guatemalas werde nur noch über Politik gesprochen, so Köper. Im Straßenverkehr waren amerikanische Autos und Motorräder üblich geworden. Als

---

37 RKA, Nr. 3664, R. 1001. Bd. 1. April 1925 bis Juni 1930, Bl. 3.
38 RKA, Nr. 3664, R. 1001. Bd. 1. Bl. 16 und 23.
39 RKA, Bl. 23 und 31.
40 RKA, Bl. 216.
41 RKA. R 1001, Bl. 38, 9. Oktober 1938.
42 RKA, R 1001, Bl. 12 und 34.

Verkehrsmittel standen Eisenbahnen und auch eine nationale Fluglinie, z.B. von Guatemala-City nach Quezaltenango zur Verfügung. Doch zu Kunden, die in entlegenen Gebieten aufgesucht wurden, benutzten Kaufleute wegen der schlechten Straßenverhältnisse weiterhin Esel.

Guatemala war seit dem letzten Drittel des 19. Jahrhunderts durch die Kaffeeexporte stark in die Weltwirtschaft eingebunden. Große moderne Agrarbetriebe (Plantagen), im Besitz von ausländischen Eigentümern aus Frankreich, Großbritannien, Italien, der Schweiz, Deutschland und zunehmend aus USA, erzeugten Exportprodukte wie Kaffee und Bananen. Für die Plantagenarbeit verpflichtete der Staat billige Arbeitskräfte. Dagegen vernachlässigte die Regierung den Binnenmarkt. Die indianischen Landarbeiter bauten am Rande der Plantagen Nahrungsmittel wie Mais und Bohnen für den eigenen Verzehr an. Guatemalas Bevölkerung wurde abhängig vom Import ausländischer Lebensmittel.

Seit Anfang des 20. Jahrhunderts besaß die United Fruit Company (USA) großen Einfluss in Guatemala. Die Regierung überließ US-Gesellschaften unbebautes, fruchtbares Land, auf dem Bananenenklaven entstanden. Guatemalas Regierungschefs waren Diktatoren, die mit Unterstützung der USA Gewerkschaften, Bauernvereinigungen und politische Parteien unterdrückten.[43] Ende der 1920er Jahre verfügte der Staat Einreisebeschränkungen. Ausländischen Firmeninhabern und Fincabesitzern war es verboten, sich länger als ein Jahr von Geschäft oder Plantage in Guatemala zu entfernen. Dieses Gesetz veranlasste Friedrich Köper, 1929 wieder nach Guatemala zu ziehen. Seine Frau blieb in Bremen zurück. Vater und Sohn Köper arbeiteten jetzt zeitweise gemeinsam in Guatemala. Die Weltwirtschaftskrise erforderte eine geschäftliche Neuorientierung. Köper konzentrierte sich weniger auf den Import als auf das Exportgeschäft. Vorhandenes Kapital legte er in „Grund und Boden" an und erwarb 1934 eine Finca an der Südküste Guatemalas. Damit initiierte er ein „Zukunftsprojekt" und wurde Plantagenbesitzer. Er kaufte Kaffee-Fruchtbäume und „150 Stück Vieh". Etwa einhundert Landarbeiter mit Familien siedelten sich in kurzer Zeit auf seinem Gelände an. Neben Kaffeeanbau experimentierte Köper mit Chinin, da „Chinarinde einen phantastischen Preis auf dem Weltmarkt" erzielen konnte. Köper setzte einen Verwalter ein und ließ diesem ein Haus auf dem Grundstück bauen.

Auch in den 1920er und 1930er Jahren pflegte Köper Kontakte zu Persönlichkeiten, die ihm geschäftlich nützlich waren: Er bereiste Kolumbien, korrespondierte mit einem deutschen General, der 1927 das Heer Argentiniens reorganisierte, besuchte 1934 guatemaltekische Minister in der Hoffnung, die „Zigarettenpapieraffaire"[44] für sich zu entscheiden. Während in Bremen 1931

---

43   Jean Carrière; Stefan Karlen (1996): S. 370-376.

44   Anfang der 1920er Jahre führte Köper Zigarettenpapier nach Guatemala ein. Anstelle des kleinen „Hüllblatts des inneren Maiskolbens" überzeugte Köper Raucher mit gelbem Blättchen aus dem Schwarzwald und weißem Zigarettenpapier aus Böhmen. Monatlich importierte er „zwanzig bis dreißig Sendungen", die Abnehmer „bis nach Mexico und Honduras" fanden. Die Regierung Guatemalas stoppte dieses Geschäft Köpers und konfiszierte eine Ladung. Zigarettenpapier fiel danach unter das Monopol der Tabakfabrikate. StAB 7,13: Lebenserinnerungen Köper, S. 38. Ein neues Tabakgesetz veranlasste die Geschäftsführer Friedrich Köper, Wilhelm Lottmann

große Handelsunternehmen wie z.B. Johann Karl Vietor mit seinem Firmenkonsortium und auch der Konzern Norddeutsche Wollkämmerei und Kammgarnspinnerei ("Nordwolle") mit einem Aktienkapital von 75 Millionen Mark (1928)[45] Konkurs anmelden mussten, verfügte Köper trotz Weltwirtschaftskrise und Bankenzusammenbrüchen über Kapital.

3. Bürgerliche Tugend, Kaufmannsethik

Seit der Aufklärung entwickelte sich in Europa und den westlich beeinflussten Ländern ein liberales Rechts- und Wertesystem, das die berufliche und private Lebenspraxis von Bürgern prägte. Die Freihandelsbewegung, ein merkantiles System, das die Interessen des mündigen Individuums berücksichtigte, führte nach herrschender Meinung zum Wirtschaftswachstum und zum Wohlstand. Während des 19. Jahrhunderts war eine solche liberale Wirtschaftpolitik in Europa vorherrschend. Sie entsprach einer Kulturpolitik, die auf Toleranz, praktische Bildung, Wissenschafts- und Pressefreiheit setzte und den kirchlichen und staatlichen Gewissenszwang ablehnte.

Aus dem Beruf des Kaufmanns entwickelte sich eine spezielle Ethik, die nicht nur die Kaufmannsarbeit ordnete, sondern auch das Zusammenleben von bürgerlichen Frauen und Männern bestimmte. In den Kaufmannsfamilien herrschte Übereinstimmung über eine Nomenklatur, die die Arbeit des männlichen Haushaltsvorstands, aber auch die Privatsphäre der bürgerlichen Familien regeln sollte. Kulturelle Werte wurden in Lebensführung, literarischen Neigungen, Wohnstil, Kleidung und Mode, aber auch in politisch-nationalen Verhaltensformen dargestellt. Weder der Adel noch die entstehende Arbeiterbewegung vermochten es, wie es der Historiker Hans-Ulrich Wehler formulierte, im 19. und beginnenden 20. Jahrhundert dem Bürgertum eine "überlegende Gegenkultur entgegen zu setzen"[46].

Um zum Bürgertum dazuzugehören reichte es nicht aus, Nachkomme einer Bürgerfamilie zu sein. Jedes Individuum musste sich als Bürger bewähren. Eine besondere Bedeutung für den Kaufmann besaß der Begriff Selbständigkeit. Nur durch den Erwerb von Selbständigkeit und Selbstbestimmung konnten erfolgreiche berufliche und private Wege beschritten werden. Im Kapitel "Arbeit" wurden Ausschnitte aus den Lebensläufen der Bremer Überseekaufleute dargestellt, die zur ökonomischen Selbständigkeit führten. Häufig orientierten sich Kaufleute an den Karrieren ihrer Väter oder Verwandten. Nach der Zeit in Übersee planten sie, wohlhabend nach Bremen zurückzukehren, um als Bürger der Stadt eine öffentli-

und Fritz Köper 1933/34, Guatemalas Regierung mit Hilfe des Auswärtigen Amts in Berlin unter "Druck" zu setzen. StAB 7,13: Fritz Köper an seinen Vater, 3. Mai 1933; 13. März 1934.

45 Herbert Schwarzwälder (1995): Bd. 3, S. 527-540; Herbert Schwanzwälder (2003): S. 221-222. D. v. Reeken (1996): Lahusen. Bremen. – Zu Verwandtschaften und Heiratsverhalten der Bremer Familie Lahusen. Erika Brandes (1963): S. 36-37.

46 Hans-Ulrich Wehler (2000): S. 88.

che Position einzunehmen. Bis zu endgültigen Rückkehr nach Bremen vergingen oft Jahrzehnte.

Das Erreichen der ökonomischen Selbständigkeit war in der Regel die Voraussetzung für eine Eheschließung in Bremen. Die Ehefrauen waren in ihren Familien auf das Leben in Übersee vorbereitet worden, das heißt, sie waren Trägerinnen und Vermittlerinnen einer durch Frauenbildung erworbenen bürgerlichen Kultur. Als Förderung der kaufmännischen Kultur konnte auch das Einbringen von Kapital in der Form der Aussteuer und Mitgift in die Überseefirma angesehen werden. Ehefrauen von Kaufleuten vertraten eigene sittlich-moralische Vorstellungen und ließen sich flexibel auf die Haushaltsführung in Übersee ein. Die junge Familie in Übersee – einschließlich der ersten Kinder – verkörperte ein Idealbild bürgerlicher Lebensform, auch wenn sich die zivilisatorischen Bedingungen der Wohn- und Firmenorte in Guatemala, Chile, Westafrika, Indien und Ceylon nur schwer mit Bremen vergleichen ließen. Haushaltsführung, Schwangerschaft und Kinderaufzucht in Übersee sollten sich als besondere Prüfsteine für das bürgerliche (Über-)Leben der Frauen erweisen. Dabei handelte es sich um Aufgaben, die weit schwieriger zu organisieren waren als in der bremischen Heimat. Probleme bei der Aufzucht und der Erziehung der Kinder in der Fremde waren oft ausschlaggebend für die Entscheidung der Familie, nach Bremen zurückzukehren. Männliche Arbeit in Übersee galt zwar als anstrengend, jedoch entsprechend des persönlichen Einsatzes der Kaufleute als leistbar und überaus lohnend. Auch vom „sicheren" Firmensitz Bremen liebten es Überseekaufleute weiterhin, in geregelten Abständen ihre Firmengründungen und Filialen weltweit zu besuchen und dort nach dem Rechten zu sehen und als Kaufmann zu arbeiten.

Ökonomische Selbständigkeit bedeutete zunächst formal materielle Unabhängigkeit. Doch der Begriff umfasste auch geistig-moralische Dimensionen, die sich aus eigenem Handeln, eigenem Antrieb und eigener Urteilsfähigkeit ableiteten.[47] Aus diesem von Innen geleiteten Verständnis, das aus Normen des sozialen Umfelds reproduziert wurde, entwickelten und verbreiteten Kaufleute bürgerlich-moralische Leitvorstellungen. Nach ihrer Rückkehr aus Übersee übernahmen sie politisch-soziale Ämter und zeigten sich als Mäzene einer bürgerlichen Kultur. Einige verfassten – sich als Bildungsbürger verstehend – belehrende Texte über ihre eigenen Erlebnisse und über Land und Leute in der Fremde. Sie schlossen sich dem Geografischen Verein an und hielten engen Kontakt zum Bremer Überseemuseum, um ihre in Übersee erworbenen Kenntnisse der Ethnologie, der Naturkunde und des Handels verbreiten zu können. Andere boten sich der Bremer Handelskammer als Übersetzer von fremdsprachigen Texten an. Als weltgewandte Bürger führten sie in Bremen einen großen Haushalt in einem vornehmen Quartier. Individuelle Selbständigkeit – und deren Erwerb und Gebrauch während eines Kaufmannslebens – ist nach den Auswertungen der Bremer Quellen eine dominante Perspektive innerhalb der „Rites de passage" eines Kaufmannslebens.

---

47 Manfred Hettling (2000): S. 60-64.

Interpretieren wir Selbstständigkeit als einen Teil des Kanons der bürgerlichen Ethik, so muss an dieser Stelle auf Max Webers „Protestantische Ethik" eingegangen werden. Nach Weber wurde die Entstehung der modernen industriellen-kapitalistischen Arbeitswelt durch die christliche Ethik des Protestantismus begleitet. Kategorien des modernen Wirtschaftens hatten sich in der US-amerikanischen Wirtschaft entwickelt: Zeiteinteilung und Disziplin, Ehre und Kreditwürdigkeit, Sparsamkeit und Fleiß. Diese philosophisch-praktischen Anweisungen für menschliches Leben und Arbeiten wurden von Weber als Äquivalente zu religiösen Gesinnungen verstanden. Sie wirkten sich mäßigend und einschränkend auf den Lebensstil der bürgerlichen Familien aus. Kapitalgewinne würden demnach in der Regel nicht konsumiert, sondern ins Geschäft investiert, um den Ertrag langfristig zu vervielfältigen.[48] Für den modernen, protestantisch geprägten Kaufmann und Unternehmer schlossen sich somit intensive Arbeitsleistung und „bequemer Lebensgenuss" aus.

Eine Arbeitshaltung, die aus Disziplin, Pünktlichkeit, Sparsamkeit und harter, rastloser, „methodisch-systematischer" Berufsarbeit bestand, sollte zu Ansehen und Ehrbarkeit führen.[49] „Innerweltliche Askese" stellten sich zahlreiche protestantische Kaufleute als gottgewollten Lebenszweck vor. So galt Zeitvergeudung als Sünde. Frühzeitig wurden Bürgerkindern Glaubenssätze zu Arbeitshaltungen, deren Kernwerte Leistung und Bildung waren, durch Bilderbücher und Poesiealben durch Sprüche wie „Arbeit macht das Leben süß"; „Froh erfülle deine Pflicht" und „Ohne Fleiß kein Preis!" vermittelt.[50] Häufig bezogen sich solche Worthülsen auf die Stilisierung des väterlichen Berufs.

Arbeiten und Geldverdienen in Übersee waren die Handlungsgrundlagen der Akteure. Deshalb nahmen sie die jahrelange Abwesenheit von Bremen auf sich. Friedrich Köper brachte seine ambivalenten Überlegungen für seine Zukunft nach zwanzigjähriger Kaufmannsarbeit in Guatemala zum Ausdruck: „Heimath drüben – Geschäft hier – das ist ein ewiger Zwiespalt". Sein Aufenthalt in Guatemala galt dem Ziel, als angesehener, wohlhabender Kaufmann nach Bremen zurückzukehren. Familienleben und Häuslichkeit waren ihm weniger wichtig; Freundschaften und Geselligkeit pflegte er, wenn dies für das Geschäft nützlich war.

„Zeit ist Geld!" Nach der Etablierung eines Im- und Exportgeschäfts in Kalkutta mieteten Johann Smidt und Johannes Schröder ein großes Haus mit vier Kontorräumen, Wohnungen und Packräumen. Die Raumaufteilung war so großzügig, dass vier weitere Zimmer untervermietet werden konnten, d.h. das Haus war für ein junges Unternehmen überdimensioniert. Trotzdem entschieden sich die Kaufleute für dieses Haus, da Wohnen und Arbeiten unter einem Dach vereinigt werden konnten. Johann schilderte seine Arbeitszeit: Oft hatte er „harte" Zwölf-Stunden-Tage, die er zum Teil auf dem Indigo- oder Reis-Bazar" verbrachte. Das gemietete Haus lag nicht weit davon entfernt; deshalb sei es möglich, ohne Zeitverlust zu arbeiten. Er spare durch diesen Standort täglich eine Stunde; sein Partner Schröder

---

48   Max Weber (2000): S. 27-165.
49   Werner Conze (1976).
50   Gunilla-Friederike Budde (1994).

arbeite häufig noch in den Abendstunden in seinem Kontor. Auf die Sorge seines Vaters, die Gesundheit dürfe nicht unter dem Arbeitspensum leiden, antwortete Johann, alle seine Bekannten würden unter Zeitdruck arbeiten, es sei denn, man gäbe sich mit weniger Gewinn zufrieden. 1864, knapp zwei Jahre nach der Gründung eines eigenen Kontors, standen schon „36 dienstbare Geister" auf der Gehaltsliste; die Zahl der Europäer sollte von zwei auf vier verdoppelt werden. Johann war sich sicher, nicht „zuviel aufs Spiel gesetzt" zu haben. Vor dem Ersten Weltkrieg beschäftigte das Unternehmen in Kalkutta 35 Europäer und 3.000 Inder.[51]

Arbeit als Kapital: Auch Friedrich Köper berichtete 1888 von einer langen Arbeitszeit von acht bis sieben Uhr. „Arbeit und Mühe" seien sein „Kapital" (1892). Fast gemächlich und ohne Aufregung erscheint dagegen sein Ausspruch 1896: „Von hier aus kann ich dir wenig Neues berichten, das Leben fließt hier in ruhiger Arbeit mit wenig Abwechslung dahin." Friedrich Köper versuchte, Probleme mit seinem Kompagnon Eberhard Noltenius nicht zu stark zu betonen. Er bemühte sich, die Schwierigkeiten allein zu lösen. Es fiel ihm auch schwer, seinem Vater von Misserfolgen zu schreiben. 1897 strebte er nach einer Lösung des Konflikts mit seinem Teilhaber und war „sehr häufig gedrückter Gemütsstimmung". Köper sah „oft schwarz" für die Zukunft. Aus dieser depressiven Verfassung wollte er sich herausarbeiten. Er beabsichtigte, sich nur noch auf sich selbst, sein „Vermögen und seine Leistungen" zu verlassen. Ihm war bewusst, dass er sich zur Durchsetzung seiner Ziele („wo mich mein Ideal hinzieht") egoistischer verhalten müsse.

Treue, Fleiß, Arbeit führen zum Erfolg: Johann Karl Vietor freute sich über kurzfristige Erfolge, gleichzeitig blieb er 1894 skeptisch: Ein Kaufmann käme am weitesten, wenn er immer nur mit den ungünstigsten Verhältnissen rechne. Auch ohne große Unternehmungen könnte man glücklich sein. Ein Leben sei auch in kleineren Verhältnissen durch „Treue, Fleiß und nicht zu angreifende Arbeit" ausgefüllt. Damit wollte er seine Frau vor zu hohen Erwartungen in „schlechten Zeiten" bewahren. 1897 zeigte er sich angesichts von Wirtschaftskrisen („miserablen Verhältnissen") besorgt: Wer im Leben etwas vorstellen wolle, müsse etwas Großes leisten. Ein Geschäft sei wie ein „rollendes Rad". Er sah 1897 Gefahr darin, dass er das Geschäft „etwas zu groß gemacht" habe. Seine Überlegungen zielten auf Einschränkungen in der privaten Lebenshaltung. Sie würden „eigentlich über ihre Verhältnisse leben". Fünfzehn Jahre später beabsichtigte Vietor, seine Geschäfte weiter auszubauen, um – mit Gottes Hilfe – seinen Söhnen „Weltfirmen"[52] zu hinterlassen. Zu dieser Zeit stand Johann Karl Vietor auf dem siebenten Platz der Liste von etwa 180 Bremer Millionären.[53]

Väter und Söhne: In den 1920er Jahren vermittelte Eberhard Noltenius seinem Sohn Wilhelm, er müsste im Kaufmannsberuf „mehr leisten, als von ihm verlangt

51 Eckstein Ergänzungsband (1915): Schröder, Smidt & Co., S. 40-41.
52 Privatquellen Vietor: J.K. Vietor an seine Frau, 3. September 1912.
53 Rudolf Martin (1912): S. 101-125; hier S. 101.

würde". Der Achtstundentag sei nur für die „Sozis" da und für Leute ohne den Ehrgeiz, es im Leben weit bringen zu wollen. Wilhelm war zu der Zeit neunzehn Jahre alt und hatte weder die Schule beendet noch mit seiner kaufmännischen Lehre begonnen. Der Vater entwickelte auch die Vorstellung, dass Wilhelm das Guatemala-Geschäft „wieder auf die Höhe" der Vorkriegszeit bringen könnte. In Guatemala begann der weltweit eingeführte Achtstundentag für Angestellte morgens um ein Viertel vor Acht; von zwölf bis zwei Uhr war „Frühstückspause" und um ein Viertel vor sechs wurde die Arbeit beendet. Für selbständige Kaufleute galt das nicht. – Ebenso energisch wies Friedrich Köper 1928 seinen Sohn Fritz auf das „Ellenbogen-Prinzip" unter Kaufleuten hin; er solle seinen Kollegen in New York Arbeitsvorgänge „abnehmen", um sich so gegenüber seinen Chefs hervorzutun. Fritz Köper stellte in New York fest, „die Hauptsache ist hier der Umsatz". Als er im selben Jahr ins väterliche Geschäft in Guatemala eintrat, fügte er sich in dortige Arbeits- und Lebensverhältnisse ein. Kontorarbeit empfand er als langweilige „Beschäftigung". Auch das abendliche „richtige Wochenprogramm" (Geselligkeit: Singen, Kino, „Kammerspielabend" und „Pfeifferklocktee" im Palace Hotel) behagten ihm nicht. Seinem Vater gefiel die Lebenshaltung seines Sohnes nicht: Bei ihm käme die Arbeit zu kurz. Daher reiste Friedrich Köper nach Guatemala, um seinen Sohn zu ermahnen. Langeweile, öde, unnütze Geselligkeit oder Müßiggang galten im 19. Jahrhundert als „Todsünden" des Alltags.[54] Zur individuellen Bildung der Persönlichkeit, eine der bürgerlichen Tugenden, blieb in Übersee nach Arbeitstagen von zwölf Stunden kaum Zeit. Kaufleute in Übersee abonnierten die Bremer Weser Zeitung und „Das Echo", eine „Zeitung für Politik, Literatur und deutsche Ausfuhrinteressen"[55]. Aus Bremen mitgebrachte Romane wurden reihum weitergereicht, so z.B. „Hilligenlei" des ehemaligen Pastors und Schriftstellers Gustav Frenssen.[56]

Vertrauen und Kreditwürdigkeit: Unter Kaufleuten bzw. Freunden bildete Vertrauen die Basis für Kreditwürdigkeit. 1900 erinnerte Gerhard Köper seinen Sohn Friedrich daran, Kreditgebern die ihnen zustehenden Zinsbeträge rechtzeitig auszuzahlen. Sonst würde kein gutes Licht auf ihn als Geschäftsmann fallen. Die Begriffe Vertrauen und Kredit treten oft synonym auf. Unter Freunden und Verwandten wurde erwartet, dass das geliehene Geld sicher war. Aber gerade zwischen solchen Personen konnte das Vertrauen durch nicht eingehaltene Versprechen oder durch Unaufrichtigkeit nicht nur verspielt werden, sondern zu einem endgültigen Bruch führen. Mit dem Vertrauen in die eigenen Fähigkeiten zeigten Kaufleute Risikobewusstsein, denn häufig vertrauten sie sich in Geldgeschäften nicht Freunden oder Verwandten an, sondern fassten – wie an Beispielen von Empfehlungsschreiben dargestellt – in London, Kalkutta, Mexiko, Chile, Guatemala Vertrauen zu Geschäftspartnern, die ihnen fremd waren, aber nützlich sein konnten. Aber nicht nur das: Sie legten im

---

54 Hettling; Hoffmann (2000): S. 15.
55 Erschien von 1882 bis 1931 im Auslandsverlag in Berlin.
56 Zu Gustav Frenssens (1863-1945) „Hilligenlei": Kindlers Neues Literaturlexikon (1998): Bd. 5., S. 803f.

Vertrauen auf Hilfestellung und Kredit weitgehend ihre finanziellen und sonstige Verhältnisse offen. Sie bewirkten, dass sich fremde Menschen für ihre Geschäftsidee interessierten. Sonst hätte mit ihnen kein Kreditgeber oder Geldverleiher weiter verhandelt. Anschließend versuchten Kaufleute, sich dem Vertrauensvorschuss würdig zu erweisen. Sie setzten alles daran, Kreditvereinbarung und Rückzahlung pünktlich einzuhalten. Es war ihnen bewusst, dass Vertrauen schwer zu gewinnen war, aber schnell verspielt sein konnte. So beruhte die Ehrbarkeit eines Kreditnehmers und Kaufmanns auf dem Grundsatz des Handelns auf Treu und Glauben.[57]

4.   Bürgerinnen und Religion

Lucian Hölscher (1990) ging in seinem oft zitierten Aufsatz Fragen nach der Relation zwischen individueller Frömmigkeit und aktiver Teilnahme an Gottesdiensten und Abendmahl in protestantischen Kirchengemeinden nach. Er wertete Statistiken zum Abendmahlbesuch deutscher Landeskirchen aus. Während des 19. Jahrhunderts fand demnach ein Prozess der „Entkirchlichung" statt, der nach Hölscher um 1850 abgeschlossen war.[58] Bürgerlich-protestantische Stadtbewohner hielten sich vom kirchlichen Leben fern. Kirchliche Feste fanden zunehmend als Familienfeierlichkeiten zu Hause statt. Der Schwerpunkt ehemaliger kirchliche Riten wie z.B. die Ausgestaltung des Weihnachtsfestes, Abendmahl, Taufe und Begräbnisfeierlichkeiten verlagerten sich von Kirchen in die Familienhäuslichkeit. Die Bürger blieben meistens Kirchenmitglieder, doch die aktive Kirchengemeinde bestand häufig aus wenigen Kirchen- und Abendmahlsbesuchern. Eine religiöse Gesinnung blieb dennoch erhalten. Die Bibel wurde von Männern und Frauen als „zentrales Stück des bürgerlichen Bildungskanons" (Hölscher) anerkannt. Aber statt kirchlicher Frömmigkeit legten Bürger mehr Gewicht auf „humane Sittlichkeit", die sich z.B. in Formen von Wohltätigkeit oder protestantischen Vereinen äußern konnte. Die Religionskritik richtete sich gegen traditionelle Dogmen. Die durch protestantische Pastoren vermittelte biblische Schöpfungsgeschichte oder Wundergeschichten des Neuen Testaments stimmten nicht mit den Naturgesetzen überein. Bildungsbürger bezogen ihre individuelle Religiosität aus den Werken der deutschen Klassik („Goethe als weltanschaulicher Wegweiser"). Texte der Bergpredigt oder Bibelsprüche wurden als Handlungsanweisungen weiterhin ernst genommen. Religion entwickelte sich zur Religiosität mit unterschiedlichen „vagen" Vorstellungen. Das „Heilige" wurde als etwas „Höheres" im menschlichen Bewusstsein anerkannt. Das „Heilige" war z. B. in der Natur zu entdecken.[59]

Rebekka Habermas (1994) untersuchte die bürgerliche Identitätsbildung in der ersten Hälfte des 19. Jahrhunderts an Beispielen von Vereinszugehörigkeiten und

---

57 Ute Frevert; Ulrich Schreiterer (2000).
58 Lucian Hölscher (1990): S. 601.
59 Z.B. von dem deutschen Zoologen Ernst Haeckel (1834-1919), der, Charles Darwin weiterentwickelnd, das „Biogenetische Grundgesetz" und populäre Schriften zur Evolutionstheorie verfasste. DBE (2001): Bd. 4. S. 302-303.

Religiosität. Glaubensvorstellungen und Glaubenspraxis (Frömmigkeit) hatten geschlechtsspezifische Aspekte. Frauen wurde ein „höherer religiöser Sinn"[60] als Männern nachgesagt. Sie waren als Mütter für die Erziehung der Kinder verantwortlich. Nach der Rollenzuschreibung sollten sie ihre Plätze zu Hause in der Familie einnehmen. Dagegen trafen sich ihre Ehemänner in unterschiedlichen Vereinen – in Lesegesellschaften, Clubs oder Logen. Für Nürnberg stellte Rebekka Habermas weibliches Handeln aus „christlicher Nächstenliebe" in Vereinen fest, ohne dass sich Frauen dabei auf die Auslegung der Bibel festlegten: Sie empfanden ihren Dienst als „gefühlsbetontes Erlebnis"[61], nämlich etwas „Gutes" zum Gemeinwohl beigetragen zu haben. Doch dieses Engagement hatte eine weitere Dimension: Es bot vielen Bürgerinnen im 19. Jahrhundert Möglichkeiten, in einer Gesellschaft außerhalb der Familien zu kommunizieren.

Frauen waren bis zum Ende des Kaiserreichs vom politischen und kirchlichen Wahlrecht ausgeschlossen. Durch ihre Vereinsmitgliedschaften bildete sich eine Form von weiblich-bürgerlicher Selbstorganisation heraus, die für die Geschichte der bürgerlichen Gesellschaft bedeutend war. Der bürgerlichen Frau wuchs eine Rolle als Bewahrerin der christlichen Kultur zu.[62] Sie sorgte für eine würdige Ausgestaltung von vormals kirchlichen Feiern im Familienkreis; sie pochte auf Einhaltung von Sittlichkeit; sie hielt ihrem vom Beruf angestrengten Ehemann den Rücken frei. Das Engagement in wohltätigen und der protestantischen Kirche nahe stehenden Vereinen war charakteristisch für Bremer Bürgerfrauen: Sie veranstalteten Bazare, besuchten Kranke und sammelten für Näh- und Kochschulen. Die aktive Beteiligung an solchen Initiativen – sie waren nicht nur Spenderinnen – ermöglichte ihnen um 1900 einen Aktions- und Kommunikationsraum, der trotz zahlreicher Kinder über ihre Betätigungsfelder in Haus und Familie hinausging. Im Rahmen von Wohltätigkeitsvereinen, Frauen- und Missionsvereinen emanzipierten sie sich, bevor ihnen das politische Wahlrecht zuerkannt wurde. Frauenvereine waren nach Konfession und Region überregionalen und internationalen Dachorganisationen unterstellt. Auch auf dieser Ebene fand Kommunikation statt.[63] Gegen Ende des 19. Jahrhunderts entstand eine „Rekonfessionalisierung", die an der Entwicklung von großen konfessionellen Frauenorganisationen orientiert war, aber auch auf Wohltätigkeit und sozialer Frauenarbeit gründete.

Gunilla-Friederike Budde stellte zur religiösen Glaubenspraxis im 19. Jahrhundert im Vergleich zwischen Deutschland und England erhebliche Unterschiede heraus. In England existierten neben der anglikanischen Staatskirche zahlreiche andere Glaubensströmungen. Das Verhältnis zwischen der Mehrheit und den Minderheiten wie z.B. den Angehörigen von Freikirchen, Katholiken und Juden war nicht spannungsfrei. Trotzdem scheint die Mehrheit der Bevölkerung toleranter auf Andersgläubige reagiert zu haben als das protestantische Bürgertum in Deutschland

---

60 Rebekka Habermas (1994): S. 125-148.
61 Rebekka Habermas (1994): S. 132.
62 Frank-Michael Kuhlemann (2000): S. 310.
63 So Friederike Kulenkampff (1857-1945), die zusammen mit ihrer Freundin Rosa Dreier von Bremen zum Frauenkongress nach Berlin reiste. Die Frauen besuchten auch einen Gottesdienst. Privatquellen Kulenkampff: Tagebuch Friederike Kulenkampff, S. 67.

während des „Kulturkampfes". In Lebenserinnerungen vermischen sich Vergange-
nes und Gegenwärtiges. Trotz der Distanz zur Vergangenheit wurden in Selbstzeugnissen Anschauungen über „Andersgläubige zwischen Missachtung und Verach-
tung" dargestellt, so Budde. Auch die ausgewerteten Briefe von Bremerinnen und
Bremern ergeben kein anderes Resultat. „Insgesamt wurde Toleranz als Programm-
punkt der bürgerlichen Utopie in Bezug auf Religion" in England und Deutschland
„eher kleingeschrieben"[64].

Protestantische Bürger und Bürgerinnen beobachteten Katholiken bei ihrer
Glaubensausübung in Wien, Spanien und in den Handelskolonien in Brasilien und
Guatemala. Sie reagierten darauf mit Unverständnis. Katholiken wurden nicht nur
der „Prunksucht", sondern der „Dummheit" bezichtigt. Der „Glaube" an biblische
Wunder oder an Heilung durch Gebete stand im Gegensatz zu „Verstand" und Na-
turwissenschaft. Sich katholischen Dogmen zu beugen oder zu beichten bedeutete
gleichsam sich einer Konfession zu unterwerfen. Dagegen waren Protestanten stolz
darauf, individuell frei und selbständig zu sein. Aber auch unter Protestanten war
man sich über Intensität und Ausdrucksformen der Glaubenspraktiken nicht einig.
So stimmten z.B. Johann Smidt und Johannes Schröder in geschäftlicher Hinsicht
überein, aber in ihrer religiösen Gesinnung unterschieden sie sich offenbar. Johann
Smidt fiel an seinem Kompagnon eine starke Frömmigkeit auf.

Religiöse Glaubenspraxis in Bremen: 1869 kam Marie Smidt aus New York in
Bremen an. Der Sonntagsgottesdienst in einer der Bremer Kirchen war ihr selbstverständlich. Sie „hielt sich an den [konservativen] Geistlichen Julius Thikötter"[65].
Nachdem 1870 Deutschland Frankreich besiegt hatte, ließ Marie sich von Thiköt-
ters „Freude- und Dankpredigt" mitreißen. Sonntags vertiefte sie sich in die veröffentlichten Predigten von Pastor Friedrich Ludwig Mallet.[66] Ohne diesen Ritus
sei für sie nicht Sonntag. In der Familie Smidt fühlte Marie sich nicht immer verstanden. Wenn sie während ihrer Schwangerschaft zum Gottesdienst in die Kirche wollte, fand sich nicht immer Begleitung. Es fiel ihr auch auf, dass die Jugendlichen „Freddy und Adolf Vietor"[67] sonntags zur Kirche „schlichen", um nicht von
ihren Freunden gesehen und als „fromm" beschimpft würden. Die Familie Friedrich Martin Vietor besaß in Bremen am „Kaufmannsmühlenkamp" ein Haus mit
großem Garten. Das Haus verfügte über einen Saal, in dem im Dreijahresabstand
die „Internationalen Missions Versammlungen" stattfanden und zu der jeweils „80-

---

64 Gunilla-Friederike Budde (1994): S. 381f.

65 Julius Thikötter (1832-1913) war Garnisionsprediger und Pfarrer der Liebfrauen-Gemeinde. Ju-
    lius Thikötter Nekrolog. Bremisches Jahrbuch (1914): Bd. 25. S. 205-210. 1875 weihte Thiköt-
    ter zusammen mit Senator August Lürman ein Kriegerdenkmal in den Wallanlagen ein. Herbert
    Schwarzwälder (1995): Bd. 2, S. 312. Dietmar von Reeken (1999): S. 72; S. 414.

66 Mallet (1792-1865) war seit 1827 Pastor der St. Stephani-Gemeinde und Mitbegründer der
    Norddeutschen Mission. Er gehörte zu den „orthodoxen" Pfarrern Bremens. Mit seinen publi-
    zierten Aufsätzen war er einer der Vertreter der „Erweckungsbewegung", die mit dem protestan-
    tischen „Liberalen" scharfe Auseinandersetzungen führten. Dietmar von Reeken (1999): S. 129;
    S. 189; Bremische Biographie (1912): S. 297-299.

67 Friedrich („Freddy") (1851-1901) und Adolf Vietor (1852-1936) waren Söhne des aus New
    York nach Bremen zurückgekehrten Kaufmanns Friedrich Vietor (1806-1870) und Marie, geb.
    Hütterott (1819-1903). Sie wohnten in der Contrescarpe 50.

90 Herren" anreisten.[68] Zudem waren Vietors Haus und Garten Mittelpunkt für die jährlichen Missionsfeste. „Vietors Garten" spielt auch in den Lebenserinnerungen von J.K. Vietor eine Rolle.

1870 war es in Bremen nicht unbedingt üblich, regelmäßig am Gottesdienst teilzunehmen. Die Taufe von Hermann Smidt fand nicht in der Kirche, sondern im Haus seiner Großeltern Smidt statt. Die Zeremonie wurde in „Stille" als „schnelle Mittagstaufe" veranstaltet. Pastor Thikötter segnete das Kind und brachte einen Toast auf die Gesundheit des Täuflings aus.

Marie und Johann Smidt reisten 1870 nach Wien und besichtigten die Stephanskirche. Marie beobachtete die Kirchenbesucher und nahm wahr, dass sich diese ernsthaft „einer solchen Religion" hingaben. Es war ihr unbegreiflich, wie „gebildete Leute" an eine solche Religion glauben konnten. Allerdings: Der Kirchenbau, seine Ausschmückung mit Bildern und Lichtern und der weite Blick vom Kirchturm gefielen ihr. Dies ist ein Beispiel für die Wahrnehmungen einer „gläubigen" Protestantin, der Andersgläubige in Europa nicht nur „fremd" sondern auch „dumm" vorkamen. Von ähnlich befremdlichen Eindrücken schrieben auch Bremer aus Guatemala und Bahia.

Pfarrer und Mitglieder einiger Bremer Kaufmannsfamilien bildeten in Bremen trotz gesellschaftlicher „Entkirchlichung" die Basis der Gemeinde- und Vereinsarbeit. So waren im Vorstand der Bremer Norddeutschen Mission die Familien Vietor, Achelis, Stoevesandt, Lahusen, Schröder und Wilkens beteiligt.[69] Johann Karl und Hedwig Vietor zeigten enge Kirchenbindungen. Dies wurde durch wechselseitigen schriftlichen Austausch über gelesene Bibeltexte, Gottesdienst- und Abendmahlbesuche deutlich. Damit gehörten sie nicht zu den Bürgerinnen und Bürgern, die sich in Deutschland „schrittweise" – wie von Gunilla-Friederike Budde skizziert – von religiösen Geflogenheiten abkehrten oder lösten.[70] 1897 bereitete sich Hedwig Vietor zum ersten Mal auf die Sonntagsschule in der St. Stephani-Gemeinde vor.[71] Die Gestaltung der Sonntagsschule übernahm sie im Zweiwochenrhythmus. Sie hatte Mühe, lachende, also „ungezogene Knaben" zu disziplinieren. Ihr Schwager Cornelius Rudolf Vietor (1863-1932) war seit 1894 Pastor dieser Gemeinde. Hedwig Vietor nahm an den abendlichen Gemeinde-Bibelstunden teil, „bastelte" für Bazare und engagierte sich in zahlreichen karitativen protestantischen Vereinen.

Bremerinnen in Übersee vermissten die Nähe zu „ihrer" Kirche. Sie hofften, demnächst wieder Domglocken zu hören oder „mal wieder" zum Gottesdienst in Bremen zu gehen. Der Glockenklang der zahlreichen katholischen Kirchen in Bahia und Guatemala gefiel ihnen nicht und ob sie etwa einen katholischen Gottesdienst

---

68 Familienschrift von Helene Vietor (1846-1933): „Erinnerungen an Vietors Garten (1920)." Den Text verdanke ich Wilhelm Vietor.

69 Dietmar von Reeken (1999): S. 72.

70 Gunilla-Friederike Budde (1994): S. 391.

71 „Nun muss ich gleich zum ersten Mal in der Sonntagsschule unterrichten, ich gehe dann mit Anneli heute Abend in die Kirche. Ich kann wohl sagen, ich habe etwas recht sehr Angst bei der Sache [...], seit Donnerstag irre ich mit meinem Concept in der Hand im Hause herum und predige. Die [Rede] muss ja auch 20 Minuten lang sein, denke doch, noch viel schlimmer als deine Toaste!" Privatbriefe Vietor: Hedwig Vietor an ihren Mann, 18. März 1897.

besucht hätten ist nicht bekannt. Frauen verbanden ihre Frömmigkeit aus der Ferne mit ihrer Zuneigung zu bestimmten Bremer Pastoren. Das war für Helene Noltenius Pastor Schatzmeyer, den sie mehrfach nannte. Sie bedauerte, dass in der deutschen Handelskolonie Guatemala kein deutscher Gottesdienst stattfände. 1901 feierten Eberhard und Helene Noltenius die Taufe ihrer Tochter Käthe in ihrem Haus. Das Kind war etwa drei Monate alt. Die Taufe fand am Abend statt. Die Mutter hatte den Raum mit Kerzen geschmückt und den Tisch festlich gedeckt. „Der Pastor machte seine Sache sehr nett", obgleich sie lieber Pastor Schatzmayer gehabt hätte. Nach dem Ritus verabschiedete sich der Pastor und die Eltern und Gäste stießen auf den Täufling mit Sekt an. Anschließend fand das Festessen statt.[72]

Während ihres Aufenthalts in Bahia erinnerte sich Marie Overbeck oft an einen Pastor mit Namen Sonntag, an den sie sich wenden wollte, wenn sie sich mit „philosophischen" und religiösen Fragen beschäftigte. Anstoß dazu bekam sie aus der Lektüre von „Hilligenlei", einem viel gelesenen Roman des ehemaligen Pfarrers und Schriftstellers Gustav Frenssen. Seine Frauengestalten beeindruckten Marie Overbeck.[73] Frenssens Roman nahm sie wie eine Offenbarung auf. Ihr war „wirklich heilig zu mute, als wenn sie beten müsste", nachdem sie Hilligenlei gelesen hatte. Sie fühlte, eine „Religion wieder gefunden" zu haben. Nach der von Frenssen entworfenen Lebensanschauung könne man „auch ohne Kirche und Pastor auskommen". Nur aus sich selbst wollte Marie Overbeck „glücklich und zufrieden" sein. Sie stellte sich vor, „eine verehrungswürdige Ahnin" zu werden, dazu müsse sie „gut, schön und groß leben." Wichtig war ihr Nächstenliebe; so wollte sie „Spuren" hinterlassen. „Hilligenlei" hätte sie darauf gebracht.

Frenssens weibliche, „nordische" Romanfigur „Anna" war – wie Marie Overbeck dreiundzwanzig Jahre alt – ledig, keusch, aber „gradlinig und stark"[74]. Sie wartete in einem kleinen friesischen Ort Dithmarschens auf einen Heiratskandidaten – ebenso wie wohl auch Marie Overbeck in Bahia. Frenssen erklärte seinen Leserinnen, die „bürgerliche Sitte" sei „Mörderin" der weiblichen Jugend. Unter den gebildeten Leuten hätte die „Sitte die ganze schöne Natur verdreht". Die Wartezeit auf einen Heiratskandidaten verdürbe den Mädchen „die beste Lebenszeit". Die „Natur sei gewaltiger als die Sitte." Die „blonde, große" Protagonisten Anna bekannte, während ihrer Wartezeit den „Glauben" verloren zu haben und auch ihr Vertrauter „Onkel Wedderkop" hatte keinen Kirchenglauben, „kein Hilligenlei, kein heilig Land für seine Seele"; er könne den „Kirchenglauben nicht mitmachen"[75]. Frenssen ermunterte seine Leserinnen und Leser, sich nicht der bürgerlichen „Sitte" zu unterwerfen, sondern sich wie seine Protagonistin Anna ihrer „Natur", d.h. der Sexualität hinzugeben. Für Frauen hieß das 1905 nach Frenssen, auch unverheiratet Mutter zu werden; für Männer, sich außerehelich sexuell ausleben zu „dürfen". Frenssens weibliche Figuren lehnen es ab, ihr Dorf zu verlassen oder einen Beruf

---

72 Privatbriefe Noltenius: Helene Noltenius an ihre Mutter, 13. April 1901.
73 Gustav Frenssen (1905). – Zum Frauenbild und zur Funktion von Sexualität in Gustav Frenssens Romanen: Kornelia Küchenmeister (1997).
74 Gustav Frenssen (1905): S. 258.
75 Gustav Frenssen (1905): S. 262-275.

zu erlernen. Ihr „Hilligenlei", d.h. ihr „heiliges Land" wird vom dörflichen Leben bestimmt. Marie Overbeck empfahl ihrer Mutter Frenssens Roman. Zu erwähnen ist in diesem Zusammenhang, dass Maries Mutter, Louise Agnes Overbeck, geb. Theobald (1844-1926), die Tochter eines Pastors war. Sie reagierte auf die Maries Briefe skeptisch. Sie befürchtete, Marie sei durch Pastors Albert Kalthoffs „Ideen" verwirrt worden. Worauf Marie antwortete, seine „Saratustra-Predigten" hätten ihr gefallen. Es gäbe aber nur wenige Menschen, die ihren „Kinderglauben durchs Leben" bewahrten.[76]

Mit seinen Forderungen nach sexueller Freiheit legte Frenssen Frauen auf Mutterschaft als weibliche Bestimmung fest. 1906 widmete er seinen Kritikern ein „Schlusswort zu Hilligenlei" und nannte diese „Leute des alten Glaubens", er ginge über das Weltbild „moderner Theologen" hinaus. „Kirchenfromme Leute" hätten ihm vorgeworfen, er „billige und feiere geradezu allerlei Unsittlichkeit". Frenssen war sich seines Erfolgs als Buchautor sicher und antwortete seinen Kritikern, „der Heiland" habe auch Sünder gemocht.[77]

5. Kaufmannsfamilie in Bremen und Übersee

Familienideologien: Anfang des 19. Jahrhunderts wurden mit den Begriffen Ehe und Familie romantische Vorstellungen verbunden, die „auf ewig gedachten Seelenverbindungen" basierten. Eltern und Kinder bildeten eine Familie, in der „die Gemüter organisch eins" werden sollten. Die durch Väter repräsentierten Familien wurden als „Grundpfeiler der bürgerlichen Gesellschaft" angesehen. Nicht das Individuum sondern die Familie war im 19. Jahrhundert zentraler Bestandteil des Staates. Sie wurde als „natürliches sittliches Gemeinwesen" betrachtet.[78] Zwar hatte der Begriff Familie auch rechtliche und juristische Seiten, doch wurde er hauptsächlich als sittliche Kategorie mit „verpflichtendem Charakter" aufgefasst. Der einzelne Mensch sollte in der „Person der Familie" aufgehen. Familie wurde demnach wie ein „handelndes Subjekt"[79] verstanden, dem der Staat Entscheidungsbefugnisse übertrug und als ein „Vertragswerk aufgefasst"[80] wurde. Ehefrauen und Kinder unterstanden keinem staatlichen Schutz, sondern der Familie, in die sie sich diszipliniert, sittlich und gehorsam unterordnen sollten. Dem Innenraum solcher Ehen und Familien wurde „Heiligkeit" zugesprochen.

Der ältere Begriff des „Hauses", unter dem eine Produktionsgemeinschaft aus „Hausvater", Ehefrau, Kindern und allen Personen einer Wirtschaftseinheit zu

---

76 STAB 7,500-B-81: Marie Overbeck an ihre Mutter, 23. September und 20. November 1906.
77 Gustav Frenssen (1906): S. 12-15.
78 Dieter Schwab (1975): S. 253-301; hier S. 290.
79 Dieter Schwab (1975): S. 289. Dazu viele Beispiele in Heinrich von Kleists „Die Marquise von O": z.B. „Die Familie war in Unruhe" ...; „Der Familie ward gemeldet ..."; „Die Familie wusste nicht, was sie sagen sollte ..." usw. In der Novelle geht es um Familienehre und Familienrücksichten.
80 Andreas Gestrich (1999): S. 5.

verstehen ist[81], wurde vom Begriff „Kernfamilie" abgelöst.[82] Eine „Kernfamilie"
umfasst Eltern und im Haushalt wohnende unverheiratete Kinder. Bürgerliche Familien in Bremen wohnten in Stadthäusern. Kaufmannsarbeit fand in Kontoren, auf
Märkten, in Börsen und Bankhäusern, getrennt von Wohnhäusern statt. Das bürgerliche Modell der Geschlechterpolarität war im 19. Jahrhundert akzeptiert. Doch
in Bremer Überseekaufmannsfamilien waren Grenzüberschreitungen festzustellen.
Frauen besetzten während langer Trennungszeiten Positionen als Haushaltsvorstände. Sie nahmen Zinsen und Mieten ein; sie erledigten Bankgeschäfte; sie befassten
sich mit Investitionen.

Verwandtschaft: Die von mir untersuchten Bremer Bürgerinnen und Bürger stammten aus Familien, deren Väter Berufe als Kaufmann, Kapitän, Pastor und Jurist
ausübten; einer der Väter konnte als „Rentier" von seinem Vermögen leben. Die
Mütter stammten aus dem bürgerlichen Milieu. Sie hatten in Trennungszeiten Erfahrungen als Haushaltsvorstände[83] gemacht. Die Generation der Eltern und ihre
zahlreichen Geschwister lebten in Bremen im Wohlstand. Sie verfügten über eigene
Wohnhäuser; einige verbrachten die Sommermonate in ihren Landhäusern.

Marie Smidt bewegte sich in einem weitläufigen familiären Netz: Einladungen
zu Familientagen und Verabredungen zum „Tantenkaffee" im engeren Familienkreis konnte sie nicht ausschlagen. Sie wurde abwechselnd von den vier Schwestern ihrer Mutter, die in Bremen verheiratet waren, eingeladen. Sie war Gast bei ihren Schwiegereltern, die mit den Familien Noltenius und Gildemeister verwandt
waren, und auch Familientage veranstalteten, zu denen Marie erwünscht war. Auch
mit ihren zahlreichen Cousinen, Cousins, den Schwägerinnen und Schwager, verkehrte Marie. Manchmal schien sie davon angestrengt zu sein, wenn sie bemerkte,
dass ihr „alte Tanten" Vorschriften machen und verhindern wollten, den Besuch einer Freundin aus Süddeutschland zu empfangen.

Verwandtschaft und Geschäft: Johann Smidt verdankte seinen Verwandten viel. Sie
waren ihm zu Beginn seiner Karriere behilflich: Sie vermittelten Geschäftskontakte
und Aufträge. In dem Zusammenhang ist auch Smidts Stellung als Konsul in Kalkutta zu erwähnen: Senator für Auswärtiges war sein Onkel Heinrich Smidt, der
diesen Antrag förderte.

---

81 Ingeborg Weber-Kellermann (1982): Kapitel „Die Familie als Produktionsstätte", S. 73-82; Ka-
    rin Hausen (1977): Zur Historischen Familienforschung, S. 61. „Das ganze Haus" wurde für
    die Frühe Neuzeit als „Spiegelbild der gesamten Gesellschaft oder als Welt im Kleinen" aus-
    gegeben. Eine These besagt, dass durch den „Druck von Industrialisierung und Verstädterung"
    traditionelle Großfamilien zu „modernen Kleinfamilien" wurden. „Traditionelle" Großfamilien
    waren jedoch eher die Ausnahme als die Regel. „Kernfamilien" existierten schon seit dem 16.
    Jahrhundert in allen Gesellschaftsschichten. S. 71.
82 Andreas Gestrich (1999): Zur Konstruktion des konservativen Familienkonzepts „ganzes Haus",
    S. 6-7.
83 So ging es Kapitäns- und Kaufmannsfrauen in Bremen. Vgl. Petra Seling-Biehusen (1988):
    S.133. Johann Eberhard Noltenius' (1777-1845) Vater war Textilkaufmann und in Europa oft
    geschäftlich unterwegs. In seiner Abwesenheit führte seine Frau die Geschäfte in Bremen. Sie
    versorgte den Laden, das Haus und den Sommersitz. Sie kümmerte sich um Garnpreise, Wech-
    selkurse und Kreditwürdigkeit ihrer Kundschaft.

Verwandte verhalfen auch Eberhard Noltenius zu Geschäftskapital und Kredit für die Firma Köper & Noltenius in Guatemala. Diese Förderung kam auch Friedrich Köpers Interessen entgegen. Aber später war er auf solche „Bremer Verhältnisse" nicht gut zu sprechen. In Bremen ginge es nicht nach „Tüchtigkeit, sondern nach Gunst und Verwandtschaft". Wer in Bremen große Geschäfte machen wolle, müsse mit der „echten Bremer Gesellschaft mindestens verschwägert sein". Zu den einflussreichen Familien, deren Mitglieder das politisch-wirtschaftliche Geschehen im Senat, in der Bürgerschaft und Handelskammer bestimmten, gehörten u.a. auch Smidt und Noltenius.

Nach einem „spezifischen Bremer Familiensinn" haben Brüder zum gegenseitigen Nutzen ein Handelsnetz zwischen Bremen und Übersee aufgebaut. Solche fruchtbaren Geschäftsverbindungen unter Brüdern oder Schwägern wurden auch in den Korrespondenzen angeregt. Zum Beispiel, als Gerhard Köper seinen jüngsten Sohn im Geschäft seines Sohnes Friedrich in Guatemala unterbringen wollte. Aus den Reaktionen von Friedrich Köper war zu entnehmen, dass er seinen Bruder nicht unbedingt als Geschäftspartner wünschte. Und auch der Versuch, seinen Schwager Meiners als Nachfolger aufzubauen, scheiterte. In der Familie von Köpers Kompagnon Eberhard Noltenius hatten drei jüngere Brüder eine kaufmännische Ausbildung absolviert und Köper war der Gedanke unangenehm, dass einer von ihnen im Guatemalageschäft untergebracht werden sollte. Er befürchtete in solchem Fall, dass seine geschäftliche „Hausmacht" durch die Dominanz der Familie Noltenius schwinden würde. Ein weiteres Beispiel für gestörte Familien- und Geschäftsbeziehungen erfuhr Johann Karl Vietor. Er kam zur Einsicht, dass in seinen Afrikageschäften fremde Mitarbeiter geeigneter waren als Familienmitglieder. – „In Geldsachen hört die Gemütlichkeit auf, auch unter Verwandten"; mit dieser Redensart[84] setzte Friedrich Köper seinem Schwiegersohn Grenzen. Er lehnte es ab, noch nach der Eheschließung für Sanatoriumskosten seiner Tochter Elisabeth aufzukommen.

Heirat: Bevor sich Kaufleute konkret mit Heiratsgedanken trugen, verfolgten sie in Übersee den „Heiratsmarkt" in Bremen und Bremerhaven. Sie registrierten die Verlobungen und Heiraten ehemaliger Schulfreunde. Wir erfuhren von einem Vater, der seinen Sohn mehrmals auf eine potentielle Heiratskandidatin aufmerksam machte; wir ermittelten Verlobungszeiten und „Liebesheiraten", die einem Leitbild bürgerlicher Paarbeziehungen entsprachen. Ein Paar schloss zehn Jahre vor der Eheschließung einen Heiratsvertrag. Bis auf eine waren alle anderen Ehefrauen vor ihrer Ehe nicht berufstätig gewesen. Aus den von mir vorgestellten zehn Biografien geht hervor, dass die Kaufleute im Durchschnitt 31 Jahre alt waren, als sie heirateten. Vorher waren sie nicht in der Lage, als ökonomisch selbständige Brautwerber

---

84 StAB 7,13: Friedrich Köper an seinen Schwiegersohn, Dipl. Kaufmann Voigt, 28. März 1939. – Der Spruch geht nach Lutz Röhrig (1995), S. 530, auf eine Rede von David Hansemann (1790-1864) im ersten preußischen Landtag (1847) zurück. Dieser war Woll- und Tuchkaufmann, Präsident der Aachener Handelskammer und 1848 preußischer Finanzminister. 1862-64 war er Bankdirektor der „Ersten Preußischen Hypotheken-AG". DBE, Bd. 4, S. 374.

aufzutreten. Die standesgemäße Mädchenausbildung (Schulzeit und das anschließende „Pensionsjahr") waren spätestens mit etwa achtzehn Jahren absolviert. Danach waren Mädchen im Wartestand bis zur Eheschließung. Das durchschnittliche
weibliche Heiratsalter betrug 22,7 Jahre; zwei der Frauen waren 19 und die zwei
ältesten 27 Jahre alt.[85] Nach der Heirat in Bremen reisten Ehepaare nach Übersee und gründeten einen Haushalt. In Übersee waren Frauen mehr als in Bremen
mit ihrer Hauswirtschaft beschäftigt. Bei der Zusammenarbeit mit indigenem Haushaltshilfen wurden sie mit sprachlichen und kulturellen Differenzen konfrontiert.

Die junge Familie, Leben in Übersee: Frauen erlebten die Zeit in Übersee als Pro-
visorium. Als Mütter waren die jungen Ehefrauen in Übersee stärker als in Bremen auf ihre Kinder fixiert. In Guatemala traten Ernährungsprobleme von Säuglingen und Kleinkindern auf, auf die die Frauen nicht vorbereitet waren. In Guatemala übernahmen indigene Ammen das Stillen der Säuglinge. Daraus ergaben sich
besondere Konflikte für das Familienleben. Indigene Ammen, die in Bremer Familien in Guatemala ihrem Lohnerwerb nachgingen, waren häufiger als Dienstmädchen und Köchinnen dem Vorwurf von „Frechheit" und „Unverschämtheit" ausgesetzt. Die Mütter mussten sich jedoch mit der Amme arrangieren oder eine andere finden. Die Ammen versuchten, für ihre Tätigkeit so bezahlt zu werden, dass sie
ihre bei Verwandten untergebrachten eigenen Kinder ernähren konnten. Eltern ließen Fotos ihrer Kinder im Arm von indigenen Ammen machen. Im Fotostudio oder
von Amateurfotografen entstanden Bilder, die an die Verwandten in Bremen geschickt wurden und später die gemeinsamen Erinnerungen wach hielten. Im wöchentlichen Rhythmus wurden die „Posttage" eingehalten, auch wenn nur wenig
Neues mitzuteilen war. In den aus Bremen empfangenen Briefen waren auch Schilderungen über Familienmitglieder von Interesse, die zum Teil auch weit entfernt
von Bremen an Handelsplätzen arbeiteten. So fragte z.B. Johann Smidt seinen Vater, „was machen denn die Noltenius in Australien?" und im nächsten Brief kam
dazu eine Antwort aus Bremen.

Generationen: Die Elterngeneration lebte in Bremen separat, aber oft nur durch
kurze Wege von den „jungen Familien" getrennt. Witwen zogen nicht in den Haushalt ihrer erwachsenen Kinder ein. So wohnten Louise Agnes Overbeck und Meta
Augener weiterhin in ihren bisherigen Wohnungen bzw. Häusern. Sie schränkten
sich ein: Agnes Overbeck vermietete mehrere Zimmer in ihrem Wohnhaus; Meta
Augener wurde von ihrem Schwiegersohn Johann Karl Vietor und auch von ihren

---

85   Vgl. Karin Hausen (1988): [Ulme] stellte aus älterer Literatur Daten zum Heiratsalter zusam-
     men. Demnach waren Männer bei der „Erstehe" (1700-1914) durchschnittlich zwischen 31 und
     33 Jahre alt, die Frauen zwischen 1900 und 1914 fast 27 Jahre alt. S. 95; S. 116. – Gunilla-
     Friederike Budde (1994) ermittelte zur Altersdifferenz der Eheleute: Bürgerfrauen waren bei ih-
     rer Heirat etwa zehn Jahre jünger als ihre Ehemänner; als Grund für diesen Trend zum höheren
     Heiratsalter bei Männern: Die Ausbildungszeiten („Professionalisierung") verlängerten sich; die
     allgemeine Wehrpflicht erforderte einen ein- bis dreijährigen Dienst, an die auch die Heiratser-
     laubnis geknüpft war. S. 41; Wunschkinderzahl seit der Mitte des 19. Jahrhunderts: Zwei bis
     drei Kinder, d.h. Kinderzahl „überschaubar" halten. S. 402.

Söhnen unterstützt. Helene Noltenius, geb. Pajeken, zog nach dem Tod ihres Gatten von Bremerhaven auf den Brandenhof. Als ihr Sohn Eberhard mit Familie 1909 aus Guatemala zurückkehrte, bereitete sie ihm, ihrer Schwiegertochter, den in Guatemala geborenen Kindern und dem Kindermädchen Juana einen Empfang. Sie war zu der Zeit 67 Jahre alt und half den Ankommenden, sich zurecht zu finden. Wichtige Funktionen hatten die Eltern von Friedrich Köper. Die Großeltern und Köpers Schwester Anna betreuten bis zur Rückkehr der Familie aus Guatemala die an Malaria erkrankte Elisabeth Köper in Bremen. Der Großvater führte penibel Buch über die Ausgaben für seine Enkeltochter und stellte seinem Sohn Friedrich auch kleine Geschenke für Elisabeth in Rechnung. Anna Köper blieb unverheiratet. Wir erfahren aus den Quellen, dass ihr Verlobter „Cammann" ihrem Vater nicht angenehm war. Er war kaufmännischer Angestellter mit „kleinem Gehalt" und ließ sich nicht in Gerhard Köpers Geschäft in Bremerhaven aufnehmen. Der Vater hielt seine Tochter von „ihrer Neigung" ab.[86] In ihrem Testament schrieb Friedrich Köpers Mutter, ihr Sohn möge Zeit seines Lebens seine beiden unverheirateten Geschwister Anna und Gerhard unterstützen.[87] Ebenso sorgte sich Friedrich Köper um die Zukunft seines Sohnes Fritz. Dem Vater war es wichtig, dass seine Töchter „versorgt" waren, damit sie später nicht von seinem Sohn Fritz finanziell abhängig sein würden.

Ehelosigkeit: Neben den unverheirateten Frauen Anna Köper und Marie Overbeck traten mit Bernhard, Wilhelm und Friedrich Noltenius auch ledige Überseekaufleute auf. Friedrich Noltenius fand im Gegensatz zu seinem Bruder Heinrich in Australien in Chile keine Ehefrau. Er bezeichnete sich als „alten Hagestolz"; das würde er „aller Wahrscheinlichkeit" nach auch bleiben, da er sich nicht „gesund und kräftig" fühlte. Aber „verhätschelt" werden wollte er nach seiner Rückkehr nach Bremen deshalb von den Geschwistern nicht. Das Schicksal sei ihm in pecunärer Hinsicht günstig gewesen. Er wollte für seine Geschwister mitsorgen. Es würde ihm „nach zwanzigjähriger Abwesenheit Mühe kosten, [s]ich in die dortigen Verhältnisse wieder hineinzubürgern!"[88]

Familie und Personal: Im bürgerlichen Haushalt arbeitete bis zum Ersten Weltkrieg weibliches Personal, von dem die Köchin, das Kindermädchen, die Erzieherin und die Gouvernante hervorgehobene Stellungen bekleideten. In drei Bremer Familien in Guatemala wurden indigene Ammen beschäftigt, die wie in seltenen Fällen den Säugling bis zu einem Jahr lang stillten. Die Beziehungen zwischen den Müttern und Ammen waren ambivalent: Im Krankheitsfall schliefen das Baby, die Amme und die Mutter in einem Zimmer zusammen. Den Eltern wäre es lieber gewesen,

---

86 Friedrich Köper diskutierte über Annas Verlobung mit seinem Vater; er solle auf Annas Wunsch Rücksicht nehmen. StAB 7,13-22.7: Friedrich Köper an seinen Vater, 15. Februar 1893.

87 StAB 7,13: Testament der Mutter Elisabeth Köper, geb. Wieting (1.9.1840-27.2.1922), mit der Bitte an ihren Sohn Friedrich. 30. Mai 1918. Ihr Sohn Gerhard (9.2.1869-17.6.1929) lebte bis zu seinem Tod in einer Heilanstalt.

88 Privatbriefe Noltenius: Friedrich Noltenius an seine Schwägerin Helene Noltenius, geb. Pajeken, 8. Juni 1871.

wenn die Mutter ihr Kind hätte stillen können. So ertrugen sie die Anwesenheit der Amme, da sie die Ernährung des Kindes sicherstellte. Es war für die Kinder von Vorteil, jahrelang von zuverlässigen Frauen erzogen zu werden, die nicht zur Familie und auch einer nichtbürgerlichen Gesellschaftsgruppe angehörten. Jungen kaufmännischen Angestellten, die im Bremer Hauptgeschäft Vietors für Afrika angelernt wurden und keine Familie in Bremen hatten, gewährte Hedwig Vietor „Familienanschluss". Sie unterzog die Angestellten „Prüfungen". Sie machte sich ein Bild von ihren Fähigkeiten und „Qualitäten".

Kaufmannsfamilie und Weihnachten: Während des 19. Jahrhunderts entwickelte sich in norddeutschen Bürgerkreisen das Weihnachtsfest neben dem hohen christlichen Feiertag zu einem familiären Ritual zur Belebung und Stärkung von Binnenbeziehungen, besonders in der Familie. Die häusliche Weihnachtsfeier mit der Bescherung der Kinder hatte sich im 16. Jahrhundert in der sozialen Oberschicht der evangelischen Gebiete ausgebildet. Das „Christkind" oder der „Weihnachtsmann" sollte die Menschen beschenken, nicht ein Heiliger. Auf dem Land hat sich die gabenreiche Weihnachtsfeier mit der Übernahme bürgerlicher Bräuche erst um 1900 eingebürgert. Neben dem Schenken bestimmte das reichliche Essen die Weihnachtsfeier. Bereichert wurde die Hausfeier durch Weihnachtslieder und den Weihnachtsbaum, der im letzten Drittel des 19. Jahrhunderts in der deutschen Bürgerfamilie gebräuchlich wurde.[89]

Überseekaufleute wurden sentimental, wenn sie sich an Weihnachten der Kindheit erinnerten. Der Vater „sorgte für Engelschmuck an der Spitze des Baumes" und die Mutter formte als Schmuck „weiße Lilien mit goldenen Staubgefäßen"[90]. Für Hermann Smidt stand fest, „Kinder seien die Hauptpersonen" zu Weihnachten.[91] Von Weihnachtsvorbereitungen wurden besonders die Frauen in Anspruch genommen: Sie stickten, nähten und häkelten. Marie Smidt bemerkte, alle seien in Eile, „und ohne Arbeit sieht man keine Dame mehr, jede Minute ist kostbar, und man merkt so recht die schöne Weihnachtszeit!"[92] Deutsche Familien in Südwestafrika feierten Weihnachten in weißer Sommerkleidung, in Bahia machte eine Bremerin das tropische Klima für den Mangel an Weihnachtsstimmung verantwortlich, in Südaustralien sehnte sich ein Bremer nach „eisigem Nord-Ost-Wind und Schneetreiben" in Bremen. Junge Kaufleute in Chile und Guatemala hofften zu Weihnachten manchmal vergeblich auf eine Einladung einer deutschen Familie. Sie „besorgten" sich die nötigen Utensilien: „Baum, Lichte, Zuckerwerk, dann eine Kiste Rheinwein und eine Kiste Münchener Bier"[93]. Den Vorstellungen von „deutscher" Weihnacht wurde auch von alleinstehenden Männern durch einen Weihnachtsbaum und Kerzenschein entsprochen. Gemeinsames Singen, Essen und Trinken rief in der Fremde eine besondere Festtagsstimmung hervor.

---

89 Ingeborg Weber-Kellermann (1987b).
90 Privatquellen Vietor (Bahia): Lebenserinnerungen Wilhelm Overbeck, Bd. 1, S. 16.
91 Privatbriefe Smidt: Hermann Smidt an seinen Sohn Johann, 27. Dezember 1872; 25. Januar 1868.
92 Privatbriefe Smidt: Marie Smidt an ihre Mutter, 12. Dezember 1869.
93 Privatquellen Noltenius: Eberhard Noltenius aus Chile an seine Eltern, 22. Dezember 1888.

In Westafrika feierte Johann Karl Vietor mit Afrikanern und deutschen Mitarbeitern protestantische Weihnachtsfeste. Zu den nötigen Vorbereitungen gehörte Sauberkeit im Haus. Frisches Grün und Flaggen schmückten das Hausinnere. Vietor ließ im Hof der Faktorei eine Laube aus Ästen mit grünen Blättern bauen, einen Baum als Weihnachtsbaum dekorieren und zwei Afrikaner bereiteten das Festessen vor. Es wurde „gebacken, geröstet und geschmort." Am Heiligabend bescherte er angestellte Afrikaner und „Weiße". Am Tag darauf erwartete er seine afrikanischen Arbeiter. Sie sangen deutsche Weihnachtslieder und trugen Bibelverse vor. Vietor las die Weihnachtsgeschichte und hielt eine Weihnachtsansprache, die von leitenden Angestellten erwidert wurde. Auf einem Harmonium wurde musiziert. Darauf setzten sich „zwölf" Personen um den Tisch und verzehrten nach und nach den von Vietor spendierten Ochsen. Zum Abschluss wurde die Bremer „Speckflagge" gehisst. Vietor war mit dem Programm der Weihnachtstage zufrieden.[94] Identität stiftenden Zeichen, wie der Tannenbaum, das Bescheren von afrikanischen und weißen Mitarbeitern und das Singen von bekannten Weihnachtsliedern sowie patriotische Symbole, wie das Hissen der weiß-rot-gestreiften Bremer Flagge oder die Ausschmückung der Weihnachtsstuben mit kaiserlichen Flaggen verdeutlichen heimatliche Empfindsamkeit.

Weihnachten war trotz der Profanierung ein kirchliches Fest geblieben, und zwar ein Fest des Protestantismus. Zu Weihnachten 1848 nahm Bernhard Noltenius in Australien an einer katholischen Weihnachtsmesse teil, die bei ihm keinen großen Eindruck hinterließ. Er vermisste dort die Predigt von Pastor Nagel aus Bremen.[95] Ähnlich erging es 1887 Friedrich Köper in Guatemala. Er ging am Heiligen Abend zusammen mit anderen Junggesellen nach dem Skatspiel zur mitternächtlichen Hochmesse in die Kathedrale. Ihm fielen die Orgelmusik und die „kleinen Walzer" auf, die eine „Kapelle" spielte. An anderer Stelle mokierte er sich über den „großen Luxus der Krippen", die fromme Handlungen theatralisch inszenierten.[96]

Ein wichtiger Aspekt des bürgerlich-protestantischen Weihnachtsfestes war das Verteilen von „milden Gaben" an Bedürftige. Nachdem Marie Smidt von diesem „Bremer" Brauch gehört hatte, traf sie sich mit drei „armen, unschuldig in Not geratenen" Frauen und gab ihnen die zu diesem Zweck besorgten Lebensmittel: „Kaffee, Reis, Eiergrütze, Fleisch etc.", die in einfachen Haushalten zu den nicht alltäglichen Nahrungs- bzw. Genussmitteln gehörten. „Überglücklich über diese unverhoffte Gabe zogen sie von dannen. Das macht auch Freude und da freut man sich

---

94 Privatbriefe Vietor: J.K. Vietor an seine Frau, 24. Dezember 1904. „.... und aus einem anderen Hof, der uns auch gehört, stürzten unsere Arbeiter, alle in schneeweiße lange Hemden gekleidet hervor mit Musik und sechs naturschwarzen Schönen, natürlich die Schwestern unserer Leute und begleiteten uns tanzend bis ans Boot. Da stießen noch vier Boote und drei Kanus ab und in feierlichem Zuge, wie ein Geschwader fuhren wir los. Die Leute schossen, trommelten und tanzten mächtig."
95 StAB 7,67-59: Bernhard Noltenius an seine Mutter, 25. Dezember 1848.
96 StAB 7,13-22.7: Friedrich Köper an seine Mutter, 7. Januar 1891. Über den „großen Luxus von Krippen": StAB 7,13-21.7: Friedrich Köper an seine Schwester Anna. 2. Januar 1889.

dann doppelt, dass der liebe Gott einem Mittel gegeben hat, anderen solche Freude zu machen."[97] – Über das Haushaltsbuch von Hedwig Vietor ließ sich die Verteilung von Weihnachtsgeschenken an kirchliche und staatliche Einrichtungen (Polizeihaus!) ermitteln. Danach gab die Hausfrau etwa zwei Prozent ihres jährlichen Budgets für öffentliche Bescherungen aus. Der Verkauf der Geschenke benötigte einen eigenen Markt. 1849 wurde das Gesuch einiger Kaufleute, in Bremen einen Weihnachtsmarkt auszurichten, vom Magistrat abgelehnt, aber 1857 wurden einige Buden unter den Rathausarkaden zugelassen, 1888 erfolgte eine Erweiterung auf den Liebfrauenkirchhof, 1924 eine Ausdehnung auf den Markt.[98]

Der weihnachtliche Gabentausch bestätigte die Hierarchie der Innenbeziehungen in den Kaufmannsfamilien. Die jeweilige Macht der Männer drückte sich in dem Wert ihrer Geschenke für die Ehefrauen aus: „Echter Straußenfächer von mächtig großen weißen Federn und das Gestell von weißem Perlmutter"; drei Flaschen Parfüm; ein Diamantkollier; Diamantfingerring; Lehnsessel; Silbersachen; Seidenstoffe; Samtmantel usw. Die Ehefrauen trugen Sorge für das Festessen und für die häusliche Ausschmückung. Die adventliche weibliche Familienarbeit bedurfte großer Anstrengungen, weil die Mehrzahl der Geschenke gebastelt, genäht, gehäkelt und gestickt wurden: Schlummerkissen, Fuchspelzfußdecke, Gewehrriemen und Satteltaschen. Das Überreichen der Gaben wurde von den Frauen meist mit selbst gedichteten Gelegenheitsgedichten verknüpft. – Die Kinder wurden vom „Christkind" beschert. Wie schon vorne festgestellt wurde, wurden die Geschenke oft geschlechtsspezifisch und altersgemäß ausgewählt, wobei ökonomische und nationale Spielsachen einen festen Platz in den Wunschzetteln und auf den Gabentischen einnahmen. Die Großeltern, Onkel und Tanten erhielten Geschenke als Dank für ihre Unterstützung des Familienalltags. Die Beschenkung des Hauspersonals fußte auf einer ähnlichen Begründung wie bei der sonstigen Verwandtschaft, allerdings wurde dem Personal – zumindest in Bremen – neben den Sachgeschenken ein Geldgeschenk, die Weihnachtsgratifikation, überreicht.

Laut Marcel Mauss stellt der Austausch von Geschenken („Die Gabe") eine umfassende gesellschaftliche Tätigkeit, ein gleichzeitiges ökonomisches, juristisches, religiöses und sozio-morphologisches Phänomen dar. Gaben muss man erwidern, weil sich in ihnen Person und Sache mischen. Gaben besitzen Zwangscharakter und verursachen Schuld. Sie berühren die Problematiken von Dienstleistung, Arbeit, Sozialstaat und Wohlfahrt.[99] Grundsätzliche Diskussionen zum Thema Schenken wurden in Deutschland vonseiten der Anthropologen und Sozialpsychologen seit den 1990er Jahren angeregt.[100] Als ein Fazit meiner Mikrostudie kann abschließend angemerkt werden: das profane und kirchliche Weihnachtsfest spiegelt die bürgerliche Kultur der bremischen protestantischen Kaufmannsfamilien grundsätzlich wider – und zwar in Bremen und Übersee. Die Akteure der Untersuchung beherrschten das

---

97   Privatquellen Smidt: Marie Smidt an ihre Mutter, 27. Dezember 1869.
98   Herbert Schwarzwälder (2003) Bd. 2; S. 961.
99   Marcel Mauss (1990).
100 Helmuth Berking (1996); Gerhard Schmied (1996).

Abb. 68:   Privat: Familie Kulenkampff feiert Weihnachten in Südwestafrika, 1926

Repertoire einer weihnachtlichen Inszenierung von Kindheit an und spielten in allen Lebensaltern die ihnen zugewiesenen Rollen aus. Die Requisiten – Tannenbäume und Schmuck, Lieder und Musik, reichliches Essen und Trinken, Geschenke – wurden weltweit zur Verfügung gestellt. – Weihnachtrituale in der Kaufmannfamilie sind eine höchst sensible bürgerliche Verhaltensform.

Literatur

Aas, Norbert (1998): Vom hohen Ross. Ein Leitmotiv der Berichte Gerhard Rohlfs' über seine Afrikareisen. Bonn. In: Anne Helfensteller (Red.): Afrika-Reise. Leben und Werk des Afrikaforschers Gerhard Rohlfs. Bonn. S. 57-68.

Abel, Herbert (1938): Otto Finsch. Ein deutscher Kolonialpionier. In: Der Schlüssel. Bremer Beiträge zur deutschen Kultur und Wirtschaft. 3. Jg. S. 317-322.

Abel, Herbert (1970): Vom Raritätenkabinett zum Bremer Überseemuseum. Die Geschichte einer hanseatischen Sammlung aus Übersee anlässlich ihres 75jährigen Bestehens. Bremen.

Achelis, Johannes; Achelis, Hans (1921): Die Familie Achelis in Bremen. Bremen.

Adamek, Ulrike (1987): Deutsche Kleidung für das Kind. Reformversuche in der Mädchenmode um die Jahrhundertwende. In: Konrad Köstlin; Rosemarie Pohl-Weber; Rainer Alsheimer (Hrsg.): Kinderkultur. Bremen. S. 69-76.

Alatas, Syed Hussein (1992): Über Vermittlung und Vermittler. Erfolg und Misserfolg wissenschaftlicher Modernisierung: eine asiatische Perspektive. In: Joachim Matthes (Hrsg.): Zwischen den Kulturen? Göttingen. S. 197-218.

Albertini, Rudolf; Wirz, Albert (Mitarb.) (1985): Europäische Kolonialherrschaft. 1880-1940. Stuttgart.

Alsheimer, Rainer (2004): Träume von einem westafrikanischen Kirchenstaat in Deutsch-Togoland: Pläne in der Norddeutschen Missionsgesellschaft 1900-1914. In: Bremisches Jahrbuch. Bd. 83. S. 181-196.

Alsheimer, Rainer (2007): Zwischen Sklaverei und christlicher Ethnogenese. Die vorkoloniale Missionierung der Ewe in Westafrika (1847-ca. 1890). Münster u.a.

Anderson, Benedict (1997): Kulturelle Wurzeln. In: Elisabeth Bronfen; Benjamin Marius; Therese Steffen (Hrsg.): Hybride Kulturen. Tübingen. S. 31-58.

Anton, Annette C. (1995): Authentizität als Fiktion. Briefkultur im 18. und 19. Jahrhundert. Stuttgart u.a.

Arbeitsgruppe Dritte Welt Bern (1976): Exportinteressen gegen Muttermilch. Der tödliche Fortschritt durch Babynahrung. Reinbek bei Hamburg.

Arretz, Helmut (2001): Freudenberg & Co. In: Hartmut Roder (Hrsg.): Bremen – Ostasien. S. 267-274.

Aschenbeck, Nils (1995): Monumente der Geschäftswelt. In: Hartmut Roder (Hrsg.): Bremen. Handelsstadt am Fluss. Bremen. S. 156-159.

Asturias, Miguel Angel (1962): Der Herr Präsident. Reinbek bei Hamburg.

Ausschuss des Frauenbundes der Deutschen Kolonialgesellschaft (Hrsg.) (1918): 10 Jahre Frauenbund der Deutschen Kolonialgesellschaft. Vorwort: Hedwig Heyl. Berlin: „Kolonie und Heimat". Berlin.

Baasner, Rainer (Hrsg.) (1999): Briefkultur im 19. Jahrhundert. Tübingen.

Bade, Klaus J. (Hrsg.) (1992): Deutsche im Ausland – Fremde in Deutschland. Migration in Geschichte und Gegenwart. München.

Badenberg, Nana (2004): Usambara-Kaffee und Kamerun-Kakao im Kolonialwarenhandel. In: Alexander Honold; Klaus R. Scherpe (Hrsg.): Mit Deutschland um die Welt. Stuttgart u.a. S. 94-105.

Badinter, Elisabeth (1981): Die Mutterliebe. Geschichte eines Gefühls vom 17. Jahrhundert bis heute. München.

Badinter, Elisabeth (1993): XY. Die Identität des Mannes. München u.a.

Bark-Lenz, Gabriele (1999): Schönheit satt. In: Gisla Gniech u.a. (Hrsg.): Wonne-proppen. Lengerich. S.79-93.

Bauer, Franz J. (1991): Bürgerwege und Bürgerwelten. Familienbiographische Untersuchungen zum deutschen Bürgertum im 19. Jahrhundert. Göttingen.

Bausinger, Hermann (1961): Volkskultur in der technischen Welt. 1. Aufl., Köln.

Bausinger, Hermann (1990): Heimat in einer offenen Gesellschaft. Begriffsgeschichte als „Problemgeschichte". In: Will Cremer; Ansgar Klein (Hrsg.): Heimat Bd. 1. S. 76-90. Bonn.

Bausinger, Hermann u.a. (Hrsg.) (1991): Reisekultur. Von der Pilgerfahrt zum modernen Tourismus. München.

Bechtloff, Dagmar (2001a): Die Bremer Flagge in den Häfen Asiens. In: Hartmut Roder (Hrsg.): Bremen – Ostasien. Bremen. S. 184-188.

Bechtloff, Dagmar (2001b): Bremer Kaufleute im Asienhandel während des 19. Jahrhunderts. In: Hartmut Roder (Hrsg.): Bremen – Ostasien. Bremen. S. 44-53.

Beck, Ulrich (2001): Was ist Globalisierung? Irrtümer des Globalismus – Antworten auf die Globalisierung. Frankfurt am Main.

Beer, Bettina (2002): Körperkonzepte, interethnische Beziehungen und Rassismustheorien. Berlin.

Beer, Mathias; Kintzinger, Martin; Krauss, Marita (Hrsg.) (1997): Migration und Integration. Aufnahme und Eingliederung im historischen Wandel. Stuttgart.

Belliger, Andréa; Krieger, David J. (Hrsg.) (1998): Ritualtheorien. Ein einführendes Handbuch. Wiesbaden u.a.

Berghoff, Hartmut; Möller, Roland (1991): Wirtschaftsbürger in Bremen und Bristol 1870-1914. In: Hans-Jürgen Puhle (Hrsg.): Bürger in der Gesellschaft der Neuzeit. Göttingen. S. 156-177.

Berghoff, Hartmut (2004): Die Zähmung des entfesselten Prometheus? Die Generierung von Vertrauenskapital und die Konstruktion des Marktes im Industrialisierungs- und Globalisierungsprozesses. In: Hartmut Berghoff; Jakob Vogel (Hrsg.): Wirtschaftsgeschichte als Kulturgeschichte. Dimensionen eines Perspektivenwechsels. Frankfurt am Main. S. 143-168.

Berghoff, Hartmut; Vogel, Jakob (Hrsg.) (2004): Wirtschaftsgeschichte als Kulturgeschichte. Dimensionen eines Perspektivenwechsels. Frankfurt am Main.

Bergmann, Anna A. (1986): Von der „unbefleckten Empfängnis" zur „Rationalisierung des Geschlechtslebens". Gedanken zur Debatte um den Geburtenrückgang vor dem Ersten Weltkrieg. In: Johanna Geyer-Kordesch; Annette Kuhn (Hrsg.): Frauenkörper. Medizin. Sexualität. Düsseldorf. S. 127-148.

Berking, Helmuth (1996): Schenken. Zur Anthropologie des Gebens. Frankfurt am Main.

Bernecker, Walther L. u.a. (Hrsg.) (1992-1996): Handbuch der Geschichte Lateinamerikas. 3 Bände. 1.: Mittel-, Südamerika und die Karibik bis 1760. 2.: Lateinamerika von 1760 bis 1900. 3.: Lateinamerika im 20. Jahrhundert. Stuttgart.

Bernecker, Walther L.; Buve, Raymond Th. (1992): Mexiko 1821-1900. In: Walther L. Bernecker u.a. (Hrsg.) Handbuch der Geschichte Lateinamerikas. Bd. 2. Stuttgart. S. 498-556.

Bernecker, Walther L.; Fischer, Thomas (1992): Deutsche in Lateinamerika. In: Klaus J. Bade (Hrsg.): Deutsche im Ausland – Fremde in Deutschland. Migration in Geschichte und Gegenwart. München. S. 197-214.

Berry, John W. (1996): Acculturation and Psychological Adaptation. In: Klaus J. Bade (Hrsg.): Migration – Ethnizität – Konflikt. Systemfragen und Fallstudien. Osnabrück. S. 171-186.

Besser, Stephan (2004): Juli 1896: Peter Altenberg gesellt sich im Wiener Tiergarten zu den Aschanti. In: Alexander Honold; Klaus R. Scherpe (Hrsg.): Mit Deutschland um die Welt. Stuttgart u.a. S. 200-208.

Beutin, Ludwig (1953): Bremen und Amerika. Zur Geschichte der Weltwirtschaft und der Beziehung Deutschlands zu den Vereinigten Staaten. Bremen.

Beutin, Wolfgang; Hoppe, Wilfrid; Kopitzsch, Franklin (Hrsg.) (1999): Die deutsche Revolution von 1848/1849 und Norddeutschland. Frankfurt am Main.

Bhabha, Homi K. (1997): DissemiNation: Zeit, Narrative und die Ränder der modernen Nation. In: Elisabeth Bronfen; Benjamin Marius; Therese Steffen u.a. (Hrsg.): Hybride Kulturen. Tübingen. S. 149-194.

Bhabha, Homi K. (1997): Verortungen der Kultur. In: Elisabeth Bronfen; Benjamin Marius; Therese Steffen u.a. (Hrsg.): Hybride Kulturen. Tübingen. S. 123-148.

Bhabha, Homi K. (2000): Die Verortung der Kultur. Tübingen.

Bibel (1996): Die ganze Heilige Schrift des Alten und Neuen Testaments. Nach der deutschen Übersetzung D. Martin Luthers mit Kupferstichen von Matthaeus Merian. Revidierter Text von 1964. Köln.

Bippen, Wilhelm von (1892-1904): Geschichte der Stadt Bremen. 3 Bde. Bremen.

Bleker, Johanna (2005): Begabung und Geschlecht – Über Frauenemanzipation und Vererbungswissenschaften im ersten Drittel des 20. Jahrhunderts. In: Frank Stahnisch; Florian Steger (Hrsg.): Medizin, Geschichte und Geschlecht. Stuttgart. S. 245-257.

Bock, Carl Ernst (1898): Das Buch vom gesunden und kranken Menschen. 16. Auflage. Leipzig.

Bock, Gisela (1988): Geschichte, Frauengeschichte, Geschlechtergeschichte. In: Geschichte und Gesellschaft. 14, S. 364-391.

Bock, Gisela (2005): Frauen in der europäischen Geschichte. Vom Mittelalter bis zur Gegenwart. München.

Bock, Gisela; Duden, Barbara (1977): Arbeit aus Liebe – Liebe als Arbeit. Zur Entstehung der Hausarbeit im Kapitalismus. In: Frauen und Wissenschaft. Beiträge zur Berliner Sommeruniversität für Frauen. Juli 1976. Berlin. S. 118-199.

Bode, Julius (1921): Enthüllung der Heldentafel des Ostasiatischen Vereins. Bremen.

Böhm, Ekkehard (1972): Überseehandel und Flottenbau. Hanseatische Kaufmannschaft und Seerüstung 1879-1902. Düsseldorf.

Boehn, Max (1976): Die Mode. 2. Bd.: Eine Kulturgeschichte vom Barock bis zum Jugendstil. Bearbeitet von Ingrid Loschek. München.

Böving, Franz (1974): Aus dem Tagebuch des Bremer Kaufmanns Franz Böving. In: Bremische Weihnachtsblätter Heft 15. Bremen.

Bolz, Peter (1999): Akkulturation. In: Wolfgang Müller (Red.): Wörterbuch der Völkerkunde. Berlin. S. 16.

Bölte, Amely (1986 (1876)): Die Frau als Mutter. In: Günter Häntzschel (Hrsg.): Bildung und Kultur bürgerlicher Frauen 1850-1918. Tübingen. S. 235-237.

Borchardt, Knut (2001): Globalisierung in historischer Perspektive. Sitzungsberichte der Bayerischen Akademie der Wissenschaften, philosophisch-historische Klasse. Heft 2. München.

Borscheid, Peter (1989): Geschichte des Alters. Vom Spätmittelalter zum 18. Jahrhundert. München. S. 396-419 [= Kapitel: Das Los der Witwen – ein materielles Problem.]

Bourdieu, Pierre (1992): Die feinen Unterschiede. Kritik der gesellschaftlichen Urteilskraft. Frankfurt am Main.

Brändli, Sabina (1996): „… die Männer sollten schöner geputzt sein als die Weiber." Zur Konstruktion bürgerlicher Männlichkeit im 19. Jahrhundert. In: Thomas Kühne (Hrsg.): Männergeschichte – Geschlechtergeschichte. Frankfurt am Main u.a. S. 101-118.

Bräuer, Birgit (2000): Fräulein Haberbeck und ihre Hüte. Kreationen zwischen Jugendstil und Moderne. Detmold.

Brandes, Erika (1963): Der Bremer Überseekaufmann in seiner gesellschaftsgeschichtlichen Bedeutung im „geschlossenen Heiratskreis". In: Genealogisches Jahrbuch. Bd. 3. S. 25-49.

Braun, Karl (1995): Die Krankheit Onania. Körperangst und die Anfänge moderner Sexualität im 18. Jahrhundert. Frankfurt am Main u.a.

Breitenbach, Wilhelm (1911): Die Eroberung der Tropen oder die Bekämpfung der Tropenkrankheiten. Brackwede.

Bremen und seine Bauten (1900) Hrsg.: Architekten- und Ingenieur-Verein. Bremen.

Bremisches Adressbuch (1796-1854) Forts.: Adressbuch der Freien Hansestadt Bremen 1855-1903. Forts.: Bremer Adressbuch. Nach amtlichen Quellen bearbeitet 1904-2002; damit Erscheinen eingestellt. Bremen.

Bremische Biographie (1969): Wilhelm Lührs (Bearb.): 1912-1962. Hrsg.: Historische Gesellschaft zu Bremen; Staatsarchiv Bremen. Bremen.

Bremische Biographie des 19. Jahrhunderts (1912): Historische Gesellschaft des Künstlervereins. Bremen.

Briskorn von, Bettina (2000): Zur Sammlungsgeschichte afrikanischer Ethnographikca im Übersee-Museum Bremen 1841-1945. Bremen.

Brockhaus (2001): Brockhaus. Die Enzyklopädie in 24 Bänden. Studienausgabe. 20. Aufl. Leipzig u.a.

Bronfen, Elisabeth; Marius, Benjamin; Steffen, Therese (Hrsg.) (1997): Hybride Kulturen. Beiträge zur anglo-amerikanischen Multikulturalismusdebatte. Tübingen.

Brown, Peter Robert Lamont (1991): Die Keuschheit der Engel. Sexuelle Entsagung, Askese und Körperlichkeit am Anfang des Christentums. München.

Brunner, Otto (1956; 1968): Neue Wege der Verfassungs- und Sozialgeschichte. Göttingen. S. 103-127. [Kapitel: Das „Ganze Haus" und die Alteuropäische „Ökonomik"].

Brunner, Otto u.a. (Hrsg.) (1972): Geschichtliche Grundbegriffe. Historisches Lexikon zur politisch-sozialen Sprache in Deutschland. Stuttgart.

Buchenau, Franz (1882): Die freie Hansestadt Bremen und ihr Gebiet. 2. Aufl. Bremen.

Buchenau, Franz (1935): Die Freie Hansestadt Bremen. 4. Aufl. Bremen.

Budde, Gunilla-Friederike (Hrsg.) (1988): In Träumen war ich immer wach. Das Leben des Dienstmädchens Sophia von ihr selbst erzählt [Sophia Lemitz]. Bonn.

Budde, Gunilla-Friederike (1994): Auf dem Weg ins Bürgerleben. Kindheit und Erziehung in deutschen und englischen Bürgerfamilien. 1840-1914. Göttingen.

Budde, Gunilla-Friederike (2000): Bürgerinnen in der Bürgergesellschaft. In: Peter Lundgreen (Hrsg.): Sozial- und Kulturgeschichte des Bürgertums. Göttingen. S. 249-271.

Budde, Gunilla-Friederike (2003): Familienvertrauen – Selbstvertrauen – Gesellschaftsvertrauen. Pädagogische Ideale und Praxis im 19. Jahrhundert. In: Ute Frevert (Hrsg.): Vertrauen – Eine historische Spurensuche. Göttingen. S. 152-184.

Budde, Gunilla; Conrad, Sebastian; Janz, Oliver (Hrsg.) (2006): Transnationale Geschichte. Themen, Tendenzen und Theorien. Göttingen.

Burgos, Elisabeth (1991): Rigoberta Menchú. Leben in Guatemala. 4. Aufl., Göttingen.

Burkhardt, Johannes (1992): Wirtschaft. In: Otto Brunner u.a. (Hrsg.): Geschichtliche Grundbegriffe. Historisches Lexikon zur politisch-sozialen Sprache in Deutschland. Stuttgart. S. 511-594.

Burow, Julie (1986): Über die Erziehung des weiblichen Geschlechts. [1863]. In: Günter Häntzschel (Hrsg.): Bildung und Kultur bürgerlicher Frauen 1850-1918. Tübingen. S. 102-106.

Bußmann, Hadumod (1990): Lexikon der Sprachwissenschaft. 2. Aufl. Stuttgart.

Cantauw, Christiane (2004): Foto-Mütter. In: Rainer Alsheimer; Michael Simon (Hrsg.): Körperlichkeit und Kultur 2003. Körperbilder. Bremen. S. 181-215.

Carriére, Jean; Karlen, Stefan (1996): Zentralamerika. In: Walther L. Bernecker u.a. (Hrsg.): Handbuch der Geschichte Lateinamerikas. Bd. 3. S. 365-459.

Claussen, G.H. (1900): Gemeinnütziger Bremer Bauverein. Bremen.

Club zu Bremen (Hrsg.) (1984): 200 Jahre in Bremen. Club zu Bremen. 1783-1983. Textbeitrag von Herbert Schwarzwälder. Bremen.

Conrad, Sebastian (2006a): „Eingeborenenpolitik" in Kolonie und Metropole. In: ders.; Jürgen Osterhammel (Hrsg.): Das Kaiserreich transnational. Göttingen. S. 107-128.

Conrad, Sebastian; Osterhammel, Jürgen (Hrsg.) (2006): Das Kaiserreich transnational. Deutschland in der Welt. 1871-1914. 2. Aufl., Göttingen.

Conrad, Sebastian (2006b): Globalisierung und Nation im Deutschen Kaiserreich. München.

Conze, Eckart; Wienfort, Monika (Hrsg.) (2004): Adel und Moderne. Deutschland im europäischen Vergleich im 19. und 20. Jahrhundert. Köln u.a.

Conze, Susanne (1999): Körper macht Geschichte – Geschichte macht Körper. Körpergeschichte als Sozialgeschichte. Hrsg.: Bielefelder Graduiertenkolleg Geschichte. Bielefeld.

Conze, Werner (Hrsg.) (1976): Sozialgeschichte der Familie in der Neuzeit Europas. Stuttgart.

Conze, Werner (1984): Rasse. In: Otto Brunner (Hrsg.): Geschichtliche Grundbegriffe. Historisches Lexikon zur politisch-sozialen Sprache in Deutschland. Bd. 5. Stuttgart. S. 135-178.

Cremer, Will; Klein, Ansgar (Hrsg.) (1990): Heimat. 1. Bd.: Analysen, Themen, Perspektiven. Bonn.

Cyrus, Hannelore (1997): Frei geboren. 1000 Jahre Bremer Frauengeschichte. Bremen.

Cyrus, Hannelore u.a. (Hrsg.) (1991): Bremer Frauen von A bis Z. Kurzbiographien. Ein biographisches Lexikon aus der Feministischen Geschichtswerkstatt. Bremen.

Dahlberg, Kerstin (Hrsg.) (1992): Vom Kolonial-Ehrenmal zum Anti-Kolonial-Denkmal. Bremen.

Daniel, Ute (1994): Quo vadis, Sozialgeschichte? Kleines Plädoyer für eine hermeneutische Wende. In: Winfried Schulze (Hrsg.): Sozialgeschichte, Alltagsgeschichte, Mikro-Historie, Göttingen. S. 55-64.

Daniel, Ute (2001): Kompendium Kulturgeschichte. Theorie, Praxis, Schlüsselwörter. Frankfurt am Main.

Dann, Otto (Hrsg.) (1984): Vereinswesen und bürgerliche Gesellschaft in Deutschland. München.

David, Anton S.J. (1889): Die Erziehung nach dem Sprichwort. Winke und Fingerzeige zur Erziehung der Kinder. Paderborn.

Davidis, Henriette (1986): Die gute Tochter im Familienleben. (1895) In: Günter Häntzschel (Hrsg.): Bildung und Kultur bürgerlicher Frauen 1850-1918. Tübingen. S. 206-210.

Darwin, Charles (1845/2006): Gesammelte Werke. Erster Teil: Reise eines Naturforschers um die Welt. Frankfurt am Main. S. 7-346.

Defoe, Daniel (ca. 1918): Robinson Crusoe. Aus dem Englischen übersetzt und bearbeitet von Eugenie Stein (mit Abb.). Braunschweig.

Deggim, Christine (2000): Aufgeblasen und abgebrannt. Seetonnen und Barken in Quellen der Bremer Handelskammer. In: Bremisches Jahrbuch 2000. Bd. 79. S. 73-115.

Dehlwes, Wilhelm (1967): Das Dorf Borgfeld und seine Einwohner. Dem Landwirtschaftlichen Verein Borgfeld und Umgebung … gewidmet. Bremen.

Dehlwes, Wilhelm (1971): Deutsche in Übersee aus dem Raum Weser-Elbe. Als Auswanderer, Kaufleute und Kolonialpioniere. Bremen.

Deutsche Kolonialgesellschaft, Abt. Bremen. (1899): Satzung und Mitgliedsliste.

Deutsches Kolonial Lexikon (1920): Hrsg.: Heinrich Schnee. Leipzig.

Deutsche Biographische Enzyklopädie (DBE) (2001): Hrsg. Walter Killy; Mitarb.: Dietrich von Engelhardt. Gemeinsame Taschenbuchausgabe. München.

Diehn, Otto (1956): Kaufmannschaft und deutsche Eingeborenenpolitik in Togo und Kamerun von der Jahrhundertwende bis zum Ausbruch des Weltkrieges. Dargestellt unter besonderer Berücksichtigung des Bremer Afrikahauses J.K. Vietor [phil. Diss. Universität Hamburg]. Hamburg.

Dölp, Waltraud (1984): Die Kleidung in Bremen. In: Rosemarie Pohl-Weber (Hrsg.): Ein Hauch von Eleganz. Bremen.

Dommann, Monika (1999): „Sehen ist sicherer denn fühlen." Die Radiographie als Repräsentationstechnologie (1895-1935). In: Susanne Conze (Hrsg.): Körper macht Geschichte – Geschichte macht Körper. Bielefeld. S. 299-320.

Dracklé, Dorle (2001): Orte der Erinnerung. In: dies. (Hrsg.): Bilder vom Tod. Hamburg. S. 82-96.

Drechsel, Wiltrud Ulrike (Hrsg.) (2001): Höhere Töchter. Zur Sozialisation bürgerlicher Mädchen im 19. Jahrhundert. Bremen.

Drechsel, Wiltrud Ulrike; Käthner, Martina (2001): Wer ging in Fräulein Bendels höhere Töchterschule? In: Wiltrud Ulrike Drechsel (Hrsg.): Höhere Töchter. Bremen. S. 109-139.

Dreesbach, Anne (2005): Gezähmte Wilde. Die Zurschaustellung „exotischer" Menschen in Deutschland 1870-1940. Frankfurt am Main.

Dritte-Welt-Haus Bremen (Hrsg.) (1984): Bremen-Schlüssel zur Dritten Welt. Kolonial-Denk-Mal Bremen.

Duckwitz, Arnold (1842): Fragmente meines Lebens, Niedergeschrieben für meine Kinder. Bremen.

Duckwitz, Arnold (1877): Denkwürdigkeiten aus meinem öffentlichen Leben vom 1841-1866. Ein Beitrag zur bremischen und deutschen Geschichte. Bremen.

Duden, Barabara (1999): Genus und das Objekt der Volkskunde im Licht der neueren Körpergeschichte. In: Christel Köhle-Hezinger u.a. (Hrsg.): Männlich. Weiblich. Zur Bedeutung der Kategorie Geschlecht in der Kultur. Münster u.a. S. 66-74.

Duden Etymologie (1997): Artikel Hegen. Bd. 7. 2. Aufl., Mannheim. S. 275.

Duden Fremdwörterbuch (1997): Artikel Pidgin. Bd. 5. 6. Aufl., Mannheim. S. 626.

Dülmen, Richard van (Hrsg.) (1988): Armut, Liebe, Ehre. Studien zur historischen Kulturforschung (1). Frankfurt am Main. S. 67-106. [= Kapitel: Fest der Liebe.]

Dülmen, Richard van (Hrsg.) (1996): Körper-Geschichten. Studien zur historischen Kulturforschung (5). Frankfurt am Main.

Dülmen, Richard van (1995): Das Fischer-Lexikon Geschichte. Frankfurt am Main.

Dülmen, Richard van (Hrsg.) (1998): Erfindung des Menschen. Schöpfungsträume und Körperbilder. Wien u.a.

Dülmen, Richard van (2001): Historische Anthropologie. Entwicklung, Probleme, Aufgaben. 2. Aufl., Köln u.a.

Duhamelle, Christophe; Schlumbohm, Jürgen (Hrsg.) (2003): Eheschließungen im Europa des 18. und 19. Jahrhunderts. Muster und Strategien. Göttingen.

Dyckerhoff, Ursula (1994): Geschichte der Indianer bis zur Conquista. In: Walther L. Bernecker u.a. (Hrsg.): Handbuch der Geschichte Lateinamerikas. Bd. 1, Stuttgart. S. 101-206.

Eberstein, Bernd (1988): Hamburg – China. Geschichte einer Partnerschaft. Hamburg.

Eckert, Andreas (Hrsg.) (2004): Universität und Kolonialismus. Stuttgart.

Eckstein (1906-1911): Historisch-biographische Blätter. Bd. 1. Der Staat Bremen. Berlin.

Eckstein (1915): Industrielle. Vertreter deutscher Arbeit in Wort und Bild. Biographische Sammlung. Ergänzungsband, Bd. 2. Berlin.

Eggers, Hermann (1910): Konsul Johann Smidt. Eine Charakterstudie. In: Die Güldenkammer. 1. Jg. S. 119-124.

Ehlers, Wilhelm (1907): Fünfzig Jahre Norddeutscher Lloyd. Zur Erinnerung an das fünfzigjährige Jubiläum am 20. Februar 1907. Bremen.

Ehmer, Josef; Gutschner, Peter (1998): Befreiung und Verkrümmung durch Arbeit. In: Richard van Dülmen (Hrsg.): Erfindung des Menschen. Schöpfungsträume und Körperbilder. 1500-2000. Wien u.a. S. 283-303.

Eickhoff, Hajo (1993): Himmelsthron und Schaukelstuhl. Die Geschichte des Sitzens. München.

Eißenberger, Gabi (1996): Entführt, verspottet und gestorben. Lateinamerikanische Völkerschauen in deutschen Zoos. Frankfurt am Main.

Elias, Norbert (1992): Über den Prozess der Zivilisation. Soziogenetische und psychogenetische Untersuchungen. Bd. 1. Frankfurt am Main.

Engelsing, Rolf (1957): England und die USA in der bremischen Sicht des 19. Jahrhunderts. Bremen.

Engelsing, Rolf (1958): Bremisches Unternehmertum. Sozialgeschichte 1780-1870. In: Jahrbuch der Wittheit. Bd. 2. Bremen. S. 7-112.

Engelsing, Rolf (1978): Zur Sozialgeschichte deutscher Mittel- und Unterschichten. 2. Aufl., Göttingen.

Entholt, Hermann (1928): Bremens Handel, Schifffahrt und Industrie im 19. Jahrhundert (1815-1914). In: ders.; Kurt Wiedenfeld (Hrsg.): Die deutsche Wirtschaft und ihre Führer. Bd. 5: Die Hansestädte Hamburg, Bremen, Lübeck. S. 129-244.

Entholt, Hermann (1931): Der Schütting. Das Haus der bremischen Kaufmannschaft. Bremen.

Entholt, Hermann (1932): Bremens wirtschaftliche Entwicklung im 19. Jahrhundert. Hamburg.

Entholt, Hermann (1944): Die „Bremer Wöchentlichen Nachrichten" als Quelle der bremischen Kulturgeschichte. In: Bremisches Jahrbuch. Bd. 41. S. 184-218.

Entholt, Hermann (1947): Ansicht der Geschichte Bremens im dritten Viertel des 19. Jahrhunderts. 1850-1875. In: Bremisches Jahrbuch. Bd. 42. S. 52-81.

Ewers, Hans-Heino (1996): Joachim Heinrich Campe als Kinderliterat und als Jugend-schriftsteller. In: Hanno Schmitt u.a. (Hrsg.): Visionäre Lebensklugheit. Joachim Heinrich Campe in seiner Zeit, Ausstellungskatalog des Braunschweigischen Landesmuseums und der Herzog August Bibliothek Wolfenbüttel. Wiesbaden. S. 159-178.

Fabian, Johannes (2001): Im Tropenfieber. Wissenschaft und Wahn in der Erforschung Zentralafrikas. München.

Fehlemann, Silke (2000): Stillpropaganda und Säuglingsfürsorge am Beginn des 20. Jahrhunderts. In: Gabriele Genge (Hrsg.): Sprachformen des Körpers in Kunst und Wissenschaft. Tübingen u.a. S. 19-30.

Feldkamp, Ursula (2003): Rund Kap Hoorn. Mit Frachtseglern zur Westküste Amerikas. Bremen.

Fieldhouse, David K. (1965): Die Kolonialreiche seit dem 18. Jahrhundert. Frankfurt am Main.

Finke, Frank-P. (1996): Tätowierungen in modernen Gesellschaften. Osnabrück.

Fischer, Hans (1999): Feldforschung. In: Wolfgang Müller (Red.): Wörterbuch der Völkerkunde. Berlin. S. 123.

Foucault, Michel (1977): Überwachen und Strafen. Frankfurt am Main.

Franzius, H.C. (1932): Westwärts. Wanderjahre eines Hanseaten, Leipzig.

Franzius, H.C. (1935): Auf und ab im Zeitenstrom. Die Geschichte einer Familie an der deutschen Waterkant. Bremen.

Frenssen, Gustav (1905): Hilligenlei. Roman. Berlin.

Freud, Siegmund (2000): Ein Kind wird geschlagen. Ein Beitrag zur Kenntnis der Entstehung sexueller Perversion (1919). In: ders.: Zwang, Paranoia und Perversion. Studienausgabe, hrsg. von Alexander Mitscherlich u.a., Bd. 7. Frankfurt am Main. S. 229-254.

Freudenberg, Walther (1949): Von deutscher Arbeit auf Ceylon. Erinnerungen und Erfahrungen des Hauses Freudenberg und Co. Colombo seit 1873. 2. Aufl. Bremen.

Frevert, Ute (1979): Vom Klavier zur Schreibmaschine. In: Annette Kuhn; Gerhard Schneider, (Hrsg.): Frauen in der Geschichte. Düsseldorf.

Frevert, Ute (1985): „Fürsorgliche Belagerung": Hygienebewegung und Arbeiterfrauen im 19. und 20. Jahrhundert. In: Geschichte und Gesellschaft. Bd. 11. S. 421-446.

Frevert, Ute (1986): Frauen-Geschichte. Zwischen Bürgerlicher Verbesserung und Neuer Weiblichkeit. Frankfurt am Main.

Frevert, Ute (Hrsg.) (1988): Bürgerinnen und Bürger. Geschlechterverhältnisse im 19. Jahrhundert. Göttingen.

Frevert, Ute (1995): „Mann und Weib und Weib und Mann." Geschlechter-Differenzen in der Moderne. München.

Frevert, Ute (1996): Soldaten, Staatsbürger. Überlegungen zur historischen Konstruktion von Männlichkeit. In: Thomas Kühne (Hrsg.): Männergeschichte – Geschlechter-geschichte. Frankfurt am Main u.a. S. 69-87.

Frevert, Ute; Haupt, Heinz-Gerhard (Hrsg.) (1999): Der Mensch des 19. Jahrhunderts. Frankfurt am Main u.a.

Frevert, Ute (Hrsg.) (2000): Das neue Jahrhundert. Europäische Zeitdiagnosen und Zukunftsentwürfe um 1900. Göttingen.

Frevert, Ute (Hrsg.) (2003): Vertrauen – Eine historische Spurensuche. Göttingen.

Frey, Manuel (1997): Der reinliche Bürger. Entstehung und Verbreitung bürgerlicher Tugenden in Deutschland. 1760-1860. Göttingen.

Friese, Marianne (1991): Frauenarbeit und soziale Reproduktion. Eine Strukturunter-
suchung zur Herausbildung des weiblichen Proletariats im Übergangsprozess zur
bürgerlich-kapitalistischen Gesellschaft. Dargestellt an der Region Bremen.
Bremen.

Friese, Marianne (2002): Dienstbotin. Genese und Wandel eines Frauenberufs. In:
Claudia Gather; Birgit Geissler; Maria S. Rerrich (Hrsg.): Weltmarkt Privathaushalt
im globalen Wandel. Münster.

Fröschle, Hartmut (Hrsg.) (1979): Die Deutschen in Lateinamerika. Schicksal und
Leistung. Tübingen u.a.

Fuchs, Eduard (1988): Illustrierte Sittengeschichte. Bd. 6. Das bürgerliche Zeitalter II.
Frankfurt am Main.

Fuchs, Martin; Berg, Eberhard (1995): Phänomenologie der Differenz. Reflexionsstufen
ethnographischer Repräsentation. In: dies. (Hrsg.): Kultur, soziale Praxis. Frankfurt
am Main. S. 11-108.

Fuhrmann, Wolfgang (2005): Filmaufnahmen in Afrika. ‚Lebende Bilder‘ aus den deutschen Kolonien. In: Uli Jung; Martin Loiperdinger (Hrsg.): Geschichte des doku-
mentarischen Films in Deutschland, Bd. 1. Stuttgart. S. 149-160.

Gall, Lothar (1987): Ich wünschte ein Bürger zu sein. Zum Selbstverständnis des deutschen Bürgertums im 19. Jahrhundert. Historische Zeitschrift. Bd. 245. S. 601-
623.

Gall, Lothar (Hrsg.) (1990): Stadt und Bürgertum im 19. Jahrhundert. München.

Gall, Lothar (Hrsg.) (1991): Vom alten zum neuen Bürgertum. Die mitteleuropäische
Stadt im Umbruch. 1780-1820 (HZ, Beiheft, Bd. 14). München.

Gall, Lothar (Hrsg.) (1993): Stadt und Bürgertum im Übergang von der traditionellen
zur modernen Gesellschaft. München.

Gall, Lothar; Langewiesche, Dieter (Hrsg.) (1995): Liberalismus und Region. Zur
Geschichte des deutschen Liberalismus im 19. Jahrhundert. München.

Gall, Lothar (1997): Bürgertum, liberale Bewegung und Nation. München.

Gall, Lothar (1997a): Bürgertum und bürgerlich-liberale Bewegung in Mitteleuropa seit
dem 18. Jahrhundert. München.

Gallwitz, Sophie Dorothee (1911/1912): Das Auffallende und die Mode. In: Güldenkammer. Bd. 2. Bremen. S. 165-170.

Gather, Claudia; Geissler, Birgit; Rerrich, Maria S. (Hrsg.) (2002): Weltmarkt Privathaushalt. Bezahlte Hausarbeit im globalen Wandel. Münster.

Geiss, Imanuel (1992): Geschichte im Überblick. Reinbek bei Hamburg.

Gennep, Arnold van (1909/1999): Übergangsriten (Les rites de passage). Frankfurt am
Main u.a.

Gerhard, Melitta (1968): Der deutsche Entwicklungsroman bis zu Goethes Wilhelm
Meister. 2. Auflage. Bern.

Gerhard, Ute (1988a): Die Rechtsstellung der Frau in der bürgerlichen Gesellschaft des
19. Jahrhundert. Frankreich und Deutschland im Vergleich. In: Jürgen Kocka
(Hrsg.): Bürgertum im 19. Jahrhundert. Deutschland im europäischen Vergleich.
Bd. 1. München. S. 439-468.

Gerhard, Ute (1988b): Andere Ergebnisse. In: Ute Frevert (Hrsg.): Bürgerinnen und
Bürger. Geschlechterverhältnisse im 19. Jahrhundert. Göttingen.

Gerhard, Ute (1990): Unerhört. Die Geschichte der deutschen Frauenbewegung.
Reinbek.

Gerhard, Ute (1994): Verhältnisse und Verhinderungen. Frauenarbeit, Familie und
Rechte der Frauen im 19. Jahrhundert. Frankfurt am Main.

Gehrke, Franz (1910): Bremens Warenhandel und Stellung in der Weltwirtschaft. Jena.

Gestrich, Andreas (1999a): Geschichte der Familie im 19. und 20. Jahrhundert. München.

Gestrich, Andreas (1999b): Vergesellschaftungen des Menschen. Einführung in die Historische Sozialisationsforschung. Tübingen.

Gestrich, Andreas; Krause, Jens-Uwe; Mitterauer, Michael (2003): Geschichte der Familie. Mit 17 Tabellen. Stuttgart.

Gestrich, Andreas; Krauss, Marita (2006): Zurückbleiben. Der vernachlässigte Teil der Migrationsgeschichte. Stuttgart.

Geyer, Katrin (1984): Privatleben und Geschäftsinteresse. Untersuchungen zur Familiengeschichte Bremer Bürger im 19. Jahrhundert. Universität Bremen; Staatsarchiv Bremen. (ungedruckt).

Geyer-Kordesch, Johanna; Kuhn, Annette (Hrsg.) (1986): Frauenkörper, Medizin, Sexualität. Auf dem Wege zu einer neuen Sexualmoral. Düsseldorf.

Gildemeister, E. (1900): Das Wohnhaus. In: Bremen und seine Bauten. Bremen. S. 408-413.

Gildemeister, J. Matth. (Hrsg.) (1916): Geschichte des Hauses Gildemeister & Co. in Iquique. Nach Berichten der jeweiligen Vertreter desselben zusammengestellt am 17. April 1916, dem Tage ihres 50jährigen Bestehens überreicht von Carl Hütterott. Bremen.

Gildemeister, Otto (1922): Briefe. Hrsg.: Lissy Susemihl-Gildemeister. Leipzig.

Giordano, Christian (1994): Kulturanthropologische Horizonte. Aspekte einer Sozialwissenschaft der „feinen Unterschiede". In: Ina-Maria Greverus (Hrsg.): Kulturtexte. Frankfurt am Main. S. 13-28.

Glade, Dieter (1965): Bremer im Fernen Osten. Auswanderungen und Reisen, festgestellt aus den Bürgerrechtsakten des Bremischen Staatsarchivs. In: Friedrich Prüser (Hrsg.): 1000 Jahre Bremer Kaufmann. Bremen. S. 295-302.

Glade, Dieter (1966): Bremen und der Ferne Osten. Bremen.

Gniech, Gisla u.a. (Hrsg.) (1999): Wonneproppen. Dicke Menschen in „mageren" Zeiten. Lengerich.

Gödtel, Reiner (1979): Seelische Störungen im Wochenbett. Stuttgart.

Goffman, Erving (2003): Wir alle spielen Theater. Die Selbstdarstellung im Alltag. München.

Götze, E. (1900): Wasserversorgung. In: Bremen und seine Bauten. Bremen. S. 506-515.

Götte, Martin (1965): Die Bedeutung des Strafbedürfnisses und der Strafprovokation für das erzieherische Handeln. München u.a.

Goldstein, E. Bruce (1997): Wahrnehmungs-Psychologie. Eine Einführung aus dem Amerikanischen, Heidelberg u.a.

Gollwitzer, Heinz (1957): Die Standesherren. Die politische und gesellschaftliche Stellung der Mediatisierten 1825-1918. Ein Beitrag zur deutschen Sozialgeschichte. Stuttgart.

Greverus, Ina-Maria (Hrsg.) (1994): Kulturtexte. Zwanzig Jahre Institut für Kulturanthropologie und Europäische Ethnologie. Frankfurt am Main.

Grewe, Cordula (2006): Die Schau des Fremden. Ausstellungskonzepte zwischen Kunst, Kommerz und Wissenschaft. Stuttgart.

Grimm, Dieter (1988): Die Grundrechte im Entstehungszusammenhang der bürgerlichen Gesellschaft. In: Jürgen Kocka (Hrsg.): Bürgertum im 19. Jahrhundert. Deutschland im europäischen Vergleich. Bd. 1. München. S. 303-339.

Grinberg, León; Grinberg, Rebeca (1990): Psychoanalyse der Migration und des Exils, München u.a..

Groebner, Valentin (1995): Außer Haus. Otto Brunner und die „alteuropäische Ökonomik". In: Geschichte in Wissenschaft und Unterricht. Jg. 46. S. 69-80.

Grosse, Pascal (2000): Kolonialismus, Eugenik und bürgerliche Gesellschaft in Deutschland. 1850-1918. Frankfurt am Main u.a.

Gründer, Horst (1999): „... da und dort dort ein junges Deutschland gründen." Rassismus, Kolonien und kolonialer Gedanke vom 16. bis zum 20. Jahrhundert. München.

Gründer, Horst (2004): Geschichte der deutschen Kolonien. 5. Aufl., Paderborn u.a.

Grüntzig, Johannes W.; Mehlhorn, Heinz (2005): Expeditionen ins Reich der Seuchen. Medizinische Himmelfahrtskommandos der deutschen Kaiser- und Kolonialzeit. München.

Günther, Helmut (1982): Die Tänze und Riten der Afro-Amerikaner. Bonn.

Grunert, Suzanne C. (1993): Essen und Emotionen. Die Selbstregulierung von Emotionen durch das Essverhalten. Weinheim.

Guski, Rainer (2000): Wahrnehmung. Eine Einführung in die Psychologie der menschlichen Informationsaufnahme. 2. Aufl. Stuttgart.

Gustafsson, Heinz (2003): Namibia, Bremen und Deutschland. Ein steiniger Weg zur Freundschaft. Delmenhorst u.a.

Habermas, Rebekka (1994): Weibliche Religiosität – oder: Von der Fragilität bürgerlicher Identitäten. In: Klaus Tenfelde; Hans-Ulrich Wehler (Hrsg.): Wege zur Geschichte des Bürgertums. Göttingen. S. 125-148.

Habermas, Rebekka (2000): Frauen und Männer des Bürgertums. Eine Familiengeschichte (1750-1850). Göttingen.

Häntzschel, Günter (Hrsg.) (1986): Bildung und Kultur bürgerlicher Frauen 1850-1918. Quellendokumentation aus Anstandsbüchern und Lebenshilfen für Mädchen und Frauen als Beitrag zur weiblichen literarischen Sozialisation. Tübingen.

Hävernick, Walter (1964): „Schläge" als Strafe. Ein Bestandteil der heutigen Familiensitte in volkskundlicher Sicht. Hamburg.

Hahn, Hans-Werner (1991): Altständisches Bürgertum zwischen Beharrung und Wandel. Wetzlar 1689-1870. München.

Hall, Stuart (1994): Rassismus und kulturelle Identität. Hamburg.

Hamnett, Brian R. (1992): Zentralamerika 1821-1900. In: Walther R. Bernecker u.a. (Hrsg.): Handbuch der Geschichte Lateinamerikas. Bd. 2. Stuttgart. S. 557-577.

Handbuch des Deutschtums im Auslande (1906): Nebst einem Adressbuch der deutschen Auslandsschulen. Hrsg.: Allgemeiner Deutscher Schulverein zur Erhaltung des Deutschtums im Auslande. 2. Aufl., Berlin.

Handelskammer Bremen (1887): Statistische Mitteilungen. Bremen.

Handwörterbuch des deutschen Aberglaubens (HdA) (1987): Hanns Bächtold-Stäubli; Eduard Hoffmann-Krayer (Hrsg.). Unveränderter Nachdruck der Ausgabe Berlin u.a. 10 Bde. 1927-1942. Berlin.

Hannover-Drück, Elisabeth (1996): Hausgehilfinnen, Angestellte und Arbeiterinnen. Frauenerwerbsarbeit in Bremen zur Zeit der Weimarer Republik 1919-1933. Bremen.

Hardach-Pinke, Irene (1993): Die Gouvernante. Geschichte eines Frauenberufs. Frankfurt am Main.

Haupt, Heinz-Gerhard (1986): Kleine und große Bürger in Bremen um 1900. In: Bremisches Jahrbuch. Bd. 64. S. 151-167.

Hauschild, Thomas (1987): Symbol. In: Bernhard Streck (Hrsg.): Wörterbuch der Ethnologie, Köln. S. 215-217.

Hausen, Karin (1970): Deutsche Kolonialherrschaft in Afrika. Wirtschaftsinteressen und Kolonialverwaltung in Kamerun vor 1914. Zürich.

Hausen, Karin (1976): Die Polarisierung der „Geschlechtscharaktere" – Eine Spiegelung der Dissoziation von Erwerbs- und Familienleben. In: Werner Conze (Hrsg.): Sozialgeschichte der Familie in der Neuzeit Europas. Stuttgart. S. 363-393.

Hausen, Karin (1977): Historische Familienforschung. In: Reinhard Rürup (Hrsg.): Historische Sozialwissenschaft. Beiträge zur Einführung in die Forschungspraxis. Göttingen. S. 59-95.

Hausen, Karin (1978): Technischer Fortschritt und Frauenarbeit im 19. Jahrhundert. Zur Sozialgeschichte der Nähmaschine. In: Geschichte und Gesellschaft. S. 392-169.

Hausen, Karin (1983): Frauen suchen ihre Geschichte. Historische Studien zum 18. und 19. Jahrhundert. München.

Hausen, Karin (1984): Mütter, Söhne und der Markt der Symbole und Waren: Der deutsche Muttertag 1923-1933. In: Hans Medick; David Sabean (Hrsg.): Emotionen und materielle Interessen. Göttingen. S. 473-523.

Hausen, Karin (1987): Große Wäsche. Technischer Fortschritt und sozialer Wandel in Deutschland vom 18. bis ins 20. Jahrhundert. In: Geschichte und Gesellschaft. S. 273-303.

Hausen, Karin (1988): „... eine Ulme für das schwanke Efeu". Ehepaare im Bildungsbürgertum. Ideale und Wirklichkeiten im späten 18. und 19. Jahrhundert. In: Ute Frevert (Hrsg.): Bürgerinnen und Bürger. Geschlechterverhältnisse im 19. Jahrhundert. Göttingen. S. 85-117.

Hausen, Karin; Wunder, Heide (Hrsg.) (1992): Frauengeschichte – Geschlechtergeschichte. Frankfurt am Main u.a.

Heineken, Philipp (1836/1837): Die freie Hansestadt Bremen und ihr Gebiet. In topographischer, medizinischer und naturhistorischer Hinsicht geschildert. 2. Bde. Bremen.

Heineken, Philipp (1911): Meine Reise nach Australien und dem Fernen Osten vom 21. Mai 1910-11. Februar 1911. Bremen.

Herold, Heiko (2004): Die Anfänge der konsularischen Vertretung Bremens in Shanghai. In: Bremisches Jahrbuch. Bd. 83. S. 70-86.

Hettling, Manfred (1997): Politische Bürgerlichkeit. Der Bürger zwischen Individualität und Vergesellschaftung in Deutschland und in der Schweiz 1860 bis 1918. Göttingen.

Hettling, Manfred; Hoffmann, Stefan-Ludwig (Hrsg.) (2000): Der bürgerliche Wertehimmel. Innenansichten des 19. Jahrhunderts. Göttingen.

Hettling, Manfred; Nolte, Paul (Hrsg.) (1993): Bürgerliche Feste: Symbolische Formen politischen Handelns. Göttingen.

Heyden, Ulrich van der (2001): Rote Adler an Afrikas Küste. Die brandenburgisch-preußische Kolonie Großfriedrichsburg in Westafrika. Berlin.

Heyl, Hedwig (1878): Belehrung über die Pflege von Säuglingen. Berlin.

Heyl, Hedwig (1903): Häusliche Wäsche. Berlin.

Heyl, Hedwig (Vorw.) (1918): Zehn Jahre Frauenbund der deutschen Kolonialgesellschaft. Hrsg.: Ausschuss des Frauenbundes der Deutschen Kolonialgesellschaft. Berlin.

Heyl, Hedwig (1925): Aus meinem Leben. Berlin.

Hirschberg, Walter; Müller, Wolfgang (Red.) (1999): Wörterbuch der Völkerkunde. Berlin.

Hobsbawn, Eric J. (1999): Das imperiale Zeitalter 1875-1914. 3. Aufl. Frankfurt am Main.

Hodenberg, Christina von (2000): Der Fluch des Geldsacks. In: Manfred Hettling; Stefan-Ludwig Hoffmann (Hrsg.): Der bürgerliche Wertehimmel. Innenansichten des 19. Jahrhunderts. Göttingen. S. 79-104.

Hölscher, Lucian (1990): Die Religion des Bürgers. Bürgerliche Frömmigkeit und protestantische Kirche im 19. Jahrhundert. In: Historische Zeitschrift. Bd. 250. S. 595-627.

Höver, Otto (1939): Bremerhaven um 1900. In: Franz Stuckert (Hrsg.): Festschrift 80 Jahre Realschule – 50 Jahre Gymnasium in Bremerhaven (1858-1888-1936). Bremerhaven.

Hofer, Hans-Georg (2005): Nerven, Kultur und Geschlecht – Die Neurasthenie im Spannungsfeld von Medizin- und Körpergeschichte. In: Frank Stahnisch; Florian Steger (Hrsg.): Medizin, Geschichte und Geschlecht. S. 225-244.

Hoffmann, Stefan-Ludwig (2003): Geselligkeit und Demokratie. Vereine und zivile Gesellschaften im transnationalen Vergleich 1750-1914. Göttingen.

Hoffmann, Wiebke (2001): Missionar Diedrich Westermann (1875-1956). In: Rainer Alsheimer; Günther Rohdenburg (Hrsg.): LebensProzesse. Bremen. S. 109-152.

Hoffmann, Wiebke (2002): Über Verkehrsunfälle und königlichen Wahnsinn. In: Rainer Alsheimer (Hrsg.): Körperlichkeit und Kultur 2001. Bremen. S. 45-64.

Hoffmann, Wiebke (2005): Umgang mit kultureller Differenz am Beispiel der Ernährung von Bremer Säuglingen und Kleinkindern in Guatemala um 1900. In: Rainer Alsheimer; Roland Weibezahn (Hrsg.): Körperlichkeit und Kultur 2004. Bremen. S. 113-138.

Hofmeister, Adolf E. (Hrsg.) (1998): Beiträge zur bremischen Geschichte. In: Bremisches Jahrbuch. Band 62. Bremen.

Hofmeister, Adolf E. (2004): Das chinesische Exequatur für den bremischen Konsul in Kanton von 1855. In: Bremisches Jahrbuch. Band 83. S. 11-17.

Hogrefe, Louis (Hrsg.) (1913): Auslandsbuch für Kaufleute. Bd. 1.: Die deutschen Kolonien und das überseeische Ausland. Leipzig.

Honold, Alexander (2004): Tatau. Das Fremde auf der Haut. In: ders.; Klaus R. Scherpe (Hrsg.): Mit Deutschland um die Welt. Stuttgart u.a. S. 397-406.

Honold, Alexander; Simons, Oliver (Hrsg.) (2002): Kolonialismus als Kultur. Literatur, Medien, Wissenschaft in der deutschen Gründerzeit des Fremden. Tübingen.

Honold, Alexander; Klaus R. Scherpe (Hrsg.) (2004): Mit Deutschland um die Welt. Eine Kulturgeschichte des Fremden in der Kolonialzeit. Stuttgart u.a.

Horn, Klaus (1973): Dressur oder Erziehung. Schlagrituale und ihre gesellschaftliche Funktion. 6. Aufl. Frankfurt am Main.

Huerkamp, Claudia (1996): Bildungsbürgerinnen. Frauen an den Universitäten und in akademischen Berufen. 1900-1945. Göttingen.

Huerkamp, Claudia (1999): Die Lehrerin. In: Ute Frevert; Heinz-Gerhard Haupt (Hrsg.): Der Mensch des 19. Jahrhunderts. Frankfurt am Main und New York. S. 176-200.

Hull, Isabel V. (1988): ‚Sexualität‘ und bürgerliche Gesellschaft. In: Ute Frevert (Hrsg.): Bürgerinnen und Bürger. Göttingen. S. 49-66.

Hund, Wolf D. (1990): Arbeit. In: Hans Jörg Sandkühler (Hrsg.): Europäische Enzyklopädie zu Philosophie und Wissenschaften. Bd. 1. Hamburg. S. 163-190.

Huse, Birgitta (2004): Qué busca? Textilien und Touristen: Ein Maya-Indianerdorf in Chiapas, Mexiko. In: journal-ethnologie.de 4, 2004: Aktuelle Themen. S. 1-5.

Huse, Birgitta (2005): Textilien, Maya-Indianer und Touristen in Mexiko. In: Gabriele Mentges (Hrsg.) Kulturanthropologie des Textilen. Ebersbach.

Jäger, Jens (2000): Photographie: Bilder der Neuzeit. Einführung in die Historische Bildforschung. Tübingen.

Jäger, Jens (2006): Bilder aus Afrika vor 1918. Zur visuellen Konstruktion Afrikas im europäischen Kolonialismus. In: Gerhard Paul (Hrsg.): Visual History. Göttingen. S. 134-168.

Jasper, Dirk (1994): Film-Lexikon. München.

Jaspers, Karl (1957): Vom Ursprung und Ziel der Geschichte. 3. Aufl., Frankfurt am Main.

Internationales Freimaurer-Lexikon. (2000): Hrsg.: Eugen Lennhoff; Oskar Posner; Dieter A. Binder: Überarb. und erw. Neuauflage der Ausgabe von 1932. München.

Jeggle, Utz (1980): Im Schatten des Körpers. In: Zeitschrift für Volkskunde. 76. Jg. S. 169-188.

Jeggle, Utz (1988): Der Kopf des Körpers. Eine volkskundliche Anatomie. Weinheim u.a.

Johann Gottfried Schütte & Co. Bremen (1792-1967) (1967): 175 Jahre. Firmenschrift. Bremen.

Jones, Adam (1989): Schwarze Frauen, weiße Beobachter. Die Frauen der Goldküste in den Augen der europäischen Männer. 1600-1900. In: Hans-Joachim König; Wolfgang Reinhard (Hrsg.): Der europäische Beobachter außereuropäischer Kulturen. Berlin. S. 153-168.

Jordan, F. (1900): Das Städtische Elektrizitätswerk. In: Bremen und seine Bauten. Bremen. S. 499-505.

Junker, Almut; Stille, Eva (1991): Zur Geschichte der Unterwäsche 1700-1960. Eine Ausstellung des Historischen Museums Frankfurt. 5. Aufl., Frankfurt am Main.

Kalitzkus, Vera (2003): Leben durch den Tod. Die zwei Seiten der Organtransplantation. Eine medizin-ethnologische Studie. Frankfurt am Main.

Karsten, Arne; Thiessen, Hillard von (Hrsg.) (2006): Nützliche Netzwerke und korrupte Seilschaften. Göttingen.

Kaschuba, Wolfgang (1995): Deutsche Bürgerlichkeit nach 1800. Kultur als symbolische Praxis. In: Jürgen Kocka (Hrsg.): Bürgertum im 19. Jahrhundert. Bd. 3. Göttingen. S. 9-44.

Kaschuba, Wolfgang (1999): Einführung in die Europäische Ethnologie. München.

Kellenbenz, Hermann (1964): Hansisch-hanseatische Geschichte. Vermächtnis und Aufgabe. In: Bremisches Jahrbuch. Bd. 49. S. 55-72.

Kellenbenz, Hermann (1965): Bremer Kaufleute im Norden Brasiliens. In: Bremisches Jahrbuch. Bd. 50. S. 325-336.

Kellenbenz, Hermann (1969): Der Bremer Kaufmann. Versuch einer sozialgeschichtlichen Deutung. In: Bremisches Jahrbuch. Bd. 51. S. 19-49.

Kellner-Stoll, Rita (1982): Bremerhaven. 1827-1888. Politische, wirtschaftliche und soziale Probleme einer Stadtgründung. Bremerhaven.

Kessemeier, Gesa (1999): „Und wo Schleifenenden flattern, beginnt das Reich alles Weiblichen." Zur Konstruktion geschlechtsspezifischer Körperbilder in der Mode der Jahre 1920 bis 1929. In: Genus. Münsteraner Arbeitskreis für Gender Studies (Hrsg.): Kultur. Geschlecht. Körper. Münster. S. 159-178.

Kettler, C. (1928): Brauchen wir Kolonien? Einleitung zum Vorstands- und Beisitzerverzeichnis der Deutschen Kolonialgesellschaft, Abt. Bremen. Bremen.

Kill, Susanne (2001): Das Bürgertum in Münster 1770-1870. Bürgerliche Selbstbestimmung im Spannungsfeld von Kirche und Staat. München.

Kindlers Neues Literaturlexikon (1998): Hrsg. Walter Jens. Nachdruck der Ausgabe 1988-1992. Artikel: Defoe. München. Bd. 4. S. 475-484.

Kirchberger, Ulrike (1999): Aspekte deutsch-britischer Expansion. Die Überseeinteressen der deutschen Migranten in Großbritannien in der Mitte des 19. Jahrhunderts. Stuttgart.

Kirchner, Friedrich (1907): Geschlechtscharakter. In: Kirchners Wörterbuch der philosophischen Grundbegriffe. 5. Auflage. Leipzig. S. 370f.

Kirschnick, Sylke (2002): „Hereinspaziert!" Kolonialpolitik als Vergnügungskultur. In: Alexander Honold; Oliver Simons (Hrsg.): Kolonialismus als Kultur. Tübingen. S. 221-242.

Kittler, Gertraude (1980): Hausarbeit. Zur Geschichte einer „Natur-Ressourse". München.

Kleinschmidt, Harald (2002): Menschen in Bewegung. Inhalte und Ziele historischer Migrationsforschung. Göttingen.

Klika, Dorle (1990): Erziehung und Sozialisation im Bürgertum des wilhelminischen Kaiserreichs. Eine pädagogisch-biographische Untersuchung zur Sozialgeschichte der Kindheit. Frankfurt am Main u.a.

Kloos, Werner (1965): Die Bremerin: ein Almanach. Porträts und Illustrationen aus den Sammlungen des Focke-Museums. Bremen.

Kluge. Etymologisches Wörterbuch der deutschen Sprache (2002): Bearb.: Elmar Seebold. 24. Auflage. Berlin u.a.

Knaurs historischer Atlas (2000): Hrsg.: Geoffrey Barraclough. Red.: Eva Ambros u.a. 6. Aufl., München.

Knibiebler, Yvonne (1997): Leib und Seele. In: Geneviève Fraisse; Michelle Perrot; Karin Hausen (Hrsg.): Geschichte der Frauen. Frankfurt am Main. S. 373-415. Kapitel: Die Frau und der Säugling. S. 395-402.

Koch, Robert (1898): Ärztliche Beobachtungen in den Tropen. In: Deutsche Kolonialgesellschaft. Verhandlungen der Abteilung Berlin-Charlottenburg. Berlin. S. 280-317.

Kocka, Jürgen (1975): Unternehmer in der deutschen Industrialisierung. Göttingen.

Kocka, Jürgen (1984): Sozialgeschichte und Kulturanthropologie. In: Geschichte und Gesellschaft. 10, 3.

Kocka, Jürgen (Hrsg.) (1981): Angestellte im europäischen Vergleich. Die Herausbildung angestellter Mittelschichten seit dem späten 19. Jahrhundert. Göttingen.

Kocka, Jürgen (Hrsg.) (1988): Bürgertum im 19. Jahrhundert. Deutschland im europäischen Vergleich. 3. Bde. München.

Kocka, Jürgen (Hrsg.) (1995): Bürgertum im 19. Jahrhundert. Deutschland im europäischen Vergleich. Eine Auswahl. 3. Bde. Göttingen.

Kocka, Jürgen; Frey, Manuel (Hrsg.) (1998): Bürgertum und Mäzenatentum. Berlin.

Kohl, Johann Georg, bearbeitet von Karl Mahlert (1996): Über die alten Brüderschaften in Bremen. Bremen.

Kocka, Jürgen; Frey, Manuel (2000): Bürgertum und Sonderweg. In: Peter Lundgreen (Hrsg.): Sozial- und Kulturgeschichte des Bürgertums. Göttingen. 93-110.

Kohte-Meyer; Irmhild (2003): Vernehmen und Erreichen – psychoanalytische Begegnung im transkulturellen Raum. In: Psychosozial. Heft 3. S. 23-34.

Koloniales Hand- und Adressbuch (1926-1927), Hrsg.: Kolonialkriegerdank e.V. Berlin.

König, Johann-Günther (1981): Die streitbaren Bremerinnen. Bremen.

König, René (1985): Menschheit auf dem Laufsteg. Die Mode im Zivilisationsprozess. München.

König, Wolfgang (1997): Massenproduktion und Technikkonsum. Entwicklungslinien und Triebkräfte der Technik zwischen 1880 und 1914. In: ders.; Wolfhard Weber (Hrsg.): Technikgeschichte. 4. Bd. Berlin. S. 265-536.

König, Wolfgang; Weber, Wolfhard (Hrsg.) (1997): Technikgeschichte. Bd. 4: Netzwerke, Stahl und Strom. 1840-1914. Berlin.

Körtge, Herbert (1999): Das Schulwesen in Alt-Bremerhaven. Von der Gründung der ersten Schule 1831 bis zur Eingliederung der Stadt in Wesermünde 1939. Bremerhaven.

Köstlin, Konrad; Pohl-Weber, Rosemarie; Alsheimer, Rainer (Hrsg.) (1987): Kinderkultur. 25. Deutscher Volkskundekongress in Bremen vom 7.-12. Oktober 1985. Bremen.

Kondratjew, Nikolai D. (1926): Die langen Wellen der Konjunktur. In: Archiv für Sozialwissenschaft und Sozialpolitik. Bd. 56. S. 573-609.

Kopitzsch, Franklin (2004): Rezension zu Andreas Schulz: Vormundschaft und Protektion. Eliten und Bürger in Bremen. 1750-1880. München. In: Bremisches Jahrbuch. Bd. 83. S. 229-233.

Korn, Oliver (1999): Hanseatische Gewerbeausstellungen im 19. Jahrhundert: Republikanische Selbstdarstellung, regionale Wirtschaftsförderung und bürgerliches Vergnügen. Opladen.

Korselt, Theodor (1926): Die Entschädigung kolonialer Kriegsschäden. Gesetze und Ausführungsbestimmungen. In: Koloniales Hand- und Adressbuch. Berlin.

Kraus, Karl (1965): Sprüche und Widersprüche. Frankfurt am Main.

Krauss, Marita; Beck, Florian (Hrsg.) (1990): Leben in München. Von der Jahrhundertwende bis 1933. München.

Krauss, Marita (1991): Zeichen der Zeit. Alltag in München. 1933-1945. Berlin.

Krauss, Marita (1997): Herrschaftspraxis in Bayern und Preußen im 19. Jahrhundert. Ein historischer Vergleich. Frankfurt am Main u.a.

Krauss, Marita (1997b): Integration und Akkulturation. Eine methodische Annäherung an ein vielschichtiges Phänomen. In: Mathias Beer; Martin Kintzinger; Marita Krauss (Hrsg.): Migration und Integration. Stuttgart.

Krauss, Marita; Holger Sonnabend (Hrsg.) (2001): Frauen und Migration. Stuttgart.

Krauss, Marita (2002): Die Frau der Zukunft. Dr. Hope Brigdes Adams Lehmann. 1855-1916. Ärztin und Reformerin. München.

Krauss, Marita (2006): Kleine Welten. Alltagsfotografie – die Anschaulichkeit einer „privaten Praxis". In: Gerhard Paul (Hrsg.): Visual History. Göttingen. S. 57-75.

Krebs, Barbara (1992): Essstörung oder die Sehnsucht nach Frau. In: Irmgard Vogt; Monika Bormann (Hrsg.): Frauen-Körper: Lust und Last. Tübingen. S. 153-189.

Kuckuk, Peter (Hrsg.) (2004): Passagen nach Fernost. Menschen zwischen Bremen und Ostasien. Bremen.

Küchenmeister, Kornelia (1997): „... nur ein Weib, aber Herrin ihrer Kraft". Das Frauenbild und die Funktion von Sexualität in Gustav Frenssens Werk. In: Kay Dohmke; Dietrich Stein (Hrsg.): Gustav Frenssen und seine Zeit. Heide. S. 400-437.

Kühne, Thomas (Hrsg.) (1996): Männergeschichte – Geschlechtergeschichte. Männlichkeit im Wandel der Moderne. Frankfurt am Main u.a.

Kulenkampff, Alfred G.E. (1969): Mein Lebensweg. 1884-1926. Rendsburg.

Kuhn, Annette; Schneider, Gerhard (Hrsg.) (1979): Frauen in der Geschichte. Frauenrechte und gesellschaftliche Arbeit der Frauen im Wandel. Düsseldorf

Kuhn, Bärbel (2002): Familienstand: ledig. Ehelose Frauen und Männer im Bürgertum (1850-1914). Köln.

Kundrus, Birthe (Hrsg.) (2003a): Phantasiereiche. Zur Kulturgeschichte des deutschen Kolonialismus. Frankfurt u.a.

Kundrus, Birthe (2003b): Moderne Imperialisten. Das Kaiserreich im Spiegel seiner Kolonien. Köln.

Kundrus, Birthe (2005): Die imperialistischen Frauenverbände des Kaiserreichs. Koloniale Phantasie- und Realgeschichte im Verein. Basel.

Kundrus, Birthe (2006): Weiblicher Kulturimperialismus. Die imperialistischen Frauenverbände des Kaiserreichs. In: Sebastian Conrad; Jürgen Osterhammel (Hrsg.): Das Kaiserreich transnational. 2. Aufl., Göttingen. S. 213-235.

Kybalová, Ludmila u.a. (1966): Das große Bilderlexikon der Mode. Vom Altertum zur Gegenwart. Prag.

Lakoff, George; Johnson, Mark (1998): Leben in Metaphern. Konstruktion und Gebrauch von Sprachbildern. Heidelberg.

Lepenies, Wolf (1977): Ein Außenseiter, voll unbefangener Einsicht. Laudatio auf Norbert Elias anlässlich der Verleihung des Theodor W. Adorno Preises am 2. Oktober 1977. In: Norbert Elias; Wolf Lepenies: Zwei Reden anlässlich der Verleihung des Theodor W. Adorno Preises 1977. Frankfurt am Main.

Leutner, Mechthild (1997): „Musterkolonie Kiautschou": Die Expansion des Deutschen Reiches in China. Deutsch-Chinesische Beziehungen 1897-1914. Eine Quellensammlung. Berlin.

Lewandowski, Theodor (1994): Linguistisches Wörterbuch. 3 Bde. 6. Aufl. Wiesbaden.

Lewerenz, Susann (2006): Die Deutsche Afrika-Schau. 1935-1945. Rassismus, Kolonialrevisionismus und postkoloniale Auseinandersetzungen im nationalsozialistischen Deutschland. Frankfurt am Main u.a.

Liebs, Elke (1991): Reisen auf dem Kanapee, Schelme, Schiffbrüchige und Schaulustige. Robinsonaden und Aventüren als Alibi für Zivilisationskritiker, Gottsucher und Erotomanen. In: Hermann Bausinger u.a. (Hrsg.): Reisekultur. München. S. 264-269.

Lindemann, Moritz (1878): Zur Geschichte der älteren Handelsbeziehungen Bremens mit den Vereinigten Staaten von Nordamerika. In: Bremisches Jahrbuch. Bd. 10. S. 124-146.

Lindenberg, Paul (1896): Pracht-Album photographischer Aufnahmen der Berliner Gewerbe-Ausstellung 1896 und der Sehenswürdigkeiten Berlins und des Treptower Parks, Alt-Berlin, Kolonial-Ausstellung, Kairo etc. Berlin.

Lorenz, Maren (2000): Leibhaftige Vergangenheit. Einführung in die Körpergeschichte. Tübingen.

Loschek, Ingrid (1991): Mode. Verführung und Notwendigkeit. Struktur und Strategie der Aussehensveränderungen. München.

Loschek, Ingrid (2001): Fashion of the Century. Chronik der Mode von 1900 bis heute. Augsburg.

Loschek, Ingrid (2002): Modedesigner. Ein Lexikon von Armani bis Yamamoto. München.

Loschek, Ingrid (2005): Reclams Mode- und Kostüm Lexikon. 5. Aufl. Stuttgart.

Loytved, Christine (2002): Hebammen und ihre Lehrer. Wendepunkte in Ausbildung und Amt Lübecker Hebammen (1730-1850). Osnabrück.

Lubrich, Stefanie (2002): Missionarische Mädchen- und Frauenerziehung. Fallstudien aus Westafrika. Bremen.

Lübcke, Alexandra (2003): „Welch ein Unterschied aber zwischen Europa und hier ...". Diskurstheoretische Überlegungen zu Nation, Auswanderung und kultureller Geschlechteridentität anhand von Briefen deutscher Chileauswanderinnen des 19. Jahrhunderts. Frankfurt am Main u.a.

Lüdecke, Elsa (Hrsg.) (1915): Kreuzerfahrten und Kriegserlebnisse S.M.S. „Dresden" 1914/15. Berlin.

Lüderitz, C. A. (Hrsg.) (1945): Die Erschließung von Deutsch-Südwest-Afrika durch Adolf Lüderitz. Akten, Briefe und Denkschriften. Schriften der Wittheit zu Bremen. Bd. 16. H. 1. Oldenburg.

Lüderwaldt, Andreas (1992): „.... den Warenproben Lokalfarbe zu verleihen." (1890-1990). 100 Jahre Handels- und Kolonialausstellung in Bremen. In: Tendenzen. Bremen. S. 55-70.

Lüderwaldt, Andreas (1995): Die „Nordwestdeutsche" von 1890. In: Hartmut Roder (Hrsg.): Bremen Handelsstadt am Fluss. Bremen. S. 33-35.

Lüderwaldt, Andreas (1995): Die „Handels- und Kolonialausstellung" von 1890. In: Hartmut Roder (Hrsg.): Bremen Handelsstadt am Fluss. Bremen. S. 36-38.

Lüdtke, Alf (Hrsg.) (1989): Alltagsgeschichte. Zur Rekonstruktion historischer Erfahrungen und Lebensweisen. Frankfurt am Main.

Lührs, Wilhelm (1990): Vor hundert Jahren – Die Nordwestdeutsche Gewerbe- und Industrieausstellung. In: Bremisches Jahrbuch. Bd. 69. Bremen. S. 9-20.

Lundgreen, Peter (Hrsg.) (2000): Sozial- und Kulturgeschichte des Bürgertums. Eine Bilanz des Bielefelder Sonderforschungsbereichs (1986-1997). Göttingen.

Lux, Joseph August (1912/13): Reform der Männertracht. In: Güldenkammer, Bd. 3. Bremen. S. 360-364.

Maas, Ellen (1975): Das Photoalbum 1858-1918. Eine Dokumentation zur Kultur- und Sozialgeschichte. München.

Macintyre, Stuart (2004): A Concise History of Australia. Cambridge.

Magill, Daniela (1989): Literarische Reisen in die exotische Fremde. Topoi der Darstellung von Eigen- und Fremdkultur. Frankfurt am Main.

Marschalck, Peter (1993): Demographische Aspekte der Familienbildung in Bremen in der ersten Hälfte des 19. Jahrhunderts. In: Jürgen Schlumbohm (Hrsg.): Familie und Familienlosigkeit. Hannover. S. 195-216.

Martin, Rudolf (1912): Jahrbuch des Vermögens und Einkommens der Millionäre in den drei Hansestädten (Hamburg, Bremen, Lübeck). Berlin.

Martschukat, Jürgen; Stieglitz, Olaf (2005): „Es ist ein Junge!" Einführung in die Geschichte der Männlichkeiten in der Neuzeit. Tübingen.

Matthes, Joachim (1992): The Operation called „Vergleichen". In: Joachim Matthes (Hrsg.): Zwischen den Kulturen? Göttingen. S. 75-99.

Matthes, Joachim (Hrsg.) (1992): Zwischen den Kulturen? Die Sozialwissenschaften vor dem Problem des Kulturvergleichs. Göttingen.

Maul, Daniel (2003): Rezension zu: Jürgen Osterhammel; Niels P. Petersson (2003): Geschichte der Globalisierung. Dimensionen, Prozesse, Epochen. München. http://www.sehepunkte.historicum.net. Zugriff: 10. Juli 2007.

Mauss, Marcel (1990): Die Gabe. Form und Funktion des Austauschs in archaischen Gesellschaften [1923/24]. Frankfurt am Main.

Maximilian. Kaiser von Mexiko (1867): Aus meinem Leben. Bd. 3. Reiseskizzen H. 7. Bahia (1860). Leipzig.

Medick, Hans (1989): „Missionare im Ruderboot"? In: Alf Lüdtke (Hrsg.): Alltagsgeschichte. Zur Rekonstruktion historischer Erfahrungen und Lebensweisen. Frankfurt am Main. S. 48-84.

Medick, Hans (1992): Entlegene Geschichte? Sozialgeschichte und Mikro-Historie im Blickfeld der Kulturanthropologie. In: Joachim Matthes (Hrsg.): Zwischen den Kulturen? Göttingen. S. 167-178.

Medick, Hans (1996): Weben und Überleben in Laichingen 1650-1900. Lokalgeschichte als allgemeine Geschichte. Göttingen.

Mentges, Gabriele (Hrsg.) (2005): Kulturanthropologie des Textilen. Ebersbach.

Mergel, Thomas (1997): Der Mensch und die Verhältnisse. „Handeln" und „Struktur" bei Max Weber und Anthony Giddens. In: Thomas Mergel; Thomas Welskopp (Hrsg.): Geschichte zwischen Kultur und Gesellschaft. München. S. 39-70.

Mergel, Thomas; Welskopp, Thomas (Hrsg.) (1997): Geschichte zwischen Kultur und Gesellschaft. Beiträge zur Theoriedebatte. München.

Mergenthaler, Volker (2005): Völkerschau – Kannibalismus – Fremdenlegion. Zur Ästhetik der Transgression (1897-1936). Tübingen.

Mettele, Gisela (1998): Bürgertum in Köln 1775-1870. Gemeinsinn und freie Assoziation. München.

Metzger, O.F. (1941): Unsere alte Kolonie Togo. Neudamm.

Meyer, Arno J. (1988): Adelsmacht und Bürgertum. Die Krise der europäischen Gesellschaft 1848-1914. München.

Meyer-Renschhausen, Elisabeth (1989): Weibliche Kultur und soziale Arbeit. Eine Geschichte der Frauenbewegung am Beispiel Bremens. Köln u.a.

Meyers Kleines Konversations-Lexikon (1892-1893): Mit über 100 Beilagen Karten und Bildtafeln in Holzschnitt, Kupferstich und Chromodruck. 3 Bände. 5. Aufl. Leipzig u.a.

Meyers Konversations-Lexikon (1893-1998): Ein Nachschlagewerk des allgemeinen Wissens. Mit mehr als 15.500 Abb. im Text und auf 1050 Bildtafeln, Karten und Plänen. 20 Bde. 5. Auflage. Leipzig u.a.

Mitterauer, Michael (1990): Historisch-anthropologische Familienforschung. Fragestellungen und Zugangsweisen. Wien u.a.

Mitterauer, Michael (1995): Familie. In: Richard van Dülmen (Hrsg.): Das Fischer-Lexikon Geschichte. Frankfurt am Main. S. 161-176.

Mitterauer, Michael; Sieder, Reinhard (1991): Vom Patriarchat zur Partnerschaft. Zum Strukturwandel der Familie. 4. Aufl. München.

Möller, Frank (1998): Bürgerliche Herrschaft in Augsburg. 1790-1880. München.

Mosse, George L. (1997): Das Bild des Mannes. Zur Konstruktion der modernen Männlichkeit. Frankfurt am Main.

Mosse, George L. (1985): Nationalismus und Sexualität. Bürgerliche Moral und sexuelle Normen. München.

Mühlens, P. (1912): Einheimische Malaria in Emden und ihre Bekämpfung. In: Verhandlungen der Deutschen Tropenmedizinischen Gesellschaft. Leipzig. S. 46-65.

Mühlhahn, Klaus (2000): Herrschaft und Widerstand in der „Musterkolonie" Kiautschou. Interaktionen zwischen China und Deutschland 1897-1914. München.

Müller, Hartmut (1971): Bremen und Westafrika. Wirtschafts- und Handelsbeziehungen im Zeitalter des Früh- und Hochkolonialismus. 1841-1914. Teil 1. In: Jahrbuch der Wittheit. Bd. 15. S. 45-140.

Müller, Hartmut (1973): Bremen und Westafrika. Wirtschafts- und Handelsbeziehungen im Zeitalter des Früh- und Hochkolonialismus. 1841-1914. Teil 2. In: Jahrbuch der Wittheit. Bd. 17. S. 75-148.

Nadig, Maya (2000): Körpererfahrung im Wahrnehmungsprozess. Transkulturelle (Re) Konstruktionen in Übergangsräumen. In: Judith Schlehe (Hrsg.): Zwischen den Kulturen – zwischen den Geschlechtern. Kulturkontakte und Genderkonstrukte. Münster. S. 37-52.

Nauck, Ernst Georg (1967): Lehrbuch der Tropenkrankheiten. 3. Aufl. Stuttgart.

Nelkenbrecher; J.C. (1805; 1848; 1890): Taschenbuch der Münz-, Maas- und Gewichtskunde für Banquirs und Kaufleute. 9. Aufl., Hrsg.: M.R.B. Gerhardt d. Ä.; 17. Aufl., Hrsg. von F.G. Feller; H.C. Kandelhardt; Nelkenbrechers Taschenbuch für Kaufleute. 1. Bd. Berlin.

Niehüser, E. (2003): Die kunstvolle Darstellung des Natürlichen – eine kunsthistorische Betrachtung des Stillens. In: V. Scherbaum; M.F. Perl; U. Kretschmer (Hrsg.): Stillen. S. 6-12.

Nipperdey, Thomas (1990-1993): Deutsche Geschichte. 2 Bde. 1.: Arbeitswelt und Bürgergeist. 2.: Machtstaat vor der Demokratie. München.

Nordwestdeutsche Gewerbe- und Industrie-Ausstellung (1890): [31.5.-15.10.1890] Katalog. Bremen.

Opitz, Claudia (1994): Neue Wege der Sozialgeschichte? Ein kritischer Blick auf Otto Brunners Konzept des „ganzen Hauses". In: Geschichte und Gesellschaft. Bd. 20. S. 88-98.

Opitz, Claudia (2005): Um-Ordnungen der Geschlechter. Einführung in die Geschlechtergeschichte. Tübingen.

Orth, Karin (1993): „Nur weiblichen Besuch": Dienstbotinnen in Berlin 1890-1914. Frankfurt am Main u.a.

Ostasiatischer Verein Bremen (1901-1926): Festschrift.

Ostasiatischer Verein Bremen (1928): Jahresbericht, Mitgliederliste.

Osterhammel, Jürgen (1989): China und die Weltgesellschaft. Vom 18. Jahrhundert bis in unsere Zeit. München.

Osterhammel, Jürgen (1989a): Distanzerfahrung. Darstellungsweisen des Fremden im 18. Jahrhundert. In: Hans-Joachim König; Wolfgang Reinhard (Hrsg.): Der europäische Beobachter außereuropäischer Kulturen. Berlin. S. 9-42.

Osterhammel, Jürgen (2006): Kolonialismus. Geschichte, Formen, Folgen. 5. Aufl., München.

Osterhammel, Jürgen; Peterson, Niels P. (2006): Geschichte der Globalisierung. Dimensionen, Prozesse, Epochen. 3. Aufl., München.

Oettermann, Stephan (1979): Zeichen auf der Haut. Die Geschichte der Tätowierung in Europa. Frankfurt am Main.

Orland, Barbara (Bearb.) (1990): HaushaltsTräume. Ein Jahrhundert Technisierung und Rationalisierung im Haushalt. Königstein im Taunus.

Overbeck, Wilhelm (1923): Deutschtum in Bahia. Berlin.

Pagenstecher, Cord (2003): Der bundesdeutsche Tourismus. Ansätze zu einer Visual History: Urlaubsprospekte, Reiseführer, Fotoalben 1950-1990. Hamburg.

Parlesak, Alexander (2003): Biologische Eigenschaften und Inhaltsstoffe von Kolostrum und reifer Frauenmilch. In: V. Scherbaum; F.M. Perl; U. Kretschmer, (Hrsg.): Stillen. Frühkindliche Ernährung und reproduktive Gesundheit. Köln. S. 89-101.

Paul, Gerhard (Hrsg.) (2006): Visual History. Ein Studienbuch. Göttingen.

Peters, Fritz (1936): Über bremische Firmengründungen in der ersten Hälfte des 19. Jahrhunderts (1814-1847). In: Bremisches Jahrbuch. Bd. 36. S. 306-361.

Petersson, Niels P. (2006): Das Kaiserreich in ökonomischer Globalisierung. In: Sebastian Conrad; Jürgen Osterhammel (Hrsg.): Das Kaiserreich transnational. Göttingen. S. 49-67.

Pichierri, Angelo (2000): Die Hanse, Staat der Städte. Ein ökonomisches und politisches Modell der Städtevernetzung. Stadt, Raum und Gesellschaft Bd. 10. Opladen.

Pietsch, Eva (1999): „Bleiche Lippen und hektische Wangen, flache Brust und blasse Haut." In: Susanne Conze (Hrsg.) (1999): Körper macht Geschichte – Geschichte macht Körper. Bielefeld. S. 248-271.

Pitsch, Franz-Josef (1974): Die wirtschaftlichen Beziehungen Bremens zu den Vereinigten Staaten von Amerika bis zur Mitte des 19. Jahrhunderts. Bremen.

Ploch, Beatrice (1994): Vom illustrativen Schaubild zur Methode. Mental Maps und ihre Bedeutung für die Kulturanthropologie. In: Ina-Maria Greverus u.a. (Hrsg.): Kulturtexte. Frankfurt am Main. S. 113-133.

Pohl-Weber, Rosemarie (1987): Kinderleben – Kinderspiel. In: Konrad Köstlin; Rosemarie Pohl-Weber; Rainer Alsheimer (Hrsg.): Kinderkultur. Bremen. S. 143-150.

Popelka, Christa (1958/1959): Entstehung und Wandlung des deutschen Konsularwesens bis 1870 (Diplomarbeit), Seminar für Wirtschafts- und Sozialgeschichte der Universität Köln. StAB U-43.

Porre, Eugen de (1995): Reis und Mais in Bremen. In: Hartmut Roder (Hrsg.): Bremen. Handelsstadt am Fluss. Bremen. S. 251-155.

Prinzing, Friedrich (1900): Die sociale Lage der Witwe in Deutschland. In: Zeitschrift für Socialwissenschaft. Jg. 3, Nr. 2 und 3. S. 96-109.

Prüser, Friedrich (1940a): Die Vietor aus Bremen. In: Der Schlüssel. Bremen. Heft 11. S. 181-185.

Prüser, Friedrich (1940b): Vom Bremer Überseekaufmann. In: Abhandlungen und Vorträge von der Bremer Wissenschaftlichen Gesellschaft. Bd. 14. S. 3-53.

Prüser, Friedrich (1941): Bremische Kaufleute in Honolulu. Aus den Anfängen deutscher Pionierarbeit in der Südsee. In: Der Schlüssel. H. 6, S. 73-79.

Prüser, Friedrich (1958): Große Bremer Kaufleute. In: Bremer Adressbuch. Bremen.

Prüser, Friedrich (Hrsg.) (1965): 1000 Jahre Bremer Kaufmann. Aufsätze zur Geschichte bremischen Kaufmannstums, des Bremer Handels und der Bremer Schiffahrt aus Anlass des tausendjährigen Gedenkens der Marktgründung durch den Bischof Adaldag 965. Bremen.

Prüser, Friedrich (1969): Artikel: Vietor. In: Bremische Biographie. S. 532-534.

Prüser, Friedrich; Schwebel, Karl Heinz (1951): De Koopmann tho Bremen. Ein Fünfhundertjahr Gedenken der Handelskammer Bremen. 13 Aufsätze zur Geschichte des Bremer Kaufmanns und der Bremischen Wirtschaft. Bremen.

Prüser, Jürgen (1962): Die Handelsverträge der Hansestädte Lübeck, Bremen und Hamburg mit überseeischen Staaten im 19. Jahrhundert. Bremen.

Puhle, Hans-Jürgen (Hrsg.) (1991): Bürger in der Gesellschaft der Neuzeit. Wirtschaft, Politik, Kultur. Göttingen.

Puschner, Uwe (1982): Die Gesellschaft „Museum" (1802-1847). In: Buchhandel-geschichte. Hrsg: Historische Kommission des Börsenvereins. 2. S. 49-56.

Raack, Juliane (2001): Diakonisse Hedwig Rohns (1852-1935). In: Rainer Alsheimer; Günther Rohdenburg (Hrsg.): Lebensprozesse. Bremen. S. 185-202.

Radkau, Joachim (2000): Das Zeitalter der Nervosität. Deutschland zwischen Bismarck und Hitler. München.

Raff, Diether (1992): Deutsche Geschichte. Vom Alten Reich zum vereinten Deutschland. 2. Aufl. München.

Rarisch, Ilsedore (1977): Das Unternehmerbild in der deutschen Erzählliteratur der ersten Hälfte des 19. Jahrhunderts. Ein Beitrag zur Rezeption der frühen Industrialisierung in der belletristischen Literatur. Berlin.

Rassow, Fritz (1910): Familiengefühl und Gemeinsinn. In: Güldenkammer. 1. Jg., H. 1. S. 1-7.

Ratz, Norbert (1988): Der Identitätsroman. Eine Strukturanalyse. Tübingen.

Regner, Susanne (1987): Puppe und photographisches Kinderporträt. Zur Codierung bürgerlicher Mädchenkindheit im 19. Jahrhundert. In: Konrad Köstlin; Rosemarie Pohl-Weber; Rainer Alsheimer (Hrsg.): Kinderkultur. Bremen. S. 125-134.

Reif, Heinz (1999): Adel im 19. und 20. Jahrhundert. München.

Reifensteiner Rezepte (2005): Rezept- und Ratgebersammlung der Wirtschaftlichen Frauenschule Reifenstein (Eichfeld). Hrsg.: Reifensteiner Verband e.V. Duderstadt.

Reinhard, Angelika (1994): Die Karriere des Robinson Crusoe. Vom literarischen zum pädagogischen Helden. Eine literaturwissenschaftliche Untersuchung des Robinson Defoes und der Robinson-Adaptionen von Campe und Forster. Frankfurt am Main u.a.

Reinhard, Wolfgang (1989): Einleitung. In: Hans-Joachim König; Wolfgang Reinhard (Hrsg.): Der europäische Beobachter außereuropäischer Kulturen. Berlin. S. 6.

Reulecke, Jürgen (1981): Die Entstehung des Erholungsurlaubs für Arbeiter in Deutschland vor dem Ersten Weltkrieg. In: Dieter Langewiesche; Klaus Schönhoven (Hrsg.): Arbeiter in Deutschland. Studien zur Lebensweise der Arbeiterschaft im Zeitalter der Industrialisierung. Paderborn. S. 240-268.

Richey, Michael (1756): Idioticon Hamburgense. Hamburg: König.

Riedel, Manfred (1972): Bürger, Staatsbürger, Bürgertum. In: Brunner, Otto (Hrsg.): Geschichtliche Grundbegriffe. Historisches Lexikon zur politisch-sozialen Sprache in Deutschland. Bd. 1. Stuttgart. S. 719-800.

Riefenstahl, Leni (2006): Die Nuba. Genehmigte Lizenzausgabe der Ausg. 1973. Köln.

Riekenberg, Michael (1990): Zum Wandel von Herrschaft und Mentalität in Guatemala. Ein Beitrag zur Sozialgeschichte Lateinamerikas. Köln u.a.

Ritter, Gerhard A.; Tenfelde, Klaus (1992): Arbeiter im deutschen Kaiserreich. 1871-1914. Bonn.

Ritz, C.W. (1881): Geschichte des Bremer Schulwesens. Bremen.

Ritzel, Fred (2001): Synkopen-Tänze. Über Importe populärer Musik aus Amerika in der Zeit vor dem Ersten Weltkrieg. In: Kaspar Maase; Wolfgang Kaschuba (Hrsg.): Schund und Schönheit. Populäre Kultur um 1900. Köln u.a. S. 161-183.

Rock, Irvin (1998): Wahrnehmung. Vom visuellen Reiz zum Sehen und Erkennen. Heidelberg u.a.

Roder, Hartmut (Hrsg.) (1995a): Bremen. Handelsstadt am Fluss. Bremen.

Roder, Hartmut (1995b): Der Kolonialwarenladen. Ort exotischer Genußverheißung. In: Hartmut Roder (Hrsg.): Bremen. Handelsstadt am Fluß. Bremen. S. 290-292.

Roder, Hartmut (Hrsg.) (2001): Bremen – Ostasien. Eine Beziehung im Wandel. Anlässlich des 100jährigen Jubiläum des Ostasiatischen Vereins. Bremen.

Röhrich, Lutz (1995): Lexikon der sprichwörtlichen Redensarten. 5 Bde. 2. Aufl. Freiburg.

Röhrig, E.W. (1936): Geschichte der Familie Vietor aus Schwalenberg in Lippe. Privatdruck.

Rösing, J. (1912): Johann Smidt. In: Bremische Biographien des neunzehnten Jahrhunderts. Bremen. S. 474-475.

Rogowski, Christian (2003): „Heraus mit unseren Kolonien!" – Der Kolonialrevisionismus der Weimarer Republik und die „Hamburger Kolonialwache" von 1926. In: Birthe Kundrus (Hrsg.): Phantasiereiche. Frankfurt am Main u.a. S. 243-262.

Roschen, Axel; Theye, Thomas (Hrsg.) (1998): Abreise von China. Texte und Photographien von Wilhelm Wilshusen. Frankfurt am Main u.a.

Rosenbaum, Heidi (1982): Formen der Familie. Untersuchungen zum Zusammenhang von Familienverhältnissen, Sozialstruktur und sozialem Wandel in der deutschen Gesellschaft des 19. Jahrhunderts. Frankfurt am Main.

Rosenberg, Hans (1967): Große Depression und Bismarckzeit. Wirtschaftsablauf, Gesellschaft und Politik in Mitteleuropa. Berlin.

Roth, Ralf (1996): Stadt und Bürgertum in Frankfurt am Main. Ein besonderer Weg von der ständischen zur moderen Bürgergesellschaft. 1670-1914. München.

Rudloff, Martina (1991): Ross und Reiter in der Skulptur des XX. Jahrhunderts. Bremen.

Ruppert, Wolfgang (1993): Die Fabrik. Geschichte von Arbeit und Industrialisierung in Deutschland. 2. Aufl., München.

Sander, Sabine (2005): Die dreißig Schönheiten der Frau – Ärztliche Ratgeber der Frühen Neuzeit. In: Frank Stahnisch; Florian Steger (Hrsg.): Medizin, Geschichte und Geschlecht. Stuttgart. S. 41-62.

Sandkühler, Hans Jörg (Hrsg.) (1990): Europäische Enzyklopädie zu Philosophie und Wissenschaften. 4 Bände. Hamburg.

Sapper, Karl (1902): Mittelamerikanische Reisen und Studien aus den Jahren 1888 bis 1900. Braunschweig.

Schäfer, Hans-Ludwig (1957): Bremens Bevölkerung in der ersten Hälfte des neunzehnten Jahrhunderts. Bremen.

Schambach, Karin (1996): Stadtbürgertum und industrieller Umbruch. Dortmund 1789-1870. München.

Scheidler, K.H. (1863): „Geschlechtscharakter". In: Allgemeine Enzyklopädie der Wissenschaften. Hrsg.: Johann Samuel Ersch; Johann Gottfried Gruber. Leipzig. S. 30-44.

Scherbaum, V.; Perl, F.M.; Kretschmer, U. (Hrsg.) (2003): Stillen. Frühkindliche Ernährung und reproduktive Gesundheit. Weltweiter Kontext und tägliche Praxis. Köln.

Schicho, Walter (1999/2001): Handbuch Afrika. 3 Bände. Frankfurt am Main.

Schiffauer, Werner (1997a): Fremde in der Stadt. 10 Essays über Kultur und Differenz. Frankfurt am Main.

Schiffauer, Werner (1997b): Zur Logik von kulturellen Strömungen in Großstädten. Frankfurt am Main.

Schlegel-Matthies, Kirsten (1995): Im Haus und am Herd. Der Wandel des Hausfrauenbildes und der Hausarbeit 1880-1936. Stuttgart.

Schleip, Dietrich; Müller, Wolfgang (1999): Tatauieren, Tätowieren. In: Wörterbuch der Völkerkunde. Berlin. S. 368.

Schlumbohm, Jürgen (Hrsg.) (1993): Familie und Familienlosigkeit. Fallstudien aus Niedersachsen und Bremen vom 15. bis 20. Jahrhundert. Hannover.

Schmidt, Dorothea (2002): Eine Welt für sich? Dienstmädchen um 1900 und die widersprüchliche Modernisierung weiblicher Erwerbsarbeit. In: Claudia Gather; Birgit Geissler; Maria S. Rerrich (Hrsg.): Weltmarkt Privathaushalt im globalen Wandel. Münster. S. 204-222.

Schmidt-Lauber, Brigitta (2003): Gemütlichkeit. Eine kulturwissenschaftliche Annäherung. Frankfurt am Main.

Schmitter, Romina (1996): Dienstmädchen, Jutearbeiterinnen und Schneiderinnen. Frauenerwerbsarbeit in der Stadt Bremen 1871-1914. Texte und Materialien für den historisch-politischen Unterricht. Bremen.

Schmied, Gerhard (1996): Schenken. Über eine Form des sozialen Handelns. Opladen.

Schnee, Heinrich (Hrsg.) (1920; 1996): Deutsches Kolonial-Lexikon. Wiesbaden.

Schmersahl, Katrin (1998): Medizin und Geschlecht. Zur Konstruktion der Kategorie Geschlecht im medizinischen Diskurs des 19. Jahrhunderts. Opladen.

Schmuhl, Hans-Walter (1995): Die Herren der Stadt. Bürgerliche Eliten und städtische Selbstverwaltung in Nürnberg und Braunschweig vom 18. Jahrhundert bis 1918. Gießen.

Schniedewind, Karen (1992): Fremde in der Alten Welt: die transatlantische Rückwanderung. In: Klaus J. Bade (Hrsg.): Deutsche im Ausland – Fremde in Deutschland. München. S. 179-185.

Schniedewind, Karen (1994): Begrenzter Aufenthalt im Land der unbegrenzten Möglichkeiten. Bremer Rückwanderer aus Amerika. 1850-1914. Stuttgart.

Schramm, Percy Ernst (1949a): Kaufleute zu Haus und über See. Briefe einer Hamburger Kaufmannsfrau aus einer brasilianischen Kleinstadt (1858-1863). Briefe von Adolphine Schramm. Hamburg.

Schramm, Percy Ernst (1949b): Kaufleute zu Hause und über See. Hamburgische Zeugnisse des 17., 18. und 19. Jahrhunderts, Hamburg.

Schramm, Percy Ernst (1950): Deutschland und Übersee. Der deutsche. Handel mit den anderen Kontinenten, insbesondere Afrika, von Karl V. bis zu Bismarck. Ein Beitrag zur Geschichte der Rivalität im Wirtschaftsleben. Braunschweig.

Schramm, Percy Ernst (1964): Die deutschen Überseekaufleute im Rahmen der Sozialgeschichte. In: Bremisches Jahrbuch. Bd. 49. S. 31-54.

Schröder, Rudolf Alexander (1952): Unser altes Haus. Jugenderinnerungen. Bremen.

Schütze, Yvonne (1988): Mutterliebe – Vaterliebe. Elternrollen in der bürgerlichen Familie des 19. Jahrhunderts. In: Ute Frevert (Hrsg.): Bürgerinnen und Bürger. Göttingen. S. 118-133.

Schulz, Andreas (1991): „.... Tage des Wohllebens, wie sie noch nie gewesen ...“ Das Bremer Bürgertum in der Umbruchzeit 1789-1818. In: Lothar Gall (Hrsg.): Vom alten zum neuen Bürgertum. Die mitteleuropäische Stadt im Umbruch. 1780-1820. Historische Zeitschrift, BH 14. S. 19-64.

Schulz, Andreas (1993): Wirtschaftlicher Status und Einkommensverteilung – die ökonomische Oberschicht. In: Lothar Gall (Hrsg.): Stadt und Bürgertum im Übergang von der traditionellen zur modernen Gesellschaft. S. 243-271.

Schulz, Andreas (1994a): Kultur und Lebenswelt des Bremer Bürgertums zwischen Aufklärung und Vormärz. In: Jahrbuch der Wittheit (1993/94). S. 52-56.

Schulz, Andreas (1994b): Weltbürgertum und Geldaristokraten. Hanseatisches Bürgertum im 19. Jahrhundert. In: Historische Zeitschrift 259. S. 637-670.

Schulz, Andreas (1995): Liberalismus in Hamburg und Bremen zwischen Restauration und Reichsgründung (1830-1870). In: Lothar Gall; Dieter Langewiesche (Hrsg.): Liberalismus und Region. Zur Geschichte des deutschen Liberalismus im 19. Jahrhundert. München. S. 135-160.

Schulz, Andreas (1998): Mäzenatentum und Wohltätigkeit – Ausdrucksformen bürgerlichen Gemeinsinns in der Neuzeit. In: Jürgen Kocka; Manuel Frey (Hrsg.): Bürgerkultur und Mäzenatentum. Zwickau. S. 240-263.

Schulz, Andreas (1999): „Wir sind der Konvent!" – Die politische Sozialisation der Bremer „1848er". In: Wolfgang Beutin; Wilfried Hoppe; Franklin Kopitzsch (Hrsg.): Die deutsche Revolution von 1848/1849 und Norddeutschland. Frankfurt am Main. S. 271-289.

Schulz, Andreas (2002): Vormundschaft und Protektion. Eliten und Bürger in Bremen. 1750-1880. München.

Schulz, Andreas (2005): Lebenswelt und Kultur des Bürgertums im 19. und 20. Jahrhundert. München.

Schulz, Günter (1972): Heimweh nach Bremen und Borgfeld. Neue Familienbriefe aus dem Kreise der Familien von Lingen und Noltenius aus den Jahren 1813 bis 1859. In: Bremisches Jahrbuch. Bd. 52. S. 131-194.

Schulz, Günther (2000): Die Angestellten seit dem 19. Jahrhundert. München.

Schulze, Winfried (Hrsg.) (1994): Sozialgeschichte, Alltagsgeschichte, Mikro-Historie. Einleitung. Göttingen.

Schulze, Winfried (Hrsg.) (1996): Ego-Dokumente. Annäherung an den Menschen in der Geschichte. Berlin.

Schulze-Smidt, Bernhardine (1910): Häusliche Lebenskunst. Ein Hilfs- und Erfahrungsbuch für Heim und Haushalt. Dresden.

Schwab, Dieter (1975): Familie. In: Otto Brunner u.a. (Hrsg.): Geschichtliche Grundbegriffe. Bd. 2. Stuttgart. S. 253-301.

Schwarz, Klaus (1975): Der Weserlachs und die Bremischen Dienstboten. Zur Geschichte des Fischverbrauchs in Norddeutschland. In: Bremisches Jahrbuch. Bd. 74/1975. S. 134-174.

Schwarzwälder, Herbert (1995): Geschichte der Freien Hansestadt. 5 Bände. Bremen.

Schwarzwälder, Herbert (1995a): Wirtschaftliche, soziale, politische Strömungen in Bremen um 1900. Liberalismus und Freihandel, Kolonialismus und Arbeiterbewegung. In: Hartmut Roder (Hrsg.): Bremen Handelsstadt am Fluss. Bremen. S. 18-24.

Schwarzwälder, Herbert (2003): Das große Bremen-Lexikon. 2 Bände. Bremen.

Schwebel, Karl Heinz (1947): Haus Seefahrt Bremen. Seine Kaufleute und Kapitäne. 400 Jahre Dienst am deutschen Seemann 1545-1945. Bremen.

Schwebel, Karl Heinz (1951): Das bremische Erbgericht Borgfeld. Teil 1. In: Bremisches Jahrbuch. Bd. 43. S. 157-324.

Schwebel, Karl Heinz (1955): Das bremische Erbgericht Borgfeld. Teil 2. In: Bremisches Jahrbuch. Bd. 44. S. 71-127.

Schwebel, Karl Heinz (1955a): Die bremische Freiheit. In: Jahrbuch der Bremer Wissenschaft. Band 1. S. 307-334.

Schwebel, Karl Heinz (1966): Bremer Kaufleute im Auslande. In: Gesellschaft für Wirtschaftsförderung Bremen-Bremerhaven (Hrsg.): Bremen. S. 197-228.

Schwebel, Karl Heinz (1974): Aus dem Tagebuch des Bremer Kaufmanns Franz Böving (1773-1849). Bremen.

Schwebel, Karl Heinz (1976): Carl Theodor Merkel und Heinrich Carl Franzius – zwei Bremer Lateinamerikakaufleute im Spiegel ihrer Autobiographien. In: Bremisches Jahrbuch. Bd. 54. S. 117-205.

Schwebel, Karl Heinz (1988): Carl Philipp Cassel und der Ferne Osten. In: Bremisches Jahrbuch. Bd. 66. S. 239-266.

Schwebel, Karl Heinz (1994): Bremer Kaufleute in den Freihäfen der Karibik. Von den Anfängen des Überseehandels bis 1815. Bremen.

Sebald, Peter (1988): Togo 1884-1914. Eine Geschichte der deutschen „Musterkolonie" auf der Grundlage amtlicher Quellen. Berlin.

Sebald, Peter (1989): Auf deutschen Spuren in Lomé. Stadtführer. Lomé.

Sebald, Peter (2007): Hundertjahrfeier des Vereins „Concordia". Lomé 1907. Erster Fußballclub in der deutschen Kolonie Togo. Manuskript eines Vortrags auf der Grundlage von Recherchen im Nationalarchiv Lomé/Togo, FA 3/Nr. 348.

Segalen, Martine (1984): Geschwisterbeziehungen. In: Hans Medick und David Sabean (Hrsg.): Emotionen und materielle Interessen in Familie und Verwandtschaft. Göttingen. S. 181-198.

Seidler, Eduard (1973): Die Ernährung der Kinder im 19. Jahrhundert. In: Edith Heischkel-Artelt (Hrsg.): Ernährung und Ernährungslehre im 19. Jahrhundert. Frankfurt am Main. S. 288-302.

Seling, Helmut (Hrsg.) (1965-1967): Keysers Kunst- und Antiquitätenbuch. 3. Bde. München.

Seling-Biehusen, Petra (1988): Johann Eberhard Noltenius: Gerichtssekretär im Fall Gesche Gottfried. In: Wiltrud Ulrike Drechsel; Heide Gerstenberger; Christian Marzahn (Hrsg.): Criminalia. Bremer Justiz 1810-1850. Bremen. S. 133-150.

Sennett, Richard (2002): Der flexible Mensch. Berlin.

Siebert, Ulla (1998): Grenzlinien. Selbstrepräsentationen von Frauen in Reisetexten. 1871-1914. Münster u.a.

Siegrist, Hannes (1988): Bürgerliche Berufe. Die Professionen und das Bürgertum. In: Hannes Siegrist (Hrsg.): Bürgerliche Berufe. Göttingen. S. 11-48.

Siegrist, Hannes (Hrsg.) (1988): Bürgerliche Berufe. Göttingen.

Simmel, Georg (1995): Philosophie der Mode (1905). Hrsg.: Otthein Rammstedt. Frankfurt am Main. Bd. 10. S. 7-37.

Shorter, Edward (1975): Der Wandel der Mutter-Kind-Beziehungen zu Beginn der Moderne. In: Geschichte und Gesellschaft. Jg. 1, S. 256-287.

Shorter, Edward (1977): Die Geburt der modernen Familie. Reinbek.

Smidt, Karen (1997): Germania führt die deutsche Frau nach Südwest. Auswanderung, Leben und soziale Konflikte deutscher Frauen in der ehemaligen Kolonie Deutsch-Südwestafrika. 1884-1920. Magdeburg.

Speitkamp, Winfried (2005): Deutsche Kolonialgeschichte. Stuttgart.

Stach, Reinhard (1991): Robinson und Robinsonaden in der deutschsprachigen Literatur. Eine Bibliographie. Würzburg.

Stach, Reinhard (1996): Robinsonaden: Bestseller der Jugendliteratur. Baltmannsweiler.

Stadler, Michael (1999): Wahrnehmung. In: Hans Jörg Sandkühler (Hrsg.): Enzyklopädie Philosophie. Hamburg. Bd. 2. S. 1722-1725.

Stahnisch, Frank; Steger, Florian (Hrsg.) (2005): Medizin, Geschichte und Geschlecht. Körperhistorische Rekonstruktionen von Identitäten und Differenzen. Stuttgart.

Stein, Rudolf (1961): Das vergangene Bremen. Bremen.

Stillich, Oscar (1902): Die Lage der weiblichen Dienstboten in Berlin. Berlin.

Stoll, Otto (1886): Guatemala. Reisen und Schilderungen aus den Jahren 1878-1883. Leipzig.

Streck, Bernhard (1997): Fröhliche Wissenschaft Ethnologie. Wuppertal.

Stulz-Herrnstadt, Nadja (2002): Berliner Bürgertum im 18. und 19. Jahrhundert. Unternehmerkarrieren und Migration. Familien und Verkehrskreise in der Hauptstadt Brandenburg-Preußens. Die Ältesten Korporationen der Kaufmannschaft zu Berlin. Berlin.

Susemihl-Gildemeister, Lizzy (1911): Dienstbotenfragen und -nöte. In: Güldenkammer. Eine Bremische Monatsschrift. 1. Jg. S. 341-349.

Teetzmann, W.; Harzmann (1905): Das Großhandelsgeschäft. In: Deutscher Verband für das kaufmännische Unterrichtswesen (Hrsg.). Der deutsche Großkaufmann. Leipzig. S. 153-210.

Tenbruck, Friedrich H. (1992): Was war der Kulturvergleich, ehe es den Kulturvergleich gab? In: Joachim Matthes (Hrsg.): Zwischen den Kulturen? Göttingen. S. 13-35.

Tenfelde, Klaus (1985): Dienstmädchengeschichte. Strukturelle Aspekte im 19. und 20. Jahrhundert. In: H. Pohl (Hrsg.): Die Frau in der deutschen Wirtschaft. Beiheft 35. Wiesbaden. S. 105-119.

Tenfelde, Klaus (1994): Stadt und Bürgertum im 20. Jahrhundert. In: ders.; Hans-Ulrich Wehler (Hrsg.): Wege zur Geschichte des Bürgertums. Göttingen. S. 317-353.

Tenfelde, Klaus; Wehler, Hans-Ulrich (Hrsg.) (1994): Wege zur Geschichte des Bürgertums. Einleitung. Göttingen.

Tessmer, Fritz Hartmut (1979): Bremische Handelsbeziehungen mit Australien von den Anfängen bis zum Beginn des 1. Weltkrieges. Veröffentlichungen aus dem Übersee-Museum Bremen. Bremen.

Teuteberg, Hans Jürgen; Bernhard, Annegret (1978): Wandel der Kindernahrung in der Zeit der Industrialisierung. In: Jürgen Reulecke; Wolfhard Weber (Hrsg.): Fabrik, Familie, Feierabend, Wuppertal. S. 177-214.

Teuteberg, Hans Jürgen; Wiegelmann, Günter (Hrsg.) (1986): Unsere tägliche Kost. Geschichte und regionale Prägung. Münster.

Thalenhorst, Carl (1969): Friedrich Hermann Noltenius. In: Bremische Biographie 1912-1962. Hrsg.: Historische Gesellschaft zu Bremen; Staatsarchiv Bremen. Bremen. S. 354-355.

Thiel, Angelika (1993): Thema und Tabu. Körperbilder in deutschen Familienblättern von 1880-1900 oder „Im Nebenzimmer ertönte eine bärtige Männerstimme". Frankfurt am Main.

Thode-Arora, Hilke (1989): Für fünfzig Pfennig um die Welt: Die Hagenbeckschen Völkerschauen. Frankfurt am Main.

Thode-Arora, Hilde (2002): Indianer und Inuit in Europa: Völkerschauen. In: Eva König (Hrsg.): Indianer. Photographische Reisen von Alaska bis Feuerland. 1858-1928. Hamburg. S. 69-74.

Trepp, Anne-Charlott (1996): Sanfte Männlichkeit und selbständige Weiblichkeit. Frauen und Männer im Hamburger Bürgertum zwischen 1770 und 1840. Göttingen.

Trepp, Anne-Charlott (1996a): Vaterschaft im späten 18. und beginnenden 19. Jahrhundert. In: Thomas Kühne (Hrsg.): Männergeschichte – Geschlechtergeschichte. Frankfurt am Main u.a. S. 31-50.

Trotha, Trutz von (1994): Koloniale Herrschaft am Beispiel Schutzgebiet Togo. Tübingen.

Trümper, Katharina (1996): Kaffee und Kaufleute. Guatemala und der Hamburger Handel 1871-1914. Hamburg.

Turner, Victor W. (1998): Liminarität und Communitas. In: Andréa Belliger; David J. Krieger (Hrsg.): Ritualtheorien. Wiesbaden u.a. S. 251-264.

Tuschek, Marta (2004): „... durch Wort und Bild den kolonialen Gedanken in den deutschen Frauenherzen weiter pflegen." Unveröffentlichte Magisterarbeit. Bremen.

Ustorf, Werner (Hrsg.) (1986): Mission im Kontext. Bremen.

Ustorf, Werner (1989): Die Missionsmethode Franz Michael Zahns und der Aufbau kirchlicher Strukturen in Westafrika. Erlangen.

Veblen, Thorstein (1899) (1981)): Theorie der feinen Leute. Köln.

Vellusig, Robert (2000): Schriftliche Gespräche, Briefkultur im 18. Jahrhundert. Wien u.a.

Venzmer, Gerhard (ca. 1928/29): Geißeln der Tropen. Stuttgart.

Verein Volksheim (o. J.): Bremen. (= SuUB Bremen. Bestand Bremensien)

Vietor, Johann Karl (1912): Die wirtschaftliche Leistungsfähigkeit des Afrikaners. In: Bremer Missionsschriften. Bremen. Nr. 36.

Vögele, Jörg; Woelk, Wolfgang (Hrsg.) (1998): Stadt, Krankheit und Tod. Zur Geschichte großstädtischer Gesundheitsverhältnisse während der epidemiologischen Transition vom 18. bis ins frühe 20. Jahrhundert. Düsseldorf.

Vogel, Ursula (1988): Patriarchale Herrschaft, bürgerliches Recht, bürgerliche Utopie, Eigentumsrechte der Frauen in Deutschland und England. In: Jürgen Kocka (Hrsg.): Bürgertum im 19. Jahrhundert. Deutschland im europäischen Vergleich. Bd. 1. München. S. 406-438.

Voigt, Johannes H. (1992): Deutsche in Australien und Neuseeland. In: Klaus J. Bade (Hrsg.): Deutsche im Ausland – Fremde in Deutschland. Migration in Geschichte und Gegenwart. München. S. 215-230.

Vollers, Arend (2001): Christian Eduard Freye, meine Lehrzeit bei der Überseefirma Schröder, Smidt & Co. in Bremen. In: Hartmut Roder (Hrsg.): Bremen – Ostasien. Eine Beziehung im Wandel. Bremen. S. 108-114.

Wätjen, Hermann (1944): Das wirtschaftliche Emporkommen der Hawaii-Inseln im 19. Jahrhundert. In: Bremisches Jahrbuch. Bd. 41. S. 278-304.

Wagner, Regina (1996): Los Alemanes en Guatemala. 1820-1944. Guatemala.

Wagner, Wilfried (1995): Hans Overbeck. Ein Bremer Asienkaufmann nach dem Herzen der Malayen. In: Hartmut Roder, Hartmut (Hrsg.): Bremen Handelsstadt am Fluss. S. 118-122.

Wagner, Wilfried (2001): „... so verwerflich die Sache an sich sein mag ..." – Kulitransport auf hanseatischen Schiffen. In: Hartmut Roder (Hrsg.): Bremen – Ostasien. Eine Beziehung im Wandel. Bremen. S. 204-210.

Waldthausen, Fritz (1911): Der Bremer Vermögensschoss im Rahmen der direkten Besteuerung Bremens im 19. Jahrhundert. Stuttgart u.a.

Wania, Hubert (1906): Dreißig Jahre Bremen. 1876-1905. Chonologisches Verzeichnis aller denkwürdigen Ereignisse. Bremen.

Weber, Marianne (1907): Ehefrau und Mutter in der Rechtsgeschichte. Tübingen.

Weber, Max (2000): Die protestantische Ethik und der Geist des Kapitalismus. (1905). In: Max Weber: Gesammelte Aufsätze zur Religionssoziologie. 9. Aufl., Bd. 1, Tübingen.

Weber-Kellermann, Ingeborg (1979): Die Kindheit. Frankfurt am Main.

Weber-Kellermann, Ingeborg (1982): Die deutsche Familie. Versuch einer Sozial-geschichte. 7. Aufl., Frankfurt am Main.

Weber-Kellermann, Ingeborg (1987a): Kindheit als Kontext. In: Konrad Köstlin; Rose-marie Pohl-Weber; Rainer Alsheimer (Hrsg.): Kinderkultur. Bremen. S. 41-44.

Weber-Kellermann, Ingeborg (1987b): Das Weihnachtsfest. Eine Kultur- und Sozial-geschichte der Weihnachtszeit. 2. Aufl., München u.a.

Weber-Kellermann, Ingeborg (1994): Die helle und die dunkle Schwelle. Wie Kinder Geburt und Tod erleben. München.

Wehler, Hans-Ulrich (Hrsg.) (1990): Europäischer Adel 1750-1950. Göttingen.

Wehler, Hans-Ulrich (1995): Deutsche Gesellschaftsgeschichte. 1849-1914. Bd. 3. München.

Wehler, Hans-Ulrich (2006): Transnationale Geschichte – der neue Königsweg histori-scher Forschung? In: Gunilla Budde; Sebastian Conrad; Oliver Janz (Hrsg.): Trans-nationale Geschichte. Themen, Tendenzen und Theorien. Göttingen. S. 161-174.

Weichel, Thomas (1997): Die Bürger von Wiesbaden. Von der Landstadt zur „Welt-kurstadt". 1780-1914. München.

Weißflog, Stefan (1986): J.K. Vietor und sein Konzept des leistungsfähigen Afrikaners. In: Werner Usdorf (Hrsg.): Mission im Kontext. Bremen. S. 295-306.

Wiechmann, Gerhard (2002): Die preußisch-deutsche Marine in Lateinamerika 1866-1914. Eine Studie deutscher Kanonenbootpolitik. Bremen.

Wienfort, Monika (1993): Kaisersgeburtstagsfeiern am 27. Januar 1907. In: Manfred Hettling; Paul Nolte (Hrsg.): Bürgerliche Feste: Symbolische Formen politischen Handelns. Göttingen. S. 157-191.

Wienfort, Monika (1993a): Monarchie in der bürgerlichen Gesellschaft: Deutschland und England von 1640-1848. Göttingen.

Wienfort, Monika (2004): Gesellschaftsdamen, Gutsfrauen und Rebellinnen. Adelige Frauen in Deutschland 1890-1939. In: Eckart Conze; Monika Wienfort (Hrsg.): Adel und Moderne. Köln u.a. S. 181-203.

Wildenthal, Lora (2001): German Women for Empire. 1884-1945. Durham.

Wildenthal, Lora (2003): Koloniale Frauenorganisationen in der deutschen Kolonial-bewegung des Kaiserreichs. In: Birthe Kundrus (Hrsg.): Phantasiereiche. Frankfurt am Main u.a. S. 172-219.

Will, Richard A. (1895): Abriss der Geschichte der Union von 1795-1895.

Wierling, Dorothee (1987): Mädchen für alles. Arbeitsalltag und Lebensgeschichte städ-tischer Dienstmädchen um die Jahrhundertwende. Bonn.

Wikipedia. Die freie Enzyklopädie. Wikipedia.org.de

Globalisierung (2008): S. 9.

    Ipecacuanha (Arznei): Zugriff 17. Juni 2007.

    Kondensmilch: Zugriff 27. Mai 2007.

    Ladino people: Zugriff 21. August 2007.

    Marimba: Zugriff 20. August 2007.

    Quäcker oder Quaker: Zugriff 21. August 2007.

    Reformkleidung; Hüfthalter: Zugriff 9. Oktober 2007.

    Schäfer, Wilhelm (1868-1952): Zugriff 17. Mai 2007.

    Schwörer, Emil (1916): Zugriff 5. Juli 2007.

    Trotzkopf: Zugriff 6. Februar 2008.

Wörner-Heil, Ortrud (1997): Frauenschulen auf dem Lande. Reifensteiner Verband (1897-1997). Kassel.

Wolters, Dierk (1974): Hemelingen. Bremen.

Zanella, Ines Caroline (2004): Kolonialismus in Bildern: Bilder als herrschaftssichern-des Instrument mit Beispielen aus den Welt- und Kolonialausstellungen. Frankfurt am Main.

Zantop, Susanne M. (1999): Kolonialphantasien im vorkolonialen Deutschland. 1770-1870. Berlin.

Zerback, Ralf (1996): München und sein Stadtbürgertum. Eine Residenzstadt als Bürgergemeinde 1780-1870. München.

Ziegler, Heide (2003): Bremens politische, ökonomische und soziokulturelle Beziehungen zu China bis zum Ende des Ersten Weltkriegs. Bremen.

Zipser, Ekkehard; Fröschle, Hartmut (1979): Die Deutschen in Guatemala. In: Hartmut Fröschle (Hrsg.): Die Deutschen in Lateinamerika. Tübingen u.a. S. 597-606.

Zulliger, Hans (1966): Das Strafen in der Erziehung. Seelenkundliche und erzieherische Betrachtungen. Meiringen.

Archivalien und Nachlässe

Lagerort/Signatur	Titel
I. Handelskammer Bremen.	Archiv:
Hp II 61, Bd. 2	Guatemala 1853-1942[1]

II. Staatsarchiv Bremen:

1. Archivalien

4,75/5:	Schröder, Smidt & Co.[2]
4,75/5-E-69:	Eggers und Stallforth.[3]
4,75/5-E-69:	JOHANN FRIEDRICH GUSTAV SMIDT (1809-1887)
4,75/5-K-745 II:	ALFRED KULENKAMPFF.[4]
4,75/S-654:	Schroder, Smidt und Co. Kalkutta.[5]
7,13:	Konvolut FRIEDRICH KÖPER (1887-1944).[6]
	Familienkorrespondenz.[7]
	Stadtplan Guatemala-Stadt von 1894.
7,13:	„Vermischte Korrespondenz und Abrechnungen":
	Maria Martinez an Friedrich Köper (Spanisch), 1.
	August 1909; Juli 1912 [o.T.]; 19. Dezember 1912.
7,13-1:	Vermischte Korrespondenz.
7,13-2:	Gerhard Köper an seinen Sohn Friedrich.
	(25. August 1889-2. November 1906).

---

1   Enthält: Handelsvertrag mit Guatemala, 1888.
    Gesichtet und ausgewertet wurden an verschiedene Schriftstücke und Zeitungsausschnitte, betr. Handelsbeziehungen zwischen dem deutschen Reich, Handelskammer Bremen und Bremer Überseekaufleuten:
    Zum Bau der Nordbahn in Guatemala (10. Juli 1907) / Dekret 810 wg. Brandstiftung in Guatemala (6. Mai 1910) / Fa. Schütte an Handelskammer wg. Dekret 810 Regierung Guatemala (2. September 1910) / Weser Zeitung: „Guatemala, Amerikas neuer Vasall" (19. März 1911) / Nachricht über Verlängerung des Handelsvertrages (24. April 1911) / wg. Brandstiftungsdekret (12. Juli 1912) / Briefwechsel wg. Aufhebung Handelsvertrag, Folgen des Erdbebens (ab 26. Juni 1915) / „Hamburger Korrespondent" Artikel über Guatemala (5. Januar 1924); NSdAP Hamburg an Handelskammer Bremen (13. Juli 1934) / Friedrich Köper an Handelskammer Bremen (Doppelbesteuerung) (30. März 1936).
2   Enthält: S No. 689 H.R. 8 Fol. 398,405. Handelsregister Bremen.
3   Enhält: Johann Friedrich Gustav Smidt (1809-1887).
4   Enthält: Akte über Eintragung (1922) und Erlöschen der Firma (1932).
5   Enthält: No. 654 HR D Fol. 338. Handelsregister Bremen. Firma Schroder Smidt and Company Limited. Kalkutta.
6   In 14 Kartons. Enthält: Brieforiginale und Briefkopien von: Friedrich, Mathilde („Tilly"): ca. 35 Briefe / Gerhard und Fritz Köper, Privat- und Geschäftsbriefe / Briefe der Teilhaber Wilhelm Lottmann und Domingo Muñoz sowie von der Händlerin Maria Martinez / Ungedruckte Lebenserinnerungen Friedrich Köper (40 Seiten). Ca. 60 Fotos. Der Bestand ist nicht erschlossen.
7   Enthält: Fritz Köper an seine Mutter Tilly 1927-1928; 1930-1931; 1934-März 1939 [Aufschrift: Familienkorrespondenz].

7,13-3:	Friedrich Köper Bilanzen.
7,13-7–11:	Wilhelm Lottmann, Briefe an Friedrich Köper; 1908-1912.
7,13-12–16:	Domingo Muñoz, Briefe an Friedrich Köper (Spanisch); 1908-1912.
	Friedrich Köper Kopierbücher:[8]
7,13-20.7:	Kopierbuch November 1887-Dezember 1888.
7,13-21.7:	Kopierbuch Januar 1889-Juli 1890.
7,13-22.7:	Kopierbuch August 1890-Juni 1895.
7,13-23.7:	Kopierbuch Juni 1895-August 1898.
7,13-24.7:	Kopierbuch August 1898-Oktober 1901.
7,13-25.8:	Kopierbuch Oktober 1901-November 1905.
7,13-26.8:	Kopierbuch 29. November 1905-September 1912.
7,13-27.8:	Kopierbuch August-Dezember 1894 und Januar-März 1895.
7,13-28.8:	Kopierbuch 26. März 1908-23. Dezember 1910.
7,13-29.8:	Kopierbuch 23. Dezember 1910-8. September 1912.
7,178:	JOHANN LAUTS. Lebenserinnerungen (1855-1944)[9].
7,25:	FRANZ SUSEMIHL.[10]
7,500-B-81:	MARIE OVERBECK.[11]
7,500-22, FB 679:	ALFRED KULENKAMPFF. Tagebuch.
7,67:	Konvolut NOLTENIUS.
7,67-26:	Die Familie Noltenius auf dem Brandenhofe in Borgfeld nach Aufzeichnungen von Carl Emanuel Noltenius (1859-1932). 1975. 38 Seiten, masch.
7,67-30:	FRIEDRICH NOLTENIUS.
7,67-36:	Verträge.
7,67-53:	Briefe von JOHANN SMIDT an seine Verwandten
7,67-54:	Ehevertrag HELENE UND EBERHARD NOLTENIUS; Gesellschaftsvertrag Köper & Noltenius, 31. August 1889.
7,67-58/59:	BERNHARD NOLTENIUS an seine Mutter. MARIE GEB. VON LINGEN.[12]
7,67-62:	Die ersten Noltenius in Australien. Bd. 1.[13]
7,67-63:	Die ersten Noltenius in Australien. Bd. 4.[14]
7,67-108:	Johann Smidt an seine Tante Helene, 1901.
7,67-188:	u.a. Fotos von Johann Smidt
7,67-200:	Briefe Heinrich Noltenius und Emma, geb. Payne.

---

8   Privat und geschäftlich, jedes Buch 250-500 Seiten.
9   Lebenserinnerungen aus China. 6 Bde. (masch.)
10 Mexiko-Tagebuch (120 Seiten) / Vier Briefe an die Mutter in Dresden (1882) sowie ein Brief von Lizzy Susemihl.
11 80 Briefe aus Bahia an Mutter und Schwestern (1903-1905).
12 Enthält Foto der Brüder Noltenius vor der Ausreise.
13 Heinrich Noltenius' Briefe an seine Mutter Marie Noltenius, geb. von Lingen, und an seine Brüder.
14 Bernhard Noltenius' Briefe an seine Geschwister.

7,67-202:	Artikel „Ankunft in Deutschland. Borgfeld." Australische Zeitung, 18.5.1891.[15]
7,73:	JOHANN KARL VIETOR. Geschäftsbriefe.
7,73-34:	Vietor Liberia, Jahrgang 1920/22.
7,73-38:	Vietor Goldcoast-Keta-Geschäft.
7,73-42:	Vietor Lüderitzbucht, Jahrgang 1922/24.
7,73-54:	Vietor Lebenserinnerungen.

2. Dokumentationen

„Die Maus". Familienbiografische Mappen:	Achelis
	Freudenberg
	Köper
	Klencke: Haushaltsbuch von Rebecca Klencke
	Lülmann
	Schütte
	Smidt

3. Amtliches Schriftgut

A.3.C.1.:	Rieper Augener & Co.
A.3.C.1. Nr. 109:	Betr. Anregung zur Einrichtung einer Schiffsverbindung zwischen den deutschen Häfen und Guatemala, speziell Puerto Barrios. 20. August 1907-19. September 1907.
2-C.4.b.6.c.1.:	Konsular-Akte Kalkutta 1843-1866.
2-C.12.b.3.:	Verhältnisse der Hansestädte mit Brasilien. Hanseatische Konsuln usw. in Brasilien, auch Verhandlungen mit denselben. Bahia 1817-1869.
2-P.7-C.1.a.:	Notiz über die Uniform der Bremischen Consuln im Auslande, Bremen, 5.3.1835.
2-P.8.A.6.a.5:	Acte der Polizei-Direction in Bremen 1879/152 [Johann Smidt Wiedereinbürgerung].
C.4.d.Nr.1111:	Eingabe der Firma Friedrich Köper. Betr. Wiederernennung eines diplomatischen Vertreters Deutschen Reichs in Mittel-Amerika, insbesondere in Guatemala. 1920, Juni 24-Juli 28.

---

15 Geschrieben von einem Freund Bernhard Noltenius'.

3-V.2. Nr. 81/1888-1899:	Deutscher Frauen-Verein für die Krankenpflege in den Kolonien.
3-V.2. Nr. 597/1908-1935:	Flottenbund deutscher Frauen.
3-V.2. Nr. 686/1909:	Verein Frauenhilfe für das Ausland.
3-V.2. Nr. 972:	Kleiner Frauenverein von 1814.
3-V.2. Nr. 1040:	Gustav-Adolf-Frauenverein.
3-V.2. Nr. 1042/1911:	Deutscher Bund gegen die Frauen-Emanzipation.
3-V.2. Nr. 1120/1918:	„Allgemeine Vereinsschrift, Gotha 1917"; Reifensteiner Verband, mit Mitgliedsliste.

III. Staats- und Universitätsbibliothek Bremen: Bestand Bremensien:

Brem. b. 244:   Haushaltsbuch REBECCA KLENCKE, 1891-1893.

IV. Stadtarchiv Bremerhaven:

Akte Höhere Töchterschule Greuer[16].

V. Sächsisches Hauptstaatsarchiv Dresden:

10736.13 06138 (1898-1908)   FRANZ SUSEMIHL[17]

V. Archive Nationale du Togo:

Akte ALFRED KULENKAMPFF.

VI. Nachlässe und Archivalien in Familienbesitz (alphabetisch nach Familiennamen):

FREUDENBERG: Siegmund und Rosie Freudenberg: Briefe an die Mutter (1905-1910) / Fotos / Fotoalben: „Kriegsgefangen in Diyatalawa-Cylon. 1914/15" / „Rosmarie Album", 1925 / Gästebuch Familie Freudenberg in Colombo mit Malereien von Hanns Heinz Ewers, 1910 / Fotos aus dem Umschlag „Bilder aus Ceylon": Von der Arbeit im Kontor, Fotos von großen Gesellschaften, private Fotos, Zeitungsausschnitte. Menükarten, bis 1914/ Familien- und Geschäftsdokumente / Architektenzeichnungen für den Neubau des Geschäftshauses und Fotos. Beschriftung: „Prof. Dr. Kraus. Freudenburg

---

16 Betr: Mathilde Meiners und Helene Kalm
17 Sächsischer Konsul in Bremen von 1898-1908. Entlassung auf eigenen Wunsch. 8. Januar 1908.

u. Co Building im Rohbau. Colombo, Princis Str. 1910 / Fotos von der Arbeit: Die Hultsdorf Mills, Colombo. Beschriftungen: Oil Mills Cinchona Presses. Manure Works. Soap Manufactory. Coir Matting Weaving Establishment. Coffee, Cocoa and Cardamoms Curing Establishment; u.a.

KÖPER: Fotos, Geburtsurkunde Gerda Köper.
KÜSTERMANN: Hanna Küstermann: Lebenserinnerungen (Privatdruck).

KULENKAMPFF: Briefe von Hedwig und Alfred Kulenkampff (1908-1931) / ca. 20 Fotos, Fotoalbum / Familienschrift „Okongue 1926-1928" (53 S.) / Bilanzen, Rechnungsbücher / Tagebuch Friederike Kulenkampff (1901-1916). (225 S.) / Briefe von Clementine und Siegfried von Seydlitz-Kurzbach / Stammtafel Familie Kulenkampff.

LAUTS: Fotoalbum Louisa Lauts.

NOLTENIUS: Briefe Helene Noltenius an ihren Mann, ihre Eltern und Schwiegereltern (1900-1920) / Briefe Eberhard Noltenius an seine Frau und an seine Mutter (1905-1920) / Briefe von Helene Noltenius, geb. Pajeken, an ihre Schwiegertochter Helene in Guatemala (1907) / Brief von Friedrich Noltenius an seine Schwägerin Helene, geb. Pajeken (1871) / Kinderbriefe / ca. 50 Fotos / Testament Friedrich Noltenius 1890/91 / Vertrag zwischen Eberhard Noltenius und seinen Brüdern Eduard, Friedrich, Otto und Conrad betreffend Gut Brandenhof in Borgfeld, 1905 / Stammtafel Familie Noltenius (1913).

OVERBECK: Lebenserinnerungen und Fotos.

SCHÜTTE: Tagebücher; ein Reisetagebuch von 1911/1913, Fotos aus Guatemala.

SMIDT: Marie Smidt ca. 90 Briefe aus Bremen an ihre Mutter in New York (1869-1884) / Johann Smidt ungez. Briefe aus Bremen, New York und Kalkutta an seinen Vater, seine Eltern und Schwiegermutter in New York; Smidt-Kinderbriefe / ca. 25 Fotos / Hermann Smidt an seinen Sohn Johann.

VIETOR: Hedwig Vietor ca. 240 Briefe aus Bremen und Afrika (1894-1930) an ihren Mann und ihre Kinder / Haushaltsbuch / Vietor, Johann Karl: ungez. Briefe an seine Frau und Kinder / Kinderbriefe / ca. 50 Fotos / Stammtafel Familie Vietor (1912) / Röhrig, E.W. (1936): Geschichte der Familie Vietor aus Schwalenberg in Lippe. Privatdruck. Wuppertal.

VII. Filme

Schamoni, Peter (2000):
Dokumentarfilm „Majestät brauchen Sonne". 100 Minuten.

Stelzner, Uli; Walthe, Thomas (2000):
Fernsehfilm „Die Zivilisationsbringer". Bayerischer Rundfunk. 130 Minuten.

Verzeichnis der Abbildungen

Waxmann

MÜNSTER · NEW YORK · MÜNCHEN · BERLIN

Mechthild Weß

Von Göttingen nach Valdivia

Die Chileauswanderung
Göttinger Handwerker
im 19. Jahrhundert

Internationale Hochschulschriften, Band 436
2004, 294 Seiten, br., mit CD-ROM, 29,90 €
ISBN 978-3-8309-1446-4

Im Sommer 1857 brach eine Gruppe von Göttinger Handwerkern mit ihren Angehörigen nach Valdivia in Chile auf. Anhand zeitgenössischer Quellen wird die Geschichte dieser Menschen in dieser Arbeit zum Leben erweckt.

Ihr Fortgang fiel in die Zeit der Massenauswanderungen des 19. Jahrhunderts. Auswanderungen stellten damals keine Seltenheit dar, verliefen jedoch lokal bzw. regional unterschiedlich. In Form einer Mikrostudie dokumentiert und analysiert Mechthild Weß das Göttinger Auswanderungsgeschehen um die Jahrhundertmitte. Zugleich zeichnet sie Mentalität und Lebensverhältnisse der Göttinger Handwerker nach und macht vor diesem Hintergrund den Auswanderungsentschluss der Chileauswanderer nachvollziehbar.

[...] das Buch ist insbesondere durch seinen methodischen Winkelzug spannend und zudem eine große Fleißarbeit, auch hinsichtlich der mitgelieferten CD-Rom, die alle dokumentierten Göttinger Überseeauswanderer 1842-1858 auf 600 Seiten kommentiert aufführt und sozialstrukturell analysiert.
Volkskunde in Niedersachsen 23 (2006) 1, S. 64f.

Waxmann

MÜNSTER · NEW YORK · MÜNCHEN · BERLIN

Rainer Alsheimer

Zwischen Sklaverei und christlicher Ethnogenese

Die vorkoloniale Missionierung der Ewe in Westafrika (1847–ca.1890)

2007, 300 Seiten, br., 24,90 €
ISBN 978-3-8309-1764-9

Christliche Mission bedeutete im Afrika des 19. Jahrhunderts Vermischung von Kulturen. Aufschlussreich und anschaulich schildert Rainer Alsheimer das Aushandeln von religiösen, ethischen und alltäglichen kulturellen Verhaltensformen zwischen den schwarzen Indigenen und den weißen Missionaren an der Sklavenküste.

Der Prozess der Einrichtung einer „eigentümlichen" Stammeskirche der Ewe, basierend auf protestantischen Glaubensvorstellungen und „traditionellen" religiösen Ritualen der Bevölkerung der westafrikanischen Küstenregion, wurde oft durch Gewalt und Gegengewalt begleitet. An seinem Ende steht die Genese einer Ethnie, bewirkt durch die neue Religion und die für ihre Zwecke verschriftlichte Missionssprache Ewe. Die moralischen, rechtlichen und wirtschaftlichen Vorstellungen des Ewe-Stammes orientieren sich an der afrikanischen Kirchenordnung der weißen Missionare.

Der bewegendste Teil des Buches umfasst vierzehn Biografien und biografische Skizzen von schwarzen Frauen und Männern im Umkreis der Missionsstationen. In ihnen beschreiben sie ihre (Über-)Lebensstrategien aus afrikanischen Perspektiven.

Waxmann

MÜNSTER · NEW YORK · MÜNCHEN · BERLIN

Thorsten Altena

„Ein Häuflein Christen mitten in der Heidenwelt des dunklen Erdteils"

Zum Selbst- und Fremdverständnis protestantischer Missionare im kolonialen Afrika 1884–1918

Internationale Hochschulschriften, Band 395
2003, 544 Seiten, br., mit CD-ROM, 12 Abb., 44,90 €
ISBN 978-3-8309-1199-9

Im Mittelpunkt dieser Studie steht der ebenso bemerkenswerte wie außergewöhnliche Personenkreis protestantischer Missionare mit seiner spezifischen Vorstellungs- und Gedankenwelt, die sich in ihrer Tätigkeit im kolonialen Afrika des späten 19. und frühen 20. Jahrhunderts widerspiegelte.

Auf breiter Quellengrundlage wird die Entstehung und Entwicklung missionarischer Denkweisen und Motivationen untersucht, die oftmals wenig augenfällig oder sogar häufig nur indirekt fassbar sind:

Unter besonderer Berücksichtigung ihrer Lebensläufe setzt der Autor den soziokulturellen, gesellschaftlichen und religiösen Hintergrund der Missionare in Beziehung zum missionarischen Alltag in den verschiedenen afrikanischen Kolonien. Dabei wird deutlich, dass sich Missionsgeschichte eben nicht nur in Übersee abspielte, sondern zunächst und vor allem auch in Deutschland. So entsteht ein facettenreiches, anschauliches und komplexes Bild missionarischen Denkens und Handelns im Spannungsfeld von „Heimat" und „Missionsfeld".

Die dem Buch zugrunde liegende Dissertation wurde mit dem *Martin-Behaim-Preis* für herausragende Arbeiten auf dem Gebiet der außereuropäischen Geschichte ausgezeichnet.

Außerdem erhielt Thorsten Altena für seine Dissertation den Studienpreis 2003 der Archiv- und Museumsstiftung Wuppertal.

Waxmann

Dagmar Konrad

Missionsbräute

Pietistinnen des 19. Jahrhunderts in der Basler Mission

Internationale Hochschulschriften, Band 347
2001, 516 Seiten, br., 41 Abb., 25,50 €,
ISBN 978-3-89325-936-6
Unter redaktioneller Mitarbeit von Christian Jaser

... die Sehnsucht nach Afrika zu dem nie gesehenen, aber dennoch geliebten Bräutigam.

Diese Worte notierte Christiane Burckhardt aus dem schwäbischen Möttlingen im Jahr 1867 in ihr Tagebuch. Sie war eine der Frauen, die im 19. und beginnenden 20. Jahrhundert *in die Mission* heirateten. Ihr Weg führte sie nach Indien, Afrika oder China. Sie hatten eingewilligt, einen Missionar zu heiraten. Diese Heiratspraxis basierte auf der Heiratsordnung der Basler Mission, die vorschrieb, dass Missionare ledig nach Übersee ausreisten und erst nach Ablauf von zwei Jahren Bewährungsfrist eine Braut *nachgeschickt* würde.

Was bewegte diese Frauen ihre Heimat und ihr soziales Umfeld zu verlassen und sich auf ein unbekanntes Leben in der Fremde einzulassen? Wie gestaltete sich das Heiratsprocedere? Was empfanden die Frauen während der Abschiedszeit in der alten Heimat? Wie erlebten sie die wochenlange Reise über Land, per Schiff, mit dem Ochsenwagen? Wie sah das neue Leben, der Alltag, auf der Missionsstation aus?

Die Autorin fand Spuren, die diese Frauen hinterließen: Briefe, Tagebücher, Fotografien – subjektive Quellen aus Privatbesitz. Neben den offiziellen Quellen sind es vor allem diese neu entdeckten und erstmalig wissenschaftlich ausgewerteten Selbstzeugnisse, auf deren Basis sie die Frauen *zum Leben erweckt* und durch die die auf den ersten Blick skurril anmutende Heiratspraxis *verstehbar* wird. Es entsteht ein dichtes, lebendiges und facettenreiches Bild der Lebens- und Missionsgeschichte und ein neues, anderes Bild weiblicher Frömmigkeit, die von der Forschung allzu lange ausgeblendet und unbeachtet blieb.

MÜNSTER · NEW YORK · MÜNCHEN · BERLIN